THE LOGIC OF SPEECH ACTS
A STUDY OF CHINESE SEMANTIC AND PRAGMATIC INTERFACE

言语行为的逻辑
汉语语义和语用接口研究

（上册）

陈振宇 等 著

復旦大學 出版社

参著人　陈振宁　张　莹

国家社科基金后期资助项目
出版说明

　　后期资助项目是国家社科基金项目主要类别之一,旨在鼓励广大人文社会科学工作者潜心治学,扎实研究,多出优秀成果,进一步发挥国家社科基金在繁荣发展哲学社会科学中的示范引导作用。后期资助项目主要资助已基本完成且尚未出版的人文社会科学基础研究的优秀学术成果,以资助学术专著为主,也资助少量学术价值较高的资料汇编和学术含量较高的工具书。为扩大后期资助项目的学术影响,促进成果转化,全国哲学社会科学工作办公室按照"统一设计、统一标识、统一版式、形成系列"的总体要求,组织出版国家社科基金后期资助项目成果。

全国哲学社会科学工作办公室

序

袁毓林

从 20 世纪后期开始,语言学界大致认识到,真正的有形式依据的句法现象,其实并不多;但是,语言系统却能够传递丰富细腻的意义,完成复杂微妙的交际任务。而语法研究的目标又是要找到形式与意义之间的对应关系,并且做到形式与意义相互验证。于是,摆在语言学家面前的任务就异常艰巨。在这种情况下,如果不想杜撰并依赖大量的零形式、空语类、轻动词、语壳结构、移位操作等纯粹的假设性的理论概念,那么句法研究就有点一筹莫展了。于是,有的学者就直接面对语义问题和语用现象,实践一种基于用法的语言研究,开拓出一派欣欣向荣的语义和语用研究的新气象。作为一种国际学术潮流的冲击与本土学术的回应,从本世纪初开始,汉语语法研究的重点也逐渐从句法结构研究,转向了语义和语用功能研究。其中,基于语用学的汉语语法分析理论,就是在这种时代风潮下的一种最新的理论发展。粗略地说,语用学的核心研究领域就是"言语行为"研究。既然语言交际是一种系统性的语言使用,那么言语行为的研究,也不应该是一堆碎片化的语言现象和研究范式,而是应该有自己的内在的逻辑结构和理论体系,能够用来统摄语言现象的各个方面和内容,集成各种语义—语用的范畴,给出有关富有解释性的语义—语用规律。

迄今为止,如此大规模的语义—语用范畴和规律的集成性研究,在汉语语法史上还是处于起步阶段;更何况涉及面非常广泛,对研究者的学养要求也非常高。于是,每一个从事此道的学者,都会担心自己是否能够把握得住,是否有能力处理如此复杂的语言意义和语言使用问题。值得称道的是,陈振宇教授不畏艰难,勇于探索和尝试建立汉语的语义和语用分析系统。振宇之所以试图建立这样一个系统,是跟他的理科知识素养和长期的努力分不开的。他年轻时接受过比较好的数学、概率、逻辑等理科知识的训练,后来又在中文系接受汉语语言学的系统的训练,获得了语言学方面的硕士和博士学位。他在北京大学中文系进行博士后研究期间,跟我(博士后合作导师)经常讨论各种语言的逻辑研究和计算分析的问题,在多个方面尝试实践新的研究范式。其中,最集中的是他后来在《疑问系统的认知模型与运算》一书中体现出来的,对语用规则的执着追求。他当年发现的一些有趣的东西,如跟疑问有关的语用原则,现在这部著作中也收录进去,并且发扬光大,成为越来越复杂的系统性的网络。他回到复旦工作后,又进行了一系列新的研究,如否定范畴、"意外三角"语用模型、叙实性和事实性、预期语篇等,都体现出语义和语用优先、范畴与规律相应的特点。他还不断地尝试从语用和修辞的角度,对有关的语言现象进行剖析,并且提出令人耳目一新的观点。在前几年出版的《逻辑、概率与地图分析》一书中,他通过"概率蕴涵"理论,把语义和逻辑问题转化为了语用的、概率性的分布和规律。这几年,他也多次试图从"云功能"、概率分布等方面,对系统性的语用现象做出新的界定。这些研究成果,也大多体现在本书之中。

振宇在本书中大胆提出了构建汉语语用逻辑推理的"分布式网络"的任务,提出语用迁移和相关的迁移公式。他希望以此为抓手,来全面、系统地考察汉语言语行为中各种语用功能的实现、会话参与者的情感和社会关系互动等内容。显而易见,这一系统具有很大的创新性,别开生面地从语用逻辑入手解释语言中的各种现象,为突破汉语语法研究的瓶颈问题,作出了可观的贡献。当然,作为一个概念性的新生事物,他的有关研究也难免"挂一漏万",存在不少值得进一步提升与细化的地方。纵观全书,他的部分研究已经涉及汉语结构的语用基础问题,但还不够深入透辟。有的范畴的分类尚可斟酌,可能会有不同的、更加合理的方案。比如,对"自信"的分类,需要和相关的原则关联起来,才能看出其分类的合理性。能否用"预期"理论来统摄整个语用学所涉及的心理反应,也需要更多的证实或证伪。其实,在这方面认知神经科学和心理语言学有大量的研究,已经大致达成共识:人脑是一个预测机器,大脑的功能主要是预测;心理学的行为实验、神经影像学实验、人工智能的语言大模型的后词预测功能及其成效,都证明了预期在语言加工与心智计算中的重要作用。反观振宇在本书中的预期理论,超级复杂又略欠优雅;如果能够更加全面地引入关于心智的预期理论,那么就可以富有成效地克服这一问题。实际上,本书的相关内容,已经又出现了一些新的突破。最后,语力失效是一个很好的议题,但是书中还缺乏失效导致某种具体的负迁移的规律,只是给出了若干可能的选项,还需要进一步解决在何种情况下得到何种选项的问题。

迄今为止,有关语义语用推理的研究,仍是各种研究尝试的庞大、松散和杂乱的集合,无法制定一个确切的定义,遑论清晰的逻辑化体系。出路也许是,以中观层次的研究为核心,以微观层次的研究为源泉和检验,以各种语义—语用功能范畴为节点,从具体的汉语语料(会话语篇)中实际归纳和检验各种推理规则,并以推理规则为节点之间的连线,创立一个能应用于对具体语境中的具体语句进行有效意义和功能推理的运算系统。从人工智能的角度讲,这也可能对为智能系统建立"类人"的"世界模型"有所帮助。希望振宇继续努力,锐意进取,咬定逻辑不放松,再出语用研究新成果。

2023 年 5 月 1 日

序

张伯江

  汉语语法研究一直是在积极借鉴国外语言学理论方法、努力挖掘汉语事实中前进的。最近这三十多年里,同步获取国际上最新的研究成果更加方便,汉语语法学界对西方学说和方法的运用和尝试,盛况是空前的。这样的工作日益增多,而汉语语法的面貌却似乎日渐模糊,人们对系统性汉语语法处理方案的期待越来越强烈。与此同时,在各种研究范式的尝试中,学者们逐渐形成共识,对汉语的特性有了新的认识:汉语语法较少依赖形态句法手段,更多通过语用机制呈现出语义网络,在"推理"中动态地表达意义和功能,语义和语用的规则或原则才是背后的推动机制。

  但是语义学和语用学在汉语中的发展,与汉语语法解释的要求尚不匹配,包括本书作者的一些学者的理想是,建立一个能够将语义表达和语言使用的方方面面都囊括进来的庞大体系,作为研究工作的主干,以解释重大的理论问题。

  今天的汉语学界,在这方面已经有了长足的进步。既然西方语言学没有提供这么一个系统,那就可以从汉语的实际出发,自主地去建立这样的理论。振宇在这一方面努力甚多,也和许多学者讨论过相关的问题。许多年前振宇曾经希望能找到一个西方现成的理论系统来指导汉语的语义和语用研究,为此他阅读了大量的西方文献,并向许多学者求教,但是结果不如人意。他在复旦长期执教语义学和语用学方面的课程,试图回答学生提出的很多问题,逐渐形成了自己的观察视角。在这本书中,他把它总结为"预期是言语行为的核心和灵魂"。

  这句话反映了本书的基本思路:用言语行为的研究贯穿整个"语义/语用"语法体系,作为主干和大纲;再以"预期理论"为抓手,把握言语行为的方方面面。他所说的"言语行为"吸纳了语用学中"言语行为理论"的内容,但本质上已经远远超出了后者的范围。与后者不同,本书基于"立场"范畴来开展言语行为研究,从而试图将所有语义表达和语言使用的问题都纳入其中。书中分出了五大立场:"自我立场"研究言语行为中各主体之间的关系,"知识立场"研究言语对象的真假和指称,"评价立场"研究言者的主观态度,"情感立场"研究情感的产生以及影响,"行为立场"研究言语行为的具体实施规律。而他所说的"预期",则是这些年中汉语学界自主发展起来的一套解释"推理—情感—行为"在语言中表现的理论系统,已经相当复杂,并在不断的拓展和深入之中。

通过这样的方法,本书将语词进入言语行为后的情况称为"迁移性":语词与语境和谐,得以实现或至少不阻碍它实现其规约化的意义功能,称为"正迁移";与语境不和谐,无法实现其规约化的功能,而受语境影响,漂移到另外的功能和语用目的,称为"负迁移";有时,即使实现了正迁移,也会激发其他意义功能增量,称为"叠加"。

本书全部的内容除了介绍言语行为的各个方面外,就是讨论各种迁移原则,每一个规则都标明是正迁移、还是负迁移、还是叠加,所谓"言语行为的逻辑"的"逻辑",就是指这一系列。本书以近100万字的篇幅,贡献了多达400余条的迁移原则,初看一下,汉语语法曾经讨论的很多重要的功能问题都收罗其中。称为"原则",是因为它们都是语用导向的,语用涵义可以取消,但有很强的倾向性,一旦取消也会导致新的负迁移。与前人研究不同的是,振宇认为每条规则都是预期推理,都是基于全概率预期和大概率预期的,可以用相应的语言格式进行测试,以反映或证实母语者的心理倾向。书中几乎每个规则都用振宇自己选取的检验格式——预期类格式和反预期类格式——进行检验。这种方法其实是他更早的一本书《逻辑、概率与地图分析》中初步提出的,并且在那本书中着力证明整个语义逻辑就是全概率预期,语用逻辑就是大概率预期,而它们都是人类认识的有效推理,称之为"概率蕴涵"理论。本书进一步把这套逻辑体系发扬光大,当然主要是应用方面,将它用到这样的地步:似乎每一个语义学和语用学的规则或原则,都必须经过这套格式的检验才能成立。这不但对语言学是前所未有的,对逻辑学也是如此。语用学来自哲学,本来就有较强的规则意识,但是把全体规则或原则都弄成本书的概率蕴涵逻辑式,的确是未曾有过的体验。

书中甚至还采用了类似心里测验/调查的方法,通过调查样本的比例来确定倾向性(就是概率大小),并在多处将调查结果中的差异,解释为社会文化的人际差异和历史变化。另外,本书提出了类似于当代计算机科学中使用的"柔性分布网络"的理论建构范式,就是各个功能区域都是相对独立的功能模块,每一个区域都可以作为推理的入口也可以作为出口;刺激响应的方向和力度,都由各个局部的、有限的若干语用范畴的取值来决定,不需要外来的控制;响应的区域,也仅仅是在若干相关的节点中体现出来;先在信息(范畴的取值)也是从网络中即时地、动态地抽取的,不同状态下信息不一,变量较多,满足了具体问题具体分析的要求。我们看到,书中不少问题的分析都调用了好几条迁移原则,分步骤地进行推理,形成"刺激—响应"链条,这一链条还可能出现多处分叉,以解决歧解现象。这一方面也许更符合人类思维的本来面目,另一方面也加大了研究问题的难度,对初学者来说不太友好。这可能跟振宇的数学学习经历有关,是他历年来研究的共性。

  本书的理论系统,从覆盖范围之大、讨论问题之多、工作量之巨、逻辑和概率运用之广这四个方面看,在汉语语法学界还是少有的。用振宇自己的话说,是推开了一扇门,进入了一个崭新的世界。他谦虚地说:预期理论能否真的解决汉语语法研究的根本问题,能否支撑起这样巨大的"语义/语用"语法体系,还需要再等等看看。我对他这个理论的解释力还是有信心的,尤其是,其立意和研究方向是有多方面启发性的,很值得推荐。

目录

上　册

第一章　言语行为的语法学研究总纲 ⋯⋯⋯⋯⋯⋯⋯⋯⋯⋯⋯⋯⋯⋯⋯⋯ 1
 1. 言语行为及其功能结构 ⋯⋯⋯⋯⋯⋯⋯⋯⋯⋯⋯⋯⋯⋯⋯⋯⋯⋯⋯ 3
  1.1　言语行为研究 ⋯⋯⋯⋯⋯⋯⋯⋯⋯⋯⋯⋯⋯⋯⋯⋯⋯⋯⋯⋯ 5
  1.2　迁移与言语行为迁移 ⋯⋯⋯⋯⋯⋯⋯⋯⋯⋯⋯⋯⋯⋯⋯⋯⋯ 16
  1.3　言语行为的语力 ⋯⋯⋯⋯⋯⋯⋯⋯⋯⋯⋯⋯⋯⋯⋯⋯⋯⋯⋯ 27
 2. 言语行为的语法学研究路线 ⋯⋯⋯⋯⋯⋯⋯⋯⋯⋯⋯⋯⋯⋯⋯⋯⋯ 53
  2.1　重要的研究要素 ⋯⋯⋯⋯⋯⋯⋯⋯⋯⋯⋯⋯⋯⋯⋯⋯⋯⋯⋯ 54
  2.2　基于立场范畴的言语行为研究 ⋯⋯⋯⋯⋯⋯⋯⋯⋯⋯⋯⋯⋯ 61
  2.3　基于分布网络系统的整体性研究 ⋯⋯⋯⋯⋯⋯⋯⋯⋯⋯⋯⋯ 70

第二章　预期与和谐 ⋯⋯⋯⋯⋯⋯⋯⋯⋯⋯⋯⋯⋯⋯⋯⋯⋯⋯⋯⋯⋯⋯ 72
 1. 预期是言语行为研究的核心与灵魂 ⋯⋯⋯⋯⋯⋯⋯⋯⋯⋯⋯⋯⋯⋯ 72
 2. 预期的定义 ⋯⋯⋯⋯⋯⋯⋯⋯⋯⋯⋯⋯⋯⋯⋯⋯⋯⋯⋯⋯⋯⋯⋯⋯ 75
  2.1　预期的数学模型：基于主观概率和条件概率 ⋯⋯⋯⋯⋯⋯⋯ 76
  2.2　预期的认知模型：四大部分以及在语篇中的隐现 ⋯⋯⋯⋯⋯ 79
 3. 预期的基础类型 ⋯⋯⋯⋯⋯⋯⋯⋯⋯⋯⋯⋯⋯⋯⋯⋯⋯⋯⋯⋯⋯⋯ 90
  3.1　从预期的认识主体分类——自预期、他预期、常理预期、
    上文预期和（行为）主体预期 ⋯⋯⋯⋯⋯⋯⋯⋯⋯⋯⋯⋯⋯ 90
  3.2　从预期的情态性质分类——意愿预期、能力预期、道义预期、
    认识预期和强预期、弱预期 ⋯⋯⋯⋯⋯⋯⋯⋯⋯⋯⋯⋯⋯⋯ 100
  3.3　从预期的针对对象分类——话语预期和行为预期 ⋯⋯⋯⋯ 105
 4. 预期的检验格式，类指预期与个体预期 ⋯⋯⋯⋯⋯⋯⋯⋯⋯⋯⋯⋯ 109

- 4.1 语义与语用的争议 …… 109
- 4.2 预期的语用学检验——预期格式和反预期(信息)格式 …… 114
- 4.3 从预期的条件分类——类指预期和个体预期 …… 124
- 4.4 无预期的检验格式,以及它与类指预期的区别 …… 145
5. 小预期 …… 147
  - 5.1 预期的情态类型以及小预期的发现 …… 147
  - 5.2 两种小预期及其检验 …… 152
  - 5.3 正预期标记"果然"的使用倾向性 …… 157
6. 语篇中的预期表达与和谐 …… 160
  - 6.1 词汇与预期 …… 161
  - 6.2 语用推理 …… 168
  - 6.3 事物的和谐性 …… 178
  - 6.4 语言、言语行为与和谐 …… 195
  - 6.5 "当然"辨析 …… 210
7. 复杂预期语篇 …… 213
  - 7.1 解反预期和解意外 …… 214
  - 7.2 预期应验 …… 226
8. 预期/和谐与事实性、信息价值 …… 232
  - 8.1 两个视角：推断和回溯 …… 232
  - 8.2 事实性选择策略 …… 235
  - 8.3 预期与信息价值选择策略 …… 247
9. 本章小结 …… 257

第三章 自我立场 …… 262

1. 自信 …… 262
   - 1.1 自信、不自信与强化自信 …… 262
   - 1.2 自信性的表达 …… 264
   - 1.3 自信性的语用功能 …… 266
2. 主体之间的地位关系 …… 271
   - 2.1 社会地位和社会距离,礼貌 …… 272
   - 2.2 认知地位 …… 276
3. 同盟性 …… 279

  3.1 同盟性理论 ………………………………………… 280
  3.2 人称代词与同盟关系 ……………………………… 301
  3.3 命题内容与认同 …………………………………… 324
  3.4 礼貌在同盟性上的两面性 ………………………… 334
 4. 本章小结 ………………………………………………… 342

第四章 知识立场 …………………………………………… 346
 1. 语义知识 ………………………………………………… 347
  1.1 指称 ………………………………………………… 347
  1.2 事实性 ……………………………………………… 359
  1.3 叙实性 ……………………………………………… 398
 2. 传信与陈述、疑问 ……………………………………… 445
  2.1 传信在疑问句中的功能 …………………………… 446
  2.2 对汉语现象的调查 ………………………………… 449
  2.3 人称对汉语传信成分分布的制约作用 ………… 452
  2.4 具体制约因素的分析 ……………………………… 458
 3. 本章小结 ………………………………………………… 466

第五章 评价立场 …………………………………………… 468
 1. 意外研究中的一些问题 ………………………………… 469
  1.1 意外在语法体系中的定位 ………………………… 469
  1.2 句中反预期意义的推理规则 ……………………… 472
 2. 常规性和合理性 ………………………………………… 474
  2.1 定义与本质 ………………………………………… 474
  2.2 语用推理 …………………………………………… 479
 3. 意外三角 ………………………………………………… 501
  3.1 由意外导致的语用推理 …………………………… 503
  3.2 推导出意外的语用推理 …………………………… 506
 4. 意外标记以及有强烈意外表达倾向的形式举隅 …… 517
  4.1 语用否定——以"什么"感叹句为例 …………… 517
  4.2 反问的意外本质 …………………………………… 526
  4.3 寻求理由——以"怎么"的历史演化为例 ……… 536
 5. 本章小结 ………………………………………………… 552

下　　册

第六章　情感立场 ……………………………………………… 557
 1. 感叹(情感强度) ………………………………………… 557
  1.1　感叹的定义与表达 ……………………………… 557
  1.2　感叹的性质与类型 ……………………………… 563
  1.3　感叹的其他句法语义性质 ……………………… 579
 2. 褒贬(积极消极) ………………………………………… 583
  2.1　倾向性情感句中的意义配置 …………………… 583
  2.2　结果与后续行为 ………………………………… 608
 3. 感叹标记以及有强烈感叹倾向的形式举隅 ………… 623
  3.1　北京话语气词"啊"和叹词"啊" ………………… 623
  3.2　北京话和成都话的意外语气词 ………………… 630
 4. 本章小结 ………………………………………………… 649

第七章　行为立场 ……………………………………………… 652
 1. 行为的普遍实施条件 …………………………………… 652
  1.1　意愿与行为 ……………………………………… 652
  1.2　能力与行为 ……………………………………… 655
  1.3　关涉事物与行为 ………………………………… 659
  1.4　使因、内外使因与行为 ………………………… 660
 2. 言语行为中的语言表达 ………………………………… 663
  2.1　表达中的主题 …………………………………… 663
  2.2　表达中的焦点 …………………………………… 699
  2.3　表达中的背景预设 ……………………………… 708
 3. 完句性 …………………………………………………… 710
  3.1　完句性理论 ……………………………………… 710
  3.2　性质形容词谓语句 ……………………………… 720
  3.3　"每、所有、任何"与"都"的共现 ……………… 725
  3.4　汉语状中结构的平衡配置 ……………………… 736
 4. 各种言语行为的实施条件 ……………………………… 745
  4.1　陈述类言语行为 ………………………………… 746

  4.2 祈使类言语行为 …………………………………………… 754
  4.3 虚拟类言语行为 …………………………………………… 818
  4.4 鼓励与警告 ………………………………………………… 826
 5. 本章小结 ………………………………………………………… 834

第八章 复杂的汉语语用语法现象举隅 ……………………………… 840
 1. 统一预期理论举隅——以"差(一)点(儿)＋否定VP"为例 …… 840
  1.1 Nn式的来源、类型 ………………………………………… 841
  1.2 肯定式、Na式和两种Nn式的性质对比 ………………… 844
  1.3 Na式的特殊性 ……………………………………………… 850
  1.4 区分Na式和Nn式的语用条件 …………………………… 869
  1.5 小结 ………………………………………………………… 896
 2. 副词的主观性 …………………………………………………… 898
  2.1 主观性成分对信息性语法操作的限制 …………………… 899
  2.2 主观性程度 ………………………………………………… 902
  2.3 小结 ………………………………………………………… 947
 3. 主观量 …………………………………………………………… 947
  3.1 主观大量和主观小量,超预期和负预期 ………………… 948
  3.2 量的基础规律 ……………………………………………… 950
  3.3 主观量形成规律 …………………………………………… 957
  3.4 主观量使用规律 …………………………………………… 968
  3.5 主观量与积极/消极评价 ………………………………… 973
  3.6 小结 ………………………………………………………… 977
 4. 汉语"呢"系词的本质 …………………………………………… 978
  4.1 话题问理论及相关的问题 ………………………………… 978
  4.2 汉语"呢"系词的情况 ……………………………………… 986
  4.3 结语 ………………………………………………………… 998

参考文献 ……………………………………………………………… 1001

后　记 ………………………………………………………………… 1045

图/表目录

第一章

图 1　Martni(1981)对言语行为的分类模型 …………… 10
图 2　正、负迁移理论示意图 …………… 18
图 3　叠加示意图 …………… 19
图 4　迁移语法化渐变过程示意图 …………… 21

表 1　语力的强化与弱化 …………… 38
表 2　立场范畴的子范畴 …………… 64

第二章

图 1　交际中的相对信息模型 …………… 77
图 2　递进的单向性和对立的双向性 …………… 109
图 3　新旧信息以及预期性的范围与阈值 …………… 141
图 4　相对信息价值曲线 …………… 141
图 5　新/旧信息和正/反/无预期信息的关系 …………… 142
图 6　梯阶示意图 …………… 153
图 7　"偏(偏)"的语义演化路径 …………… 163
图 8　"手表—时间"间接推理 …………… 181
图 9　肯定否定的量的单调性 …………… 198
图 10　预期/和谐与说话者的位置和视角 …………… 232

表 1　【预期原则四】蕴涵强度等级及其检验格式 …………… 157
表 2　"果然"句常见的非叙实动词和语境 …………… 159

第三章

图 1　立场三角 …………… 282
图 2　多个对象的情况 …………… 287

图 3　三方同盟关系的建构(1) ⋯⋯⋯⋯⋯⋯⋯⋯⋯⋯⋯ 288
图 4　三方同盟关系的建构(2) ⋯⋯⋯⋯⋯⋯⋯⋯⋯⋯⋯ 288

表 1　面子的重要性程度倾向性 ⋯⋯⋯⋯⋯⋯⋯⋯⋯⋯⋯ 274
表 2　第一/第二人称代词感叹主题句的情感倾向 ⋯⋯⋯⋯ 308
表 3　人称代词"你、您"感叹主题句情感倾向对比 ⋯⋯⋯ 312
表 4　"你＋NP"结构情感倾向 ⋯⋯⋯⋯⋯⋯⋯⋯⋯⋯⋯ 313
表 5　感叹焦点是积极义成分时的情感倾向 ⋯⋯⋯⋯⋯⋯ 314
表 6　感叹焦点是积极义成分时的情感倾向(反例) ⋯⋯⋯ 315
表 7　感叹语力强化与情感倾向加大 ⋯⋯⋯⋯⋯⋯⋯⋯⋯ 317
表 8　感叹语力弱化与情感倾向减小 ⋯⋯⋯⋯⋯⋯⋯⋯⋯ 318
表 9　"真行"类格式的情感倾向 ⋯⋯⋯⋯⋯⋯⋯⋯⋯⋯ 321
表 10　"倒好"类格式的情感倾向 ⋯⋯⋯⋯⋯⋯⋯⋯⋯⋯ 321
表 11　现代汉语"我们"的用法 ⋯⋯⋯⋯⋯⋯⋯⋯⋯⋯⋯ 323
表 12　构建正同盟关系的语词 ⋯⋯⋯⋯⋯⋯⋯⋯⋯⋯⋯ 329

第四章

图 1　事件与论元的实指、虚指关系 ⋯⋯⋯⋯⋯⋯⋯⋯⋯ 349
图 2　论元和事件的个体与非个体关系 ⋯⋯⋯⋯⋯⋯⋯⋯ 354
图 3　汉语语词定指性序列 ⋯⋯⋯⋯⋯⋯⋯⋯⋯⋯⋯⋯⋯ 357
图 4　汉语语词的索引性等级 ⋯⋯⋯⋯⋯⋯⋯⋯⋯⋯⋯⋯ 389
图 5　传信系统 ⋯⋯⋯⋯⋯⋯⋯⋯⋯⋯⋯⋯⋯⋯⋯⋯⋯⋯ 405

表 1　汉语常见意向谓词的类型 ⋯⋯⋯⋯⋯⋯⋯⋯⋯⋯⋯ 399
表 2　"我听说他回来了""你听说他回来了？"的三个主体 ⋯⋯ 452
表 3　根据信息传递规律应该有的功能分布 ⋯⋯⋯⋯⋯⋯ 457

第五章

图 1　意外三角 ⋯⋯⋯⋯⋯⋯⋯⋯⋯⋯⋯⋯⋯⋯⋯⋯⋯⋯ 502
图 2　由意外导出的迁移和叠加 ⋯⋯⋯⋯⋯⋯⋯⋯⋯⋯⋯ 503
图 3　导出意外的迁移和叠加 ⋯⋯⋯⋯⋯⋯⋯⋯⋯⋯⋯⋯ 506
图 4　从意外到询问原因/目的 ⋯⋯⋯⋯⋯⋯⋯⋯⋯⋯⋯ 548
图 5　各种表达方式离"意外"的距离 ⋯⋯⋯⋯⋯⋯⋯⋯ 549

表1	四大信息	475
表2	成都话"等于"的功能分布情况	516
表3	"乎"的收敛	534
表4	江蓝生(1990)对"可"用法的统计	535
表5	《水浒传》"怎"系词	537
表6	方式内部各子类及其性质配置	544

第六章

图1	与感叹有关的语用迁移或叠加路径	564
图2	北京话"啊"的例句类型	628
图3	语义最大简图	635

表1	汉语感叹形式的类型	560
表2	"评价性—事实性—情感性"配置表(绝对评价事件)	586
表3	"同盟性—评价性—事实性—情感性"配置表(相对评价事件)	587
表4	反例形式举隅	606
表5	乐观原则优势配置	615
表6	调查特征分布表	630
表7	"句类""具体行为"和"信疑"(确定性和求答性)的组合表	631
表8	"预期性—句类/具体行为/信疑"分布表	631
表9	"预期性—对象"分布表	633
表10	"预期性—情感倾向＋强度＋同盟性"分布表	634
表11	语义地图节点表(1)	636
表12	语义地图节点表(2)	640
表13	成都话是非问"哇字句"测试表	648
表14	"哇字句"表疑问的测试数据	648

第七章

| 图1 | "疑问—意外"导致的提醒、警告迁移叠加 | 832 |

| 表1 | 汉语非动词性谓语句式中的主事和系事 | 667 |
| 表2 | 汉语论元句法化为第1、第2论元时的序列 | 671 |

表3	汉语句首双重名词性结构(双主题)内外层的排列顺序	672
表4	焦点类型	699
表5	北京话语料中的"所有""每"与"任何"	726
表6	"每、皆、都、所有"的历史演变	729
表7	"禁言"的功能	816
表8	鼓励和警告的表达方式	827

第八章

图1	"差一点 VP"的有界性和方向性	848
图2	事件的界点	856
图3	"险些"类格式中事件的时间类型的历史演化	858
图4	否定式的一般认知图示	859
图5	颠倒事件的特殊认知图示	860
图6	"差一点没 VP"(Na 式)的有界性、方向性和双向性	862
图7	双向运动图式	862
图8	"命运岔路"理论模型	865
图9	"结果未达到"式的演化	866
图10	汉语常见副词主观性考察诸特征之间的关系	938
图11	汉语常见副词主观性等级的分布	939
图12	汉语常见副词数量分布	946
图13	量与存在的关系	951
图14	汉语"呢"系词的功能演化	998

表1	四种"仅差"格式的句法、语义、语用和韵律性质	844
表2	"争些、险些"类格式的历史材料统计(基本分布)	853
表3	"争些、险些"类格式的历史材料统计(事件类型分布)	857
表4	"差点儿"企望说的配置	870
表5	"差点儿"常规说的配置	880
表6	"差点儿"综合说的配置	882
表7	对董为光"综合说"配置的总结	883
表8	范晓蕾的三类预期	884
表9	不能否定的汉语常见副词	900
表10	主观性调查的各种格式	905
表11	当代汉语中能够被否定的常见副词	906

表 12　在百度搜索引擎中出现正反问用法的副词 ………… 906
表 13　汉语常见副词主观性调查数据表 …………………… 913
表 14　汉语常见副词主观性指数等级表 …………………… 939
表 15　话题问的序列 ………………………………………… 982
表 16　元代《老乞大新释》的"呢" …………………………… 988
表 17　CCL 明代语料中的"呢" ……………………………… 989
表 18　"呢"系词的历史 ……………………………………… 990
表 19　北京话"呢"和成都话"哝"的句法位置分布(句法位置)
　　　 ………………………………………………………… 992
表 20　句尾北京话"呢"和成都话"哝"的功能分布(全面对比)
　　　 ………………………………………………………… 992
表 21　北京话"呢"和成都话"哝"的功能分布(大类对比) …… 994
表 22　北京话"呢"和成都话"哝"的功能分布(复句) ………… 999

第一章　言语行为的语法学研究总纲

语言是动态和静态系统的混合体。

静态系统(static system)是指其状态不随条件(包括时间、空间、前提、伴随因素等各方面的内容)而变化的系统;系统与系统之外的环境没有什么决定性的相互影响,系统独立、自足于环境之外;系统没有关于条件参数及其影响的记忆,所以又称为"无记忆系统"。

与静态系统相反,动态系统是指其状态随条件(包括时间、空间、前提、伴随因素等各方面的内容)的不同而改变的系统。系统与外在环境之间有重大的相互影响,不自足,不独立。更为重要的是,系统对条件参数存在"记忆"。这一"记忆理论"是说:系统内部形成一种规律性,在何种条件下将会产生何种影响以概率的方式体现出来,一旦触发变化,则变化不是完全随机的,而是基于当下与历史的条件累积,以不同的概率大小倾向于一定的变化方向。假如我们把动态系统看成一个生物体的话,则这种倾向性就是内化在生物机体(无论是肌肉还是神经还是脑)自然组成与后天练习中的"记忆",也称为"刺激—反应"系统。

动态系统最初是在物理上的动力学研究中提出的,其特征是"系统的状态是时间的函数",也就是说随着时间流逝,状态可能发生改变。后来"控制论"把它扩大到各种动态系统的研究,可以用以下方程来表示其中的最简单的关系:

$$X(t+1)=F(X(t))$$

X 指状态,t 最初指时间,后来也指各种条件。公式说的是,在 t+1 条件下的状态,是前一个条件 t 时的状态的函数,F 称为"确定性函数"。

任何一种人类语言,都是一个动态系统,但是语言的动态性与上述典型的或纯粹的动态系统存在着很大的区别。世界上所有语言都有两个层次:话语形式(载体或输入变化)和意义功能(内容或输出变化)。从语言使用来看,是动态的,也就是说,在不同的时间、不同的运用场合、不同的交际者那里,语言系统中一个形式的功能从理论上讲都可以不一样,不过这种变化又是存在规律的,具有倾向性,所以我们需要也应该可以找到功能随形式变化的确定性函数。

但是,人类语言还有固化的一面,著名的语法化和词汇化就是固化的下位类型,其实质都是在语言系统中加入或确定一些静态的成分或因素,这些成分或因素的形式和功能配置在一定的历史时期内是不变的,无论放在何种语境之中,都可以得到大致相同的意义或功能,二者是高度匹配的。用一个比喻来讲,语言系统动态的一面犹如大海中的水流,看似可以自由地流动,但实际上有着某种倾向性的流向;而静态的一面则犹如海面的冰山,是大海中凝结而成的固定的东西,但都是暂时的、在不断的解体和凝固中的;这些倾向性和固化的东西合在一起,使系统在一定时期具有高度的稳定性。

从系统的发展来看,稳定的状态称为"定常状态"。定常状态有两种理解:

一是系统最终达到的状态,由于是"最终",所以系统不再进一步演变,而逐步固化,也许最终只剩下固化的东西。

二是在系统演变过程中暂时性地达到的状态,它具有相当的稳定性,不会一下就发生巨大的演化,而更像是在"原地踏步",虽然也在发生某种改变,但是这种变化是"小步前进"。

语言系统的演化没有尽头,因此也没有最终状态,它只能是上面的第二种情况。由于语言很难发生顿变,以渐变为主,因此在它演化的各个时期,总体上看都会呈现出相对稳定的状态,也就是具有很强的规约性。

定常状态中参数不变的是平衡状态,此时振幅收缩到零,这就是真正的静态系统。但是并不总是如此,不平衡是更常见的现象,此时在系统中发生着状态的变化:或者是周期性在一系列条件中改变状态(如四季循环),或者是向某方向发展但还没有产生极大的改变(如全球变暖),或者是在两个极端之间摇摆,或者是完全无序的混沌状态(完全无序本身也是一种定常状态),等等。

语言的本质是动态的,静态是第二性的,因此在规约的固化状态之外,又处于不平衡之中,或者有规律地发生摇摆,或者向某方向延伸发展。甚至语言中还存在"语言游戏"现象,此时甚至可以是混沌的状态,即语言单位可以随机地任意地组合。这就造成了语言系统的本质矛盾:语言形式与功能具有很强的规约性,甚至有的部分可能完全固化,但除此之外的成分或因素都在动态系统中,其形式的出现并不必然地实现为相应的功能;因为多了一个实现功能的"条件",在同样的刺激之下,由于条件的差异,大致相似的话语形式可能得到完全不同的功能。

在本章中,我们将从以下几个方面来论述语言这一动态和静态的混合体:

1) 语言的本质是使用,也就是话语,话语的单位是"言语行为"(包括会话和独白)。言语行为与语法系统的接口是"语用迁移和叠加",它是我们把握动态性的抓手。

2) 不同条件下的预期可以范畴化为各种"立场"范畴。

3) 言语行为的意图称为"语力",而表达方式的中心是强化语力和弱化语力,它也是导致各种迁移的重要手段。

在下一章(本书第二章),我们将重点讲述言语行为迁移规则的核心,也就是母语者社团的心理"预期",以及预期的各种下位类型。然后在后续的章节中分别论述那些在言语行为中具有迁移叠加触发作用的各种语用范畴。

1. 言语行为及其功能结构

现代语法学在上世纪下半叶进入句法、语义、语用三个系统对立统一的时代。语言单位之间的结构关系,是句法学的研究内容;语言单位和它所指向的对象(认识和想象的事物)之间的关系,是语义学的研究内容;语言单位的产生、使用、发展、衰退乃至灭亡,以及母语社团和言语使用者在其中的作用,是语用学的研究内容。另外请参看 Morris(1938),以及 Levinson 的 *Pragmatics*(《语用学》)(1983:1)中的论述。

现代语用学是在语义学研究的基础上诞生的,根本动力是因为觉得仅仅对语句的结构和意义进行研究存在很大的不足,希望从语言的使用中去发现语言系统的基本规律与发展模式。所以从本质上讲,真正的语用学研究都是兼跨语义与语用的,是语义与语用的接口研究。更不用说很多语用学的基本观念,如预设、预期、关联等同时也是语义学的研究对象。

自从语用学诞生以来,诸多研究范式就不断地在这一领域涌现,因为上述关于"语用学"的定义,是一个"对象型"的定义,而不是"范式型"的定义,所以只标明了任务范围,却不提如何去完成任务。这本身无可厚非,因为世界本身是复杂的,很难一以贯之。新的范式的涌现也说明学科发展的生命力十分旺盛。

不过这的确是一个学科发展的初级阶段。今天的我们可以设想,如果不是存在从传统语法到结构主义句法体系再到生成语法的结构理论这样一系列的对结构问题的系统性论述，那么就不存在发达的句法学，也就不能意识到句法学的边界和句法学的不足之处。如果没有基于逻辑和其他语义理论的语义系统的研究，也就不存在发达的语义学。当今语用学的面貌则是很不清晰的，没有这种具有全局性的理论体系。自由地采纳各种不同的研究范式，虽说是好事，是生命力的体现，但在这些范式中找到一些相比其他而言更为强大的理论体系，用以作为研究工作的主干，依然是一个成熟的学科所必须的要求。百花齐放是好，但没有大树净是花草，也难以成为森林。

有的人担心一个强大的语用学系统理论会"窒息"语用学诸多学问的发展。实际上，句法和语义学中的这些强大的理论，并没有窒息句法和语义学的新发展，因为它们无论如何强大，都不会达到所谓"大一统的理论神话"的地步，不会遮蔽研究者的视野，当然也远远谈不上使学术生命力枯竭。除此之外，在这些领域，往往同时发展出几个强大的理论系统，它们即使再强大也不能一统江湖，而且因为它们的相互竞争，而使得学术争辩空前激烈、空前深刻、空前繁荣，在促使自身研究发展的同时，反倒迎来了更高层次的百花齐放的局面。主要理论系统的更迭、异军突起的新研究，都可以带来革命性的变革。

胡范铸（2017）对当今语用学研究的状况进行了批评，曲卫国（2017）进行了回应。双方最大的分歧在于如何看待这种尚处于碎片化的学术状态，以及是否需要强大的系统理论，从哪一家入手来建立这一系统理论的问题。

对我们来说，要坐而论道，更要起而行之。无论从哪一家入手，总得想个办法先开始再说，如果一直在争论如何着手而不是开始着手的话，建立这样的语用学理论体系的设想便会一直是镜中花水中月。从2010年以来，作者本人的研究就开始转向言语行为分析，认为言语行为是整个语用学的核心研究对象，并试图将语用研究的方方面面都放在一个庞大的系统中。①

但是，如何研究言语行为，仍然是一个困难的问题。经过十年的探索，也尝试了各种不同的研究方法，作者认为，言语行为的研究核心是研究言语行为的正迁移、负迁移和叠加现象，其中重中之重的是起决定作用的语用规

---

① 胡范铸（2017）特别提出，"言语行为"这一概念能够统摄语用学的各种范畴，他认为，既然语用学就是研究人们如何用语言来实现自己意图的这样一种过程，很自然地，它的核心范畴就应该是"言语行为"。这一设想与我们长期以来的研究方向不谋而合。

则(原则)的研究,我们尝试从这里入手建立一个较为系统、比较全面的汉语语用型语法理论系统。

1.1 言语行为研究

在开始阐述本书的观念之前,先让我们来看一个更为具体的研究范式——"言语行为理论",以便说明本书的创新之处。

1.1.1 言语行为与言语行为理论

"言语行为"(speech act)指人们利用语言为主要载体(还可以包括其他非语言的伴随方式,不过必须以语言形式为核心)进行的实际交际行为,以及其中的类型、模板、动机、效果等各方面的要素组成,这是所有那些把言语过程看成一种社会行为而加以研究的理论都需要面对的研究对象,如果采用语用主义的立场,相信"语言系统是在语言使用中浮现并发展"这一基本观点的话,则必须以言语行为研究作为自己研究的核心范围。早在 Levinson (1983:226)中,就把"言语行为"作为普通的语用学理论中必要的内容之一。但我们认为还不够,不是"之一",而是"最重要"的一个。

也有研究者主张取消"言语行为"这一概念,代之以"会话分析"等观察视角。但实际上,会话分析中,也必须抓住说话者的意向性(intentionality),也就是说话者的意图或交际目的,才能解释他为什么选择这样的话语,否则就会沦为纯粹的会话过程的平面描写和微观描写,知其然而不知其所以然。

言语行为的核心功能要素就是"意向性","意向"一词来自经院哲学,本来指心灵的朝向,这里指说话者在说话时所朝向的交际目标,即他为什么而说话。[1] 言语行为的其他要素,如说话的方式、效果等都是围绕意向性为中心的。所以只要我们依然需要讨论"意向性",就无法真正地抛弃言语行为研究,不管是用什么术语来称呼。

"言语行为理论"(speech act theory)是一些学者提出的解释言语行为的一种学说[2],具有学术流派的性质。除了它,我们也可以用其他范式和理论来研究言语行为。

但是,的确有一些专家学者把二者看成一回事[3],并认为研究言语行为,必须严格按照"言语行为理论"的道路前进。实际上,即使是该学派内部也存在不同的理论方向,其观点并不相同,其他研究者完全可以根据自己的研

---

[1] 在语义学中,意向性同时指说话者用语词表示什么样的对象,包括对象的外延、属性和所在的可能世界等信息。参看陈振宇(2020:39-40)。
[2] 由语言哲学家 Austin(奥斯丁)提出,Searle(塞尔)等加以发展。
[3] 本书曾受到相关专家的批评,因此不得不在这里先做一番声明。

究需要开辟不同的理论道路。

如 Austin 分出了"言内行为"(locutionary act,指说出言语这一行为本身)、"言外行为"(illocutionary act,也称为"以言行事",指对说话者真实交际意图的表达)和"言后行为"(perlocutionary act,也称为"以言取效",指通过言语行为所导致的效果或变化),不过真正研究得比较多的仅是言外行为。

Austin 是哲学家,他的关注点毕竟与语言学的关注点有所不同。如果我们把对"言语行为"的研究局限在"言语行为理论"的范围之内,会导致很大的问题。因为它所关注的语言现象,对语法学来说并没有什么重要的意义,参看 Sperber & Wilson(1986:243)的评价。这是因为言语行为理论毕竟是哲学理论,并没有对语言中的实际现象进行细致周到的考察。在理论框架上,它过分注重逻辑性的齐整,而真实的言语过程以及不同的言语行为之间存在很大的差异,历史的影响也是方方面面的,因此并不那么整齐划一,而是呈现出多姿多彩的面貌。

文化背景对言语行为有重要的制约作用,研究汉语需要从汉语社会的制约条件的角度入手来解释,不能照搬英语研究的成果。在实际工作中,我们也发现当今年轻一辈的心理预期也有了一定程度的改变,这在后面各章中会有所介绍。①

文化取向的研究也有自己的弱点:言语行为归根到底是人的行为,人类具有共同的属性,因此言语行为的主干应该具有人类文化的共通性。言语行为可以分成很多类型,分为多种层次。越是与具体的社会行为紧密结合的,越受到文化差异的影响,如道歉、命名、邀请、拒绝、感谢等等,它们自身就是一种具体的社会行为。但是,有一系列的类型是人类语言系统中基础的类型,与具体的社会行为关系不大,或者说是可以用在多种多样的具体社会行为中的言语行为,如告知行为、提醒行为、询问行为、揣测行为、要求行为、请求行为、提议行为、禁止行为、感叹行为等等,即使有文化差异,在这些方面的作用也不是那么大,几乎所有社会都要面临共同的语言现象,也许最大的差异主要是在于选择哪种表达方式的问题,而可供选择的心理和行为模式则是人类共通的。

因此,正是 Searle 把言语行为理论发展得更切合语言学研究的需要,其研究重点主要有三个方面:

---

① Mey(1993)等将言语行为的研究放在人们所处的社会语境中来进行,研究言语行为所涉及的社会制约条件,包括使用什么样的语言以及语言形式,以便使这些条件得到满足。

1) 言语行为的种类①

阐述类(陈述说话者认为的事实),施为动词如 assert、swear、surggest 等。
指令类(使听话者或第三方做事),命令、请求、乞求、建议等。施为动词如 command、request、invite 等。
承诺类(说话者自己的未来行为,会发生还是不会发生),承诺、威胁、拒绝、发誓等。施为动词如 promise、threaten、undertake 等。
表达类(表达对事物的感情和态度),兴奋、痛苦、喜好、憎恶等。施为动词如 thank、welcome、congratulate 等。
宣告类(通过说话引起一种社会关系上的变化),宣战、命名、放弃权利等。施为动词如 declare、name 等。

2) 言语行为的实施条件

迄今影响最大的是 Searle & Vanderveken(1985)的详细总结,分为七项:

行事(行为)意图(illocutionary point)
行事意图的力度(degree of strength of the illocutionary point)
实现行事意图的方式(mode of achievement)
命题内容条件(propositional content condition)
预备条件(preparatory condition)
真诚条件(sincerity condition)
真诚条件的力度(degree of strength of the sincerity condition)

例如指令请求的四个条件:②

命题内容条件(说者断定了听者的一个未来的行为)
先决条件(听者有能力实施行为)
诚恳条件(说者要听者实施行为)
实质条件(说者让听者实施行为的企图)

---

① Searle 的五类是从多个维度画划分出来的,如:illocutionary point,行为想达到的目的;direction of fit,适从方向;psychological state,说话者说某话语时的思维状态;content,言语行为在哪些方面受到命题内容的限制。
② Searle(1979)提出。

这些语用条件的提出,极大地深化了各类具体的言语行为的研究,因为如果违反这些条件则必然带来语用上的不合适,而不合适则需要加以克服。这就在实质上将合作原则的基本理念引入了言语行为研究,即满足条件是合作的,而不满足条件是不合作的,不合作并不一定就不能说,而是会转向更为隐晦的语用涵义,从而造成间接言语行为。

3) 间接言语行为[①]

指说话者的真实交际意图和他所说的话不完全一致的情况,需要一些中间的推理,从字面意思得到其最终的意图。在 Grice 学派那里,这种最终的意图也称为"涵义"(implicature)。并且这种推理可能会成功也可能会失败,可能高度的规约化也可能相当隐晦。这本身是一种客观存在于言语活动中的现象,而间接言语行为理论则是为解释这些现象提供的一种理论模型。

为了更贴切语法学的研究,需要对上面的 1) 和 3) 进行更为详细的论述。我们非常赞赏 Searle 的重要贡献,不过认为应该进一步向前走。至于 2),Searle 的路线是正确的,不过需要更为细致的分析,而且 2) 与 1) 结合得十分紧密,不同的类型需要不同的条件,类型的划分也决定着条件的确定,从原则上讲二者不能分离。这样一来,2) 所研究的应该是普遍的社会行为的条件,作为更高的理论概括。

1.1.2 言语行为分层以及与语法系统的关系

言语行为理论的各家各派都有一个共同点,就是对各种言语行为进行分类研究,特别关注这些言语行为实施的制约条件、社会规约、说话者的意向性等等。这些研究非常精到,但是这样看问题会把社会研究、心理研究与语言研究混淆起来。有的东西并不是语言学的内容,如究竟什么才是"道歉、宣告"的限制条件,这与语言系统无关,而是社会心理与社会文化的研究对象。语言中可能有规约化的道歉与宣告表达形式,但这只涉及语言的浅表层次,与语言系统内部的复杂机制无关,因此是很容易发生变化、完全随时代的潮流而变化的东西。对这些问题的研究对我们研究语言系统的核心问题(即人类认知系统及其表达)而言并没有什么大的帮助。

那么,作为语言学家(尤其是一个语法研究者),在言语行为的研究中,我们应当特别关注哪些内容呢?

言语行为的分类可以从很多角度进行,在一个层级体系中,下位范畴会继承上位范畴的性质和限制条件,也会增加一些新的性质和限制条件。所

---

① 英文术语是 indirect speech act,这是 Searle 最重要的贡献之一。

有的言语行为都是"人类社会行为"这一最高范畴的成员,因此我们首先应该给出所有人类社会行为都需要满足的条件。

从语言研究的角度看,我们需要区分言语行为与非言语的社会行为。言语行为也是一种社会行为,因此它继承了社会行为的全部性质和限制条件。但是它有自己的特点,这就是与语言系统和话语表达有关,一定要是由话语表达为主要实施方式的行为才是言语行为,如果话语表达仅仅起到辅助作用或者有还是没有关系不大,那么就不是言语行为(正如两个拳击手,他们嘴里塞入牙托,所以拳击运动的本质和说话几乎无关)。话语表达以及组织和解释话语背后的语言系统,是言语行为的区别特征,所以我们应该给出话语表达需要的条件,以及话语表达与行为在其他方面之间的关系的限制条件。

在言语行为中,需要进一步区分它与社会行为的关系:

那些仅用于特定的具体社会行为,需要特别的社会场景和社会事件来制约的,是"特殊言语行为"。例如道歉就是这样一种特殊言语行为,它需要的特殊限制条件有:说话者认为自己做了使对方受害的事;说话者希望表达自己的歉意(愧疚心情);如果可能,还希望获得对方的原谅,从而使自己的愧疚心情得以平复;说话者需要用该社会团体约定俗成有效的道歉表达方式来言说,这一言说一般要当着对方的面进行;等等。如果是研究"道歉"等相关语词的语义结构和使用限制,这些社会因素都是非常有用的,但也是非常浅表的,主要涉及特殊的词汇和构式,对语法系统没有深刻的影响。

而那些可以用于各种各样具体的社会行为,普遍地在话语表达中起作用,不需要受特殊的场景或社会事件制约的,是"普遍言语行为"。例如告知,就是这样一种普遍言语行为,它需要的限制条件与具体场景无关,是由告知的听说双方关系决定:说话者认为对方不知道某事物,说话者希望对方知道该事物,说话者需要用相应的句式等来言说,等等。

需要注意的是,特殊言语行为可能有固定的表达方式,也可能有多种选择,如道歉可以使用陈述句"我让您受累了",可以用疑问句"原谅我好不好?"可以用祈使句"请您接受我的道歉",等等。所以它根本不是普遍言语行为陈述或告知的下位类型。这也说明,具体言语行为和普遍言语行为是两个完全不同的维度,相互是交织的关系。

前面我们在反驳文化取向研究时,说过其缺点是此类研究过分强调那些与具体社会行为紧密结合的言语行为。实际上,这一趋向贯彻言语行为研究的始终。Austin 专门分出以言行事这一类,其主要的类型都是宣告、命名、道歉等具体社会行为。即使是 Searle 的研究有更多的语言学取向,但仍然有大量的研究内容是涉及这一类具体的社会行为的。究其原因,是因为从 Austin 到 Searle,都过分注重"施为动词"(performative verb)对言语行为的主导作用,认为正是这些施为动词的不同,导致了不同的言语行为(前面在讲述他的分类时,已经将每一类的施为动词列出)。

但是,言语行为与施为动词并没有本质的联系。Martni(1981:58)摆脱了这一羁绊,直接从语法系统的角度来对言语行为分类,如图1:

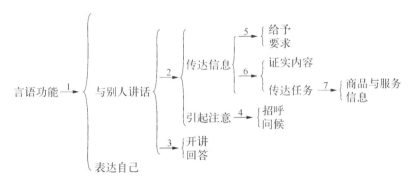

图1　Martni(1981)对言语行为的分类模型(引自丁信善,1992)

可以看到,这一分类尽力从言语功能的普遍使用的角度去看问题,而没有与具体的社会行为挂钩,如这里的"传达任务——信息",实际上就是询问有关的信息,这是一般所谓疑问句的功能;而"传达任务——商品与服务",则是一般所谓祈使句的功能。显然,在很多具体社会行为中,都可以使用疑问句和祈使句。

实际上,还有其他更多的分类方法。Leech(1983:207-213)对 Searle 的分类进行了改造,他把施为动词放在一边,按照言外述题(illocutionary predicates)分类,使之符合语义逻辑的系统,如下:

　　陈述类(言外述题作用于命题)
　　指令类/承诺类(言外述题作用于命令)
　　发问类(言外述题作用于问题)
　　表达类(言外述题作用于命题内容(即谓词))[①]

这一分类也是将普遍言语行为,如陈述、指令、发问等专门拿出来进行

[①] 丁信善(1992)说,它不转述话语本身,而是预设一个话语用以表达心态的活动。

讨论。

Wunderlich(1981)的观点与本书最为一致,他认为可以根据不同的标准对言语行为分类。其中一个标准是按特定语言中的主要语法标记分类,包括4类言语行为:①

> 疑问语气(发问类言语行为)
> 祈使语气(指令类言语行为)
> 陈述语气(阐述类言语行为)
> 具体施为程式(宣告类言语行为)

综上所述,我们认为,作为语法研究,并不需要去研究所有的具体言语行为,而是应该更多地偏向普遍言语行为(自然言语行为)的研究。根据前人的论述,可以看到,普遍言语行为的研究必须坚持形式与功能两个方面的特点,需要根据具体语言中语法化的成果来划分体系;并且在几乎所有人类语言中,都有一些固定的行为类型是大家都需要的,这方面的语法化也是相通的,可以统一进行阐述。在此基础上,再就具体语言的特点进行修正。

几乎所有研究者,都会提及几个普遍适用的言语行为:陈述、疑问和祈使。它们如此重要,以至于在语言中,一定会语法化出特定的话语形式来表达它们。这些话语形式的高度规约化的功能就是表示将信息给予对方、向对方索取信息以及促使对方处于某种状态、行为或结果之中,它们已经具有特定的字面意义,其特定的直接言语行为的核心是:告知、询问和要求。

另外一些普遍言语行为未必在具体语言中有充分语法化的形式,而可能是借用其他形式来表达,因此天生具有间接言语行为的特点。例如说话者将自己的情感呈现出来,可以借用陈述、疑问和祈使等方式来达成,当然这样的句子肯定与一般的陈述、疑问和祈使句不同。即使没有这样的特定形式,这类言语行为也是普遍的,因为每种语言都会想办法去表达它们。

1.1.3 间接言语行为理论②

应该说,大部分语用学的研究,主要是从哲理出发来讨论问题。这当然不错,但语法研究需要的是更为具体的讨论。间接言语行为的研究在这一方面呈现了相对具体的话语研究内容,打破了以往话语形式与意义功能之

---

① 丁信善(1992)说,他还"根据言语行为的本源分类。根据其本源,可以分为自然言语行为和社会机制言语行为两大类,前者是任何人类交往所必需的,后者仅适于特定的社会体系。"前者相当于本书的普遍言语行为。
② Searle(1975)说"通过实施另一种言语行为,去间接地实施某一种言语行为"。

间静态的一一对应的观念,指出有时需要通过间接的语用推理才能得到最终的言语行为功能,因此兴起了一系列重要的研究。如 Searle 讨论颇多的指令类间接言语行为,就对语法学很有启发。他总结了 6 种表示间接指令行为的话语形式,前 5 种涉及听话人的能力、说话者的希望、听话人做的事、听话人的意愿、做事的理由,最后一种是形式的相互嵌入。在 Searle 研究的基础上,还可以进一步细化,如听话人的能力可以进一步细化为自主性、有关事物的存在性可及性、事物发展的可改变性等等;理由可以进一步细分为合理性、常规性、积极消极结果等等。目前我们在这一方面还不够细致、不够深入,对语用规则的总结还不系统。但这样的工作对语法学来说是必须的,它完全可以构成一个庞大的言语行为原则体系。

另一方面,间接言语行为研究推动了主导语用推理的语用学范畴的研究,因为从直接到间接,是需要条件的,否则在一般的情况下是不会产生迁移或叠加的。这些条件、特征,是稳定的、引发规约性推理的那些条件或特征。作为触发迁移或叠加的要素,有时可能有具体的符号或形式来表达,但也经常是在词汇语义、语境上下文或语音韵律模式中隐含着的,没有语法化出特定的标记或符号。这些条件或特征,都是说话者对于自身、自己与他人的关系的认知倾向,具有强烈的主观性和主观间性。在这一方面,该理论不仅和格莱斯(Grice)主义的合作原则与会话涵义理论结合起来,还考虑到了语言使用中的礼貌等方面的问题。

不过,Searle 的间接言语行为定义本身也存在争议。Searle & Vanderveke(1985)认为言语行为的实现条件分为七项(见前文的介绍)。但是一个间接言语行为,恰恰会违反这些条件。例如 Gazdar 指出,用疑问句来表达请求,这时句子并不满足疑问言语行为所需要的条件,"你能把盐给我吗?"说话者当然知道对方是有递盐的能力的。实际上,作为"请求"是否符合也并没有给以充分的论证,至少在实现意图的方式上,一般来说,请求意图应该用请求句而不是疑问句。这样一来,我们不知道如何将言语行为的实现条件,与间接言语行为研究结合起来。

当然,我们也可以加入合作原则来解释,说当询问原则满足时,实现为疑问意图,当它不满足时,实现为间接言语行为,也就是请求。可是并不是所有间接言语行为都意味着原来的直接言语行为失效。如"你现在能走了吗?"有一个涵义是希望你赶紧出发,但疑问的意图也仍然有效,说话者还是希望对方回答,而对方的情况很可能是还有事,走不了,如果是这样说话者也就不会再接着请求对方走了;也就是说,只有在对方做肯定回答时,这句话才具有进一步引出请求语力的可能,或者说,请求是在询问语力实现之后,才由肯定答语进一步衍生出来的。由此可见,加入合作原则也不能解决问题。

本书希望更为准确地来定义间接言语行为:

1）直接言语行为①,指话语的语词和句式等直接表达的、具有语言系统性、规约性和稳定性的说话者意图。

2）间接言语行为②,无法从话语的语词和句式直接得到,而要经过语用推理才能获知的说话者意图。

直接和间接言语行为可能是互补的,即前者不能实现从而转化为后者;也可能是叠加的,即二者都得以实现。可以将直接和间接言语行为的发生模型厘定如下,包括三大要素和三大推理:

【要素】作为源点的话语形式 A,以及 A 的字面意义在语法系统中所表达的意图或功能 A′;作为终点的意义功能 B′;导致或触发 A 或 A′向功能 B′迁移或叠加的条件或特征 F。

【推理】[话语形式]A+[条件/特征]F→[意义功能]A′
[话语形式]A+[条件/特征]F→[意义功能]B′
[意义功能]A′+[条件/特征]F→[意义功能]A′+B′

有时,字面意图 A′得以实现,这是正迁移。有时,字面意图 A′无法实现,这时,话语形式 A 或者不能说,或者需要转换为另一个不同的意义功能 B′,所以最终实现的言语行为功能是单纯的负迁移。有时,话语形式 A 的字面意图 A′已经实现,在此基础上又进一步推理出新的功能 B′,所以最终实现的言语行为功能是叠加的"A′+B′"。这又可以细分:或以 A′为主,或以 B′为主,或难分主次。因此,推理规则需要三个公式:一个是实现话语形式 A 的规约意义功能 A′,一个是从话语形式 A 推出功能 B′,另一个是从功能 A′推出功能 A′+B′,如上所示。

Searle 还区分了言语行为的规约性(conventionality)差异。我们认为,这实际上是一个连续统,一端是那些已经在长期使用中固定下来,在母语者的心理中显著地保留,成为一种思维定式或习惯的推理模型,称为"规约性间接言语行为";另一端是那些没有固化,必须经过对当下语境或上下文因素进行复杂的认知,且仅对当下情景有效的推理,称为"非规约性间接言语行为"。非规约性,意味着推理很可能失效或失败,具有很大的灵活性和临

---

① 也称为言内言语行为。
② 也称为言外言语行为。

时性,尚未进入到语法系统之中;而规约性的推理研究话语语用意向的规律性的认识,因此是语法学的语用平面中最主要的内容之一。规约性程度的差异,就和其他那些语法化、构式化的程度差异一样,在不同的社会文化中有所不同,我们必须根据汉语的实际来研究,如汉语"难道"这一反问标记,能够推导出语用否定和倾向性疑问,而在英语中缺乏这样的标记。

还有其他不同研究者从不同的角度对间接言语行为研究做出了重要的贡献。间接言语行为中,涉及合作原则、礼貌原则、面子问题等,但这些研究也受到了批评。

Searle 仅仅从礼貌的角度解释采用间接言语行为的原因。这一方面 Brown & Levinson(1987)的"面子"(face)理论最为贴切,如对对方提出要求时,常常是出于消极面子的影响,说话者选用语力强度较弱的话语形式,以免冒犯对方;而这一话语形式原本不是用于该意图的,如原本是询问的形式用于要求,所以导致了间接言语行为。但是,并非所有的间接言语行为都有表达礼貌的语用功能,有时甚至很可能是故意冒犯对方;并非所有的礼貌策略都会用间接言语行为来实施,还有使用礼貌用语来直接表达等多种选择。已有研究发现,对很多语言如德语,间接程度和礼貌程度关联不大,汉语也是如此。另外,很多语言如汉语,语法系统中还缺乏评价礼貌与否和程度高低的语法化标记,完全是依靠词汇语义来表达,所以礼貌的作用并不是那么地高。

除此之外,Searle 等人使用的解释步骤过于繁复并且缺乏重点,也受到了很大的批评。如他对间接拒绝的十个步骤的解释,其实可以浓缩成关键性的两点:第一,根据优势选择的语用规则,如果同意提议,则可以采用最简单的表述方式,并且针对提议本身进行答复;如果对方的回复与提议不是直接相关,而是涉及复杂的表述,那么对方很可能没有采取优势选择,即不一定同意提议。第二,根据时间单一性规则,对方要做的事与提议的内容在时间上有冲突,只能选择其一;或者根据行为的能力规则,主体一向或暂时缺乏行为的能力,则无法实施行为;这便进一步强化了上述猜想,更倾向于对方是在拒绝提议。这两点都是语法系统中的语义或语用规则,因此不能说是"非规约性的",而是由多个规约性的规则共同推导的结果。

此后的研究者提出了不同的阐释方案,有:

"关联理论"(relevance theory),参看 Sperber & Wilson(1986)。[①]

[①] 它将每一个言语交际的过程都看成是一个"明示—推理"的过程,认为说话者的意图包括信息意图(话语的字面意义)和交际意图,具有两条原则:认知原则要求人类认知倾向于与最大关联性吻合,交际原则要求任何明示性的交际行为都应该设想为具有最佳关联性。据此,间接言语行为比直接言语行为取得更好的语境效果,这就是其使用动机。

"顺应性理论"(theory of adaptation),参看 Verschuern(1999)。①
"言语行为脚本"(speech act scenario),参看 Thornburg & Panther(1997)。②

间接言语行为研究传入汉语后,极大地推动了汉语语法学的发展,主要包括以下成就:

第一,对各种具体言语行为的广泛研究。包括:

间接祈使,以间接指令句为主,还包括间接的请求句、禁止句、提议句、拒绝句等,主要是对塞尔(Searle)的发现做进一步的细化。

间接疑问(使用陈述、祈使等形式间接获得的询问功能),这是汉语研究中早已注意并十分关心的现象,包括作为陈述与疑问中间状态的"揣测句"(他没来吧)、句尾特别升调和表情语气词表达的意外句(你没来啊)、要求对方探索的祈使句(你看看都有谁)等等。

间接否定(不使用否定词而是使用陈述、疑问、感叹等形式获得的否定功能),汉语的反问句(难道他是你爹)、意外句(你竟然以为他是你朋友)等也有悠久的研究传统,还包括由疑问形式语法化而来的"什么 XP、哪里哪里"等格式,它们或它们的起源都是间接言语行为,只不过存在规约化程度高低的差异。

感叹,它表示说话者强烈的情感情绪,但是在很多语言中,都是由陈述、疑问、祈使等形式间接地获得感叹功能,汉语中也是如此。在条件合适的情况下,汉语发展除了一系列这样的感叹格式,如"多 XP、真 XP、简直 XP、何以 XP、怎么 XP、什么 XP"等等,这种间接言语行为的达成机制一直是汉语研究的重点和难点之一。

最近的研究还涉及间接陈述(告知/提醒)行为,其中以使用疑问形式最为常见,如现代汉语"不是"反问句,已经在很大程度上不再具有否定的意义,而是用来告知或提醒对方有关信息(如"我不是去过她家吗,放心我找得到的")。

甚至还有间接肯定(通过语用推导来表明说话者对事实的认定),如在"叙实性"(factivity)研究中,说话者不直接表示这是事实,而是用"(权威)说 XP、大家都知道 XP"等来间接表示 XP 是事实。

总之,汉语间接言语行为的研究已经在很大程度上转向了语法体系中

---

① 它把间接言语行为的选择,看成是对语言现实、社会规约和心理动机的顺应。
② 它致力于解释间接言语行为的形成:在大脑的长时记忆中存储着一系列言语事件的脚本,脚本中的任何一部分都可激活(从而代指)整个脚本。部分借代整体,这已经是规约化的认知操作模式,据此人们可用一个言语行为来借代另一个言语行为。这一理论的优点是可以解释交际者为何能迅速而且毫不费力地推导出间接语力或涵义。

的一系列核心语义功能。

第二，对各种导致间接言语行为发生的条件或特征的研究。包括：

礼貌与面子，研究的结果没有证实面子对汉语间接言语行为的影响，反倒证明间接程度和礼貌程度关联不大。

预期性、常规性、合理性，这方面主要是立场研究（事理立场与情感立场导致的间接言语行为）和"意外三角"关系（意外为核心导致在感叹、疑问和否定三大范畴之间相互迁移）研究。

说话者心中对听说双方立场互动关系的设定，包括同盟性和相互地位，后者又分为社会地位和知识地位。同盟性研究主要围绕情感与事理表达，而地位的不同是言语行为的重要条件之一，对地位规则的违反往往导致意义功能的负迁移。

最近还有语力强度研究，指说话者的两种语用策略：因为担心言语行为不能很好地完成，所以为了尽可能地达到其效果而采取强化语力的表达方式；因为担心会冒犯对方，所以宁愿牺牲效果，也要采取弱化语力的表达方式。但是强化语力还有一个作用，就是可能用于间接言语行为，或者是语法意义功能的迁移或叠加，说话者使用强化语力的表达，以唤起对方的特别关注，推动对方采取有关语用推理。同样，弱化语力则往往在达成直接言语行为的语力的同时，还会触动有关双方关系的新的意义表达，这也是一种叠加。

第三，对间接言语行为推理或达成的恰当性的探讨。包括：

关联性，如何达成最大关联，是该类研究的重点与难点，最新的研究基于汉语事实，就一些具体的汉语现象提出关联程度大小的判别方法。但是为什么是向甲方向关联而不是向乙方向关联还很不清楚。

顺应性，更多研究汉语母语者在选择间接言语行为上如何顺应于语言现实（如某些话语效果是直接言语行为不具备的）、社会规约（已经定型为社会遵从的模式）和心理动机（满足个性、情感等方面的需要）。

脚本理论，对该理论最大的改进是具体分析各种言语行为的脚本，并且认识到选择不同的部分来借代整体，其需要的条件、话语的礼貌度、听话人的选择自由度等各不相同，试图提出层级体系。

间接程度，指字面意义与最终交际意图之间的距离大小，推导的难易程度。这一研究目前还仅仅是提出概念的阶段，并无实际的可资应用的计算方法。

1.2 迁移与言语行为迁移

特指在言语行为过程中发生的话语功能迁移现象。整个言语行为系统，或者说每一个言语行为,都是由以下这样一种基本单位一个一个环环相扣而形成的,这一基本的状态转移单位就是"言语行为的迁移"(transformation in speech act)。①

先来说说什么是"迁移理论"(theory of transformation)。

在论述之前,首先请注意:迁移不适用于那些已经高度固化的东西,因为固化成分的形式与功能的搭配不需要任何使用条件,而是直接呈现在心理词库中的。

1.2.1 迁移理论

从直接言语行为和间接言语行为的关系就可以看到,迁移一般分为三种②:

① 正迁移,指形式出现在易于体现或至少不阻碍它达成其已经高度规约化(记忆)功能的环境之中——或者是有条件满足它的规约性功能的实现,或者没有条件阻碍其实现。在实际的情况中,没有阻碍更为重要,因为所谓规约或固化,就是默认或已在其性质中内在地蕴涵着的东西,如果是语言形式,则是母语者心理词库中对它的功能的想象或习惯,在没有阻碍的情况下,它们会自动地实现。

② 负迁移,指形式出现在不易于体现或阻碍它达成其规约化(记忆)功能的环境之中——或者是没有条件满足它的规约性功能的实现,或者是有某种条件阻碍其实现。在实际的情况中,有阻碍更为重要,反对在心理上是最为突显的,所谓规约或固化就是在等待被打破的东西,如果是语言形式,则是偏离了母语者心理词库中的想象或习惯,使之不能成立,反倒转向其他的功能。

负迁移其实就是直接言语行为失效,转向间接言语行为。

请注意,正迁移和负迁移都是定常状态,也就是说,都是当前语言系统中相对稳定的现象,它们都是语言系统中正常的、合乎规律的、不可或缺的部分,都不是完全"新"的东西。因为负迁移并不仅仅是阻碍规约性功能的实现而已,更为重要的是:条件的改变会导致相关形式得以实现为规约以外的其他功能,造成功能上的漂移(drifting),从而达成其他某种语用目的。这就是我们常说的"使用 A 范畴的话语形式,实现的却是 B 范畴的意义功

---

① 陈振宇(2017)首先提出"语用迁移"的概念,并分析了若干实例。但当时不论在理论上还是在实践上,都十分粗陋。本书抛弃了原文中的论述,完全重新进行定义和阐述;原文中主要是为了研究漂移也就是本书中的"负迁移"问题,对正迁移没有自觉的认识,这在本书中也做了极大的修正。另外,请注意,为了与二语习得理论中的"语用迁移"这一术语相区别,本书的迁移理论改称为"言语行为迁移"理论。

② 英文术语暂定为"正迁移"(positive transfer)、"负迁移"(negative transfer)、"叠加"(overlap)。

能"。更为重要的是,这些漂移都是有规律性的,或者说是由更深层的心理机制决定着的、概率或大或小的固定模式,所以才说它们依然是定常状态。也就是说,即使发生变化,"走路的人不同,但大家走的都是老路",即变化依然是有规律的,已经存在的。

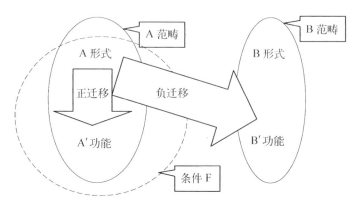

图 2　正、负迁移理论示意图

正迁移说明,直接言语行为也是需要一个实现过程的,也是需要考察使用环境的。那么是否可以取消间接和直接的区别呢？如认为所有言语行为都是间接的？参看 Leech(1983:33)。我们不赞同取消区别,但我们赞同他们的视角,即使是直接言语行为,也都是需要推理的,也就是考察语境和上下文,看是否满足它的条件要求,这样一来,它与间接言语行为都需要推理。

语法化和标记论理论可以用来反驳这种"都是间接"的观点,语言中高度固化的形式与高度语用化的形式之间存在着本质的差异,正是"量变导致质变"。正迁移和负迁移的不同是：正迁移是语言平衡性的体现,是消极修辞操作；负迁移是语言不平衡性的体现,是积极修辞操作。前者可以通过默认的缺省推理或短路模式而直接得到,不需要听说双方做太多的心理反思；而后者则不然,仍然需要上下文或语境的辅助,需要思考,因此失败的可能也大大提高。

学者们争辩的主要是这样一些例子,它们原来可能来自间接言语行为,但已经在社会生活中被固化下来,成为固定的用法,但是尚没有经历完全的构式化或语法化,而是存在一定的、细微的灵活性或可删除性,它们算直接还是间接？如"你可以把盐递给我吗？"在英语社会已经是一个固定的套路,用来表示指令行为,但是英语母语者又都清晰地知道这是一个疑问句,我们该怎样来处理它？

我们认为,只要它的母语者还仍然知道它最初的字面意义,没有"遗忘"这一起源,那就仍然是间接言语行为。真正的固化,必须将其源头在语言系统中抹去,不为母语者所认识。

③ 叠加,是多个功能叠加在一起的意义增量。从逻辑上讲,这似乎是不可能的事,一个事物怎么可能既是自己又是他人(不是自己),这不是违反矛盾律或排他律吗?但是,语言事实是"概率性的"和"可叠加性的",不是机械的二值逻辑系统(只有"是"与"非")。

概率性的世界观认为,世界中的事物只是在一定的程度上是自己,而不能表示为非此即彼的关系。例如著名的"忒修斯之船"隐喻,现实世界中每个个体每时每刻都在变化,也就是这一时刻的个体仅仅继承了前一时刻个体的一部分,同时改变了另一部分,那么只能看它的相对稳定性而不存在绝对稳定性,如果不发生突变使其性质出现巨大的变迁的话,那么我们根本不可能找到一个时刻,它从自己变为了另外一个事物;但如果发生大的变化,如死亡或转换成别的物体,则不再具有稳定性。用动态系统的理论来说,前者是暂时的定常状态,而发生根本的变化则不再是定常状态了。

语言中所有的单位都是处于动态变化中的,因此它本身就在不断地从一个功能转为另一个功能;不过语言单位的变化一般而言是连续的、具有相对稳定性的渐变,所以更具有"忒修斯之船"的概率特性。当然语言中的突变也会时不时的发生,有的是其他语言的影响(如借用现象),有的是社会突发事件的影响(如新造词),不过这些明显的差异我们可以很方便地用不同的单位来区分它们,所以在理论上并不困难。真正的理论难点在于对渐变的解释。

"叠加"就是一个渐变模型:

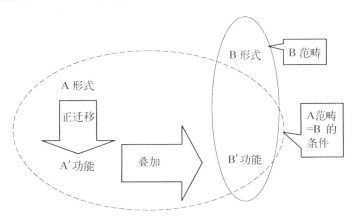

图3　叠加示意图

形式 A 在适宜的条件下或者在没有阻碍的条件下正迁移为其规约化的功能 A′，但是其意义或价值并没有止步于该功能，而是同时会叠加另一个迁移的过程，从而得到另外的一个功能 B′。为什么会出现这样的"冗余"的操作，是因为人类认知中存在着不同范畴之间的倾向性联系，即 A′功能很可能是 B′功能在社会或自然中实现的条件，不论它是单独起作用的还是和其他条件共同起作用的，一旦 A′功能实现，则很可能连带着实现 B′功能。所以叠加和因为条件不能满足所产生的负迁移还是有区别的。

综上所述，我们需要将关于间接言语行为的模板扩大到包括直接言语行为在内，即各种迁移都有三大要素：形式、功能、条件，以及最重要的推理过程和规则。

本书后面给出的各个推理公式，都会根据它们的性质标注究竟是"正迁移""负迁移"还是"叠加"。但是，需要说明的是，并不是每一个公式都是这三种之一，如果不是，将不标注。例如，如果说不满足什么原则就不能表达什么功能，这貌似与正迁移有关，其实不然，这仅仅是在讲适用的条件，即表达需要的限制内容，此类公式本书不会标注。不过，如果是说适用某一功能，则必有相关的条件，这就是正迁移了，需要标注。一般标注"叠加"的两项功能之间，往往并没有必然的语用推理关系，需要在较为特殊的情况下，如特别强调某一特征时才会如此，而如果不具有该条件，叠加往往不会发生。至于"语力失效"，一般都是负迁移。

除此之外，从理论上讲，每个负迁移和叠加都可能有一个方向相反的"逆迁移"。如果一个迁移是从 A 到 B，则反方向的从 B 到 A 就是它的"逆迁移"(inverse transfer)，如有"A 形式→B′功能"，则"B 形式→A′功能"是其逆迁移，当然，这一逆迁移往往是可疑的，需要更多的条件，也就是说，应该是"B 形式 ＋ F′条件→A′功能"。而且如果条件不足够的话，逆迁移是不成立的。以往的言语行为研究对逆迁移现象基本未予考虑，倒是在"溯因推理"研究中提到过。

而所谓迁移的规则，简单地说，实际上就是母语者认知倾向性和社会规约的反映，我们称为"语用蕴涵"(pragmatic implicature)，其实质就是我们常说的"预期"(expectation)。①

---

① 为了澄清术语和学术源流上的区别，需要看到此前在语言学理论上已经有过两种"迁移"理论。请读者注意，它们和本文的"言语行为迁移"是不同的范畴，虽然也都是和母语者的认知倾向性有关。请勿将下面两种理论与本文的"迁移"混淆：

    1) 在第二语言习得研究中，有一个"语言迁移"(language transfer)理论，指因使用母语的规则而促使二语的使用成功或失败的情况。设目标语有一个形式 A，其规约化〔转下页〕

1.2.2 言语行为迁移

本书提出的"言语行为迁移"是用来处理言语行为系统的。徐盛桓(1999)在讨论疑问句在探询—陈述—指令这一语用嬗变链上的影响因素和机制时,提到了疑问到非疑问的减退和迁移。徐的研究是对具体言语行为的研究,也是从语用方面进行的研究,本书之所以使用"迁移理论",也是受徐文的影响,不过我们试图将这一理论进一步澄清,并用于更为广阔的语用研究之中,用于各种言语行为的研究之中。

"言语行为迁移"与二语习得和教育学的迁移都是"迁移"的下位概念,具有许多相同或相似之处,但的确不是一回事。例如言语行为迁移有可能进一步导致语法化:

A 形式—语义—A′功能…语用…B 功能　　　　　　语用阶段
　　　　　规约化
A 形式—语义—A′功能—语义—B′功能　　　　　　去范畴化阶段
　　　　　　　　A 形式分化
　　　A 功能脱落
A 形式—语义—B′功能　　A1 形式—语义—A′功能　　重新分析阶段
　　　　　　　　　　　　A2 形式—语义—B′功能
　　　形式的历史感失去　　　形式的历史感失去
B 形式—语义—B′功能　　A 形式—语义—A′功能　　陌生化/重新范畴化阶段
　　　　　　　　　　　　B 形式—语义—B′功能

图 4　迁移语法化渐变过程示意图

〔接上页〕的功能 A′;与之相应,在母语中也有一个相应的形式 B,其功能为 B′,那么学习的结果可能有两种情况:

正迁移指,如果母语的语言规则(环境)和外语(形式)是一致的或至少是不造成阻碍的(如果二者根本不同,往往不会造成阻碍),那么母语的规则迁移会对目标语有积极的影响,也即所用的外语形式被正确地使用,实现自己规约的功能 A′。

负迁移指,如果母语的语言规则不符合外语的习惯,包括相异,以及相似但却在某些关键点上不一样,那么就会对外语学习产生消极影响,也即所用的外语形式被错误地使用,没有实现自己规约的功能,而是被用于其他功能,如 B′功能。

2) 在教育学中也有迁移理论,指一种学习对另一种学习的成功或失败的影响。设一种学习 A,其思维的方式 A′;另一种学习 B,其思维的方式 B′,那么学习的结构也可能有两种情况:

正迁移指,一种学习对另一种学习起到积极的促进作用,如写作说明文或学习逻辑,有利于对算术应用题的理解与解答,最终实现为 A′思维。

负迁移指,一种学习对另一种学习起干扰或抑制作用。如写作诗歌对算术应用题的破坏性影响,最终实现为 B′功能。用 B′思维来进行 A 学习,当然会事倍功半,效果会大打折扣。

言语行为迁移中，不论是负迁移，还是叠加，极大地破坏了一个重要的语法原则：语法形式与语法意义功能之间要求具有稳定的配置。这会造成语言的动态发展演变，它是包括语用修辞与语法化在内的一个连续的动态使用和演化过程。当这一改变仅仅是少数的、个别的情况时，只是一个语用或修辞现象。但是它可能进一步"规约化"(conventionalization)，成为语言系统中的一个较为固定的使用习惯，这一进程称为"去范畴化"(decategorization)。再进一步，当它经历"重新分析"(reanalysis)和"陌生化"(defamiliarization)之后，就与原来的使用分离，完全独立为一个新的语言单位，这就是语法化中的"重新范畴化"(recategorization)。

让我们看一个例子，在世界语言中，都有一些表示说话者感到"意外"(mirativity)的形式，如果意外时说话者对自我有很强的自信，就会认为事件不合理，从而持一种否定的态度，这就是叠加了一层语用否定功能。例如杜克华、陈振宇(2015)和陈振宇(2017)研究的成都话句末语气词"嗦"，本来表示"领悟"(eureka/comprehension)，即"消除疑虑、恍然大悟"，如"原来是你嗦"。但是所领悟的新信息，很可能是此前认为不可能或不大可能的事物，所以容易导向"意外"功能，如"原来你刚才已经来过了嗦！"更进一步，由意外导向"语用否定"，即认为事物不合理，说话者也借此指责对方，如"你还要挑人嗦！"意为你不应该进行挑选。参看杜克华、陈振宇(2015)的详细讨论。

在整个演化过程中，关键的一步就是"叠加"，只有它是在一定的认知规律中进行的，就意外的例子而言，则是如下的一条言语行为推理过程：

意外＋[特征]自信＋[特征]～积极→不合理(语用否定)
　　　　　　　　　　　　　　　→趋向性疑问
　　　　　　　　　　　　　　　→说话者指向的感叹(消极)

意为：当说话者对事物感到意外时，如果说话者自信，并且这一事物中没有明确的积极含义，则说话者会叠加三个进一步的语用涵义，就是对该事物进行语用否定(否定其合理性)、对事物的真实性加以带有倾向性的疑问，以及表达对该事物的感叹(往往是消极感叹)。这三个叠加的功能中，语用否定是最主要的。

其他的演化过程，如重新分析等，都需要一定的机缘和历程，完全由使用情况决定，并不具有必然性，因此未必会发生。由此可见，必须给出具体言语行为在具体的条件之下的语用规则，只有这样，我们才能对一个具体的语句在具体的语境中进行可以推导的较为准确的语用推理,从语句的字面意义得到说话者的真实意图,明确其意向所指。

我们同意激进语用学的观点,语言的使用即言语活动,即陈振宇(2017:492)的大海和浮冰的比喻,①浮冰很难保持在原位不变,它会向不同的位置漂移,从而具有更多的意义功能。

可能一些读者会问一个问题,为什么语言系统中的相关现象,往往并不是只由一个正迁移构成?为什么会发展出负迁移和叠加?我们认为,不仅要从消极的一面看,还得从积极的一面看:语用和修辞本身就是迁移的,不仅仅是因为"用有限驾驭无限"的语言需求,而且是因为人的认知本身就喜欢超越,人总是主观能动地去跨过边界,尤其是存在某种自然规律或人为的限制的时候。因此,负迁移和叠加是不可避免的,一方面"东方不亮西方亮",一个言语行为如果不满足其制约条件,该项言语行为不能成立,但并不意味着有关的形式不能使用,可以通过负迁移获得新的功能,从而变得合法;另一方面,当一个言语行为已经实现时,由于它充当语用推理的条件,也会产生连锁反应,从而同时得到其他功能。

我们用言语行为推理公式统一表达正迁移、负迁移和叠加。在公式"A+[特征]F⟶B"中,"⟶"表示迁移的方向,也即蕴涵方向(主要是大概率的蕴涵,不一定是百分之一百;偶尔也有完全概率的蕴涵)。箭头左边是源点,右边是终点,而"[特征]"表明促使言语行为迁移发生的触发因素,它可以以任何形式存在于句中或语境中,可以是词缀、语缀、虚词、实词、构式、上下文,乃至于是言语以外的语境或说话者心理要素,所以我们这里只能以"特征"来统一称呼它。

以往的言语行为研究,提出了很多恰当性条件,恰当就是指实现该言语行为的正迁移条件,但是当这些条件不满足时,句子如何通过负迁移而重获生命,就很少有系统性的研究。间接言语行为的研究很少有对整体性规则系统的研究,而主要是对个别情况的"推理"。须知,即使是负迁移,一般而言也是"斗而不破",即转向的意义功能有深层的规律在制约着,并没有完全"脱离",规律性很强,当然需要进行详尽的研究。

1.2.3 从迁移的角度看会话合作理论

为了借鉴前人的成果,我们需要看一下"会话合作"理论。这由 Grice(1975)提出,虽历经修改,但一直是格莱斯主义的核心内容。其中的确有一个

---

① 陈振宇(2017:492)说:"修辞语用机制是大海,而句法语义形式是海上的浮冰;大海有运动的方向,这就是一种修辞语用动机和机制。"

类似于正迁移—负迁移理论的规则。他提出了四条准则及其相关次准则，以及违反这些准则或者故意违反这些准则的情况。对准则的满足实际上就是正迁移，而故意违反实际上就是负迁移，会产生"会话涵义"（conversational implicature），也就是得到新的、非原有表达形式的功能或意义。只不过 Grice 没有关注具体的言语行为，而是泛泛地讲了几条原则，这些原则实际上都是关于信息传递的原则，主要是对"告知"（陈述中的典型类型）言语行为而言，这虽然是陈述句的主要部分，但相对整个言语行为系统而言还仅仅是一小部分；另外还有一些例子涉及提议、应答、感叹等，也都很零碎。

虽然 Grice 学派并没有提到什么"动态系统"和"迁移"，但在客观上不自觉地展示了言语行为迁移的存在，下面看看他们的具体成果和问题：

1）量的准则[①]。对"足量"的违反可以转为由"省略、含蓄"所表达的语用上的不可说性，如"你别……太那个"中"那个"信息不足，但表示了双方的心领神会或该事项在社会中的禁忌性。从心领神会来说，显然这是高度规约性的，因此不能说是告知言语行为失效。

对"过量"的违反则转为某种论说与情绪表现，如问"你考了多少分？"不是只回答"我考了 80 分"，而是絮絮叨叨地说"我考了 80 分，本来我都知道的，结果有一道看错了题，所以答偏了"，后面的多余信息其实是用来表示辩解或遗憾的情绪的。我们需要看到，回答者在一个方面是满足了告知言语行为的诸多要求的：他回答的是自己认为的事实，这一回答符合提问者的要求，在表达方式上也没有隐晦或过于啰唆的地方，就是回答的信息比较多，在回答了分数之后，还讲述了自己为什么没有得满分的原因，也就是说，在纯粹的告知行为之外，还表示了辩解或遗憾的情绪，这是叠加了两个言语行为"告知＋解释"。

2）质的准则[②]。对"事实"的违反，典型的如"反语"，如"你可真行！"表示讽刺；对"证据"的违反如无缘无故的猜测，女朋友对小王说"你居然迟到了十分钟，你都不爱我了！"其实并不是真的猜测小王不爱她，因为迟到十分钟无法作为不爱的证据，而只是表示不满情绪。可以认为，这两个例子都是负迁移，即原有的告知行为失效，从而转为消极感叹行为。

3）关联准则[③]。违反相关性意味着说话者不愿意参与该会话，或者不

---

① The maxim of quantity：指所提供的信息的量，所说的话应满足当前交谈所需要的信息，但不应包含多于需要的信息。
② The maxim of quality：所说的话需要陈述事实，不要说自知是虚假的话，不要说缺乏足够证据的话。
③ The maxim of relevance：所说的话是相关的。

同意对方的意向目的,如小王邀请小李看电影,而小李却不予回应,而是转移论域的主题,说明小李不想答应。如果要解释小李的行为,必须考虑会话分析中的相邻对,即上一个话轮会对下一话轮的内容进行限制,如果满足这种限制就是优势选择,否则就不是。最大关联的只能是优势选择,提议的优势选择是接受提议,而小李正是违反了这一点,所以推出他拒绝了提议。但是,小李是否在实施一个间接言语行为?他转移主题,说"今天天气很好",这一陈述本身有自己的直接言语行为功能,而小李是希望这一功能实现的,也就是希望对方肯定天气的状况;并且从他说的话中并不能推出他的拒绝意图。实际上,只有我们把他说的话与上面小王的话对比起来,才能明白小李的意图。可见,这一类例子并非普通的间接言语行为。

我们认为,小李的行为在本质上是负迁移,即在句子字面意义的基础上,还得增加一个新的条件:作为小王的话的答语。答语的限制条件是,必须是前面问题的焦点意义的信息回复,即"去还是不去"。如果不满足这一点,答语的语力失效,并转为另一个行为,表达的是对对方的问题拒绝回答的态度。

4)方式准则①。对"晦涩"的违反表明当前谈话的隐秘性,如间谍接头或交换情报,其实这并没有违反告知的限制条件,只不过这是两层告知系统,通过对译,表层的字面意义将一一转换成深层的真实字面意义,所以其行为是有效的。

对"歧义"的违反表明某种修辞目的,如故意误导对方,产生幽默效果,等等,这倒是违反了告知的言语行为要求,从而发生负迁移。

从迁移的角度看,符合这四大准则,如一个人所说的信息既不多也不少,说的都是他认为事实的情况,所说的话在对方期待的范围之中,表达明确无歧义,显然,他正确地实施了"告知"这一言语行为,达到了告知句或告知表达的规约的功能,即实现告知语力,因此,这是正迁移。但是,如果说话者违反了这四大准则,在很多情况下都会有特殊的言语行为功能的负迁移,即不是实现为告知语力,而是表示感叹、讽刺、提醒等言语行为。

可以看到,会话合作理论还太粗糙,例如没有考虑告知以外的其他言语行为的条件,没有考虑到产生负迁移或叠加的方向和规律性。我们将在后面对这些准则进行细化和更为深入的讨论。

但是,另一方面,从会话合作理论的角度看,也暴露了现有"间接言语行

---

① The maxim of manner: 清楚明白地说出要说的话,避免晦涩,避免歧义,避免冗长,避免无序。

为理论"的一个重大的问题：塞尔等研究者，包括那些后来批评他的学者，大多是从不同句类之间的关系来讨论的，例如用疑问句和陈述句来表示指令行为。而合作原则由于专注在告知句上，所以我们还可以看到同一句类内部不同意义和功能之间的迁移，上面的例子都是陈述句，而其最终的涵义（意图）也有不少是告知对方有关信息，只不过字面意义与最终的告知信息之间存在迁移，如反语中字面意义与最终的涵义都是告知功能，仅仅是意义相反。再如：

（1）甲：小王今天会去学校吗？
　　　乙：他昨天倒是说过今天会去。

乙本来只需要回答去还是不去，但是他的答语比需要的信息多，他还讲了小王昨天说的话，并且这一答语与问题的相关性比直接回答要差一些；因此，从某一方面来说，他既违反了量原则，也违反了相关原则。但是，从另一方面来说，乙对甲的问题的回答，也是可以认为符合相关原则的，只不过是间接推出：既然小王说他会去，那么根据承诺与事实之间的大概率关联，可以语用地推出"他很可能会去"，这才是乙的话语的最终涵义。乙之所以采取这一回答方式，是因为他可能有些犹豫不定，也为万一"小王没去"的情况留下伏笔，因为毕竟这是语用推理，不是百分之一百的，有可能出现反例。本例中，字面和最终涵义都是陈述句。

其他句类也有同样的情况，如：

（2）你知道他去哪儿啦？
　　——a 你是否知道？
　　　　b 如果你知道，请告诉我他去哪儿啦？

这句有两层问题：字面上是问 a，回答可以是"知道"也可以是"不知道"；但说话者实际上是认为你知道，因此语用地推出 b，是要你告诉"我"有关"他去哪儿"的信息。字面意义和最终的涵义都是疑问句。

（3）战士：要是遇见野兽怎么办？
　　　指导员：看看你手中的钢枪！

这句有两层指令：字面上是要求对方看看手中的枪；而因为枪的功用

角色①就是向目标射击,所以最终的涵义则是让对方用枪打野兽。字面意义和最终的涵义都是祈使句。

既然在"言语行为理论"中没有专门讨论这一类现象,那么我们就自己定义。由于本书将言语行为用迁移理论进行了改造,而这类现象也是迁移的结果,其中的语用推理十分明显,因此本书也把这些算在"间接言语行为"之中。

1.3 言语行为的语力

1.3.1 直接言语行为的语力

言语行为研究的另一个核心问题,是要确定说话者发动的具体言语行为,是否能够成功实现其目的,实现的是什么样的目的。可以把这一问题浓缩为"语力"及"语力的实现"问题。

"言语行为"理论,不再把语言看成静态的命题结构,而是动态的交际过程,它特别强调"说话就是行事",作为一种社会行为,言语行为的参与者之间也构成一个相互影响的社会关系,其理论核心是"以言行事"(illocutionary act),简单地讲,就是当说话者们说出陈述句、疑问句、祈使句等句型的句子时,是在分别履行告知、询问、命令等社会行为。

言语行为的核心是"语力"②,如陈述句有把信息传递给对方的语力,疑问句有要求对方提供相关信息的语力,祈使有让对方做出相应行为的语力,等等;也可以隐喻地理解为说话者通过言语行为试图对听话者施加的作用力或影响。

实际上,弗雷格(Frege)更早地把句子的意义分为 sense(字面意义)和 force(语力)两部分,但语焉不详。Searle 将语句在结构上分为两个部分:行事语力(illocutionary force)与命题内容(propositional content)。

但是,传统的言语行为理论中,语力往往指语句在使用中的终极目标,因此它与字面意义可能会相差很远。例如一个疑问句最终可能不一定用于疑问,而是祈使要求,它的语力就不被视为询问。如 Searle(1983)的研究,他称命题意义为 p,而语力为 F,则句子意义是 F(p)。不同的话语行为可以表示同一行事行为。

后来的研究者做了重大的修正,认为语力与句子的命题意义都是句子

---

① 关于物性中的功用角色,参看袁毓林(2014a)。
② illocutionary force,或简称 force,是这些行事行为所体现的说话者的交际意图或言语活动功能。参看段芸(2014)的论述。

意义的统一体,语力就是句子结构中显示出来的目的,而不是说话者最终在场景中要达到的那个目的,二者之间有更多的推理。

我们同意大多数研究者的观点,把言语行为的语力分为两种:

① "直接言语行为语力",句子字面意义显示的目的就是最终的目的,二者是直接达成的关系。如疑问句用于询问,祈使句用于要求,等等。

② "间接言语行为语力",句子字面意义显示的目的与最终的目的不一致,二者是间接推理的关系。如疑问句用于祈使,祈使句用于感叹,等等。我们需要研究怎样从直接的疑问语力中推出间接的祈使语力的问题等等。

本书所说的语力,两种语力都包括在内。

1.3.2 直接语力失效及句子的允准

当某种语言形式的直接语力得以成功达成的时候,该形式得到正迁移。但是,如果不能达成又会怎样?

现在让我们换一个角度考虑语力问题:"语力失效/语力有效"(invalid force/valid force)。语力失效,指语句所承担的直接言语活动没有能够成功地实施,如疑问形式未能成功询问,那这样的疑问句显然会有严重的问题需要处理。语力失效与语力有效相对。语力有效指语句自身已经达成了其直接言语活动的目的,所以可以完句(即语句可以独立使用)。①

我们认为,语力失效并不意味着该语句不能说,而是不具有完句性,②不能独立使用,需要其他条件(如上下文语境等)来允准,而且常常会改变语力的内容,转入其他类型的言语活动(即达成间接言语活动)。每种不同的语力都有自己的失效后的允准方式,甚至可以有多种方式,只要其中一种允准条件满足,句子就可以说了。

【语力失效原则(负迁移)】 语力失效的命题,

① 不能独立完句,如果没有允准的条件,就不能说。推理公式为:

命题/问题∧[特征]语力失效∧[特征]无上下文允准──→[排斥]言说

② 如果言说,需要语篇或上下文允准(这里的上下文包括语境等因

---

① 有的学者分出了更多的类型。如 Searle & Vanderveke(1985)的三分系统,但在语料中并没有显著的区别,即语言形式中看不到三个层次的形式差异。

我们只区分两个层次,是因为语言中确实普遍存在两种不同的形式表现:语力有效时,一般没有特殊的语用色彩、韵律、语境,句子形式趋于简单,而且参与者会觉得意义明确;但语力失效时,需要特殊的语用色彩、韵律、语境,句子形式也往往更为复杂,而且意义较为晦暗不明。

这就是哲学与语言学的区分:哲学家尽可以去想象各种不同的类别,但语言学家只承认在语料中存在差异的类别。

② 完句性理论,参看叶婧婷、陈振宇(2014)和陈振宇(2016)的有关论述。

素）。推理公式为：

$$命题/问题 \land [特征]语力失效 \land [特征]言说 \longrightarrow 上下文允准$$

③ 凡能够说而又没有上下文允准的，都是语力有效的。推理公式为：

$$命题/问题 \land [特征]言说 \land [特征]无上下文允准 \longrightarrow 语力有效$$

例如道歉需要有明确的对象，并且需要当着对象的面进行，说话者的心中还必须是真诚的。但是有时并没有对象，或者说话者并不真诚，这时道歉就是语力失效的。但是，这样的言语行为并非不能实施，如果是一种反讽（反语），或者强调道歉的主观重要性"无论如何我道歉！向一切可能受到伤害的人！"或者是充当另外一个新信息的出发点，也就是所谓的"引出下文"，如"我道歉！如果有人觉得我伤害了你，请接受我的道歉。""我都道歉了，你呢？"

道歉太过具体。这里给出各种常见的、较为重要的言语行为在语力失效时的允准条件，它们的实质就是语用上的负迁移。（有下划线的句子是语力失效的句子）

【告知语力失效时的上下文允准】

① 充当另外一个新信息的出发点。如：

(4) 你昨天去了北京，看见了什么人啊？
煮饭煮熟了才能熄火。
我写一封信，写好了再去找你。

上例中有下划线的陈述句，不具有新信息的价值，因为"你昨天"的行为你自己知道，煮饭和写信的目的就是煮熟和写好，所以告知语力失效。但这些句子是充当后面的信息的出发点，也就是说，篇章焦点在后面的疑问、"才"字结果、"找你"的提议，所以很恰当。

② 充当（自己的）观点的依据或理由。如：

(5) 人都要吃饭睡觉，所以日常经济学非常重要。

有下划线的陈述句，不具有新信息的价值，因为谁都知道这一点，不必说的知识，所以告知语力失效。不过这一句是用来充当"日常经济学非常重要"的论据，后者就是研究人类吃饭睡觉这些日常行为对经济的影响的，由于人人都需如此所以就很重要了。用已知或公认的旧信息充当论据是一个非常好的论证策略,因为这些信息一般是对方反驳不了的,所以一旦逻辑推理正确,对方便不得不承认结论正确。

③ 反预期:对方的预期与这一命题相反,是听说异见,具有辩驳的功能。如:

(6) 甲:他挺想和你交朋友的……
　　乙:<u>他想交朋友</u>?!

甲与乙对"他"的认识发生分歧,乙之所以把甲的话重复一遍,表面上看是对旧信息的重复,因此告知语力失效。但实际上乙是表示自己对甲的话的意外,由此推出乙不赞同甲的话,乙实际上是认为"他不是真的想交朋友",具有辩驳性质,反对对方的预期。

④ 回答对方的设问,此时对方已经知道答案。如:

(7) ——我姓什么?
　　——<u>你姓邓</u>。

这里答语更多地表示我知道答案,而不是为了告知对方答案。

⑤ 强调该命题具有很强的(主观上的)重要性,触发相关的言语行为迁移。如:

(8) 甲:张斌先生来了。
　　乙:<u>张斌先生来了</u>!

同样是重复对方的话,同样是表示乙的意外,但这里推不出语用否定,而仅仅是表达乙的感叹,就是对"张斌先生"的重视(他是语法学的大家)以及对他的到来的欢呼。

⑥ 用于那些需要或允许低信息价值的言语活动,如寒暄、打招呼、构建同盟性关系等。如:

(9) <u>大家都在啊</u>!
　　<u>天气真不错</u>!
　　<u>您在吃饭啊</u>!

再如：

(10) 甲：张三是个坏人。
　　 乙：就是,他净干坏事！

乙的话是甲所知道的,乙之所以这么说是为了构建与甲的同盟关系。当然也可以构建反同盟关系,如下面一段对话中,甲的态度乙在一开始就知道了,但乙反复重复,就是为了表示与甲意见不一样,是反同盟关系：

(11) 乙：你为什么要和张三过不去？
　　 甲：张三就喜欢突出自己！
　　 乙：他又不是坏人。
　　 甲：他还老是借别人东西不还！
　　 乙：他又不是坏人。
　　 甲：张三在老师那儿说你的坏话！
　　 乙：他又不是坏人。
　　 甲：……

⑦ "提醒",即担心对方没注意到或忘记了重要的常识或事实。提醒有的会转为有关观点的依据或理由,如：

(12) 你已经是大人了！
　　 男人是男人,女人是女人。
　　 我是我,你是你。

有的会转为祈使,如：

(13) （听到铃声）到上课的时间了！——希望你赶紧进教室去
　　 （看见火车进站）火车来了！——提议赶紧准备上车

⑧ 低知识价值告知（某种废话）,也就是确定性很差的命题。如下面乙的回答,表面是回答,但实际上并没有确定的信息,虽说是废话,但在交流中也有其自己的价值：

（14）甲：老张昨晚来过？
　　　乙：他可能来过，也可能没来过。

关于网络"废话文学"的情况，详见张琴(2021)。
⑨ 说话者有意欺骗，或表达反语（反讽）。如反语：

（15）你可真行！连这么简单的题都会做。

⑩ 表示夸张或感叹。

（16）我们战胜了任何对手！
　　　他是个超人！

⑪ 刺激对方来证实证伪或者刺激对方给出正确的答案，从而让说话者获得有关的信息。如我不知道张三昨天来没来，我却说下面的话，这是刺激张三做出回应，告诉我他究竟来没来。

（17）你昨天来过，看见了我们吧。

⑫ 显示说话者的较高的社会或知识地位，争夺话语权等。如大家都知道小王的为人，但说话者抢着说"告诉你们——小王这人不怎么样！"这不是要给予对方新信息，而是为了树立说话者自己的话语权。

【询问语力失效时的上下文允准】[①]
① 充当另外一个新信息的出发点，自问自答或设问。如：

（18）句子最重要的成分是什么？不是主语不是宾语，而是谓词！

② 反预期，说话者的预期与句子所预设的命题相反，是意外。如：

[①] Stivers & Enfield(2010)在对十种语言问答序列的调查中指出，疑问句可用于"获取信息（request for information）、要求确认（request for confirmation）、寻求认同（seeking agreement）、实施他发修正（other initiation of repair）、自问（outloud）、反问（rhetorical question）、评价（assessment）、提供帮助（offer）、建议（suggestion）、请求（request）等"（转引自方梅、谢心阳 2021），其中除了第一种，其他都是疑问语力失效后的迁移。

另外，《马氏文通》首先使用了"询问"这个术语，如把"谁""孰""何"等称为"询问代字"（马建忠 1898/2009：71-77）。

(19) 你昨天没来?

我们都知道你没来,你自己当然也知道没来,所以这一询问没有任何意义,询问语力失效。但这一问是为了表示说话者的意外情感,并希望对方给个理由或说法,让说话者感到安心。

③ 强调该命题具有很强的(主观上的)重要性,触发相关的言语行为迁移。如下面我们都看见你没走,所以没有询问的必要,这一问题实际上是强调你走的重要性,从而触发负迁移,即要求你尽快走:

(20) 你还不走?!（实际上是在要求你走）

④ 用于那些需要或允许低信息价值的言语活动,如寒暄、打招呼等。如:

(21) 大家都在啊?
最近天气怎么样?

前一句可以看见大家在场,所以没必要问;后一句说话者实际上也并不想知道天气的状况,所以询问语力失效,这里仅仅是用来作为和你打招呼引发后续谈话的基础。

⑤ 设问并希望对方去探索或要求对方集中注意力。如下面是课堂上老师的提问,老师当然已经知道答案,所以这里纯粹是为了激发大家的思考:

(22) 同学们大家想想,为什么他会这么做?

⑥ 回声问。如:

(23) 甲:他竟然喜欢小王。
乙:他竟然喜欢谁?

乙或者是没有听清甲的话,或者虽然听清了,但是不相信甲所说的"小王",所以发出回声问。

⑦ 疑问形式实际上不是真正的疑问形式,而是间接言语行为,从而转入意外、语用否定、祈使、告知、提醒等功能。如:

(24) 梁王安得晏然而已乎？（间接否定：梁王不能晏然）
　　 你能把手边的瓶子递给我吗？（间接祈使：希望你把瓶子递给我）
　　 我不是昨天来找过你吗？当时我在你门外拣到的。（间接提醒你已经知道的事"我昨天来找过你"，并以此作为下面论说的出发点）

⑧ 显示说话者的较高的社会或知识地位，争夺话语权等。如明明知道对方的行为，却依然说"干嘛去了你？"这不是要求对方提供信息，而是为了树立说话者自己的话语权，以便把握下面的谈话进程。

【要求/祈愿/允诺语力失效时的上下文允准】

① 表示让现有状态继续下去，不去做改变，这一点其实不需要做什么就会如此（本来事物就会继续下去），所以有关语力失效，也称为"无效要求/祈愿/允诺"；与之相对，让现有状态发生改变的是"有效要求/祈愿/允诺"。

无效要求常用于客套。如：

(25)（看见对方坐着）你坐着吧！
　　（看见对方在忙）你忙你的。
　　（看见学生在考试）不要管我，考你们的！（学生纳闷，谁管你了！）

无效祈愿或允诺还常用于担心（或回应对方的担心），或祝愿。如：

(26)（祝福新人）祝愿你们长长久久地在一起！
　　 我就希望一家人在一起，希望我们永远不会分开！
　　 我会待在这儿的，我不会走！
　　 我会好好活着的。

② "提醒"，即担心对方没注意到或忘记有关事项，造成恶果。如下面不需要做任何事，而是防备坏的事发生，所以要求语力失效，这里就是表示提醒：

(27) 别摔着！
　　 小心摔跤！
　　 不要太过分了！

③ 表达对听话者或某一方（祈愿可能不是针对听话人的）的强烈感情，以消极感情为主（几乎没有积极情感的例子）。如下面这些事情一般都是没

有自主性的,或者一定不会发生的,所以要求语力失效,主要是表示情感,且主要是表达消极情感:

(28) 去吃屎吧你!
　　　去死! /死去!
　　　滚! 爬开!
　　　飞上天去吧你!
　　　你行啊! 那你给我摘个月亮下来吧!
　　　希望他出门让车撞死!
　　　那你干脆把我弄死算了!
　　　让小日本鬼子别去杀人放火!

少数的中性或积极感情的构式,如:

(29) 你不要太有钱了!

④ 表达反语(反讽)。如下面的事其实是说话者不希望或不愿意发生的,其真实的意义与字面意义相反:

(30) 跳啊你! 快跳啊!
　　　你就等着挨批吧!
　　　怎么办! 每个人发杆枪去抢银行啊!
　　　让这么个大姑娘去出头露脸!
　　　——希望你好好活着! ——放心,我会完蛋的!

⑤ 表示诅咒。这和前面的纯粹表示情感不同,说话者其实是希望诅咒成真的,即使他知道这是迷信,但并不妨碍他的表达:

(31) 赶快生病!
　　　别让他成功!
　　　××队,不要进球!

⑥ 要求转为祈愿。这和诅咒的情感立场正好相反,是积极的;而在实现上的态度则同诅咒相同:

(32) 石头变金子!
　　反动派失败! 人民胜利!

⑦ 表示夸张。如:

(33) 要打倒一切反动派!
　　你可别把大海都喝干了!
　　我会把你服侍得比女王还女王!

⑧ 在给对方挖坑,意图对对方造成损害。如知道对方不会游泳却要求对方去游泳,有让对方出丑甚至谋害对方的意图。
⑨ 表示对对方并没有什么真正的要求或期望,也就是一无所求。如:

(34) 你活着就好
　　我只希望你活着,有一份工作。

因为一般人都是活着,都有工作,而且这里也没有预期你会失去生命或工作,所以这是表示最低的要求,它甚至是不成为要求的要求。
⑩ 允诺失效还可以表示欺骗,如明明不会去,却说"我会来的"。
【量化语力失效时的上下文允准】
表示主观感情强烈。如:

(35) 他完全不懂得做人的道理!
　　他一点也不懂得做人的道理!
　　他不买一点东西!
　　我不见任何人!
　　Never did he finish any work!

【虚拟语力失效时的上下文允准】
① 充当另外一个新信息的出发点。如:

(36)(对儿子说)要是我还是你妈,你就听我的!
　　如果我是我,那么我何必去羡慕别人!

② 表示礼貌,如肯定一件事却说"可能他是好人",从而避免太直白地表达自己的观点。再如"如果我能行的话,我想试试"。

【焦点感叹语力失效时的上下文允准】
① 语句是引语,对说这一语句的言语活动进行感叹。

(37) ——你做了什么？——<u>我做了什么</u>！我什么也没做！
　　 ——你去哪儿？——<u>去什么哪儿</u>！我上厕所！
　　 ——给我拿出来！——<u>老子给你他妈的拿出来</u>！（疑问、祈使等本来具有不确定性）
　　 ——我只看了一本书。——<u>你只看了一本书</u>！你一本都没看完好不好！（背景信息"我看了一本书"本来是不突显,不被感叹的）

对疑问焦点而言,此时语句是引语(引语不具有焦点性),对说这一语句的言语活动进行疑问。

(38) ——你喜欢谁呢？——<u>我喜欢谁吗</u>？我喜欢你。（相当于问"是在说'我喜欢谁'吗？"）

② 反语（反讽）。

(39) 你可真<u>聪明</u>！（反语）
　　 原来你'<u>是人</u>啊！

③ 说话者心境智力发生混乱。如:

(40) <u>是小王去了什么地方</u>？——有杂糅
　　 （独自在叹息）<u>唉</u>！——心境混乱,不知所谓。

④ 外围的成分失去焦点性,如成为话语标记:

(41) <u>他是在上海读的哪个大学</u>？
　　 我觉得他<u>真棒</u>！

"是"失去焦点性,成为话语中的一个习惯的标记。外围的"我觉得"失去焦点性,变成传信的话语标记。

1.3.3 语力强度——强化语力与弱化语力

语力强度是一种关于语言学手段的性质:说话者采纳某一手段,是使自己的言语行为能够尽快或尽可能完善地实施,还是表明对言语行为的成功实施不抱要求。形象地讲,它就好像语力的大小强弱一样。

语力强度有两种:

① 不同的言语行为类型之间语力强度不同。典型的如疑问句的语力一般比祈使句弱,所以用疑问形式来间接表示祈使,如"你帮我一下,行吗?"会显得更为礼貌,因为消极面子就是尽量不要冒犯对方,所以在要求对方时,减弱要求语力的强度。反过来,用祈使形式来间接表示疑问,如"你看看都有些什么?告我你家的电话!"并不具有这种礼貌功能,反而比一般的询问更强。其他还有命令与建议、断言和猜测、听说双方的社会地位的不同等对比性因素:命令>建议、断言>猜测、高地位>低地位。

② 同一言语行为类型的语力,可以用不同的语言手段来表达。由于语言表现和伴随的非语言表现的差异,这些语言手段会有强度上的不同,说话者会根据自己的需要而加以(自由的)选择或调节。

本节所考察的是第二种语力强度。[①] 我们认为,语力调节从理论上讲,有强化(strenthened)和弱化(weakened)两个方向;每个方向都有若干实现手段,而且这些手段十分丰富,并不只是 Martin & White 所说的简单的几种。如下表:

表 1 语力的强化与弱化

	强 化 语 力	弱 化 语 力
意向	试图以最大的可能影响对方,使有关言语活动尽可能快、尽可能完善、尽可能朝说话者设定的方向完成,而不太顾忌双方的关系。	不太关心言语活动的原有目标,而是关心是否对双方关系产生不好的影响,因此或者是对自身在言语活动中的功能产生怀疑,或者对影响对方感到犹豫,或者是勉力听从对方,或者是担心对方的反应脱出自己的预期范围。

[①] Martin & White(2005/2008)提出,语力的级差由三种方式实现:
　① 孤立型:通过中心词的修饰语来实现。如"无丝毫改变"中的"丝毫"。
　② 注入型:通过词的内涵来实现。如"你这猴子"中的"猴子"。
　③ 重复型:通过词汇的重复或排比来实现。如"好!好!好!"
这其实说的是用来强化语力的手段,但是我们更需要讨论的是这些手段达成的目的,也就是语力强度。

续 表

	强 化 语 力	弱 化 语 力
动因	担心言语行为受到阻碍,无法正常进行,预期结果无法得到实现。	担心冒犯对方,担心该言语行为导致不好的结果。
情绪	情绪高涨、自信、烦躁,心情急迫。	不自信、犹豫,情绪可能低落。
表情	更明确的喜怒哀乐等情绪反映,更为夸张。	以亲近、讨好或害怕、疏远为主。
视线	特别注视受影响的对象(听话者)。	可以凝视受影响对象,也可以转移视线。
身姿	可能有更大幅度或更多频率的动作,如各种摆手,更有攻击性的姿势。	可能有表示亲近、讨好或害怕、疏远的动作。
韵律	更高的音强、更长的音长、更大的振幅、更强的气流,更清晰更突出的焦点重音,语流尽力连贯,一口气到底,句末语调多为强降调(或强升调)。	较弱的振幅和气流,但音高、音长可能比正常高、长,焦点重音更不清晰,语流可能断续不连贯,相对波动较大。
语言形式	强化成分:强化形式、冗余性表达、肯定时的主观大量成分(极为漂亮)、否定时的主观小量成分(没一点男儿气概)、鲜明的积极或消极性成分、重复排比并列构式,等等。	弱化成分:弱化形式、冗余性表达、肯定时的主观小量成分(有些意见)、迟疑性成分,等等。
功能	除了语力调节功能,还有负迁移功能。也可能因为做得过分,从而表示相反的意图(反语)。	一般只有语力调节功能,不会造成负迁移、反语。

注意"强化形式"(intensifier,也译为"强化词")不一定是词,可以是强化用的词缀,也可以是短语结构(构式),不管它原来的意义和功能如何,只要有强化相应语力的作用,就称为强化形式。迟疑性成分包括:① 停顿、结巴、拖沓等;② 用来表示思考或犹豫的语词,如"这个……这个……、我觉得……"等;③ 陈述后倒回头再表示疑惑的成分,如疑问句尾"……是不是?"等。

虽然强化和弱化都可能使用相类似的语段形式,但双方的用法不一样,强化形式往往有重音(当然也不是一定有重音),并且与全句其他部分紧密相连,在一个语调轮廓(intonational contours)中,如下例 a 中划线的部分;而弱化成分恰恰不能有重音,可能与其他部分分开,不在同一语调轮廓中(当然也不一定分开),如下例 b 中划线的部分。

(42) a. 你究竟要干什么？（强化形式）

他ʹ的确没有找过我们。我ʹ就是不同意！这个ʹ绝对合适！（强化形式）

走啊！ʹ赶紧的吧！ʹ快来呀！（强化形式）

好啊！十二点了都！人家不要嘛！（强化形式）

谁还喜欢他呀！谁都不喜欢他！这也不知道！（强化形式(构式)）

他ʹ一点儿都不买！（冗余成分/强化形式）

他不看ʹ任何中文书。（冗余成分/强化形式）

你不要太幸福了！（冗余成分/强化形式）

我又惹你什么了我?!（冗余成分）

谁喜欢你呀谁?!（冗余成分）

你喜欢她啊你?!（冗余成分）

他ʹ最得意了！（主观大量）

ʹ太丰盛了！（主观大量）

今年ʹ就十五岁了！（主观大量）

杀得他落花流水，屁滚尿流！（主观大量）

我他妈的就是要去！（积极或消极成分）

先玩他个痛快再说。（积极或消极成分）

我ʹ走走走……（重复）

这孩子聪明伶俐勤奋努力！（并列）

b. 他没来吧？/走吧。/好吧。（弱化形式）

他去了北京……北京？（冗余成分）

买了(一)些……参考书。（主观小量）

我只是……有点不适应。（主观小量）

您先看……看。看一下。来点儿？（主观小量）

你……也许……做得不是……太好。（主观小量）

多少还算是学到了一点东西。（主观小量）①

我……这个，这个……问你，……（迟疑性成分）

你喜欢她,是吧/是嘛？（迟疑性成分）

我觉得……你自己去……要好一点……（迟疑性成分）

请注意，一般的主观小量是弱化手段，但是至少在以下两种情况下，句

---

① Brown & Levinson(1987)称为"模糊限制语"。

子会得到强化功能:

1) 在否定句中,由于是对最小量的否定,所以得到了全量否定的意义。如"没一点儿男子气概""他一点儿都不买",而全量,不管是否定还是肯定,都是强化的。

2) 有的小量可用于辩驳的句子之中,如"甲:你怎么不拦住他呀!乙:我只是个班主任!有什么办法!""只是"从语义上讲是表小量,但是在这里具有辩驳意味,强调我不是什么更有力的人物,这样一来,辩驳就会赋予其强化的地位。

这虽然与"一点儿、只是"本身无关,但我们的确不能说一个句子有主观小量的成分,就一定是弱化,还得看整个句子的结构和功能配置。

语力强度调整的原因,显示了强化与弱化的最终心理动力是不同的。强化是说话者把重点放在相应言语活动的完美实现之上,为了达成目标不惜一切,强化追求效率;而弱化是说话者把重点放在照顾听说双方的社会关系以及情绪反应之上(包括说话者对自己的不自信心理),是否达成言语活动的目标倒不那么重要。因此,弱化语力一般会使得说话者显得更为礼貌,而强化则不考虑礼貌;弱化追求人际关系的稳定,而强化追求自己言语行为的成功达成,如果考虑到人际关系,也是希望改变人际关系,使之向言语行为要求的方向发展。

学界曾经用"面子保全论"(face-saving theory,参看 Brown & Levinson 1987)来解释语力强度问题。我们认为,从消极面子(negative face)来说,弱化尽量避免损害对方的面子,而强化则可能损害对方的面子;从积极面子(positive face)来说,强化如果具有褒义色彩,则可能是对事物进行积极的赞扬。

语言的目的从来不是单一的,而是充满矛盾和张力的,强化与弱化各自都有得有失,为了人际关系可能会丢掉效果,反之,为了效果可能会破坏人际关系。说话者实际上必须平衡其功效,就当下的言语活动的核心问题做出选择。

从我们的汉语语料调查来看,我们发现汉语口语(社会文化)是极大地偏向强化语力的一方的,表现为:

1) 在实际交际中,强化手段的使用频率远大于弱化。我们对部分访谈节目的统计为"强化:弱化=13.7:1",在录制的口语交谈中,这个比例要小一些,但仍然是强化占绝大多数。

2) 汉语中,强化形式、主观大量词,比弱化形式、主观小量词要多得多,虽然我们没有全面的数据,但在各种类型中都有重要的反映:

在汉语语气词中,只有"吧"(可能在方言中还有其他少量的语气词)是弱化,"啊、呀、啦、哈、嘛、的"等都是强化。①

在汉语语气(评价)副词中,绝大多数都是强化的,如"绝对、决然、准、准保、的确、着实、肯定、真的、简直、敢情、合着、好歹、真、就是、还、甚至、尤其、无非"等。表弱化的有"只是"等。

在汉语情态词及情态辅助词中②,也多是强化的,如"甭、别、莫、甭管、无须/无需、何必、千万、万万、快、切、务必、必定、定然、必然、必须、诚然、当然、当真、得、定、定当、断断、断然、固然、想必、想来、应该、分明、明明、俨然、正好、恰恰、迟早、横竖、早晚"等,表弱化的有"盖、可能、也许、大抵、大半、或许、或者、恐怕、容或、似乎、兴许、至少、至多"等。

主观量(subjective quantity),反映事物的量和说话者或认识者的预期的量的相对大小关系。③ 在汉语表示主观量的语词中,绝大多数都是主观大量的,如"足足、大大、非常、很、真、太、顶、挺、绝、特、够、极、极为、满、蛮、颇、颇为、多、多么、全、全然、都、尽、净、大力、大肆、大为、根本、特别、十分、十二分、万分、丝毫、分外、好生、何等、何其、老是、总是、经常、常常、往往、日夜、时刻、时时、一向、向来、一贯、一直、从来、从不、永远、再也不、远远、处处、到处"等,表主观小量的有"略略、略微、稍、稍为/稍微、较为、一点、有点、一些、有些、依稀、偶或、偶然、有时、间或"等。

我们要仔细分辨"强化语力"和"感叹"这两个范畴之间的关系。言语活动中有各种各样的语力类型,强化的手段也有很多种,但是它们都有一个共同的本质,就是通过更有情感、更高情绪的展示,去影响对方,其实质与原始人把自己身上插满羽毛,使自己的轮廓显得更大,从而吓住野兽是一样的。我们观察表1左边的各栏,可以一言以蔽之:感叹。我们认为,强化语力是感叹范畴的一个重要的子范畴。④

---

① 其中有的语气词原来是强化功能,后来通过"语用磨损",语用色彩消失,反倒演化为"委婉"语气,也就是弱化功能。例如现代北京话的"啊",在祈使和疑问中,有的用法已经变成了委婉标记,如"谁啊?""来啊。"比较委婉(相对较弱),而"谁?""来!"反倒成了比较生硬(相对较强)的表达方式。
② 汉语情态词有的是动词,有的可能是助动词,有的可能是副词,这些句法差异不影响把它们都划入"情态词"。至于"情态辅助词",主要是指与其他情态词共现时,起到辅助功能的词,如"会",它自身表示未来,相对未来或惯常,但是当它与其他情态词共现时,由其他的情态词来决定强弱,如"一定会、必定会、当然会"等是强化,而"可能会、也许会、或许会"等是弱化。
③ 张耕、陈振宇(2021)说:"当说话人认为事物的量显著大于预期量时是主观大量,当说话人认为事物的量显著小于预期量时是主观小量。"主观量一定是反预期的。
④ 参看陈振宇、杜克华(2015)和陈振宇、张莹(2018)对感叹的详细论述,感叹有两个方面:"意外——说话者指向的感叹"和"强化语力——听话者指向的感叹"。关于感叹的问题,本书后面再详细讨论。

我们要仔细分辨"强化语力"和"自信"这两个范畴之间的关系。某些成分在自信和语力强度两个范畴中都有重要的表现,其对应关系是"强化自信——强化语力"(如强调词)和"不自信——弱化语力"(如语气词"吧"),因此常常产生叠加效应。但是二者毕竟是两个范畴,存在重大的差异:

自信是从说话者对自身的态度来说的,并不需要有听话者在场,不需要是否有对话存在,而语力强弱是从人际互动的角度说的,一定是与听话者有关的,一定是意图对听话者产生效果的。所以当一个人独自思考或研究事物时,他也许没有情绪情感体验(处于平静的状态),也许不需要克服什么障碍,但却可能有自信与不自信的区别,如他一边研究一边自言自语说"硫酸浓度绝对已经超出了预期,应该很快会得到相应的结果",这里的"绝对、应该"表示自信。我们也可以换成"也许、可能",表示不自信。

在交际中,自信与强化也可能会有"错配",如朋友邀请你去,你勉强说"好吧"。这表面上是示弱,但这是什么"弱",还得仔细研究。我们认为并不是弱化语力,你答应并且已经实现了答应的语力,不存在克服障碍问题,也不存在害怕冒犯对方的问题。按理说,如果对方邀请你,你不想冒犯对方的话,就应该兴高采烈地答应,如"好啊!太好了!"而不是用弱的语气说"好吧……"。我们认为,这里的较弱的音高,可能的断断续续,是表明不自信,是说话者对自己是否能够接受对方的邀请的不自信,说话者并不知道接受对方的邀请是否是合理的,可能有弱合理性,也可能不合理。所谓"勉强",就是指在不具有充分的能力,或不想做,或者认为行为合理性很低甚至不合理的时候,仍然去实施这一行为。

与之相反,在"色厉内荏"的表达中,如皇帝被大臣的谏言所激怒,命令侍卫将大臣拖出去暴打,说话者(皇帝)可能在表面上迫切要求侍卫实施打人的行为,从而具有强化语力的作用;但他实际上是不自信的,并不肯定打人行为的充分合理性,甚至可能他已经意识到这是不合理的;说话者处于内在意识与外在表现不一致甚至相反的状态。这也是两个范畴之间"错配"的情况。与之相反,一个自信的人完全可能采用较弱的语力表达式,更为礼貌地要求对方,如一个恂恂儒者那样用坚定而又柔软的身段来表现,这也是一种"错配"。

下面看一下强化表达的限制条件:

根据前文所述,说话者之所以强化语力,是为了以下原因或目的:预计言语活动不顺利;对陷入这一局面不耐烦;催促对方尽快完成;要求对方尽可能完善地完成。

这一点适用于各种言语行为,但各种行为有不同的表达目的,所以除了不耐烦这一点相似外,究竟是预计会有什么样的困难,究竟要求怎样的完善与及时的完成,都有所不同。

【强化原则一】

① 如果说话者认为行为本来就会得到完善的完成,就不需要使用强化表达。推理公式为:

$$行为 X \wedge [特征]不可能得不到完善完成 \rightarrow [排斥]强化语力$$

② 如果说话者使用强化表达,则是他认为行为可能会得不到完善的完成。(正迁移)推理公式为:

$$行为 X \wedge [特征]强化语力 \rightarrow 可能得不到完善完成$$

③ 如果说话者认为行为本来就会得到完善的完成,但又使用强化表达,则是语力失效。(负迁移)推理公式为:

$$行为 X \wedge [特征]不可能得不到完善完成 \wedge [特征]强化语力 \rightarrow 语力失效$$

例如,在面试中,考官问问题,考生当然会尽力回答,所以考官就不需要给出特别的强化的疑问,给出中性的询问就可以了。但是在课堂上,老师提问,有可能学生会不回答(我上课提问经常会出现下面的学生都不愿意回答的尴尬局面),或者敷衍地回答,这时,就会采用强化疑问形式,或者对问题中的要点给予别的焦点突显。

强化表达语力失效时,句子不是不可以说,而是需要更多的允准条件。如一个考官仍然用强化疑问的方式针对考生,或者是因为他在有意显示自己的强势地位,或者是对考生的回答表示不满意,或者是他习惯如此,即"强化"已经是他的"正常"方式。当然,无论哪种,他都不怕冒犯对方,甚至他可能是在故意冒犯对方。这就是在正常询问的同时,叠加了更多的语用功能。

【强化原则二】

① 如果说话者认为对方会给予充分的回应,就不需要使用刺激对方的表达。推理公式为:

$$行为 X \wedge [特征]对方不可能不回应 \rightarrow [排斥]刺激手段$$

② 如果说话者使用刺激对方的表达,则是他认为对方不会给予充分的回应。(正迁移)推理公式为:

$$行为 X \wedge 刺激手段 \rightarrow 对方可能不回应$$

③ 如果说话者认为对方会给予充分的回应,仍然使用刺激对方的表达,则是语力失效。(负迁移)推理公式为:

行为 X∧[特征]对方不可能不回应∧刺激手段→语力失效

例如,当女朋友发现男生对自己的话心不在焉时,她可能采取特别的语调或节奏来提醒(刺激)对方,以此表达自己需要对方做出充分的回应。

刺激手段是强化表达的一个子类:

一般的强化表达是在行为中的命题(问题)或命题(问题)焦点上操作,如"你**究竟**来还是不来?""究竟"这一询问强化形式作用在问题的焦点"来不来"上,"你**快**来啊!""快"这一要求强化形式作用在要求的焦点"来"上,"人家不要**嘛**!""嘛"作用在要求认同的命题"不要"上。

刺激手段考虑的是另外一个方面,即要能够使对方产生触动,或者说是迫使对方回应,这些手段的真正操作对象是对方,而不是命题(问题)。例如夹杂在言语中的"詈语",没有命题意义,主要就是为了刺激对方,如"**他妈的**你小子又输了!""这件事你**妈的**就没事了!"再如,老师在上课时经常用的附加问形式"是不是、是吧"等,与他的讲课内容并无命题性的关系,其目的就是刺激学生回应,这一回应并不是要求回答,而是他在告知(讲课的主体是告知言语行为),并且他的告知希望或要求对方给予认同,他期待学生发出认同的声音"是"或认同的方式(如点头等同意的表情)。

刺激语力失效时,句子不是不可以说,而是需要更多的允准条件。我发现有一些朋友已经养成了习惯,喜欢一边谈话一边刺激对方,这可能已经是他的"正常"方式,如果一个文化中"打是亲骂是爱"成为显性的社会规则的话,这种情况就会比较普遍,例如一个父亲对儿子说话,一边说一边骂骂咧咧,但其实是在表示关系的亲近(当然也有刺激儿子,让他一直注意自己的讲话的目的)。

弱化表达是否也有限制条件? 有的。言语行为的参与者之间会形成主观的社会地位高低,所谓主观,主要是指说话者对双方社会地位的认知,这可能与真实世界的社会地位相同,也可能存在一定的差异。言语行为分为三种:

① 高对低,如要求、提问等等。

② 低对高,如奉承、道歉、请求、申请等等。

③ 与高低无关,如一般性地讲述或描写事物的情况。包括自认为"平等"的对话者之间的关系。

其中有"高、低"差异的行为,在表达上有特别的表现。

【弱化原则一】 当行为存在"高、低"差异时,

① 如果说话者认为自己的社会地位低于对方的话,而言语行为本身具

有"高对低"的特征,则该言语行为会有冒犯对方之嫌,就特别需要使用弱化表达。推理公式为:

"高对低"行为 X∧[特征]说话者地位低于对方→[排斥]不使用弱化语力

② 如果说话者不使用弱化表达,则或者是他认为自己的社会行为不低于对方,或者是该言语行为不具有"高对低"的特征,所以直接采取行为即可。(正迁移)推理公式为:

行为 X∧不使用弱化语力→说话者地位不低于对方∨~"高对低"X

③ 如果说话者认为自己的社会地位低于对方,而言语行为又具有"高对低"的特征,此时不使用弱化表达,则是语力失效。(负迁移)推理公式为:

"高对低"行为 X∧[特征]说话者地位低于对方∧[排斥]弱化语力→语力失效

弱化表达语力失效时,句子不是不可以说,而是需要更多的允准条件。如一个书生面对高官嬉笑怒骂,不采取弱化的方式,也许是在故意显示自己的风骨,或者表达不惧怕对方的意思。或者是他习惯如此,这已经是他的"正常"方式,所谓"书生意气"是也。

1.3.4　语力强度的功能和溯因推理

下面讨论语力强度对言语行为的影响。

一般来讲,强化和弱化都是针对直接言语行为的,并且也只是对本言语行为起作用。但实际上,弱化的目的和功能往往并不是为了本言语行为,而是为了其他的语用因素。

【弱化原则二】 说话者之所以弱化语力,是为了以下目的:不自信,担心冒犯对方,犹豫。(正迁移)推理公式为:

言语活动∧[特征]弱化语力→不自信∨消极面子∨犹豫

(43) 他没来……吧。(对自己的认识的不自信)
　　 我只是有一点小小的想法,……(避免冒犯对方)
　　 好……吧。(犹豫)

强化语力的一般目的和功能,则是为了本言语行为,是因为担心本言语行为实施的效果,担心不如人意:

【强化原则三】 说话者之所以强化语力,是为了以下目的:预计言语活动不顺利;对陷入这一局面不耐烦;催促对方尽快完成;要求对方尽可能完善地完成。(正迁移)推理公式为:

言语活动∧[特征]强化语力∧[特征]正迁移→
预计不顺利∨烦躁∨催促尽快完成∨要求尽可能完善地完成

这里强化的目的仅仅是为了维持本言语活动的正常进行,所以是"正迁移",而导火索是因为担心某种因素会妨碍其效果的实现。如"他究竟喜欢谁?""快来呀!""这的确是你的问题"。再看一个强化答语的例子:

(44) a. 甲:你买了那本书吗?
    乙:我买了。(简单回答)/我**'买**了那本书!(复杂回答)
  b. 甲:你和谁一起去看的电影?
    乙:小刘啊。(简单回答)/我和**'小刘**一起去看的电影!(复杂回答)

答语的功能同告知。乙的回答有简式有复杂式,简式只提供必要的信息,在汉语中是中性的答语。而复杂式不但重复了原来问题中的一些部分,而且还有特别的重音,所以在这里是强化答语。之所以会强化,是因为在告诉别人信息时,担心言语活动会进行得不顺利,担心对方或者听不清自己的信息,或者不相信自己的信息,因此回答者试图让对方听清楚并且同意,这就是所谓"求认同"。另一方面,说话者如果对此轮言语活动的成功没有把握,他就会烦躁不安,从而显得情绪化,或者对对方有所责备,或者对自己的表现感到遗憾。所以上述例子的强化回答都会多多少少地表现出负面情绪,也违反了礼貌原则。

再看一个强化疑问的例子:

(45) 你喜欢谁?(简单疑问)/你究竟喜欢谁?!(复杂疑问)
    这事怎么办?(简单疑问)/这事儿到底该怎么办?!(复杂疑问)

张三问"你究竟喜欢谁",所以他是怕你不好好回答,或者是他有些烦躁了,或者是他迫切要求你尽快尽可能完备地回答他。强化祈使也是很常见的语用现象:

(46) 走啦! 走嘛!**'走**! 吃吧,赶快吃,吃完,吃干净!

张三冲李四喊"快走! 你走啊!",或者他是怕李四不走,或者是他有些烦躁了,或者是他迫切要求李四赶紧走。

请注意,强化语力一旦失效,就会失去说话者促使言语行为尽快尽可能

完善地完成的作用,而只剩下了一些语用的色彩,包括:

【强化语力失效时的上下文允准】

① 冒犯对方,不礼貌,例如即使在言语行为本来就会顺利进行的时候还强烈要求对方配合自己的言语行为,表达了对对方的不信任,怀疑对方不能或不会配合自己。

② 表示说话者的烦躁、急迫心理。

③ 表示说话者对自我强势地位的估计,自我的过分自信。

请注意,②和③往往都是说话者的性格与习惯使然。

④ 该强化形式正在或已经磨损,变成正常的使用习惯。

强化与弱化有很大的不同。在分析之前,先更为仔细地看一个例子。"究竟、到底"在疑问句中的功能称为"究问"。张秀松(2014)认为"到底"用于究问这一言语行为,并分析了究问的适当条件。张证实了"究竟、到底"的疑问强化功能,即说话者当前的疑问言语行为会受阻,所以加强语力以排除阻碍,寻求尽可能完善的答案。

但是张秀松错误地把"究问"当成了一个独立的言语行为,从而从恰当性条件的角度研究它们;究问实际上只是询问这一言语行为的一个特殊属性,即"被强化的询问",自身并非独立的言语行为。另外,张认为"到底"还有语力限定作用①。这一认识有对的一面,的确"到底"句不能表示委婉的祈使意义,但这是因为"到底"是强化,而委婉祈使是弱化,二者的语力性质根本相反;也有不对的一面,即"到底"句并不仅仅是询问,它还会像其他强化疑问的手段一样,导致负迁移的发生,如转向语用否定"你到底爱不爱她?!"说话者可以是认为你根本是不爱她的;"到底"句也可能表示讽刺或谴责等间接言语行为,如"这日子到底是过还是不过了!"

陈振宁(2016)②将表示究问的"到底"用在疑问句中的最终功能归为四种,后面三种都是负迁移或叠加:

(47) **一般究问**:你到底去还是不去?

  斥责(针对听者):差点让老子送掉性命,你到底安的是什么心啊!
  (斥责你没有好心)

  反对(针对第三方或社会现实):人类的生产生活对气候的变迁到底

---

① 张认为,"到底"把一个问句的语力限定在询问上,而不允许它被用来间接地表示委婉祈请等语力。

② 这是陈振宁在复旦大学语法沙龙做的报告,题目为《汉语普通话副词"到底"的含义与"到底"用于疑问句的言语行为分析》。

能有多大程度的影响(例如温室效应问题)？(其实是认为程度不大)

感叹：这到底是不是乡镇企业？(并不是真的要询问，因为本来就在参观一座乡镇企业，只不过该企业太现代化了，所以令人太意外，说话者只是在抒发情感)

打个比方，就像在拍皮球，弱化是更轻地拍它，所以更容易保持在原来的位置上操作，但是强化是更有力地去拍它，皮球可能保持在原位，但也可能发生偏离，这就是说它的语义功能会发生改变，不再能仅仅维持在原有的功能上，而是会偏向新的功能和语力，这就造成了间接言语行为或意义功能的负迁移叠加。

陈振宇(2020a：197-201)引用了"直接使因"(direct causation)与"间接使因"(indirect causation)的说法，也译为"直接致使"与"间接致使"，前者对事物的产生具有直接的时间、空间和能量上的作用，后者则不具有直接的作用，是通过其他事物作为中间环节产生影响。从道理上讲，直接使因可以单独起作用，间接使因不行。但在实际操作中，直接与间接有时很难区别。不过，即使我们实际上很难分辨使因的直接性，在人类语言中，也往往会有一些方式对直接性进行区别，例如从道理上讲，我们很难说下面的张三和假药谁是更直接的死亡原因，但下面的三个句式却有区别，越靠近a，越被说话者视为直接使因，越靠近c，越被视为间接使因：

(48) a. 致使动词句：
　　　张三害死了同乡。
　　　这种假药害死了不少人。
　　b. 使令动词句：
　　　张三的行为导致了同乡的死亡。
　　　这种假药导致了不少人的死亡。
　　c. 时间连贯句：
　　　张三给同乡打了一针，同乡就死了。
　　　这种假药出现之后，有不少人死亡。

直接性对蕴涵关系有重大的影响，越是直接的使因，与结果之间的关系越紧密，双方之间的时间间隙就越短，甚至可以是零间隙，即使因与结果几乎同时。这样一来，直接使因一旦出现，结果出现的概率就会大大增强。例如下雨是地面湿漉漉的直接使因，所以我们会觉得，如果天下雨，则地面会湿漉漉的，"天下雨→地面湿漉漉"。

但是间接使因与结果之间的关系就比较疏远,双方之间有更多的环节,因此时间间隙可能就比较大,即使时间上接近,也因为环节多(从理论上讲,只要一个环节不存在,因果链就不会传导过去),所以不一定具有很高的概率。这样一来,我们就无法构成从使因到结果的蕴涵关系。

我们可以进一步看到两种不同的负迁移或叠加现象:

1) 在普遍的致使关系中,条件或使因在时轴上在先,而结果或结果变化在后,从蕴涵关系讲,则应该是相反,如果结果或结果变化发生,则使因或条件也都已发生;但是某些特定的使因和条件发生,结果未必会发生,因为有可能需要多个使因或条件一起起作用才会触发结果,而其他使因或条件并不具备,即"结果→(使因∪条件)"。

注意这时把方向颠倒过来是:"(使因∪条件)→结果",这一逆迁移蕴涵关系是不成立的。但是当说话者强调某一使因或条件时,就不仅仅是强调该使因或条件为真,而是进一步迁移至结果,是在间接表达或要求有关的结果或结果变化。如:

(49) a. 甲:也不知道他考过没有。
 乙:<u>他是有能力考过的</u>!
 b. 甲:妈妈抱!
 乙:<u>你可以自己走</u>!
 c. 甲:<u>我还不知道他什么时候来呢</u>。
 乙:呃,明天下午吧。

在例 a 中,乙说"他有能力考过",但是他特别强调自己所说为真,用了"是……的"及强降语调,实际上就是在说有关的结果"他考过了"已经发生了。如果有成功的结果,则必然有能力,因此蕴涵关系是"结果→能力";现在特别强调能力,便反过来说明说话者认为会有这一结果,即"能力∧强化语力→结果"。

在例 b 中,小孩希望妈妈抱他,妈妈回答的却是他有自己走路的能力,不过语调是感叹句的降调,实际上则是间接地发出命令,要求小孩自己走。如果要求别人做某事,则说话者一定认为对方是有能力去做的,因此蕴涵关系是"要求→主体有能力",现在特别强调主体的能力,则是反过来要求对方去做相应的事,即"能力∧强化语力→要求"。

在例 c 中,甲说自己不知道他来的时间,但是特别强调这一点,用了表示不合理的"还",实际上是在询问对方这一问题的答案,下面乙的回复证明了这一点,乙给出的是答语。如果询问对方,则说话者应该不知道相应问题的答案,因此蕴涵关系是"询问→说话者不知道答案",现在特别强调说话者不知道答案,便是反过来说明说话者是在询问对方,即"不知道答案∧强化语力→询问",陈振宇(2008)称它为"非典型疑问"中的一种类型。

2)在某些特殊的情况下,更准确地说是在强烈的直接使因的作用下,结果会在很短的时间里实现,甚至是同时实现,这时一般来讲,使因发生,则结果发生,即"使因→结果"。然而当说话者强调这一结果时,就不仅仅是强调该结果为真,而是进一步迁移至其使因,是反过来表达有关的使因。如:

(50) a. 甲:看,<u>外面地上都湿了</u>!
乙:你是说下雨了吗?
b. 甲:<u>你究竟来不来</u>!
乙:……你……急着……走吗?
c. 甲:张斌先生来了。
乙:ˇ<u>张斌</u>先生来了!
甲:……有什么好奇怪的么?

在例 a 中,甲强调"外面地上湿",他特别强调这一点,用了"都"及强降语调,实际上是在说有关的使因"下雨了"。按日常经验,如果下雨,则必然地上湿,是直接使因。因此蕴涵关系是"直接使因→结果",现在特别强调结果,便间接说明了使因(下雨)的存在,乙的回复则表示了他理解了甲的涵义,即"结果∧强化语力→直接使因"。

在例 b 中,甲急迫地询问对方"来不来",他特别强调这一点,用了强化疑问的"究竟"以及强降语调,实际上是在表示自己的事儿很急,耽误不起。按日常经验,如果询问者非常着急,则无法慢腾腾地等待对方的答案,就会强化疑问。因此蕴涵关系是"说话者急迫→强化疑问",现在他只是在强调疑问,但已反过来表明我很急,即"强化疑问→说话者急迫"(强化疑问已经有了强化特征,所以公式中不必再写一个"强化"),乙的回复正表明了他对甲的这一涵义的猜测。

在例 c 中,甲告知对方张先生来了这件事,乙却换用感叹语调和特别重音重复了一遍,实际上是在表示自己很意外很吃惊。按日常经验,如果一个信息让人非常意外,则会发出感慨。因此蕴涵关系是"意外→感叹",现在他表示感叹,就反过来表明了他的意外,甲的回复也表示他理解了乙的心理状态,即"感叹∧强化语力→意外"。

把上述迁移机制总结起来,就是以下规律:

【强化原则四】 当说话者在进行某一言语活动时,如果特别强化,就会在语境中找到一条蕴涵关系(该关系以该言语活动为后件),说话者的意图会迁移到这一蕴涵关系中的前件上去,也就是说,强化语力触发了溯因推理(逆蕴涵推理)。推理公式为:

言语活动∧[特征]强化语力→移至蕴涵该言语活动的其他言语活动

已有的蕴涵关系是X→Y,从X推出Y是正常的,但是从Y要推出X就欠一些理据。现在说话者用了强化的手段了,于是就"硬"从Y这儿推到了X。如果说"强化语力原则一、二、三"还是个普通的语用功能的话,这个"原则四"可不简单,它可以用在各种语用场景之中,根据各个场景的蕴涵关系而发生迁移,它是新功能的触发器,是语言中最强大的显赫触发范畴之一。

即使是"强化原则三"也会被"原则四"给强化迁移了,我们有:

【强化—强化原则三】 如果说话者在实施言语活动的同时,表示自己对可能的不顺利的担心,或者表示不耐烦,或者提出尽快完成,则是在表示自己对相应的言语活动进行强化。(叠加)推理公式为:

言语活动∧[特征]预计不顺利/烦躁/要求尽快尽可能完善地完成∧
　　　　　[特征]强化语力→强化原语力

例如:

(51) a. 你还不走!
　　 b. 哎呀,他不是我朋友!你他妈几点来?龟儿子的走俅?
　　 c. 吃吧,赶快吃,吃完,吃干净!

例a"你还不走"表明说话者担心"让你走"的事可能不能顺利实施,所以全句实际上有更为强烈的要求"你走"的意味。例b"哎呀、你他妈、龟儿子的"都表示说话者心情烦躁,所以全句是强化陈述(要求你认同)、强化疑问(要求尽快回答)和强化祈使(要求尽快实施)。例c中"赶快、干净"说出了尽快、尽可能完善的意义,所以这里的祈使句比只说"吃吧"要强烈得多。

请注意,本书中,所有由"强化语力原则四"造成的言语行为推理公式,我们都会在原公式的名称上加上"强化—"这个标头,并且让强化公式尽可能地排在原公式之下,以便读者两相对照。

最后让我们来看看"过犹不及"的问题。强化的本来目的是为了更好地实现言语活动的语力,但是会有一个相反的倾向,即过分强化反倒可能导致与本言语活动相反的意图的呈现。

【强化原则五】 在有褒贬意义的语境中，当说话者对自己言语活动的意图并不相信或在意时，为了不让对方看出自己的真实心理，会刻意加以强化。(负迁移)推理公式为：

命题/行为 X ∧ [特征]说话者所说或所发出或所要求 ∧
[特征](说话者真实意图与 X 不同或相反 ∨ 说话者不在意 X) ∧
[特征]说话者不想让人看出 → 刻意强化 X

"刻意"本来是指用上全部心思，全力以赴做事。但这里的"刻意"还有"故意"和"用力过猛"的意思，因为太在意，以至于行为不自然，或者程度太高，或者做事的某些方式无法达到自然顺畅。例如我本来讨厌一个人，但我故意赞扬他，并且刻意赞扬到很高的程度，以掩盖我的讨厌。

【强化—强化原则五(反语构建原则)】 如果说话者的强化被强调为刻意的，则有可能是因为他的真实意图与言语活动的表现相反或不同，或者他根本就不在意这一言语活动。(负迁移/叠加)推理公式为：

命题/行为 X ∧ [特征]说话者所说或所发出或所要求 ∧ [特征]强化 X ∧
[特征]强调为刻意的强化 → 说话者真实意图与 X 不同或相反 ∨ 说话者不在意 X

这条规则也称为"反语构建原则"，不过请注意，在这种情况下并非一定会成就反语，只是有很大可能。例如：

(52) 甲：你可真是绝代美人，鱼儿见了你都会沉底，鸟儿见了你都会掉到地上，男人见了你茶饭不思、连觉都睡不着，女人见了你赶紧跑掉，不敢在你身边待一分钟，……
  乙(自语)：听起来怎么……不对劲啊！

甲赞扬乙的容貌，但说得太过分了，那么他实际上可能是认为她不漂亮或不怎么漂亮，只是在刻意讨好或是在反讽，或者是随便说说(并不在意)而已。

2. 言语行为的语法学研究路线

言语行为研究的各个主要的方面，当然主要是与语法研究有关的方面，包括：
1) 对每一种普遍言语行为的表达形式与规约功能进行分析、描写与集成。这是已有的言语行为理论研究得最多的地方，但做得还很不够。例如命令/要求言语行为,很可能有十几条乃至更多的实现条件,而已有的研究往往只举例性地提到几条。另外,普遍言语行为也有重要的和不那么重要的,应该先研究最重要的。

2) 对那些影响言语行为的实现,包括使它们发生正迁移、负迁移和叠加的条件,进行详细的分类、阐述,给出一般的规律。这一点在已有的研究中几乎为零,因为大家主要是在关注具体的言语行为,对于抽象的触发条件反而不太重视。

但是,我们需要制定更为具体的研究计划,所以还得看看从哪里入手为好。下面讨论两个重要的方面:最重要的要素(核心、集成和落脚点),以及规则书写的角度(立场范畴)。

2.1 重要的研究要素

2.1.1 以实现条件的研究为核心

在一次语用负迁移和叠加的历程中,一个形式从原来所表达的范畴 A 形式,转而表达另一个范畴 B 的功能。A 为"源点范畴"(source category),B 为"终点范畴"(target category)。显然,源点范畴在该语言中的存在时间必须要早于终点范畴,或者至少不比终点范畴晚(因为有时源点范畴一出现就可能同时具有终点范畴的功能)。

有时候这一迁移不是自发的,而是有条件的,当 A 范畴受到另一个 F 范畴的影响的时候——或者 A 形式本身同时具有 F 功能,或者是 A 形式与表示 F 功能的其他形式共现时——负迁移或叠加才会发生,而且这 F 的影响往往会决定所朝向的方向和目标。这一担任触发功能的范畴称为"迁移条件",其重要性在前面已经提到。

在语言系统中,有一些"显赫范畴"(mighty category)。[①] 我们认为,显赫即有力,不是指语法化程度的高低,也不是指该范畴自身是否发达(是否有很多子范畴),而是指在系统中的地位突出,很容易影响到其他范畴,对推动语言系统的演化有着十分强大的力量。"系统内"与"力量"是显赫性的唯二特征。即使是语法化程度较低甚至是很低的范畴,也可能十分显赫,会对系统中的其他范畴产生极为重要的影响。

决定显赫性的本质是人类认知的发展路径。有三种显赫的类型:

---

① 刘丹青(2010、2011b、2012、2014、2017)在讨论"库藏类型学"时提出"显赫范畴"理论,本书的"显赫"做了较大的修改。刘丹青所说的显赫范畴主要是本书中的显赫源点范畴,很少考虑显赫终点范畴,更不用说显赫迁移条件范畴。

1) 显赫源点(mighty source)：此范畴的形式很容易被用于其他范畴的功能，这一扩展可称为"侵入"(invasion)，即该范畴形式常常入侵其他范畴，该范畴可以看成语言形式库的大本营。

例如汉语中表示得到的动词"得"就是一个显赫源点范畴，它通过迁移，得到了各种新的范畴意义：

(53) **表结果**：他看得头痛眼花。
    表能力：他很吃得。吃得下。
    表评价：说得好。干得很像样。来得快。走得太慢。来得太晚。
    表内外状态：跑得像一阵风似的。说得心头十分得意。
    表可能：明天得不得下雨？不得下雨哦！
    表必须：您得先问问他。
    表禁止(否定)：不得入内！这么干不得行哦！
    表允许：你现在走得了。客人都来了，可以吃得了。这个已经熟了，吃得了。
    表祈愿性允许：都旱了这么久了，明天下得雨了。都十二点了，该走得了。
    词汇：要得、要不得、得行、不得行
    ……

2) 显赫终点(mighty target)：大量的其他范畴的形式进入此范畴，来满足该范畴功能表达的需要，这一扩展可称为"吸引"(attraction)，即该范畴在系统中太重要了，其功能是母语者所不能忽视的，但是由于它自身是比较抽象的、很难直接感知的概念，很难自发产生或固定在某一形式上，所以它对于该语言的诸多表达形式都很有吸引力，像一个黑洞一样，把其他范畴的形式不断地吸引进来，为我所用。

如现代汉语中事件的"界性"(boundness)以及"界"的"变化"(changing)，是一个显赫终点，从各种范畴中都发展出了一系列的表达形式，来反映各种各样的界和界变：

(54) **通过终结动词表达界和界变**。到达学校、完成工作、占领左侧的高地。
    通过表量成分来表达界和界变。时量、动量、物量等成分，它们或者充当动词的宾语(看了两个小时、去了几十次、买了三百斤)，或者充当宾语的限定性定语(看了两个小时(的)书、去了几十次

（的）北京、买了三百斤（的）鱼），或者充当补充性谓语（看了这本书两个多小时了、去北京几十次、买鱼三百斤）。

通过结果成分来表达界和界变。述结式：他跑累了、打碎了杯子。动趋式：走进教室、流出山洞。动介式：跳到/在床上、倒在路边。"得"字式：看得头晕眼花、吃得十分痛快、讲得很清楚。

通过时域的有定性表界和界变。我昨天去学校、你明天来学校。

通过情状补语表达界和界变。做好作业、看完书、抓住小偷、卖掉不用的东西、端着盘子。

通过体标记表达界和界变。"了1、了2"：他看了这本书、他的脸红了、我不想去北京了。"过1、过2"：我去过北京、打过针的就可以走了。"起来"：他又哭起来了、先做起来再说。动词重叠：看（一）看、研究研究。

通过阶段动词（也有人认为是阶段助动词）、副词表达界和界变。开始放水、结束放水、他已经看书了。

通过事件连贯关系中的时点来表达前面事件的界和界变。读书才可以明理。

……

3) 显赫条件(mighty condition)：该范畴本身也许没有功能变化，但是当它与其他范畴同用时，很容易触发其他范畴或者是共用以后的形式发生迁移、叠加，这一扩展效应可称为"激励"(stimulation)，即该范畴在系统中是一个重要的搅动者，它就像一个搅拌机搅动水泥一样把系统打乱重组，将不同来源的形式按一定的规则抛向各自的目标。

从理论上讲，三种显赫性是没有相互制约和影响的关系的。一个显赫范畴，可能只是其中的一种显赫范畴，也可以是兼任其中任何两种甚至同时是三种显赫范畴。如领属范畴既是显赫终点，需要将其他范畴的表达形式吸引进来；又是显赫源点，一个形式成为领属的表达形式后，又进一步发展到空间关系、参照点关系等诸多其他范畴之中去。再如前面说了，"界性"以及"界"的"变化"是吸引大量形式进入的显赫终点，但是一个表达如果有了界性，就很容易具有个体指称性质，所以"老师要按时上课"和"老师来按时上课了"，前者不具有界性，"老师"是类指解读，后一个有"了"具有界性，"老师"就必须解读为"个体性"（个体指），指某个或某些老师，也就是说，界性又是实现其他范畴的源点。

三大范畴都重要，在其他研究中，如类型学研究中，显赫源点和终点范畴是研究的重点,甚至已经有了比较完善的体现语法化路径的调查表格。但是对言语行为研究来说,显赫的条件在迁移中才是最重要的,因为它往往体现了内在的动力或机制,不论是正迁移、负迁移还是叠加,它都是言语行为研究和语言演化研究的核心与灵魂。从理论上讲,显赫的条件可能是某种人类认知的规律,也有可能是某种人类社会行为模式,是社会心理学和社会语言学研究的中枢,也是语法学中最具有规律性的部分。但是,恰恰在今天的研究中,显赫条件很少有人提及,目前还只是相当初步的研究,而这正是本书的中心任务。例如本书将讨论的"意外—不合理—非常规""自信""同盟"等就是一组组显赫的条件,会导致一系列重要的迁移或叠加。

2.1.2 以源点范畴为目录来集成规则系统

任何一个具体间接言语行为的发生,至少包括三大要素。但以往的研究对源点和终点的描写都很准确,对产生迁移的条件 F 的研究往往不够准确或者有所忽视。即使有的研究者重视了这一点,也没有对迁移规则进行全面系统的研究,仅仅是对个别言语行为的讨论。

之所以如此,是因为以往的研究往往是从终点入手的,从术语的取名方式就可以看到,查一查文献,我们有"间接指令行为、间接拒绝行为、间接否定行为、间接疑问行为"等研究名目,其中,"指令、拒绝、否定、疑问"等都是最终的说话者交际意图。

过分关注终点容易产生以下两个大的缺陷:

1) 我们往往无法找到这些间接言语行为的共同之处。因为作为一个目标,可以有多种多样的来源,每个来源都有自己的产生语用迁移的动因和机制,当然找不到一个统一的规律。例如我们无法讨论"在何种条件下可以得到间接指令行为"的问题,因为有很多种情况都可以得到它。[①]

---

① 正如 Searle 的几条表达所反映的:
  a. 涉及听者实施行为的能力的句子:
   Can you reach the salt? 你能把盐递给我吗?
  b. 涉及说话者希望听者会实施行为的句子:
   I would like you to go now. 我希望你现在就出发。
  c. 涉及听话者实施行为的句子:
   Officers will henceforth wear ties at dinner. 职员们在晚宴上会打领带。
  d. 涉及听话者实施行为的愿望的句子:
   Would you be willing to write a letter of recommendation for me? 你愿意为我写一封推荐信吗?
  e. 涉及实施行为的理由的句子:
   You ought to be more polite to your mother. 你应该对你妈妈好一些。
  我们无法为这些表达找到统一的模型,因为它们每一个似乎都不一样,共同的地方在哪儿?

2）容易忽略产生迁移的条件。实际上，我们也不能说，这些都是充分条件，例如我们不能说当说话者在询问对方做某事的能力、意愿合理时，就是在要求对方做这事，因为存在完全相反的情况。例如：

（55）a. 小孩：妈妈我帮你把花扎起来。
　　　 妈妈：你能把花扎好吗?!
　　　b. 女友：你愿意为这事和我讨论一晚上吗?!
　　　c. 男友：刚才那漂亮的女的是我小学同学。
　　　 女友：你应该和她多谈一会儿是哈！
　　　 男友：……

例 a 也是询问对方做某事的能力，但妈妈的意思其实是劝阻或禁止，即你放着让我来，因为妈妈觉得"你"没有这一能力，这和"你能把盐递给我吗"相反，后者是认为"你"有这能力。再如例 b、c 中，女友的意思也是如此，实际上是要求对方（男友）停止讨论，要求对方不要再和漂亮女生谈了，这里涉及的条件是合理性问题。可以看到，相似的句子因为条件不同，最后的涵义也很可能不同，甚至相反。而如果我们只是去看间接言语行为的终点，是容易忽视这些细微的条件差别的。

因此，需要重新审视间接言语行为研究的研究范式，应该改为从"源点"也就是字面意义入手。需要抓住两种不同的迁移规则，一是当话语形式不满足直接言语行为的要求时，如何迁移到新的言语行为意图（意义功能）上去。二是当话语形式的直接意图实现的时候，该意义功能是否会引起连锁反应，生成新的意义功能。而上述两个方面都是在字面意义的基础上发展出来的，这就可以以字面为中心，加上各种不同的条件，从而推导出新的目标点。因为字面意义的单一性和确定性，以此为基础的推导，其规则体系便有了统一的模型。又因为同样的源点，加上不同的条件后迁移方向不同，所以容易引起研究者对迁移条件的高度重视。

例如我们来看字面意义为询问对方做某一行为的能力的疑问句，要问的是它可能产生什么样的负迁移或叠加。我们可以根据"能力"范畴本身的性质，得到以下不同条件下的迁移：

（56）a. 说话者知道对方有能力，负迁移为希望对方去做：
　　　 女儿：妈妈抱！
　　　 母亲：你能自己走吗？（要求女儿自己走）

b. 说话者知道对方没有能力,负迁移为希望对方别去做:
女儿:妈妈,我要走!
母亲:你能自己走吗?(要求女儿别自己走,我来抱你)
c. 说话者不知道对方是否有能力,正迁移为询问,并且叠加一个关心的行为:
母亲对女儿:路还长呢,你能自己走吗?(询问女儿并表示关心)

根据研究的精粗,我们还可以进一步考察更多的条件,很可能得到更多的迁移方向。如例 c 也就可以看成另外的一个迁移:疑问句,当询问的内容是听者的情况时,说话者在表示关心对方。因此不必限于能力,即使是询问其他东西,如询问对方的近况、身体等等,也是在表达关心。

2.1.3 以句法语义和语用的接口为规则的落脚点

语用学[1]产生之后,它和语义学是什么样的关系,一直存在争议,参看 Leech(1981)和沈家煊(1990)[2]。

格莱斯(Grice)主义等将语义学限定于真值条件意义的范围,则语用学是关于涵义(implicature)的研究。Gazda(1979)等用规约和非规约作为语义学和语用学的界限。[3] 但是,有时我们仍然不易划清,如:

(57) a. 他是单身汉——他没有结婚
b. 他是四川人——他喜欢吃辣的

---

[1] 虽然早在 Morris(1938)就提出了"语形学"(syntacitcs)、"语义学"(semantics)和"语用学"(pragmatics)之间的分别,但语用学作为语言学的一个相对独立的分支而得到国际学界的承认,是很晚的事。目前,语用学是各种研究尝试的庞大、松散和杂乱的集合,无法制定一个确切的定义,无法按普遍接受的方式加以形式化。

[2] Leech(1981)认为,句法学和语义学是"规则支配的",而语用学则是"原则制约的"。沈家煊(1990)介绍了三种观点:
1) 语用学是语义学的一部分,主要是 60 年代后期兴起的生成语义学派,当时认为语言表达的各种意义基本上都可以用句子的语义结构式或逻辑式来表示。
2) 语义学是语用学的一部分,源自维根斯坦和奥斯丁等语言哲学家。晚期的维根斯坦提出了"意义就是用法"(Meaning is use)的口号,主张完全通过研究句子的用法来探究句子的意义。在 Austin(1962)的"以言行事"的基础上,塞尔(Searle)认为整个语言学实质上是语用学,这样一来,语义学自然也就属于语用学的范畴。
3) 语用学和语义学是两个独立而又互为补充的部分。目前为大多数人所接受的还是第三种观点,本书也是如此。但这样一来,我们需要分辨二者的差异,以及什么是"语义和语用的接口"。

[3] 一般认为,规约意义(即约定俗成的意义)具有三种性质:不可取消性(non-defeasibiilty)、可分离性(detachability),以及不可推导性(non-calculability)。

在上例中,"单身汉"的意义内容之一就是没有结婚,所以例 a 一般看成纯粹的语义关系。而"四川人"和"喜欢吃辣的"之间则是社会文化的产物,并不总是如此,从这一点讲,应该是语用的结果。然而,"四川人喜欢吃辣的"应该在当代的中国文化中高度地固化为一个"呆板"印象,它是否已经规约化了呢?

意义的规约性是一个程度问题。Mogarn(1978)认为规约性是有历时的发展的,在高度规约之后会出现"短路的会话涵义"(short-circuited conversational implicature)。规约性的程度及其演变,可以用合适条件(felicity conditions)[①]等来说明。例如 Goodbye 由 God be with you 演变而来,已经完全规约化。这就是著名的"规约意义 1→会话涵义→短路的会话涵义→规约意义 2"演变过程。

我们不赞同激进的语用学(radical pragmatics)对语义和语用界限的混同[②],而是把这样的现象看成语义与语用的接口问题。"接口"(interface),又译为"界面"。

在传统的观念中,语法学或语言学的各个部分是相对独立的,自成系统,如词库、形态、句法、语义、语用、音系等,都不需要其他系统的支持,自己有自己的一套运作方式或规则。(参见 Zwicky 1985:210-212)。不过,各个部分完全独立不相往来是不可能的,因为句子本身具有各方面的性质。例如按照生成语法,句法处理完后,也会送入音系或语义部分去处理。这种既相互独立又存在两个或多个部分共同参与有关现象的塑造的情况,要求我们去讨论它们的接口(界面),即多个部分或层面相互影响和渗透的地方。

在言语行为迁移的研究中,我们注意到两个不同的平面(layers)以及它们的交互关系:

1) 具体语言中各符号、结构或形式,都已经通过语言演化,在一个具体的历史时期,获得了较为稳定的意义和功能解读,如现代汉语中每一个词语、句式等都具有一个相对明确的心理意义,这就是其规约化、语法化、词汇化或构式化的意义功能,同时也包括这些词语或句式按一定的结构关系组织起来后所获得的意义功能以及组织成分之间的确定的意义功能关系。我们把这样的意义功能称为"句法语义"平面的内容。

2) 在这样的结构单位进入语言使用,也就是实现为话语之后,上下文

[①] 一般认为是一句话按规约作为一种行为时所需要的语境条件。
[②] 他们尽量扩大语用学的范围,缩小语义学的范围,并且认为语用学的发展能大大简化语义学。近年来对"一般的会话涵义"的研究已取得相当大的成果,在一定程度上证明这种做法具有一定的合理性。

语境会提供更为具体的条件,从而使这些结构单位的意义功能得以实现,或者使之不实现,前者是该单位的正迁移,后者是该单位的错误使用或负迁移,这一心理词库中的意义功能,在话语中实现或不实现的过程,就是"语用"平面的内容。

显然,语义和语用两个平面是不能脱离对方单独存在的,在言语行为中,具体符号、结构或形式的心理意义功能,是迁移公式(也称为"语用公式")的输入端,没有这些相对稳定的语义内容,语用操作就是无源之水、无本之木。但是,语义平面的稳定状态,又是依赖于话语使用中长期坚持正迁移而得以维持的,如果一个形式的负迁移或叠加的功能超过或压倒了原来的正迁移功能,那么或者它将分化出新的义项,或者就会改变原有的意义功能,这都会导致整个语义格局或功能分布的演化。

这样的一个言语行为过程就体现了"语义与语用的接口"。以一个具体的迁移公式为例,可以看到整个推理是语用的,但是其中输入一端中,有的信息明显是直接由字面意义构成的,因此是属于句法语义的部分:

$$\underbrace{询问对方做行为 XP 的能力}_{句法语义部分} \wedge \underbrace{[特征]认为对方有能力}_{语境条件(语用部分)} \rightarrow 要求对方做 XP$$

2.2 基于立场范畴的言语行为研究

言语行为研究中,最为重要的或者说最为基本的问题是什么?这涉及我们怎么理解言语行为,也就是说我们怎么理解人与人之间的交际过程。显然,这些核心问题都是围绕显赫触发范畴进行的,但是,这些范畴的共同之处是什么?

Searle & Vanderveke(1985)[①]的方法没有很好地把言语行为的关键要素表达出来,只是一个平铺直叙的、简单的分类系统,所以很难以此为基础构造语用规则体系。[②] 这一尴尬局面与他们所采用的描写视角直接相关。在这一方面,Grice 的准则系统显然更具有可推导性,更具有逻辑价值,值得我们深思。

我们认为,言语行为的核心范畴是说话者的心理反应系统中的东西,是

---

① 他从行事(行为)意图、实现行事意图的方式、命题内容条件、预备条件、真诚条件等方面研究言语行为。
② 虽然他们的书名叫做《言外行为逻辑基础》(*Foundations of Illocutionary Logic*),但没有建立严格意义上的逻辑演绎系统。虽然也列举了一些"公理"和"一般规律",但只是列举了很少几个定理,这些定理也多是直接的和表面化的,也无法证明与演算,不具有完备性,因此这不是现代意义上的逻辑体系。

他如何看待言语行为、言语行为参与者以及言语行为的各方面内容的反映。正是因为他在当下的言语行为中具有某种态度,这才导致他的语句具有某种功能,而态度的各个维度或方面之间,才有了进行逻辑推导的可能性。

这种"态度",就是本书所说的"说话者的立场(stance 或 stancetaking)"。

2.2.1 以往对立场的定义和分类

迄今为止,立场研究还比较混乱,没有一个统一的定义。①

例如大多都承认,立场具有主观性、评价性和交互性,参看 Englebretson(2007a:15)②,他特别关注到立场的主体间性,指出立场的三大性质之一就是互动性(interaction)。Kiesling(2012)提出了立场研究的主要参数:同盟、情感和投入(investment)(属于认知情态,即言者在谈话中投入了多大的力量),将情感与同盟列为立场下的不同层次。

各个研究者都有各自的分类系统③。Berman 和 Ragnarsdóttir 等(2002)提出了一个较为复杂的话语立场(discourse stance)理论,作为动态的社会行为,包括取向、态度和概括性④。其中态度作为核心⑤。

在汉语立场研究中,受 Du Bois(2007:163)提出的"立场三角"(the stance triangle)理论模型影响最大。它包括评价、位置和同盟⑥三个维度。与"评价"密切相关的概念是会话分析(conversation analysis)中的"断言"(assessment),同时也与"评估"(appraisal)相关。

---

① Biber & Finegan(1988)说,立场是"说话者或作者对信息的态度、情感、判断或者承诺的显性表达",另参看 Biber et al(1999)。Du Bois(2007)说:"我们使用语言做的最重要的一件事情就是表达某种立场……立场表达可以看作是一个用语言形式来表达社会行为的过程……通常情况下,立场是通过一种语言行为同时也是一种社会行为来实现的……任何话语立场的价值都是会话的共同参与者在对话互动中通过合作行为而塑造的"。Du Bois(2007)这篇文章的汉译本,见方梅、乐耀(2017)一书的"附"。
② 英文术语是:主观性(subjectivity)、评价性(evaluation)和交互性(interaction)。
③ 如 Biber et al(1999),以及 Conrad & Biber(2000)等,将立场分为认知(epistemic,说话人对某一命题的确定性、可能性、真实性或局限性的了解及评价)、态度(attitudinal,说话人对某一命题所表现出来的情感评价)和风格(style,说话人对交际本身所做出的评价,类似于元语言)三个维度。
④ 英文术语是:取向(orientation)、态度(attitude)和概括性(generality)。
⑤ 又分为认识态度(言者对所述命题的可能性、确认性,对事件真实性的确信度等)、道义态度(言者对对象或事件进行评价、判断时所采取的视角)和情感态度(言者对所述事件的情感表现)。
⑥ 英文术语是:评价(evaluation)、位置(position)和同盟(alignment)。这里的"评价"是广义的,指围绕一个立场客体,描述其具有特定的性质或价值的过程。"位置",包括基于情感量度(affective scale)选择的位置,例如"喜欢"与"不喜欢"等,以及基于认识量度(epistemic scale)选择的位置,例如"知道"与"不知道"等,因此把立场分为情感立场(affective stance)与认识立场(epistemic stance)。早在 Ochs(1996)已经对认识立场和情感立场做了区分。

其他语法学派的研究者,其实也有与"立场"范畴相似的研究。如 Martin 等系统功能语法研究者关注"评价"范畴,这是一个相当大的范畴,与本书所说的"立场"基本相当,他不仅明确了评价对情感的表达,更注意到了评价在道德(moral)上和美学(aesthetic)上的表达,后两者实际上说明了评价涉及社会伦理和社会价值。① Ochs & Schiefflin(1989)则将评价、态度、立场等都归划到一个庞大的"情感(affect)"范畴里。

不少学者从研究立场在语言形式上是如何表现的,转向研究不同语言形式下立场功能是如何实现的。比如 Hyland(2005)分析了模糊标记(hedges)、助推标记(boosters)和态度标记(attitude markers)。他认为,模糊标记用于表达说话者的低确信度的立场,助推标记用于强调说话者高确信度的立场,而态度标记用于表达说话者对听话者或相关主题的情感立场。

总之,立场范畴研究本身是一个大杂烩,包含了许多内容,在理论上尚未统一。我们需要分别对各个方面的内容进行研究,因此本书中我们将在不同的章节讨论。

2.2.2 本书的五大立场范畴及其关系

我们完全可以更为细致地划分立场范畴内部的各个维度,不必拘泥于"认知、态度和风格"的三分法或者"情感与认识"的两分法。实际上,汉语的研究者往往都会对这一分类进行补充、重组,②可以说,立场的分类都与研究者的研究目的和研究范式有关,所以大家关注的点不尽相同。

本书的目的不是为了分类而分类,而是为了构建言语行为的规律而进行分类,一切分类都必须服务于逻辑规律的表达,也就是说,需要满足以下范畴设定的原则:

1) 尽可能地细化,分出较为完备的子范畴体系;尽可能明确地定义,防止功能交叉或模糊无法判断的情况出现。

2) 分类的目的是为了计算,所以本系统中的每一范畴,在推理公式中都有其不可替代的作用。与语用规则/推理无关的语义或语用概念再重要

---

① Martin(2000)指出,评价系统关注语篇中评价的各类协商态度、所涉及的情感强度以及同盟读者的各种方式。态度作为评价系统的子系统,又分为情感、判断和鉴赏三部分。

② 如罗桂花(2013)分出评价立场、情感立场、认识立场和(不)一致性立场四种。高彦梅(2015)分出认识立场、义务立场、态度立场和言语风格四类。刘娅琼和陶红印(2011)则在评价立场中分出一个小类"事理立场",专门用于表达说话人对事物的合理性的判断。而方梅和乐耀(2017:36-37)则认为可以对分类持包容的态度。

也不纳入系统,但是一旦某一运算需要某个概念作为运算的参数,就必须把它纳入。哪怕一时还弄不大清楚它的属性,也要在理论系统中给它一个位置。

3) 充分参考已有的语用研究成果,但必须是经过汉语句法语义研究洗礼后的概念、理论或操作,拒绝纯粹哲学或逻辑学的考虑。

本书中,我们在立场范畴之下一共区分了五大子范畴,在各子范畴的下面还区分出若干下位范畴。请看下表:

表 2 立场范畴的子范畴

一级子范畴		二级子范畴		三级子范畴	
名称	内容	名称	内容	名称	内容
自我立场	研究说话者把自己置于何种地位的问题:当自己发动言语行为的时候,是在自信还是不自信的状态下?是否需要特别地展示自己的自信?当有其他参与者的时候,是把他们拉入自己一方,还是排斥为与自己相对立的一方,还是忽略双方的位置关系?	自信性	对自我言语行为的坚定程度的态度,有自信、不自信和强化自信等。		
		自我突显	是否在言语行为中更多地体现自我,即语力强度问题。	强化语力	追求言语行为语力的实现效能。
				弱化语力	避免人际冲突。
		地位	对自我和他人相对社会力量大小的认识。	社会地位和社会距离	对自我和他人在社会中相对地位高低的认识,权势的大小对社会行为来说具有规范的作用。对自我和他人的社会距离远近的认识。
				认知地位	对自己和对方的知识状态的判定,以及相互知识状态的相对高低的认识。
		同盟性	对自我与他人在言语活动中构建何种社会关系的态度,有正同盟、反同盟和非同盟等。		

续　表

一级子范畴		二级子范畴		三级子范畴	
名称	内　容	名称	内　容	名称	内　容
知识立场	研究说话者对当前论及的事物本身的性质的主观认识。	指称性	语词所表达的事物类型,不同表达之间存在蕴涵关系,何种事件需要何种论元,如实指和虚指、通指、类指和个体指、定指和不定指、无指和有指等子类。		
		事实性和叙实性	对事物真、假的态度,有事实(真)、反事实(假)和非事实(不知真假)等子类。叙实讨论有更为外层的结构时,内层小句的事实性的情况,有叙实、反叙实、非叙实等多种情况。		
		预期与和谐	对不同事物之间真、假关系的态度,也包括对行为之间实施关系的态度等。有各种预期,以及和谐、不和谐和无关等子类。		
		传信	信息的来源,以及由此引发的信息确定性,还有信息流的展开方式。		
评价立场	说话者面对一个提及的事物时,对该事物的情况与说话者自己的知识背景进行的对比。	意外性	说话者接触事物时,对事物有或多或少的预期,他会衡量当前的认识与预期的关系。如果一致并不具有什么信息价值,一般也就不会对言语行为施加什么额外的影响,这是非意外的情况;而不一致就会产生意外,意外的信息价值很高,并且是触发很多言语行为负迁移的推动力。意外又分为非常规和不合理两个方面。	常规性	对事物一般、常见或默认状态、性质与变化的估计和预测,通常是对很多情况的一个频率感知或统计。如在一个具体的场景中,事物常见还是不常见(包括很少见和不具有突出的表现)等。
				合理性（褒贬评价）	对事物内在规律和价值的态度。在一个具体的场景中,事物的发生是合理的还是不合理,也包括行为是恰当的还是不恰当的等。还包括对事物的社会价值的极性态度,知道或表示某一事物是积极的或消极的。

续 表

一级子范畴		二级子范畴		三级子范畴	
名称	内　容	名称	内　容	名称	内　容
情感立场	说话者面对事物时的情感体验，包括是否有强烈的情感状态，对事物有积极的评价（褒/好）还是消极的评价（贬/坏），事物的发生或不发生带来了积极的情绪还是消极的情绪，等等。	感叹性	说话者自我情感的强弱，在较高的情感状态时会有不同的表现，产生不同的涵义，又分为由对事物感到意外引起的感叹（说话者指向的感叹），以及为了强化语力故意呈现的感叹（听话者指向的感叹）。	说话者指向的感叹	说话者由于遭受某种外部信息（一般是意外）而引起的惊讶、反感、愤怒、痛苦或赞叹、幸福等感情或情绪；它们在话语中的表露，并不必然对他人产生影响。
				听话者指向的感叹	说话者表现出某种特定的感情或情绪，试图以此去影响对方，或使之认同，或激化对方产生特定的情绪，或促使对方去做出特定的行为等等，在感叹中主要是"强化语力"功能：说话者通过他的"表情"（expressive），力图将某种影响强加于听话者（有时也包括第三者），以更好地保证说话者意图的实现。
		褒贬情感	说话者情感的褒贬极性。		
行为立场	说话者实施言语行为的条件、方式、限制条件等等。	行为的普遍条件与性质	所有社会活动的施行都需要满足的那些条件，还有在行为实施中涉及的主要性质。在普遍条件的基础上，进一步分出各个较为具体的言语行为的条件和性质，如告知、询问、要求等。	陈述类	
				祈使类	
				虚拟类	

续 表

一级子范畴		二级子范畴		三级子范畴	
名称	内　容	名称	内　容	名称	内　容
行为立场	说话者实施言语行为的条件、方式、限制条件等等。	言语行为中的语言表达	说话者在表达过程中呈现出来的特点或特性,是他个人思想行为特性在言语行为中的体现。	主题	主题如何表达,有什么限制。
				焦点	焦点如何表达,有什么限制。
				背景或预设	背景和预设如何表达,有什么限制。
				完句性	语句独立使用的能力,它反映的是语句对听说双方的语用价值大小。

可以形象地说,立场就是说话者表明他站在哪一块、哪一边的选择性态度,即说话者的"站立之处",《现代汉语词典》(2002 增补本：777)说"认识或处理问题时所处的地位和所报的态度"。我们认为,包括说话者把自己放在何等地位,以及说话者对认知对象的各个层次的认识,说话者在言语行为中采取的方式与体现的目的,等等。这些内容有的是前人已经划分出来的,有的则是出于本书的需要,必须给以特别突显的。

本书第一章为总纲。第二章专论"预期与和谐"。第三到七章分别讨论各个重要的立场。

1) 第三章"自我立场"

行为是行为主体的行为,因此言语行为研究的首要的一点,就是说话者把自己放在何等位置的问题。前人关于"同盟性"的研究涉及相关的内容,但仅仅看成评价位置的比较结果。我们认为,这不是言语行为的结果,而是前提条件,是诸多言语行为迁移的输入因素,是在言语行为开始之前,说话者已经设立好了的。因此,必须单列并作为首要的立场子范畴来研究,称为"自我立场"。主要包括四个方面：对自我的自信程度(自信性),是否在言语行为中突出自己(强化/弱化语力),对自己与对方相对地位关系的认识(社会地位、社会距离和认知地位),以及如何看待自己与其他言语活动参与者的关系(同盟性)。"自我立场"字面上只有"自我"二字,但其实质是"交互主观性"(intersubjectivity),因为所有的"自我",都是在与他人(言语行为的其他参与者)的比较和相互观看中突显出来的,实质是反映说话者对自我和他人的关系的考虑。

由于语力是言语行为的重要特性,因此我们提前将强化/弱化语力的部分放到第一章关于言语行为的讨论中来,但请读者不要忘记了它其实是自我立场的内容。

2) 第四章"知识立场"

五大子范畴中,"知识立场"和"评价立场"加在一起大致相当于两分法中的"认识立场"。认识立场就是说话者对事物的认识,这里仅仅涉及认识主体(说话者)和认识客体(事物对象)的关系,一般不存在交互主观性。

知识立场,研究的是语词所指称的事物、事物的真假、事物之间的关系等等。它们的共同之处是,表明说话者对语句所表达的意义内容或有关事物的存在性质的认识,或称为事实性认识。如我们在使用一个语词,我们是在表达哪种事物,这些表达之间的关系(指称性)?有一个事物,说话者在当前论域中认为它是真的、是假的,还是无法判断真假(事实性)?如果加上外层结构后,是叙实、反叙实还是非叙实等?如有两个或两个以上事物,说话者已知其中一些为真或为假时,他认为另一些是为真、为假还是无法判断(预期)?还有知识的来源(传信),是亲历的还是间接获得的,是以什么方式获得的(直接得到还是猜想)?等等。

由于"预期"是所有言语行为的逻辑基础,因此我们单独将它作为一章(全书的第二章)进行详细的阐释。第二章也是全书的重点与难点之一,所以篇幅长大。不过我们不要忘记了预期范畴其实是知识立场的子范畴。知识立场的其他部分则在后面第四章阐释。

我们常说一个人"有没有知识",就是指他对万事万物进行判断的能力的多少与准确程度。不过,我们和前人不同的是,虽然说话者知道或不知道的区别是知识立场的一部分,但我们认为,更为重要的是说话者在他的言语中表达出来的知识,凡他表达的都是他表明自己知道的,说话者一无所知之物他一定想不到要表达。至于从外在的视角来看说话者,发现有一些知识他并不知道,也不会体现在说话者本人的话语中。即使当说话者说"我不知道 XP"时,往往也是说过去的我不知道的事(我不知道他是你朋友,不小心冒犯了他)[①],或者是虚拟的情况(如果我(现在)不知道这件事,我不会向你道歉),无论过去的我还是虚拟的我,都不是当下说话的那个我;或者是提出问题但不知道答案(我不知道他来没来)。无论哪种说话者都不是一无所知,甚至其中的疑问例子,也显示了说话者对事物拥有部分知识,只不过知识不完善而已。这就和认识情态表达中的例句相似,"可能 XP"也是表达说

---

① 甲问乙"你知道小张没来吗?"乙说"不知道"。这实际上是说"我此前不知道",而现在既然你告诉了我,我当然就知道了。

话者对 XP 拥有部分知识,但知识还不完善,不能完全肯定。

3) 第五章"评价立场"

对事物的社会属性和价值的认识。说话者面对一个提及的事物时,将该事物的情况与说话者自己的知识背景进行对比,这就是本书的评价立场。这种比较会赋予该事物以特定的社会性质或价值,具体分为说话者对事物存在的意外性,以及对事物社会性质、价值、定常态所做的主观判定等等。其中,意外性涉及预期与当前信息的比较,有两个维度:常规性和合理性,所以也将后二者单列出来进行研究。

4) 第六章"情感立场"

学习此前的研究者,我们也把情感立场单列一项。情感立场就是说话者在言说事物时所表达的自身情感,从情感强度上分出感叹性,而从情感类型上分出褒贬情感。再从感叹产生的原因把感叹进一步分为"说话者指向的感叹"和"听话者指向的感叹";前者是由意外引起的,而后者是说话者自己有意产生的,其目的是强化语力。

请注意,褒贬评价,即知道或表示某一事物是积极的或消极的。它虽大致可以归入评价立场,但实际上既是情感,也是认识,是情感立场和评价立场的交叉;褒贬评价会导致褒贬情感,所以也是沟通情感立场和评价立场的通道。在本书中,我们把它和褒贬情感放在第六章中一起研究。

5) 第七章"行为立场"

行为立场是以往的立场研究中很少提及的内容,因为它与其他四大立场有着本质的差异:自我、知识、评价、情感是说话者对言说(思维)对象或听话者等主体的主观态度,包括对各种主客体关系和主体间关系的态度,它们是言语行为实施的前提、条件或评价;但行为立场是主体对言语行为本身的主观态度,因此最具有综合性和复杂性,并且往往与前面的那些立场维度混杂在一起,这也是我们要到最后才来讨论行为立场的原因。

就这一点而言,也可以不把"行为"包括在立场范畴之中,而是单独划为一个语用学维度,如 Grice 学派或其他的言语活动研究学派那样做。大多数立场范畴研究者也没有把这一部分内容放在立场研究中。我们不讨论哪种处理方法更好,本书之所以将"行为"视为一种立场,关键是我们并不研究言语行为中所有的问题,而主要是研究说话者对行为实施的条件以及行为性质所做的主观认识,这会导致言语行为自身目的是否实现,是否会产生负迁移和叠加现象等重要问题。

我们首先研究"行为的普遍条件与性质"。然后研究言语行为中的语言表达,包括主题、焦点、背景预设等表达方式和限制条件;还有语句的完句性限制条件,也即独立使用的能力。最后分别研究陈述性言语行为、祈使性言语行为(疑问归入广义的祈使)以及虚拟性言语行为等的具体条件和性质。当然言语行为并不只有这三类。

最后,我们将在第八章"其他汉语现象和问题"中,专门就一些因为种种原因,无法放在前面的各章之中的问题进行讨论。它们也是汉语言语行为研究的重要现象,不能舍去。我们将它们汇集在一章中,各自展开论述。

上面所说的就是本书的立场系统的大概。可以看到整个系统庞大而复杂,极为重视相关规则与运算的研究,可以进行很多有效的语用推理。我们试图开创语用"逻辑"系统研究的新道路,但是作为新的路线,仍需要进行更多的实践与检验。

2.3 基于分布网络系统的整体性研究

我们不能孤立地、一个一个地研究这些范畴,更为重要的是,我们要研究它们在语用上整体运转的机制。这些范畴构成了一个有机的、统一的整体网络,相互独立又相互影响,并以一定的规律性运行,在更大的语法系统中起着决定性的作用。虽然关于具体言语行为的限制条件的研究也很有必要,但需要放在这一统一机制中进行,要研究的不仅仅是一个具体言语行为需要什么样的条件,而且要明白为什么需要这样的条件,以及在满足和不满足条件(包括不满足部分条件)的情况下的言语行为实施规则。其中与负迁移和叠加有关的规则研究是重中之重。

需要说明的是本书的"系统观"和"整体观",是基于"分布式网络"观念的。分布式网络与集中式网络的区别是:

1) 分布网络的各个功能区域都是相对独立的功能模块,每一个区域都可以作为入口也可以作为出口。而集中网络中一定存在某个或某些模块,它具有绝对的压倒性的优势地位。

2) 网络的运行机制是"刺激—响应"(语言学中的迁移或叠加)。分布网络的刺激响应方向和力度,都由各个模块的性质自己决定,不需要外来的控制。响应规律(所谓的推理公式)仅仅是将若干相关的节点的相互作用体现出来。而集中网络中一定存在某个或某些总体性的控制机制,每个模块必须在其统摄之下。

3) 产生"刺激—响应"需要一定的条件或"先在信息"(语言学称为"语境")。分布网络的先在信息是从网络中即时地、动态地抽取的,不同的状态下信息不一,变量较多。而集中网络的先在信息中必有稳定的、处于当前状态之外的部分。

4) 分布网络仅仅是若干节点的集合,理论上讲存在扩大或缩小的可能,并不是一成不变。而集中网络必须在统治机制的统摄之下,不能自由地扩大或缩小。

5) 一个较大的分布网络也可以是由一系列较小的集中网络或分布网络的联合。

我们认为,言语行为的各个方面是一个柔性的网络系统,而不是我们一般设想的刚性系统,没有开始没有终结,没有树状层次,而是像分布网络系统那样,相互激励、相互迁移或叠加。其中的节点主要由五大立场中的各个最小的子范畴组成,也包括一些言语方面的基本单位,如"命题、问题、语句"等。而每个较大的子范畴构成网络中的相对独立的区域。区域内可以有集中性质的网络,但区域之间或者说整个系统是分布式的,各个模块既单独又联合在一起起作用,很难说哪个模块更高级,因此绝非我们一般理解的从上到下的层级系统。

构成这些节点之间关系的,就是本书即将展开的 400 多条语用推理原则,我们称为"语用公式",也称为"推理公式"。它们代表了节点之间的连线,但与一般关于连线的理解不同:一般的连线反映两个节点之间的关系,但本书的推理公式反映的是若干子范畴(节点)之间的关系,有源点、终点,还有触发迁移的特征,所以更为复杂。

本书所说的"整体性"研究,也是针对分布式网络的整体性研究,包括三个部分:

首先就是将相关的内容用若干语义语用子范畴概括起来,形成本书所说的五大立场系统。

其次是在研究每一个具体问题时,都不能仅仅看到这一问题自身,而应该在全书的各个范畴中去寻找联系,如关于"意外—不合理—非常规""同盟—情感—事实"等子范畴所引起的迁移和叠加的研究。

第三,在上述研究的基础上,尽量列举出在言语行为中起到决定作用的各种语用推理公式,以便能够将越来越多的言语行为现象囊括其中。这一囊括性越好,系统的整体性越强;囊括性差,则系统仅仅是局部的区域研究。

因此,这一研究很难说有什么终点,而是应该更大、更准确、更完备。这也是本书篇幅巨大、内容广泛的原因。但本书与其说是达到了什么目标,还不如说是打开了一扇新的大门,或踏上了一条新的路径。最终检验本书整体性好坏的,还是本书的读者!希望你们觉得本书将你研究的语用现象囊括在内,这就是对本书最大的褒奖;如果没有,还请提出批评,添加或改造本书的系统。

第二章　预期与和谐

"预期—和谐"本来是知识立场中的子范畴,但它也是所有言语行为的逻辑基础、核心和灵魂。因为人类行为的基础是认知,而认知的基础是联想,"预期—和谐"就是对人类联想系统的反映。

因为"预期—和谐"如此重要,所以专门拿出一章来阐释。本章的任务包括:

1) 对预期在言语行为中的重要地位进行解说。

2) 从信息理论和概率论的角度,给出"预期"的定义和四大篇章因素/部分,在此基础上对预期从不同的维度进行分类,介绍预期的子范畴以及它们之间的关系。

3) 给出预期的语言学检验格式——基于语言调查的方法,以便说明预期的确是母语者心理的反映。

4) 提出和检验"小预期"的存在,并阐述"和谐"关系。证明"预期—和谐"在各种语言现象中都存在,并对与之相关的多种复杂语篇进行(举例)分析。

5) 提出语篇中"预期—和谐"的两个视角,以及相应的事实性规律。

本章还将举出一系列的汉语例子,来说明本书的预期理论对汉语语法研究的有效性。其中最重要的是"竟然、偏偏"等反预期标记,以及"果然"正预期标记的用例分析。

1. 预期是言语行为研究的核心与灵魂

在心理导向的言语行为研究中,最重要的并非具体的言语行为的条件(虽然在具体工作如语言教学、具体语篇的处理中这很重要),而是控制迁移、叠加的抽象的规则系统。这些规则,也就是相应的条件概率的赋值与计算,构成了语用逻辑的主要部分。

我们的考察发现,要能够给出一个统一的语用逻辑体系,需要将有关的语言知识,统一在由"预期—和谐"为核心的语用范畴之中。

语用逻辑与一般真值条件逻辑的本质不同,反映在其基本定义上,即言语行为理论以"恰当性"(felicity)为语用逻辑的出发点,参看蔡曙山(1998)的论述。我们把它概括如下:

① 真值逻辑的基本范畴是"真值"(truth value),如"真"与"假",其概率论表述是:特定的事物,在特定的可能世界中,存在或不存在的概率有多大。

② 语用逻辑的基本范畴是"语用的恰当性"(pragmatic felicity),如"恰当"与"不恰当",其概率论表述是:特定的语句,在特定的语境中,表达特定功能的合法程度有多大。

基于恰当性,言语行为推理公式需要这样来理解,如有"A 形式 & F 条件—$\overset{Pab}{\rightarrow}$B 功能",而概率 Pab 较大的话,就是说形式 A 在 F 条件下用来表达功能 B 是恰当的,或者说,如果在条件 F 的情况下使用形式 A,则母语者社团(不是个别人的心理活动,而是社会心理)会认为说话者意指 B 功能,这是母语者社团成员很自然的心理联想。如果 Pab 较小的话,就是不恰当的。

语用推理因此与一般的真值逻辑推理不同,它高度依赖于母语者的认知与习惯,依赖于文化、社会等时尚流行元素,而真值逻辑致力于发掘事物的真相,这在语用推理中并不重要。

例如小明今天生病了,他没来上学。如果我们问,"小明生病"是否是"小明不上学"的原因(致使因素),这是真值问题,我们需要研究一个人生病所带来的影响,仔细衡量影响的大小,并看它是否足以阻碍一个学生去上学。但是语用推理不需如此,我们要问的是,"小明生病"是否是"小明不上学"的恰当的(社会性的)理由,即前者是否能使后者具有合法性、社会规约性。如在一个社团中,讲求对孩子的照顾与爱护,所以我们认为合法,于是我们说"小明生病了,所以不应该上学",大家会觉得很能够接受。但是,完全可能有这样一个社团,更讲求对学业、事业的忠诚,认为要坚持到底,于是我们说"小明生病了,但是仍然应该上学",大家会觉得更能够接受。

因此我们说,在社会中有一条基本的合法性的推理:设"小明生病"为 A,"小明不上学"为 B,条件概率 Pab 反映了 A 事件与 B 事件之间的行为恰当性大小,在两个不同的社团中取值不一样,前一个社团比后一个大。也就是说在前一个社团中,如果妈妈给老师打电话说"小明生病了",老师马上得出语用涵义,妈妈这是在说小明今天不上学了,或者说,妈妈通过使用陈述事实来达成了一个间接言语行为"请求让孩子不用上学";但在后一个社团中,老师还得犹豫一下,不知道小明今天应该会来还是不会来,妈妈要达成这一间接言语行为还需要更多的条件或信息输入。

也许小孩生病这个例子今天已经比较的"人性化"了(也就是成为不上学的正当理由),但我们生活中遇见的很多情况还处于预期不定的状况,例如有一天一个学生对我说"老师,明天我一个中学同学结婚,我就不来上课了。"不知大家以为如何?"中学同学结婚"是"不上课"的正当理由吗?反正我是这样回答的:"(不过是)中学同学结婚,你竟然就不来上课了!如果是你兄弟姐妹结婚还可以考虑一下!"

由此可知,语用推理的恰当性必须存在于具体的社会之中,社会文化、法律习俗、日常知识、个人经验等多个因素都会产生决定性的影响。这一点以往的研究者也都注意到了,但是却很少有人想过由此导致的巨大的困难:我们怎么来研究它?

这些年学界在大力提倡"语用逻辑"。语用逻辑研究语用意义的达成及其认知理据。对这些问题的思考衍生了推理语用学理论。但是,已有的推理语用学理论,总的来说更关注自己所提出的系统内部的自洽性,更像是哲学、社会学或数学,而非解决具体语言问题的语言学。它们几乎都有一个大的问题:学者致力于发掘控制或影响语用关系的种种内在机制,却没有想过,作为研究的基础,他们所发现的所谓语用涵义,其实质是什么。

应该说,即使是非规约性的涵义,也需要通过一系列在母语者社团中普遍存在的规律性的推理来完成,这些推理规则本身应该是规约性的。但是,从A到B的推理是否真的在语言中存在?它会不会只是哲学家或语言学家本人的幻想?在不同的社会或社团中它如果是不同的话,那我们怎样来证实那些差异的存在或不存在?由于没有认真对待这些问题,使得这些理论往往陷入"自我复制"的地步,也就是自己肯定自己的研究,不具有可证伪性。

毫不夸张地说,对语用涵义检验格式的研究,以及它的规约性程度研究,成了当代语用逻辑研究中的最具有关键性的"短板",它在上述理论学说中都没有得到深入的思考。

陈振宇(2020a)认为,逻辑推理按概率大小分为无缝推理(百分之一百或百分之零的概率)和有缝推理(概率接近百分之一百或百分之零,或者说是远离随机概率[①]),并且提出了一系列检验格式来确定语句之间蕴涵关系的强弱(即条件概率的大致区间)。这些开创性的工作,为我们这里的语用

---

① 随机概率一般是百分之五十,即正反的概率都一样,根本不确定。

推理研究提供了很好的理论武器。

但是我们还需要进一步思考一个问题：言语行为中所有语用推理所使用的这些规则，其本质是什么？我们的回答是，这些语用规则的本质就是认识主体的"预期"（expectation），在此基础上才能很好地理解所谓检验格式的问题。

2. 预期的定义①

吴福祥（2004）参看国外学者的文献资料，将预期范畴引入汉语研究。实际上，预期研究中首先考察的是"反预期标记"②，一般把这看成语法学中预期研究的开始。他谈到"共享常态"（shared norms）的概念，包括说话人所熟悉的世界的常态和规范、说话人头脑中的常态和规范及说话人认为听话人头脑中的常态和规范。这一定义偏重于常理预期。③

但是，迄今为止，还没有看到全面系统阐述"预期"范畴的各个方面的著作。前人的研究大多是用预期观念解释各种语言现象，并在这一过程中根据自己的工作的需要，对预期的一些方面进行分类、定义，也提出了一些规律。已有研究者对"反预期标记"的范围和类型等做了相当出色的工作，还有一些预期类型的分类也颇有创见，不过由于没有从根本上对预期的本质进行探讨，这些研究还无法形成一个统一的系统，也暴露出一些严重的理论问题。

我们认为，预期是认识主体对事物真假、属性、价值的预先认识、估计或期待，它既可以针对某一对象，也可以针对某一言语活动；预期的产生是因为认识主体具有先在的知识体系和价值体系。④ 本书将试图把已有的预期研究成果整合在一起，并做出一个全面的梳理，有的地方还不得不重新进行界定和分类，试图达到系统研究的要求。

---

① 本节的内容，是与王梦颖、姜毅宁共同研究的。另请参看王梦颖（2020）以及与本书作者共同发表的一系列论文，主要是陈振宇、王梦颖（2021）和陈振宇、王梦颖、姜毅宁（2022）。
② counter-expectation markers，这是 Heine 等（1991）在讨论语法化的相关问题时提出的。
③ 陈振宇、王梦颖、姜毅宁（2022）说："早在周兴志（1986）对'果然、竟然'的逻辑分析中，已经初步揭开了预期范畴的面纱。他用的是'预料/意料'这一术语，说'果然'表示'事与预料相合'，有'意料之中'的意思；'竟然'表示'有初意其不如此终乃如此的口气'，有'意料之外'的意思。"
④ 陈振宇、王梦颖、姜毅宁（2022）说，预期的认知模型与表达结构的产生是因为认识主体对事件具有"可预见性"（predictability）。

本书中个别分类和术语的选用与一些文献不同,这是作者出于预期系统的整体考虑所做的调整,以后也许会随着研究的进一步拓展和深入,有新的变动。请读者留意。

2.1 预期的数学模型:基于主观概率和条件概率

我们采用有关概率的思想,来定义预期的数学模型。需要预先说明的是,"概率"本身也分成好几种:

1) 统计概率(statistical probability),指从大规模样本中统计得到的事物出现频次。如通过反复投掷硬币来统计正反面朝上的概率。

2) 古典概率(classical probability),指通过对事物性质的分析,理论地、抽象地推测出事物可能的频次分布。这是通过一些理论上的辨析来确定概率,例如一个硬币只有两面:"正"和"反",而且一般来说,两面的材料、重量等几乎一样;由此推出,一次硬币投掷中获得正面的古典概率应该是百分之五十(这是随机事件的概率)。显然,这与实际调查的数据是会有一些差异的。

3) 主观概率(subjective probability)[①],这是本书研究的重点。关于统计概率和古典概率,请参看陈振宇(2020a:153-158)的介绍。因为与本书无关,这里就不多说了。

一般的语言是日常经验的凝结,既不是科学研究(不做统计),也不是哲学研究(不做理论分析),例如"明天可能会下雨",对说话者而言,明天下雨是个概率事件,但这一事件既无法统计,因为它只发生一次,也不可能细细分析事物内部的各种可能性。然而语句中的"可能",反映了说话者的主观估测:明天下雨并不是百分之一百会发生,但也不是随机的,而是有较大的概率会发生。这就是主观概率的本质。

"主观概率"不可能得到非常具体的数值,往往是分段式的,如上例说话者的估计可以码化为:概率大于0.5,但并不等于1(常常码化为0.75,但其实这一数值并不重要,大一点小一点都无所谓)。如果是语句"明天会下雨",那么说话者的估计就是约等于1或靠近1;反之"明天不会下雨"是约等于0或靠近0。

除了对事物事实性的判断,主观概率还会涵盖其他方面,如"你可以答应他的求婚",答不答应求婚的正当性是个概率事件,语句中的"可以",反映了说话者对正当性的主观估测:答应求婚并不是百分之一百的正当,不是那种迫使你不得不去做的正当,但也不是随机的,而是有较大的概率是正

---

① 陈振宇、王梦颖(2021)说:"主观概率指语句中所反映的说话者对某一场景中某一对象的概率的主观认识或估测。"

当,你去做是正当的,不过如果你不去做,也没有太大的不正当性。

显然,预期的概率模型,既不是统计概率也不是古典概率,而是主观概率。

从香农(Shannon)(1948)的信息公式开始,研究者可以通过主观概率的对比来说明信息的价值。陈振宇、吴越、张汶静(2016)根据 Hintikka(1968)的"实质"(content)这一概念,提出了语言交际中"相对信息价值"模型,而这就是预期的数学模型。对信息交际的**接受者**而言,有以下两个**信息来源**:

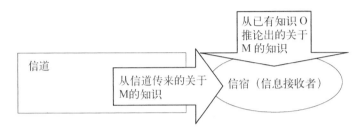

图1　交际中的相对信息模型(引自陈振宇、吴越、张汶静2016:244)

根据陈振宇、吴越、张汶静(2016)的认识模型,陈振宇、王梦颖(2021)给出了预期语篇(语境)的几个基本概念。我们重新表述如下:

O,指说话者在接收信息之前就已经具有的知识或知识状态。

$P(M|O)$[①],指说话者可以根据已有的知识状态O,对事物M的出现或希望概率所做的估计或推理结果。

$P(M)$,指说话者所接受的、从信道传来的当前信息中对事物M的概率的表述。

陈振宇、吴越、张汶静(2016:244)给出了相对信息价值的计算公式:

$$I = \ln \frac{1}{1-|P(M|O)-P(M)|}$$

公式中的"$|P(M|O)-P(M)|$"[②]就是 Hintikka(1968)所说的"实质",指"被去除的不确定性的数值"。

在上述几个范畴的基础上,可以给出当前信息的预期性的定义:[③]

[①] 这是"条件概率"(conditional probability)的表达式,指认识主体在知识状态O的条件下,对M的出现概率或频率的主观估计。
[②] 其中"| |"是绝对值符号,目的是让"$P(M|O)-P(M)$"的取值保持为正数。
[③] 陈振宇、王梦颖(2021)说:"'$|P(M|O)-P(M)|$'是对预期性的反映:当它约等于0,即$P(M)$与$P(M|O)$相等或基本相等时,预期与事实相符,称为'正预期';当它显著地大于0,即$P(M)$与$P(M|O)$不等或相差较大,预期与事实不符,称为'反预期';当它约等于1时,$P(M)$与$P(M|O)$相差最大,是最大的反预期,这时预期与事实完全相反。"

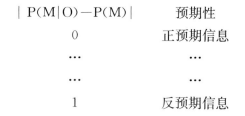

但是,目前我们还无法讨论那些居于 0 和 1 之间的取值,其预期性如何?究竟到多少取值,就从正预期变为了反预期,或者相反?似乎并不需要差值为 1,只要大于 0,就存在二者不一致的情况,就可能是反预期信息;但如果差值不大,那么究竟是正还是反,就会出现模糊地带。这一点我们在后面讲述正反预期信息和新旧预期信息时再给出更为详细的论述。

请注意,以往的文献中,有预期信息、反预期信息、中性信息①的提法。我们则做了区分,用"预期"这一术语表达某一认识主体对事物情况的预先估计或期望,而对与预期相符的当前信息称为"正预期信息",不再称为"预期信息"。刘林(2013)博士论文,从预期与焦点的关系看,把预期分为了正预期(accordant expectation)和反预期;单威(2017)也把"正预期"作为相应的术语之一,这样正、反相对,以便区别不同层次的概念。

在其他一些研究者那里,如陆方喆、朱斌(2019),把"正预期信息"也称为"合预期","反预期信息"也称为"违预期、偏离预期"。我们认为,使用什么术语关系不大,关键是看定义是否合理、术语安排是否能够照顾到系统的全貌。此前的"预期信息、反预期信息、中性信息"三分法,显然无法照顾到系统的全貌,因为就像下图所示,这里至少有四个必须的概念(用方框表示)。

关于无预期信息(中性信息),我们也在后面讨论新旧信息时一并讨论。关于其定义请参看陈振宇、王梦颖(2021)。②

最后看一下否定对预期概率大小的影响:

---

① 引自吴福祥(2004)。
② 陈振宇、王梦颖(2021)说:"若我们认为一个事件是无预期的(中性信息),则是指说话者没有任何关于 M 的倾向性结论,或者 P(M|O)是无法确定的,或者事件 M 发生和不发生的概率基本一致,即 P(M|O)约等于 0.5(随机事件)。"

【预期原则一】

① 如果对条件 O 来说,预期 P(M|O)很大,则预期 P(∼M|O)很小。(叠加)推理公式为:

命题 M∧条件 O∧[特征] P(M|O)接近于 1→P(∼M|O)接近于 0

② 如果对条件 O 来说,预期 P(M|O)很小,则预期 P(∼M|O)很大。(叠加)推理公式为:

命题 M∧条件 O∧[特征] P(M|O)接近于 0→P(∼M|O)接近于 1

③ 如果对条件 O 来说,预期 P(M|O)是或接近随机概率,则预期 P(∼M|O)也是如此。(叠加)推理公式为:

命题 M∧条件 O∧[特征] P(M|O)接近于 0.5→P(∼M|O)接近于 0.5

这些可以用概率的运算证明,因为有公式"P(M|O)+ P(∼M|O)=1"。

2.2 预期的认知模型:四大部分以及在语篇中的隐现

2.2.1 预期性表达的四大部分——条件、预期、当前信息和预期性

认知模型就是数学模型的翻版。① 如下例所示:②(以下 4 例都引自陈振宇、王梦颖 2021)

(1) [房顶漏了],(所以)不希望下雨,但竟然/偏偏下起了瓢泼大雨。
    条件 O   房顶漏了
    预期 P(M|O)   (所以)不希望下雨——意愿情态
    当前信息 P(M)   (但)(竟然/偏偏)下起了瓢泼大雨
    预期性:反预期信息
(2) [美国有世界上最先进的医疗体系],(所以)(本来)能够轻松应对流行病的挑战,但居然在新冠病毒面前败下阵来。
    条件 O   美国有世界上最先进的医疗体系
    预期 P(M|O)   (所以)(本来)能够轻松应对流行病的挑战——
                 能力情态
    当前信息 P(M)   (但)(居然)在新冠病毒面前败下阵来

---

① 陈振宇、王梦颖(2021)说:"语篇中单一的预期性表达,包括四个部分:条件、预期、当前信息和预期性。"
② "[ ]"内的部分是语篇中表达的个体条件 O,有下划波浪线的是预期,有下划直线的则是当前信息。下同。

预期性：反预期信息

(3) [妈妈要他早点回家]，(所以)他本来应该₁早点回家，①但是他竟然/偏偏很晚都不回家。

条件 O　　妈妈要他早点回家
预期 P(M|O)　　（所以）他(**本来**)应该早点回家——道义情态
当前信息 P(M)　　(**但是**)他(**竟然/偏偏**)很晚都不回家
预期性：反预期信息

(4) [鸵鸟是鸟]，(所以)应该₂会₂飞，可竟然不会₂飞。②

条件 O　　鸵鸟是鸟
预期 P(M|O)　　（所以）应该₂会₂飞——认识情态
当前信息 P(M)　　(**可**)(**竟然**)不会₂飞
预期性：反预期信息

一个完整的预期性语篇，包括表示条件的小句或结构、表示预期的小句或结构、表示当前信息的小句和结构。之所以讲"结构"，是因为有时多个部分可以复合在一个小句之中，如"考场上一些同学竟然在睡大觉"，其中"考场上"表示条件，指这些同学在考场上（考试），所以他们应该专心致志，"睡大觉"是当前信息，小句表达的是反预期信息。

另外，"预期性"并不是由哪个语句或结构来表示，而是对整个语篇的性质的表示；另外，一些特殊的语词、结构或标记，如"本来、竟然"等（上例中那些括号内加粗有下划线的），它们的共同之处是，都对语篇的预期性有表达或提示的作用，我们可以根据它们的语义推出可能是正预期语篇或反预期语篇。但是它们所处的语篇位置并不一样，陈振宇、王梦颖(2021)分为两个类：

① "正/反预期触发语"，位于表示条件或预期的小句或结构之中，如"本来、说好的、毕竟、虽然"等。③

② "正/反预期标记"，位于表示当前信息的小句或结构中，如"但是、可、竟然、居然、果然"等。

由于这些标记或触发语主要是表达主观性，而不是客观地报道功能，所以在分析中我们把它们用括号括起来。需要注意的是，前人因为没有清楚

---

① "应该₁"表达道义情态，"应该₂"表达认识情态。下同。
② "会₁"表达将来时或认识情态，"会₂"表达能力情态中的技能技艺。下同。
③ 刘瑞(2020)首先提出触发语与标记的不同，但他没有区分条件与预期，是陈振宇、王梦颖(2021)重新给出定义。

地区分表示条件、预期和当前信息的小句或结构,所以他们往往把这些标记混同,都称为"正反预期标记"。读者在阅读有关文献时请注意区别。

汉语所有有预期倾向性的语词中,有没有既可能处于当前信息部分,也可能处于条件和预期部分的语词,也就是有时担任正反预期触发语,有时担任正反预期标记的语词?上面提到的几个都不能如此,但的确有这样的语词,如"怎么",在"别人道谢应该表示谦虚,<u>可你怎么讹别人的钱呢(当前信息)?</u>""一个学生怎么能不做作业!(预期)<u>但他居然一点作业也没有做</u>"。关于触发语和标记的区别与联系,有关研究几乎还是空白。

预期四大部分的语言学性质不同:

1)"条件"可以是个别的事件(妈妈要他早点回家),也可以是某种普遍的情况(鸵鸟是鸟),从理论上讲,可以是任何事件。"当前信息"也是如此,可以是个别事件(没看到一分钱),也可以是普遍的情况(鸵鸟不会飞)。不过,当前信息必须是具有现实性的,说话者作为事实来讲述的事物,而条件却不一定如此,可以是事实,也可以仅仅是虚构的认识。

2)"预期"一定是某个认识主体的预期,在语篇中,可以直接写出"(X)猜/认为/希望"等。① 如"<u>(他)猜明天会下雨</u>""小王要去郊外旅游,所以<u>(小王)不希望遇上坏天气</u>"。其次,预期从本质上讲都是非现实的(irealis):当我们用语句把预期说出来时,是在表示主观态度,应该加上与情态有关的语词,如"应该₁、应该₂、会₁、希望、想、能够"等。另外,有不少预期是通指句,如"鸵鸟应该会飞",指所有的或典型的鸵鸟都会飞;但依然有不少预期是非通指句,如"应该早点回家",并不意味着所有的时候都应该早点回家,而是这一天妈妈要他早点回家,只是对特定的这一天有效。

3)陆方喆、朱斌(2019)曾认为"反预期"是情态范畴②,我们不太同意。我们认为,所谓反预期表达的是当前信息与预期之间的关系,即"预期性";这是对事物的评价,也就是将说话者所认为的事物现状与预期的情况相比较的结果,应该是本书所说的"评价"范畴的内容。而情态(modality)是指说话者对事物事实性质的估计,所以本书中认为"预期"部分才是情态的内容。另外,情态是非现实的,而反预期中,当前信息对说话者来说已经是现实的或可能是现实的,故而也不可能是情态。

至于陆方喆、朱斌(2019)所提到的非现实标记用于表达反预期信息的

---

① 陈振宇、王梦颖(2021)说:"'预期'表达的是某个认识主体的预先估计或希望等心理状态。认识主体可以用'(X)猜/认为/希望'等来标出。"
② 原文用的术语是"违预期"。

问题,需要辩证地来看。首先,一些反预期标记既可以与亲历标记共现也可与非亲历标记共现,如车臣语动词后缀-q(参看陆方喆、朱斌 2019 所引用的例子),说明反预期与现实性没有必然的联系。①

总之,"预期性"并不属于情态范畴,"预期"才是。

2.2.2 以往研究忽略了对"条件"和"预期"的区分

从解释理论讲,预期认知模型的四个部分缺一不可。

以往的预期研究中,没有充分认识到这一必要性,主要是没有注意到条件 O 和预期 P(M|O)的区分,经常把二者混为一谈。这和前人的理论模型有关,因为他们主要注意的是预期和当前信息之间的关系②。而在使用"预期命题"这一术语时,即可能是指本书所说的预期部分,也可能是指本书所说的条件部分。我们来看一个例子:(以下 2 例都引自陈振宇、王梦颖 2021)

(5) [老王让她去买烟],她竟然不去。
  条件 O 老王是她的领导;老王让她去买烟 (其中一个条件
                        在语篇中显性表达,另一个隐含)③
  预期 P(M|O) (所以)她应该去——道义情态 (语篇中隐含)
  当前信息 P(M) 她(**竟然**)不去 (语篇中显性表达)
  预期性:反预期信息

(6) [老王让她去买烟],她竟然去了。
  条件 O 她总是很清高孤傲;老王让她去买烟 (其中一个条
                    件在语篇中显性表达,另一个隐含)

---

① 另外,所谓"表达非现实的情态标记发展为意外/反预期标记"的例子是值得商榷的,查陆方喆、朱斌(2019)所引用的宗守云(2015)所说的晋方言情态动词"待",实际上是在特殊语境下句子具有了反预期/意外意义,但却不能算在"待"的头上。"待"本义为"愿意、想",用于表示与说话者的预期不符的语境:

  反问句(由反问获得反预期意义):
    你也待说。(你也想说?!)
    二柱子也待瞎跑。(二柱子也想瞎跑?!)
  或者句中有其他反预期标记,如下面的"可、倒、还":
    甲:你喝点稀饭吧。乙:我可待喝它嘞/我待喝它可。(我想喝它?!)
    甲:三毛旦老管人家闲事。乙:人家倒待理他嘞/人家待理他倒。(人家倒想理他?!)
    甲:我想把猪卖了。乙:你还待卖它嘞/你待卖它还。(你还想卖它?!)

② 如强星娜(2020)提到"当前命题"和"预期命题",以及二者的偏反关系。

③ ";"表示并列的条件,下同。并列的条件并没有前后关系,所以这里的顺序是任意的。另外,当有多个条件时,可以分为 O1、O2 等,相应的条件概率公式也改为"P(M|(O1∧O2))"。本书为了简洁,暂未采用这一公式。

预期 P(M|O)　　　（所以）她不会去 —— 认识情态　（语篇中隐含）
当前信息 P(M)　　她(**竟然**)去了　　（语篇中显性表达）
预期性：反预期信息

这两句中①，条件的显、隐，与该条件的普遍性成反比：具体的条件，只在具体的语境中有效，很容易失去，所以当它为真时，很有必要加以表述；但是有的条件比较抽象，普遍地有效，大家都心知肚明，所以不必说出来。②

再如（例引自陈振宇、王梦颖2021）：③

(7)［她虽然年近八十］，脑瓜并不糊涂。
　　条件 O　　　她(**虽然**)年近八十　　（在语篇中显性表达）
　　预期 P(M|O)　（所以）她应该₂头脑不清 —— 认识情态（语篇中隐含）
　　当前信息 P(M)　脑瓜(**并**)不糊涂　　（语篇中显性表达）
　　预期性：反预期信息

实际上，"年近八十"是条件部分，而预期部分是隐含的；另外，"虽然"是在条件句中的标记，是"反预期触发语"。

另外，根据预期是否在文中表达，分为：① 显性预期/所言预期，文中直接表达的预期；② 隐性预期/所涵预期，语用推导得到的预期。单威(2017)提出显性预期与隐性预期的区别。例如：

(8) a 我想他**应该**来，结果他没来。（显性预期）
　　 b ［这衣服很好看］，不过［实在是太好看了一点。］（隐性预期）
　　　 很好看→想买（预期1），太好看了→过于招摇，不敢买（预期2）

但是，此前的学者因为没有准确地区分条件与预期，所以他们所说的显

---

① 这本是强星娜(2020)的两个例子，她认为分别有不同的预期"老王是她的领导"和"她总是很清高孤傲"。然而实际上，这两个是条件部分的内容，不是预期部分的内容，预期是"她应该去"或"她不会去"。
② 陈振宇、王梦颖(2021)说："人类语言的总倾向是对个体化的事物或事实做更多的表达，因为它更容易变化，更可能为假，更需要明确其当下的取值；另一方面，抽象的普遍的事实更容易在较长的时间里稳定地存在，并且很可能是在较早的时候就已经认识到了，是'缺省'(default)的事实。"
③ 齐沪扬、胡建锋(2006)认为"虽然"在这里是一个反预期信息标记。

性预期的例子很多其实是显性的条件,而预期依然是隐含的,例如下面的例子,有的学者认为是显性预期,但实际上其中"打算去上班"是条件,预期实际上是"希望天气好",而这一预期其实是隐含的:

(9) 她刚打算去上班,突然下起了大雨。
    条件 O   她打算上班   (在语篇中显性表达)
    预期 P(M|O)   (所以)她希望天气好——意愿情态(语篇中隐含)
    当前信息 P(M) 突然下起了大雨   (语篇中显性表达)
    预期性:反预期信息

我们的调查表明,在实际语篇中,显性预期很少,隐性预期占绝大多数。有的隐性预期很难确认,需要进行语用推导。正是在这一意义上,我们说"预期一般都是语用涵义,很少是字面意义"。

2.2.3 预期四部分的语篇配置

在实际的语篇中,有两种基本的预期表达模式,其差异体现在主观视角的不同:

1) 涵义表达(推断视角)

说话者关注的是预期的前两个部分,而不关心后两个部分,也就是说,他说出表达条件的句子 O,其目的是为了表达语用涵义 P(M|O)。例如说 O"你如果去的话奶奶会高兴的",在此条件下可以推出"你应该去"的概率 P(M|O)很高,由此可知说话者的最终意图是一个语用涵义"你应该去"。这时,说话者并不考虑究竟你会不会去,也就是没有考虑当前信息。

2) 预期性表达(回溯视角)

话者关注的是预期的后两个部分,而前两个部分仅仅是作为比较预期性的依据而存在。说话者关心的是究竟最后得到什么样的结局,也就是当前信息如何,以及这一信息与预期的关系如何(正预期还是反预期)。仍以"你如果去的话奶奶会高兴的"为例,说话者关心的是你怎么没去,从而违反了预期,所以会说"你如果去的话奶奶会高兴的,但你为什么偏偏不去!"其中"偏偏"具有标记反预期信息的功能。

这两种表达,具有不同的语篇配置。

1) 在涵义表达中,条件是必须出现的,而预期和当前信息则不会由说话者来言说,所以即使出现,也应该是在后续的情况中来呈现。例如:

(10) a. 女儿:妈妈抱!

b. 妈妈：[你可以自己走]！
c. 女儿赖在地上不走。
d. 妈妈：你怎么这样啦！

在 b 句中，妈妈表达的目的就是传递语用涵义，她所表达的仅仅是条件"你可以自己走"，而其预期是"我希望你自己走"，从而得到一个指令类间接言语行为，在她说这句话的时候是不必考虑女儿的反应的。但是在后续的 d 句中，妈妈发现当前的信息"女儿赖在地上不走"与她的预期相反，从而表达了反预期的感叹。再如：

(11) 甲：老张在家吗？
　　 乙：[今天星期天]……应该在家吧。

这也是一个从条件推知预期的过程，但究竟老张在不在家，乙并不知道，只是乙觉得他很有可能在家。

2) 在预期性表达中，由于焦点集中在当前信息 P(M) 上，所以它最需要表达，几乎不能隐含（当然，在极少数情况下可能隐含）。如果不知道当前信息，就无法推知预期性。条件 O 则不一样，可以表达，也可以不表达，较为自由。至于预期 P(M|O)，前面已经说过，往往不表达（在少数情况下，也会用语句显性地表达）。我们有如下等级序列：

$$P(M) > O > P(M|O)^{①}$$

下面是一些语篇组配：

(12) a. 隐含预期：[妈妈要他早点回家]，**但是**他**竟然**很晚都不回家！
　　　　　　　　[**说好的**发钱]，结果没看到一分钱！
　　　　　　　　[美国有世界上最先进的医疗体系]，**但居然**在新冠病毒面前败下阵来。
　　　　　　　　[敌军出现异动]，**果然**半夜来偷袭！
　　　　　　　　[她**毕竟**是你的姐姐]，她暗中在帮你的忙！
　　　　　　　　[鸵鸟**虽然**是鸟]，**可竟然**不会飞！
　　　b. 隐含条件：他**本来**应该早点回家，但是他很晚都不回家。

---

① ">"表示需要单独的语句来显性表达的程度。

应该发钱,**竟然**没看到一分钱。
他猜敌人晚上会来**果然**半夜来偷袭。
不希望下雨,但**竟然**下起了瓢泼大雨。

c. 隐含条件与预期:**竟然**下起了瓢泼大雨。
他**竟然**很晚都不回家!
竟然没看到一分钱!
果然半夜来偷袭!
美国**居然**在新冠病毒面前败下阵来!
鸵鸟**竟然**不会飞!

d. 隐含预期与当前信息:妈妈要他早点回家**的**!
说好的发钱!
她**毕竟**是你的姐姐!
鸵鸟**虽然**是鸟……
美国**不是**有世界上最先进的医疗体系的**吗**?!

e. 隐含条件与当前信息:他**本来**应该早点回家,……
美国**本来**能够轻松应对流行病的挑战……

请注意,在预期性语篇中,当当前信息不出现的时候,一个重要的条件是:一般必须出现"正/反预期触发语",如上面例(12)d、e 中加粗有下划线的部分。这是因为这些触发语可以让我们知道究竟是正预期还是反预期,从而从预期推想出当前信息是什么。

下面是实际的语篇组配例子:(以下 5 组例句都引自陈振宇、王梦颖 2021)

(13) 隐含预期:
正所谓"屋漏偏逢连夜雨,船迟又遇打头风"。这句话出自冯梦龙的《醒世恒言》,意思是[房子漏了],偏偏又赶上了连夜下雨,[坐船时本身就误了时间],又赶上逆风,心中更加地万分焦虑。
[说好的他来接我],结果连个鬼影都没见到。
[美国拥有世界上最强的国力,庞大的经济体保证了美国人不会缺钱用,而先进完备的医疗又保证了美国人可以接受到最好的治疗]。但谁能想到,新冠疫情来袭,美国竟然成为重灾区。

(14) 隐含条件：

本来应该是一篇短序，没想到写了这么长。

……我知道他们从来不希望我离开上海，但为了理想，我还是选择远行，……

(15) 隐含条件与预期（只有当前信息）：

在这个实验中最幸运的是富兰克林居然没有被电死，因为这是一个危险的实验，后来有人重复这种实验时遭电击身亡。

(16) 隐含预期与当前信息（只有条件）：

在他辞世后半个娱乐圈都发文悼念，其中《流浪地球》的导演郭帆也发文称：达哥，[说好的咱们第二集见]。

(17) 隐含条件与当前信息（只有预期）：

现在，当贺喜的人群在她家门前川流不息地进进出出时，兰芝的心里却油然生出一股酸楚：这婚礼上站着的本来应该是自己和他呀，可现在……她长叹一声，禁不住又抽泣起来。

2.2.4 预期性标记——语义结构与语篇结构的区别

预期性表达中，既可能有正/反预期触发语也可能有正/反预期标记，涵义表达中最多有正/反预期触发语。无论触发语还是标记，都有寄生的符号（本来是表达其他语义的，只不过在一定的语篇和语境中倾向于表达正预期或反预期等意义）和非寄生的符号（专门用来表达正预期或反预期意义）。如"恰好"是表达数量对应的关系，但在一定语境中表示正好满足预期值，这是寄生的主观恰量标记。"恰恰"是强调十分地凑巧，但现在几乎都用来表示这种凑巧是某方没有预料到的，因此又是寄生的反预期标记。

实际研究中发现，绝大多数我们称为"反预期标记"的语词、结构，如谷峰（2014）、陆方喆（2014）所讨论的大多数标记，都是寄生的标记，都有其原有的语义结构内容，一般都有不表达反预期意义的情况。例如"**突然**，一个女孩出现在道路的右前方"，"突然"表示情况发生的很快，语用涵义是此前并无征兆，反预期意义就是来自这一语用涵义，而不是字面的"发生很快"的意义。当强调"无征兆"时，可以表达事件的发生不符合说话者的预期，如上面的例句。但是，这毕竟是语用涵义，并不是不能删除，如"我看见他握剑的手有些发白，猜想他即将发起攻击，果然，他的右手**突然**向后划了一个圈，手中剑顺势刺出。"因为前面已经有所察觉，所以并非毫无征兆，这时"突然"就只表示急速动作的意思。

已经完成语法化的非寄生的反预期标记，主要是意外标记"竟然"类（竟然、居然等)、转折标记"但是"类(反而、却、但是、可是、虽然、即使、就算、纵然等)以及话语标记"不料"类(谁知、谁承想、不料、不承想、岂知、哪里想到等)这三大类。还有一些零星的,如"倒(是)",还需要进一步详细的研究。另外,转折标记的预期分布有时会比较复杂,要分情况讨论。

之所以会出现上述混淆,主要是因为研究者没有严格地区分"语义结构"和"语篇/语用结构"的问题。

语义范畴与语词的意义和功能有关,如讨论一个词语表达的是时间,还是否定,还是量化,还是情感,还是说话者的叙实态度,等等。句法语义范畴还包括各种语义在形式上的表达和限制。

话语/语用范畴与语篇或语境因素有关,如讨论语篇和语境中呈现的预期结构,感叹以及其感叹主题和感叹焦点的分布,说话者的立场和同盟关系的呈现,对下文的暗示及其实现,听说双方的动态语境变化,等等。

举个例子:"只"是副词,有特殊的限定功能,其语义结构是:"只 XP"中,XP 一定要是"梯级"(scale)中的一环;表示 XP 实现,而比 XP 更高的一级 XP′ 没有实现。如"他只买了笔",由"XP={买笔}"和"XP′={买笔以及其他东西}"构成梯级,表示只有 XP 为真,而更高的 XP′ 则不为真。再如"他只买了一支笔",由"XP={买一支笔}、XP1={买两支笔}、XP2={买三支笔},……"等构成梯级,表示只有 XP 为真,而更高的 XP1、XP2、……都不为真。

那么是不是那些 XP′ 或者 XP1、XP2 等就是预期,而"只"字句就一定是"反预期信息"? 不是,还得看使用在什么样的语篇和语境中。因为预期性是语篇或语境的性质,不是语词的性质。只做语义结构分析不做语篇结构分析,不能刻画其实质。

在语篇中,有的"只"字句正好处于反预期信息位置,如:

(18) 小明今天下午参加绘画考试,但他去商店却只买了一支笔。
 条件 O　　要参加绘画课考试;(常理)需要不同的铅笔满足不同的绘画任务。
 预期 P(M|O)　　所以(常理)他应该多买几支笔备用。——道义情态
 当前信息 P(M)　　他只买了一支笔。
 预期性:反预期信息(对常理预期而言)

但完全可以相反,处于正预期信息位置。

(19)"素描靠的是功力,那些花里胡哨的东西有什么用"魏老一面嘟囔,一面向考试的学生投射去严厉的目光,到张明那里目光却停了一下,因为这个学生只带了一支笔。

条件 O　　（魏老说）素描靠的是功力,花里胡哨的东西没用。
预期 P(M|O)　　所以（魏老认为）素描只需要一支笔、一张纸。
　　　　　　　　——道义情态
当前信息 P(M)　　张明只带了一支笔。
预期性：正预期信息（对魏老来说）

"只"字句还能放在条件部分:

(20)思耘想"张明只带了一支笔,软硬处理上恐怕会有麻烦。"中途他悄悄转头看去,只见张明竟然在用手指头糊摸。

条件 O　　张明只带了一支笔；或者软或者硬。
预期 P(M|O)　　所以（思耘认为）张明软硬处理会有麻烦。
　　　　　　　　——认识情态
当前信息 P(M)　　张明（竟然）用手指头来处理（所以克服了软硬问题）。
预期性：反预期信息（对思耘来说）

"只"字句还能充当预期部分:

(21)小魏送走了父亲,看看考场,突然发现一个学生在用手指头,心想"难道只带了一支笔?"她慢慢地走过去,一看,万万没想到,竟果然真的就只有一支笔!"一个怪胎,还是奇才?!"小魏不由沉思。

条件 O　　一个学生在用手指头。
预期 P(M|O)　1　所以（小魏猜）他可能只带了一支笔。——认识情态
预期 P(M|O)　2　（小魏认为）不太可能只带一支笔（常理）。
　　　　　　　　——认识情态
当前信息 P(M)　　（没想到）张明（竟果然真的）只有一支笔。
预期性1：正预期信息（对小魏的猜测来说）
预期性2：反预期信息（对常理来说）

因此,"只"字句本身与预期无关,需要放在语篇中看它所出现的位置,我们不能把它叫作"反预期标记"或"反预期触发语"。

3. 预期的基础类型

可以根据各方面的性质(也就是前面所说的预期认知模型的四个部分)对预期分类,这些分类涉及不同的维度。这里先给出几个基础类型,除此之外,我们在后面还会讲述更多的类型划分。[1]

3.1 从预期的认识主体分类——自预期、他预期、常理预期、上文预期和(行为)主体预期

一些学者认为,预期是语境中参与会话各方共同具有的认识,或至少是说话者认为对方也具有的知识,参看范晓蕾(2018)。我们认为,需要"先分后合",即先从不同认识主体的角度区分不同的预期,只有当某几个认识主体的预期一致时,才存在"共识"(common ground);很多时候是相互差异的,不存在共识。如辩驳中,"我"就是对"你"的预期进行反对,如"她真的是个好人!"在辩驳时,我认为你的预期是"她不是好人",而我显然不会与你达成什么共识,我是持有与你相反的想法。如果一开始就把预期固定在"共识"上,对这些现象就无法研究了。

陈振宇、王梦颖(2021)从产生预期的认识主体分,有:

① 自预期,说话者对事物的预期。
② 他预期,说话者之外的参与会话活动的人的预期,可能是听话者,也可能是第三方。
③ 常理预期,即社会心理中的有关知识,如常识、情理、风俗习惯、法律规章等,其认识主体是类指的"社会"或"人们"。
④ 上文预期,即语篇中从前文语句表达的信息推出的有关知识。
⑤ (行为)主体预期,即语篇中讲述的行为主体(一般是施事),在行为之前为行为设定的目的。

---

[1] 前人研究有各种分类,如颜力涛(2014)的九类。这一分类有其重要的意义,但并不代表逻辑的关系,本书暂不考虑这方面类型。

自预期也称为"说话者预期、言者预期"等。他预期也称为"听话者预期、听者预期、第三方预期"等。常理预期也称为"常规预期、规范预期、共享常态"等。

自预期、他预期、(行为)主体预期都是个体或较少的一些人的预期,而常理预期是社会的预期,或者至少应该是较大的社会团体的预期。因此前者容易随场景、心理活动或主体的立场而改变,而后者相对稳定得多,不太受个别情况的干扰,除非是社会的变迁。

自预期、他预期和常理预期这三种,吴福祥(2004)已经提出。但上文预期和主体预期,是在汉语研究中提出的,陈振宇、王梦颖(2021)认为应该补充进去。①

3.1.1 自预期与他预期的关系

自预期和他预期一般都是对立的,如下例:

(22) [敌军出现异动],(所以)<u>我猜敌人晚上肯定会来偷袭</u>,<u>果然如我所料</u>。(是说话者的预期而非其他人的预期)

[敌军出现异动],(所以)<u>他猜敌人晚上肯定会来偷袭</u>,<u>竟然如他所料</u>。(是他人的预期而非说话者的预期)②

再如:

(23) 甲:他没有来吗? 我看见了他的书包。
  乙:他真的没有来!(他反预期)
  甲:他竟然没有来?!(自反预期)

这里是甲有一个知识"看见了他的书包",从这一条件出发,甲产生了预期"他可能来了"。乙告诉甲"他没有来",从乙的角度讲,他是在反对甲的预期,甲的预期对乙来说是他人的预期,因此是"他反预期"。甲得到乙告知的信息后,发现与自己的预期不符,所以产生"自反预期"的感叹。在对话中,"真的"被用来反对他人的预期,而"竟然"被用来表示自己的预期与当前信息不符。

我们在文献中看到的"反预期标记"的讨论,大多是"自反预期"功能,如

---

① 陈振宇、王梦颖(2021)还谈到,"这5类并不是在一个统一的参数(标准)之下分出来的,我们之所以做此区分,不是为了分得干净,而仅仅是为了说明不同的预期来源"。因为这五种会出现逻辑上的交叉,交叉之处往往是某种程度的"共识"的达成,如自预期和他预期交叉,也就是"自预期=他预期"的时候,说明说话者和听话者达成或试图达成某种共识。

② 不过请注意,这里的"竟然、果然"是可以调换的,但必须是后面要讲到的"小预期"情况。

前面所说的"竟然"类和"不料"类。再如"怪不得"等所谓"解反预期"标记也是对自预期说的。

我们常常看见对他人的预期的反驳或反对,①如:

(24) 甲:他怎么没考过?!
　　　乙:<u>实际上</u>,他已经通过了考试。

世界语言中大多都有所谓"强调句"(emphatic)。一般肯定句只是报道事件为真,而强调句则含有"他反预期"的意味,即不但强调事件为真,而且隐含这与对方的预期不符的涵义,所以也称为"强调肯定句",用来否定对方或第三方的某个预期②(例引自陈振宇 2017:248):

(25) He did finish his work.(他的确完成了工作。)
　　　I'm so/too telling you.(我在告诉你。)

再如③(例引自 Paul & Timothy 2007:55):

(26) a. Ong　Ba　　co　　xem　quyen　truyen　ay
　　　　　先生　人名　强调　读　　书　　　故事　　那
　　　　(Ba 先生的确读了那本小说)
　　　b. Naarii,　kin　Kaaw　sia
　　　　　人名　　饭　吃　　强调(Naarii,吃你的饭!)

汉语的强调方式有(例引自陈振宇 2017:248):

---

① 陈振宇(2017:320)说:"任何一个陈述句,只要带上强调其为真的语气,就有'他反预期'之功效;当然也可以使用特殊的标记形式,如'实际上、真实的情况是'等,虽然从道理上讲它们既可用于自反预期也可用于他反预期,但在实际使用中它们更多地用于后者,……如强调'他 是 买了红酒',则意味说话者认为对方的预期是没买红酒。同理,强调'他买了 红酒 ',则意味说话者认为对方预期是'买了东西但不是红酒'。否定句也是如此,强调'他 没 买红酒',则意味认为对方的预期是买了红酒。同理,强调'他没买 红酒 ',则意味认为对方预期是'买了东西并是红酒'。因此肯定句与否定句的预期内容往往相反。"
② 对强调句,陈振宇(2017:247-248)说:"需要同时出现'命题'(记为 P)与'肯定词(项)'(记为 aff),后者是对前者进行强调肯定的语言形式。英语中肯定词主要是借用其他标记,如可以加助动词 do 来表达,也可以加 so、too 等来表达。"
③ 陈振宇(2017:248)说:"在有的语言中,使用韵律手段充当 aff;另一些语言会有专门的词或语缀,如下面例 a 越南语的 co;泰语则兼用标记与重音,如下例 b。"

(27) 借用判断系词"是"：他**是**完成了
肯定副词：他**的确/确实/真**喜欢她
肯定语气词(语缀)：他去了**的**
在谓语核心上加特别重音：他 喜欢 她
……

不过，有的时候，说话者与听话者意见相同，这时有"自预期＝他预期"。

(28) a. 你知道[她毕竟是小王的姐姐]，(所以)肯定会照顾他，<u>果然她真的是一直在暗中帮他</u>。
b. 我不是[去她家查过户口]吗？<u>我可以说有几个数据需要核实，登门拜访</u>。

上面例 a 的"你知道"，是一个典型的拉近双方认识距离的手段，①这是把后面的命题包装成我们共同的预期。例 b 的"不是"表示提醒对方有关知识，这一知识是对方已经拥有的(不过对方可能忽略或忘记，因此需要提醒)，现在我又提到，因此这其实就是把这一知识当成双方的共识来叙述，后面推出的预期"我可以借口登门"，便因此成为共享的预期。

请注意，例 a 是预期性表达；例 b 是涵义表达。

3.1.2　自预期与常理预期的关系

张则顺(2014)还分出了"事理或情理"以及"公众普遍预期"，这大致相当于本书的合理性和常规性的区别。我们把这两类统一为"常理预期"，因为它们都是社会的，其不同应该是在另一个维度——情态维度的差异中去体现。

自预期常常和常理预期一致，偶尔有不同。② 下面是个不同的例子(例引自陈振宇、王梦颖 2021)：

---

① 陈振宇、王梦颖(2021)说："表面看是说'你'的认识，但实际上这也是说话者的认识，以此来表明你我站在同样的认识立场上(正同盟关系)。"
② 陈振宇、王梦颖(2021)说："说话者一般默认自己是正常的社会人，故自预期默认与常理预期相等，如例(1)，说话者知道'妈妈要他早点回去'，便得出预期'他应该早点回去'；实际上，这背后是一条社会常理在起作用'来自权威的要求应该遵从'；当前信息'他竟然很晚都不回家'既是自反预期，也是常理反预期。但是，在特殊的情况下，说话者认为自己与众不同，反对常理。如安排相亲，常理预期(社会绝大多数成员遵循的预期)是'应该去'；但我反对这一点，'我不想去'。由于预期的来源不同，预期的内容不同，因此本句中既有正预期信息，也有反预期信息，至少含有两个预期结构：……。"

(29) 我不想相亲,但[家里人给安排,我又不好意思拒绝],就去见了,……
(百度知道 2017.3.12;转引自陈振宇、王梦颖 2021)

  条件 O1 家里安排相亲;不好拒绝(显性表达)

  常理预期 P1(M|O) (所以)应该去 ——道义情态(隐含)

  当前信息 P1(M) 我去相亲了(显性表达)

  预期性 1:常理正预期信息

  条件 O2 家里安排相亲;我以前相亲感觉不好(一个条件显性表达,另一个隐含)

  自预期 P2(M|O) (所以)我不想去 ——意愿情态(显性表达)

  当前信息 P1(M) (但)我去相亲了(显性表达)

  预期性 2:自反预期信息

  再如同学生病,由于说话者的自预期和常理预期不同,结果出现了两个矛盾的预期结构:常理预期是"应该去看望";但我不这样认为,"矫情"说明"我认为不必去看望"。

(30) 大家都去看望[生病的同学],我觉得不需要如此矫情,但也不得不去。

  条件 O1 同学生病 (语篇中用一个 NP 显性表达)

  常理预期 P1(M|O) (所以)大家应该去看望 ——道义情态(语篇中隐含)

  当前信息 P1(M) 大家去看望了同学 (语篇中显性表达)

  预期性 1:常理正预期信息

  条件 O2 同学生病;我认为看望病人是矫情 (语篇中显性表达)

  自预期 P2(M|O) (所以)不必去看望 ——道义情态(语篇中隐含)

  当前信息 P2(M) (但)我不得不去 (语篇中显性表达)

  预期性 2:自反预期信息

3.1.3 上文预期与常理预期的关系

  在绝大多数情况下,所谓的"上文预期",就是等同于常理预期,或自预期。那么为什么需要将上文预期单独独立出来?这是因为它有自己的特点,[①]必

[①] 陈振宇、王梦颖(2021)说:"上文预期一定要根据具体的上文语句来推导,而不能是普遍存在的什么一般规律。"

须准确地根据上文的内容来展开推理,上文不同则推出的预期也不同:

(31) [我们一些同志以为市场是万能的]! ——从这句话推出,说话者不同意市场是万能的,或者是说这些同志因此犯了错误。(关键词语是"以为")
[你以为她很惨了],其实你想的还不够! ——从"你以为她很惨"推出,她可能不那么惨(关键词语是"以为")。不过后面的"你想的还不够"又可以推出,她比你想象的还惨。前后构成矛盾,这就是转折"其实"句的功能。

所谓"转折标记",一般都是前文反预期的标记。但是,上文预期不仅仅是复句关系,而且与所有的语篇有关。语篇有多个语句,每一个语句,只要不是篇章中最后的一个语句,都会为后面的语句提供预期。例如"——我昨天去韩红演唱会了。——哇!那你有和韩红的合影吗?"上一个话轮的语句可以得出一个预期"我昨天见到了韩红",这一预期为后一话轮提供了言说的前提或条件。

另一方面,语篇的安排既有说话者或写作者的用意,同时又有被听话者误会或过度理解的可能,从而并不一定是说话者或写作者的本意,这时上文预期可能与写作者或说话者的预期分离。如:

(32) 妈妈:你这个月打了三个电话回家!
女儿:你嫌我打多了?那我一个月打一次吧。
妈妈:我是说你打少了!

这里的上文指妈妈的话,作为对量性意义的感叹,女儿根据一般的感叹规则,以为妈妈表达的是主观大量,即一个月打二个电话过多,但是这没有考虑到说话人妈妈的身份,以及她与女儿的母女情深,母亲总希望更多地了解女儿,一旦加上这一条件,那么从妈妈的话只能推出主观小量,即一个月打三个电话过少。

3.1.4 (行为)主体预期的独立性

我们这里主要讨论"句内主体"。[①] 下面是张伯江(1998)的例子(我们对

---

① 根据产生预期的主体的不同,分为句内主体与句外主体。句外主体就是说话者,也就是自预期。陈振宇(2017:319)说:"句内主体是句中所描写的某一对象,他应当是一个有意识的人,从而具有自主意识,有自己的预期。这种预期往往是其'意向',即他参与事件的目的;而反预期则是在其意向之外发生的事,往往是他所不愿意发生的事。"

例子略加修改),可以看到它们的区别就在于是"主体正预期"还是"主体反预期",二者在配置上有显著的不同①(例引自张伯江 1998):

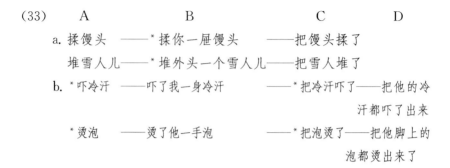

3.1.5 复杂配置举隅——常理预期、(行为)主体预期与自预期的关系

常理预期、(行为)主体预期与说话者预期,经常有复杂的配置。让我们来看一个例子,"偏(偏)"句的执拗义②,以说明实际语句中复杂的预期配置的情况。"[妈妈要他早点回去],他偏偏很晚才走",陈振宇、王梦颖(2021)认为:

> 我们要区分条件小句句内主体"妈妈"、当前信息小句句内主体"他"和句外主体说话者:
> "妈妈"对儿女是权威者,由此产生合乎常理的预期 P(M|O)"他应该或会早点回去"。又因为在语篇中,"妈妈要他早点回去"是上文

---

① 陈振宇(2017:319)说:"在'揉馒头'与'堆雪人儿'中,有意志的主体是揉的人或堆的人,对他们而言,馒头、雪人儿都是其意向所指,故可以直接作为 A 列的目的宾语。在'吓'和'烫'中,有意志的主体是被吓的人或被烫的人,对他们而言,不管是吓还是冷汗,不管是烫还是泡,都不是其意向所指,故不可以直接作为 A 列的目的宾语。列 B 与 C 都是表示结果的,但 B 的及物性是针对间接宾语'你、外头、我、他'的,是非预期结果,故不能说 aB。而 C 的及物性是针对事物'馒头、雪人、冷汗、泡'的,是意向结果,故不能说 bC。"C 是"把"字句,表示主体预期是否实现。而 D 虽然也是"把"字句,但是趋向补语表明新情况(未预料的情况)的出现,所以可用于与主体预期不符的结果。

② 陈振宇、王梦颖(2021)说:"'偏'在汉代发展为语气副词'偏',表示执拗义,如'是邪,非邪?立而望之,偏何姗姗其来迟!'(《汉书·外戚传》)"即行为主体选择与大众的常理预期相反的行为。'偏'作为动词时语义就是'偏离(常道)',《说文》:'偏,颇也',偏斜不正,而所谓'正'或'常道'就是常理预期。这也就是吕叔湘主编(1999/2002:429)释义的第一条'表示故意跟外来要求或客观情况相反,常与【要】、【不】合用'。"不过,这还需要更进一步的历史考察来证实或证伪。一些学者谈到汉代"偏"有限定副词意义,"单单"义,尚不知和执拗义是什么关系。吕叔湘主编(1999/2002:429)"偏偏"的释义的第三条'表示范围,仅仅;只有。含有不满的口气'就是指这一种。限于篇幅,本书不再展开讨论。

的语句,所以这也是"上文预期"。最后,对"他"来说,"妈妈"是"他人"这一范畴的内容,"他"所反对的正是"别人的"预期,因此这里又是"他预期"。总之,对"他"来讲,有"常理预期=上文预期=他人预期"。"他"的选择 P(M)"他很晚才走"是"常理反预期/上文反预期/他反预期信息"。

但对句外主体(说话者)来说,情况就不同了。一般而言,说话者是站在常理预期一边的,说话者的预期也是"他应该或会早点回去"。从说话者的角度讲,"他"的行为不但是对常理的违反,而且是对说话者的预期的反对(常理反预期/上文反预期/自反预期信息)。

这就是"当前信息句内主体视角"和"句外主体视角"两个不同的层次。一个典型的执拗句,同一个行为却同时兼为"他反预期信息"和"自反预期信息"。

另外,陈、王还讨论了一种特殊的情况,其中"偏(偏)"句导致了说话者与常理预期的分裂,如(例引自陈振宇、王梦颖 2021):

(34) [妈妈要我早点回家],(所以)我本来应该₁早点回家,但是我偏偏不回家。

"我"现在是行为主体,"我"是在反对别人(妈妈)的意见,反对所谓常理①,"我"作为句内主体,与常理预期对立,所以不会再有"说话者预期=常理预期";同时也就不会有意外(自反预期)意义,因为我自己选择的意见不会感到意外。本例的信息只是他反预期而不是自反预期。

下面是实际语料中的例子:(例 a、b 引自陈振宇、王梦颖 2021)

(35) a. [大家都去],我偏不去!
b. [敌人估计我不敢过草地,不敢走这一着],我偏要过草地。
c. 你偏偏不走,看他们怎么办!(例引自朱景松 2007)②

---

① 陈振宇、王梦颖(2021)说:是"当前信息句内主体视角——常理反预期信息/上文反预期信息/他反预期信息。"
② 陈振宇、王梦颖(2021)说:"是祈使(提议)句,说话者希望'你'反对别人的意见,因此说话者自己也是站在'你'一边的(正同盟关系),便不可能再站在常理预期一边。"

陈振宇、王梦颖(2021)采用了一个用"竟然"标记来检验的办法：如果有"自反预期"意义，在不违反其他条件的情况下，一般都可以换为"竟然"类标记，如下例a；反之，如果没有"自反预期"意义，就不能换，如下例b、c、d①(例引自陈振宇、王梦颖2021)：

(36) a. 妈妈要他早点回去,(但)他竟然很晚才走!
　　 b. ♯妈妈要我早点回去,(但)我竟然很晚才走!
　　 c. ♯大家都去,(但)我竟然不去!
　　 d. ♯你竟然不走,看他们怎么办!

说话者认为概率小，就可以用"竟然"，即使与常理预期相符也没有关系。如②(例引自陈振宇、王梦颖2021)：

(37) a. 妈妈要他早点回去,他竟然/偏偏很晚才走! ——自反预期/常理反预期
　　 b. 妈妈要他早点回去,他竟然(真的)很快就走了! ——自反预期
　　　 ♯妈妈要他早点回去,他偏偏(真的)很快就走了!

例b与例a有所不同，说话者有了更多的条件，知道"他"一直以来都很不听话，一般来说总是和父母作对。因此，说话者的自预期，也即在添加了更多的条件之后得到的预期，就和根据一般的条件推出的常理预期不一样，甚至相反：对说话者而言，"很快就走"的概率小，"很晚才回去"的概率大。上面的例a、b都和说话者预期不符，所以都可以用"竟然"；而例a还和常理预期不同，也可以用"偏偏"，然而例b则是与常理预期相符的，所以不能用"偏偏"。

常理预期与自预期不同的例子如(例引自陈振宇、王梦颖2021)：

(38) a. 我和另一个编剧阎肃都没有这样的生活(也不可能有这样的生活)，只好按她的意旨编造了一个提纲，向她汇报，<u>她竟然很满意</u>。

---

① 单威(2016)认为，"竟(然)"触发的预期有"说话人预期"和"包括说话人在内的大众规约性预期"，而强星娜(2020)说"竟然"是言者导向的。陈振宇、王梦颖(2021)认为，"强的说法更为准确，从本质上讲，'竟然'是以说话者为轴心，不必考虑常理预期的限制"。

② 例(37、40-41)引自强星娜(2020)，稍有改动。

b. 一些势利人物看出他已经潦倒了,<u>竟乘机欺负起他来</u>。

这里都不能用"偏偏"。例如第一句,从常理讲,按照她的意旨写,她应该满意,但是说话者知道自己没有这样的生活,所以是编造的,而编造的东西当然是不行的,可能会被批评,哪知她竟然很满意,因此与常理预期相符,却与自预期不符。第二句,从常理上讲,潦倒之人会受到势利人的欺负,毕竟这是个势利的社会;但说话者却认为无论怎样不能欺负人,可以用"竟";常理预期和自预期也有差异。再看一个例子(例引自陈振宇、王梦颖 2021):

(39) 但说来让人觉得有点不可思议,这种公正规则产生的必要前提之一,<u>竟然是不确定性的存在</u>。

这也不能用"偏偏"。因为我们暂时还没有这样的关于公正规则产生的常理预期,从社会角度讲,大家对此没有明确的认识,所以无所谓常理预期。这句话纯粹是说话者自己的猜想,他觉得公正是确定的,所以公正产生的条件也应该是确定的,没想到竟然是不确定性的存在。

让我们再看看自预期与(行为)主体预期的关系[①](例引自陈振宇、王梦颖 2021):

(40) [老王天天虔诚烧香,祈求生个女孩],但老婆竟然/偏偏生了个男孩。
　　条件 O　　老王天天虔诚烧香,祈求生个女孩;(在迷信者社团中认为)祈祷会有功效
　　预期 P(M|O)　　(所以)(老王**希望**)生个女孩——意愿情态
　　　　　　　　　　(所以)(老王**认为**)有较大可能会生女孩——认识情态
　　当前信息 P(M)　　(**但**)老婆(**竟然/偏偏**)生了个男孩
　　预期性:主体反预期信息
(41) [老王天天虔诚烧香,祈求生个女孩],<u>没想到他老婆竟然真的生了个女孩</u>。
　　条件 O　　老王天天虔诚烧香,祈求生个女孩;(我们认为)祈祷没有功效

---

① 陈振宇、王梦颖(2021)说:"当行为主体就是说话者,或者说话者将自己'移情'到行为主体的立场时,主体预期=说话者预期,如下例说话者是移情到老王身上。"

预期 P(M|O)　　　（所以）（我们认为）是否生女孩并不清楚——认识情态

当前信息 P(M)　　（**没想到**）他老婆（**竟然**）真的生了个女孩

预期性：自反预期信息

陈振宇、王梦颖（2021）分析说：

> 这是因为在老王所在的社团中，他们的常理预期是：祈求祈愿会有很大的可能得到祝福，只要足够虔诚，就会实现愿望，否则根本就不会有迷信活动；当前信息"生了个男孩"与这一预期不符，是常理反预期信息，故可以用"偏偏"，也可用"竟然"。
>
> 但如果说话者离情于行为主体，也就是不站在其立场的话，说话者预期≠主体预期。……说话者与行为主体老王的立场不同，说话者认为祈求性行为仅仅是表达意愿，而意愿不可能影响实现与否，所以生女孩的概率并不比生男孩高。由于这里不涉及老王所在社团的"常理"，而仅仅是与说话者的预期相反，所以不能用"偏偏"，不能说"#没想到他老婆偏偏真的生了个女孩"而可以用"竟然"。
>
> ……
>
> 但是，常理预期、主体预期也不是完全对"竟然"句没有影响：当自预期等于常理预期或主体预期时，认识简单，形式简约，容易理解；但如果自预期不与它们相同，那么就比较复杂，有时还需要特别的说明，这才能让听者理解。如使用"真的"这一表示更多怀疑的形式，或者加上这样的条件说明"他这孩子一直不听话""祈祷并没有功效"等。

3.2 从预期的情态性质分类——意愿预期、能力预期、道义预期、认识预期和强预期、弱预期

3.2.1 预期与情态的关系

前面说过，"预期"部分，就是情态表达。实际上，每一个情态句一般都可以看成是表达说话者或某个认识主体对事物的预期。

情态研究来自模态逻辑（modal logic），指认识主体对事物发生的可能性大小等方面的认识，后来扩展到对道义强度大小、意愿强度大小等方面的研究。

我们认为，"预期就是情态"，两个范畴是一回事，只不过情态更多的是

从知识、评价本身的语义内容来讲,注意的是主观看法态度以及这些看法态度的强度。而预期更多的是从知识立场、评价立场在言语行为中的即时呈现与影响来讲,在情态研究的基础上,还要研究这些主观看法态度的来源(所以引入"条件"与语用逻辑),以及这些主观的东西与当前信息也就是所谓"事实"之间的关系(所以注重预期性)。

将预期和情态放在一起研究,就是"统一的预期理论"。陈振宇、王梦颖(2021)提出,"预期"四大部分中的"预期部分"就是情态表达,预期小句就是情态小句,因此,可以按照情态的分类来对预期分类:意愿预期、能力预期、道义预期和认识预期等。

张则顺(2014)还分出了"事理或情理"以及"公众普遍预期",其他一些学者也分出了其他一些类型。我们认为,应该把预期的情态表达与预期的认识主体区别开,在自预期、他预期、常理预期等各个方向,都可以有事理(合理性,我们称为道义情态)以及认识情态的差异。例如自预期,说话者可以认为一个事件是不合理的、不应该做的,而另一个事件是不太可能发生的。所以不能将这一区分仅仅给予常理预期。这就是"各个维度分别讨论,相互交织"的价值。

陈振宇、王梦颖(2021)按照陈振宇、姜毅宁(2019),把这些情态类型大致二分为:

1)"强预期",即当这一预期存在时,会影响到认识主体对事件发生与否的看法,或者有较大的概率发生,或者不发生。认识预期本身就是强预期,如预期"应该会来",则认识主体认为有很大可能真的会来。

2)"弱预期",即这一预期的存在,与事件的发生与否没有太大的关系,对后者没有决定作用。

能力预期一般可以转化为认识预期,所以也是强预期。如预期"他能去",则很可能猜想"他会去","他不能去"则很可能猜想"他不会去"。

但是意愿预期一般不能转化为认识预期(除非相信人的意愿可以改变现实,如某些迷信者相信"心灵的力量"),都是弱预期。如"他希望姥爷回来找他"无法推出"他姥爷来找他"为真,"小王想参加集会"很难说"小王会去参加集会";意愿的否定也是如此,"我们不想这里成为战场"很难说我们认为"这里真的不会成为战场",等等。①

---

① 在此需要看看前人的一些观点,如郑娟曼(2009)、单威(2017),认为"期望"与"预期"是不同的。这里的期望就是本书的意愿预期,这就是说,可能有学者不同意将意愿预期放在预期范畴之中。

我们认为，不能因为意愿祈愿等是弱预期，就不算作预期，因为语言中的正预期或反预期标记，并不做此区分。例如"竟然"，就可以用于意愿，如屋顶漏了的例子，就是如此，再如"他对打球不感兴趣，（所以不想去，）怎么竟然一连三天都在球场里？！""果然"也是如此，如"我想他要能来就好了，怎么也没有想到，一回家他果然已经在门口徘徊了。"

如果进一步深究还会发现，所谓道义，尤其是所谓"客观道义情态"的预期（也就是存在某种社会的情理、法律、常规等要求事物 XP 实现（肯定道义要求）或不实现（否定道义要求）），往往更靠近意愿预期。这是因为说话者一般认为自己是个正常的人，所以容易认为或承认社会与大众①的要求就是自己的意愿。"他一个学生应该好好学习"，究竟他会不会好好学习，很难说。当然，有的道义预期容易实现，如"按照合同法，签订合同时双方当事人必须在场"则"这些当事人很可能会在场"，"在当时，媳妇不能打骂老人"则"她很可能不会打骂老人"。

下面是从事实性，也就是说话者认为预期的事件实现的概率大小角度进行的排序：

认识预期＞能力预期＞道义预期＞意愿预期

很有意思的是，语言中的确可以见到表示能力的词语表示认识的情况，如"我能帮你"往往表示"我会帮你"。而表示意愿的词语表示道义，如"要"由意愿演化为道义。当然，这一方面的细节还需要进一步研究。因此，这四种情态，也可以大致归为两种：

① 弱预期——合理性：意愿、道义情态

② 强预期——常规性：认识、能力情态

3.2.2 意愿预期的特殊性

可以看到，意愿预期与其他的预期产生了很深的隔阂。在语言中，一些形式对意愿有很强的语义粘连。例如"偏（偏）"的一个义项就是表示"违愿义"。② 参看吕叔湘主编（1999/2002：429）释义的第二条"表示事实跟主观想法恰好相反"，以及苗浴光（2003：8）、丁雪妮（2005：24）、范伟（2009）、余翠（2016：7-8）、石定栩、周蜜和姚瑶（2017）、强星娜（2020）。例如（例引自

---

① 这里"大众"是个抽象的概念，相当于"人民、百姓"等，指说话者所定义的大众属性或内涵，而不是指具体的"大众"，后者指一个个人的个体的集合，有丰富甚至相互矛盾的属性或内涵。

② 陈振宇、王梦颖（2021）说："违愿义可归纳如下：前面的条件部分必须能够看出存在某一主体的意愿（祈愿），而后面的句子是表明某种情况的发生，令意愿受挫甚至不能实现。"

陈振宇、王梦颖,2021):

(42) [他一直都很小心],没想到厄运偏偏落在他的头上!
条件 O　　他一直都很小心
预期 P(M|O)　　(所以)(他**希望**)平安无恙——意愿情态
当前信息 P(M)　　(**没想到**)厄运(**偏偏**)落在他的头上
预期性：主体反预期信息

类似的例子还有(例引自陈振宇、王梦颖,2021):

(43) [大军通过峡口的紧要当口],一块大石头偏偏从山上滚了下来,把道路堵死了大半。(希望道路畅通)
[(他们)明天要去春游],可偏偏下起了大雨。(希望天气晴好)
(几个人抽签,很多黑签,一个红签,只有红签才有奖励。不过他不希望自己太出众,所以)他想抽到黑签,但偏偏抽到了红签。
[有关部门总算拿出了一个方案],可偏偏弄得那么繁琐!(希望方案能顺利实施,而繁琐使实施十分困难)
他现在28岁,[正是成家立业最需要钱的时候],而此时偏偏最没有现金,还负债!

不过,违愿义并不是"偏偏"独有的。强星娜(2020)认为"竟然"是表示命题的、认识的,但实际上,它也可以表示意愿或期待落空(例引自陈振宇、王梦颖 2021):

(44) [升降国旗的时候]竟然下起暴雨,国旗护卫队用行动捍卫国旗的庄严。(优酷视频 2018.02.11)

再如下例(例引自陈振宇、王梦颖 2021):

(45) [老王让她去买个烟],可他竟然不肯去!
条件 O　　老王让她去买个烟
预期 P(M|O)　　(所以)老王希望她会去 ——意愿情态
当前信息 P(M)　　(**可**)她(**竟然**)不肯去
预期性：主体反预期信息

如果一个人不希望不想让对方做某事,就不会要求对方去做;所以如果他发出了要求,那么他当然是有这样的意愿期待的。苗浴光(2003:6、8)也说"竟然"不一定违愿,"不一定"就是说可以是也可以不是。

当然,现代汉语中"偏偏"已经有大量的与意愿无关的一般转折句。如针对能力预期和认识预期:①(以下2例都引自陈振宇、王梦颖2021)

(46) [他明明朝中有人好办事],可偏偏做不了官!
条件 O　　他[**明明**]朝中有人好办事
预期 P(M|O)　　(所以)他能够做官——能力情态
当前信息 P(M)　　(**可**)(**偏偏**)做不了官
预期性:主体反预期信息

(47) [戈壁是缺水的],可它偏偏拥有一片小湖。
条件 O　　戈壁是缺水的
预期 P(M|O)　　(所以)不应该有湖——认识情态
当前信息 P(M)　　(**可**)它(**偏偏**)拥有一片小湖
预期性:自反预期信息

这样例句还很多,在现代汉语中十分普遍(例引自陈振宇、王梦颖2021):

(48) 为什么[他们一生女儿就顺顺当当],一生儿子就偏偏有灾!
我有时很难理解,为什么[看上去最简单的法则]偏偏成就了最不简单的事业?
[只死了一个人],偏偏就是李小容的丈夫黄忠德。
偏偏[在塞上古城张家口]就有这么一个不大的企业——第二建筑公司综合加工厂出了一位岁数不大的厂长,立志跟那个难缠的废气污染干上了。

---

① 陈振宇、王梦颖(2021)说:"当主语不再是有生命的物体,或者条件句是非自主的事件,往往产生不了什么意愿,也就没有什么违愿,这时'偏偏'就转变为更为'纯粹'的一般转折句。……这一例中,即使有意愿,那也是希望有湖水,因为干旱的地方水是宝贵的;这样说,那倒是实现了这一希望。石定栩、周蜜、姚瑶(2017)也认为,'偏偏'除了违愿性,还有意外性。意外性就是指转折关系。吕叔湘主编(1999/2002:429)的释义中,没有关于一般转折句的内容,但在当代的语料中,类似的例子非常多,完全应该视为'偏偏'的一个重要的义项。"

这样一来,"偏(偏)"句逐步丢掉了执拗义、违愿义,成为更为一般的转折标记。有关的预期也不限于意愿预期,而可以是其他的情态类型,如上面各例都可以解释为认识预期:生女儿顺顺当当,那么生儿子也应该顺利(认识情态);是最简单的法则,所以应该成就简单的事业(认识情态);塞外古城不应该有执迷于环保的企业(认识情态)。

"偏偏"仍然保留的,可能就是要求与常理预期不符。① 就上例而言,常理预期是生男生女应该是大致平衡的,但当前信息则是二者相差很大。第二句,从常理来说,简单与复杂相对立。第三句,这是偶然性问题,一般而言,任意选择一个事物就正好是某个特定的事物的情况,这样的概率非常低。最后一句,在塞外这样一个地方,一般很难注重环保。

再如,下面的例子也反映了一种非常态的情况②(例引自陈振宇、王梦颖2021):

(49) 应试教育培养了一部分精英学生,但是大部分学生却在这个独木桥上被挤下了水,其实这也很正常,但可悲的是,[掉下水的]<u>偏偏没学过游泳</u>,于是水中再学,浪费了自己、耗费了家庭,减缓了个人的发展。

3.3 从预期的针对对象分类——话语预期和行为预期

从预期的针对对象来分,可以分为:

1) 话语预期,针对的对象是某段话语,从话语的语义内容出发推出的预期,前面我们讨论的例子都是话语预期,如话语"他能够完成任务"可以预期"他会完成任务",话语"妈妈说小明今天出发"预期"小明今天很可能会出发"。

2) 行为预期,针对言语活动或社会活动的预期。实际上,在会话活动中,会形成某种言谈定式(指一种会话的习惯),先说什么,后面的内容一

---

① 陈振宇、王梦颖(2021)认为,"偏偏"的最重要的限制条件是:当前信息必须与常理预期不符。即使成为一般转折义,"偏偏"仍保留着最初的这个很重要的限制条件:必须与常理不符,否则就不能用。

② 陈振宇、王梦颖(2021)认为,"从认识情态看,是否掉下水与是否会游泳是两个独立的事件,按照常理,它们不应该有倾向性,因此,掉下水的都是会游泳的,或者都是不会游泳的,就都偏离了常理。不过,由于'偏偏'有很强的消极情感影响,所以一般不会说'掉下水的偏偏都学过游泳'。从意愿情态看,既然已经掉下水了,那么根据常理,我们会希望掉下去的都是会游泳的;因此,掉下水的都是不会游泳的,也严重地偏离了这一常理"。

般而言应该是说什么,所以可以从前面的言谈推出后面的言谈,这也是可预见性,因此也是预期(认识情态预期)。除此之外,还有道义预期,即一个言语行为需要或应该以什么方式回应,这也决定着后面的言谈内容或方式。我们在后面会讨论各种言语行为的优势回应策略,便是这样的道义预期。

这里我们来看一种特殊的言语活动预期——"定式"。定式包括临时定式(依靠语篇临时获得的惯性说法)和长期定式(在长期的社会会话中形成的社会无意识的习惯说法)。

衬跌(修辞格)就是临时定式。张文江(1981)借用刘熙载《艺概》的词,把一类现象称为"衬跌"[①],它分为"衬"和"跌"前后两部分。前后部分造成反差强烈的对照。在"衬"的部分,顺次讲述给读者造成一种连续性,似乎将按照前面的模式一直延续下去;但是到了"跌",却突然转向到了与之相反或不相干的事物,"跌"是核心部分。衬的部分捧得越高,跌的部分摔得越重。

衬跌的语用效果是制造幽默。如(例引自张文江1981):

(50) 台风12级,大风8级,和风4级,轻风2级——<u>耳边风0级</u>。(青年报1980年6月6日)
人们为一个军骡树立的墓碑上写着下列字样:军骡马吉葬在这里。在她的一生中,踢过一个上将、两个上校、四个少校、十个上尉、二十四个中尉、四十个士官、二百二十二个士兵和<u>一个炸弹</u>。(《趣味英语语法》第四册)

每一句中,前面为衬,有下划线的部分为跌。衬跌中,衬的部分有一系列并列的表述构成,这些表述最重要的性质是"同质性",因此诱导我们对言语活动的下一步产生预期:也将是同质性的表述。跌的部分则是对这一预期的违反,是表述反预期的信息。

但是,积极修辞的重要性表现在"合理性"中,即所谓"出乎意料之外,终在情理之中",所以跌的部分必须要能够让人觉得它与前面的部分有某种一致的地方,而不能完全毫不相干,在上面的例子里,这是通过形式上的一致来达到的。

在语法中,我们更为关心的是长期定式问题。有一种动态的反预期,即

---

① 请注意,这与周振甫《诗词例话》的"衬跌"不是一回事。

反言语导向的预期,有一定的元语言导向,参看唐正大(2020 论文草稿①)。我们认为,很多话语表述,在长期使用中形成定式,故而不需要像临时定式那样先做一个组织工作,可以直接从话语片段得到后面的预期部分。例如(例引自唐正大 2020 论文草稿):

(51) 甲:你以为这事很困难——
乙:不困难吗?
甲:其实这事的困难程度远远超出你的想象!

"以为"在汉语中往往用来表达错误的认识,与"认为"形成对比。一般认为,错误与正确是相反方向的,因此如果说了"以为 XP",那么实际的意思或下面该说的话一般应该是"其实是~XP",乙就是这样来理解甲的话,觉得甲实际上是在说这事没那么难,或不困难。这就是由语词"以为"造成的长期定式(大预期)。但是甲并没有按照这一定式行事,而是采用了一个概率很小的预期:XP 的确是错误的,但正确的不是相反的~XP,而是程度比 XP 更高的 YP(不是一般的困难,而是极度的困难)。

再如:

(52) 甲:你买了几个? 五个?
乙:我没买五个——
甲:那是三个还是四个?
乙:我买了八个!

戴耀晶(2002)说,量的否定语义含义是"少于",因此"没买五个",也就是说只买了五个以下的数目,这就是长期定式,甲就是按照这一预期来想的。但是乙并不遵循这一长期定式,而是采纳了一个概率较小的预期,也就是戴耀晶所说的,按照"多于"来理解,此时,否定的不是量级,而是"五个"这个数量点,得到五个以外的某个数量,乙说明,买的是比五个多的八个。再如(例引自唐正大 2020 论文草稿):

---

① 这是唐正大在"2020 年汉语句法语义理论研究学术讨论会——预期与意外"(复旦大学、上海大学)的论文《毒鸡汤、顿跌修辞与反预期的反预期》。尚未正式发表。经作者同意,转录部分内容。下同。

(53) 甲：虽然我没有考及格——
乙：没关系，只要你努力付出就好了！
甲：——但别的同学也没有考及格！

"虽然 XP 但 YP"是转折复句，XP 和 YP 可能分别产生涵义 X'/Y'，它们之间应该存在矛盾关系。一般而言，提及一个消极事件，转折多是表示安慰，或者在消极中找到积极之处，或者消除消极事件的影响，乙就是这么理解的，这是长期定式，是一种"话术"。但是甲的想法却完全不遵循这一定式，而是提及一种更为小概率的言说方式：我没有考及格，所以我心情不好，本来应该是安慰自己让心情好起来；但这里的安慰却是"幸灾乐祸"的，大家都没考及格，所以我的心情也好起来，毕竟都没有考及格，那我的失败就不算什么了，也就没有什么好郁闷的了！

上面几个例子，都是针对言语行为的长期定式，做出大预期之外的回应，所以都是属于"反预期言语行为"。但是，所有的例子也都遵循前面所说的"出乎意料之外，终在情理之中"，要有合理性，因此必然都需要选择一个概率较小但并非不合理的预期来施行。我们把与定式不同但又合理的言语行为称为"反转"(reversal)语篇配置。如果不是有这么一个小概率的预期来支撑，言语活动就会变得难以理解，缺乏合适性，就会导致交际失败。

这里有一个常见的"反转"格式：

语篇安排常见配置有两种："并列或递进"，以及"对比或转折"。它们最容易形成定式，因此在反预期的言语行为中会违反这些定式。但是，我们只看见违反对比或转折的定式，向并列或递进的意义关系迁移的，如上面的几个例子，(51、52)是迁移为递进，(53)是迁移为并列；却没有相反的例子。

实际上，即使是一般的转折句中，也有出现表达并列或递进意义的句子，例如：

(54) 若干年后，中国会成为一个经济大国，但也一定会成为一个旅游大国。（并列）
虽然不喜欢原先生，但更不喜欢有人因她而死。——虽然这人不好应付，但更不好应付的是蔡京。（递进）

邢福义(1995)首先提出了这一点，他的论述集中在"虽然 XP 但是更

YP"类格式上,不过认为这仍然是转折(原文为"让步句式"),虽然在语义上有递进的意味,但他也没有考察为什么会这样(例引自邢福义 1995):

(55) 这周围八百里的梁山泊,这被压迫者的"圣地"的梁山泊,固然需要一双铁臂膊,却更需要一颗伟大的头脑。
唐二十四少爷虽然不喜欢杀人,但更不喜欢看见自己欣赏的人被杀。

我们认为,这是因为递进是单向的,所以无法改为对立;但是对立是双向的,其中一个方向可以表示递进:

图 2　递进的单向性和对立的双向性

可以看到,从 X 递进,只能是向前(＞X),所以是单向。而如果与 X 对立,那么一般是方向相反,即向后(＜X);但也可以方向相同,但越过 X (＞X),这就是"对立＋递进"意义,也就是前面所说的对立转折向递进的功能叠加。

4. 预期的检验格式,类指预期与个体预期

4.1　语义与语用的争议

4.1.1　逻辑与语用的差异

我们怎么知道语用逻辑中的涵义是存在或有效的?在真值条件逻辑中是没有这个问题的。逻辑学家往往会认为真值逻辑是一种"先验"的知识,像数学一样具有普遍性与唯一性,因此他完全凭借自己的观点做出判断(虽然逻辑学家们之间经常争论不休),这其实是一种基于自我反省的证据。例如研究预设的人都知道,有一种存在预设,如下面两个例子中,不管张大明如何,他都是存在的(真),也就是说下面的句子不论是肯定还是否定,不论是什么谓词,都意味着在说话者的世界中存在张大明这个人:

(56) a. 张大明生病了——张大明没有生病

b. 我见过张大明——我没有见过张大明

但是，这个所谓的"预设"是真的吗？我们会很遗憾地发现，在真值条件逻辑学中，并没有人证明过这一预设的存在或不存在，逻辑学家们直接就引用这一结论。既然你直接说有存在预设，那么我也就可以直接说并没有存在预设，这一结论在操作上讲没有"可证伪性"（falsifiability）。

从语用逻辑的角度讲，我们就必须面对这一检验或证明的难题。例如有人说"张大明生病了""张大明没生病""我见过张大明"，我们猜测他是肯定张大明的存在的，这似乎是恰当的；但是，如果他说"我没见过张大明"，我们能合法地猜测他在肯定张大明的存在吗？

也许有的读者已经感到不恰当了，但是我们这里要讨论的不是这一例子本身恰不恰当的问题，而是我们究竟怎样来研究证实或证伪的问题。我们如何知道它是恰当还是不恰当？语用的情况变化很大，恐怕很难任由语言学家去自我反省，我们需要更为有力的证据，这就是检验格式问题。

语言研究中，常常要用到蕴涵（implicature）关系[①]，如预设研究（"苏格拉底生病了/没病"都预设"存在苏格拉底这个人"）、叙实性研究（"他知道李四要走/不知道李四要走"，"李四要走"都为真）、语义分析研究（"他是单身汉"，则"他没有结婚"为真）、语用分析研究（"老师骂他"，则"老师认为他做了什么错事"为真）等。但一般是直接使用真值逻辑学中的定义。今天的研究已经发现，日常经验认知的体系与经典的真值逻辑体系不一样，出现了溯因推理、类比推理、和谐推理等有缝推理，我们对语句的语言感觉，与逻辑学家的定义也不完全一致。

造成这一局面的根本原因，是我们的语言推理，使用的是基于"恰当性"的语用推理方式，不是简单的数学公式，而是母语者的社会心理的沉淀。我们必须使用日常语言的方法来测试。

例如在"我没见过张大明"为真的情况下，如果你要学者们争论"存在张

[①] 蕴涵也译为涵义。在真值逻辑中，我们更多讨论的是"衍推"（entailment）。但陈振宇（2020a）认为，语言中的语句的字面意义只是简单的蕴涵关系，如"他周末不在家"只是指从周末可以推出他不在家，但其他时候如何我们并不知道，因此我们不能推出"他在家的话就不是周末"。因为很可能会有这样一种情况，他平时也不在家，于是他就没有在家的时候，那么如何去讨论"他在家的话"。所以自然语言的语句"他周末不在家"，仅仅是给了我们一个简单的、单向的蕴涵关系；我们还期待着说话者更多的信息。如果说"他周末不在家，但也不是一直都不在家"那就是发展为衍推关系；如果说"他周末不在家，平时也不在"，那就发展为预设关系。

大明这个人"是真还是假,他们大多会基于"预设"理论①而认为是真的,因为不论肯定否定,预设都是为真的;少数人则会根据"传信"(evidential)理论②,认为不是真的,因为我们对事物的感知是我们确定事物的存在的依据,既然"我见过张大明"这一依据不存在,那事物"张大明"的存在就不能保证。

但是如果换一个例子,改为在"我没见过魔鬼"为真的情况下,争论"存在魔鬼"是真还是假,则学者们又大多会根据"传信"理论,认为不是真的,少数学者也许会仍然坚持基于"预设"理论而认为是真的。

这两种观点谁对谁错,在真值逻辑的论域中无法得出结论,因为无论是预设还是传信,这两种理论内部都是自洽的、自我满足的。需要更多的理论思考才能得出结论,如张大明和魔鬼这两类概念的区别导致对传信理论的适用性的差异。

4.1.2 语用学调查和研究的是社会心理

如果我们想知道汉语的母语者(对其他语言同样如此)究竟是怎样来看待这一问题的,我们就得换一种方式,进行语言调查。但是我们不可能直接问被调查者认为"张大明/魔鬼存在"是真还是假,这只会让他们同样陷入迷茫。我们需要给出适当的检验格式。这就好像我们不能直接把一个石头交给别人,问你觉得它有多重一样,我们必须给他一个称重的工具,让他称称有多重。只要工具不变,则不同的人测出来的数值会是大致差不多的,即使有差异也不碍大事,只是可能反映一些个人信念上的不同;而如果让他们直接估计,则他们的个人感觉(包括他们对有关问题的理解)在理论上很可能会有巨大的差异,难以得出社会心理意义上的结论。

在用语用逻辑检验之前,先把问题改为:我们先不要假设一个对象是否存在,为了表明句式的真实功能,先用一个没有任何特点的"XXX"来代替它。当说话者说"我们大家都没见过XXX"时,说话者表明"XXX存在"还是"XXX不存在",哪一个更恰当更自然?

检验格式如下:

---

① 预设,又译为"前提、先设、前设"等。由弗雷格于1892年提出。当一个人在说话时,预先假定为真的前提,就是预设,只有在预设为真的情况下,该话语才是合适的。如认为只有在知道有张大明这个人的情况下,我们才能说"我"是否见过他的问题。

② 传信,也译为"实据、证据、言据、可证、施据"等。该理论认为:人总是将感知作为事物的亲知证据,我们对世界的认识过程都是依赖于我们的视觉、听觉及其他感觉而进行的。一般而言,有所感知则被感知的事物是被感知者看成存在的。与之相反,如果没有感知,就没有证据,但一般而言,没有证据并不意味事物不存在,而是事物可能存在可能不存在,需要进一步探究。

Chafe(1986)认为:任何认识都有一个来源问题,而信息来源往往决定着信息的可靠程度。

(57)　　　　　O　　　　　　P(M|O)　　　　　　P(M)
　　a. ♯我没见过 XXX，所以可能存在 XXX。
　　b. 我没见过 XXX，　所以可能不存在 XXX。
　　c. 我没见过 XXX，　　　　　　　　　但是存在 XXX。
　　d. ♯我没见过 XXX，　　　　　　　　　但是不存在 XXX。

本例中第一行有"O、P(M|O)、P(M)"三个符号,分别代表预期性语篇四部分中的条件、预期和当前信息。

我们用两个格式分别按肯定、否定构造出上述四个句子,然后让母语者去判断,哪句说起来恰当,即觉得很通顺,哪句不恰当,即很怪或不能说或很别扭。相信有汉语母语语感的读者会选择如下:相比于例 a、d,例 b、c 更为恰当。或者说:如果是要求在 a、b 中只能选一个恰当的,相信压倒多数的人会选 b;如果是要求在 c、d 中只能选一个恰当的,相信压倒多数的人会选 c。

请注意,在本书中我们研究的语用问题,大都没有百分之一百的对错,所以我们对不能说或不好说的例句都不用"﹡"号标注,因为那会给人句子完全错误的感觉,一般语法学文献中用"﹡"表示句法语义上的错误。我们用较为模糊的"♯"号标注,以表明句子对母语者来说在语用上很不通顺,不恰当。本书还会使用"?"来表示较为轻微的别扭,或者难以肯定究竟合适不合适。

上述测试说明:在汉语母语者的语用模式中,当说话者说"我没见过 XXX"时,说话者是有语用的认知倾向性——"不存在 XXX",只不过这不是百分之一百的概率,允许有相反的情况出现,所以更准确地讲,是在表明"不存在 XXX"有更大的可能。当出现相反的情况(的确存在 XXX)时,就必须用特殊的"转折"句来表达。

这一检验表明,对自然语言的使用来说,传信理论比预设理论更为可靠,更符合语用的原则,更符合母语者的心理。实际上,自然语言中经常用"我没见过"来表达对事物事实性的否认,如"我可没见过你什么时候勤快过"以此来表明"我认为你不勤快"的意义。

再把"张大明、魔鬼"替换进去,重新调查,我们会发现得到不同的分布:

(58) a.　　　　O　　　　　　P(M|O)　　　　　　P(M)
　　　♯我没见过魔鬼,所以世上可能存在魔鬼。
　　　我没见过魔鬼,　所以世上可能不存在魔鬼。
　　　?我没见过魔鬼,　　　　　　　　　但是世上存在魔鬼。
　　　♯我没见过魔鬼,　　　　　　　　　但是世上不存在魔鬼。

b.　　　　O　　　　　P(M|O)　　　　　　P(M)
♯我没见过张大明，所以世上可能有张大明这个人。
？我没见过张大明，所以世上可能没有张大明这个人。
我没见过张大明，　　　　　但是世上有张大明这个人。
♯我没见过张大明，　　　　　但是世上没有张大明这个人。

"魔鬼"的问题是，也许有的人根本就不相信存在魔鬼。"张大明"则有所不同，因为我们会觉得即使我们大家都没见过他，他也有很大的可能性是存在的；张大明往往是代表我们生活中的某个具体的人的名字，我们觉得这些人是真实存在的，不管用在什么句子中，他的存在是已经由我们的生活经验所保证了的；因此"我们大家都没见过张大明，所以世上可能没有张大明这个人"有一定的别扭感，我们用"？"号来标注。

当然如果我们只是听某人说过张大明，那么这时他的存在性就比较差了，我们就可以像魔鬼那样恰当地质疑他的存在了。

不要小看这一问题的研究。这种逻辑谬误，一不小心就会被宗教迷信所利用，用于误导听众。如甲说"我们都没见过上帝"，乙说"你的话正好证明有上帝存在，因为如果上帝不存在，我们就没有必要讨论你是否见过他的问题"。根据语用逻辑的检验我们发现，甲说那话时就是在表明上帝不存在的可能性更大，他的话不可能作为上帝存在的证明，乙所秉持的"预设观"对自然语言而言是完全错误的。

只有当传信不起作用的时候，如"张大明生病了""张大明没生病"这些不涉及传信的例子（因为"生病"不能像"见过"那样作为是否存在的证据），预设理论才会有效地起作用，我们才能说当说话者说"张大明生病了""张大明没生病"时，他都是表明有张大明这个人存在的。

(59)　　　　O　　　　　　　　P(M|O)/P(M)

a. 小王说"张大明没生病"，那么小王应该是认为世上有张大明这个人。

b. ♯小王说"张大明没生病"，那么小王应该是认为世上是没有张大明这个人的。

c. ♯小王说"张大明没生病"，但是小王是认为世上有张大明这个人。

d. ？小王说"张大明没生病"，但是小王是认为世上是没有张大明这个人的。

在不涉及传信的情况下,存在预设是一个很强势的心理反应,只有例 a 恰当,例 b、c 都不恰当,例 d 也不大合适。这也就是说,一般不容许有反例存在;除非是非常特殊的情况,例如说话者认为你在撒谎,这时例 d 就可能合适了。

4.2 预期的语用学检验——预期格式和反预期(信息)格式

上述例子只是一个简单的测试。语言中的情况相当复杂,因此我们需要更多的测试。陈振宇(2020a)提出了语言中的三个格式,来测试日常语言中的蕴涵关系,其目的是研究母语者在言语行为中的真实思维情况。但是为什么是这几个格式作为测试而不是其他的?看了本书前面关于预期的认知模型的论述后,可以进一步看清这些测试的本质。

这里先考虑陈振宇三大格式中的前两个,第三个我们将在后面讲述"极端小预期"时再来讨论。

4.2.1 条件与预期、条件与当前信息

从预期的认知模型看,我们实际上是在呈现预期四大部分的条件与预期、条件与当前信息之间的关系。当然,这两条是搭配起来使用的。我们因此而给出两个基本的检验格式,如下:

1) 预期(expectation)格式:当从条件 O 到预期 P(M|O)存在恰当的语用推导时,我们可以使用因果关系复句,如汉语中的"O,所以/因此/故/则/于是/这时/便/终于/那么+(应该/可能/一定/必须/需要/要求/可以/能(够)/有能力/希望/想)P(M|O)"等。请注意,这个不是所谓的"正预期"格式,本书是严格区分"预期"和"正预期"两个概念的。

2) 反预期(anti-expectation)信息格式,简称"反预期格式":当从 O 到 P(M|O)存在恰当的语用推导时,如果说话者发现当前信息 P(M)与 P(M|O)不符,就可以使用转折或意外关系复句,如汉语中的"O,但(是)/却/可是+P(M)"等转折式,或者"O,竟然/居然/其实+P(M)"等意外式,当然也可以把二者结合在一起,如"O,但(是)竟然+P(M)"等。

简言之,检验一个具体语言中,母语者是否认为可以从 O 恰当地推出 P(M|O),也就是看母语者认为句子也即是预期格式是否可以说,如果大多数母语者都认为可以很自由地说这一句子,那么说明母语者听到话语 O 或看见行为 O,就有很大的概率可以预期到会有 P(M|O);否则,就说明这一推理是不恰当的,不是该语言社会的社会心理反映,或者说预期的概率不具有明显的倾向性。

但是,仅仅有这样一个格式是不够的,因为预期分为两种,一种是"全概

率预期"(full probability expectation,简称"全预期"),这种预期是不能有反例的,是百分之一百的概率;而如果有反例,则说明这种语用推理不是百分之一百,称为"大概率预期"(high probability expectation,简称"大预期")。所谓"反例",指实际上出现了与预期不符的当前信息,所以我们还要看相关的转折或意外的格式,该语言的母语者是否认为可以说。如果可以说,那么就是允许反例;如果不能说,那么就是不允许反例。例如:

(60) a. 全概率预期:

     O   P(M|O)   P(M)

  张三是单身汉, 所以张三应该没有结婚。
  ♯张三是单身汉,所以张三应该结婚了。
  ♯张三是单身汉,   但是张三没有结婚。
  ♯张三是单身汉,   但是张三结婚了。

 b. 大概率预期:

     O   P(M|O)   P(M)

  张三是四川人, 所以张三可能喜欢吃辣的。
  ♯张三是四川人,所以张三可能不喜欢吃辣的。
  ♯张三是四川人,   但是张三喜欢吃辣的。
  张三是四川人,   但是张三不喜欢吃辣的。

请注意,所谓概率大小,需要按照概率论的定义来理解。概率的取值范围是从 0 到 1。不管是等于 1 还是等于 0,都是全概率,只不过等于 1 是肯定性全概率,等于 0 是否定性全概率;而大概率不等于 1 也不等于 0,而是趋近于 1(肯定性大概率),或趋近于 0(否定性大概率)。而预期不能成立,即不能进入预期格式,则是概率大约在随机概率(一般是 0.5)左右,指无法形成某种倾向性的心理判断或反映。

这种"母语者调查法",会反映不同的思维倾向,也就是说,不同的被试有可能给出不同的回答。例如有的人心中"单身汉"是一种生活状态(没有女人照顾的男人),而不是婚姻状态,还有,一个人结婚又离婚后还算不算单身汉,也是一个社会文化问题。对此,可能会认为上面例 a 的第四句可能成立,也就是他虽然结了婚,但妻子不在身边或已经离异的情况。至于例 b,更是一个社会文化中关于四川人的"呆板"印象,实际上有很多四川人不喜欢吃辣的,可是这种印象把他们代表了。也许有人会认为第一句不一定成立,因为他会觉得湖南人那才叫吃辣,而四川人还是不那么喜欢的。

4.2.2 要反对两种错误观念

我们需要明白"规约性间接言语行为"或者"规约性语用涵义"等等,其本质实际上是所谓"社会心理"或"母语者所共享的集体心理",而并不是特殊的、个别化的个人风格。所以我们必须反对两种错误观点:

1) 过分强调检验格式的语义内容,认为按照逻辑就是应该如此,不允许有人给出不同的答案。本书的格式检验的,是语用涵义,是语用性的社会心理,并具有文化上的时代性、潮流性,甚至也带有时代的偏见,而不是科学问题。前面说的关于预设的问题,就反映了这一点。

预设(presupposition)分为逻辑预设(logic presupposition)和语用预设(pragmatic presupposition)①。逻辑预设是预设研究的中心,来自语义学,指能让一个命题成立的前提,也就是命题中预定为真且不可否认的部分;涉及语言的叙实性,是属于真值蕴含的逻辑。根据 Horn(1969)对预设的定义,有"If (P→Q) and (~P→Q), then P presupposes Q"。根据陈振宇(2020a:190-191)的定义,是"P⊆Q 并且 Q=U"(U 为全集)。

预期是语用性的,是语用预设中的核心部分(有的学者把二者等同,参看陆方喆、朱斌 2019 的论述)。预期与预设相同的地方是:它们都不是命题本身,而是该命题背后的作为认识前提的知识。不同的地方是:

① (逻辑)预设是说话者发出某一命题时,作为言语活动背景的不可更改的那些认识,如说"张三是好人/张三不是好人",都有一个背景"存在张三这个人"。预期不仅仅是说话者的认识,也可能是其他认识主体的认识,并且可能是社会的常理,其形成多依赖于认识主体的社会常识,百科知识,社团语境,甚至道德准则……也更多关涉的是我们的交际和言语行为,因此预期一般是语用涵义,大多是可以删除的,只要有合适的条件,所以我们有反例格式。当然,也有一些预期是全概率的,在一定的限度内不允许反例,但这也是一种暂时现象,并不是预设那样的不可质疑性。

② (逻辑)预设是明确的命题,是论域的基础;而预期很可能是模糊的,需要语用推理,甚至可能有歧义解读。

③ (逻辑)预设有更强的背景性,一般在语篇中不必表达,而一旦质疑预设,语句的意义和价值都会失去,因为论域必然发生改变。预期则可以进入前景,在语篇中表达,并且对预期的质疑并不一定改变当前信息,而仅仅是感到情感上不适而已。

2) 过分强调相对主义的世界观,认为既然被试可能会有不同的答案,

---

① Givón(2001)提出。

那么本书所说的检验格式就根本是无用的东西,毫无必要。其错误是忽略了社会心理的相对稳定的一面,毕竟绝大多数社会成员会同意单身汉的基本意义,毕竟对四川人的呆板印象是来自社会大多数成员的;如果不是极为特殊的情况,那么我们普通人一般就会默认其成立,并按照这一预期行事,例如:

(61) 甲:给小王介绍个对象,你觉得小李如何?
　　乙:小李都不是单身汉了!

乙的话可以产生合理的预期:小李已经结婚了。又因为介绍对象应该介绍没结婚的人,所以乙最终的意图其实是告诉甲"不应该把小李介绍给小王"。

(62) 甲:今晚请老王吃饭,你看准备些什么?
　　乙:老王是四川人。

在当代的社会中,乙的话就会得出语用推理:老王有可能爱吃辣的。因为请人吃饭应该请他所喜欢的,所以乙的最终意图是提议要准备些比较辣的菜。乙有可能会搞错,但这种策略几乎贯穿我们的社会生活的始终,即使偶尔出错,但他会一次又一次地得出同样的结论。[①]

语用推理绝对不是针对个别现象来说的,而是针对一个类,是普遍性的社会心理的反映。因此个人不能违反它,只能在它的允许范围内进行"微调"。例如我和老王都认识张三,但老王只是泛泛地了解他,对他的饮食习惯不熟悉,于是他只能恰当地做出一个推断"张三是四川人,所以他(很可能)爱吃辣的"。而我对张三非常了解,知道他是例外,我就只能恰当地做出一个推断"张三是四川人,但是他不爱吃辣的"。从表面看,我和老王各有各的知识语境,我们各自有各自的恰当的语用推理,但实际上万变不离其宗,我们两个仍然被社会心理所控制着,我依然不能说"♯张三是四川人,所以他可能不爱吃辣的",而必须用一个转折句"张三是四川人,但是他不爱吃辣的"来说明张三是四川人中的另类。

只有当整个社会心理发生改变之后才会脱出这一格局的束缚。也许有

[①] 本书作者就常为此苦恼,虽然是四川人,但几乎很少吃辣的,也不喜欢吃太辣的东西,可是经常遇上这样的情况:主人为照顾作者,会专门准备一道或几道特别辣的菜。

一天全国人民对四川人的印象发生了彻底的改变,那时四川人以不吃辣而著称了,这时,恰当的语用推理就会倒过来,我们就可以恰当地说"老王是四川人,所以他不爱吃辣的",或者说"老王是四川人,但是他爱吃辣的"。①

本书的格式是为了检验母语者的语感,以此判断语用的恰当性;若只是基于研究者本人作为母语者的语感而做出的判断,那么这与依靠研究者的自我反省来研究言语行为没有实质性的区别。因此本书作者组织了一个小范围的语感调查,有关的数据将附加在例句之后。②

由于时间与精力有限,无法对全书的所有例句都进行调查。本章(第二章)因为是说明"预期"理论及相关原理的,所以作为重点,尽量给出每一组例句的调查数据。后面各章的例句一般不再给出调查数据,仅个别有争议的例子,给出数据以便分析讲解。

需要说明的是,真实的人群是存在奇葩的成员的,而且在做选择时受试可能会有某种心理的影响,正如每一个进行社会调查的研究者都会遇见的一样,在具体调查工作中,呈现出"千奇百怪"的状况。

但这并不意味着调查的失败,而是部分被试的有效性值得怀疑。因此,回收的调查表必须先进行初选,甚至需要询问被试这样标注的原因,看他怎么说(在条件许可的情况下询问)。初选后剔除少数不达标的答卷,再对剩下的进行分析。我们需要把握的是群体心理,而不是个别人的心理,当然更不是绝对的真理,这就是语用学和哲学逻辑学的本质差异之一。

下面是本书剔除的依据:

1) 不管三七二十一,全部按照固定或随意的方式填写的。如有的奇数几乎都填"♯",有的全篇绝大多数都填"?";有的每一组一般只填一个"♯"或"?",没有将句子处理完;有的不按照要求选择标记,能说的句子也填写"♯",或者相反。

2) 对表达顺接的"所以"等,表达逆接的"但是"等,没有认真分辨的。如有的肯定句不管顺接还是逆接都一样。还有对否定的"但是"句没有或很难做出判断的。

3) 基于特定的文化因素而对某些例句感到抗拒的,如有的被试认为不能因为我没见过就否定魔鬼的存在,这样就很可能会故意给出某种答案,即使这时句子很不通畅也无所谓。我们毕竟只是语言研究,不是宗教文化研究。

---

① 早年间,我的朋友中曾有过这样的推理:"她是上海阿拉,(所以不爱吃辣的,)我们别点太辣的菜。"

② 除本书作者本人的调查外,特别感谢吴术燕、刘娅琼、刘承峰、朱锦霞、姜毅宁、张耕、刘颖、张琦婧、周怡然等学友,他们提供了大量调查答卷。

4) 我们还发现这样的被试,只看后面一句话是否合乎他/她的心意,而不是将前后句子的逻辑关系放在一起考虑。如看到"我需要别人的帮助",因为不合心意,所以不管前面的句子是什么,连词用的是哪一个,都打"♯"。

5) 还有一些实际的调查问题需要处理,如例句未给出答案的调查表,一般不收入;如果若干份答卷的答案一样,则可能是调查时出了抄袭现象,我们仅取其中一份。

最后,语法学专业学生填写的答卷,仅作参考,不计入数据之中,这是因为他们对问题较为熟悉,容易受到自己的学术观念的影响。

即使剔除了这些明显的无效答卷,也仍然存在参差不齐的现象,所以最后统计的数据几乎都不是百分之一百的,而是存在一定的反例(但都相当地少)。显然,被试的语感存在差异,语感上的差异是允许的,我们承认这些差异的正当性,并努力寻找其理由。

最终获得的有效答卷为 181 份。

本文调查的标注符号,与全书的系统保持一致,共分三级:

① "♯"表示完全不能说或十分别扭;
② "?"表示比较别扭,但不能肯定不能说;
③ 没有符号表示完全可以说或不别扭。

如"♯168-?13-0",指有 168 份答卷认为完全不能说或很别扭,13 份认为较为别扭或无法肯定其合适性,0 份认为能说或不别扭。

下面是前面几个例句的数据:

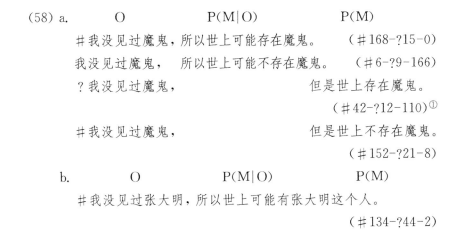

(58) a.　　　　O　　　　P(M|O)　　　　P(M)
　　　　♯我没见过魔鬼,所以世上可能存在魔鬼。　(♯168-?15-0)
　　　　我没见过魔鬼,　所以世上可能不存在魔鬼。　(♯6-?9-166)
　　　　?我没见过魔鬼,　　　　　　但是世上存在魔鬼。
　　　　　　　　　　　　　　　　　　　　(♯42-?12-110)①
　　　　♯我没见过魔鬼,　　　　　　但是世上不存在魔鬼。
　　　　　　　　　　　　　　　　　　　　(♯152-?21-8)
　　　b.　　　　O　　　　P(M|O)　　　　P(M)
　　　　♯我没见过张大明,所以世上可能有张大明这个人。
　　　　　　　　　　　　　　　　　　　　(♯134-?44-2)

---

① 经询问,认为"我没见过魔鬼,但是世上存在魔鬼"不能说或别扭的人,主要是认为世上根本不存在魔鬼,所以不同意后者,毕竟中国青年绝大多数都是无神论者。

?我没见过张大明,所以世上可能没有张大明这个人。

(♯27-?29-125)①

我没见过张大明,　　　　　　但是世上有张大明这个人。

(♯2-?10-169)

♯我没见过张大明,　　　　　　但是世上没有张大明这个人。

(♯151-?26-4)

(59)　　　　O　　　　　　　　　P(M|O)/P(M)

　　a. 小王说"张大明没生病",那么小王应该是认为世上有张大明这个人。　　　　　　　　　　　　　　(♯10-?5-166)

　　b. ♯小王说"张大明没生病",那么小王应该是认为世上是没有张大明这个人的。　　　　　　　　　　　　(♯161-?16-4)

　　c. ♯小王说"张大明没生病",但是小王是认为世上有张大明这个人。　　　　　　　　　　　　　　(♯132-?31-18)

　　d. ?小王说"张大明没生病",但是小王是认为世上是没有张大明这个人的。　　　　　　　　　　　　(♯78-?36-67)②

(60) a. 全概率预期:

　　　　　O　　　　　P(M|O)　　　　　P(M)

　　张三是单身汉,　所以张三应该没有结婚。　(♯1-?7-173)

　　♯张三是单身汉,所以张三应该结婚了。　(♯181-?0-0)

　　♯张三是单身汉,　　　　　但是张三没有结婚。

(♯169-?10-2)

　　♯张三是单身汉,　　　　　但是张三结婚了。

(♯139-?23-19)③

　　b. 大概率预期:

　　　　　O　　　　　　　P(M|O)　　　　　　P(M)

　　张三是四川人,　所以张三可能喜欢吃辣的。　(♯0-?0-181)

　　♯张三是四川人,所以张三可能不喜欢吃辣的。(♯136-?45-0)

---

① 经询问,认为"我没见过张大明,所以世上可能没有张大明这个人"不能说或别扭的人,主要是认为张大明这个人的存在与否与我个人是否见过他无关。

② 经询问,认为"小王说'张大明没生病',但是小王是认为世上是没有张大明这个人的"不能说或别扭的人,主要是认为小王既然这么说了,就不可能是认为没有张大明这个人,也就是说,他们认为小王说这话的前提就是小王一定认为有张大明,他们觉得是一个全概率预期。

③ 经询问,认为"张三是单身汉,但是张三结婚了"能说或不别扭的人,主要是以为本句是说张三过去是单身汉,但后来结婚了。

♯张三是四川人，　　　　　　　　　但是张三喜欢吃辣的。
(♯162-?19-0)

张三是四川人，　　　　　　　　　但是张三不喜欢吃辣的。
(♯0-?9-172)

上面几例充分说明了本书研究的"柔性"，以区别于以往研究的"刚性"。语言是在发展之中的，虽然一定有暂时的静止的状态，但状态的改变是不能避免的。因此，研究者给出的结论必须具有一定的"弹性"，并允许发生和自己估计不符的情况，因为一个现象可能正在变化之中，或者人们的认识本来就存在争议，共识较弱，如上面那些加注释的例子。我们既不能否定规则的存在，也不能"过度概括"。当然，当我们讲主流讲概括的认识时，可以暂时忽略数据中的不整齐现象。

让我们继续看汉语的例子，以证明本书处理数据的方式的有效性。先看一个社会心理稳定性的重要例证——所谓的"身份政治"问题。如男女身份的差异，表现在社会预期上也有很大的不同，如在一般性的社会工作中（请注意不是在女性特别擅长的领域），有：

(63) a. 对男性：

O　　　　　P(M|O)　　　　　　P(M)
?我是男人，所以我不需要别人的帮助。　　(♯13-?19-149)[①]
♯我是男人，所以我需要别人的帮助。　　　(♯110-?69-2)
♯我是男人，　　　　　但是我不需要别人的帮助。
(♯98-?76-7)
我是男人，　　　　　但是我需要别人的帮助。
(♯7-?7-167)

O　　　　　P(M|O)　　　　　　P(M)
他是一个男的，　应该自己干，还需要什么帮助啊?!
♯他是一个男的，当然需要别人的帮助啦。
♯他是一个男的，　但是他应该自己干，不需要什么帮助。
他是一个男的，　但是他也需要别人的帮助啊。

---

① 经询问，认为"我是男人，所以我不需要别人的帮助"不能说或别扭的人，主要是认为男人也很需要别人的帮助，男人也应该哭，这和当代新起的"小男人"观念有关，以对抗传统的大男子主义。观念的改变自然将带来预期格局的改变。根据后面关于"小预期"的理论，说明这是过去的大预期在向小预期转变。

b. 对女性：

| O | P(M\|O) | P(M) |

♯我是女人，所以我不需要别人的帮助。　　（♯88-?74-19）
?我是女人，所以我需要别人的帮助。　　（♯20-?32-149）①
我是女人，　　　　　　　但是我不需要别人的帮助。
　　　　　　　　　　　　　　　　　　　（♯10-?8-163）
♯我是女人，　　　　　　但是我需要别人的帮助。
　　　　　　　　　　　　　　　　　　　（♯107-?55-19）

| O | P(M\|O) | P(M) |

♯她是一个女的，应该自己干,还需要什么帮助啊?!
她是一个女的，　当然需要别人的帮助啦。
她是一个女的，　但是她应该自己干,不需要什么帮助。
♯她是一个女的，　但是她也需要别人的帮助啊。

对汉语言语社团的母语者来说，即使今天更多地提倡男女平等，依然很难说出相反的答案。但如果我们将上例的语句问一个绝对平等主义者或者一个女权主义者，其回答显然会与一般的母语者有所差异。不过，即使是此类人，绝大多数依然觉得无法说出"我是男人，所以我需要别人的帮助"之类的话。这说明社会心理非常顽固，一个平等主义者要维护女性，一般也只能说"我是女人，但是我不需要别人的帮助"。

前面说过，说话者总是默认自己是站在合理的、常识的一边，因此如非特别指明，常理预期一般也是自预期。也许有人会问，一个人完全可以具有与众不同的知识体系，因此自预期完全可以和常理预期不一致。这从心理学上讲当然成立。不过语言学会发现更深层的东西，即如果一个人的认识与常理一致，可以进入预期格式，但不能进入反预期格式；反之，如果一个人的认识与常理不一致，则一般可以进入反预期格式，但不能进入预期格式。

(64) a.　　　O　　　　　P(M\|O)　　　　　P(M)
　　　　大家觉得他是好人，所以我也觉得他是好人。（♯7-?10-164）
　　　　♯大家觉得他是好人,所以我觉得他不是好人。（♯161-?10-10）

---

① 经询问，认为"我是女人，所以我需要别人的帮助"不能说或别扭的人，主要是认为现在女性不再是弱者，一般不需要别人的帮助。这和当代新起的"女性独立"观念有关。同理，这也说明过去的大预期在向小预期转变。

#大家觉得他是好人，		但是我也觉得他是好人。
		（#171-?6-4）
大家觉得他是好人，		但是我觉得他不是好人。
		（#1-?0-180）

b.　　　O　　　　　P(M|O)　　　　　P(M)

?我觉得他是好人，所以大家可能也觉得他是好人。
（#17-?22-142）①

#我觉得他是好人，所以大家应该觉得他不是好人。
（#167-?13-1）

#我觉得他是好人，　　　但是大家也觉得他是好人。
（#155-?15-11）

我觉得他是好人，　　　但是大家觉得他不是好人。
（#2-?4-175）

这说明，说话者认为自己的预期与社会预期一致，是一个根深蒂固完全内化在我们每个母语者心里的社会无意识观念。

下面用三个例子来证明这种大预期也是间接言语行为产生的原因：

(65) a.　　　　O　　　　　　P(M|O)　　　　　　P(M)

乙说"小王是有能力考过的"，所以乙认为小王可能考过了。
（#3-?0-178）

#乙说"小王是有能力考过的"，所以乙认为小王可能没考过。
（#152-?11-18）

#乙说"小王是有能力考过的"，　　但是乙知道小王考过了。
（#152-?29-0）

?乙说"小王是有能力考过的"，　　但是乙知道小王没考过。
（#24-?20-137）②

---

① 经询问，认为"我觉得他是好人，所以大家可能也觉得他是好人"不能说或别扭的人，主要是认为自我的观念不能变为众人的观念。虽然我们默认是这样的，但一旦说出来，有的人仍然感到不好意思，所以就选择不能说或别扭了。

② 经询问，认为"乙说'小王是有能力考过的'，但是乙知道小王没考过"不能说或别扭的人，主要是认为乙如果知道小王没考过，这样说就不具有社交上的合适性，有讽刺挖苦的味道，他们认为从道德上讲，讽刺挖苦的话是不能说的。

b.　　　　　O　　　　　　　P(M|O)　　　　　　P(M)

妈妈说"你可以自己走！"　所以她是要求小孩自己走。

(♯2-?3-176)

♯妈妈说"你可以自己走！"所以她不是要求小孩自己走。

(♯162-?17-2)

♯妈妈说"你可以自己走！"　　但是她是要求小孩自己走。

(♯170-?11-0)

?妈妈说"你可以自己走！"　　但是她没有要求小孩自己走。

(♯12-?7-162)①

c.　　　　　O　　　　　　　P(M|O)/P(M)

甲说"我还不知道他什么时候来呢"，　所以他希望对方告诉他。

(♯0-?6-175)

♯甲说"我还不知道他什么时候来呢"，所以他并不希望对方告诉他。

(♯175-?6-0)

♯甲说"我还不知道他什么时候来呢"，但是他希望对方告诉他。

(♯130-?17-34)②

?甲说"我还不知道他什么时候来呢"，但是他并不希望对方告诉他。

(♯47-?19-115)③

4.3　从预期的条件分类——类指预期和个体预期

以往的学者考虑到了预期 P(M|O) 与事实 P(M) 的关系，如万光荣、余承法(2016)已经提出反预期的数值大小问题。前面说了，以往的研究大多忽视了条件 O 与预期 P(M|O) 的区别。更为重要的是，条件 O 也可以分出不同的类型，并对预期的性质产生重大的影响。

4.3.1　预期条件的指称性质

陈振宇、王梦颖(2021)认为，产生预期的条件，会有不同的种类，可以据此分出两个预期类型：类指预期和个体预期。如下：

---

① 经询问，认为"妈妈说'你可以自己走！'但是她没有要求小孩自己走"不能说或别扭的人，主要是认为妈妈既然已经这么说了，就是在要求小孩，不存在例外的情况。这是转化为全概率预期。

② 经询问，认为"甲说'我还不知道他什么时候来呢'，但是他希望对方告诉他"能说或不别扭的人，主要是忽略了"但是"在这里的作用。

③ 经询问，认为"甲说'我还不知道他什么时候来呢'，但是他并不希望对方告诉他"不能说或别扭的人，主要是认为这一说法已经规约化为一种询问的方式，不可能有反例。这是转化为全概率预期。

第一，以普遍状态作为条件的预期，称为"类指条件"下的"预期"，简称"类指预期"(kind-denoting expectations)。普遍状态 O，其取值不确定，但 P(M|O) 的取值却趋于恒定，或者说，在一般的情况下（在某个类的范围内），无论 O 取值是什么，都可以得到一个比较确定的 P(M|O) 值。……

第二，以个体状态作为条件的预期，称为"个体（指称）条件"下的"预期"，简称"个体预期"(individual-denoting expectations)。

看一下具体的例子，例(66)是类指预期[①]，(67)是个体预期：（两例都引自陈振宇、王梦颖 2021）

(66)　　　　O　　　　　　　　P(M|O)
　　　小王在街上　　　　　她会看见一个名人
　　　小张在学校　　　　　她会看见韩红
　　　……　　　　　　　　……　　　　　P(M|O)都接近于 0

(67)　　　　O　　　　　　　　P(M|O)
　　　小王在韩红的演唱会　（所以）小王会看见韩红　P(M|O)接近于 1
　　　小王不在韩红的演唱会（所以）小王不会看见韩红
　　　　　　　　　　　　　　　　　　　　　　P(∼M|O)接近于 1

陈振宇、王梦颖(2021)分别给出了类指预期和个体预期的性质，我们一一来进行对比：

1) 一般情况和个别情况。[②] 陈振宇、王梦颖(2021)说：

---

① 陈振宇、王梦颖(2021)说："作为普通人中的一员，在一个普通的场所，看见名人的概率都是很低的。因此，参数 O 的改变几乎不会对 P(M|O) 的取值产生影响。"

② 强星娜(2020)区分了"无定预期"(non-specific)和"特定预期"(specific)。不过，强的文章没有给出关于这两种预期的明确的定义，而是说了一些性质。强星娜(2020)说："'竟然 P'所触发的 E 无定表现出与无定/类指 NP 相似的语义特征，故称为无定预期。具体讲：首先，E 有类指性(genericity)，可还原为特征句(characterizing sentences)，语义上表达普遍属性(general property)，可包括社会常理(social norm)、普遍真理(general truth)、性能特征(disposition)或惯常状况(habituality)等。最典型的无定预期是谓词和题元都具有类指性的'无时真理'(timeless truths)，……其次，在说出当前命题'竟然 P'之前，E 无定处于未激活状态，即潜存于言者的信息领地而不自知，多未显性表达，且不以特定个体在特定时间的特定预期为转移。"

基于对强星娜"无定预期"观念的批评，陈振宇、王梦颖(2021)认为"仅仅从论述上看，强文的'无定预期'与本文的'类指预期'不乏相似之处。但强文没有区分条件与预期，所以我们不知道她所说的通指性是表达条件的句子，还是表达预期的句子；而本文明确定义，只有当条件构成的集合有通指性质时，才是类指预期。这导致我们在具体例句的归宿上存在较大的差异。如前面例(10、11)，强文认为是无定预期，但我们认为是个体预期，因为'老王是她的领导'不是普遍的、一般的情况，而是一个特殊的条件（随意找两个一般的人，是很难会构成领导和下属的关系的）；并且一旦改变后会得到不同的预期，如'老王让她去买烟，老王不是她的领导，(所以)她很可能不会去'，在实际语言中，常说'你又不是我某某，干嘛听你的！'就是基于这一推理"。

类指条件是社会中的"一般情况",这些情况很多,具有不确定性,或者说非特定性,故是"无定"的(indefinite)。这些条件是"一般人在一般场合看见大名人"这一集合的成员,可以替换为这世界上几乎任何一个普通人(如张三、李四、王五),任何一个普通的场合(如街上、学校、菜市场),以及任何一个一般性的名人。按照陈振宇(2017:65-68),这些条件是"典型类指"或"概率类指"的条件,都具有通指性(generic)。……

　　(个体条件)O 关涉的是某一特定认识主体在某一特定场景中的特定的知识状态,换一个变量(主体、场景等),P(M|O)的值完全不同。所以它是"有定"的(definite)。比如"韩红开演唱会,小王要去参加这个演唱会",那么小王看见韩红的概率就应该很大。但是如果改变这一条件,"小王不去参加",那么看见韩红的概率就很小。

可以用前面的例子来说明陈、王与强星娜的区别。陈、王认为这是个体预期:

(68)　　　O　　　　　　　　　　　　　　P(M|O)

　　　老王是她的领导;老王让她去买烟　　(所以)她很可能会去
　　　　　　　　　　　　　　　　　　　　P(M|O)较大
　　　老王不是她的领导;老王让她去买烟　(所以)她很可能不会去
　　　　　　　　　　　　　　　　　　　　P(~M|O)较大

可以看到,条件改变,则预期改变,因此的确是个体预期。
2) 关联性不同。陈振宇、王梦颖(2021)说:

　　(类指条件)可替换性说明,这些条件中的每一个,和 P(M|O)值都没有真正的因果关联,并不是根据小王这个特定的人,不是根据街上这样的地方,不是根据韩红这个特定的名人,来推出看见的概率很低。我们不能说,"♯他是/不是小王,所以他会/不会看见韩红"。……
　　(个体条件)由于这些条件不能替换,因此它和 P(M|O)值有着很强的因果关联。

例如我们不能说:

(69)　　O　　　　　P(M|O)
　　　♯他是小王,所以他会看见韩红。　　　　　　　　(♯161-?19-1)

♯他是小王,所以他不会看见韩红。　　　　　(♯108-?34-39)①
♯他不是小王,所以他会看见韩红。　　　　　(♯124-?39-18)
♯他不是小王,所以他不会看见韩红。　　　　(♯151-?29-1)

但是,我们不能说类指条件与预期毫无关联,而毋宁说是以"类"的方式来关联,例如我们可以这么说:

(70) 　　　　　O　　　　　　　　　　　P(M|O)/P(M)
♯小王是普通人,街上是普通的地方,韩红是名人,所以他可能会看见韩红。　　　　　　　　　　　　　　　　　　(♯149-?32-0)
小王是普通人,街上是普通的地方,韩红是名人,所以他不大可能会看见韩红。　　　　　　　　　　　　　　　　(♯3-?0-178)
小王是普通人,街上是普通的地方,韩红是名人,但是他(竟然)看见了韩红。　　　　　　　　　　　　　　　　　(♯0-?0-181)
♯小王是普通人,街上是普通的地方,韩红是名人,但是没有看见韩红。　　　　　　　　　　　　　　　　　　　(♯169-?12-0)

3) 语篇中的隐与显。② 陈振宇、王梦颖(2021)说:

在语篇中,我们更关心的是当前信息与预期性,而条件仅仅是因为它与预期有强烈的关联才得到关注。既然类指条件与 P(M|O) 值关联不大,便通常是隐性的(普遍的、通指性的规律容易为人们所忽视,就像空气被人所忽视一样),不在语篇中出现,只是通过实践与日常知识得知,或根据语用条件或规律才能识别。如说"竟然看见了韩红!"这时并没说看见者是什么人,是在什么场合,但我们可以推知应该是普通人,是在一般的场合。

当然,说话者也可以将条件 O 用语句显性地说出来,例如"[我]今天竟然[在街上]看见了韩红!"。表面上看,这里说出的,是一个个别的场合(街上)和一个个别的人(我),似乎可以算作后面所说的"个别预期",但这是不对的! 因为这里必须将街上和我理解为一

---

① 经询问,认为"他是小王,所以他不会看见韩红"能说或不别扭的人,主要是把它理解为"他是一个普通人小王",当然他看见韩红的概率很小。
② 单威(2017)提出的"明确预期"和"潜在预期",很可能也是指的这一点。不过他的论述很短,不够详细。

类场合(一般场合)和一类人(一般人),才能明白反预期的本质,即如果把我换成"小李"(某个一般的人),把街上换成学校,其结果也是一样的。而真正的个别预期,有一条"条件改变则预期改变"的规则。……

特定的条件 O 如此重要,一般在语篇或语境中就需要用语句显性地表达,或得到明确的解释,如"[校长让他去],他竟然不去"。把条件换一下,会得到不同的预期,如"[校长不要他去],他竟然去了"。

请注意,类指预期和个体预期并不能完全用是否显性表达来区别的,但的确有这一方面的倾向性。类指的条件常常隐含,但也可以表达出来。① 个体的条件一般必须表达出来,但有时也可以隐含。如大家在谈论昨天的生日宴会,"小王怎么没去!"表明了反预期信息。因为小王是过寿的人的好朋友,这一关系大家都知道,在语境中隐含,不必说出来,正是由这一条件得到个体预期"小王应该去参加生日宴会"。

我们还可以把个体条件换一下,如说"一个陌生人让他去",这时预期就不是他应该去,就不能说"♯一个陌生人让他去,他竟然不去"了。但是,类指预期这一替换依然预期成立,如可以说"(他听说)一个陌生人今天竟然在街上看见了韩红"。

4.3.2 对类指预期和个体预期的检验

类指预期和个体预期的本质差异,集中表现在检验格式方面的差异:(以下 4 例都引自陈振宇、王梦颖 2021)

(71)　　O　　　　　P(M|O)　　　　　P(M)
　　a. ♯小王在街上,所以她会看见韩红。　　(♯150-?16-5)
　　b. ♯小王在街上,所以她不会看见韩红。　　(♯121-?37-22)
　　c. ?小王在街上,　　　　　但是她看见了韩红。
　　　　　　　　　　　　　　　　(♯69-?47-65)②
　　d. ♯小王在街上,　　　　　但是她没看见韩红。
　　　　　　　　　　　　　　　　(♯141-?38-2)

---

① 强星娜(2020)把"老王今天早上竟然在油麻地菜市场见到了周润发!"看成是无定预期,这与本书观点一致,这里也是把类指条件"老王、在油麻地菜市场"都说了出来。

② 经询问,认为"小王在街上,但是她看见了韩红"能说或不别扭的人,主要是把它理解为一个意外事件,即"她竟然看见了韩红"的意思。如果这样,是理解为小概率预期。

(72)　　　O　　　　　　P(M|O)　　　　　P(M)
  a. ♯小王不在街上，所以她会看见韩红。　　（♯166-?12-3）
  b. ♯小王不在街上，所以她不会看见韩红。　（♯110-?50-21）
  c. ?小王不在街上，　　　　　但是她看见了韩红。
  　　　　　　　　　　　　　　　　　　　（♯82-?32-67）①
  d. ♯小王不在街上，　　　　　但是她没看见韩红。
  　　　　　　　　　　　　　　　　　　　（♯181-?0-0）

(73)　　　O　　　　　　P(M|O)　　　　　P(M)
  a. 小王在韩红的演唱会，所以她会看见韩红。　（♯0-?0-181）
  b. ♯小王在韩红的演唱会，所以她不会看见韩红。（♯179-?2-0）
  c. ♯小王在韩红的演唱会，　　　但是她看见了韩红。
  　　　　　　　　　　　　　　　　　　　（♯171-?10-0）
  d. 小王在韩红的演唱会，　　　但是她没看见韩红。
  　　　　　　　　　　　　　　　　　　　（♯7-?13-161）

(74)　　　O　　　　　　P(M|O)　　　　　P(M)
  a. ♯小王不在韩红的演唱会，所以她会看见韩红。（♯177-?4-0）
  b. 小王不在韩红的演唱会，所以她不会看见韩红。
  　　　　　　　　　　　　　　　　　　　（♯11-?4-176）
  c. 小王不在韩红的演唱会，　　　但是她看见了韩红。
  　　　　　　　　　　　　　　　　　　　（♯1-?13-177）
  d. ♯小王不在韩红的演唱会，　　　但是她没看见韩红。
  　　　　　　　　　　　　　　　　　　　（♯170-?9-2）

请注意，可能一些读者的语感略有不同，会觉得例（71、72）中例 c 例句有可能可以说。不过这不妨碍本书的论点，因为对类指预期而言，只要 a、b 两个格式在语用上不合适（不能说）就行了，它们是最主要的，反映了类指预期与个体预期的本质区别；而 c、d 是辅助性的，主要是用来说明语言中的个体预期往往存在例外。

下面谈谈"多因一果"的情况，如"他今天病了，所以不会去上学"，似乎疾病是唯一的原因，但是细分下来，仍然可以看到隐含了其他的条件，如"他没有迫切的去学校的要求""学校允许请病假"等等，它们合在一起才能得出

---

① 经询问，认为"小王不在街上，但是她看见了韩红"能说或不别扭的人，主要也是把它理解为一个意外事件，即"不在街上，但是她竟然看见了韩红"的意思。理解为小概率预期。

有关的预期。①

那么,是否我们可以根据这些条件中的通指因素,如在"小王在明星的演唱会,所以他会看见明星"中,"明星"是任何一个明星,"演唱会"也是"类指"的演唱会,因此说这里实际上也是类指条件呢?

显然不是。我们认为,明星和演唱会的通指性,并不影响对其个体条件的定义,回头来看例(71、72),不仅仅有一般的人和一般的场合这样的通指性,而且条件本身还得肯定与否定表现出一致性,即"小王在街上""小王不在街上"都一样,才能完整地构成条件的类指性,这是因为这些要素都不能影响 P(M|O) 的值,所以也就不构成因果关联。但是"一个明星通常是要去他自己的演唱会现场的"并不是这样,如果改为否定,则预期的值立刻就不同了,如我们可以说"小王在韩红的演唱会,韩红通常不亲自去演唱会现场,所以他不会看见韩红""小王在韩红的演唱会,韩红通常不亲自去演唱会现场,但是他这次竟然看见了韩红"。由此可知,不管名词性论元是否类指,该例依然是个体条件,因为肯定否定的不同说明该条件与预期值的关联依然非常大。

【预期原则二】

① 如果预期 X 是个体预期,则一定要找到一个条件 O,与 X 建立检验格式;并且 ~O 不能建立检验格式。(正预期)推理公式为:

$$预期 X + 个体预期 X \wedge \rightarrow 存在条件 O$$
$$(X 和 O 符合检验格式 + X 和 \sim O 不符合检验格式)$$

② 如果找不到这样的条件 O,则是类指预期。(正预期)推理公式为:

$$预期 X + 不存在条件 O(X 和 O 符合检验格式 + X 和 \sim$$
$$O 不符合检验格式) \wedge \rightarrow 类指预期 X$$

请注意,上述规律实际上涉及三种不同的配置:

1) 条件部分无法与预期建立检验格式,如"小王竟然在街上见到了韩

---

① 陈振宇、王梦颖(2021)说:"另一方面,条件与该条件下的预期之间,往往有'多因一果'的情况,其中仅仅有部分的条件是表达出来的。可是表达出来的未必是决定性的,如例(10、11)中,隐含的关于她的性子或她与老王的关系的条件,才是决定性的条件。这就给我们理解语篇带来了困难。很多个体条件下的预期都可能碰上这样的问题,如上例中,要得出例中所说的预期,往往还需要有其他的隐含条件,如'一个明星通常是要去他自己的演唱会现场的''演唱会一般都会让下面的观众可以很容易地看到台上的明星'等等,它们与例中'小王在韩红的演唱会'联合在一起,才能得出'小王会看见韩红'的预期。这些隐含的条件也是个体条件,因为一旦改变,预期就会不一样。如果'小王在韩红的演唱会,韩红通常不亲自去演唱会现场',那么就不能得到'他会看见韩红'的预期。"

红"句子所示。

2) 条件部分与预期建立检验格式,如"这只鸟竟然不会飞"句子所示。

3) 条件部分中有一部分与预期建立检验格式,另一部分不行,如"小王在韩红的演唱会看见了韩红",其中,"在韩红的演唱会,所以可以看见韩红"可以说,但是"♯是小王,所以他会在韩红的演唱会看见韩红"却不合适,因为这和小王这个人没有关系,任何一个人,参加韩红演唱会,都可能看见韩红。

一种可能的观点是,在 3)中,一部分条件(在韩红演唱会)是个体条件,条件改变预期也会改变;但是另一部分条件(小王)是通指的、类指的条件,因为把小王改成其他人也是同样的预期。

上面3)这种情况,是谢霓同学在相关课程上提出的,她感到困惑,不知这一类该归入哪一种。但是她提出了第二种观点:只要条件中满足"有任意一个构成因素的取值的改变就会改变预期值"的时候,它就符合我们所定义的"个体预期",因为这个条件所包含的某一构成因素和预期命题是相关联的。据此,谢霓认为,本例也是个体预期。

谢霓的观点是符合本书的观点的,因为,条件小句中并不是所有的内容都是语篇中的焦点,只要焦点部分是个体条件就行了,其他部分即使是类指的条件也没有关系;因为语义关联本来就主要是焦点内容之间的关系。

我们前面各节讲的例子,大多是个体条件下的预期。前人研究文献中提到的大多数例句,也都是个体预期。这是因为为了说明预期的性质,我们多会提到相关的条件(或者有的学者没有区分预期与条件)。再如下例也是个体预期:

(75) 可是就[在梁斌查出癌症的第二天上午],他竟若无其事地拿着备课本去教室上课。

    O   P(M|O)   P(M)

 a. ♯梁斌刚查出癌症,所以他应该去教室上课。（♯168-?13-0）

 b. 梁斌刚查出癌症,所以他不应该去教室上课。（♯5-?10-176）

 c. ?梁斌刚查出癌症,   但是他还是去教室上课。

                （♯25-?5-151）[①]

[①] 经询问,认为"梁斌刚查出癌症,但是他还是去教室上课"不能说或别扭的人,主要是反对传统的"事业至上"观点,或者认为不应该带病坚持工作。这是转化为全概率预期。这也反映了今天年轻人对事业和健康观念的转变。

d. #梁斌刚查出癌症，　　　　　　但是他没有去教室上课。

（#170-?12-0）

前人对类指预期研究不多。有的例子需要仔细分析，如前面的例子"一些势力人物看出他已经潦倒了，<u>竟乘机欺负起他来</u>"就是。①

再如对一个一般的人，在一般的时间里，会死的概率都很小，所以一旦死了，就会导致意外：

(76)　　O　　　　　　　　P(M|O)
　　　　小王　　　　　　　（现在）他会死
　　　　小张　　　　　　　（现在）他会死
　　　　……　　……　　　……　　　　　　　P(M|O)都接近于0

可以检验如下：

(77) 小王竟然死了！
　　　　　　O　　　　　P(M|O)　　　　　P(M)
　　　a. #是小王，所以（现在）他会死。　　（#99-?82-0）
　　　b. #是小王，所以（现在）他不会死。　（#92-?85-4）
　　　c. #是小王，　　　　　但是（现在）他死了。

（#77-?90-14）

　　　d. #是小王，　　　　　但是（现在）他没死。

（#84-?91-6）

我们在数据调查中发现一个规律。大家请看本例和下例的数据，它们都是条件和预期之间不存在关联的例子。大量的被试标注"?"而不是"#"，这是因为这些句子让他们困惑，不知道对还是不对，虽然多少感到有些别扭，却说不出原因。我们把这理解为被试实际上认为这些句子不合适。很

---

① 陈振宇、王梦颖(2021)说："从常理上讲，你潦倒了，自然势利人会欺负你；而你不潦倒，则势利人不敢欺负你，所以条件改变预期改变，这是个体条件下的预期。但对说这句话的人来说，他认为无论怎样，总是不应该欺负人的，不论是谁，不论被欺负者是否潦倒（肯定、否定），都不应该欺负人（道义预期），因此就成了类指条件下的预期。例如，当我们惊讶地说'怎么欺负人啊！'感叹句时，我们一般是不管被欺负者的社会地位的，因为这人是谁与他应不应该被欺负是没有关联的。"

可能是源于一个心理的规律：当条件无论正反，都不能推出后面的预期时，被试感到脱离了自己的经验，所以会"宕机"，觉得难以处理，无法给出明确的结论。这不仅适用于类指条件下的预期，无预期的数据也是这样的。

从上例看，强预期（可以转化为认识预期）可以是类指预期；但实际上，无论是哪种预期，都有可能是类指条件下的预期，弱预期（意愿预期）也是如此，如：

(78)　　O　　　　　　　　P(M|O)
　　　他今年　　　　　　希望不得病
　　　老王去年　　　　　希望不得病
　　　……　　　　　　　……　　　　　　　　P(M|O)都接近于1

可以检验如下：

(79) 这世上谁不想健康长寿，可他今年<u>竟然风不调雨不顺，得了一场病</u>！
　　　　　　O　　　　P(M|O)　　　　P(M)
　　a.♯是今年，所以希望不得病。　　　　　（♯69-?104-8）
　　b.♯是今年，所以希望得病。　　　　　　（♯143-?38-0）
　　c.♯是今年，　　　　但是得了一场病。（♯75-?94-12）
　　d.♯是今年，　　　　但是没得病。　　　（♯109-?66-6）

一个普通人，在人生中一般的时间，都会希望不得病，并不以人物和时间的不同而不同，所以是类指的条件。再如①（例引自陈振宇、王梦颖 2021）：

(80) a. 这不禁令人想起几年前发生的夏斐、夏辉事件，家长恨铁不成钢，<u>竟将亲生孩子活活打死</u>。（1995 年人民日报）（消极）
　　b. 前不久，记者参加朋友的聚会时，<u>竟有幸喝到了用鲜花花汁做成的饮料</u>。这种饮料的品牌叫"健宝乐"。（1995 年人民日报）（积极）
　　c. 1993 年 5 月，村民郑某、张某、吴某等苦于致富无门，<u>竟荒唐地</u>

---

① 陈振宇、王梦颖(2021)说："在任何情况下，或者在一般情况下，把孩子打死、用鲜花做的饮料、用社会活动敛钱、省委书记出席都是极小概率的，或者不应该发生的非常规的事件，不会随着家长的不同、家长心情的不同、聚会场合的不同、敛财者或敛财理由的不同、祝贺的不同而不同。"

提出重建神堂庵，企图借助封建迷信活动敛财。(1995年人民日报)(消极)

d. 欢天喜地的孩子们没有想到，前来祝贺的人群中，竟有省委书记胡富国。(1995年人民日报)(积极)

这里对其中一个进行检验：

(81)　　　O　　　　　P(M|O)　　　　　P(M)
a. ？朋友聚会，所以可以喝到鲜花做成的饮料。（♯49-?71-81）
b. ♯朋友聚会，所以喝不到鲜花做成的饮料。（♯134-?44-3）
c. ♯朋友聚会，　　　　　　但是喝到了鲜花做成的饮料。
　　　　　　　　　　　　　　　　　　　　（♯127-?48-6）
d. ？朋友聚会，　　　　　　但是没喝到鲜花做成的饮料。
　　　　　　　　　　　　　　　　　　　　（♯69-?53-60）

我们发现在统计数据中，有不少被试(三分之一)认为a、d可说或者不别扭。经询问，他们是把语境理解为"在某些地方，朋友聚会习惯喝鲜花做成的饮料"。这样一来，就不是类指预期，而是个体预期。

4.3.3　自反预期和意外

反预期(counterfactual)和意外(mirativity)，从定义上就可以看出二者十分相似。意外范畴我们后面将详细讨论。这里来看看它们的区别与联系。

陈振宇、杜克华(2015)最早在汉语学界讨论这一问题，他们认为意外都有自反预期的信息，但是并不是所有的反预期都能导致意外。[①] 但是强星娜

---

① 陈振宇、杜克华(2015)原文如下：
"意外"(mirativity)范畴，指语言中关于"出乎意料"(反预期)的信息以及表达说话人对有关信息感到"惊讶"(surprise)的语气系统。……"反预期"范畴与"意外"范畴都研究与说话者预期相反这一主观意义，但有许多不同：
1) 反预期着重语用意义，也关注逻辑语义的一面，如袁毓林(2006、2008)；而意外更强调句子范畴的一面，在语法范畴体系中为意外确立了一席之地，它在语法化的角度上也有独特的探索，并注重不同语言的类型共性与差异。
2) 预期范畴内部可划分为"预期、反预期、解反预期"(袁毓林2006)；而不论反预期还是预期，都有可能产生意外，如预期标记"果然"，它暗示与预期一致的事实是有可能不会发生的，现在发生了，因此也令人吃惊。
3) 反预期包括与说话者预期相反(如反预期、预期与解反预期句)，与前文预期相反(如转折句)，与社会预期相反(如极端条件句)，甚至是与听话者预期相反(如强调事实句)等类型；而意外只管与说话者预期相反，即只考虑说话者自己的惊讶感受。
是否可以取消"意外"范畴，或者把它作为"反预期"范畴的一个子类呢？目前还不好下结论。我们认为应将二者的长处结合在一起，既从语用语义修辞角度讨论，又从类型学角度讨论。

(2017)对陈、杜的观点进行了批评,她认为意外和反预期不同,存在无预期(她称为非预期)的意外。看看 Hugo Garcia(2014①)的总结,共为两类:意外情态详述说话者对事件的具体预期,意外情态仅表示事件本身是不常见的因而让人觉得意外。Peterson(2013)则揭示意外情态的核心意义就是"惊讶"。

问题归结为,是否真的存在没有反预期意义的意外表达?

强星娜文章中所说的例(7)、(8),我们转写在下面(例引自强星娜2017):

(82) a 反预期:(情景:在一个不起眼的小饭馆吃饭,上来一盘菜,尝了一口,说)辫搭个菜倒蛮好吃。
b 非/无预期:(情景:在饭馆吃饭,上来一盘菜,夹了一筷子,发现有条虫,说)辫个菜有条虫伊讲。

胡承佼(2018)等也支持强的观点。

但是我们发现,这一观点有很大的问题。让我们来看看,强、胡等人所推崇的 Aikhenvald(2012)究竟说了些什么?其实,这是一篇语言类型学的论文。Delancey(1997)最早提出"意外"范畴,不过他是从传信(evidentiality)范畴入手的,提出一些传信标记,如拉萨藏语的 hdug 等,具有表示"吃惊、意外"的意义。但是这一点,不少学者表示反对,认为这些标记本质上是传信标记,仅仅是在特定语境中表示意外。

Aikhenvald(2012)也是反对从传信来论述意外范畴的。不过,他对意外的定义进行了扩展,发现很多语言中,有五种标记都可以表示意外功能,这就是强星娜(2017)提到的:(i) 突然发现或意识到②;(ii) 吃惊③;(iii) 始料未及④;(iv) 反预期;(v) 新信息。⑤

至此,读者应该可以看到,Aikhenvald(2012)并不是从语法本体讲述

---

① 这是 Hugo Garcia 2014 在"Berkeley Linguistics Society 40th Annual Meeting"的会议论文"Mirative meanings and their grammaticalization sources"。未见发表。
② sudden discovery, sudden revelation or realization.
③ surprise.
④ unprepared mind.
⑤ 强星娜(2017)说:"理论上讲,上述 5 个语义维度在 3 个参项上会有 15 种取值,但现实语言不会如此复杂。比如 Galo 语、Balti 语中,语义(ii)和(iii)采用同一种形式,有别于语义(i);Dhimal 语里,语义(i)和(ii)采用一种形式,区别于语义(v);Lisu 语的情况更复杂些,共有 4 个意外标记,其中 3 个独立的标记分别标示对说者和第三人的新信息、对说者而言的反预期、对听者而言的新信息,语义(ii i)(iii)(v)合用一个意外标记。"

的,而是从标记的语法化进行的描写。我们要问的是,每一种标记的所有成员都会发展出意外意义吗?显然不是,反预期标记就并不都是表示意外,前文反预期"但是",说话者直接将反预期信息表达出来,他自己就不感到意外了。同样,新信息、突然发生的事件,也不都是表示意外。我们在前面对汉语"突然"一词的讲述也证明了这一点,它本义是事件发生很快,只有用于表示说话者来不及反映,才有出乎意料之义,如果只是表示动作迅猛,就不一定有意外意义。

强星娜(2017)借鉴 Hengeveld & Olbertz(2012)的观点,认为新信息是始料未及的,所以导致意外。本书认为对于这个观点需要审慎地看待,实际上,无论是新信息,还是突然发现或意识到的事物,还是始料未及的事物,都必须同时是反预期的事物或信息,才可能导致意外。①

按照一般的理解,"非预期"是指说话者本人没有什么预期的信息,因此问题转为——在例(82)b 这样的例子中,是不是说话者真的没有什么预期?② 例 b 中的确有反预期信息,并非没有预期;这一预期正是前面说的"类指预期",而例 a 是"个体预期"。证明如下(例引自陈振宇、王梦颖 2021):

(83)　　　　　O　　　　　　　P(M|O)　　　　　P(M)

　　a. 这是一家有名的大饭店,所以饭菜会很好吃。（♯0-?14-167）

　　b. ♯这是一家有名的大饭店,所以饭菜会不太好吃。

　　　　　　　　　　　　　　　　　　　　　　（♯165-?16-0）

　　c. ♯这是一家有名的大饭店,　　　　　　但是饭菜很好吃。

　　　　　　　　　　　　　　　　　　　　　　（♯161-?17-3）

　　d. 这是一家有名的大饭店,　　　　　　但是饭菜不太好吃。

　　　　　　　　　　　　　　　　　　　　　　（♯0-?3-178）

---

① 陈振宇、王梦颖(2021)说:"我们赞同第一种观点,认为新信息不一定会产生意外(Tyler 2015),只有违反说话者预期的新信息才可能产生意外。……再如我们在街上走,迎面而来的、新的、不认识的陌生人很多,这些都是新信息,但我们不会觉得意外。但是如果在街上遇见了某个明星,或者是我的一个久违的熟人,会使我们感到意外,产生强烈的感情。这是因为在街上这个环境中,遇见人是常见的;但是遇见某个特定的人,尤其是明星等罕见的人物,是不常见的(概率很低),这正是本文所说的类指预期。"

关于她所说的"非预期",她自己也说"当然,意外语义一般会蕴含一定意义上的'预期'"(引自强星娜 2017)。这就是自我矛盾了。为了解决这一问题,后来在强星娜(2020)发展出"无定预期"。陈振宇、王梦颖(2021)则把相关的现象归入"类指预期"。

② 实际上,强星娜(2020)、范晓蕾(2019)又说"无预期"和反预期都与合预期相对,或者实际上是要有反预期意味,因此可以看作"不明显的反预期"。但也没有充分论证。可以看到,"非预期/无预期"概念在有关学术文献中没有经过严格的定义。

这说明,在特定条件 O(有名的大饭店)时,P(M|O)(饭菜会很好吃)倾向 1,当然也可以有例外。正是因为例外时这样小的概率竟然成为事实,所以产生惊讶,导致意外。如果我们把条件改一下,预期的情况也必须相应做出调整,如下面从否定和反义结构两个方面进行替换,可以看到 P(M|O)(饭菜会很好吃)就会改为倾向 0 了。这反映了个体预期的本质(以下二例引自陈振宇、王梦颖 2021):

(84)　　　　O　　　　　　　P(M|O)　　　P(M)
　　a. ♯这不是一家有名的大饭店,所以饭菜会很好吃。(♯168-?13-0)
　　b. 这不是一家有名的大饭店,所以饭菜会不太好吃。
　　　　　　　　　　　　　　　　　　　　(♯16-?22-143)①
　　c. 这不是一家有名的大饭店,　　　　但是饭菜很好吃。
　　　　　　　　　　　　　　　　　　　　(♯3-?0-178)
　　d. ♯这不是一家有名的大饭店,　　　　但是饭菜不太好吃。
　　　　　　　　　　　　　　　　　　　　(♯166-?15-0)

(85)　　　　O　　　　　　　P(M|O)　　　P(M)
　　a. ♯这是一家不起眼的小饭馆,所以饭菜会很好吃。
　　　　　　　　　　　　　　　　　　　　(♯155-?20-6)
　　b. 这是一家不起眼的小饭馆,所以饭菜会不太好吃。
　　　　　　　　　　　　　　　　　　　　(♯9-?14-158)②
　　c. 这是一家不起眼的小饭馆,　　　　但是饭菜很好吃。
　　　　　　　　　　　　　　　　　　　　(♯0-?0-181)
　　d. ♯这是一家不起眼的小饭馆,　　　　但是饭菜不太好吃。
　　　　　　　　　　　　　　　　　　　　(♯162-?12-7)

在类指预期中,条件的改变就不重要了(例引自陈振宇、王梦颖 2021):

(86)　　　　O　　　　　　P(M|O)　　　　P(M)
　　a. ?这是一家饭馆,所以饭菜里不应该有虫子。(♯30-?45-106)

---

① 经询问,认为"这不是一家有名的大饭店,所以饭菜会不太好吃"不能说或别扭的人,主要是认为饭菜的好坏和饭店的大小有关系,但很难这么认定,这么说过于绝对了。这是理解为小概率预期。

② 经询问,认为"这是一家不起眼的小饭店,所以饭菜会不太好吃"不能说或别扭的人,也是认为饭菜的好坏和饭店的大小没有关系,理解为小概率预期。

b. #这是一家饭馆,所以饭菜里应该有虫子。　（#166-?15-0）
c. #这是一家饭馆,　　　　　　　　但是饭菜里没有虫子。
　　　　　　　　　　　　　　　　　　　　　　　（#157-?24-0）
d. ?这是一家饭馆,　　　　　　　　但是饭菜里有虫子。
　　　　　　　　　　　　　　　　　　　　　　　（#33-?47-101）

　　仅看这一个例句,我们会觉得和个体条件下的预期相似,也有可能是大概率预期,只不过例 a、d 的数据比较适中而已。但实际上,我们发现,这是因为被试分不清"饭店"和"不应该有虫子"之间的因果关系,他们认为存在因果关系,但实际上很难将条件 O 和事件 M 联系起来;改变这一条件也不会改变预期。①

　　如果这还看不清楚的话,那么我们将条件改动一下,就可以看到与真正的个体预期极为不同的地方,由此可知这是类指预期（例引自陈振宇、王梦颖 2021）:

(87)　　　　　O　　　　　　P(M|O)　　　　　P(M)
a. #这不是一家饭馆,所以饭菜里不应该有虫子。（#121-?60-0）
b. #这不是一家饭馆,所以饭菜里应该有虫子。（#130-?49-2）
c. #这不是一家饭馆,　　　　　　　但是饭菜里没有虫子。
　　　　　　　　　　　　　　　　　　　　　　　（#97-?65-19）
d. #这不是一家饭馆,　　　　　　　但是饭菜里有虫子。
　　　　　　　　　　　　　　　　　　　　　　　（#101-?78-2）

　　上面的各句基本上都是不能说或感到极为别扭的。和前面那些类指预期的例子一样,本例的数据中"?"的比例较高,也反映了在条件与预期关联不大的情况下,被试所感到的困惑。②

---

① 陈振宇、王梦颖(2021)说:"即使将饭馆改为食堂、家里的厨房、全家店等等,结果也不会变,无论是在哪个供应食品的场所,P(M|O)（饭菜里有虫子）预期都应该倾向 0。"

② 陈振宇、王梦颖(2021)说:"在极为特殊的语境中,可能产生一些联系。例如卫生局的督察员来到一家大饭店,发现饭菜中有虫子,这时他可能会说'一家如此有名的大饭店,饭菜中竟然有虫子!'这是梯级范畴的体现,指连普通饭店都不应该有虫子,大饭店就更不应该有虫子了。这与本书所说的个体预期无关。因为我们不能像前面的例子一样,把大饭店改成小饭馆,然后就允许说'一家不起眼的小饭馆,饭菜里竟然没有虫子',不起眼的饭店仍然应该没有虫子。"
同理,我在一家饭店吃到了虫子,我可能会气愤地说"这是一家饭店!饭菜里竟然有虫子!",我也不能像个体预期那样,把饭店改成小卖铺,然后就允许说"一家小卖铺,饭菜里竟然没有虫子",因为小卖铺仍然应该没有虫子。或者也不能通过否定来改变预期,说"#这不是一家饭店,饭菜里竟然没有虫子!"

饭菜里有虫子是新情况,但是我们之所以感到意外,不仅仅是因为它是新情况,而是因为它是个低概率事件(接近于0),其实现(反预期)才会感到意外。

4.3.4 新信息

信息有多种类型。① 我们需要着重讨论一下什么是"新信息",以及"新信息"和"反预期"之间的关系。② 陈振宇、吴越、张汶静(2016)对"新信息—旧信息"从信息传递的角度,从主观概率的角度进行了阐释。相对信息价值大小的计算公式前面已经提及,这里再写一遍:(引自陈振宇、吴越、张汶静2016)

$$I = \log \frac{1}{1-|P(M|O)-P(M)|}$$

新旧信息的阈值实际上是偏向的,并不在0.5的取值。③ 它们和正预期信息和反预期信息的关系十分复杂。陈振宇、吴越、张汶静(2016)曾用一个例子来说明新旧信息阈值的范围。根据这一模型,我们补充分析新旧信息和预期之间的关系。

对这一例子中新、旧信息的论述,陈振宇(2017:586-587)说:

> 设有人说"地球绕太阳转",即P(M)=1。那么对不同的信息接收者而言,有:

---

① 陈振宇、王梦颖、姜毅宁(2022)说:"Chafe(1994)从认知的角度,根据激活耗损(activation cost)的大小,将信息分为旧信息、易推信息(accessible information)和新信息。这说明信息的区分是存在模糊地带的。其中,易推信息包括:让人类共有知识,这是指语篇中没有出现但是在语境和人类文化中默认存在的知识;言谈场景规定的知识内容,这是指现场的事物;说话人和听话人共有的知识。"但是,我们认为易推信息还没有抓住新、旧信息的关键模糊之处,因为这里考虑的更多的与其说是新旧信息,不如说是新旧事物。新旧信息更多的是指各种命题。

② 陈振宇(2017:585-586)说:"新、旧信息是且仅是对语句而言的,因为只有它们才代表完整的事件,至于NP,不论它是有定还是无定,都与信息无关,从信息论的数据理论看,有定的NP仅仅起到一个'索引'(index)功能,即它可以直接提取'实体库'中的单位;而无定的NP仅仅是无法直接提取,而必须进行推理,才能知道它指谁,或者需要在'实体库'中添加新的单位。……从交际信息理论看,新、旧信息须从'信息实质之差',即|P(M|O)-P(M)|'的大小来下定义:当关于某事件的信息是旧信息时,接收者所预料的事件概率与被告知的事件概率相差不大;反之,当关于某事件的信息是新信息时,接收者所预料的事件概率与被告知的事件概率相差较大。"

③ 陈振宇、吴越、张汶静(2016)提出:实际上,新、旧信息之间是一个连续统,存在着既有一定新信息性质又有一定旧信息性质的地方;此外,还有一个"新信息占优势现象",即对绝大多数I取值范围而言,都是新信息,只有当它相当小时,才是旧信息。

接受者是一个现代人,地球绕太阳转是一个公开的知识,因此 $P(M|O)=1$ 或相当接近 1,此时 I 为 0 或约为 0,很显然,这句话是旧信息,这似乎不成问题。

如果接受者是哥白尼,他通过观察太阳的轨道 O,推测地球绕太阳转,这一事件的概率对他而言不为 1,但比较靠近 1,如 0.75 吧。在 $P(M|O)=0.75$ 时,I 为 0.125。此时"地球绕太阳转"对哥白尼而言是不是旧信息?这一问题就不好回答了。公允地讲,他可能会觉得这个信息不够新,因为在意料之内;但也不完全是旧信息,因为推测毕竟是推测,并不能确定。

如果接受者是一个路人甲,从来不关心太阳与地球的位置问题,也没得到过有关的知识,于是他对这一事件的判断完全是随机的,即其概率为 0.5,正反事件的概率完全相当。在 $P(M|O)=0.5$ 时,I 为 0.301。此时"地球绕太阳转"对他而言是不是旧信息?由于此前他对这事完全缺乏认识,现在有了知识,当然是新信息。

如果接受者是一个中世纪的牧师,圣经告诉他太阳绕地球转,所以对他而言"地球绕太阳转"的可能性极小,约等于 0。在 $P(M|O)=0$ 时,I 为无穷大。很显然,这是新得不能再新的信息了。

现在加上关于预期的部分:

① 对现代人而言,这一定是这个现代人已经预期到的信息,所以是正预期信息。

② 对哥白尼而言,这就是新、旧信息的分界,或者说既有新信息性质,又有旧信息性质。但是,从预期的角度讲,哥白尼的预期是与当前信息相符的,所以也是正预期信息。

③ 对路人甲而言,由于此前他对这事完全缺乏认识,也就没有什么预期,所以是无预期信息。①

④ 对中世纪的牧师而言,当前信息和他的预期完全相反,也是典型的反预期信息。

---

① 陈振宇(2017:587)说:"很有意思的是,新、旧信息的分界点并不在中点 $P(M|O)=0.5$ 那里,只有到达哥白尼那样的层次,才敢说这开始有了旧信息的性质。对于毫无知识只能做出随机判断的路人甲来说,这仍是典型的新信息。"

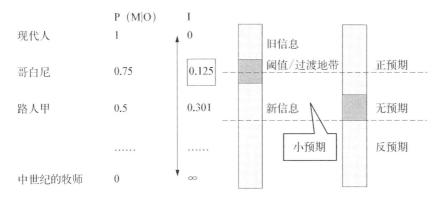

图3　新旧信息以及预期性的范围与阈值

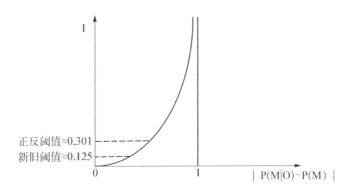

图4　相对信息价值曲线

但是，并不是整个新信息的部分都是反预期，反预期仅仅是新信息的一部分。因为对路人甲来说，他对事物的认识是随机概率（0.5），前面说了这就是无预期的，也就是说，新信息中有无预期信息的可能。而一旦有了一些肯定性认识，如哥白尼，即使他的肯定认识不是那么大，但是也是有了一定的预期，这时告诉他"地球绕太阳转"，这是符合其预期的信息，也就是说，新信息中甚至有正预期信息的可能。

只有当"｜P(M|O)－P(M)｜"显著地大于 0.5，这才说明当前信息与预期之间的差值足够的大，如本例，只要当信息接收者是认为"地球绕太阳转"是或很可能是错误的认识时，才能保证"｜P(M|O)－P(M)｜"显著地大于 0.5，这时的当前信息才是"反预期信息"。

我们可以概括为：

【预期原则三】

① 如果一个信息是反预期信息，则一定是新信息。（叠加）推理公式为：

信息 X+[特征]反预期信息 X∧→新信息 X

② 如果一个信息是无预期信息,则一定是新信息。(叠加)推理公式为:

信息 X+[特征]无预期信息 X∧→新信息 X

③ 如果一个信息是旧信息,则一定是正预期信息。(叠加)推理公式为:

信息 X+[特征]旧信息 X∧→正预期信息 X

④ 如果一个信息是新信息,它可以是正预期信息,也可以是无预期信息,也可以是反预期信息。(叠加)推理公式为:

信息 X+[特征]新信息 X∧→正预期信息 X∨无预期信息∨X反预期信息 X

⑤ 如果一个信息是正预期信息,它可以是新信息,也可以是旧信息。(叠加)推理公式为:

信息 X+[特征]正预期信息 X∧→新信息 X∨旧信息

或者用以下的对应图表示它们的关系:

图 5　新/旧信息和正/反/无预期信息的关系

下面我们在前面关于"反预期"和"意外"的讨论上,再补充一点重要的内容:

意外的产生中,"反预期"仅仅是必要条件,而不是充分条件;不是一旦概率小的事件发生就一定会产生意外的情感,这中间还有其他控制因素。其中一个极为重要的规则是:只有对说话者本人或说话者的正反同盟社团的成员来说,具有较大社会价值的事件才能触动说话者的情感。我喜欢关注社会名人,或者我的侄女喜欢(因此我会联想到她如果在场会怎么样),所以看见名人会产生较为强烈的情感情绪,才会有意外;反之,如果我和我生活的社团对什么名人根本不感冒,那么即使在街上看见,也就像木石一样,没什么情感产生,此时是反预期但不会产生意外情感。

反预期强调语义结构关系,意外强调情绪情感,因此反预期要发展为意外,需要更多的东西。首要的就是,反预期的信息对说话者来说要触及"疼点",必须产生足够的影响,否则不能造成足够的情绪情感。反过来也就是说,接受反预期信息的说话者,他的心理承受能力大小也会对意外的产生有巨大的影响。

例如参加学术讨论,遭到了某人的激烈批评和全盘否定,对于当事者这当然是反预期的事,一般而言,会受到情绪情感上的强烈影响,产生意外,并有语用否定的倾向(认为对方的批评不正确)。不过,对有的当事人而言,此事虽出人意料,但心理素质比较硬,"有则改之,无则加勉,实在无理的,懒得理会他",狂风骤雨只当清风拂面,这就是虽有反预期信息,但不足以产生意外,在情绪上未受到大的影响。

4.3.5 类指预期与个体预期的标记

陈振宇、王梦颖(2021)还考察了这两类预期的标记问题:

> 我们发现,没有只适用于类指预期而不用于个体预期的反预期标记。从世界语言看,个体指称标记发达,而类指标记少见或不发达,这是符合语言发展的趋向的。因为个体层次的指称是基础的,是我们的日常生活不可或缺的;而概念层次是后起的,不必要的,很多时候,类指标记完全可以与个体标记共享一套语词。

应该像陆方喆(2014)那样区分两类反预期标记:

①"竟然、居然、不料、不想、没想到、没料到、谁知(道)、哪料、哪想、岂料、怎知"等,它们都既可用于类指条件下的预期,也可用于个体条件下的预期,运用范围非常广泛。而且它们的例句大都伴随着较为强烈的情感,因此多是意外标记。

②"偏(偏)、但是、可是、不过、然而、反而、反倒、却"等,一般用于个体条件下的预期(仅有极为稀少的例子是类指预期)。这一类的语篇中大多有明确的表示预期产生的个体条件的语句。如"偏(偏)"的语篇绝大多数都包含两个分句,前一个是特定的前提,也就是个体条件 O,这占全部语料的 92%(与之相反,"竟然"有个体条件 O 的例句只占14%)。"偏(偏)"与个体条件搭配,如"一家有名的大饭店,饭菜却偏偏不太好吃""一家不起眼的小饭馆,饭菜却偏偏如此好吃";那些找不到特定条件的反预期句,也就是类指预期句,一般不能使用"偏(偏)"。

如下面的句子在语用上都不合适(例引自陈振宇、王梦颖 2021):

(88) a. #饭菜里偏偏有虫子!
  b. #小王在街上偏偏看见了大歌星韩红。
  c. #家长恨铁不成钢,偏偏将亲生孩子活活打死!

d. #记者参加朋友的聚会时,偏偏有幸喝到了用鲜花花汁做成的饮料。
e. #1993年5月,村民郑某、张某、吴某等苦于致富无门,偏荒唐地提出重建神堂庵,企图借助封建迷信活动敛财。
f. #前来祝贺的人群中,偏偏有省委书记胡富国。
g. #刘教授一个闪身,偏偏被歹徒用脚绊倒,仰卧在车厢过道上。
h. #他没想到,一年多没见,妻子偏偏憔悴成这个样子。

陈振宇、王梦颖(2021)说:"如果这些句子要成立,在语义上要加以修改,如例(41b)小王本来要去开会(个体条件),可偏偏在街上看见了大歌星,于是没能准时到会,这是违反了开会的(特定的)愿望,可以说'在街上偏偏看见了大歌星,结果迟到了'。"再如刘教授本来功夫了得,一个闪身他认为自己就应该脱身了,可偏偏被绊了一下,摔倒在地,没能脱身。句子改成了个体预期就通顺多了。

"偏偏"一般不能用于类指预期,只能用于个体预期。① 但是的确有极少见的例外,请看下例:

(89)(他在集市上摆了个字画摊)写字吧写不好,画个花鸟吧,偏偏又画得个不伦不类!

	O	P(M|O)	P(M)
a.	#他在画画,	所以希望画得不伦不类。	(#181-?0-0)
b.	他在画画,	所以不希望画得不伦不类。	(#11-?13-157)②
c.	他在画画,		但是画得不伦不类。(#2-?0-179)
d.	#他在画画,		但是不是画得不伦不类。(#141-?22-18)

"画花鸟、画人物"等等共同构成一个类:一般的绘画活动,这个类的任意一种情形,希望画得不伦不类的概率都很低,并不是画花鸟和画人物或者画其他的东西会有什么不同的期待,并不是"画花鸟不希望不伦不类,画人

---

① 强星娜(2020)认为"偏偏"不是"无定预期"。
② 经询问,认为"他在画画,所以不希望画得不伦不类"不能说或别扭的人,主要是认为现在不少画画的人,追求的就是不伦不类的抽象画,完全可以有意为之。这可以看成文化发展的产物,使得原来的大概率预期向小概率预期演变。

物就可以不伦不类"。

我们认为这种例外是有特殊的原因的,实际上,这里可能是"写字"与"画画"相对立,所以并不是区别性地表达画画中的一种,而是用"画花鸟"代指"画画"这个行为整体,或者说他画画时就只会画花鸟。如果这样看,那就是个体条件了。

4.4　无预期的检验格式,以及它与类指预期的区别

为什么研究者们容易将"类指预期"与"无预期"混淆,例如前面所举的例子"饭菜里竟然有虫子",在意外研究中被某些学者作为"无预期"来看待,而在预期研究中又是作为"类指预期"看待?因为这二者的确有相同的地方:类指条件往往隐含,所以很难看出来,可能觉得是没有条件的;而无预期往往没有任何条件,正因为没有条件,或者条件不起作用,所以预期值才只好是随机概率,或取值不定。

同样的道理,在检验格式中,如果非得给出一个所谓的"条件"的话,无预期也和类指预期一样,得不到关联关系。例如你问张三是不是一个好人,我对他很不熟悉,仅仅知道他的一些"表面信息",所以无法判断他是不是好人,于是有：

(90)　　　　　O　　　　　　P(M|O)　　　　　P(M)
　　a. ♯他是一位生意人,所以他可能是个好人。　(♯75-?82-24)
　　b. ?他是一位生意人,所以他可能不是个好人。　(♯47-?76-58)
　　c. ?他是一位生意人,　　　　　　　但是他是个好人。
　　　　　　　　　　　　　　　　　　　　　　(♯24-?80-77)
　　d. ♯他是一位生意人,　　　　　　　但是他不是个好人。
　　　　　　　　　　　　　　　　　　　　　　(♯69-?77-35)

同样,此时被试因为感到困惑,选择"?"的很多,如上所述。另外,汉文化中过去有"重农抑商"的传统,认为商人的道德水平低下,虽然今天的年轻人大多已经摒弃了这一狭隘的思想,但在语言中仍然还没有完全转变过来,所以很有一些被试认为例 b、c 可以说或不别扭,其中,认为例 c 可以说的比例 b 可以说的多。[①] 请注意,这些被试虽然存在,但从整个数据看,依然不是主流,总体上讲,从"生意人"是推不出有关人品的预期的。

---

① 这说明在他们心中,这不是无预期,而是后面要讲到的小概率预期。

那么如何分辨类指预期和无预期？最根本的区分是，究竟能否找到一个概括的、类指性的条件。如前面遇见明星的例子，我们可以找到这样一个条件：一个普通人，在一个普通地方，看见一个一般的明星的预期是一个稳定的、倾向于 0 的数值区间；同理，只要是有关食物，食物里就不应该有虫子，其预期的取值也是稳定的，这就是类指预期。而如果找不到这样的概括性的类指条件，就是无预期，如上面的例子，我们不能把"生意人"做这样的概括，如我们不能说一个普通人就是好人或不是好人，我们仍然推不出有关的预期。

除此之外，我们还得根据具体例句来分析。如正在路上走，路边走出一个人，我们在语言中至少有两种表达：

(91) a. 我正走着，路边过来一个人，问我东营路怎么走。（无预期）
　　 b. 我正走着，突然，路边冲出一个人，问我东营路怎么走。（类指预期）

一个人在路上走，是否会遇见一个问路的人，这是无法预料的，只能是开放的选择——随机概率，例 a 就是反映了这一点，是以一种讲述新事件的方式叙述的（随机概率的估计下也是新信息）。

在例 b 中，出现了"突然"，其本意是指事件发生得很急促，也就是事件在很短的时间内发生。例 b 与例 a 最大的不同，就是例 b 表示问路人的行为，对于"我"来说，是在反应过来之前（在很短暂的时间里）就发生了，甚至发生以后，"我"还没反应过来。而例 a 并没有说这一突发性。

例 b 将事件的发生与认识主体的认识过程进行了对比，前者突破了后者的适用范围。在人类早期，如果一个事件如此快速的发生，人无法做出适当的反应的话，很可能导致危险，由于生存环境太残酷，所以人不得不随时处于警觉的状态，防止一切突发事件。今天由于生存环境大大改善，不需要这样防范了，但是原始的记忆以集体无意识的方式代代传了下来，在面对突发的无法反应过来的事件时，依然会调动起我们的情绪，觉得害怕、茫然、惊醒、意外等负面情感，伴随着心跳的加快、心理的宕机等负面情况的发生。这一点与具体是哪种活动或哪种突发事件都无关，可以是在散步，是在休息，是在学习，等等，可以是一个人突然冲过来，也可以是一个苍蝇突然飞过来，也可以是突然一声巨响，等等，它们中的每一个都是作为"活动或状态"以及"突发事件"这个类的成员而与预期有关，因此是类指预期。此时，预期就是当认识主体从事某一既定活动时，希望一切新情况都在主体感知范围之内，不希望（意愿）或不应该（道义）发生突发情况。一旦发生，则这一突发情况就与预期不符,是强烈的反预期。

总之,"突然"句的反预期意义,不是新信息导致的,而是急促发生、是认识主体反映不过来的新信息所导致的。

注意,"突然"并不是任何时候都有反预期意义,其反预期意义是语用推理的结果。只要这一迅速变化是在认识主体的认识范围之内,或者有一定的可控性,就不再满足上述语用推导的条件,就不是反预期了。例如:

(92) 我注视着他的动作,猜他可能会**突然**出刀,于是悄悄地慢慢向后退,以避其锋芒。

我们打算等他出现以后,就**突然**冲出去把他摁住。(对他突然,对我们可不突然)

本地一到夏天,本来晴空万里**突然**下起瓢泼大雨是一种常见的天气。

"突然"是一个兼用的、寄生的反预期标记。

5. 小 预 期

5.1 预期的情态类型以及小预期的发现

继续来看检验格式,由于这些预期 P(M|O)取值都比较大(这也是可以用因果式检验的原因,即存在强的关联性),所以也可以称为"大概率预期"(简称"大预期")。请注意,并不是把相应的概率较小或很小的称为"小概率预期"。概率较小或很小时有不同的情况,后面我们将专门定义"小预期"这一概念。

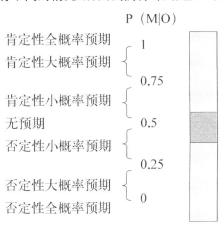

5.1.1 大预期的分类

根据强弱的不同,我们有必要把"大概率预期"进一步分为强预期和弱预期。更准确地说,弱预期实际上具有两层语义结构:

第一层:从意愿情态看,是大预期,因为可以进入预期格式经历检验,如下例 a 所示;

第二层:从认识情态看,不是大预期,因为不能进入预期格式,如下例 b 所示。

(93) a. 屋顶漏了,所以希望不要下雨。
♯屋顶漏了,所以希望下雨。
他们在寻找麒麟,所以他们希望这世界上有麒麟存在。
♯他们在寻找麒麟,所以他们不希望这世界上有麒麟存在。
这是一件好事,所以希望最终会完成。
♯这是一件好事,所以希望最终完不成。
小李猜想明天会有好事,所以他希望这是真的。
♯小李猜想明天会有好事,所以他希望这不是真的。
他在读这本书,所以他希望读懂这本书。
♯他在读这本书,所以他希望读不懂这本书。
b. ♯屋顶漏了,所以不会下雨。
♯屋顶漏了,所以会下雨。
♯他们在寻找麒麟,所以这世界上有麒麟存在。
♯他们在寻找麒麟,所以这世界上没有麒麟存在。
♯这是一件好事,所以最终会完成。
♯这是一件好事,所以最终完不成。
♯小李猜想明天会有好事,所以这是真的。
♯小李猜想明天会有好事,所以这不是真的。
♯他在读这本书,所以他读懂了这本书。
♯他在读这本书,所以他读不懂这本书。

但是这些都可以进入反预期格式,如下:

(94) ♯屋顶漏了,可是不会下雨。
屋顶漏了,可是会下雨。
♯他们在寻找麒麟,但是这世界上有麒麟存在。

他们在寻找麒麟,但是这世界上没有麒麟存在。
♯这是一件好事,但是最终会完成。
这是一件好事,但是最终完不成。
♯小李猜想明天会有好事,但是这是真的。
小李猜想明天会有好事,但是这不是真的。
♯他在读这本书,但是他读懂了这本书。
他在读这本书,但是他读不懂这本书。

如果我们把例(93b)与例(94)构成一组检验格式,就会发现一个重要的问题:有的 X 与 Y 之间的关系是,不能进入预期格式,但却能进入反预期格式。这是前面说全预期和大预期检验格式时所没有考虑到的情况。

陈振宇、李双剑(2020)说:

> 和谐的本质是心理学意义上的"联想"(association)。联想是通过暂时神经联系的激活,来促使认识者关注事物之间的联系。联想是有方向的,如果是由 X 联想到 Y,那么一般是不能随意颠倒方向,除非有其他因素的介入。联想有很多种类,和谐仅仅是其中的接近联想、因果联想和类比联想,而不包括相似联想和对比联想(这里指相反对比)。
>
> 与本文的和谐观念最接近的理论是"认知缺省理论",它的理念与我们很相似,即认为语用推理主要是关于特定认知语境下的缺省推理。其中"缺省"的信息其实就是本文所说的和谐语义关系,是在认知语境中存在的我们通常的心理认识。但该理论仅仅走到这一步就没有继续向前走了,只是热衷于写抽象的逻辑式,既没有广泛地收集各种常见的知识,也没有对知识分类研究,说明其特性,更没有提出检验知识的问题,当然也不可能考虑到在实际运用中的种种特殊的不符合一般规律的情况。

预期的心理学基础除了认识论还应该有体验论,也就是"情感情绪的优势体验"(advantage experience of emotion),或者用我们日常生活的话语说是"圆满的感觉"(successful feeling),或者"期待"(look forward to)。期待有两种,当说话者有一个认识时,期待该认识为真,也就是大预期为真,以此体现说话者智识上的成功;当说话者有一个希望或意愿时,期待希望或意愿成真,以此体现说话者情感上的成功;总之,说话者的心理朝向要能够在外部得到成功的体验。

基于体验论,我们可以看到意愿预期与其他预期进行区分的必要性。如果进一步深究还会发现,所谓道义,尤其是所谓"客观道义情态"的预期,往往也有两层语义结构,与意愿预期相似,如:

(95) a. 他们拥有亿万资产,所以应当多交税多为社会做贡献。
　　　 ♯他们拥有亿万资产,所以不应当多交税多为社会做贡献。
　　 b. ♯他们拥有亿万资产,所以会多交税多为社会做贡献。
　　　 ♯他们拥有亿万资产,所以不会多交税多为社会做贡献。
　　 c. ♯他们拥有亿万资产,但是多交了税,为社会多做了贡献。①
　　　 他们拥有亿万资产,但是没有多交税,没有为社会多做贡献。

5.1.2 貌似无预期中的微弱偏向性

这一情况是不是因为意愿预期的存在才出现的呢?进一步的考察发现并不是这样。我们发现,有些貌似无预期的情况,不能进入预期格式,但是可以进入反预期格式。无预期,那么意愿预期和其他预期都不能成立,例如:

(96) a. 预期格式:
　　　 ♯小王认为李四要走,所以他希望李四会走。
　　　 ♯小王认为李四要走,所以他希望李四不会走。(意愿情态)
　　　 ♯小王认为李四要走,所以李四会走。
　　　 ♯小王认为李四要走,所以李四不会走。(认识情态)
　　　 ♯小王告诉我李四要走,所以他/我希望李四会走。
　　　 ♯小王告诉我李四要走,所以他/我希望李四不会走。(意愿情态)
　　　 ♯小王告诉我李四要走,所以李四会走。
　　　 ♯小王告诉我李四要走,所以李四不走。(认识情态)
　　 b. 反预期格式:
　　　 ♯小王认为李四要走,但是李四会走。
　　　 小王认为李四要走,但是李四不会走。
　　　 ♯小王告诉我李四要走,但是李四会走。
　　　 小王告诉我李四要走,但是李四不会走。

---

① 在表示"他们虽然拥有亿万资产,但是多交了税,为社会多做了贡献,我们不能仇视他们"时句子可以说。不过就不是讨论"拥有亿万资产"和"多交税多做贡献"之间的关系了,而是分别讨论它们与是否仇视之间的关系。即:他们拥有亿万资产,所以我们仇视他们;他们多交税多做贡献,所以我们又不能仇视他们。

请注意,在上例中,小王都不是所谓"权威人士",后者指对事物具有很强发言权、可以保证其言语真实性的人。如果小王是李四的妻子,或者最要好的朋友,或者是能够把自己的意志实现的领导,等等,那么她提供的信息的可靠性极高,所以完全可以有认识预期,"小王是李四的妻子,她告诉我李四要走,所以李四很可能会走。"

但是,如果仅讨论小王是一个一般的朋友或其他社会关系的情况,从传信理论看,小王的话或认识仅仅是一个间接的证据,并不那么可靠,所以我们在例(96)中不能得到相关的预期。此时,"李四会走"的概率 $P(M|O)$ 依然是在随机概率附近(可能略大于 0.5,因为毕竟多了一个李四要走的间接证据,即使小王的话不可靠,但也不容忽视)。

与之相似的例子还有很多,而且并不总是与猜想、告知等传信因素有关,其他一些因素也会导致这样的无预期情况,例如:

(97) a. 预期格式:
♯ 张三结婚了,所以他应该(已经)有了孩子。
♯ 张三结婚了,所以他应该(还)没有孩子。(认识情态)
b. 反预期格式:
♯ 张三结婚了,但是他(已经)有了孩子。
张三结婚了,但是他(还)没有孩子。

(98) a. 预期格式:
♯ 这道题大学生能解出来,所以中学生应该也能解出来。
♯ 这道题大学生能解出来,所以中学生应该解不出来。(认识情态)
b. 反预期格式:
♯ 这道题大学生能解出来,但是中学生也能解出来。
这道题大学生能解出来,但是中学生解不出来。

这是因为人生的轨迹不少是"结婚—生子",所以从结婚多多少少会联想到生子,这种联想没有强到因果关系的地步,但是却可以否定(用于转折句)。这道题有人能解出来,往往会想到其他人是否也能解出来,同样,这也是很微弱的关联。

5.1.3 小预期的概念与范围

上述情况迫使我们做出调整,规定:

"小概率预期"(low probability expectation,简称"小预期"),指从条件 O 可推出 $P(M|O)$ 具有一定可能性,但实现为事实的概率较小。小概率预期需要满足以下测试结果:

1) 在认识情态方面不能形成关联,也就是说用在认识情态维度的"预期格式"中不合适。

2) 但在反预期格式中却可以成立。

小概率预期包括上面的两种情况:①

1) 弱预期。

2) 貌似无预期中有稍许偏向的情况。

$$\text{大预期}\begin{cases}\text{强预期}\\ \text{弱预期}\end{cases}$$
$$\left.\text{稍有偏向的貌似无预期}\right\}\text{小预期}$$

5.2 两种小预期及其检验

请注意,在数学上讲有两种"小概率":

1) 概率小于 0.5,甚至是接近于 0,也就是说不实现的可能大于甚至远远大于实现的可能。

2) 概率在随机概率 0.5 左右,指事物的实现还是不实现无法确定,即使有所偏向(大于 0.5 或小于 0.5),但偏向都不多,无法否定相反的可能性。

我们发现,小预期包括两种情况,正好就是这两种。我们采用一个新的格式——"递进格式"来区分这两种小概率:

据条件 O,说话者的预期 P(M|O)数值很小(远小于随机概率 0.5)但却大于 0。也就是说,当 O 为真时,很难说事件 M 是否能够实现,但是 M 实现的概率肯定是远远小于不实现的概率;从 O 到 M,说话者认为是"递进"关系,使用汉语中的"(不但)X,而且/甚至 Y""(不但)X,连 Y 都/也"等递进格式进行检验。

所有的小预期据此一分为二:如果母语者认为递进格式可以自由地说,则是"极端小预期";反之,则是"非极端小预期"。下面我们具体来阐述。

5.2.1 极端小预期

极端事件生成的逻辑,其依据在于语言学中的"梯阶"(scale)概念②:如果一个命题序列{X1、X2、X3、……、Xn},对于任给的 i＜j(i 小于 j),都有 Xj→Xi(Xj 蕴涵 Xi),则这个序列称为"梯阶"。梯阶中的命题间存在时间先后或逻辑先后关系,当前面的命题为假时,后面的命题一定为假;后面的命

---

① 作者原来称为"超预期",见陈振宇(2020a)一书。由于汉语学界已有学者使用了这一术语,并且所指的现象与我们的内容不同,所以受到学界一些同仁的批评。王梦颖(2020)在她的研究中改用"小预期",本书也采用这一术语。

② 参看 Horn(1972/1989)。"梯阶"又被称为"量阶、量级、梯级"。

题为真时,前面的命题一定为真。

也可以换个视角来说,认为梯阶是事件概率大小的排序,即前面的事件发生的概率比后面的事件大。当我们说 X_j 时,由于对所有小于 j 的 i 而言,从 X_j 为真,则 X_i 为真的概率更大,更应该为真(当然也允许有例外),所以 X_i 都不必说了(因为是逻辑上多余的信息);而当有 j＜k,如果 X_k 为真的话,就必须把 X_k 说出来,如果只说了 X_j 而没有说 X_k,也就意味着 X_k 从语用上说为假的概率非常大(但也不是没有例外)。

对极端小预期而言,在梯阶中,越是极端的命题(越向后的命题)其概率越小,概率越接近 0。但虽然都是概率极小,甚至接近 0,极端小预期与否定性大预期仍然是不同的,它们的语用方向是相反的:否定性大预期强调事件没有或几乎没有实现的可能,或者事件实现的希望很小,如"他不会来";而极端小预期则在讲述概率较小或概率接近 0 的同时,强调仍然不等于 0,仍然有实现的可能。所以否定性大预期是否定,而极端小预期仍然是肯定。

我们可以用这样一个序列来举例说明极端小预期的本质:

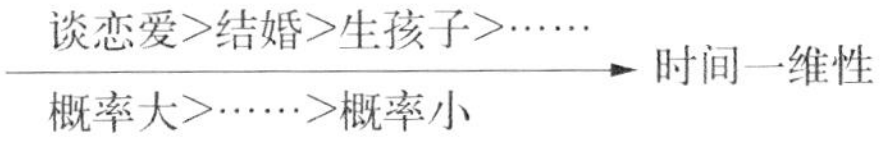

谈恋爱＞结婚＞生孩子＞…… → 时间一维性
概率大＞……＞概率小

图 6 梯阶示意图

如果人生必须按照这一序列来进行的话,就构成一个梯阶,也形成了一个概率上的大小序列。按照梯阶原则,(现代社会中)如果我们只说出一个人结婚了,那么对于前面的谈恋爱事件,我们也默认是真的;但对于处于梯阶更远端的"生孩子"事件,则不一定,也就是说,概率会更小。甚至从语用上讲,既然只说了结婚而没有说生孩子,那么生孩子的概率会默认很小,P(M|O) 小于 0.5,甚至接近 0。于是,该语境下可以允许反预期格式和递进格式,不允许预期格式。

(99)   O   P(M|O)   P(M)
       a. ?张三结婚了,所以他应该有孩子。   (♯62-?65-54)①
       b. ♯张三结婚了,所以他应该没有孩子。   (♯159-?20-2)

---

① 经询问,认为"张三结婚了,所以他应该有孩子"能说或不别扭的人,主要是认为按照他们的经验,结婚后有孩子的居多;但大部分被试并不这么认为。我们觉得这也是社会发展的产物:以前的确是结婚后一到两年就会生育,存在这一大概率预期。但现在人生育更晚,所以就向小概率预期演变。我们的调查数据没有问题,而且更为深刻地反映了语用学的基本原理:语言规律是社会活动的产物。

c. ♯张三结婚了，　　　　　　　但是他有孩子。（♯148-?19-14）
d. 张三结婚了，　　　　　　　但是他没有孩子。（♯3-?0-178）
e. 张三结婚了，　　　　　　　甚至都有了孩子。（♯3-?3-175）
f. ♯张三结婚了，　　　　　　　甚至都没有孩子。（♯172-?9-0）

进一步仔细探究，梯阶中存在两个完全相反、性质完全不同的语用视角，由此导出两种不同的语篇配置：

第一，正向推理从大概率事件到小概率事件——递进式，如：

(100)　　　　O　　　　　　P(M|O)　　　　P(M)

a. ♯这道题大学生能解出来，所以中学生也应该能解出来。
（♯168-?13-0）

b. ♯这道题大学生能解出来，所以中学生应该解不出来。
（♯85-?64-32）

c. ?这道题大学生能解出来，　　　但是中学生也能解出来。
（♯57-?56-68）

d. 这道题大学生能解出来，　　　但是中学生解不出来。
（♯33-?7-141）

e. 这道题大学生能解出来，　　　甚至中学生也能解出来。
（♯6-?9-166）

f. ♯这道题大学生能解出来，　　　甚至中学生解不出来。
（♯181-?0-0）

我们也可以说"这道题不但大学生能解出来，而且中学生也能解出来"，这就是称为"递进式"的原因，这是说明事物中概率大的事件实现后，还进一步推进到概率小的那些也实现了，说明事物是向越来越难越来越高的方向发展（包括自然的发展和认识的发展）。请注意，不少被试将例 c 也理解为与递进关系有关的句式，所以认为可以说或不别扭。总体上讲，6 个检验格式中，只有例 d、e 是语用上最合适通顺的句子。

第二，反向推理从小概率事件到大概率事件——反推式，如：

(101)　　　　O　　　　　　P(M|O)　　　　P(M)

a. 这道题中学生都能解出来，所以大学生也应该能解出来。
（♯0-?0-181）

b. ♯这道题中学生都能解出来，所以大学生应该解不出来。

（♯172-?9-0）

c. ♯这道题中学生都能解出来，　　　但是大学生也能解出来。

（♯172-?9-0）

d. 这道题中学生都能解出来，　　　但是大学生解不出来。

（♯5-?3-173）

我们也可以说"这道题中学生能解出来，更不用说大学生了（推出大学生应该能解出来）"，这就是称为"反推式"的原因。因为按照常识，当小概率事件实现时，大概率事件更应该实现，所以可以直接说后者为真，如例 a 所示；但在实际的世界中，却存在着种种例外，这时虽然小概率事件实现了，但大概率事件却并没有实现，成为例外，如例 d 所示，这称为"例外句"。

正向推导运用递进式的认识思路；反向倒推则相反，遵循反向信息递减而发生概率递增的原则。递进式推导比较容易进入递进格式，也可以进入反例格式，但这一反例往往不是语义而是话语/心理层面的；反推式推导可以进入预期格式，也允许进入反例格式。

5.2.2　非极端小预期

此时，不存在极端的情况，也就不存在梯阶序列。所以它只能进入反预期格式，不能进入预期格式，也不能进入递进格式：

(102)　　　　　O　　　　　P(M|O)　　　　　P(M)

a. ♯小王认为李四要走，所以李四实际上会走。（♯139-?33-9）

b. ♯小王认为李四要走，所以李四实际上不会走。（♯154-?23-4）

c. ♯小王认为李四要走，　　　但是李四实际上会走。

（♯166-?11-4）

d. 小王认为李四要走，　　　但是李四实际上不会走。

（♯2-?0-179）

e. ♯小王认为李四要走，　　　甚至李四实际上会走。

（♯158-?17-6）

f. ♯小王认为李四要走，　　　甚至李四实际上不会走。

（♯156-?19-6）

需要注意的是，弱预期的例子，都是非极端小预期。不过这里强调的是一种非常突出的小预期种类——"非叙实动词":"认为、觉得、猜想"等表示主体的认识,但是主体的认识是否是事实,几乎就是随机的概率(可能为真也可能为假),所以本来似乎应该是中性信息。但是,在言语活动中,说话者对主体会有"移情",也就是会不自觉地站在句中主体的角度来看问题,这时,多多少少会期望主体的认识为真,因此这里并不是正好在 0.5 的概率,而是会有一点微弱的倾向,可以看作预期稍微大于 0.5。由于这不是一个极端的事件,所以不能用递进格式,也不是一个大预期,所以也不能进入预期格式,但因为多少有一点倾向,因此可以进入反预期格式,并用这一格式来说明竟然这一小小的倾向也与当前信息不符。

在分辨极端和非极端小预期时,可能会碰上一些复杂的情况,因为本书讲的是语用规则,而语言使用难免会有反例,具体的语言现象往往会有一些别的原因,导致不能得到那么整齐的配置。请看一个例子:

(103)　　　　O　　　　P(M|O)　　P(M)
　　a. #屋顶漏了,所以会下雨。　　　　　(#141-?24-16)
　　b. #屋顶漏了,所以不会下雨。　　　　(#172-?9-0)
　　c. ?屋顶漏了,　　　可是会下雨。　　(#117-?19-45)
　　d. 屋顶漏了,　　　可是不会下雨。　　(#51-?15-115)
　　e. 屋顶漏了,　　　甚至还会下雨。　　(#51-?5-125)
　　f. #屋顶漏了,　　　甚至不会下雨。　　(#176-?5-0)

可以看到,也可以进入递进格式,即"屋顶漏了,甚至还会下雨"。那么这是否是极端小预期? 仔细看一下配置,会发现与前面极端小预期颇有不同。如前面的例(99),是 d、e 句可以说,而这里 c 和 d 句哪句可以说并不清楚,可能是"屋顶漏了,(所以希望不下雨,)但偏偏要下雨",则 c 可以说;也可能是"屋顶漏了,担心会下雨,但不会下雨,所以不用担心",则 d 可以说。如果是 c 可以说,那么就与 e 不匹配,我们暂时把它归入"非极端小预期";如果是 d 可以说,那么就与 e 匹配,归入"极端小预期"。从调查数据看,偏向于后者。

我们承认存在歧解,并认为,两种不同的理解,可能代表两种不同的认知视角。不过不管怎样,这都是小预期。

5.2.3　预期强弱的检验格式配置

最后让我们将三个检验格式放在一起总结一下:

表 1 【预期原则四】蕴涵强度等级及其检验格式

设 X、Y	预期格式		反预期(信息)格式		递进格式	
	X所以Y	X所以~Y	X但是Y	X但是~Y	X甚至Y	X甚至~Y
全概率预期	1	0	0	0	—	—
大概率预期(强预期)	1	0	0	1	—	—
极端小概率预期	0	0	0	1	1	0
非极端小概率预期	0	0	0	1	0	0

表中"1"表示句子很通顺,"0"表示很不通顺,而空白表示这里不需要调查。表中"大概率预期"仅包括强预期,而不包括弱预期。

5.3 正预期标记"果然"的使用倾向性

正预期标记在各种语言中都不多,有人认为汉语中主要有"当然"和"果然",参看谷峰(2014)。"当然"本义是表示对说话者来说,有关知识是绝对肯定为真的,没有反对的余地;它不一定要有什么"预期",所以我们不认为它是(正)预期标记。①

这么来看,"果然"是比"竟然"更特殊的一个标记,我们需要仔细地考察它的主要功能。② 正预期的定义很容易使我们想到这里讲的预期是大预期,即"果然"主要出现在大预期语篇中。但事实上,"果然句"不是大预期的典型格式,反而是主要出现在小预期(非极端)中。这其实不难理解,因为对大预期而言,事件实现是很自然的,不需要特别标注,因此不需要发展出针对大预期的正预期标记;而小预期的实现是需要特殊标记的,因为它是非同寻常的。

我们需要问一句,正预期信息既然信息价值小③,我们为什么还必须表达它? 还需要正预期标记?

【预期原则五】

① 真正的大预期的实现,不必使用正预期标记。推理公式为:

$$X \text{ 实现} \wedge [\text{特征}] \text{大预期} X \wedge \rightarrow [\text{排斥}] \text{正预期标记}$$

---

① "当然"在后面再另行讨论。
② 北京大学中文系 1995、1997 级语言班编《现代汉语虚词例释》(1982)认为"果然"是副词,表示事情的结果与预期的相符。有的学者还会加一句,"前文必有预料的或所说的成分"(引自侯学超编 1998)。
③ 从信息价值看,有"反预期信息>中性信息>(正)预期信息"(引自 Dahl 2001)。

② 使用正预期标记,则很容易是小预期的实现。(正迁移)推理公式为:

$$X \text{ 实现} \wedge [\text{特征}] \text{ 正预期标记} \rightarrow \text{小预期 } X$$

(正)预期信息也会产生意外①,陈振宇、杜克华(2015)说:"如预期标记'果然',它暗示与预期一致的事实是有可能不会发生的,现在发生了,因此也令人吃惊。"这其实就是指"果然"用于小预期,但是这些研究没有展开论述。除此之外,我们还需回答"果然"是否都是用于小预期的问题。为了回答这些问题,需要进行更为细致的语料调查。

"果然"句中个体预期占据绝对优势,陈振宇、王梦颖、姜毅宁(2022)说:

> 调查发现,紧邻"果然"句或与"果然"句在几个句子之内的距离里,有明确的表示"条件"或"预期"的小句的情况占总例句数的97%,这为我们研究"果然"句提供了极为宝贵的依据。与之比较,在"竟(然)"句中,前面有这样明确的条件或预期小句的情况只占14%。二者的使用频率也不一样,在同一语料库中,"竟(然)"句有6 382例,而"果然"句为1 649例。可见,"竟(然)"的使用情况远比"果然"复杂得多。……在"果然"句中,即使局部语篇没有出现条件或预期句,这些条件或预期也往往是很明确的,或者是前文提过,或者是语篇的内容决定,或者是文化语境所蕴含着的。

如果条件或预期的部分大多需要在语篇中表达,我们就可以利用这些,从而判断句子表达的是哪一种预期(预期的概率有多大)。陈振宇、王梦颖、姜毅宁(2022)发现有以下几种情况:

> 57.5%的"果然"例句中,条件句都以"非叙实动词"为中心,包括"安慰、保证、报告、表示、不放心、猜出、猜想、承诺、答道、道、断定(1.5%)、断言、发誓、反驳、告诉(2.5%)、估计(1.5%)、喊、喊道、喝道、厚望、汇报、坚信、建议、讲话(要求)、叫着、嚷着、接电话、介绍、介绍说、惊叹、久闻、看到(猜测)、看到希望、看好、可疑、冷笑、梦、纳闷(灾难感)、纳闷儿、判断、凭经验明白、期望、强调(说)、让(我)、认定、认为

---

① 这一点,前人实际上已经注意到了,但并未深究。周兴志(1986)在讨论"果然"时就说:"虽有必然算子N,但它并不起决定作用,只起预料或猜测作用;可能算子M也只起预料或猜测作用,既然只是预料或猜测,因此这里的'必然'、'可能'都带有'可能'的意味,只是程度不同罢了。"

(1.5%)、盛传、说(16%)、所料、提出(1%)、提醒、听说(2%)、希望(1.5%)、想(1.5%)、想到(1%)、宣布、预报、预言、注意到、自称"等。

按照袁毓林(2014),李新良、袁毓林(2016)和陈振宇、甄诚(2017)的研究,"非叙实"(none-factives)动词的宾语从句构成"封闭语境"(opaque context),例如说话者认为"李四觉得/说/听说/希望会出现流星雨"为真,说话者也无法断言"会出现流星雨"是真是假,因为这不过是李四个人的观念,李四可能产生错误的认识,不过我们暂时没有证据说他的确没看见。用"传信"范畴的话说,这些动词都是指某一认识主体想到、猜到、判断、注意、希望事物的可能性;或者是有某一主体告诉另一主体自己关于事物的观点,包括告诉、说、答、叫、预言、建议、提醒等;或者是说话者听说某种传闻,包括传说的事物情况。这三种都是传信范畴中事实性较弱的一类,一个人的猜想判断,他从别人那儿听来的信息,可能真也可能假。

用本书的话来讲,就是说话者对事物的情况有预期,然而预期的概率还是在随机概率附近,可能是略微大于 0.5,因此当它们真的是事实时,才会引起说话者的情绪上的释放,这一情绪表达就是"果然"在这里起的作用。

陈振宇、王梦颖、姜毅宁(2022)描写了最常见的几种非叙实动词和语境,以及它们所用的比例:①

表 2 "果然"句常见的非叙实动词和语境

	在"果然"例句所占的比例	例 句
"说"类谓词	27.5%	他绕着涵洞转了三圈,[阴着脸说:"跑模"了五厘米]。大家 测量,<u>果然如此</u>。
"想"类(表示猜想义,其宾语表示预期)	17%	<u>我想,这位自然就是师专的校长张毓吉先生了。果然是</u>。
"听说"类	3%	小溪市离家十里,是个集镇,我从未去过,[只听说好热闹好热闹]。……小镇上<u>果然人来人往</u>,弯弯曲曲一条街的铺面,看得我脚步都挪不动了,常常要哥催。

---

① 除了意向谓词,还有意向名词,参看寇鑫、袁毓林(2018)对"叙实名词"的研究。"果然"句中也有这样的例子:[中国有一句**古训**:名师出高徒]。<u>**果然**这样</u>。上面的"古训"表明了预期的来源,它们都隐含"说"这一非叙实谓词,是古训提出了"名师出高徒"。

续 表

	在"果然"例句所占的比例	例 句
条件句是某一主体实施的行为,而且都是有着非常明确的目的的行为。	27%	林益世深知棋王厉害,[他采取大量兑子的方式,牺牲车马保大帅]。<u>这一招</u>**果然**见效,达到同李来群讲和的目的。 [兰医生佯装发怒]。……<u>郁容秋</u>**果然**慌了。

当然,在很少的情况下,"果然"句中是大概率的预期①。语言现象往往不会那么齐整,会有所谓"例外",这些"果然"语料,实际上都是表示"果真"的感叹意义。

6. 语篇中的预期表达与和谐

预期语篇分为单预期语篇和多预期语篇。多预期语篇,由多个预期复合而成(主要是双重预期语篇)。

这里先谈谈"和谐"(harmony),这一范畴缘起陆俭明(2010a、b)的"语义和谐律"。② 但是,更为重要的是陈振宇、姜毅宁(2018)从预期方面讨论的和谐问题:

---

① 陈振宇、王梦颖、姜毅宁(2022)说:"在8.5%的例句中,条件部分是说话者对事物的属性、状况、历史、情理等方面的讲述,这些情况都有着非常明确的意义指向,因为具有此类属性的事物,在常理预期中很容易达成当前信息句所说的事件(此时自预期一般等于常理预期),不存在任何小预期的可能。"如:
在今天进行的温布尔登网球公开赛女单四分之一决赛中,[一号至四号种子格拉芙、桑切斯、马丁内斯、诺沃特娜]**果然**厉害,分别战胜各自的对手,进入四强。——种子选手,很可能厉害。
还有4%的"果然"例子根本与预期无关。这些例子,一般前面的条件部分是说话者在讲述某种场景(用下划线表示),后面的"果然"句则对这种场景给予总结性的评价或评说,如:
[世事浇漓很难说,/我画钟馗夜巡逻。/你想他是来捉鬼,/还是寻鬼讨酒喝。画中的一副馋酒模样的钟馗],**果然**<u>可气复可笑</u>,(1995年人民日报)——"可气可笑"是对前面的钟馗的表现的评价。

② 陈振宇、李双剑(2020)说:"陆俭明在语法研究中首次引入了'语义和谐律'。他借鉴了语音学上的'元音和谐律',定义'语义和谐'为:句子要求其各组成部分的语义处于和谐的状态,包括整体与其组成成分之间、构式内部词语与词语之间、构式内部词语的使用与构式外部所使用的词语之间都要在语义上和谐。一言以蔽之,'句子诸方面意义都要求彼此之间处于一种和谐状态'。"

如果把这些使因、能力、合理性、权威要求、祈愿、意愿、允诺、有目的的事件等称为条件事件 YP,把最终出现的结果、行为、状况、目的实现等称为结果事件 XP,则"语义和谐"是指,对说话者或一个正常的社会人(代表常规预期)而言,条件概率 P(XP｜YP) 相当大,但并不是等于 1。意为:如果 YP 为真,则说话者或一个正常的社会人会认为 XP 很有可能为真或会为真;但这不是百分之一百的,允许出现特殊的情况使 XP 为假。

总之,"和谐"反映说话者对两个或两个以上事物相互关系的主观态度,不过这一态度是来自常理预期,而且必须是全预期或大预期关系。和谐是稳定的、社会的知识,我们一般不是从个人信念去讨论它;和谐要串起两个或更多的事物,条件和预期之间必须有一定的关联,一般不能是类指预期,而是反映个体条件和它的预期之间的关系;和谐反映的事物之间的关联,哪一个情态维度都可以,可以是基于能力预期、道义预期和认识预期,也可以是基于意愿预期,但必须是大概率或全概率的预期,小预期则是不和谐的。

下面先介绍汉语中常见的一系列有关预期和和谐的语篇表达。

6.1 词汇与预期

6.1.1 偏离义

陆俭明(1990)发现汉语述结式有两种类型,陈振宇、李双剑(2020)说:"偏离义(把饭煮糊了)是不和谐的,达到预期义(把饭煮熟了)是和谐的。用我们的话来说,如果说话者说'爸爸煮了一锅饭',则他默认爸爸把饭煮熟了,而不是煮糊了。我们还可以再加上一个构式外部的句子,如'爸爸还煮了腊肉'。这样我们可以得到一个系列。"(以下 3 例都引自陈振宇、李双剑 2020)

(104)　　　　　O　　　　　P(M|O)　　　　　P(M)
爸爸煮了一锅饭,所以饭应该熟了可以吃了。(♯35-?30-116)①
♯爸爸煮了一锅饭,所以饭应该没煮熟不可以吃。(♯155-?9-17)
♯爸爸煮了一锅饭,　　　　　　　但是饭熟了可以吃了。
　　　　　　　　　　　　　　　　　　　(♯163-?16-2)

---

① 经询问,认为"爸爸煮了一锅饭,所以饭应该熟了可以吃了"不能说或很别扭的人,主要是认为爸爸一般在厨艺上是笨拙的,所以不能肯定他会煮好饭,这样就理解为小概率预期。

爸爸煮了一锅饭，　　　　　　　但是饭没煮熟不可以吃。

（♯6-?2-173）

由此可知"饭熟了饭可以吃了"是"煮了饭"的大预期。

(105)　　　　O　　　　P(M|O)　　　P(M)
♯爸爸煮了一锅饭,所以饭应该煮糊了。　　（♯124-?49-8）
♯爸爸煮了一锅饭,所以饭应该一点儿也没煮糊。（♯127-?39-15）
爸爸煮了一锅饭，　　　但是饭煮糊了。（♯7-?0-174）
?爸爸煮了一锅饭，　　　但是一点儿也没煮糊。

（♯114-?17-50）
♯爸爸煮了一锅饭，　　　甚至饭煮糊了。（♯156-?13-12）
?爸爸煮了一锅饭，　　　甚至一点儿也没煮糊。

（♯104-?16-61）

陈振宇、李双剑(2020)说：

可以看到，从"爸爸煮了一锅饭"根本无法推出"饭煮糊"还是"饭没煮糊"。另外，最后一句恰不恰当，得看我们的知识系统，如果我们知道这位爸爸总是把饭煮糊，那么不把饭煮糊就是一个超预期（本书的极端小预期）的成就，因此这句话就是恰当的；如果根本没有这样的知识，那么这句就不是恰当的。

数据也说明被试在此是感到犹豫的，但总的来讲，倾向于后者。第四句也是如此。

(106)　　　　O　　　　P(M|O)　　　P(M)
♯爸爸煮了一锅饭,所以应该还煮了腊肉。（♯106-?52-23）
♯爸爸煮了一锅饭,所以应该没煮腊肉。（♯117-?43-21）
♯爸爸煮了一锅饭，　　　但是还煮了腊肉。

（♯117-?30-34）
爸爸煮了一锅饭，　　　但是没煮腊肉。（♯13-?5-163）
爸爸煮了一锅饭，　　　甚至还煮了腊肉。（♯5-?6-170）
♯爸爸煮了一锅饭，　　　甚至没煮腊肉。（♯170-?11-0）

陈振宇、李双剑(2020)说：

> 由此可知"还煮了腊肉"是"煮饭"的小概率蕴涵涵义，即超预期（本书的小预期）意义。
> 上述3个例子表明，真正与"煮饭"和谐的只有"煮熟"，不管是"煮糊"还是"还煮了腊肉"，都是不和谐的，不论是偏离还是超出，都会使事件的概率极大地降低。

6.1.2 "偏偏"演化的全貌

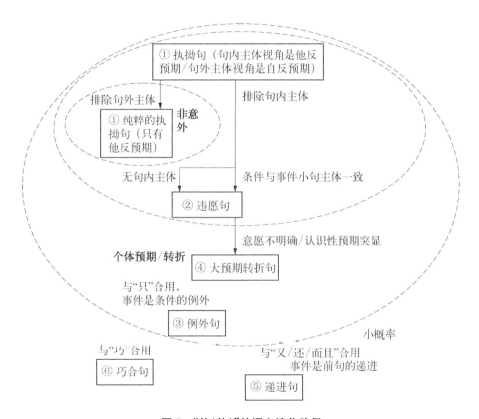

图7 "偏(偏)"的语义演化路径

上图中，最大的圆圈内都是个体预期，圈外则演化为类指预期；中间的圆圈内都有"违愿"语义特征，圈外没有；小圆圈内没有意外意义，圈外都有。框内的数字①②③分别代表吕叔湘主编(1999)《现代汉语八百词》（增订版）所说的三个意义，而④⑤⑥是需要补充进去的三个意义。

"偏(偏)"先是表达"执拗义"，如"我/他偏偏不去"，执拗是与外在的合理性要求相冲突，所以是对他人意愿预期或道义预期的违反，即有人或按照常理预期希望主体做某事,但主体偏偏选择相反的行为。

进一步发展出"违愿义"用法,是指事物的发展与主体的意愿或希望的情况不符或相反,如"屋顶漏了,偏偏下起了大雨"。

再进一步,发展出一般转折句,这时不再是意愿预期,而是进入那些在认识情态上可以得到大概率的预期,即与认识预期不符,如"沙漠中偏偏有一片小湖"。[①]

"偏(偏)"还有三个特殊意义:

1)"例外"关系

历史上,"偏只"曾经合用,因此"偏"又得到了"只"的意义,在下面第一个例句中"偏"可能是不完全的意思,用来辅助"只";在第二个例句中,"偏"可能是表示执拗。总之它们本来都不是表示"只"义。

(107) 阴偏只是一半,两个方做得一个。(《朱子语类》)
[别的学生教一两遍,就教他上了位坐着自家读],偏只把我别在桌头子上站着,只是教站的腿肚子生疼,没等人说句话就嗔。(《醒世姻缘传》)

但这一功能最后成为"偏(偏)"的意义之一,因为"只"脱落了,整体的意义便落到"偏"的头上:

(108) 求生不得生,求死不得死,[父娘皮肉痛痒一般],难道偏他们受得苦起?(《今古奇观》)
你挨着我,我挤着你,[直到有二更时分,却都睡着],惟行者有心闯祸,偏他睡不着,伸过手将八戒腿上一捻。(《西游记》)

现代汉语中这种用法的例句很多:

(109) [小朋友认真听教师讲课],偏偏他一个人搞小动作。
水分大家都有,[别人都不挤],偏偏你要去挤,你究竟想怎么着?
(2000年人民日报)

[①] 另外,陈振宇、王梦颖(2021)说:"除了第一人称行为主体外,'偏偏'句的消极倾向非常强。但匿名专家指出,'偏偏'用于非消极事件的现象在清代就有了,现代汉语中,非消极的'偏偏'句也有少量的例子,如'中国河流万千条,为什么偏偏用【南浦】来象征离别?'作为诗歌中美好意象之一的'南浦'的确很难说有什么消极不满的情感。"

毛泽东的"嘱咐",[我还不晓得],偏偏你们就晓得了,难道你们有机会,别人就没有了吗?(《作家文摘》1993)

其实,我是地地道道的渔民之子,再正宗不过了。[祖祖辈辈都在大海边生,大海边长]。偏偏到了我这一辈,竟然与海无缘,望海生畏,……。(《人民日报》1995)

这一类例句从表面上看,有的的确也有执拗意义,如上面的前两句;但也可以完全没有执拗的意义,如第三、四句。这些例句共同的地方是,前面的条件可以推出普遍的情况,如几乎所有的小朋友都在认真听讲,几乎所有人都不挤水分,几乎每一辈都在海上;第三句"我"还不晓得,因为"我"是主席的秘书,更有权威性,所以应该大家都不晓得。而"偏偏"句所说的正是普遍情况中的例外,他搞小动作是例外,你要挤是例外,你们晓得是例外,我于海无缘是例外,都与常理存在极大的矛盾。

《现代汉语八百词》称这为意义③:表示范围,仅仅;只有。① 这种句子最大的特点就是:突显说话者对"例外"的反对态度、不信任不相信,以及较为强烈的消极情感。因为表示范围的"仅仅、只有"也表示例外,所以这类句子的"偏偏"才能换为"仅仅、只有",参看石定栩、周蜜、姚瑶(2017)。

请注意,例外都是不和谐的,因为无论是意愿上还是认识上,例外都是少数,是非常规的。

杨霁楚(2007)认为,句子的例外义是句中其他相关因素导致的,去掉"偏偏",句子仍然有例外义,所以不同意"偏偏"有例外意义;也并不是所有"偏(偏)"句都表示例外,大量的例句恰恰与例外无关。在历史上,大量的"偏(偏)"句不可以用"只(是)"来替代,唯有这一类可以;从执拗义来的前面各个引申义项都没有例外意义;而这些引申义项都有"违愿"意义,但例外句却没有,所以本类只是历史中的一个特殊演化,不是从执拗义自然演化而来的,而是通过与"只"类副词的共现获得的。

另外,这类例句有的在语篇中缺乏表示条件的句子,如下例所示,所以我们会弄不明白"他"究竟是哪一个范围内的例外(当然根据前后文可以猜测是同类型的人),由于条件不明确,所以也在向类指预期发展,表明"偏(偏)"句的主体是一个很特殊的对象。例如:

(110)我想,为什么偏偏他的工资一直照发,肯定他的问题比较轻,说

---

① 张谊生(1996)把它归入例外型追加。

不定哪天他又平平常常回家来了。这是当时最美最美的幻想了。(冯骥才《一百个人的十年》)

2)"递进"结构

《八百词》等没有收入,童小娥(2015)和金蒙(2018)提出这一用法,称为"增益",但没有具体分析。需要指出的是,这种用法主要集中在"又偏偏、偏偏又、偏偏还、而且偏偏"等结构中,是通过"又、还、而且"达成递进意义(它们必须出现),所以尚未成为一个独立的"偏偏"义项。

本类句子的语义结构:前面的情况 A 已经比较特殊(自反预期)了,但"偏偏"后面还有更进一步的特殊情况 B。语篇中的 A(用曲线下划线表示)不是本书前面所说的条件 O,而是同类型的违反常理的情况,只不过违反程度比"偏偏"句较轻,如:

(111) 一个英国人想不到一个生人可以不明白英国的规矩,而是一见到生人说话行动有不对的地方,马上认为这个人是野蛮,不屑于再招呼他。英国的规矩又偏偏是那么多!(老舍《英国人》)
而在保健品中,既有健字号产品,又有食字号产品。两号之别,已经够乱的了,偏偏商业部门又揽走了一块健字号产品合格证的批准发放权。(《人民日报》)
没过几天,同样的郑志桐又贴出一张大字报——"我坚决要求去陕北插队",偏偏还和我分到一个村。(李斌奎《天山深处的"大兵"》)
大哥好客,往来无白丁,家里经常高朋满座,他自己收入菲薄不打紧,偏偏他对柴米油盐等等的开销还一无概念。(董晓英《"破庙里的孤僧"俞大维》)

这些句子中,本来应该在前面的条件 O 反倒难以表达出来,通常在语境中隐含,这一条件可能是说,出现了某种不如意的情况,所以从中可以抽象出一个说话者的意愿,希望事情向好的方面的转化,而"偏偏"也许还是表示对这一意愿的违反,从这一点看,似乎"偏偏"仍然是违愿功能。

但是,隐含就会变得不明确,条件不明确就会向类指预期发展,所以这些例句中特定条件是什么其实并不清楚,所谓的意愿也就无从明确可知。这应该算是"偏偏"用法的新发展,目前例句还很少,我们语料中没有明确表达出特定条件的大都是这一类。不过,这种情况下,依然是限定于常理预期,如一般而言,规矩很多的概率很小,两个不一样的人分到一个地方的概率也很小,等等。这种递进句式的一个语用特点,就是通常表示消极情感。

在例外和递进意义中,条件句是否能引出一个意愿,就不重要了,也就是说,没有什么"违愿"性限制。

请注意,这里的递进并不包括所有的递进关系,而是具有消极性的递进关系,即事情本来已经不如意了,还会更加地不如意(从说话者的立场来说)。因此,这也是不和谐的,因为不好的事应该是希望不发生,现在反而更进一步地发生。

3)"巧合"意义

清代出现了"偏巧"合用,参看孙佳(2018),"偏偏这么巧"的意思,表示巧合意义,如下例所示,与前文并没有什么必然的联系,也就不是个体预期:

(112) 孩儿一时愤火中烧,对秦尤说了几句大话:镖行不来便罢,如果来了,必要与绿林道报仇雪恨。<u>偏巧黄三哥等到福云居打尖</u>,秦尤暗中看见,孩儿遂骂镖行之人,与贾明动手。(《三侠剑》)
<u>偏巧白德还是昨天一样的票子</u>,没有三吊一张的票儿,又给了四吊一张。(《康熙侠义传》)

在语料中也偶尔可以看到"偏偏"被用作"偏巧",如下例第一句是说偏巧我抬起头,于是双方就相见了,金蒙(2018)说这一句并未与预期呈对立关系,也就是并非真的反预期意义:

(113) 他的目光扫视到了我。<u>我偏偏在那时偶然抬起了头</u>。(梁晓声《京华闻见录》)
怎么就这么巧,早不停电,晚不停电,<u>偏偏在那关键一刻停了电</u>。(田万生《停电》)

需要注意的是,巧合是指万分之一的概率,因此也是非常偶然、非常规的事,故而也是不和谐的。

递进、巧合两类,代表着"偏(偏)"逐渐失去了其原有的语义结构,而一步步地演变为了更为纯粹的语气成分,不再受到个体预期这一限制,而向着更为一般的意外或不和谐标记发展。

6.2 语用推理

在逻辑上有三大语用推理：类比推理、缺省推理和溯因推理，它们实际上都是大预期关系，都是和谐关系的反映。陈振宇、李双剑(2020)说："类比推理和缺省推理，可能是最重要的语用学规则之一，十分频繁地在言语行为中起着极为重要的作用。类比是积极的、进取性的，以发现新的知识作为自己的目的，所以会不断产生新的类比；而缺省是消极的、保守性的，以默认世界观的延续为自己的目的，所以常常不被说话人自己察觉到。"实际上，溯因推理和类比推理相近，也是积极的、进取的。

6.2.1 相互和谐与类比推理

下面我们先看看与类比推理有关的现象。陈振宇、李双剑(2020)说：

> 相互和谐(harmony with each other)指事物之间往往具有一致性，也就是如果事物 X 具有性质 E，则同一类型的事物 Y 也具有性质 E，这里的事物，并不考虑是哪种人称，也不考虑空间的指示类别，只要是同一类型的事物，如我与你与他都是人，这本书和那本书都是书，等等。
>
> 在相互和谐中，一个事物为 X，另一个是 Y，条件概率 P(E(Y)|E(X))在默认时是大概率蕴涵关系，但不是百分之一百，因此满足以下检验格式：……

例如：(以下两例都引自陈振宇、李双剑 2020)

(114)　　　　　O　　　　　P(M|O)　　　　　P(M)
小王喜欢跳舞，所以(很可能)小张也喜欢跳舞。
(♯35-?22-124)①

♯小王喜欢跳舞，所以(很可能)小张不喜欢跳舞。
(♯117-?48-16)

♯小王喜欢跳舞，　　　　　　　但是小张也喜欢跳舞。
(♯148-?27-6)

小王喜欢跳舞，　　　　　　　但是小张不喜欢跳舞。
(♯7-?2-172)

---

① 经询问，认为"小王喜欢跳舞，所以(很可能)小张也喜欢跳舞"不能说或很别扭的人，主要是认为两个人可能是完全不同的人，所以不能肯定，这样就理解为小概率预期。试对比后面关于"教材"的例子，也许对人和对物有所不同，同类事物容易看出，同类的人则不容易看出。

(115)　　　　　O　　　　　P(M|O)　　　　　P(M)
　　　这本教材很贵，所以（很可能）那本也贵。　　（♯28-?0-153）
　　♯这本教材很贵，所以（很可能）那本不贵。　　（♯99-?64-18）
　　♯这本教材很贵，　　　　　但是那本也贵。
　　　　　　　　　　　　　　　　　　　　　　（♯142-?27-12）
　　　这本教材很贵，　　　　　但是那本不贵。
　　　　　　　　　　　　　　　　　　　　　　（♯0-?0-181）

再如曾经有一些被称为"没有预期关系的转折句"，其实都是这里的相互和谐：

(116)　　　　　O　　　　　P(M|O)　　　　　P(M)
　　　小王喜欢喝咖啡，所以（有可能）小张也喜欢喝咖啡。
　　　　　　　　　　　　　　　　　　　　　　（♯30-?5-146）①
　　♯小王喜欢喝咖啡，所以（有可能）小张喜欢喝茶。
　　　　　　　　　　　　　　　　　　　　　　（♯136-?31-14）
　　♯小王喜欢喝咖啡，　　　　　但是小张也喜欢喝咖啡。
　　　　　　　　　　　　　　　　　　　　　　（♯135-?30-16）
　　　小王喜欢喝咖啡，　　　　　但是小张喜欢喝茶。
　　　　　　　　　　　　　　　　　　　　　　（♯0-?7-174）

(117)　　　　　O　　　　　P(M|O)　　　　　P(M)
　　　小王不喜欢喝咖啡，所以（有可能）小张也不喜欢。
　　　　　　　　　　　　　　　　　　　　　　（♯42-?10-129）②
　　♯小王不喜欢喝咖啡，所以（有可能）小张喜欢。
　　　　　　　　　　　　　　　　　　　　　　（♯120-?33-28）
　　♯小王不喜欢喝咖啡，　　　　　但是小张也不喜欢。
　　　　　　　　　　　　　　　　　　　　　　（♯134-?33-14）③
　　　小王不喜欢喝咖啡，　　　　　但是小张喜欢。
　　　　　　　　　　　　　　　　　　　　　　（♯0-?3-178）

---

① 同前注。
② 同前注。
③ 当我们说"小王不喜欢喝咖啡，但是我们也不喜欢喝咖啡，所以你不能嘲笑小王"时可以说，不过这就是另外的一种配置了：小王不喜欢喝咖啡，所以会有人嘲笑他；我们也不喜欢喝咖啡，所以嘲笑小王也就是在嘲笑我们。

参看 Hurley(2010:371),陈振宇(2020a:258-262)对此也有介绍。

陈振宇、李双剑(2020)说:

> 相互和谐其实是"类比推理"的产物。类比是人类最为原始的认知方式之一,包括类比推理、逆类比推理以及复合类比推理三个方面。
> 第一种是"相似/同类—类推",也称为"类比推理"(analogy/analog inference),如果我们认为 X 与 Y 相似或是同类事物,则如果 X 具有性状 E,则 Y 也很可能具有 E,如我认为张三与李四很像,是同一类人,则张三爱抽烟,我就会推测李四很可能也爱抽烟;我把旅行与人生视作同类的事物,则旅行很快乐,我会认为人生也快乐。

可以看到,这实际上是一个相互和谐关系(例引自陈振宇、李双剑 2020):

(118)　　　O　　　　P(M|O)　　　　P(M)
　　　旅行很快乐,所以人生也很快乐。　　　(♯18-?7-156)①
　　♯旅行很快乐,所以人生不快乐。　　　　(♯172-?6-3)
　　♯旅行很快乐,　　　但是人生也很快乐。　(♯163-?12-6)
　　　旅行很快乐,　　　但是人生并不快乐。　(♯3-?4-174)

陈振宇、李双剑(2020)说:

> 第二种是与类比推理方向相反的"逆类比推理"(converse-analogy/converse-analog inference),如果 X 与 Y 都有性状 E,则我们倾向于认为 X 与 Y 相似或同类,或者其中一个是另一个成员。例如学生在教室读书,张三正在教室读书,则我会推测张三很可能是一个学生;张三爱跳舞,李四也爱跳舞,则我推测他们可能是同一类人(在分组活动时我可能会把他们分到同一组)。当然,请注意这都不是百分之一百的概率。

例如(例引自陈振宇、李双剑 2020):

---

① 经询问,认为"旅行很快乐,所以人生也很快乐"不能说或很别扭的人,主要是反对这一隐喻,这样就理解为小概率预期。

(119)　　　　O　　　　　　　　　　　P(M|O)/P(M)

　　学生在教室里读书,张三也在教室里读书,所以张三可能是一名学生。　　　　　　　　　　　　　　　　　　　（♯3-?2-176）

　　♯学生在教室里读书,张三也在教室里读书,所以张三不是学生。　　　　　　　　　　　　　　　　　　　（♯180-?1-0）

　　♯学生在教室里读书,张三也在教室里读书,但是张三可能是一名学生。　　　　　　　　　　　　　　　　　　　（♯171-?9-1）

　　学生在教室里读书,张三也在教室里读书,但是张三不是学生。　　　　　　　　　　　　　　　　　　　（♯0-?2-179）

(120)　　　　O　　　　　　　　　P(M|O)　　　　P(M)

　　张三爱跳舞,李四也爱跳舞,所以他们可能是一类人。　　　　　　　　　　　　　　　　　　　（♯0-?6-175）

　　♯张三爱跳舞,李四也爱跳舞,所以他们可能不是一类人。　　　　　　　　　　　　　　　　　　　（♯169-?12-0）

　　♯张三爱跳舞,李四也爱跳舞,　　　　但是他们是一类人。　　　　　　　　　　　　　　　　　　　（♯173-?8-0）

　　张三爱跳舞,李四也爱跳舞,　　　　但是他们不是一类人。　　　　　　　　　　　　　　　　　　　（♯0-?2-179）

陈振宇、李双剑(2020)说：

　　第三种是一个复合推理,即先做一个逆类比推理,再做一个类比推理。例如"张三喜欢吃辣的,他为人豪爽；李四也喜欢吃辣的,因此他也很可能为人豪爽。"需要分为两步：

　　第一步：张三喜欢吃辣的,李四也喜欢吃辣的,所以他们是同一类人。

　　第二步,在是同一类人的前提下,张三为人豪爽,所以李四也(很可能)为人豪爽。

　　把它们复合在一起,仍然满足和谐的检验格式：……

例如(例引自陈振宇、李双剑2020)：

(121)　　　　O　　　　　　　　　　　P(M|O)/ P(M)

　　张三喜欢吃辣的,他为人豪爽；李四也喜欢吃辣的,因此他也很

可能为人豪爽。　　　　　　　　　　　　　　　　（♯11-?6-164)

♯张三喜欢吃辣的，他为人豪爽；李四也喜欢吃辣的，因此他不可能为人豪爽。　　　　　　　　　　　　　　（♯178-?3-0)

♯张三喜欢吃辣的，他为人豪爽；李四也喜欢吃辣的，但是他也为人豪爽。　　　　　　　　　　　　　　　　（♯166-?10-5)

张三喜欢吃辣的，他为人豪爽；李四也喜欢吃辣的，但是他并不为人豪爽。　　　　　　　　　　　　　　　　（♯4-?2-175)

陈振宇、李双剑(2020)说：

细心思考，这里存在一个相当模糊的地方：什么叫社会心理上的"同一类"？这的确不是一个语言学的问题，而是社会文化的问题。从理论上讲，任何两个事物，我们都可以把它们扯到同一类。

如月亮与人生（例引自陈振宇、李双剑2020）：

(122)　　　O　　　　P(M|O)　　　P(M)

月有阴晴圆缺，所以人也会有旦夕祸福。　　（♯33-?6-142)①

♯月有阴晴圆缺，所以人不会旦夕祸福。　　　（♯175-?6-0)

♯月有阴晴圆缺，　　　　　但是人也有旦夕祸福。
　　　　　　　　　　　　　　　　　　　　　　（♯138-?30-13)

月有阴晴圆缺，　　　　　但是人并没有旦夕祸福。
　　　　　　　　　　　　　　　　　　　　　　（♯33-?25-123)

6.2.2　将来和谐与缺省推理

陈振宇、李双剑(2020)说：

将来和谐(harmony with future)，指事物在将来的情况，常常与它已然的情况一致，也就是从过去现在延续到将来。这一点可以看成是"历史循环论"，虽然在科学中这是有缝推理，但在日常生活中，在语言

---

① 经询问，认为"月有阴晴圆缺，所以人也会有旦夕祸福""月有阴晴圆缺，但是人并没有旦夕祸福"不能说或很别扭的人，主要是反对这一隐喻，认为人事与自然毫无关系，这样就理解为无预期关系了。

中却具有优势地位。

在将来和谐中,现在的状态为 X,将来是 Y,是从现在联想到将来,而不能相反,这是与空间、人称不同的地方。例如看到今天张三身体健康,于是母亲就放心了,因为按照常理,在未来或至少是最近的未来,他会延续这种身体状况,会持续健康至少一段时间。

……

已经出现过的模式,一般也会默认反复发生,也是常见的大概率蕴涵关系:……

例如:(以下两例都引自陈振宇、李双剑 2020)

(123)   O   P(M|O)   P(M)
    该国经济几年来一直持续增长,所以明年也可能会继续增长。
                                       (♯0-?0-181)
    ♯该国经济几年来一直持续增长,所以明年可能不会再继续增长。
                                       (♯118-?29-34)①
    ♯该国经济几年来一直持续增长, 但是明年也会再继续增长。
                                       (♯166-?12-3)
    该国经济几年来一直持续增长, 但是明年不会再继续增长。
                                       (♯13-?12-156)

(124) [一般经济高速增长三到五年后,会出现通货膨胀的情况,该国已经高速增长了三年](O),所以不久后会面临通货膨胀的压力(P(M|O))。   (♯3-?3-175)

    ♯[一般经济高速增长三到五年后,会出现通货膨胀的情况,该国已经高速增长了三年](O),所以不久后还不会马上面临通货膨胀的压力(P(M|O))。   (♯147-?30-4)

    ♯[一般经济高速增长三到五年后,会出现通货膨胀的情况,该国已经高速增长了三年](O),但是不久后会面临通货膨胀的压力(P(M))。   (♯163-?7-11)

    [一般经济高速增长三到五年后,会出现通货膨胀的情况,该国

---

① 经问问,认为"该国经济几年来一直持续增长,所以明年可能不会再继续增长"能说或不别扭的人,主要是认为经济不会一直增长,或者是认为恰恰是已经有了长期增长,所以有很大的概率会出现经济下降。

已经高速增长了三年](O),但是不久后还不会马上面临通货膨胀的压力(P(M))。　　　　　　　　　　　　　　　(♯6-?2-173)

陈振宇、李双剑(2020)说：

将来和谐其实是"缺省推理"的产物。"缺省推理"(default reasoning/default inference)由 Reiter(1980)提出(参看熊学亮,2007;熊学亮、许宁云 2005)。按陈振宇(2020a：262-264)的介绍：当主体面对事物时,他没法在完全确认这些事物的性质与真实性后再来行事,外在环境或心理冲动会逼迫他立刻采取某种立场观念并依此行动起来,去与事物打交道。所以认识,并不总是在行动之先,在不具有完善认识的条件下,主体会自动根据他的历史经验、身体本能甚至可能是随机地树立一个信念,它是一种观念、方针、指南等等,在当下的情景中直接影响着主体的行为,换言之,主体先"认定"事实就是如此如此,然后在行动中去这样做。如果主体在接下来的活动中,接触的每个论据都和这一信念相容,或者虽有差异但尚不会造成严重的矛盾,则这一信仰将得到保持甚至强化;直到某个可以推翻先前相关结论的关键节点(重大的矛盾的新事物或新条件的介入)到来,才会迫使主体回过头来审视信念的事实性问题;在这个关键节点到来之前,该信念是默认为真,无需讨论,从而隐藏在主体更为关注的其他意义背后的背景信息之中,重新关注将使它前景化,从而取消它作为信念的地位。正所谓"信者不言,言者不信"(《老子》)。

缺省推理最主要的知识来源与时间有关,即人们通常是把已经获得的知识(过去获得的知识)作为默认的知识,而这些知识也都是关于已经存在的事物的知识。认识论上,我们一般会把自己关于事物的已有的知识,延续到未来。只要暂时还未尝遭到反对,就默认它为真。

这样的知识既有肯定的知识,也有否定的知识,……

如(例引自陈振宇、李双剑 2020)：

(125)　　　　　O　　　　　　P(M|O)　　　　　　P(M)
没有人见过李四喝酒,因此李四可能是不喝酒的。　(♯0-?7-174)
♯没有人见过李四喝酒,因此李四可能是要喝酒的。(♯176-?2-3)
♯没有人见过李四喝酒,　　　　但是李四是不喝酒的。
　　　　　　　　　　　　　　　　　　　　　　　(♯168-?9-4)

没有人见过李四喝酒， 但是李四是要喝酒的。

（♯12-?2-167）

6.2.3　因果和谐与溯因推理

所谓"溯因推理"（abductive inference），也译为"反绎推理"，一般定义为已知结论为真，去逆推其条件也为真的认识方式。由于这实际上是基于蕴涵关系的推理，所以"溯因"这一术语并不准确，应该称为"逆蕴涵推理"，只不过因为已经约定俗成，所以本书也使用这一学界流行的中文翻译。

陈振宇（2020a：196-204）说，从本质上看，因果和谐有两个不同的方向：直接致使和间接致使。

第一，某些因果关系具有直接致使的关系，也就是当因事件发生后，果事件会很快紧接着发生，二者没有或只有很少的中间环节。这时，如果我们强调果事件的实现，则可以反推因事件的实现，这是狭义的"溯因推理"。下面就是两个例子，可以看到它是个大预期：

(126) 下雨地面会湿。你看地下是湿的。（因此下了雨）。

　　M：X 蕴涵 Y，Y 为真，则 X 很可能为真。

　　P1：天下雨地面会湿。

　　P2：地下是湿的。

　　C：很可能天下了雨。

| O | P(M\|O) | P(M) |

下雨地面会湿,地下是湿的,所以很可能下了雨。　（♯0-?2-179）
♯下雨地面会湿,地下是湿的,所以很可能没下雨。　（♯178-?0-3）
♯下雨地面会湿,地下是湿的,　　　　　　　　　　但是下了雨。
　　　　　　　　　　　　　　　　　　　　　　　（♯175-?0-6）
下雨地面会湿,地下是湿的,　　　　　　　　　　但是没有下雨。
　　　　　　　　　　　　　　　　　　　　　　　（♯0-?9-172）

(127) 说谎的人会脸红，目光游移躲避。你看他的脸确实很红。（因此他说了谎）。

　　M：X 蕴涵 Y，Y 为真，则 X 很可能为真。

　　P1：说谎的人会脸红

　　P2：他的脸很红。

　　C：他很可能说了谎。

| O | P(M\|O) | P(M) |

说谎的人会脸红,他的脸很红,所以他很可能说了谎。

(♯3-?8-170)

♯说谎的人会脸红,他的脸很红,所以他不可能说谎。

(♯176-?5-0)

♯说谎的人会脸红,他的脸很红,　　　　但是他说了谎。

(♯179-?2-0)

说谎的人会脸红,他的脸很红,　　　　但是他没有说谎。

(♯3-?0-178)

溯因推理也是不得已而为之,当迫切需要得出结论时,会触发溯因推理。"迫切需要"的语言学表现就是对结果的过度强调,也就是强化语力,其本质是说明该结果如此突出,非同寻常,必然有其原因,本例中,"你看他的脸确实很红"有强调的成分。

但是这存在一个重大的问题,当"多因一果"时,也就是多个事件都可以各自独立地导致同样的结果,如 X1 蕴涵 Y,X2 蕴涵 Y,X3 蕴涵 Y,……这样当 Y 为真时,就无法说一定是 X1,也可能是 X2 或 X3 导致的。例如下雨地上湿,泼水也会让地上湿,现在地上是湿的,则下过雨是有可能的,但还有泼水这种可能,为什么认定下雨? 脸红也是如此,可能是说谎,也可能是惭愧,也可能是冻的,为什么认定说谎?

在多因一果时,优先选择的是日常概率最大,或认知最突显的那个原因,但并不意味着其他原因完全被淘汰,这是一个选择权重大小的问题。相比"泼水","下雨"更为有力,更可能影响地面,所以我们会顺着这一路径去溯因。Douven(2021)认为,现代文献中的溯因推理主要是指"寻求最佳解释的推理(inference to the best explanation)"。

第二,许多因事件仅仅是必要条件,有它事件不一定就发生,而没有它事件一定不会发生。例如"努力"与"取得好成绩"之间的关系就是一种间接致使关系,努力了不一定会取得好成绩,还需要其他条件,如正确的学习方法、有足够的智力等等都齐全了,才能得到结果,原因和结果之间的时间距离也比较疏远,即使一切都合适了,也可能还需要足够的努力时间。

这一类的原因总是在结果之前存在,或至少不在结果之后。这一性质导致了这样的蕴涵关系:结果蕴涵原因,即如果果事件发生,则因事件也一定发生;反之,因事件发生,果事件未必已经发生。

这时的"逆蕴涵推理"便不是狭义的"溯因推理",还不如说是"判果推

理":即当强调因事件为真时,也就语用地推出果事件为真或将要为真,这也是大预期:

(128) 取得好成绩需要努力。你看他十分努力。(因此很可能取得好成绩)。

M：X 蕴涵 Y,Y 为真,则 X 很可能为真。
P1：取得好成绩需要努力。
P2：你看他十分努力。
C：因此很可能取得好成绩。

   O   P(M|O)   P(M)

取得好成绩需要努力,他十分努力,所以很可能取得好成绩。

(♯0-?0-181)

♯取得好成绩需要努力,他十分努力,所以不可能取得好成绩。

(♯178-?3-0)

♯取得好成绩需要努力,他十分努力, 但是取得了好成绩。

(♯181-?0-0)

取得好成绩需要努力,他十分努力, 但是没有取得好成绩。

(♯6-?0-175)

(129) 住院的人得了严重的疾病。他现在得了严重的疾病。(因此他很可能住院或会住院)。

M：X 蕴涵 Y,Y 为真,则 X 很可能为真。
P1：住院的人得了严重的疾病
P2：他现在得了严重的疾病。
C：他很可能住院或会住院。

   O   P(M|O)/ P(M)

住院的人得了严重的疾病,他现在得了严重的疾病,所以他很可能住院或会住院。 (♯6-?3-172)

♯住院的人得了严重的疾病,他现在得了严重的疾病,所以他不可能住院或会住院。 (♯181-?0-0)

♯住院的人得了严重的疾病,他现在得了严重的疾病,但是他住了院。 (♯181-?0-0)

住院的人得了严重的疾病,他现在得了严重的疾病,但是他没有住院。 (♯4-?2-175)

6.3 事物的和谐性

6.3.1 物性和谐

物性结构分出了四种事物的性质,参看魏雪、袁毓林(2013)和袁毓林(2014a)等。生成词库理论(Generative Lexicon Theory,GLT),参看Pustejovsky(1995)。

下面是几种物性角色的具体说明,袁毓林(2014a)说:

(1) 形式[角色](formal):在一个更大的领域中辨认出一个物体的基础范畴,它描写物体在更大的认知域中区别于其他物体的属性,包括物体的大小、形状、维度、颜色和方位等;藉此,可以把一种物体跟周围的其他物体区别开来。

(2) 构成[角色](constitutive):描写一个物体跟其各构成部分的关系,包括材料、重量、部分和组成成分等;也描写物体在更大的范围内构成或组成哪些物体。比如,house 的构成角色说明房子由砖头等物质构成,hand 的构成角色说明手是身体的一部分。

(3) 功用[角色](telic):描写物体的用途和功能,有两种:① 直接功用,人可以跟某种物体发生直接的联系;比如,啤酒是供人喝的,beer 的功用角色是 drink,可以直接构成述宾结构 drink beer;② 间接功用,指某个物体可以用来协助完成某个活动,比如 knife 的功用角色是 cut,可以通过介词引导来连接,如:cut with a knife;功用角色还描写人的社会功用,表人词语的功用角色说明其指称对象有什么社会功用;比如,角色定义型名词"打印员"的功用角色说明打印员是专门提供打印服务的人。

(4) 施成[角色](agentive):涉及物体的来源或产生的因素,说明物体是怎样形成的,如创造、因果关系等。比如,书是作者写出来的,那么 book 的施成角色为 write;场景定义型名词"乘客、原告"的施成角色就分别是乘用交通工具活动和控告活动,是这些具体场景下的活动使某人成为乘客或原告。

实际上,所有的物性角色都可能存在和谐的配置,下面我们一一举例说明:

1) 实体与其形式角色的和谐

当事物有固定或较为固定的形状、大小、颜色等方面的性质状态时,可

以从实体很容易地联想到这些常规的性质状态。例如气球一般是圆形的,那么我们有:

(130)   O   P(M|O)   P(M)

    他说我长得像气球,所以他很可能是在说我很胖。
                                          (♯3-?0-178)

    *他说我长得像气球,所以他不可能是在说我很胖。
                                          (♯172-?9-0)

    *他说我长得像气球,   但是他是在说我很胖。
                                          (♯170-?9-2)

    他说我长得像气球,   但是他不是在说我很胖。
                                          (♯3-?4-174)

2) 实体与其构成角色的和谐

当事物有固定或较为固定的材料、组织方式或组成成分等方面的性质状态时,可以从实体很容易地联想到这些常规的性质状态。例如中国古代镜子一般是铜做的,质量也比较大,那么我们有:

(131)   O   P(M|O)/P(M)

    他说手中拿的是一面明代的镜子,(所以)他的手上应该是沉甸甸的。
                                        (♯3-?0-178)

    *他说手中拿的是一面明代的镜子,(所以)他的手上应该是轻飘飘的。
                                        (♯169-?12-0)

    *他说手中拿的是一面明代的镜子,但是他的手上沉甸甸的。
                                        (♯169-?6-6)

    他说手中拿的是一面明代的镜子,但是他的手上轻飘飘的。
                                        (♯13-?5-163)

3) 实体与其功用角色的和谐

陈振宇、李双剑(2020)说:"功用角色是最常见的预期和谐关系,例如当我们听说'张三手中拿着一本书'的时候,我们会优先认为他在看书,因为阅读是书籍的首位功用角色。"因为我们的身边充斥着各种人造的事物,它们几乎都是因为人们需要某种功能而被制造出来的,天生与其功用角色具有固定或较为固定的联系,也是它们在社会中参与最多的事件。

(132) a.　　　　O　　　　　P(M|O)　　　　P(M)
　　　　　小王手里拿着一本书,所以他可能在看书。　（♯6-?6-169）
　　　　　♯小王手里拿着一本书,所以他可能没在看书。
　　　　　　　　　　　　　　　　　　　　　　　（♯161-?20-0）
　　　　　♯小王手里拿着一本书,　　　　　但是他在看书。
　　　　　　　　　　　　　　　　　　　　　　　（♯170-?8-3）
　　　　　小王手里拿着一本书,　　　　　　但是他没在看书。
　　　　　　　　　　　　　　　　　　　　　　　（♯3-?3-175）
　　　b.　　　　O　　　　　P(M|O)　　　　M
　　　　　♯小王手里没拿书,所以他可能在看书。　（♯177-?4-0）
　　　　　小王手里没拿书,所以他可能没在看书。　（♯11-?4-166）
　　　　　小王手里没拿书,　　　　　　　但是他是在看书。
　　　　　　　　　　　　　　　　（可能是用手机看书）（♯3-?2-176）
　　　　　♯小王手里没拿书,　　　　　　但是他没在看书。
　　　　　　　　　　　　　　　　　　　　　　　（♯177-?4-0）

再如手表是用来看时间的（甚至在手机等电子设备普及之前是最重要的看时间的工具）：

(133) a.　　　　O　　　　P(M|O)　　　M
　　　　　我戴了手表,所以我知道时间。　（♯0-?0-181）
　　　　　♯我戴了手表,所以我不知道时间。（♯181-?0-0）
　　　　　♯我戴了手表,　　但是我知道时间。（♯173-?4-4）
　　　　　我戴了手表,　　但是我不知道时间。(手表坏了)
　　　　　　　　　　　　　　　　　　　　　（♯7-?0-174）
　　　b.　　　　O　　　　P(M|O)　　　M
　　　　　♯我没戴手表,所以我知道时间。　（♯181-?0-0）
　　　　　我没戴手表,所以我不知道时间。　（♯0-?2-179）
　　　　　我没戴手表,　　但是我知道时间。(看太阳的位置)
　　　　　　　　　　　　　　　　　　　　　（♯0-?9-172）
　　　　　♯我没戴手表,　　但是我不知道时间。（♯177-?4-0）

在间接言语行为理论中,曾经分析过事物与时间的关系,但分析步骤繁杂曲折。陈振宇、李双剑（2020）认为这很简单,也就是个关于"功用角色"的问题：

(134) 甲：请问你戴了手表吗？
乙：哦，现在 11 点 3 分。

（例引自陈振宇、李双剑 2020）

有关的推理过程如下：

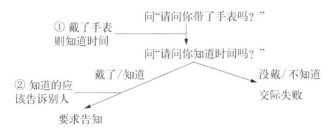

图 8 "手表—时间"间接推理（引自陈振宇、李双剑 2020）

图中的第一个推理①，就是功能角色导致的语用推理。第二个推理②，是后面要说的"如主体有确实的知识，他应该告诉别人"。

4）实体与其施成角色的和谐

陈振宇、李双剑（2020）说："施成角色也与和谐有关，不过稍微不同的是，实体的制造者需要是专业人士，不像使用者那样普遍。"

(135) a.　　　　O　　　　　　　　　　P(M|O)/ P(M)
张木匠的桌上有一张摇椅的图纸，所以他可能是在造摇椅/是在琢磨怎样造摇椅。　　　　　　　　　　（♯0-?0-181）
♯张木匠的桌上有一张摇椅的图纸，所以他可能没在造摇椅/没在琢磨怎样造摇椅。　　　　　　　　（♯173-?5-3）
♯张木匠的桌上有一张摇椅的图纸，但是他是在造摇椅/是在琢磨怎样造摇椅。　　　　　　　　　（♯169-?12-0）
张木匠的桌上有一张摇椅的图纸，但是他没在造摇椅/没在琢磨怎样造摇椅。　　　　　　　　　　（♯3-?0-178）
b.　　　　O　　　　P(M|O)　　　　P(M)
♯张木匠的桌上没有摇椅的图纸，所以他可能是在造摇椅/是在琢磨怎样造摇椅。　　　　　　　　（♯171-?3-7）
张木匠的桌上没有摇椅的图纸，所以他可能没在造摇椅/没在琢磨怎样造摇椅。　　　　　　　　　（♯6-?3-172）
张木匠的桌上没有摇椅的图纸，但是他是在造摇椅/是在琢磨

怎样造摇椅。(心中有图纸) （♯0-?3-178）
♯张木匠的桌上没有摇椅的图纸,但是他没在造摇椅/没在琢磨怎样造摇椅。（♯174-?3-4）

再如（例引自陈振宇、李双剑 2020）：

(136) a.   O   P(M|O)/ P(M)

他的电脑上打开了一篇未完成的论文,所以他可能是在写论文。（♯0-?4-177）

♯他的电脑上打开了一篇未完成的论文,所以他可能不是在写论文。（♯169-?7-5）

♯他的电脑上打开了一篇未完成的论文,但是他是在写论文。（♯171-?10-0）

他的电脑上打开了一篇未完成的论文,但是他不是在写论文。（♯0-?0-181）

b.   O   P(M|O)   M

♯他的电脑上没有打开论文,所以他可能是在写论文。（♯175-?3-3）

他的电脑上没有打开论文,所以他可能不是在写论文。（♯3-?0-178）

他的电脑上没有打开论文,但是他是在写论文。(用其他方法,如用手机写)（♯0-?0-181）

♯他的电脑上没有打开论文,但是他不是在写论文。（♯165-?7-9）

6.3.2 事件和谐

一个事件有参与者,还有参与者的各方面性质。可以从两个方面来看：
1) 事件与论元之间需要保持和谐关系

事件存在,则各论元的性质应该能够满足事件对它们的语义要求,如身体条件（例引自陈振宇、李双剑 2020）：

(137) a.   O   P(M|O)   P(M)

小王在飞跑,所以他的脚和腿应该是好好的。（♯3-?3-175）

♯小王在飞跑,所以他的脚和腿应该是有毛病。

(♯178-?3-0)

♯小王在飞跑, 但是他的脚和腿是好好的。

(♯169-?4-8)

小王在飞跑, 但是他的脚和腿是有毛病。(身残志坚,坚持运动) (♯11-?3-167)

b O   P(M|O)   M

♯小王不跑步,所以他的脚和腿可能是好好的。

(♯165-?12-4)

小王不跑步,所以他的脚和腿可能是有毛病。(♯9-?8-164)

小王不跑步, 但是他的脚和腿是好好的。

(♯18-?5-158)

♯小王不跑步, 但是他的脚和腿是有毛病。

(♯163-?9-9)

陈振宇、李双剑(2020)说:"事物之间的关系,有些也是受谓词意义的制约,如在给予、获取等意义中,会有领属关系,不过这一般仅仅是对肯定事件而言"(例引自陈振宇、李双剑2020,稍有修改):

(138) O   P(M|O)/P(M)

小王给了李四一本书,所以小王原来应该是有书的,至少这一本就可能是他的。 (♯23-?7-151)①

♯小王给了李四一本书,所以小王原来应该是没有书的,这一本也可能不是他的。 (♯165-?0-16)

♯小王给了李四一本书,但是小王原来应该是有书的,至少这一本就可能是他的。 (♯144-?12-25)

小王给了李四一本书,但是小王原来是没有书的,这一本也不是他的。(拿别人的书送人) (♯21-?6-154)

2) 前提与事件的和谐

陈振宇、李双剑(2020)说:

---

① 经闻问,一些被试觉得句子比较绕,所以无法确定是否可以说,标注为"♯"或"?"。

所谓事件的"前提"(precondition),分为两种:

(1) 强的前提,是在事件发生之前必须具备的要素。一般来说,前提是必要条件,不是充分条件,所以从真值逻辑学的角度讲,当事件发生时,那些前提都为真;但是某些前提为真,事件并不一定发生。这就是说,衍推关系是"事件→前提",或者"～前提→～事件",而不是相反。

但是在言语行为中,说话者认为这些前提为真,则可以恰当地推出事件发生或会发生。在这一预期和谐中,前提为 X,结果是 Y,是从前提联想到结果。例如一个人有某方面能力或意愿,我们就会预见他可能会在这方面发展,做出一番事业来。

这些前提有:有使因(促使事件发生的动因)、主体有能力、有知识、有工具(有关事件的必要工具)、没有(外在)阻碍以及有其他条件。……

(2) 弱的前提,是在事件发生之前可能会发生的事,它们可能对事件有一定的影响,可能没有影响,在客观上可能相关,也可能不相关,仅仅是我们的主观想象。如有外在的要求、主体有意愿、主体允诺、有理由、事件有征兆、事件是合理的、事件是积极的等等。当这些条件存在时,与之和谐的是事件发生或会发生;反之,当这些条件不存在时,与之和谐的是事件没有发生或不会发生。

这是一种逆蕴涵关系推理,但更是我们日常知识的体现。这样的前提有多种,下面是陈振宇、李双剑(2020)提出的一些例子及其证明,说明它们的确是大概率预期:(以下 4 例都引自陈振宇、李双剑 2020)

(139) 外在的使因:
    a.   O   P(M|O)   P(M)
        汽车撞在了墙上,所以墙塌了/可能会塌。 (♯3-?0-178)
        ♯汽车撞在了墙上,所以墙没塌/应该不会塌。 (♯172-?3-6)
        ♯汽车撞在了墙上, 但是墙塌了。
        (♯170-?9-2)
        汽车撞在了墙上, 但是墙没塌。
        (♯0-?0-181)
    b.   O   P(M|O)   P(M)
        ♯汽车没撞在墙上,所以墙塌了/可能会塌。 (♯176-?2-3)
        汽车没撞在墙,所以墙没塌/应该不会塌。 (♯6-?8-167)

汽车没撞在墙，　　　　　　　　　　但是墙塌了。

（♯12-?3-166)

♯汽车没撞在墙，　　　　　　　　　但是墙没塌。

（♯174-?4-3)

(140) 主体有能力：

a.　　　O　　　　P(M|O)　　　　P(M)

他有能力完成任务，所以他应该完成了/会完成任务。

（♯16-?0-165)

♯他有能力完成任务，所以他应该没完成/不会完成任务。

（♯178-?3-0)

♯他有能力完成任务，　　　　　　但是他完成了任务。

（♯178-?3-0)

他有能力完成任务，　　　　　　　但是他没完成任务。

（♯0-?0-181)

b.　　　O　　　　P(M|O)　　　　P(M)

♯他没有能力完成任务，所以他应该完成了/会完成任务。

（♯174-?3-4)

他没有能力完成任务，所以他应该没完成/不会完成任务。

（♯0-?0-181)

他没有能力完成任务，　　　　　　但是他完成了任务。
　　　　　　　　　　　　　　　　（他人的帮助）

（♯6-?0-175)

♯他没有能力完成任务，　　　　　　但是他没完成任务。

（♯175-?3-3)

(141) 有外在的要求(如来自权威的要求)：

a.　　　O　　　　P(M|O)　　　　P(M)

妈妈要他早点回家,所以他应该早点回去。（♯0-?4-177)

♯妈妈要他早点回家,所以他可以很晚回去。（♯179-?2-0)

♯妈妈要他早点回家，　　　　　　但是他一早就回去了。

（♯167-?11-3)

妈妈要他早点回家，　　　　　　　但是他很晚才回去。

（♯1-?3-177)

b.　　　O　　　　P(M|O)　　　　P(M)

♯妈妈没要他早点回家,所以他应该早点回去了。（♯178-?3-0)

妈妈没要他早点回家,所以他可以很晚回去。（♯0-?0-181）

妈妈没要他早点回家,　　　　　　但是他一早就回去了。

（♯4-?0-177）

♯妈妈没要他早点回家,　　　　　　但是他很晚才回去。

（♯172-?9-0）

(142) 主体有意愿:

a.　　　　O　　　　　　P(M|O)　　　　　P(M)

他想参加比赛,所以他应该会去参加比赛。（♯0-?0-181）

♯他想参加比赛,所以他应该不会去参加比赛。（♯179-?2-0）

♯他想参加比赛,　　　　　　但是他去参加比赛了。

（♯181-?0-0）

他想参加比赛,　　　　　　但是他没去参加比赛。

（♯0-?0-181）

b.　　　　O　　　　　　P(M|O)　　　　　P(M)

♯他不想参加比赛,所以他应该会去参加比赛。（♯181-?0-0）

他不想参加比赛,所以他应该不会去参加比赛。（♯0-?0-181）

他不想参加比赛,　　　　　　但是他去参加比赛了。

（♯0-?0-181）

♯他不想参加比赛,　　　　　　但是他没去参加比赛。

（♯178-?3-0）

下面是补充的、更多的类型:

(143) 主体有知识:

a.　　　　O　　　　　　　　　　　　P(M|O)/ P(M)

他知道可以用这个办法打开密门,所以他可能已经打开了/会打开那道门。（♯6-?0-175）

♯他知道可以用这个办法打开密门,所以他没有打开/不会打开那道门。（♯175-?3-3）

♯他知道可以用这个办法打开密门,但是他已经打开了那道门。

（♯169-?9-3）

他知道可以用这个办法打开密门,但是他没有打开那道门。

（♯0-?0-181）

b.　　　O　　　　　　　　　　P(M|O)/ P(M)

♯他不知道可以用这个办法打开密门,所以他可能已经打开了/会打开那道门。　　　　　　　　　　(♯169-?12-0)

他不知道可以用这个办法打开密门,所以他没有打开/不会打开那道门。　　　　　　　　　　(♯0-?0-181)

他不知道可以用这个办法打开密门,但是他已经打开了那道门。(其他机缘)　　　　　　　　(♯3-?0-178)

♯他不知道可以用这个办法打开密门,但是他没有打开那道门。
　　　　　　　　　　　　　　　　　　(♯171-?7-3)

(144) 主体有工具(有关事件的必要工具):

a.　　　O　　　　　P(M|O)　　　　　P(M)

他有枪,所以可能是他打死了她/他可能会打死她。
　　　　　　　　　　　　　　　　　　(♯4-?0-177)

♯他有枪,所以他不可能打死/不会打死她。　(♯169-?6-6)

♯他有枪,　　　　　　但是是他打死了她/他会打死她。
　　　　　　　　　　　　　　　　　　(♯166-?12-3)

他有枪,　　　　　　但是他没打死她。(♯0-?0-181)

b.　　　O　　　　　P(M|O)　　　　　P(M)

♯他没有枪,所以可能是他打死了她/他可能会打死她。
　　　　　　　　　　　　　　　　　　(♯171-?7-3)

他没有枪,所以他没打死/不会打死她。　(♯9-?4-168)

他没有枪,　　　　　　但是是他打死了她/他会打死她。
　　　　　　　　　　　　　　　　　　(♯6-?12-163)

♯他没有枪,　　　　　　但是他没打死她。
　　　　　　　　　　　　　　　　　　(♯177 ?0 4)

(145) 没有外在的阻碍:

a.　　　O　　　　　P(M|O)　　　　　P(M)

没有人阻止他,所以他可能已经到达目的地。(♯6-?0-175)

♯没有人阻止他,所以他没有到达目的地。　(♯178-?0-3)

♯没有人阻止他,　　　　　但是他已经到达目的地。
　　　　　　　　　　　　　　　　　　(♯164-?2-15)

没有人阻止他,　　　　　但是他没有到达目的地。
　　　　　　　　　　　　　　　　　　(♯24-?0-157)

b.　　　　O　　　　　P(M|O)　　　　P(M)

♯有人阻止他,所以他可能已经到达目的地。　（♯175-?6-0)

有人阻止他,所以他没有到达目的地。　　（♯0-?0-181)

有人阻止他,　　　　　　但是他已经到达目的地。

（♯6-?0-175)

♯有人阻止他,　　　　　　但是他没有到达目的地。

（♯179-?0-2)

其他的条件如适当的时间、方式、材料、人力、金钱、图纸、说明书、证据等等：

(146) 设十点是允许离开的时间：

a.　　　　O　　　　　P(M|O)　　　　P(M)

已经到十点了,所以我们可以走了。　　　（♯0-?3-178)

♯已经到十点了,所以我们还不可以走。　（♯161-?17-3)

♯已经到十点了,　　　　　但是我们可以走了。

（♯165-?10-6)

已经到十点了,　　　　　　但是我们还不可以走。

（♯165-?0-16)

b.　　　　O　　　　　P(M|O)　　　　P(M)

♯还没到十点,所以我们可以走了。　　　（♯157-?21-3)

还没到十点,所以我们还不可以走。　　　（♯0-?0-181)

还没到十点,　　　　　　但是我们可以走了。

（♯0-?3-178)

♯还没到十点,　　　　　　但是我们还不可以走。

（♯159-?11-11)

(147) a.　　　O　　　　　P(M|O)　　　　　P(M)

他有办法可以做这事,所以可能是他做了这件事/他可能会做这件事。　　　　　　　　　　　　　　（♯15-?4-162)

♯他有办法可以做这事,所以他没做/不会做这件事。

（♯172-?7-2)

♯他有办法可以做这事,　　　但是他做了这件事。

（♯175-?3-3)

　　　　　　他有办法可以做这事，　　　　　　但是他没做这件事。
　　　　　　　　　　　　　　　　　　　　　　　　　（♯4-?0-177）

　　b.　　　O　　　　　　P(M|O)　　　　P(M)
　　　　♯他没有办法可以做这事，所以可能是他做了这件事/他可能
　　　　会做这件事。　　　　　　　　　　　　　　（♯172-?9-0）
　　　　他没有办法可以做这事，所以他没做/不会做这件事。
　　　　　　　　　　　　　　　　　　　　　　　　　（♯3-?0-178）
　　　　他没有办法可以做这事，　　但是他做了这件事。（偶然成功）
　　　　　　　　　　　　　　　　　　　　　　　　　（♯3-?0-178）
　　　　♯他没有办法可以做这事，　　但是他没做这件事。
　　　　　　　　　　　　　　　　　　　　　　　　　（♯175-?3-3）

(148) a.　　　O　　　　　　P(M|O)　　　　P(M)
　　　　材料、人员、图纸都到位了，所以工程应该可以按时完成。
　　　　　　　　　　　　　　　　　　　　　　　　　（♯0-?3-178）
　　　　♯材料、人员、图纸都到位了，所以工程可能无法按时完成。
　　　　　　　　　　　　　　　　　　　　　　　　　（♯178-?3-0）
　　　　♯材料、人员、图纸都到位了，　　但是工程可以按时
　　　　完成。　　　　　　　　　　　　　　　　　　（♯181-?0-0）
　　　　材料、人员、图纸都到位了，　　但是工程无法按时
　　　　完成。　　　　　　　　　　　　　　　　　　（♯0-?12-169）

　　b.　　　O　　　　　　P(M|O)　　　　P(M)
　　　　♯材料、人员、图纸都没有到位，所以工程应该可以按时完成。
　　　　　　　　　　　　　　　　　　　　　　　　　（♯175-?3-3）
　　　　材料、人员、图纸都没有到位，所以工程可能无法按时完成。
　　　　　　　　　　　　　　　　　　　　　　　　　（♯6-?0-175）
　　　　材料、人员、图纸都没有到位，　　但是工程可以按时完成。
　　　　　　　　　　　　　　　　　（依靠拼搏）（♯0-?0-181）
　　　　♯材料、人员、图纸都没有到位，　　但是工程无法按时完成。
　　　　　　　　　　　　　　　　　　　　　　　　　（♯180-?0-1）

(149) a.　　　O　　　　　　P(M|O)　　　　P(M)
　　　　老张抓住了对方的证据，所以官司应该会赢。（♯0-?3-178）
　　　　♯老张抓住了对方的证据，所以官司应该不会赢。
　　　　　　　　　　　　　　　　　　　　　　　　　（♯175-?3-3）

♯老张抓住了对方的证据， 但是赢了官司。
(♯178-?0-3)
老张抓住了对方的证据， 但是没赢官司。
(♯0-?0-181)

b.   O   P(M|O) P(M)

♯老张没有抓住对方的证据，所以官司应该会赢。
(♯178-?0-3)
老张没有抓住对方的证据，所以官司应该不会赢。
(♯0-?0-181)
老张没有抓住对方的证据， 但是赢了官司。
（依靠法官的袒护）
(♯0-?3-178)
♯老张没有抓住对方的证据， 但是没赢官司。
(♯181-?0-0)

(150) 主体允诺：

  a.   O   P(M|O) P(M)

  他答应去见她，所以他应该会去。 (♯0-?0-181)
  ♯他答应去见她，所以他应该不会去。 (♯177-?4-0)
  ♯他答应去见她， 但是他去了。 (♯181-?0-0)
  他答应去见她， 但是他没去。 (♯0-?0-181)

  b.   O   P(M|O) P(M)

  ♯他没答应去见她，所以他应该会去。 (♯172-?5-4)
  他没答应去见她，所以他应该不会去。 (♯0-?0-181)
  他没答应去见她， 但是他去了。 (♯3-?4-174)
  ♯他没答应去见她， 但是他没去。 (♯181-?0-0)

(151) 有理由：

  a.   O P(M|O)   P(M)

  他生病了，所以他不会去上学。 (♯0-?1-180)
  ♯他生病了，所以他会去上学。 (♯174-?6-1)
  ♯他生病了， 但是他没去上学。 (♯160-?13-8)
  他生病了， 但是他还是去上学了。(♯0-?11-170)

  b.   O P(M|O)   P(M)

  ♯他没生病，所以他不会去上学。 (♯181-?0-0)
  他没生病，所以他会去上学。 (♯0-?7-174)

| | 他没生病， | 但是他没去上学。 | （#4-?3-174） |
| | ♯他没生病， | 但是他还是去上学了。 | （#167-?12-2） |

(152) 事件有征兆：

a.   O   P(M|O)   P(M)

大雁飞走了，所以冬天要来了。　　　　　（#2-?7-172）
♯大雁飞走了，所以冬天还不会来。　　　（#174-?7-0）
♯大雁飞走了，　　　但是冬天来了。　　（#169-?10-2）
大雁飞走了，　　　但是冬天还没来。　　（#1-?2-178）

b.   O   P(M|O)   P(M)

♯大雁没飞走，所以冬天要来了。　　　　（#170-?11-0）
大雁没飞走，所以冬天还不会来。　　　　（#0-?0-181）
大雁没飞走，　　　但是冬天来了。　　　（#0-?4-177）
♯大雁没飞走，　　　但是冬天还没来。　　（#169-?12-0）

3）事件与目的、结果的和谐

陈振宇、李双剑（2020）说：

　　许多人类行为都有目的，或者说绝大多数人类行为，社会都赋予了相应的目的，除非是相当私人性的、允许极大自由度的一些行为，因为对社会影响不大，所以可以不需要目的。这种目的也是常规预期。

　　在事件预期和谐中，事件的发生为 X，目的是 Y，是从事件的发生联想到它的目的的实现，这是学界所谓"结果的实现"[①]，也称为"主体预期"，即主体在做一件事时应该预见到的最终结果及其对相关方面的影响。前面所说的煮饭和煮熟的例子就是如此。再如一个人看书的目的是为了看懂，所以如果某人说"这本书我已经看了"，我们预见他有很大的概率是看懂了。反过来，如果说"这本书我没看过"，则可以预见他不懂。

例如：（以下两例都引自陈振宇、李双剑 2020）

(153) a.   O   P(M|O)   P(M)

这本书他已经看了，所以他应该已经懂了。　（#6-?7-168）

---

① 由陆俭明（1990、2001）提出。

♯这本书他已经看了,所以他应该还不懂。　　（♯174-?7-0）

♯这本书他已经看了,　　　　　　但是他已经懂了。

（♯167-?10-4）

这本书他已经看了,　　　　　　但是他还不懂。

（♯0-?0-181）

b.　　　　O　　　　P(M|O)　　　P(M)

♯这本书他还没看,所以他应该已经懂了。（♯175-?3-3）

这本书他还没看,所以他应该还不懂。（♯15-?0-166）

这本书他还没看,　　　　　　但是他已经懂了。

（♯0-?4-177）

♯这本书他还没看,　　　　　　但是他还不懂。

（♯174-?7-0）

(154) a.　　　　O　　　　P(M|O)　　　P(M)

我看过逻辑书,所以知道蕴涵和衍推的区别。（♯3-?3-175）

♯我看过逻辑书,所以不知道蕴涵和衍推的区别。（♯174-?4-3）

♯我看过逻辑书,　　　但是知道蕴涵和衍推的区别。

（♯173-?2-6）

我看过逻辑书,　　　但是不知道蕴涵和衍推的区别。

（♯3-?2-176）

b.　　　　O　　　　P(M|O)　　　P(M)

♯我还没看过逻辑书,所以知道蕴涵和衍推的区别。

（♯181-?0-0）

我还没看过逻辑书,所以不知道蕴涵和衍推的区别。

（♯0-?0-181）

我还没看过逻辑书,　　　但是知道蕴涵和衍推的区别。

（♯3-?0-178）

♯我还没看过逻辑书,　　　但是不知道蕴涵和衍推的区别。

（♯181-?0-0）

还需要补充更多的例句类型。目的中有一大类是意愿的目标,这时,仅仅是从意愿预期的角度看是大预期,此类的一个重要特征是,当使用否定句,预期的情况将发生很大的变化,即"想"与"不想"的区别,如"他不想完成任务"。

4）状况与祈愿的和谐

一个人所处的境遇是有一系列状况构成,人非草木,在特定的状况之下，将产生意愿预期，也就是他所希望或不希望发生的事件。实际上，这正是意愿预期最主要的产生环境。前面的"屋顶漏了"的例子，以及不少"偏偏"句的例子，都是如此。不过在使用否定句时，预期的情况将发生很大的变化，一般就不再存在预期，或者仅仅是有小预期。

(155) a.   O   P(M|O)   P(M)

他在找麒麟，所以他希望世界上有麒麟。（♯0-?3-178）
♯他在找麒麟，所以他希望世界上没有麒麟。（♯161-?17-3）
♯他在找麒麟，   但是世界上有麒麟。
               （♯173-?5-3）
他在找麒麟，   但是世界上没有麒麟。
               （♯6-?0-175）

 b.   O   P(M|O)   P(M)

♯他没有找麒麟，所以他希望世界上有麒麟。（♯161-?17-3）
♯他没有找麒麟，所以他希望世界上没有麒麟。
               （♯75-?70-36）
?他没有找麒麟，   但是世界上有麒麟。
               （♯31-?51-99）①
♯他没有找麒麟，   但是世界上没有麒麟。
               （♯169-?12-0）

(156) a.   O   P(M|O)   P(M)

明天准备去郊游，所以希望明天天气晴好。（♯181-?0-0）
♯明天准备去郊游，所以希望明天下雨。（♯142-?24-15）
♯明天准备去郊游，   但是明天天气晴好。
               （♯172-?9-0）
明天准备去郊游，   但是明天会下雨。
               （♯18-?2-161）

 b.   O   P(M|O)   P(M)

♯明天不准备去郊游，所以希望明天天气晴好。（♯140-?39-2）
♯明天不准备去郊游，所以希望明天下雨。（♯78-?64-39）

---

① 经询问，认为"他没有找麒麟，但是世界上有麒麟"能说或不别扭的人，主要是把"他没有找麒麟"理解为"他认为世界上没有麒麟，所以没有去找麒麟"，这样再说"但是世界上有麒麟"就顺了。

　　　　　　?明天不准备去郊游，　　　　　　但是明天天气晴好。
　　　　　　　　　　　　　　　　　　　　　　（♯55-?68-58）①

　　　　　　♯明天不准备去郊游，　　　　　　但是明天会下雨。
　　　　　　　　　　　　　　　　　　　　　　（♯156-?23-2）

(157) a.　　　　O　　　　　P(M|O)　　　　P(M)

　　　　　疫情导致经济重创，(所以)希望它早日结束。（♯0-?0-181）
　　　　　♯疫情导致经济重创，(所以)希望它不要结束。（♯181-?0-0）
　　　　　♯疫情导致经济重创，　　　　　　但是它已经结束了。
　　　　　　　　　　　　　　　　　　　　　　（♯119-?14-48）②

　　　　　疫情导致经济重创，　　　　　　但是它(偏偏)还没结束。
　　　　　　　　　　　　　　　　　　　　　　（♯18-?2-161）

　　b.　　　　　O　　　　　　　　　　　P(M|O)/P(M)

　　　　　♯疫情轻微，没有影响到经济和社会生活，(所以)希望它早日结束。　　　　　　　　　　　　　　　　　　　　　　（♯76-?56-49）③

　　　　　♯疫情轻微，没有影响到经济和社会生活，(所以)希望它不要结束。　　　　　　　　　　　　　　　　　　　　　　（♯167-?8-6）

　　　　　♯疫情轻微，没有影响到经济和社会生活，但是它已经结束了。
　　　　　　　　　　　　　　　　　　　　　　（♯151-?28-2）

　　　　　♯疫情轻微，没有影响到经济和社会生活，但是它(偏偏)还没结束。
　　　　　　　　　　　　　　　　　　　　　　（♯70-?76-35）

当然，也不总是如此，下面就是一个否定后依然为大预期的例子：

(158) a.　　　　O　　　　　P(M|O)　　　　P(M)

　　　　　这件事非常困难，所以想找人帮忙。　（♯0-?0-181）
　　　　　♯这件事非常困难，所以不想找人帮忙。（♯156-?17-8）

---

① 经询问，认为"明天不准备去郊游，但是明天天气晴好"能说或不别扭的人，主要是把"明天不准备去郊游"理解为"他认为明天天气不好，所以不准备去郊游"，这样再说"但是明天天气晴好"就顺了。

② 如果理解为"但是好在它已经结束了"就可以了。这时不是反映"疫情导致经济重创"和"他已经结束"之间的关系，而是分别引出各自矛盾的预期：疫情导致经济重创，这是一件坏事；他已经结束，这还不算太坏。

③ 经询问，认为"疫情轻微，没有影响到经济和社会生活，(所以)希望它早日结束""疫情轻微，没有影响到经济和社会生活，但是它(偏偏)还没结束"能说或不别扭的人，主要是觉得反正都会希望疫情早日结束，疫情没结束就是令人失望的，没有注意到因果、转折等复句关系。

♯这件事非常困难， 但是他去找人帮忙了。
(♯173-?5-3)

这件事非常困难， 但是他不去找人帮忙。
(♯3-?3-175)

b. O　　　　　P(M|O)　　　　P(M)

♯这件事不困难,所以想找人帮忙。 (♯157-?17-7)
这件事不困难,所以不想找人帮忙。 (♯0-?0-181)
这件事不困难， 但是他去找人帮忙了。
(♯2-?4-175)
♯这件事不困难， 但是他不去找人帮忙。
(♯172-?6-3)

否定句如何改变预期配置,是一个值得研究的重大问题,今后还需努力。

6.4 语言、言语行为与和谐

6.4.1 语言和谐

陈振宇、李双剑(2020)说：

语言形式之间往往有很强的相互蕴涵关系,这在哲学和逻辑中都有很多研究,如典型的"他是单身汉"所以"他没有结婚""他是男的"。

不过,与我们的日常知识不同,在语言知识中,有很大一部分是完全概率的蕴涵关系,也就是哲学或逻辑中讲的分析真理。例如如果不是改变"单身汉"的语义内容,不是把它用作修辞用法的话,上面的蕴涵关系一般就被认为是分析性真理,即百分之一百的为真。

当然,语用学的发展揭示出,语言的单位之间仍然有许多是大概率的蕴涵关系,就像我们对外在事物的认识往往借助于划分为不同的功能域来分析一样,语言单位也往往会被划分到不同的语义场来分析。在同一语义场中的单位具有很强的关联性,容易构成和谐关系。

下面分别论述。
1) 上位和谐
陈振宇、李双剑(2020)说：

分析性真理(analytic truth)与综合性真理(synthetic truth)相对。前者是由语句的内容直接证明为真的命题;而后者是不能由语句的内容直接证明为真的命题;它们之所以为真,仅仅是因为在我们的社会实践中得到了经验的支持。在逻辑上一般把导致综合性真理的认识过程称为"后天的"、"经验的"、"归纳的"或"试错的",最后一点是指它是可证伪的,而分析性真理是自证其真的。

陈振宇、李双剑(2020)引用陈振宇(2017:204)对分析性真理的分类:

(1) 句式同义,即对同一语义内容而言,可以使用同一语言的不同句式,或不同语言的不同但相对应的句式来表达,因此构成真理关系,如"如果张三打了李四,则李四被张三打了/张三把李四打了""如果玛丽爱约翰,则 Marry loves John"。

(2) 逻辑推理,即按照真值逻辑运算取得真值的命题,如"张三不是不想去,所以张三是想去""没有一个未结婚者是结了婚的""他或者去过北京,或者没去过北京"。

(3) 语义包含,即是因为概念的内涵或属性已包含了相关的内容,因此只能为真的命题,如"单身汉都没有结婚""人是动物""鱼住在水里"。因为在"单身汉"的内涵中已包括了"没有结婚",所以说"单身汉都没有结婚"当然是真的。

上述各类型中,"语义包含"类是使用最广泛,也是最引起争议的一类。我们不去讨论它的哲学和认知本质问题。这里仅仅是直接讲述它的性质,即下位概念具有上位概念的性质,也即在预期和谐之中,下位概念为 X,上位概念是 Y,是从下位概念联想到它的上位概念。

当一个蕴涵关系被看成是分析性的时候,它的肯定的一面是完全概率的;但是否定的一面就不那么整齐,我们可能有不同的结果,如下面两例的肯定部分分布相同,但否定部分各有不同。

例如:(以下两例都引自陈振宇、李双剑 2020)

(159) a.   O   P(M|O)   P(M)
小王是单身汉,所以没有结婚。
#小王是单身汉,所以已经结婚了。
#小王是单身汉,   但是没有结婚。

♯小王是单身汉，　　　　　　　　　但是已经结婚了。
（前面已有同样的例子，数据已呈现）

b.　　　O　　　　　P(M|O)　　　　P(M)

♯小王不是单身汉，所以没有结婚。　　　（♯175-?6-0）
小王不是单身汉，所以已经结婚了。　　　（♯6-?6-169）
小王不是单身汉，　　　　　但是没有结婚。（可能小王是没有结婚的女性）
　　　　　　　　　　　　　　　　　　　　（♯6-?10-165）
♯小王不是单身汉，　　　　　　　但是他已经结婚了。
　　　　　　　　　　　　　　　　　　　　（♯170-?6-5）

(160) a.　　　O　　　　　P(M|O)　　　　P(M)

他买了苹果，所以他买了水果。　　　　　（♯0-?2-179）
♯他买了苹果，所以他没买水果。　　　　（♯172-?7-2）
♯他买了苹果，　　　　　但是他买了水果。
　　　　　　　　　　　　　　　　　　　　（♯174-?3-4）
♯他买了苹果，　　　　　但是他没买水果。
　　　　　　　　　　　　　　　　　　　　（♯156-?10-15）

b.　　　O　　　　　P(M|O)　　　　P(M)

♯他没买苹果，所以他买了水果。　　　　（♯168-?3-10）
？他没买苹果，所以他没买水果。　　　　（♯72-?41-68）①
他没买苹果，　　　　　但是他买了水果。（买了其他水果）
　　　　　　　　　　　　　　　　　　　　（♯3-?5-173）
♯他没买苹果，　　　　　但是他没买水果。
　　　　　　　　　　　　　　　　　　　　（♯174 ?0 7）

2）梯级和谐

在语义学上有一个著名的梯级问题，例如"他买了三本书"，可以推出他买了两本、一本，但一般不能是他买了四本、五本；反之，"他没买三本书"，可以推出他没买四本、五本，但一般不能是他没买两本、一本。

---

① 经询问，认为"他没买苹果，所以他没买水果"能说或不别扭的人，主要是把"苹果"理解为当前唯一需要讨论的水果，也即是说此时不考虑其他所有的水果。

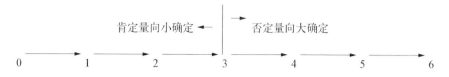

图9 肯定否定的量的单调性(引自戴耀晶 2000)

如果一个命题序列 X1、X2、X3、……、Xn,对于任给的 i<j(i 小于 j),都有 Xj⊆Xi(Xj 蕴涵 Xi),则这个序列称为"梯级"(scale)。当我们说 Xj 时,由于对所有小于 j 的 i 而言,从 Xj 都可以推出 Xi,所以这些 Xi 都不必说了(不提供多于需要的信息)。又如果存在大于 j 的 k,Xk 也为真的话,我们必须把 Xk 说出来,那么既然现在没有说 Xk,也就意味着这些 Xk 都是为假的(提供足量的信息)。①

我们一般不太重视梯级中的蕴涵关系,下面来看几个例子:

(161) a.　　　O　　　　　　　P(M|O)/ P(M)

♯这样做能解决部分问题,所以可以解决所有的问题。

(♯163-?11-7)

♯这样做能解决部分问题,所以不能解决所有的问题。

(♯115-?22-44)②

♯这样做能解决部分问题,但是可以解决所有的问题。

(♯161-?11-9)

这样做能解决部分问题,但是不能解决所有的问题。

(♯0-?0-181)

这样做能解决部分问题,甚至可以解决所有的问题。

(♯12-?2-167)

♯这样做能解决部分问题,甚至不能解决所有的问题。

(♯173-?4-4)

b.　　　O　　　　　　　P(M|O)/P(M)

♯这样做不能解决所有问题,所以可以解决部分问题。

(♯138-?15-28)

---

① 语用学用"Q 原则"(量原则,即"提供足量的信息")和"R 原则"(关联原则,及"不提供多于需要的信息")来解释相关的梯级现象。由 Horn 根据 Grice 的理论修改后提出,参看 Horn (2001:194)。

② 经询问,认为"这样做能解决部分问题,所以不能解决所有的问题"能说或不别扭的人,主要是把"这样做能解决部分问题"理解为"这样做只能解决部分问题",当然就不能解决所有问题了。

♯这样做不能解决所有问题,所以不能解决部分问题。

(♯159-?17-5)

这样做不能解决所有问题,但是可以解决部分问题。

(♯4-?0-177)

♯这样做不能解决所有问题,但是不能解决部分问题。

(♯157-?4-20)

♯这样做不能解决所有问题,甚至可以解决部分问题。

(♯176-?2-3)

这样做不能解决所有问题,甚至不能解决部分的问题。

(♯3-?0-178)

从一个方向看,这是极端小预期。但从另一个方向看,这是全概率预期：

(162)　　　　O　　　　　　　P(M|O)/P(M)

这样做能解决所有问题,所以也可以解决部分问题。

(♯5-?4-172)

♯这样做能解决所有问题,所以不能解决部分问题。

(♯175-?6-0)

♯这样做能解决所有问题,但是也可以解决部分问题。

(♯167-?10-4)

♯这样做能解决所有问题,但是不能解决部分问题。

(♯127-?14-40)[①]

3) 义场和谐

陈振宇、李双剑(2020)提出：

与语义包含不同,在同一语义场中的语言单位,并不就有必然的联系,它们的关系更多地是由社会文化习惯所造成的。几乎每一个语义场都是如此。如我们对"好""坏"的认知,将一系列的概念划归这两个

---

① 经询问,认为"这样做能解决所有问题,但是不能解决部分问题"能说或不别扭的人,主要是把"这样做能解决所有问题"理解为"这样做能解决几乎所有的问题",当然就可能有部分问题是特例,无法解决。

范畴,从而形成无标记的匹配,但是这种划分不是绝对的,允许有例外存在。其他如漂亮不漂亮、快乐不快乐、能干不能干等等,都有同样的性质。

例如:(以下两例都引自陈振宇、李双剑 2020)

(163) a.　　　O　　　　P(M|O)　　　　P(M)
他经常帮助他人,所以他应该是好人。　　(♯0-?7-174)
♯他经常帮助他人,所以他应该不是好人。　　(♯174-?7-0)
♯他经常帮助他人,　　　　但是他是好人。
(♯169-?0-12)
他经常帮助他人,　　　　但是他不是好人。
(♯27-?8-146)①

b.　　　O　　　　P(M|O)　　　　P(M)
♯他从不帮助他人,所以他应该是好人。　　(♯178-?3-0)
他从不帮助他人,所以他应该不是好人。　　(♯17-?14-150)
他从不帮助他人,　　　　但是他是好人。
(♯2-?7-172)
♯他从不帮助他人,　　　　但是他不是好人。
(♯174-?4-3)

我们的社会"刻板印象"也是这样的,如"四川人爱吃辣的""女人爱打扮"等等。再如:

(164) a.　　　O　　　　P(M|O)　　　　P(M)
他已经大学毕业了,所以他也许已经算是知识分子了。
(♯5-?8-168)
♯他已经大学毕业了,所以他也许还不算是知识分子。
(♯167-?11-3)
♯他已经大学毕业了,　　但是他已经算是知识分子了。
(♯161-?13-7)

---

① 经询问,认为"他经常帮助他人,但是他不是好人"不能说或很别扭的人,主要是觉得帮助别人的人不可能是坏人,当然是好人。这是理解为全概率预期。

他已经大学毕业了， 但是他还不算是知识分子。

(♯4-?4-173)

  b. O   P(M|O)   P(M)

♯他还没有毕业，所以他也许已经算是知识分子了。

(♯163-?13-5)

他还没有毕业，他也许还不算是知识分子。 (♯3-?4-174)

他还没有毕业， 但是他已经算是知识分子了。

(♯0-?4-177)

♯他还没有毕业， 但是他还不算是知识分子。

(♯167-?10-4)

6.4.2　人际和谐

陈振宇、李双剑(2020)说：

  社会是一个规则系统，因此人与人的交流和交往并不能完全随心所欲。当然语言并不能制约人类的行为，但是语言中会包含母语者对人类行为的主观评价，从而间接地施加影响。
  人际关系方面的和谐问题，在以往的相关研究中有很多报道。其中一个就是会话分析中的"相邻对"，相邻对(adjacency pair)指两个谈话者各说一次话所构成的对子，这两个话轮之间必须是相互关联的，在心理和社会习俗上属于优势选择。根据说话人希望得到的反应，相邻对的第二部分分为"合乎期待的第二部分"(preferred second part)和"不合乎期待的第二部分"(dispreferred second part)。合乎期待的结构就相对简单，不合乎期待结构上就较为复杂，而且会出现某些特殊的性质：如迟缓、犹豫，有个"热身"阶段，伴随一些"前引语"(preface)等。

  请注意，这里的"人际"不能泛指一切人际关系，而是指在会话中，会话活动的参与者之间的关系，更为准确一点，是指他们如何用话语构成的相互关系，相邻对参看何兆熊(2000：313-314)等的介绍。另外，还有和谐(关系)管理理论(rapport management theory)，参看 Spencer-Oatey(2000, 2002,2005)、张玮和谢朝群(2016)等。

  对所有言语行为的"回应"，都包括以下层次：

```
        ┌ A 对该言语行为合理性的辩驳
        │                           ┌ B1 拒绝合作
        └ B 接受该言语行为的合理性 ┤         ┌ B21 逆向合作
                                    └ B2 合作 ┤
                                              └ B22 顺向合作
```

以祈使为例：如果有人要求对方"别走！"，则有：

```
        ┌ A 你谁啊?!（敢命令我!）我本来就不走！
        │                           ┌ B1 沉默/顾左右而言他/自顾扎鞋带
        └ B 接受该言语行为的合理性 ┤         ┌ B21 我偏要走！
                                    └ B2 合作 ┤
                                              └ B22 好，好，我不走！
```

其中，只有 B22 顺向合作才是说话者所期待的优势回应，也就是说话者实施某种言语行为的目的。

下面分类讲述有关的人际和谐。

1）陈述

【优势回应原则一（陈述）】 陈述要求的优势回应是对方认同所陈述的内容或对相关的事物进行进一步的交流。（正迁移）[①]

(165)　　　　O　　　　　　　　P(M|O)/P(M)

小张对小王说："李四是好人"，（这时）小王应该说"是啊"。

（♯33-?20-128）

♯小张对小王说："李四是好人"，（这时）小王应该说"不是的"。

（♯110-?34-37）

♯小张对小王说："李四是好人"，但是小王说"是啊"。

（♯174-?3-4）

小张对小王说："李四是好人"，但是小王说"不是的"。

（♯2-?0-179）

认同回应是对告知事件的优势回应，如果不回应（不予理睬），或者"王顾左右而言他"，都不是符合告知者的预期的。但是，调查数据发现，有一些被试认为第一句不能说。经问问，发现是他们的道德观念正在改变，即反对传统的"认同"观，认为不应该把认同作为社会道德要求；即使不认同也是完全正当的。这也就是说，在从大概率预期向小概率预期转变。

再如（例引自陈振宇、李双剑 2020）：

[①] 这一点研究的较少，但其实非常重要。

(166) a.   O   P(M|O)/P(M)

   妈妈告诉小明张老师来过,(所以)小明会问张老师说了什么。

                 (♯3-?10-168)

   ♯妈妈告诉小明张老师来过,(所以)小明会一声不吭/小明会说明天要去郊游。   (♯130-?42-9)

   ♯妈妈告诉小明张老师来过,但是小明问张老师说了什么。

                 (♯178-?3-0)

   妈妈告诉小明张老师来过,但是小明一声不吭/小明说明天要去郊游。   (♯0-?0-181)

 b.   O   P(M|O)/P(M)

   妈妈说"张老师今天来过",(这时)小明应该问"张老师说了什么?"   (♯17-?9-155)①

   ♯妈妈说"张老师今天来过",(这时)小明应该一声不吭/小明应该说"我们明天要去郊游。"   (♯121-?33-27)

   ♯妈妈说"张老师今天来过",但是小明问"张老师说了什么?"   (♯154-?9-18)

   妈妈说"张老师今天来过",但是小明一声不吭/小明说"我们明天要去郊游。"   (♯27-?0-154)

2)祈使

【优势回应原则二(祈使)】 祈使要求的优势回应是对方尽快按照要求或禁止的内容去做或不去做有关的事。(正迁移)

如(例引自陈振宇、李双剑 2020):

(167) a.   O   P(M|O)   P(M)

   妈妈要小明早点回家,所以小明应该一早就回去了。

   ♯妈妈要小明早点回家,所以小明应该很晚才回去。

   ♯妈妈要小明早点回家,   但是小明一早就回去了。

   妈妈要小明早点回家,   但是小明很晚才回去。

                (本例前面已有调查数据)

---

① 经询问,认为"妈妈说'张老师今天来过',(这时)小明应该问'张老师说了什么?'"不能说或很别扭的人,主要是觉得小明不需要主动去询问,或者干脆就应该不问,也许现代的年轻人的确有一些是缺乏主动性的。这是从大概率预期向小概率预期转变。

b.   O   P(M|O)   P(M)

♯妈妈没要小明早点回家,所以小明应该一早就回去了。

(♯179-?2-0)

妈妈没要小明早点回家,所以小明可以很晚才回去。

(♯0-?0-181)

妈妈没要小明早点回家,   但是小明一早就回去了。

(♯0-?1-180)

♯妈妈没要小明早点回家,   但是小明很晚才回去。

(♯156-?19-6)

c.   O   P(M|O)   P(M)

妈妈说"小明早点回家",(这时)小明应该说"好的"。

(♯3-?3-175)

♯妈妈说"小明早点回家",(这时)小明应该说"不,我要晚点回来"。   (♯139-?23-19)

♯妈妈说"小明早点回家",   但是小明说"好的"。

(♯177-?4-0)

妈妈说"小明早点回家",   但是小明说"不,我要晚点回来"。   (♯0-?0-181)

再看禁止:

(168) a.   O   P(M|O)   P(M)

妈妈不准小明玩游戏,所以小明不应该玩游戏。

(♯11-?7-163)

♯妈妈不准小明玩游戏,所以小明可以玩游戏。 (♯179-?0-2)

♯妈妈不准小明玩游戏,   但是小明没玩游戏。

(♯158-?19-4)

妈妈不准小明玩游戏,   但是小明在玩游戏。

(♯0-?3-178)

b.   O   P(M|O)   P(M)

♯妈妈没说不准小明玩游戏,所以小明不应该玩游戏。

(♯167-?6-8)

妈妈没说不准小明玩游戏,所以小明可以玩游戏。

(♯18-?2-161)

妈妈没说不准小明玩游戏，　　　　　但是小明没玩游戏。
　　　　　　　　　　　　　　　　　　　　（♯51-?7-123）①

♯妈妈没说不准小明玩游戏，　　　　但是小明在玩游戏。
　　　　　　　　　　　　　　　　　　　　（♯144-?19-18）

c.　　O　　　　　　　P(M|O)　　　　　P(M)

妈妈说"不准玩游戏"，(这时)小明应该说"好吧，我不玩了"。
　　　　　　　　　　　　　　　　　　　　（♯0-?7-174）

?妈妈说"不准玩游戏"，(这时)小明可以说"不，我要玩"。
　　　　　　　　　　　　　　　　　　　　（♯85-?17-79）②

♯妈妈说"不准玩游戏"，　　　但是小明说"好吧，我不玩了"。
　　　　　　　　　　　　　　　　　　　　（♯170-?6-5）

妈妈说"不准玩游戏"，　　　　但是小明说"不，我要玩"。
　　　　　　　　　　　　　　　　　　　　（♯3-?0-178）

3）疑问

【优势回应原则三（疑问）】　疑问要求的优势回应是：

① 一般地，要求对方尽快尽可能完备地回答所问的问题。（正迁移）

② 特殊地，当提问者有所猜测或倾向时，按照与对方猜测同盟的方向回答，即在肯定对方猜测的基础上，加上更多的信息。（正迁移）

如（例引自陈振宇、李双剑 2020）：

(169) a.　　　O　　　　　　　P(M|O)　　　　　P(M)

妈妈问放假的时间，所以小明应该告诉她是 12 号放假。
　　　　　　　　　　　　　　　　　　　　（♯4-?5-172）

♯妈妈问放假的时间，所以小明可以不告诉她是 12 号放假/只告诉她 2 月底开学。　　　　　　（♯138-?19-24）

♯妈妈问放假的时间，　　　　但是小明告诉她 12 号放假。
　　　　　　　　　　　　　　　　　　　　（♯177-?0-4）

妈妈问放假的时间，但是小明不告诉她是 12 号放假/小明只

---

① 经询问，认为"妈妈没说不准小明玩游戏，但是小明没玩游戏"不能说或很别扭的人，主要是觉得句子有点绕，未能很好地理解。

② 经询问，认为"妈妈说'不准玩游戏'，(这时)小明可以说'不，我要玩'。"能说或不别扭的人，主要是道德观念上发生了转移，认为小孩应该有自己的权力，不应该受母亲的约束。这当然也是当代文化的变化。

告诉她 2 月底开学。 (♯10-?0-171)

b.   O   P(M|O)   P(M)

♯妈妈没问放假的时间,所以小明应该告诉她 12 号放假。
(♯168-?0-13)

妈妈没问放假的时间,所以小明可以不告诉她是 12 号放假/只告诉她 2 月底开学。 (♯3-?4-174)

妈妈没问放假的时间, 但是小明告诉她 12 号放假。
(♯9-?0-172)

♯妈妈没问放假的时间,但是小明不告诉她是 12 号放假/小明只告诉她 2 月底开学。 (♯167-?10-4)

c.   O   P(M|O)   P(M)

妈妈问"你们什么时候放假?",(这时)小明应该回答"12 号放假"。 (♯0-?5-176)

♯妈妈问"你们什么时候放假?",(这时)小明可以不回答/小明可以说"2 月底开学"。 (♯111-?22-48)①

♯妈妈问"你们什么时候放假?", 但是小明说"12 号放假。"
(♯177-?2-2)

妈妈问"你们什么时候放假?", 但是小明不回答/小明说"2 月底开学。"
(♯17-?3-161)

有时,疑问者采用间接的语用的方法提问,这时,一些回应可能从一个角度看是和谐的,从另一个角度看是不和谐的,如:

(170) 甲:我还不知道他找的是谁呢!
     乙:我也不知道。

一个方面,乙表明自己与甲是一样的,都不知道,似乎是在构筑双方的正同盟关系,因此,有和谐的一面。另一方面,甲说的实际上是语用疑问句,当甲特别表明他不知道时,就是在希望对方告知他问题的答案;但是乙却说

---

① 经询问,认为"妈妈问'你们什么时候放假?',(这时)小明可以不回答/小明可以说'2 月底开学'。"能说或不别扭的人,也是道德观念上发生了转移,认为不回答问题或者说其他的事,都是正当的权力。

他也不知道,从而违反了甲的期待,拒绝回答,这样又是不和谐的。看看以下两句能说不能说:

(171) 甲说"我还不知道他找的是谁呢!"所以乙说"我也不知道。"
　　　甲问"我还不知道他找的是谁呢!"但是乙说"我也不知道。"

4)其他回应

如致谢、致歉,在社会生活中也有各自预期的回应方式。

【优势回应原则四】

① 致谢要求的优势回应是对方表示谦虚,表示不用谢。(正迁移)
② 致歉要求的优势回应是对方表示原谅。(正迁移)

如(例引自陈振宇、李双剑 2020):

(172) a.　　　　O　　　　　P(M|O)　　　　P(M)
　　　李四谢谢小明的帮助,小明应该表示没什么他很乐意。
　　　　　　　　　　　　　　　　　　　　　(♯6-?8-167)
　　　♯李四谢谢小明的帮助,小明可以一声不吭/应该说李四的确应该好好谢他。　　　　　　　　　(♯93-?44-44)①
　　　♯李四谢谢小明的帮助,　　但是小明表示没什么他很乐意。
　　　　　　　　　　　　　　　　　　　　　(♯147-?2-32)
　　　李四谢谢小明的帮助,但是小明一声不吭/小明说李四的确应该好好谢他。　　　　　　　　　(♯21-?11-149)
　　　b.　　　　O　　　　　P(M|O)　　　　P(M)
　　　♯李四没谢谢小明的帮助,小明应该表示没什么他很乐意。
　　　　　　　　　　　　　　　　　　　　　(♯168-?10-3)
　　　李四没谢谢小明的帮助,小明可以一声不吭/说李四的确应该好好谢他。　　　　　　　　　(♯36-?2-143)②

---

① 经询问,一些被试的道德观念发生了反转,认为在别人向你道谢时,应该不理睬或者要求对方更好地表示感谢(来点"干货"不要仅仅口头道谢);他们认为表示"没什么我很乐意"之类的行为反倒是虚伪的,不应该做的。同理,他们认为在别人向你道歉时,也应该不理睬或者不原谅他,因为"如果道歉有用要警察干嘛";而表示原谅反倒是虚伪的,不应该做的。

　　这是当代年轻人观念的一种转变,作者对此也很惊讶。如果这是真的,那么致谢和致歉的优势回应就不是本文所说的这样了。好在大多数被试还是同意本文的语用选择的。

② 同前注。

李四没谢谢小明的帮助，　　但是小明表示没什么他很乐意。

（♯42-?5-134）

♯李四没谢谢小明的帮助,但是小明一声不吭/小明说李四的确应该好好谢他。　　　　　　　　　　（♯150-?3-28）

c.　　　O　　　　　P(M|O)　　　　P(M)

李四说"谢谢你帮我",(这时)小明应该说"没什么,我很乐意!"

（♯7-?3-171）

♯李四说"谢谢你帮我",(这时)小明可以一声不吭/小明应该说"你的确应该好好谢我!"　　　　（♯103-?25-53）①

♯李四说"谢谢你帮我",　但是小明说"没什么,我很乐意!"

（♯162-?6-13）

李四说"谢谢你帮我",但是小明一声不吭/小明说"你的确应该好好谢我!"　　　　　　　　　　　（♯15-?6-160）

再如致歉：

(173) a.　　　　O　　　　　P(M|O)　　　　P(M)

李四向小明道歉,所以小明应该原谅他。　（♯27-?23-131）②

♯李四向小明道歉,所以小明可以一声不吭/应该不原谅他。

（♯150-?24-7）

♯李四向小明道歉,　　　但是小明原谅了他。

（♯169-?11-1）

李四向小明道歉,　　　但是小明一声不吭/不原谅他。

（♯7-?0-174）

b.　　　O　　　　　P(M|O)　　　　P(M)

♯李四没向小明道歉,所以小明应该原谅了他。

（♯172-?6-3）

李四没向小明道歉,所以小明可以一声不吭/小明应该不原谅他。　　　　　　　　　　　　　　　（♯23-?3-155）

李四没向小明道歉,　　但是小明原谅了他。

（♯7-?0-174）

---

①　同前注。
②　同前注。

♯李四没向小明道歉， 但是小明一声不吭/不肯原谅他。
(♯174-?7-0)

c.   O   P(M|O)   P(M)

李四说"对不起",(这时)小明应该说"没什么,原谅你了!"
(♯5-?5-171)

♯李四说"对不起",(这时)小明可以一声不吭/应该说"我不原谅你!" (♯82-?27-72)[①]

♯李四说"对不起"， 但是小明说"没什么,原谅你了!"
(♯167-?4-10)

李四说"对不起"， 但是小明一声不吭/小明说"我不原谅你!"
(♯3-?7-171)

5) 言说方式

重要的是,在实际的言语活动中,说话者可以采用和谐的策略,也可以故意采取不和谐的交际策略。如张玮、谢朝群(2016)指出,在驾校环境中,存在大量的不和谐语用取向,如对面子的挑战,"笨得跟猪一样! 还大学生呢!"对社交权的挑战,如警告、威胁等,"再这样要抓来打!""你这样上路开出去会死啊!""闭嘴! 没轮到你说话!"等等。

因此我们应该构造一个兼顾两方的和谐表述,如下,这是一个身份和面子问题的例子:

(174) a.   O   P(M|O)   P(M)

李四是小明的老师,所以小明应该尊敬地向他打招呼。
(♯0-?0-181)

♯李四是小明的老师,所以小明可以一声不吭/应该粗鲁地向他打招呼。 (♯178-?3-0)

♯李四是小明的老师， 但是小明尊敬地向他打招呼。
(♯171-?10-0)

李四是小明的老师， 但是小明一声不吭/粗鲁地向他打招呼。
(♯0-?3-178)

b.   O   P(M|O)   P(M)

♯李四很爱面子,所以小明应该说他笨。 (♯171-?7-3)

[①] 同前注。

李四很爱面子,所以小明不应该说他笨。　　(♯30-?9-142)①

李四很爱面子,　　　　　　　　　　　但是小明说他笨。

(♯30-?2-149)

♯李四很爱面子,　　　　　　　　　　但是小明没说他笨。

(♯157-?10-14)

6.5 "当然"辨析

张则顺(2014)认为,汉语副词"当然"有"合预期"功能;谷峰(2014)称"当然"是预期标记,也就是本书的正预期标记;姚小鹏(2011)也有相似的篇章功能研究。另参看芜崧(2010)、管志斌(2010)。这是正确的吗?或者,它是和谐的标记?

陈振宇、王梦颖、姜毅宁(2022)对张则顺的观点表示怀疑,认为:

仔细分析"当然"句的情况,会发现它其实是一个认识情态标记,表示"确信",而不是表示正预期信息。下面是一个比较典型的"当然"句,被前面的研究者作为正预期标记的例子:

(4) 不能说自己出门忙事业,[把老婆扔在家里不闻不问,那样日久天长],感情当然会有变化了。

条件 O　　把老婆扔在家里不闻不问;日久天长(在语篇中显性表达)

预期 P(M|O)　　(所以)感情当然会有变化——认识情态(语篇中显性表达)

当前信息 P(M)　　(怪不得)老婆要和他离婚(在语篇的前面部分表达了)

预期性　正预期信息

……我们可以看到,"当然"所在的小句实际上是表示"预期"的句子,而不是表示"当前信息"的句子,更为完整的结构应该是再补出一个当前信息句,如上所示。

在绝大多数情况下,说话者既表达了从条件推出的预期,也表明他认为当前信息就是预期的内容,当然,这仅仅是说话者的主观判断:

(5) 他当然信了,[因为她不会说谎]。

---

① 经询问,认为"李四很爱面子,所以小明不应该说他笨""李四很爱面子,但是小明说他笨"不能说或很别扭的人,主要是认为不需要顾忌李四的面子,该怎么说就怎么说。

条件 O　　她不会说谎(在语篇中显性表达)

预期 P(M|O)　　(所以)他当然信她所说的话——认识情态(语篇中显性表达)

当前信息 P(M)　　他信她所说为真(语篇中隐含,说话者相信的事实)

预期性　　正预期信息

"当然"句的另一大用法是"涵义表达",此时,关心的是能从前提推出什么预期,而不管究竟当前的情况是什么,这时,根本没必要出现什么当前信息小句,如(例引自张则顺 2014):

(175) 大卫:它值四十万,你明白这些吗?
　　　郭燕:可是这和我有什么关系呢?
　　　大卫:当然跟你有关系。你还是我的妻子。(《北京人在纽约》)

条件 O　　你是我的妻子(在语篇中显性表达)

预期 P(M|O)　　(所以)四十万当然跟你有关系——认识情态(语篇中显性表达)

当前信息 P(M)　　??　　(语篇中隐含)

预期性:??

这里只有大卫的推理,但是这一推理对还是不对,当前的情况是这样还是不是这样,并不清楚,所以我们也不知道是否是正预期,有可能按照道理是和你有关,但实际上却和你无关。

甚至有些例句很明确地知道,当前信息是与预期相反的,如下面的例子,是反预期(前面交代鲁迅考了好成绩,他们感到疑惑),这更说明"当然"句所在的语篇不一定是正预期的(例引自张则顺 2014):

(176) [中国是弱国],所以中国人当然是低能儿,分数在六十分以上,便不是自己的能力了:也无怪他们疑惑。(鲁迅《藤野先生》)

条件 O　　中国是弱国(在语篇中显性表达)

预期 P(M|O)　　(所以)中国人当然是低能儿,分数在六十分以上,便不是自己的能力了——认识情态(语篇中显性表达)

当前信息 P(M)　　鲁迅考得不错　　(前面语篇中表达过)

预期性:反预期信息

陈振宇、王梦颖、姜毅宁(2022)说:"有些'当然'句居于转折句的前件,后面的小句提出相反的预期,两个预期相互矛盾",但是最终还是按照后件的预期行事,所以最终的结果与前件不符,是反预期的。"当然"在这里仅仅是说明迁移条件是存在的:

(177) 当然,[这种投资额非常庞大,万一失败就无法挽救了]。但是如果因此[对设备投资抱消极态度,可能会错失获得收益的大好机会]!

  条件 O1 这种投资额非常庞大;万一失败就无法挽救了(在语篇中显性表达)

  预期 P(M|O)1 (所以)不应该投资——认识情态(语篇中显性表达)

  条件 O2 对设备投资抱消极态度,可能会错失获得收益的大好机会(在语篇中显性表达)

  预期 P(M|O)2 (所以)该投资——认识情态(语篇中显性表达)

  当前信息 P(M) 进行设备投资

  预期性 1:反预期信息

  预期性 2:正预期信息

陈振宇、王梦颖、姜毅宁(2022)说:"更为重要的是,有很多'当然'句,根本就没有或无法知道它的条件是什么,如下例从语篇中根本看不出颂莲选择嫁人和嫁有钱人的条件(理由),仅仅是颂莲说话者对相关语句内容的强调肯定,所以我们无法谈论什么'预期'问题"(例引自张则顺 2014):

(178) 继母:想做工还是嫁人?
   颂莲:当然嫁人。
   继母:你想嫁个一般人家还是有钱人家?
   颂莲:当然有钱人家,这还用问?(苏童《妻妾成群》)

陈振宇、王梦颖、姜毅宁(2022)说,"更有一些例句,'当然'仅仅是一个强化了的肯定答语而已"(例引自张则顺 2014):

(179) 杨澜:你受到过威胁吗?人身的威胁?
   李连杰:当然。(杨澜《杨澜访谈录》)

张则顺(2014)说:"'当然'有衔接功能和话语标记功能",这时也不涉及什么预期(例引自张则顺 2014):

(180) 一旦 ARRHAI.O 投入市场,公司马上就有资金进行下一步的大动作。**当然**,首先是要给你配车、配手机,还有,把你住的房子给你买下来……(王海鸰《牵手》)
后来知青下放,在农村待了四年,没有路子上大学,招工回城,谁想到会被分配到这个厂?**当然**,我们厂也没什么不好的,工人师傅都挺好,只是我,我在冷库,成天扛冷冻猪肉。**当然**,扛冷冻猪肉也没什么不好的,毛主席说各门工作没有高低贵贱之分。(池莉《来来往往》)
……老爷子的这些见解,在金秀看来,完全符合科学道理。**当然**,金老爷子的脑袋里也有一些不科学的玩艺儿,譬如,他很重视梦的启示,认为"梦乃天意"……(陈建功、赵大年《皇城根》)

上述句子都有表示强调的肯定的意义,这就是我们把"当然"确定为确定情态标记的原因。"当然"用于预期部分,并不在当前信息部分;虽然一般而言,默认当前信息与预期相符("当然"起到"正预期触发语"的作用)[①]。但是,这不是百分之一百的,"当然"也用于反预期的情况下。这是因为触发语和当前信息之间是一种语用上的倾向性,是在使用中逐渐固化下来的,所以多少会有"反例"。

那么,前人关于"当然""合预期"判断的问题在哪儿?我们认为,这正是因为没有严格区分条件、预期和当前信息三个部分而导致的。"当然"在表示确信的同时,也表示如果要讲理由的话,现在我所做的判断,是由社会共识的条件所推出的预期(也就是说,"当然 XP"中的 XP 是"自预期=常理预期"),并且概率极高(甚至是百分之一百)。

7. 复杂预期语篇

上面我们讨论的都是单个预期的语篇,下面讨论由两个预期形成的复

[①] 陈振宇、王梦颖、姜毅宁(2022)说:"正预期是'当然'的语用涵义,是因为说话者对自己的认识如此肯定,极大地倾向认为当前信息必然与此相符;不过,这种强烈的自信仍然会遭遇反预期信息,会转为极度的意外(强意外),根据陈振宇、杜克华(2015)的研究,这种情况会触发语用否定,即对当前信息感到极为不合理,怀疑它是假的。"这就是前面鲁迅那个例子所反映的情况。

杂的语篇。前面我们举的那个相亲的例子就是这样，前面还多次提到有关的例子。我们将分几节展示有关的配置，主要讨论一些套路化（较为广泛地使用，具有言语行为上的预期性）的语篇配置。

7.1 解反预期和解意外

"解反预期"很明显，是说有人感到当前信息是反预期信息，说话者试图将反预期的语义消除。"反意外"（counter-mirativity）是陈禹提出的一种语篇安排，他说反意外有可能跟合预期（本书的正预期）相似，但反意外又不完全是合预期，甚至也可能是反预期。

这样看，"解反预期"和"反意外"二者有很大相通的地方，但我们认为也有区别，大部分"解反预期"中的反预期都同时是意外，所以也都是"反意外"，或者也可以称为"解意外"[①]；但是有的反预期并不涉及意外的情绪情感意味，所以不是意外，而且消除其影响的方式也不一样。

解意外是因为当前信息引起了某人的意外，说话者试图将意外的影响消除，这种消除可以是在多个维度进行的：或者是表示反预期不成立（解反预期具有解意外的功能），或者虽然承认该反预期成立，但是消除它的影响，认为不足以产生强烈的情绪情感，意外也就不成立了（也就是陈禹所说的"轻描淡写"）。

7.1.1 解反预期

此类语篇解除反预期影响的方法，是说话者找到新的条件或理由，从而说明当前信息是正预期的，从而否定前面的反预期的恰当性。

袁毓林（2006）首先提出了"解反预期"的概念，不过他更多的是讨论具体的例子。陈振宇、姜毅宁（2019）提出"双重反预期"这一概念，陈振宇、姜毅宁（2019）说："由两个反预期构成，先意外（自反预期），后强调（他反预期）。后面的'强调'一定是说话者的强调，但前面的'意外'则可以是说话者的意外，也可以是其他人的意外。"

进一步研究发现，用"双重反预期"这一术语不太理想，因为还有其他类型的双重反预期现象，不过，这里关于先意外后强调的语篇安排是解反预期的基本结构。

可以看到，解反预期的例子基本上都等同于"解意外"，因为前面的"反预期"都往往伴随强烈的情感，达到了"意外"的水平。

从陈振宇、姜毅宁（2019）的立论出发，我们认为，解反预期语篇又可

[①] 参看陈禹（2018）。

以分为解他人的反预期和解自己的反预期两种,而且它们的语篇结构很不一样。除此以外,有的格式可以自由地用于两种不同的情况,具有两可性。

1) 他人产生反预期,说话者来解除。例如:

(181) a. 王老师一大把年纪来看望同学,大家觉得很惊讶(反预期),王老师说"[抗洪是一件大事,我也是市民],(理由)本来就应该出一把力!"

b. 梅园的主人叫田茂荣,……对成熟的杨梅他们家并不急着摘下卖给果贩,而是让购买者直接到果园里采摘,只是价格却高出许多。消息传出,不少昆明的市民应者云集,尤其是双休日,远道而来的车辆停满了果园周围。我们还是有些疑惑:市场规律理应是产品在产地最便宜,流通环节越多成本越要加大。富民的大树杨梅不是有违这一规律吗。(反预期)主人的回答使我们恍然大悟:[他们家的园子推出的是观赏型农业,除提供吃还提供了看],(理由)客人当然得多付一些费;另外,[客人在果园还可以自由自在地吃一些杨梅],(理由)当然也得摊上。(主人的回答解除了我们的预期)

按照陈振宇、姜毅宁(2019)的方式,我们稍作改进,写出它们的语篇意义层次。为节约篇幅,这里只分析例 a:

① 王老师来看望大家。
②【第一层预期结构】 有人对他的到来感到惊讶:

    条件 O 他一大把年纪 (在语篇中显性表达)
    预期 P(M|O) (所以)他不宜外出活动,不宜去危险地方——道义情态(语篇中隐含)
    当前信息 P(M) 他来(救灾现场)看望大家 (语篇中显性表达)
    预期性:反预期信息

③【第二层预期结构】 王老师提出新的条件,从而构成新的预期:

    条件 O 抗洪是一件大事,市民应该积极参加;我是市民(部分条件在语篇中显性表达,部分隐含)

预期 P(M|O)　　（所以）我(本来就)应该来出一把力——道义情态（语篇中显性表达）

当前信息 P(M)　　他来(救灾现场)看望大家　　（语篇中显性表达）

预期性：正预期信息

④ 说话者(王老师)是对对方的预期"不宜如何"做了反驳,也就是反对他人的预期,所以说这一段话中有两个反预期,前一个是自反预期,另一个是他反预期。

可以看到,这一结构其实是前后相续的两个结构,前一个表示先前的反预期(意外),后一个提出新的理由,表示正预期。两个结构各自独立,并不干扰。如果要用一个标记来表示相互之间的关系(也可以根本不用标记),那是用"本来(就)、当然"等表示强肯定的标记。前面说过,强调肯定带有"他反预期"的功能,这就是使前后两个预期结构联系成一个语篇整体的原因。

需要说明的是,解除他人的反预期,并不一定都是成功的,下面就是一个特殊的格式"以 XP 为由(YP)"①,这本来是一个解反预期的结构,说话者对事件 YP 感到意外,某方给出理由 XP,以此来说明 YP 是正预期信息;但是,解除功能失败,说话者仍然觉得这一理由不对或不充分,因此不但依然对 YP 感到意外,甚至对某方提出 XP 来充当理由也感到意外。例如：

(182) 化肥厂想等他们确定后再上交,但其中一个部门**竟**以[抗缴水费]为由对该厂罚款 290 万元,查封账号 14 天。

① 对该厂罚款、查封账号。

② 【第一层预期结构】　我们对罚款和查封账号感到惊讶：

条件 O　　一家企业　　（在语篇中显性表达）

预期 P(M|O)　　（所以）一般不应该罚款查封——道义情态（语篇中隐含）

当前信息 P(M)　　对企业罚款查封　　（语篇中显性表达）

预期性：反预期信息

---

① 该格式是由陈羲同学提出的,下面的例子也是他说的,谨表感谢。

③【第二层预期结构】 该部门提出理由,从而构成新的预期:

条件 O　　抗缴水费;不交费需要惩罚(部分条件在语篇中显性表达,部分隐含)
预期 P(M|O)　　(所以)应该罚款查封——道义情态(语篇中隐含)
当前信息 P(M)　　对企业罚款查封　　(语篇中显性表达)
预期性:正预期信息

④【第三层预期结构】 说话者不认同该理由成立,仍然保持为自己的反预期:

条件 O　　不交费需要惩罚,但不能认定为抗缴水费(在语篇中隐含,或在上文已提出)
预期 P(M|O)　　(所以)不应该罚款查封——道义情态(语篇中隐含)
当前信息 P(M)　　对企业罚款查封　　(语篇中显性表达)
预期性:反预期信息

⑤【第四层预期结构】 说话者对该部门提出这一理由本身感到惊讶:

条件 O　　不能认定为抗缴水费(在语篇中隐含,或在上文已提出)
预期 P(M|O)　　(所以)不应该以抗缴水费为理由——道义情态(语篇中隐含)
当前信息 P(M)　　以抗缴水费为理由　　(语篇中显性表达)
预期性:反预期信息

可以看到在这短短的一段中,有着如此多层的预期结构,令人叹为观止。

2) 说话者自己产生反预期,自己来解除。例如:

(183) a. [原来今天不上课](理由),我还说咋没人呢!
　　　b. 李四挨了打,很吃惊(反预期),后来发现[这是上次他欺负的那个人,所谓天道好轮回](理由),他说:"怪不得我会挨打。"

为节约篇幅,这里只分析例 a:

① 说话者发现没有人。

②【第一层预期结构】 说话者对没有人感到惊讶:

  条件 O 这里是教室 (在语篇中隐含)
  预期 P(M|O) (所以)应该有一些学生在——认识情态(语篇中隐含)
  当前信息 P(M) 没有人在 (语篇中显性表达)
  预期性:反预期信息

③【第二层预期结构】 说话者发现新的条件,从而构成新的预期:

  条件 O 今天不上课(语篇中显性表达)
  预期 P(M|O) (所以)没有人会来——道义/认识情态(语篇中隐含)
  当前信息 P(M) 没有人在 (语篇中显性表达)
  预期性:正预期信息

④ 说话者对自己先前的预期"应该有人"做了反驳,也就是反对自己先前的预期,所以说这一段话中有两个反预期,前一个是自反预期,另一个是他反预期(把先前的自己当成他人来反对)。

可以看到,这一结构无法在语篇中分解为前后相续的两个结构,而是两个结构会"交织"在一起,从而形成一个整体性的结构。其中,核心的部分包括两个小句或小句丛:一个是"领悟小句",一个是"释然小句"或者"意外小句"。这一类结构几乎与"领悟"(eureka)范畴重合。

"领悟"就是一般所说的"恍然大悟""释然",有以下语义结构:

Ⅰ. 说话者接触到事件 XP,并感到与常理或自己的预期不符。

Ⅱ. 说话者通过探索,或者是有别的信息传来,认识到新的条件 YP;YP 是 XP 的理由。

Ⅲ. 因此认识到 XP 是合理的。

在语言中,我们有三种与领悟有关的标记:

① 领悟标记,即对新条件(理由)YP 领悟,如"原来",张谊生(2000b)认为它表示"溯源性释因"。方言中还可以使用特定的语气词,如成都话的"嗦",如"(教室里没人,查课表才发现)今天不上课嗦!"。

② 释然标记，即表达对原来感到意外的 XP，现在感到合理，也就是释然的心理，如"怪不得"。请注意，后面应该是一个表示先前发现的状况 XP 的句子，如果是意外标记，也是叙述式意外标记（"竟然"等），如"怪不得（竟然）都没人了！"

③ 回指意外标记，即回过头指出先前对 XP 的意外，如"（我）还说"。请注意，后面应该是一个表示意外的句子，往往需要疑问式意外标记（"怎么"等），如"我还说怎么都没人了！"

在实际语篇中，这些标记可以单用，也可以一起用，如"怪不得他不来（XP），原来是生病了（YP）""我还说他怎么不来呢（XP），原来是生病了（YP）"，或者"原来是生病了（YP），怪不得他不来（XP）""原来是生病了（YP），我还说他怎么不来呢（XP）"。

领悟与"意外"存在复杂的关系。按理说，意外是突显疑惑，而领悟是表示疑惑的解开，所以不应该会产生交集；从整体上看，这两个范畴是相互排斥的。但在实际的语篇中，领悟的确经常导致意外情感。如：

(184) a. 唉，**怪不得**我们**竟然**会羡慕老狸子啊。
　　　b. 哇，**原来**花**竟然**有这么多吃法，而且由来已久。

这里其实有两个不同的意外产生路径，发生在两个不同的领悟阶段：

例 a 的意外，是在领悟阶段Ⅰ产生的意外，是对 XP 的意外，这一意外在后面的阶段Ⅱ、Ⅲ已经得到了消解，不存在了，但"竟然"依然记录了此前的意外情感。

例 b 的意外，是对 YP 的意外，也就是说，虽然 YP 消解了 XP 的意外，但是它自身却打开了一个新的意外之门，即我们发现了新得到的信息 YP 是令人意外的。如说话者本来看到用花做的菜品，所以感到意外；后来发现，原来很早就有多种吃花的方法，所以这些用花做的菜品没什么好意外的；但对说话者来说，早就有很多吃花的方法，这本身也是足以令人意外的！

由于领悟标记是在阶段Ⅱ、Ⅲ的理由和结果标记，因此我们考察领悟与意外的关系，也主要注意这两个阶段。其中，阶段Ⅲ已经解除了最早的意外，所以一般不再与意外标记共现，例 a 的例子少见。这样一来，领悟与意外的共现主要出现在阶段Ⅱ，例如：

(185) 看了蔡妍这篇访谈我们才恍然大悟，原来性感女神蔡妍竟然这样恪守生物钟,原来性感也是有原因的。
其中造古牙雕的例子最令我惊叹不已,原来我们这个国度竟然还有如此"高智商"的人。

再进一步,领悟理由标记的用例中,意外的比重有可能加大,随后甚至超过正常的领悟用法,引出语用否定,这时的领悟标记,也可以称为意外标记了:

(186) 我说你怎么没有去上学,原来你竟然没有完成功课,所以不敢去?! 哈哈! 原来你居然想癞蛤蟆吃天鹅肉啊!

3) 既可以用来解除他人的反预期,也可以用于解除自己的反预期,可以自由地用于上述两种情况。

例如袁毓林(2006)所说的解反预期格式:(以下两例都引自袁毓林2006)

(187) 甭说/不用说/别说/不要说NP',连NP+都/也VP
那会儿,不如现在开放,甭说美国片,连香港电影也少见。(北466)
不用说部长陈毅,就连副部长姬鹏飞、乔冠华也被关在地下室里。(ZJ)

(188) 连NP+都/也VP,甭说/不用说/别说/不要说/何况NP'
连NP+都/也VP,NP'更不在话下
连NP+都/也VP,还NP'呢
这件事连他自己的爱人都没告诉,甭说你了。(崔永华1984:40)
你行动就是坏心,连我也不放心,别说她呀。(《红楼梦》21回,崔永华1984:40)
二爷说:"自盘古开天辟地,人俱有生死,连皇帝老子也难活过百岁,何况庶民百姓? 死了死了、了结在尘世的烦恼苦楚,也算是一件幸事。"(ZJ)
比方瓶子,哪怕一个墨水瓶她也舍不得丢出去,酒瓶、油瓶、酱菜瓶和罐头瓶,就更不在话下,全都收集到她的床下和床后……(韩165)
连黑白的都买不起,还彩色的呢。(崔希亮1990:142)

我们可以发现,这是可以自由用在两种情况下的。

先看是解除他人反预期的例子,如下例,感到吃惊的是陈重坤,因为她被告知不能回家;而张茜为了表明这事没有什么好意外的,举了小侉兄妹回家探亲的例子,说明这是很正常的情况:

(189)"没有中央文革小组的批准,小妹你不能跟我回家。"张茜愁眉苦脸地不得不把实话告诉小妹。"是嘛?"陈重坤没想到事情这么严重。"唉——"张茜叹了口气,"<u>别说你了</u>,这两年里,<u>就连小侉兄妹回家探亲,都要报领导批准,办理留宿手续后方可进来呢</u>。"(《作家文摘》1994)

其意义层次是:
① 张茜告诉陈重坤没有批准不能回家。
②【第一层预期结构】 陈重坤对没有批准不能回家感到惊讶:

　　条件 O　　回家是常事　　(在语篇中隐含)
　　预期 P(M|O)　　(所以)应该可以自由回家——道义情态(语篇中隐含)
　　当前信息 P(M)　　没有批准不能回家　　(语篇中显性表达)
　　预期性:反预期信息

③【第二层预期结构】 张茜提出新的条件,从而构成新的预期:

　　条件 O　　小侉兄妹回家探亲都要报领导批准(语篇中显性表达)
　　预期 P(M|O)　　(所以)其他人回家也要报批——道义/认识情态(语篇中显性表达)
　　当前信息 P(M)　　你没有批准不能回家　　(语篇中显性表达)
　　预期性:正预期信息

再看是解除自己反预期的例子,

(190) 一阵凉风吹过,几只燕子从花丛中飞起,飞出墙外,天色已渐渐黯了。陆小凤凝注着已渐渐消失在暮色中的燕影,忽然长长叹

息,道:"连燕子都不愿留在这里,何况人呢?……"(古龙《陆小凤传奇》)

其意义层次是:
① 上官姐妹失踪。
②【第一层预期结构】 陆小凤对上官姐妹失踪感到不解:

条件 O　　回家是常事　　（在语篇中隐含）
预期 P(M|O)　　（所以）应该在家——道义情态（语篇中隐含）
当前信息 P(M)　　人没在　　（语篇中显性表达）
预期性:反预期信息

③【第二层预期结构】 陆小凤想到新的条件,从而构成新的预期:

条件 O　　连燕子都不愿留在这里　　（语篇中显性表达）
预期 P(M|O)　　（所以）人更不愿留下——道义/认识情态（语篇中显性表达）
当前信息 P(M)　　人没在　　（语篇中显性表达）
预期性:正预期信息

同时,这些格式有时表示惊讶的递进,根本没有解开什么反预期,如下例中预期是够生活半年,但是当前信息是连半年的房租都不够,所以生活半年更是不可能的:

(191) 来北京前,我已做好了充分的准备,省吃俭用,存下了足足半年的工资,<u>原以为这些钱在北京起码够生活半年</u>,现在看来,<u>别说生活半年,连半年的房租都不够</u>。(《中国北漂艺人生存实录》)

7.1.2　解除后果

反预期要发展为意外,需要更多的东西。前面说了,需要触及说话者的"疼点",必须对他的情绪情感产生大的影响,而说话者自身的心理承受能力大小是很重要的。这样一来,除了解反预期外,我们还有了另外一个重要的解意外手段,即对先前的反预期信息不予干扰,依然保持其反预期性质,但是通过说明事件的性质、采取适当的应对方式,使得反预期的后果失效,也就是解除"疼点",从而达到解除意外的目的。陈禹(2021a、b)两篇文章正好是这两种解意外策略的演绎,下面略作介绍。①

1) 说明事件的性质

说明事件仅仅是一般性的事件,从而消除其重要性,既然不重要了,那么当然也就不值得意外了。例如轻转标记"只不过"的用法,参看陈禹(2021b)。我们并不认为所有"只不过"的用法都与反意外有关,因为并不是都有高的情绪和平抑的情绪的对比;与解意外有关的例句则必须要有这样的对比,如:

(192) a. 我知道许多在场的球队经理认为我不够狠,觉得我应该干掉他的。但我想,"算了吧,<u>这只不过是测试而已</u>"。(姚明《我的世界我的梦》)

b. 老天,你觉得自己糟透了——一大叠账单,情人老是和你意见相左,修车的费用是原先估价的两倍……,但这又有什么好烦恼的?<u>你只不过是只该死的蝴蝶,刚刚作了个噩梦</u>!(《读者》(合订本))

限于篇幅,这里只解释例 a,查上下文,有如下事件序列:

① 姚明在 2002 年选秀中不怎么拼抢,可以灌篮时只是投篮,不是尽力去干掉克里斯。

②【第一层预期结构】 在场的球队经理感到惊讶:

条件 O　　我(姚明)参加选秀赛(在前面语篇中表达)

预期 P(M|O)　应该奋力一搏,干掉对手——道义情态(语篇中隐含)

当前信息 P(M)　我(姚明)不干掉对手,打得比较保守(语篇中显性表达)

预期性:反预期信息

---

① 陈禹(2021a)对反意外有一个总结,"反意外最重要的一点就是'把事情往小里、轻里、低里说',那么如此轻描淡写的语气事实上是强烈情绪语气的反面,也就是感叹的对立端,但又不具备委婉语气特殊的社会语用功能。其次,反意外所杜绝的正是不确定性,确定性使说话人显得信心满满,也暗示听话人无须担心,这样也就走到了疑问的反面。另外,反意外建立在无疑的基础之上,那么无论是从命题还是元语,都不可能表现或者接受任何否认,所以即使很多反意外标记带有否定形式'不',但往往是纯粹的肯定(affirmative)功能"。

③【第二层预期结构】 我(姚明)提出新的条件,从而构成新的预期:

  条件 O 这只不过是测试;重要的是不要受伤(在语篇中显性表达)

  预期 P(M|O) (所以)不必太拼——道义情态(语篇中隐含)

我们看到,第二个预期结构是"涵义表达",用来说明打得保守没有什么坏处,因为不必太拼。他是肯定了球队经理们的反预期,但是说明他们的意外是不必要的,因为打得保守不是什么坏事,这是对同样的一个事件做了不同的性质说明。

凡贬低意义的词语都可能有这一用法,如"也就是、不就是":

(193)她很不好意思地说:"我其实没有做什么,<u>也就是尽了自己的本分而已</u>。"

  "特殊?保国山特殊?……看不出来呀!有什么特殊?<u>不就是几个石块石头</u>?"(1994年报刊精选)

  回到家,妻子开始发牢骚:"你怎么也不注意影响啊?那种地方是你去的嘛?"林荣明火了:"我注意什么?<u>不就是去唱唱戏嘛</u>?怎么了?"他拍开了桌子。妻子不再说了。(《作家文摘》1996)

还有"还不是",也是通过消除后果的重要性来达到解意外的目的,参看陈禹(2018),如:

(194)"你又在发议论了"觉民笑着说,"牡丹虽然这样熬过了冬天,发了叶,开了花,然而结果还是逃不掉爷爷的一把剪刀。""这有什么要紧呢?<u>第二年还不是照样地开出新的花朵</u>!"觉慧热烈地回答道。(巴金《家》)

查上下文,有如下事件序列:
① 牡丹长好了,结果被爷爷剪掉。
②【第一层预期结构】 觉民感到惊讶:

  条件 O 牡丹熬过了冬天,发了叶,开了花(语篇中显性表达)

预期 P(M|O)　　应该恣意享受阳光雨露——道义情态（语篇中隐含）
当前信息 P(M)　　被爷爷剪掉　　（语篇中显性表达）
预期性：反预期信息

③【第二层预期结构】　觉慧提出新的条件，从而构成新的预期：

条件 O　　第二年还不是照样地开出新的花朵（在语篇中显性表达）
预期 P(M|O)　　（所以）剪掉没有什么大不了的——道义情态（语篇中隐含）

觉慧肯定了觉民的反预期，但是说明这一意外是不必要的，因为第二年又会开新的花。

2) 采取适当的应对方式

面对令人意外的事件，采取适当的应对方式，消除其消极后果，从而达到好的状态，这也是解意外的重要手段。如针对位于句子末尾的构式"不就X了""（不）就是了"等，参看陈禹（2021a）。

(195) 他老是找你说个不停，嫌烦的话，不理他<u>不就好了</u>（理由），着什么急啊！

查上下文，有如下事件序列：
① 他老是找你说个不停。
②【第一层预期结构】　你对他的行为感到惊讶：

条件 O　　"你"，其实这是个类指条件（任何一个人）（在语篇中隐含）
预期 P(M|O)　　不应该被打扰——道义情态（语篇中隐含）
当前信息 P(M)　　他老是找你说个不停　　（语篇中显性表达）
预期性：反预期信息

③【第二层预期结构】　我提出新的条件，从而构成新的预期：

条件 O　　他老是找你说个不停；你不理他（在语篇中显性表达）

预期 P(M|O)　　（所以）你不会受他的影响——认识情态（语篇中显性表达）

通过新的条件"你不理他",从而推出你不会受到影响,从而将前一反预期的消极后果消解掉。

这样的例子不少:

(196) a. 她发脾气,<u>只要不理她,不就行了</u>。(岑凯伦《还你前生缘》)
　　　b. 再敲娘娘微微的睁了开眼:"大王千岁,小妃恐怕命不常久!""……我认为没事!哎呀,震的我这耳朵嗡嗡的!好好养着,我估计你是着了凉了受了风了,不要紧的,开点汤药。你那一回不也是闹感冒吗?脸色也不好看,<u>熬了四盆汤不就好了么</u>,不要紧的。"(郭德纲 相声集)
　　　c. 当妻子抱着摔断腿的儿子来到井场请他送往医院时,他都来不及离开钻台,说:"<u>断了接上不就行了</u>,我正忙着呢。"(1993年人民日报11月份)
　　　d. 他是故意的,他故意讽刺她,好让她觉得惭愧,她才不会呢!像这种花心大少,没有什么信用可言!哼!<u>她就当做没听到不就成了吗</u>?(于晴《红苹果之恋》)
　　　e. "可它就是发生了,那……还能怎么办呢?""<u>发生过就算了嘛,把它抛在脑后,忘了不就结了</u>!"(琼瑶《烟锁重楼》)

7.2　预期应验

前面已经说过,预期的实现(expected realization),是旧信息,本身并没有什么好说的,我们一般不会去特别提起。除非这一实现本身是新信息,信息价值足够大。仅当有认识主体认为这一预期是有很大可能不能实现的时候,才会出现这一情况。我们把原本没有把握的预期的实现称为"预期应验"(expected fulfillment)。

根据阻碍对预期的可实现性的评价的来源,分为两类。

1) 说话者认为该预期实现的可能性不大,也就是前面所说的"小预期"。

2) 说话者认为该预期实现的可能性大,但存在其他认识主体,认为可能性不大或者有不同的预期。

7.2.1　小预期的实现及正反预期语篇

学界一般认为"果然"表示事实和预期相符合①,"竟然"则正好相反,周兴志(1986)对二者的区别给予了逻辑阐释。从中可以看出,正预期和反预期作为一组相对立的概念,一般是不能同时作用在同一个事件之上(即共现),而是互补分布。

陈振宇、王梦颖、姜毅宁(2022)说:

> 从逻辑上讲,不能既认为一个事件合乎预期,而又认为不合乎预期。比如汉语中被认为是正预期标记的"果然",和反预期标记的"竟然""连……都/也"等,二者出现在不同的预期语境之中,一般不能互换,亦不能共现。对此,张晓英(2014:16-19)做了详尽考察,但她只考察了"果然"与"幸好、反正、原来、看来、显然、也许、或许、至少、本来、根本、只好、索性"等的共现,没有提到与"竟然"共现的例子。……但语料事实却并非如此。在同一个句子当中可能存在不同的预期,比如不同认识主体对同一事件的掌握程度和预期有所不同。如:
>
> (16)这小伙可真是料事如神,直接猜到皇上的行踪,<u>竟果然</u>如他所料!
>
> 猜到皇上行踪的是"小伙子",所以对他而言,实际的情况符合其预期;但是站在说话者角度,一开始说话人可能是不太相信小伙子的猜测的,可结果竟然真的如小伙子所料。这里的"果然"代表小伙子的正预期认识,在内层;而"竟"代表说话者的意外(反预期认识),在外层,因为说话者感到意外的是,事实怎么会与小伙子的预期相符。因此,当主体双方各有预期且两种预期都凸显时,正预期和反预期可以共存于同一语篇中。

但是新的例句发现,这一解释还不够,还需要新的解释(例引自陈振宇、王梦颖、姜毅宁 2022):

(197)丈夫怀疑妻子有了外心,跑去问妻子闺蜜,<u>竟果然</u>如他所料。

前面的例子有小伙子与说话者的对立,但本例中是丈夫自己的猜测,并

---

① 本书不分析表示"假设"的"果然"句,也不分析在疑问句中的"果然"。参看李小平(2007)、李冰(2009)。

且猜测的确认程度不高,"竟、果然"都是对丈夫的心理的表达:"果然"是说他预想到妻子如他所料的那样有外心,而"竟"则暗示他本来对自己的猜测信念不足,但结果这一猜测居然就成真了。

因此,即使语篇中只有一个认识主体,正预期和反预期也可以同时存在,它们关涉的是同一认识主体的同一认识(预期),而凸显的是不同方面:说话者有某一预期认识,但认为其实现的可能性很低或不确定。一旦这一认识成真,就会同时产生两个效果:它的实现既在意料之中,又在意料之外。根本的原因是,这里的预期是本书所说的"小预期"。

我们认为,小预期具有重要的"两面性":事件发展合乎主体的知识认识;但因为其实现概率很小,认识主体本来认为这一知识实现的可能很小,所以一旦实现,又具有反预期特征。无论极端还是非极端的小预期,都可能出现这种正/反预期标记同现的情况:

(198) 我想这道题应该可以解出来,**果然**,(不但大学生能解出来,)甚至**竟然**连小学生也能解出来。——我想这道题应该可以解出来,**竟果然**连小学生也能解出来。
我想这道题应该很难解出来,**果然**,(不但小学生解不出来,)甚至**竟然**连大学生也解不出来。——我想这道题应该很难解出来,**竟果然**连大学生也解不出来。
(199) 小王觉得李四会来,**没想到**啊,李四**果然**就来了!
小王说李四会来,**果然**,下午三点李四**竟然**真的来了!——小王说李四会来,下午三点李四**竟果然**真的来了!

上面例(198)为极端小预期。不过在实际语料中,这种共现大量出现在非极端小预期的例子中。这种例子相当多(例引自陈振宇、王梦颖、姜毅宁2022):

(200) a. 于是,他又想起他们曾经一起去请一位高人算过一次命,说他们两人八字一配,他就要漂洋过海,还说他们两个聚少离多,现在**竟果然**一一应验。
b. 我又被"出卖"了一次,那位党员同学竟向工宣队汇报,说我要与他达成一笔"交易"——我请他帮我解决组织问题,以帮他修改文章为报答……我虽愤怒,但……随他们去好了。又过了几天,那党员同学,**竟果然**拿了一篇什么文章请我帮忙润色文字。

  c. 一直有传闻说，今年的高考可能会有所改变，没想到**竟果然**成真！

  a 句中我们可以认为主人公并不知道自己和配偶之后的命运，但由于接受了先前"高人算命"，已经多少具有了他会"飘洋过海"，他们会"聚少离多"的"知识状态"，只是他觉得这一预期的概率并不大，所以后来应验时感到意外。b、c 句也是如此。

  张晓英(2014)曾经提到如下例句，但没有进行分析(例引自陈振宇、王梦颖、姜毅宁 2022)：

(201) a. 我见他神志异常清醒，担忧这是回光返照。**果然**，这次见面，**竟**成永别。当天下午就传来了陈云同志逝世的噩耗。(1996年人民日报)

  b. 我因为常见些但愿不如所料，以为未必竟如所料的事，却每每恰如所料的起来，所以很恐怕这事也一律。**果然**，特别的情形开始了。傍晚，我**竟**听到有些人聚在内室里谈话，仿佛议论什么似的……(鲁迅《祝福》)

  c. 这事虽不出闯王所料，**但是果然**成为事实，仍不免使他的心中**一惊**，赶快问道："确实么？"(姚雪垠《李自成》)

  a 句是因为关于他可能死的知识来自说话者"我"的猜想，"我担忧这是回光返照"，也就是我猜测他会死了，不过"担忧"说明猜测的信念程度不高，这样一来，他一旦真的死了，就既合乎我的猜测，又因为实现了一个小概率的猜测而导致意外。b 句稍微复杂一些，"我"是担忧将有特别的事发生，但不明确究竟是什么事会发生。事情果然发生了，不过没想到的是，这 特别的事，是听到了一些人的谈话。c 句没有"竟然"，但有表意外的"一惊"，细查前文，也可以看到清晰的脉络：坐山虎叛变，李自成早已猜想到，但是并不认为一定会实现，所以真的成为事实，仍然使闯王不由得一惊。

  这些例子中，"果然"和"竟"之间往往有停顿，或者有表示猜想传言为真的部分，如例 c 中"成为事实"把它们隔开。在前两个例子中，"果然"起到了连接词的功能，用来连接前面的猜想传言和后面的事实，因此"果然"并不是在句法高位，不表示句子主要的情绪情感，而是因为充当连接词而失去了焦点性；真正突显的语篇焦点仍然是由后面的"竟(然)"句承担。在例 c 句中，"果然成为事实"这一整体，充当"使他一惊"的主语，因此"果然"是在主语从句中,充当背景信息,真正的焦点依然是"一惊",故意外(反预期义)也是全句最重要的情绪。

由此可知,这里的所谓"同现"是不平等:反预期标记在高位,控制整个句子;而正预期标记在低位,或在句子之外(起连接作用),不是句子的焦点,而更像是用来衬托反预期意义的背景或前提。

对极端小预期,"连……都/也"是最常见的,原因是可以在语篇中找到一个存在梯阶关系的对比序列。

(202) a. 王成海说:尽量少来人,越少越好……亲家母后来一寻思……答应王成海了。王成海高兴得心花怒放……儿子办婚事那天,王成海**果然连**一个亲戚**也**没请,家里只来了亲家的几个人。(BCC 语料库)

b. 有许多事,重大的事,是报纸所不知道的。他想到末一次的应用"脚法":建设委员会的会长本来十之六七是给王荸老的,写是包善卿在山木那里表现了一番。王荸老所不敢答应山木的,包善卿亲手送过去:"你发表我的会长,我发表你的高等顾问!"他向山木告辞时,两脚轻快地细碎地往后退着,腰儿弯着些,提出这个"互惠"条件。**果然**,王荸老**连**个委员**也**没弄到手,可怜的荸老!不论荸老怎样固执不通,究竟是老朋友。得设法给他找个地位!包善卿作事处处想对得住人,他不由地微笑了笑。(老舍《且说屋里》)

c. 我想,今天下雨,肯定很多人不会来。赶到会场一看,**果然**,**竟然连**主持人**都**没有来!

在 a 句中,王成海希望"尽量少来人,越少越好",亲家母也答应了,此时通过"连……都/也"构建起来的梯阶是{很少的亲戚来、个把亲戚来、……、一个都不来}。但从中国的传统习俗的规约常理上,"一个亲戚都不请"的发生概率很低,一般不至于如此,结果果真王成海一个亲戚都没请。虽然这个结果与尽量少来人在方向上是一致的,但走得太远,也就出乎预料了。在 b 句中,包善卿试图达到的目的是自己当会长,而不让王荸老当,事情的发展的确是王没有当上会长,这符合包的预期,不过更为极端的是,王荸老不但没当上会长,而且连委员都没当上,这是出乎意料的,迫使包必须加以补救。

请注意,这些例子都是一个固定的配置模式:"果然……连……也/都",并且"果然"后有停顿,或者有表示猜想传言为真的部分,如"果然不见了"。

7.2.2 自预期应验

说话者先前的预期与当前信息相符,值得向那些拥有与此预期不同的预期的人进行推荐或炫耀,从而突显说话者相对于这些人的更高的知识地位,这就是这一类预期语篇的基本功能。

(203) 瞧瞧,瞧瞧,他是考不到一本线吧! <u>我说什么来着</u>!

我预期他考不到一本线,但是有人认为我的预期不对,不会成真或者实现的可能性很小;但事实是站在我这边,而不在那些人那边;以此突显我的知识地位比那些人高。查上下文,有如下事件序列:

① 我说过他考不上。
②【第一层预期结构】 我的预期实现:

  条件 O   (我认为)他成绩不行(在语篇中隐含)
  预期 P(M|O) (我说)应该考不上——认识情态(语篇中隐含)
  当前信息 P(M) 他考不到一本 (语篇中显性表达)
  预期性:自正预期信息

③【第二层预期结构】 有人反对我的预期:

  条件 O   我说他考不上;(有人认为)我说的不靠谱(在语篇中隐含)
  预期 P(M|O) (所以有人认为)他不一定考不上——认识情态(语篇中隐含)
  当前信息 P(M) 他考不上一本 (语篇中显性表达)
  预期性:他反预期信息

这种例子很多:

(204) 武铁治从柜子底部夹层中,拣出一支沉甸甸的大手枪,胡建芝的小脸兴奋得顿时泛起了红晕。"<u>我说他是干大买卖的吧</u>,没错,什么进出口贸易,放狗屁!原来也是'道儿'上的!"(《作家文摘》1997)
  还记得不,咱们在家长剧团时,<u>我就说过你不是一般人</u>,这才几

年,就混成大名人了,跟你比起来我不过小人物一个。(《中国北漂艺人生存实录》)

把我捆了半夜还不算整?硬是要把我掐死才算?你们死命整犯人,他们找不到你报复,就来整我,我,<u>我早说过,你是克星,嫁了你会跟着倒霉</u>……(《作家文摘》1994)

这些例子的突显功能,并不是在强调自己的预期实现,而是为了突显自己与他人的预期的对立,从而达到表达自身更高的知识地位的目的。

8. 预期/和谐与事实性、信息价值

8.1 两个视角:推断和回溯

8.1.1 定义

前面说过,预期的语篇安排有两个不同的类型:涵义表达和预期性表达。实际上,这也代表了说话者当前所处的位置,以及他所选择的视角,根据陈振宇、姜毅宁(2019),主要有两种:

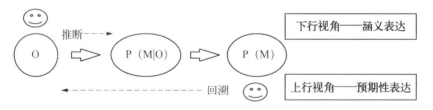

图 10 预期/和谐与说话者的位置和视角(引自陈振宇、姜毅宁 2019,有较大修改)[①]

根据陈振宇、姜毅宁(2019)的内容,本书做了一些修改后,概括为:

1) 下行视角(down),说话者站在条件 O 的位置上,对事物 M 的可能情况进行推断,这是从已知到未知的探索过程,依靠的是预期所产生的涵义,也就是"涵义表达"。例如:

(205) 甲:老张在吗?

---

① 图中"⇨"代表预期几大要素的逻辑方向。人脸代表说话者位置,而"---▶"代表说话者的视角。

乙：他今天要上班。（所以应该在单位）
条件 O　　老张今天要上班（在语篇中显性表达）
预期 P(M|O)　　应该在单位——认识情态（语篇中隐含）

甲、乙讨论事物的情况，他们都是站在条件 O 位置，他们会从预期的情况来进行判断。

2) 上行视角（up），说话者站在当前信息 P(M) 的位置上，对此前的条件或预期的情况进行回溯。根据"时间原则"，时间在后的事物为真，则时间在前的事物也为真，因此根本不是从已知到未知的探索，而是对已知的事物进行主观评价。这就是"预期性表达"。例如：

(206) 甲：昨天你来了吗？
　　　乙：我本来听说是很有趣的晚会……
　　　条件 O　　我本来听说是很有趣的晚会（在语篇中显性表达）
　　　预期 P(M|O)　　我想来——认识情态（语篇中隐含）
　　　当前信息 P(M)　　我没来　　（语篇中隐含）
　　　预期性：反预期信息

表面上看，这也是对事物事实性的说明，但是当乙回答的时候，他已经知道了事实的情况，也就是站在当前信息 P(M) 的位置；不过，他没有直接说出事实，而是回溯了事件之前的条件 O，说明他听说很有趣，并由此推出预期 P(M|O)，即他想来；不过，这里暗示是反预期的，因此可以推出他实际上没有来的当前事实。

8.1.2　性质

根据陈振宇、姜毅宁（2019）的论述，我们总结两大视角的性质：

1) 两大视角的时间性质

① 陈振宇、姜毅宁（2019）说："对未来事件的推断是无标记的，对现在和过去事件的推断是有标记的。"前一种十分常见，后一种情况十分罕见。例如下面都是对未来事件的推断：

(207) 柏拉图的哲学王思想，实际上是知识与权力的结合，在他看来，[只有由最有智慧、掌握了城邦的理念的人掌握最高权力，城邦才有希望]。因而应该把城邦的权力交给少数哲学家，这实际上是对雅典民主制度的否定。但在当时，却有积极意义。（《"知

识"与"意见"之分》)——柏拉图对未来政权的推断

⇨ [但是这种立法规定,仍然显露出不十分完满的缺憾,即感情不等于婚姻,感情破裂不代表婚姻破裂,把感情破裂作为惟一的裁判离婚标准,其科学性、合理性、法律上的正义性、事实上的可操作性及社会公德价值都不尽如人意]。中国未来婚姻家庭法的理想选择仍应该是坚持破裂原则,并用婚姻关系破裂代替现行的感情破裂。

下面是对过去事件的推断,陈振宇、姜毅宁(2019)说:"按照葬俗,在椁中应该有棺,所以虽然没有看见,但说话者依然认为原来有一口棺在那儿。"(例引自陈振宇、姜毅宁2019)

(208) 据考古人员分析,石椁里面原来应该有木棺,但由于年代久远,已经腐烂。

② 陈振宇、姜毅宁(2019)说:"对过去的回溯是无标记的(偶尔有对现在的回溯,如'我现在应该在家'实际上没有在家),对未来的回溯是有标记的。"

下面就是对过去事件的回溯:

(209) 命运之神不容对自己的人生做什么设计,[吴永琪本来打算当一辈子农民]呢!(1994年报刊精选)——后来没当农民
[公司原来准备在无人售票沿线各点执勤15天],结果大部分站点只用了3天时间,少部分站点坚持了5天,比预定计划大大缩短;……(1994年报刊精选)

陈振宇、姜毅宁(2019)说:

但是,在特殊的情况下,回溯也可以是针对未来事件的,如下所示,当说话者已经具有未来某一事件的确定性时,他回溯其合理性,结果是表示这事没有发生,即不再在后天去复查了:……
请注意,此类语料极为罕见,在CCL语料库中非常少,而且"应该、必须"等合理性的例子极少,其他语义维度的会多一些。

例如(例引自陈振宇、姜毅宁 2019):

(210) 本来是该后天去复查恢复情况的,刚好我今天休息,就去找孙院帮我检查了。

下面是更多的例子(例引自陈振宇、姜毅宁 2019):

(211) 为了避开奥运会和欧洲足球锦标赛,原本应该在 2008 年举行的亚洲杯将提前一年举行。——报道时间是 2004 年,所以这都是未来的事件,显然亚洲杯不再在 2008 年举行

不要吵了,我本来想明天和你们好好告别! 看样子,我无法等到明天!——改为现在就告别了

赖恩走到证物室,他原本希望永远不必再碰这个装了证据的保险箱的,现在却不得不把它拿出来。——不可能永远不碰了

考试刚结束,我原本打算明后天到你们那里去办签证,没想到你们却捷足先登,上门服务,这在别的国家是没有的。——明后天不去了

2) 两大视角的预期/和谐类型
从预期性的角度讲,推断也与回溯正好相反:

	推断	回溯	
关联度大	无标记	有标记	正预期语境①
关联度小	有标记	无标记	反预期语境②

8.2　事实性选择策略

8.2.1　推断策略

可以想象,走向未知的"我",能够依仗的东西只能是我已经了解的那些信息,而推理的模板无非以下几类,它们实际上都是有缝推理:

---

① 指说话者默认自己的认识一定是对的,或者说他的认识必是事实,表明说话者对自我的信心很强。

② 由陈振宇、邱明波(2010)提出,指说话者感觉自己的认识可能错了,或者是不能肯定自己是对的,这表明说话者对自我缺乏信心。

顺向推理：根据已有的经验，选择最大概率的结论作为我对未知的预测。

逆向推理：猜测事物会与我们已有的认识不同，概率较小的情况或者与估计相反的情况反倒很可能是对未知的正确预测。

折中推理：部分采纳或同时采纳上述两种推理。

显然，顺向推理是默认的，因为人类生活本身具有相当的稳定性，我如果去过一个地方，那么至少在一定时间里我可以继续仰仗我的经验，也就是说通过同样的路径达到目的，所以按照"博弈论"（game theory）[①]，我们会采取最大概率选择法。

【和谐原则一】 当说话者陈述事实 X，需要推断 Y 的取值时，

① 如说话者认为事物 Y 是事物 X 的强预期，且 Y 不是事实的话，则他的推断关联度低。（负迁移）推理公式为：

$$命题 X \land [特征]陈述 \land [特征] X 强预期 Y \land$$
$$[特征](Y 反事实 \lor 将来反事实) \to 信息关联度低$$

② 如说话者认为事物 Y 是事物 X 的强预期，且说话者所说的话关联度高，则说话者是认为 Y 是事实或会成为事实。（正迁移）推理公式为：

$$命题 X \land [特征]陈述 \land [特征] X 强预期 Y \land$$
$$[特征]信息关联度高 \to Y 事实 \lor 将来事实$$

③ 如果表明 Y 不是事实，且说话者所说的话关联度高的话，则 Y 不是事物 X 的强预期，或者是弱预期，或者是无预期。（正迁移）推理公式为：

$$命题 X \land [特征]陈述 \land [特征](Y 反事实 \lor 将来反事实) \land$$
$$[特征]信息关联度高 \to Y 弱预期 \lor 无预期 X$$

【和谐原则二】 当说话者已知事实 X，需要推断 Y 的取值时，且说话者认为事物 Y 是事物 X 的强预期，

① 如果说话者自信，则会按照推断关联度高的方向进行推断。（正迁移）推理公式为：

$$命题 X \land [特征]X 事实 \land [特征] Y 强预期 X \land [特征]自信 \to$$
$$信息关联度高 \land (Y 事实 \lor 将来事实)$$

---

① 博弈论的目标是为决策主体找到最大化自己利益的路径。

② 如果说话者不自信,则会按照推断关联度低的方向进行推断,或者至少无法选择推断方向。(正迁移)推理公式为:

命题 X∧[特征]X 事实∧[特征] Y 强预期 X∧[特征]不自信→(信息关联度低∧(Y 反事实∨将来反事实))∨(信息关联度不确定∧Y 非事实)

在无标记的情况下,推断都是向关联度大的方向解读。陈振宇,姜毅宁(2019)用以下模拟对话来测试。他们认为 a 解读更为合适(例引自陈振宇、姜毅宁 2019):

(212) 使因:——地上湿不湿?——刚才下了雨。(说话者认为地上是 a 湿的 b 不湿。)

能力:——他完成作业了吗?——我觉得他能完成。(说话者认为他会 a 完成 b 完不成。)
——你觉得咱孩子能考上好大学吗?——咱孩子还是很有能力的!(说话者认为孩子 a 考上 b 考不上。)

知识:——他会及时赶来吗?——我已经通知他面试提前了。(说话者认为会 a 及时赶到 b 无法及时赶到。)

合理性:——下午他在教室吧。——他又没生病,应该去上课。(说话者认为他 a 在教室 b 不在教室。)
——明天去吗?——应该去!(说话者认为明天 a 去 b 不去。)

权威要求:——他在家吗?——他妈妈叫他回去。(说话者认为他 a 在家 b 不在家。)

允诺:——他会帮小明吗?——他答应帮小明。(说话者认为他 a 会帮 b 不会帮。)

过去:——股票会升吗?——股票周期最低点大概就这个了,现在都在低位维持了好一阵了!(说话者认为股票 a 会升 b 不会升。)
——你觉得中国队能出线吗?——从我看足球以来,就没出过线。(说话者认为 a 不会出线 b 会出线。)

没有阻碍:——我担心面试过不了。——又没人故意刁难你!(说话者认为面试 a 会过 b 不会过。)

其他条件:——工程怎么样?能顺利进行吗?——资金、人、材料都已经到位了!(说话者认为工程 a 会顺利 b 不会顺利。)

时间：——该吃饭了吗？——都十二点了都！(说话者认为 a 该吃饭 b 不该吃饭。)

事件实施：——你知道蕴涵和衍推的区别吗！——我也看过几本逻辑书的。(说话者认为自己 a 懂 b 不懂。)

实体：——咱孩子在看书吗？——没看见手里拿着本书嘛！(说话者认为孩子 a 在看书 b 没看书。)

陈振宇、姜毅宁(2019)说：

但是，并不是所有推断都如此，有两个重大的区别：因果链条的直接性与间接性的区别。"祈愿、目的的行为"因为并不是达成愿望和目的的充分条件，所以很间接，因果关系很弱，我们很难确定祈愿会为真，很难确定行为一定会达到目的。下面说话者其实不能断定洪水是否会退，不能断定是否会煮熟，没有做出确定的回答。

如(例引自陈振宇、姜毅宁 2019)：

(213) **意愿**：——你觉得他会去参加比赛吗？——我知道他想去。
　　有人希望(祈愿)：——洪水会退吗？——我们都希望洪水退去。
　　有目的的行为：——这次饭煮熟了吗？——他已经煮了一锅饭。

陈振宇、姜毅宁(2019)指出：

除此之外，在特殊的情况下，说话者会失去自信心，表现为犹疑的韵律模式(尾部拖长、弱的语调等等)，以及某些表示信心不足的词语(如"倒是，说起来"等)，表达的是对常规推理的怀疑，因此推测事情可能正好与和谐关系相反，是向着关联度低的方向进行。如在下面的会话中，说话者的意思很可能是 b，而不是 a，或者至少有可能是 b，"有可能"说明这时是弱的猜测。

例如(例引自陈振宇、姜毅宁 2019)：

(214) **使因**：——不知道外边地上湿不湿？——刚才的确是下了一阵

雨……(说话者认为地上是 a 湿的 b 不湿。)

能力：——他完成作业了吗？——说起来他是能完成的……(说话者认为他会 a 完成 b 完不成。)

——你觉得咱孩子能考上好大学吗？——咱孩子……倒是还有些能力……(说话者认为孩子 a 考上 b 考不上。)

知识：——他会及时赶来吗？——我倒是已经通知他面试提前了……(说话者认为会 a 及时赶到 b 无法及时赶到。)

合理性：——下午他在教室吧。——他又没生病，说起来倒是应该去上课……(说话者认为他 a 在教室 b 不在教室。)

——明天去吗？——说起来倒是应该去……(说话者认为明天 a 去 b 不去。)

权威要求：——他在家吗？——他妈妈倒是叫他回去……(说话者认为他 a 在家 b 不在家。)

允诺：——他会帮小明吗？——说起来他是答应帮小明的……(说话者认为他 a 会帮 b 不会帮。)

过去：——股票会升吗？——说起来股票周期在低位倒是维持了好一阵了……(说话者认为股票 a 会升 b 不会升。)

——你觉得中国队能出线吗？——说起来倒是还没出过线……(说话者认为 a 会出线 b 不会出线。)

没有阻碍：——我担心面试过不了。——故意刁难你倒是没有人……(说话者认为面试 a 会过 b 不会过。)

其他条件：——工程怎么样？能顺利进行吗？——说起来资金、人、材料倒是都已经到位了……(说话者认为工程 a 会顺利 b 不会顺利。)

时间：——该吃饭了吗？——倒是都十二点了……(说话者认为 a 该吃饭 b 不该吃饭。)

事件实施：——你知道蕴涵和衍推的区别吗！——说起来我倒是看过几本逻辑书……(说话者认为自己 a 懂 b 不懂。)

实体：——咱孩子在看书吗？——他手里倒是拿着一本书……(说话者认为孩子 a 在看书 b 没看书。)

意愿：——你觉得他会去参加比赛吗？——他倒是想去……(说话者认为他 a 会去 b 不会去。)

有人期望(祈愿)：——洪水会退吗？

——我们倒是都希望洪水退去……（说话者认为洪水 a 会退 b 不会退。）

有目的的行为：——这次饭煮熟了吗？——他倒是已经煮了一锅饭……（说话者认为他把饭 a 煮熟了 b 没煮熟。）

需要说明的是，在不自信的情况下，弱预期情态和强预期情态都是一样的。

现在我们来看看在否定时的情况，与肯定时相反，会发现解读 b 很合适，而 a 却很怪异，这是因为 X 强预期 Y，在否定时，会变成~X 强预期~Y。

(215) **使因**：——地上湿不湿？——刚才没下雨啊。（说话者认为地上是 a 湿的 b 不湿。）

能力：——他完成作业了吗？——他没有能力完成这么复杂的工作。（说话者认为他会 a 完成 b 完不成。）

——你觉得咱孩子能考上好大学吗？——咱孩子的能力还是差一点！（说话者认为孩子 a 考上 b 考不上。）

知识：——他会及时赶来吗？——没人通知他面试提前！（说话者认为会 a 及时赶到 b 无法及时赶到。）

合理性：——下午他在教室吧。——他生病了，不应该去上课。（说话者认为他 a 在教室 b 不在教室。）

——明天去吗？——不应该去！（说话者认为明天 a 去 b 不去。）

权威要求：——他在家吗？——他妈妈没叫他回去。（说话者认为他 a 在家 b 不在家。）

允诺：——他会帮小明吗？——他没答应帮小明。（说话者认为他 a 会帮 b 不会帮。）

过去：——股票会升吗？——股票周期最低点还不止这个，现在刚到低位呢！（说话者认为股票 a 会升 b 不会升。）

——你觉得中国队能出线吗？——中国队出过线的。（说话者认为 a 不会出线 b 会出线。）

没有阻碍：——我担心面试过不了。——有人故意刁难你！（说话者认为面试 a 会过 b 不会过。）

其他条件：——工程怎么样？能顺利进行吗？——资金、人、材料都没有到位！（说话者认为工程 a 会顺利 b 不会顺利。）

时间：——该吃饭了吗？——还没到十二点！（说话者认为 a 该吃饭 b 不该吃饭。）

事件实施：——你知道蕴涵和衍推的区别吗！——我没看过什么逻辑书。（说话者认为自己 a 懂 b 不懂。）

实体：——咱孩子在看书吗？——他手里没有书啊。（说话者认为孩子 a 在看书 b 没看书。）

同样，"意愿、祈愿"等很间接，因果关系很弱，所以不祈愿也并不意味着会为假，所以下面说话者其实不能断定：

(216) 意愿：——你觉得他会去参加比赛吗？——我知道他不想去。

有人希望(祈愿)：——洪水会退吗？——防守的一方不希望洪水这么快退去。

不过有所不同的是，如果行为没有发生，那么相关的目的一般当然是不会达到的，这是一个很强的概率，几乎就是完全概率，如：

(217) 有目的的行为：——这次饭能煮熟吗？——他没煮饭！（当然肯定也没有什么"煮熟"了）

最后来看看以下的对话，例 a 表明"张大明"与"张厂长"之间有相互预期关系，而例 b 则表明说话者不知道有此关系，即在他的心中，"张大明"是推不出"张厂长"的。

(218) a.　你好，我是张大明。——哦！张厂长您好！（意为你就是张厂长）

b. ——你好，我是张大明。——张厂长呢？我们找他。（意为你不是张厂长）

陈振宇、邱明波(2010)研究了汉语中有关否定的一种特殊情况：否定的语力本来是比肯定强，按理说是更为自信的；但是汉语中有时它们会处于"反预期语境"之中，这时说话者感到事实可能与自己的预期相反，所以语句虽然是否定意义，表明了说话者的认识，但他却感到可能是相反也就是肯定的事实。

(219) 难道他是你爸爸?！什么都听他的！
　　　难道他是你爸爸？不然你干嘛什么都听他的！

陈振宇、姜毅宁(2019)说：

　　第一句为一般反预期句，句中有反预期标记"难道"，表示说话者对"他是你爸爸"的否定，即说话者实际上是表示"他不是你爸爸"，从而指责"(你)什么都听他的"这一行为是不合理的。参看郭继懋(1997)。
　　第二句中，"难道"也表示强否定意味，即说话者表示"他不是你爸爸"；但此时句子是处于反预期语境中，即说话者怀疑自己的认识与事实相反，将"强否定"意义的"他不是你爸爸"颠倒一下，得到"弱肯定"意义："(我猜测)他可能是你爸爸"，这样才能解释对方的行为"什么都听他的"的合理性。
　　虽然这两句都用了问号，但第一句更靠近感叹，而第二句更靠近疑问，前者正是强自信的迁移，后者正是弱自信的迁移。在汉语研究中，"难道"句的第二个功能称为"揣测问、推测问、测度问"，需要对方来证实或证伪。①……并认为这不仅仅是反问标记的普遍现象，也是其他强否定标记的普遍现象，如下例的猜测问意义都是这样来的。

如(例引自陈振宇、姜毅宁，2019)：

(220) 难道凶手是此人不成？——说话者怀疑凶手可能是此人
　　　未必你想和她谈朋友？——说话者怀疑你有可能是想和她谈朋友
　　　莫非此处就是陈家庄？——说话者猜测此处就是陈家庄
　　　这么大一个城市三年时间取消5平方米户，不是在说大话吧？——说话者怀疑有关方面可能是在说大话
　　　一个弟兄向旁边问："不会是官军来劫营的吧？"——说话者猜测可能是官军劫营
　　　别是他生病了吧？——说话者猜测他可能是生病了

甚至还出现了两个形式杂糅在一起的"别不是＝别是＋不是""莫不

---

① 袁劲(1986)，刘钦荣、金昌吉(1992)，龚嘉镇(1995)等都有重要的论述，陈振宇、邱明波(2010)由此提出了"强否定＋反预期语境→弱肯定"。

是＝莫是＋不是""莫非＝莫＋非"等形式，它们成为表示不自信的揣测问的专用形式。

为什么会发展出这样的意义迁移？陈振宇、邱明波(2010)说：

> 已往的研究者主要借用 Frantisk Lichtenberk(1995)的观点，对"别、怕"两类进行解释，认为这是一个主观化的过程，因为担心的对象，一般是潜在的可能事实，所以从"担心"可能过渡到"可能"。（如高增霞，2003；李宇凤，2007等）但这一解释显然很不够：首先，为什么由担心引向了可能，而不会由担心引向必然？其次，高增霞(2003)不但用"担心—认识情态"解释汉语的"怕、别"，还用它解释"看"的特殊用法，如看我好好揍你一顿、看谁给你做鞋做饭"，而这与推测情态无关，是否说明"担心"这一心理因素太过广泛了，不能给出准确的解释。此外"不是"、"难道"类与担心无关，又怎么解释？
>
> 袁劲(1986、2001)认为"道"有"料"义，"难道"即难以预料，与"不道、不料"极其接近；虚化为副词后，表示深感意外的语气。"出人意料"这一特性很有道理，但是怎样才能推广到所有四类修辞性推测上去？……
>
> 我们把袁劲的"出人意料"归结为"反预期语境"(context of counter-expectation)，并认为在这一语境中的"语用尺度"(pragmatic scale)颠倒，是导致这一修辞转换的根本机制。
>
> "语用尺度"指一套命题之间的等级排列，"Q的可能性＞～Q的可能性"、"Q的可能性≥～Q的可能性"等就是语用尺度的一种表示方法。……
>
> 以"他难道是个好人"为例：
>
> 第一，从词汇语法来看，表明说话者认为有一个命题 Q(他是个好人)，以及它的否定命题～Q(他不是个好人)；
>
> 第二，说话者本来认为：～Q的可能性大于Q的可能性。即"他不是一个好人"最应该实现，它是语用尺度的高点；而"他是个好人"不应该实现，是语用尺度的低点。这一认识正是句子的无标记意义。
>
> 第三，当加上反预期语境(而不是反预期标记)后，并非说话者已经发现真正的言语事实，而是他开始怀疑自己，认为有理由相信，自己先前的认识出了问题，言语事实很可能将与他的预设相反。
>
> 第四，在这种情况下，说话者对自己预设的语用尺度进行了修正：把原来的"～Q是语用尺度的高点，Q是语用尺度的低点"颠倒一下，改为"Q在语用尺度上至少不比～Q低"。这一语用尺度颠倒过程可表

示为：

$\sim[Q的可能性<\sim Q的可能性]=Q的可能性\geq\sim Q的可能性$

由此得到推测情态意义"他很可能是个好人"。

（引自陈振宇、邱明波 2010）

陈振宇(2017)给出了有关"意外"的语用推理公式，其中两条是：

强意外（默认）→[主]语用否定＋[次]趋向性疑问＋[次]说话者指向感叹

弱意外→[主]趋向性疑问＋[次]语用否定＋[次]说话者指向感叹

其中的语用否定，就是这里的"反问"的功能；趋向性疑问就是这里的揣测问。这两条公式说明，两种功能是同源功能，仅仅是语气的强弱区别。

8.2.2 回溯策略

先让我们看一个例子来说明两种视角的差异：

(221) a. 甲：你明天去参加会议吗？
　　　　乙：呵呵，<u>我是不想去</u>。/<u>我是想去</u>。
　　b. 甲：昨天在会上看见你啦！
　　　　乙1：呵呵，<u>我是不想去</u>。　　乙2：#<u>我是想去</u>。
　　　　甲1：嗯，有什么故事吗？
　　c. 甲：昨天的会议你去了吗？
　　　　乙1：<u>我是不想去</u>……　　乙2：<u>我是想去</u>……
　　　　甲1：这么说你去了。　　甲2：这么说你没去。

例 a 是下行视角，谈话发生的时间是事前，此时如果乙否认自己有意愿，没有意愿那么事件很可能不会发生；如果乙表示自己有意愿，有意愿那么事件很可能就会发生。总之都会按照和谐的方向进行推理。

例 b 是上行视角，乙同样否认自己有意愿，然而谈话发生在事后，这时意愿已经对事件没有影响，所以乙的话改变不了事实，那么乙为什么说这句话呢？他其实是在对事件进行主观评价，说明这个事件有出乎意料之外的因素（反预期性），即不想来，却不得不来。所以甲一下被勾起了兴趣，猜测这里面有更多的有意思的信息。因为前提与结果不一致，说明二者不和谐，而不和谐信息价值确实很高的。

请注意，例 b 中乙一般不能说"我是想去的"，因为前提和结果和谐的话信息价值很低。但如果说"我是想去，所以他们给我发了一个请柬"就好一些了，因为这时有了特别的允准，即以信息价值低的句子作为后面新信息"发请柬"的出发点。

例 c 也是上行视角，乙对事件的回溯，并没有直接回答结果如何，反而提到事件的前提。可是甲仍然推理出了结果，这是因为甲猜测人们说话一般应该有较高的信息价值，而高的信息价值就意味着前提与结果是不和谐的，因此前提是支持去的，结果就是没去；前提是不支持去的，结果反倒是去了。

【和谐原则三】 当说话者陈述 X 时，

① 如事物 Y 是事物 X 的预期（不管是强预期还是弱预期），且已知 Y 为事实，则说话者所说的 X 信息价值就很低。（负迁移）推理公式为：

命题 X∧[特征]陈述∧[特征] Y 预期 X∧[特征] Y 为事实→信息价值低

② 如事物 Y 是事物 X 的预期（不管是强预期还是弱预期），且说话者所说的 X 信息价值高，则说话者是认为 Y 不是事实或至少有可能不是事实。（正迁移）推理公式为：

命题 X∧[特征]陈述∧[特征] Y 预期 X∧
[特征]信息价值高→Y 反事实∨非事实

③ 如果已知 Y 为事实时，且说话者所说的 X 信息价值高的话，则 Y 不是事物 X 的预期。（正迁移）推理公式为：

命题 X∧[特征]陈述∧[特征] Y 为事实∧[特征]信息价值高→Y 不预期 X

【和谐原则四】 当说话者已知事实 Y，需要回溯 X 的取值时，且说话者认为事物 Y 是事物 X 的预期（不管是强预期还是弱预期），

① 如果说话者是要讲新的情况，则会按照信息价值高（反预期）的方向进行回溯，即表明 X 是反事实。（正迁移）推理公式为：

命题 Y∧[特征]Y 事实∧[特征] Y 预期 X∧
[特征]给予新信息→信息价值高∧X 反事实

② 如果说话者是要说明信息 Y 是常规的或合理的，则会按照信息价值低（正预期）的方向进行回溯，即表明 X 是事实。（正迁移）推理公式为：

命题 Y∧[特征]Y 事实∧[特征] Y 预期 X∧
[特征]说明 Y 常规或合理→信息价值低∧X 事实

在语篇中，大量的回溯式表述都集中在反预期上，而正预期需要特别的条件，即反预期回溯是无标记的，正预期回溯是有标记的，因为说话者一般

都是追求更大的信息价值。在下面的对话中,会发现解读 b 有了很大的可能为真,甚至比 a 还更合适:

(222) 使因：——这地上……刚才下了雨的/先前本来下了雨的!(说话者认为地上是 a 湿的 b 不湿。)

能力：——他本来能够完成……(说话者认为他 a 完成 b 完不成。)

——咱孩子本来是有能力考上的。(说话者认为孩子 a 考上 b 考不上。)

合理性：——他(本来)应该去教室上课的。(说话者认为他 a 在教室 b 不在教室。)

——本来应该明天去的。(说话者认为明天 a 去 b 不去。)

权威要求：——他妈妈(本来)叫他回家去的。(说话者认为他 a 在家 b 不在家。)

允诺：——他(本来)答应帮小明的。(说话者认为他 a 会帮 b 不会帮。)

过去：——(本来)股票周期最低点就是这个……(说话者认为股票 a 会升 b 不会升。)

——中国队本来是没有出过线……(说话者认为这次 a 不会出线 b 会出线。)

没有阻碍：——这次面试(本来)没人故意刁难你……(说话者认为面试 a 会过 b 不会过。)

其他条件：——工程的资金、人、材料本来都已经到位了……(说话者认为工程 a 会顺利 b 不会顺利。)

时间：——至于吃饭,本来都十二点了……(说话者认为 a 该吃饭 b 不该吃饭。)

事件实施：——至于蕴涵和衍推的区别,我本来看过书的……(说话者认为自己 a 懂 b 不懂。)

实体：——说到看书,他手里本来拿着本书的……(说话者认为他 a 在看书 b 没看书。)

意愿：——他(本来)是想去的。(说话者认为他 a 会去 b 不会去。)

有人希望(祈愿)：——我们本来希望洪水退去……(说话者认为

洪水 a 退了 b 没退。)

有目的的行为：——他本来煮了一锅饭……(说话者认为饭 a 可以吃了 b 还不可以吃。)

8.3 预期与信息价值选择策略

8.3.1 若干语言现象

让我们看看"本来"与"本来就"的区别：

(223) 甲：昨天的会议你没去吗？
　　　乙：a. <u>我本来是想去</u>……(我没去)
　　　　　b. <u>我本来就是不想去</u>……(我没去)

例 a 的"本来"句是自反预期，即事情与说话者认识相反，我想去，那么按照预期，我应该有很大的可能去，既然事实与这预期相反，那事实就是没去。例 b 的"本来就"句是他反预期，即与你的认识相反，与我的认识一致，所以事实是我没去，并且这是合理的，也就是前面我们说过的解反预期的情况。不过我们还应该看到：

例 a"本来"句是反预期，是无标记的，信息价值高，所以自足完句。我们可以补出结论"我本来是想去，可是没去"。也可以不说出这一结论，因为听者很容易从反预期推出结论。

例 b"本来就"句则是正预期的，所以信息价值低，完句功能很低，需要进一步的允准。如充当论证的证据或理由：我觉得你可能认为我去会议是不合理的，所以我要与你辩驳，证明我去是合理的，这个理由就是"我本来就想去"，一个人想去当然就有了正当的理由去了。如下面例(224)和(225)所示：

(224) 甲：他来了吗？
　　　乙1：他本来应该来的。　　乙2：他本来不应该来的。
　　　　　他本来想来的。　　　　他本来不想来的。
　　　　　他本来能来的。　　　　他本来不能来的。
　　　　　他本来答应来的。　　　他本来没答应/拒绝来的。
　　　　　本来叫他来的。　　　　本来没叫他来的。/叫他别来的。

　　　　　本来希望他来的。　　　本来不希望他来的。

(225) 甲1：这么说他没来。　　　　甲2：这么说他来了。
　　　甲1：他来了?!　　　　　　　甲2：他没来?!
　　　乙1：他本来就应该来的。　　乙2：他本来就不应该来的。
　　　　　他本来就想来的。　　　　他本来就不想来的。
　　　　　他本来就能来的。　　　　他本来就不能来的。
　　　　　他本来就答应来的。　　　他本来就没答应/拒绝来的。
　　　　　本来就叫他来的。　　　　本来就没叫他来的。/就叫他别来的。
　　　　　本来就希望他来的。　　　本来就不希望他来的。

再如下例中，张三现在住在上海，此时乙说去年他不住在上海，于是不符合前后事件的预期，信息价值高，甲便被勾起了兴趣。如果乙说去年他住在上海，那么就不太合适，因为信息价值低；不过如果坚持认为信息价值高的话，就意味着乙觉得张三去年与如今的住处没有预期关系，如乙说"去年他也住在上海"，这也就是说，乙认为去年的状态不会延续到现在，那么延续过来就是高信息价值，这里的"也"突出了延续性，而凡是被突显的语义，都隐含着"非必然、非常规"的涵义，所以才需要说话者特意去突出它。

(226) 甲：张三住在复旦附近。
　　　乙1：<u>去年他不住在上海</u>。　乙2：♯<u>去年他住在上海</u>。/<u>去年他也住在上海</u>。
　　　甲1：嗯，他怎么来上海了？

再如下例中，乙的话都从高信息价值角度去理解，于是倾向于反预期，所以去年他在如今就不在，去年不在如今就在。

(227) 甲：张三现在住在上海吗？
　　　乙1：<u>去年他是不住在上海</u>……　乙2：<u>去年他是住在上海</u>……
　　　甲1：这么说他现在在啦。　　　　甲2：这么说他现在没在啦。

再如下例中，乙的话表明时间在后的努力（未来的努力）Y 为真，如果这时甲得出的结论是时间在前的努力（现在的努力）X 为真的话，信息价值就会很低；为了得到高的信息价值，甲的结论只能是（现在的努力）X 为假，也就是说乙现在是不努力的。

(228) 甲：你最近努力吗？
乙：我会努力的！
甲：也就是说你现在不努力啦。

再如下面例a,既然是她去了,那么说"妈妈叫她去"信息价值就低,所以句子不合适。不过,我们可以使用特殊的允准。如果我们要说"妈妈叫他去"而又要保持高信息价值的话,则她是没去或不去,如例b。如果又是她去了,又要说"妈妈叫他去",又要是高信息价值,那么说话者一定认为"妈妈叫她去"和"她去了"之间不存在预期关系,如例c,这里的"就"是用来强调前后事件间的关系是新信息,而如果是正预期的关系那就是旧信息了。例d是正预期,但实际上是用来反驳他人的预期,说明解反预期意义的。

(229) a. #妈妈叫她去,她去了。
妈妈叫她去,她去了才发现原来阿姨也来了。（新信息的出发点）
b. 妈妈叫她去,她没/不去。
c. 妈妈叫她去,她就去了。（反预期）
d. 本来就是妈妈叫她去,所以她去了。（正预期）

再看下例a,既然是煮熟了,那么说"煮饭"信息价值就低,所以句子不合适。不过,我们可以使用特殊的允准。如果我们要说"煮饭"而又要保持高信息价值的话,则是没煮熟或煮不熟,如例b。如果又是煮熟了,又要说"煮饭",又要是高信息价值,那么说话者一定认为"他煮饭"和"煮熟"之间不存在预期关系,如例c,这里的"竟然"就是用来强调前后事件间的关系是反预期的,另外这一条中,说话者是不把"他"看成正常的人的,所以对常人来说正常的结果对他来说才是非正常的。不过我们还多了一个选项,即如果又有结果,又要说"煮饭",又要是高信息价值,我们还可以说这个结果是偏离的结果,如例d的"煮糊"。

(230) a. #他煮饭煮熟了。
煮饭煮熟了,再加牛肉。（新信息的出发点）
b. 他煮饭煮不熟/没煮熟。
c. 他煮饭竟然煮熟了！
d. 他煮饭煮糊了。

再如下例,乙的话需从高信息价值角度去理解,于是应该是与预期相反,所以他在看,则看的预期结果"懂"就应该没有达到:

(231) 甲:看懂了吗你?
乙:<u>我在看哪</u>!

再如哪吒是人,人都有一个脑袋两个胳膊,所以下例 a 信息价值就低,句子不合适。不过,我们可以使用特殊的允准。如果我们要说哪吒而又要保持高信息价值的话,则是他的胳膊数或脑袋数与常人不同,如例 b。如果又是哪吒,又是一个脑袋两个胳膊,又要是高信息价值,那么说话者一定认为哪吒和"一个脑袋两个胳膊"之间不存在预期关系,如例 c,这里的"居然"就是用来强调前后事件间的关系是反预期的,因为说话者认为哪吒应该是三头六臂,所以这庙里的哪吒塑成了正常的人,反而不正常了。如果又有形状,又是哪吒,又要是高信息价值,那么我们可以把哪吒的形状与常人相比,是偏离的形状,如例 d 的"三头六臂"。

(232) a. #哪吒一个脑袋两条胳膊。
哪吒一个脑袋两条胳膊,也做不了这样的大事。(新信息的出发点)
b. 哪吒没有胳膊。
c. 这庙里的哪吒居然是一个脑袋两条胳膊!
d. 哪吒三头六臂。

再如下例,这句话需从高信息价值角度去理解,于是应该不和谐,表示意外,所以在说话者看来,对方并不具有"大领导"这一概念所预期的那些典型性质,也就是说,他实际上是指对方的行为不像大领导,或达不到大领导的要求。其余各例也是如此。

(233) 你可是大领导!
你要知道你自己可是个乖孩子!(怎么和他们混在一起)
你别忘了自己是教授哦!
你还说是个老师呢!

当然,回溯理论不能到处乱用,还得受到其他规律的制约。例如,下面例 a 因为涉及的主体是说话者自己,而自己一般是不对自己感到意外的,所以就没有上面的反预期性,如"我是老师"说明我不会做背离老师性质的事。只有当对自己也感到意外时,如下例 b,才会有不和谐性,指我是他爸,但没有享受到做父亲的待遇:

(234) a. 我是老师!
我可是一个好人。
b. 这孩子!对他妈言听计从!<u>我可是他爸!</u>(怎么就不听我的)

8.3.2　汉语原因小句的信息价值

让我们再来看一个重要的回溯表达。在汉语中,表示原因或理由的"因为",在因果复句中的位置具有很特殊的分布。一般来说原因在前,结果在后;但是汉语"因为"句经常是在结果小句后面,参看毕永峨(Biq, Yung O. 1995)、屈承熹(2006:179)、宋作艳和陶红印(2008)、高再兰(2013)等。

我们同意前人的研究,但认为还很不足。需要解释,为什么当"因为"出现时,会经常出现在结果小句之后。我们认为,"因为"小句后置带来了一个信息流的顺序,即说话者先告知结果,再解释造成这一结果的原因,而这里的原因其实不是真正意义上的自然因果推动力(causer),而是让我们觉得论断或行为具有社会合理性或常规性的理由(reason),如:

(235) ……人们都要死的,不过隐士许死的更快,<u>因为他未到死期,先把心情死了!</u>(老舍《老张的哲学》)
树华没回来,<u>因为学校里开运动会。</u>(老舍《文博士》)
我曾经那样愤慨和暴躁地离她而去,<u>因为我认为自己要循着一条纯洁的埋想之路走向明天。</u>(张承志《黑骏马》)
后来这话越传越广,缺乏创见的论者频频借来当作真知灼见,一般读者也常拿此话问我,弄得我颇有些不耐烦,<u>因为我没法解释为什么我是个痞子</u>,这本该由论者解释,这是他们的发明。(王朔《王朔自选集序》)

因此,从信息上讲,是已知结果,再说其理由,这正是本书所说的回溯而不是推断。又在回溯中,是采取的正预期方向,所说的是产生预期的理由(条件),这意味着信息价值低,需要更多的允准。此处的允准就是对所说结果的合理性进行说明,说明这是常规的或合理的结果,这样一来,说话者的讲述就站得住脚了。让我们看看其语篇意义层次：

① 隐士死的更快。

② 也许会有人对说话者的这一论述感到惊讶或不解。——可能的意外

③ 说话者说明这一论断的原因是"隐士未到死期，先把心情死了"，由此说明死的更快是符合预期的。——强调

④ 说话者以此来解除可能出现的意外，从而达到解反预期或解意外的功能。

在整个言谈过程中，说话者的知识立场一直没变，但增加了一个新的评价立场，由于担心有人会认为这一论述不合理，所以干脆把理由说出来，避免反预期，避免出现对自己不利的情况。

与之相似但略有不同的是在对话中的情景：

(236) 甲：那么你那时是……去没去？
　　　乙：我还是没去，因为……因为……我还是有点……担心……

乙知道她的回答不是对方所期盼的优势的回应，所以在说出结果后，她不由自主地去回溯理由，而且是拿出一个与结果有正预期关系的理由，以便说明这个结果是合理的（符合预期的），没有什么问题。这实际上是在不自觉地维护自己的立场，避免受人攻击。让我们看看其语篇意义层次：

① 我最后还是没去。

② 这与对方的期待不符，所以也许会使对方感到惊讶或不解。——可能的意外

③ 说话者说明理由是"我有点担心"，由此说明这是正预期信息。——强调

④ 说话者以此来解除可能出现的惊讶或意外。

8.3.3　相对信息价值对语句合适性的限制

【相对信息原则一】

① 相对信息价值低，则语力失效。（负迁移）推理公式：

$$语句\ X \wedge [特征] X\ 相对信息价值低 \rightarrow 语力失效$$

② 如果语力有效，则语句必须有高的相对信息价值。（正迁移）推理公式：

$$语句\ X \wedge [特征] 语力有效 \rightarrow X\ 相对信息价值高$$

这里有一个重要的分别，陈振宇（2017：597）说："直接与相对信息有关的是信宿（信息接收者），而非信源（信息发出者）。在陈述时①存在正信息差，说话者发出信息，听话者接收，所以相对信息是听话者的，称为'听者价值'；但在疑问时存在负信息差，说话者要求听话者发出信息，自己接收，所以相对信息是说话者的，称为'言者价值'。"另参看陈振宇、吴越、张汶静（2016）的讨论。

1）陈述句。如果事物是听话者已经知道的，就排斥告知，这是因为它对听话者来说相对信息价值等于0（能完全预见）。其实根本不需要到达零，只要价值足够小，就会是陈述语力失效，只有降低它们的预见性，即让$P(M|O)$减少才能提高价值。如：

(237) #张三吃过饭。——张三吃过汤圆——张三在这家饭店吃过饭。（绝大多数中国人都吃过饭）

（一个人走进来对我说）#我妻子没怀孕。——我妻子怀孕了。（一般而言一个女人没怀孕才是常态）

#小王有呼吸。——小王没呼吸！（一般一个人有呼吸是常态）

#你在复旦工作。——我在复旦工作。（你自己的信息你知道，我的信息你知道的概率就低多了）

#我是人。——我不是人，我是鬼。（因为说话者一般是人，毕竟我们这是在人类社会嘛）

（听说双方在2018年）#今年是2018年。——今年距离全面建成小康社会还有两年。（估计大多数人都知道身处哪一年，但都不知道什么时候建成小康社会）

不过，前面说过，语力失效并不是不可以说，而是需要更多的允准条件，下面就是相应的特殊允准操作：

(238) 我也吃过饭的，懂得食物的重要性。（新信息的出发点）

（一个人走进来对我说）我妻子不该去医院，她又没怀孕。（作为论证的依据）

小王有呼吸，还没死呢。（新信息的出发点）

你在复旦工作，认识某教授不？（新信息的出发点）

---

① 也包括祈使。

我是人,你不用怕我!(他反预期)
今年是2018年,距离全面建成小康社会还有两年。(新信息的出发点)

2) 祈使句。如果一个人已经在做或将会去做某事,说话者一般不能提出要求;说话者一般不能禁止对方没有做或不会去做的事。这是因为对方既然在做,则对方当然预见自己做这事,于是对对方而言,没有信息价值;同理,对方没做或不会做,则对方一般会预见自己不做这事,也没有信息价值。

(239) #你呼吸!——你深呼吸!(人一般都在呼吸,未必会深呼吸)
#你活着!——你好好活着!(人一般都是活着的,但未必好好活着;另外后一句也可能是在对方有可能会死掉的情况下说的,这也是高信息价值,因为与预期(你可能会死)相反)
#你不要去当亿万富翁!(一般人根本没机会去当,但如果是对一个有可能会当亿万富翁的人来说,就是高信息价值了)
#你别忘了自己是谁!(一般人当然知道自己是谁,不会忘记)

不过这些句子一般都有特殊允准,所以在特定场景中可以说:

(240)(我进门看见同事在吃饭,我说)您吃!您吃!(表示客套)
(我正在评价某人的负面新闻,这时对听众说)你们可别像他那样啊!(表示提醒,担心对方有可能犯同样错误)
(将死的女子担心恋人会承受不起)你一定要活着!不要死!(表示提醒,担心对方会跟随自己去死)
(父亲对在海外的儿子说)别忘了自己是谁!别忘了自己是中国人!(表示提醒,担心对方会忘记自己的本源)

3) 疑问句。与陈述正好相反,说话者已经知道的信息一般不能询问,这也是因为它对说话者来说相对信息价值等于0(能完全预见)。其实根本不需要到达0,只要价值足够小,就会是疑问语力失效,只有降低它们的预见性,即让$P(M|O)$减少才能提高价值。如:

(241) #我姓啥啊?——#我见过你吗?——#我来过这里吗?——

我得了多少分?(自己的活动自己肯定知道,不过自己的分数自己未必知道,所以最后一句是合法的疑问句)

不过语力失效还是可以有特殊允准操作:

(242) 我姓啥啊?不跟你一个姓嘛!(新信息的出发点)
我见过你吗?!(反预期,我觉得没见过你)
(我进门看见同事在写毛笔字,我说)您在写字吗?(表示打招呼)
(老师上课问)句子最重要的东西是什么?(设问以引导听话者思考)

有一个笑话说:老师上课问,"同学们,这是什么字?"小明同学回家就给妈妈说:"老师自己都不知道,她还问我们呢!"小明是机械地理解"疑问内容必须是说话者不知道的信息"这一点,而不知道语力失效其实会产生其他语力,老师其实是在设问,以引导学生思考。

【相对信息原则二】 实际说出的句子,

① 在默认的情况下其信息价值都是较高的。(正迁移)推理公式:

$$语句\ X \vee [特征]没有特别的允准条件 \to X\ 高信息价值$$

② 句子信息价值低,一定要有特殊的场景或标记使它获得允准。(正迁移)推理公式:

$$语句\ X \vee [特征] X\ 低信息价值 \to 有特别的允准条件$$

下面来看一个信息价值运用的实例:

【和谐原则五(蕴涵)】

① 如命题 I_e 蕴涵 I_s,则当已知 I_e 为真时,说话者再进一步再说 I_s,则信息价值低。(负迁移)推理公式为:

$$命题\ I_s \wedge [特征]陈述 \wedge [特征]\ I_e\ 蕴涵\ I_s \wedge [特征]\ I_e\ 为事实 \to 信息价值低$$

② 如果说话者说 I_s,且认为信息价值高,则说话者认为 I_e 是反事实或至少有可能是反事实。(正迁移)推理公式为:

$$命题\ I_s \wedge [特征]陈述 \wedge [特征]\ I_e\ 蕴涵\ I_s \wedge [特征]信息价值高 \to I_e\ 反事实 \vee 非事实$$

③ 如果当已知 Ie 为真时,说话者再进一步再说 Is,且信息价值高,则 Is、Ie 之间不存在蕴含关系。(正迁移)推理公式为:

命题 Is∧[特征]陈述∧[特征] Ie 为事实∧[特征]信息价值高→Ie 不蕴涵 Is

我们一般有以下蕴涵序列:

买了三本书(Ie)→买了两本书(Is)

对照蕴涵和谐原则的三条:

1) 向前省略:当我们说"他买了三本书"后,就已知买三本书 Ie 为真了,这时再说买了两本 Is,就是低信息价值,故我们说了"他买了三本书"后,一般就不再说买两本了。

不过,低信息价值句也可以有相应的允准条件,例如一个人完全可以说废话"他买了三本,买了两本,买了一本";还可以是他反预期,比如一个老师在教学生学量范畴的问题,他就可以合法地说"大家注意,他买了三本,他就买了两本",因为这时他认为学生没有这个逻辑知识,所以他要告知他们,并且担心他们会以为不是这样。

2) 向后否定:如果我们要说"买了两本"Is,并且还要是高信息价值的话,则需要"买了三本"Ie 为假。也就是说,如果有人告诉你"他买了两本",并且你认为信息价值高的话,就意味着他没买三本。

3) 蕴涵解体:如果已知买三本书 Ie 为真了,还要再说买了两本 Is,还要是高信息价值,那么需要这两者之间没有蕴含关系。这一点可以通过一些特殊的方法得到,如:

(243) a. 他买了三本,不是只买了两本。
　　　b. 他买了三本,不是买了两本。

在例 a 中,用了"只",我们知道"只"会使梯级的蕴涵关系解体,所以就没问题了。在例 b 中,是把数轴上的每个数值都看成离散的点,强调"三本、两本"两个数值之间的对立,也就没有了蕴涵关系。

由于否定会使原来的梯级颠倒顺序,所以有:

没买两本书(Ie)→没买三本书(Is)

同理,对照蕴涵和谐原则,有:

1) 向后省略:当我们说"他没买两本书"后,就已知没买两本书 Ie 为真了,这时再说没买三本 Is,就是低信息价值,故我们说了"他没买两本书"后,一般就不再说没买三本。

当然一个人完全可以说废话"他没买两本,没买三本,没买四本";也可以是一个老师在教学生学量范畴的问题"大家注意,他没买两本,他就没买三本"。

2) 向前否定:如果我们要说"没买三本"Is,并且还要是高信息价值的话,则需要"没买两本"Ie 为假,也就是说,如果有人告诉你"他没买三本",并且你认为信息价值高的话,就意味着他买了两本。

3) 蕴涵解体:如果已知没买两本书 Ie 为真了,还要再说没买三本 Is,还要是高信息价值,那么需要这两者之间没有蕴涵关系。如:

(244) a. 他没买两本,不是只没买三本。
　　　b. 他没买两本,不是没买三本。

9. 本 章 小 结

语用学的研究,或者说言语行为的研究,由来已久,但是一直和语法学有些隔阂。根本原因,就是看到很多现象,但却没有找到一个适合的语法范畴作为抓手。

本书与前人相关研究最大的不同之一,就是我们将"预期"看成言语行为研究的核心与灵魂。预期问题贯彻了言语行为的始终,因为言语行为的本质是人的心理,所以驱动言语行为发生发展的,就是我们对事物关系的联想,这就是"预期"。

一、给出预期范畴的定义和组成部分

与前人的预期研究的最大不同,是我们用"条件概率"这一数学模型来研究预期,认识到预期是整个语篇语境的属性,从本质上讲不是个别语词的语义内容所决定的,而是应该由语篇语境中的四大部分(条件、预期、当前信息和预期性)组成。而"正预期信息"就是预期与当前信息相符或相差不大,"反预期信息"就是预期与当前信息不符,"无预期信息"是预期不确定,或者是随机概率。

以往研究最大的不足是忽略了条件部分与预期部分的区别,因此在分析具体问题时造成误解。

在实际的语篇中,有两种基本的预期表达模式:

1) 涵义表达,说话者关注的是预期的前两个部分,而不关心后两个部

分,也就是说,他说出表达预期条件的句子,其目的是为了以预期 P(M|O) 作为表达的语用涵义。在涵义表达中,条件是必须出现的。

2) 预期性表达,话者关注的是预期的后两个部分,而前两个部分仅仅是作为比较预期性的依据而存在。说话者关心的是究竟当前信息如何,以及这一信息与预期的关系如何(正预期还是反预期)。

在预期性表达中,存在如下显性表达的等级序列:$P(M) > O > P(M|O)$。
表明预期性的语词分为两种:

1) 正/反预期标记,它们用于当前信息句中,标记语篇的预期性,一旦标记就不能改变。

已经完成语法化的非寄生的反预期标记,主要是意外标记"竟然"类、转折标记"但是"类以及话语标记"不料"类这三大类。还有一些零星的。绝大多数前人称为"反预期标记"的语词、结构,都是寄生的标记,都有其原有的语义结构内容,一般都有不表达反预期意义的情况。

2) 正/反预期触发语,他们用于条件部分或预期部分中,如"本来、说好的、毕竟、虽然"等。它们仅仅是暗示会出现相关预期性的当前信息,但"暗示"就只是语用上的倾向性,允许存在少数反例。

二、对预期的下位类型从多个维度进行了区分

1) 从预期的认识主体分类:自预期、他预期、常理预期、上文预期和(行为)主体预期等。

2) 预期部分一定是情态表达。从预期的情态性质分类:意愿预期、能力预期、道义预期、认识预期等。又可以分为强弱预期,强弱也是一个连续统:认识>能力>道义>意愿。

其中,意愿、道义预期都具有两面性:

第一层:意愿、道义情态本身是大预期。

第二层:意愿、道义转化为事实的能力,即从认识情态看,不是大预期,而是小预期。

3) 从预期的针对对象分类:话语预期和行为预期。

4) 从预期的条件性质分类:个体条件下的预期和类指条件下的预期。

类指预期是"一般情况",具有非特定性,故是"无定"或"不定指"的。其中的事物可以替换为类的集合中的几乎任何一个成员,而预期的概率大小不变,所以也都具有通指性。类指条件经常隐含在语境中,很少显性地表达。

个体预期关涉的,是特定认识主体在特定场景中的特定知识状态,换一个变量,预期的值完全不同,故是"有定"或"定指"的。个体条件一般需要显

性地表达,或得到明确的解释。

5) 从预期 P(M|O)的概率大小分类:大预期(概率接近 1 或 0)和小预期(概率比 0.5 略高或低于 0.5)

本节还讨论了"预期"范畴与"意外"范畴的关系,说明意外一定有自反预期存在,但不是所有的自反预期都构成意外,还需要加上情感因素,触及说话者的"疼点"。

三、给出预期的语言检验格式

为了更为清晰地证明预期的存在,以及不同预期类型的差异,本书提出用下面的格式检验预期的类型:

1) 预期格式:因果关系复句,如汉语中的"O,所以/因此/故/则/于是/这时/便/终于/那么+(应该/可能/一定/必须/需要/要求/可以/能(够)/有能力/希望/想)+P(M|O)"等。

2) 反预期信息格式:转折或意外关系复句,如汉语中的"O,但(是)/却/可是+P(M)"等转折式,或者"O,竟然/居然/其实+P(M)"等意外式。

检验采用"母语者调查法",会反映不同的思维倾向,不同的样本(不同的被试)有可能给出不同的回答。所以我们必须反对两种错误观点:

① 机械地进行检验格式的调查,不允许有人给出不同的答案。其实预期是语用性的社会心理,并具有文化上的时代性、潮流性,甚至也带有偏见,存在偶然。

② 过分强调相对主义的世界观,认为既然被试可能会有不同的答案,那么本书所说的检验格式就根本是无用的东西,毫无必要。其错误是忽略了社会心理的相对稳定的一面。

四、说明新/旧信息和正/反预期信息的关系

我们用了一个典型的例示,说明:

① 如果一个信息是反预期信息,则一定是新信息。
② 如果一个信息是无预期信息,则一定是新信息。
③ 如果一个信息是旧信息,则一定是正预期信息。
④ 新信息,可以是正预期信息或无预期信息或反预期信息。
⑤ 正预期信息,可以是新信息或旧信息。

五、给出小预期的范围和类型

本书所说的小预期,包括弱预期和稍有偏向的貌似无预期。所有的小预期都不能进入预期格式,但可以进入反预期信息格式。小预期分为:

1) 极端小预期,依据在于语言学中的"梯阶"(scale),表达递进意义,可以进入"递进格式","甚至"句。

2) 非极端小预期,不能进入"递进格式",不具有梯阶背景意义。

在小预期句中,会出现正/反预期标记共现的情况。

六、给出"和谐"的定义,证明其普遍性。

"和谐"(harmony)反映说话者对两个或两个以上事物相互关系的主观态度,不过这一态度是来自常理预期、个体预期,而且必须是全预期或大预期关系,符合意愿预期和道义预期的当前信息也是和谐的,此时反映的是认识主体的希望、道德观等的实现。

本节用类比推理、缺省推理和溯因推理,以及物性、事件、语言、人际等多个层次的现象,证明了和谐关系广泛地存在于我们的认知和语言之中。

七、复杂的预期语篇

由两个或以上的预期形成的复杂的语篇,是预期研究中尚未很好地开展的部分。本节还选择了几个样例,做初步的探索。

1) 解反预期和解意外

解反预期是说有人感到当前信息是反预期信息,说话者试图将反预期的语义消除。其基本操作是找到新的理由(条件),说明当前信息其实是正预期,从而解除先前的反预期。

解意外是说有人感到意外,说话者试图平复其激烈的情感,从而将意外的心理状态解除。其基本操作包括可选择的两种:一是解除导致意外的反预期;二是承认反预期,但解除当前信息可能的重大的后果,如后果不严重,或者有可用的适当的对应方法,从而使情绪平复,"也不过如此"之义。

2) 预期应验,包括:

小预期的实现,可能出现正/反预期标记共现的情况。

自预期的应验,以及与他预期的对比。

八、事实性的两个视角

1) 在涵义表达语篇,采用下行视角,说话者站在条件 O 的位置上,对事物 M 的可能情况进行推断,这是从已知到未知的探索过程,依靠的是预期所产生的涵义。

对未来事件的推断是无标记的,对现在和过去事件的推断是有标记的。推断一般按照条件概率大(和谐的大预期,但只包括强预期)的方向进行,但在特殊情况下(如说话者不自信时),也可能认为概率小的预期可能符合当前信息。

2) 在预期性表达语篇,采用上行视角,说话者站在当前信息 P(M) 的位置上,对此前的条件或预期进行回溯。

对过去的回溯是无标记的(偶尔有对现在的回溯),对未来的回溯是有标记的。反预期回溯是无标记的，正预期回溯是有标记的，因为说话者一般都是追求更大的信息价值。

九、讨论语句的相对信息价值

分陈述、祈使和疑问三种情况讨论相对信息价值的要求。说明句子信息价值低，一定要有特殊的场景或标记使它获得允准。

十、还重点讨论了几个不同的汉语现象

1）"竟然"与"偏偏"的区别

"竟然"是汉语中使用频次最大、功能最为发达、语法化程度最高的反预期标记和意外标记，它唯一的限制就是必须是自反预期，即对说话者的预期的违反，其他方面的限制几乎都没有。

"偏偏"则受到较多的限制：一般必须是个体条件下的预期，不能用于类指预期；一般必须是对常理预期的违反。在历史上，"偏（偏）"有表示执拗义、违愿义、转折义等多个义项，各有各的性质特点，并且因为与其他语素连用而构成"偏只、偏巧、偏又"等词语，它们也有自己的特点。

2）正预期标记"果然"

真正的大预期的实现，不必使用正预期标记；使用正预期标记，则很容易是小预期的实现，这就是"果然"的使用环境。"果然"句一般都是个体条件下的预期。

3）正预期触发语"当然"

它用于条件部分或预期部分，不用于当前信息部分，由于是间接的语用倾向，一般后面跟正预期信息，但特殊时候后面可以跟反预期信息。"当然"还有各种与预期无关的用法。

4）汉语原因小句

当"因为"出现时，汉语原因小句经常在结果小句之后。从情景设置来看，这是在前一小句的基础上，对前一小句的事态进行进一步的解释，也就是回溯视角的体现。在回溯中，是采取的正预期方向，所说的是产生预期的理由（条件），目的是避免可能的反预期的出现，并证明说话者的话是完全和谐的，站得住脚的。这里的原因也不是真正意义上的自然因果推动力（causer），而是让我们觉得论断或行为具有社会合理性或常规性的理由（reason）。

第三章 自 我 立 场

　　自我立场是以往立场研究中比较忽视的部分。因为"评价"研究更注重对认识客体的评价,而较少关注认识主体对自我的定位和反省;在"立场三角"研究中,也多是指向认识客体的,是双方的评价的比较。

　　一般认为,先有互动,才有同盟性;但实际上,会话参与者可能本来就是带着"有色眼镜"入场的,在会话活动之前便对自己与他人的社会关系做了一个基本的定位,会话活动不过是强化或转变这一定位而已。"同盟"先行,会话继之。

　　自我立场研究的,是说话者如何建构自己与世界(他人,包括听话者)的关系的问题。以往的研究中,如"指示"(deictic)范畴,研究的是说话者如何以自身为尺度对世界定位的问题。自我立场的研究是建立在这一定位基础上的,分为四个方面:自信、语力强弱、地位和同盟关系。其中语力强弱对整个言语行为系统都有重要的影响,我们已经在第一章总纲中讨论过,本章就不再多说了。另外,自信和相互地位也有紧密关系。

　　本章的任务包括:
　　1) 给出自信、地位和同盟三个范畴的定义、类型和语用功能。
　　2) 讨论社会地位和认知地位,以及不同的语用功能。
　　3) 重点讨论同盟性理论的发展和意义,给出定义以及类型,还有构建同盟性的方法。

　　因为同盟是新起的语用范畴研究,它又是语用迁移和叠加的最为重要的触发因素之一,需要读者特别地加以注意。本章还将通过典型的例子,来说明同盟性对汉语语法研究的重要意义。

1. 自　　信

1.1　自信、不自信与强化自信

　　人总是以自我为中心的,这不仅反映在认知上,也反映在社会关系上,当然，我们这里并不是在讲人是自私的，而是说，即使某个人具有开阔的胸怀，也是从自己出发，去认识世界、影响世界。这就是"自我中心"①。当然，人在成长的过程中，会逐步去克服自我中心所带来的一系列矛盾和缺陷，世界观会发生变化，但我们仍然认为，这其实是一个认识到"他者"，认识到和谐关系重要性的过程，并不意味着能够"抹平"自我与世界的区别。

由于缺省推理是人类最基本的心理发展方式，所以儿童的世界观在此之前就已经完全由自己的身体和动作塑造完成，那些早期的原始记忆与心理行为模式，成为默认的自我中心观念，它们十分顽固地存在，即使在生活中遇上了很多的挑战，也很难纠正。如果要用语言学的话语来概括，那就是：说话者一般总是默认自己是对的，也就是说，儿童默认是自信的认知主体，只有在特殊的情况下才会失去自信，认为自己很可能是错的。说话者认为自己正确时，总是自信、坚决、强势的韵律、强化语力，而认为自己可能错误时，一般是不自信、犹豫、弱势的韵律、弱化语力，仅在极为特殊的情况下会对自我产生极大的怀疑、表现出懊悔。

儿童在受挫时，即使已经意识到自己可能犯了错误，他的哭闹在很大的程度上也并不是自我反省的结果，而是为了以极端的方式唤起自尊，尽量回避自己的错误、缺点，转移相关的主题与焦点，或者因为自己的哭闹迫使对方做出妥协，从而把互动关系调整到对己有利的轨道上来。这其实是一种解决社会问题的办法，在成人那儿仍然是强势的心理与行为模式。它说明一个人要自我反省是多么的困难。我们在影视剧中看到的那些高度悔过、后悔和忏悔，在实际生活中并不多见，绝大多数的人一生也许也没有过一次。表现在语言中，自我中心主义可以说在言语行为中占据了绝对的优势。

这一点也塑造了人对自我与他人关系的认知模型，包括：一是当双方认识不同的时候，说话者一般都是认为自己（言者）是对的，听者（对方）是错的；二是说话者总是在想办法将自己的认识传输乃至强加给听者，使听者接受自己的观点或立场，这就是之所以"强调"范畴在语言中如此强势，总是会语法化出各种强调标记的原因；三是在可能的情况下，总是试图把握言语活动的主导权，即以更高的社会地位或知识地位去参与活动；除此之外，随着自我与他人界限的强化，如果双方采取同样的策略，则它们的立场逐渐远离，甚至对立，形成反同盟关系。

当然我们不能将"自我中心"绝对化。硬币的另一面是儿童在成长的过程中，总是会受到各种各样的挫折，因为成人（包括他们的父母）也具有自我

---

① 瑞士儿童心理学家皮亚杰（Jean Piaget）等提出儿童的认识观。

中心主义,总希望把自己的认识给予孩子,即使这种给予是隐晦的、藏在一些温情脉脉的面纱之后,但一旦拆穿依然会使儿童有受到伤害的感觉。在正常的生活氛围中,儿童通过挫折而学会向他人妥协,承认自己的较低的社会或知识地位,承认他人是对的,而自己可能是错的,或至少是不完善的,并采用与他人相同的立场,构成正同盟关系,以便达成会话中的社会行为的恰当性,满足他人(社会)的要求。

"自信"(confidential)既体现说话者对所言说内容的事实性态度,也反映他针对其他交际参与者的社会和知识优势地位,是对自我观照的心理反映。

一般自信表明直接的事实性,而"强化自信"(strengthened self-confidence)不但有事实性态度,还有不容反驳的语用色彩,表明强势知识地位(有时会同时具有强势的社会地位)。

"不自信"(not confidential)则不同,主要是体现为说话者认识到自己的社会和知识地位不够高,甚至是很低,预见到可能自己的话语有错误,在对外关系上,可能遭遇别人的反对,从而在面临言说任务时,表现出更多的犹豫。

请注意,"强化自信"不是强烈的自信,因为这并不是指自信的程度大,而是指特别地表现出自信,或者要对方特别地注意到自己的自信,是说话者在言语行为中体现的自我态度。

1.2 自信性的表达

说话者在无标记时都是自信的,而不自信是有标记的;但是强化自信也是有标记的。一般的自信可以以任何语音特征而呈现,具体表现视说话人个体的特点而定,所以不用特别表现也可以体现自信。而不自信和强化自信都有特殊的语音特征,如果以一般自信为中性点,则有:

	不自信	自信	强化自信
语速	更慢	中等	刻意加快或放慢语速
音高	平均基频更高	……	平均基频可以升高或降低
音强	比一般自信弱	……	可以加强
发音控制	难以控制发音	……	比一般自信更刻意控制发音
连续性	不连续不稳定	……	刻意使用连续性手段

请注意,这里往往是韵律上的细微差异,如陈振宇、姜毅宁(2019)说"重

读的'就、就是'是强调(他反预期)标记,……如'他ˋ**就**这么差!'当'就'重读时,表示说话者强调他的差劲",这反映自信或强化自信,并且要求对方认同这一点。陈振宇、姜毅宁(2019)还说"轻读的'就、就是'是意外(自反预期)标记,……'他就……ˋ**这么**差!'当'就'轻读'这么'重读时,表示说话者感到意外,不相信他的差劲是真的",因此需要对方证实或证伪。

由于不自信与强化自信都是对一般自信的偏离,并且在一些韵律特征上差异不大,所以有时会有混淆的现象,即一个人的表现,有时我们无法确定他是不自信还是强化自信,如所谓"色厉内荏",不自信的人因害怕而具有更强的攻击性,如儿童在受挫时,反而表现出更大的哭闹,到成人时这一策略也没有失效,不少成人在不自信时会选择更强烈的表现形式,如大声呵斥、不容辩驳的态度,这是强调或强化自信的表达方式。这可以归纳为一条言语行为迁移原则:

【自信原则一】 对不自信的掩盖采用强化自信的形式,也就是强化自信的形式,在不诚实的时候反映的是不自信。(负迁移)推理公式为:

$$强化自信 \wedge [特征]不诚实 \rightarrow 不自信$$

另外语言中还会发展出一些特殊的成分来表达自信范畴,一般而言,语言中表现强化自信的成分更多,如强调范畴十分发达。这可以归纳为以下蕴含规则:

【自信原则二】 如果一个语言有表示不自信的形式,则一定有表示强化自信的形式。

在不自信与强化自信的关系上,一个强化自信标记,如果用得多了久了,出现"磨损"(abrasion),就会失去语用色彩,转为一般自信甚至不自信的标记。这可以归纳为一条言语行为迁移原则:

【自信原则三】 强化自信的形式,在磨损后,或者成为一般自信,或者转为表达不自信。这一过程伴随形式上的变化,如音强变弱,表达出现断断续续的情况等。(负迁移)推理公式为:

$$强化自信 \wedge [特征]磨损 \rightarrow 一般自信 \vee (不自信 \wedge (弱音强 \vee 不连续))$$

如"罢"本来用于句尾,是一个谓词,表示"罢了、就罢了",或者与其他成分组合为"便罢、也罢"等。不管如何,它后来发展为句末语气词"罢"。参看太田辰夫(1987:338-339)和冯春田(2000:516)的详细论述。

可以认为,"罢"本来是强化自信或强化语力的表达形式(具体是哪一种功能尚需更多的研究,也有可能兼有二者功能),它在本质上是表示一种抉择或决定的语气。现代汉语句末语气词"吧",今天在特殊的条件下表现出自信或强化语力,如下例 a;在大多数情况表示不自信,如下例 b。

(1) a. 你快来吧!
       就这样吧!
       这东西总是你的吧!
       丢了就丢了吧!
       快说,你究竟喜欢谁吧?!
    b. (可能)他还没有来吧。/?
       他要结婚了是吧?
       行,给多少钱吧?
       你来吧。
       我来吧如何?
       好吧,我和你一起去。

金智妍(2011)引用胡明扬(1981)、张谊生(2000)等的观点,把"吧"看成是表示不肯定的意义语气词,由不肯定推出希望获得证实或证伪,或者表示更为缓和的语气(语力)。

"吧"可能是从"罢"而来,其中的自信用例与历史上的"罢"一样,而不自信是进一步的虚化,很明显,不自信的"吧"字句在各方面特征上发生改变,音强变弱、有可能断续。卢英顺(2007)不认为今天的"吧"是从"罢"来的,因为他认为从强到弱不好解释。而我们认为,这是一种比较自然的语用磨损过程。

吴立红(2005)、李胜梅(2006)探讨了语用"磨损"现象,包括状态形容词语义程度的变化及其在句法中的表现,程度副词的变化,以及"主要、基本、特"等词的使用等。他们所说的"磨损",主要是对词义内容的演化的描写,这与本书所说的"磨损"既相似又不同。同在都是指意义在使用中逐渐失去最具有语用色彩的部分,变为更为正常的形式;不同在于,我们研究的是语法格式的演变,不仅仅是词汇问题,因此也可以称为"语法磨损"①。

1.3 自信性的语用功能

自信与不自信的语用功能,概括来讲,就是会使说话者对自己所说的事

---

① 此前本书的作者在一些文章中把这种现象称为"钝化"(blunt)。为了与前人的研究一致,本书中一律改为"磨损"。

物信息和所发出的行为或行为要求产生主观的倾向。"自信—事实—合理","不自信—非事实—弱合理"是语用叠加的匹配。请注意自信和不自信是不对称的,因为总的来讲,说话者会偏向自信,因此自信会有更确定的认识,而不自信则会举棋不定,虽然意识到自己可能错了,但却不愿意完全认错,往往是弱的认识(可能是可能非)。这可以归纳为几条言语行为迁移原则:

【自信原则四】 由说话者发出的命题,

① 在自信的情况下,说话者也就是在表明这是事实。(叠加)推理公式为:

命题 X∧[特征]说话者所说∧[特征]自信→X 事实

② 如果说话者对自己所说的命题产生事实性的怀疑,即这命题是非事实或反事实,则他是在不自信的状态下。(叠加)推理公式为:

命题 X∧[特征]说话者所说∧[特征](X 非事实∨反事实)→不自信

如直接陈述"张三没来"或者说"张三肯定没来",则说话者是认为"张三没来"是事实;"张三没……来吧",则说话者其实是对自己不自信。用格式检验一下是大概率的预期或全概率的预期:

(2) a.　　　　O　　　　　　　　P(M|O)/P(M)
　　他说"张三(肯定)没来",所以他认为张三没来是事实。
　　　　　　　　　　　　　　　　　　　　　　　(♯0-?1-15)
　　♯他说"张三(肯定)没来",所以他认为张三没来是反事实或不知真假。
　　　　　　　　　　　　　　　　　　　　　　　(♯15-?1-0)
　　♯他说"张三(肯定)没来",但是他认为张三没来是事实。
　　　　　　　　　　　　　　　　　　　　　　　(♯8-?6-2)
　　?他说"张三(肯定)没来",但是他认为张三没来是反事实或不知真假。　　　　　　　　　　　　　　　　　(♯6-?4-6)①
 b.　　　　O　　　　　　P(M|O)　　　　　P(M)
　　他说"张三没……来吧",所以他对"张三没来"不敢完全肯定。
　　　　　　　　　　　　　　　　　　　　　　　(♯2-?3-11)
　　♯他说"张三没……来吧",所以他对"张三没来"完全肯定。
　　　　　　　　　　　　　　　　　　　　　　　(♯10-?2-4)

---

① 在他说谎或故意误导对方时才能说,一般不能说。下面例(4)、例(5)、例(6)等也是如此。

#他说"张三没……来吧",但是他对"张三没来"不敢完全肯定。

(#7-?5-4)

他说"张三没……来吧", 但是他对"张三没来"完全肯定。

(#4-?4-8)①

请注意,由于说话者一般默认自己处于自信状态,因此根据本原则,我们有以下推理:当说话者发出命题时,如无特殊的标记,他是在表明这是事实。为了表明这一测试的有效性,我们给出例(2)的调查数据,由于与第二章的调查不是同时进行的而是独立进行的,所以有效答卷的总数要少得多;后面的各例就不再给出数据了。

我们还有相应的强化公式:

【强化—自信原则四】 由说话者发出的命题,如果特别地强调所说的是事实,就是在表明强自信。(叠加)推理公式为:

命题X∧[特征]说话者所说∧[特征]X事实∧[特征]强化语力→自信

一般情况下,说明事物的事实性,与自信没有必然联系,如下面的例a,只是在简单地讲述;只有当说话者特别强调事实性时,才是在表明他的自信。如下例b。

(3) a. 他喜欢她是真的。

b. 他′**真的**喜欢她!

【自信原则五】 当说话者说某命题X时,

① 说话者总是默认把自己直陈的内容当成事实,或者说,如果说话者对命题进行直陈,也就意味着他认为这一命题X是事实。(正迁移)推理公式为:

命题X∧[特征]直陈→X事实

② 如果他认为X是反事实或非事实,就不能进行直陈。推理公式为:

命题X∧[特征](X非事实∨反事实)→[排斥]直陈

用格式检验一下是大概率的预期:

---

① 言者有时会因为礼貌等原因用弱的形式来表达强的认识,如自己认为张三没来,但却说"张三也许没来吧"。这时,这句话就可以说了。后面的例子也是如此。

(4)　　　　O　　　　　　P(M|O)　　　　　　P(M)

　　张三告诉我"他喜欢她",所以张三认为他是喜欢她的。
　　♯张三告诉我"他喜欢她",所以张三认为他不是喜欢她的。
　　♯张三告诉我"他喜欢她",　　但是张三认为他是喜欢她的。
　　？张三告诉我"他喜欢她",　　但是张三认为他不是喜欢她的。

【自信原则六】 由说话者发出的命题,

① 在不自信的情况下,说话者是在表明这是非事实,或仅是弱的事实,或仅是弱的反事实。(叠加)推理公式为:

$$命题\wedge[特征]说话者所说\wedge[特征]不自信\to弱事实\vee弱反事实$$

② 如果说话者对自己所说的命题有事实性的态度,则他是在自信的状态下。(叠加)推理公式为:

$$命题\wedge[特征]说话者所说\wedge[特征]事实\to自信$$

如"张三也许没来吧……",则说话者是认为"张三没来"是弱的事实,可能会出错;"张三没来,真的!",则说话者其实是处于自信状态。用格式检验一下是大概率的预期:

(5) a.　　　O　　　　　　　　P(M|O)/P(M)

　　他说"张三也许没来吧",所以他认为张三没来可能是事实,也可能是反事实。
　　♯他说"张三也许没来吧",所以他认为张三没来的事实性很强。
　　♯他说"张三也许没来吧",但是他认为张三没来可能是事实,也可能是反事实。
　　？他说"张三也许没来吧",但是他认为张三没来的事实性很强。

　　b.　　　O　　　　　　P(M|O)　　　　　　P(M)

　　他说"张三没来,真的",所以他对"张三没来"完全肯定。
　　♯他说"张三没来,真的",所以他对"张三没来"不敢完全肯定。
　　♯他说"张三没来,真的",　但是他对"张三没来"完全肯定。
　　？他说"张三没来,真的",　但是他对"张三没来"不敢完全肯定。

【自信原则七】 由说话者发出、认定或要求的意见或行为,

① 在自信的情况下,说话者也就是在表明这是合理的。(叠加)推理公式为:

意见/行为 X∧[特征]说话者所发出认定要求∧[特征]自信→X 合理

② 如果说话者对自己意见或行为或所要求的行为产生合理性的怀疑，即这行为是不合理的或不知道是否合理，则他是在不自信的状态下。（叠加）推理公式为：

意见/行为 X∧[特征]说话者所发出认定要求∧
[特征](X 弱合理∨不合理)→不自信

如"你走,你快走！"，则说话者是认为"你走"是合理的；"也许应该下午去的吧"，则说话者其实是对自己不自信。用格式检验一下是大概率的预期：

(6) a.　　　　　O　　　　　　P(M|O)　　　　　P(M)
　　　　他说"你走,你快走"，所以他认为"你走"是合理的。
　　　♯他说"你走,你快走"，所以他认为"你走"是不合理的。
　　　♯他说"你走,你快走"，　　　但是他认为"你走"是合理的。
　　　?他说"你走,你快走"，　　　但是他认为"你走"是不合理的。
　　b.　　　　　O　　　　　　　　　　P(M|O)/P(M)
　　　　他说"也许应该下午去的吧"，所以他对"下午去"不敢完全肯定是合理的。
　　　♯他说"也许应该下午去的吧"，所以他对"下午去"完全肯定是合理的。
　　　♯他说"也许应该下午去的吧"，但是他对"下午去"不敢完全肯定是合理的。
　　　?他说"也许应该下午去的吧"，但是他对"下午去"完全肯定是合理的。

我们有相应的强化公式：

【强化—自信原则七】 当说话者特别地强调他所发出或所要求的行为的合理性时，就是在表现出强自信。（叠加）推理公式为：

行为 X∧[特征]说话者所发出或所要求∧
[特征]X 合理∧[特征]强化语力→自信

不过这和后面的【自信原则八】有所重合了。

【自信原则八】 由说话者发出、认定或要求的意见或行为，
① 在不自信的情况下，说话者也就是在表明这里合理性存疑，或者仅

是弱的合理。(叠加)推理公式为:

意见/行为 X∧[特征]说话者所发出认定要求∧[特征]不自信→X 弱合理

② 如果说话者对自己意见或行为或所要求的行为有合理的态度,则他是在自信的状态下。(叠加)推理公式为:

意见/行为 X∧[特征]说话者所发出认定要求∧[特征]X 合理→自信

如"你不要走……好吗?"则说话者是认为"你不要走"是弱合理的(可能会不合理);"你别去!"则说话者其实是处于自信状态。用格式检验一下是大概率的预期:

(7) a.　　　　O　　　　　　　　P(M|O)/P(M)
　　他求恳说"你不要走……好吗",所以他认为"你不要走"合理性较弱(可能不合理)。
　　♯他求恳说"你不要走……好吗",所以他认为"你不要走"是很合理的。
　　♯他求恳说"你不要走……好吗",但是他认为"你不要走"合理性较弱(可能不合理)。
　　他求恳说"你不要走……好吗",但是他认为"你不要走"是很合理的。
　b.　　　　O　　　　　　　　P(M|O)/P(M)
　　他说"你别去",　　　所以他对"你不去"完全肯定其合理性。
　　♯他说"你别去",　　所以他对"你不去"不敢完全肯定其合理性。
　　♯他说"你别去",　　但是他对"你不去"完全肯定其合理性。
　　他说"你别去",　　　但是他对"你不去"不敢完全肯定其合理性。

请注意,在这里命题和行为本身的肯定或否定是不重要的,我们在描述时是把命题或行为整体打成一个包,再考虑其事实性和合理性。

2. 主体之间的地位关系

在社会活动中,不同的人具有不同的地位高低。这种地位关系在语言系统中的反映主要分为两个方面:

① 社会地位和社会距离；
② 认知地位（知识地位）。

2.1 社会地位和社会距离，礼貌

礼貌问题，可以归纳为三个层次：
① 礼貌用语、谦敬表达等语言中表达礼貌态度的形式。
② 使用礼貌表达形式的原则或限制条件。
③ 要达到的双方互动效果。

在社会语言学中对各种称呼语、礼貌用语（包括日语等语言中的敬语格式）进行过研究，但是这大多与语法无关，主要反映在直接的词汇或构式的使用上。其中，Leech 的研究已经相当完善，如下。决定礼貌表达形式的原则，见熊学亮、刘国辉（2002）的介绍：

A. 得体准则：a. 使他人受损最小；b. 使他人受惠最大。

(3)　↓礼↑礼 Peel these potatoes.
　　　↓貌↑貌 Hand me the newspaper.
　　　↓度↑度 Sit down.
　　　↓增↑减 Look at that.
　　　↓大↑弱 Enjoy your holiday.
　　　　　　 Have another sandwich.

B. 慷慨准则：a. 使自己受惠最小；b. 使自己受损最大。

(4)　You must come and have dinner with us.（礼貌）
　　 We must come and have dinner with you.（不礼貌）

C. 称赞准则：a. 尽量缩小对他人的贬损；b. 尽量夸大对他人的赞扬。

(5)　A：Do you like these apricots?
　　 B：I've tasted better.（含蓄礼貌地评判）

D. 谦虚准则：a. 尽量缩小对自己的赞扬；b. 尽量夸大对自己的贬损。

(6)　How stupid of me!（礼貌）
　　 How smart of me!（不礼貌）

E. 一致准则：a. 尽量缩小自己与他人的分歧；b. 尽量夸大与他人的一致。

(7)　A：English is a difficult language to team.
　　 B1：Yes, definitely.（礼貌）
　　 B2：Well, I don't think so.（不礼貌）

F. 同情准则：a. 尽量缩小自己对他人的厌恶；b. 尽量夸大自己对他人的同情。

(8) I'm terribly pleased to hear that your cat died.(不礼貌)
I'm terribly sorry to hear about your cat's death.(礼貌)

【礼貌原则一】 在言语行为中，

① 使对方受损、贬低对方、反对对方、厌恶对方，就是不给予对方消极面子。推理公式为：

会话 X∧[特征](使对方受损∨贬低对方∨
反对对方∨厌恶对方)→[排斥]消极面子

② 给予对方消极面子，就应该避免使对方受损、贬低对方、反对对方、厌恶对方。(正迁移)推理公式为：

会话 X∧[特征]消极面子→～使对方受损∧
～贬低对方∧～反对对方∧～厌恶对方

③ 给予对方积极面子，就应该使对方受益、称赞对方、认同对方、同情对方。(正迁移)推理公式为：

会话 X∧[特征]积极面子→使对方受益∨称赞对方∨认同对方∨同情对方

④ 如果既有贬的特征，又有褒的特征，则会语力失效。(负迁移)推理公式为：

会话 X∧[特征]贬的特征和褒的特征共现→语力失效

下面看礼貌表达形式的使用原则。决定礼貌表达形式使用的两个维度：社会地位和社会距离。

社会地位，即权势的相对大小，由政治关系(管治、官位等)、社会关系(工作场所、社会活动等)、家庭关系以及年龄等方面来体现。Brown 和 Gilman(1960)首次提出"权势"(power)和"同等"(solidarity)关系①，不过，这是社会心理学的研究。不管哪种地位，一般都分为：

平级-对-平级(equal-to-equal)
低级-对-高级(lower-to-higher)
高级-对-低级(higher-to-lower)

---

① 同等，又译为"团结"关系，是指交际双方的友好和亲密程度，后来用社会距离理论来研究。

另外，研究发现社会距离（distance）和社会地位交织在一起共同起作用，当然也有人认为都可以归为社会距离关系，参看 Brown 和 Levinson（1987），以及"调节理论"（communication accommodation theory）。

社会地位的相对高低、社会距离的相对远近，对祈使类言语活动影响最大，此类活动的共同之处是：通过言语表达，来促使听话者或第三方，采取某种社会行为（包括提供信息），或者对听话者或第三方产生足够的有效影响。询问、命令、建议、威胁等都是这一类。从社会关系的角度讲，不管是高对低、低对高还是平辈，不管是亲密、疏远还是一般，都可能需要表达上述这些祈使类语句，以便实施该类言语活动，因此，地位的高低和距离的远近，主要制约的是相应的表达方式。这就是"礼貌"理论的核心问题：在什么时候需要照顾对方的"面子"？

王建华（2002）批评 Brown 和 Levinson（1987）的社会距离和相对权势两个变项，认为他们只考虑静态的情况，认为在交际中，都有从前到后的变化，改变了双方原有的距离和权势。因此他提出了两条语用距离原则。

根据上述研究，我们可以总结礼貌用语的使用原则如下：

表1　面子的重要性程度倾向性

		社 会 地 位		
		高于对方	与对方相当	低于对方
社会距离	近（亲密）			
	一般			
	远（疏远）			

面子问题的重要程度是按照箭头的方向分布的：越是趋近右下角，面子问题越为重要，说话者越需要照顾到对方的面子，或者是尽量不冒犯对方/尽量降低冒犯的程度（消极面子），或者是取悦对方（积极面子）；越是趋近左上角，面子问题越不重要，说话者完全可以不顾及对方的面子，直接陈说自己的看法、观点、意见。

前面说过【弱化语力原则】说话者之所以弱化语力，是为了以下目的：不自信；担心冒犯对方；犹豫。其中"担心冒犯对方"，就是礼貌的影响。不过还有很多其他的方面。

【礼貌原则二】

① 如果对方不具有面子上的重要性（地位低、关系近），就无所谓礼貌问题，也就是不需要考虑对方的面子。推理公式为：

$$会话\ X \wedge [特征]对方面子不重要 \rightarrow [排斥]礼貌$$

② 如果必须考虑到礼貌问题，考虑到对方的面子，则对方一定具有面子上的重要性（地位高、关系远）。（正迁移）推理公式为：

$$会话\ X \wedge [特征]礼貌 \rightarrow 对方面子很重要$$

③ 如果对方不具有面子上的重要性（地位低、关系近），而又特别考虑礼貌问题，则会语力失效。（负迁移）推理公式为：

$$会话\ X \wedge [特征]对方面子不重要 \wedge [特征]礼貌 \rightarrow 语力失效$$

例如你是我的亲近的朋友，面子重要性很低，所以可以直接说"你太蠢了！"等等而不会冒犯对方；反过来，你是一个我刚见到的陌生人，那么这句话就会冒犯对方。从积极面子讲，亲密的人之间不需要相互奉承，但对陌生人，称赞可以使对方高兴。如果是一个亲近的人，却特别地表达出礼貌，那么一定不是表达礼貌，礼貌的语力失效，会迁移为表达其他的语用功能，如我妻子叫我"×××同志"的时候，就预示她可能是对我不满了（负迁移为消极情绪表达）。

同样是关系疏远，如我和我新进公司的同事，如果他是我的上级或平级，那么礼貌用语是应该使用的，但是如果他是我直接的下级，那么就无此必要。其他地位高低也有同样的情况：当对方地位比我低，可以说一些冒犯的话，但是如果比我高，这样就不合适。如果地位高的人刻意对地位低的人表示礼貌，则礼貌的语力失效，会迁移为其他语用功能，或者是表示疏远，或者是表示排斥。

但是，还有一个方面是需要在王建华（2002）的研究中补充进去的。特定的言语行为，也许本身就有高低地位关系方面的限制，对这些言语行为，更要考虑到礼貌问题。

【礼貌原则三（疑问/祈使）】 询问、祈使是"高对低"类型的言语行为，所以，

① 如果说话者认为自己的社会地位低于对方（接受要求的一方，也就是行为者），自己与对方关系疏远，就需要使用弱化的礼貌表达。（正迁移）推理公式为：

$$问题/要求\ X \wedge [特征](说话者社会地位低于行为人 \wedge 关系疏远) \rightarrow \\ 弱化语力的礼貌表达$$

② 如果说话者在疑问或祈使时不使用弱化表达，则是他认为自己地位并不低于对方，或者双方关系亲密。(正迁移)推理公式为：

问题/要求 X∧[排斥]弱化语力的礼貌表达→
说话者社会地位不低于对方∨人际关系亲密

③ 如果说话者认为自己的社会地位低于对方，双方关系疏远，而又不使用弱化表达，则是语力失效。(负迁移)推理公式为：

问题/要求 X∧[特征](说话者社会地位低于行为人∧关系疏远)∧
[排斥]弱化语力的礼貌表达→语力失效

例如妈妈可以直接问儿子"你们今天下午上不上课？"因为她的地位高；儿子就不能同样地对妈妈说"你们今天下午上不上班！"因为他的地位低，要用弱化的形式，如"妈，您今天下午不上班了吧？"语力失效的例子，如儿子对母亲说"你们今天下午上不上班？"反映母子关系很不正常，或者反映儿子的不耐烦，当然也有可能是双方极为亲密，例如女儿更容易对父母采取这种方式，表示亲昵、撒娇等等。

至于礼貌行为所达到的互动效果，我们放在"同盟性"一节讨论。

2.2 认知地位

认知地位，即认识能力的相对大小，由知识水平、智慧等级以及信仰等关系体现，又称为"知识地位"。董博宇(2013)说：

> Heritage 和 Raymond(2005)提出了会话互动中的"认知权威地位"与"认知从属地位"的概念(epistemic authority and subordination)，用来解释日常交际评价序列中人们对于事件表达同意观点时的差异，具体体现为在交际过程中交际的双方谁来同意谁的观点。……Heritage(2012a,2012b)使用"认知引擎"这一隐喻，……交际双方对于某一事件或某一话题有其自身的看法，这些看法被称为认识状态，认知状态是个相对的概念，会随着时间、话题等的变化而发生改变。认识域(也称为认识状态)较大的一方标记为[K+]，认识域较小的一方标记为[K−]。这种认识状态的相对差异如同"液压机"一样，会使"知识流"不断地从不平衡状态调整为平衡状态，在交际会话中驱动会话行为和会话序列的生成。

本书的认知地位，与认知权威/从属地位有一定的区别，主要是我们加入了一些新的东西,不仅仅指知识水平的差异,还包括智慧等级、信仰等方面的差异,如下例中乙显示的是自己的智慧等级高于对方,而他实际上也并不知道小张是否真的没来(知识水平并不高于对方):

(8) 甲:姓张的昨天没来!
　　乙:(你懂什么!)他那么想见小玉,怎么可能没来? 肯定是躲在什么地方!

再如下例的乙显示的是信仰上高于对方:

(9) 甲:不过是一种魔术,哪有什么神迹啊!
　　乙:你竟敢亵渎上帝!
(10) 甲:孩子大了,爹娘管不了了!
　　乙:当爹的当然得为孩子的未来负责!

这也导致本书的认知地位,不能简单地看成会话分析序列。的确,有的言语行为,如告知(典型的陈述句功能)和询问(典型的疑问句功能),是遵循知识从高到低的原则,从知识的不平衡状态调整为平衡状态的,如下面的甲居于K+地位,而乙居于K−地位:

(11) a. 甲对乙说:老李下个月要去北京了。
　　 b. 乙问甲:明天的天气如何?

但是,这种地位高低,从来不是客观的,而是由说话者主观估计的,也就是说,在陈述时说话者认为自己知识地位高,询问时也是说话者认为对方知识地位高,这与实际的情况没有必然的关系。因此,我们会发现基于信仰的固执:说话者坚持认为自己认知地位高,也就是自己才知道事物的真相;显然,这样的信仰也是争执发生的原因。在这一情况下,会话序列就不再是向平衡状态调整,而是有可能进一步加剧不平衡状态,如双方都认为对方是错的,就可能进一步加剧这种对立、矛盾,甚至"谈崩了"。曾经在微信群中发生过一次争议,由于双方都觉得自己在相关问题的研究上更具有发言权,最终争执的结果是进一步强化了双方的分歧。

除此之外,认知地位与语言表现形式之间也存在错位,如使用疑问形式,但却并不认为对方的认知地位高,这就使得疑问形式的询问语力失效,从而负迁移为其他语用功能,如用来讽刺、刁难对方,或者引导对方思考等等。

社会地位和认知地位有可能发生"错位",例如皇帝与大臣的关系,前者具有社会地位的高位,但是在知识地位上很可能具有低位,从而必须听从后者的建议,或受到后者的质询。

但是,二者也有一致的一面。我们认为,需要注意的是,认知地位包括多个认知层面,其中有一个层面是合理性,也就是说话者对事物合理性(应该不应该、是否符合社会伦理道德等)的认识地位问题。在合理性上,社会地位的高低与认知地位的高低具有很大的一致性,即:

【权威原则一】

① 如果认知主体的社会地位高,则他在合理性方面的权威地位就高。(叠加)推理公式为:

$$会话主体\ X \wedge [特征] X\ 社会地位高 \rightarrow X\ 合理性权威$$

② 如果在合理性方面的地位低,不是权威,则是认为对方社会地位低。(叠加)推理公式为:

$$会话主体\ X \wedge [特征] X\ 不是合理性权威 \rightarrow X\ 社会地位低$$

③ 如果认知主体的社会地位高,而又在合理性方面的地位低,不是权威,则会语力失效。(负迁移)推理公式为:

$$会话主体\ X \wedge [特征] X\ 社会地位高 \wedge [特征] X\ 不是合理性权威 \rightarrow 语力失效$$

社会地位与现实中的社会关系有一些差异,例如下面乙是甲的父亲,但是甲对乙说的话说明他实际上是把父亲置于低的社会地位,二者之间的矛盾说明了社会中不和谐的情况:

(12) 甲:爸,您不知道,现在大家都这样做!(所以应该这样做,或者这样做没有什么大不了的)
  乙:你小子,怎么和你老子说话的!

下面也是如此:

(13) 我尊敬您是老同志,不过您说该去,我还是不同意!老同志也不是都对!

3. 同 盟 性[①]

"同盟"是与言语行为紧密相关的属性特征,也对许多语言现象具有制约作用。孙佳莹、陈振宇(2021)说:

> "同盟"很晚才被引入语言学领域。同盟是立场表达的一个重要子类,指的是说话者将言说主体(言者和听者,有时也包括第三方)在言语行为中划分为不同或相同的社会群的一种主观性操作,其所构建的主观间性关系就是同盟关系。国内学者在援引相关理论时,还将其翻译为"同盟、离合、匹配、认同"等术语。(陈振宇 2014;罗桂花 2014;陈景元,高佳 2016;李桂东 2019;方梅,乐耀 2017)本文之所以采用"同盟"术语,一方面是因为 aligns 的词根含义为"同盟","同盟"比其他术语更能涵盖其在语言结构背后的社会意义。另一方面,"正同盟"和"反同盟"这两种基本的主体间位置关系的命名能更好地表达 alignment 和 disalignment 的分类共识。许多学者不区分同盟和作为同盟关系类型之一的"正同盟",不论哪个都使用 alignment 这一术语,并且都译为"同盟",我们认为这会带来概念上的严重混淆,故此建议前者改用 alignability 这一术语,并严格区分翻译的中文名称。还有一些学者所说的 non-alignment 实际上是指反同盟关系(他们不用 disalignment 这一术语),本文也严格做了区分。本文仅将 non-alignment 限定在非同盟,这也请读者特别注意。

陈振宇(2017:396)说:"术语 aligns 可以指机械中齿线对齐,配置合适,从而可以很好地联动;在社会学意义上,就是'结盟、联合'之义。"方梅、乐耀(2017:285)把 alignment 译为"认同",实际上认同主要是指双方意见的相同或不同。但是同盟关系远不只是表示认识内容,而涵盖了很多方面,如情感、责任等等。另外还指交际双方的友好和亲密程度。所以本书依然采纳"同盟"这一译名。Martin & White(2005/2008)用"(正)同盟"和"反同盟"(alignment and disalignment)这两个词来表示说话者相对于"实际或潜

[①] 本节内容是和孙佳莹合作研究的,请参看陈振宇(2017)第九章,孙佳莹(2020),孙佳莹、陈振宇(2021)。

在的应答者"的立场关系。下面是正同盟、反同盟和非同盟三者的关系：

$$\left\{\begin{array}{l}\text{无同盟关系存在，"非同盟"(non-alignment)。}\\ \text{有同盟(alignability)关系存在}\left\{\begin{array}{l}\text{在同一社会群内，"正同盟"(alignment)。}\\ \text{处于不同社会群，"反同盟"(disalignment)。}\end{array}\right.\end{array}\right.$$

3.1 同盟性理论

3.1.1 同盟范畴的研究

孙佳莹、陈振宇(2021)说：

> 同盟(alignment)最早出现在社会学有关框架(frame)和立足点(footing)的研究当中(Goffman 1974,1981)，随后被引入语言学中的会话分析等领域，受到学者们的关注。Alignment 在相关理论引介中也被翻译为"协同"。Pickering 和 Garrod(2004)提出"互动同盟模式(interactive alignment model)"，明确了"同盟是对话成功交际的基础"。成功的会话包括不同语言结构层面上的"言者—听者同盟"(talker-listener alignment)，可以分为语音、词汇和句法三个结构层面。此外还包括情景模式(situation models)的同盟，会话参与者通过不断调整情景模式，达到语言层面的同盟，从而使得语言产出和语言理解更加顺畅。请注意，互动同盟模式及同时期的其他文献中的"同盟"，实际上仅仅是指本文的"正同盟"关系，即会话参与者的立场趋同。
>
> 在会话分析领域存在一些与同盟(alignment)混为一谈的概念，如 affiliation、agreement、imitation、preference 等(Steensig & Drew 2008)，一般情况下这些概念均被视为同义，但在特定的情况下有必要进行区分，比如 Stivers(2008)区分了故事叙述场景下的联系(affiliation)和同盟(alignment)，指出了联系和同盟都是"合作形式(forms of cooperation)"，但二者在听话者回应方式等方面有所区别。affiliation 是听话者对说话者立场的回应，属于合作的情感和社会层次；而 alignment 则属于合作的结构层次，指的是听话者对说话者讲述活动和会话结构(structure)的回应。
>
> 同盟概念提出之初，其边界还比较模糊，内容还相当散乱，与今天讨论的"同盟"还不是一个概念，尚不能称之为一个明确的语言学概念，但是同盟的社会属性和言语互动功能已经被学者们所关注。
>
> ……

随着社会互动被引入语言学领域,人们逐渐将目光从语言结构转移到了语义语用上,立场以及与立场相类似的概念开始受到越来越多学者们的关注。最初评价(appraisal/evaluation/assessment)、位置(position)、情感(affect)、态度(attitude)等相类似的概念混杂在一起。直到评价系统和立场三角模型丰富了"立场"范畴,逐渐明确了立场是一种具有交互主观性的互动过程,"同盟"才具有了其语言学内涵。

这些研究对反同盟关系研究不够。而且这些研究提醒我们同盟关系是有层次的,这些层面是有可能相互矛盾的,但这一点以往也没有很好地关注。

3.1.2　正同盟、反同盟和非同盟

在"立场"范畴中,"同盟"是一个深层的概念,并不是直接的评价。陈振宇(2017:392)说:"'立场',从术语上看,就是一个空间隐喻,即所在的地方。因此,它的核心理念是'位置'(position)。"

根据 Du Bois(2007)的"立场三角"(the stance triangle)理论(这一模型具有里程碑的意义,自此以后同盟正式成为立场范畴理论中的重要子范畴),陈振宇(2017:392)说:

> 如果把立场看成一个话语空间场,则它包括了言语行为的三要素(说话者 S、听话者 L 及言说对象 O[①])以及它们的空间位置关系。……主要的有:
> 第一,对象所在的位置,或者对象之间的位置关系。(主观认识)
> 第二,言语活动主体的位置,也即对象与主体之间的位置关系。(主观性)
> 第三,主体之间的位置关系。(主观间性)。

Du Bois(2007:146)还说,在一个既定的立场表达中,有三个方面:谁是立场表达者,什么是立场表达的客体,以及立场表达者所回应的立场是什么。他将这一立场称为"对方的立场"(counter stance)。据此孙佳莹、陈振宇(2021)说:

> 评价是从立场主体导向立场客体的,指的是立场主体对立场客体的情感、评价、认识、道义要求、价值判断等。定位则是从立场客体导向立场主体的,因为定位是主体评价客体后的间接结果。言说主体通过立场表

[①] 包括两个立场主体和一个立场客体。

达定位自己,立场客体唤起言说主体的社会立场(social force filed),使之担当社会行为责任。因为立场表达是一种公开行为,人们不可避免将自己的立场与其他言说主体的立场进行比较,所以同盟用于突出强调评价和定位的异同,同盟指的是调整两个立场之间关系的行为(act)以及两个立场主体之间的关系(implication)。Du Bois(2007)指出,主体间性不是以共性(commonality)为前提,而是以可比性(commensurability)为前提。同盟就是一个对当前立场和原先立场不断协商的实时交互的动态过程,趋同或趋异,而非对另一言说主体简单的支持或反对。立场是言说主体双方共同参与构建的立场。其中两个主体间的同盟操作是通过相同或不同的定位对比得到的,同盟反映了主体间性。

……

但是立场三角中对同盟的认识显然还很单薄,没有针对同盟进行更加深入的探究,具有不少局限性。例如,立场三角中的同盟界定实际上还是把同盟看成两个主体之间的位置对比,没有看到两个主体之间的不对称,其中一个主体作为主动的立场建构者,是试图表明自己与对方位置相同或不同,而对方是否真的有此位置其实并不重要。立场三角也没有反映听话者不介入或缺省回应时,立场是如何在非同盟关系(non-alignment)下调整的,同时缺乏对反同盟(disaligns)操作的解释。

请注意,Du Bois 的"评价"是一个广义的概念,比本书的"评价"要大得多,大约等于本书的知识立场和评价立场的总和。另外,当说话者试图构建某种同盟关系时,对方完全可以承认也可以反对这一关系建构,双方的较量可能形成和谐的关系,也可能形成矛盾对立的关系,从而推动会话活动向前发展。

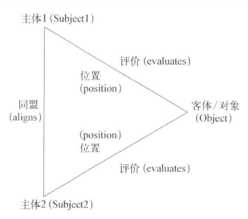

图 1　立场三角(引自 Du Bois 2007:163)

孙佳莹、陈振宇(2021)说：

> 不少学者发现，同盟操作不是一种单一的操作，同盟至少可以基于两个方向进行操作，体现两种关系。Martin & White(2005)认为"正同盟"和"反同盟"是对态度性评价(attitudinal assessments)、世界的性质(nature of the world)、过去的历史(past history)和偏好(the way it ought to be)在信念或假设层面的认同或不认同。他用"正同盟"和"反同盟"来表示说话者对"实际或潜在的应答者"的立场。Haddington(2005)认为同盟性解释了趋同(convergent)和求异(divergent)位置关系的所有可能，参与者由此构建了主体之间的关系。
>
> Pagliai(2012)基于种族话语对正同盟(alignment)和非同盟(non-alignment)概念进行了区分，他认为正同盟是指参与者对事件的相同定位，非同盟是指参与者对事件的不同定位，正同盟或非同盟定位均通过引发和接收话语来表达。其中，non-alignment涵盖甚广，Pagliai认为其可以再细分为失同盟(misalignment)和反同盟(disalignment)两种。二者的区别在于，失同盟强调偶然性，如暂时没有达成正同盟关系；反同盟强调有意性，如拒绝交流的言者意图。Pagliai的区分对语篇中具体现象的分类是有帮助的，但是语法学中的语用平面研究的不是语言的偶然现象，而是说话者自主地实施言语行为的规律。因此偶然的失同盟对同盟范畴来说意义不大，本书没有把它纳入研究范围。只有有意地表明自我与对方的差异，才是说话者的主观态度，才是反同盟的本质，才能体现言说主体的交互主观性。

陈振宇、叶婧婷(2014)说，同盟关系就是说话者站在哪一边、站在谁的立场上的问题，可归纳为以下几个方面，参看陈振宇(2017：396)第九章的详细论述。[①]

根据这些维度，可以分出两种基本的同盟关系：

正同盟(alignment)　　　　　反同盟(disalignment)
同意　　　　　　　　　　　不同意

[①] 陈振宇(2017：396)说："同意(agreement)：一个主体同意另一个主体的认识、评价。支持(supporting)：一个主体支持另一个主体的道义要求。亲密(intimate)：一个主体分享另一个主体的情感。共同担责(joint responsibility)：一个主体与另一个主体共同承担责任。……"

支持	反对
亲密	疏远
分享	异感
共同担责	区分责任
……	

其中同意维度就是"听说异见/听说同见"(disagreement/agreement between speaker and other person),听说异见指说话者认为其他人(听话者或第三方)与自己的意见相反或不同。支持维度也称为协作或不协作;亲密疏远涉及情感;分享就是视角、信息、感知等方面的共同性质,与之相反的"异感"表明不同;责任方面涉及行为,是共同的行为还是与自己无关的行为(是积极的参与者还是一个旁观者)。

陈振宇(2017:397)说:"另外,更准确地讲,在会话中有第三种类型,即与同盟无关的会话关系,可以称为'非同盟'(non-alignment)。"

在语言中,反同盟关系更需要专门的形式来标记或表达。

【同盟原则一(同情原则)】

① 如果要表示反同盟关系,则必须有表达形式呈现。(正迁移)推理公式为:

$$反同盟 \rightarrow 须有反同盟标记$$

② 如果没有表达形式呈现,则默认为表达正同盟或非同盟关系。(正迁移)推理公式为:

$$没有反同盟标记 \rightarrow 同盟 \vee 非同盟$$

这也称为"同情原则",即默认时会被同情心理临时拉入一个群里,除非有专门的表达说明不是一个群。这也解释了一个常见的现象,即如果没有说明,任意一些人来到一个共同的场合,会被默认为是同一个群的成员,具有共同的利益,就像地铁中的乘客、会场中的观众一样。用格式检验一下是大概率的预期:

(14)　　　O　　　　　　　　P(M|O)　　　　　　P(M)
　　　在李四面前张三没说什么,所以他可能不反对李四。
　　　♯在李四面前张三没说什么,所以他可能是反对李四的。
　　　♯在李四面前张三没说什么,　　　但是他不反对李四。
　　　在李四面前张三没说什么,　　　但是他是反对李四的。

3.1.3 以往同盟研究的问题

孙佳莹、陈振宇(2021)从四个方面论述了以往同盟研究的问题(主要是针对立场三角模型):

> 言说主体间位置关系的确定并不一定需要听话者的回应。
> 言说主体的评价对象可以不唯一,言说主体之间位置关系的确立甚至可以在没有评价对象只有行为时进行。
> 同盟不仅表达说话者和听话者两个言说主体间的关系,有时候还涉及与第三方(第三个主体)的同盟关系。
> 立场三角理论缺乏对同盟关系层次性的阐释。

在"立场三角"理论中,同盟是两个言说主体的位置的对比关系。这有两个缺陷:在会话之前,是否就不存在着同盟关系?听话者的回应对说话者的同盟构建是否完全一致?显然,我们的回答都是否定的。

说话者在开始会话活动之前,他已经对自己与对方的社会关系有了预期,因此自己的说话方式应该和什么样的同盟关系相切合,也是先在的预期。他总是按照自己已有的预期安排会话,从而强化或减弱相关的同盟关系,当然,也可能另起炉灶,构建全新的同盟关系。

另一方面,他也预期对方会做什么样的反应。不过,总的来讲,这仅仅是预期,而听话者完全可以采取不同的策略来回应,可能与说话者的预期一致也可能不一致。例如(例引自孙佳莹、陈振宇 2021):

(15) a. 甲:当官有什么了不起啊!
　　　乙(不语)
　　b. 甲:你看啊,怎么会有这种父亲!
　　　乙:a 这没什么,这很正常。
　　　　 b 是啊,他怎能这样!

在例 a 中,甲知道乙是官员,并且已经形成了对官员的反感,也即,他已经确定了自己与对方的反同盟关系。在此条件下,他采取了斥骂言说方式,以与反同盟关系匹配。我们看到,乙采取了默然不予理睬的回应方式,所以乙是默认了甲所构建的社会关系,也就是承认甚至进一步强化了双方的反同盟关系。

在例 b 中,甲谈到了第三方,并对第三方进行了斥责"怎么会有这种父

亲"。但是,需要注意到的是甲用了"你看"这一话语标记,陈振宇、朴珉秀(2006)说:

> "你看₂"则是"指明"行为,即说话者希望听话者确证自己已经确证的东西,所以必须对双方而言都是确证的。这样,确证性须从说话人和听话人两个方面来分析。一个事件,如果说话者可以对它有清晰的、无可辩驳的确证,则称它是"(对说者而言)确证"的;同理有"(对听者而言)确证"的和"(对双方而言)确证"的。

陈振宇(2017:409)说:

> "你看₂、你瞧、你听、你听₂、瞧、听、看看、听听、看一看"类,它们后面是非疑问形式时,从表面看,是祈使句,要求对方注意下面的事实,但实际上,这是言者邀请听者站到言者自己的位置上来,共同关注某一对象,听者一旦接受,将被迫与言者(正)同盟,从而迫使听者同意下面的事实为真。

也就是说,甲在说话的同时,就是在把乙纳入自己的正同盟关系中,邀请对方和自己一起对第三方"父亲"进行批评。我们看到乙有两种回应:第一句的回应否认了甲的观点,从而拒绝了甲所希望构建的正同盟关系;第二句的回应则认同了甲的观点,从而接受了正同盟关系。

孙佳莹、陈振宇(2021)说:

> 我们把同盟关系构建的这种性质称为"单向性",指的是总是由说话者在试图与对方建立或调整相互的同盟关系,此时对方的态度还没有表达。单向性使得同盟关系不是一成不变的,因为这就意味着听话者可以在下面的话轮中又按其意愿接受或试图调整改变对方表达的同盟关系。

现在我们来看看认识对象的问题。孙佳莹、陈振宇(2021)说:

> 在立场三角模型中,stance 和 alignment 的概念是基于空间隐喻的,一般而言,对同一对象进行评说,才有所谓异同对比的必要,但实际情况可能更为复杂。比较句是展现多个评价客体间关系的直接证据。

例如(例引自孙佳莹、陈振宇 2021):

(16) a. 甲:张三人真好啊。
  乙:(张三哪里好了,)李四比张三好多了。
  b. 我们象棋比你们围棋难多了。

在例 a 中,甲只评价了张三,但是乙的回应还拉入了一个新的对象"李四",不过我们依然可以看到乙是对甲的意见进行反对,所以是反同盟关系。对象的增加应该是正常的。

再看例 b,在这里,出现了两组对象,如下图所示:①

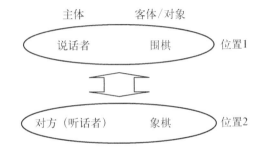

图 2　多个对象的情况(引自孙佳莹、陈振宇 2021)

从空间隐喻看,说话者布置了两个不同的"阵营":一个是自己和围棋,一个是听话者和象棋,两个阵营之间形成对立关系,但是每个阵营内部则是协同的关系。也就是说,说话者不但表明自己和对方是反同盟关系,而且还把更多的对象"围棋、象棋"拉了进来。在立场三角中是无法反映这种复杂关系的。

孙佳莹、陈振宇(2021)说.

> 有时,评价对象甚至不是必需的。言说主体本身也可以是评价对象,此时可以只依靠行为进行互动,达成正同盟或反同盟关系。如通过翻白眼、怒目而视、冲对方使用詈语(骂人的话)构建反同盟关系,通过竖大拇指、会意的微笑、叫对方的亲昵的名字等行为构建正同盟关系。

Du Bois(2007:168)自己也说,那些看上去没有涉及一个共享立场客体

---

① 图中圆圈表示"群",下同。

的情况,对当前的立场分析来说是一个挑战,认为是未来研究的重要课题。对我们来说,这就表明立场三角模型具有很大的局限。孙佳莹、陈振宇(2021)说:

> 评价对象的"不必需"还反映在:有时,不管具体的评价对象或主体的观点是什么,都是在表示同种的同盟关系。例如说话人发现对方是某个地方的人,说着某地方的方言,不管这时他是同意还是不同意对方,是不是有什么具体的评价对象,他都可以通过一个方法来加强对方的亲近感从而构建同盟关系,这个方法就是说出同样的方言,这时评价对象并不重要,方言导致的"老乡见老乡"的局面可以超越知识上的差异。

在例(15)b中,说话者是在听话者面前讨论第三个认识主体"他(父亲)"的情况,从本质上讲,这里反映的不仅仅是听说双方的同盟问题,而且是你、我、他三方的同盟关系,如下:

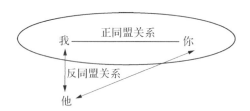

图3　三方同盟关系的建构(1)(引自孙佳莹、陈振宇 2021)

说话者邀请听话者一起来评论"他(父亲)",这是构建听说双方的正同盟关系;并且要求听话者一起,构建与"他(父亲)之间的反同盟关系"。

也有相反的例子(例引自孙佳莹、陈振宇 2021):

(17) 你看人家多刻苦(,再看看你)!

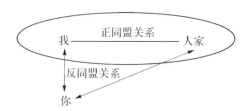

图4　三方同盟关系的建构(2)(引自孙佳莹、陈振宇 2021)

表面上看，说话者是在称赞第三方（人家），说他何等刻苦。但实际上，他说这话是针对听话者的，是用"人家"来反衬"你"的不刻苦。这就形成了"我"和"他"的正同盟关系，而"我—人家"又与"你"形成对立，是反同盟关系。孙佳莹、陈振宇(2021)说：

> Du Bois(2007)认为第三方(the third party)是被说话者言说的对象类型之一，对象可以是人、物、情况、话语等。但是，第三方和言说主体的位置常常是即时转换的，有时第三方只是短暂地被排除在言语互动之外，有时第三方也可以是在场的旁听者。有时言说主体的评价不仅是对自己和另一言说主体立场的调整，也同时协调了自己与在场第三方的关系；有时说话者引入第三方不是为了评价第三方，而是为了以此作为桥梁来构建自己与听话者之间正同盟或反同盟关系。

孙佳莹、陈振宇(2021)还认为：

> 同盟关系至少包含三个层面：命题观点层面（包括对事实性的表述以及对价值判断的表述）、社会/言语行为层面（包括是否是同样的社会行为和同样的言语行为）、情感层面（包括是否分享情感、是否亲密疏远、是否冒犯面子）。
>
> 同盟关系的多个层次之间还有高低之分。一般来说同盟高低序列为：
>
> 命题观点层面＜社会/言语行为层面＜情感层面

但是，现在看来，这一观点还需要进一步修改，最重要的是"情感层面"很难说就是一个简单的层面，很可能内部还有不同的层次。

让我们先来看前两个层次的情况：

在商议或学术、辩论活动中参与者需要相互批评、争议，以便寻找更为准确的答案。这样，在命题观点层面，参与者相互批评，甚至故意设定为相互对立的格局，因此是反同盟关系；但是大家只有这样，才能算是参与了同一社会活动或言语行为，所以又是正同盟关系的构建。试想，如果在这一场合中，某人却反其道而行之，不是表达自己的观点，而是对他人的意见轻易认同，那反倒在参与活动者中显得不合群了。

下面我们着重来看看情感层面的影响。例如（例引自孙佳莹、陈振宇2021）：

(18) a. 我觉得你这样干不合适。
    b. 我觉得吧,也可以听他的。

孙佳莹、陈振宇(2021)说:

> 汉语"我觉得……"强调命题观点是说话者个人的,基于信息价值原则倾向表达与听话者相反的观点,这是在命题层面上表达与听话者的反同盟关系。但另一方面,例 b"我觉得……"表明"下面的只是我个人的意见",降低了意见的权威性,为听话者提供了更多选择,有委婉语用,这是在情感层面上与听话者构建正同盟关系。二者的矛盾深刻地反映了同盟关系的层次性。这与例 a 的直抒己见(构建反同盟关系)是不同的。

所以上面例 b 的"我觉得",即使观点不同,但语气委婉,因为情感层面压倒命题层面,所以正同盟性强于反同盟性,这种表达因此更应该归入正同盟。"同盟关系分层"有助于我们正确地看待人际关系中的复杂情况。

Kärkkäinen(2003)以 I think 为例,指出语调单位居首的立场标记(IU)有助于参与者调整自己与其他言说主体的关系,建立正同盟立场关系。Yang(2010)分析了汉语话语标记"我觉得",认为"我觉得"用以削弱建议的指导性语气或对当前事件有积极评价,预示着言者偏向采取反同盟立场。其实他们的差异是由英汉语中 I think 类标记的使用差异所导致的,由于这类标记具有礼貌性,所以如果强调情感层面,就是正同盟的;如果强调命题的差异,就是偏向反同盟。

让我们进一步来看看构式 I think 类。陈振宇(2017:401)认为,"本来只是拥有传信(evidential)功能(标明是我个人的想法),所以可以直接用在首次表示意见时,如下面甲在乙尚未有意见前就用'我觉得'来表示自己的观点,即'我觉得'只是表示了甲自身的主观性位置,最多是较为礼貌的表述,并未与乙进行主观间性的对比,因为乙还尚未说话呢",所以这个"我觉得"是非同盟的。

(19) 甲:我觉得,咱们应该早点去。
    乙:好啊。

但是,徐晶凝(2012)统计"我觉得"语料,发现①绝大多数例句都是与反

---

① 44.3%表示与对方的观点不一致,20%对对方或他人进行负面评价。

同盟有关。这是因为它大多用在后续话轮中。如：

(20) 甲：那就别去了吧。
乙：<u>我(倒)觉得(啊)/我个人的观点吧/我说吧/我想啊/我想来想去/(如果)要我说/我猜啊(想)</u>，去去也无妨。

当然，也可以使用更为直接的方式，直接冒犯对方，挑战对方的观点，这时连情感层次也是反同盟的，就进一步突显双方的反同盟关系。如：

(21) 甲：这事儿有些困难，恐怕难以按时完成。
乙：<u>我认为/我看/我说</u>，不是有困难，是有的人这里[指自己脑袋]有毛病了！进了城，就再也吃不得苦了！

陈振宇(2017：402)说："直接与委婉在这里产生了功能性的分野，越是礼貌的格式，越是容易出现在后续话轮中，而不是用于首次意见，如'要我说'，在绝大多数情况下就是出现在言者针对对方提出对立的观点时[1]，是主观间性的反同盟关系。"我们认为，这反映了层次上的差异：在命题层面，表达我将反对你的意见；而在情感层面，则是委婉，是希望不要冒犯对方。

下面我们来看看复杂的情况，如：

(22) 甲：我来断后，你们先走！
乙：不！你走！我断后！

双方抢着要断后，让对方先走，从这一点看，既是相互意见不合，也是在社会活动中不能协调，都是反同盟关系。但是，显然，双方之所以这么做，都是为了自己来承担责任，而让对方受益，所以在情感层面，是一个正同盟关系。这一例子说明了前述的同盟关系层面优势关系：因为情感上是正同盟，所以压倒了另外两个层面的反同盟，最终应该算是构建正同盟关系。

(23) 不过是一个同事，他本来不太想去，但是收到一条短信"姐姐明天请客，亲！你可一定要来哦！"弄得他不好意思不去。

---

[1] 张金圈、唐雪凝(2013)发现。

女同事的短信,具有构建正同盟关系的意图。包括,要求对方认同自己的建议;使用亲昵的语句形式,来实现双方情感上的亲近;并由情感上的正同盟来进一步要求达到社会活动上的正同盟。可是,读者也许已经感到,女同事的这种方式很可能会起到相反的效果,"他"反倒会因为这样"过分的亲密"而感到受到了"狎侮",从而在内心抗拒接受这样的正同盟关系。

这就是我们认为,需要对情感层面进行进一步区分的原因:情感分为"自发情感"和有意表现的情感(简称"有意情感"),前者有利于对方接受,而后者则具有虚伪性,有时会导致更严重的人际后果。而这二者的区分,究竟是经过交际以后呈现出来的,还是参与者心中预先已经确定了的?值得进一步探索。例如:

(24) 母亲:我们不让你去,也是为你好!
　　　女儿:……

可以看到,"母亲"是反对"女儿"的意见,不让她去,在命题和社会活动层面是反同盟关系;但是母亲希望用情感上的正同盟关系(为你好)来冲淡或消除这种反同盟关系。女儿也许会接受,也许会变得变本加厉地"叛逆"。究竟向哪个方向发展,就看母亲的情感是有意的还是自发的。我们感到困惑的是,女儿究竟是在此之前就认为父母的情感是有意的,从而感到受压抑,这才将母亲的话解读为虚伪?还是因为母亲的话在语用上不合适,这才造成女儿产生父母其实是在反对自己,情感层面的亲近是伪装的感觉?也许两种可能都存在。

上述例子说明,情感往往是常用的一种人际关系塑造手段,滥用情感也许并不有利于维护或发展正同盟关系。

3.1.4 用"(社会)群"重新定义同盟范畴

使用"(社会)群"(social group)这一概念,重新定义同盟性,孙佳莹、陈振宇(2021)说:

> 陶寰在汉语中较早使用"群"(community)这个术语,用以讨论上海话复数人称代词领属结构。[①] 我们使用 group,是因为这里的"群"(group)与社会学意义上的"社团"(community)是不同的。本文所谓的"(社会)群",是在特定的、具体的、单一的社会/言语活动中自发形成

[①] 非正式发表,是陶寰在相关课程上讲述的内容。参见陈振宇、叶婧婷(2014)。

的集合,包括人的集合以及与人相关的物的集合,社会群的本质是说话者或表达者的建构,这一建构具有即时性、临时性、简单性(相对于复杂的社会关系而言)、单向性;而社团则必须要有长期多样的互动,包括多方面的社会活动(一次单一的社会活动形不成社团),会形成复杂的社会层级体系,并且是群内成员共同参与构建的、多项性的关系。正是因为如此,我们不主张用社团这样的较大的概念。

现在我们来定义"群":

"'(社会)群'(social group)指在特定社会活动中自发形成的集合,包括人的集合,以及与人相关的物的集合"(引自孙佳莹、陈振宇 2021),并且具有以下性质:

① 基于特定社会活动,仅对这一维度有效,一旦社会活动转移,原来的群就会解散或转变。

② 在该社会活动中,群代表了群内成员相同的利益、信念或属性等方面的性质,这就是我们前面说的同意、支持、亲密、分享、共同承担责任等等。

③ 群内关系是正同盟关系,群际关系是反同盟关系,而如果在该维度没有群的划分,所有人都只是临时集合在一起的散漫的个体,则是非同盟关系。

社会群可以进一步分为:

① 自律群和划分群。自律群是群成员各自的活动自发形成合力,从而造就出一个群。而划分群是外在的力量迫使这些成员的利益、信念或属性一致,成为一个群。从"适应论"的角度讲,这两种方式会相互作用,既然被划分到一个群,成员可能会自觉地按群行事,而如果自发整合,也可能会使外界将他们自然地划分到一个群里。

② 有支撑群和无支撑群。支撑是群成为群的稳定的核心成员,其他成员或者是因为与其相似,或者是因为与其相关,所以被拉入同一群中。在自发的情况下,群的成员不一定是固定的,进进出出是常态,在划分的情况下,也并不一定就可以做出完备的划分,需要确立一些典型的成员。在实际活动中,一个有支撑的群往往能更持久更稳定地存在,并且更容易为观察者所注意到。因此在语言划分操作中,常常会通过支撑者来表示一个群,如"老张家(老张及其家人)""雷锋们(像雷锋的一群人)""我们(我和与我同盟的人)""美国及其盟国",其中的老张、雷锋、我和美国是群中的支撑者。不过也有非支撑的表达方式,如"西方七国(集团)""同学们(所有成员都是同学)"等等。

孙佳莹、陈振宇(2021)说:"同盟指的是说话者将言说主体(言者和听者,有时也包括第三方)在言语行为中划分为不同或相同的社会群所构建的一种主观间性操作。"也即:

> 语言中的"同盟"范畴,研究如何用语言材料反映社会群及其性质,也包括研究如何用语言手段来建立社会群,并讨论这些群对语言结构语义语用等各个方面的重要影响。……
> 同盟这个术语有三种不同的内涵外延,有时需要作适当区分。一是动词性的"同盟",其是立场表达框架下的重要子行为之一,指的是说话者将言说主体进行划分的一种主观性操作。二是同盟关系,指的是上述同盟操作所构建的即时的主观间性关系。这种关系既可以是语言结构层面的,也可以进一步发展到社会层面的空间,最终成为一种社会关系。三是同盟性,是对同盟关系各个方面的认识,也包括对那些没有构建同盟关系的主体间性的认识。
> 同盟操作的关键要素是社会群,同盟关系划分的根据是交际双方(有时也包括相关联第三方)基于社会群的位置。群内成员的关系是正同盟关系,他们具有相同的观点、信念、利益、属性、价值等,或者分享信息、情感,关系亲密,共同担责或共同从事同样的社会活动;群际关系是反同盟关系,他们具有不同观点、信念、利益、属性、价值等,阻碍信息交流,不进行情感分享,关系疏远,推卸责任,反对进行共同的活动;没有划分群层面关系的散漫个体,则是非同盟,此时群没有受到关注或根本没有建立起来。
> 同盟关系是说话者主观意图的表现,在话轮中可以即时转化或强化。此外,同盟关系需要群成员的经营来保证它的延续或转换。另外,任意一个人来到一个共同的场合,会被默认为是同一个群的成员并遵守正同盟的原则,这也是交际的优先策略之一。因此正同盟往往是无标记的、默认的,反同盟则往往需要特别的言语形式来表征;但是如果已经有了倾向于表示反同盟关系的标记(比如使用第二人称代词),就会倒过来,反同盟是无标记的而正同盟是有标记的。
> (引自孙佳莹、陈振宇 2021)

与"自信"范畴不一样,"同盟"是一个需要经营的关系,群成员的自发自律行为在维持着这个群,就像有些微信群中如果不是大家纷纷发言,那这个群就维持不下去了。尤其是对于那些支撑成员而言,他的表现对群的存亡至关重要。

自信对说话者来说,主要是心理状态问题,虽然有外在的表现,但一般不需要刻意去寻求,说话者自己就能顺利地达到,因此我们主要讨论自信不自信对言语行为的影响。但是同盟(包括反同盟),却不是说话者一个人的事情,如果这个群是说话者的群,那么他需要表示给听话者或者还有第三方看的东西,是需要外在表现来达成的。于是在言语行为中,就有两个关键性的维度:一是如何使用语言手段来构造"正同盟"或"反同盟"关系,二是在"正同盟"或"反同盟"关系下,会出现什么样的言语行为迁移,对言语行为造成什么样的影响。

3.1.5 同盟关系的表达或构建形式

可以直接用一些语词表示同盟关系,如说"同意、是",也可以用身体姿势,如点头、倾向、笑等等。当然,有时没有这些标记,需要进行推理。

不少学者基于对话语料探讨了言语主体间的同盟关系,比如 Sakikawa(2011)调查了在叙述性对话中采用美式英语和日语的参与者展示出的同盟和联系(affiliation),归纳了说话者如何可以重复主题、声音强调和凝视、点头、手势等行为表达评价。Goodwin(2007)分析了父亲指导女儿写作业时的言语行为,说明了五种涉及同盟表达的立场。Park(2011)以韩国人关于英语的元语言讨论(metalinguistic talk)为例,指出情感的表达是说话者协商社会关系和文化地位的重要手段,并阐明情感的互动是如何通过立场构建联系的。

以立场三角模型为主要理论背景,不同学派的研究者们对立场进行了大量案例分析。Haddington(2007)分析了新闻采访中的"定位"(positioning)与"同盟"(alignment)两种交际立场表达的相互作用。"同盟"给予受访者一个表达立场以及自身身份、背景和目标等的空间,受访者通过反复使用提问中的话语来适应和消除偏好立场和预设。Duszak & Okulska(2010)研究了青少年女孩会话中的同盟和身份构建,认为言说主体在正同盟或反同盟关系的构建中表明了与群体的联系(affiliation)和社会身份归属。Johnstone(2007)将身份与方言联系起来,阐明了言说主体可以通过方言表明其当地人的身份,重新构建与其他参与者的正同盟关系,从而在情境中拥有更多的互动资源。Ramírez-Cruz(2017)针对西班牙裔美国人和英裔美国人遭遇不同情况的客户服务进行了同盟性分析,指出在请求交互中有交易立场(transactional)和友好立场(friendly)两种(语体)风格立场。

使用具有立场语义的词汇可以直接在会话交际中构建同盟关系,比如 Lee-Goldman(2011)分析了话语标记"NO",指出重建同盟关系以解决冲突的功能是"NO"作为话语标记的三种功能之一。Chase(2017)指出通过咒骂评价,言者向听者定位自己的权威身份,听者额外承担评价任务以推进对话。这些评价质疑言者的叙述内容,特别是观点和立场,构建了对立立场来表达听者观点的不一致,指出了咒骂词在互动中构建反同盟关系以创造权威身份的功能。

此外,不少学者从立场标记入手,对同盟功能研究的发展做出了贡献。比如Kärkkäinen(2003)以"I think"为例,指出语调单位居首的立场标记有助于参与者调整自己与其他言说主体的关系,建立正同盟关系。Kärkkäinen(2007)认为当参与者之间存在某种程度的分歧和不同意见时,使用"I guess"往往表明言说主体撤回其原始立场并重新构建更为趋同的立场,也即构建正同盟关系。

不少句子结构分析的案例也为同盟研究提供了事实支撑。比如Keisanen(2017)考察了三种极性疑问句的立场表达,指出疑问句话轮通过在前一话轮中嵌入的声明或立场来表示质疑,从而构建具有反同盟关系的挑战行为,要求听话者对言说主体间的认识差异作出解释。Koymen(2011)发现儿童采用补充结构中的"格式联结"(format tying)句法语言策略来展现与同伴的正同盟和反同盟关系。比如在命令主句中嵌入"我说"(I said)和"我来"(let me),形成补充结构如"我说我不做"(I said I don't do it)来回应与同伴的冲突,展现反同盟立场。

此外,还有一些涉及非语言或韵律层面的同盟研究。比如Bubel(2011)发现同声大笑(shared laughter)可以改变原有的同盟关系,构建正同盟关系,导致宏观层面的社会关系的转变。Satoh(2018)发现日语赞美话语引发的权力失衡(power imbalance)是通过三个过程被调停的,其中同声大笑是缓解潜在权力失衡的稳定策略之一,它是通过改变参与者的主体间立场来实现的。称赞者或(最经常)被称赞者可能会开个玩笑以缓解因称赞而产生的紧张感,参与者会一起大笑。

当前,国外有关同盟的研究主要是基于立场三角理论对立场的语言表达手段的研究。这些研究一般不进行理论性的总结,尽管贡献了很多有用的素材,但极为缺乏规律性的概括,整体上呈现出较为零散的状态。

针对汉语的同盟研究,最早是国外的汉语研究者对英语研究成果的模仿。如Xiao(2010)受"I think"研究的影响,分析了汉语话语标记"我觉得"的反同盟功能和话语标记"你说"的正同盟的功能等。国内汉语学界的同盟研究,则首先是从立场表达研究和交互主观性问题开始,再推及到"同盟"。

汉语中关于"立场"关系的分析由来已久,尽管一些研究中还没有使用

"立场"这一术语,但我们可以看出学者们的研究对象正是"立场"且意识到了其中同盟发挥的作用,虽然还不具有理论的自觉。其中方梅、乐耀(2017)是其中的主要代表,但主要集中在"立场",而缺乏对同盟关系的专门认识。

此外,随着语言哲学引入西方哲学的主体间性理论,主体间性在话语分析、翻译批评等领域受到学者们的关注。主体间性将人际意义引入语言功能研究,使人们关注到主体间位置关系,为我们研究同盟问题奠定了理论基础。

陈振宇、叶婧婷(2014)指出:

> 立场不仅仅是一个语用属性,而且在长期的使用中会发生词汇化、语法化,从而成为一种特定的语法项。例如上面所说的同盟关系,既可以指在言语过程中用 yes,甚至点头、赞许等方式来表示说话者与对方立场相同;也可以使用一些语法化后的专有词汇。

该文还指出"人称代词领属结构"有一种是表达同盟性关系。从句法语义角度分析了汉语人称代词的语篇特性,陈振宇(2017)认为:

> 生命度高的第一人称、第二人称更易成为对立起点,第三人称使得语篇特性从叙述描写进入会话,语用机制的作用下,偏好建立同盟关系,促使小称"人、人家"进一步演化:……

通过研究汉语复数标记,张帆、翟一琦、陈振宇(2017)认为:

> 从"数"范畴的类型学视角切入,首先区分"同质复数"和"连类而及"两种复数类型,认为后者属于立场范畴;接着将这一划分与生命度等级结合,推测驱动世界语言数范畴的演化动力分"数"和"立场"两种,进而引出论点:汉语的复数标记是在纯粹立场表达需求的驱动下产生的。……汉语复数标记在产生之初显示出较强立场倾向性,相比"数"范畴,更像是(正)同盟立场范畴标记;元朝大量使用的"每"标记具有类似上古汉语复数标记的特点,同时期的其他复数标记的立场功能却已经泛化。而现代汉语中的"们"缀作为"每"的继承形式,立场上却更偏向于表达反同盟——文章对这种转变进行了解释,认为这不是立场极性发生反转,而是立场意义淡化的表现。

他们发现,第一人称复数的本质是表达正同盟关系,但与第二人称对比时,就表达反同盟关系。

陈振宇(2017)第九章已经总结了各种造成正同盟和反同盟关系的因素。孙佳莹、陈振宇(2021)认为:

> 同盟关系的达成手段灵活多样。通过共同行为(如同声大笑、凝视、点头、手势等)或者社会行为(如共同担责、共同请求、共同宣告、互相信任、互相分享等)构建同盟关系是同盟非语言层面的达成手段。不过,作为语言学研究,我们最后还是会集中在语言表达形式上。不同的语言,表达正同盟或反同盟采用的语言手段不一定相同,这和它们的语法化、词汇化路径有关,所以我们不能完全套用国外同盟研究的成果;但人类语言在同盟表达上的确有很大的普遍性。

孙佳莹、陈振宇(2021)总结了用来构建同盟关系的语用原则:

1) 认知/知识层面:主体对某一命题的确定性、可能性、现实性、局限性的认识(怀疑或确信),主体的道义要求,意愿等是相同还是不同。

其中涉及的语用原则包括关联原则、适量原则、等同原则、合理性原则等。也就是说,在构建正同盟关系时,说话要切题,不说无关的话或转移话题;提供的信息量应该正好够,不多也不少;对命题或对象有相同或相同方向的评价、道义要求或意愿;尊重对方的地位或贬低自己的地位等。如果不是这样,就是在构建反同盟关系。

2) 情感态度层面:主体的心理、信念、感受、情感或价值判断,疏远或亲近,贬低或抬高,支持或反对,对内容主体、量度和方向的评价和态度等。礼貌原则也是这一层面的内容,包括照顾积极面子和消极面子。

3) (语体)风格层面:如通过共同的方言(或乡音)、文化背景或者网络语体等风格来构建正同盟关系;此外,还包括"坦白说"等对信息呈现方式的说明,等等。例如北京话的"挺好"就是表示"好、很好"的意思,但是却带有对事物的亲爱感情,具有构建正同盟关系的次级功能。适当的词汇的选择,如用"挺好"不用"很好",这也是一种风格手段。

【同盟原则二】 在互动会话中,
① 如果强调说话者的言说方式与对方一样,则是正同盟关系。(叠加)
推理公式是:

行为方式 X∧[特征]X 的主体为第二、第三人称∧行为方式 Y∧[特征]Y 的主体为第一人称∧[特征]Y 等于 X→正同盟

② 如果强调说话者的言说方式与对方不一样,则是反同盟关系。(叠加)推理公式是:

行为方式 X∧[特征]X 的主体为第二、第三人称∧行为方式 Y∧[特征]Y 的主体为第一人称∧[特征]Y 不等于 X∧[特征]强化语力→反同盟

陈振宇(2017:400)说,"这里的方言包括地域方言和社会方言,但是不论哪一种,都是一个特定人群的语言学表征,因此便成为一种言语策略:言者以对方的方言色彩进行会话,从而使双方的关系紧密;因为这表明双方是同一群体的成员,因此应该能共享很多的观点与情感。如下面甲见乙用四川话,于是也改用四川话,让乙觉得两人是同一个社会团体的成员":

(25) 甲:老板,请来两个肉包。
乙:包子莫得,馒头要不要。
甲:<u>要得!</u>
乙:老乡嗦!

一个同盟圈中经常有同样的语体风格,所以使用与对方一致的语体风格,有助于构建正同盟风格。

在孙佳莹、陈振宇(2021)三层面的基础上,我们再补充一个"行为层面":指在行为上对主体进行操作,以构建正同盟或反同盟关系。

【同盟原则三】

① 具有同盟关系的主体之间,应该相互认识。(叠加)推理公式是:

主体 X∧主体 Y∧[特征]X 与 Y 正同盟→X 认识 Y∧Y 认识 X

② 不相互认识的人,是反同盟关系。(叠加)推理公式是:

主体 X∧主体 Y∧[特征](X 不认识 Y∨Y 不认识 X)→X 与 Y 反同盟

③ 把不相互认识的人说成正同盟关系,则语力失效。(负迁移)推理公式是:

主体 X∧主体 Y∧[特征](X 不认识 Y∨Y 不认识 X)∧
X 与 Y 正同盟→语力失效

【强化—同盟原则三】

如果说话者强调两人相互认识,也就是在说两人可能具有正同盟关系。

(叠加)推理公式是：

主体 X ∧ 主体 Y ∧ X 认识 Y ∧ Y 认识 X ∧ [特征]强化语力 → X 与 Y 正同盟

例如张三过去与李四说话，李四却问"你是哪位？"如果这是询问，则李四不知道张三是谁，因此也就是不认识张三，这就表明我们暂时不是一个圈子的人。再如甲问乙"你知道张三吗？"乙说"他是我哥们！"则乙也就是在说他当然认识张三。再比如甲特意说"我和李四都认识好多年了！"一般会倾向于认为他们是好友或哥们，而不会倾向于认为他们是敌人；如果真的是敌人，那倒是必须给予特别的说明的。公式检验这是大概率的预期：

(26)   O   P(M|O)   P(M)

    甲和乙都认识好多年了，所以他们应该是朋友。 （♯1-?4-15）

    ♯甲和乙都认识好多年了，所以他们应该是对头/仇人/敌人。

                                                （♯10-?5-5）

    ♯甲和乙都认识好多年了，   但是他们是朋友。

                                                （♯15-?4-1）

    甲和乙都认识好多年了，   但是他们是对头/仇人/敌人。

                                               （♯2-?4-14）

看一个语力失效的例子，警察审查两个嫌疑人，甲说乙是他同伙，警察问甲关于乙的详细情况，甲却回答不上来，警察说"你都不怎么认识他，他怎么是你的同伙！"这是说，警察认为甲关于和乙是正同盟关系的表述是在说假话。

【同盟原则四】

① 需要纳入正同盟关系的新对象，必须进行介绍以便让大家认识。（正迁移）推理公式是：

主体 X ∧ [特征] X 是引入的正同盟 → 介绍 X

② 不介绍大家认识的人，并没有被纳入正同盟关系，可能是反同盟或非同盟关系。（正迁移）推理公式是：

主体 X ∧ [特征] 不介绍 X → X 非引入正同盟（反同盟 ∨ 非同盟）

例如老师希望新同学能很好地融入班级，就会向全班同学介绍新同学。如果甲与乙在一起聊天，却不介绍旁边的丙，那就是没打算将丙引入甲和乙的圈子，或者是把丙当路人，或者是把他当反同盟者。这就是所谓"冷漠是最大的伤害"。

【强化—同盟原则四】

如果强调要介绍某人,则是在说要将他纳入正同盟关系。(叠加)推理公式是:

$$主体\ X \wedge 介绍\ X\ [特征] \wedge 强化语力 \rightarrow X\ 是引入的正同盟$$

如我和李四走进去,看见张三,我对张三说"来来,这是李四,你还不认识他吧,他是……",我就是在把李四引入我与张三的正同盟圈子之中。

孙佳莹、陈振宇(2021)也总结了用来构建同盟关系的语词或标记:

> 同盟范畴不仅是语用层面的,更是句法层面的。同盟不仅是语用属性,还会在长期使用中发生词汇化、语法化,从而逐渐成为一种特殊的语法项或词汇项。比如表示认同义/反对义的语词,如"是、对、不可能"等,表示递进/转折的语词,如"并、也、然而"等。还有一些达成普遍共识的表示同盟关系的标记,源自主体间关系表达的人称代词一般就属于此类,如"咱(们)、我们仁"等。
>
> 同一个同盟达成手段,在实际话轮中往往会受到其他因素的影响,并非只能固定表达一种同盟关系。比如,带有消极语义的词汇普遍地被用于建立反同盟关系。但基于汉语"打是亲骂是爱"的社会价值观,有使用冒犯或侮辱听话者的詈语来建立正同盟关系的情况。对于詈语的理解必须要透过其所在语境和社会文化的价值系统去理解。

各种同盟问题,还需要用言语行为推理公式更为仔细地写出来。不过比较麻烦的是,我们无法对同盟关系进行检验,因为与其他言语行为迁移不同,我们无法直接去问一个受试"张三对李四说'你啊!',所以张三是和李四不在同一立场上"是不是恰当,所以在本节中,有的同盟构建规则没有进行检验。

另外,这里只列举了一部分语用推理,因为还有一些推理涉及后面才会讲到的范畴,所以放在后面再介绍。

3.2 人称代词与同盟关系[①]

人称代词本来是指示(dexis)的内容,不过在使用中,常常代表说话者

---

① 本小节内容是和孙佳莹、包笑婷一起研究的。

的主观态度。

3.2.1 人称代词与同盟性的倾向

【同盟原则五】 在互动会话时,

① 对第二人称的直接表述(使用人称代词)趋向于反同盟关系,除非有正同盟标记。推理公式为:

(叠加)行为/思想 X∧[特征]说话者言说 X∧[特征]X 的主体为第二人称代词∧[特征]无正同盟标记→反同盟

(正迁移)行为/思想 X∧[特征]说话者言说 X∧[特征]X 的主体为第二人称代词∧[特征]正同盟→有正同盟标记

② 当第一人称与其他人称进行对比时,表示反同盟关系,除非有正同盟标记。推理公式为:

(叠加)行为/思想 X∧[特征]说话者言说 X∧[特征]X 的主体为第一人称代词∧[特征]与其他人称对比∧[特征]无正同盟标记→反同盟

(正迁移)行为/思想 X∧[特征]说话者言说 X∧[特征]X 的主体为第一人称代词∧[特征]正同盟∧[特征]与其他人称对比→有正同盟标记

③ 对第一人称复数的表述趋向于正同盟关系,除非有反同盟标记,或与第二人称进行对比。推理公式为:

(叠加)行为/思想 X∧[特征]说话者言说 X∧[特征]X 的主体为第一人称复数代词∧[特征](无反同盟标记∧不与第二人称对比)→正同盟

(正迁移)行为/思想 X∧[特征]说话者言说 X∧[特征]X 的主体为第一人称复数代词∧[特征]反同盟→存在反同盟标记∨与第二人称对比

例如:

(27) a. 你是怎么想的?
   你们要走啊。

   b. 你也和我们想的一样啊!

例 a 一般表示你不与我们一样想,一样行动;例 b 有一个同盟标记"也",表明你与我们立场一致,所以才能表示正同盟关系。

另外,说"你认为""你们认为",这与一般用"你"的情况一样,是把"你"与"我"对立,因此双方意见不同,这是显而易见的。在语篇中,在"你认为"的后面如果有后续句的话,则最常见的是转折句、反问句等,表明说话者认为实际情况(也就是说话者自己的认识)与你的想法相反,如下例 a;但是有正同盟标记就不同了,如下例 b 中的"也",可以表示听说同见。

(28) a. <u>你认为爱与不爱是一样的</u>,那么爱情就没有独立的价值了吗?!
<u>你认为巴西队最优秀</u>,但他们在世界杯历史上失败的次数也很多,并不是得分最高的。
b. <u>你也认为他不错吧</u>,我还没见过这样自觉的学生。

"你"一般用于对话语体,不用于叙述语体,它是作为说话者的对立面而存在的。当第二人称主体被强调时,交际功能会得到特别的突显,从而触发与第一人称的对立。另一方面,说话者一般总是以自身为世界的尺度,即"我对你错",所以倾向于将对方归入消极性的一面,即使是承认对方的某些积极性质时。而当汉语要表达对对方的赞扬时,一个重要的策略是要尽量避免直接使用人称代词"你",如下例 a 比例 b 更容易给人反语或讽刺的印象(当然这仅仅是一种倾向性):

(29) a. 你真聪明!
b. 真聪明! 这么做真聪明!

下面是表示正同盟关系的例子,可以看到它们有正同盟标记"您、也、和我们都、一道"等:

(30) 你也来吧! 您也来了!
你和我们都是受苦的人啊!
你、我一道努力!

下面是第一人与其他人称的对立,在没有正同盟标记时,表示双方意见或行动或状态不一样:

(31)（他说这部电影怎么怎么，）我觉得还行！
（你走吧，）我待会儿再来。
我可不像你们，哪有这么多时间啊！

下面是有正同盟标记的例子，于是双方又一样了：

(32) a. 你觉得他行，我**也**这么认为。
　　b. 甲：我喜欢网络游戏。
　　　　乙：我不喜欢，游戏太耽误事儿了。
　　　　甲：其实我**也**没那么喜欢。

例中涉及汉语"也"的使用，它本来表示类同，请特别注意例 b，甲本来是喜欢游戏的，但他要表示与乙站在同一立场上，所以用了"也"，但这里一个是喜欢（即使喜欢的程度不一定那么高），一个是不喜欢，本来并不类同，之所以用"也"，是用来表示同盟关系，即尽量向对方的位置靠拢，或者说双方至少大致方向要相同。

3.2.2　人称代词充当感叹主题，以及情感上的倾向性

感叹的本质是表达说话者强烈的情感（吕叔湘 1982；朱德熙 1982；陈振宇 2017：526）。陈振宇、张莹（2018）说：

> 感叹的表达要素主要由两部分构成：命题部分＋情感部分。其中情感部分是必须的，否则就不是"感叹"了，情感部分可以独立使用，这就是所谓叹词句，但独用也就意味着引起感叹的原因不明，而只是表示高的情绪状态而已。一般情况下，感叹总是附着在具体的对象或事件上的，是有所针对的，因此命题性的部分也很需要。……
>
> 吕叔湘（1982）认为由某一事物的属性引起的感叹有两类，一类可以称为"属性感叹"，如"太美了！""今天天气太好了！"，是有信息意义的，是命题性的；一类可称为"浑然感叹"，如"天呢！""唉吆喂！"，根本没说因为什么而感叹，很难确定一个命题性的东西。

对本文来说，非命题性的感叹只表示高的情感情绪，而引起感叹的原因不明，也就无法研究其语用机制，因此这里只考虑命题性的感叹。

陈振宇、张莹（2018）认为：

在感叹命题中,最为重要的两个要素是"感叹主题"(exclamative topic)与"感叹焦点"(exclamative focus)。前者是感叹的对象或方面;后者是感叹中情绪所集中的那个语义内容,是说话者的主观态度、评价与意图的"落脚点"。一个完整的感叹命题二者俱全,如"你这孩子$_{top}$太调皮$_{foc}$了!"。但在实际言语中常常只出现一个⋯⋯

包括:只出现感叹主题,如"这孩子呀!我的车!有你这种人!瞧她的样子!";只出现感叹焦点,如"太调皮了!说话不算数!(抱着腿)断了!(捂着肚子)疼!真他妈疼!";以及一个成分既是感叹主题也是感叹焦点,如"出事儿了!"中的"事儿",陈振宇、张莹(2018)说:"既是感叹所指的对象,又由于它们自身在语义上与某种褒贬色彩相联系,所以同时是主观评价的落脚点。"

这里研究第一、第二人称代词充当命题性感叹句的感叹主题的现象。需要注意:

1) 不用代词,而用名词(包括专有名词和普通名词)等称呼说话者和听话者的现象不在研究范围之内。不过,需要研究名词加上代词的例子,如"你个张大明、我堂堂教授"等。

2) 人称代词不定指、类指、以第二人称代词自指说话者等特殊的修辞情况均不在研究范围内。

3) 只有感叹焦点的现象不研究。

4) "感叹主题"从本质上讲是篇章主题,而不是句子主题,也即它不一定居于句子的"主题"位置上(如不一定是句首成分)。有些格式中,"你"是在句子的焦点位置的,如"看你"中"你"是动词"看"的宾语,"不是我说你"中是动词"说"的宾语,但这个"你"是篇章中关注的对象,前后文(主要是后文)应该是针对"你"来论说,所以它是篇章主题。而"你看/你说"中"你"是"看、说"的主语,可是前后文不会对"你"进行言说,而是针对其他内容的,如"你看我可以走路了",所以反而不是篇章主题,不在讨论范围之内。

在现代汉语中,有许多"你"类话语标记和构式,得到了相当充分的研究。根据第二人称指称和命题功能的不同,可分为信息主题和感叹主题两种。比如在"你看"、"你认为"、"你觉得"等"你"类话语标记或构式中,第二人称"你"充当的是信息主题,往往表示征询、求同、祈使的情感态度。而在"你啊""你呀你""(你)看你""(让我)说你什么好"等话语标记或构式中,第二人称"你"充当的是感叹主题,具有表明说话者情感态度的评价功能,且学者们发现,这些感叹句常常用于表达责备类主观消极性评价。

如郑娟曼、张先亮(2013)指出,"你""你呀"都可以单用,并且表很强的不满或者责备的语气倾向,"你看你"的否定用法由此规约而来。潘先军(2013)指出"不是我说(吹、表扬)你""(你)看/瞧你""你呀你"等引导的指向听者的话语内容上表现出一个非常重要的共性,那就是说话者对听者做出某种评价,而且多是负向的评价,即说话者责备或批评听者。此外,乐耀(2011a)、潘先军(2013)、李小军(2014)、李峰(2014)、高怡喆(2015)、李美善(2015)、刘禀诚(2016)、魏君(2015)、韩文慧(2016 论文[①])等还就"不是我说你""你看你""你说你""你也是""你又来了""说你什么好""好你个 X"等标记或构式表示责备类负面评价进行了细致分析,不再赘述。

汉语中人称代词直接领属结构,可以经由空间范畴表达一定的立场范畴。[②]第二人称代词感叹主题句研究的文献非常多,但是考察上述研究,会发现存在以下缺陷:

1) 研究单一或一组格式的很多,但没有进行全面的考察。基本上都是消极倾向特别突出,引起了研究者的兴趣,但研究者基本没有从相反的方面考察是否存在消极倾向不那么突出、甚至可能相反的格式。

2) 很少有人区分真正的消极评价和"亲昵"。此前研究者一般把带有训斥、责怪、愤怒、反讽、蔑视、鄙夷、挖苦、揶揄、埋怨、不满、反对、无奈、失望、悲伤等消极情感的语句归为消极评价组;把带有赞扬、欣赏、愉悦、兴奋、满意、鼓励等积极情感的语句归为积极评价组;把说话者情感倾向不凸显的语句归为中性评价组。这些都是合理的,我们也这么做。

但除此之外,第二人称代词在充当感叹主题时还有表示"亲昵"情感的特殊语用功能,一种常见的策略是:在消极评价的前提下,会话双方建立正同盟关系,表示关系亲密。这种情感经常出现在好友之间或是长辈与晚辈之间。亲昵又可以分为两类:一是说话人通过表达对听话者的消极情感态度表达亲昵,如娇嗔性的责骂等:

(33) 然后,她会跺跺脚又笑又皱眉地说:"<u>瞧你!瞧你!</u>"她们撒了一地的玫瑰花瓣。(琼瑶《庭院深深》)

二是说话人通过使用贬损义小称等表达亲昵(喜爱、亲近),参看郑尔宁(2006):

[①] 这是在第六届东亚汉语教学研究生论坛暨第九届北京地区对外汉语教学研究生学术论坛的论文。未正式发表。下同。

[②] 陈振宇、叶婧婷(2014)提出。还有方梅、乐耀(2017),闫亚平(2018)等,也有重要论述。

(34) 你这小东西到底在乱想什么？你是我的妻子,怀孕生子乃天经地义,自古以来那一个女人没走过这一遭？(席绢《交错时光的爱恋》)

不少学者就亲昵称谓进行过研究。王希杰(2000)指出,汉语称谓词有语义偏离的现象,"反语"语法化、亲属称谓泛化、敬称和谦称缩略产生了大量的亲昵称谓。

在"亲昵"用法中,一方面,使用詈语或丑名、消极评价等不符合礼貌原则,双方构建起反同盟关系;另一方面,遵循"打是亲骂是爱""对外人客气、对自己人无所顾忌"等文化价值观,冒犯贬低对方也恰恰是说话人将听话人当做了自己人,划至同一立场,双方建立正同盟关系。由于情感层面的同盟关系高于社会/言语行为层面的同盟关系,因此贬损义小称、消极评价使得双方最终建立正同盟关系。

亲昵情感包括嗔怪、宠溺、疼惜、调侃、捉弄、戏谑等,突出亲昵情感的表达,使双方的心理距离减少。亲昵不是真正的评价意义,而是表示人际互动关系,不能简单地划归到消极评价组或积极评价组,同时也不中性,应该将其单独列为亲昵情感组。

3) 很少研究第一人称代词感叹主题句,更没有对两个人称进行全面系统的对比分析,也就无法说明二者最本质的内在特征。

4) 几乎所有的研究者都解释了格式出现消极评价的原因,但是这些解释基本都是围绕一个格式的具体语义内容和使用环境展开的。如一些人认为消极倾向的产生源自副词"就""又""好"的制约,或者是"看、瞧、说"等动词虚化后附带的情感色彩的影响。另外一些人认为,语句的积极或消极性,主要是使用语境赋予的语用意义,副词以及一些特殊格式本身仅仅强化了说话者的感叹情感,但其本身不具有消极性倾向。我们把上述两种观点概括为"成分意义说"和"语境依赖与吸收说",目前主要的争议在这两家之间。

但是,还可能存在第三种机制,即人称代词本身就带有很强的同盟性、立场性,会极大地影响这一倾向。①

陈振宇(2017:244-245)等多种文献中,更为明确地归纳了同盟性关系的达成以及语言中发展出的各种标记,可归纳为:第一人称复数包括式(如"咱")直接表示正同盟关系,第一人称复数中性式(如"我们")倾向于表示正同盟关系;而第二人称不论单复数(如"你、你们")都倾向于表示反同盟关系。这是因为第二人称代词的引入,本来就是和说话者"我"相对立的,用于

---

① 虽然是主张语境吸收说,但方梅(2017)也指出"你"与负面评价有关系。

将双方区分开来,是拉开距离;①人们不直接使用听话者的姓名、社会身份或宗族辈分来称呼听话者而采用第二人称代词进行称呼,是构建了第二人称代词与第一人称主体的相互对立的"立场"(stance)。这就是把人称的差异作为了语用分析的立足点,本文称为"立场同盟说"。

上述三种解释,需要在实践中去检验,究竟谁的解释力强,又是否会存在例外,例外时又究竟由谁主导? 这些不能光凭想象来完成,需要做大量的语料分析。

3.2.3 第一/第二人称代词感叹主题句的调查工作②

先选取 9 个相关的命题感叹句构式和话语标记,分别为"凭 X""就/单/光凭 X""(X)说 X""(X)瞧 X""(X)看 X""X 呀""X 啊""X 这 NP""X+姓名"("X"为人称代词)③,统计第一人称、第二人称在特定构式命题感叹句中的表现情况。在后面的分析中再根据研究的需要,进一步细分种类或补充其他相关构式。

语料取自 BCC、CCL 语料库。为了确定人称代词对同盟关系构建的影响,要求这些命题感叹句必须出现在对话环境中。为了较为真实地反映汉语文化特性,调查不收翻译作品。对于例句较多的格式,任选 100 例进行统计,凡少于 100 例的数据,则展示可搜的全部数据。

由于"亲昵"用法仅出现在第二人称中,第一人称的消极比例和"消极+亲昵"比例相同,故不区分。下表中,"一""二"分别指第一人称和第二人称。

表 2　第一/第二人称代词感叹主题句的情感倾向

格式	人称	例 句 数					百分比(%)	
		积极	中性	消极	亲昵	总数	消极例句比率	消极+亲昵例句比率
瞧 X	一	57	0	43	0	100	43.0	
	二	0	0	82	18	100	82.0	100.0

---

① 当然,在有标记的情况下,第二人称代词也可以用于表示正同盟关系,如使用表示同盟关系的标记(包括类同义副词"也"、并列副词"和"、肯定词"同意"和"对")可以弱化听说双方的反同盟关系,构建正同盟关系。"赵老师,您别光夸他呀,是不是也夸我几句。"马青探着头笑着说。"都不错,你也不错,今天在座的都是很可爱的青年。"(王朔《顽主》)
② 本节的调查工作由包笑婷完成,她在本科学位论文中对此有重要阐述。
③ 具体来说,有:凭你……、就/单/光凭你……、就/单/光凭你一个 NP、你说(说)你……、就说你吧……、(你)瞧(瞧)你……、(你)看(看)你……、你啊/你呀……、你啊你啊/你呀你呀、你这(个)人(啊)……、你(个)+属人名词、你+人名……、凭我……、就/单凭我……、(你/我)就说我……、(你/我)就说我吧……、(你)瞧(瞧)我……、(你)看(看)我……、我啊/我呀……、我这(个)人(啊)……、我+属人名词、我+人名……

续　表

格式	人称	例句数					百分比(%)	
		积极	中性	消极	亲昵	总数	消极例句比率	消极＋亲昵例句比率
看X	一	65	1	33	0	99	33.3	
	二	1	0	79	20	100	79.0	99.0
凭X	一	27	0	26	0	53	49.1	
	二	4	0	36	0	40	90.0	90.0
光/就/单凭X	一	39	0	26	0	65	40.0	
	二	9	0	75	1	85	88.2	89.4
说X	一	19	0	16	0	35	45.7	
	二	1	0	92	6	99	92.9	99.0
X呀	一	16	0	27	0	43	62.8	
	二	2	0	56	24	82	68.3	97.6
X这人	一	55	0	45	0	100	45.0	
	二	7	0	87	6	100	87.0	93.0
X啊	一	17	0	24	0	41	58.5	
	二	9	1	69	21	100	69.0	90.0
X＋NP	一	71	0	14	0	85	16.5	
	二	16	0	84	0	100	84.0	84.0
平均值	一						43.8	
	二						82.3	93.6

可以发现，所有格式中，第一人称消极评价例句比率均低于第二人称消极评价例句比率，二者最接近的结构是"X呀"，但这应该是由于"你呀"有较多亲昵用法例句造成的。如果考察"消极＋亲昵"的用法，所有第二人称例句所占比均远高于第一人称例句。

根据陈振宇 2017 年的讲义内容，以及李双剑（2021 论文）的考察①，现代汉语感叹句在一般的情况下消极常数（表达消极情感的例句的比例）偏向于消极感叹句，陈的统计为百分之六十到七十，李的统计为百分之五十多到六十。二者的差异是因为统计范围的大小不同：陈统计所有表达强烈情感情绪的句子，李只统计几种典型的汉语感叹句式。但不管怎么讲，在汉语感叹句子中，表达消极情感的都多于表达积极情感的。

调查发现，除了"我呀"以外，所有第一人称结构评价倾向均低于感叹句消极常数，且大多差值较大，这证实了第一人称感叹主题句有积极评价倾向，且倾向较强。同理，第二人称感叹主题句各个大的类型都远大于消极常数，证明的确存在强烈的消极评价倾向。

鉴于表中大量的格式都已有前人的研究成果，这里仅举数例。先看第二人称：

(35) "你说，我哪里是占你便宜！恐怕是反过来吧！何况，你周红颖岂是肯吃亏的女人是吧！"柳逸轩一面说，一面欣赏着她愈发惨白的脸色。（左晴雯《凝眸深处的温柔》）

刘伯承怒不可遏地吼道："好你个李云龙，胆子不小呀，课堂上捣乱，顶撞教员，聚众起哄，……"（电视剧《亮剑》）

瞧你！没有美貌已不用说了，连智慧也欠，还时常自称是什么淑女，待我来！（马荣成《倾城之恋》）

"你不要多嘴。你女人家懂得什么？"克明憎厌地责备张氏说。（巴金《春》）

"你这家伙……"宫上邪拼命忍下想狠狠咬他一口的冲动，"你就一定要这么爱记仇吗？"（绿痕《红尘笑》）

"看你！"苏乔白他一眼："这么消极，你不想找你爹，不想医好他的病？"（赵三更《佣兵的复仇》）

春花不语，娜娜点着一根烟，坐下来抽着烟说："叫我怎么说你呀，我早就跟你说过，不要乱交男朋友，你就是不听。……"（张宇《软弱》）

"你说说你，无一技之长，什么都不会。现在还找不到工作，怎么

---

① 陈振宇的讲义，指他 2017 年的"现代汉语（下）"课程的讲义。李双剑（2021 论文）是他在"第十一届汉语语法国际研讨会"（哈尔滨，黑龙江大学主办）上发言的论文《论汉语感叹句的感叹常数》，都没有正式发表，承蒙作者提供作为参考。

办啊。"听着母亲责怪的声音,他抽了支烟,面无表情。(贴吧《折翼》)

孔行云直视着律爵,"我妹妹嫁你是你的造化,不然你以为你是什么东西?娶我妹妹?!凭你——还不配。"(子纹《不情愿的新郎》)

西巫塔未免太自大了,凭你们四人,敢跟九大门派为敌?贫道第一个就容不得你嚣张。(李凉《神偷小千》)

苏航说:"你以为赚钱那么容易呢?吴佳,就凭你,小黄毛丫头一个,要是能赚来钱,那我早成大亨了。"(梦摇滚《眨眼睛的圣诞树》)

"那鬼子就是傻子?你呀!从小就冒冒失失。你呀——"(柳建伟《一个老兵的黄昏情绪》)

陈剑!今天我算认识你了,你这人只有妇人之仁,不足以成大器,嫁了你这种丈夫,我只好认命了……(司马紫烟《玉露剑童》)

"瞧你,我都还没提到名字,你就急着像驼鸟把头埋进沙地,你啊,这是无可救药!"(艾佟《无赖戏红妆》)

再看第一人称:

(36) 灰衣人王塔望着东方暗江,一字一字的道:"东方兄不必过虑,我王塔向来说一不二。答应过你的事是绝不会反悔的!"(狗尾续金《哭闹山岭》)

"我这人不说假话的!"他一脸的正色之情。(林晓筠《傲君驭心》)

"住嘴!"马宝堂大喝道,"我堂堂正人君子,怎么能卖主求荣?一死有之,岂能惧哉!"(李晓明《平原枪声》)

哼,凭我的三寸不烂之舌,一出马,有甚么不成功的!(倪匡《毒誓》)

你就说我吧,我就属于那种火山爆发型的。别看我平时不爆发,我稍微一爆发那就是惊天动地啊!不是有那句话嘛,不鸣则已一鸣惊人!(电视剧《家有儿女》)

下面介绍几个前人研究较少的重要问题。

1)"你"与"您"

除了"你"和"你们",在现代汉语中还有一个常见的第二人称代词"您"。"您"一般认为是第二人称的尊称形式,是基于社会关系的权势义,用于表示尊敬。参看黄世斌(2018),"您看您"一般转变为表达对听话人

关心的态度。这样看来,应该更多地偏向积极的情感,是这样吗?我们全面来调查一下:

表3 人称代词"你、您"感叹主题句情感倾向对比

格　式	消极	亲昵	积极	中性	总数	消极例句的比率
你啊!	20	2	1	0	23	0.87
你呀!	22	7	0	0	29	0.76
你这人!	8	0	0	0	8	1
你这家伙!	27	3	0	0	30	0.90
(你)瞧你!	9	3	0	0	12	0.75
(你)看你!	10	4	0	0	14	0.71
(就)凭你!	37	0	0	0	37	1
你干什么(你)!	21	1	0	0	22	0.95
你又来了!	43	12	0	1	56	0.77
您+叹词……	11	2	2	0	15	0.73
您这人……	12	1	3	0	16	0.75
(您)看您……	10	1	1	0	12	0.83
(您)瞧您……	26	9	1	0	36	0.72

调查发现,尽管"您"代替"你"表示对人的尊称,但在感叹语境下允许不凸显权势义的表达,而凸显平等,"您"类格式的消极评价倾向依旧是很强的。例如:

(37) 四:"妈,您看您,您刚才不是问着周家的门进来的么?怎么会忘了?"(曹禺《雷雨》)

　　紧接着小贾也赶到,埋怨说:"您看您! 为一只乌龟! 值得么!"(《作家文摘1995》)

　　青年妇女很不高兴的声音:"您看您这事办的,让我说您个什么……"(史铁生《在一个冬天的晚上》)

这一点学界其实已有论述,或者认为"您"的语用色彩已经磨损了,"尊敬"的意味减少了,参看梁丽(2010)、杨悦(2012)、汤璐等(2015)的论述。

2) 中性词语与积极感叹焦点

成分语义说认为,"你"类格式的消极评价倾向来自消极义的感叹焦点。比如,胡静敏(2013)认为"你这(个)NP"的贬义性多由表示消极意义的 NP 来凸显。但是,我们的调查发现,当 NP 为中性义词语时该结构依旧表现出很强的消极评价倾向。

表 4 "你+NP"结构情感倾向

格　　式	消极	亲昵	积极	中性	总数	消极例句的比率
你+人名(如"张大明")……	48	0	9	0	57	0.84
你小孩子(家)……	15	0	0	0	15	1
你+一般属人名词(如"女人家")……	14	0	0	0	14	1
好你个NP①……	97	0	3	0	100	0.97
你个NP……	100	0	0	0	100	1
你堂堂一个NP	54	0	1	0	55	0.98
你这家伙……	95	1	4	0	100	0.95
你这孩子……	90	0	9	1	100	0.90
你这(个)人(啊)……	91	3	5	1	100	0.91

调查发现,"(好)你个 NP"中的 NP 绝大部分为中性词,只有少数为贬义或带有贬义语素的短语;"你堂堂一个 NP"中 NP 本来是褒义,但格式消极评价;还有不少格式中的人名、这(个)人等本身没有什么褒贬。可见消极评价倾向也不能简单归因到 NP 的语义的影响。

事实上,第二人称充当感叹主题时的消极性倾向不仅在句子感叹焦点是消极性词语或无感叹焦点的情况下有所体现,在句子感叹焦点是积极意义的词语,如"行""了不起""威风"等的时候,也极大地倾向于消极性的评

---

① 表中的 NP 可以是陈述性的专有名词如人名、绰号等,也可以是指称性的普通名词,如生意人、寡妇、娘们等。

述。这种现象可以用修辞性的"反语"来解释,常常表达轻蔑、不满、反讽和不以为然的意味,但由于消极例句比例太高,已经不属于修辞性现象,而是一种语用规约现象了。这些积极义成分用在格式中:

表5 感叹焦点是积极义成分时的情感倾向

格 式	消极	中性	积极	总数	消极例句的比率
你真行啊……	13	0	8	21	0.62
你可真行(啊)……	29	2	13	44	0.66
你能(啊)……	6	0	1	7	0.86
你不得了……	7	1	0	8	0.88
你(可)真成(啊)!	7	2	0	9	0.78
你了不起啊!	23	1	5	29	0.79
你(真)够可以的!	11	0	0	11	1
你威风啊!	6	1	0	7	0.86
你倒好!	75	3	5	83	0.90

例如:

(38) 少顷,他竭力压抑着这股火气,讥讽地说:"你真行啊!这么大的事都没跟我商量一下,就先按照你自己的意图详详细细地考虑了一遍。"(高杨《红尘世界》)

你不得了了,大年初一的,摔起东西来了,这还了得!(文夕《海棠花》)

当打手二德动手打常四,他才发话了:"二德,你威风啊!"(老舍《茶馆》)

"屈之介,你了不起! 玩过的女人可以挥手就丢。有一天你一定会遭天谴的!"他已经遭天谴了。若不是老天要惩罚他,也不会让他碰上秦织敏那个小克星。(湍梓《我爱"色狼"》)

董丽萍,你真够可以的了,和你父亲这么多年的交情,今天就那么点事你就不肯给我面子。(刘贵学《无私无畏的女复检员》)

当感叹焦点居于感叹主题之前(也就是所谓"易位句")的时候,说话者的"讽刺"感叹情感进一步增强,消极性倾向提升。说话者的消极情感态度是"明褒实贬",表示讽刺或不满。

(39) 天啊,怎么搞的,真是了不起啊你这家伙。(网络·微博)

当然,感叹焦点为积极义词语时,毕竟有可能是真诚的赞扬,也就难免有一些格式中积极评价占优势,我们发现"真有你的!""你可真有一套!"就是这样:

表6 感叹焦点是积极义成分时的情感倾向(反例)

格 式	消极	亲昵	积极	中性	总数	消极例句的比率
真有你的!	22	18	60	1	101	0.22
你(可/还)真有一套!	7	3	12	0	22	0.32

"真有你的!"和"你(可/还)真有一套!"语料中表嗔怪、调侃类的亲昵情感组占据了不小的比例。"真有你的"格式在口语中的语义语用功能是多种多样的,它具有明显的感叹性特征,表达说话人强烈的感叹色彩。这可能是因为汉语"有"有积极倾向,这是由刘丹青(2011a)指出的,不过还需要更为充分的证明。动词"有"的这种语义倾向被继承到构式义里,故而影响了第二人称的消极评价倾向。

(40) 接下来,萧峰赞道:"好家伙,<u>真有你的</u>!"侧身开,右手自上而下斜掠,"嚓"的一声,斩在猛虎腰间。(金庸《天龙八部》)
"老古,"在车中,杨坊表示钦佩:"<u>你倒是真有一套</u>。以后我们多多合作。"(高阳《红顶商人》)

3)"瞧/看你"和"瞧/看我","你啊"和"我啊"
同样是消极评价,但第一人称和第二人称的语用差异非常明显。
"瞧我……"、"看我……"格式中的消极例句不少,这一特殊情况的出现,原因在于"瞧我这记性"和"看我多糊涂"等句式的大量出现。说话者消极评价的对象一般是非自主的不妥行为,此时说话者跳出自己的立场,站在他人(如听话者)的立场上,"离情"自己,"移情"他人,对自己进行消极评价,这类针对自我的消极评价一般是对自己招待不周、礼数不全、话语不妥或忘事等行为、事实的不满和自责,其语用目的在于表达对听话人的关心和照顾,或向听话人致歉,从而消解双方的隔阂。例如:

(41)"帮他准备的早餐都凉了,啊,<u>瞧我胡涂的</u>,小姐下来这么久了还没帮你弄早餐……"(张小曼《他们都说你爱我》)
他看着我,忽然道:"<u>看我</u>,你来了茶都不让你喝一杯。你喝什么?""随便吧。"(燕垒生《有约》)

此外,"瞧我……"、"看我……"格式还可以充当话语标记,进而开启新话轮,起到引入新主题的篇章连接的语用功能,这时表面看是消极评价,但实际上并没有什么真正的评价意义。例如:

(42)车子发动以后,柏霈文猛的惊觉过来,说:"<u>瞧我多糊涂</u>,我竟忘了给你们介绍!"(例引自琼瑶《庭院深深》)
宦楣进书房取给他,一边问:"他要公事包干什么,不是说好回来吃饭吗?""<u>看我,险些给忘记</u>,"老司机拍一下额角,"宦先生与冉先生谈公事,不吃饭了。"(例引自亦舒《风满楼》)

与之相反,"瞧你……"、"看你……"格式则往往是相当强烈的消极评价,情感上的差异非常明显:

(43)<u>看你丢三落四的</u>,我能放心吗?(电视剧《编辑部的故事》)
<u>瞧你</u>,翘起尾巴来了!(周而复《上海的早晨》)

此外,上述结论还需根植在文化当中进行进一步的研究。汉语中的"瞧你/我"和"看你/我"格式不能够机械地对应到英语的 look at you 和 look at me 当中。

与之相似,"我啊/呀"积极评价很多,如:

(44)唐二少爷瞟了那个一眼,又把话接下去:"我呢——老伯是晓得的,<u>我啊</u>——向来不奉承人,不拿高帽子朝人头上戴。我也晓得老伯是——我听老伯常常说:顶不欢喜戴高帽子。本来是的嘛:我也是这个主张。"(张天翼《在城市里》)

但消极评价例句也很多,甚至压倒积极评价,不过这些例句往往有特殊的语用性质,或者出于谦逊,或者表示后悔、无能。如:

(45) 张萍摇摇头,笑着回道:"<u>我啊</u>,略逊你一筹。"(王群《渴望爱抚》)
    唐大嫂:<u>我呀</u>,真没用!(老舍《全家福》)

而"你啊/呀"则往往有很强的责备意义,如:

(46) 力祺你吹牛皮。<u>你啊</u>!那份德性。(岑凯伦《爱神》)
    <u>你呀</u>,还是年轻!想不到的事儿啊,那多了!(电视剧《编辑部的故事》)

4)感叹语力的变化的影响

句中情感部分的使用,往往意味更强的感叹语力。在第二人称感叹主题句中,感叹情感的强弱与消极倾向的强弱有非常强的关联性:

表7 感叹语力强化与情感倾向加大

格　式	消极	亲昵	积极	中性	总数	消极例句的比率
你啊……	85	1	11	3	100	0.85
你啊你(啊)……	29	1	0	0	30	0.97
你呀……	72	13	3	0	88	0.82
你呀你(呀)……	70	4	4	0	78	0.90
你,你,你……	76	0	6	0	82	0.93
你个+人名!	97	0	3	0	100	0.97
好你个+人名!	100	0	0	0	100	1
你真行!	83	0	17	0	100	0.83
你可真行!	88	0	12	0	100	0.88

前五行数据涉及"重叠"操作,它是强化感叹语力的一种手段,可以看到,同样的形式,重叠后消极倾向更强。如:

(47) 你啊你啊,一个这么俗气的小品就把你乐成这个样子,真是不可理喻。(张显峰《再婚家庭》)

你呀你呀,叫我怎么说你呀老于? 你现在什么位置? (张宇《软弱》)

你你你! 为什么你的工作会成为我必须做的事? 做生意不是男人的事吗? 现今倒要我来了! (电视剧《上错花轿嫁对郎》)

对比六、七行"你个""好你个","好"的增加改变了格式的韵律特征,充当了格式的重音,整个格式的感叹语力得到了加强。我们认为,"好你个"中的"好"既不是形容词也不是程度副词,因为它不具有"好"形容词性的概念语义,也不能有其他加以修饰的形容词或副词。"好"应当被看作是强化语力的主观量标记,句子的消极评价倾向进一步加强。

对比八、九行"你真行""你可真行"。语气副词"可"表示强调语气,但在不同句类中强调的含义有所不同。在"可真 AP"格式中,"可"与"真"共现,语气副词"可"不重读,句子重音放在语气副词"真"上。轻读的"可"强调判断,加强确认语力。"你可真行"比"你真行"句子的消极评价倾向更为强烈。

不过,有的语气词有弱化感叹语力的功能:

表 8 感叹语力弱化与情感倾向减小

格式	消极	亲昵	积极	中性	总数	消极评价率
你这人……	77	17	6	0	100	0.77
你这人啊……	5	6	0	0	11	0.45

在"你这人啊……"格式中,叹词"啊"作为句中叹词,使感叹主题和感叹焦点之间增加了停顿,可以缓和语气,降低主观性情感强度,消减言语的直白和冲突,格式的消极评价率降低。需要注意的是,这一降低,是因为不少例句表示亲昵所致。

(48) 刘秀云拉过项思龙又气又敬地低声道:"你这人啊,可真是胆大的不要命呢! 要是你刚有什么……"说到这里竟哽咽起来,秀目流下了两行泪珠。(无极《寻龙记》)

3.2.4 立场同盟说的解释力度究竟有多大

前面介绍了"成分意义说"、"语境依赖与吸收说"和"立场同盟说"三种解释机制。其中,"语境依赖与吸收说"在当前的学界最为流行,以方梅(2017)为典型代表。

语境吸收指的是带有评价倾向的某一类词语高频出现在某一格式中,词语所带的情感或立场等被语境吸收,使得该类词语隐退后的格式已然具有一定的评价倾向。这里,消极评价话语的隐退使得导入消极评价的预设语(preface)发生了语境吸收,从而被赋予消极性解读。参看郑娟曼、张先亮(2009)的详细讨论。

我们认同语境吸收现象的存在,但认为这里夸大了语境吸收的作用,除非通过历史考察,证明某个格式原来有某个表示消极和积极评价的成分,后来"失去"了该成分,而这一评价意义延续下来,否则不能随意说一个格式的主观意义是来自其曾经有或隐含着的某个主观成分,因为这样的说法无法证伪。

当面对一个系列性的语法现象时,可以从两个方面来考察,以本文研究的人称代词感叹主题句为例:

1) 如果所有或大多数的格式,在替换不同的人称代词后,主观评价意义有很大的倾向性上的差异,那么这种差异,显然是由人称的不同造成的,与句中的其他成分的关系不大,也与语境吸收无关。例如当句中有表达积极意义的成分时,使用第二人称代词依然极大地倾向消极评价,那么这一消极评价色彩是来自第二人称代词自带的语用属性,而不是这些句中成分和句子结构,也不是来自使用语境。如果出现这样的局面,"立场同盟说"是可靠的。

2) 如果各个格式,不论是第一人称还是第二人称,评价倾向都一致或大致相似(或者都倾向积极评价,或者都倾向消极评价),则这一格式的主观评价是由句中成分、句子结构和该格式的具体使用语境造成的,与人称代词关系不大。如果出现这样的局面,"成分语义说"和"语境依赖与吸收说"是可靠的。

不能仅凭个别格式的考察分析,或者通过研究者的自省来做出判断,而是需要通过大量的、针对各个格式的语料调查来分辨。就作者所见,我们在这里所做的工作,是汉语在这一问题上的第一个大规模的、较为全面的调查。数据表明:

1) 上述两个维度的现象都存在,既有大量的格式存在人称差异的对立,又有一些格式不管是第一还是第二人称代词都有相似的倾向性。

2) 但是,无论有多少例外,汉语中这些格式的总体面貌是按照人称进行主观评价意义的区分的,感叹焦点存在与否及其感情倾向不对评价倾向起决定性作用。

我们认为,第二人称代词感叹主题句有消极评价倾向,是因为说话者倾向于使用第二人称代词来建立与听话人的反同盟关系(除非有正同盟标记)。说话者基于自我中心原则,总是以自身为世界的尺度,即"我对你错",所以倾向于将对方归入消极性的一面,即使承认对方的某些积极性质时,也觉得这种性质不大合理,有"酸葡萄"心理在起作用;因此,即使句子在字面上是积极意义的,也有较大的可能理解为"反语"。例如,"你可真聪明!"比"真聪明!"更容易给人反语或讽刺的印象,不论说话者自身是否有这一想法。

第二人称的反同盟性质也反映在其他方面,如在语言中,Levinson(1983)提出"先用(pre-emptiveness)"现象,指的是在指示域(deictic field)内说话者优先使用指示语而不是非指示语的映射现象。相反的有"反先用"(anti-pre-emptiveness)现象,指说话者优先使用姓名等非指示性的名词去代替人称指示语进行指称的与"先用"相悖的现象。"反先用"这种说话者在词汇上的选择并不会改变原有的概念意义,但却表明,这时说话者不再基于自我中心主义原则从自身视角出发,而是从听话者视角出发对人进行指称,以期达到协调人际、顺应语境等特定的语用目的,构建正同盟关系是这类"反先用"的内在机制。反过来讲,"先用"就很容易构建反同盟关系。

我们认为,第一人称代词感叹主题句有积极评价倾向,是因为说话者与自身天然地是正同盟关系。[①] 即使是消极评价,也更多用于自我开脱、谦逊、自嘲、后悔等负面意味较轻的情况,甚至仅仅是一种礼貌的言谈方式而已。

3) 我们也需要反对另一种观点,即认为所有这些格式的评价倾向都是由立场同盟决定的。实际上,的确有个别的格式不遵循这一规律,而是已经发生了某种规约化,从而在成分语义上就具有了评价的倾向性。我们至少发现以下几种:

Ⅰ. "真有你的!""你可真有一套!"和"我可真有一套!"都是积极评价倾向为主的,前面已经讲过,不再赘述。这可能是"有"的感叹用法决定的,与人称无关。

Ⅱ. 与此相反的是,在以第一、第二人称代词为感叹主题的命题感叹句

---

① 除非是"自我分离"。O'Connor(1994)指出,用"你"指代"我"的这种第一人称移情的语用可以达到自我疏离、他人参与和自我称谓等功能。我们认为,这时自己可以和自己是反同盟关系,例如"黛二愧疚交加,怅然若失,不知说什么。她在心里对自己说:<u>你真他妈的是个不折不扣的中国女人。</u>"(陈染《无处告别》)。

中,当感叹焦点是"真行"和"真成"时都高频地出现调侃、自嘲等消极情感态度的表达。其中,"你(可)真行!"和"你(可)真成!"语料在语料库中大量存在,"我真行!"和"我真成!"例句在语料库中较为少见,但在微博口语语料中很普遍。故而,我们将"我真行!""我可真成!"格式的命题感叹句在微博口语语料中进行统计,得到:

表9 "真行"类格式的情感倾向

格　　式	消极	亲昵	积极	中性	总数	消极例句的比率	消极+亲昵例句的比率
我(可)真成……	19	0	2	0	21	0.90	
我(可)真行……	88	0	12	0	100	0.88	
你(可)真成……	7	0	0	2	9	0.78	0.78
你(可)真行……	42	4	18	0	64	0.66	0.72

(49) 半夜药吃过量来挂急诊,早上不知道请假流程所以来上班,<u>我可真成</u>!(微博语料)

拿着采购清单还能有几件东西忘了买,<u>我可真行</u>!(微博语料)

我们认为,大量的"真成"和"真行"对鸡毛蒜皮的小事进行感叹,有意调侃,并且经常独用来表达负面评价。这样就在语境中发生了进一步的演变,由语用发展出了新的表达消极评价的规约义,并在一定程度上脱离语境固化了下来,实现了语义的偏离,从而不再受到人称规律的制约。必须注意的是,这里的语法化程度还不够高,对语境还存在一定的依赖。

Ⅲ. 除此之外,无论是"你倒好……",还是"我倒好……""他倒好……",都呈现出强的消极评价倾向。

表10 "倒好"类格式的情感倾向

格　　式	消极	亲昵	积极	中性	总数	消极例句的比率
我(们)倒好!	5	0	1	0	6	0.83
你(们)倒好!	96	0	4	0	100	0.96
他(们)倒好!	35	0	2	0	37	0.95

(50) 本来让我去拿大红枣和大核桃的,我倒好,这两样忘记拿,硬要求了一个大抱枕来!(微博语料)

就说今儿这事,好歹也是个客人,您倒好,一出来就耷拉下脸子,这干吗呢这?(陈建功、赵大年《皇城根》)

他倒好,毫不客气他说:"我也造总理一个反!"(张佐良《周恩来的最后十年》)

陈莹(2015)认为"倒好"属于语气词,没有实在意义,用以表达出乎意料、不满或讽刺的语气,有凸显焦点和主观性表达的语用功能,"倒好"的凸显焦点在后。胡承佼(2016)说:"吕叔湘(1982)指出'倒'是表转折的副词。王力(1985)将'倒'看成表达'轻说语气'的语气词。"胡综合了王吕二人的看法,区分了"倒好 1"和"倒好 2",并认为"倒好 2"是关系标记和语用标记。李洁、陈昌来(2017)认为"倒好"属于对比标记、转折标记、反预期标记和主题标记。"倒好 2"还可以替换为"可倒好"。

因此,这里的消极评价倾向与人称代词无关,是模式"倒好 2"自身的属性。

3.2.5 第一人称复数代词的功能与演化①

关于第一人称复数包括式(如"咱")的正同盟功能我们已经相当熟悉。实际上,即使是中性式"我们",其本质也是正同盟关系。

张帆、翟一琦、陈振宇(2017)发现,古代汉语的"吾侪、吾属、吾曹、吾等"等只用于对话语篇中,而且正同盟关系占大多数,是无标记的,如"雍齿且侯,我属无患矣。(《史记》)"包括式意义的约占 70%。余下的 30% 是反同盟用法,而反同盟关系是有标记的,不少都存在明确的"你、我"对立,如犯人与审问官员的对话,当然只能是反同盟。

还有就是不少例子使用贬义的"吾侪小人、我侪弃人",张帆、翟一琦、陈振宇(2017:423)说:

> 对言者自己进行称呼,这会触发"消极面子"策略,而这一策略一方面可能表示礼貌以尊敬对方,另一方面则意味着将对方划在了"我们"之外,所谓"敬而远之"是也,因此用于构建反同盟关系。

---

① 第一人称复数代词的内容,请参看张帆、翟一琦、陈振宇(2017),由于已经在作者的其他著作中详细讨论过,这里就不再多说,可以参看陈振宇(2017)《汉语的指称与命题》一书中的有关内容。

张帆、翟一琦、陈振宇(2017)还讨论了后代第一人称复数格式的功能演变,如元代以后"我们"类代词有:

> 一是以复数代单数,即用"我们"这种形式表达"我"的意涵。该种用法在元曲唱词中的用例多于说白,可能多用作衬字以契合格式要求。
> 二是叙述性的"我们",这种"我们"出现的语境主要有两种,其一为每出戏开场生旦净末登场自我介绍或者陈述目前状态之时,另一种是在唱词中对事情的介绍。前一情况本来就属于叙述性的语境,使用叙述性的"我们"是非常自然的,而唱词相对于主要用于陈述和推进剧情的说白具有很强的表演成分,因此其假想的对象往往不仅是台上对戏的演员,同时还有台下成为立场主体的观众,出现陈述性的"我们"也就不奇怪了。

叙述语篇没有强烈的人际互动性,而且叙述自然与观众无关,所以它是非同盟的。

表 11 现代汉语"我们"的用法(引自张帆、翟一琦、陈振宇 2017)

		CCL 语料库	《我爱我家》情景剧	汉语电话谈话语料库(Call Friend)	《可凡倾听》访谈类节目	合计
非同盟	叙述类	370 (78.7%)	86 (6.5%)	0	155 (49.5%)	611 (26.1%)
正同盟	包括类(包含听话者)	98 (20.9%)	249 (18.7%)	7 (3.1%)	44 (14.1%)	398 (17%)
	加强同盟(包含听话者,但不包含说话者)	0	3 (0.2%)	0	2 (0.6%)	5 (0.2%)
反同盟	对比类(不包含听话者)	2 (0.4%)	992 (74.6%)	220 (96.9%)	112 (35.8%)	1 326 (56.7%)
	合 计	470 (100%)	1 330 (100%)	227 (100%)	313 (100%)	2 340 (100%)

现代汉语中,"我们"可以用于各种语体,在表中可以看到:在口语体中(《我爱我家》情景剧),最多的用法是反同盟的占 74.5%,正同盟的为 20%;但在书面语体中(CCL 语料库),非同盟的最多,占 78.7%,而正同盟次之,

为 20.9%。电话交流与访谈节目各有自己的特点。上述数据反映了内在的差异。

书面语尽可能要脱离会话语境,所以叙述类最多,以非同盟为主,并且尽量不流露负面情绪,所以"你—我"对立很少,故反同盟极少。

口语则有非常强的互动性,而且我们发现,这些反同盟的"我们",都是用于语篇中有明显的"你—我"对立的情况,如下例 a;而正同盟的"我们"则没有什么特别的要求,如下例 b(例引自张帆、翟一琦、陈振宇 2017):

(51) a. 傅明:哎呀,我赞成,<u>你们</u>这些年轻人呐,这些年养尊处优,一旦遇到个饥荒战乱,<u>你们</u>连一点抗灾病的能力都没有,哼。
小凡:不吃苦还成罪过啦?怎么啦,<u>我们</u>就是不爱吃苦,爱吃饺子。
b. <u>我们</u>走吧。<u>我们</u>要迟到了。
"青少年是祖国的花朵,是祖国的未来和希望",这句话<u>我们</u>耳熟能详,但是<u>我们</u>享受到了花朵的待遇,是否承担了花朵应该担负的责任呢?

为什么从道理上讲"我们"的正同盟用法无标记,在现代汉语口语语料中数量却较小?分析起来,可能是因为还有一个包括式"咱"替代了它的很大一部分用法。另外就是选取的这些口语材料(情景剧的对话)中,"你—我"对立的矛盾冲突场景比实际生活中要普遍得多,因为这样才有戏剧性,才"好玩"。与第二人称进行对比,这正是第一人称复数表示反同盟意义的最主要的机制。

3.3 命题内容与认同

同盟关系是分层次的,前面说过,有:

$$\text{命题观点层面} < \text{社会/言语行为层面} < \text{情感层面}$$

不过,在一般朴素的理解中,不少学者最初关注的,一般都是命题观点层面,也就是是否"认同"对方观点的问题。

3.3.1 认同与同盟关系

请注意,这里的"认同"用的是狭义的术语,指在命题层面同意或不反对对方的意见。

【同盟原则六】 在互动会话中,当对方出现某种情况或表达某种意见时:

① 如果说话者认为自己与他人不一致,即处于反同盟关系,那么就需要表明自己的观点,这才能使对方明白这一点。(正迁移)推理公式是:

$$\text{行为/思想 } X \wedge [\text{特征}]X \text{ 的主体为第二、第三人称} \wedge$$
$$[\text{特征}]\text{反同盟} \rightarrow \text{说话者言说关于 } X \text{ 的话}$$

② 如果不陈述自己的意见,则意味着他对对方无异议,或者是正同盟关系,或者是非同盟关系。(正迁移)推理公式是:

$$\text{行为/思想 } X \wedge [\text{特征}]X \text{ 的主体为第二、第三人称} \wedge$$
$$\text{说话者不言说关于 } X \text{ 的话} \rightarrow \text{正同盟} \vee \text{非同盟}$$

③ 如果说话者在明显可以陈述自己意见的情况下,故意不陈述自己的意见,或者所说的话没有关联性,则意味着反同盟关系。(叠加)推理公式是:

$$\text{行为/思想 } X \wedge [\text{特征}]X \text{ 的主体为第二、第三人称} \wedge$$
$$[\text{特征}]\text{说话者可以言说关于 } X \text{ 的话} \wedge \text{说话者故意不言说关于 } X \text{ 的话} \rightarrow \text{反同盟}$$

用格式检验一下是大概率的预期:

(52) a.　　　　O　　　　　　P(M|O)　　　　P(M)
　　　张三不同意李四的话,所以张三可能会发表自己的意见。
　　　♯张三不同意李四的话,所以张三不会发表自己的意见。
　　　♯张三不同意李四的话,　　但是张三发表自己的意见。
　　　张三不同意李四的话,　　但是张三没发表自己的意见。
　　b.　　　　O　　　　　　　　　　P(M|O)/P(M)
　　　张三听了李四的话后没有发表意见,所以张三与李四的意见可能是相同的。
　　　♯张三听了李四的话后没有发表意见,所以张三与李四的意见可能是不相同的。
　　　♯张三听了李四的话后没有发表意见,但是张三与李四的意见是相同的。
　　　张三听了李四的话后没有发表意见,但是张三与李四的意见是不相同的。
　　c.　　　　O　　　　　　　　P(M|O)　　　　P(M)
　　　张三听了李四的话后故意不发表意见,所以张三可能不支持李四。
　　　♯张三听了李四的话后故意不发表意见,所以张三可能是支持李四的。

♯张三听了李四的话后故意不发表意见,但是张三不支持李四。
张三听了李四的话后故意不发表意见,但是张三是支持李四的。

这也就是为什么有的人一旦发现自己的行为或自己的话没有人提出意见后,就会越加放肆地继续做或说下去的缘故,因为在这样的语境中,默认别人是与他意见相同(正同盟),或者是别人与他无关,没有什么意见(非同盟),不论哪一种都不构成言语行为上的冲突。他没有想到的是,很可能对方只是故意把他晾在一边,其实是反对他的。

再如下面的例子是典型的反同盟关系:

(53) a 甲:合则两利,老弟以为如何?!
乙[左顾右盼]:喂,那个谁!给爷把茶端过来!……哦,会长,您说什么?
b 甲:合则两利,老弟以为如何?!
乙:呵呵,呵呵,……合……合
甲:别笑了!还是给个实话吧。

【强化—同盟原则六】 在语境中已经存在他人的行为或思想的情况下,如果说话者特别强调自己正在或已经发出自己的观点,就是在说自己与他人相互对立。(叠加)推理公式是:

行为/思想 $X \wedge [特征] X$ 的主体为第二、第三人称 $\wedge$
$[特征]$说话者言说关于 X 的话 $\wedge [特征]$强化语力 $\rightarrow$ 自己与对方对立

请注意,这里并不是直接得到反同盟关系,根据【同盟构建原则一】,还得看是否有同盟标记,如果没有,就由相互对立得到反同盟,但如果有正同盟标记,如表示礼貌的标记,则仍然在情感的层面上是正同盟关系。

正如前面所说的,现代汉语中"我、我们"常用来进行叙述,这是非同盟的,因为其中并没有互动关系。所以,并不是任何时候对自我认识的表述都表明与对方不同,必须要有强调这一因素,如下面的例句有很大的可能是说话者与某方的意见不一致,因为句中有强调自己意见的"倒是、我认为、只是"以及重音等,并且句中没有正同盟标记:

(54) 我倒是认为这事儿可以一试。我还是认为应该去。
我认为他ˈ不错!我认为我ˈ不行!

只是我们认为还得进一步研究才能得出结论。

用格式检验一下是大概率的预期：

(55)   O   P(M|O)/P(M)
  张三听了李四的话后又强调性地发表了自己的意见,所以张三与李四的意见可能不同。   （♯2-?5-13）
  ♯张三听了李四的话后又强调性地发表了自己的意见,所以张三与李四的意见可能是相同的。 （♯12-?7-3）
  ?张三听了李四的话后又强调性地发表了自己的意见,但是张三与李四的意见不同。   （♯4-?8-8）①
  张三听了李四的话后又强调性地发表了自己的意见,但是张三与李四的意见是相同的。   （♯1-?2-17）

  调查发现,"我们"通常都有包括听话者的用法,可是"我们认为"这一构式的例句中几乎没有,也就是说,"我们认为"如果用于人际互动,则一般都是把听话者排除在外的(极个别例外)。这是为什么?

  实际上,有一个重要的告知原则:告知听话者已经知道的信息,信息价值很低;同时有一个重要的询问原则:询问说话者已经知道的信息,信息价值也很低。因为你所认为的你自己应该知道,而我不一定知道,所以"你认为"的主要用法是疑问而不是陈述,如用于陈述实际上是一种特殊用法,如前所示。相反,由于我所认为的我自己应该知道,而你不一定知道,所以"我认为"的主要用法是陈述而不是疑问。

  试设想,如果"我们认为"表示包括意义,即这里的"我们"指听说双方,那么它应该既是说话者所知道的,也是听话者所知道的,于是它无论用于陈述还是用于疑问信息价值都很低!而"我们"既然是以"我"作为支撑构造的群,那么一般而言就不能没有"我"。所以在实际语篇中,"我们认为"不再包括听话者,只包括说话者,它的用法与"我认为"相似,主要用于陈述说话者一方的意见,如在学术文献中常见的"我们认为"实际上就是表明说话者本人的意见,只不过似乎显得说话者一方人多势众,更有权威性。

---

① 经询问,认为"张三听了李四的话后又强调性地发表了自己的意见,但是张三与李四的意见不同"能说或不别扭的,主要是把句子理解为"张三因为同意李四的意见,所以在李四发言后,接着发言"。

当然,有普遍就有特殊,"我们认为"在特殊的情况下可以是包括意义,而"我认为"也有正同盟意义,这就是有正同盟标记的时候,如:

(56) a. 我也认为他这人不怎么样。
　　　我同意,他是不怎么样。
　　b. 既然我们都认为他不错,那么是否就可以通过任命了?

例 a 表明我的意见与某人(一般就是听话者)一致,的确这没有什么信息价值,不过可以拉近说话者与某方的距离,表明说话者的立场,具有语用价值。例 b 中"我们都认为"根本不是言者的重点,他实际上要说的是后一句——提议通过任命,前面一句只不过是引出后语的出发点或理据,由于信息价值低,反而容易用来表明"大家都同意的信息",这样可以为后面的焦点部分提供一个坚实的语义基础和推理的出发点。

最后,语料考察发现,如果是表示听说双方的相同意见,一般情况下就不再提到认识主体"我"或"我们",而是直接说该意见。

【同盟原则七】 当说话者表现自己的认识时,

① 如果说话者不要求听话者认同,则或者是表示反同盟,或者是表示非同盟。(正迁移)推理公式为:

$$命题 \wedge [特征]自己的认识 \wedge [特征]不求认同 \rightarrow 反同盟/非同盟$$

② 如果说话者试图将对方与自己拉在同一立场中(正同盟),则意味着说话者是在要求对方认同自己的观点。(正迁移)推理公式为:

$$命题 \wedge [特征]自己的认识 \wedge [特征]正同盟 \rightarrow 求认同$$

(57) 我和大家一样,也认为这件事不符合人权原则,……
　　　最近十年来,我和每一个诚实勤劳的美国公民一样,对我们国家的状况感到失望!我和你们一起目睹了工业的衰败、银行的贪婪和民主党政府的无能!(某美国政客的竞选演讲)

请注意,说话者所说的都是他要讲演、要灌输给听众的观点,这些内容其实并不是听众此前注意到的,所以是新信息。但是发言者把自己与听众包装成正同盟关系,我们都是一样,站在同一地方目睹,这实际上是在诱导听众认同自己的观点。这已经成为政客演讲的标准配置。

在社会生活的许多领域这一原则都有很重要的应用,如下例中,说话者

巧妙地用了表示正同盟关系的第一人称复数"我们",把自己的意见包装成与听众共有的立场,从而诱导后者认同有关内容:

(58) 领导:我们青年是国家建设的主力军……
　　　妈妈:宝宝,我们不哭!
　　　男朋友:我们不买,我们没有那么虚荣!

还有更多这样的例子:

表12　构建正同盟关系的语词(引自陈振宇 2017:409-410)

	机　制	例　句
"你看₂"类	言者邀请听者站到言者自己的位置上来,共同关注某一对象,听者一旦接受,将被迫与言者(正)同盟,从而迫使听者同意下面的事实为真。	你看,这事不好办!最近规定挺严的! 你看他嘛!又在欺负人家! 看看,这画多漂亮啊! 听,前面有人在唱歌。
"你知道、你晓得、你懂得"类	表明"我知道你知道 X"的意思,好像我钻到你的脑子里了,我陈述的 X 实际上也是你认为的 X,这样一来,我就站到你的立场上来了,我们当然是(正)同盟关系,这一 X 是我们共同认为为真的命题。	你知道,他最近不太顺,刚离了婚,儿子又出了车祸,…… 同学们都知道,房地产价值过高,会导致房租高企,从而损害实体经济发展的环境,……
"你说过、你告诉我(们)"类	表明"我现在在你以前的立场上"的意思,所以我陈述的 X 你也应该认同,我们是正同盟关系。	你曾经告诉我,只有我和孩子才是你的港湾,……回来吧,我的爱人! 老师你上次说,房地产价值过高对实体经济造成损害,我们希望知道解决这一问题的办法。

【强化—同盟原则七】　当说话者极力要求对方认同时,也就是在试图将对方与自己拉在同一立场中。(正迁移)

命题∧[特征]自己的认识∧[特征]求认同∧[特征]强化语力→正同盟

例如老师上课喜欢用求认同的"是吧、对吧"等形式,其目的并不是真的询问同学,而是希望同学通过思考,从而把精力保持在现在所谈论的语域之中,也就是与老师保持在同一立场和同一行为中。

3.3.2 内容与同盟关系

当双方言说的内容进行对比时,我们有:

【同盟原则八】 在互动会话中,当对方出现某种情况或表达某种意见时:

① 如果说话者所言或所行与其一样(无需强调),则是正同盟关系。(正迁移)推理公式是:

行为/思想 X∧行为/思想 Y∧[特征]X 的主体为第二、第三人称∧
[特征]Y 的主体为第一人称∧Y 等于 X→正同盟

② 如果强调调说话者所言或所行与其不一样,则是反同盟关系。(正迁移)推理公式是:

行为/思想 X∧行为/思想 Y∧[特征]X 的主体为第二、第三人称∧
[特征]Y 的主体为第一人称∧Y 不等于 X∧[特征]强化语力→反同盟

③ 如果说话者所言或所行与其不一样,但强调在同一方向上主观量超出对方时,是正同盟关系。(叠加)推理公式是:

行为/思想 X∧行为/思想 Y∧[特征]X 的主体为第二、第三人称∧
[特征]Y 的主体为第一人称∧Y 大于 X∧[特征]强化语力→正同盟

④ 如果说话者所言或所行与其不一样,并强调在同一方向上主观量不如对方时,是反同盟关系。(叠加)推理公式是:

行为/思想 X∧行为/思想 Y∧[特征]X 的主体为第二、第三人称∧
[特征]Y 的主体为第一人称∧Y 小于 X∧[特征]强化语力→反同盟

例如典型的表示与对方或与自己一致的"我也、你也"就是因为这一迁移而获得正同盟功能的,如:

(59) 甲:我觉得这电影不错。
　　　乙:<u>我也这么认为</u>。

再如表示赞同的方式,也是正同盟标记:

(60) a. 甲:合则两利,老弟以为如何?!
　　　　乙:<u>着啊!大哥言之有理啊!</u>
　　b. 我们都爱她,所以……!("我们都"包括对方时)

下面则是强调不同,得到反同盟:

(61) a. 甲:我觉得这电影挺好。
       乙:<u>这电影不好看。</u>
    b. 这是你的观点。
       我们的意见不同!

下面虽然也是不同意见,但是强调的是我的意见与你方向相同,而且还在主观量上超过了你,所以实际上也是赞同你的意见。因为如果更大的量都为真,则较小的量也必然为真:

(62) a. 甲:我觉得这电影不错。
       乙:<u>相当不错,这么久都没看过这么好的片子了。</u>——夸赞的程度超过对方
    b. 甲:小王这人不怎么地。
       乙:<u>就是,他根本没啥本事,还那么拽!</u>——贬低的程度超过对方

如果强调的是我虽然与你方向相同,但在主观量上不如你,那么实际上是不赞同你的意见。因为一个较小的量为真,并不意味更大的量也为真,甚至强调是较小的量,也就意味着更大的量为假:

(63) a. 甲:我觉得这电影不错。
       乙:<u>还可以,不过有多好就谈不上了。</u>——夸赞的程度不如对方
    b. 甲:小王这人很糊涂。
       乙:<u>是……他有的时候是有点糊涂,……也不是所有的时候。</u>——贬低的程度不如对方

3.3.3 你我对错与同盟关系

在自信时,说话者一般认为自己的意见或行为是对(合理)的,因此如果他表明与对方立场一致(同盟),那么对方也是对的;如果他表明与对方立场不一致(反同盟),那么既然他是对的,对方就是错的。但是在不自信时,会有不同的情况。

【同盟原则九】

① 当意见或行为发出者与说话者是正同盟关系时,说话者认为这是合理的。(叠加)推理公式为:

意见/行为 X∧[特征]X 主体不是说话者∧[特征]正同盟→X 合理

② 当意见或行为发出者不是说话者时,如果说话者认为这是不合理的,则表明对方与说话者是反同盟关系。(叠加)推理公式为:

意见/行为 X∧[特征]X 主体不是说话者∧[特征]X 不合理→反同盟

例如:

(64) 甲:你觉得哪个花样比较好?
　　 乙:<u>我女儿说红色的更配帽子。</u>

乙的话其实是引述女儿的意见,从表面看乙没有指出自己的观点,但因为"我女儿"是我的正同盟者,所以这里实际上是说"红色更好"是合理的。用格式检验一下是大概率的预期:

(65)　　　O　　　　　　P(M|O)　　　　　P(M)
我女儿说红色的更配帽子,所以红色应该更好。
♯我女儿说红色的更配帽子,所以红色应该不好。
♯我女儿说红色的更配帽子,　　　　　但是红色更好。
我女儿说红色的更配帽子,　　　　　但是红色不好。

再如下例就是将对方或某方视为反同盟的关系:

(66) 你做得不对。
　　 他论文写得一塌糊涂。

【强化—同盟原则九】

① 当意见或行为发出者不是说话者时,如果说话者强调这是合理的,则表明对方与说话者是正同盟关系。(叠加)推理公式为:

意见/行为 X∧[特征]X 主体不是说话者∧
[特征]X 合理∧[特征]强化语力→正同盟

② 当意见或行为发出者不是说话者时,如果说话者强调是反同盟关系,则说话者是认为这是不合理的。(叠加)推理公式为:

意见/行为 X∧[特征]X 主体不是说话者∧
[特征]反同盟∧[特征]强化语力→X 不合理

当我们说对方的话合理的时候,并不意味着就是正同盟,因为对反同盟的人也可以表示赞同。当如果特别强调合理,就是表达正同盟关系了,例如:

(67) 您说的真对!简直是太对了!

同理,即使是表达反同盟,也不就是表示对方的意思不对,但是在强调时,就会表示不对,例如:

(68) 你小子觉得她好!(我觉得不好)
    就他,就他干的那事儿!(是不对或不好的事)

【同盟原则十】 当听说双方意见不一样时,
① 如果说话者试图将对方与自己区别开来(反同盟),并表示自信,则意味着说话者认为自己是对的,对方是错的。(叠加)推理公式为:

听说异见∧[特征]反同盟∧[特征]自信→我对(合理)你错(不合理)

② 如果说话者自信地表示我错你对时,是表达与对方站在同一立场的同盟关系,或者根本没考虑同盟关系。(叠加)推理公式为:

听说异见∧[特征]我错(不合理)你对(合理)∧[特征]自信→同盟/非同盟

(69) a. 你觉得他喜欢她?
     b. 我倒觉得他是喜欢她的。
     c. 我以为他喜欢她,<u>你说得**对**</u>,他不可能喜欢她。

例 a 是表述对方的认识,按前面的【同盟原则二】,这是表示听说异见,那么根据本原则,我们可以知道,说话者是认为你错了,实际上(也就是说话者的认识)他不喜欢她。例 b 则是表述自己的认识,且有强化标记"倒",按前面的【同盟原则二】,这是表示听说异见,那么根据本原则,我们可以知道,说话者认为你错了,你认为"他不喜欢她"是错的,或至少是有缺陷的。例 c 中说话者否认了自己的认识,不过请注意"你说得对"是正同盟关系,这使得说话者在承认自己的错误时不会有什么心理障碍。

【强化—同盟原则十】 当听说双方意见不一样时,如果强调说话者认为自己是对的,对方是错的,并表示自信,那么说话者是试图将对方与自己区别开来(反同盟)。(叠加)推理公式为:

$$听说异见 \land 我对(合理)你错(不合理) \land [特征]强化语力 \land [特征]自信 \to 反同盟$$

用格式检验一下是大概率的预期:

(70)   O   P(M|O)/P(M)

  张三说"你说的不对,我说的才对!"所以他应该是把对方看成自己的对手。

  ♯张三说"你说的不对,我说的才对!"所以他应该是把对方看成自己的伙伴。

  ♯张三说"你说的不对,我说的才对!"但是他是把对方看成自己的对手。

  张三说"你说的不对,我说的才对!"但是他是把对方看成自己的伙伴。

【同盟原则十一】 当听说双方意见不一样时,如果说话者试图将对方与自己区别开来(反同盟),并表示不自信,则意味着说话者认为自己也可能是错的,不过出于维护自身立场的惯性,这一认定也是语力较弱的。(叠加)推理公式为:

$$听说异见 \land [特征]反同盟 \land [特征]不自信 \to (弱)我错(不合理)你对(合理)$$

如"我觉得,觉得,他喜欢她……吧……",不自信的"吧"表明说话者认为"他喜欢她(说话者的认识)"有可能是错的;"您是说,这是不可行的……",不自信的停顿拖延表明说话者认为"这是不可行的(对方的认识)"有可能是对的。

3.4 礼貌在同盟性上的两面性

积极面子与消极面子都有正同盟和反同盟两种可能,比较复杂。

【同盟原则十二】 在互动会话中，

① 采用积极的面子策略，如果没有与自己对立的话，则默认构成正同盟关系。（正迁移）推理公式是：

行为方式 X∧［特征］积极面子∧［特征］不与第一人称对比→正同盟

② 采用积极的面子策略，而又构成反同盟关系，需要明确地把对方与自己对立。（负迁移）推理公式是：

行为方式 X∧［特征］积极面子∧［特征］反同盟→与第一人称对比

③ 采用消极的面子策略，是为了不冒犯对方，如果不涉及亲昵（或者双方本来就是亲昵的，或者双方根本不考虑亲昵关系，也就是非亲昵关系）或对立的话，默认构成（情感层面）正同盟关系。（正迁移）推理公式是：

行为方式 X∧［特征］消极面子∧
［特征］((亲昵∨非亲昵)∧不与第一人称对立)→正同盟

④ 采用消极的面子策略，而又构成反同盟关系，则是因为涉及不亲昵（显得关系疏远了，故而不亲昵）或对立。（负迁移）推理公式是：

行为方式 X∧［特征］消极面子∧［特征］反同盟→不亲昵∨与第一人称对立

例如：

(71) a. 您老莅临本系，是我们的荣幸！（积极面子—正同盟）
  b. 您老如此大才，多少人拍马也赶不上啊！（积极面子—反同盟对立，有讽刺意味）
  c.（在公交车上）劳烦您，让我过一下。（消极面子—正同盟）
  d.（对朋友）您请坐！（消极面子—反同盟，不亲昵）
  对您的话，我个人以为……（消极面子—反同盟对立）

请注意，公式的顺序是有重要性的。并不是不采用积极面子策略就不会与对方对立，还有很多其他因素会造成对立；而是说采用积极面子策略但没有构成正同盟关系，是因为把对方捧过了头，将对方高高放在神坛上，反倒突显出对方与说话者或其他人的对立关系（这些人在下面）。

同理，并不是不采用消极面子策略就可以构建亲昵关系，因为这可能会冒犯对方；而是说采用消极面子策略但没有构成正同盟关系，是因为在亲昵方面造成了疏远感。

那么在实际的言语行为中,是否可以通过不采用积极和消极面子策略来构建同盟关系呢?有的,但是需要更多的条件:

【强化—同盟原则十二】 在互动会话中,

① 不采用积极的面子策略,如果强调没有把对方与自己对立(从而不突显双方的不平等地位)的话,就构成正同盟关系。(叠加)推理公式是:

$$行为方式 X \land [特征]非积极面子 \land$$
$$[特征]不与第一人称对比 \land [特征]强化语力 \to 正同盟$$

② 不采用消极的面子策略,强调亲昵关系的牢固,因此不怕冒犯对方,则构成正同盟关系。(叠加)推理公式是:

$$行为方式 X \land [特征]非消极面子 \land$$
$$[特征]亲昵不怕冒犯对方 \land [特征]强化语力 \to 正同盟$$

例如:

(72) 甲:干得真漂亮!你怎么也不夸夸他?!
　　　乙:他是我老公哎,老夫老妻的不需要太在意了,不然他会不舒服的。

在实际语言环境中,对他人的赞扬夸奖要合度,有时故意不要赞扬,也是为了不让双方的言语地位相差太大。另外,积极策略是最容易出现"反语"现象的范畴之一,当一个人采取积极面子策略时,容易出现"用力过猛"也就是夸赞太过分的局面,也许本来是害怕达不到语力效果,可是将对方太过突出,以至于和其他人形成了巨大的差异,这未必是好事。这也是有时不采用或不充分采用积极面子策略的原因。当然,不同的人对"被夸奖被赞扬"的容忍度是不同的,这里只是讲基本原理。

按照"社会距离"理论,有时,冒犯对方是为了拉近社会距离,从而达成亲昵关系,这是在构建正同盟关系。如用"你"直接称呼对方,用一些詈语来称呼对方等。参看陈振宁(2017)的详细讨论。

最后,在言语活动中,同盟关系虽然十分重要,但一般没有简单明晰的影响(毋宁说说话者往往是更在意正同盟或反同盟关系的保持,享受这种人际关系所带来的积极或消极的情绪情感体验),而总是隐藏在其他范畴之后起作用,所以本节就不再多说,我们在后面会看到更多的与同盟有关的迁移或叠加现象。

【礼貌原则四】

① 如果有关事项与对方不具有社会价值上的相关性(非同盟关系),就

既不会冒犯对方(消极面子),也不能用来取悦对方(积极面子)。推理公式为:

命题 X∧[特征]和对方社会不相关→[排斥]冒犯∧[排斥]取悦

② 如果是用来冒犯对方(消极面子),或用来取悦对方(积极面子),则有关事项与对方具有社会价值上的相关性。(正迁移)推理公式为:

命题 X∧[特征](冒犯∨取悦)→和对方社会相关

③ 如果有关事项与对方不具有社会价值上的相关性,而说话者用来冒犯对方(消极面子),或用来取悦对方(积极面子),则会语力失效。(负迁移)推理公式为:

命题 X∧[特征]和对方社会不相关∧[特征](冒犯∨取悦)→语力失效

例如"你太蠢了!"(对方的性质)"你哥真行!"(对方的同盟关系),是合法的冒犯或取悦,但"你家邻居真蠢/真聪明!"一般而言就不是合法的冒犯或取悦,因为邻居未必是你的正同盟或反同盟。当然,我们完全可以想象一个相关的例子,例如你和你的邻居在比赛,这时邻居就是你的反同盟关系,这时说"你家邻居真厉害!"就会形成对"你"的冒犯。

再如甲在乙的面前说丙的坏话,他不知道丙是乙的亲人,于是无意中冒犯了对方;当甲知道这一点后,赶紧向乙道歉,乙却说"他(指丙)是他,我是我!你又没有冒犯我,道什么歉!"这是说乙与丙虽然是亲人关系,但没有什么社会相关性,所以不存在冒犯的问题。

【礼貌原则五】

① 对对方以及对方正同盟者的消极评价、消极情感,认为对方行为、认识不合理,施加行为来强制要求对方,就是在冒犯对方。(正迁移)推理公式为:

命题/行为 X∧[特征]X 和对方或对方的同盟者有关∧
X(不合理∨消极∨强制要求)→冒犯对方

② 如果说了消极的话,或作出不合理的评价,或强制提出要求,而又没有冒犯对方,则是与对方或对方的正同盟者无关。推理公式为:

命题/行为 X∧[特征]未冒犯对方∧X(不合理∨消极∨强制要求)→
X 和对方或对方的正同盟者无关

③ 如果是与对方或对方的正同盟者有关而又没有冒犯对方,则是说的不是消极的话也不是不合理的评价也不是强制要求。(正迁移)推理公

式为：

命题/行为 X∧[特征]未冒犯对方∧[特征]X和对方或对方的同盟者有关→
X(不是不合理∧不是消极∧不是强制要求)

④ 对对方以及对方正同盟者的积极评价、积极情感，认为对方行为、认识合理，征求对方的意见(最多是提议)，就是在取悦对方。(正迁移)推理公式为：

命题/行为 X∧[特征]X和对方或对方的同盟者有关∧
X(合理∨积极∨征求对方意见(提议))→取悦对方

⑤ 如果说了积极的话，或作出合理的评价，或征求对方意见，而又没有取悦对方，则是与对方或对方的正同盟者无关。推理公式为：

命题/行为 X∧[特征]未取悦对方∧X(合理∨积极∨征求对方意见(提议))→
X和对方或对方的正同盟者无关

⑥ 如果是与对方或对方的正同盟者有关而又没有取悦对方，则是说的不是积极的话也不是合理的评价也不是征求对方的意见。(正迁移)推理公式为：

命题/行为 X∧[特征]未取悦对方∧[特征]X和对方或对方的同盟者有关→
X(不是合理∧不是积极∧不是征求对方意见(提议))

例如"你太蠢了！""你哥这样做不对！""赶快走"，是对对方的冒犯。而"你真行！""你哥做的很对！""咱们现在去，好吗？"是取悦对方。

【礼貌原则六】

① 对对方反同盟者的消极评价、消极情感，认为对方行为、认识不合理，或强制提出要求，就是在取悦对方。(正迁移)推理公式为：

命题/行为 X∧[特征]X和对方的反同盟者有关∧
X(不合理∨消极)→取悦对方

② 如果说了消极的话或作出不合理的评价而又没有取悦对方，则是与对方的反同盟者无关。推理公式为：

命题/行为 X∧[特征]未取悦对方∧X(不合理∨消极)→
X和对方的反同盟者无关

③ 如果是与对方的反同盟者有关而又没有取悦对方，则是说的不是消极的话也不是不合理的评价。(正迁移)推理公式为：

命题/行为 X∧[特征]未取悦对方∧[特征]X 和对方的反同盟者有关→
X(不是不合理∧不是消极)

④ 对对方反同盟者的积极评价、积极情感,认为对方行为、认识合理,就是在冒犯对方。(正迁移)推理公式为:

命题/行为 X∧[特征]X 和对方的反同盟者有关∧X(合理∨积极)→冒犯对方

⑤ 如果说了积极的话或作出合理的评价而又没有冒犯对方,则是与对方的反同盟者无关。推理公式为:

命题/行为 X∧[特征]未冒犯对方∧X(合理∨积极)→
X 和对方或对方的反同盟者无关

⑥ 如果是与对方的反同盟者有关而又没有冒犯对方,则是说的不是积极的话也不是合理的评价。(正迁移)推理公式为:

命题/行为 X∧[特征]未冒犯对方∧[特征]X 和对方的反同盟者有关→
X(不是合理∧不是积极)

例如"瞧他,真是太蠢了!",当"他"是对方的反同盟者时,就是在取悦对方。再如一些人讨厌某些族群(如美国白人种族主义者讨厌有色人种),为了取悦前者,会采取一种策略,即编造关于那一族群的消极性的故事、观点等(如美国媒体在历史上对有色人种的污蔑,再如所谓的"傅满洲"角色①)。

再如甲与乙是对头,那么称赞乙是个好人,就是在冒犯甲。历史上日本侵略者是中国人民的敌人,那些哈日的人一旦开始称赞日本侵略者,就是在冒犯中国人民。

【礼貌原则七】

① 如果说话者以显著的正同盟关系的方式与对方交流,就是在取悦对方(积极面子)。(正迁移)推理公式为:

行为 X∧[特征]X 显著地表示与对方具有正同盟关系→取悦对方

② 如果说话者不取悦对方(积极面子),就不要以显著的正同盟关系的方式与对方交流。推理公式为:

行为 X∧[特征]不取悦对方→X 不显著地表示与对方具有正同盟关系

---

① 傅满洲(Fu Manchu)是英国小说家萨克斯·罗默创作的虚构人物,被种族主义者称为世上最邪恶的角色。不但面目可憎,性格阴险,而且其实是所谓"黄祸"(Yellow Peril)的拟人化形象。

③ 如果说话者以显著的反同盟关系的方式与对方交流,就是在冒犯对方(消极面子)。(正迁移)推理公式为:

行为 X∧[特征] X 显著地表示与对方具有反同盟关系→冒犯对方

④ 如果说话者不冒犯对方(消极面子),就不要以显著的反同盟关系的方式与对方交流。推理公式为:

行为 X∧[特征]不冒犯对方→X 不显著地表示与对方具有反同盟关系

由于正同盟和反同盟由多种关系构成,所以这里不再多说。仅举一例,报告会后,前去给报告人说"您讲得真好!"一则是表明自己与你立场一致(正同盟),一则是在取悦对方。

【礼貌原则八】

① 如果说话者强制要求有关行为得到完善的完成,并且对关涉者(如对方)可能产生消极的后果,就是在冒犯这些关涉者(消极面子)。(正迁移)推理公式为:

行为 X∧[特征](强制要求 X 完善地完成∧
对 X 关涉者 Y 可能有消极后果)→冒犯 Y

② 如果要不冒犯关涉者(消极面子),又要强制要求有关行为得到完善的完成,则需要不对关涉者(如对方)产生消极影响。推理公式为:

行为 X∧[特征]不冒犯 Y∧[特征]强制要求 X 完善地完成→
对 X 关涉者 Y 没有消极后果

③ 如果要不冒犯关涉者(消极面子),又可能对关涉者产生消极影响,则不能强制要求有关行为得到完善的完成。推理公式为:

行为 X∧[特征]不冒犯 Y∧[特征]对 X 关涉者 Y 可能有消极后果→
不强制要求 X 完善地完成

例如强制要求对方回答自己的问题,但一旦对方回答就会有泄露国家机密的嫌疑(也许会因此受到处分),这就是在冒犯对方。另一方面,如果允许对方有所选择(对方可以选择不完成说话者指定的言语行为),则是避免冒犯对方,如用非强制性的疑问代祈使的例子"你帮一下我,好吗?你可以帮帮我吗?",疑问时对方从理论上讲可以选择否定回答,因此就是选择不帮,这时就避免了冒犯对方,符合消极面子的原则。但是,如果使用强制性的疑问代祈使,这时就是逼迫对方没有选择性,这就有可能冒犯对方(如果对对方可能有消极后果的话),例如"你究竟走不走!"要求对方必须要走。

【礼貌原则九】

① 对对方的言语行为,非优势回应或不相关回应或不回应,都会冒犯对方。(正迁移)推理公式为:

对方言语行为 X∧(非优势回应∨不相关回应∨不回应)X→冒犯对方

② 如果不冒犯对方,应给予优势回应。(正迁移)推理公式为:

对方言语行为 X∧[特征]不冒犯对方→优势回应 X

所以如果妈妈要求小明去做作业,小明顾左右而言他,或者回答说他不想做作业,都是对妈妈的冒犯;要避免冒犯,就应该回答"好的"等肯定性答语或直接去做作业。

【礼貌原则十】

① 对对方进行欺骗,并且欺骗不能给对方带来很大的好处,就是在冒犯对方。(正迁移)推理公式为:

欺骗言语行为 X∧[特征]X 对被欺骗者没有显著的积极后果→冒犯对方

② 对对方进行欺骗,如果不冒犯对方,则是因为这会给对方带来显著的积极的后果。推理公式为:

欺骗言语行为 X∧[特征]不冒犯对方→X 对被欺骗者有显著的积极后果

③ 如果欺骗行为不能给对方带来很大的好处,又要不冒犯对方,则不要做该行为。推理公式为:

欺骗言语行为 X∧[特征]X 对被欺骗者没有显著的积极后果∧
[特征]不冒犯对方→[排斥]X

例如小明不肯吃药,但他得了病,必须吃药,妈妈哄他说"这不是药,是糖",这就没有冒犯对方;冉如妻子欺骗老公自己去做头发(实际上却是和朋友去玩了),而这对老公并没有什么显著的好处,这就是在冒犯她老公,虽然这一冒犯并不太要紧。请注意,排斥欺骗是说不做欺骗的事,但并不意味着一定要坦诚告知,因为很多时候并没有必要告知对方。

【礼貌原则十一】 在言语活动中,

① 不让对方有效地参与活动,就是冒犯对方。(正迁移)推理公式为:

言语行为 X∧不让对方有效参与 X→冒犯对方

② 如果不冒犯对方,应让对方有效地参与活动。(正迁移)推理公式为:

言语行为 X∧[特征]不冒犯对方→让对方有效参与 X

例如我们在猜谜语,出了谜面后,甲对乙说"你说什么?! 一边去!"这时甲冒犯了乙。

【礼貌原则十二】

① 如果冒犯他人者不具有优势社会地位,也和被冒犯者没有亲昵的正同盟关系,则冒犯行为是不合理的。(叠加)推理公式为:

$$冒犯行为 X \wedge [特征](冒犯者不具有优势社会地位 \wedge 冒犯者不是被冒犯者的亲昵关系) \rightarrow X 不合理$$

② 合理的冒犯,冒犯者如果不具有优势社会地位,就是和对方有亲昵关系。(叠加)推理公式为:

$$冒犯行为 X \wedge [特征] X 合理 \wedge [特征]冒犯者不具有优势社会地位 \rightarrow 冒犯者是被冒犯者的亲昵关系$$

③ 合理的冒犯,冒犯者如果和被冒犯者没有亲昵的正同盟关系,则冒犯者具有优势社会地位。(叠加)推理公式为:

$$冒犯行为 X \wedge [特征] X 合理 \wedge [特征]冒犯者不是被冒犯者的亲昵关系 \rightarrow 冒犯者具有优势社会地位$$

例如小明要妈妈给他买游戏机,妈妈说"不行!"或者不回应他,这虽然是对小明的冒犯,但这是合理的冒犯,因为妈妈相对小明具有优势社会地位。反之,如果小明这样对妈妈,就是不合理的冒犯了。再如甲说乙的坏话,甲冒犯乙,但甲说"我就骂你了怎么着吧! 我就是该骂你!"这也就是说甲认为自己相对乙具有优势社会地位。不过在夫妻或很亲密的朋友之间,有时会使用冒犯对方的行为方式,如用对方的缺点来称呼对方,这时并不具有优势社会地位,而是有亲昵关系。

4. 本 章 小 结

自我立场是立场研究中不可忽视的内容,是会话参与者入场时对自我,以及自我与他人关系的基本定位。

一、自我立场首先是对自己的"自信"

自信是默认的,因为"自我中心主义"是人的基本认知;不自信是有标记的,往往有犹豫、弱势的韵律、弱化语力,在极为特殊的情况下甚至会对自我产生极大的怀疑、表现出懊悔;强化自信也是有标记的,不但有事实性态度,还有不容反驳的语用色彩,表明强势知识地位(有时会同时具有强势的社会地位)。

自信与不自信的语用功能,是会使说话者对自己所说的事物信息和所发出的行为或行为要求产生主观的倾向:"自信—事实—合理","不自信—非事实—弱合理"是语用叠加的匹配。自信和不自信是不对称的,因为总的来讲,说话者会偏向自信,因此自信会有更确定的认识,而不确定时则会举棋不定,虽然意识到自己可能错了,但却不愿意完全认错,往往是弱的认识(可能是可能非)。

二、主体之间的地位高低关系

可以大致分为两个方面:

1) 社会地位,即权势的相对大小,由政治关系、社会关系、家庭关系以及年龄等方面来体现。已有研究指出,社会地位仅是决定礼貌问题的一个方面,另一个方面是社会距离。面子问题的重要程度是按照如下倾向表达的:

① 社会地位:低于对方＞与对方相当＞高于对方

② 社会距离:远(疏远)＞一般＞近(亲密)

当说话者的社会地位低于对方,和对方关系疏远时,最需要表达礼貌,照顾对方的面子;而如果说话者的社会地位高于对方,和对方关系亲密时,最不应该表达礼貌。

2) 认知地位,即认识能力的相对大小,由知识水平、智慧等级以及信仰等关系中体现出来,有"认知权威地位"与"认知从属地位"。

有的言语行为,如告知(典型的陈述句功能)和询问(典型的疑问句功能),是遵循知识从高到低的原则,从知识的不平衡状态调整为平衡状态的。但是,这种地位高低,从来不是客观的,而是由说话者主观估计的。我们发现存在基于信仰的固执:说话者坚持认为自己认知地位高,也就是自己才知道事物的真相;显然,这样的信仰也是争执发生的原因。在这一情况下,会话序列就不再是向平衡状态调整,而是有可能进一步加剧不平衡状态。

认知地位与语言表现形式之间也存在错位,如使用疑问形式,但却并不认为对方的认知地位高,这就使得疑问形式的询问语力失效,从而负迁移为其他语用功能,如用来讽刺、刁难对方,或者引导对方思考等等。

三、本节最为重要的是重新建立"同盟"(alignment)范畴

"同盟(alignment)"作为一个功能语言学的范畴,特指言语行为中参与主体之间的人际关系,关注语言的社会和语用属性,是立场范畴的重要子范畴。同盟性可以细分为正同盟(alignment)、反同盟(disalignment)和非同

盟(non-alignment),最早只是会话分析、评价系统和立场范畴等研究领域中的一隅,直到 Du bois 的"立场三角"(the stance triangle)模型明确了同盟作为立场范畴重要子范畴的地位,关于同盟关系的表达手段的研究和相关案例分析才层出迭见。

本节在综述已有的同盟研究成果的基础上,重点放在汉语同盟范畴研究中存在的亟待解决的若干重大问题上:

1)"同盟性"的界定和分类

"立场三角"理论的不足是:言说主体间位置关系的确定并不一定需要听话者的回应;言说主体的评价对象可以不唯一,言说主体之间位置关系的确立甚至可以在没有评价对象只有行为时进行;同盟不仅表达说话者和听话者两个言说主体间的关系,有时候还涉及与第三方(第三个主体)的同盟关系;立场三角理论缺乏对同盟关系层次性的阐释。

可以引入"(社会)群"(social group)来重新定义同盟性。"(社会)群"是在特定社会活动中自发形成的集合,包括人的集合,以及与人相关的物的集合,并且具有以下性质:① 基于特定社会活动,仅对这一维度有效,一旦社会活动转移,原来的群就会解散或转变。② 在该社会活动中,群代表了群内成员相同的利益、信念或属性等方面的性质,这就是我们前面说的同意、支持、亲密、分享、共同承担责任等等。③ 群内关系是正同盟关系,群际关系是反同盟关系,而如果在该维度没有群的划分,所有人都只是临时集合在一起的散漫的个体,则是非同盟关系。

2)同盟关系的语言达成手段

这是以往研究最多的方面,成果十分突出。本节中我们做了详细的归纳总结,包括非言语的手段、通过语用原则来构建、通过表示同盟意义的语词或标记来构建等。

3)同盟关系的实时转变(动态性)和层次性

同盟关系构建具有"单向性",即总是由说话者在试图与对方建立或调整相互的同盟关系。单向性使得同盟关系不是一成不变的,因为这就意味着听话者可以在下面的话轮中又按其意愿接受或试图调整改变对方表达的同盟关系。

同盟关系至少包含三个层面并有如下的高低之分:

$$命题观点层面 < 社会/言语行为层面 < 情感层面$$

4)同盟性与其他语言范畴的互动影响

这部分内容太多,主要放在后面来讨论。本节专门考察了汉语人称代词的同盟性质。包括两部分内容：

① 汉语人称代词感叹主题句的积极和消极倾向问题，发现第一人称消极评价例句比率远低于第二人称消极评价例句比率。

② 古代汉语的"吾侪、吾属、吾曹、吾等"等第一人称复数形式只用于对话语篇中，而且正同盟关系占大多数，是无标记的；反同盟关系是有标记的，不少都存在明确的"你—我"对立。

5）最后，我们讨论了礼貌和同盟的关系。

研究同盟范畴的重要性在于，它不仅对句法语义研究有重要意义，还是语用推理中的一个显赫的触发范畴，能帮助我们更好地剖析立场范畴、评价范畴、合理范畴、感叹范畴等主观性范畴，探究相关现象的内因和驱动。

第四章 知识立场

什么是知识？陈振宇、甄成(2017)说：

> "知识"(knowledge)，一个经典的定义(柏拉图《泰阿泰德篇(Theaetetus)》)说："真实的判断是知识。"但这又引发了另一个问题，什么是"真实"？从科学和日常经验的角度看，所谓的"真实"或者是能被反复验证(未出现反例或反例极少)，或者是被认识者的自我感知所相信的，与之相反，未被验证或相信的就不是知识，而只是一般的"认识"(awareness or understanding)。

但是上述定义是针对人类认识和生产生活活动而言的。在语言中，我们所说的知识，往往缺乏验证性。绝大多数知识是从两个来源得到的：个人的经验的事物；他人传讲输入的认识。越是走向高级的社会活动，越是依赖后者，而后者却是很难进行检验的，这一部分知识主要靠我们的信念。正是因为如此，我们说，语言中所说的"知识"就是说话者在言语行为实施时所认定的事实。

本章的任务包括：

1) 对语词所表达的各种知识进行定义，给出类型，包括一个语词所指称的事物或意义，以及说话者对事物在论域中是否为真的主观性认识和表达。

2) 介绍基于相对真值观的事实性理论，重点讨论那些影响事实判断的因素，包括时间、使因、人称、否定、索引性和疑问等。

3) 当说话者不是直接给出事实性判断，而是通过外部意向动词结构的性质来暗示事实性时，就进入"叙实"范畴的研究范围，本章介绍这些暗示的语用推理机制，也包括各种意向动词的叙实性质介绍。

4) 知识的来源涉及"传信"范畴，本章将特别用一节来阐释。重点在"疑问—陈述"、"第一人称—第二人称"对事实性的影响上。

知识立场还包括说话者对事物之间事实性恰当性关系的判断、认识主体的联想等方面内容,这属于"预期—和谐"范畴,由于已在前面讲述,本章不再提及。

1. 语 义 知 识

1.1 指称

1.1.1 实指、虚指与通指

关于这几个概念,以及相关的语义结构,作者已有论著,此处不多重复,下面给予简单的介绍。陈振宇(2017、2019),以及陈振宇、姜毅宁(2018)等对"实指"和"虚指"这对指称范畴进行了重新定义。陈振宇、姜毅宁(2018)说:

> 任何一个语句的内容,如果作为抽象的命题,例如"猪八戒用钉耙作为武器",究竟是真是假,是无法判断的,必须放在一个"可能世界"(possible world)中来讨论,因此只有相对的真假而没有绝对的真假,可以用"存在"(existential)来定义真假:
> 在特定可能世界 Wi 中存在的事物 XP,就是该世界中的真事物或真命题;反之,在特定可能世界 Wi 中不存在的事物 XP,就是该世界中的假事物或假命题。……
> 至少有两种可能世界:1)"原初世界/源世界"(original world),即说话者自身所在的世界,也称"真实世界"(real world / reality),它也是言语活动所发生的世界。2)"认知世界"(cognitive world),即说话者的意识或话语所打开的一层虚拟的认知世界。
> 在认知世界中,最外围的一重世界,即可能世界1称为"直陈世界"(indicative world),这是说在这个世界里说话者直接陈述他的思想或话语。在篇章中,任何一个语句都必然蕴含着一个说话者及其言语行为,相当于在语句前加上一个主句结构"我说……"或"我认为……",不论在实际的语篇中是否真的出现,在逻辑语义上它都是必然存在的。这表明该话语表达的是说话者最为直接面对的那个认知世界。……
> 与之不同,那些内嵌于直陈世界的可能世界2、可能世界3……都是非直陈世界,或者称为"虚拟世界"(fantasy world),或"参照世界"(reference world),它们是由句中显性或隐性存在的一个意向谓词打开

的新的一层可能世界。……

"实指"(specific)，当说话者运用一个语词时，在他的直陈世界中有该语词指向的事物或事件；"虚指"(nonspecific)，当说话者运用一个语词时，在他的直陈世界中不一定有该语词指向的事物或事件，也即该事物或事件被说话者当成非事实或反事实。

"实指"就是特定的事物，不能任意地替换，所以也译为"特指"。实指也被称为"殊体话语"(particular utterance)，指语词代表语句之外的对象实体，它们的存在不以语句的内容而转移，而是自足地存在。如"苏格拉底病了"，苏格拉底指一个确定的对象，它是殊体，不管他病还是没病，说话者都把苏格拉底当作事实。

陈振宇(2019)说："'虚指'(nonspecific)，也译作'非特指'：当说话者运用一个语词时，在他的直陈世界中不一定有该语词指向的事物或事件，也即该事物或事件被说话者当成非事实或反事实。但直陈世界没有，在更深的虚拟世界中却会有，如'神都是虚假的'，说话者是个无神论者，他可以构造一个虚拟世界，其中存在神，然后讨论这个或这些神的属性以及在直陈世界中存在与否的问题。"

进一步又区分了"实指论元"和"虚指论元"，陈振宇、姜毅宁(2018)说：

意向谓词是动词和形容词，它们都表示意向活动，既然是事件，就和其他事件(命题)一样，一般总是有一个或多个论元参与，但是这些论元和它所依附的事件并不一定都在一个世界之中。与事件处于同一世界的论元称为"实指论元"(specific argument)，不一定处于同一世界的论元称为"虚指论元"(nonspecific argument)。

请注意，虚指论元的"不一定"就是说：可以在同一世界中，也可以不在同一世界中。如"他在找一个护士"，这个护士可以是在他的世界中的某个人，是实指的对象；但也可能是他想象的人物，在他的世界中没有，是虚指的对象。这就是虚指和虚指论元的区别。

下面划线的部分都是谓词(用粗体表示)的实指论元，没划线的是虚指论元：

(1) a. 张三**看见**了李四。
     张三**找到**了一只麒麟。

张三**去过**世外桃源。
b. 张三**梦见**了李四。
张三在**找**麒麟。
张三**想**去世外桃源。

也就是说,在同一个世界(论域)中,如果说话者说"张三看见了李四",则既有看见的事,也有看见的人张三和李四,这三个要素都在该世界中存在。但是说"张三梦见了李四",张三和做梦都存在,李四却不一定存在,李四可以仅仅是梦中的世界中的存在而不是张三所在的那个世界的存在。其他各例都是如此。因此对谓词"看见、找到、去过"而言,其主宾语都是实指论元,但对谓词"梦见、在找、想"而言,只有主语是实指论元,宾语却是虚指论元。

【指称原则一】

① 实指事件的实指论元必须是实指的。(正迁移)推理公式是:

命题 X+[特征]X 实指+[特征]y 是 X 的实指论元→y 实指

② 当实指论元是虚指的时候,事件必须是虚指的事件。(正迁移)推理公式是:

命题 X+[特征]y 是 X 的实指论元+[特征] y 虚指→X 虚指

③ 当论元是虚指的,事件是实指的时候,该论元必须是虚指论元。(正迁移)推理公式是:

命题 X+[特征]X 实指+[特征]y 是 X 的论元+[特征]y 虚指→
y 是 X 的虚指论元

这一点在论元事实性的讨论中还要提及。可用以下关系图概括:

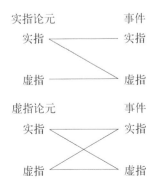

图 1 事件与论元的实指、虚指关系

例如"张三去了北京",其中"张三、北京"都是实指论元,如果事件"去"是实指的事件(在论域中为真),则这两个论元都必须实指,如果这两个论元为假,则事件也为假。

请注意虚指论元没有这一限制,如"张三在找麒麟","张三、找"都是实指的事件,是说话者所说的事实,但宾语"麒麟"却是虚指论元(因为"找"是意向谓词,其宾语是虚指论元),可以为虚指的事物,也就是说,即使不存在麒麟,"张三找麒麟"的事也可以为真。

【指称原则二】

① 虚指的事物具有通指性和类指性(非个体)。(叠加)推理公式是:

$$事物\ X+[特征]X\ 虚指 \to X(通指 \wedge 非个体)$$

② 非通指的或个体的事物具有实指性。(叠加)推理公式是:

$$事物\ X+[特征]X(非通指 \vee 个体) \to X\ 实指$$

让我们来看一个例子(例引自刘承峰、陈振宇 2019):

(2) 一个农夫有了一头驴,他就会打它。(任给一个农夫和一头驴都有打的事件)

　　一个女人应该照顾她的家庭。(任何一个女人,都应如此)

刘承峰、陈振宇(2019)解释说:

> 我们实际上是看到具有农夫属性、驴的属性和女人属性的事物,只要属性符合就行,至于是哪一个农夫、驴和女人,并不重要。从这一点看,……如果找到一个或一些个体,他们的轮廓(属性)与幕帘上的投影相符合或相符合的概率较大,我们就会想,这人就是或就可以担任那个"农夫"或"女人"的角色,这动物就是或就可以担任那个"驴"的角色。
>
> 这样的寻找机会很多,构成了如下关系:任意找到一个与其投影(属性)相符者,就可以担任这一角色,满足角色的各种情节;而所有这些找到的相符者,每个都是合格的扮演者。这就得到了全称量化意义。我们把这一寻找所体现的关系称为"角色—演员"矛盾关系。

演员	角色
直陈世界/虚拟世界	虚拟世界
所有具有农夫性质的人	一个具有农夫性质的人

集合	个体
理论上无限的数量(多)	事件单数或确定的数量
全称量化	存在量化
非特定的个体,可替代	特定的个体,不可替代
不一定能找到	一定存在于虚拟的世界之中
不能用"他"回指	可以在同一虚拟世界中用"他"回指

由于虚指的一定是类指的和通指的,所以我们有：

(3) 她　　　　　　认为　　　　[李四　　来过]
　　 他　　　　　　肯定　　　　[去找过人帮忙了]
　　 个体论元/实指　 个体事件　　 类指/虚指

在第一句中,只要我们在任何情况下找到李四来的证据,就说明她的认识是对的。这些证据是一个类"证明李四来过的证据"。在第二句中,只要找过任何一个人,就说明说话者的肯定是对的。

【指称原则三】 谓词 P 与其论元 X,

① 当我们认为 P(X) 是事实时,其实指论元 X 必须是事实。(正迁移)推理公式为：

事件 P∧论元 X∧[特征]P 事实∧[特征]X 是实指论元→X 事实

② 当实指论元 X 为反事实时,P(X) 一定也是反事实,或者根本就不能说 P(X),即说 P(X) 不合适。(正迁移)推理公式为：

事件 P∧论元 X∧[特征]X 反事实∧[特征]X 是实指论元→
P 反事实∨[排斥]说 P(X)

③ 当实指论元 X 为非事实时,P(X) 一定也是非事实。(正迁移)推理公式为：

事件 P∧论元 X∧[特征]X 非事实∧[特征]X 是实指论元→P 非事实

④ 只要找到一个场景,其中论元 X 为反事实或非事实,而 P(X) 却是事实,那么该论元 X 就是虚指论元(虚指论元鉴定公式)。(叠加)推理公式为：

事件 P∧论元 X∧[在某一场景中](X(反事实∨非事实)∧ P 事实)→
X 是虚指论元

如果说话者表示"张三在找麒麟""张三生病了"为真,则他同时在表示"张三"也为真。不过这一条仅对实指论元有效,对虚指论元无效,因此"张三在找麒麟"为真,"麒麟"却不一定为真,说话者完全可以在认为世上没有麒麟的情况下,报道张三在找麒麟这一事实。

如果说话者认为论域中没有"张三",那么当然他也会认为"张三在找麒麟"是不存在的。同样,如果他不知道有没有张三,那么当然也就不知道"张三在找麒麟"是不是存在。如果"张三"不存在,那么说"张三生病了"就是不合适的。

至于第④条,请注意只要找到一个场景就可以了,不一定要所有场景都如此,甚至也不需要大多数场景如此。例如郭光、陈振宇(2019)所讨论过的可控制性的"知道2",这只是"知道"使用的一个场景,当说话者认为"他知道去找老师求助"是事实时,有可能"他去找老师求助"是反事实,因为他不愿意丢这个人,所以虽然知道去但最终却没去。由此可知,"知道2"后面的宾语是虚指论元。

作为虚指论元,并不就一定不能具有事实性,恰恰相反,有可能在某些场景(甚至是很多场景)中,都可以与谓词有事实性的互动,例如不可控制性的"知道1",如说话者认为"李四是好人"是反事实(为假)时,他就不能说"张三知道李四是好人"。这就是为什么"知道"被称为"叙实动词"的原因,即"知道1"的表现在大多数情况下与实指论元一样。我们之所以认为"知道"并不是真正的事实性动词,是因为我们总是能找到一些场景,其中的表现和虚指论元一样,即使是不可控制性的"知道1"。有关的具体研究,请看陈振宇、甄成(2017),郭光、陈振宇(2019),陈振宇(2017)和陈振宇(2020a)。

用格式检验一下是全概率预期,不允许有例外,见下例 a、b、c。不过第④条是前面所说的小概率预期的情况,见下例 d。

(4) a.　　　O　　　P(M|O)　　　P(M)
　　　张三在找麒麟,所以应该有张三这个人。
　　　# 张三在找麒麟,所以应该没有张三这个人。
　　　# 张三在找麒麟,　　　　　　但是有张三这个人。
　　　# 张三在找麒麟,　　　　　　但是没有张三这个人。
　　b.　　　O　　　P(M|O)　　　P(M)
　　　没有张三这个人,所以也应该没有张三找麒麟的事。
　　　# 没有张三这个人,所以也应该有张三找麒麟的事。
　　　# 没有张三这个人,　　　　但是也没有张三找麒麟的事。

♯没有张三这个人，　　　　　　但是有张三找麒麟的事。

c.　　　O　　　　　　P(M|O)　　　　　P(M)

张三这个人不知道有没有，所以张三找麒麟的事也不知道有没有。

♯张三这个人不知道有没有，所以张三找麒麟的事是知道有没有的。

♯张三这个人不知道有没有，但是张三找麒麟的事也不知道有没有。

♯张三这个人不知道有没有，但是张三找麒麟的事是知道有没有的。

d.　　　O　　　　　　P(M|O)　　　　　P(M)

♯世界上并没有麒麟，所以张三找麒麟的事应该是真的。

♯世界上并没有麒麟，所以张三找麒麟的事应该是假的。

世界上并没有麒麟，　　　　但是张三找麒麟的事是真的。

♯世界上并没有麒麟，　　　　但是张三找麒麟的事是假的。

1.1.2　个体指与类指

【指称原则四】[①]

① 个体（个别）事件的实指论元必须是个体性的。（正迁移）推理公式是：

命题 X＋[特征]X 个体＋[特征]y 是 X 的实指论元→y 个体

② 当实指论元是非个体性的（类指）时，事件必须是类的事件。（正迁移）推理公式是：

命题 X＋[特征]y 是 X 的实指论元＋[特征] y 非个体→X 非个体

③ 当论元是非个体性的（类指），事件是个体事件时，该论元必须是虚指论元。（叠加）推理公式是：

---

① 刘丹青先生近几年提出一个对应规则：类指实体只用于整体性谓词，不用于阶段性谓词。他的"类指"可能主要是指本书的通指，而"整体性谓词"我们称为"静态事件"，本书都算在类指事件之中，因此他的观点对本书也很有启发性。不过刘并没有考虑到一些特殊的情况，如：

　　1) 部分量是个体还是类的问题。我们认为部分量兼有个体与类的性质，参看陈振宇（2017：231）。

　　2) 没有考虑到虚指论元的性质。

命题 X＋[特征]X 个体＋[特征]y 是 X 的论元＋[特征]y 非个体→
y 是 X 的虚指论元

如果把"个体、非个体"与"事件、论元"联系起来,就是四种搭配,而根据上述公式,也就是说,只允许三种搭配,例如下面的三个句子:

(5) 姑娘们(个体)来了(个体)。
　　姑娘们(非个体)爱打扮(非个体)。
　　这两位姑娘(个体)爱打扮(非个体)。
　　♯(世上的)姑娘(非个体)来了(个体)。

可用以下关系图概括:①

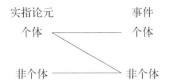

图 2　论元和事件的个体与非个体关系

关于虚指论元,因为虚指成分只体现类的内涵或属性,所以不一定是确定的个体,如:

(6) 侍从们　　　　　正在寻找　　　刺客。
　　她　　　　　　　得出结论　　　李四来了
　　个体论元/实指　　个体事件　　　类指/虚指

仅以第一句为例,这里"找"是意向谓词,其主语是实指论元,所以事件存在,主语所表示的事物也存在,事件是个体性,主语也是个体性的,这里指语境中所说的那些侍从。但是其宾语是意向成分,是虚指性的,即可能存在可能不存在,所谓"寻找的事物"是寻找者心中的一些内涵或属性构成,只要有一个事物合乎这些内涵属性,他就是所寻找的对象,因此在虚拟的世界中,也许刺客是特定的刺客,但从"角色—演员"关系看,符合这一特征的对象是一个类,陈振宇(2017:68)称之为"个体类指",是类指中的一个特殊的

---

① 这是参照刘丹青的关于个体指、类指与阶段谓词、整体谓词的关系图绘制的,但是属于完全不同的理论。

子范畴。

1.1.3 定指与不定指

【指称原则五】

① 不定指的事物不能是唯一的事物、事物的全部或事物类这一整体。(正迁移)推理公式是：

$$命题 X+X 不定指\rightarrow[排斥](X 唯一 \vee 全部 X \vee X 类整体)$$

② 如果表示唯一的事物、事物的全部或事物类这一整体，事物就是定指的。(正迁移)推理公式是：

$$命题 X+[特征](X 唯一 \vee 全部 X \vee X 类整体)\rightarrow X 定指$$

③ 如果表示唯一的事物、事物的全部或事物类这一整体，事物又被确定为不定指的，则语力失效。(负迁移)推理公式是：

$$命题 X+[特征](X 唯一 \vee 全部 X \vee X 类整体)+X 不定指\rightarrow 语力失效$$

例如太阳是唯一的，就是定指的；所有的同学是全部的，就是定指的；"熊猫生活在高寒山区"的"熊猫"指这个类的整体，就是定指的。在"中国出了个毛泽东"中，"毛泽东"是唯一的，因此使用不定指的方式，其指称的语力就会失效，这里的"个"其实起到焦点标记的作用，突显后面的名词的重要性。

【指称原则六】 在语篇中给予一个事物以较多的信息，它就成为篇章主题，篇章主题是定指的。(正迁移)推理公式是：

$$命题 X+给予 X 详细信息\rightarrow X 篇章主题 \wedge X 定指$$

例如"一个女人挑着一担柴在前面吃力地向前移动"，这里的"一个女人"就通过信息的赋予而成为定指的篇章主题。

在世界语言中普遍存在"定指性限制"，即某些句法位置，对相关成分的定指性有具体的规定。一条重要的世界语言普遍共性是：担任主题的成分必须是定指的。人们集中讨论了很多语言中的句首通指(generic)成分，它在功能上是可识别的(identifiable)，因此是定指性的，但在形式上却可以使用该语言的不定指形式，参看 Lyons(1999/2005：233)，所以也可以认为是遵循定指性限制的。

下面是深刻反映汉语定指限制的例子，相信读者都十分熟悉，就不再多说：

(7) a. 那个学生没来找他。—— 一个学生没来找他。——有一个学

生没来找他。(当"一个学生"充当"有"的宾语时就可以了)
b. 客人来了。(已经提到的一些客人或其中的一部分)
   来客人了。(未知的客人)
c. 一个学生也没来找他。(全量否定,通指性)
d. 一个学生(如果)不来找他,他就会给他打不及格。(条件句,也是通指的)
   一个学生应该多向老师请教问题。(典型通指句)
   客人来了就不想走。(惯常句,具有通指性、类指性)

但是,上诉普遍共性其实是语用的规则,所以存在各种复杂的情况,例如某种程度上的"例外"。汉语中的确存在一些句子,它们的句首名词性成分是表示个体指称,也与通指无关,但是的确用了定指性很弱的表达方式,例如:

(8) 门无声地开了,一个脸色苍白的男人看着我。
    一个朋友把自己的棉大衣给他披上。

周思佳、陈振宇(2013)总结了此前研究中发现的这种句子成立的各种条件,并给出了计算方式,包括两类条件:
① 加分的项目,使句子更为合适:描写性修饰语、复杂的句法结构、名词具体化、感叹语气、复句。
② 减分的项目,使句子变得更不能说:"一量＋专名"、整体性谓词(individual-level predicates)、否定成分、可能补语和评价补语、疑问语气和祈使语气。

针对这样的情况,从理论上讲,至少可以有以下三种选择:

1) 承认这是不定指的成分,但认为只要符合特殊的条件,就可以得到允准,也就是说,汉语句首名词性成分并不需要严格遵守主题的定指性限制,或者说汉语只是倾向于遵守该限制,但在特殊的情况下可以突破。大部分汉语研究者都持这一观点,如陈平(2016)把汉语"主语"称为"定指倾向",倾向就不是百分之一百。

已经提出的"特殊"条件有:"算子约束说",如陆烁、潘海华(2009)等;"优势居首原则",如魏红、储泽祥(2007);"语用意图说",如聂仁发(2005)。

2) 承认这是不定指的成分,并认为主题根本不受什么定指性限制,而是受到其他语用原则的限制。如"出发点说",汉语句首名词性成分,实际上是言说的出发点,出发点并不需要是定指的,不定指的成分也可以自由地充当;至于在绝大多数情况下是定指性的,这只是信息流动的倾向性,也就是我们常常(但不一定)从一个给定(given)的信息流向一个新信息,而"给定"导致了定指性而已。

3) 不认为这里的句首成分还是不定指的,而是认为它已经变得定指了,因此根本没有违反定指性限制。如"充分信息说",参看范继淹(1985)、徐烈炯(1997)、陈平(1987)等的详细论述。

陈振宇(2017:163-179)采用第 3 种理论路线,这也是本书所赞同的。归纳起来,这种观点具有以下几个基本观念:

① 定指分层理论:语词的定指性质是一个连续统。如 Prince(1981、1992)提到的"全新(我买了一本书)—已锚定的全新(我用过的一本书)—未使用的(第一次提到"乔姆斯基")—可推导的(他买了一辆车,轮胎没有)—自身可推导的(巴士底狱的门)—语篇中已涉及的"序列,Gundel, Hedberg & Zacharski(2001)提出的"给定性等级"(givenness hierarchy)"可识别的类(a dog next door)—有指的(this dog next door)—唯一可识别的(the dog next door)—熟悉的(that dog next door)—被激活的(this dog、this、that)—焦点中的(it)"。

② 语词定指性质分布理论:一个语言的各种语词具有各种不同的定指程度差异,很多形式并不是绝对地归入定指或不定指,而是呈现出一个连续统。如 Givón(1985)的等级,以及 Ariel(1990:73)的"可及性理论"。陈振宇(2017:162)给出了一个汉语的排序:

图 3　汉语语词定指性序列(引自陈振宇 2017:162,略有修改)

图中的"定指标记"与"不定指标记",在汉语中是否存在,学界颇有争议:一些汉语方言有较专门的定指标记,如吴语的"个",普通话中中和的"这、那"可能是;普通话中"一+量"有的时候可能是不定指的标记;不过也有反对意见。

③ 定指化(specification of reference)理论。陈振宇(2017:166-179)说:"如果一个语词本身的定指程度不强,如一个普通名词或有数量的普通名词,那么如何通过语法操作,使它的定指性加强?从字面上看,定指化也就是

指称的具体化,它的最终目的是将语词所表示的事物的外延确定下来。"

按照这一理论,汉语中,只有当名词性成分的定指性已经达到相当大的定指程度之后,才能位于谓词前的位置,以满足定指性限制。

陈振宇(2017:166-179)总结了各种定指性操作与主题强调的具体情况。但是还需要进行更为系统性的总结。

1.1.4 无指与有指

【指称原则七】

① 无指的成分不能用表示外延的成分表达。(正迁移)推理公式是:

$$命题\ X + X\ 无指 \to [排斥] X\ 外延性质$$

② 如果可用外延性成分表达,事物就是有指的。(正迁移)推理公式是:

$$命题\ X + X\ 外延性质 \to X\ 有指$$

③ 如果用外延性的成分表达无指事物,则语力失效。(负迁移)推理公式是:

$$命题\ X + X\ 外延性质 + X\ 无指 \to 语力失效$$

例如"雷锋的精神"中"雷锋"是有指的,可以改为"他的精神";但"雷锋精神"是无指的,所以不能说"他精神"。

再如"我想考研究生"中"研究生"一般是无指的,所以一般不能更改为带指示词的结构。但是有时可以说"我想考这种研究生",这里的"这种研究生"是"研究生"的下位概念,这里无指的语力失效,而是转变为概念网络中的某个节点,这就有指了。

1.1.5 新信息与旧信息

旧信息是说话者认为已经在前文、语境或听说双方心中已经存在的信息;新信息是说话者认为自己不说则对方不知道,或者自己不问则自己不知道的信息。当然,新旧信息具有概率上的连续统,前面已经做了详细讲述。这里补充一点关于旧信息的规律。

【相对信息原则三(旧信息原则)】

① 对旧信息的再次言说,表示提醒(认为或担心对方会遗忘)、作为证据。(正迁移)推理公式是:

$$命题\ X + 陈述\ X + [特征] X\ 旧信息 \to$$
$$提醒对方\ X(认为或担心对方会遗忘) \lor X\ 作为证据$$

② 对旧信息的再次询问,可能是说话者自己遗忘,也可能是表示提醒,

表达或诱发对方给予特别的关注,也可能是故意破坏信息过程(不合作),表示意外,等等。(正迁移)推理公式是:

$$命题\text{X}+询问\text{X}+[特征]\text{X}旧信息 \rightarrow 言者遗忘\text{X} \vee$$
提醒对方 X(认为或担心对方会遗忘)∨希望对方关注 X∨破坏信息过程∨意外

上述二者都在前面关于告知和询问的语力失效后的允准条件部分做了介绍,就不再多说了。这里介绍一个特殊格式,汉语"不是"句,不是询问句,而是一种陈述功能,其中一种显赫的用法就是表示提醒:

(9) 你<u>不是了解过</u>这个项目吗?可以从这一点入手看看。(提醒对方)
这人啊,<u>不是都得吃饭睡觉</u>,那么这方面的需求呢,是永远存在的。(作为证据)

再如对已知信息的询问:

(10) 同学们,大家说说,今天咱们有什么课程啊?(提醒,担心对方忘记)
我当时究竟说了些什么?(说话者遗忘)
那么,究竟为什么瑞士没有卷入二战呢?(老师希望同学们关注这一问题)
——这不是我昨天没来得及做嘛……——你昨天没来得及做吗?(破坏信息过程/意外)

1.2 事实性

1.2.1 语言中的"事实"的定义

什么是说话者在言说时认定的事实?事实是否就是"真假"?

前面已经说过,根据"相对真值"观,所谓"真、假"是事物在特定可能世界中的投射,即我们不能说事物 X 是真还是假,而必须说事物 X 在世界 Y 中是真还是假,因此如果世界不同,真假的取值是有可能不同的。

按照陈振宇(2017、2019)的"可能世界分层理论",我们在生活、工作、科学研究中实践的事物,是与我们的现实世界有关的,是"真实"(reality)范畴,而不是"事实"(factivity)范畴。所谓"真实",就是在现实世界中存在的事物;"反真实"就是在现实世界中不存在的事物;"非真实",就是在现实世界中可能存在也可能不存在的事物,尚未确定。

但是"事实"却不是如此,它关心的不是现实世界,而是说话者当前正在面对或言说的那个世界,它可能是现实世界,也可能是一个认知的世界(如在讲述《西游记》的故事),所以二者又可能有不同的真假取值。例如我们说"猪八戒在高老庄结的婚,这是事实(《西游记》中这样记载的),你说是在盘丝洞,这不是事实,你弄错了。"但是我们不能说"♯猪八戒在高老庄结的婚,这是真实的。"

"可能世界分层理论"把我们谈论的一切可能世界分为两个层次、三个大类:"原初世界/源世界"和"认知世界"。认知世界又进一步分为"直陈世界"和"非直陈世界"(虚拟世界)。陈振宇、姜毅宁(2018)说:"任何一个认知世界(包括话语世界)中存在的事物或命题,从本质上讲,都不能直接投射到现实世界中来;现实与认知的关系是一种实践关系,实践是检验现实真理的唯一依据,这既然不是语言学的任务,也就不必执拗于此。"

世界语言中,一般并未发展出区别现实与非现实世界的形式符号。陈振宇、姜毅宁(2018)说:

> 例如说话者说"我爸爸昨天回来了"和"猪八戒娶了高小姐",前者在说话者本人所在的现实世界中可能是真实的,而后者却肯定是虚假的。但对当下言语活动而言,这两句都是说话者直陈的内容,被他作为事实来讲述。在语法中,汉语以及绝大多数语言并没有专门的标记来区分这两种事实性表述。因此,它们在人类认知中,实际上是被当成一个范畴来看待的,这就是"直陈世界"。
>
> 但是,大多数语言都会多多少少发展出一系列语言形式,来区别直陈世界与非直陈世界,如说话者说"我爸爸昨天回来了"和"我爸爸昨天可能回来了",前者是直陈事实,后者却加了一个推测标记"可能",表明"我爸爸昨天回来了"仅仅是说话者的一个假定,并不能完全肯定是事实。我们同样可用这一语句模板来分析"猪八戒娶了高小姐"和"猪八戒可能娶了高小姐"。由此可知,汉语中的推测情态区分的不是真实与事实,而是事实与虚拟。即假定的东西通常都会有标记,但事实最容易直接陈述(不论该事实是否真实)。
>
> 综上所述,从科学的角度讲,现实世界是最重要的世界,一切表达只有在现实世界有效(可验证)才是科学的真实。真实性(reality)是关于事物与现实世界的知识。但是从语言学的角度讲,由于语言并不能对现实世界如何,所以直陈世界在诸世界中才居于最重要的地位,事实性(factivity)是关于事物与直陈世界的知识,他代表的是说话者的主观

立场(而不是客观世界本身的性质),我们可分出以下几种:

"事实"指事物在直陈世界存在,这意味着说话者把它当成一个事实来说或想。

"反事实",又称为"违实""虚拟",在直陈世界不存在,但在某个非直陈世界中存在,这意味着说话者把它当成一个纯粹的虚拟事物来说或想。

"非事实"是指事物在直陈世界中是否存在并不清楚,说话者虽然提出它,但并不一定把它当成事实,也不一定当成反事实。

事实是正确定,反事实是负确定,它们都是确定的信息;而非事实是不确定。另外,从道理上讲,非事实不能完全机械地看成概率为百分之五十的那个点,而应该看成该点左右的区间,因为它会略微偏向某个方向。本书中,凡是提到"弱事实"和"弱反事实",实际上它们都是非事实。

我们还得把语言学意义上的"事实"与心理学的有关概念区分开来。言语行为从本质上讲,是一种外在的人类活动,即使是心中想或默念的话语,也是实际进行的有意识的活动,所以我们所说的事实,是说话者通过说话(包括心中默想),在话语中传递出的他对事物在当前论域中的存在性的态度。然而心理从本质上讲,却并非总是有意识的,并非总是实际的活动,也并非总是在人际关系中表现出来的。因此心理与语言表现并不总是一致。

例如所谓的"欺骗",张三知道李四昨天没来,但他欺骗小王,对小王说"李四昨天来了",那么"李四昨天来了"对张三而言是事实,还是反事实？我们得问,你是在何种意义上问其事实性的。不论是心理还是话语世界,都是认知世界,但它们的性质不同,因此就张三的心理而言,"李四昨天来了"是反事实,只不过他的外在表现与其心理相反而已。但是对张三所从事的言语行为,对张三的话语而言,如果他没有用什么特别的手段提醒对方自己可能是在说反话,那么他的确是在表现他认为"李四昨天来了"是事实,这是一个直陈句。

由于人的心理是一个"黑匣子",我们只能假定和自省,所以在言语行为研究中,我们无法立足于说话者的真实的心理状态,而只能立足于说话者在言说中表现出来的他的心理状态(真实与否是个实践问题)。在上例中,即使张三在欺骗小王,张三也是表述事实。

【事实性原则一】 如果说话者直接陈述事物,则在默认的情况下,他就是在表示该事物为事实。(正迁移)叠加公式为:

$$实体/命题\ X \wedge 陈述\ X \wedge [特征]没有其他提示 \rightarrow X\ 事实$$

但是,有一种情况我们需要注意区别,如"反语",这是一种语言表现手段及其产品,说话者说 X,粗粗一看,他是在表示 X 是事实(他的表面立场),但是他的话语中有某种特殊的形式特征,如特殊的韵律,隐含的某些语义矛盾,某些特殊的(多余的)符号,等等,又诱使听话者去猜想他的认识其实与话语中的字面意义不同或相反,他实际上(他的隐秘立场)是认为 X 是反事实。

如张三这样对小王说:"你问我李四来没来,我作为他朋友,只能告诉你,李四昨天来了。"这并非真正的欺骗,因为话语中有特殊的形式"作为他朋友,我只能告诉你 X",他将诱导听者按照逻辑上的"极性化"的方向去理解,如下所述:

(11) 作为他朋友,我告诉你 X。
　　　| 把充分条件极化理解为充要条件
　　如果不作为他朋友,我不会告诉你 X。
　　　| 作为他朋友我受到了限制,而不作为他朋友才是真
　　　　实的我。
　　我实际想告诉你的是~X,所以 X 是反事实。

因此反语并不是欺骗而只是晦涩,不是直接表述事实性,而是用一些线索诱导听话者进行比较复杂的语用推理,间接表达事实性。反语的一切手段都是语言表现方面的,是一种特殊的言语行为,因此是本书所说的语言研究的事实范畴的内容。

【反语原则】

① 反语的表达需要特殊的形式表现。(正迁移)推理公式为:

　　命题 X+陈述 X+[特征]X 反事实→有特殊形式表现

② 如果没有特殊的形式表现,就不是反语(就是在表达事实)。推理公式为:

　　命题 X+陈述 X+[特征]没有特殊形式表现→X 事实

1.2.2　时间与事实

世界语言中"体(aspect)—时态(tense)—情态(modality)"三个范畴,常常使用同一形式来表达,很多时候难以完全分离,参看 Dahl(1985)、Bhat(1999)等人的研究。

1) 时间的顺序也是事实性实现的顺序,有关规律可以概括为以下语用

原则。

【时间原则一】 如果事物 A 的时间一定是在 B 的前面,则:

① B 为事实时,A 一定已经是事实。(正迁移)推理公式为:

$$A \wedge B \wedge [特征]A 先 B 后 \wedge B 事实 \rightarrow A 事实$$

② A 为反事实,则 B 一定是反事实。(正迁移)推理公式为:

$$A \wedge B \wedge [特征]A 先 B 后 \wedge A 反事实 \rightarrow B 反事实$$

例如必须先吃饭才会有饱足,那么一个人已经饱足了,则他肯定已经吃了;反之,如果没有吃饭,自然也没有饱足。请注意,这里说"A 的时间一定是在 B 的前面",如果不是一定,那就未必有此关系,而一定的话,则必然有此关系,没有例外,即是全概率的推理。

例如"饱",如果我们理解为狭义的饱足,则一定有以下关系:

(12)　　O　　　　P(M|O)　　　　　P(M)
他饱了,所以他应该已经吃了。
♯他饱了,所以他应该还没吃。
♯他饱了,　　　　　　　　但是所以他已经吃了。
?他饱了,　　　　　　　　但是他还没吃。①

但是如果把"饱"理解为广义的肚子胀,那么就可以例外了,因为可以是"他饱了,但是他还没吃,他是喝水喝饱的/他是气饱的"。

2) 事件的有界性与时间论域的大小,都与事实性有关。陈振宇(2007)说,说话者认为事物 E 有界,它处于某一时间论域 T 之中。所谓时间论域,就是说话者考察事件的时间窗口,如"昨天他去了学校"中"昨天"就是这一个窗口,我们所观察的是在这一个窗口中事件的表现。

【时间原则二】 T 是时间论域,E 是事件或事物 X 的时间

① 如果认为事件在 T 发生,且事件在 T 以外的时间论域~T 中没有发生,则 T≥E。(正迁移)推理公式为:

$$事物 X \wedge [特征]X 在 T 事实 \wedge [特征]X 在 \sim T 反事实 \rightarrow (T \geq E)$$

② 如果 T<E,则事件在 T 以后的时间论域 T' 中必然会继续实施。

---

① 也有被试认为"他饱了,但是他还没吃呢"可以说,例如在神话中可以通过呼吸而吸收养分,不需要吃饭。

(正迁移)推理公式为:

事物 X∧[特征]X 在 T 事实∧[特征](T<E)→X 在 T 后是事实

【强化—时间原则二】 T 是时间论域,E 是事件或事物 X 的时间

如果知道 T≥E,并强调事件在 T 发生,则认为事件在 T 以外的时间论域～T 中没有发生。(叠加)推理公式为:

事物 X∧X 在 T 事实∧[特征](T≥E)∧[特征]强化语力→X 在～T 反事实

例如:

(13) a. 他去年去了北京旅游。
  b. 他去年上了大学。
  c. 他去年带了研究生。

"去北京旅游"一般用不了那么多时间,肯定比"一年"短,因此例 a 一般是指他去年去,去年就结束,现在不在北京了。格式检验一下,"后来还在北京"是极端小概率事件:

(14)   O   P(M|O)   P(M)
 ♯他去年去北京旅游,所以现在应该不在北京了。
 ♯他去年去北京旅游,所以现在应该还在北京。
 他去年去北京旅游,   但是现在不在北京了。
 ♯他去年去北京旅游,   但是现在还在北京。
 ♯他去年去北京旅游,   甚至现在不在北京了。
 他去年去北京旅游,   甚至现在还在北京。

"上大学"一般是要很多年,比"一年"的时间长,因此,例 b 一般是指他去年开始上大学,并且会延续到去年以后。不过这并非百分之一百,格式检验一下是大概率事件:

(15)   O   P(M|O)   P(M)
 他去年上了大学,所以今年应该在大学读书。
 ♯他去年上了大学,所以今年应该不在大学读书了。
 ♯他去年上了大学,   但是今年在大学读书。
 他去年上了大学,   但是今年不在大学读书了。

陈振宇(2007:376)解释说:

> "他带研究生"这一事件持续时间较长,一般不会只带一年,根据时间长度原则,起始已被再建构、投射到窗口"去年"中,由于事件时间长度大于窗口,所以终结便不再投射到窗口中。于是该句最终是说他去年开始带研究生,是起始体意义。
>
> 有这样一种特殊情况,某人带研究生只带一段时间,比如说几个月,然后就不带了,于是事件"他带研究生"的长度小于窗口长度一年,根据时间长度原则,终结也投射到窗口中,这便得到完整体意义,指他去年从事了一个完整的、整体性的活动。

陈振宇(2007:372)说,心理上有一种"完形"(gestalt)的倾向,即如果从窗口看事物,会觉得窗口中的事件是有边界的。因此,如果我们强调事物在某一窗口为真,就会觉得它会在这一窗口中结束,所以在窗口之外便不再为真。不过这一点并不能直接得到,而且从逻辑上讲是有缝隙的(事物完全有可能在窗口之外也为真),需要更多的条件。

【时间原则三】 说话者认为事物为真,如果它不在~T 为真(即在窗口之外为假),则它在 T 为真。(正迁移)推理公式为:

事物 X∧[特征]X 事实∧[特征]X 在~T 反事实→X 在 T 事实

这一点很好理解,它是由逻辑"选择规则"推出的。

【强化—时间原则三】 说话者特别强调事物在 T 为真,也就是说事物在~T 为假。(叠加)推理公式为:

事物 X∧[特征]X 在 T 事实∧[特征]强化语力→X 在~T 反事实

例如下面的事件从理论上讲,是不一定有边界的,昨天看教材,前天、今天也可以看,上午在教室自习,下午和晚上也可以。但是在我们特别强调的情况下,说话者会倾向于表示这只是"昨天、上午"做的事,其他时间没做:

(16) ′**昨天**我看了教材。
　　张三′**上午**在教室里自习。

当然,这是完全可以推翻的,可以通过添加来纠正,不过这时就没有强调了,如:

(17) 张三上午在教室里自习,你可以去看看他是否还在。

用格式检验一下是介于大、小概率之间的预期:

(18) a.   O   P(M|O)   P(M)

?张三是'**上午**在教室里自习,所以下午应该是在别的地方。

(♯12-?7-20)

♯张三是'**上午**在教室里自习,所以下午应该也在那儿。

(♯15-?22-2)

♯张三是'**上午**在教室里自习,   但是下午是在别的地方。

(♯30-?7-2)

张三是'**上午**在教室里自习,   但是下午也在那儿。

(♯2-?2-35)

b.   O   P(M|O)/P(M)

?张三是'**今天上午**在教室里自习,所以他昨天晚上应该是在别的地方。   (♯10-?7-22)

♯张三是'**今天上午**在教室里自习,所以他昨天晚上应该就在那儿了。   (♯23-?7-9)

♯张三是'**今天上午**在教室里自习,但是他昨天晚上是在别的地方。   (♯29-?7-3)

张三是'**今天上午**在教室里自习,但是他昨天晚上就在那儿了。

(♯0-?3-36)

与之相似的规则还有:

【时间原则四】 说话者认为事物为真,

① 如果它不在 t 之前为真,则它在 t 之后为真。(正迁移)推理公式为:

事物 X∧[特征]X 事实∧[特征]X 在 t 前反事实(T≥E)→X 在 t 后事实

② 如果它不在 t 之后为真,则它在 t 之前为真。(正迁移)推理公式为:

事物 X∧[特征]X 事实∧[特征]X 在 t 后反事实(T≥E)→X 在 t 前事实

这也是由逻辑"选择规则"推出的。

【强化—时间原则四】

① 说话者特别强调事物在 t 后为真,也就是说事物在 t 前为假。(叠加)推理公式为:

事物 X∧[特征]X 在 t 后事实∧[特征]强化语力→X 在 t 前反事实

② 特别强调事物在 t 前为真,也就是说事物在 t 后为假。(叠加)推理公式为:

事物 X∧[特征]X 在 t 前事实∧[特征]强化语力→X 在 t 后反事实

例如:

(19) 我ʹ**放假后**去找你。(推出放假前不去找你)
　　ʹ**11 点前**他在教室看书。(推出 11 点后不在)

用格式检验一下是大概率甚至是全概率的预期:

(20) a.　　　　O　　　　　　　P(M|O)/P(M)
　　 他说"我ʹ**放假后**去找你",所以他放假前应该不会去了。
　　 ♯他说"我ʹ**放假后**去找你",所以放假前应该也会去。
　　 ♯他说"我ʹ**放假后**去找你",但是放假前没去。
　　 ?他说"我ʹ**放假后**去找你",但是放假前也去了。
　　 b.　　　　O　　　　　　　P(M|O)/P(M)
　　 他说"ʹ**11 点前**小明在教室看书",所以他应该是认为 11 点后小明没看了。
　　 ♯他说"ʹ**11 点前**小明在教室看书",所以他应该是认为 11 点后小明还在看。
　　 ♯他说"ʹ**11 点前**小明在教室看书",但是他是认为 11 点后小明没看了。
　　 ?他说"ʹ**11 点前**小明在教室看书",但是他是认为 11 点后小明还在看。

3) 人们关于真实性的认识,其原型是说话者的身体感知,如果他已经经验过一个事物,他会把它当成事实,反之,如果他认为一个事物是非事实或反事实,则他没有经验该事物。

"已经经验",不论这种经验的直接性和可靠性有多大,都必须有经验支撑,近的是说话者自己的直接经验,远的是有其他途径给说话者的间接经验,如权威的告知等等。与之相反,是"未经经验",说话者没有亲身体验,并且其他途径的间接经验或者是没有,或者是不可靠。

注意，所谓经验，就是在经验者的直陈世界中存在；这是他的经验，未必是现实世界的存在，例如一些心理经验是无法外化于现实世界的。

【时间原则五】

① 说话者认为事物已经经验，则他认为事物是事实。（正迁移）推理公式为：

$$事物\ X \wedge 亲历（已经经验）\rightarrow X\ 事实$$

② 如果他认为不一定是事实，则是认为自己尚没有经验。（正迁移）推理公式为：

$$事物\ X \wedge X（反事实 \vee 非事实）\rightarrow 未亲历（未经验）$$

用格式检验一下是大概率推理：

(21) a.　　 O　　　　　P(M|O)　　　　　P(M)
　　　　我见过，所以这应该是真的。
　　　　♯我见过，所以这应该是假的。
　　　　♯我见过，　　　　　但这是真的。
　　　　我见过，　　　　　但这是假的。

　　b.　　 O　　　　　P(M|O)　　　　　P(M)
　　　　他不知道这是真是假，所以他应该没有见过它。①
　　　　♯他不知道这是真是假，所以他应该见过它。
　　　　♯他不知道这是真是假，　　　　但是他没有见过它。
　　　　？他不知道这是真是假，　　　　但是他见过它。

【强化—时间原则五】

① 说话者特别强调事物的事实性，也就是说事物是亲身经历的（已经经验的）。（叠加）推理公式为：

$$事物\ X \wedge [特征] X\ 事实 \wedge [特征]强化语力 \rightarrow 亲历（已经经验）$$

② 如果强调事物的未经验，就是在说事物不一定是事实，可能是反事实。（叠加）推理公式为：

$$事物\ X \wedge [特征] 未亲历（尚未经验）\wedge [特征]强化语力 \rightarrow X（反事实 \vee 非事实）$$

---

① 这里之所以不说"我"而用"他"，是因为说话者自己不能对自己的过去行为感受进行推导，不能说"所以我见过、所以我去过"。

在一些语言中用事实情态标记表示已然体,如"他去的北京"中动词后的"的"具有事实强调功能,同时有"已然"体功能。还有:

(22) a. 甲:听说三号湾半价酬宾?
乙:这是真的!
甲:莫非……你已经去过了?
b. 甲:听说没有,三号湾半价酬宾?
乙:我去(的时候)可没看到!

例 a 中,乙特别强调半价酬宾是真的,她为何能这么肯定,由此回溯到她自己的经历,甲猜测她已经经验过了。在例 b 中,乙强调对他而言,这是未经验的,由此迁移为对事物为真的否认,既然我没经验,那说不定这是假的。

用格式检验一下是大概率的预期:

(23) a.　　　　　O　　　　　　P(M|O)　　　　　　P(M)
他知道这是真的,所以他应该去过。
♯他知道这是真的,所以他应该没去过。
♯他知道这是真的,　　　　　　　但是他去过。
他知道这是真的,　　　　　　　但是他没去过。
b.　　　　　O　　　　　　P(M|O)　　　　　　P(M)
我去的时候没看到,所以这应该是假的。
♯我去的时候没看到,所以这应该是真的。
♯我去的时候没看到,　　　　　　但是这是假的。
我去的时候没看到,　　　　　　但是这是真的。

4) 真实性与事件的时(tense)、体(aspect)有关。我们表述的已然(过去或现在)的事件,与事实是无标记的配置,而未然(将来)与非事实是无标记的配置。

【时间原则六】
① 说话者认为已然(过去或现在)的事物,则他认为事物是事实或反事实。(正迁移)推理公式为:

事物 X∧X 已然→X(事实∨反事实)

② 如果他认为不一定是事实,则是认为事物是未然。(正迁移)推理公式为:

$$事物 X \wedge X 非事实 \to X 未然$$

用格式检验一下:

(24) a.   O   P(M|O)/P(M)

"他去学校"是对过去的事的讲述,所以他去学校或者是真的,或者是假的。

♯"他去学校"是对过去的事的讲述,所以他去学校不知道是真的还是假的。

♯"他去学校"是对过去的事的讲述,但是他去学校或者是真的,或者是假的。

"他去学校"是对过去的事的讲述,但是他去学校不知道是真的还是假的。

  b.   O   P(M|O)/P(M)

? 还不知道"他去学校"是真是假,所以这应该是未来的事。

♯还不知道"他去学校"是真是假,所以这应该已经是过去或现在的事。

♯还不知道"他去学校"是真是假,但是这是未来的事。

还不知道"他去学校"是真是假,但是这已经是过去或现在的事。

【强化—时间原则六】

① 说话者特别强调事物的事实性,也就是说事物是已然(过去或现在)。(叠加)推理公式为:

$$事物 X \wedge [特征] X 事实 \wedge [特征] 强化语力 \to X 已然$$

② 如果强调事物的未然,就是在说事物不一定是事实,可能是非事实。(叠加)推理公式为:

$$事物 X \wedge [特征] X 未然 \wedge [特征] 强化语力 \to X 非事实$$

用格式检验一下是大概率的预期:

(25) a.   O   P(M|O)/P(M)

"他去学校"的确是真事儿,也就是说他应该已经去了学校。

♯"他去学校"的确是真事儿,也就是说他应该还没去学校。

♯"他去学校"的确是真事儿,但是他已经去了学校。

"他去学校"的确是真事儿,但是他还没去学校(是明天去)。

b.   O   P(M|O)/P(M)

"他去学校"是讲述未来的事,所以他去学校是真是假应该还不确定。

♯"他去学校"是讲述未来的事,所以他去学校应该已经知道是真是假了。

♯"他去学校"是讲述未来的事,但是他去学校是真是假还不确定。

"他去学校"是讲述未来的事,但是他去学校是真是假已经确定了。

  语言中事实情态标记与已然体之间相通,如现代汉语中,表相对过去时间的"了"可以用来表示肯定语气"事实如此,勿用质疑"之义,如"这件大了!我去了北京了!"而表示事实的"的"在用于谓词之后时,表示事件已发生(过去时),如"他坐车去的北京"(坐车去北京是真的,所以坐车去北京的事已经发生)。

  陈振宇(2007:363)说:"Comrie(1976:79)就用了整个第4章来论述时与体的关系,用多种语言的材料说明完整与过去时,而非完整与现在时之间存在无标记搭配;而当它们用于未来时,完整表相对过去时,非完整表相对非过去时。"

【时间原则七】

① 说话者认为事物已经完结,则他认为事物是过去的。(正迁移)推理公式为:

$$事物 X \wedge [特征]X 已经完结 \rightarrow X 过去$$

② 如果他认为是现在或未来的事物,则他认为事物还没有完结。(正迁移)推理公式为:

$$事物 X \wedge [特征]X(现在 \vee 未来) \rightarrow X 未完结$$

汉语"过、了"表示过去(注意,这里是相对过去)。用格式检验一下是全概率的预期:

(26) a.   O   P(M|O)   P(M)

他已经看完了书,所以看书应该是过去的事。

♯他已经看完了书,所以看书应该是现在的事儿。

♯他已经看完了书，　　　　　　　　但是看书是过去的事。
♯他已经看完了书，　　　　　　　　但是看书是现在的事儿。

b.　　　O　　　　P(M|O)　　　　P(M)

他在看书呢，所以他应该还没看完。
♯他在看书呢，所以他应该已经看完了。
♯他在看书呢，　　　　　　　　但是他还没看完。
♯他在看书呢，　　　　　　　　但是他已经看完了。

【强化—时间原则七】

① 说话者特别强调事物是过去的，也就是说事物已经完结。(叠加)推理公式为：

事物 X∧[特征]X 过去∧[特征]强化语力→X 已经完结

② 说话者特别强调事物的未完结性，也就是说事物现在在进行或未来会发生。(叠加)推理公式为：

事物 X∧[特征]X 未完结∧[特征]强化语力→X(现在∨未来)

这是因为事物在过去发生，那么也就是强调是在现在之前为真，前面说过，这也就是说在现在之后为假，因此事物的各个部分都应该在现在之前实现。

(27) 这事儿刚才说过。(已经说完了，不必再说)
　　　我昨天读书。(意为已经读完了，今天不读书)
　　　I wrote a letter.(不仅是说过去写信，而且是说写完了)
　　　他是我过去的朋友。(意为现在已经不是了)

用格式检验一下是大概率的预期：

(28)　　　O　　　　P(M|O)　　　　P(M)

他说"我昨天读书"，所以他应该已经读完了。
♯他说"我昨天读书"，所以他应该还没读完。
♯他说"我昨天读书"，　　　　　　　　但是他已经读完了。
他说"我昨天读书"，　　　　　　　　但是他还没读完。

在汉语等语言中，有一个"经历"(experiential)意义，汉语的"过 2"就是其典型代表,它具有三个主要特征:事件是在过去发生(过去时),事件已经完结(完结性),事件又可以重新发生了(可重复性),参看陈振宇、李于虎(2013a、2013b)的详细讨论。但是世界上大多数语言没有专门的经历标记,它们多是用过去时表示经历意义,如下面的英语例子a。当然也可能用其他方式,如例b所用的英语完成式,不过远不如过去时常见。

(29) a. 我在狱中时曾给我妻子写过一封信。When I was in jail I wrote to my wife.
我们和朋友聊过,他们也都非常痛恨自己的手机。We talked to our friends, and they all hated their cellphones too.
b. 我去过他的故乡。I have been to his hometown.

英语完成式有相对过去时意义,又有事件完结的意义,不过它更强调事件对当前时点的影响,如上例b意味着我去过他故乡对现在有重要的影响,即我(现在)知道他故乡的情况了。如果忘了他故乡究竟如何,那就要用过去时了。而汉语的"我去过他的故乡",有不同的焦点意义:或者是说这事已经过去,对现在没有影响了;也可以是说对现在还有影响,既然去过,一直到现在都知道他的故乡的事。

过去时为什么对"过2"的翻译更重要,就是因为根据【强化—时间原则七】,强调过去发生,则推出事件已完结,因此与"过2"的语义最接近。不过过去时也有一个地方与"过2"不同,即过去时不一定要求事件还具有可重复性,所以以下过去时的句子不能翻译为"过2",因为一个人只能死一次,不可能再让死的状况完结,让他再死一次:

(30) Danny died during the war.丹尼死于战争期间。/×丹尼在战争期间死过。

下面看另一组例子:

(31) 我给你说,这事儿没完。(现在或未来还要来)
你作业还没有写完啦!(要求你在现在或未来继续写)

通过说明事情未完结,来预告事情在现在或未来还会发生,如说"这事儿没完",也就预告现在或未来还会继续下去。用格式检验一下是介于大概

率和全概率之间的预期:

(32)　　　　O　　　　P(M|O)　　　　P(M)
　　　这事儿没完,所以未来还会发生。
　　　♯这事儿没完,所以未来不会再发生了。
　　　♯这事儿没完,　　　　　　　但是未来还会发生。
　　　?这事儿没完,　　　　　　　但是未来不会再发生了(可能是因为特殊的原因终止了事件进程)。

再由预告未来会发生,可以得到祈使意义,如"你作业还没有写完"最终是要求对方继续把作业写完。这里需要更多的规则,后面我们在祈使时会讲到。由于达成这一祈使意义需要中间环节,所以直接性降低,祈使的语力并不强。

【时间原则八】
① 说话者认为事物是过去或未来的,则他认为事物不是正在进行,也不有效。(正迁移)推理公式为:

$$事物\ X \wedge X(过去 \vee 未来) \rightarrow X(不在进行 \wedge 无效)$$

② 如果他认为是正在进行或有效的,则他认为事物是现在的。(正迁移)推理公式为:

$$事物\ X \wedge X(在进行 \vee 有效) \rightarrow X 现在$$

汉语"在、着"表示进行,所以有现在时(注意,这里是相对现在)的意义,如下例 a 都是指现在时间,下例 b 都是指参考事件"我进去"当时的时间,这是过去时间,所以现在他已经没在看书,花已经不红了:

(33) a. 他在看书。花红着呢。
　　　b. 我进去的时候,他在看书。/花红着呢。

用格式检验一下是全概率的预期:

(34)　　　　O　　　　P(M|O)　　　　P(M)
　　　花红着呢,也就是说现在应该是红的。
　　　♯花红着呢,也就是说现在应该不红。
　　　♯花红着呢,　　　　　　　但是现在是红的。
　　　♯花红着呢,　　　　　　　但是现在不红。

【强化—时间原则八】 说话者特别强调事物是现在的,也就是说事物正在进行或正有效。(叠加)推理公式为:

事物 X∧[特征]X 现在∧[特征]强化语力→X(在进行∨有效)

例如:

(35) a. 这就是现在的事儿/状况。(正在进行或持续)
　　 b. 甲:招生简章还有效吗?
　　　　乙:我们现在还在招生。(所以是有效的)

用格式检验一下是大概率的预期:

(36)　　　　　O　　　　　　P(M|O)　　　　　　P(M)
　　 我们现在还在招生,所以招生简章应该还是有效的。
　　 ♯我们现在还在招生,所以招生简章应该已经无效了。
　　 ♯我们现在还在招生,　　　　　　但是招生简章还是有效的。
　　 我们现在还在招生,　　　　　　但是招生简章已经无效了。

5) 在语篇中,信息流也是在时间中展开的过程,也与事实性有关。

【时间原则九】 在信息流中,

① 先表达的信息如果无自相矛盾,也没有被显性的修正或否定,说话者自己也没有表示自己有能力进行修正或否定,则被听说双方作为事实而接受。(正迁移)推理公式为:

命题 X∧[特征]对 X 的言说已经结束∧[特征]无自相矛盾∧[特征]无显性修正或否定∧[特征]说话者无能力修正或否定→X 事实

② 如果先表达的信息变得反事实或非事实,即说话者对此进行怀疑,则是因为有自相矛盾,或者是因为有修正或否定,或者是说话者表明自己有能力提出修正或否定。(正迁移)推理公式为:

命题 X∧[特征]对 X 的言说已经结束∧[特征]X(反事实∨非事实)→
　　 有显性修正或否定∨自相矛盾∨说话者有能力修正或否定

这就是所谓的"诉诸无知"(Gabbay & Woods 2003,2005),倾向于接受他人的话语和论点,除非发现了问题或习惯性不相信,或是不加质疑会蒙受损失。

"引用他人或权威的话作为证据"的证明方式,实际上就是这一语用规则的运用。不过当我们发现前面的表述本身存在自相矛盾之处时,规则会自动失效。另外,用格式检验一下,引用证明法也只是大概率的预期:

(37)　　　　O　　　　　　　　P(M|O)/P(M)

上帝说"人是有罪的",所以我们人类应该是有罪的。

♯上帝说"人是有罪的",所以实际上人不一定有罪,也许有罪的是上帝自己。

♯上帝说"人是有罪的",但是我们人类是有罪的。

上帝说"人是有罪的",但是实际上人不一定有罪,也许有罪的是上帝自己。

【时间原则十】 在信息流中,

① 在事件表达之前先行表达的(作为句子主题)、具有事件复数性质的事物[①],如果没有被显性的量化修正,则说话者认为它全部参与了事件(全称量化)。(正迁移))推理公式为:

事物 X∧[特征]X 是事件 Y 的句子主题∧[特征]X 是 Y 的事件复数∧[特征]无显性的量化修正→∀x((x∈X)→Y(x))

② 在事件表达之前先行表达的(作为句子主题)、具有事件复数性质的事物,如果它有成员没有参与事件,则是受到了显性的量化修正。推理公式为:

事物 X∧[特征]X 是事件 Y 的句子主题∧[特征]X 事件复数∧[特征]∃x((x∈X)&∼Y(x))→有显性的量化修正

③ 在事件表达之前先行表达的(作为句子主题)、具有事件复数性质的事物,没有被显性的量化修正,但它却有成员没有参与事件,会语力失效。(负迁移)推理公式为:

事物 X∧[特征]X 是事件 Y 的句子主题∧[特征]X 是 Y 的事件复数∧[特征]无显性的量化修正∧[特征]∃x((x∈X)&∼Y(x))→语力失效

在"间接量化"的讨论中,可以把这一条称为"预存集合"的全称量化性质。陈振宇(2019)说:

[①] 关于"事件复数",请参看陈振宇(2017)的详细论述。

时间关系上看,句中谓词的论元分为两种:

1)"事件加合论元"(summed argument by event),在事件进行中逐渐引入事件的事物,它们的数量具有加合性,即在事件中逐次增加,当事件结束后,达到最终的集合。汉语小句以谓词为界,谓词右边的论元都是加合论元。……

2)"预存论元"(pre-existing argument),作为说话者谈论事件的出发点的事物,它们在我们表达事件之前已经存在,由于事件就是对它们的说明,所以一般而言,是对它们整体或全体的说明。汉语小句以谓词为界,谓词左边的论元都是预存论元,包括话题、主语、谓词前的介词宾语(如"他把两本书递给她"中的"两本书")等等。……

信息传递过程分为两种,这导致了对预存论元的不同处理方式:

1) 在信息的顺向递增中,前面出现的信息就当它为事实或知识背景了,不再去考虑它的真假与准确问题,而是默认为真。这时,小句的预存论元就是事实,并且全部是后面事件的参与者。如果事件是整体解读,那么因为是一次事件,无所谓什么全称量化;如果这一论元只有唯一的成员,如"我买了书"中的"我"是事件单数,那也无所谓什么全称量化。但如果事件是分配解读,这一预存论元也是事件复数,那么即使句中没有量化算子,这一论元也很自然地得到全称量化意义(除非不满足"多对一"的格局,而这是很罕见的),……

2) 在信息的逆向纠正中,如果纠正的是预存论元的全部,则依然保持全称量化,……

但是,有一种特殊的信息纠正,却只涉及预存论元的一部分,当然就会破坏全称量化……

请注意,下面划线的部分就是预存论元。先看顺向递增的例子(例引自陈振宇 2019):

(38) <u>他们</u>读三年级了。(他们每个都读了)

<u>三班的战士</u>是打不烂、拖不垮的英雄汉。(每个人)

<u>北京和沈阳</u>很热。(两处地方都热)

<u>张三和李四</u>来找他。(两人都来了)

<u>张三和李四</u>我都认识。(两人我都认识)

他把<u>窗台和阳台</u>种上花。(两处地方都种上)

他把<u>五颗手榴弹</u>藏到柜子后面。(五颗都藏了)

在教学楼里、在操场上、在学校大门口,同学们义愤填膺,高呼口号,声讨北洋政府的暴行。(教学楼、操场、大门口每处都这样)
对张三和李四,我很有意见。(两个人我都有意见)

陈振宇(2019)说:"在信息的逆向纠正中,如果纠正的是预存论元的全部,则依然保持全称量化。"如(例引自陈振宇 2019):

(39) 张三和李四,我不认识。(两个都不认识,否定具有全部否定的性质)
这几种怪兽他已经找了一年多了。(每种都在找,"找"具有虚指性)
北京和上海,你去过吗?(两个地方都加以询问)

陈振宇(2019)说:"但是,有一种特殊的信息纠正,却只涉及预存论元的一部分,当然就会破坏全称量化。"如(例引自陈振宇 2019):

(40) a. 弱水三千只取一瓢饮。(只取一瓢,因此不是把三千弱水都取饮)
三班的同学我认识两个。(三班的同学多于两个,所以不是全称量化)
一周上班五天。(如果是"一周上班七天"那就保持全称量化了)
b. 欢乐的事不能尽享。
三班的同学我不是都认识。
田里种不满。人我认不全。(有的地方没种。有的人我不认识)
c. 它们有的从来没有出过森林。
五颗手榴弹三颗不响。
这些人大部分是自发前来参加集会的。(大部分并不是全部)

请注意这里说到的语力失效的情况,陈振宇(2019)说:"请注意预存集合的封闭性强弱问题",如:

(41) a. 孩子们在公园玩。——孩子们都在公园玩。
b. 老张家四个孩子在公园玩。——四个孩子都在公园玩。

"孩子们"这一集合的边界不明确,所以不一定指全部孩子在公园玩,有可能会有一些孩子没去;而"老张家四个孩子"就很明确,所以他们都在公园玩。用格式检验一下它们分别为大概率的预期和完全概率推理,事实性的强度有差别：

(42) a.　　　O　　　　　　　　P(M|O)/P(M)

　　　小王说"孩子们在公园玩"，所以他应该是表示所有孩子都在公园玩。

　　　♯小王说"孩子们在公园玩"，所以他应该不是表示所有孩子都在公园玩。

　　　♯小王说"孩子们在公园玩"，但是他是表示所有孩子都在公园玩。

　　　小王说"孩子们在公园玩"，但是他不是表示所有孩子都在公园玩。

b.　　　O　　　　　　　　　　P(M|O)/P(M)

　　　小王说"老张家四个孩子在公园玩"，所以他应该是表示四个孩子都在公园玩。

　　　♯小王说"老张家四个孩子在公园玩"，所以他应该不是表示四个孩子都在公园玩。

　　　♯小王说"老张家四个孩子在公园玩"，但是他是表示四个孩子都在公园玩。

　　　♯小王说"老张家四个孩子在公园玩"，但是他不是表示四个孩子都在公园玩。

1.2.3　使因与事实

陈振宇(2020a：197)提到，从自然科学的角度看，因果涉及的是作用力的问题，就像物理学事件那样，A球运动，并撞击B球，促使后者也发生运动。在这一认知图示中，A球的运动是力量的来源，而B球的运动是这一力量作用的结果。这就是"致使"(causation)范畴研究的内容：力量的来源称为"使因"(cause/causer)，由此导致的是"结果"(result)。广义地讲，在大自然中有各种各样的使因，有的的确有物理学或化学的影响，有的则是以自己的存在而促使其他事物变化(如镜子对生物的影响)。致使关系具有严格的时间性，使因一般应该在结果之前，或者至少不在其后(如果考虑到某些使因发生的同时就产生结果的话)。

先看一下使因与时间的关系：

【使因原则一】

① 如果A的使因是B，则说话者会认为事件A后发生，而事件B先发

生。(正迁移)推理公式为:

$$A \wedge B \wedge [特征] B 是 A 的使因 \rightarrow A 后 B 先$$

② 如果事件 A 先发生,而事件 B 后发生,则 A 的使因不可能是 B。推理公式为:

$$A \wedge B \wedge [特征] A 先 B 后 \rightarrow B 不是 A 的使因$$

这就是说在时间上,"事件的使因必在该事件之前"。因为这一点太明显,我们这里就不多说了。

【强化—使因原则一】 如果说话者强调事件 A 后发生,而事件 B 先发生,则说话者是在说 A 的使因是 B。(叠加)推理公式为:

$$A \wedge B \wedge [特征] A 后 B 先 \wedge [特征] 强化语力 \rightarrow B 是 A 的使因$$

如下例中,本来是报导两个事件的时间相续现象,但由于被强调,表明说话者实际上是认为二者有因果关系,所以"你来"对"他走"是有责任的。"天然气和煤炭"的例子中,专家们果然进一步进行了分析,以阐明因果关系确实存在:

(43) 你来了,他就走了。
    天然气价格下降后,煤炭销量大大降低。分析家指出,在美国这两种能源主要用于发电,所以具有互补关系。

用格式检验一下是大概率的预期:

(44)   O   P(M|O)   P(M)
    你来了他就走,所以应该是因为你来他才走的。
    ♯你来了他就走,所以应该并不是因为你来他才走的。
    ♯你来了他就走,   但是是因为你来他才走的。
    你来了他就走,   但是并不是因为你来他才走的。

由于时间关系和因果关系的观念深入人心,所以上述公式是运用得最广泛的同类公式。

一般而言,事实性的蕴涵关系与时间先后有关,再结合使因的时间性可知:

【使因原则二】 在唯一使因或必要条件时,
① 结果为真,则使因为真。(正迁移)推理公式为:

A∧B∧[特征]B 是 A 的唯一使因/必要条件∧A 事实→B 事实

② 使因为假,则结果为假。(正迁移)推理公式为:

A∧B∧[特征]B 是 A 的唯一使因/必要条件∧B 反事实→A 反事实

之所以需要是唯一使因,是因为有可能会有多个使因,它们都会导致同样的结果,因此即使其中一个使因不存在,但如果其他使因存在,也可能会有这一结果的存在;即使结果已经出现,但可能并非某一特定使因所造成的,这一使因也可能不为真。

【强化—使因原则二】 如果说话者特别强调 A 衍推 B,则说话者是认为事件 B 是事件 A 的使因。(叠加)推理公式为:

A∧B∧[特征]A 衍推 B∧[特征]强化语力→B 是 A 的使因

如下例,这是一种日常的人际互动关系,这里的推理也是有效的日常推理:

(45) 每次他走的时候你已经进来了;你不来的时候,他都不走。看来"你来"是"他走"的原因。

直接的使因与结果关系紧密,所以使因出现结果很快甚至同时出现,这时有"使因→结果"。但是这里必须考虑不同文化背景的人对世间事物的不同理解:只有从事深入的研究工作的人,才能理解一般的情况,知道因果之间种种复杂的情况。而普通民众的认识是很朴素的,只有那些最直接的、最明显的因果关系他们才会加以关注,复杂的情况恰恰是他们分析不了的。因此,在大众的眼光中,"使因→结果"反而是典型的因果关系。语言反映社会各个阶层的观念,但日常语言反映的是普通人的观念,所以在语言中,遵循以下机制:

【使因原则三】 在直接使因关系时,
① 使因为真,则结果为真。(正迁移)推理公式为:

A∧B∧[特征]B 是 A 的直接使因∧B 事实→A 事实

② 结果为假,则使因为假。(正迁移)推理公式为:

A∧B∧[特征]B 是 A 的直接使因∧A 反事实→B 反事实

③ 如果没有衍推关系,就不是直接使因。推理公式为:

A∧B∧B 不衍推 A→B 不是 A 的直接使因

如下例中甲其实就是秉承这种观点,而乙倒更像个专家,所以会觉得被衍推者更可能是使因,因为经济问题是很复杂的问题,很难是一种直接使因关系,所以最后乙还问了一个重要的问题,谁先谁后,一般说来,这更与使因有关:

(46) 甲:美国巨大的贸易赤字造成了国内制造业的衰退。所以我们看到每当贸易赤字高涨的时候,(美国)国内制造业的数据都在下滑;而当制造业稳定的时候,贸易赤字便没有大的上涨。

乙:在我看来……这似乎倒证明是(美国)国内制造业的衰退造成了巨大的贸易赤字?请问一下,本轮衰退和赤字究竟是谁先出现的?

用格式检验一下是大概率的预期:

(47)　　　　O　　　　　　　　　　P(M|O)/P(M)
贸易赤字会导致制造业衰退,所以现在出现了贸易赤字,制造业也就应该在衰退。
♯贸易赤字会导致制造业衰退,所以现在出现了贸易赤字,制造业应该还没有衰退,有关影响还需要评估。
♯贸易赤字会导致制造业衰退,但是现在出现了贸易赤字,制造业也就在衰退。
贸易赤字会导致制造业衰退,但是现在虽然出现了贸易赤字,制造业还没有衰退,有关影响还需要评估。

【强化—使因原则三】 如果说话者特别强调 B 衍推 A,～A 衍推～B,则说话者是认为事件 B 是事件 A 的直接使因。(叠加)推理公式为:
A∧B∧(B 衍推 A)∧(～A 衍推～B)∧[特征]强化语力→B 是 A 的直接使因

例如"给领导送礼的升了职,没升职的都没有送礼,所以给领导送礼是升职的原因"。用格式检验一下是大概率乃至全概率的预期:

(48)　　　　O　　　　　　　　　　P(M|O)/P(M)
给领导送礼的升了职,没升职的都没有送礼,所以给领导送礼应该是升职的原因。
♯给领导送礼的升了职,没升职的都没有送礼,所以给领导送礼应该并不是升职的原因。

♯给领导送礼的升了职,没升职的都没有送礼,但是给领导送礼是升职的原因。

?给领导送礼的升了职,没升职的都没有送礼,但是给领导送礼并不是升职的原因。

1.2.4 人称与事实

前面在【时间原则五】中说,说话者认为事物已经经验,则他认为事物是事实。这里的经验是指他自己亲身经验或者由可靠的人经验后把信息传递给说话者。但是我们还可以从另外一个方面来看人称对事实性的影响。

【人称原则一】

① 事件主体是第一人称,又是现实(过去或现在)的事时,说话者一般不能表示这是不确定的事(非事实),或者是事实,或者是反事实。(正迁移)推理公式为:

命题 $X \land [特征]X$ 主体为第一人称 $\land [特征]X(过去 \lor 现在) \rightarrow X(事实 \lor 反事实)$

② 现实(过去或现在)的事,如果说话者表示这是不确定的事(非事实),则事件主体是第二人称或第三人称。(正迁移)推理公式为:

命题 $X \land [特征]X$ 非事实 $\land [特征]X(过去 \lor 现在) \rightarrow$
X 主体为(第二人称 $\lor$ 第三人称)

用格式检验一下它们分别为大概率的预期:

(49) a.　　　　O　　　　　P(M|O)　　　　P(M)
　　　我昨天去没去学校?我当然知道。
　　　♯我昨天去没去学校?我当然不知道。
　　　♯我昨天去没去学校?　　　　　我却知道。
　　　♯我昨天去没去学校?　　　　　我却不知道。
　　b.　　　　O　　　　　P(M|O)　　　　P(M)
　　　我不知道昨天有没有人去学校,这应该是你/他的事。
　　　♯我不知道昨天有没有人去学校,这应该是我的事。
　　　♯我不知道昨天有没有人去学校,　　但这是你/他的事。
　　　♯我不知道昨天有没有人去学校,　　但这是我的事。

【强化—人称原则一】 现实(过去或现在)的事,如果说话者强调事件主体是第二/三人称，则说话者一般表示这是不确定的事（非事实）。（叠加）推理公式为：

$$命题 X \wedge X 主体为（第二人称 \vee 第三人称）\wedge [特征]X(过去 \vee 现在) \wedge [特征]强化语力 \to X 非事实$$

如"去学校可是你们自己的事！（我怎么知道）"表示我不能肯定你们是否去了学校。

用格式检验一下它们分别为大概率甚至全概率的预期：

(50)   O   P(M|O)   P(M)
      去学校是你们自己的事，所以我当然不知道。
      ♯去学校是你们自己的事，所以我当然知道。
      ♯去学校是你们自己的事，   但是我不知道。
      ？去学校是你们自己的事，   但是我知道。

1.2.5 否定与事实

否定会对命题的事实性进行颠倒：

【否定原则一】 在命题否定时，

① 如果命题原来是事实，则否定后为反事实。（正迁移）推理公式为：

$$命题 X \wedge [特征]X 事实 \to \sim X 反事实$$

② 如果命题原来是反事实，则否定后为事实。（正迁移）推理公式为：

$$命题 X \wedge [特征]X 反事实 \to \sim X 事实$$

这一点十分明显，如直接说"他来了"是事实，而"他没有来"则表明"他来了"是反事实。再如不用否定词的否定：

(51) 他假装是我的朋友——"他是我的朋友"为反事实
      他假装不是我的朋友——"他是我的朋友"为事实

请注意，这是完全概率推理。

否定会影响所有论元的事件参与性质。

【否定原则二】 一个谓词有多组论元，

① 当谓词所表示的事件为假时，各组论元都必须是没有参与该事件。（正迁移）推理公式为：

$$\text{事件}X \wedge \text{论元}\{Yi\} \wedge [\text{特征}]X \text{反事实} \rightarrow$$
$$\forall Yi((Yi \in \{Yi\}) \rightarrow \forall y((y \in Yi) \rightarrow \sim X(y)))$$

② 只要有一组论元没有参与该事件,事件就为假。(正迁移)推理公式为:

$$\text{事件}X \wedge \text{论元}\{Yi\} \wedge$$
$$[\text{特征}] \exists Yi((Yi \in \{Yi\}) \& \forall y((y \in Yi) \rightarrow \sim X(y))) \rightarrow X \text{反事实}$$

陈振宇(2019)用"数的一致性"原则来解释这一现象。让我们看一个典型例句(例引自陈振宇 2019):

(52) 没有学生 在家里 帮 妈妈 做过家务
　　 学生们　 没在家里 帮 妈妈 做过家务
　　 学生们　 在家里　 没帮 妈妈 做过家务
　　 学生们　 在家里　 帮 妈妈 没做过什么家务
　　 The students　 helped　 nothing　 in their home for their mothers
　　　←—————————零事件—————————→
　　 零论元　 零论元　　 零论元 零论元　　 零论元

陈振宇(2019)说:"这一组例句的奇特之处在于:否定词在世界语言中有许多不同的插入位置,我们可以在谓词上加否定词,也可以加在论元上,而且从理论上讲,可以在任何一个论元那里加,虽然在一个具体语言中,会有各种形式上的分化和限制,例如汉语在主语(主题)位置加一个'没有'来否定,却不能加到宾语和介词宾语等成分上去,英语的'no-、nothing'却无此限制。……但是这些差异都掩盖不了一个重要的共同性质,即上述例句不论是哪种语言,都得到全称否定意义,并且不是对一个论元,而是对所有论元都适用,即这些句子都可以推出以下结论。"如(例引自陈振宇 2019):

(53) 所有学生都没有帮妈妈做家务。
　　 在所有学生的家里都没有帮。
　　 所有学生的妈妈都没有得到学生的家务帮助。
　　 所有的家务都没有学生帮妈妈做。
　　 所有帮妈妈做的家务都没有学生做。

这是因为只要有一组论元没有参与事件,事件就为假;而只要事件为假,则所有的各组论元都没有参与事件。所以否定性质就从一组论元传导到了所有各组论元。

陈振宇(2019)说:"在'事件语义学'(event semantics)理论中,把表示事件的谓词本身也看作是一个特殊的论元,称为'事件论元'(event argument),……那么这一规则就可以修改为:……当一个论元参与事件的数为零时,所有论元参与事件的数都为零;反之,当一个论元参与事件的数大于零时,所有论元参与事件的数都大于零。"

另外,有的结构只能用肯定句,不能用否定句,参看戴耀晶(2004)。这种不对称,是因为有一系列规则在限制着否定言语行为。下面看看事实性对否定的限制,请注意还有其他限制,我们会在后面讨论。

【否定原则三】 在命题否定时,

① 如果命题原来是非事实,则不能进行否定。或者说,句子否定词一般不能约束否定那些语义不明确的事物。推理公式为:

$$命题 X \wedge [特征] X 非事实/不确定 \rightarrow [排斥] 否定 X$$

② 如果对命题进行了否定,则该命题原来或者是事实,或者是反事实。(正迁移)推理公式为:

$$命题 X \wedge 否定 X \rightarrow X(事实 \vee 反事实)/确定$$

③ 如果命题原来是非事实,又进行否定,则语力失效。(负迁移)推理公式为:

$$命题 X \wedge 否定 X \wedge [特征] X 非事实/不确定 \rightarrow 语力失效$$

张汶静、陈振宇(2016)对此有详细的论说:

> 本文将这种制约称为"否定的确定性条件",即包含信息的不确定性的话语或语句不能自由地进行句法否定。"信息的不确定性"具体包括:1)语义内容的不确定,2)指称的不确定,3)数量的不确定,4)认识的不确定等。

在汉语中有一些表示不确定的量的表达式,如"一点儿、一些、一会(儿)"等,在肯定陈述时可以说,但我们不知道这个量的真假如何确定,例如"大了一点儿"究竟大多少是真,大多少是假,我们并不知道,实际上在肯定陈述时这是表示"大了"为真,而大的量则不必深究。由于这量不具有确定的真值,所以一般不能否定(例引自张汶静、陈振宇 2016):

(54) 这衣服大了(一)点儿。——*这衣服不/没大点儿。——这衣服不是大一点儿,是大很多。

他买了些笔啊、纸啊什么的。——*他没买些笔啊、纸啊什么的。——他没买些笔啊、纸啊什么的?

他买了(一)点儿米。——*他没买点儿米。——他没买一点儿米,他买了很多。——他连一点儿米也没买——他没买点儿米回家?

他等了(一)会儿。——♯他没等(一)会儿。——他一会儿都没等。——他没等(一)会儿就走了。

他摸了(一)下。——♯他没摸(一)下。——他一下也没摸。——他没摸一下就走了。

但是,一旦我们把这个量确定下来,就可以探究它的真假,就可以自由否定了。例如当"一点儿"表示小量或最小量时,就是确定的量,我们就可以否认它的真,如用小量与大量对比"不买一点儿买很多";再如"否定最小量得到全量否定",如"连一点儿也不买";"他没等(一)会儿就走了"则是一个特殊的表达,"对小量的否定表示极小量"。

现在来看语力失效的例子。在疑问句中,"他没买些笔啊、纸啊什么的?"可以说,因为"买些笔啊、纸啊什么的"在这里是个整体,是引语。"些"的不确定含义失去了效力,所以整体可以受到"没"的否定,而"没"否定的要害是焦点"买了还是没买"。

在条件句中也是如此,"你不买些尝尝的话,怎么知道它是不是好吃?""些"的不确定含义也失去了效力,整体受到"不"的否定,而"不"否定的要害是焦点"买还是不买",和数量是否确定无关。

另外,一些成分表示不确定的指称,如汉语的"(一)量"结构,由于我们不知道这是指哪一个事物,因此也就无法确定真值,一般就不能否定(例引自张汶静、陈振宇 2016):

(55) 他买了张票。——*他没买张票。——他没买'一张票。

昨天下午一个三班的学生来找他。——昨天下午有一个三班的学生没来找他。

——昨天下午没有一个三班的学生来找他。——*昨天下午一个三班的学生没来找他。

A man came into my office yesterday.——* A man didn't come

into my office yesterday.
大树下,一些人正在下棋。——*大树下,一些人没在下棋。
他去过某个地方。(不定指)——*他没去过某个地方。(不定指)

不过,消除不确定性句子就可以说了,例如"否定最小量得到全量否定",如"他没买一张票"表示所有票都没买。再如,句子的焦点不在否定部分,而是在后面的肯定部分,"昨天下午一个学生[没来找他,而是去找了校长]""大树下,一些人[没在下棋,而是在专心致志地研究蚂蚁]",这里"一个学生、一些人"并不受"没"的否定。"某个地方"有时表示代指某个确定的但不方便说的处所,这里就是定指的,就可以说了。

【否定原则四】
① 说话者认为是事实的事物不能自己进行否认。推理公式为:

$$\text{命题 } X \wedge [特征] 言者认为 X 事实 \rightarrow [排斥] 否定 X$$

② 所否认的一般是说话认为是假的事物。(正迁移)推理公式为:

$$\text{命题 } X \wedge [特征] 否定 X \rightarrow 言者认为 X 反事实$$

③ 对事实的否认将使语力失效。(负迁移)推理公式为:

$$\text{命题 } X \wedge [特征] 否定 X \wedge [特征] 言者认为 X 事实 \rightarrow 语力失效$$

请注意,被否定成分不能是不确定的,所以②中没有非事实。这里的语力失效主要是欺骗,如一个人偷了别人东西,他自己当然知道,所以对他来说这是事实,但他可以说"我没有拿你的东西"以表示欺骗。

一些格式表面上看与本条规则不同,如"又好又不好、也对也不对",既然是"好、对",那就已经看成事实,如何能又否定为"不好、不对",因此这里否定语力似乎是失效。其实不然,这里的"好"与"不好"决不能是对同一焦点意义的处理,例如一个人乐于助人,这是好;但是他又比较忽视家人的需要,这是不好;因此,他是在一个方面好,而在另一个方面不好,这样就分别针对不同的内容,故而并不是否定失效。"也对也不对"同此,可能一个行为,例如他生病不去上学,从一个方面看,如一个人需要优先保重身体,不上学是对的,因为在学校他得不到很好的休息;但是从另一个方面看,如一个人应该坚持自己的学业,不上学是不对的,因为不上学会导致学业上的退步;在不同的维度进行的判断,也不是否定失效。

只有在同一个维度或方面的判断才会否定失效,如我们一般不能说"♯他去了又没去学校",作为真值难以兼容。除非两个"去"的意义有所不同,如他出发去学校,但没有到达学校就回来了,这时就分为两个不同的方面(去的行为与到达的结果),这就不是否定失效,就可以说了。

1.2.6 索引性等级

"索引"(index),又译为"指示""指针",实际上是源于数据表的一种操作:在说话者的直陈世界中有一个心理词库或知识库,其中的成员都被他当成当前所述世界中的存在(事实),是一种知识背景,不必讨论其不存在的可能;所以当说话者在使用语词指称它们时,没有存在不存在的问题,而是用语词直接指向该事物的外延,也就是说,语词仅仅起到索引(指针)的功能。

由于个人信念与公共信念、当前论域与以前的论域、认知世界与现实世界的差异,因此同样的事物或语词不一定在任何时候都起索引的功能。有的语词常常需要质疑其存在,它们的索引功能很差,主要起对事物内涵或属性的提示功能;那些表达索引功能的则称为"索引性词语"(indexical expressions)①,也就是说,它们在语境中几乎或大多数时候都表示索引。

"索引性等级"也可以称为"实指性等级",研究的是心理词库中的语词,其担任索引性成分的可能性大小。

第一第二人称代词/亲指代词空位或NP>

具体人名/具体事物名称>

社会习俗确定的地理、组织、纪年等名称>

……>

第三人称代词/指示代词/定指NP>

可自由任免的职务等>

……>

推理猜测的事物的名称>

抽象名称/学术概念/宗教概念/临时概念/文艺、幻想作品中设定的概念

图 4 汉语语词的索引性等级(引自陈振宇、姜毅宁 2018)

陈振宇、姜毅宁(2018)说:

> 上述概念性质可以归纳为"实指性等级":在日常会话中,下文等级中越是上边的对象越倾向于投射到直陈世界中,即使句中有意向谓词或其他意向结构;越是下面的事物越倾向于虚指,除非句中其他方面

---

① 皮尔士提出了"索引词语"的观点。

全都说明现在直陈的对象就是一个想象的世界。

索引性等级说明,一个词语的功能根本之处还在用法,用如索引词,还是用如非索引词(摹状词);当然它自身的性质和类别会制约这种用法,即有的语词比其他语词更容易用如索引词,或更容易用如非索引词(摹状词)。

【事实性原则二】 索引性越强,越是默认为事实。(正迁移)推理公式为:

$$实体/命题 X \wedge [特征] X 索引性 \rightarrow X 事实$$

索引性词语很多,它们在索引功能上有强弱程度的差异:

1) 最强的是第一/第二人称代词、现在过去未来时间词、近指远指空间词等等,例如"我"是所有言语活动的背景与出发点,而"你"只要出现则必定是与"我"相对的会话参与者,它们一般都是不可否认的,如"你,你,你,还有你,你们几个出列!"可以看到"你"经常有很大的现场性和针对性,目标十分明确。同理,"现在"与"这里"也是从说话者出发的规定性,"过去、未来"以及"那里"与其相对立,它们也都是不可否认的。

当然,如果说话者精神错乱,或有意为之,也会出现麻烦,这时它们的索引功能会发生改变。如一个人遇上了倒霉的事,一时气愤不过发出令人丧气的感叹,他可能用第二人称代词指示自己,说"你活该倒霉!"这时虽然仍然是索引功能,但索引偏离,会造成混乱(实际上他的确有一点精神错乱)。再如通指用法"此处不留爷,自有留爷处","此处(这里)"泛指一切让人不如意的地方,就不再是索引功能。

需要特别指出的是,即使是最接近纯粹索引词的第一/第二人称代词,也不是在任何时候都是索引性的。下面就是它们用于虚指的例子:①

(56) a. 我们不能浪费生命!②
b. 我思故我在。我心即佛。
我就是我,你就是你。
c. 你不喜欢一个人,你也不能让他看出来。
老板要你加班,你能说"我不干"吗!

----

① 参看陈振宇(2017:439)关于人称代词通指用法的论述。
② 第一人称包括用法有一个特殊功能,即指对方,而不是说话者自己,如"小新乖!我们不哭!"(是要求小新不哭,而说话者自己根本没哭)"咱爸近来身体还好吧!"(是问候对方的爸爸)。不过,这种用法并非虚指,而必须实指(对方),所以还是索引词,只不过所索引的对象与正常的第一人称代词不同罢了。

这分为多种情况：

例 a 是第一人称的复数，由于说话者一般只有一个人，所以复数肯定是连类到其他人，甚至可以包括所有的人，因此"我们"可以相当于任何一个人的意思，包括不在现场，乃至不知是否存在的人，可以相当于"人不能浪费生命"的意思，不再限定为说话者。

例 b 的"我、你"可以代指任何一个人，因为从每一个人的角度看，他自己都是因为思维而存在，都具有佛性，或者他自己都与他人不同。

例 c 则是条件句，条件句本来就有虚拟性质，所以相当于任何一个人，这时将"你"移情入这一角色，让你能够更深刻地体会其处境与感受，因此是一种非常强烈的修辞用法。

2）次强的是第三人称代词、指示词等，因为它们除了索引功能外，还有回指（anaphora）功能，回指前面一个或一些语词的指称，如"小李买了一个苹果，可是把它弄丢了"中，"它"指向前面的"苹果"，也译为"前指参照"①。回指不是索引功能，一般而言，回指的指称性质由被回指的那个语词确定。

让我们以人称的区别来看看这一等级的情况。例如（例引自陈振宇、姜毅宁 2018，有较大修改）：

(57) a. 如果当时有<u>你/我</u>在，就不会出现这样的结果。
  b. 如果当时有<u>他</u>在，就不会出现这样的结果。
  c. 如果当时有<u>一位主管官员</u>$_i$ 在，<u>他</u>$_i$ 就不会让这样的结果发生。
  d. 如果当时有<u>张大明</u>$_i$ 在，<u>他</u>$_i$ 就不会允许出现这样的结果。
  e. 如果当时有<u>任何一位主管官员</u>$_i$ 在，<u>他</u>$_i$ 就不会让这样的结果发生。
  f. <u>每个主管官员</u>$_i$ 都会管这事，<u>他们</u>$_i$ 应该有条例规定的。

陈振宇、姜毅宁（2018）说：

  第一、第二人称都是所谓"亲指"，即说话双方有办法让被指称的对象处于他们共同的视线注视之下，因此勿需别的什么，他们"直接知道"在世界中实际上是指哪一对象（陈振宇 2017）。对言语活动而言，听说

---

① 与之相反的还有"后指参照"（cataphora），此时参照对象在后文，如"如果他向我认错的话，我会原谅张大明的"中，"他"指向后面的"张大明"。

双方都是且只能是实指的,甚至是真实的。因此即使例 a 是假设条件句,即使事件"你在/我在"有可能是反事实的,论元"你/我"也一定是事实性事物。

第三人称则有两面性:一种如例 b 中,指称某个我们都知道的确定的人,那么这就和第一、第二人称一样,必然是事实性的事物。但是在例 c 中,"他"回指那个一般名词"主管官员",而句中的主管官员却是假设句中的事物,是假定的非直陈世界中的,因此不一定是事实,这样一来,"他"也就不一定在世界 1 中存在,只是一个虚指的对象。

另外,如例 d 中所回指的是实指成分"张大明",张大明是说话者身边的一个事实性的人物,所以"他"也具有事实性。再如例 e 中,"他"回指"任何一个主管官员",而"任何"必须在一个虚拟世界中,所以也是虚指,这样"他"也不一定是事实。再如例 f 中,"他们"回指"每个主管官员",虽然两个集合的性质不一样,"他们"是复数,而"每个"是单数,虽然它们在不同的独立小句,但在意义上它们具有同一性,所以"他们"也继承了"每个主管官员"的虚指性,"他们"也不一定是事实。①

那些最强的索引性词语,如第一/第二人称,是否有回指用法,存在争议。例如"我/你这个人啊,就爱把我/你的观点强加给别人!",其中第二个"我/你"是不是回指第一个"我/你"会有争议:一方面,它们可以用回指性的代词"自己"替代,说成"我/你这个人啊,就爱把<u>自己</u>的观点强加给别人!",但另一方面,我们又可以说这个替代只不过是正好遇上了,不具有理论上的决定意义,如我们换一句话,则很可能不能替代,如"他问我,<u>我</u>为什么不去找他?",后一个"我"就不能替换成"自己"。因此,我们的观点是,这一类情况不是回指,后一个"我/你"和前面的一样,都是直接指示的用法,是强大的索引性词语。

除此之外,还可以从"可能的错误"来区分二者。只要一个人没有得神经病,就不会错误地指认"我",而"我"也是不可删除的存在,可以成为"最后的真实"或"一切真实的基础",因为在言语活动中,其他所有的要素都可能

---

① Asheim(2014:59-60)把索引用法称为"纯索引词",而把回指用法称为"指代词",并认为指代词不是直接的指称。

在形式语义学中(Bhat 2004),回指性的代词如果回指的先行语是具体语境中的实指对象,则称为"实指代词"(referential pronoun),如例 b、d;如果所回指的是量化成分等虚指性成分,则称为"受约变量代词"(bound-variable pronoun),如例 c、e;如果是跨句子的回指,并且更注重语义而不是句法上的一致性的话,如例 f 所示,则称为"E 类代词"(E-type pronoun)。

失去，唯一不可失去的是"我"。从这个意义讲，"我"必须直接投射到真实/现实世界，或者更准确地讲，是投射到说话者所在的那个世界（谁是说话者就在谁的世界），而不仅仅是直陈认知世界。当然这不包括修辞用法，例如在故事中，说话者完全可以虚构一个"我"，例如"我"是唐朝的一个书生，显然这根本不是说话者本人，而是一个带着我的面具的角色，或者是从说话者"我"中分离出来的一个分身，是另一个"我"，一个脱离了言语活动说话者功能的"我"，它当然不可能是在现实世界中。

但是，第三人称或一般指示词，即使它们是索引用法，也具有较强的可删除性，如下例 a 中，甲先用"这"亲指一个当下场景中的事物，则该事物的事实性应该是可保障的，但实际上，这是他的一个幻觉，因此后面他又自我删除了该事物，事实性自然也就消散了：

(58) a. 快看，这是什么?! 真漂亮！……哦，我看错了，什么也没有，可能眼花了。
   b. 你……怎么了？……咦，这儿没人?!
   c. 我……已经不存在?!

这一点提醒我们，在极端情况下，亲知的事物也可能只是在说话者心中产生的一个假设的幻象，其事实性仍然需要进一步证实或证伪，它多多少少都带有虚指或非事实性。① 当然，我们也不能走向极端，因为这些例子就完全否认事实性的存在，需要看到，这种非事实性毕竟是偶然的少见的，一般而言，第三人称或一般指示词的索引用法是事实性的保障。

处于第一和第三人称之间的第二人称，在性质上更像第一人称，因为一般说话者不会虚构一个谈话对象，这时"你"是与"我"处于同一世界，即真实世界（或说话者所在的世界）中的；但是它毕竟比第一人称弱一些，比第一人称更可能虚构（如虚构的一个言谈对象）或错觉，如上例 b，我以为对面有个人，向他发话，后来发现没有，于是也把第二人称删除。不过，第二人称的这一情况是十分罕见的。

到了第一人称，基本上就不能否认了，如上例 c 那样，对自我进行事实

---

① Asheim(2014：63-64,67)认为，被直接感知的事物仍然可能是从言的，也就是本文所说的假设的世界中的事物。当说话者说他看见一个人在吃三明治时，可以有两种解释：一是有一个人在吃三明治，说话者看见了，这时是从物的，即这是事实；二是说话者看见一个人在吃三明治，这是从言的，即这只是他在自己头脑中构想的场景，说话者还是有可能搞错的。因此他主张亲指的"她"也等同于摹状词"（现在我们）所指示的那个妇人"。

性删除,是不能彻底做到的,也许在某个神话故事里,可以删除自我的肉身的事实性,但如果不承认灵魂的事实性,连这一问题也无法发出。

3) 在名词即名词性成分的运用上,专名一般而言也有很强的索引功能。不过分为更多的层次:

最强的是我们日常生活中所使用的具体人名与事物名称,如我的父母、子女、同事、领导,以及生活中接触的其他事物的名字,如我生活其中的中国、上海、杨浦区、邯郸路、复旦大学、光华楼等地点的名称,凡此种种,在我的日常对话中,都是作为公共信念使用,并且不必去讨论它们的属性或内涵。

次强的是在一个扩大的世界中,我们一般作为现实世界知识而存在的事物,例如外国名称,世界上各种我所没有接触过的事物(但是我从间接渠道获知其存在)名称,等等。

最弱的则是各种抽象的想象的事物,如宗教概念、学术概念等等,仅仅当我们把它作为当前论域中的前提与预设时,才会具有索引性。

由此可知,"专有名词"不具有索引性上的同一性,它们分布在索引性等级的很多个层级上,相互相差甚远。例如(例引自陈振宇、姜毅宁 2018):

(59) a. 如果<u>阿姨</u>没空,我还可以找找其他老师。
　　　b. 如果<u>上帝</u>没空,我还可以求求其他大神,真主啊,佛祖啊,妈祖啊什么的!

陈振宇、姜毅宁(2018)说:

> 例 a 是所谓"临时命名"(陈振宇 2017),它并非准确地命名,而是说话者由于言语活动需要,对一个临时交际的对象给予一定的名称,以便称呼,以利于言语活动的进行。如我现在正和一个中年妇女打交道,根据她的年龄性别等特征我临时赋予她"阿姨"这个名称,即使她与我没有任何亲戚关系,甚至我的年龄比她还大,这都没有关系,因为这不过是为了称呼与表示礼貌而已。这样的概念就是亲指的一种,因此,即使是在条件句中,"阿姨"也是事实性的对象。
>
> 例 b 的"上帝"虽然是专有名词,但并非哲学意义上的专名,因为这是一个宗教概念,并非现实性的存在,其外延不明确,而是由一系列属性汇集而成,当它处于条件句中时,它更倾向于是一个假定的对象,一个虚指的实体。正因为如此,即使说话者并不认为上帝是事实对象,他也可以完全合法地说上面的话。

不过，专名都有一个同样的特征，即最强的专名也不会强过最强的索引词，也即，在语言中，这些名词仍然比较容易找到被当成非索引性功能使用的情况。这又分为两种情况：

一方面，在心理词库中，每一个名称的背后，都存在同实化操作，即赋予该名称一段描写或定义，但真正的索引词没有这种操作。专名有这样的操作，因此它的背后也隐含了一大堆的属性，如我的同事"张大明"，我就可以给出一堆解释，即"张老实的儿子""益祥公司的经理""复旦大学的在职研究生"等等。①

另一方面，从理论上讲，任何一个名称都有可能被当成一种属性描写来使用，在世界语言中，至少有以下框架是普遍存在的，它们称为"属性式"，又称为"名词的述谓用法"，因为它们的本质都是作为谓语，对其他事物进行说明。

设该名称为 N，则它可用于对另外一个事物 X 进行描写，包括：

构成"X 是 N"判断格式，如"他是<u>张大明</u>"，这和"这是一条<u>狗</u>"中的"狗"起着同样的功能，作为判断项，它是代表某种性质关系等等，以此作为判断的依据，对被判断项做出说明。所以"张大明"，取的是与张大明有关的某些属性，由于"他"具有这些属性，所以可以被认定为{张大明}这一唯一成员集合的那个成员（如果是否定式，则是说不是该集合的成员，因为不具有某个或某些关键属性）。需要说明的是，正是因为这是一个认知过程，不是自足的存在，所以比较容易出现错误，如把人认错之类的事常常发生。

构成"X 是/如 N"隐喻格式，如"你像<u>张大明</u>""这人就是个<u>曹操</u>""虽为塞北，胜似<u>江南</u>"，作为喻体的"张大明、曹操、江南"，都是取其属性，构式说明 X 具有这样的属性。如果是否定式，则是说不具有这种属性，如"塞北不是江南"，指塞北不具有江南那生机盎然的性质。

N 转化为形容词或动词，指 N 所具有的某种性质属性或指那些具有这些性质属性的事物，②从而把 N 用于形容词句作为谓语，如"他也太<u>曹操</u>了吧""他比<u>阿 Q</u> 还阿 Q""我最近总不在状态，说话做事都太不<u>王朔</u>了"，既然是形容词或动词用法，自然都是取其属性，N 作为了属性的标记。

……

属性式对真正的索引词是无效的，例如我们一般不会说"*他是这个"

---

① 塞尔(Searle,1958)说，一个名称的含义不是与一个限定摹状词相一致，而是有一簇摹状词，它们对名称的识别有着或多或少的相对重要性。
② 奎因(Quine,1960;1981:1-19)就建议，用"专门动词"代替专名，即将"苏格拉底"看成动词"苏格拉底化"的动词，然后用"苏格拉底化的人"来代替专名"苏格拉底"。

"*你像这个""*这人就是这个""*他也太这个了",因为索引词没有属性可供使用,所以它们一般不能作为谓语来使用,它们一般担任被说明的主语或主题,如"他是张三""这是一支笔""这个是我的"等等。

当然,这一点在极为罕见的情况下是可以有反例的,如:"我就要/是做我(自己),不做别人。""这孩子真像你!""这画里的人是你吧!""你也太那个了吧!"可见,索引词是索引性最强的词语,但并非不能有索引以外的功能,只是十分罕见而已。这种罕见的情况可以称为特殊的述谓用法。

索引词本身没有任何属性或内涵,但被索引被指向的事物却是专名或一般事物,它们会有属性内涵,如"我、你"就语词本身没有属性,但在一个具体的话语中,说话者和听话者是有属性的,所以"做我自己",必须根据说话人是谁,才能确定说的是什么属性,张三说与李四说其取值就不相同,同样"像你"或"是你",究竟是什么样的性质也得根据当前言语活动场景才能确定。再如"太那个"的"那个"是回指功能,指向某种前面已经提到或因为语用原因说话者不好意思说出来的某种属性(因为是消极意义的属性,出于礼貌原则,要避免提及)。因此,与其说是索引词具有述谓功能,勿宁说是索引词在当下场景中确定下来的那个对象具有述谓功能,索引词仅仅在中间充当了一个"二传手"的功能。

1.2.7 疑问与事实

事实性与疑问有很大的关系,因为推动疑问的动力是说话者对事物的真假不清楚。

【询问原则一】

① 说话者如果认为事物是弱事实或弱反事实(非事实),则需要对方证实或证伪(求证),或者告诉为什么如此(问理由),或者告诉有关细节(问细节),或者告诉信息的来源,以便说话者自己作出判断。(叠加)推理公式为:

$$命题\ X \wedge [特征] X(弱事实/弱反事实) \rightarrow$$
$$求证\ X \vee 问\ X\ 原因 \vee 问\ X\ 细节 \vee 问信息来源$$

② 说话者如果不需要对方证实或证伪,也不需要告诉理由,也不需要告诉有关细节,也不需要告诉信息来源,则他是已经能够确定事物是事实或反事实。(正迁移)推理公式为:

$$命题\ X \wedge [特征](不求证\ X \wedge 不问\ X\ 原因 \wedge 不问\ X\ 细节 \wedge$$
$$不问信息来源) \rightarrow X(事实 \vee 反事实)$$

如在对话中,李四告诉张三小王没考及格,张三疑惑地重复了一遍,张三不相信这一点,但也无法确定是相反的情况,所以他是在表示疑惑,而这一表示也就意味着他是在向听者李四求证,或者让对方告诉他为什么没考及格,如是不是晚上没睡好,复习没用心等等,或者让李四告诉他更多的细节,如考了多少分,具体情形如何等等。用格式检验一下:

(60)   O   P(M|O)/P(M)

  张三疑惑地说"他没有考及格……",所以他应该是希望李四证实或证伪,或者告诉他为什么没考及格,或者告诉他究竟是多少分、怎么个情形,或者告诉他这一信息是从哪里来的。

  ♯张三疑惑地说"他没有考及格……",所以他应该并不希望李四证实或证伪,也不是希望告诉他为什么没考及格,也不是希望告诉他究竟是多少分、怎么个情形,也不是希望告诉他这一信息是从哪里来的。

  ♯张三疑惑地说"他没有考及格……",但是他希望李四证实或证伪,或者告诉他为什么没考及格,或者告诉他究竟是多少分、怎么个情形,或者告诉他这一信息是从哪里来的。

  ?张三疑惑地说"他没有考及格……",但是他并不希望李四证实或证伪,也不是希望告诉他为什么没考及格,也不是希望告诉他究竟是多少分、怎么个情形,也不是希望告诉他这一信息是从哪里来的。

请注意,这里的"问原因"一般称为"原因问句",但是我们认为,真正的原因是科学上的使因或动因,但这里其实是问让事物显得合理的理据。从社会科学的角度看,所谓"因果句"涉及的是社会价值的问题,一切人类行为都是有某种社会因素使它成为合法,例如牛病可以不用上学,"牛病"成了使"不上学"合法的因素;法律禁止在公共场合吸烟,这些法律成了使"在公共场合吸烟"不合法的因素。这就是使事物合法的因素"理由"。

再如,李四告诉张三小王没考及格,张三并不再问这事,那么旁人会推理出张三是已经知道或确认这事了,不管张三究竟是相信还是不相信,知道是真还是假。

【强化—询问原则一】 说话者如果特别强调需要对方证实或证伪(求证),或者告诉为什么如此(问理由),或者告诉有关细节(问细节),或者告诉他信息的来源,则说话者认为事物是弱事实或弱反事实,即他对事物的真假还不确定。(叠加)推理公式为:

命题 X ∧ (求证 X ∨ 问 X 理由 ∨ 问 X 细节) ∧
[特征]强化语力 → X(弱事实/弱反事实)

在一般的情况下,说话者询问并不一定是因为他不确定,他可能是用发问引导对方思索,或者自问自答。所以需要更多的语用强度,即表现出他的迫切性,才能体现出他的确是不能确定。用格式检验一下是大概率的预期:

(61)   O   P(M|O)/P(M)

张三急迫地问小王没考及格是不是真的,所以张三应该还没有确定这事的真假。

♯张三急迫地问小王没考及格是不是真的,所以张三应该已经确定这事的真假。

♯张三急迫地问小王没考及格是不是真的,但是张三还没有确定这事的真假

张三急迫地问小王没考及格是不是真的,但是张三已经确定这事的真假。

1.3 叙实性①

1.3.1 语言中的"叙实"的定义

陈振宇、姜毅宁(2018)说:

> 投射问题是"叙实性"(factivity)范畴的研究领域。"叙实"与"事实"的英文术语一样,很多时候也会混在一起,但二者还是有区别的。当说话者直接说一个语句(记为"XP")的时候,如果没有特别的标记,也没有其他特别的语境或认知要求的话,一般就意味着说话人认为该语句 XP 为事实,这就是直陈句,但这并不是叙实性研究的范围。
>
> 有时说话者不是直接说 XP,而是在 XP 的外围套了一个意向成分 YP,形成"YP(XP)"结构,这样就会出现复杂的情况,XP 是否还能投射到直陈世界中就值得进一步讨论,这就是叙实性研究的范围了。我们有:
>
> 第一,"叙实",当说话者说"YP(XP)"时,他是在表现他认为 XP 为事实,如:

---

① 本节内容请参看陈振宇(2020a)的第二章第 2 节,以及第四章第 6.6 节。此次又有所修改。

(10) 老张(不)知道[小李来了]
　　　　YP　　　　XP

不论主句是肯定还是否定,说话者一般都默认"小李来了"是事实,是把它当成了一个默认的背景知识来对待。

第二,"反叙实",当说话者说"YP(XP)"时,他是在表现他认为 XP 为假,如:

(11) 要是[小李来了]就(不) 好了
　　　　|　　XP　　|
　　　　|_____YP_____|

不论主句是肯定还是否定,说话者一般都认为"小李来了"不是事实(反事实),同样,也把它当成背景条件。

第三,"非叙实",当说话者说"YP(XP)"时,他表明自己无法认定 XP 的真假,如:

(12) 老张(不)认为[小李来了]
　　　YP　　　　　XP

不论主句是肯定还是否定,说话者都不知道"小李来了"是真还是假,因为这只是一个来自老张的个人信念,对说话者来说是间接知识。

还有更为复杂的情况,如"半叙实",指在对意向谓词肯定否定操作时,会出现不同的结果。如"李四承认偷了柜子里的钱","李四承认"的话,则说话者倾向于认为"李四偷了柜子里的钱"是事实;但如果李四没承认,那么他是否偷了钱仍然可能不是事实,也就是仍然是非事实。再如"李四不否认偷了柜子里的钱",如果李四不否认的话,则说话者倾向于认为"李四偷了柜子里的钱"是事实;但如果李四否认,那么他是否偷了钱仍然不清楚。

具体分类情况另参见陈振宇(2020a)。

表 1　汉语常见意向谓词的类型(引自陈振宇 2020a: 90-91)[①]

透明算子	叙实算子	避开(进攻)、知道1、认识到、清楚、明白、忘记1、想起1、后悔、懊悔、遗憾、哀叹、庆幸、高兴、自豪、欣赏、可惜、表扬/不表扬、批评/不批评、感谢/不感谢、抗议/不抗议、责怪/不责怪、坦白、交代、揭露、掩饰、抵赖、暴露

---

① 袁毓林(2014b)提出了叙实性的分类,但陈振宇(2020a)的这个表要复杂得多。

续 表

透明算子	半叙实算子	承认、不否认、找到、证明（证得）、造出、看见、记得 1、不奇怪、不意外① 我不怀疑
	反叙实算子	要不是、……就好了 1、误以为
	半反叙实算子	就算、即使、以为 2、没想起 2、不同意、放弃、拒绝、不能、无法、吹嘘
	正反叙实算子	阻止（成功）/没有阻止/没能阻止、避开（伤害）/没有避开（伤害）/没能避开（伤害）、知道 2、忘记 2、记得 2 否定算子 我相信/我不相信、我认为/我不认为
	兼叙实算子	假装、捏造、冒充、伪造
晦暗算子（非叙实算子）	肯否双项	以为 1、认为、觉得、感到、假定、假定、设使、如果、只要、只有、想、设想、梦见、期望、希望、相信、害怕、怀疑、痛恨、根据……、问、说、告诉、宣称、记载、听说、找、证明（过程）、造、研究、探求、断定、反抗、反对、道歉、支持、求饶、求情、站在……一边（表示主观态度）、避免、躲避 量化词
	单项	不承认、否认、没找到、不能证明、没造出、没看见、不以为、奇怪、意外、（并不）以为、没假装、没捏造、没冒充、没伪造、没吹嘘、想起 2、没表扬/不会表扬、没批评/不会批评、没感谢/不会感谢、没抗议/不会抗议、没责怪/不会责备、同意、没放弃、不拒绝、能 我怀疑

1.3.2 意向行为动词

指主体的一类行为，在行为之前，主体必须先针对一些事物（这些事物可以是直陈世界中的，也可以是虚拟世界中的），然后主体才能实施其行为。可以分为三种。

1）意向出现动词，主体在行为开始之前，必须先通过想象打开一个虚拟的非直陈的世界，在其中用一系列属性构想一类事物，然后在自己所在的世界中想办法让这类事物成为事实，从而使自己的想象与自己的世界相通。包括"找"类、"证明"类、"制造"类等。它们对其宾语位置的事物的事实性，有着基本相同的配置：

在事件的开始之前和进行之中，该事物是虚指论元，是非极端小概率的

---

① 表中单项的叙实算子，是 Leech（1983：431-432）所区分的"有条件的叙实谓词"，Hooper（1975）把这种情况列入半叙实。沈家煊（1999：137-140）也称之为"半叙实"。

预期：

(62) a.   O   P(M|O)   P(M)
  ♯张三想找麒麟，所以世上应该有麒麟。
  ♯张三想找麒麟，所以世上应该没有麒麟。
  ♯张三想找麒麟，   但是世上有麒麟。
  张三想找麒麟，   但是世上没有麒麟。

b.   O   P(M|O)   P(M)
  ♯张三在找麒麟，所以世上应该有麒麟。
  ♯张三在找麒麟，所以世上应该没有麒麟。
  ♯张三在找麒麟，   但是世上有麒麟。
  张三在找麒麟，   但是世上没有麒麟。

请注意，如果是否定，即不想、不在做此事，则是无预期的关系，四个检验格式都不能用：

(63) a.   O   P(M|O)   P(M)
  ♯张三不/没想找麒麟，所以世上应该有麒麟。
  ♯张三不/没想找麒麟，所以世上应该没有麒麟。
  ♯张三不/没想找麒麟，   但是世上没有麒麟。
  ♯张三不/没想找麒麟，   但是世上有麒麟。

b.   O   P(M|O)   P(M)
  ♯张三没在找麒麟，所以世上应该有麒麟。
  ♯张三没在找麒麟，所以世上应该没有麒麟。
  ♯张三没在找麒麟，   但是世上有麒麟。
  ♯张三没在找麒麟，   但是世上没有麒麟。

如果事件达到了目标（主体预期），则宾语会变成实指论元，是全概率的预期；反之，如果目标没有实现，则依然为虚指论元，而且有可能会触发相反的大概率预期：

(64) a.   O   P(M|O)   P(M)
  张三找到了麒麟，所以世上应该有麒麟。
  ♯张三找到了麒麟，所以世上应该没有麒麟。

♯张三找到了麒麟，　　　　　　　　　但是世上有麒麟。
♯张三找到了麒麟，　　　　　　　　　但是世上没有麒麟。①
  b.　　　　O　　　　P(M|O)　　　　P(M)
♯张三没能找到麒麟，所以世上可能有麒麟。
张三没能找到麒麟，所以世上可能没有麒麟。
♯张三没能找到麒麟，　　　　　　　但是世上没有麒麟。
张三没能找到麒麟，　　　　　　　但是世上有麒麟。

  2）意向阻止动词，主体的行为的目的，就是在他所在的世界中，不允许这一事物出现，并且如果他不阻止的话，该事物是很可能会自发地出现的。有"阻止"类、"避开"类等。它们对其宾语位置的事物的事实性，有着基本相同的配置，仅仅在结果阶段有一点差异：

  在事件的开始之前和进行之中，该事物是虚指论元，是大概率的预期：

(65) a.　　　　O　　　　P(M|O)　　　　P(M)
张三试图阻止山洪暴发，所以（他认为）山洪可能暴发。
♯张三试图阻止山洪暴发，所以（他认为）山洪不可能暴发。
♯张三试图阻止山洪暴发，　　　但是山洪可能暴发。
张三试图阻止山洪暴发，　　　但是山洪根本不可能暴发。
  b.　　　　O　　　　P(M|O)　　　　P(M)
张三正在阻止山洪暴发，所以（他认为）山洪可能暴发。
♯张三正在阻止山洪暴发，所以（他认为）山洪不可能暴发。
♯张三正在阻止山洪暴发，　　　但是山洪可能暴发。
？张三正在阻止山洪暴发，　　　但是山洪根本不可能暴发。

  如果事件达到了目标（主体预期），则宾语不会实现，而且是全概率的预期：

(66)　　　　O　　　　P(M|O)　　　　P(M)
♯张三成功阻止了山洪暴发，所以山洪应该暴发了。

---

① 当找到的那个麒麟是假的麒麟时，这句话可以说。例如郑和船队曾经在非洲发现了长颈鹿，以为是麒麟，这时就可以说"郑和在非洲找到了麒麟，但世上根本没有麒麟，所以这只是一个美丽的误会"。

张三成功阻止了山洪暴发,所以山洪应该没有暴发。
♯张三成功阻止了山洪暴发,   但是山洪暴发了。
♯张三成功阻止了山洪暴发,   但是山洪没有暴发。

但在否定时,出现了两种情况,否定开始和否定结果,其预期是不一样的,一个是大预期,一个是全预期:

(67) a.　　　O　　　　　P(M|O)　　　P(M)
张三没有阻止山洪暴发,所以山洪应该暴发了。
♯张三没有阻止山洪暴发,所以山洪应该没暴发。
♯张三没有阻止山洪暴发,   但是山洪暴发了。
张三没有阻止山洪暴发,   但是山洪并没暴发。
　b.　　　O　　　　　P(M|O)　　　P(M)
张三没能阻止山洪暴发,所以山洪应该暴发了。
♯张三没能阻止山洪暴发,所以山洪应该没暴发。
♯张三没能阻止山洪暴发,   但是山洪暴发了。
♯张三没能阻止山洪暴发,   但是山洪并没暴发。

"避开"类与"阻止"类不同之处,就是有语义分歧存在,所避开的东西可能仅仅是一种想象的事物,也可能是实际存在的事物,如:

(68)　　　O　　　　　　　　　　P(M|O)/P(M)
张三试图避开对手的进攻/火焰的伤害,所以(他认为)对手可能进攻/火焰可能带来伤害。
♯张三试图避开对手的进攻/火焰的伤害,所以(他认为)对手不会进攻/火焰不会带来伤害。
♯张三试图避开对手的进攻/火焰的伤害,但是对手会进攻/火焰会带来伤害。
张三试图避开对手的进攻/火焰的伤害,但是对手不会进攻/火焰不会带来伤害。

如果事件达到了目标(主体预期),则宾语的事实性会有两种情况,一是这一事件还是发生了的,如下例a,只不过没有作用到躲避者而已;一是这一事件因此没有发生,如下例b:

(69) a.　　　O　　　　　　　　P(M|O)　　　P(M)
　　　张三成功避开了对手的进攻,所以对方应该是发动了进攻。
　　　♯张三成功避开了对手的进攻,所以对方应该没有发动进攻。
　　　♯张三成功避开了对手的进攻,　　但是对方是发动了进攻。
　　　♯张三成功避开了对手的进攻,　　但是对方没有发动进攻。

b.　　　O　　　　　　　　P(M|O)　　　P(M)
　　　♯张三成功避开了火焰的伤害,所以火焰对张三可能造成伤害。
　　　张三成功避开了火焰的伤害,所以火焰对张三不可能造成伤害。
　　　♯张三成功避开了火焰的伤害,但是火焰对张三造成了伤害。
　　　♯张三成功避开了火焰的伤害,但是火焰没对张三造成伤害。

而"张三没有避开……"有歧义,一是指根本没有做"避开"的举动,就是没有试图躲避;一是采取了行动,但没有达到目标。不过两个意义的配置是一样的,如:

(70)　　　O　　　　　　　　　　　　P(M|O)/P(M)
　　　张三没有避开对手的进攻/火焰的伤害,所以对方应该是发动了进攻/火焰应该是对张三造成了伤害。
　　　♯张三没有避开对手的进攻/火焰的伤害,所以对方应该没有发动进攻/火焰应该没有对张三造成伤害。
　　　♯张三没有避开对手的进攻/火焰的伤害,但是对方是发动了进攻/火焰对张三造成了伤害。
　　　♯张三没有避开对手的进攻/火焰的伤害,但是对方没有发动进攻/火焰没有对张三造成伤害。

1.3.3　与传信有关的动词

"传信"(evidential,也译为"实据""证据""言据""可证""施据"等)理论[①]研究两个方面的问题:认识的来源,认识的可靠程度,以及这两者之间的关系。Chafe(1986)提出了以下传信等级:

---

① 美国人类学家博厄斯(Boas 1911)最早提出。

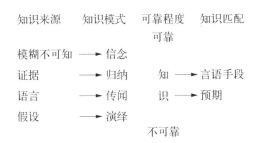

图 5　传信系统(引自 Chafe 1986)

这里的"可靠"也就是被说话者当成事实,而"不可靠"是被他当成非事实,即不知真假,而不是当成反事实。

1) 信念

在"传信"等级中,事实性最强的是说话者的"信念"(belief)。信念实际上是缺省推理。陈振宇、李双剑(2020)说:

> ① 按陈振宇的解释:当主体面对事物时,他没法在完全确认这些事物的性质与真实性后再来行事,外在环境或心理冲动会逼迫他立刻采取某种立场观念并依此行动起来,去与事物打交道。② 所以认识,并不总是在行动之先。在不具有完善认识的条件下,主体会自动根据他的历史经验、身体本能甚至可能是随机地树立一个信念,它是一种观念、方针、指南等等,在当下的情景中直接影响着主体的行为,换言之,主体先"认定"事实就是如此,然后在行动中去这样做。

有许多"知识"性谓词,它们的背后就是隐藏着这样的信念,其事实性由缺省推理保障。包括"知道"类、"记得/忘记"类认识动词,其宾语从句所表示的那个事件,是主句认识者经验之外的知识,它是自足的;主句事件,表示认识者的认识状态;因此不论他是否认识到,这一知识本身,作为缺省推理的信念,一般是不变的。

(71) a.　　　　O　　　　　　　　P(M|O)/P(M)
　　　张三说"小王知道李四要走",所以张三应该是认为李四是要走的。
　　　#张三说"小王知道李四要走",所以张三应该是认为李四不会走。

♯张三说"小王知道李四要走",但是张三认为李四是要走的。
♯张三说"小王知道李四要走",但是张三认为李四不会走。

b. O P(M|O)/P(M)

张三说"小王不知道李四要走",所以张三应该是认为李四是要走的。

♯张三说"小王不知道李四要走",所以张三应该是认为李四不会走。

♯张三说"小王不知道李四要走",但是张三认为李四是要走的。

♯张三说"小王不知道李四要走",但是张三认为李四不会走。

但是,当"知道"的主体是第一人称"我"时,有相同和不同的地方。在肯定时相同:

(72) O P(M|O)/P(M)

张三说"我知道李四要走",所以张三应该是认为李四是要走的。
♯张三说"我知道李四要走",所以张三应该是认为李四不会走。
♯张三说"我知道李四要走",但是张三认为李四是要走的。
♯张三说"我知道李四要走",但是张三认为李四不会走。

但是在否定时,就出现了一个"第一人称否定悖论"(陈振宇、甄成 2017)。我说出了事件 XP,那么我(现在)就已经知道了 XP,又怎么能说"我(现在)不知道"? 要消除这一悖论,有以下途径:①

一是把时间改变,指"我"现在知道,但是在过去的某个时间不知道,如"我(当时)不知道李四要走,还在那儿说一起去看电影的事。"这就维持了缺

---

① 陈振宇、甄成(2017)后收入陈振宇、张新华(2020),在收入时有较大改动,其中说道:消解悖论对语句的影响,并不一定必须铲除悖论。悖论就是自相矛盾的话语,因此是说话者认为为假的语句,它单独说是不成立的,但是,如果我们把它放在特殊的地方,就可以说了。一共提出了多个特殊的位置,比这里提到的要多:
条件:假如我(现在)不知道他是你朋友,那我会说什么呢?
条件:我会照顾他的,除非我(现在)不知道他是你朋友。
疑问:我(现在)不知道他是你朋友吗?
意外:难道我(现在)还不知道他是你朋友!
否定:我不可能(现在)不知道他是你朋友走。
认识情态句:在特殊的条件下,我(现在)可能不知道他是你朋友。
引语:你以为/你说我(现在)不知道他是你朋友? /。

省推理,仍然与肯定句的配置一样。

二是取消句子的叙实性,而是从传信的角度讲,认为自己的知识是一种信念,传信力度最大,因为如果我都不知道,那么就不是真的,是反事实的,这是向反叙实迁移。如:

(73) a. 甲:她还是爱你的。
乙:我可不知道她爱我!我只知道她老来烦我!(我认为她不爱我) （例引自陈振宇、甄成2017）
b. 甲:毕竟市场是公平的。
乙:我晓得什么市场是公平的?!两个大老板斗法,受伤的都是我们小老百姓!(我认为市场是不公平的)

用格式检验一下,是大概率的预期:

(74)   O   P(M|O)/P(M)
♯张三说"(连)我(都)不知道李四要走!"所以张三应该是认为李四是要走的。
张三说"(连)我(都)不知道李四要走!"所以张三应该是认为李四不会走。
张三说"(连)我(都)不知道李四要走!"但是张三认为李四是要走的。
♯张三说"(连)我(都)不知道李四要走!"但是张三认为李四不会走。

三是取消句子的叙实性,也不从传信的角度讲,而仅仅表达某个主体的认识内容,却并不为该内容赋予叙实性,我所知道的事,既可能为真,也可能不是真的,是非事实的,这是向非叙实迁移。如:

(75) 甲:你知道小王喜欢谁?
乙:我不知道小王喜欢谁。我倒是看见他和几个女孩经常来往,但是不是达到了那种程度,我不知道。

再如:

(76) 我所知道的是他昨天有可能来过,我不知道的是他还去过学校,不过,我也不敢保证这都是真的,因为没有人看到他。

"知道"也可以表达其他人的认识,当说话者指出他人的认识缺陷时,很容易得出他人的认识是错误的结论。

(77) 我们有的同志就知道"市场是万能的"!(例引自陈振宇、甄成 2017)

陈振宇、甄成(2017)解释说:

说话者与"有的同志"都有"市场是万能的"这一认识,也许是某本教科书中学来的。但"就"("只"义副词)却是个隐性否定词,因为"只知道"意味着还应该知道其他来源信息(如实践中发现市场机制的局限性)。说话者承认这两种认识都有知识属性,但由于"只"是"主观小量",所以在可靠等级上,说话者是把"市场是万能的"放在更低的位置上的。

由于预期的(也就是合理的)情况应该是了解更多的关于市场的知识,所以可以推导出"就知道"这一点是不合理的,进一步推出"就知道"的内容"市场是万能的"也是不合理的。这是一个相当复杂的语用性的否定。

其他类似动词如:

(78) a.　　　　O　　　　　　　　P(M|O)/P(M)

张三说"小王认识到自己的错误",所以张三应该是认为小王有错误。

#张三说"小王认识到自己的错误",所以张三应该是认为小王没有错误。

#张三说"小王认识到自己的错误",但是张三认为小王有错误。

#张三说"小王认识到自己的错误",但是张三认为小王没有错误。

b.　　　　O　　　　　　　　P(M|O)/P(M)

张三说"小王没认识到自己的错误",所以张三应该是认为小王有错误。

#张三说"小王没认识到自己的错误",所以张三应该是认为小王没有错误。

♯张三说"小王没认识到自己的错误",但是张三认为小王有错误。

♯张三说"小王没认识到自己的错误",但是张三认为小王没有错误。

有两类关于记忆的动词,"忘记"和"记得/想起来"也各有不同:

(79) a.   O   P(M|O)/P(M)

张三说"小王忘了李四来过",所以张三应该是认为李四来过。

♯张三说"小王忘了李四来过",所以张三应该是认为李四没来过。

♯张三说"小王忘了李四来过",但是张三是认为李四来过。

♯张三说"小王忘了李四来过",但是张三认为李四是没来过。

b.   O   P(M|O)/P(M)

张三说"小王没忘记李四来过",所以张三应该是认为李四来过。

♯张三说"小王没忘记李四来过",所以张三应该是认为李四没来过。

♯张三说"小王没忘记李四来过",但是张三是认为李四来过。

♯张三说"小王没忘记李四来过",但是张三认为李四是没来过。

(80) a.   O   P(M|O)/P(M)

张三说"小王记得李四来过",所以张三应该是认为李四来过。

♯张三说"小王记得李四来过",所以张三应该是认为李四没来过。

♯张三说"小王记得李四来过",但是张三是认为李四来过。

♯张三说"小王记得李四来过",但是张三认为李四是没来过。

b.   O   P(M|O)/P(M)

?张三说"小王记不得李四来过",所以张三应该是认为李四来过。

♯张三说"小王记不得李四来过",所以张三应该是认为李四没来过。

♯张三说"小王记不得李四来过",但是张三是认为李四来过。

♯张三说"小王记不得李四来过",但是张三认为李四是没来过。

(81) a.   O   P(M|O)/P(M)

张三说"小王想起来李四来过",所以张三应该是认为李四来过。

♯张三说"小王想起来李四来过",所以张三应该是认为李四没来过。

♯张三说"小王想起来李四来过",但是张三是认为李四来过。

？张三说"小王想起来李四来过",但是张三认为李四是没来过。

b.   O   P(M|O)/P(M)

张三说"小王没想起来李四来过",所以张三应该是认为李四来过。

♯张三说"小王没想起来李四来过",所以张三应该是认为李四没来过。

♯张三说"小王没想起来李四来过",但是张三是认为李四来过。

♯张三说"小王没想起来李四来过",但是张三认为李四是没来过。

在这些动词中,"记得"有所不同,因为它在一定程度上可以作为证据,虽然证据性不够强,所以"张三说'小王记不得李四来过'",张三也许会认为小王的记忆有一定的证据性,故而也许李四就是没来过。

如果去掉"张三说","记得/想起来"类会出现变化,"记得"与"不记得","想起来"与"没想起来"会有不同的配置:

(82) a.   O   P(M|O)   P(M)

小王记得李四来过,所以李四可能是来过。

♯小王记得李四来过,所以李四可能是没来过。

♯小王记得李四来过,   但是李四来过。

小王记得李四来过,   但是李四是没来过。

b.   O   P(M|O)   P(M)

♯小王不记得李四来过,所以李四可能是来过。

小王不记得李四来过,所以李四可能是没来过。

小王不记得李四来过,   但是李四是来过。

♯小王不记得李四来过,   但是李四是没来过。

(83) a.   O   P(M|O)   P(M)

小王想起来李四来过,所以李四可能是来过。

♯小王想起来李四来过,所以李四可能是没来过。

♯小王想起来李四来过,   但是李四来过。

小王想起来李四来过, 但是李四是没来过。
b. O　　　　　　　P(M|O)　　　P(M)
♯小王没想起来李四来过,所以李四可能是来过。
小王没想起来李四来过,所以李四可能是没来过。
小王没想起来李四来过, 但是李四是来过。
♯小王没想起来李四来过, 但是李四是没来过。

"记得、想起来"与"知道"一样,一旦把知识前景化,叙实性就会失去,如:

(84) a. 甲:你找他干嘛?
乙:我不记得/想不起来我去找过他啊!
b. 连守门人都不记得/想不起来他来过,恐怕他的确是没去过。

当然第一人称的记忆也会出错,所以即使记不得,也可能是真的,这时也必须由上下文来确定,如下面的语篇表明的确去找过他:

(85) <u>我不记得去找过他</u>,结果过了两个星期又去找他,把事儿又说了一遍,弄得人家挺尴尬的。

即使记得,也可能是假的,这时也必须由上下文来确定,如下面的语篇表明没去找过他:

(86) <u>我记得去找过他</u>,结果过了两个星期他都没动静,一问原来我找错了人,找的是他的邻居。

2) 证据

感知动词,参看李新良(2014)、张新华(2015)的总结归纳,表明主体对世界的认识结果,其叙实性的来源是源自证据性:人总是将感知作为事物的亲知证据,我们对世界的认识过程都是依赖于我们的视觉、听觉及其他感觉而进行的。一般而言,有所感知则被感知的事物是被感知者看成存在的。与之相反,如果没有感知,就没有证据,但一般而言,没有证据并不意味事物不存在,而是非事实,即事物可能存在可能不存在,需要进一步探究。从这一点看,感知与意向行为达成很相似。

感知作为证据,本身是有强度上的差异,包括两个维度:

首先,视觉是最强的感知,听觉其次,而其他感知的证据性并不充分,达成事实性的倾向程度各有不同。如"看见"与"感到"的差异:

(87) a. 李四看见[小王从她屋里出来]。
　　　我看见[小王从她屋里出来]。
　　b. 李四感到[背上有东西在爬]。
　　　我感到[背上有东西在爬]。

显然,看见更容易作为证据,因此说话者更容易相信例 a 中"小王从她屋里出来"为事实,尤其是"我看见"在一般情况下充分显示了说话者的信念,我的感觉是我最相信的。在法庭调查中"亲见"是很容易当成天然的事实证据的,如:

(88) 甲:证人,请陈述你在 3 月 20 日下午回家时看见了什么?
　　乙:我看见他们(指向嫌疑人)向邻居的院子里扔燃烧瓶。
　　甲:你看见的燃烧瓶是否在当场证物之中?
　　乙:是的,我看见的就是这一种(指向一件证物)。

用格式检验一下,肯定和否定表现相反,且有一些不对称:

(89) a.　　　O　　　　　　　P(M|O)/P(M)
　　　李四看见小王从她屋里出来,所以小王可能是从她屋里出来的。
　　　　　　　　　　　　　　　　　　　　　　　(♯1-?2-17)
　　　♯李四看见小王从她屋里出来,所以小王可能没有从她屋里出来。
　　　　　　　　　　　　　　　　　　　　　　　(♯19-?1-0)
　　　♯李四看见小王从她屋里出来,但是小王是从她屋里出来的。
　　　　　　　　　　　　　　　　　　　　　　　(♯14-?5-1)
　　　李四看见小王从她屋里出来,但是小王并没有从她屋里出来。
　　　　　　　　　　　　　　　　　　　　　　　(♯1-?4-15)
　　b.　　　O　　　　　　　P(M|O)/P(M)
　　　♯李四没看见小王从她屋里出来,所以小王可能是从她屋里出来的。
　　　　　　　　　　　　　　　　　　　　　　　(♯20-?0-0)
　　　?李四没看见小王从她屋里出来,所以小王可能没有从她屋里出来。
　　　　　　　　　　　　　　　　　　　　　　　(♯4-?5-11)

李四没见小王从她屋里出来,但是小王的确是从她屋里出来的。　　　　　　　　　　　　　　　（♯0-?1-19）

♯李四没看见小王从她屋里出来,但是小王并没有从她屋里出来。　　　　　　　　　　　　　　　（♯17-?2-1）

"感到、觉得"等一般表示味觉、嗅觉、外触觉和内触觉,如"他觉得汤太咸""他觉得花很香""他感到有东西在他腿上咬了一口""他感到身体不适"等,"感到背上有东西在爬"是触觉。由于触觉本身的模糊性,它是最容易产生误导的,所以证据的有效性大打折扣,需要进一步探究确认,如我对自己背上的感觉,还不能使我确认背上的确有东西,因为人的皮肤很可能把自身的一些刺激和变化误以为是外物的影响,这时,我就必须进一步去探究,最好的方法就是找个我信任的人,让他赶紧看一看。但如果"感到、觉得"后面的宾语就是对触觉感知的直接描写,那么"他觉得背上很痒",那就是真的有痒的感觉;"他没觉得背上痒",那就是没有痒的感觉,这又成了直接的事实或反事实意义。

用格式检验一下,这两类有很大不同,一个是小概率预期,一个是全概率预期:

(90) a.　　　　　O　　　　　　　　P(M|O)/P(M)
　　♯李四觉得背上有东西在爬,所以他背上应该有东西在爬。
　　♯李四觉得背上有东西在爬,所以他背上应该没有东西在爬。
　　♯李四觉得背上有东西在爬,但是他背上有东西在爬。
　　李四觉得背上有东西在爬,但是他背上没有东西在爬。

　　b.　　　　　O　　　　　P(M|O)　　　　　　P(M)
　　李四觉得背上痒,所以他背上应该是发痒。
　　♯李四觉得背上痒,所以他背上应该不痒。
　　♯李四觉得背上痒,　　　　　　　但是他背上是发痒。
　　♯李四觉得背上痒,　　　　　　　但是他背上不痒。

在实际使用中,感知动词可以用来表示说话者或主体的猜测,即说话者或主体对其事实性判断不太高的认识,但具体使用的方式不一样,"看见"类的强证据感知不能直接表示猜测,需要其他语词的帮助,如加上表示猜测的情态词,如下例 a 所示;而弱证据性的"感到、觉得"等就可以直接表示模糊的猜测,如下例 b 所示,"感到背后有人"说话者并不肯定"背后有人"是事实,但有这种可能性,所以本质是非事实,但略微倾向于事实而已。

(91) a. 李四好像看见[小王从她屋里出来]。
　　　我似乎看见[小王从她屋里出来]。
　　b. 李四感到/觉得[背后有人]。
　　　我感到/觉得[背后有人]。

用格式检验一下,是小概率预期:

(92)　　　　O　　　　　P(M|O)　　　　　P(M)
♯我觉得背后有人,所以我背后应该有人。
♯我觉得背后有人,所以我背后应该没人。
♯我觉得背后有人,　　　　　　　但是我背后有人。
我觉得背后有人,　　　　　　　但是我背后没人。

感知动词在语法化之后,可以表示认识,不同的感知动词表示的认识程度不同,强证据的"看见"类表示确定的认识,如下例 a 所示;而弱证据的"感到、觉得"等就只表示猜测,是较弱的认识,如下例 b 所示。

(93) a. 李四看[他是个好人]。
　　　我看[他是个好人]。
　　b. 李四感到/觉得[他是个好人]。
　　　我感到/觉得[他是个好人]。

第一人称感知者最强,其他人称则未必充分,因为说话者总是以自己的经验作为世界的证据,如上述例子中"李四"与"我"的对立。另外,让我们看看否定的情况:

(94) a. 李四没看见[下面有人]。
　　b. 我没看见[下面有人]。

在例 a 中,李四不能提供证据,所以"下面有人"既未证实也未证伪,仍然不清楚,是非事实。但在例 b 中,当说话者所说的是自己的经验时,一般会相信自己的经验是更可靠的证据,所以,如果我没看见,那么就会倾向于把它当成证据,以支持论点"下面没有人"。

虽然我的感知也有可能是错的,但在实际对话中,这常常是表明我认为这一事物是反事实的方法,如下例乙的意思是根本没人来过:

(95) 甲:上午老张来找你,你到哪儿去了? 我托他送一封信给你。
乙:我在办公室啊,<u>我没看见有谁来过! 也没看见什么信!</u>

虽然亲见有如此强的证据性,但在传信范畴中,它也不是最强的。因为一个人亲见的事物也可能为假,不过这需要在上下文中加以表达,否则就会被默认为真。例如:

(96) <u>我看见她向我嫣然一笑</u>,忙举手回应,结果尴尬了……原来她根本没注意到我,是在向我身后的那个男孩打招呼。
<u>我看见杰克家的屋后有一只兔子</u>,心想终于让我逮到你了。我一步步摸过去,瞅准了猛地一扑,结果悲剧了,原来那是一团水泥地上反射的阳光。哎哟我的腰! 到现在还没好!

即使是当下的视觉经验,也有这种出错的时候,例如:

(97) 甲:你看,你看,那儿有一个人!
乙:啥都没有,你看错了!

在另一方面,即使是说话者没看见的,也可能是真的,这可以由上下文来确定,如下面的语篇表明他的确踢了我一脚:

(98) <u>我没看见他暗中踢来的一脚</u>,现在还在家躺着呢。

3) 传闻

他人告知的知识,其事实性往往存疑。包括"说"类、"告诉"类、"听说"类等。但其配置是相似的,一般都是小概率预期。如:

(99) a.　　　　O　　　　　　　　　$P(M|O)/P(M)$
♯张三说/告诉我们李四明天要去上海,所以李四明天会去上海。
♯张三说/告诉我们李四明天要去上海,所以李四明天不会去上海。

♯张三说/告诉我们李四明天要去上海,但是李四明天会去上海。
张三说/告诉我们李四明天要去上海,但是李四明天不会去上海。

b.   O   P(M|O)/P(M)

♯张三没说/没告诉我们李四明天要去上海,所以李四明天会去上海。

♯张三没说/没告诉我们李四明天要去上海,所以李四明天不会去上海。

张三没说/没告诉我们李四明天要去上海,但是李四明天会去上海。

♯张三没说/没告诉我们李四明天要去上海,但是李四明天不会去上海。

不过,告诉我们这一信息的人,也即是传闻的来源,其身份和地位有差异,权威信息源头可以改变事实性,也就是来自权威的信息倾向于是事实,至少是大概率预期。如:

(100)   O   P(M|O)/P(M)

李四爱人说/告诉我们李四明天要去上海,所以李四明天可能会去上海。

♯李四爱人说/告诉我们李四明天要去上海,所以李四明天不会去上海。

♯李四爱人说/告诉我们李四明天要去上海,但是李四明天会去上海。

李四爱人说/告诉我们李四明天要去上海,但是李四明天不会去上海。

4) 演绎

这其实是指认识主体根据自己已有的知识做的猜想、假设或直接产生的认识,一般都是小概率预期。如:

(101) a.   O   P(M|O)   P(M)

♯小王认为李四要走,所以李四是要走的。

♯小王认为李四要走,所以李四是不会走的。

♯小王认为李四要走,   但是李四是要走的。

小王认为李四要走， 但是李四是不会走的。
b. O　　　　　　P(M|O)　　　　　P(M)

♯小王不认为李四要走，所以李四是要走的。
♯小王不认为李四要走，所以李四是不会走的。
　小王不认为李四要走， 但是李四是要走的。
♯小王不认为李四要走， 但是李四是不会走的。

(102) a. O　　　　　　P(M|O)　　　　　P(M)

♯小王猜/想李四要走，所以李四是要走的。
♯小王猜/想李四要走，所以李四是不会走的。
♯小王猜/想李四要走， 但是李四是要走的。
　小王猜/想李四要走， 但是李四是不会走的。
b. O　　　　　　P(M|O)　　　　　P(M)

♯小王没想过李四要走，所以李四是要走的。
♯小王没想过李四要走，所以李四是不会走的。
　小王没想过李四要走， 但是李四是要走的。
♯小王没想过李四要走， 但是李四是不会走的。

1.3.4 心理和能力对行为的控制

可控性的行为是否会发生，与主体的意愿知识能力紧密相关，不过是负相关为主，即如果没有意愿知识能力，行为基本上不会发生，除非偶然；但有意愿知识能力，并不一定会发生。这一类的情况，包括"知道"类、"记得/忘记"类的特殊用法，以及"同意/拒绝"类、能力类。

1) 知识类

"知道"的宾语并不总是表示知识，还可以表示"可控行为"，也就是主体应该或知道用何种方式做事。知识与行为最大的区别是"可控性"，知识由于与主体没有关系，是自足的，所以没有可控性，如"小王（不）知道李四要走"中，"李四要走"是认识主体"小王"无法控制的事情，再如下例 a，也就是前面我们说过的缺省推理导致的叙实性；而行为是主体的行为，因此必须有可控性，如下例 b，他能够决定三点去不去学校。[①]

(103) a. 他知道地球围绕太阳转。
他知道他应该三点去学校。

[①] "知道 2"句中对行为的关注，参看郭光、陈振宇(2019)的详细论述。

b. 他知道三点去学校。
　他知道用微信付款。

让我们对比一下这两句,"他知道应该三点去学校"和"他知道三点去学校",它们意义十分相似,但是事实性不同:

(104) a.　　　　O　　　　　　P(M|O)　　　　P(M)
　　　他知道应该三点去学校,所以他是应该三点去学校。
　　♯他知道应该三点去学校,所以他不应该三点去学校。
　　♯他知道应该三点去学校,　　　但是他是应该三点去学校。
　　♯他知道应该三点去学校,　　　但是他不应该三点去学校。
　　 b.　　　　O　　　　　　P(M|O)　　　　P(M)
　　　他知道三点去学校,所以他会三点去学校。
　　♯他知道三点去学校,所以他不会三点去学校。
　　♯他知道三点去学校,　　　　　但是他三点去了学校。
　　　他知道三点去学校,　　　　　但是他三点没去学校。

对第一句而言,是非可控的"知道"句,句中 XP 是"应该三点去学校",这是外在的对他的要求,是不以他的意志为转移的,因此不论他知道还是不知道,"他应该三点去学校"这一要求一般都是事实,因此这种"知道"句是叙实句。

对第二句而言,是可控的"知道"句,XP 是"三点去学校",少了"应该",于是不是指道义要求,而是指具体的行为,如果他知道 XP 的话,他就很可能会采取行动,于是"他三点去学校"就很可能会发生,除非有什么外在的因素阻止了他采取这一行动;然而,如果他不知道这件事,那么他当然不会去做这事,也就是说,他不会三点去学校,这事不会发生,除非有偶然的情况,他无意中正好做了此事,如他本来是出来逛街的,无意中在三点走到了学校。因此,对第二句而言,肯定时倾向于事件会发生,也就是事实意义,而否定时事件一般都不会发生,即反事实意义。

(105)　　　　O　　　　　　P(M|O)　　　　P(M)
　　♯他不知道三点去学校,所以他可能去了或会去学校。

(♯20-?0-0)

　　　他不知道三点去学校,所以他可能没去或不会去学校。

(♯0-?1-19)

	?他不知道三点去学校，	但是他去了或会去学校。
		(♯9-?5-6)
	♯他不知道三点去学校，	但是他没去或不会去学校。
		(♯14-?4-2)

进一步考察发现，肯定与否定时可控"知道"句的透明强度不同：

一个人知道做什么，但在现实中被某些条件所阻碍，结果未能实施，这种情况很常见，因此"他知道来找你！"即很可能他来或会来找你，但也难免没来或不会来找你。例如：

(106) a. 甲：你怎么没来？
乙：我知道来找你！可是我没你的地址啊！
b. 我也知道矜持，对主考官多多微笑，用成熟稳重又富有礼貌的语调说话，但我就是忍不住，死胖子实在太搞笑了！哇哈哈哈哈哈……

有时，"知道"的是未来的事，因此更多的是提出一种允诺或保证，即主体会或有可能去做这事，如：

(107) 放心，我知道去找你！
——你还不去学校，都几点了！——我晓得去！

相反，一个人如果不知道做什么，那么在现实中他因为偶然的原因，阴差阳错做成了这件事，这种情况真的是非常罕见。因此，我们一般认为，否定时透明度会非常大，几乎可以肯定是反事实。如"我（当时）不知道去找人帮忙"，那我就不会去做，所以"我去找人帮忙"的事没有发生。

非可控"知道"是叙实动词，可控"知道"虽然透明性也很强，但却是一个事实一个反事实，且称之为"正反叙实"。

记忆动词也有这种可控性的用例：

(108) a.　　　　O　　　　　P(M|O)　　　P(M)
♯他忘了/没记得去学校，所以他应该去了学校。
他忘了/没记得去学校，所以他应该没去学校。
?他忘了/没记得去学校，　　　　但是他去了学校。

♯他忘了/没记得去学校，　　　　　　但是他没去学校。
b.　　　　O　　　　　　　　P(M|O)　　　P(M)
他没忘/记得去学校，所以他应该去了学校。
♯他没忘/记得去学校，所以他应该没去学校。
♯他没忘/记得去学校，　　　　　但是他去了学校。
他没忘/记得去学校，　　　　　但是他没去学校。

2) 意愿类

一般而言，小王不同意去或拒绝去，在可控的情况下，就是说他没去。要得到相反的意义，一般需要他丧失可控性，如"小王不同意去学校面试，但胳膊拧不过大腿，在学校的强烈要求下，他只好去了"。

(109) a.　　　　O　　　　　　　P(M|O)　　　P(M)
他同意/不拒绝去学校，所以他应该去了或会去学校。
♯他同意/不拒绝去学校，所以他应该没去或不会去学校。
♯他同意/不拒绝去学校，　　　但是他去了或会去学校。
他同意/不拒绝去学校，　　　但是他没去或不会去学校。
b.　　　　O　　　　　　　　P(M|O)　　　P(M)
♯他不同意/拒绝去学校，所以他应该去了或会去学校。
他不同意/拒绝去学校，所以他应该没去或不会去学校。
他不同意/拒绝去学校，　　　但是他去了或会去学校。
♯他不同意/拒绝去学校，　　　但是他没去或不会去学校。

3) 能力类

与主体能力允许方式等有关的"能够、可以、无法"等，有的只有否定形式。

(110) a.　　　　O　　　　　　　P(M|O)　　　P(M)
他自身能够考过这次考试，所以他应该考过了。
♯他自身能够考过这次考试，所以他应该还是没考过。
♯他自身能够考过这次考试，　　但是他考过了。
他自身能够考过这次考试，　　但是他还是没考过。
b.　　　　O　　　　　　　　P(M|O)　　　P(M)
♯他不能/无法考过这次考试，所以他应该考过了。

他不能/无法考过这次考试，所以他应该没考过。
？他不能/无法考过这次考试， 但是他考过了。
♯他不能/无法考过这次考试， 但是他没考过。

同样，在极为特殊的时候，可能有偶然因素促成事件，如"他本来无法通过考试，谁知那道题正好是前两天见过的，一下就把分数拉到了及格线上"。这涉及"和谐"问题，我们在前面讨论过。

1.3.5 过去的认识

过去的认识与现在的认识具有对比性，所以过去的认识往往是错误的，这样一来，如果一个认识动词强调这是过去的认识，那么也就是在强调这是错误的认识(假的认识)。

看看汉语的"认为"与"以为"。它们本来都是客观地报道主体当下的认识[1]，当主体是第一人称时，表达说话者的认识，当然说话者一般认为自己的认识是事实。不过当主体是其他人称时，由于不是说话者的认识，而只是说话者引用的别人的认识，按照传信原则，这一认识的事实性并不可靠，是非事实，这合乎晦暗的性质要求。

但是，"以为"后来经历了进一步的演化[2]，用来表示主体的认识是错误的，因此被归入反叙实动词。不管是"我以为"还是"小王以为"，我们都倾向于认为认识错了，会说"我/小王以为李四要走，其实他不走"。[3]

(111) 我认为李四要走。　　小王认为李四要走。
　　　我以为李四要走。　　小王以为李四要走。
　　　　　O　　　　　　　　P(M|O)　　P(M)
　　♯老张说"我(当时)以为他要走"，所以他应该是走了。
　　老张说"我(当时)以为他要走"，所以他应该是没走。
　　♯老张说"我(当时)以为他要走"， 但是他是走了。
　　老张说"我(当时)以为他要走"， 但是他没走。

陈振宇(2017：33)说：

---

[1] "认为"类包括"认为、相信、怀疑、理解"等，也被称为"命题态度"(propositional attitudes)谓词。
[2] 陈振宇(2017：32-33)说："在有的方言中表示认识的词只有'以为'而没有'认为'，那么它就与普通话中的'认为'一样使用。"
[3] 引自李明(2003)。

产生这一差异的原因不是两个词的逻辑意义不同,而是他们的使用环境不同,在普通话中,"认为"是中性的,可用于各种环境。但"以为"经常用于"相对过去"的情况,即它是指主体在参照时间以前的某个时间的认识,这就意味着它很可能与现在的认识不同,而一般默认当下的认识更准确,所谓"后出转精",因此此前的那个认识就被默认为是错误的,这样就产生了反叙实性。①

1.3.6　建立在主体知识状态基础上的行为动词

有一些主体行为或心理反应,必须在主体拥有某些知识的情况下才会产生。在缺省推理的情况下,我们默认说话者与主体有同样的认识世界,所以这也就意味着说话者也倾向于拥有这些前提知识,更进一步,说话者会倾向于认为这些已是事实(当然,这是语用涵义,并非总是如此,有时也有反事实,或非事实的情况)。包括"奇怪"类、"批评/表扬"类和"后悔"类。

1) 情感情绪

例如表示心理反应的"奇怪"类,包括"奇怪、诧异、惊讶、感到意外"等。陈振宇、甄成(2017)说:

> "奇怪"是个二价形容词,有两种句法格式,"对 O 而言,XP 很奇怪/不奇怪"和"O 很奇怪/不奇怪 XP",其论元是感到奇怪的人(O),以及使人感到奇怪的事物(XP)。

再如表示情绪反应的"后悔"类,包括"后悔、懊悔、哀叹、庆幸、高兴、自豪、欣赏、可惜、遗憾"等。

这些都是表达人类的心理情感或情绪,都是认识主体接受到一个信息 XP,这一信息对认识主体产生了心理上的影响,触动了认识主体的某种社会评价,从而引发了情感。它们的差异主要是对不同的社会评价的触动,"奇怪"类影响的是社会常规,即 XP 是概率很低或不常见的事;而"后悔"类影响的则是社会价值(合理性)的评判,即 XP 具有积极或消极的价值。

所以这些动词,都预设其主体认为该事件 XP 为真,这样才能引发后来

---

① 现代汉语中"以为"有时仅仅是表示认识,没有这种反事实倾向性,主要有两种情况,需要排除在外:
一是谦逊地表示自己的认识,如"大家说的都很有理,但我以为还是要再多考虑考虑"。
二是询问对方的意见,如"先生,您以为如何?"

的一系列推理,如果这件事都是反事实的,那么有什么必要讨论其情感情绪反应呢!

(112) a.   O   P(M|O)/P(M)
老张说"李四没考上很奇怪",所以老张应该是认为李四没考上。
♯老张说"李四没考上很奇怪",所以老张应该是认为李四考上了。
♯老张说"李四没考上很奇怪",但是老张认为李四没考上。
♯老张说"李四没考上很奇怪",但是老张是认为李四考上了。

b.   O   P(M|O)/P(M)
老张说"李四没考上一点也不奇怪",所以老张应该是认为李四没考上。
♯老张说"李四没考上一点也不奇怪",所以老张应该是认为李四考上了。
♯老张说"李四没考上一点也不奇怪",但是老张认为李四没考上。
♯老张说"李四没考上一点也不奇怪",但是老张是认为李四考上了。

(113) a.   O   P(M|O)/P(M)
老张说"我很后悔没考上",所以老张应该是认为自己没考上。
♯老张说"我很后悔没考上",所以老张应该是认为自己考上了。
♯老张说"我很后悔没考上",但是老张认为自己没考上。
♯老张说"我很后悔没考上",但是老张是认为自己考上了。

b.   O   P(M|O)/P(M)
老张说"我不后悔没考上",所以老张应该是认为自己没考上。
♯老张说"我不后悔没考上",所以老张应该是认为自己考上了。
♯老张说"我不后悔没考上",但是老张认为自己没考上。
♯老张说"我不后悔没考上",但是老张是认为自己考上了。

上述例句表明,肯定句和否定句都有较强的事实性倾向。

其实,这一原理也适用于各种感叹句,如:

(114) a.　　　O　　　　　　　　P(M|O)/P(M)

老张说"小王你怎么没考上",所以老张应该是认为小王没考上。

♯老张说"小王你怎么没考上",所以老张应该是认为小王考上了。

♯老张说"小王你怎么没考上",但是老张认为小王没考上。

♯老张说"小王你怎么没考上",但是老张是认为小王考上了。

b.　　　O　　　　　　　　P(M|O)/P(M)

老张说"小王你真笨啊!",所以老张应该是认为小王笨。

♯老张说"小王你真笨啊!",所以老张应该是认为小王不笨。

♯老张说"小王你真笨啊!",但是老张认为小王笨。

老张说"小王你真笨啊!",但是老张是认为小王不笨。

当"奇怪"类谓词的认识主体是第一人称以外的某人时,请注意,句子的语义内容根本与说话者无关,所以说话者应该可以自由挑战,认为这一主体的认识是错误的,如(例引自陈振宇、甄成 2017):

(115) 对妈妈来说,<u>李四没考上真的很奇怪</u>!她不知道的是,其实李四是考上了。家里穷,上学就意味着一笔新的借债……所以李四不愿意告诉父母罢了。

<u>小云倒不奇怪这厮做出这样的事</u>,可是当别人告诉她王贵根本没做这事时,她却真的结结实实地吃了一惊。

但是移情功能会使说话者站在句中主体一边,因此当句中没有相应的成分解释时,主体的认识会被默认为说话者的认识,如:

(116) <u>中国人民一点儿也不奇怪美国会悍然对华发动贸易战</u>,因为这一套许多年前已经对日本来过一次了。

不过,当"奇怪"类的认识主体是第一人称时,就是直接反应说话者的态度与认识。当然第一人称的认识可以在后文中再来自我否认,例如(例引自陈振宇、甄成 2017):

(117) 父亲:儿子(李四)的成绩一向很好,<u>没考上真的很奇怪</u>,也许他

其实是考上了,只不过故意告诉我们没考上罢了。(李四告诉父母他没考上——基于他人言语的传闻)

如果说李四没考上的话,<u>那就真的很奇怪了</u>,莫非他是考上了,只是不告诉大家?!(基于假设的演绎)

与"奇怪"类一样,当主体为第一人称以外的人物时,说话者完全可以表达他的认识是错误的,这时会破坏句子的事实性,如①(例引自陈振宇、甄成2017):

(118)甲认为自己没考上,甲很后悔。
　　　乙:你别后悔了!我告诉你,你实际上是已经考上了!(反事实)

乙不但承认甲后悔过,而且也发现甲是认为自己没考上,乙是在指出甲的认识有误,所以后悔的根基被取消了。

当主体为第一人称时,"后悔"句一般反映说话者自己的认识,有更强的叙实性。但是传信因素可能破坏这一点(例引自陈振宇、甄成2017):

(119)甲:你后悔吗?
　　　乙:我不后悔!因为实际上我已经考上了。(反事实)
　　　　　我不后悔!因为我从来没认为考不上是什么大不了的事。
　　　　　(不具有消极价值)

乙也是把后悔的根基取消了,或者是我考上了,或者是我觉得没考上不是坏事。再如(例引自陈振宇、甄成2017):

(120)我真傻,后悔什么?!原来我已经考上了!(反事实)
　　　我真傻,后悔什么?!原来考什么大学真的一点也不重要,重要的是自己的努力!(不具有消极价值)

陈振宇、甄成(2017)说:

---

① 渡边昭夫(1979)就把"后悔"视为非叙实,这与其他研究者很不一样。我们认为,从其来源看,叙实性本来就存在等级高低,并不是一刀切的。

说话者过去认为自己没考上,认为这是消极的事,过去后悔过;过去的后悔者与现在的言说者其实不是一个人,现在的我对过去的我进行批驳,是完全自由的。

最后,虚拟句给出了更为广阔的可能的世界,所以我们有下面的例句,其中事实性都被消解(例引自陈振宇、甄成 2017):

(121) 假如我后悔自己没考上,那就真上了她的大当了! 因为我实际上已经考上了,本该快快乐乐地享受美好时光才是!
假如我不努力一点,将来一定会后悔的。①

2) 情感的外化
强烈的情感情绪,往往会导致外在的互动行为反应,如"表扬、批评、赞赏、感谢、抗议、责备、责怪"等。

这一类都是表明主体对 XP 的看法具有积极或消极的社会价值,与"后悔"类不同的是,"后悔"类是认识主体自己的心理及情绪反应,即使外化也只是自我表现;而"批评/表扬"类则是认识主体对他人的评价,是人际互动的行为。除此之外,外在的行为是"批评/表扬"类的焦点意义所在,但是它离心理中的认识更远。这反映在否定句中,与"后悔"类的情况颇有不同。

如"领导没有/不批评他们上班不穿西装",可能有以下情况

Ⅰ. 从外部去看,说话者用"没有、不会"等表示行为没有发生或不会发生。那么为什么不发生? 可以有各种原因:

Ⅰ.1. 领导不知道他上班不穿西装,因此这时对主体而言,XP 有可能是反事实。包括:

他上班穿了西装。

他上班没穿西装,只是领导不知道而已。

Ⅰ.2. 领导知道他上班不穿西装,又包括:

领导知道他上班不穿西装,但不认为不穿西装有什么不好,所以不批评他。这时对主体而言,XP 是事实。

领导知道他上班不穿西装,也认为不穿西装是不好的,只不过是克制了自己的情绪,没有表现出来罢了。这时对主体而言,XP 也是事实。

---

① 另参见季安锋(2009)。

由于从外部看,我们很难推知主体的认识,事实和反事实都可能,所以总的来讲,这时是非事实的。

Ⅱ. 从否定词内部看,说话者用"不"来表示主体的否定意愿,即主体(领导)主动地不去批评他。当主体根本不知道有 XP 这回事时,主体没有什么主动性可言,因此要说主动性,必然是主体已经知道了这件事,可以自我进行选择的时候。因此,从内部看,主体的认识只能是 XP 是事实。

Ⅱ1. 领导知道他上班不穿西装,但不认为不穿西装有什么不好,所以不批评他。这时对主体而言,XP 是事实。

Ⅱ2. 领导知道他上班不穿西装,也认为不穿西装是不好的,但克制了自己的情绪,没有表现出来。这时对主体而言,XP 也是事实。

(122) a.　　　　O　　　　　　　　　　P(M|O)/P(M)
领导批评他们上班不穿西装,所以领导应该是认为他们有上班不穿西装的行为。
♯领导批评他们上班不穿西装,所以领导应该是认为他们没有上班不穿西装的行为。
♯领导批评他们上班不穿西装,但是领导认为他们有上班不穿西装的行为。
♯领导批评他们上班不穿西装,但是领导认为他们没有上班不穿西装的行为。

b.　　　　O　　　　　　　　　　P(M|O)/P(M)
♯领导不/没有批评他们上班不穿西装,所以领导应该是认为他们有上班不穿西装的行为。
♯领导不/没有批评他们上班不穿西装,所以领导应该是认为他们没有上班不穿西装的行为。
领导不/没有批评他们上班不穿西装,但是领导认为他们有上班不穿西装的行为。
♯领导不/没有批评他们上班不穿西装,但是领导认为他们没有上班不穿西装的行为。

认识主体的知识也是可以否定的,这时就会取消句子的事实性,如:

(123) 领导批评小王没来上班。小王说:"我来了,在仓库里整理材料,您没看见吧。"(反事实)

领导批评小王没来上班,虽然实际上小王来上班了,所以领导是在没事找事。(反事实)

再如:

(124) 甲:你会感谢她帮忙吗?
乙:我感谢她干嘛!她又没有帮到我!(反事实)
我感谢她干嘛!她是我老婆,这是她该做的!(正常行为不具有积极价值)

1.3.7 坦诚与否认

包括"承认/否认"类、"坦白/抵赖"类、"揭露"类等。

1) 说话者认为事物为真,或者告诉别人,或者加以隐藏,如"承认、否认"等。他们的肯定和否定是相反的,"承认=不否认""否认=不承认"。

(125) a.   O   P(M|O)/P(M)

小王承认/不否认他拿了李四的东西,所以小王应该是拿了李四的东西。

♯小王承认/不否认他拿了李四的东西,所以小王应该是没拿李四的东西。

♯小王承认/不否认他拿了李四的东西,但是小王拿了李四的东西。

?小王承认/不否认他拿了李四的东西,但是小王没拿李四的东西。

b.   O   P(M|O)/P(M)

♯小王不承认/否认他拿了李四的东西,所以小王应该是拿了李四的东西。

♯小王不承认/否认他拿了李四的东西,所以小王应该是没拿李四的东西。

小王不承认/否认他拿了李四的东西,但是小王拿了李四的东西。

♯小王不承认/否认他拿了李四的东西,但是小王没拿李四的东西。

在否认或不承认时,不同视角结论不一样:

说话者用"没有、不会"等表示行为没有发生或不会发生。之所以不发生,可以有各种原因:

Ⅰ1. 小王给予否定的回答,可是他的否定却难以消除说话者的怀疑,因此说话者仍然认为 XP 是有可能的,只不过现在还缺乏证据罢了,所以他得到非事实的判断。

Ⅰ2. 小王给予否定的回答,但由于说话者从动机角度臆测小王的行为(小王在撒谎),所以也认为这是事实。

我们很难推知认识主体(说话者)的认识,事实和反事实都可能,所以总的来讲,这时是非事实的。

这句话的语境是有人问或怀疑小王拿了李四的东四,有时仅仅是看小王的态度如何,这时,询问者其实已经默认这是事实;有时,询问者是把小王的回答作为证据,则小王的话很重要,如果他承认,则证实了询问者的猜测,询问者更加倾向于认为是事实,是叙实解读;不过如果他否认,对询问者来说,虽然没有得到证据,但依然很难消除原来的怀疑,还是非叙实的解读。

也就是说,之所以倾向于认为它为真,只不过是因为"承认"或"不否认"的内容是询问者(说话者)事先的猜测罢了,是对后者的认识确定性的增强;而"否认"或"不承认"则是对询问者(说话者)事先猜测的确定性加以削弱,所以真假不定。

但有一般就有特殊,在以下情况下,即使当事人承认,也不是事实:

(126) 甲:嫌犯已经承认自己杀死了受害人。
　　　乙:虽然我的当事人承认有关指控,但当时他的精神上发生了障碍,神志不清,因此很可能是产生了幻觉,以为是自己做的。我们认为,并不能排除他人作案的可能。

2) 说话者认为事物为真,或者告诉别人,或者加以隐藏,但有所不同的是,都是有意的行为,从主体的自主性上言说,如"坦白、交代、掩饰、抵赖"等。

在肯定时,这些谓词与"承认、否认"一样,都是各方面条件具备,所以都是事实性的。但在否定时,与"承认、否认"不同的是,这些意向谓词都强调了主体的主观态度,而主观态度的突显必然是内部的,因此它们只允许从内部来看,不允许外部视角,这导致它们有更强的倾向解读为事实。

从内部看,说话者认为主体的"不坦白"等反映了主体的否定意愿,即小王主动地不坦白。当主体根本认为没有 XP 这回事时,主体没有什么主动性可言,因此要说主动性,必然是主体已经知道这件事为真,但自我选择给予否定回答罢了。因此,从内部看,主体的认识只能是 XP 是事实。由于说话者从动机角度臆测小王的行为,所以也认为这是事实。

(127) a.   O   P(M|O)/P(M)

张三说"小王不坦白是他拿走了票据",所以张三应该是认为小王真的拿走了票据。

♯张三说"小王不坦白是他拿走了票据",所以张三应该是认为小王没有拿走票据。

♯张三说"小王不坦白是他拿走了票据",但是张三认为小王真的拿走了票据。

♯张三说"小王不坦白是他拿走了票据",但是张三认为没有拿走票据。

b.   O   P(M|O)/P(M)

张三说"小王坦白是他拿走了票据",所以张三应该是认为小王真的拿走了票据。

♯张三说"小王坦白是他拿走了票据",所以张三应该是认为小王没有拿走票据。

♯张三说"小王坦白是他拿走了票据",但是张三认为小王真的拿走了票据。

♯张三说"小王坦白是他拿走了票据",但是张三认为小王没有拿走票据。

(128) a.   O   P(M|O)/P(M)

张三说"小王竭力掩饰自己的错误",所以张三应该是认为小王真的有错误。

♯张三说"小王竭力掩饰自己的错误",所以张三应该是认为小王没有犯错误。

♯张三说"小王竭力掩饰自己的错误",但是张三认为小王真的有错误。

♯张三说"小王竭力掩饰自己的错误",但是张三认为小王没有犯错误。

b.   O   P(M|O)/P(M)

张三说"小王没有掩饰自己的错误",所以张三应该是认为小王真的有错误。

♯张三说"小王没有掩饰自己的错误",所以张三应该是认为小王没有犯错误。

♯张三说"小王没有掩饰自己的错误",但是张三认为小王真的有错误。

♯张三说"小王没有掩饰自己的错误",但是张三认为小王没有犯错误。

3) 说话者认为事物为真,但有人在隐藏真相,不过这一隐藏活动没有能够成功,被人揭露或暴露了,如"揭露、暴露"等。它与"掩饰"类很相似,仅仅是多了一个掩饰成功与否的问题。

(129) a.   O   P(M|O)/P(M)

张三说"记者揭露了美军的暴行",所以张三应该是认为美军犯有罪行。

♯张三说"记者揭露了美军的暴行",所以张三应该是认为美军没有罪行。

♯张三说"记者揭露了美军的暴行",但是张三认为美军犯有罪行。

♯张三说"记者揭露了美军的暴行",但是张三认为美军没有罪行。

  b.   O   P(M|O)/P(M)

张三说"记者没有揭露美军的暴行",所以张三应该是认为美军犯有罪行。

♯张三说"记者没有揭露美军的暴行",所以张三应该是认为美军没有罪行。

♯张三说"记者没有揭露美军的暴行",但是张三认为美军犯有罪行。

♯张三说"记者没有揭露美军的暴行",但是张三认为美军没有罪行。

同理,有一般就有特殊,在以下情况下,会破坏事实性:

(130) 甲:证人揭露了他们侵吞国有资产的犯罪行为!

乙：揭露什么！揭露什么！人家没拿一分多余的钱，有什么好揭露的！

1.3.8 真假、本质属性与事实

一个复杂的事物会有诸多性质、状态或变化，可以分为两大类型：

① 外部属性，指该事物的观察者可以在当下观察到或根据所观察的现象容易推知的性质、状态或变化。

② 内部属性，指该事物的观察者无法在当下观察到，也比较难以推知的性质、状态或变化（但在做了更多的努力后可以推知）。

从定义可知，内外属性是会发生转移的：此时与彼时的观察的深度和广度不同，如果该事物是人的行为或表现的话，则行为主体也可以刻意暴露或隐藏一些属性，从而改变内外的界限。

但是，对一个事物更为重要的，是所谓本质属性，即规定该事物是该事物，或者说将该事物和其他事物区别开来的那些属性。一般来说，本质属性是内部属性中的一种。

① 所谓"唯真（only true）事物"，具有主体所知道的本质属性的对象，一般来说，其他非本质的属性都应该符合该事物的属性，不过如果有些非本质属性改变，也没有什么重大的影响，该事物还是该事物。所谓"非唯真（not only true）事物"，也就是一般所说的"假"事物，具有主体所知道的各种属性，但一定不具备本质属性，因此不再是该事物，但却与该事物相似。

② 所谓"唯真行为"，在对事物的展示过程中，展示行为主体知道的事物本质属性，一般来说，也同时展示该事物的其他属性，不过如果有些非本质属性没有展示，或者展示得与该事物的属性不一样，也没有什么重大的影响。所谓"非唯真行为"，也就是一般所说的"假装"行为，展示主体所知道的各种属性，但一定不具有本质属性。

从"不唯真"这一术语，就可以看到假事物和假行为的两面性：一定有真的一面，也就是一定有一些属性符合；与此同时一定也不符合本质属性，也可能还有一些其他属性也不符合。

假和假装的区别，主要在行为展示者有假装的意愿，而事物本身是谈不上什么意愿的，主要是外部观察者的认知过程中的差异。例如我一开始看见山边有一个人，走近一看原来是块石头，这块石头是"假人"但是是"真石头"，可是在这里没有任何人有意让它呈现出人的属性，是观察者也就是我自身观察过程中发现的前后不一致，石头不负任何责任。但在另外一个情况中，雕塑家将一块石头做成人样，这就是一个假行为，雕塑家是展示行为

(把事物当成某种事物来创造或呈现)的主体,他努力使石头向外人展示出人的属性,如外形上的一致或相近,在这里,雕塑家必须对假装行为负责,虽然石头是不负责的。

假与假装的不同还有:假的真假两面是时间性的,即是观察者不同时间的经验的叠加。假装的真假两面性除了观察者的时间性外,还有展示者的空间性,即展示者在同一时间展示真的一面而屏蔽假的一面。假仅仅与观察者有关,而假装除了观察者,还多了一个展示者。我们可以把上述区别简化为"假装＝展示者有意展示的假事物或行为"。

所有的真假问题,就集中到"该事物的本质属性是什么"这一问题上。所谓"假",一定是有真有假,如"假人",即在某些属性上是人的属性(事实),而在另一些属性上不是人的属性(反事实),故可以称为"兼有真假两面性""是事实同时又是反事实"(引自陈振宇 2020a:140-144)。

【事实性原则三】

① 如果说话者找不到为假的本质属性,或者找不到为真的一般属性,则不能正当地说事物为假。推理公式为:

$$\text{实体/命题 } X \land [\text{特征}](X \text{ 不存在事实属性} \lor X \text{ 本质属性事实}) \rightarrow [\text{排斥}]\text{陈述 } X \text{ 为假}$$

② 当说话者表达事物为假时,他就是在表达该事物有部分属性是真,部分属性是假,并且本质属性为假。(正迁移)推理公式为:

$$\text{实体/命题 } X \land \text{陈述 } X \text{ 为假} \rightarrow X \text{ 部分属性事实} \land X \text{ 本质属性反事实}$$

③ 如果说话者找不到为假的本质属性,或者找不到为真的一般属性,但却表达事物为假,则语力失效。(负迁移)推理公式为:

$$\text{实体/命题 } X \land \text{陈述 } X \text{ 为假} \land$$
$$[\text{特征}](X \text{ 不存在事实属性} \lor X \text{ 本质属性事实}) \rightarrow \text{语力失效}$$

如张三面对一盆塑料花,他知道这"花"有多种内外属性,在观察中发现它有一些花的属性,如有花的形状、颜色以及气味,但却没有花的生长性,而且张三要认识到生长性这一生物属性才是花的本质属性,这时他才可以说这是"假花"。试想一下,如果他没有发现这东西有花的一些属性,他根本不会去讨论"花"的问题,也就无所谓真假;如果他没有事物多属性的认识,没有继续观察的本能,他只看到其形状、颜色、气味,没有发现或不准备去发现不一致的属性,也就很可能直接认其为"花",而没有"假花"的认识;如果他虽然发现了一些与"花"的属性不同的属性,如他发现这是干枯的或没有生命的那种柔嫩性,但他不觉得这是本质属性,也就无所谓"假花",一朵枯萎的花也与活着的花有属性上的重大差异,但我们不会认为枯萎的花是假花,因为我们没觉得这些差异是本质属性。

用格式检验一下:

(131) a.   O   P(M|O)/P(M)

张三说这是一个假花/不是一个真花,所以他应该知道它有花的属性,并且已经察觉它与花的本质属性不符。

♯张三说这是一个假花/不是一个真花,所以他应该或者只知道它有花的属性,或者找不到它有花的属性,或者知道为假的属性都是非本质的。

♯张三说这是一个假花/不是一个真花,但是他知道它有花的属性,并且已经察觉它与花的本质属性不符。

?张三说这是一个假花/不是一个真花,但是他或者只知道它有花的属性,或者找不到它有花的属性,或者知道为假的属性都是非本质的。(这说明张三的认识是有缺陷的或者他是在说谎)

b.   O   P(M|O)/P(M)

♯张三说这不是一个假花/是一个真花,所以他应该知道它有花的一些属性,并且已经察觉它与花的本质属性不符。

张三说这不是一个假花/是一个真花,所以他应该已经察觉它有花的本质属性。

?张三说这不是一个假花/是一个真花,但是他知道它有花的一些属性,并且已经察觉它与花的本质属性不符。(张三在说谎时,句子成立)

♯张三说这不是一个假花/是一个真花,但是他已经察觉它有花的本质属性。

我们来看一下是否存在完全不符合有关原则因而语力失效的例子,有的,如"这东西全都是假的",如果所有属性都为假,显然不符合"部分属性为真"的条件,没有真也就没有假。实际上,说话者还是认识到有为真的非本质属性的,他之所以这么说,只不过是在表达自己的强烈的情感情绪罢了。

【强化—事实性原则三】

如果说话者特别强调事物部分属性为假,或特别强调事物部分属性为

真,就是在说这事物是假的。(叠加)推理公式为:

$$\text{实体/命题 } X \wedge (X \text{ 部分属性事实} \vee X \text{ 部分属性反事实}) \wedge \\ [\text{特征}]\text{强化语力} \to X \text{ 为假}$$

例如"你这个大总统手中的印信都是假的""你这个大总统手中的印信倒还是真的"都是指"你只是个假的大总统(没有实权)"。"注意看那个工作人员,制服是真的(部分真),但没穿球鞋(部分假)""你这个药啊!商标是真的!(但药是假的)"。

为了更好地理解,让我们来看看典型动词"假装",它的主语为展示主体,而宾语 X 为有关的事物或行为。英语研究者把 pretend 视为反叙实动词[①],也就是说 X 一定是反事实。李新良和袁毓林(2016)却认为,有可能为假,如下例 a 所示;也有可能为真,如下例 b 所示(例引自李新良和袁毓林 2016):

(132) a. 区寄假装害怕,蜷缩在角落。——区寄不害怕。
我装作没在意的样子,起身告辞。——我不是没在意,而是在意。

b. 刚入秦国境内,张仪就假装从车上摔下来。——张仪从马车上摔了下来。
根旺假装笑脸说道……——根旺当时笑了。

李新良和袁毓林(2016)由此总结出如下两条原则:

当"假装"类动词的宾语小句的情状类型为动作时,该宾语小句为真;当其宾语小句的情状类型为状态时,该宾语小句为假。

自此之后,不断有研究者指出这一概括的问题,并试图进行其他解释。唐正大、强星娜(2019)说:

"假装"是反叙实动词,对某个事件进行证伪的操作。假装行为作用于实质性谓词,则对该谓词本身表示的事件进行证伪;若作用于现象谓词,则要么证伪该谓词内部的实质性语义部分(因事件或果事件),要么证伪该谓词表达的事件之外的事件。总之,"假装"均会证伪实质

[①] 如 Givón(1990)、Leech(1981)等。

性语义,无论其编码为什么成分。

我们认为,上述结论都是不够准确的,所有"假装"句其实都是一样的,即行为主体一定是展示出一部分属性,符合 X 的性质,所以有事实性的一面;而一定不展示另一部分属性,它们是不符合 X 的性质的,所以又有反事实的一面;并且由于反事实的属性是本质属性,而事物的真假应该是由本质属性决定而不是由非本质属性决定,因此归根到底,"假装"句表明后面的事物或行为是反事实的。

下面让我们来看看那些被认为"违反"反事实的例子,看看研究者们在争议什么:

(133) 假装摔下来
假装哭泣
假装笑脸
假装流泪
假装接吻
假装握手
假装眨眼
假装脸红

将唐正大、强星娜(2019)文中的解释总结一下:"假装摔倒"时,倒地动作是真的,但摔倒是无意失去平衡,而假装者并没有失去平衡,而是自己发出动作,因此是假摔;"假装啼哭"时,哭泣动作是真的,但哭泣是由伤心胆怯等引起的,假装者并没有这一面,因此是假哭。这一论述必须建立在这一认识的基础上:对摔倒而言,无意才是本质特征,违反它就假;对啼哭而言,心理感受才是本质特征,违反它就假。

但从李、袁的角度讲,从高处倒地才是摔倒的本质特征,满足它就是真;流泪发出哭声才是啼哭的本质特征,满足它就是真。

那么对"笑脸"而言呢?是心理(友好的心理)是本质特征,还是脸部的表情是本质特征?显然它们一个假一个真,但从总体上讲,谁更重要就不是那么容易的了。"流泪、接吻、握手、眨眼、脸红"也是如此,是心里难过是本质,还是泪流出来是本质?是接吻动作是本质,还是接吻者的心理(爱情)才是本质?是两手相握是本质,还是表示友好是本质?通过握手的动作来较力,也就是将动作的心态改变了,那还是不是握手?是眨眼的动作是本质,还是通过眨眼去除眼里的灰尘这一心理目的才是本质？是脸红这一物理状态是本质，还是羞怯、胆怯的心理才是本质？

因此，上述争议的要害是：什么属性是事物或行为的本质属性？我们认为，语言的使用者真正在意的，并不是一个动作或变化的物理属性，而是它的社会价值，也即主体的心理、动机、目的、结果等等，它们体现为前面我们所说的"语义和谐"关系，因此不能与动作区分开来。让我们检验一下这些和谐关系，它们都是大概率的预期。在人的社会意识中，事实从来不是孤立的事实，而是一系列事实链条的统一。

(134) a.　　　　O　　　　　　P(M|O)　　　　　P(M)
　　　　张三摔了下来，所以他应该是失去了平衡，是无意的。
　　　　♯张三摔了下来，所以他应该是没失去平衡，是故意的动作。
　　　　♯张三摔了下来，　　　　但是他失去了平衡，是无意的。
　　　　张三摔了下来，　　　　但是他没失去平衡，是故意的动作。

　　b.　　　　O　　　　　　P(M|O)　　　　　P(M)
　　　　张三哭了/流泪了，所以他应该是心里难过。
　　　　♯张三哭了/流泪了，所以他应该是心里不难过。
　　　　♯张三哭了/流泪了，　　　　　　但是他心里难过。
　　　　张三哭了/流泪了，　　　　　　但是他心里不难过。

　　c.　　　　O　　　　　　P(M|O)　　　　　P(M)
　　　　张三笑脸相迎，所以他应该是对对方很友好。
　　　　♯张三笑脸相迎，所以他应该是对对方并不友好。
　　　　♯张三笑脸相迎，　　　　　　但是他对对方很友好。
　　　　张三笑脸相迎，　　　　　　但是他对对方并不友好。

　　d.　　　　O　　　　　　P(M|O)　　　　　P(M)
　　　　张三和小玉接吻，所以他俩应该是情人。
　　　　♯张三和小玉接吻，所以他俩应该不是情人。
　　　　♯张三和小玉接吻，　　　　　　但是他俩是情人。
　　　　张三和小玉接吻，　　　　　　但是他俩不是情人。

　　e.　　　　O　　　　　　P(M|O)　　　　　P(M)
　　　　张三热情地握手，所以他应该是在向对方表示友好。
　　　　♯张三热情地握手，所以他应该不是在向对方表示友好。
　　　　♯张三热情地握手，　　　　但是他在向对方表示友好。
　　　　张三热情地握手，　　　　但是他并不是在向对方表示友好。

f.   O   P(M|O)   P(M)

张三一个劲地眨眼，所以他应该是眼里进灰了。
♯张三一个劲地眨眼，所以他应该是眼里没有进灰。
♯张三一个劲地眨眼，   但是他眼里进灰了。
张三一个劲地眨眼，   但是他眼里没有进灰。

g.   O   P(M|O)   P(M)

张三脸红了，所以他心里应该是很不好意思。
♯张三脸红了，所以他心里应该是没有不好意思。
♯张三脸红了，   但是他心里很不好意思。
张三脸红了，   但是他心里没有不好意思。

因此唐、强的观点既正确又不充分，认为动词"假装"的本质是说话者表示事物或行为的属性链条断裂了，而且这一断裂与展示者的心理有关。但是，所谓心理因素，不过是一种文化惯性，并且并不惟一，会存在反例。我们仍然会有一些时候对"假装"的判断产生怀疑，例如"弄假成真"：

(135) 他试图假装摔倒，结果一摔下去就再也没有能够爬起来，如此严重的伤，莫非他是"弄假成真"。

对摔倒而言，"无意失去平衡"和"造成严重后果"那个更本质？恐怕就很难说了，他始于假摔，终于真摔。因此一个"成功的假装"，一定要防止任何本质属性得到满足。再如：

(136) 老张假装不认识她，其实他是真的不认识她——她根本不是他的邻居，而是伪装成邻居的特务。

老张与说话者处于不同的知识立场，老张以为自己认识她——她是我的邻居嘛！但说话者知道更多的事实，而这一事实对她的身份来说更为本质，对老张的认识来说也更为本质。

如果说话者发现展示者并不是有意造成这一断裂，就不能判断为假装。如：

(137) a. 她不是假装迟到，她并不想迟到，是堵车了，所以不得不迟到——她是真的迟到！

b. 她假装迟到,因为根本没有什么堵车,她是故意来晚的。

我们一般讲到"迟到",是指因为出乎意料之外的障碍,导致主体按时到达的意愿没有达成。这里,迟到一般都是主体不希望的,也是出于主体能力之外的。在例 a 中,她是因为外在的堵车来晚了,符合迟到的本质属性。但在例 b 中,没有什么出乎意料的状况发生,她也是有意晚来,因此说话者认为是假的迟到。

现在让我们来看更为复杂的例子:

(138) 假装摇头说不知道(例引自杜世洪 2018)
宋妈假装一边往外走一边说:……(例引自唐正大、强星娜 2019)

这两个例子也涉及语义和谐:当我们知道的时候一般是不能说不知道的,而说不知道时,应该是心理不知道,这才是说话活动的本质或社会价值,而摇头和说"不知道"却是表面的现象,不代表本质。一个主妇一边走一边说,是为了满足某种日常交际的需要,但这里根本没有这个需要,所以也不符合本质要求。这种本质属性更不容易看出来,因此句子更难以理解。

当说话者无法判断事物或行为为假,或者虽然能判断但不知道有一个展示者为此负责,或者虽然知道有一个展示者但不知道他是有意时,他无法断言事物或行为是假的。反之,如果说话者认为展示者在假装,则他一定能够判断事物或行为为假,知道有一个展示者为此负责,知道展示者是有意。

因此,当说话者特别强调事物或行为为假,或者强调有一个展示者有意为之时,他是在说这是假装的。如:

(139) 你流的泪是假的!(你在假装流泪)
她故意显出难过的样子!(她在假装难过)

不过,我们还得回答一个非常重要的问题:为什么有时会涉及更为隐蔽的(虽然是本质性的)社会价值,有时却很直接,如李、袁对不同句子的差异的认识所揭示的那样?研究者的思路大多是把假装后的谓词分类来达成解释:类型一(李、袁称之为"状态",唐、强称之为"实质性谓词")和类型二(李、袁称之为"动作",唐、强称之为"现象谓词")。不同研究者的差异主要是具体谓词分类上的不同。

但是这一方法是一种静态的分类,也就是说,难以避免会出现特殊的情况,使得具体的例子偏离这一分类。如"假装生病"被认为是典型的类型一,于是可以得出他没有生病的意义。这在一般情况下是对的。但是也可能出现这样的特殊场景：张三为了逃避承担艰巨的工作，自己向自己身上泼冷水，导致严重感冒，这时我们依然可以说"张三是假装生病"。这就是我们前面所说的哪些属性更本质的问题：是生病的结果如发烧等本质，还是无意遇上内外侵害才是本质。如果张三不小心伤风这没法说他是假装，但是他自己泼水有意造成这一状态，那是否算假装呢？从"摔倒"的例子来看，这也可以算作假装的，但显然弄假成真了。

再如，"张三假装和李四合得来"，可是几个回合过去，他们真的很合得来，那么张三那还是假装吗？"机器人是假人"，可是把机器人做得太好了，可以完成真人的所有功能，可能唯一的不同是机器人不是母亲生的，而是制造出来的，那么这还是假吗？说话者用"假装"描写一个人的行为时，并不仅仅是一个事实性判断，还有情感的因素在内，"假 X"当没有展示主体时，一定不是 X，因为这里只是对事物性质的判断，所以"假人、假枪、假酒"一定不是真的人、枪、酒；但是"假装 X"却可能变成真的 X。这是因为"假装"更强调展示主体的意愿，是他有意为之。

为此，我们提出一个"光晕"(halation)模型：社会事物或行为的属性，有一个认知上的难易程度，外部特征是展示者容易做出的属性；而内部特征、功能和结果相对而言是他难以做出的属性；事物或行为的来源与心理动机一般是没有任何办法做出来的，因为它们是产生自自然的机遇，而展示者之所以展示，就是不想等待机遇，需要在此时此刻就展示出来。

【事实性原则四】 当说话者说"假（装）X"时，

① 他最优先表达的是外部特征中有具有本质性的反事实特征。

② 如果外部特征只发现了事实，或者虽有反事实，但并不本质，则是在表达内部特征、功能、结果中有具有本质性的反事实特征。

③ 如果外部、内部以及功能结果等只发现了事实，或者虽有反事实，但并不本质，则是在表达事物或行为的来源或心理动机是反事实。

④ 如果所有上面三个层面只发现了事实，或者虽有反事实，但并不本质，则一般不能说"假（装）"。

让我们用一个比较极端的例子来说明："假药"。

先看外部特征：真药是深蓝色的，但这药是浅蓝色的，它是假药。

再看内部特征、功能、结果：如果颜色、形状相同，或者认为颜色、形状对药来说不是本质属性，则需进一步看。如果这药的成分不同（内部特征），不能治病（功能），有副作用（结果），它是假药。

再看来源：如果成分、功能、副作用相同，或者认为只是有细小的差异，不是本质属性,则需进一步看。如果这药不是正规厂家(研发或有专利的厂家)生产的,而是印度仿制的,它是假药。如果我们认为生产厂家不重要,不是本质属性,那还得继续看。如果这药没有获得国家药品编号,不是正规销售的药品,它是假药。

如果上述层面都合格,说话者再说"这是假药"就不对了。

再看一个新的例子(例引自袁毓林 2021):

(140) 记者说:"王思聪,假装在奋斗";那么,王思聪奋斗了吗?

袁毓林(2021)就这个例子征询了多位研究者的观点,其中陈振宇的回答在袁毓林(2021)中也有记录,总之,陈振宇坚持"假装"是兼有叙实和反叙实的,记者说这句话时,一定承认王有某些方面属性,是与"奋斗"吻合的;但同时也认为另一方面的属性是不吻合的;更为重要的是,在记者看来,不吻合的一面才是"奋斗"的本质属性。其他人提到记者的话,也会看看自己所认为的"奋斗"本质是什么,从而会同意或不同意该记者的意见。

现在让我们分层次来看一看:

先看外部特征:奋斗有很多外在的行为,如加班加点,工作的时间很长,或者到处奔波寻找机会,等等,如果没有这些特征,是假奋斗。

再看内部特征、功能、结果:如果具有前述行为特征,或者认为外在表现不是本质属性,则需进一步看。如果奋斗表示对既定目标的追求,投入更多的资源,人生围绕这一目标展开(内部特征),在过程中会有烦恼、困惑、失败或吃苦等消极情感或遭遇,如果不具有这些内在的性质,是假奋斗。

再看来源:如果上述内外特征都具备,或者认为只是有细小的差异,不是本质属性,则需进一步看。如果不是自己的意愿,不是真的想达成什么目标,而只是作秀给人看,即使行为和设定上有奋斗特征,也是假奋斗。如果我们认为此人根本不需要奋斗,所寻求的目标可以轻易地达成,而他非要"拐个弯",通过一些所谓"奋斗"的行为来达成目标,那也是假奋斗。

如果上述层面都合格,说话者再说"假装奋斗"就不对了。

"冒充"类,如"吹嘘、吹牛(说)、欺骗 2、骗 2"等。它们与"假装"相似,但是其宾语更多地表达内部属性和本质属性,所以几乎都是反事实的一面,而且否定时很难确定预期,如:

(141) a.   O $P(M|O)/P(M)$

        #张三说小王冒充三班的学生,所以张三应该是认为小王是

三班的学生。
张三说小王冒充三班的学生,所以张三应该是认为小王不是三班的学生。
♯张三说小王冒充三班的学生,但是张三认为小王是三班的学生。
♯张三说小王冒充三班的学生,但是张三认为小王不是三班的学生。

b.　　　　　O　　　　　　　　　P(M|O)/P(M)

♯张三说小王没冒充三班的学生,所以张三应该是认为小王是三班的学生。
♯张三说小王没冒充三班的学生,所以张三应该是认为小王不是三班的学生。
♯张三说小王没冒充三班的学生,但是张三认为小王是三班的学生。
♯张三说小王没冒充三班的学生,但是张三认为小王不是三班的学生。

否定式的麻烦是有歧义:
一是他没有冒充,他本来就是真的;(事实意义)
二是他没有冒充,不掩盖自己不是的情况。(反事实意义)
由于两种都可能,没有偏向,所以无法得到预期(P(M|O)=0.5)。

属性的本质认定问题,也会导致"冒充"的模糊解读,例如他冒充小敏的男朋友,二者有各种属于情人之间的动作,肯定也有一些互动违反情人关系。但是,二人日久生情,属于情人的一面不断扩大,当到达某个临界点后,已经无法说是"冒充",因为属于情人的核心的属性他也具有了。

稍微不同的是,"我不骗大家,我是校长的朋友"是在表达我的确是校长的朋友。这是因为"不骗"主要表达说话者将讲真话,因此后面的"我是校长的朋友"不是"骗"的宾语,而是篇章中的另一个独立的小句。整个篇章的安排是,说话者在讲述事实前,先声明自己下面将要讲的不是虚假的东西。

1.3.9　对自我认识的表达

如果语句中有第一人称担任主语的认识或言说动词,表明有关内容是言者自己的认识的话,则语句内容的事实性就和直接表达差不多的。如"小王来过"与"我认为小王来过"在信息价值上是完全一样的,都是表明"小王来过"是事实;其差异主要是语用上的,前一句是直接讲述事实,而后一句还表达了信息来源,是我的认识,由此可以表示与他人认识的对立,如"你以为他没来,我认为小王来过";或者表示礼貌,因为一个人的意见(个人信念)不一定正确,从而为对方反对提供了可能的空间;或者用来打断对方的话轮,因为发现对方可能没说对,等等。

这一类的意向谓词至少又分为:

1)"我认为"类,包括"我认为、我觉得、我相信"等,肯定时表示说话者所认为的事实,而否定时则直接表示这是假的,这是反事实。如:

(142) a. 肯定——事实:
　　　　我认为小王来过。
　　　　我觉得他是好人。
　　　　我相信他们没有做这件事。
　　　b. 否定——反事实:
　　　　我不认为小王喜欢他。
　　　　我不觉得他能够帮她。
　　　　我不相信他们没有做这件事。

"我知道、我晓得"也是这一类,肯定时也表示说话者所说的事实,如"我知道他没有空来"。至于否定的情况,前面说过,"我不知道"如果表示的是现在的"我"的认识,就是表示说话者不认为有关内容为事实,如①(例引自陈振宇、甄成 2017):

(143) 我才不知道他爱谁呢!他谁也不爱!
　　　我不知道什么神爱世人!反正我不信!

2)"我断定"类,包括"我断定、我说、(我)告诉你"等,肯定时表示说话者所认为的事实,而否定时并不是直接表示这是假的,而是没有肯定或有所怀疑,因此在本质上是难以确定,只不过倾向于做反事实解读而已。如:

(144) a. 肯定——事实:
　　　　我断定小王是来过的。
　　　　我说已经到时间了。

---

① 另参看陈振宇(2017:27-28)的论述。

我告诉你他们没有做这件事。
b. 否定——非事实/反事实：
我不能断定小王是来过的。
我没说已经到时间了。
我可没告诉你他们没有做这件事。

3)"我怀疑"类，这是非常特殊的一类。①

一般而言，"我不怀疑、我没怀疑"后面是 NP，或者是积极性的 VP 或小句的话，都表明所说的是事实，如下例 a；"我不会怀疑、我没有怀疑（过）"后是消极性的 VP 或小句的话，则表明我没有猜测有 XP 的可能性，所以 XP 是反事实，如下例 b。"我怀疑"也有多个解读：如果后面的 XP 是 VP 或小句，则倾向于表示说话者猜测如此，但这一猜测的确定性还很差，所以是非事实，如例 c 所示；如果后面的 XP 是 NP，则也是表示猜测，XP 倾向于是反事实，但这一猜测的确定性也很差，所以从本质上讲也是非事实，如例 d 所示。

(145) a. 否定——事实：
我不/没怀疑过他是好人。（我认为他是好人）
我不/没怀疑过他的忠诚/邪恶。（我认为他是忠诚/邪恶的）
b. 否定——反事实：
我不会/没怀疑过他是坏人。（我认为他不是坏人）
c. 肯定——非事实/事实：
我怀疑他是坏人。（我猜测他是坏人）
d. 肯定——非事实/反事实：
我怀疑他的诚意。（我认为他的诚意可能不真实）

这一局面导致"怀疑"的肯定式是小概率预期，否定式则偏向是大概率预期：

(146) a.　　　　O　　　　　P(M|O)　　　　P(M)
\# 我怀疑他的诚意，所以他应该是有诚意的。
\# 我怀疑他的诚意，所以他应该是没有诚意的。

---

① 有关论述另参看刘彬、袁毓林(2018)，以及前人的诸多论述。

　　　　　　我怀疑他的诚意，　　　　　　但是他是有诚意的。
　　　　　　♯我怀疑他的诚意，　　　　　　但是他是没有诚意的。
　　　　b.　　　O　　　　　P(M|O)　　　　　P(M)
　　　　　　我不怀疑他的诚意，所以他应该是有诚意的。
　　　　　　♯我不怀疑他的诚意，所以他应该是没有诚意的。
　　　　　　♯我不怀疑他的诚意，　　　　　但是他是有诚意的。
　　　　　　？我不怀疑他的诚意，　　　　　但是他是没有诚意的。
（147）a.　　　O　　　　　P(M|O)　　　　　P(M)
　　　　　　♯我怀疑他是坏人，所以他应该是坏人。
　　　　　　♯我怀疑他是坏人，所以他应该不是坏人。
　　　　　　♯我怀疑他是坏人，　　　　　　但是他是坏人。
　　　　　　我怀疑他是坏人，　　　　　　但是他不是坏人。
　　　　b.　　　O　　　　　P(M|O)　　　　　P(M)
　　　　　　♯我没怀疑过他是坏人，所以他应该是坏人。
　　　　　　我没怀疑过他是坏人，所以他应该不是坏人。
　　　　　　我没怀疑过他是坏人，　　　　但是他是坏人。
　　　　　　♯我没怀疑过他是坏人，　　　　但是他不是坏人。

2. 传信与陈述、疑问

　　"传信范畴"（evidentiality，也译为实据性）①。Chafe(1986)给出了著名的知识来源、知识模式、可靠程度和知识匹配几大方面的关系图。参看乐耀(2020)对Frajzyngier(1985：250)、De Haan(1999)、Aikhenvald(2004)等学者的观点的介绍。胡壮麟(1994)最早将传信（译为叮证性）介绍到国内；张伯江(1997)提出汉语表示传信的三种形式；房红梅(2005)是较早的国内关于传信理论的博士论文；李佳樑(2008)提出了汉语研究的"信源"与"信度"两大方面，他还重点分析了一些汉语语词，如"相信"表示态度和信源的两种用法，以及它们在传信方面的贡献。
　　这里所要讨论的是传信范畴与陈述、疑问的关系问题。这一问题的来源是Anderson(1986)的论述。一般认为，所谓传信，是在事实性声明（factual

---

① Aikhenvald(2004)是第一部关于传信范畴的类型学研究专著，用例涵盖世界各地500多种语言。

claim)中,说话者可能给出有关事实的证据。由此导致的问题是,直陈句才是表达事实性声明的句子,其他非现实的句子,包括疑问句等,都不是事实性声明;但是,人们却发现,传信标记也可用于疑问句中。Anderson(1986)也提到这一点,现在我们需要详细地讨论其中的问题。

2.1 传信在疑问句中的功能

2.1.1 疑问句中传信的听者视角

迄今为止,大多数研究者都是在陈述句(包括一般陈述句、感叹陈述句、意外句等)中讨论传信问题。但是,"传信成分"也用于疑问句。例如:

(148) a. 听说<u>你要升局长了</u>。(我听说这一消息)
b. 听说<u>你要升局长了</u>(吗)?(你听说这一消息了吗)
c. 听说<u>你要升局长了</u>?!(我听说这一消息,请你证实或证伪一下)

在信源上,"听说"表示信息是他人传递过来的;在信度上,可靠性中等,有可能为真有可能为假。从论元上看,"听说"一定要有一个听说者,即信息的接受者,他通常担任"听说"的主语,但是在演化为传信成分后,这个听说者一般不出现在句中。根据Anderson(1986),听说一般用于陈述句,听说者就是说话者(我),如例a所示。但是,在汉语中,它也可以用于疑问句,如例b、c所示。

这还不是汉语一家独有的现象,San Roque, Simeon and Elisabeth(2017)集中考察了若干语言中传信成分用于疑问句的情况,他们说,陈述句中传信是言者视角(speaker-anchored perspective),而在疑问句中就转入了听者视角,人称对传信的解读有着极为重要的作用。

上面的例b就是这样的疑问句,这里的听说者是指听话者,是询问你是否听说你要升局长了,或者说,从你的听闻来说,是否有"你要升局长"的信息?可以把此种情况归纳为:传信的信息接收者在陈述句中默认为说话者,而在疑问句中默认为听话者;陈述默认表达说话者所接收或产生的信息,而疑问句则是询问听话者是否接受或产生相关的信息。

其他语言中也有类似的例子。在Duna(Papua New Guinea)语中,-yarua表示信息是来自非视觉的感觉,但是用于第二人称情状主体时是疑问句,用于第一人称情状主体时是陈述句(例引自San Roque, Simeon and Elisabeth 2017):

(149) A：ko   roro-yarua=pe
       2 SG   hot-SENS=INTER
       ((你感觉)你热吗？)

   B：no   roro-yarua
       1 SG   hot-SENS
       ((我感觉)我热。)

在 Duna（Papua New Guinea）语中，-tia 表示亲见，在疑问句中，是问你所看见的情况；而在陈述句中，是讲我所看见的情况（例引自 San Roque，Simeon and Elisabeth 2017）：

(150) A：ai-ka sutia?
       who-ERG strike. PFV. VIS
       ((你看见)谁攻击他？)

   B：a, yiAo   honene-ka=rape sako
       ah nothing thing-ERG=UNC be.confused
       makura-na   si   wa-ye   sutia
       club-SPEC hold come-DEP strike. PFV. VIS
       (哦，某个东西，我不知道是什么，(我看见)一棍子打到他。)

下面例 A、B 的 -nei 表示推理性认识，在疑问中为你的认识，在陈述中为我的认识（例引自 San Roque，Simeon and Elisabeth 2017）：

(151) A：Jeni siki   so-nei=pe?
       PSN sickness take/get-REAS=INTER
       ((你认为)杰米生病了吗？)

   B：Siki   so-nei-na
       sickness take/get-REAS -SPEC
       ((我认为)她病了。)

在 Gitksan（Tsimshianic）语中，-kat 表示"听他们说"，在疑问句中，是问你听他们说的情况；而在陈述句中，是讲我听他们说的情况（例引自 San Roque，Simeon and Elisabeth 2017）：

(152) A: taxgwi=kat tim bakw-m'
　　　　when=REP FUT arrive. PL -1 PL
　　　((你是否听见他们说)我们什么时候到那儿?)
　　B: silkwsax t'aahlakw=kat
　　　　noon tomorrow=REP
　　　((我听他们说)是明天中午。)

2.1.2　疑问句中传信的言者视角

但是,仅仅如此是不够的。因为在有的疑问句中,信息的接受者依然是说话者,如例(148c),这句话应该解读为:我听说你要升局长了,但这一信息令我意外,需要你证实或证伪。句子所带的疑问语气与其说是表示疑问,不如说是表示我对所获得信息感到意外,根据陈振宇、杜克华(2015),意外导致求证的语用涵义,从而间接获得疑问功能。可以把此种情况归纳为:说话者作为传信的信息接受者,对所接受的信息感到意外,从而要求听话者证实或证伪,所谓的疑问句就是一个求证操作。

其他语言中也有类似的例子。在下面这个 Duna (Papua New Guinea) 语的例子中,疑问句中的-nei 是指我的认识(问问题的人的认识),这不符合前述信息规律,因此句子不是真的中性的询问句,而是用来表示说话者对自己推理的信息感到十分惊讶,不相信这一推论,例 A 可以译为"我猜他病了?",从而要求对方证实或证伪。在回答句 B 中,回答者用了一个完成体标记,用以表达有关信息是亲历的,由此表示"我所见的的确是病了"的意思(例引自 San Roque, Simeon and Elisabeth 2017):

(153) A: Jeni siki so-nei=pe?
　　　　PSN sickness take/get-REAS =INTER
　　　(哦,(我想——我很惊讶)杰米生病了吗?)
　　B: Ẽ, siki so
　　　　yes sickness take/get. PFV
　　　(是,她病了。)

再如 Qiang 语(羌语)中的例子(例引自 San Roque, Simeon and Elisabeth 2017):

(154) A: the: hɑ-qə-k ŋuɑ

3 SG DIR-go-INF INTER

((说话者猜想听话者没有亲见证据)他走了吗?)

B: ʔũ zdʑyta: ɦɑ-qə-k-ən dzɑ
2SG Chengdu: LOC DIR-go-INF -2SG INTER

((说话者猜想)你去了成都?)

C: ʔũ tɕala kə-u-n-a
2SG go-VIS -2SG-INTER

((我看见你走了,但是)你要去哪儿?)

例 B 就是"我猜,你是不是去了成都?",实际上,说话者已经猜出对方是去了成都,只不过还不敢肯定,所以要对方再证实一下。例 C 是"我猜,你去了什么地方,告诉我是什么地方?"

语言类型学的研究在这一方面还比较贫乏,很多语言中的类似现象还有待揭示,我们尚不知道传信成分用于疑问句是普遍存在的现象,还是一些语言中的现象。不过,我们发现在汉语中,传信成分在陈述与疑问中的分布几乎是对等的(个别地方存在不对称性)。本文要问的是:汉语中与传信成分有关的句式表现是否就是上述这些? 我们的调查发现远远不止这些,这样一来,就要求我们进一步去调查和分析。我们可以先把汉语说清楚,今后再用相同的模式去看世界语言。

2.2 对汉语现象的调查

2.2.1 汉语传信成分与动词的界限模糊

在调查之前,我们需要先说明一下,许多传信成分都有自身的动词语义,而且随着各自语法化的程度的差异,作为动词和作为传信成分并不一定能很好地在形式上区分,而仅仅是意义与使用功能的不同。

一般研究传信范畴的学者,都是为了找到那些语法化了的形式,作为判断语言类型的依据,因此会觉得有的语言根本没有语法化的传信标记,如英语。参看 Aikhenvald(2004)的讨论。但是我们的研究则关心意义与功能,而不太分别究竟是否完全语法化。实际上,一些语言即使有语法化的标记,也很可能还有原来的实在意义,例如传信标记也有用来表示说话者思想活动的,如下例 A 中,-k'a 表示我的推理,是传信成分;在例 B 中,这表示我在想谁给我的鱼,是表示思维活动(例引自 San Roque, Simeon and Elisabeth 2017):

(155) A: ts'aqw-an'-ás=k'a=tu7 k=Lenny ti=kíks-a

eat-DIR -3. ERG=INF=then　DET=Lenny DET=cake-EXIS
((我猜)莱尼一定已经吃了那块蛋糕(基于橱柜中的空荡荡的样子))

B: swát=as=k'a　　ku=lhwál-ci-ts-as　　　　ti=ts'úqwaz'=a
who=SBJV=INF DET=leave-APPL-1 SG. OBJ-3 ERG
　　　　　　　　　　　　　　　　　　　　　　DET=fish=EXIS
(我在想谁给我留了这条鱼?)

汉语总的倾向是,很少有完全语法化了的传信成分,大多是同一形式兼有实义动词和传信成分两个功能(也可以称为"准传信标记"),下面实义的功能一般标着"1",而传信功能一般标着"2"。

2.2.2 所调查的三类传信成分

1) 言说类,又分为:

a. 自我言说类:说₁、告诉、叫。"说、叫"都有两个意义,不过"叫"更多表示传信,因为一般很少描述一个人叫喊:

(156)　　　言说活动　　　　　　　　　　　意愿
　　　　我说₁过别让我去了。——我说₂别让我去了。
　　　　他在叫₁我们。　　　——他叫₂我们别去。

b. 信息传入类:听说、据说

这类动词表示主体从他人言语中获得信息,宾语是信息内容。

c. 信息提示类:说起来

2) 认识类,又分为:

a. 认为、觉得、以为、知道、看₂、听₂、瞧₂、想₂、猜₂、琢磨₂、说₂、归纳₂

这类动词的主语是认识者,宾语是认识的内容。

b. 在……看来

3) 心理行为或外在行为类:作为行为,具有更多的典型动词的特征,如有时间性质、可以自由否定等。

a. 想₁、猜₁、琢磨₁

这三个动词都有表示具体的心理行为的意义,如:

(157)　　　心理活动　　　　　　　　　　　认识
　　　　他在想₁/没想₁过张三这人究竟怎么样?——他想₂张三是个混蛋。

我猜$_1$猜$_1$他什么时候来的？——我猜$_2$他昨天来的。
我琢磨$_1$一下该怎么办。——我琢磨$_2$应该先退一步，另谋他路。

b. 看$_1$、听$_1$、瞧$_1$
都有两个功能，如：

(158)　　　感知活动　　　　　　认识
　　　你看$_1$他在跳舞。——你看$_2$他这人怎么样？
　　　我听$_1$听$_1$在说什么？——我听$_2$像是张三。
　　　你瞧$_1$，孩子们都在。——你瞧$_2$他在干什么？

行为动词"看"类有两个意义：
"看$_{11}$"指真正的动作"看"，即用眼睛感知事物。
"看$_{12}$"指采取行为去探究事物，即"研究、探索"之义，由于人在研究探索中，最重要的方式就是将事物的各种性质转化为可见的模型、图标等等，所以"看"转喻为"探索"义。"瞧"也有视觉义和探索义。如：

(159)　　　视觉感知　　　　　　探索活动
　　　我看$_{11}$这花是红色的。　——我看看$_{12}$这人怎么样？
　　　我瞧瞧$_{11}$墙上贴着什么。——我先瞧瞧$_{12}$情形如何，再做定夺。

但实际上视觉义和探索义也有交叉的地方，有时难以分辨，如下例中两种意义都有：

(160) 我看看/瞧瞧这花是什么颜色的。

c. 归纳$_1$、总结
也有两个功能，如：

(161)　　　归纳活动　　　　　　　归纳得到的认识
　　　我归纳$_1$一下文章究竟说了些什么。——我归纳$_2$该文最主要的
　　　　　　　　　　　　　　　　　　　　　观点都是在 Lyons 的定义
　　　　　　　　　　　　　　　　　　　　　基础上修改而成的。

请注意,本文的传信成分是广义的传信范畴的表现形式,Chafe(1986)把广义的传信分为四个层次:(主体)信念、证据归纳、传闻、假设演绎。我们的传信成分也是分布在这些层次中。

另外,要区别一下情状主体、认识主体以及认识事件的情状主体。

"认识主体"指当下言语活动中信息的接受者;情状主体指事件的主体。当一个事件本身就是在讲人的认识时,称为认识事件,该事件的主体就是认识事件的情状主体。如"你以为……"讲的是你的认识,"以为"表达认识事件,所以"你"是该事件的情状主体。"我听说他回来了"也可以从认识事件"听说"的角度看,"我"就是认识事件"听说"的情状主体,此时的认识主体需要进一步分析:"我"不再是认识主体,因为这是陈述句,信息接受者是听话者,所以认识主体是第二人称。如果句子改为"你听说他回来了吗?"这是疑问句,信息接受者是说话者,所以是第一人称认识主体,而认识事件"听说",其情状主体是"你"。

表2 "我听说他回来了""你听说他回来了?"的三个主体

	我 听 说	他 回 来 了
陈述句:认识主体是"你"	认识事件"听说"的情状主体是"我"	事件"回来"的情状主体是"他"
	你 听 说	他 回 来 了
疑问句:认识主体是"我"	认识事件"听说"的情状主体是"你"	事件"回来"的情状主体是"他"

2.3 人称对汉语传信成分分布的制约作用

人称、传信与陈述、疑问的关系,已有学者注意到,如林青(2014),乐耀(2011),李双剑、陈振宇和潘海峰(2014),岳辉(2017),李水和辛平(2020)等。但是这些文献都考虑得过于简单,各传信成分情况不同,要分别分析,而且在疑问句中认识动词仍然可以具有传信功能。

下面从两个方面来阐释。

2.3.1 信息确定性及其对陈述、疑问的影响

1)信息的确定性

按照传信规则,我们有:当认识主体与情状主体相同,并且事件是亲历性的事件时,这一事件具有天然的确定性,确定也就是说或者是事实(事件

为真),或者是反事实(事件为假),而不能是非事实(不知道真假,或者说可能真,可能假)。当认识主体与情状主体不同,或者虽然相同,但事件是非亲历的事件时,这一事件可以具有不确定性。

例如"我昨天去了学校""我昨天没去学校"对"我"来说是确定的,或真或假,但不能是不清楚,但是对"你"来说则未必如此,可能你还不能确定我是否去了学校。同样地,"你昨天去了学校""你昨天没去学校"对认识主体"你"来说是确定的,或真或假,但不能是不清楚,但是对"我"来说则未必如此,可能我还不能确定"你"是否去了学校。"他昨天去了学校""他昨天没去学校"也是对"他"是确定的,但对"你、我"则未必如此,可能还不能确定。

请注意,如果不是亲历事件,那么即使认识主体与情状主体相同,也不必然具有确定性。非亲历性包括但不限于以下事件:

过去的情况虽与主体有关,但不需要该主体亲历。如"你考试得了第一名",你虽然参加了考试,但你没有参加阅卷,并不亲历成绩出炉的过程,因此这一事件即使对"你"而言,也未必是确定的,可能真可能假。

对主体的性质的判断。例如问情状主体你是否聪明,"你"也必须和其他认识主体一样,通过各方面的证据来推想答案,而无法像亲历的事那样直接抽取记忆解读,因此这种事件也是非亲历的。

对未来的事,一定不是亲历的。如"你明天会来学校",对"你"来说也是没有发生的,无法亲历。

2) 陈述、疑问的选择受到信息确定性的制约

【相对信息原则四(陈述/询问原则)】

① 仅当说话者以为一个信息对听者而言是高信息价值时,才能合法地构成告知行为,或者说,说话者一般不会告知听话者已经知道答案的问题(听者确定性信息)。(正迁移)推理公式是:

$$命题 X \wedge [特征] X 听者低信息价值 \rightarrow [排斥] 告知 X$$

② 仅当说话者以为一个信息对自己而言是高信息价值时,才能合法地构成询问行为,或者说,说话者一般不会问他自己已经知道答案的问题(言者确定性信息)。(正迁移)推理公式是:

$$命题 X \wedge [特征] X 说者低信息价值 \rightarrow [排斥] 询问 X$$

这已经是学界的共识。Searle & Vanderveke(1985)提出言语行为的条件,其中的预备条件(preparatory condition)就涉及这一限制。陈振宇(2007:215-216)和邱明波(2010)针对这一问题做了更为详细的论述。

Heritage(2012)则提出知识领地(territories of knowledge)的概念,从而划分说话人和听话人在陈述和疑问时不同的情况。

例如:张三告诉李四"明天有球赛"仅当张三认为李四没有想到或不能肯定"明天有球赛"时,才满足"听者高价值"的要求,合乎告知要求。如果张三问李四"明天有球赛吗?"则仅当张三不知道有没有球赛,同时他还认为李四知道时,才满足"言者高价值"的要求,合乎询问要求。

根据这一规律,我们可以得到以下结论:

【相对信息原则五(陈述/询问原则)】

① 第一人称情状主体的亲历事件,具有言者确定性,排斥疑问。推理公式是:

$$命题 X \wedge [特征] X 第一人称亲历 \rightarrow [排斥]询问 X$$

② 第二人称情状主体的亲历事件,具有听者确定性,排斥陈述。推理公式是:

$$命题 X \wedge [特征] X 第二人称亲历 \rightarrow [排斥]告知 X$$

③ 第一人称情状主体的非亲历事件,第二人称情状主体的非亲历事件,以及第三人称情状主体事件(不管亲历还是非亲历),不论对言者还是听者都可能是不确定的,因此只要满足相关的语义语用要求,都既可用于陈述也可用于疑问。(正迁移)推理公式是:

$$命题 X \wedge [特征](X 第一人称非亲历 \vee X 第二人称非亲历 \vee 第三人称) \rightarrow \\ 询问 X \vee 告知 X$$

(162) a. 听说你去找小李啦? ——#你还不知道吧,听说你去找小李啦。
b. 听说你这次得奖了?/。——你还不知道吧,听说你这次得奖了。
c. 听说老张得了癌症了?/。——你还不知道吧,听说老张得了癌症了。

在a、b中,有关信息是关于听者的,即第二人称情状主体。例a"你去找小李"是听者亲历之事,对听者来说是确定的,在陈述中,听者又是认识主体,不符合"听者高信息价值"的要求;不过可以询问,因为疑问中说话者成了认识主体。例b则不一样,"你这次得奖",有可能你还不知道呢,所以对听者就可能是非确定的,就可以陈述了。例c"老张得了癌症",老张是第三方,对第一、第二人称认识主体而言都可以是非确定的。

(163) a. 我啥时候参加过比赛?

b. 我啥时候参加比赛?

c. 小王啥时候去参加/去参加过比赛?

"我参加过比赛"是过去亲历事件,不可能不知道,不能询问,可以反问,因为反问的功能相当于对语用否定的陈述句。例b、c则不一样,"我(未来)去参加比赛""小王参加过比赛""小王(未来)去参加比赛",我可能知道,也可能不知道,既可以询问,也可以反问。

2.3.2 认识事件的情状主体

从认识事件看,所有认识事件都是该情状主体的亲历事件。这些特性在不同的认识事件中表现各不一样:

1) 认识事件是反映认识情状主体已有的认识,如"认为、觉得、以为、看$_2$、想$_2$、猜$_2$、说$_2$、在……看来、听说"等,其情状主体的人称需要与陈述疑问所需要的认识主体的人称相互比较,才能看出其影响:

① 认识事件的情状主体是第一人称,如"我认为"类。由于说话者自己的认识一般是说话者自己必然知道的,故是已经确定的信息,不能疑问;但对听话者而言是未确定的信息,有传递的必要。因此这类格式一般用于"告知",也就是说,全句是陈述语力,而不用来进行询问。

(164) 我认为他很好。——♯我认为他怎么样?

我看$_2$还是别去了吧!——♯我看$_2$去还是不去好?

② 认识事件的情状主体是第二人称,如"你认为"类。由于听话者自己的认识一般是听话者自己必然知道的,故是已经确定的信息,没有传递的必要;但对说话者而言则不一定是知道的,所以具有言者高价值,有传递的必要。因此这类格式一般用于"询问",也就是说,后面是疑问句,不用于告知。

(165) ♯你认为他很好。——你认为他怎么样?

♯你看$_2$还是别去了吧!① ——你看$_2$去还是不去好?

③ 认识事件的情状主体是第三人称,如"他认为"类。由于第三方的认

---

① "你看,还是别去了吧!"句子成立,不过这是后面所说的祈使句的例子,"你看"要求对方注意下面的事实。

识,既不是听话者必然知道的,也不是对说话者一定知道的,因此这类格式一般既可以用于"询问",也可以用于"告知"。

(166) 他认为小玉很好。——他认为小玉怎么样?
他觉得背上不舒服。——他觉得哪儿不舒服?
在他看来,小李去比较合适。——在他看来,谁去比较合适?
他看见是小李拿走了你的衣服。——他看见是谁拿走了你的衣服?
他说还是别去了吧!——他说去还是不去好?
他告诉小王去操场集合。——他告诉小王去哪儿集合?
他叫我们去帮忙。——他叫谁去帮忙?
他听说/据他说小李要去北京。——他听说/据他说谁要去北京?

2) 认识事件是反映认识情状主体应该去探索的问题。探索的特征是,所探索的事物一定是探索主体所不知道的,因此不管主体是哪个人称,探索内容都是不确定的内容,这样,探索类动词的宾语一般就只能是一个问题,而不能是一个确定的命题。(后文详述)

不过,似乎只有第一/第二人称才认为是演化为了话语标记,探索主体为第一人称如"我看看"等时,表示说话者对自己的行为的允诺;为第二人称如"你看看"时表示对对方的行为的祈使。第三人称的"他看$_1$"一般不成立,而"他看看"则作为一般动词处理。

下面是表示主体进行探索/思考活动的动词"他想$_1$、他猜$_1$、他琢磨$_1$"[①],它们后面一般只能是疑问形式,因为它们表示认识过程:

(167) 他在想$_1$自己应该去哪儿?——#他在想$_1$自己应该去北京。[②]
他在猜$_1$谁会是自己的伴?——#他在猜$_1$小玉会是自己的伴。
他也琢磨$_1$过究竟该不该接受这份好意?——#他也琢磨$_1$过应该接受这份好意。

试比较表示认识结果的"他想$_2$、他猜$_2$、他琢磨$_2$",因为第三人称的认识对听说双方都可能是不确定的,所以既可以用于陈述也可以用于疑问:

[①] 陈振宇(2009)和陈振宇(2010c)第三章,对此类认识动词后面加疑问小句和陈述小句的限制条件有十分详尽的论述,这里仅举一二例子。

[②] 当表示想出/琢磨出一个主意、猜到了答案时,这几个句子也可以说,不过这就不是"想$_1$"而是"想$_2$"等了。

(168) 他想₂敌人在哪儿？——他想₂敌人在北方。
　　　他猜₂谁会是他的伴？——他猜₂小玉会是他的伴。
　　　他琢磨₂接受还是不接受？——他琢磨₂还是接受的好。

综上所述,根据信息传递的基本规律,陈述、疑问有一定的功能分布。我们通过具体的语料分析,总结出下表。最左边一列就是前面说过的广义传信标记四大类型:表示认识情状主体的信念、表示考察证据进行归纳、表示从别处得到传闻、表示认识情状主体的假设和演绎。表中,"1"代表有这一功能分布,"0"代表没有这一功能分布。但是,语料调查发现一些"例外",即表中"0/例外"的栏目:这一功能分布一般没有,但是在特殊情况下可以有。

表3　根据信息传递规律应该有的功能分布

		话　语　标　记	时间性	陈述	疑问	编号
主体信念	说话者的信念	我认为、我觉得、我感觉、我以为、我知道、我看₂、我听₂、我瞧₂、我看₁/₂到、在我看₂来、我说₁/₂、我告诉你、我叫 X VP	已有的认识	1	0/例外	①
	听话者的信念	你认为、你觉得、你感觉、你以为、你知道、你看₂、你听₂、你瞧₂、你看₁/₂到、在你看₂来、你(们)说₁/₂、你(们)说₂说₂、你告诉、你叫 X VP	已有的认识	0/例外	1	②
证据归纳	说话者探究并归纳	我看₁₁/₁₂(看₁₁/₁₂)、我听₁₁/₁₂(听₁₁/₁₂)、我瞧₁₁/₁₂(瞧₁₁/₁₂)、我归纳₁一下	要去获得的认识	0	1	③
		我归纳₂一下、我看₁₁见	已有的认识	1	0	④
	听话者探究并归纳	你看₁₁/₁₂(看₁₁/₁₂)、你听₁₁/₁₂(听₁₁/₁₂)、你瞧₁₁/₁₂(瞧₁₁/₁₂)、你归纳₁一下	要去获得的认识	0	1	⑤
		你归纳₂一下、你看₁₁见	已有的认识	0	1	⑥
传闻	第三方的信念	他认为、他觉得、他感觉、他以为、在他看来、他看见、他(们)说₁/₂、他告诉、他叫 X VP	已有的认识	1	1	⑦
	说话者得到传闻	(我)听(S)说、据(X)说	已有的认识	1	0	⑧

续 表

		话 语 标 记	时间性	陈述	疑问	编号
传闻	听话者得到传闻	(你)听(X)说、据(X)说	已有的认识	0	1	9
	第三方得到传闻	他听(X)说、据他(所)说	已有的认识	1	1	10
假设演绎	说话者假设演绎	我想$_1$(想$_1$)、我猜$_1$(猜$_1$)、我琢磨$_1$(一下/琢磨$_1$)	要去获得的认识	0	1	11
		我想、我猜$_2$、我琢磨$_2$	已有的认识	1	0	12
	听话者假设演绎	你想$_1$(想$_1$)、你猜$_1$(猜$_1$)、你琢磨$_1$(一下/琢磨$_1$)	要去获得的认识	0	1	13
		你想$_2$、你猜$_2$、你琢磨$_2$	已有的认识	0/例外	1	14
	第三方假设演绎	他想$_1$、他猜$_1$、他琢磨$_1$	要去获得的认识	0	1	15
		他想$_2$、他猜$_2$、他琢磨$_2$	已有的认识	1	1	16

下面一节,我们将集中来看看这些分布需要特别重视的地方,以及产生例外的原因。虽然例外的数量显著地少,但是我们仍然需要做出解释,因为这些例外是以前的研究者容易忽略的地方,而且它们的存在说明在真实语言中,一个现象往往不能由一条或几条规则"包打天下",而是多维因素共同作用的结果。

2.4 具体制约因素的分析

下面的阐述,对照表3中相应的编号,重点在区别不同用法和产生例外的语用因素:

2.4.1 义项的分别

有些谓词有两个义项,在不同义项时分布不一样。又分为:

1)言说活动和认识的区别

例如与 1 有关的"我说$_1$",如果仅仅是指宣告我将要说一句话,不管这是什么样的话,它仅仅起到"提醒对方注意说话内容"的主题转移语篇功能,所以这里接上陈述句、疑问句、祈使句都毫无问题,如:

(169)我说$_1$,<u>他们明天就要回来了</u>。

我说₁,他们什么时候回来啊?
我说₁,你快一点吧!

同理,与2有关的"你说₁",如果仅仅是指让你说一句话,不管这是什么样的话,可以接上陈述句、疑问句、祈使句,如:

(170) 你说₁,你是笨蛋。
你说₁,"这是什么?"
你说₁,"一起去吧!"

这一个"我说₁",不具有任何命题意义,仅仅起到调节人际关系的功能,是互动标记:它一般都表示了说话者相对对方的优越的社会地位和知识地位,因此陈述时有"我讲的是真理,需要认同"的互动功能;在疑问和祈使时,有催促对方尽快尽完善地回答或实施有关行为的互动功能。而"你说₁"本身是祈使句,让对方说一句话,并不表达对方的认识。

当"我说₂"表达说话者的认识内容时,才会遵循传信的人称规则,一般只用于陈述句;当"你说₂"表达听话者的认识结果时,才会一般只用于疑问句,如:

(171) 我说₂他是个好人。——#我说₂他是个好人吗?
#你说₂他是个好人。——你说₂他是个好人吗?

2) 认识活动和认识的区别

11中的"我想₁(想₁)、我猜₁(猜₁)、我琢磨₁(琢磨₁)",13中的"你想₁(想₁)、你猜₁(猜₁)、你琢磨₁(琢磨₁)",3中"我看₁₁/₁₂(看₁₁/₁₂)、我听₁₁/₁₂(听₁₁/₁₂)、我瞧₁₁/₁₂(瞧₁₁/₁₂)、我归纳₁一下"和5中的"你看₁₁/₁₂(看₁₁/₁₂)、你听₁₁/₁₂(听₁₁/₁₂)、你瞧₁₁/₁₂(瞧₁₁/₁₂)、你归纳₁一下",它们都是探索类的谓词,是说我或你的一个认识活动将要进行或正在进行。根据陈振宇(2009),如果是表示认识的过程,后面一般是疑问句,表示这一认识活动的内容;因为这时还没有得到答案,所以后面不能是陈述句;不管认识活动的情状主语是第一还是第二人称。

(172) 我/你想₁想₁该怎么回他的话?——#我/你想₁想₁就这么回他的话。①

---

① 如果说"我想想₁(觉得)还是这么回他的话",则句子通顺。这是因为后面的部分不是表示想的内容,而是表示想出来的结果。前后部分之间要停顿隔开。下面的例子也是如此,如"我琢磨₁琢磨₁(觉得)这样能更好地完成任务"就通顺了。再如"你想想,就这么回他的话,是不是更好?"要整体地看待"你想想"后的成分,"是不是"句是疑问句。

我/你猜₁猜₁他是谁？——♯我/你猜₁猜₁他是老李。
我/你琢磨₁琢磨₁怎样更好地完成任务？——♯我/你琢磨₁琢磨₁这样能更好地完成任务。
我/你看₁₁/₁₂看₁₁/₁₂派谁去好？——♯我/你看₁₁/₁₂看₁₁/₁₂派他去好。
我/你听₁₁/₁₂听₁₁/₁₂这是什么声音？——♯我/你听₁₁/₁₂听₁₁/₁₂这是钢琴的声音。
我/你瞧₁₁/₁₂瞧₁₁/₁₂哪里比较合适？——♯我/你瞧₁₁/₁₂瞧₁₁/₁₂这里就比较合适。
现在我/你来归纳₁一下，为什么要调整课程？——♯现在我/你来归纳₁一下，因为进度落后所以要调整课程。

当是 12 中的"我想₂、我猜₂、我琢磨₂"和 1 中"我看₂、我听₂、我瞧₂、我归纳₂一下"的时，它们表达说话者的认识结果，才会遵循传信的人称规则，一般只用于陈述句：

(173) ♯我想₂该怎么回他的话？① ——我想₂就这么回他的话。
♯我猜₂他是谁？——我猜₂他是老李。
♯我琢磨₂怎样更好地完成任务？——我琢磨₂这样能更好地完成任务。
♯我看₂派谁去好？——我看₂派他去好。
♯我听₂这是什么声音？——我听₂这是钢琴的声音。
♯我瞧₂哪里比较合适？——我瞧₂这里就比较合适。
♯现在我归纳₂一下，为什么要调整课程？——现在我归纳₂一下，正是因为进度落后所以要调整课程。

当是 14 中的"你想₂、你猜₂、你琢磨₂"和 2 中的"你看₂、你听₂、你瞧₂、你归纳₂一下"，表达听话者的认识结果时，才会遵循传信的人称规则，一般只用于疑问句：

---

① 表示"我正在想"的意思时，就是"我想₁"，这时后面是疑问句。下面例句也是一样，如果表示"我正在猜、正在琢磨"，也是"我猜₁、我琢磨₁"。

(174) 你想₂该怎么回他的话？——♯你想₂就这么回他的话。①
　　　你猜₂他是谁？——♯你猜₂他是老李。
　　　你琢磨₂怎样更好地完成任务？——♯你琢磨₂这样能更好地完成任务。
　　　你看₂派谁去好？——♯你看₂派他去好。
　　　你听₂这是什么声音？——♯你听₂这是钢琴的声音。
　　　你瞧₂哪里比较合适？——♯你瞧₂这里就比较合适。

2.4.2 特殊的信息价值语境

临时改变信息价值，于是陈述与疑问的分布也可能发生变化。又分为：

1) 有时，言者忘记了自己的已有知识，从确定变成了不确定，或者明知故问，引诱听话者向这一方面想，就可以询问了。包括 1 中的"我认为、我觉得、我看₁到、在我看₂来、我说₂、我告诉你、我叫 X VP"等。

(175) 那么，我当时认为他是什么人呢？
　　　当时我觉得是谁在咬我来着？
　　　我看到是谁来着？
　　　在我看₂来，他是谁来着？
　　　我（刚才）到底说几点开饭来着？
　　　我昨天告诉你今天到哪儿集合来着？
　　　我叫他做什么来着？

句尾常用的"来着"表示亲近亲切的人际互动功能，之所以在这里经常使用，是因为：一个人如果把自己的认识都忘了，需要向别人求问，这实在是一件不应该的事，很丢面子，因此需要对方体谅；一个人如果是明知故问，显然也是希望将对方纳入相关的会话过程。不论哪一种，都需要表示亲切的态度。

2) 有时言者对自己的认识没有把握，担心或怀疑事实正好相反，或者对可能的结论感到意外，不敢肯定，这也是变成了不确定，可以进行询问。这涉及 12 中的"我想₂、我猜₂"。

---

① 在某些情况下可以说，就是后面要讲的对对方的认识感到意外，以及先引述对方的认识，再进行论说。

(176) 我猜,他没有来吧/没有来吗? 是不是他没有来?!
　　　我想,也许他没有来? 他可是没来?!

3) 有时,听者对自己的知识遗忘,或矢口否认,或者难以明确地自省,需要说话者告知他,提醒他,或者需要否定或修正他的观点。这涉及②中的"你认为、你觉得、你感觉、你以为、在你看₂来、你(们)说₂、你告诉、你叫 X VP"等。

(177) 你(是)认为哲学没什么用处的! 别否认!
　　　你觉得还挺不错的吧!
　　　你感觉自己是个公主,把我们都当了你的仆人!
　　　(看你的脸色就知道)你以为我们都是傻瓜来着!
　　　在你看来,大家都不如你!
　　　你说大家要团结友爱! 怎么这会儿又个人主义起来!
　　　你告诉我们下午三点开始的!
　　　你叫他来的!

2.4.3　低信息价值句的运用

在交流中,人们倾向于使用高信息价值句,对说话者来说不确定的信息是高价值的,所以可以询问;对听话者来说不确定的信息也是高价值的,所以可以告知。但是对说话者来说确定或能确定的信息,就是言者低信息价值,不必询问;是听话者确定或能确定的信息,也是听者低信息价值,不必告知。

但是,我们有一种特殊的用法,即专门构造低信息价值句,利用它的特殊语用功能。从原理上讲,任何一个低信息价值句,都可以通过让它担负其他次级功能,或在它前面或后面搭配相应的小句,使得整个句子的信息价值增强,从而满足完句条件,这时就可以说了。如有时用于打招呼、寒暄等,如"您在吃饭啦!""在看电视啊!"不过这与本文所说的传信成分无关。下面我们重点分析两类低信息价值传信句。

1) 低信息疑问句(对第一人称而言)的操作是用来表示语用否定,有的是表示对真值的否定,如下例 a;有的是对事情合理性的否定,从而表达意外,如下例 b。主要涉及①中的"我以为、我说"等:

(178) a. 我以为你有多好呢!
　　　 b. 我说你怎么这么有才啊!

请注意这和 wh 词非疑问用法的区别,后者完全是陈述句,如下例 a;也要注意与阻止疑问提升的句子区别,后者也完全是陈述句,如下例 b:

(179) a. 我看<u>什么人</u>肯定来找过他。
   b. 我看<u>谁</u>都不会服他!
    我认为<u>你来不来</u>都没有什么关系!

2) 相比而言,低信息陈述句(对第二人称而言)的功能可多得多。涉及 2 中的"你认为、你觉得、你感觉、你以为、你看$_2$、你听、你瞧$_2$、你看$_1$到、在你看$_2$来、你(们)说$_2$、你告诉、你叫 X VP", 14 中的"你想$_2$、你猜$_2$、你琢磨$_2$"等。
 一个典型的操作是,用已知的知识(低信息价值)作为议论的出发点和背景,后面再讲重要的事;因为背景不是焦点,不需要高信息价值。

(180) 你认为/以为<u>他是你朋友</u>,所以你才这么相信他!
   你觉得<u>你行</u>,那么你就去试试啊! 是骡子是马拉出来遛遛!
   你感觉<u>会出事</u>的话,就自己先走吧。
   你看<u>他是好人</u>,为什么你不和他交往?
   你看到<u>他拿了东西</u>,那你去找他要啊。
   在你看来,<u>当兵就是受罪</u>,我可告诉你,人民军队不需要你这种娘炮!
   你说<u>要艰苦朴素</u>,怎么自己倒大吃大喝起来!
   你告诉我们<u>昨天你没在办公室</u>,但我们发现了你的鞋印。
   你叫<u>老张去取照片</u>,那么老张去了没有?
(181) 你想<u>我们都是笨蛋</u>,那好吧你来试试!
   你猜<u>这是一起交通事故</u>,请把证据给大家看看。
   你琢磨<u>可以用这种方法解套</u>,那你倒是试试啊,光说不练算怎么回事。

陈述事实也可以表示意外(感叹),并常常由此得到语用否定意义,如:

(182) 你以为<u>他是你朋友</u>! (他不是你朋友)
   你觉得<u>自己很能干</u>! (其实你不能干)
   你瞧<u>这没什么</u>! (其实这很重要)
   在你看来,<u>他就这么好</u>! (他没这么好)

你(居然)说你是好人!(你不是好人)
你告诉他们地球就要毁灭!(这可能吗,不应该这么说)
你叫他去取情报!(不应该让他去)
(183) 你想我们都是笨蛋!(我们不是笨蛋)
你猜是老王!(不可能是老王)
你琢磨用这个方法啊!(这个办法不合理)

在上述典型操作中,划线的部分都表示"非事实性"或"反事实性",即说话者把它当成一个不能确定的事实,或者把它当成是与事实相反的事件来陈说、运用。如"你说你行,那么你来",意为说话者认为"你行"不一定是真的,甚至是假的;而感叹句"你说你行!"意为说话者认为你实际上是不行。反事实性与"意外"范畴有关,按陈振宇、杜克华(2015),从对事物 XP 的意外,推导出对 XP 进行语用否定。

DeLancey(2001)认为意外情态有时会被看作是传信范畴的一部分,但是以往的研究大多是围绕第三人称传信成分的意外性,如新派上海话的句末"伊讲"等,参看 Matthews(1998),Chang(1998),陶寰、李佳樑(2009),王健(2013)。

从传信演化到意外,就是言说动词发展为意外标记,参看 Chappell(2008:49)。根据陈振宇、杜克华、石岩(2017),可以进一步把它分为两类,其中一类是"说啥"形式的标记,意外性来自"啥"。另一类表示说话者是从别人那儿得到的信息,这不是说话者的亲历事件,也就是本文的第三人称和第二人称认识情状的情状主体,如前面我们提到的"他以为/觉得/瞧$_2$/看来/说$_{1/2}$/想/猜"和这里的"你以为/觉得/瞧$_2$/看来/说$_{1/2}$/想/猜"等,它们都可能构造意外句。

(184) 他以为自己是什么大人物呢!(他不是大人物)
他觉得自己很了不起啊!(他没什么了不起)
他瞧$_2$别人都看不起他!(其实别人不一定都看不起他)
在他看来,我们都不行!(我们行的)
他说$_{1/2}$走这边啊!(不应该走这边)
他想$_2$应该找老赵帮忙!(不应该找老赵)

但是,有些陈述句也会表示"事实性",包括 5 中的"你看$_1$、你听$_1$、你瞧$_1$",这里都表示祈使,但却不是让听话者去探究新的事物,而是让他去注意当下呈现的情况,隐含的意思是我们都在一起关注同样的事物,所以我们看到的是同样的事实。陈振宇、朴珉秀(2006)对"你看"有详细的分析,陈振宇(2010:409)讨论了后面带非疑问形式的"你看、你瞧、你听、看、瞧、听、看看、听听、看一看"类结构:

(185) 看看<u>他家都用上自来水了</u>! 看看<u>她在台上跳舞呢</u>!
　　　 你听听<u>人家这才叫"弹钢琴"</u>呢! 你听<u>新年的钟声来了</u>!
　　　 你瞧(瞧)<u>你衣服全湿了</u>! 我的小祖宗欸! 你瞧<u>这里就很合适</u>!
　　　 你看<u>这事不好办</u>! 你看,<u>还是别去的好</u>吧!

可以看到,句中划线的部分,说话者是把它当成事实来陈说的,而且往往有很强的感叹。其中有疑问形式也是反问句。
　　②中的"你知道(的)、你晓得(的)、你看到/看见了吧"等,也是这样的事实性表述:

(186) 你知道<u>他这人不怎么样</u>!
　　　 你看到了(吧),<u>他就是这样的人</u>!
　　　 你看见了吧,<u>大家都在劳动,没有人像你一样偷懒</u>吧!

2.4.4　否定的影响

③和⑤的"看看、瞧瞧",以及⑪和⑬的"想想",其肯定式和否定式不对称:肯定式是祈使式,是将要去寻求事实;但是否定式则是表示过去的情况,指过去没有去看去瞧去想,没有去探究。在否定式中,一方面"看看、瞧瞧、想想"后面是疑问小句,这符合探究行为的要求,如:

(187) 你不瞧瞧<u>我是谁</u>?!——我也不瞧瞧<u>人家是谁</u>?!
　　　 你不想想<u>自己是什么人</u>?!——我也不想想<u>这是哪儿</u>?!

另一方面,否定式是表示过去没有探究这一事实,并且句子的语用功能不仅仅是陈说这一个事实,而是表示对这个事实的极度意外,所以可以加上"竟然、怎么、居然、也"等在这里表达意外功能的标记。

(188) 你竟然/怎么/居然/也不瞧瞧<u>我是谁</u>?!——我竟然/怎么/居然/也没看看<u>他是谁</u>!

由强烈的意外导致语用否定,即"不瞧瞧、没看看"是不合理的行为,这会带来严重的消极后果。

3. 本章小结

知识立场的抓手,就是认识主体对事物事实性的判定,以及知识的来源和可靠性。前者至少包括三个范畴:指称、事实和叙实,后者就是"传信"范畴的研究内容。

一、指称

指称部分的讲述主要有两个目的:一是区分不同的指称概念,由于陈振宇(2017)已经对此有详细论述,所以这一部分略写。二是介绍与指称有关的语用原则,这是本部分的重点。指称原则包括:

实指事件的实指论元必须是实指的;当实指论元是虚指的时候,事件必须是虚指的事件;当论元是虚指的,事件是实指的时候,该论元必须是虚指论元。

虚指的事物具有通指性和类指性(非个体);非通指的或个体的事物具有实指性。

事件为事实,则其实指论元也必须为事实,但虚指论元不一定需要。

个体(个别)事件的实指论元必须是个体性的;当实指论元是非个体性的(类指)时,事件必须是类的事件。

不定指的事物不能是唯一的事物、事物的全部或事物类这一整体;如果表示唯一的事物、事物的全部或事物类这一整体,事物就是定指的。

无指的成分不能表示外延的成分表达;如果可用外延性成分表达,事物就是有指的。

二、事实性

根据"相对真值"观,所谓"真、假"是事物在特定可能世界中的投射;世界不同,真假的取值是有可能不同的。

我们在生活、工作、科学研究中实践的事物,是与我们的现实世界有关的,是"真实"(reality)范畴,而不是"事实"(factivity)范畴。"可能世界分层理论"把我们谈论的一切可能世界分为两个层次、三个大类:"原初世界/源世界"和"认知世界";认知世界又进一步分为两种可能世界——"直陈世界"和"非直陈世界"。"事实"指事物在说话者的直陈世界存在;"反事实"是指事物在某个非直陈世界上存在,但是在说话者的直陈世界中却不存在;"非事实"是指事物在直陈世界中是否存在并不清楚。

本节还分别讨论了时间、使因、人称、否定、索引性、疑问等范畴与事实性的关系，重点是其中的语用原则。它们每一个都有一系列的语用推理，是一个复杂的网络关系。

三、叙实性

叙实性是研究内嵌的小句所表示的事物的事实性问题。外部的结构对这一知识有着非常重要的决定作用。当言说"YP（XP）"结构时，如果表示XP为事实，则称为"叙实"；XP为反事实，则称为"反叙实"；表明无法认定XP的真假，则称为"非叙实"。

各种意向谓词的性质决定了语句的叙实性，而意向谓词种类繁多，各有不同，本节罗列了一些常见的类型，并分别分析它们的语义结构，以及造成叙实性的原因。包括意向行为动词、与传信有关的动词、对行为的控制动词，以及建立在主体知识状态基础上的行为动词、真假语词等。

四、本节还重点研究了传信和陈述、疑问的关系

按照传信范畴理论，说话者的认识有不同的来源，而且知识的确信程度与来源有关。

传信标记既用于陈述句，也用于疑问句，既表示言者视角，也可以表示听者视角。

在汉语中，很多话语标记或准话语标记，都具有传信功能，如言说类、认识类、心理行为或外在行为类。

通过相对信息原则，我们可以确定语句信息对说话者或听话者的相对信息价值：① 第一人称情状主体的亲历事件，具有言者低信息价值，排斥疑问。② 第二人称情状主体的亲历事件，具有听者低信息价值，排斥陈述。③ 第一人称情状主体的非亲历事件，第二人称情状主体的非亲历事件，以及第三人称情状主体事件（不管亲历还是非亲历），不论对言者还是听者都可能是高信息价值的，只要满足相关的语义语用要求，都既可用于陈述也可用于疑问。

除此之外，还有其他一些重要的制约因素。

第五章　评价立场

请注意,一些研究者所说的"评价"包括各种主观认识或态度,包括对事物真假、合理、好坏、支持鼓励或反对禁止等各方面的认识,这与本书很不同。我们觉得,把"评价"观念过分扩大,在理论上没有好处,无所不包便无所着落,所以在本书中我们把它限定在狭义的范围内,专指对事物是否符合社会价值预期、是否是常规的、在情理和道理上是否合理等方面的认识。

至于事物好坏,以及由此产生的支持鼓励或反对禁止,虽然的确与合理性有一定的匹配关系,但可以分为两个部分,一个部分是评价,即积极/消极评价;另一个部分是情感,即积极/消极情感。前者是评价立场的内容,而后者应该放到"情感立场"中来讨论。前人的"评价"研究往往不做区分。

这样精简之后,本章的主要内容就是围绕一个语用语法范畴"意外"(mirativity)来进行。我们将 mirativity 译为"意外",这一译名来自王健(2013)。

更具体地讲,意外有两个方面:说话者认为事物是非常规的,具有特殊性,与"一般"相对;事物是不合理的,具有不恰当性(又称为"事理/情理立场")。①

本章的任务包括:

1) 给出意外范畴的定义。

2) 分别从常规性和合理性两个方面论述意外范畴,说明它们之间的差异以及相互影响。一般所谓的"褒贬",也就是"积极/消极评价"(又称为"正/负面事理立场""情理立场"等),是合理性范畴的内容。

3) 论述"意外三角"理论,也即论述意外和其他语义语用范畴的相互影响关系,论述意外范畴如何起到语用推理的作用,如何充当"显赫触发范畴"

---

① 刘娅琼、陶红印(2011)称,"所谓事理立场,粗略来说就是说话人对事物的合理性所作出的一定判断"。李先银、洪秋梅(2017)认为,"情理是人们行为做事的道理、理由","包括社会道德、法律法规、或明或暗的社会行为准则等"。这都是本书所说的"合理性",不过,他们没有充分考虑到常规性在有关现象中的重要作用。

的功能的。

最后本章将以汉语"什么"感叹格式、反问句以及"怎(么)"句为例，深入讲述意外对汉语语法的重要意义和价值。这些汉语现象，以往是从不同的方面进行论述的，而如果从意外范畴及其语用推理原则入手，可以更为贴近语言事实(语法化的过程)，并更有利于找到语用规律。

1. 意外研究中的一些问题

意外研究兴起于 DeLancey(1997)，本来是研究一些语言中的意外标记。参看 Aikhenvald(2004)。本书研究的重点和以往研究不同：我们关注的是"意外"的语法学价值，它作为一个语用范畴，与其他语义语用范畴之间的关系和相互影响，以及在迁移叠加背后起作用的机制。

1.1 意外在语法体系中的定位

1.1.1 意外是感叹的一个子范畴

为了更好地理解意外，我们先看一下"感叹"范畴。陈振宇、杜克华(2015)说：

> "感叹"……可分为两大类型：
> 说话者指向感叹(exclamation directed to speaker)，说话者由于遭受某种外部信息，一般是由意外引起的反感、愤怒、痛苦或赞叹、幸福等强烈的感情或情绪，它们在话语中的表露，并不必然对他人产生影响，可以只是言者自身情绪的反映；听话者指向感叹(exclamation directed to hearer)，说话者表现出某种强烈的感情或情绪，试图影响对方使之认同或激化对方产生特定的情绪或促使对方去做出特定的行为等等。
> 与意外相关的，主要是说话者指向感叹。意外会引起这样的感叹，因此两者几乎是二而一的事。例如，反预期标记"竟然"句，一般都带有某种强烈的主观情绪。

但是，我们还可以分出一个新的感叹类型：无指向的感叹(exclamation directed to nothing)，这就是所谓完全纯粹的情绪发泄，说话者既不知道是什么使自己情绪难以稳定，也没有针对的目标，就是想发泄而已。例如突然产生的兴叹"唉！"。

意外与"反预期"有关。预期类型中,在语言系统中特别重要的主要是两类"自反预期"和"他反预期","意外"仅与自反预期有关,自反预期加上强烈的情感情绪就是意外。

意外与自反预期的关系,在前面"预期"一部分已经做了详细的讨论,这里不再多说。

否定对反预期有很大的影响:

【否定原则五】 在命题否定时,

① 如果命题原来是反预期的,则否定后为正预期。(正迁移)推理公式为:

$$命题 X \wedge [特征] X 反预期 \rightarrow \sim X 正预期$$

② 如果命题原来是正预期的,则否定后为反预期。(正迁移)推理公式为:

$$命题 X \wedge [特征] X 正预期 \rightarrow \sim X 反预期$$

但是请注意,否定不一定影响"意外"性,因为还必须要考虑到情感因素,事物 X 不令人意外,并不意味着~X 就一定令人意外,因为很可能说话者对这两个方面都缺乏足够的兴趣,没有强烈的情感。

他反预期是指说话者指出,事实与对方(听话者)的预期不符,这就是所谓"强调"标记,即说话者特别强调事物是自己所说的那样。强调是感叹的第二种,即听话者指向的感叹,是"强化语力"的一种,就是强化陈述语力,也被称为"真实情态标记",如"他真的没来"意味说话者认为对方的预期是"他来了",而事实是"他没来",说话者用"真的"一是强调"他没来"的确是事实,二是反驳对方,表明你的预期是错误的。

正因为自反预期与他反预期有如此紧密的联系,所以在语言中有一些重要的表现。

1.1.2 与意外有关的强调标记

1) 意外标记,只能表示自反预期,如"竟然"类和"谁料"类为主,这一个前面已经讲过,不再多说。

2) 反预期标记,可以表示自反预期和他反预期。它又分为两种:

① 自反标记,在无标记时表示自反预期,在有标记时可以表示他反预期,如"本来":

(1) 他本来是要来的(结果没来)。——自反预期
   他本来就是要来的(他来了)。——他反预期

"本来"和"本来就"的差异是什么,为什么在第一句中,说话者预期的是他要来,而实际上却是没有来,而在第二句中却发生了反转,说话者不但认为他来是合乎自己预期的,而且还认为是合理的,而对方才是预期"他不会来"的一方?我们认为,这与"本来"的语义没有必然的联系,根本的不同是来自语境意义和"就"的作用,如果站在现在时间,那么"他是要来的"是一个过去的信息,所以我们是对它进行回溯,前面已经说了,回溯之时优先选择高信息价值也就是不和谐的方向,所以构成反预期,"要来而没有来";另一方面,语气副词"就"表示强调、辩驳,因此是凸显"你认为他原来不想来或不会来"的错误,指出"他原来就是要来的",故具有他反预期功能。

② 强调标记,在无标记时表示他反预期,在有标记时可以表示自反预期,如"真的"等。

  (2) 他反预期:张三真的来过!
      他根本不喜欢她。
      他早来了!
      小王就(是)这么喜欢她!
      这的确是他本人的意思。
    自反预期:张三真的来过吗?
      他根本不喜欢她吗?
      他早来了吗?
      小王就(是)这么喜欢她吗?
      这的确是他本人的意思吗?

"真的"是表示强调,表示对方预期不对,第一组例句我们前面已经分析过,但是第二组例句出乎意料,它是个疑问句,而且说话者的态度变了,即说话者的预期成了"张三很可能没来",而外部输入的信息倒是与此预期不相符合了。可以看成说话者认为对方的意见是"张三真的来过",对方用"真的"坚持自己的观点,说话者引用对方的意见时也把"真的"加上,反倒是表示说话者特别地不相信对方的意见,对此有更为强烈的意外,所以得到更强的语用否定意义。正是在这一意义上,我们说:在疑问句中"真的"类强调标记,反而更为突显地表达了强烈的意外色彩,全句更彻底地倾向于解读为反问。

在"强调"(emphasis)这个术语的使用上,需要注意标准的统一。学界所谓的强调术语,有广义与狭义的区分。

① 狭义的,也就是比较准确的定义是类型学的定义:指世界语言中的一种特殊句式——强调句,表达对事件真值的特别肯定,例如 The motorcycle did break down(摩托车的确实坏了),强调标记就是其中用来表示强调意义的形式,如英语的 do、汉语的"的确、真的"。本书所说的"强调"是且仅仅是指这一种。它在陈述中只表示他反预期,而与自反预期的标记相对立。这样一来,强调就是反预期的一种。

至于有的强调标记在疑问句等特殊句式中,可以不表强调意义而转为表示自反预期意义,如"他真的是我的朋友"和"他真的是我的朋友吗?"之间的对立,前者"真的"表示他反预期,而后者的"真的"则表示说话者自己的意外,是自反预期。但请注意,不是所有强调标记都可以这样转化,如"的确"一般就不能用于疑问句。

② 广义的,包括各种不同的情况,除了狭义的强调外,还包括对焦点成分的强调,如"他买了红酒(,不是白酒。)"对主体意愿的强调,如"我就是不去(,你怎么着吧!)"主体焦点,如"书,我是不读的;饭,还是要吃的"。分裂句,如"他吃的是葡萄""熊猫是吃竹子"。以及其他的种种,如有的把全量或全称量化也划入强调,如"人人都是好汉"。

把很多不同的功能都归入强调范畴的有刘丹青(2008)、何文彬(2012)、汲传波(2015)等。这实际上也是汉语传统研究中的观念,就是在各种不同的研究中都用"强调"这个语词来阐释词汇和构式的功能,而不管究竟是什么强调。

这两种观点,读者选择谁是读者的自由,但是不能把它们混在一起来谈。从研究的角度看,把强调与预期范畴放在一起研究的是狭义的强调,只有这一派学者用预期来说明强调句的语义结构。而广义的强调研究因为没有一个明确的强调的定义,甚至各自研究的边界都不一样,所以不可能用预期来概括各种强调意义,这些学者也不是这样研究的。本书既然要从预期来研究强调,就只采用狭义的强调观,以免造成理论上的矛盾。

1.2 句中反预期意义的推理规则

要解决上述问题,我们必须考虑到,有的标记在任何情况下都坚持一种取值,这样的标记如"竟然、居然",只表示与说话者的预期相反,它们的外层也不能再加上表示他反预期的标记,如它们不可能用于疑问句(询问),所以它们是真正的意外标记。但并不是所有标记都如此,大多数的标记,都可以在外层再加上其他标记,从而使功能发生改变。我们有下面的规律:

【反预期原则】 当自反标记和强调标记合法共现时,由句法层次高的那个决定句子的性质,并且内层的那个要失去其反预期的功能。(正迁移)

推理公式为：

命题∧［特征］((外)强调标记∧(内)自反标记)→他反预期

命题∧［特征］((外)自反标记∧(内)强调标记)→自反预期

这种情况实际上必须在更大的语境中才能分析。首先是"双重反预期"，而不是简单的强调。"双重反预期"由两个反预期构成，先意外（自反预期），后强调（他反预期），其中强调一定是说话者的强调。

(3) 甲：小王来了，太让人意外了。
乙：他本来就是要来的。
输入一个信息 XP"小王来了"
甲的话表明：XP 让甲感到意外。——先意外（自反预期）
乙的话表明：他反对对方的意见，认为 XP 是正常的。
乙为 XP 找了一个理由，以强调它的合理性：小王本来就要来的。
意为，小王在开始就打算或安排了要来，所以后来实施这一行为并不奇怪。

在整个言谈过程中，甲、乙都知道 XP 为真，只是双方的主观立场不一样：甲感到意外，乙破解甲的意外；在这里 XP 的真假没有充当双方关注的焦点，双方意见相反的地方在于 XP 的合理性，而合理性的关键是能否找到支撑的理由，所以乙最终强调的并不是 XP 的真假，而是 XP 是有理由的。

从结构上分析乙的句子为：

就是……的　　（强调）

他本来要来

"就是……的"是句子的语气成分，它在句子功能的最外层，表示强调。而"他本来要来"是指他在最初或从道理上讲是要来的。"本来"有两个义项：在过去或最初，此时"本"表示时间值源；在道理上，此时"本"表示道理。在两个层次共现中，由句子层次高的强调标记决定句子的性质，而内层的"本来"则不再表示意外。

实际上，"他本来要来的"之所以有自反预期性质，也不是"本来"自身的直接性质，而是由前面我们说到的"和谐"原则决定的。所以在外层加上强调的"就是"后，"本来"所在的内层小句完全可以失去意外这一语用性质。

让我们来看看另一个例子，这也涉及复杂的语境：

(4) a. 甲：张三昨天来过吗？
　　乙：来过。
　　甲：嗯？
　　乙：他真的来过！（强调）
　　甲：他真的来过吗？（自反预期）
b. 甲：张三昨天来过吗？他真的来过吗？

这里的输入信息是乙或其他人告知甲的；"真的"，是乙的意见，也可能是如例 b 那样，是甲所想象的某一方的意见。现在甲进一步对这一意见提出疑问，请注意，不管中性还是非中性极性问句，都意味着说话者猜测事件有可能与字面意义相反，有另一种可能，所以才需要疑问；如果是针对一个输入的信息提出疑问，就是提问者不相信该信息的完全事实性，也就是说他预期事情可能是相反的情况，因此这种疑问必有自反预期意义。

从结构上分析乙的句子为：

　　……吗　　（自反预期）
张三真的来过

"……吗"在句子功能的最外层，表示求证与自反预期。而"张三真的来过"是从别人那里获得的信息。因此由句子层次高的疑问标记决定句子的性质，而内层的"真的"则不再表示强调。

实际上，"张三真的来过"之所以有强调性质，也不是"真的"自身的直接性质，而是由后面我们要说到的【强化—告知原则四】决定的（我们在后面再详细介绍）。所以"真的"所在的内层小句完全可以失去强调这一语用性质。

2. 常规性和合理性

从导致意外的原因看，主要是两个方面：非常规导致的意外和不合理导致的意外。因此，评价立场也可以分为常规性评价和合理性评价。下面详细讨论这两个方面。

2.1 定义与本质

2.1.1 常规

说一个命题是"常规"（conventional）的，是指在大概率的情况下它是真的;常规事件就是说话者认为,大多数人(在语言中常用"别人、大家、(大)多数人"等表示)在大多数情况下(在语言中常用"常(常)、经常、总是、常见、一般、通常"等表示)会做或会遇见的事。请注意,这里的概率是说话者的心理主观认识的概率,虽然在很大程度上与现实世界的事物频率重合,但并不总是如此,因为认知是不完备的,存在着认知上的跳跃。

除了用词汇手段表示外,语言学中的"通指"(generic)主题句也是常规范畴的一个重要的表现形式。如"四川人爱吃辣""一个女人得自尊自爱""学生应该好好学习"。通指是一个类的典型成员,在典型的场景中应该具有的性质,如"女人、小孩应该优先照顾",如果是一个非常强健的女人,或者说,是在一个非常的场景中,就没有必要优先照顾。参看周北海(2004)的"双正常"说。

陈振宇(2017:105)说:"通指句是一种心理夸张或思维跳跃,即相信有限的考察是无限的真理,或者故意夸大事实。如'四川人爱吃辣的',也许是某次说话者看到了一次令他吃惊的吃辣场面,于是就直接跳到了通指。从这一点讲,日常口语中的通指更多的不是表示准确的信息,而是表示情感的倾向,前面我们谈过的'反复—多量—大量—极大量/全量'的心理认知过程,就是这一种观点。"

反复看到四川人吃辣的,就认为很多四川人吃辣的;觉得很多四川人吃辣的,进一步就认为大多数四川人都吃辣的;觉得大多数四川人吃辣的,最终会跳到所有或几乎所有四川人都吃辣的。我们的日常知识就是这么构成的。由此可知,常规性是与概率有关的一种心理现象。不过请注意,常规并不需要绝对的高概率,而是说认识主体觉得"足够大"的概率就可以了。

前面我们用相对信息价值来定义预期范畴。常规不属于相对信息(交际信息),而是属于知识信息,有很大的差异。按照陈振宇、吴越、张汶静(2016:242),以及陈振宇(2017:561),四大信息系统是:

表1 四 大 信 息

自信息(self information)	客观地存在于对象之中的,是对象的性质、状态、运动等的样式。
知识(knowledge)	认识者通过思维形式(即广义的"语言")去捕捉自信息,给它们"穿上"语言的"外衣",并存在于认识者的意识或意识外化物(如言语、文学、作品等)中。
交际信息(communicated information),也称为"相对信息"	指主体在与外部世界打交道时,所获得或给予的知识。包括主体从"物"获得的信息,也包括主体间的信息交流。

续　表

数据(data)	在当代信息技术大发展的背景下,还有一个重要的知识存储与(自动)加工的问题,即人们把知识外化为某种物质形式(如文本或电流),交予机器保存,并自动进行加工以生产出新的知识。

常规性,从表面看是客观现象,是事物自身发展过程中呈现的统计学上的频率或频次。但是,在语言中对常规性的表达,却是通过语言描写的、用语用形式去"捕捉"的事物性质,是一个主观的估计。它的主观性表现在以下几个方面:捕捉的视角(事物哪一方面性质的常规性)、捕捉的肯定否定侧面、捕捉的条件(在何种条件下该性质的常规程度)等等。

常规性的公式依然是使用条件概率来表达,即在认识者选定的视角、条件以及已有的对该事物的了解的基础上,对事物某一方面性质的常规程度的估计。这使得它仍然是一种预期。

例如从自信息看,假定平均寿命为 75 岁,平均生病的时间为 10 年,没生病的时间则有 65 年,也就是说,没生病的概率远远大于生病,所以似乎生病的信息价值大。

但是我们还得看看认识主体是如何捕捉这一性质的。实际上,我们无法完整地统计人们生病的时间并求得其平均值。在真实的认知过程中,我们依赖的是自己的体会,并且需要结合具体的场景来体会。

[场景一] 在学校里、在街道上、在公园里、在商场中,我环顾四周,很少看到生病的人,所以,我在这些一般性的场景中遇见一个人,就会认为他正在生病的概率 $P(M|O)$ 很低。

[场景二] 在医院里,所看见的大多数人都是病人,在这一特定场景中,一个人生病的概率 $P(M|O)$ 反倒很高。

带着这一预期参与会话,认识主体听到张三说"我没有生病",这是一个输入信息,有了 $P(M)=0$,就进入"相对信息"(交际信息)的领域,就可以讨论信息价值了:

在场景一中,$P(M|O)$ 极低,所以 $|P(M|O)-P(M)|$ 数值很低,按前面预期部分的讲述,此时相对信息价值低,"我没有生病"是正预期信息。

在场景二中,$P(M|O)$ 很高,所以 $|P(M|O)-P(M)|$ 数值很大,按前面预期部分的讲述,此时相对信息价值高,"我没有生病"是反预期信息,会激发认识主体的兴趣,他很可能会接着问"那你来这儿(医院)干嘛?"

陈振宇(2017)第十三章对肯定和否定句的知识信息价值(常规性)进行

了研究,其结论是:

1) 不论肯定句还是否定句,都有常规程度高的事件,也都有程度低的事件,如:

(5) 　　　　　　　肯定句　　　　　　　否定句
常规程度高　　有呼吸、要吃饭　　钱不多、没考第一名
常规程度居中　现在在家　　　　　现在不在家
常规程度低　　钱很多、考了第一名　没有呼吸、不吃饭

2) 当无法在选择项之间做出选择时,需要看不同表述的条件:
① 选择项只有两个时,肯定句和否定句知识信息价值一样。
② 选择项越多,选择项之间越是不相容,肯定句的知识信息价值越是比否定句大。

第二点与本书关系较小,所以这里就不多说了。

另外否定对常规性有影响:

【否定原则六】 在命题否定时,

① 如果命题原来是常规的,则否定后为非常规。(正迁移)推理公式为:

$$命题 X \wedge [特征] X 常规 \to \sim X 非常规$$

② 如果命题原来是非常规的,则否定后为常规。(正迁移)推理公式为:

$$命题 X \wedge [特征] X 非常规 \to \sim X 常规$$

例如一个人有呼吸是常规的,那么没有呼吸就是非常规的;反之,刚出厂的车就坏了是非常规的,那么刚出厂的车没坏就是常规的。

2.1.2 合理

这也就是刘娅琼和陶红印(2011)的"事理立场"(evaluative stances);也称为"评断立场"(evaluative stance),参看 Englebretson(2007b、c)。

说一个命题是"合理"(rational)的,是指它与说话者的理性认识相符,由于并非大多数人认定的就是合理的,所以实际上合理性成了说话者自己主观认定的性质,而常规性的概率多少还具有相当的客观性。合理是"理性化"(rationality)范畴研究的内容:使事物合法的因素称为"理由"(reason)。

本书之所以不用"事理立场"或"评断立场",是因为这两个术语可能会

导致误解，evaluate 表示评估、评价，而除了合理性外还有其他方面的评价，如所谓事实性评价。所以本书直接使用"合理性"这一术语。

陈振宇(2020a)说，在日常口语中，"理由"占据了主要的地位。理由又分为两个维度：

① 理由是人们为社会性行为找到的理据，以此说明行为的适当或不适当，例如"她生病了，所以不去学校"，"生病"是让"不去学校"合理合法的一个理由。

② 在某些情况下，在自然事物的思考领域也会使用理由，作为说话者让自己去"理解"有关现象的依据，例如"才热了一阵，该凉快点了"，热了一阵并不是导致凉快的使因，而是让说话者感到理解天气转凉的理由，因为他的阅历告诉他事物往往会相互转化，所以热后又冷是"常态"，于是他不再会对天气转冷感到意外。

实际上，即使是真正的使因，在语言中也可以把它当成理由来对待，因为不是每个人都认真思考过事物之间的内在作用力联系，即使是科学原理、技术，在许多人那里也只是社会价值体系上的一个理由而已。

【理由原则】

① 一个有理由的事件是合理的。（正迁移）推理公式为：

$$命题 X \wedge X 有理由 \wedge \to X 合理$$

② 一个没有理由的事件是不合理的。（正迁移）推理公式为：

$$命题 X \wedge X 没有理由 \wedge \to X 不合理$$

例如当我们觉得一件事出乎意外时，如果进一步找到了理由，那么就觉得合理了，因此意外情绪就会缓解：

(6)   O   P(M|O)   P(M)
     他生病了，所以他不去上学应该是合理的。
     #他生病了，所以他不去上学应该是不合理的。
     #他生病了，   但是他不去上学是合理的。
     ?他生病了，   但是他不去上学是不合理的。

我对小王没来上学感到意外，于是觉得这是非常规的，于是觉得是不合理的。不过，我们突然发现他原来是生病了，这就觉得有了理由，没来上学就是合理的了，虽然还是非常规的，但就不是那么让人不能接受了。

反之，如果不相信存在理由，如说"他怎么能不上学呢？他有什么（理由)可以不上学呢?"就是在突显这不上学的行为是很不合理的。

另外否定对合理性有影响:

【否定原则七】 在行为否定时,

① 如果行为原来是合理的,则否定后为不合理。(正迁移)推理公式为:

$$行为 X \wedge [特征]X 合理 \to \sim X 不合理$$

② 如果行为原来是不合理,则否定后为合理。(正迁移)推理公式为:

$$行为 X \wedge [特征]X 不合理 \to \sim X 合理$$

2.2 语用推理

2.2.1 与事实的关系

【事实性原则四】 如果说话者认为事物是非常规的,则在不自信的情况下,他无法确定事物的真假。(正迁移)推理公式为:

$$命题 X \wedge X 非常规 \wedge [特征]不自信 \to X 弱事实/弱反事实$$

例如李四告诉张三小王没有考及格,张三说小王很少考不及格(考不及格是非常规的),这意味着张三不确定小王的成绩是否考及格了。用格式检验一下是大概率的预期:

(7)   O   P(M|O)/P(M)

李四告诉张三小王没有考及格,张三说小王很少考不及格,所以张三可能不能确定小王是否真的没考及格。

♯李四告诉张三小王没有考及格,张三说小王很少考不及格,所以张三可能已经确定小王是真的没考及格。

♯李四告诉张三小王没有考及格,张三说小王很少考不及格,但是张三不能确定小王是否真的没考及格。

李四告诉张三小王没有考及格,张三说小王很少考不及格,但是张三已经确定小王是真的没考及格。

【强化—事实性原则四】 如果说话者强调自己对事物的真假不清楚,则在不自信的情况下,他是认为这事物是非常规的。推理公式为:

$$命题 X \wedge X 弱事实/弱反事实 \wedge [特征]不自信 \wedge [特征]强化语力 \to X 非常规$$

如下例都是针对"你去美国"来说的,分别是求证(希望对方证实或证伪)、问理由、问细节,但由于说话者特别地强调,所以都透露出他对"你去美国"无法确定的心态;然后又根据本原理,得到语用推理,即说话者认为"你去美国"是非常规的或者不合理的(因为不确定在不自信时也可推出不合理,所以我们尚不清楚究竟是非常规还是不合理,甚至可能两个都是),因此这句话又有主观评价功能。

(8) 你是要去美国吗?!
　　你怎么要去美国?!
　　你啥时候要去美国啊?!

【事实性原则五】 在言说事物或行为时,

① 在说话者具有自信的情况下,如果他说事件为真或将来为真,则说话者会认为该事件是合理的。推理公式为:

$$命题/行为 X \wedge [特征] X 事实/将来事实 \wedge [特征] 自信 \to X 合理$$

② 如果说话者说该事件是不合理的,则会认为事件为假,至少有为假的可能。推理公式为:

$$命题/行为 X \wedge [特征] X 不合理 \wedge [特征] 自信 \to$$
$$X 反事实/非事实/将来反事实/将来非事实$$

前一点说明"存在就是合理的",后一点说明"不合理的不存在或可能不存在,或者即使存在,也必然会消失,或可能消失"。例如:

(9) a. 人就是这样!(意味这样是合理的)
　　　世上只有藤缠树,人间哪有树缠藤。(意味藤缠树是合理的,树缠藤是不合理的)①
　　b. 上班时间他不应该在家。(说话者因此判断他现在或当时很可能不在家)
　　　经济不好的情况下加息是一个极为错误的举动。(说话者因此判断不会或很可能不会加息)

用格式检验一下是大概率的预期:

---

① 电影《刘三姐》中的一首歌,树比喻男子,藤比喻女子。

(10) a.   O   P(M|O)   P(M)

   人就是这样,所以这样应该是合理的。
   ♯人就是这样,所以这样应该是不合理的。
   ♯人就是这样,   但是这样是合理的。
   人就是这样,   但是这样是不合理的。

  b.   O   P(M|O)   P(M)

   上班时间他不应该在家,所以他现在不会在家。
   ♯上班时间他不应该在家,所以他现在会在家。
   ♯上班时间他不应该在家,   但是他现在不在家。
   上班时间他不应该在家,   但是他现在在家。

【强化—事实性原则五】

如果特别强调事件的合理性,则意味说话者认为事件为真,或会为真。

命题/行为 X∧[特征]X 合理∧[特征]强化语力→X 事实/将来事实

  请注意,强化语力必然是自信的,而且比一般的自信更强,是极强的自信,所以在有强化语力的情况下就不需要再在公式中写上"自信"了,下同。例如"周末他应该在家"只是意味着他可能在家,但是如果我们给予特别的强调,如下例"当然"所示,则是说他肯定在家:

(11) 甲:怎么要去他家?
   乙:今天是周末,他当然应该在家了!

用格式检验一下是大概率的预期,但更靠近全概率的预期,因为用了"当然",反例(第四句)就几乎很难见到.

(12)   O   P(M|O)   P(M)

   周末他当然应该在家,所以他会在家。
   ♯周末他当然应该在家,所以他不会在家。
   ♯周末他当然应该在家,   但是他在家。
   ?周末他当然应该在家,   但是他不在家。①

---

① 请注意,"无论如何,周末他当然应该在家,可他偏偏不在。"句子可以成立,因为"偏偏"突显违反常理预期,并且导致了极大的意外。

当然有时也是大概率的预期：

(13) a.   O   P(M|O)   P(M)
      大哥结婚，他应该去帮忙，所以他会去。
      ♯大哥结婚，他应该去帮忙，所以他不会去。
      ♯大哥结婚，他应该去帮忙，   但是他去了。
      大哥结婚，他应该去帮忙，   但是他没去。

    b.   O   P(M|O)   M
      乐于助人是好事，所以他会去。
      ♯乐于助人是好事，所以他不会去。
      ♯乐于助人是好事，   但是他去了。
      乐于助人是好事，   但是他没去。

【事实性原则六】 在言说事物或行为时，

① 在说话者具有自信的情况下，如果他说事件为假或将来为假，则说话者会认为该事件是不合理的（不存在就是不合理的）。（叠加）推理公式为：

命题/行为 X∧[特征]X 反事实/将来反事实∧[特征]自信→X 不合理

② 如果说话者认为该事件是合理的，则会认为事件为真或即将为真，至少有为真的可能。（叠加）推理公式为：

命题/行为 X∧[特征]X 合理∧[特征]自信→
X 事实/可能事实/将来事实/将来可能事实

前一点说明"不存在就是不合理的"，后一点说明"合理的存在或可能存在，或者即使不存在，将来也必然会存在，或可能存在"。例如：

(14) a. 大家都不这样！（意味着这样是不合理的）
      人不会没有同情心。（意味着没有同情心是不合理的）
   b. 上班时间他应该在单位。（说话者因此判断他现在或当时可能在单位）
      <u>他应该来</u>，等等吧，说不定他一会儿就到了。（说话者判断他至少有可能来）

用格式检验一下是大概率的预期：

(15) a.　　　O　　　　　P(M|O)　　　　P(M)
　　　　大家都不这样,所以这样应该是不合理的。
　　　　♯大家都不这样,所以这样应该是合理的。
　　　　♯大家都不这样,　　　　　　但是这样是不合理的。
　　　　大家都不这样,　　　　　　但是这样是合理的。
　　b.　　　O　　　　　P(M|O)　　　　P(M)
　　　　上班时间他应该在单位,所以他现在会在单位。
　　　　♯上班时间他应该在单位,所以他现在不会在单位。
　　　　♯上班时间他应该在单位,　　但是他现在在单位。
　　　　上班时间他应该在单位,　　但是他现在不在单位。

【强化—事实性原则六】　如果特别强调事件不合理,则意味着说话者认为事件为假,或会为假。(叠加)

命题/行为 X∧[特征]X 不合理∧[特征]强化语力→X 反事实/将来反事实

例如"周末他不应该在办公室"只是意味着他可能不在,但是如果我们给予特别的强调,"周末他当然不应该在家!"则意味着他现在或当时确实不在家。

用格式检验一下是大概率的预期,但更靠近全概率的预期:

(16)　　　O　　　　　　P(M|O)　　　　P(M)
　　　周末他当然不应该在办公室,所以他不会在办公室。
　　　♯周末他当然不应该在办公室,所以他会在办公室。
　　　♯周末他当然不应该在办公室,　　但是他没在办公室。
　　　?周末他当然不应该在办公室,　　但是他在办公室。①

再如:

(17) a.　　　O　　　　　　　P(M|O)　　P(M)
　　　　♯前女朋友结婚,他当然不应该去闹事,所以他会去。
　　　　前女朋友结婚,他当然不应该去闹事,所以他不会去。
　　　　?前女朋友结婚,他当然不应该去闹事,　但是他去了。

---

① 请注意,"无论如何,周末他当然不应该在办公室,可他偏偏就在办公室。"句子可以成立,因为"偏偏"突显违反常理预期,并且导致了极大的意外。

♯前女朋友结婚,他当然不应该去闹事, 但是他没去。
b.　　　　O　　　　　　P(M|O)　　　　　　P(M)
♯扰人清梦当然是不好的事,所以他会去。
扰人清梦当然是不好的事,所以他不会去。
?扰人清梦当然是不好的事, 但是他去了。
♯扰人清梦当然是不好的事, 但是他没去。

请注意,合理是前面所说的"和谐"范畴中的一个重要内容。有"推断"视角(从合理性推出事实性)和"回溯"视角(从事实性推出合理性)。上面的公式都说明在说话者自信的情况下的心理态度,也就是说,这不可能是自反预期。但还有他不自信,觉得会出现令他意外的情况,于是就呈现自反预期语境的性质。

【事实性原则七】　当说话者以不自信的语气说事物不合理时,不能确定事物的真假。(正迁移)推理公式为:

命题 X∧X 不合理∧[特征]不自信→X 弱事实/弱反事实

如下例中,感到不合理,由于不自信,所以是不能确定真假。前面说了,不能确定真假就会导致要求对方证实或证伪,希望对方说明理由,或者是不是什么细节错了(如不是"联合国",而是别的什么世界组织):

(18) 他们不该……去学校……啊?
　　　怎么回事,这个公园……没有……茶馆?
　　　美国退出联合国↗……不应该啊……

【强化—事实性原则七】　当说话者不能确定事物的真假又不自信时,如果事物没有显著的积极特征,则他是认为事物是不合理的。(积极特征不可能不合理)(叠加)推理公式为:

命题 X∧X 弱事实/弱反事实∧[特征]不自信∧[特征]非积极→X 不合理

请注意,和前面关于常规性的公式放在一起看:在不自信时,如果不知道事物的真假,则既可以推出非常规,也可以推出不合理。例如小王听说一家公司倒闭了,但他不敢确定这是事实,但他也不敢断言这不是事实,所以对于公司倒闭的事,他或者认为是一件不常见的事,或者认为是不合道理的事。用格式检验一下是大概率的预期:

(19)   O   P(M|O)/P(M)

小王不能确定公司倒闭的消息,所以他应该是认为公司倒闭的事很少发生,该公司也不应该倒闭。

♯小王不能确定公司倒闭的消息,所以他应该是认为公司倒闭的事经常发生,或者该公司本来就应该倒闭。

♯小王不能确定公司倒闭的消息,但是他应该是认为公司倒闭的事很少发生,该公司也不应该倒闭。

?小王不能确定公司倒闭的消息,但是他应该是认为公司倒闭的事经常发生,或者该公司本来就应该倒闭。

【事实性原则八】

① 如果表示意外,而说话者是不自信的话,则表示说话者暂时还不敢确定事物的真假。又根据"询问原则一",说话者如果认为事物是弱事实或弱反事实(非事实),则需要对方证实或证伪(求证),或者告诉为什么如此(问理由),或者告诉有关细节(问细节),以便说话者自己作出判断。(正迁移+叠加)推理公式为:

命题 X∧[特征]X 意外∧[特征]不自信→X 弱事实∨弱反事实

命题 X∧[特征]X 意外∧[特征]不自信→
X 弱事实∨弱反事实→求证 X∨问 X 原因∨问 X 细节

② 如果表示意外,而说话者能够确定事物的真假,则他是自信的。(正迁移)推理公式为:

命题 X∧[特征]X 意外∧[特征](X 事实∨反事实)→自信

2.2.2 合理性与权威的关系

一般情况下,合理性有内、外两个方面的来源:在内是来自说话者的自信(我说的是合理的),在外是来自权威(权威说的做的是合理的)、事实(需要与自信、意外搭配共同起作用,自信时,存在的是合理的;意外时,存在的是不合理的)和常规(常见的是合理的)。自信已经在前面"自信"范畴中讲过,这里看看权威。

权威(authority),是一种使因,除了它因存在或发出动力影响受事外,它还具有道德伦理或社会习俗、法律方面的正确性,说话者一般认为它的要求是合理的,违反权威或权威反对的则是不合理的。权威不一定是人,也可以是机构,以及法律、自然规律、风俗等。反权威(anti-authority),指与权威的要求不同或相反。非权威(non-authority),指未经权威允准,也未与权威的要求相反,它与任何权威都没有关系。

在实际运用中,权威虽然与社会地位和认知地位都有关,但是归根到底,还是认知地位更为重要。社会地位主要作用于礼貌等领域,在信息流中,它要转化为相应的认知地位(一般认为,社会地位高的人应该掌握更多更深更准确的知识),才能起到主导作用。如一个领导,要求部属做什么,只有当领导对业务有更好的把握时,这一要求才是合理的,否则就很可能是"乱命",是不合理的要求。参看前面的【权威原则一】。

【权威原则二】

① 如果表示权威发出、认定、要求,则这是合理的。(正迁移)推理公式为:

命题/行为 X∧[特征]权威所发出认定要求→X 合理

② 不合理的事物则是与权威的发出、认定、要求相反,或者至少是与权威的发出、认定、要求无关。(正迁移)推理公式为:

命题/行为 X∧[特征]X 不合理→反权威发出认定要求∨非权威发出认定要求

这就是 Gabbay 和 Woods(2003,2005)所谓"诉诸权威"。如"妈叫你早点回家!"妈妈在生活中(相对于小孩)具有很强的权威性,因此这说明"你早点回家"是合理的。反之"我就不该来!""我来"是不合理的,那么它或者与某个权威的要求相反,或者就根本与所有的权威都无关。用格式检验一下是大概率的预期:

(20) a.　　　　O　　　　　P(M|O)　　　　P(M)
　　　　妈叫你早点回家,所以你应该早点回家。
　　　　♯妈叫你早点回家,所以你不应该早点回家。
　　　　♯妈叫你早点回家,　　　　　　但是你应该早点回家。
　　　　妈叫你早点回家,　　　　　　但是你不应该早点回家。
　　b.　　　　O　　　　　P(M|O)　　　　P(M)
　　　　学生不应该不做作业,所以没有老师会要求学生不做作业。
　　　　♯学生不应该不做作业,所以有老师会要求学生不做作业。
　　　　♯学生不应该不做作业,　　但是没有老师要求学生不做作业。
　　　　学生不应该不做作业,　　但是有老师要求学生不做作业。

【强化—权威原则二】

① 如果特别强调合理,就是在突显存在权威。(叠加)推理公式为:

命题/行为 X∧[特征]X 合理∧[特征]强化语力→权威发出认定要求

② 如果特别强调反权威或与权威无关,则是在表示这是不合理的。(叠加)推理公式为:

命题/行为 X∧[特征](反权威发出认定要求∨非权威发出认定要求)∧
　　　　　[特征]强化语力→X 不合理

例如当说话者强调"当然应该如此!"说明他认为这是符合权威发出、认定、要求的(这个权威也许就是他自己)。当强调说"老师没叫你去!(与权威无关)""妈说的是早点回家,不是现在才回去!(与权威相反)"时,就是在说"去"和"现在才回去"是不合理的。用格式检验一下是大概率的预期:

(21) a.　　　　O　　　　　　P(M|O)　　　　　　P(M)
　　　当然应该如此,所以会有专家叫我们如此。
　　　♯当然应该如此,所以不会有专家叫我们如此。
　　　♯当然应该如此,　　　　　　但是有专家叫我们如此。
　　　当然应该如此,　　　　　　但是没有专家叫我们如此。

　　b.　　　　O　　　　　　P(M|O)　　　　　　P(M)
　　　老师没叫你去,所以你不应该去。
　　　♯老师没叫你去,所以你应该去。
　　　♯老师没叫你去,　　　　　　但是你不应该去。
　　　老师没叫你去,　　　　　　但是你应该去。

再如"谁叫你来的?!"作为反问句,表示没有权威要求你来;作为感叹,获得强化语力,所以按照"强化—原则二",推得"你来"是不合理的。

【权威原则三】

① 如果表示权威不做、否定、禁止,则这是不合理的。(正迁移)推理公式为:

　　命题/行为 X∧[特征]权威不做/否定/禁止→X 不合理

② 合理的则是与权威的不做、否定、禁止相反,或者至少是与权威的不做、否定、禁止无关。(正迁移)推理公式为:

命题/行为 X∧[特征]X 合理→反权威不做/否定/禁止∨非权威不做/否定/禁止

如"妈叫你别去!",那么说话者认为你去是不合理的。反之"学生当然应该做作业!""学生做作业"是合理的,那么它或者与某个权威的禁止相反,或者就根本与所有的权威的禁止都无关。用格式检验一下是大概率的预期:

(22) a.   O   P(M|O)   P(M)

   妈叫你别去，所以你不应该去。
   ♯妈叫你别去，所以你应该去。
   ♯妈叫你别去，   但是你不应该去。
   妈叫你别去，   但是你应该去。

 b.   O   P(M|O)   P(M)

   学生当然应该做作业，所以不会有老师禁止学生做作业。
   ♯学生当然应该做作业，所以会有老师禁止学生做作业。
   ♯学生当然应该做作业， 但是没有老师禁止学生做作业。
   学生当然应该做作业， 但是有老师禁止学生做作业。

【强化—权威原则三】

① 如果特别强调不合理，就是在突显权威的不做、否定、禁止。（叠加）推理公式为：

命题/行为 X∧[特征]X 不合理∧[特征]强化语力→权威不做/否定/禁止

② 如果特别强调反权威的不做、否定、禁止或与权威的不做、否定、禁止无关，则是在表示命题是合理的。（叠加）推理公式为：

命题/行为 X∧[特征]（反权威不做/否定/禁止∨非权威不做/否定/禁止）∧[特征]强化语力→X 合理

例如当说话者强调"当然不应该如此！"说明他认为这是权威所不做、否定、禁止的事物（这个权威也许就是他自己）。当强调说"妈没叫你别回家！（与权威无关）"时，就是在说"回家"是合理的。用格式检验一下是大概率的预期：

(23) a.   O   P(M|O)   P(M)

   当然不应该如此，所以不会有专家叫我们如此。
   ♯当然不应该如此，所以会有专家叫我们如此。
   ♯当然不应该如此，   但是没有专家叫我们如此。
   当然不应该如此，   但是有专家叫我们如此。

 b.   O   P(M|O)   P(M)

   妈没叫你别回家，所以你应该回家。
   ♯妈没叫你别回家，所以你不应该回家。
   ♯妈没叫你别回家，   但是你应该回家。
   妈没叫你别回家，   但是你不应该回家。

2.2.3 意外与听说异见

【意外原则一】 在互动交际中,

① 如果某方的意见令说话者意外,则说话者是在表示听说异见。(正迁移)推理公式为:

$$某方意见 X \wedge [特征] X 意外 \to 听说异见$$

② 如果说话者表示听说意见相同,则是表示不意外。(正迁移)推理公式为:

$$某方意见 X \wedge [特征] 听说同见 \to X 不意外$$

③ 如果又表示听说同见,又表示意外,这不是一个有效的交际。(负迁移)推理公式为:

$$某方意见 X \wedge [特征] 听说同见 \wedge [特征] X 意外 \to 语力失效$$

这是很明显的,如"奇怪了!你认为他是好人!"既然说话者用"奇怪"来表示对对方意见感到意外,那当然与对方意见不同。"你也认为他是好人,是吧!"既然双方意见相同,那一般而言说话者当然就不会意外。用格式检验一下是大概率的预期:

(24)　　　　O　　　　　　　　　　P(M|O)/P(M)
　　张三对"李四认为小王是好人"觉得奇怪,所以张三应该是认为"小王不是好人"。
　　♯张三对"李四认为小王是好人"觉得奇怪,所以张三自己应该也认为"小王是好人"。
　　♯张三对"李四认为小王是好人"觉得奇怪,但是张三是认为"小王不是好人"。
　　张三对"李四认为小王是好人"觉得奇怪,但是张三自己也认为"小王是好人"。

不过并不是说一定不会出现双方意见相同,而说话者感到意外的情况,只不过这时陈述的语力失效,而必须有特殊的允准。如:

(25) 你竟然也认为他是好人!

在正常的情况下,"也"表明你与某人的观点一致,但这某人绝不是我,而是其他人,我的观点与你们不同,我认为他不是好人,这是因为"竟然"表示意外的缘故。

但是,在特殊的情况下,说话者原本认为你我的意见是不一样的,但是当你说他是好人时,我感到惊讶,你的意见居然与我一致!这里之所以被允准,是因为"意外"并不是对你的观点的内容"他是好人"感到意外,而是对你居然也有此观点这件事感到意外,所以构成了两层的结构,自反预期仅作用于上层,而下层是听说同见:

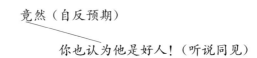

竟然(自反预期)

你也认为他是好人!(听说同见)

【强化—意外原则一】 在互动交际中,

① 如果特别表示听说异见,说话者就是在表示意外。(叠加)推理公式为:

某方意见 X∧[特征]听说异见∧[特征]强化语力→X 意外

② 如果特别强调不意外,则是在表示听说双方意见相同。(叠加)推理公式为:

某方意见 X∧[特征]X 不意外∧[特征]强化语力→听说同见

(26) a. 你倒认为他是好人!
　　 b. 你认为他是好人,这并不奇怪!

用格式检验一下是大概率的预期:

(27) a.　　　　O　　　　　　　　　　P(M|O)/P(M)
　　　　张三说"你倒认为他是好人!"所以张三应该是认为"他不是好人"。
　　　　#张三说"你倒认为他是好人!"所以张三自己也应该是认为"他是好人"。
　　　　#张三说"你倒认为他是好人!"但是张三是认为"他不是好人"。
　　　　张三说"你倒认为他是好人!"但是张三自己也认为"他是好人"。
　　 b.　　　　O　　　　　　　　　　P(M|O)/P(M)
　　　　张三说"你认为他是好人,这并不奇怪!"所以张三应该也认为"他是好人"。
　　　　#张三说"你认为他是好人,这并不奇怪!"所以张三自己应该

并不认为"他是好人"。

♯张三说"你认为他是好人,这并不奇怪!"但是张三也认为"他是好人"。

张三说"你认为他是好人,这并不奇怪!"所以张三自己并不认为"他是好人"。

在例 b,"并不奇怪"其实也就是说你的想法并不令我感到意外,由此推出我也认为他是好人。但是,请注意,这里必须有特殊的强化。否则就会如下例这样:

(28) a. 你和我们观点不一样,认为他是好人,这并不奇怪,因为你是他哥哥嘛!
   b. 你认为他是好人,这并不奇怪,你的生活环境和我不一样,所以我们看法不同。

在例 a 中,我虽然表明听说异见,但并不强调这一点,重点在于后面的解释,原来我早就预料到听说异见的情况,所以不感到意外。在例 b 中,我虽然表明我对你的观点并不感到意外,但我并不强调这一点,而是进一步说重点:这是因为我和你的环境不一致。所以,不强化,则即使表明听说异见,也不一定可以推出意外;表示不意外,也不一定可以推出听说同见。我们这里所说的规律仅仅是大概率预期。

2.2.4 意外、常规和合理的关系

意外,一般都是与非常规和不合理相关。

意外——非常规——不合理
不意外——常规——合理

它们在言语行为迁移和叠加中作用极大,是极为重要的显赫触发范畴。但是在预期研究中,我们有两个方面可能与此有关:

1) 与常理预期有关。"常理",就是常规和合理。

2) 与预期的情态类型有关。非常规与认识情态有很大的关系,因为认识的来源也是我们对事物的情况的观察或总结;而不合理与道义情态和意愿情态有关,不论是希望的,还是应该的,都可以说是合乎说话者所持的"道理"的。

本书取第 2 种观念。我们认为,常规和合理,的确很多时候都与常理预

期有关,但是,对说话者个人的自预期而言,也有对常规和合理的认识,这时,不一定与常理一致,如:

(29) 甲:办公室怎么没人?!
乙:今天下午有会。
甲看看表:会早就开完了,怎么没一个人回来办公?!
乙:<u>开会当然/一般都不办公了,大家都回家了</u>。
甲:<u>开会不过一个小时,当然应该/一般都会回来继续办公的</u>。

很显然,甲对常规和合理的认识与乙不一样,乙代表着语境中那些"人们"的常理预期,而甲的自预期与此不符。在中国的人情社会里,甲与"人们"预期不一样,是一个特立独行的人。

在评价三大子范畴的关系中,意外由于有高的情绪和情感反应,所以在语言中十分突出。但我们仍然需要考虑一个核心问题,它们既然有如此紧密的关系,那么它们是不分彼此完全混杂的,还是有一个推理顺序、有分工合作的范畴？此前在陈振宇、杜克华(2015),以及陈振宇(2017)第十二章中,我们认为"意外"以自身为核心起到触发作用,但进一步的考察发现并非如此,因此本书要做重新讨论。我们认为,意外、常规和合理性,三个范畴构成一个核心区域。

【意外原则二】
① 说话者认为是常规的事实不能让他感到意外。推理公式为:

$$命题 X \wedge X 事实 \wedge [特征] X 常规 \rightarrow [排斥] X 意外$$

② 如果表示对事实 X 意外,而说话者又是自信的话,则表示该事物或者对说话者来说必有非常规之处,或者不是事实。(正迁移)推理公式为:

$$命题 X \wedge X 事实 \wedge [特征] X 意外 \wedge [特征] 自信 \rightarrow X 非常规$$

这是因为在说话者形成对事物的常规性的过程中,已经对事物有充分的认识,怎么可能会感到意外。一般而言,这是完全概率的推理:

(30)　　　　　　　　O　　　　　　　　P(M|O)/P(M)
张三知道在车上给老人小孩让座是这个城市的常见现象,所以他对有人让座不会感到意外。
#张三知道在车上给老人小孩让座是这个城市的常见现象,所以他对有人让座会感到意外。

♯张三知道在车上给老人小孩让座是这个城市的常见现象,但是他对有人让座不感到意外。
♯张三知道在车上给老人小孩让座是这个城市的常见现象,但是他对有人让座感到意外。

请注意,常规性必须限定范围,例如对一个城市(如上海)而言,让座是常见的,但对一个个体的人如李四,就未必如此,所以上例和下面的例 a 都是完全概率推理,但例 b 却只是大概率的预期,因为李四很可能是这座城市的例外,他一般不会让座,这次却变了性质,令人感到意外。

(31) a.　　　　　　　O　　　　　　　　P(M|O)/P(M)

张三知道李四在车上爱给老人小孩让座,所以他对李四让座不会感到意外。

♯张三知道李四在车上爱给老人小孩让座,所以他对李四让座会感到意外。

♯张三知道李四在车上爱给老人小孩让座,但是他对李四让座不感到意外。

♯张三知道李四在车上爱给老人小孩让座,但是他对李四让座感到意外。

b.　　　　　　　O　　　　　　　　P(M|O)/P(M)

张三知道在车上给老人小孩让座是这个城市的常见现象,所以他对李四让座不会感到意外。

♯张三知道在车上给老人小孩让座是这个城市的常见现象,所以他对李四让座会感到意外。

♯张三知道在车上给老人小孩让座是这个城市的常见现象,但是他对李四让座不感到意外。

张三知道在车上给老人小孩让座是这个城市的常见现象,但是他对李四让座感到意外。

【强化—意外原则二】 如果说话者特别强调事物的非常规,就是在表示对该事物的意外。(叠加)推理公式为:

命题 X∧[特征]X 非常规∧[特征]强化语力→X 意外

非常规(小概率事件)的出现不一定就会导致意外,可以是纯粹的报道,如"他终于停止了呼吸"。但当说话者特别强调这非常规时,说明说话者感到了意外,如"这非常地好!""事出非常!""他不是一般人啊!""他没呼吸啦!"用格式检验一下是大概率的预期:

(32)　　　O　　　　P(M|O)　　　　　P(M)
事出非常,所以应该会令人吃惊。
♯事出非常,所以应该并不会令人吃惊。
♯事出非常,　　　　　　　　但是令人吃惊。
事出非常,　　　　　　　　但是并不令人吃惊。

【意外原则三】 在言说事物或行为时,在说话者意外的情况下,如果事件为真或将来为真,则说话者会认为该事件是不合理的。(正迁移)推理公式为:

命题/行为 X∧[特征]X 事实/将来事实∧[特征]意外→X 不合理

这说明"竟然是这样的存在,它本来是不合理的",例如:

(33) 人竟然是这样!(意味着这样是不合理的)
不以为耻,反以为荣!(意味着以为耻辱是合理的,以为荣耀是不合理的)

用格式检验一下是大概率的预期:

(34)　　　O　　　　　　P(M|O)　　　　　P(M)
他说"人竟然是这样",所以他应该是认为这样是不合理的。
♯他说"人竟然是这样",所以他应该是认为这样是合理的。
♯他说"人竟然是这样",　　　但是他认为这样是不合理的。
他说"人竟然是这样",　　　但是他认为这样是合理的。

【强化—意外原则三】
如果特别强调事件的不合理性,则在意外时,意味着说话者认为事件为真,或会为真。(叠加)

命题/行为 X∧[特征]X 不合理∧[特征]强化语力∧
[特征]意外→X 事实/将来事实

(35) 我很吃惊,他(本来)不应该在家的!

用格式检验一下是大概率的预期,但更靠近全概率的预期,因为用了"本来",反例(第四句)就几乎很难见到,我们觉得它不是很恰当,除非是小王在欺骗对方:

(36)   O   P(M|O)/P(M)
小王说"我很吃惊,他(本来)不应该在家的",所以小王应该是知道他在家。
♯小王说"我很吃惊,他(本来)不应该在家的",所以小王应该是知道他不在家。
♯小王说"我很吃惊,他(本来)不应该在家的",但是小王是知道他在家。
?小王说"我很吃惊,他(本来)不应该在家的",但是小王是知道他不在家。

【意外原则四】 在言说事物或行为时,在说话者意外的情况下,如果事件为假或将来为假,则说话者会认为该事件是合理的。(正迁移)推理公式为:

命题/行为 X∧[特征]X 反事实/将来反事实∧[特征]意外→X 合理

这说明"竟然没有这样的存在,它本来是合理的",例如:

(37) 大家竟然都不这样!(意味着这样是合理的)
没想到这里的人都没有同情心!(意味着有同情心是合理的)

用格式检验一下几乎就是全概率的预期:

(38)   O   P(M|O)/P(M)
他说"没想到这里的人都没有同情心",所以他应该是认为有同情心是合理的。
♯他说"没想到这里的人都没有同情心",所以他应该是认为有同情心是不合理的。
♯他说"没想到这里的人都没有同情心",但是他是认为有同情心是合理的。

？他说"没想到这里的人都没有同情心",但是他是认为有同情心是不合理的。

【强化—意外原则四】 如果特别强调事件合理,则在意外时,意味着说话者认为事件为假,或会为假。(叠加)推理公式为:

命题/行为 X∧[特征]X 合理∧[特征]强化语力∧
[特征]意外→X 反事实/将来反事实

例如:

(39) 太出乎意料了,他本来应该来考试的!

用格式检验一下是更靠近全概率的预期:

(40)   O   P(M|O)/P(M)
小王说"太出乎意料了,他本来应该来考试的!",所以小王应该是知道他没来参加考试。
♯小王说"太出乎意料了,他本来应该来考试的!",所以小王应该是知道他来参加考试了。
♯小王说"太出乎意料了,他本来应该来考试的!",但是小王知道他没来参加考试。
？小王说"太出乎意料了,他本来应该来考试的!",但是小王知道他来参加考试了。

下面考察常规性和合理性之间的关系:

从定义就可以看到,常规与合理是相通的,例如在公共交通上给老弱病残孕让座,这是社会情理的要求,但是它要成为社会习俗,又必须是常见的,大多数人所遵循的。如果在一个社会中大多数人都不给他们让座,那么你怎么说让座是社会的情理要求呢?恐怕得说在这个社会中不让座才是合乎社会情理的。

【常规—合理原则一】 在言说事物或行为,且说话者自信时,

① 如果说话者认为它是非常规的,并且不具有明显的积极评价,则他认为这是不合理的。(正迁移)(请注意,如果说话者认为这是积极的事,他

很难认为它不合理)推理公式为：

$$命题/行为 X \wedge [特征]言者自信 \wedge [特征]X 非常规 \wedge \\ [特征]X 非积极 \rightarrow X 不合理$$

② 说话者认为它是合理的，则他或者认为是常规的，或者认为是积极的。(正迁移)推理公式为：

$$命题/行为 X \wedge [特征]言者自信 \wedge [特征]X 合理 \wedge [特征]X 非积极 \rightarrow X 常规$$
$$命题/行为 X \wedge [特征]言者自信 \wedge [特征]X 合理 \wedge [特征]X 非常规 \rightarrow X 积极$$

这就是 Gabbay & Woods(2003,2005)所谓"诉诸公众"。例如：

(41) a. 很少有人会这么干。
　　　只有极少数人会喜欢这种味道。
　　b. 很少有人能这么能干啊！
　　　只有极少数人能够战胜自我。
　　c. 有几个人愿意牺牲自己！

这些事件的概率都小，不过例 a "这么干""喜欢这种味道"等没有明显的积极性，所以说话者会认为"这么干""喜欢这种味道"是不合理的。例 b "能干""战胜自我"等明显是积极评价的，因此说话者不再考虑其合理性，而只是觉得非常规，令人意外，发出感叹。例 c 则要看说话者的世界观，如果是一个雷锋似的好同志，那么"牺牲自己"是积极的，因此只是赞扬，发出感叹；如果是一个个人主义者，那么"牺牲自己"对他而言就不一定是积极的，因此他觉得这是不合理的事。

用格式检验一下是大概率的预期：

(42)　　　　O　　　　P(M|O)　　　　P(M)
　　很少有人会这么干，所以这么干应该是不对的。
　　♯很少有人会这么干，所以这么干应该是对的。
　　♯很少有人会这么干，　　　　　但是这么干是不对的。
　　很少有人这么干，　　　　　　但是这么干是对的。

再如"学生应该好好学习"，说话者认为好好学习是合理的，因此他一般认为在学生中大多数人是好好学习的。用格式检验一下是大概率的预期：

(43)　　　　O　　　　　　P(M|O)　　　　　　P(M)
　　　学生应该好好学习,所以大多数学生会好好学习。
　　♯学生应该好好学习,所以大多数学生不会好好学习。
　　♯学生应该好好学习,　　　　但是大多数学生在好好学习。
　　　学生应该好好学习,　　　　但是大多数学生没有好好学习。

【强化—常规—合理原则一】 在言说事物或行为时,

① 说话者特别强调它是不合理的,意味着他认为这是在大多数情况下为假(非常规)。(叠加)推理公式为:

命题/行为 X∧[特征]X 不合理∧[特征]强化语力→X 非常规

② 当说话者特别强调它是常规的或积极的,则意味着他认为这是合理的。(叠加)推理公式为:

命题/行为 X∧[特征]X(常规∨积极)∧[特征]强化语力→X 合理

常规或积极的事物不一定是合理的,如饥荒年代大多数人挨饿,但这是不对的;所有人都(无限制的)自由是好事,但这是一种不合理的社会状态,即不符合正常社会的运转规律。不过在语用中,我们确实常用常规性或积极性说明合理性,例如我们常听这样的逻辑:"世界上大多数先进国家都这么做",以此来证明这么做是对的(意思是中国也应该这么做)。再如:

(44) a. 我们班上同学都买了平板了!(意为"买平板(玩)是合理的")
　　　人家孩子都在上补习班,咱孩子尽在家玩儿啦!(意为"上补习班是合理的")
　　b. 自由是人人向往的东西。(意为"自由是合理的")

用格式检验一下是大概率的预期,间或有全概率推理:

(45) a.　　　　O　　　　　　　P(M|O)　　　　　　P(M)
　　　人家孩子都在上补习班,所以上补习班应该是合理的事。
　　♯人家孩子都在上补习班,所以上补习班应该是不合理的事。
　　♯人家孩子都在上补习班,　　　但是上补习班是合理的事。
　　　人家孩子都在上补习班,　　　但是上补习班是不合理的事。
　　b.　　　　O　　　　　　　P(M|O)　　　　　　P(M)
　　　自由是人人向往的东西,所以它是人应该有的东西。
　　♯自由是人人向往的东西,所以它不是人应该有的东西。

♯自由是人人向往的东西，但是它是人应该有的东西。
？自由是人人向往的东西，但并非人应该有的东西。

上述例子都可以从合理性进一步推出祈使涵义："我也应该买""咱孩子也应该上补习班"。从科学上讲这也是有缝推理中的大概率的预期。这种推理反映了人们在日常生活中的一种语用选择性，即类比推理；而且它是有标记的，需要特别突显。用格式检验一下是大概率的预期：人家孩子都在上补习班，所以咱家孩子也该上；人家孩子都在上补习班，但咱家孩子不应该上。

常规性和合理性是不对称的，它们与意外(反预期)的关系不同：

【常规—合理原则二】 在言说事物或行为，常规和合理存在不对称性：

① 如果说话者强调它是常规的，则常常是因为说话者认为当前信息与之相符合，是正预期。(叠加)推理公式为：

命题/行为 X∧X 常规∧[特征]强化语力→X 事实(正预期)

② 如果说话者强调它是合理的，则常常是因为说话者认为当前信息与之相反而感到意外(反预期)。(叠加)推理公式为：

命题/行为 X∧X 合理∧[特征]强化语力→X 反事实(反预期)

我们前面讲了"常理预期"，实际上，它需要进一步分为"常规预期"和"(社会)合理预期"，因为在语言中，这两类表达形式各不相同。

"按理说"与"按说"是同义形式，表示从道理上讲如何，当然这个道理很多情况下是说话者自己的价值观，有时也与常理预期有关。① 参看董秀芳(2003a)。"一般说来"的"一般"，就是一般情况，并非合理的情况，而是常见的情况。参看朱晓凤(2012 论文)②。

我们可以把"按(理)说 XP"这一类看成，表示说话者认为 XP 是合理的这一主观态度；把"一般说来 XP"这一类看成，表示说话者认为 XP 是常规的这一主观态度。它们分别作为合理和常规的代表，而且都是表示"预期"四要素中的"预期"，但是却有不同的语篇安排：

1)"一般说来 XP"，在语篇中最常见的是两种配置：

① 或者前后往往有一个 YP，代表当前信息；并且 YP 与 XP 相符，也就是 YP 是正预期信息。如下：("[ ]"内为条件部分，有下划曲线的为预期部分，有下划直线的为当前信息，请看前面"预期"一章)

---

① 除了"按理说、按说"外，还有"按理"。不过现代汉语中"按说"比"按理"在使用频率上高一些。张嘉卉(2021 论文草稿)的统计，在 CCL 语料库中，"按理说"507 例，"按说"852 例，"按理"307 例。
② 来自第五届北京地区对外汉语教学研究生学术论坛论文集。下同。

(46) 一般说来，文学家、艺术家——那些深思的创造天才，都是敏感的、讲道理的、遵守逻辑的、思想进步的。戈迪默也不例外。
现代老一辈有成就的书法家、篆刻家，一般说来都有比较深厚的传统功夫。其中有些书法、篆刻家，还能在传统基础上努力创新。邓散木先生就是其中的一位。

张嘉卉(2021 论文草稿①)说这往往是"一般—具体"言语块，此时"一般说"引导的前后两项为具体和一般的关系，前句说明一个道理或事实，下句则具体列举符合这一一般类型的个例。

② 或者就没有当前信息 YP，而仅仅是"涵义表达"语篇安排，用以说明说话者的主观观点，有的语篇中还有表示预期条件的句子，有的则没有。如：

(47) 一般说来，一件大的图腾作品需要数年时间才能完成，[这是因为早年的工具只有石斧、石凿、兽骨等，雕刻起来相当费时费力。雕刻完的图腾还需要染色，而颜料是用颜色不同的矿石、泥土、鱼油及鲑鱼子等材料，按比例混合而成的]。
一般说来，这一争论反映了资本输出国和资本输入国相对立的立场和观点。前者主张国家契约具有国际性，在契约关系上应该排除国内法的适用，而"约定必须信守"这一原则，应无条件地适用。

当然也有少数的例句，有当前信息 YP，并且是反预期信息，如：

(48) 一般说来，在文化传统相对牢固的农村，这种观念也相对浓厚。然而，恰恰不是农村籍的作家而是城市籍的作家首先开始了家族史小说的创作，这是什么原因呢？

2)"按(理)说 XP"前后往往都有一个 YP，代表当前信息；并且 YP 与XP 不符，也就是 YP 是反预期信息。如下：

(49) 1962 年，[林岫以优异成绩考入天津南开大学]，按说时代骄子的路应该由此平坦地铺进象牙宝塔，然而，一阵政治风暴却把林岫"吹"到了大兴安岭林区，接受劳动改造，一干就是八年。
已经下岗三年的陈女士说，现在的招工单位都要 18 岁至 28 岁的

---

① 这是张嘉卉未发表的论文。承蒙作者同意，选录部分内容。

年轻人,[我今年38岁,有十多年营业员经验,孩子也大了],按说正是干工作的好年龄,可现在居然成了废人。
三人不知为什么感到心里发冷,身上发紧,感到有些害怕,按说他们不应有此感觉,[他们干殡葬工作多年了,什么样的场面没经历过]。
按说花样滑冰不该这样惨不忍睹啊,[在为数众多的冬季运动项目中,花样滑冰以其美轮美奂、多姿多彩而受到世界各地观众的青睐],何以到我们这儿就这般吃不开?

当然,有的"按说"句是正预期的,其目的,是为了说明当前信息的合理性,如下一句是用来解释前面所说的他们的表现是合理的:

(50) 按说他这样耍横也说得过去,[因为他们正在盘问那些小嫌疑犯]。

这种差异的来源很可能是因为常规和合理代表两种不同的认知过程:
1) 常规性的知识,与直接观察更有关系,更客观一些。我们是通过反复触及同样的事件,从而得出"它是常规的"这一结论。围绕认识主体的事物绝大多数都是常规的,他所意识到的事物很难是非常规的事物,因此在语篇中,常规事物是表达最多的事物,这就决定了反预期的情况不多。
2) 与之相反,合理性是无法直接观察到的,或者来自我们的信仰,或者是认识主体深入思考的结果。而这种思考带来了一个副产品:我们很容易怀疑周围事物的合理性,一出现让我们不满意的消极情绪情感,就会触发合理性怀疑,即合理的事没有实现,而实现的是不合理的事。这样一来,在语篇中,不合理的事物是表达的最多的事物,这就决定了大量的反预期信息的出现。
关于合理性的这一点,可以归之为"疑善信恶"的心理倾向,也称为"悲观原则"。即人一旦思考,就容易感到不满意,容易抱怨,容易关注消极的事物。后文会讨论这一点。

3. 意 外 三 角

陈振宇、杜克华(2015)提出了"意外三角"语用模型[①]。陈振宇(2017:526-527)说:

---

① DeLancey(1997)、Aikhenvald(2004)等提出"意外"范畴。

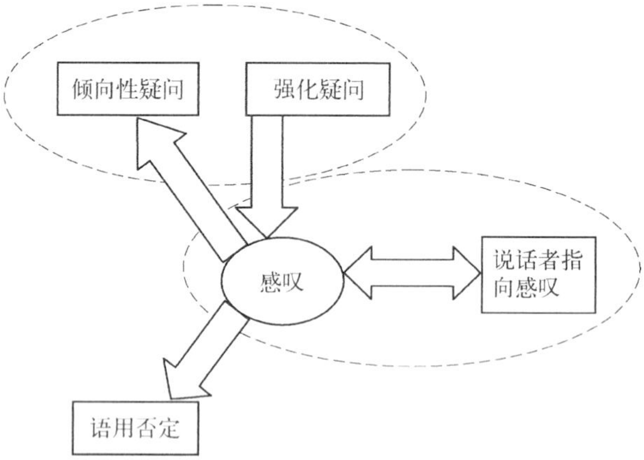

图 1　意外三角(引自陈振宇、杜克华 2015)

意外范畴在整个语法体系中之所以十分重要,是因为它紧密地关联着三个重要的语法范畴:感叹、疑问与否定,可称之为"意外三角"(mirative triangle)关系。但不是这三个范畴的全部都与意外有关,而是其中的一些子类:

首先,……与意外相关的,主要是说话者指向感叹。意外会引起这样的感叹,因此两者几乎是二而一的事。例如,反预期标记"竟然"句,一般都带有某种强烈的主观情绪。

其次,"疑问"(interrogation)的本质是存在语义上的不确定性,需要对方到相应的选择域中去搜寻答案。疑问并不必然存在意外。典型的中性询问,即非趋向性疑问(interrogation without tendency),信疑大致各占百分之五十;询问时也并非迫切地要求对方回答。这种询问与意外范畴无关。但有时,说话者已有真或假的倾向性认识,或者迫切地要求对方回答,即强化疑问(strengthened interrogation)。这些有标记的疑问句多与意外有关。

再次,否定(negation),包括显性否定(overt negation,有专门表示否定意义的语言形式,并且否定意义仅与该形式有关)与隐性否定(covert negation,没有专门表示否定意义的语言形式,但仍表示某种否定意义)。隐性否定又分为语义否定(semantic negation)与语用否定(pragmatic negation 或 negation by pragmatic process),前者指在词的语义内容中包括否定概念,如"拒绝"就是"不接受","怀疑"义为"不相信"等;后者指经由某种语用机制导致的否定功能,意外就是这种语用功能中最重要的一个。

但是,这一图示还简单了一些,下面是对意外三角理论模型的进一步改进。

围绕意外的语用推理分为两种:在意外的情况下会导致什么样的语用推理?什么样的语用推理会导致意外?下面分别讲述。

3.1 由意外导致的语用推理

陈振宇(2017:528)中将此前的若干由意外导致的迁移或叠加,总结如下:

疑问(默认)∧[特征]意外→[主]语用否定∧[次]说话者指向感叹
疑问+[特征]意外∧[特征]积极/非消极→纯感叹
强意外(默认)→[主]语用否定∧[次]趋向性疑问∧[次]说话者指向感叹
弱意外→[主]趋向性疑问∧[次]语用否定∧[次]说话者指向感叹
超强意外→[主]极性语用否定∧[次]说话者指向感叹
强意外∧[特征]积极/非消极→纯感叹(或者说是阻止导向语用否定)

我们需要更仔细地考察这些规律。意外和两个因素有关:常规性和合理性,而这两个方面构成既区别又相关的两条迁移或叠加路径:

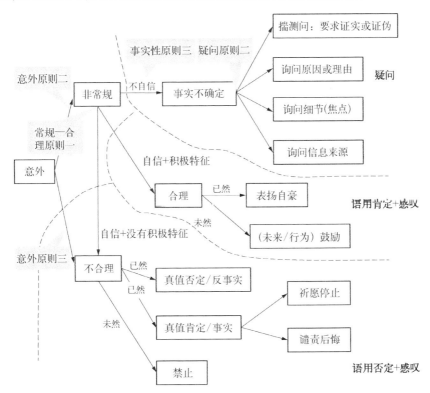

图2 由意外导出的迁移和叠加

为了让读者有更为清晰的印象,这里将有关规则集中写在下面:

【意外原则二】

① 说话者认为是常规的事实不能让他感到意外。

② 如果表示对事实 X 意外,而说话者又是自信的话,则表示该事物或者对说话者来说必有非常规之处,或者不是事实。

【事实性原则三】 如果说话者认为事物是非常规的,则在不自信的情况下,他无法确定事物的真假。

【询问原则一】

① 说话者如果认为事物是弱事实或弱反事实(非事实),则需要对方证实或证伪(求证),或者告诉为什么如此(问理由),或者告诉有关细节(问细节),或者告诉信息的来源,以便说话者自己作出判断。

② 说话者如果不需要对方证实或证伪,也不需要告诉理由,也不需要告诉有关细节,也不需要告诉信息来源,则他是已经能够确定事物是事实或反事实。

【常规—合理原则一】 在言说事物或行为,且说话者自信时,

① 如果说话者认为它是非常规的,并且不具有明显的积极评价,则他认为这是不合理的。(请注意,如果说话者认为这是积极的事,他很难认为它不合理)

② 说话者认为它是合理的,则他或者认为是常规的,或者是积极的。

【意外原则三】 在言说事物或行为时,在说话者意外的情况下,如果事件为真或将来为真,则说话者会认为该事件是不合理的。

让我们用"奇怪"类意向谓词来说明。此类谓词的共同之处是表达主体的"意外"(mirativity),不过一般是指非常规导致的意外。指主体获得了一个信息,也就是他有知识 XP;但这一知识是非常规的,或与他的预期不符,因此他产生了惊讶的情感。

"奇怪"在肯定时,主体对这一知识的态度至少有两种:①

1) 在自信的情况下,有三种情况:

① XP 具有积极性,所以他的奇怪是一种高兴、感慨,如"他很奇怪自己居然得了第一名"。

② 他认为自己的认识是对的,因此如果与自己的预期或常识不相符合,则 XP 应该是假的,也就是说,主体认为 XP 是反事实,此时"他很奇怪李四居然没考上"表示他认为李四其实是考上了,只不过消息传错了罢了。

---

① 参看陈振宇、杜克华(2015)的论述。

"他很奇怪自己居然得了第一名"表示他认为自己未必是真的得了第一名。

③ 他认为自己的认识是错的,因此与自己预期和常识不符的 XP 是真的,即主体认为 XP 是事实,此时"他很奇怪李四居然没考上"表示他承认李四的确没考上。但是意外就意味着他认为 XP 是不合理的,造成 XP 结果的人应该受到谴责,或者应该要努力去改变 XP 的结局。请注意,在 XP 带有明显的积极性时,没有这一迁移或叠加。

2) 在不自信的情况下,即他觉得可能自己的预期或常识是错误的,也许真的是李四没考上,但一个人要承认自己错了是很不容易的,因此他会挣扎,会犹豫,依然需要对方来证实或证伪,或者告诉他细节,如究竟考了多少分,等等。或者希望有人能告诉他为什么李四没考上,按理李四应该考上的,是不是有特殊的原因。在积极 XP 时也是如此,他希望有人告诉他自己何以能够得第一。

在否定时,主体不感到奇怪,也就是说他新获得的知识 XP 是与他的预期或常识相符的,一个人很难去怀疑与自己的认识相符的情况,他一般只会把这当成自己的认识的正确性的证明或炫耀的资本,所以"他不奇怪李四没考上"表示他相信李四没考上是事实。

由此可知,在肯定时,"奇怪"类意向谓词的实际意义很特殊,会随语境和语气而变化,但在否定时它们倾向于是事实。

当"奇怪"类谓词的主体是第一人称以外的某人时,请注意,句子的语义内容根本与说话者无关,所以说话者应该可以自由挑战,认为这一主体的认识是错误的,如(例引自陈振宇、甄成 2017,有修改):

(51) 对妈妈来说,<u>李四没考上真的很奇怪</u>!她不知道的是,其实李四是考上了。家里穷,上学就意味着一笔新的借债……所以李四不愿意告诉父母罢了。
对妈妈来说,<u>李四没考上真的很奇怪</u>!她不知道的是,其实李四的成绩根本就不足以考上,只不过以前李四都瞒着父母罢了……
<u>小云倒不奇怪这厮做出这样的事</u>,可是当别人告诉她王贵根本没做这事时,她却真的结结实实地吃了一惊。

但是移情功能会使说话者站在句中主体一边,因此当句中没有相应的成分解释时,主体的认识会被默认为说话者的认识,如:

(52) 中国人民一点儿也不奇怪美国会悍然对华发动贸易战,因为这一套许多年前已经对日本来过一次了。

陈振宇(2017)的各条规则,都可以由本书的原则推导出来,所以本书没有列入原则集中。不过,在实际问题的研究中,为了方便也可以继续使用。

3.2 推导出意外的语用推理

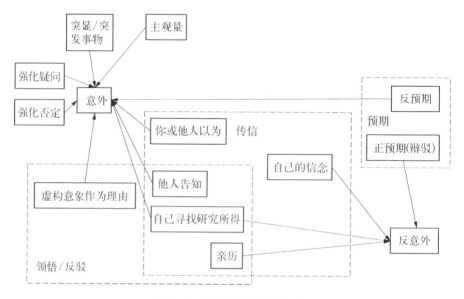

图3 导出意外的迁移和叠加

3.2.1 强化疑问推出意外

陈振宇、杜克华(2015)和陈振宇(2017:532)说:

> 一个疑问句加上强化语力的标记,表示催促或急迫地要求对方予以尽可能完善和确定的回答,又称为"究问"。这是因为存在一些事实令他十分意外,迫使他试图尽可能地弄清真相。

为什么会产生强化疑问?前面说了,强化语力是因为说话者担心有关言语行为有可能不能顺利地达成目标。"强化原则三"说,说话者之所以强化语力,是为了以下目的:预计言语活动不顺利;对陷入这一局面不耐烦;催促对方尽快完成;要求对方尽可能完善地完成。仅仅从这一点看,强化疑问与意外无关,而主要是担心对方不能或不愿好好地回答自己的问题。例如"你究竟明天来不来啊?"就是迫切需要你的明确的回答,而且担心你不明确地回答。

【询问原则二】

① 如果说话者认为对方肯定会及时、完备地回答或做出相应的选择,就不需要使用强化表达。推理公式为:

$$问题 X \wedge [特征](对方不可能不及时回答 \wedge 不完备回答 \wedge 不做出正确的选择) \rightarrow [排斥]强化语力$$

② 如果说话者在疑问时使用强化表达,则是他认为对方不一定会及时、完备地回答,或者还不会做出相应的选择。(正迁移)推理公式为:

$$问题 X \wedge [特征]强化语力 \rightarrow (对方可能不及时回答 \wedge 不完备回答 \wedge 不做出正确的选择)$$

③ 如果说话者认为对方肯定会及时、完备地回答或做出相应的选择,但又使用强化表达,则是语力失效。(负迁移)推理公式为:

$$问题 X \wedge [特征](对方不可能不及时回答 \wedge 不完备回答 \wedge 不做出正确的选择) \wedge [特征]强化语力 \rightarrow 语力失效$$

例如"你觉得他到底是好人还是不是好人?!"就是担心对方不能及时做出正确的选择。"究竟几点开饭啊?"就是担心对方不会及时地、准确地回答。

【询问原则三】 当询问关于对方未来行为的问题时,

① 如果说话者认为对方会采取优势回应,或者自己并不迫切要求对方优势回应时,就不需要使用强化表达。推理公式为:

$$关于对方未来行为的问题 X \wedge [特征](对方会优势回应 \vee 不要求优势回应) \rightarrow [排斥]强化语力$$

② 如果说话者在疑问时使用强化表达,则是他认为对方可能不会优势回应,并且他又急迫地要求对方优势回应。(正迁移)推理公式为:

$$关于对方未来行为的问题 X \wedge [特征]强化语力 \rightarrow (对方可能不会优势回应 \wedge 要求优势回应)$$

③ 如果说话者认为对方会采取优势回应,或者自己并不迫切要求对方优势回应,但又使用强化表达,则是语力失效。(负迁移)推理公式为:

$$关于对方未来行为的问题 X \wedge [特征](对方会优势回应 \vee 不要求优势回应) \wedge [特征]强化语力 \rightarrow 语力失效$$

例如"你去不去?!"就是担心对方不能优势回应"去",并且说话者实际上是希望他去。"你给不给吧!"也是如此,要求对方优势回应"给"。这成了逼迫对方做出合乎说话者要求的选择的方式。

从询问原则二和三可以看到,在强化疑问时,会有两种可能的心理:二说的是要求对方尽快尽可能完善地回答,但究竟是什么样的答案并未要求;三却要求对方按照优势回应回答。二者相比,二无标记,而三是一种特殊的运用,仅用于询问对方未来行为的时候,所以实际上相当于一种间接的语用祈使,而祈使才是以同意要求为优势回应。

但是,汉语表究问的"究竟$_2$、到底$_1$、啊",与表感叹的"究竟$_1$、到底$_1$、毕竟、啊"同源;汉语的"语调疑问句"既表示强化询问也表示意外。我们可以在这里看到溯因推理的存在:如果存在事物令说话者感到十分意外,就会给他一个压力,促使他尽可能地去寻求真相;现在他在竭力寻求真相(强化疑问),也就意味着存在某些事物令他意外。

【询问原则四】 当说话者面对新信息时,

如果说话者对有关信息不感到意外,就不需要询问有关信息的问题。推理公式为:

信息 X ∧ [特征] X 不意外 → [排斥] 询问 X 有关的问题

【强化—询问原则四】 当说话者面对新信息时,

如果说话者特别强调地询问有关信息的问题,则表明他对有关信息感到意外。(叠加)推理公式为:

信息 X ∧ 询问 X 有关的问题 ∧ [特征] 强化语力 → X 意外

例如下面乙的话表明他对"老李要去北京"这一信息感到意外:

(53) 甲:老李要去北京了。
乙:老李要去北京?!/老李要去北京啊/吗?!/老李怎么要去北京?!/老李要去北京,发生什么事啦?!/老李要去哪儿?!/谁,谁要去北京?!/老李要去北京,真的?!/老李要去北京,谁说的?!

陈振宇(2017:535)说:

叶斯柏森曾提到过一种"提至第二级的疑问句"(questions raised to the second power)现象,他也把它称为反问,而其实质是"回声问"的一种,它不是针对任何命题,而是针对对方发出这一问题的言语行为而言,是对对方发问这一行为的惊讶。

例如:①

(54) a. Do you remember it?
　　—Do I remember it? Certainly I do.
　　　Don't I remember it? Certainly I remember it.
　　b. What have you done?
　　—What have I done? Nothing! /I saved your bussiness!

这一用法,有的是针对极性问,如例 a,意为"你是问我还记得吗?";有的是针对实质问,如例 b,意为"你是问我做了什么吗?"这些句子的共同之处是,表达了说话者的意外,即你怎么会问这样"愚蠢"的问题,或者根本就不应该问,或者答案是显而易见的,大家都知道。

英语助动词移位,除了表示疑问,也表示意外:②

(55) Isn't he stupid!(他真傻)

下面 realy 疑问句也表示意外:

(56) A：He can speak 57 languages.
　　 B：Realy?

3.2.2　强化否定推出意外

陈振宇(2017:535)说:

  在汉语中,否定标记具有表达感叹意义的倾向,如"冗余否定"现象,下面左右两列命题意义相似,但右列多了个"冗余"的否定词,感叹功能会大大强化。

---

① 参看 Jesperson(1924/2010:469-471)。
② 引自 Jesperson(1924/2010:471)。

这就是对有关事态十分意外：

(57) 好痛快　　　好不痛快
　　　差点儿摔着　差点儿没摔着
　　　就差上漆了　就差没上漆了
　　　太聪明了　　不要太聪明了

否定怎么发展为感叹，陈振宇(2017：554)说：

否定→强化语力→听话者指向感叹→强情绪感叹→说话者指向感叹→意外

其中"强情绪感叹"指的是仅仅是表示强情绪，即所谓的"表情语气成分"，不管是哪种指向。由于这一途径不太容易，其中缺少哪一环都会使它失败，所以并非所有的语言都会这样。……又，只有当否定走到意外这一环，否定性疑问句才会形成反问功能，所以其中哪一环失败，都不会有汉语否定性疑问句这样的强烈的反问倾向。

汉语有这一衍生，但是日语、英语等没有。

【否定原则八】 当说话者面对新信息时，
如果说话者对有关信息不感到意外，就不需要特别地加以否定，或者不需要强调其否定性质。推理公式为：

信息 X ∧ [特征]X 不意外→[排斥](否定 X ∨ 关注 X 的否定性质)

【强化—否定原则八】 当说话者面对新信息时，
如果说话者特别强调地否定有关信息，或者特别关注有关信息的否定面，则表明他对有关信息感到意外。(叠加)推理公式为：

信息 X ∧ (否定 X ∨ 关注 X 的否定性质) ∧ [特征]强化语力→X 意外

下例是否定代表意外：

(58) 甲：这么好的机会他都不想抓住。
　　　乙：他不是不想抓住！(对你认为他不想抓住感到意外)他是没有时间！

下例是对否定性质的关注代表意外：

(59) 他明天不来吗?!（对明天不来这个信息感到意外）

3.2.3 传信推出意外

这涉及传信标记的副词化过程。陈振宇、李双剑(2017)说：

> 副词化指将原来的两个谓词中的一个保留为小句谓词，而将另一个谓词变为在句法上从属于小句的成分。被副词化的成分，在语义上不是该小句谓词的论元，而是对小句进行修饰、说明等附带功能，并使小句的语义框架更为具体化的附加性成分。广义的副词化包括话语标记化、动词名词形容词做状语、助动词化、狭义的副词化及词缀化等多个方面。

意外范畴的表达形式中也有不少副词或副词化的产物，陈振宇、杜克华、石岩(2017：94-95)说：

> 根据 AksuKoc and Slobin(1986)对土耳其语词缀-miş 的研究，DeLancey(1997)、(2001)对土耳其语、松瓦语、韩语等的研究，表示意外的句子层面的词缀、语缀、副词及话语标记等大多是副词化的产物。如下面车臣语的例子，是用一个附着在谓语核心上的词缀-q 来表示意外的，而这种词缀是最深的一种副词化形式：……（引自陈振宇、杜克华、石岩 2017）

例如（例引自 Molochieva 2007）：

(60) Zaaraj-icna-q.
　　人名 J-来|完成-意外（Zara 已经来了。说话人没想到 Zara 会来）

言说动词的副词化，是迄今为止学界谈论最多的"意外"范畴标记形成机制。下面是王健(2013)举的例句（例转引自陈振宇、杜克华、石岩 2017）：

(61) a. 恁侬**叫啥话道**一日到夜勒海白相游戏。（你竟然一天到晚在玩游戏）（吴语常熟话）
　　b. 我**叫啥**体育弗及格。（我竟然体育不及格）（吴语苏州话）
　　c. 我电话打打过去，伊勒底搭麻将**话**。（我打电话过去，他竟然在

打麻将)(吴语富阳话)

d. 今朝吤没欢喜个裙子就勿去了**伊讲**。(今天没有喜欢的裙子竟然就不去了)伊讲伊戆**伊讲**。(他竟然说他笨)(吴语上海话)

e. 天气预报话今朝落雨个,**倒话**一滴雨也嘸落**话**。(天气预报说今天会下雨的,竟然一滴雨也没有下)(吴语海门话)

f. 一响晌工夫,介难一道题目得伊做出**勒话**。(一会儿的工夫,这么难的一道题目他竟然做出来了)(吴语宁波话)

g. 黑人 in_{他们}**讲**两翁仔某拢斗阵来买菜 ho。(黑人(人名)他们竟然两夫妻一起来买菜)哇!**讲**真正有影变一条港,成_太大条就着,对山顶起哩安呢哇!(竟然真的变成一条河,太大了嘛!就那么往山上去)A:他把垃圾倒在你家门口。B:**说**有这种人啦!(台湾闽南语)

h. 阿 B 仔想拍拖**喎(话+啊)**。(阿 B 仔想谈恋爱)(阿 B 想找女朋友了)(香港粤语)

这一副词化进程大致分为几个阶段,陈振宇、杜克华、石岩(2017:96)说:

1) "言说动词"仍是动词,表示言说义,后面的成分是它的引语从句。这还包括以下三种特殊情况,一是与言说动词搭配的还有宾语"……话/勒话",引语是它的定语从句;也有宾语用疑问代词的,如苏州话"叫啥",引语是其补足语从句;也有引语在言说动词之前,如上海话"伊讲",从而表示追补所说消息的来源。

2) 整个句子从以下两个方面获得惊讶意义:一是"言说动词"表示事件是"非亲历"的,由不确知到未料想,从而表示惊讶。根据 Aikhenvald (2004:195)的考察,表示亲历的或者亲眼所见的"传信范畴"很难发展出"意外范畴"的意思,而表示"非亲历(non-firsthand)"、"推知(inferred evidential)"和"引述(reported evidential)"的"传信范畴"比较容易发展成为"意外范畴"。二是从疑问代词"啥"的强化疑问功能得到惊讶意义,问事物"什么"义与情景方式的"怎么/怎样"义 wh 词,在世界语言中普遍具有惊讶的语用色彩(参看陈振宇、杜克华 2015)。在这一阶段,意外是整个句子的语用功能,而且是可以取消的。

3) 当上述形式进一步语法化之后,就从主句形式"崩塌"(collapse),变为副词性的成分,并更多地专用于表示意外。主句崩塌有多种形式,也有不同的程度。根据王健(2013)的统计,我们认为其中常熟话的"叫唅、话道、话唅、叫唅话道"、富阳话的"总话、话"、台湾闽南语的"讲"是最浅的,它可以出现在句首、主谓之间、句末,韵律上也相对独立,它们可以视为"话语标记"或"插入语";而上海话的"伊讲"、海门话的"话",粤语的"㗎"语法化程度最高,只能出现在句末,并与汉语其他句末成分一样,似乎已向语气词化(语缀)进一步发展了;其他成分则居于其间,基本上可以看成狭义的副词。

王健(2013)还认为,句末是这种语法化加深的"优势位置",比如上海话"伊讲"处于句末不再保持单字调,读作[iˇkaˉ]¹。台湾闽南话的"讲"出现在句末时也要读为高平调。在常熟话中,"话道"、"叫唅"和"话唅"出现在句末,只表示"出乎意料",同时在语流中都相对较轻,时长较短,节奏较快。

【意外原则五】
① 说话者认为是自己已经亲历的事实不能让他感到意外。推理公式为:

$$命题 X \wedge [特征] X 已经亲历 \rightarrow [排斥] X 意外$$

② 如果表示对事实 X 意外,则表示该事物不是他已经亲历得到的信息,或者是他人告知的,或者是自己新得到的信息。(正迁移)推理公式为:

$$命题 X \wedge X 意外 \rightarrow X 不是已经亲历(X 来自他人 \vee X 是新得到的信息)$$

【强化—意外原则五】
如果说话者特别强调信息是来自他人,或是自己新得到的信息,就是在表示他感到意外(叠加)。推理公式为:

$$命题 X \wedge X 不是已经亲历(X 来自他人 \vee X 是新得到的信息) \wedge [特征] 强化语力 \rightarrow X 意外$$

例如上面的"伊讲(他们说)"等都是如此。

3.2.4 领悟、间接推测推出意外

关于"领悟"(eureka)与意外的关系,前面已经有了详细的讨论,这里不再多说。有些领悟标记会发展出强烈的意外意义,如:

(62) 我说你怎么没有去上学,<u>原来你竟然没有完成功课</u>,所以不敢去?!
哈哈!<u>原来你居然想癞蛤蟆吃天鹅肉啊</u>!

除此之外,还有一种"间接推测"标记,也是领悟标记的一种,并且也有很强的意外意义。杜克华、陈振宇(2015)说:"间接推测,即说话者根据有关情况,推测出他人的认识。"但是,这一推测中带有领悟的意味,就是突然发现的事实,这就容易导向意外,如(例引自陈振宇、杜克华、石岩 2017):

(63) 你以为他喜欢你!你以为他喜欢你吗?你以为他喜欢你啊!你以为他喜欢你吧!
他以为自己很不错!他以为自己很不错吗?他以为自己很不错啊!

这一构式严格排斥第一人称。陈振宇、杜克华、石岩(2017)说:

> 成都话中所谓的否定或揣测问"嗦""哇"字句大都可以补出"(P)以为",其中 P 可以是对方,也可以是第三者,可以是大家(但绝不包括"我"),如下例所示。由于"哇"是弱意外表达式,所以"哇"字句更倾向揣测问,而"嗦"来源于表示领悟的语气词,是强意外表达式,所以"嗦"字句更倾向语用否定:……
> (4) 他们以为参加论坛的代表就不是人了嗦!/哇?
> 你以为你喊亲就亲嗦!/哇?

成都话"嗦"字句在这一方面有较强的语法化程度,很多句子,都可以在前面加一个"你/他以为",以此表达间接推测,以及由此叠加出来的语用否定意义,如(例引自杜克华、陈振宇,2015):

(64) 咋个_{怎么}来就给建哥骚_乱说呢,<u>我们两个这样子叫猥琐嗦</u>?(《声》)——"你以为我和我的搭档长得猥琐,这是不对的"
"爬爬爬,老子要过来,在哪?<u>我还怕你嗦</u>?"(《上》)——"你以为我还怕你,这是不对的"
三娃听得鬼火冒:"食色性也,老子瘾大,<u>不可以嗦</u>?"(《有》)——"你以为不可以,这是不对的"

前面说过,成都话中"嗦"字句经常和另外一个重要标记"等于"共现。在此基础上,"等于(说)"发展出表示意外或间接推测的用法(例引自徐炽喜,2008):

(65) 她正色道:"想想看,你是一个会唱歌又会跳舞的木乃伊。""你说得我也恐怖起来了。"他耸耸肩膀,"你等于说我是个行尸走肉,你骂人的本领真高。"

在普通话中,这仅仅是一种语用用法。但是成都话中,已经成为一种常见的组配,有一定程度的语法化。如下面的"等于XP",都是指说话者对 XP 感到十分意外,说话者对 XP 的语用否定,并且表达了说话者和对方之间的反同盟关系,从而表示正在对对方进行责备(例引自杜克华、陈振宇,2015):

(66) 你还想咋子_{做什么}呢? 等于我说你们卖淫你还不承认,老子是抓了你们两个的现行_{当场抓住}哈。(《上》)
你想清楚哦!! 睡了一晚上就算了三,等于你还准备跟她结婚? 准备跟她动真感情?(《上》)

在例子中,我们可以看到不少 XP,并不是某一方直接说出来的,而是说话者自己的猜测,如下例中,说话者从对方的话语、态度等方面的条件中,猜测对方的意思是"不买不行、成都话作为最正宗的四川话有疑问、应该喊过来就过来",然后表达自己的意外和语用否定。也许对方根本没有这样的意思(例引自杜克华、陈振宇,2015):

(67) 第二天中午,何胖娃儿开车来接我,我说把我的车子开到,免得回来的时候不方便,他说不用,"我已经喊他们那边把现车都准备好了,你只需要把卡带到就是了"。——我 RNM[粗话"日你妈"],等于不买不行了,东西太烫了,那个铺子他有股份嗦?(《声》)
成都话是最正宗的四川话三! 等于(说)这个还有疑问? (网络语料)
等于你喊过来就过来? 老子偏不理你。(《上》)

这种现象称为"假性求证",其中有很多是说话者假设的、不存在但很有趣的内容,从而产生了调侃、搞笑的效果,如下例中,实际上,根本不会有人会认为"8、90万的就不是四个滚滚儿一个壳壳了",也没有人是因为担心说话者口渴而给他喝水,没有人在全面歧视成都话,说话者之所以这么说,是一种夸张(例引自杜克华、陈振宇,2015):

(68) 啥子呢？8、90万，你疯了嗦，老瓜娃子，买那么贵的捞球_{干什么}哦，等于8、90万的就不是四个滚滚儿一个壳壳了哇？（《声》）

咋子_{做什么}哦？老子_我这儿都连到_{接连}扯喝了三杯了，等于你们看老子摆故事摆得口干了哇，紧到_{一直催促}喊老子喝，来哦，一起整！（《声》）

甲：刚才看个帖子搞不懂了，现在等于（说）成都是全方面受歧视了？（网络语料）

最终，"等于+嗦"固化为一个具有较强强制性的构式，专门用于表示意外（包括间接推测），如（例引自杜克华、陈振宇，2015）：

(69) 过了你妈半个小时，何胖娃才按起来，一副没有睡醒的样子，妈哟，等于这个批_[粗话]娃娃给我两个一样，都是中午才起床的嗦？（《声》）
销售顾问是个帅哥，真的有点帅，我一个爆眼子老头儿都说帅肯定不是喝_骗你的，瓜婆娘架势_{一直}给我眨眼睛，意思喊我看帅哥，我心头想"你涝到了_{得到好处了}嗦，你看球你的嘛，喊我看啥子，等于我看了他，我就变成他了嗦？"（《声》）

根据杜克华、陈振宇（2015）的统计，见下表，更为接近市民（粗俗）言辞的《上》《声》两本小说中，表示意外（间接推测）的"等于"语料占了绝大多数。

表2 成都话"等于"的功能分布情况（引自杜克华、陈振宇 2015）

	判断 X(,)等于Y	意外＋间接推测 等于X(嗦)	合计
《小》	2	0	2
《幸》	1	0	1
《有》	9	0	9
《上》	2	4	6
《声》	3	11	14
合计	17(53.1%)	15(46.9%)	32

4. 意外标记以及有强烈意外表达倾向的形式举隅

4.1 语用否定——以"什么"感叹句为例①

张莹(2021)总结了305个固定或规约化的"什么"格式句。归纳为5类9种格式,如下:

Ⅰ. V+什么+O
Ⅱ. X什么,又分为:形容词+什么;动词+什么
Ⅲ. 什么+XP,又分为:什么+短语;什么+中性/积极名词;什么+消极名词
Ⅳ. X什么X,又分为:V什么V;A什么A
Ⅴ. "什么"独用

已有研究多从"否定"入手考察该类句子的功能。张莹(2021)则从句子功能出发,认为它们独立使用(不是用在句子内部的某一成分上),都带有说话人强烈的情感,将这类句子归入"什么"感叹句。

需要考虑的是,what感叹句是世界语言中普遍存在的,但是并不是都有语用否定功能,因为感叹可能是否定和消极的,也可能是肯定和积极的。

4.1.1 语用否定与元语否定的区别

先看"语用否定"这一概念。沈家煊(1993)为汉语学界引入了这一术语,但实际上,沈文相关的研究更准确地讲,应该称为"元语否定"。也就是说,我们必须严格区分"语用否定"和"元语否定"。与意外有关的不是元语否定,而是语用否定,所以我们这里先介绍元语否定的有关情况,再说明语用否定是怎么一回事。

最早提出的是描述否定(Négation descriptive)和元语否定(Négation métalinguistique)的对立,参看Ducrot(1972:37)和Horn(1985)。描述否定指的是常规的、一般在语法书中谈到的否定形式,与之相对立的非常规否定,则在不同的学者那儿有不同的类型。最早提到的非常规否定,主要是指

---

① 本节内容与张莹合作研究,参见张莹(2021)。

对预设的否定,进一步扩大到那些更为复杂的现象,包括对语用涵义的否定、对语体风格的否定、语音形式或其他表述方式上的否定,都可以称为非常规否定。

例如下例是常规否定,不是元语否定:

(70) ——没考上大学你后悔吗? ——我不后悔,我会走我自己的道路的。
　　　我不喜欢你(我对你无感,或我讨厌你)。
　　　他没有买三本书(他只买了两本或一本)。
　　　我没去北京(我去的是上海)。

而下例都是元语否定:

(71) 否定预设:——没考上大学你后悔吗? ——我当然不后悔啦! 因为我考上了!
　　　否定量的准则:我不喜欢你,我爱你! 他不是穷,而是极度贫穷!
　　　　　　　　　他不是伤心,是心都碎了!
　　　　　　　　　他没买三本书,他买了四本!
　　　　　　　　　我不是不相信你,是谁都不相信了!
　　　否定语义风格色彩上的合适性:她不是"女人",她是我妻子。
　　　　　　　　　　　　　　　　不是"死了",是"逝世"。
　　　　　　　　　　　　　　　　哪里是什么"冠军",得了个第一名而已。
　　　否定语音上的合适性:成都不是"chendu",是"chengdu"。
　　　……

元语否定既涉及社会文化心理方面的内容,也涉及语言形式的问题,后者最大的争议,是在一个具体语言中,是否存在专门的元语否定形式。如英语的"not X but Y",汉语的"不是……(而是)",是不是特定的元语否定形式? 有的学者认为是,但有的则认为不是,它们仅仅是普通的对比结构,如McCawley(1991①)。汉语学者中,大多把"不是……(而是)"看成具有元语

---

① 这是McCawley, James D. 1991 "The Proceedings of the 27th Annual Meeting of the Chicago Linguistics Society (CLS 27)"会议的论文 "Contrastive Negation and Metalinguistic Negation"。下同。

否定功能的句式，但是需要条件，如董秀芳(2003b)、赵旻燕(2007)等，但也有认为，汉语的这些否定形式根本不能否定句子的预设，预设是通过后续句来否定的，如袁毓林(2000)，"不是"仅仅是一个句子外围的否定形式而已。

总之，对比性和元语性，具有十分密切的联系。根据钱鹏(2017)，我们讨论的"元语否定"，很多实际上是常规否定，只不过处于对比的语境中；只有很少的语言有特殊的否定形式，它们不能用于常规否定，而只能用于特殊的否定功能，这才真正是"元语否定"。

这些特殊的否定标记是从一般否定标记中，通过语法化，逐渐"浮现"（emergence）出来的。否定形式，会先发展为对比否定标记，在此基础上，可能进一步成为非常规性否定标记，葡萄牙语中的 lá/agora 可能已经达到这样的程度。但就世界上大多数语言而言，最多达到对比否定标记的程度。

根据钱鹏(2017)的说法，汉语的否定词中，"不、没(有)、别"可以用于对比否定，也可以用于非对比否定，而"不是"因为在小句的外围，更多地用于对比否定，但是也非绝对，只不过对比意义更为突显罢了，如"他不是要去北京"有些别扭，一般需要把对比的部分补出来才好"他不是要去北京，(而)是在做到外地出差的准备"。另一方面，汉语的这几个标记都远远谈不上是元语否定的标记，汉语的元语否定更多的是一种临时的修辞性的功能。

4.1.2 语用否定的内部层次

语用否定指不是由否定词，而是"经由某种语用机制导致的否定功能"（引自陈振宇、杜克华 2015）。语用否定至少有三大层次，下面再划分为十个子类，覆盖了从常规否定到非常规否定的全部范围，甚至还有超出以往否定研究范围的更为边缘极端的成员(暂时称为"人际否定")。在下面的例句中，从 1)到 3)，语用否定逐步极性化。语料表明，汉语表感叹的"什么"，可以用在所有层次(为说明问题，这里均使用相应的"什么"感叹句)。

1) 命题否定层次，针对的是语句的命题内容，又分为：
① "否认命题 X 为真"(引自陈振宇、杜克华 2015)。如：

(72) a. 甲：听说老张住院了。
　　　乙：什么住院了?! 刚才我还见他好好的呢。(老张没住院。)
　　b. 甲：天啊！无路可走了！
　　　乙：什么无路可走！路还长着呢，鹿死谁手，犹未可知！(不是无路可走。)

c. 甲：这可真好！

乙：好什么好啊，搁在老家就是中等。（不够好）

d. 你老土吧？<u>什么朴素</u>！她那都是美国的名牌服装！（不朴素）

② "承认命题 X 为真，但否认命题 X 的合理性"（引自陈振宇、杜克华 2015）。如：

(73) a. 甲：小李的爸爸死了。

乙：什么，死了！明明还这么年轻！（小李的爸爸的确死了，他的死不合理。）（例引自张莹 2021）

b. 甲：今年厂里又亏损了。

乙：什么又亏损了！（厂里的确是亏损了，亏损很不合理。）

③ 否认行为 X 的合理性，如果该行为已经实施，则要求停止；如果该行为尚未实施，则禁止实施。如：

(74) a. 哭什么（哭）！（哭是不合理的，要求停止。）

b. 甲：该吃饭了。

乙：吃什么吃！先把任务完成了再说。（现在吃饭是不合理的。）

c. 甲：妈妈，我想看电视。

乙：看什么电视！做作业！（看电视是不合理的，禁止看电视。）

d. 你小孩子家家的喝什么酒啊！（你喝酒是不合理的，禁止你喝酒。）

④ 否认事物 X 具有该事物应该具有的合格的属性。如：

(75) a. 什么素质啊！（素质不合格。）

b. 什么教授啊！（不具有教授的合格属性。）

2) 元语否定层次，"元语"指针对有关的言语行为，又分为：

① 承认命题 X 为真，但认为命题 X 还不充分。如：

(76) a. 甲：小李都结婚了。

乙：什么结婚！连小孩都有了。(小李的确结婚了,但说得不充分。)

b. 甲：今年厂里亏损了。

乙：什么亏损了！都亏损好几年了！(说得不充分,不但亏损了,而且亏损好几年了。)

c. 什么叫"你"最后一次见他,"咱们"最后一次见他。(的确是你最后一次见他,但当时我也在,所以更准确地说是咱们最后一次见他。)

② 否认命题、问题或言语行为 X 的预设,因此否认命题、问题或言语行为的合适性。如：

(77) a. 甲：你看见李厂长了吗？

乙：什么李厂长！我们根本没有姓李的厂长。(预设为假,命题毫无意义。)

b. 甲：他喜欢谁？

乙：什么喜欢谁！他谁也不喜欢！(不存在喜欢的人,当然也不应该问喜欢谁。)

c. 我后悔什么！我本来就是考过了的。(我不是没考过,当然不应该后悔。)

③ "否认对方说话的某个方面特点"(引自陈振宇、杜克华 2015),说明这一方面的不正确,如：

(78) a. 针对对方的发音：什么 chendu,是 chengdu。(的确是"成都",是对方发音不准)

b. 针对对方用语是否合乎社会规约：什么"死"了！那是"**去世**"了。(小李爸爸死了,但说"死"不合社会习俗,应该用委婉的说法"去世"。)(例引自张莹 2021)

c. 针对对方的主观态度：甲：我给您道歉好了吧。乙：什么"好了吧"?！你这是什么态度?！(你应该道歉,但是你道歉,还要带一个"好了吧",这不是道歉的正确态度。)

④ "否认对方说 X 这话的合理性"(引自陈振宇、杜克华 2015),如：

(79) a. 甲：我给他道歉。

　　　乙：你一个小女子道什么歉?！叫你家长出来说话?！（是你犯了错误，但是你不具有正式道歉的身份，需要你家长来道歉才行。）

b. 什么"乾隆爷乾隆奶奶"的！（你老说乾隆爷怎么怎么，我觉得你不应该总说这个。）

c. 甲：你这根本就不符合逻辑嘛！

　　　乙：什么逻辑不逻辑的，能听明白就行了。（你不该说逻辑，我们谈话根本不关逻辑什么事。）

d. 甲：恭喜你考了第一名！

　　　乙：什么"第一名"！真不好意思！（甲向乙道喜，但乙觉得说自己第一名挺难为情的，不好意思了，所以乙的意思是说你不要再说什么第一名的话了。请注意，乙这是谦逊或矫情，并不是真的否定，所以对方往往会继续夸奖。）

3) 人际否定层次，是针对对方（或其他某人）的主观态度，又分为：

① 表示反对对方参与相关言语活动的态度，如：

(80) a. 甲：知道吗，小李爸爸死了！

　　　乙：什么呀！你知道什么！

（并不否认对方所说的命题，但反对对方讨论相应的事，因为觉得对方没有资格，或者对方讨论这事是幸灾乐祸，不应该这么做。）（例引自张莹，2021）

b. 什么呀，您可真不着四六儿。您二位可别见怪，我爷爷岁数大了，耳朵眼睛都不算太灵了。（言者反对爷爷参与会话，因为他年纪大了，会乱说话。）

② 对对方或某一方进行谴责，如：

(81) a. 甲：别逼我！小李爸爸都死了！

　　　乙：(你)什么——呀！（"么"重读，音长加长一倍，表达对对方的否定、轻蔑的态度）（例引自张莹2021）

b. 什么破电脑！什么鬼东西！（突显某一事物的消极性质，表达对该事物的消极情感。间接说明该事物不应该出现，而一旦出现应该受到谴责或批评。)

可以看到,语用否定的意义分布在从命题否定到元语否定到人际否定的广大的区域之中。

4.1.3 语用否定是来自"意外"

以往的研究把"什么"感叹句称为"否定句式"或"消极评价句式"是不完善的。从世界语言看更是如此。以英语特殊的 what 感叹句为例(以下两例都引自张莹 2021):

(82) What a beautiful day!(多美的一天!)
　　 What a nasty day!(多糟糕的一天!)What a fool!(好一个大傻瓜!)
(83) —This is not the time.
　　 —What! You're kidding me!(什么!你耍我啊!)

可见,英语中 what 多用来表达积极情感或消极情感,积极是肯定,消极是否定,不会专用于表示否定。俄语也是如此,下面例 a 表示语用否定,而例 b 表示积极情感,也不是语用否定(例引自毛宏燕 2007):

(84) a. Что вы, это семнадцатого.
　　　 什么　　　　　　(什么呀,是 17 号。)
　　 b. Что　за　глаза!
　　　 什么 这 眼睛　(这什么眼睛啊!(指眼睛漂亮))

关于"什么"由疑问到非疑问的迁移,邵敬敏、赵秀凤(1989)和樊莉(2012)等都谈到怀疑因素和感叹环境的影响。袁毓林、刘彬(2016)提出了"反通常性"作为表示否定意义的内在原因。袁毓林、刘彬(2019)提出"三域"否定意义,分别为"不要说……""不该(认为)……""不(是)……"。针对上述观点,张莹(2021)说:

> 世界语言中 what 类感叹句的共同性质是表示"意外",这是对邵敬敏、赵秀凤(1989)的"怀疑"论的一个修正,也就是袁毓林、刘彬(2016)所说的"反通常性",这实际上是说,说话人遭遇了一个"非常规性"(non-canonical)的事物,因此造成他的惊讶,what 就是用来表示这种惊讶情绪和情感的。

但是，前面已经说到，不少语言中的 what 类感叹句不具有明显的消极或否定的倾向，如前面的英语和俄语的例子；但是，汉语有，而且倾向非常明显。非常规性(反通常性)都不能解释这一点。

从陈振宇(2017：528)可以看到，在惊讶时，如果事物有明显的积极特征，那么就不会导向语用否定，而只是得到纯粹的感叹。张莹(2021)发现了这样的"什么"独用句：

> 其出现条件是：这一命题对说话者来说，在当下场景中具有显著积极色彩，或者说话者明确地认为应该出现的命题，且命题发出者与说话人绝对不是反同盟关系。

如(例引自张莹2021)：

(85) ——"是 Susan 的信！"
　　——"<u>什么</u>！"林雨翔惊得连几秒钟前惦记着的睡觉都忘记了。
　　——"没空算了，不给你了！"
　　——"别，我醒了——"雨翔急道。

林雨翔没有想到 Susan 会来信，证实了这是非常规的事件，但是林是喜欢她的，所以接到信是件令人高兴(有明显积极特征)的事。林的话就只是纯粹的感叹，而没有消极或否定的意义。再如(例引自张莹2021)：

(86) ——"可是听到一首叫'天堂里陌生人'的歌？"如心脱口而出。
　　——"'天堂里陌生人'？不不不，我听到的是苏州弹词琵琶声。"
　　——"<u>什么</u>！"
　　——"周小姐，你没有听过弹词吧？"王先生转过头来，十分诧异。
　　——"没有。"如心不得不承认。
　　——"也难怪你。"王先生笑了。

王先生告诉如心，这是苏州弹词；这是如心没有想到的，因此她为之惊讶。但是，这里仅仅是纯粹的惊讶，因为是否苏州弹词，对两人来说并没有什么积极消极性质。再如(例引自张莹2021)：

(87) ——"她已经实行了你刚才说的话；她做过淌白。"

——"什么！有了同志！"章秋柳跳起来很兴奋地喊。

——"但她是另一原因，另一动机，她是为贫穷所驱使。"

章秋柳很失望似的笑了一笑，又躺了下去；她料不到一个极好的题目却只有如此平凡的内容。

张莹(2021)解释说：

章秋柳在前面讲到希望过自由的、享受的生活，甚至愿去做私娼（淌白），当她听到女友说某人已经做了这样的事，她感到惊讶。这时她没有否定这一事实，同时因为"淌白"是合乎自己理想的事，所以她没有认为这事不合理。她感到"很兴奋"，自然也没有消极情感。

这些例子非常罕见，但它们的存在的确说明，"什么"感叹句不全是消极的，也不全是否定的。"什么"独用可以表达纯粹的惊讶，甚至惊喜，且没有否定意义。

实际上，还有一些假装否定也是如此，因为实际上没什么可以否定的消极事物，那就只可能是假装的。如（以下两例都引自张莹2021）：

(88) "您老真有福气，有这么好的一双儿女。""什么福不福的，健康就是福。"

（对对方的恭维夸奖感到高兴，假意否定一下（实际上是完全接受了），以表达谦虚的态度，没有任何消极情绪。）

(89) ——你们家那位真优秀，年纪轻轻都是大教授了！

——什么教授，反正都是挣口饭吃。

"什么"单独使用表达言者的强意外，否定意义是在语境中在强意外触发下推导出来的（以下两例都引自张莹2021）：

(90) 傅老：下次注点意就行了。

志新：什么？下次？您还想着下次呢？这次我都过不去了！

(91) 志国：（站起，面带笑容）你已经被宣布为不受欢迎的人，并限期离境，顺致最崇高的敬意。

傅老：什么！你对他还有崇高的敬意？

可以把汉语"什么"句倾向于语用否定的原因归纳为"反同盟关系"的强势体现。说话者将对方或有关主体,看成和自己不是一个社会群中的、与自己对立的主体。表现为:

对方的意见,说话者认为是错的,如"什么"感叹句是后续句,是针对对方的话语。如在回声问句中,应答语具有引述特征,这些句子是观点事实性否定类,否定的对象是命题的事实性。例如,"我畏什么罪、我担心什么"等。

对方做了某种性质 A 方面的判断,说话者用"A 什么、A 什么 A"来表示自己的意见不同。

对方有某种外在的行为 V,说话者用"V 什么、V 什么 O、V 什么 V"来表达自己对该行为的反对,认为它不合理,要求停止。如果行为已经发生,则不能否定其事实性;如果行为尚未发生,而仅仅是提议,就是在禁止其发生。另外,存在少数形容词是否定行为合理性的例子,处在句首话轮位置,例如"你牛什么呀",这里"牛"虽然是形容词,但是指对方的一些举止言谈,是用"牛"来转喻这些行为,活用作动词的行为功能,所以有时可以处在始发话轮位置。

对方有某种言语行为,说话者用相应的格式来嘲笑、反对该言语行为,如对方总在说"乾隆爷如何如何",说话者说"什么乾隆爷乾隆奶奶的",来反对对方说这方面的内容。这也包括否定对方措辞的合适性等例句,如"什么'死'了,是'去世'"。

如果没有这种反同盟关系,就没有消极性或语用否定,如"假装否定"的例子,就是因为实际上是面对对方的恭维,说话者实际上是接受了对方的观点,所以双方是正同盟关系。

4.2 反问的意外本质

"反问"是汉语语法研究中自己提出的一个语义语法或语用语法范畴,功能为以疑问形式表达否定判断,并发展出专门的反问标记,如"难道、不成、不是"等。其他语言,如英语,没有发展出这样的标记。

陈振宇、安明明(2013)说:

> "反问、反诘"的用语古已有之。不过"反问"一般指别人问你,你"反过来询问":
>
> (1) 桓公问孔西阳:"安石何如仲文?"孔思未对,反问公曰:"何如?"答曰:"安石居然不可陵践其处,故乃胜也。"(《世说新语》)
>
> 再如佛教有一种用反过来提问的方法来作为回答的对论方式,称

为"反问答论门"。中国古代真正与今天"反问"意义相近的是"诘"或"反诘"。

(2) 诘,问也。(《说文》) 诘,责也。(《广雅》)

诘可以是一般的询问,但更常见的是带有特别语用色彩的责问、质问、盘问、追问:

(3) 哀公默思良久,反诘伍员曰:"陈蔡国僻,无宝不足怪;楚乃千乘之国,地富民殷,何亦无宝?"(明·余邵鱼《周朝秘史》)

在汉语语法创立之初,对"反问"这一概念尚没有明确的认识。《马氏文通》在"传疑助字"中,仅谈到"无疑而用以拟议者"。黎锦熙《新著国语文法》中提到"表反诘或反推"(其"反推"大约相当于今天说的推测问),以此说明"难道、哪、岂、莫不"等副词以及"谁……吗""不……吗""难道……吗"等句子的用法,但也未对"反诘"进行详细阐释。把"反问(反诘)"作为一个独立的语法或语言学概念加以论述的文献,我们见到的最早的是吕叔湘(1942)《中国文法要略》(书中有"反诘"一节)。吕先生讲的反诘,特指用疑问表达否定的方式,主要有特指问和是非问两种(他还谈到选择问和反复问中的反诘)。

反问中最为典型的功能是反诘或称反驳,如郭继懋(1997)认为反问句总含有"X(行为)不合乎情理"的蕴含义;但反问句也有少数表提醒、告知等非反驳功能的例子。

陈振宇、杜克华(2015)说:

本文的研究还印证了《马氏文通》把汉语助字(即今所谓语气词)按语气分为"传信"与"传疑"两大类的合理性。马建忠(1898/2008:361)说:"传疑助字六:'乎、哉、耶、与、夫、诸'是也。其为用有三:一则有疑而用以设问者;一则无疑而用以拟议者;一则不疑而用以咏叹者。三者用义虽有不同,要以'传疑'二字称焉。"它正包括了疑问与感叹两大范畴,而其中的"拟议"也主要是语用否定(反问)。

(92) a. 或曰:"管仲俭乎?"(《论语·八佾》)有疑而用以设问
  b. 学而时习之,不亦说乎!(《论语·学而》)无疑而用以拟议
  c. 惜乎吾见其进也,未见其止也。(《论语·子罕》)不疑而用以咏叹

"疑问、反问(否定)、感叹"之所以是一个语用领域,是因为它们都和"意

外"有关,也就是前面说的"意外三角"关系。

另外,按照吕叔湘的定义,反问是在相应疑问形式上发展出来的,先有疑问后有反问。这深刻地影响到后来的反问研究。但实际上,今天我们归于反问研究范围的例句,并不都是由疑问形式承担或发展来的。下面我们分为两种类型来分析。

4.2.1 从疑问到语用否定

在疑问句中加上表示意外的语词或韵律特征,就会变为反问,参看陈振宇、杜克华(2015)。

【询问原则五】 如果疑问是因为意外,则将按照意外的方向而迁移;也就是说,会按照意外的迁移方向,在没有明显的积极意义时,得到语用否定,当然同时也有感叹表达,在有明显的积极意义时,则只有感叹,没有语用否定。

根据陈振宇、杜克华、石岩(2017)的统计,疑问句有"竟然",96%都会构成反问,因为"竟然"是真正的意外副词。例如(例引自陈振宇、杜克华、石岩2017):

(93) 哪有装潢公司的工人竟然不知道公司总部在何处? ——没有工人不知道,真值性否定
为什么上帝竟然要允许这种事发生? ——已经发生,合理性否定
什么? 二嫂竟然骂我? 我什么时候开罪过她,她要骂我? ——不应该骂,合理性否定

只有极少数"竟然"疑问句与此不同,如下(例引自陈振宇、杜克华、石岩2017):

(94) 老刘一个人在屋里睡觉,醒来时为什么屁股上竟然出现了深深的牙印? 答案:他压在自己的假牙上了。①
不容忽视的"倒挂"现象,包含着这样一个问号:为何年轻人的思想竟然不如老人开明呢?

问原因的"wh词"是非常特殊的。在上例中,句子的句法语义结构是"问原因的wh词+[竟然+XP]",这表明是先对XP感到意外,然后去问其

---

① 这是《脑筋急转弯》里的问题。

原因(理由)。这其实是符合意外的基本原则的,如前所述:如果说话者认为事物是非常规的,则在不自信的情况下,他无法确定事物的真假。说话者如果认为事物是弱事实或弱反事实(非事实),则需要对方证实或证伪(求证),或者告诉为什么如此(问理由),或者告诉有关细节(问细节),或者告诉信息的来源,以便说话者自己作出判断。

除了"竟然"类意外标记,汉语疑问句还可以用音韵变化来表示意外:

(95) ′**谁**让你进来的?!
你′**看**过这本书吗?!

4.2.2　从意外到疑问的三个阶段

更为重要的是,很多所谓的"反问句"的标记,却是先有反问用法(语用否定),后来才产生一般中性询问的用法,这与最初设定"反问"范畴的初衷不符。我们的考察发现,从意外到疑问的发展大致可划分为三个阶段:

1) 仅仅发展到反问阶段,最多有一些揣测(倾向性疑问/求证)用法,没有进一步发展为一般的中性询问。

龚嘉镇(1995)提到了反问与揣测问的关系。陈振宇(2017:537)说:

> 强意外主要会导致语用否定功能,次要则是揣测问。当前者突显时,便是所谓的"反问";而在特殊情况下,揣测问会突显出来。

我们猜想,"岂"是从意外副词发展为具有语用否定(反问)功能的,如例a;再发展为具有揣测功能,如例b:

(96) a. 晋,吾宗也,<u>岂</u>害我哉?(《左传·僖公五年》)
  b. 应侯因让之曰:"子常宣言代我相秦,<u>岂有此乎</u>?"对曰:"然。"(《战国策·秦三》)——求证是否有这一点。
  吾闻之周生曰:"舜目盖重瞳子。"又闻项羽亦重瞳子。<u>羽岂其苗裔邪</u>?何兴之暴也!(《史记·项羽本纪》)——揣测项羽是舜的后代,但并不完全肯定。

再看"难道"的演变。短语"难+道",意为"很难说出、不好说出",如:

(97) 古人去已久,此理今<u>难道</u>。(《全唐诗·早过临淮》)

陈振宇、安明明(2013)说：

> "道"有"料"义，"难道"即难以预料，虚化为副词后，表示深感意外的语气和情态，再由"反预期"产生反问意义。(参见袁劲1986)

我们认为袁劲的解释合理，能说明"否定性评议"的来源——这所谓的"否定性评议"，就是本书所说的"语用否定"，是由表示意外的功能发展而来。因为"难道"就和"没想到""不料"一样，说话者没有想到的，主要都是对他来说消极的事，所以消极意义占了上风，这就是语用否定的来源。我们几乎找不到纯粹表示积极感叹的例子。当说话者不自信时，意外会转变为揣测问，即说话者有所猜测，但是不敢肯定，希望对方语义证实或证伪。不过，反问的用例常见，而推测的用例少见。

(98) a. 反问

难道花和尚就饶了他？(《梁山泊李逵负荆》)

可恨狂风空自恶。晓来一阵，晚来一阵，难道都吹落？(元·顾德辉《青玉案》)

b. 揣测

大人停嗔息怒，难道是老汉无罪？(《邯郸道省悟黄粱梦》第二折)

难道你爷娘也没的？(《感天动地窦娥冤》第三折)

(99) a. 反问

支持他的马迷和在这匹马身上下了赌注的人更是理直气壮地说，<u>难道我们就眼睁睁地看着它不跑吗</u>？

b. 揣测

一位冒失的记者好像明白了就里，问："<u>难道你们两位是一家</u>？"

语用否定包括真实性否定和合理性否定。另参看李宇凤(2010)的论述。现在我们知道，这是因为意外在命题层面会导致这两种语用否定：

(100) 在这样的情况下，难道他<u>还</u>能坚持下去！(真实性否定：他不能坚持下去了。)

难道你又和他在一起了?！你真是个大傻瓜！(合理性否定：你不应该和他在一起；现在你又和他在一起，所以是个大傻瓜。)

杜克华、陈振宇(2015)讨论了成都话"领悟"语气词"嗦"得到意外意义的情况,偶尔"嗦"字句是表示求证,只不过这种例句很少,所以也应该是从意外发展出揣测,如(例引自杜克华、陈振宇 2015):

(101) "哪个李威佟啊? 我 Ri 哦,这么多美女你不关心,你关心他咋子_{干什么}? 啥子意思哦,<u>建哥取向倒拐_{转弯}了嗦</u>?"李晶磊笑起笑起(笑着)问我。

2) 发展到反问(语用否定)阶段之后,又进一步发展为比较稳定的揣测问或求证问。

这一类标记表达的是弱意外:说话者基本能够肯定命题的事实性,但是多多少少有一些意外,所以不是那么的肯定,希望对方予以证实或证伪;不过,多少有一些感叹。陈振宇、杜克华(2015)说:

> 成都话句末语气词"哇",也是一个弱意外语气成分,据杜克华统计,它的揣测问句子约占 66%,语用否定句约占 23%,其余为祈使。由于"哇"的祈使功能是从揣测问功能发展过来的,所以实际上由弱意外导致的揣测问功能占根本优势,否定功能则一般需要其他成分辅助才能实现。

例如(例引自陈振宇、杜克华 2015):

(102) a. 两个人都转头看着三娃,墨镜的光泽闪得三娃想闭眼睛。其中一个说话了,声音粗格格的有点像没洗干净的毛肚:"<u>你是三娃哇</u>?"——揣测问
  b. 哈哈哈哈哈,大哥,<u>你以为人家好_很爱你哇</u>?   语用否定

陈振宇(2017:539)说:

> 由于"哇"本质是意外语气成分,其揣测问是推理意义,并不充当真正的问题形式,所以它还可以与其他极性问形式共现,只要语境能明确说话者究竟有什么揣测就可以了,因此下句中可以知道说话者揣测对方可能发生了什么事,所以"哇"与"是不是"共现也无妨。

例如(例引自杜克华、陈振宇 2016):

(103)"你是不是背到我有啥子(什么)事情哇?"婆娘对于我的回答很不满意。

意外表达,随语气强弱而各有偏向。陈振宇、杜克华(2015)说:

在著名的"语调疑问句"中,若把句末声调提至极高,就表示极高的意外程度,于是句子有事件不为真或不合情理的否定意义:
(23) You've never been to Aust↗ralia?!
……但当句末声调比较低时,英语还有一种"回声问",如(24)a可能是有些没说清,而(24)b是要确定一下对方是不是真的在问"去哪儿",它们表示弱的意外,并具有揣测问的性质:
(24) a. I tell you he is a braggart.(我告诉你他是个牛皮大王。)
—He is a braggart↗(他是个牛皮大王(吗)?)
b. Where have you been? (你去哪儿了?)
—(You are asking) Where I have been? ((你是问)我去哪儿了吗?)

汉语研究中,不少学者都谈到过句末升调疑问句,并且可以看到它们也是表示意外,当语气较弱时,由意外导出揣测问功能;当语气较强时,则以语用否定(反问)功能为主(例引自邵敬敏、周娟等2010:32、77、111):

(104)上海话:侬是北京人↗ 叫我也要出操↗
石城话:今年冇一个上分数线↗ 你唔晓得↗
广州话:佢离咗婚↗(他离了婚) 琴日你同佢借钱↗(昨天你向他借钱)

3)再进一步经历"语用磨损"过程,语用色彩丧失,揣测问演变为中性的询问句。陈振宇、马宝玲、薛时蓉(2015/2017)把这一语法化路径称为"疑问语气下降"。①

从意外向疑问的转化,在初期呈现以下两个主要语用性质:一是具有

---

① 倪兰在复旦大学主办的"2015年语言的描写与解释学术研讨会"上发表的论文《上海手语的疑问与否定》中指出,上海手语中,极性问句与惊讶感叹句,都用陈述手势加上以下伴随表情来表示:较夸张地睁眼、扬眉,同时口略张,或下颌略向前突出,等等。

语用否定功能。二是具有强化语力,即要求对方给予尽可能快、尽可能充分的回答。

日语 ka 可表示感叹和惊讶。英语助动词移位还用于强否定(never)、强肯定等感叹语气句中:

(105) Never have I been in this city.(我从没到过这座城市。)
　　　Only then did I realize my mistake.(直到那时我才认识到自己的问题。)

来看看古代汉语"乎"。可表示感叹或呼告①:

(106) 中庸之为德也,其至矣乎!(《论语》)
　　　贤人乎,贤人乎! 非质有其内,恶能用之哉?(《史记》)

表示祈使或命令语气②:

(107) 勉速行乎! 无重而罪!(《左传》)

表示商榷③:

(108) 以容取人乎,失之子羽;以言取人乎,失之宰予。(《韩非子》)

表示肯定④:

(109) 故曰:"礼者,忠信之薄也,而乱之首乎。"(《韩非子》)

从上述用法看,"乎"不是一个纯粹表示意外的语词,而是表示"感叹"(说话者强烈的情绪情感)的语词,意外是感叹的一部分。这也是"乎"在后来一直没有脱离感叹用法的原因。

"乎"从意外发展出疑问用法,但是一开始大量都是所谓"反问"(语用否

---

① 呼告是特殊的感叹。
② 来自感叹的祈使意义。
③ 是句中停顿语气功能。
④ 感叹之一种。

定)用法。用于极性问标记(多有反问)的例子:

(110) 为人谋而不忠乎?与朋友交而不信乎?传不习乎?(《论语》)
吾既言之矣,敢不勉乎!(《左传》)

表示反问的实质问:

(111) 梁王安得晏然而已乎?(《战国策·赵策》)

但到了战国出土文献中,"乎"只剩下了两个主要功能,最突出的是疑问,少数感叹(见表3)。

表3 "乎"的收敛

"乎"(传世文献《论语》):

感叹句	疑问句	祈使句	位于句中	介词	共计
22 (15%)	90 (61.6%)	3 (2%)	8 (5.5%)	23 (15.8%)	146

"乎"(战国出土文献)(引自张玉金2010):

感叹句	疑问句	祈使句	位于句中	介词	共计
3 (4.2%)	59 (81.9%)	0	10 (13.9%)	0	72

在此之后,汉语又引入更多的疑问形式。如果它们先是以意外功能进入疑问句的,则最初得到的是所谓"反问句"(语用否定)。如从东汉引入疑问句后,"可"与"乎、邪(耶)"等共现,并为后者加强语气,表示反问,如(例引自江蓝生1990):

(112) a. 设齐赏鲁罚,所致宜殊,当时<u>可</u>齐国温、鲁地寒乎?(《论衡·温寒》)
b. 女曰:"不为好,<u>可</u>为恶邪?"(《世说新语·贤媛》)

(113) 只如佛法到此土三百余年,前王后帝,翻译经论<u>可</u>少那作摩!(《祖堂集》卷十八《仰山》)("作摩"即"怎么")

(114) a. 阿母所生,遣授配君,<u>可</u>不敬从?(《搜神记》卷一)——四字

格、允诺功能

b. 可是禅房无热到,但能心静即身凉。(白居易《苦热题恒寂师禅室》)——诗歌

最终"可能、可是、可"减弱为比较中性的询问(例引自江蓝生1990):

(115) a. 善恶二根,可是菩提耶?(《祖堂集》卷三《司空本净》)
      b. 可年七十八摩?(《祖堂集》卷四《药山》)

表4　江蓝生(1990)对"可"用法的统计

	卷/回	可 vp?	可 vp 么?	可 vp 否/没有?	可 vp 不 vp?
《古今小说》	1—20	9	13	5	0
《红楼梦》	9—25	9	5	4	6
《儒林外史》	1—20	52	2	0	0
《儿女英雄传》	1—20	12	3	1	7

"还"进入疑问句,最初仅仅是辅助其他的疑问形式,包括极性问、实质问、选择问形式,常含有"究问"的意味,参看袁宾(1989)、叶建军(2008)(例引自袁宾1989,叶建军2008):

(116) a. 气与金钱争借问,外头还似此间无?(王建《宫词》)
      b. 未出家时。趁鹿从马大师庵前过,问和尚:"还见我鹿过摩?"(《祖堂集》卷十四《石巩》)
      c. 夹山云:"还识老僧不?"对曰:"还识学人不?"(《祖堂集》卷九《黄山》)
      d. 师又去碓坊,便问行者:"不易行者,米还熟也未?"(《祖堂集》卷二《弘忍》)
(117) a. 时有学人问:"古人还扶入门不扶入门?"(《祖堂集》卷十一《保福》)
      b. 所造之塔还如何?(《佛说观弥勒菩萨上生兜率天经讲经文》)
      c. "祖意与教意还同别?"(《祖堂集》卷九《落浦》)

"还"后来演化为中性的极性问形式：

(118) a. 莺莺,<u>你还知道我的相思?</u> 甘心为你相思死。(董解元《西厢记诸宫调》)
　　　b. 南京话(例引自刘春卉2005)：
　　　　你还去吃饭?（去不去吃饭?）
　　　　这身衣服还漂亮?（这身衣服漂亮不漂亮?）
　　　　你的作业还写好了?（你的作业写好了吗?）
　　　　我们去买书,还好?（好不好?）

"复、又、也、亦、更"等也经历了相似的过程,大多只演化到反问功能,没有进一步表达较为中性的询问,参看叶建军(2008)。闽南语"敢 VP"的语法化过程,也勾勒出这样一条线索(引自张敏1990：第4章·§1,页43)：

$$\left.\begin{array}{l}\text{反诘"敢"}\\ \text{估量"敢"}\end{array}\right\} \rightarrow \text{推度"敢"} \rightarrow \text{中性询问"敢"}$$

4.3　寻求理由——以"怎么"的历史演化为例①

陈振宇(2017：548)说：

> 询问原因目的,与表示惊讶,本来是不同的功能范畴。但有一些问原因目的的词,其本质是从"意外"而来的疑问语气成分,最初带有很强的语气,并且是对X的合理性感到意外。

4.3.1　"怎"的历史演化

唐代有一个"争",常表示反诘,参看吕叔湘(1985：272—274),例如(例引自吕叔湘1985：273)：

(119) a. 然相合之时,争忍见其丑貌?（《敦煌变文集·丑女缘起》)
　　　b. 手中无寸刃,争不惧慺慺?（寒山《诗三百三首》)

"怎"的前身是"作么",其字面意义就是"做什么",张相(1953)认为,作

---

① 本节内容是和杜克华一起研究的,参看陈振宇、杜克华(2015、2019),以及杜克华(2018)。

么,即作甚么之省文,犹怎么也。这一意义未必就一定与意外有关。实际上,它本来是表示行为方式,禅宗语录里有很多"作么"和"作么生"系词,如(例引自吕叔湘 1985:252):

(120) 王侍御问:作没时是定慧等?(石井本《神会语录》)
作勿生即是不分别智?(《顿悟真宗论》)
作摩是文殊剑?(《祖堂集》)
作摩生是和尚本分事?(《祖堂集》)

唐宋有"作个""作么""作么生",如(例引自吕叔湘 1985:252):

(121) 教老僧作么生说?(《传灯录》第八卷)

与之不同,单音节"怎"大多是"反诘"用法,如:

(122) a. 又怎禁夜深风雨,一声声。(张蠢《绮罗香·雨中舟次洹上》)
b. 小生终是个凡人,怎敢就到海中去?(《张生煮海》第三折)

李景泉、李文星(2004)认为,最初单音节的"怎"字同"争"字一样。陈振宇(2017:548-549)说"这与'怎(么)$_{原/目}$'系词的音节数有关":

表5 《水浒传》"怎"系词(引自陈振宇 2017:548)

怎	怎 么		怎 地				怎 生			
感叹原因	感叹原因	方式(怎么地)	感叹原因	判断主语	方式	定语	感叹原因	判断主语	方式	定语
20	5	2	56	2	34	3	8	5	33	8

陈振宇(2017:549)说:

可以看到,从"怎"到"怎么"到"怎地"到"怎生",左边"反诘"或问原因居多,而从左到右,方式用法由少到多,再到主导性地位的转变。由于双音节的"怎么"等"怎"系词在初期并不以表惊讶为主,因此我们怀疑问原因目的的"怎么"是从单音节的"怎"来的。在现代汉语中,"怎么、怎地、怎生"都统统合流在"怎么"之中。

今天,"怎么"同时具有了两个不同的义项:意外和方式。

但是,"作么"是如何获得意外义项的?可能是因为历史上它能够单用的缘故。

陈振宇、杜克华(2015)说:

> What 类疑问代词,当它单用时,常具有强烈的语气语调,因此与其正常的中性询问用法不同,被用来表示强化的疑问,从而表示说话者的惊讶:……
>
> 汉语及方言中,"什么/啥""怎/咋"两系疑问词都有这一用法,独用时表示惊讶:……
>
> (123) a. What!
>   b. What! ——You are here!
>   c. What! ——Are you here?
>
> (124) a. 什么?! 啥?!
>   b. 怎么?! 吓啦?! 咋个?! 干嘛?! 干什么?!

能与此类意外标记搭配的,或者本身是陈述,或者具有其他意外的形式。如(例引自陈振宇、杜克华 2015):

(125) 什么?你还没来!   什么?你还没来啊!
   什么?你怎么还没来呢!   什么?你还没来么?!

中性询问形式不能与之共现:

(126) #什么?你来没来?   #什么?你来了没有?

"作么"(早期写作"作麽")独用的例子如下,都有说话者遭遇特殊情况,因此呼问"干什么?做什么?",这样的语境赋予了它很强的意外色彩:

(127) 师云,今古永超圆智体,三山锁断万重关。慈便喝。师亦喝。慈云,作麽。师拂袖便出。(《马祖语录》)
   一女指尸曰:"尸在这里,人向甚处去?"一女曰:"作麽?吟作麽?

作麼?"(《古尊宿语录》)

有僧哭入法堂来。师曰:"作麼?"曰:"父母俱丧,请师选日。"(《古尊宿语录》)

泉行数步,师召曰:"长老!"泉回头曰:"作麼?"师曰:"莫道是未。"(《古尊宿语录》)

4.3.2 表方式的"怎么"的性质

专属的询问方式的复合形式,不可能询问原因。尤其现代汉语"怎么(一)个 X(法)""怎么(一)(个)X 法"(参见饶宏泉 2012)等结构,是询问方式(包括方法、过程、内容特征三个方面)的专用构式,具有"构式强制"功能,即一般不与方式共现的 X,也可以进入该构式,并询问其方式。如:

(128) 他怎么应该去?　他怎么个应该去法?(问有哪些条件强迫他去)

前人对此已有很多的研究,本文不再赘述。

方式分为方法、过程与内容特征三个子范畴。它们的共性是都具有[-当前持续]:该事件不能在说话者当前可以充分感知的范围内进行,因为说话者既然已充分感知,那所用之方式都已了然,对已知信息不能询问,所以一般不可以问"♯你怎么站着?""♯你怎么在跑步?""♯水怎么在流?""♯你怎么还记在心上?"这些句子,如果是询问原因目的或表意外,句子是可以成立的。

陈振宇、杜克华(2014)①和杜克华(2018)认为,三个子范畴各有各的特点:

1) 方法,指行为主体选择的进行行为的方式。它对 X 有以下语义特征:

[+事件可假]:即该事件可能不全成真。因为对无论如何一定成真的事件来说,不需要采取任何方法,故一般不可问"♯人怎么$_方$呼吸?"(当询问过程或内容特征时可以问)但在一个高度缺氧的环境下,人可能无法呼吸,这时就可问"在深海时人怎么$_方$呼吸?用氧气瓶通过呼吸器呼吸。"再如"我们又没有钱,怎么$_方$住旅馆呢?"若倾向于认为 X 很可能不能成真,则倾向于问方法,即挽救相关事件,使之为真的方法。

---

① 这是 2014 年在华东师范大学召开的"第四届上海青年语言学论坛——疑问范畴专题工作坊"上的参会论文。

"怎么_方_……才/能……""怎么_方_ V 得_[能性补语]_……"是典型的克服障碍使事件为真的格式(另见贺凯林1992,彭可君1993),它们都是问方法的,如"怎么_方_才能到对岸去?""怎么_方_(才)走得出去?"

[＋事件可控]即该事件可以由自主性的施事来施以影响,使之发生不同的结果。

注:"事件可控性"不同于"动词自主性",后者指动词自身的内容表明事件是主语可控的,如"跑步",跑者可控制这一行为,故是自主动词;"生病",病者一般不可控制这一行为,故是非自主动词。在简单肯定结构中,自主动词构成可控事件,非自主动词构成非可控事件,故可问"怎么_方_跑步?",而一般不可问"♯怎么_方_生病?"(主动采取措施去生病时变为可控事件,可问)。但在复杂句中,非自主动词可以构成可控事件,故可问"怎么_方_才/能够不生病?"这是指可以通过一些措施来防止生病;自主动词也可以构成非可控事件,故一般不可问"♯怎么_方_应该/能/会跑步?"①因为"应不应该""能不能(一般能力)""会不会"是外在于施事意志的、内外各种客观条件的要求,所以施事无能为力。但当外部有一个力量阻止他做什么,而他付出特别的努力去克服这一障碍,此时事件就是可控的了,如可以问"好本事啊! 你怎么_方_能/可以不去上课的?"(你用什么方法达到不上课的目的)"这墙怎么_方_能不倒?"

归根到底,"怎么_方_"要求的是事件可控性,而非动词自主性。

[＋施事作功]:即施事角色必须主动采取某种方法,以使事件得以成真。例如"跑步"与"不跑步"都可以由主语控制,即主语可以选择其一。但"跑步"时他必须做出努力,进行运动,所以可以问"你怎么_方_跑步?"但"不跑步"则他不须做出任何努力,任其自然,就可以不跑了,所以一般不可以问"♯你怎么_方_不跑步?"

"怎么_方_"要求事件中存在施事角色,并且他主动采取某种使事件得以成真的方法。

[＋目标]:即事件必须具有某种预期的目标,如可以问"怎么_方_钻进去""怎么_方_说清楚""怎么挖深",而如果不是预期的目标,则不可以问,如"♯怎么_方_走错路?""♯怎么挖浅?"(问原因时可说)"♯怎么_方_说糊涂?"(除非预期目标就是要把听众说糊涂,这时就可问"怎么_方_把他说糊涂?")

"怎么_方_"要求事件中的施事角色,有明确的行为目标。

---

① 参见蔡维天(2007)关于方式与情态的关系。

[±事件动态]：即该事件既可以是动态事件（有变化），也可以是静态事件（无或不涉及变化）。后者如"你们晚上怎么方顶门（的）？""他怎么方站桩？"

[±已然]：即该事件可以是但不必是已发生的事件，如可以问"♯你怎么方安排他们的？"（过去）也可以问"你怎么方安排他们？"（未来）

如（例引自肖治野 2009）：

(129) 两个席位五名代表怎么安排？（《一鸣惊人的外交家——顾维钧》）
　　　可能安排不下
　　　"安排"是可控的、自主的
　　　安排者作功
　　　行为有明确的目的
　　　未来发生

2) 过程，指事件进行过程中的阶段等方面的情况。它对 X 有以下语义特征：

[±事件可假]：无论如何一定成真的事件也可以问，如"物质怎么过永恒运动的？""人怎么过呼吸？先吸一口气，稍停呼出一口气，再吸，再呼，如此反复。"

[±事件可控]：该事件可以由自主性的施事来施以影响，也可以无施事，自发发生。前者如"你怎么过到他家去的？我先坐飞机到上海，再换高铁到常州，最后找了辆的士，又问了他小区的门卫，这才找到的。"后者如"水怎么过浸进来的？管子漏了，水先浸到砖缝里，然后顺着缝隙慢慢地，就浸到里面来了。"

[±施事作功]：有没有施事角色都无所谓。可以问"文明是怎么过开始的？""你是怎么过走回来？"。参看郭继懋（2001）。

[+事件动态]：该事件必须是动态事件（有变化），这才有过程。不可以是静态事件（无或不涉及变化），所以一般不能问"♯水怎么过在池子里？"，而可以问"水怎么过流下来（的）？"。可以问"你怎么过会游泳的？"（问学会游泳的过程）因为从"不会"到"会"的状态是动态的过程。

[+已然]：即该事件必须是已经发生的事件，这才能进一步讨论其过程。"（是）怎么……的……"结构是典型的叙述过去的事的格式，它是问过程或内容的，如"他是怎么过游到对岸去的？""他怎么过说的？"

[±目标]：事件有无预期目标不重要，如可以问"你怎么过挖浅的？我

一点点儿挖,只挖了一会儿。"

如(例引自肖治野 2009):

(130) 我怎么爱吃起羊杂碎的呢?其实不过是逼出来的而已。(《羊杂碎》)——问培养起爱吃羊杂碎这一习惯的过程。
"爱吃"习惯是非自主、不可控的
无人促使他爱吃
"爱吃"习惯的养成,动态过程
过去发生

下面看一个兼类的情况(例引自肖治野 2009):

(131) 华大夫,您怎么认出他来的?(《市井人物》)——可以是问辨认的方法,也可以是问辨认的过程。
可能认不出来
"认人"可以是可控的、自主的
认人者可以作功
认识的达成,动态过程
过去发生

3) 内容/特征,指事件存在着某一方面的重要内容,或重要特征,可以细节化,把它与同类的其他事件区别开来。它对 X 有以下语义特征:

[-事件可假]:X 事件一定可以为真,只是问其某一方面。一定为假的事不可问,如"♯你怎么内是我的?"

[±事件可控]:即该事件可以由自主性的施事来施以影响,也可以无施事,自发发生。前者如"你怎么内问(他)的?"问你问的内容,后者如"他怎么内害怕的?"问害怕的样子或程度。

[±施事作功]:有没有施事角色都无所谓。

[-事件动态]:即事件必须是静态的,如可以问"甲:你怎么内不舒服(的)? 乙:我头疼,眼花。"问不舒服表现在哪些方面。"甲:说说他怎么内疼老婆的? 乙:他天天接送她上下班。"问疼的具体内容。不能问动态的"♯你怎么内又不舒服了?"(问原因时句子成立)

[-判断]:即"事件不能对性质、状态、归属等进行判断"(引自杜克华 2018),如可以问"他怎么内调皮了?""他怎么内喜欢她了?"问调皮的内容和

喜欢的表现,但不可以问"♯他怎么_内_这么调皮?""♯他怎么_内_那么喜欢她了?"(问原因时句子成立)因为"这么、那么"表明这是对调皮程度的判断。同理不可以问"♯我怎么_内_比他矮(不少)?""♯一加一怎么_内_等于二?""♯他怎么_内_是你姐夫?"(问原因时句子成立)

[±已然]:即该事件可以是过去的、现在、未来的事件,如可以问"你怎么_内_说的?"(过去)"你怎么_内_说?""你会怎么_内_说?"(未来)

[±目标]:事件有无预期目标不重要。

如(例引自肖治野2009):

(132) 大家都叫你"穴头",你怎么想?(《"新闻穴头"闹京城》)——询问想的内容。
"你想"不会一定为假
"想"可能自主,也可能不自主
"想"时想者可能努力,也可能是自发地想
强调"想"的静态一面,这是与时间无关的,故不用持续、延续。
过去/现在/未来不定
不强调事件为真
非判断

下面看一个兼类的情况:

(133) 我到底是怎么说的呢?现在已经记不清楚了。(戴厚英《人啊人》)——可以是问说的内容,也可以是问说的过程(包括过程中发生的事)。不过在实际语料中,内容占大多数。
"说"是可控的、自主的
说者可以作功
说的过程,动态过程
过去发生
不强调事件为真
非判断

所谓内容或特征,涉及的方面比较多,下面各句都是:

(134) 怎么尊重真理?(尊重的表现)

人们怎么看他？（看法）
西红柿怎么卖？（卖的内容即价格）
你姐夫怎么好啊？（好的表现）
他怎么趴着的？（趴的样子、姿势）
圣人怎么思考？（思考的角度、深度等）
这孩子怎么说话？（说话的样子或其他外在表现特征）
企鹅怎么走路？（走路的样子）

当不再指行为或活动的发生，而是指它的某一方面的内容或特征时，它们是静态的，不能使用动态时间助词或副词"了、过、已经、曾经、在"等，但可用表示静态状态延续的"着"。

【方式原则一】 方式内部各子类及其性质配置如下（表6）：

表6 方式内部各子类及其性质配置

类 型	事件可假	事件可控	施事作功	事件动态	判断	已然	目标
方 法	＋	＋	＋	±	±	±	＋
过 程	±	±	±	＋	±	＋	±
内容特征	－	±	±	－	－	±	±

下面是表方式的"怎么"的若干重要性质：

1) "怎么＋neg"是否不能表方式

丁声树(1961)等认为，否定词出现在"怎么"后，只能问原因，不能问方式。一般来说，这是对的，但不是绝对的，甚至在一些情况下根本不是这样的。

一般而言，否定事件不需要施事做功就可以实现，故不合[＋施事作功]，不能问方法；是静态事件，不能问过程；但常常可问内容：

(135) 甲：他怎么不舒服的？　　乙：背也疼，头也疼，躺在床上直哼哼。
甲：他怎么不高兴啦①？　　乙：两三天都不说话了。
甲：这人怎么不好了？　　乙：他爱撒谎。
甲：你爸爸怎么不爱你了？乙：他都不给我零花钱。

---

① 不少时候，这里不用"了"而用"啦"，可见它主要是语气性的。

甲：我怎么不理你了我？　　乙：叫你三遍你都不答应一声。
甲：我怎么不如他了？　　　乙：人家一个月挣十万,你才挣多少！

其中不少是可加"很"的"不＋形容词"结构,问这种性状的具体内容。有时,否定事件也需要作功才可以实现,故可问方法,如：

(136) 我怎么才/能不失败？
这板儿怎么才压不断？

不过,上述例子"怎么"实际上是做谓语。
有时,否定事件也可以是动态的,故可问过程,如：

(137) 说说他(考驾照)怎么不及格的？他一上车,没打方向灯就起步,于是考官就把他关了(就不及格了)……

2) 询问方式排斥实现性
【方式原则二】
当句中有成分强调该事件的已然实现性时,不能询问事件的方式。迁移公式是：

命题 X ∧ 强调 X 已经实现 → [排斥] 询问 X 的方式

如果句子强调事件实现,则不能再问方法,因为方法只能是在事件开始时或开始前选择；如果强调已经有了结果与变化,就不能问过程；而如果表示事件实现,那就是表示动态事件,这时就不能询问内容特征,因为后者是静态的。一般不可以问"♯水怎么过流了？""♯你怎么力跑了？""♯你怎么力看三本了？""♯他怎么内说了？"(当"了"是"啦"式语气意义,表示催促对方回答时句子可以说。另请注意"怎么都洗了""怎么都力洗掉"的区别)再如"你怎么去了学校？"和"你怎么去学校？"的区别,前一句有表示事件变化或结果达到的"了",不能问方式(只能问原因),后一句没有,可以问方式。

除了"怎么＋了₂"格式外,其他受限的具有实现义的格式还有：

(138) ♯怎么(三点)才走？
♯怎么刚下课？
♯怎么去了学校？

但只要加上"能",就可以把实现性去焦点化,从而可以用询问方式的"怎么":

(139) 怎么(才)能三点才走?
怎么(才)能让代表团走进学校时刚下课?(言者正在设计行程)

3) 询问方式排斥情态性主观性
【方式原则三】
当句中有成分强调情态性主观性时,不能询问事件的方式。迁移公式是:

命题 X ∧ 强调 X 情态主观性 → [排斥] 询问 X 的方式

因为情态性主观性一般而言都是施事不可控的,所以不能询问方法;而情态性主观性是静态的,所以不能询问过程,以下问题一般不能问方式(询问原因目的时可以说):

(140) 怎么吃这么多?
怎么还(在)说话呢?
怎么又抽烟?
怎么要说清楚?
怎么应该是他说清楚?

情态性主观性本身无法展开成可描写的内容,所以不能询问内容。①
情态性主观性中有一个"异类",就是"能"②。陈振宇、吴越(2012 论文③)区分出一般能力与强制能力。一般能力指主体突破自然障碍的能力,往往由主体自身的性质及稳定的外部环境决定,如"他能举起这块石头";强制能力指当外界存在与主体意愿不同的外在要求,二者发生矛盾冲突,主体突破这些外在要求的干扰以实现自身意愿的能力。如"虽然妈妈不同意,但他终于能去/不去上学了"。二者的区别是:

自然能力无可控性,而强制能力一定要有可控性,所以这里的"异类"是强制能力,如例(139)所示,它是询问方法的一个几乎是"万能"的格式。

---

① 我们怀疑客观道义情态有可能可以询问内容,但尚未找到例句。
② 英语 can 也有同样的功能,如"How can we become good learner?"
③ 是"2012 年语言的描写与解释学术讨论会"的参会论文,尚未正式发表。

又，自然能力无可控的负极性，所说不能后接否定形式，一般不能说"♯他能不举起这块石头"；但强制能力无此限制，此时可以说"虽然妈妈不同意，但他终于能不去上学了""他能不举起这块石头吗？"（别人要他举他不想举）因此，在强制能力用法中，具有大量能产的"怎么＋能＋neg"句子，如"我怎么能不爱你？"（用什么方法达到不爱你的目的。但实际上这句是语用否定，表示没有方法能达到不爱你，即我总是爱你的。）

但不论自然能力，还是强制能力，"不＋能""没＋能"都是不可控的，一般是静态的，所以不可以询问方法和过程，如不能问"♯他怎么_{方/过}不能举起这块石头？""♯他怎么_{方/过}不能不去学校？"但有时是动态的，就可以询问过程，"——说说，他怎么_过没能举起那块石头的？——他抓住石头两个角，都举到胸口，突然一口气上不来，石头就掉下来了。（问过程）"

和其他情态性成分一样，"不＋能""没＋能"不可以问内容。

4) 已有方式状语时怎么办

【方式原则四】 事件发生的方式，各子范畴之间存在着一个层次：

$$方法＋[内容/过程＋X]$$

当内层方式状语已存在时，还可进一步询问外层方式，只要合乎外层方式（即方法）的语义要求；但如果外层方式状语已存在，就不能再询问方式了，不管是哪种方式。

下面的"绕着弯子"等是内容或特征方式，在它们外层还可问用什么方法去做到它：

(141) 请教怎么<u>绕着弯子</u>骂人？
　　　怎么才能<u>倒立着</u>喝酒？
　　　怎么<u>闭着眼睛</u>吃饭？
　　　怎么<u>像圣人一样</u>思考？

4.3.3 表意外/原因的"怎么"的性质

意外导致的疑问，主要是两个方向：询问真实性（极性问/揣测问），询问合理性（问原因目的），当然，还有询问细节等方面。询问原因目的是最容易从意外中被提示出来的，其语用推理与语法化过程是：①

---

① 在现代汉语研究中，刘月华(1989)基本上已经是用诧异来解释问原因的"怎么"了，只不过尚未进行充分的理论阐释，并未着重说明怎么用它来解释各种语法现象。

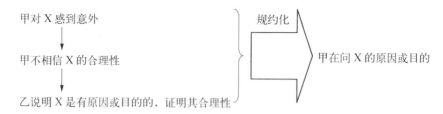

图 4　从意外到询问原因/目的

这里的原因或目的实际上都是所谓"理由"(reason),即所表达的所谓"原因、目的"更多的是为了辩驳时证明 X 的真实或合理性的证据,又称为"说法",而不一定是真正导致 X 的致使之因或目的。例如下面乙实际上是不想来,但她随意找了个理由:

(142) 甲：你怎么不来参加舞会？
　　　乙：没有合适的衣服。/为了不影响你呗。

正是因为如此,"意外——询问理由"的"怎么"最为自由,不管事件本身是不是有原因有目的,都可以主观上强加给它一个理由,所以几乎可以将各种事件都置于其句法辖域之内,除了少数例外。

陈振宇(2017:549)说：

> 询问原因目的的"怎么",实际上是借用自评价性语气性副词,它遵从语气副词的共同特征,即它在整个小句的最外围,仅比主题或表情感的语气词的句法位置低,所以它的外围(一般而言也即其左边,有时也包括其右边)的 Y,只能是主题(如下例中在句首的"他们")或表情感的语气词(如下例中的"啊")等非结构性成分,不能是任何的谓词性成分、副词、助动词或表认识、言语活动的语气成分等等。

例如(例引自陈振宇 2017:549):

(143) 他们怎么昨天没来啊？
　　　a#是他们怎么昨天没来(的)？
　　　b#他们(是)怎么昨天没来的？
　　　c#他们应该怎么昨天没来啊？
　　　d#因为/?? 所以他们怎么昨天没来啊？

e # 你到底/究竟怎么没来?

与之对立,"为什么"较为客观地询问原因目的,当无任何意外成分在其中时,它可以处在多种位置上,有的句子就可以说,如"他们是为什么不来的?""你到底为什么没来?"。

又,询问原因目的的"怎么""为什么"与原因目的分句(如"因为"类从句)不是一回事。询问原因目的的"怎么"本来就表意外;询问原因的"为什么"可以通过疑问语气强化,从而获得反问来表示意外;询问目的的"为什么"一般无反问用法(因为目的总是有的),离意外较远;询问方式的"怎么"从历史上看也许是从复合形式"作么生"("做什么")一系而来的(参看吕叔湘 1985),也离意外很远。与它们不同,原因目的分句(从句)从本质上讲本身并不具有任何意外意义,所以更加是离意外相当远。

图5 各种表达方式离"意外"的距离

所以在上述例句中,原因目的分句(从句)一般都可以自由使用:

(144) 是他们因为生病/为了考试昨天没来(的)。
他们(是)因为生病/为了考试昨天没来。
他们应该是因为生病/为了准备考试昨天没来的。
所以他们是因为生病/为了准备考试昨天没来的。
我们应该为了实现理想而努力工作。
他应该是因为生病而没来。
?他应该因为生病而没来。

当"应该"为道义情态时,最后一句是不成立的,因为施事对"原因"是没有任何可控性的。

上述例子说明,抽象地谈原因、目的、方式与情态、否定的句法位置是不妥当的,必须具体地分析每种形式的语义要求,我们才能解释纷繁复杂的汉语现象。

与"怎么"不同,询问原因的"为什么"问的是事物或对象的客观原因,参看吕叔湘等(1980:579)、刘月华(1985),而不是言语活动中的主观理由。邓思颖(2011)干脆认为句首"怎么"已经是一个纯粹的"否认"用法,不存在疑问了。理由无所不在,但真正的原因并非每个事物都有。一些话语如果仅仅或太过强调表示意外,而这类事物或对象很难说出原因的话,就只能用"怎么"而不能用"为什么"(例引自刘月华1985):

(145) 陈白露:(向小东西)你怎么单碰上这个阎王。
　　　张乔治:(惊愕)Oh, my good gracious! 你简直是上帝,你怎么把我心里的事都猜透了?
　　　今天咱们开始放暑假? 我怎么不知道?

表原因/意外的"怎么"有以下重要性质:
1) 强事件性

询问原因目的都只能针对一个事件,而不是抽象的动作,事件或者是发生,或者是没发生,或者是将发生,或者是将不会发生,有判断真值的可能,而抽象的动作则可能发生也可能不发生,没有真值价值。

同样是询问原因目的,"怎么"与"为什么"不同。汉语中光杆谓词("看")或再加上其类化宾语("看书"),可以表示事件,所以可以较自由地加上"为什么",只不过由于韵律的原因,单音节光杆谓词稍有限制,但问题不大,如"你为什么看书?""你为什么走? 为什么离开?"

但是,由于询问原因目的的"怎么"本质是表意外,而意外必须只能针对有社会价值意义的事件(即合理性因素),而抽象的事件毫无社会价值,"怎么"更特别地强调有明确的标记和符号,来表明事件有判断真值的可能。

汉语动词中,表示静态的状态、性质、等同、归属等意义的谓词,不少可以用光杆形式来表示在可能世界中存在的状态、性质、等同、归属等,即以光杆形式获得真值可能,故它们可以直接加上"怎么"以询问原因目的或表意外,如"一加一怎么等于三?""他怎么知道?""我怎么归老年组啊?"

而像"看"这种行为或动作动词(包括述结式),在光杆或再加上其类化宾语时一般表示抽象的动作,很难表示具体的事件,只有当加上一些与时间有关的成分时,它才会"具体化",表示有真值的事件,故"怎么"加上这种光杆动词就很难询问原因目的或表意外,而只能表方式;得再加上一些与时间有关的成分才行。参看彭可君(1993)。

(146) 方式　　　　　　　　　　　原因、目的、意外
　　　怎么看(书)?　　　　　　　怎么看了两本书?
　　　怎么离开?　　　　　　　　怎么离开了?
　　　怎么讨论?　　　　　　　　怎么要讨论?
　　　怎么钻过去?　　　　　　　怎么想钻过去?
　　　这么多路怎么走出去?　　　这么多路怎么一会就走出来了?
　　　他怎么看?　　　　　　　　♯怎么他看?
　　　　　　　　　　　　　　　　怎么他看见了?
　　　那个螺丝怎么拧紧?　　　　♯怎么那个螺丝拧紧?
　　　　　　　　　　　　　　　　怎么那个螺丝拧紧了?

在现代汉语普通话中,单音节"怎"也是更趋向问原因目的或表意外,询问方式颇受限制,所以一般不能说"♯怎看(书)/离开/讨论/钻过去/看/拧紧?"(有些方言的单音节"怎、乍"功能更强大,可以问方式。)

这就是不少学者都提到过的"怎么+光杆谓词"趋向于询问方式的原因。但是,这样说太简单,因为存在"例外",比如重音会改变它。

叶婧婷、陈振宇(2014)认为,焦点性特别重音的功能是判断,而判断是静态的状态、性质、等同、归属等意义范畴一类的东西。因为特别重音可以改变真值属性,即当行为或动作动词(包括述结式)的光杆形式或再加上其类指宾语构成的小结构被赋予了焦点性特别重音时,就变为了静态判断,有了真值可能,故可以询问原因目的或表意外了,如"你怎么看'书?(而不是电视)""你怎么钻'进去?(而不是出来)""他怎么'卖鱼?(而不是做别的体面的工作)",再如:

(147) 墙上有个洞,甲四下比划,看自己能不能出去,乙却一低头就钻了出去,甲不禁说:"嗨!这还是不是人!怎么'钻啊!(而不是走)"

彭可君(1993)谈到的"歧义"现象,基本上都是无焦点性特别重音时询问方式,有焦点性特别重音时询问原因目的或表意外。

(148) 方式　　　　　　　　　　　原因、目的、意外
　　　怎么阅读外文资料?　　　　怎么阅读'外文资料?（不看中文的）
　　　怎么去北京?　　　　　　　怎么去'北京?（不去别的地方）
　　　怎么对他说?　　　　　　　怎么对'他说?（不对我说）

怎么给她带路？　　　　　　怎么给'她带路？（不给别人带路）

2）"怎么"与焦点性特别重音

朱德熙(1982)指出了两类情况在语音上的区别,就是指句法重音问题,问方式的时候,重音在"怎(么)"上;问原因的时候,重音在"怎么"后面的实词上。

我们认为,疑问词一般都会要求自己担任句子的焦点成分,即疑问焦点,所以一般而言,重音总是在疑问词上,问方式的"怎么"正是如此;但问原因目的的疑问词是个"另类",它自身是信息焦点,不过它会让其辖域内的一个受其约束的实义部分充当主题焦点,以便反映究竟是针对什么询问原因或感到意外,"为什么、怎么"都是如此,如上例所示。

5. 本章小结

"评价"是对事物的出现在社会价值方面的主观态度。本节采取的是狭义的"评价"概念,主要是把事实性放到了前面的知识立场中,把情感放到后面的情感立场中,把焦点或突显问题,放到了后面的言语行为的研究中。这样一来,评价立场就主要是围绕一个语用语法范畴"意外"来进行讨论。

"意外"就是说话者指向感叹。事件出乎说话者的预期,并引起他的较高的情绪,所以意外也是感叹的一个主要的子类。自反预期指外来的当前信息,与说话者自己的预期不相符合。自反预期加上强的情感情绪就得到意外,但是,如果不能引发这一强烈的情感情绪,那么即使有自反预期,也不能得到意外。意外标记,只是自反预期标记中的一部分,以"竟然"类和"谁料"类为主。

从导致意外的原因看,主要是两个方面:"非常规导致的意外"和"不合理导致的意外"。

一、常规性

说一个命题是"常规"的,是指在大概率的情况下它是真的;常规事件就是说话者认为,大多数人(在语言中常用"别人、大家、(大)多数人"等表示)在大多数情况下(在语言中常用"常(常)、经常、总是、常见、一般、通常"等表示)会做或会遇见的事。请注意,这里的概率是说话者的心理主观认识的概率,虽然在很大程度上与现实世界的事物频率重合,但并不完全一样。

常规性不属于相对信息(交际信息),而是属于知识信息。在语言中对常规性的表达,是用语用形式去"捕捉"的事物性质,是一个主观的估计。它的主观性表现在:捕捉的视角(事物哪一方面性质的常规性)、捕捉的肯定否定侧面、捕捉的条件(在何种条件下该性质的常规程度)等等。常规性的公式依然是使用条件概率来表达,即在认识者选定的视角、条件以及已有的对该事物的了解的基础上,对事物某一方面性质的常规程度的估计。这使得它仍然是一种预期。

二、合理性

说一个命题是"合理"的,是指它与说话者的理性认识相符,由于并非大多数人认定的就是合理的,所以实际上合理性成了说话者自己主观认定的性质,而常规性的概率多少还具有相当的客观性。合理是"理性化"(rationality)范畴研究的内容:使事物合法的因素称为"理由"。

在日常口语中,"理由"占据了主要的地位:理由是人们为社会性行为找到的理据,以此说明行为的适当或不适当。在某些情况下,也会扩展到自然事物,是说话者让自己去"理解"有关现象的依据。

合理与权威有关,如果表示权威发出、认定、要求,则这是合理的;如果表示权威不做、否定、禁止,则这是不合理的。

常规和合理,的确很多时候都与常理预期有关,但是,对说话者个人的自预期而言,也有对常规和合理的认识,这时,不一定与常理一致,所以它们不能看成"常理预期"。不过它们与预期的情态类型有关:非常规与认识情态有很大的关系,因为认识的来源也是我们对事物的情况的观察或总结;而不合理与道义和意愿有关,不论是希望的,还是应该的,都可以说是合乎说话者所持的"道理"的。

三、基于意外、常规性和合理性的语用推理

这是本节研究的重点。可以从"意外"这一情感情绪反映来看:

如果表示意外,而说话者是不自信的话,则表示说话者暂时还不敢确定事物的真假。又说话者如果认为事物是弱事实或弱反事实(非事实),则需要对方证实或证伪(求证),或者告诉为什么如此(问理由),或者告诉有关细节(问细节),或者问有关信息的来源(问理据),以便说话者自己作出判断。如果表示意外,而说话者能够确定事物的真假,则他是自信的。

意外,一般都是与非常规和不合理相关:

意外—非常规—不合理
不意外—常规—合理

它们在言语行为迁移和叠加中作用极大,是极为重要的显赫触发范畴。

说话者认为是常规的事实不能让他感到意外；在言说事物或行为时，在说话者意外的情况下，如果事件为真或将来为真，则说话者会认为该事件是不合理的。

常规与合理是相通的，但是不能简单地等同：言说事物或行为，且说话者自信时，如果说话者认为它是非常规的，并且不具有明显的积极评价，则他认为这是不合理的。（请注意，如果说话者认为这是积极的事，他很难认为它不合理。）

常规性和合理性也是不对称的，它们与意外（反预期）的关系不同：

在言说事物或行为时，如果说话者强调它是常规的，则常常是因为说话者认为当前信息与之相符合，是正预期。如果说话者强调它是合理的，则常常是因为说话者认为当前信息与之相反而感到意外（反预期）。通过"一般说来"类和"按理说"类话语标记的差异可以证明这一点，前者主要用于正预期语篇，后者主要用于反预期语篇。

本节对陈振宇、杜克华（2015）提出的"意外三角"语用模型进行了修正，提出"由意外导出的迁移和叠加"以及"推导出意外的迁移和叠加"两个不同的方面，并分别给出相关的推理公式。主要考察了疑问、否定、传信、领悟等语义语用范畴与意外的关系。

四、本节选了三个重要的汉语现象来展示"意外"范畴的重要作用

1）汉语"什么"感叹句。

首先说明"什么"感叹句不是"元语否定"，而是"语用否定"。前者是指特殊的否定内容，而后者则是指有语用规律导出的否定功能。"什么"感叹句几乎涵盖了语用否定的全部区域：命题否定层次、元语否定层次、人际否定层次。最终的结论是："什么"感叹句的本质是表达说话者的意外，其中有的例句表示积极情感，是所谓"纯粹的感叹"，但这样的例句很少，绝大多数的"什么"感叹句是表达消极情感的，这是因为它一般用于反同盟的情况下，所评价的事物都是说话者的反同盟者，因此导向语用否定。

2）汉语"反问"句。

汉语的"疑问、反问（否定）、感叹"三大范畴或功能通过"意外"而合为一大类。

如果疑问是因为意外，则将按照意外的方向而迁移；也就是说，会按照意外的迁移方向，在没有明显的积极意义时，得到语用否定，当然同时也有感叹表达，在有明显的积极意义时，则只有感叹，没有语用否定。

更为重要的是，很多所谓的"反问句"的标记，是先有反问用法（语用否定），后来才产生一般中性询问的用法，这与最初设定"反问"范畴的初衷不

符。我们的考察发现,从意外向疑问的发展大致可划分为三个阶段,第一个阶段以反问(语用否定)用法为主,最多有一些揣测(倾向性疑问/求证)用法。第二个阶段,进一步发展为比较稳定的揣测问或求证问。第三个阶段,再进一步经历"语用磨损"过程,语用色彩丧失,揣测问演变为中性的询问句。

3) 汉语"怎么"原因句。

"怎"的前身是"作么",意为"做什么",它本来是表示行为方式。单音节的"怎"大多是所谓"反诘"用法,其实就是意外句。"作么"之所以获得意外意义,可能是因为历史上它能够单用的缘故。

我们还考察了表方式的"怎么"的性质,把它内部分为方法、过程、内容特征三类,其层级是"方法+[内容/过程+X]"。

意外导致的疑问,主要是两个方向:询问真实性(极性问/揣测问),询问合理性(问原因目的)。询问原因目的是最容易从合理性询问中被提示出来的。"怎么"在整个小句的最外围,仅比主题或表情感的语气词的句法位置低。它有强事件性,只能针对一个事件,而不是抽象的动作,事件或者是发生,或者是没发生,或者是将发生,或者是将不会发生,有判断真值的可能,而抽象的动作则可能发生也可能不发生,没有真值价值。

言语行为的逻辑
汉语语义和语用接口研究
（下册）

陈振宇 等 著

復旦大學出版社

参著人　陈振宁　张　莹

第六章 情感立场

情感(affection/emotion/sentiment)是"主观态度"的一个部分,专指认识主体的体验,可以是针对认识对象的情况所产生的体验,也可以是自我调动起来的外在的情感表达体验,包括心理体验和相应的生理体验,并与道德或社会价值方面的评判有关。具体的情感很多,如高兴、痛苦、满足、渴求、喜爱、讨厌、幸福、悲伤等等。但是语法学中,我们无法对各种具体的情感进行反映(一般是由具体的语言词汇或描写来反映),只能较为粗略地分为几个大类。本书中,暂时考虑"积极情感、消极情感、中性情感"几个大类,它们都与认识主体的价值判断有关。产生这些情感的各个侧面,大多与语法系统有关,包括外在的刺激、事物命题与情感的相关性、情感的互动性等等。

本章的任务包括:

1) 分析"感叹"范畴与"感叹句"的关系。

2) 描写感叹的表达要素,从多个语义语用维度分析感叹的类型,包括说话者指向和听话者指向的感叹、命题性和非命题性感叹、质与量的感叹、积极和消极感叹、互动与非互动的感叹、事实与反事实感叹等。

需要特别关注感叹主题和感叹焦点的语言表达。

3) 介绍积极消极感叹与其他语义语用范畴的关系和相互影响,主要是它与评价、事实性和同盟性的配置原理,积极消极感叹引发的后续行为,等等。

本章还以汉语感叹性语气词(北京话和成都话)为例,深入分析以意外和感叹范畴为中心的语用迁移或叠加机制。

1. 感叹(情感强度)[①]

1.1 感叹的定义与表达

1.1.1 感叹范畴和感叹句

陈振宇、张莹(2018)说"'感叹'(exclamation),即说话者对自身强烈情

[①] 本节是与张莹合作研究,参看陈振宇、张莹(2018)。

绪或情感(strong feeling or emotion)的表达"。

一般汉语学者把感叹看成一种言语行为,有自己的句子表达类型。但是,这并不适用于世界语言。每一种语言都有陈述句式、疑问句式、祈使句式,所以它们被当成基本的句子类型,参看 König & Peter(2007：276-324)。而且它们表达的是不同的言语功能,一定会多多少少语法化出各自的形式表征。同时,一般而言,这三种言语行为是互补的,如在告知时很难同时是在询问、要求,在询问时很难同时是在告知、要求,等等(间接言语行为除外)。

但是,感叹在这一方面却很不同：不是每种语言都语法化出专用的感叹形式或句式,很多都是借用陈述、疑问和祈使的句式来表达感叹,或者给它们加上一些特殊的形式来表达。感叹与告知、询问、命令并不冲突,经常叠加在一起表达,如告知对方一个信息的同时对该信息表示感叹,"给你说,你的计算水平真差!"

有的学者承认特殊的句式"感叹句"存在,觉得和陈述句、疑问句、祈使句相并列。但是,哪些是感叹句,却争论不休。有的只承认那些较为纯粹地用于感叹而不具有陈述等功能的句子,如所谓叹词句(interjections)"啊！""哎呦！""唉！""天啊！"之类,如 Makkai(1985)、吕明臣(1998)。有的则认为叹词句太特殊,是"零句"不是"整句",不在语法研究范围之内,感叹句需要研究那些同时表达命题意义的句子,这样一来,感叹句就和陈述句等纠缠不清,如许爱琼(1984)、Sadock & Zwicky(1985：162)。

有的学者认为感叹主要是一种"特征",可以加到陈述、疑问等句子中去,使之在功能上进一步扩张,感叹往往有事实性功能,或者有程度疑问功能,就是因为它伴生在陈述和疑问之中,如 Michaelis(2001)、Zanuttini and Portner(2000,2003)等。

陈振宇、张莹(2015)说"各种表示感叹的结构的唯一共同之处似乎只是它们都具有特殊的语调以及强调的焦点"(这一观点转引自 König & Peter 2007：317),就是倾向于后一种观点。

陈振宇、张莹(2018)说：

> 上述分歧产生的原因,是混淆了感叹范畴(the category of exclamation)和感叹句(exclamative)。不同语言的感叹研究发现很多普遍的规律,比如感叹和预期、程度、意外、情感、疑问、语调等都有紧密联系,呈现出很大的普遍共性；不过,不同的语言在表达感叹功能的操作策略上存在显著的差异,如汉语英语都有发达的叹词系统,可汉语还有发达

的语气词系统,而英语中大部分感叹功能都是在疑问句中实现的。英语研究中有用疑问来解释感叹句的理论,认为英语中"wh 感叹句"(wh-exclamatives)像特指问,"倒置感叹句"(inversion exclamatives)像是非问,而"名词感叹句"(nominal exclamatives)像隐性问(concealed questions)。这种理论其实是一种错觉,参看 Rett(2011:433-434)的介绍与批判,但的确说明英语中疑问与感叹在语法化上更为密切。这些差异表明,所谓"感叹句"不是一个好的研究出发点,它可能适用于部分有发达的、规约化的感叹形式的语言,却并不适用于世界语言。

总的来讲,语言中的感叹功能有两种表达方式:一个是叹词句,此时感叹是一种独立的言语行为,以表达情感情绪为唯一的目的。另一个则涉及言语活动的两个功能层次的叠加:一层是担负信息的载体,如信息的传递、信息参与社会行为的构建,等等。另一层是较为纯粹的交际,用于调节社会关系,或者表达自我。陈述、疑问、祈使主要用于前一层,而在此之上,还可以同时叠加后一层的感叹。此时,感叹和"伴随功能""次生功能""非线性功能"很接近。陈振宇、张莹(2018)说"也只能说这些句子是兼表陈述与感叹(我没说过啊!),兼表疑问与感叹(你竟然和她一块儿来的吗?),祈使语力失效转为感叹功能(你去死吧!)"。

1.1.2 感叹的表达要素和表达方式

陈振宇、张莹(2018)给出了感叹的表达要素层级:

$$
\begin{cases} 情感性部分 \\ 命题性部分 \begin{cases} 感叹主题 \\ 感叹焦点 \end{cases} \end{cases}
$$

陈振宇、张莹(2018)说:

情感部分是必须的,否则就不是"感叹"了,情感部分可以独用,这就是所谓"叹词句",……一般情况下,感叹总是附着在一个具体的对象或事件上的,是有所针对的,因此命题性的部分也很需要。……感叹中的命题部分往往有一些特点,这些特点倒并不是对所有感叹都适用,但至少适用于其中的某个子类,所以我们需要在感叹研究中加以论述。

表 1 汉语感叹形式的类型 (引自陈振宇、张莹 2018)

			无分化或分化很少	有分化	
				主要表意外	主要表强化语力
专门的情感表达	纯粹的情感表达	表达情感	啊!	唉! 哎哟! 哎哟喂! 嘿!	喂! 呸! 哈! Hello! Hi!
		表示有情感发出	焦点(必有特别重音或语调，有的还有焦点标记或算子) 你'行'! 是你! 都'十八岁了! '您也没去!		
	借用的情感表达(实际意义已经漂白，只剩下了情感功能)			天哪! 妈啊! 好家伙! God! Jesus! My goodness!	(去)他妈的! 你姥姥的! Fuck! Damn! Shit!
兼职的情感表达	对说话者心理的描写		烦! 我难受! 痛快! 寂莫 啊!	奇怪啊! 服了! 佩服! 不可思议! 难以想象……! 没想到! 简直不敢相信……! I can't believe ...!	
	对外在事物的描写	特别性质		好! 绝了! 不得了! 了不得! 败了! 赢了! 出事啦! 糟糕! 出车祸了! 死了! Wonderful! ... be broken!	
		数量程度		这么……! 他如此……! 大……了! 真……! Too ...! So ...!	

续表

		无分化或分化很少	有分化	
			主要表意外	主要表强化语力
兼职的情感表达	言语功能	疑问	上升句调↗ 多少……! 多……! 什么……! 怎么……! 谁……! 哪儿……! ……呢?! 独用: 什么! 怎么!	究竟……? 到底……? 哪儿……! 什么……!
		祈使		滚! 去死! ……罢了!
		否定(否定词重音)		我'不傻! 您'别介! '不! Never ...! No!
		肯定(也被称为"强调"(emphatic)。由于肯定的本质是默认,所以如果有标记则是强调性的。)		(是)……的! 的确……! 肯定……! ……呢(哩)!
		威胁/诅咒		看我不揍你! 日你妈的! Fuck you! Damn you!

分析表1得出以下规律,陈振宇、张莹(2018)说:

第一,在语言中,纯粹只用来表示说话者处于很高的情感状态的形式不是没有,如汉语"啊"作为音段形式(不进一步考察它的各种韵律变体的话)即是如此;但不少情感标记,都附带了一些具体或抽象的意义。抽象一点的可以分出"积极情感"(positive emotion,如"哈(哈)、痛快")和"消极情感"(negative emotion,如"唉、天哪、妈啊、烦"等),汉语及方言中,一般而言,消极情感标记都要比积极情感多一些。更具体一点,还可落向各种句子或语篇语义特征,如表肯定(如句末"的"),表赞同(如"好!")等。

第二,各种表达情感功能的形式会同时运用,而没有"冗余性"的限制,其基本规则是:越是纯粹的情感表达,越是纯粹的语气标记,越可以与其他成分自由地共现,因此汉语"啊"与其他成分共现是最自由的。

第三,任何成分X一旦加上(如果可以加上的话)强调特征(如特别重音、语调等特殊韵律配置),就会跃升到感叹的功能,不论该成分原来在什么句法位置上。例如甲说"张斌先生来了",乙接一句"`**张斌先生来了**","张斌"上的特别重音表露了乙的感慨,但"张斌先生"的句法位置依然未变。

第二、第三两点说明,从本质上讲,感叹是"非结构性"的,即不是由固定的结构位置限制的。

第四,是否有专门的、纯粹的表达说话者情感状态、并且可适用于所有(或大多数)感叹子系统的语法项,是一个语言中感叹范畴是否独立、是否发达的重要标记。其次较弱的,是有专门的、纯粹表达说话者情感状态的单位,但对情感做了分类,仅适用于某一类言语活动的语法项,如"喂"一般只用于打招呼,适用范围十分狭窄。再其次,主要依赖兼用的表达形式,需要韵律等特征辅助才能表示感叹。感叹之所以独立性差,一个重要的原因就是在很多语言中,主要靠兼职的表达方式。

西方语言学理论一般认为陈述句、疑问句、独用的名词性短语、倒置句(如助动词前移)、事实性认识情态动词等都可以表示感叹功能,但它们都不是专用的感叹结构,而仅仅是兼用于感叹,是间接言语行为的产物。它们唯一的共同之处是都有下降语调,并在某个成分上有特别的焦点重音,但这些韵律手段都是模糊的,而且也未必专用于感叹。

但在汉语研究中,"感叹"却很难不被看成一个独立的功能范畴。汉语中也大量地借用其他范畴的形式表达感叹功能,但自古至今,从普通话到方言,都存在着大量的语气性虚词,其中一般都有"感叹词"(exclamative particles),它们分为两大类:可独用的"叹词"与充当句子语缀的"语气词",二者虽有所不同,但汉语各方言都多多少少有些单位是两可的,如北京话的"啊",成都话的"唉、哈、嘎、喔"等。

汉语感叹的研究历史最早肇始于马建忠(1898),它的"助字"其实就是语气词,又分为传信与传疑两类,这两类都与感叹有重要的关系;而在黎锦熙《新著国语文法》中,正是因为兼具叹词与语气词功能的"啊"的特殊性,所以特设"感叹"一节(他称为"惊叹句",与我们所说的感叹句略有差异);吕叔湘(1942)中提出了"直陈、疑问、祈使、感叹"四类语气,认为感叹语气以感情的表达为主要任务。这一时期其他研究者,如高名凯等,都有重视感叹及感叹句的倾向。从此之后,四大句类的划分格局一直延用下来。虽然在具体的问题和概念上会存在分歧,但大都承认感叹句式的存在,感叹标记、叹词、固定的句式等等是区分感叹句内部情况的重要根据。

1.2 感叹的性质与类型

从感叹范畴的不同性质进行考察,可以给出不同的感叹类型。

1.2.1 说话者指向的感叹和听话者指向的感叹

【感叹原则一】 "感叹"可分为两大类型:说话者指向感叹,实际上就是意外引起的感叹;听话者指向感叹,实际上就是我们前面所说的"强化语力"。陈振宇、杜克华(2015)说:

> 说话者指向感叹(exclamation directed to speaker),说话者由于遭受某种外部信息,一般是由意外引起的反感、愤怒、痛苦或赞叹、幸福等强烈的感情或情绪,它们在话语中的表露,并不必然对他人产生影响,可以只是言者自身情绪的反映;听话者指向感叹(exclamation directed to hearer),说话者表现出某种强烈的感情或情绪,试图影响对方使之认同或激化对方产生特定的情绪或促使对方去做出特定的行为等等。

下面图1是我们整理的与感叹有关的语用迁移或叠加的路径图,其中用粗线框的是听话者感叹(强化语力),不过其中部分地方与说话者感叹(意外)部分有所重叠,如"强化疑问"可以是由意外引起的,也可以是由纯粹的究问引起的。

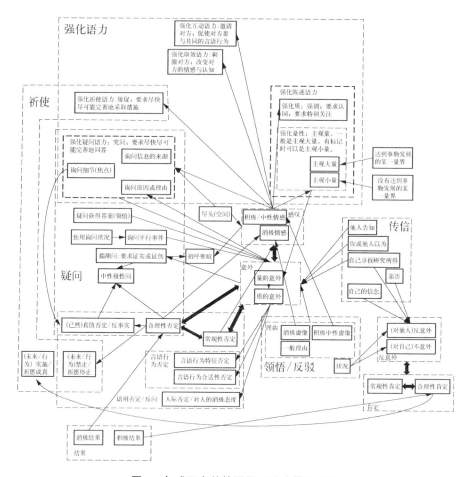

图 1 与感叹有关的语用迁移或叠加路径

1.2.2 命题性感叹和非命题性感叹，感叹主题和感叹焦点

命题性感叹如"你真好！""他怎么没来！"，又称为"有定感叹"(definite exclamatives)。非命题性感叹主要是叹词句，如"唉！""哈哈！""你姥姥的！"也称为"无定感叹"(indefinite exclamatives)。

命题不在句中表达，而是根据上下文和语境推知的，也是命题性感叹，如一个人在打量一幅画，突然叹了一口气"唉！"可以推知他是感到画作有什么问题，当然具体的命题不一定是清晰的，可能存在一定模糊性。[①]

下例 a，可以复现出较为具体的感叹命题；但例 b 不行。

---

① 按照 Michaelis(2011：1040)的观点，陈振宇、张莹(2018)称其为"可复现为相应的命题内容"。

(1) a. 甲跑到乙的面前,说：我做完啦。
   　　乙：啊↗(可复现为"乙认为甲还没有做完或不可能做完")
   b. 甲爬上山顶,大叫："啊……"

【感叹原则二】
① 如果一个命题引起感叹,则该信息必须是前景性的。(正迁移)推理公式为：

$$命题\ X \wedge [特征]感叹 \rightarrow X\ 前景信息$$

② 背景性(隐藏)的信息或功能不能让人感叹。推理公式为：

$$命题\ X \wedge [特征]X\ 背景信息 \rightarrow [排斥]感叹$$

③ 如果说话者对背景性的信息或功能进行感叹时,语力失效,在特殊情况下才可以使用。(负迁移)推理公式为：

$$命题\ X \wedge [特征]X\ 背景信息 \wedge [特征]感叹 \rightarrow 语力失效$$

如"你还在啊!"一定是当前发出的信息,此前并没有提及。

【强化——感叹原则二】
如果说话者强调一个命题的前景性,就会引起感叹。(叠加)推理公式为：

$$命题\ X \wedge X\ 前景信息 \wedge [特征]强化语力 \rightarrow 感叹$$

(2) a. 你只看了一本书啊!
   b. 甲：我只看了一本书。
   　　乙：你只看了一本书……<u>你已经看了一本书</u>!

从字面上讲"你只看了一本书"的焦点信息是"只",就是没有看更多的书,例 a 正是这样一个正常的感叹句,是对你没看更多的书感到意外,觉得你看得少了(主观小量)。在这种情况下,"你已经看了一本书"是背景信息,也不被突显,故不被感叹。

但例 b 却是非正常的感叹句,因为乙所感叹的"你已经看了一本书",并不是新信息,而是从背景信息中拿出来,它隐含在"你只看了一本书"的预设之中,所以不正常。其实这是因为乙的"你只看了一本书"是从前面甲的话那儿引用过来的,是个引语,乙所意外的,是因为他预期看不了多少,而甲说"我只看了一本书",表面看甲认为看得不多,但乙认为已经很不少了,对甲来说,"看了一本书"不重要,而应该看更多的书才重要,但对乙来说却不是这样,所以乙要重新把"已经看了一本书"拉到语篇前景中来,加以突显。有了这些更多的分析之后,原来被破坏的规则得到了修补,所以语句就合适了。

李斌、陈小荷(2009)研究了褒贬词语的语义结构,提出褒贬态度三元组:"评价者—褒贬态度—褒贬对象",评价者和对象可能在同一动词的论元中出现,如"张三(评价者)瞧不起李四(对象)"。不过在绝大多数情况下,评价者是句外的说话者。

李、陈没有考虑的是评价对象内部的语义结构。感叹命题包括两个要素:

感叹主题:感叹所针对的篇章主题,也就是此时围绕它进行讨论的事物。

感叹焦点:感叹句中最为突显的事件、性质或内容,就是它引发了说话者的情感情绪。

例如"[他韩老六 top][还怕你不成 foc]了!"这里讲的是"韩老六",是感叹主题;而令人感叹的是有人说"他会怕你",这引发了说话者的情绪,是感叹焦点。

感叹主题和焦点可以一起在句中出现,也可以只出现一个。陈振宇、张莹(2018)说:

只出现感叹主题,也称为"孤立名词性成分感叹句"(isolated-NP exclamatives)。……只出现感叹焦点,也称为"形容词感叹句",但实际上不仅是形容词。汉语中只有感叹主题的这一类在口语中并不普遍,其他语言有更发达的用例,英语有定 NP 很多都可以独用表感叹,如 The noise they make! The place they go!

(3) 只出现感叹主题:

这孩子呀!这娘儿们!你啊!好你个张老三!

车!我的车!

有这样的事!有你这种人!

看她的衣服!瞧她的样子!看你!看,飞机!

(4) 只出现感叹焦点:

太调皮了!太寒碜了吧!真虚伪!

说话不算数!

(看着衣服)都破了!破了!(抱着腿)断了!(捂着肚子)疼!真他妈疼!

如果一个名词性成分,既是我们关注的篇章主题,本身又具有某种非常特殊的属性,那么只需要提及它,不需要提及具体的事件,它的出现就足以引起感叹,这时可以说它既是感叹主题,又是感叹焦点。下面的"血、车、警察"等都是如此:

(5) 出血啦!
　　(拉住一个过马路的老人,疾呼)车! 车!
　　(犯罪分子正在交易,突然有人喊)警察!

陈振宇、张莹(2018)提到两种"感叹性易位",都是将感叹焦点前置。一种是在句子中:

(6) [怎么惹你了 foc][我 top]!
　　[太棒了 foc!][大明 top!]
　　She's pretty sharp, my mom.(我妈太聪明了。)(引自 Michaelis, 2011：1043-1044)

另一种是在定语从句中:

(7) 有你[这么混蛋 foc]的人吗!　　[多么漂亮 foc]的花啊!
　　好一个[自以为是 foc]的张老三!　你个[吃里扒外 foc]的东西!
　　[好快 fou]的剑!

【感叹原则三】 一个命题引起感叹,
① 如果该命题的感叹焦点在语篇中出现,或得到语义解释,则其感叹主题也必须得到语义解释,或在句子、上下文或场景中出现。(正迁移)推理公式为:

　　命题 X∧[特征]感叹∧X 的焦点得到语义解释→X 的主题得到语义解释

② 如果该命题的感叹主题没有得到语义解释,没有在句子、上下文或场景中出现,则感叹焦点也不会在语篇中出现,不会得到语义解释。推理公式为:

　　命题 X∧[特征]感叹∧X 的主题没有得到语义解释→
　　　　X 的焦点没有得到语义解释

这也就是说,在感叹表达中只有三种搭配情况:

① 或者一个感叹言语行为,其感叹主题和焦点都是在语句、上下文或场景中出现的,因此都有语义解释,如"你真调皮!"

② 或者只有感叹主题得到解释,而感叹焦点并不清楚,如"你啊!"

③ 或者感叹主题和焦点都没有得到解释,是非命题性感叹,如单独的叹词句"唉!"

这里不允许出现只有感叹焦点得到解释的表达。那么,前面说的句中只有感叹焦点的句子,如"真逗!"之类又是怎么回事?其实这些句子,感叹主题都是隐藏在上下文或场景中的,并且需要会话双方理解其指称对象,也就是必须在语义上有解。

一个完整的、单一的"感叹"语篇包括三个部分。

(8) a. 小明他妈的还没来!
感叹主题:小明
感叹焦点:还没来
感叹情绪:他妈的
b. 你是好人啊!
感叹主题:你
感叹焦点:是好人
感叹情绪:啊
c. 好!你小子干得漂亮!
感叹主题:你小子
感叹焦点:干得漂亮
感叹情绪:好

但是在语篇中,并不一定需要把三个部分都放在一个句子里,也不一定都出现。

(9) 妈,我还好啊,有人帮忙,不累。
感叹主题:我
感叹焦点:还好
感叹情绪:啊

"有人帮忙,不累"是对感叹焦点"还好"的说明,可以在前面,可以在后

面。"还好"演变为表示感叹情绪的成分,于是语篇结构重新分析为:

(10) 妈,我还好,有人帮忙,不累。
感叹主题:我
感叹焦点:有人帮忙,不累
感叹情绪:还好

表示感叹情绪的成分可以自由地出现在不同的句法位置,而且可以分分合合,一般来说,主要出现在外围位置。

(11) 感叹主题:我　　感叹焦点:有人帮忙,不累　　感叹情绪:还好
妈,还好!有人帮忙,我不累。
妈,还好(我)有人帮忙,不累。
妈,有人帮忙,不累,(我)还好啊!
妈,我还好有人帮忙,不累。
妈,有人帮忙,(我)还好啊,不累!
妈,有人帮忙还好,不累!
……

上述语篇分布,根本难以归入现有句法结构的哪一种,只能看成话语成分的多样性。归入副词、连词、主句结构或者其他的句法语义范畴都不合适。"量子化"的表现在于:这是一团"云",有不同的轨层,有关成分在轨层之间"跳跃",没有固定的结构,而只有概率化的分布,也即在同一时期存在对不同轨层的偏好,在不同的时期偏好会发生改变,从而出现所谓的"语法化"路径。其实,没有什么必然性,只有习惯和历史规定性。

1.2.3 "质"的意外与"量"的意外

"质"的意外,表示说话者没有预期到事物的发生,如"你怎么来了!",对"你来"这件事感到意外。"量"的意外,表示说话者没有预期到事物的量值,如"他拿了′十八个!",认为他拿的量超出预期。其他语言中也有同样的例子,不过表现形式各有自己的特色,陈振宇、张莹(2018)说"(Wow,)John bakes delicious desserts! 说话者的预期是,根据常理或已有经验,约翰烤不出美味的甜点……(My,)What delicious desserts John bakes! 指约翰烤出的甜点的美味程度超出了预期(极为美味)"。

英语研究中,发现英语的感叹和"量度"(scalar degree)有很大的关系,

如 very 只是一般的量,而 so 才是极大的量,所以前者不大能用于感叹,而后者可以,参看 Zwicky(1995):

(12) a. ♯God, it's very hot!
　　 b. God, it's so hot! 天啊,这么热!(引自 Michaelis,2011:1041)

现代汉语的"很",一般语气也比较舒缓,所以不大用于感叹,但在补语中,如"他懒得很!"因为充当焦点,所以就表示程度很高。还有其他的强化的方法,如加特别重音"今天很'凉快!",重叠"这人啊,很好很好!"等。

除此之外,还要注意的是,造成量的意外的成分,随着使用频率的大大增高,会经历语用磨损,就是逐步失去其语用色彩,变成一般的、不足以引起意外的表述。

"很"和"very",都是因为用得太多,从而"磨损"失去其特殊的情感功能的,所以除非重新强化,否则就是较为中性的表述。但是其他程度词往往还有很强的情感功能,如"非常、极、挺、顶、太、绝对"等等。

我们把磨损原则总结为:

【感叹原则四】

① 一个使用频次很高的成分,如果没有其他感叹手段的辅助,难以表达感叹。推理公式为:

$$\text{标记 } X \land [\text{特征}] X \text{ 的使用频次太高} \land [\text{特征}] \text{没有其他感叹手段} \to [\text{排斥}] X \text{ 表达感叹}$$

② 因此,表达感叹的成分在语言中的使用频次不是特别高,或者有其他感叹手段的辅助。(正迁移)推理公式为:

$$\text{标记 } X \land [\text{特征}] X \text{ 表达感叹} \to X \text{ 的使用频次不太高} \lor \text{有其他感叹手段}$$

陈振宇、张莹(2018)说:

> 西方感叹机制的研究主要集中在两个学说上:量度理论与意外理论[①]。……但不同语言其策略不一样。在英语中,量度所起的作用是主要的,所以大多数英语现象都可转化为量度等级展开论述,[②]……英语主要是 how 和 what 系,"how …! how much …! how many …!

[①] 这里的"意外"理论,实际上是只研究"质的意外"。
[②] Rett(2011)对此有详细的说明。参看 Rett(2011:416-422)和 Michaelis(2011:1046)。

what ...!",而其中只有 how 系是真正自由的。其他 wh 词,如 who、where、what time 等则少见用例。对这一现象的解释是基于量度的,即 how 天生有量度意义,所以可表示大量,从而表示感叹;而其他 wh 词没有量度意义,故不用于感叹,……如下例按 Rett(2011:418)的观点,只有当表示约翰吃的辣椒比一般辣椒都辣,表示托尼去的地方比想象的都多,也就是表示程度意义时才表示感叹,称为"自由程度意义"(freebie degrees)①。

(13)(My,)What peppers John ate!

(Oh,)The places Tori visited!

但是这仅是对英语而言,其他语言并不如此。如一些语言中,表示哪里、谁和什么的疑问词也有感叹功能,参看 Michaelis(2011:1046-1047)。

至于汉语,陈振宇、张莹(2018)说"几乎所有疑问代词加上重音就很容易表示感叹(只有'几'类不大用于感叹),……其中规约化的也有'多少、多、什么、怎么、哪儿'等,其中后三个都不表示量度!"

再看上面的英语例句,翻译成汉语"约翰吃的是什么辣椒!",可以表示是特别辣的辣椒,也可以表示是特别不辣的辣椒,也可以表示是什么怪味辣椒,也可以表示这不是辣椒,或者不是我们想象的辣椒,等等,很难用量来一以概之,有的意义必须从质进行解释。再如"托尼去的地方!",在汉语中,很难有"去的地方"很多的意味。

因此在汉语中,质的意外与量的意外同等重要。

1.2.4 褒贬——积极感叹和消极感叹

关于感叹的"褒贬"类型,陈振宇、张莹(2018)说:

> 大多数叹词都会规约地用于一个感情倾向,且贬义的往往占多数,如英语的 alas 汉语的"糟糕"等。汉语中典型的"啊"类语气词可用于褒义也可用于贬义……一个情形如果对说话者而言是不相干的,也不必然导致惊讶,而一旦是与说话者的利益与社会价值取向有关,或者通过移情促使说话者"感同身受",就会释放出他的情感浪花,这样的情况称为"关涉的"(concerned)或"自我指示"的(ego-deixis)。而只要涉及社会价值,就很难避免褒贬。

---

① 参看 Rett(2011:424)。

【感叹原则五】

① 如果该命题和说话者、听话者或他们的正/反同盟者没有社会意义上的相关性,就不会表示感叹。推理公式为:

命题 X∧[特征] X 与言者/听者/正反同盟者社会不相关→[排斥]感叹

② 如果一个命题或行为引起感叹,则该命题或行为和说话者、听话者或他们的正/反同盟者具有社会意义上的相关性。(正迁移)推理公式为:

命题 X∧[特征]感叹→X 与言者/听者/正反同盟者社会相关

③ 如果该命题和说话者、听话者或他们的正/反同盟者没有社会意义上的相关性,又要表示感叹,就是语力失效。推理公式为:

命题 X∧[特征]感叹∧[特征] X 与言者/听者/
正反同盟者社会不相关→语力失效

更进一步需要讨论的是,"社会性相关"包括什么内容?应该包括以下几个方面:

【社会相关性原则】 一个事物与某认识主体有社会相关性,

① 或者和该认识主体的知识、观念和行为相关,对他有赞同、反对、纠正、分享等可能性。(正迁移)

② 或者和该认识主体的利益和责任相关,有使他受益受损、改变、失职履职等可能性。(正迁移)

如在球场上,如果观众对场上的比赛发出感叹,这比赛当然不是观众踢的,与他们并不直接相关,那么这时观众是把场上的球队或运动员当成了自己的同盟(我所支持、同情的)或反同盟(我所反对、疏远的),而球赛的胜负必然影响到他们的利益或责任。

【强化——感叹原则五】

如果说话者特别强调一个命题或行为和说话者和听话者,或者是他们的同盟反同盟者具有社会意义上的相关性,就是在表示感叹。(叠加)推理公式为:

命题 X∧X 与言者/言者的同盟反同盟相关∧[特征]强化语力→感叹

如和说话者自己相关的"他拿了ˋ我的钱!""ˋ我的看法是……",请注意,这里之所以把同盟反同盟也算在内,是因为对说话者来说,与他们相关也就与自己相关,例如"ˋ你的车!""ˋ咱孩子考过了"。

陈振宇、杜克华、石岩(2017)说"竟然"已接近于"意外副词",以表达言者的情绪为主。"竟然"的字面义是走到尽头,而这是指说话者的认识走到一个极端的地步,所以这一定与说话者有关。

不过少数例外的"竟然"句如"为何一个如此强大的帝国竟然在不到一年的时间里轰然倒下?",这可以是中性的询问。因为"意外"有强有弱,在弱的情况下,由意外推出非常规,由非常规推出说话者暂时还不敢确定事物的真假,再由此推出需要对方证实或证伪(求证),或者告诉为什么如此(问原因),或者告诉有关细节(问细节),以便说话者自己作出判断。本句就是这样一个不自信的情况,这时说话者需要对方告诉原因或理由。

【感叹原则六】 如果一个命题或行为引起意外感叹,

① 在自信的情况下,如果命题没有积极评价,则说话者否定该命题的合理性或常规性。(正迁移)推理公式为:

命题 $X \wedge X$ 意外 $\wedge [特征]$ 自信 $\wedge [特征]$ 无积极评价 → (X 不合理 $\vee$ 非常规)

② 在自信的情况下,如果命题有积极评价,则说话者不能否定该命题的合理性,而只能是感叹。(正迁移)推理公式为:

命题 $X \wedge X$ 意外 $\wedge [特征]$ 自信 $\wedge [特征]$ 有积极评价 → 感叹 X

③ 在不自信的情况下,说话者需要对方证实或证伪(求证),或者告诉为什么如此(问原因),或者告诉有关细节(问细节),这些都是为了消除自己的意外情感。(正迁移)推理公式为:

命题 $X \wedge X$ 意外 $\wedge [特征]$ 不自信 →
(要求证实或证伪 $X \vee$ 要求告诉 X 的原因或细节)

例如"啊,你明天不来啦?!"是在要求对方证实或证伪,即明天不来是不是真的。"啊,你怎么这样啊?!"是在问对方为什么这样做,是不是有什么正当的理由。"啊,你考了啊······100 分?!"是在问细节,究竟是不是 100 分,是不是记错了具体分数。

【强化——感叹原则六】

① 当说话者特别强调命题的不合理或非常规时,就是在表达对命题的意外。(叠加)推理公式为:

命题 $X \wedge (X$ 不合理 $\vee$ 非常规$) \wedge [特征]$ 强化语力 → X 意外

② 当说话者特别强调自己对命题的感叹,就是在表达对命题的意外。(叠加)推理公式为:

命题 $X \wedge$ 感叹 $X \wedge [特征]$ 强化语力 → X 意外

③ 当说话者特别强调要求对方证实或证伪（求证），或者告诉为什么如此（问原因），或者告诉有关细节（问细节），就是在表达对命题的意外。（叠加）推理公式为：

$$命题 X \wedge （要求证实或证伪 X \vee 要求告诉 X 的原因或细节）\wedge$$
$$[特征]强化语力 \rightarrow X 意外$$

例如"你不应该这样啊！""大家都不像你这样啊！"表明说话者对"你这样"感到意外；"他是好人！"过分感叹，就是说话者表明"他是好人"的命题令人意外。最后一条与本书有关，下面的例子，都表明说话者对"你明天不来"产生了意外：

(14) 你明天究竟是不是不来了？
　　 你怎么明天不来了？！
　　 你是说明天……明天不来了？！

1.2.5 互动性感叹和非互动性感叹

感叹的互动性（interaction）是指，它的表达会影响听者，从而造成反应。从这一点讲，互动的感叹，也是以言行事，参看 Rett(2011)。有的感叹也许本来只是说话者自己的情感流露，但只要有听话者在场，就难免被对方理解为互动性的，例如：

(15) 甲：唉！　　乙：你在我面前叹什么气啊？！

陈振宇、张莹(2018)说：

> 甲也许是纯粹的感叹，但却影响了听者乙：你对着我叹气，就是说我是你的感叹对象，那我就是有什么地方让你意外了；"唉"还有消极情绪的强烈倾向，这就意味我有某些你认为不好的情况，于是又有了你在批评我的意味。所谓"言者无心听者有意"，这意味着感叹在默认时倾向于做互动理解。

这可以总结为：
【感叹原则七】
① 如果说话者不想引起在场者的注意，就不要感叹。推理公式为：

命题 X∧[特征]X 不引起在场者的注意→[排斥]感叹

② 如果说话者在感叹,就是在引起在场者的注意。(正迁移)推理公式为:

命题 X∧[特征]感叹→X 要引起在场者的注意

③ 如果说话者不想引起在场者的注意,又发出感叹,就是语力失效。(负迁移)推理公式为:

命题 X∧[特征]感叹∧[特征]X 不引起在场者的注意→语力失效

请注意语力失效的情况,如果要得到允准,需要特殊的条件,例如一个人在叹息,又不愿意让别人知道,我们知道他一定处于心境混乱之中。

【强化——感叹原则七】

如果说话者特别提请在场者注意,就是在表示感叹。(叠加)推理公式为:

命题 X∧[特征]X 引起别人的注意∧[特征]强化语力→感叹

如"注意前面有车!""当心汽车!"中,"当心"就是特别的注意,这就是针对主题"汽车"的感叹。再如老师上课说"注意了,这是不能相除的。"这也是感叹,表示老师在"这是不能相除"方面投入了更多的感情,试图更为有效地影响学生,所以这就是前面所说的感叹范畴中的"强化语力"功能。

1.2.6 事实感叹和反事实感叹

充当感叹焦点的命题,或者是事实,或者是反事实,不能是非事实,因为前面二者都是确定的信息,而后面的非事实是不确定的信息;感叹的命题必须是确定的命题。

【感叹原则八】 当感叹针对命题 X 时,

① 如果说话者对 X 的事实性不清楚,就不能感叹。推理公式为:

命题 X∧[特征]X 非事实→[排斥]感叹

② 如果说话者在感叹,则 X 或者为事实,或者为反事实。(正迁移)推理公式为:

命题 X∧[特征]感叹→X 事实∨X 反事实

③ 如果说话者对 X 的事实性不清楚,又发出感叹,就是语力失效。(负迁移)推理公式为:

命题 X∧[特征]感叹∧[特征]X 非事实→语力失效

下面具体来看事实性的情况:

【感叹原则九】

① 如果已然性的命题让人感叹,则感叹者一定认为该命题或者是真的,或者是假的,但不能是不确定的。(正迁移)推理公式为:

命题 X∧[特征]X 已然∧[特征]感叹→X(事实∨反事实)

② 已然的不确定的事物不能让人感叹。推理公式为:

命题 X∧[特征]X 已然∧[特征]X 非事实→[排斥]感叹

③ 如果说话者对不确定的已然事物进行感叹时,语力失效。(负迁移)推理公式为:

命题 X∧[特征]X 已然∧[特征]X 非事实∧[特征]感叹→语力失效

感叹性的陈述句和祈使句(即告知信息或提出要求,但是带有强烈的说话者情绪情感)中,大多有叙实性,即说话者认为字面意义所说的是事实,但也有一部分是反叙实,如反语(反讽)。

(16) a. 事实:

他喜欢'你呀!

这花真漂亮!

多'俊的姑娘啊!

你'太欺负人了!

b. 反事实:

你可真行呀你!

我的好心的大老爷,我们很知你的恩,很感你的德!

"你真坏!"她笑盈盈地说道。

帮帮忙!把你沉鱼落雁闭月羞花的脸暂时藏起来!不然太辣眼了!

感叹性的疑问句(即询问信息或表示惊讶,但是带有强烈的说话者情绪情感)中,大多有反叙实性,即说话者认为事实很可能与字面意义相反,但也有一部分是叙实的,如表示恍然大悟、事实不合情理,以及猜测等。

(17) a. 反事实:

他喜欢'你?!(他不可能喜欢你)

难道我们都这么傻?! 让你骗得团团转?!（我们不傻,不会让你骗得团团转）

他这人会喜欢谁呀?!（很可能谁也不喜欢）

这是我们的不是了?!（这不是我们的不是）

b. 事实:
这么说您是昨天来的?（恍然）
你怎么才来!（不合情理）
又调皮了不是?!（猜测）
你喜欢他的,是吧?!（猜测,要求对方回答"是"）

再如,下面这种因为意外而对对方的话语引用后表示感叹的方法,也是说话者认为的反事实:

(18) 甲：没想到又下雨了!
乙：又下雨啦?! 明明是晴天好不好。

如果被感叹的是个真正的中性问句,由于它是不确定的信息,所以对感叹而言,会语力失效。不过有一种允准的情况,如下例中,乙所感叹的"疑问句"其实是引用甲的问句,而乙的感叹也与这个问题没有关系,而是针对对方提这样的问题感到意外,所以实际上乙的意思是甲问这个问题不合适：

(19) 甲：你做了什么?
乙：我做了什么! 你怎么……怎么问我这个问题!

【强化——感叹原则九】 如果已然性的命题,说话者特别强调它是事实,或强调是反事实,就是在表示感叹。（叠加）推理公式为:

命题 X∧[特征]X 已然∧X(事实∨反事实)∧[特征]强化语力→感叹

(20) a. 强调否定:
他**不**可能喜欢你!
我可不傻!
让我走,不! 没门!
难道是我们的不是了?!

b. 强调肯定：

<u>我就是昨天才来的</u>！

<u>它肯定完蛋了</u>！

小王撞人了,<u>不骗你</u>! 真的！

<u>(你)别说,他是没来</u>！

【感叹原则十】

① 如果未然性的命题让人感叹,则感叹者一定认为该命题在未来会是真的,或者是假的,但不能是不确定的。(正迁移)推理公式为：

命题 X∧[特征]X 未然∧[特征]感叹→X(将来事实∨将来反事实)

② 未然的不确定的事物不能让人感叹。推理公式为：

命题 X∧[特征]X 未然∧[特征]X 将来非事实→[排斥]感叹

③ 如果说话者对未来不确定的事物进行感叹时,语力失效。(负迁移)推理公式为：

命题 X∧[特征]X 未然∧[特征]X 将来非事实∧[特征]感叹→语力失效

同样看看两种情况：

(21) a. 将来事实：

<u>太阳要下山了</u>！

<u>我就要死了</u>！

<u>台风即将登陆</u>！

b. 将来反事实：

甲：给我拿出来! 乙：<u>老子给你他妈的拿出来</u>！(乙根本不会拿出来,这也是反语。)

你这么激动,难道<u>明天即将世界末日了</u>?！(说话者一点也不赞同世界末日的存在,这么说仅仅是表示感叹。)

【强化——感叹原则十】 如果未然性的命题,说话者特别强调它会成为事实,或强调会成为反事实,就是在表示感叹。(叠加)推理公式为：

命题 X∧[特征]X 未然∧X(将来事实∨将来反事实)∧[特征]强化语力→感叹

同样看看两种情况：

(22) a. 强调将来实现：
　　　中华民族的伟大复兴一定会实现！
　　　大厦将倾！
　　b. 强调将来不会实现：
　　　你绝不会得逞的！
　　　如此轻举妄动，何来出其不意！

1.3 感叹的其他句法语义性质

1.3.1 感叹提升

具有句子层面的意义和功能，不能内嵌在较深的句法位置。感叹就是句子层面的功能，参看 Green(2000)。原来的感叹形式，如果能够内嵌，则往往会失去其感叹的功能，而只剩下一些命题或描写性意义：

(23) 有语气功能　　　　　　丧失语气功能
　　 我烦！　　　　　　　——张三知道我烦。
　　 难过死了！　　　　　——已经服了药，不可能还是难过死了。
　　 这事太奇怪了！　　　——他认为这事太奇怪了。
　　 出车祸了！　　　　　——李四告诉我出车祸了。
　　 太好啦！　　　　　　——太好的话就很难让人相信。
　　 多少人帮过他啊！　　——他是说过多少人帮过他。
　　 多帅啊！　　　　　　——她不觉得有多帅。
　　 去死！　　　　　　　——妈妈叫你去死。

不过，有一类特殊的主句动词，又称为"感叹动词"，如下面有下划线的那些，其主语是说话者，当宾语从句是感叹小句时，整个句子也是感叹句，这种现象称为"感叹提升"(raising of exclamation)。另参看 Searle(1969)、Milner(1978)。

(24) 我觉得真烦！
　　 我说这事太奇怪了！我告你出车祸了！
　　 我不敢相信他这么好！我没想到他这人真不错！我不知道这么多人都喜欢他！
　　 I can't believe you lost! I can't believe how few people really care!

另外,有的话语标记表面上看是在说对方的认识,但实际上是借以表达自己的观点,因此也可以成为感叹句:

(25) 你不知道这事多他妈扯淡!
　　你不晓得多少人帮过他啊!
　　您老根本就想不到这有多好!
　　(令人)难以置信这人怎么这么帅啊!
　　It's incredible how little you can spend here.
　　It's amazing how much noise they make.(引自 Michaelis 2011:1039,1042-1043)

再看一个英语例子:

(26) You won't believe who said that.
　　♯You don't believe who said that.

陈振宇、张莹(2018)说:

一类是强感叹动词……不但允许感叹提升,而且自身也有能力把非感叹结构转化为感叹功能,也就是说它同时也是感叹形式。……另一类是弱感叹动词。当这些动词的宾语从句不表示感叹(如下面左列所示)时,主句也不一定有感叹意味,即它们只允许感叹提升,自身并非感叹形式。……区别是,强感叹动词自身语义内容就有意外义,而弱感叹动词没有,所以必须依靠宾语从句中的感叹形式。①

(27) 强感叹动词:
　　他们都走了。——(令人)难以置信/我(根本)想不到/我无法相信/您老想不到他们都走了!
　　他所认识的是这些人。——难以想象/我(根本)想不到/我无法相信/您老想不到他所认识的是这些人!

(28) 弱感叹动词:
　　① 非感叹:
　　　他们都走了。——我觉得/我认为/我不知道/我不相信/我说/

---

① 参看 Elliott(1974:236-237)、McCawley(1988:717)、Michaelis(2011:1039)的论述。

我告你他们都走了。

他所认识的是这些人。——我觉得/我认为/我不知道/我不相信/我说/我告你他所认识的是这些人。

② 感叹：

他太傻了！——我觉得/我认为//我说/我告你他太傻了！

他怎么这么傻！——我不知道/我不相信他怎么这么傻！

上述问题可以归纳为：

【感叹原则十一】

① 感叹不能内嵌。推理公式为：

$$命题\ X \wedge [特征]感叹 \to [排斥]内嵌$$

② 内嵌的成分会失去感叹语力。（正迁移）推理公式为：

$$命题\ X \wedge [特征]内嵌 \to [排斥]感叹$$

③ 内嵌而又表感叹，就是语力失效。（负迁移）推理公式为：

$$命题\ X \wedge [特征]感叹 \wedge [特征]内嵌 \to 语力失效$$

请注意，"事实认识动词"所导致的感叹提升现象，其实就是语力失效后补充了新的条件，即主句成分失去主句地位，而成为话语标记。

1.3.2 信息价值

我们用信息价值来量化"意外"，有以下迁移规则：

【感叹原则十二】

① 说话者表现出高的情感强度，或者是他在想或说的信息的相对信息价值很大，或者是他正在进行的言语行为的语力极强。（正迁移）推理公式为：

$$语句 \wedge [特征]感叹 \to 相对信息价值大 \vee 强化语力$$

② 如果语句的相对信息价值小，言语行为的语力也弱，就不会表示感叹。推理公式为：

$$语句 \wedge [特征](相对信息价值小 \wedge 非强化语力) \to [排斥]感叹$$

③ 说话者表现出高的情感强度，但他在想或说的信息的相对信息价值小，并且他当前的言语行为的语力不强化，则感叹语力失效。（负迁移）推理公式为：

语句∧[特征]感叹∧[特征](相对信息价值小∧非强化语力)→语力失效

前面两点十分明显,这里就不多说了。看看第③点,例如"原来你ˋ是人啊!",表面上看是个感叹句,因为有强的韵律特征,有情感反应,但是感叹的信息条件和语力条件都不满足,因为对方当然是人,这谁都知道,所以没有任何信息价值;同时也不需要告诉对方这一信息,连告知语力都不具有,当然也就谈不上什么强化语力。总之,这一句是语力失效的。但是语力失效并不是不能说,而是需要更多的允准条件,查一下感叹的特别允准条件,实际上,这句是表示反语(反讽),意为其实"你根本不是人",指对方的行为或态度有地方完全不是人类应该的样子。

【强化——感叹原则十二】

说话者特别强调他在想或说的信息的相对信息价值很大,则是在表示感叹。(叠加)推理公式为:

语句∧相对信息价值大∧[特征]强化语力→感叹

并不是所有相对信息价值大的情况,都会产生感叹,例如在学校读书,老师讲的大部分东西都是我所不知道的。但是,这些新信息并不总是能引起学生的情绪情感波动,因为它们信息价值还不够大,对他们的冲击不够强烈。现在设想一个中世纪的牧师,他的预期是地球是宇宙的中心,太阳围绕地球旋转,现在他来到现代的课堂上,听到"地球围绕太阳旋转",这一知识完全颠覆了他的认知。这时,对牧师来说,显然他绝对会大吃一惊,情感出现巨大波动。这就是说,相对信息价值越大,越可能发生感叹。参看陈振宇、吴越、张汶静(2016)。

用格式检验一下是大概率甚至是全概率的预期:

(29)　　　　O　　　　　　　　P(M|O)/P(M)

张三说这个消息让他十分吃惊,所以张三的情绪情感应该是极大地波动了。

#张三说这个消息让他十分吃惊,所以张三的情绪情感应该没有大的波动。

#张三说这个消息让他十分吃惊,但是张三的情绪情感是极大地波动了。

?张三说这个消息让他十分吃惊,但是张三的情绪情感没有大的波动。

2. 褒贬(积极消极)

倾向性感叹句和非倾向性感叹句需要进行区分,前者说话者对感叹命题有主观态度或立场,后者则没有这样的明显的态度或立场。绝大多数感叹句都是倾向性的,非倾向性的仅仅在一些特殊的情况下才会出现。

以往的研究者已经在不同的研究题目中对此有所论述,如杨江、侯敏(2013)的"语义倾向"。杨、侯的正倾向就是本书所说的"积极",负倾向就是"消极",中立就是"中性"或"无倾向"。不过,从语用推理的角度讲,杨、侯等研究是把不同的问题混在了一起。我们认为需要分出不同的褒贬层次,即人的情感反应,总的来说至少可以分为三个层次,它们是相互独立又互相影响的:

1) 我们对事物的主观褒贬评价(积极评价和消极评价)。
2) 由事物引出的我们自己的褒贬情绪体验(积极情感和消极情感)。
3) 我们将自己的评价与情绪反作用于责任方,对他们进行表扬、批评等社会行为,即由情感导致的后续行为。

2.1 倾向性情感句中的意义配置[①]

2.1.1 褒贬评价、褒贬情感和同盟性

从表面上看,好像没有必要把积极消极评价和积极消极情感这两个层面分开。但是二者在许多方面的表现是不同的:

褒贬评价是"情感"与"评价"两个范畴的交叉,也可以算在评价立场之中,它是我们对事物好坏的预先存在的知识。而褒贬情感是感叹范畴的下位区分,是情感立场的内容,指两种具体的情绪情感反应即"积极态度"和"消极态度"。

作为情感,需要遵守"感叹"与事实性的关系,即产生情感的事物,或是事实(包括将成事实),或者是反事实(包括将成反事实);不能说还不确定的事物。但是评价不需要,因为评价是预先存在的知识,所以在一个事物还没有确定为真之前,我们就可以给予评价,如下面的条件句和通指句:

---

① 本节内容是与干薇一起研究的。

(30) 一旦失败就会产生严重的后果。
听话才是谦逊的表现。

再如：

(31) 他居然想不劳而获。
人必自侮而后人侮之。

另外否定对褒贬评价有影响：
【否定原则九】 在行为和命题否定时，
① 如果行为或命题原来是积极评价，则否定后为消极评价。（正迁移）推理公式为：

$$行为/命题\ X \wedge [特征]X\ 积极评价 \rightarrow \sim X\ 消极评价$$

② 如果行为或命题原来是消极评价，则否定后为积极评价。（正迁移）推理公式为：

$$行为/命题\ X \wedge [特征]X\ 消极评价 \rightarrow \sim X\ 积极评价$$

同盟与情感的关系已经有人讨论过，虽然不一定是用本书的术语，如李善鹏(2016)。本文所要讨论的是另外一个同盟与情感的关系问题：在下例中，说话者和"我"是正同盟，与"你"是反同盟，因为这是一个对抗性的游戏，双方是对立的关系，于是评价与情感的配置发生了颠倒。如果再加上肯定否定，则有：

(32) 哈哈！我 又_____！（a. 赢了√　　b. 输了）
哈哈！你 又_____！（a. 赢了　　b. 输了√）
哈哈！我们小明 又_____！（a. 赢了√　　b. 输了）
哈哈！你们小明 又_____！（a. 赢了　　b. 输了√）
唉！我 又_____！（a. 赢了(矫情)　　b. 输了√）
唉！你 又_____！（a. 赢了√　　b. 输了(同情)）
唉！我们小明 又_____！（a. 赢了　　b. 输了√）
唉！你们小明 又_____！（a. 赢了√　　b. 输了）

上例中，"√"代表优势选择，即更容易在空格中填入这一选项。我们会发现，随着人称以及该人称所代表的立场（同盟关系）的不同，评价（赢对一个主体而言是积极的事,输是消极的事)和情感("哈哈"表示积极情感,"唉"表示消极情感)的优势配置发生了颠倒。

造成这一局面的,是同盟性的影响。前面说过,孙佳莹、陈振宇(2020)用"(社会)群"(social group)来重新定义同盟性。同盟反映的是说话者对"情感主体"的主观态度问题,把他纳入自己的群里还是排斥出去,需要对情感主题进行定义。称为"主体",是因为它是和说话者一样的人或拟人(可以把物视为人),具有和说话者对等的独立的社会立场地位。但是从情感命题的角度看,我们认为情感主体就是情感主题。

情感主题是说话者情感朝向的对象,在感叹句中就是感叹主题。情感主题可以是言语行为的参与者,如听话者、第三方或其他人①,甚至说话者自己②;也可以是事件的某一参与者或关涉者。请注意,情感主题并不一定就是句子的主题或主语,可以是,如"唉,小王病了"(小王是情感主体),也可以不是,如"唉,怎么踩到了你的脚"("你"是情感主体)。③

在确定情感命题的倾向时,情感主题和情感焦点的区分非常重要,回到前面的例(32),我们可以看到两个清晰的评价层次:

(33) 词汇/概念层: 又赢了
(积极评价)

句子层: 我又赢了 你又赢了
(积极评价) (消极评价)

"评价"的价值体系,是一个相对静态的系统,是抽象的、概括的,例如对于"输、赢"的认识就是如此。"褒贬语词",指的就是对情感性谓词或其他情感词汇而言的,指的就是抽象事件自身的积极消极倾向。

而情感主题是在语篇中即时产生的,因此是动态的、具体的。最终的情感倾向,是根据最终的整个句子所表达的评价倾向来产生的。评价的两个层次需要划分,我们将第一个层次称为"非主题评价",将第二个层次称为"主题评价"。

请注意,人称是通过反映不同的同盟关系,影响主题评价而起作用,而

---

① 如"你啊""这小子"。
② 如自我评价,"我呢,还可以吧!"有时一个人对自己使用第二人称代词,如"你啊,怎么这么傻呀!"这就是进一步的自我分裂。
③ 陈振宇、张莹(2018)定义感叹主题为篇章主题,篇章主题可以是句子主题或主语,也可以是宾语等。情感主题也是如此。

不是直接对情感起作用的。例如"你"一般是反同盟,所以"你"的好事为真,会让说话者感到不适。但当说话者对对方感同身受,将对方纳入自己的正同盟关系之中(你和我是一伙的),这时就不会像例中那样配置,而是会"再次"颠倒过来:"唉,你又输了!"你输了,我为你而难过,这种特殊的情况叫做"同情"。再如,有的人故意显得好像自己和自己分离,自己是自己的对立面(当然这往往是假装的),于是说话者与"我"成了反同盟关系,这时就不会像例中那样配置,而是会颠倒过来:"唉,我又赢了!"我赢了,我反而难过,这种特殊的情况叫做"矫情"。

同情不真诚,就成了讽刺挖苦。而矫情根本就是故意违反常情,做出脆弱、悲伤的姿态,使人产生怜悯之心,其实令人作呕。但这种情况的存在也说明,从根本上说,不是人称而是人称所表达的同盟性在起决定作用,同一人称代词表达的同盟性改变则优势配置也会改变。

另外,有的事物自身就具有社会属性,说话者都是将积极的事物看成自己的同盟,如"青春不再有!美好的光阴逝去!天尽头何处有芳洲?(没有芳洲)我心爱的人儿在哪里?!(心爱的人不在了)"中的"青春"等,积极的事物没有实现,或消失,会带来消极的情感;说话者都是将消极的事物看成自己的对立面,如"打倒反动政府、消灭一切害人虫!消灭饥饿消灭贫穷!"中的"反动政府"等,消极的事物没有实现或消失,会带来积极的情感。

2.1.2 基于同盟关系的"非主题评价——情感"言语行为配置

由于几乎所有事件都有真假两面性,所以它们几乎都要受到事实性的影响。但是是否所有的情况下同盟性都有决定性的影响呢?显然不是。这是因为我们对事物的评价一般分为两类:

1)在社会生活中,我们有清晰的理念,知道一类事是合理的,该做的,或者对社会有益的;另一类是不合理的,不该做的,或者对社会有害的。这些都与行为或事件的主体无关,不管是谁,要求和评价都是一样的,只受到事实性的制约。这种事件我们称为"绝对评价"事件。

表2 "评价性—事实性—情感性"配置表(绝对评价事件)

非主题/主题评价		事 实 性		情 感 性		编号
XP应该发生的	XP不应该发生的	XP是事实或将成事实	XP是反事实或将成反事实	积极情感	消极情感	
1		1		1		①
1			1		1	②

续 表

非主题/主题评价		事实性		情感性		编号
XP应该发生的	XP不应该发生的	XP是事实或将成事实	XP是反事实或将成反事实	积极情感	消极情感	
	1	1			1	③
	1		1	1(庆幸)		④

表中"1"表示有效的配置,空格则为配置所无的情况。

不应该、不合理的事过去没有发生,说话者主要是感到庆幸,如下例 a；不应该、不合理的事未来不会发生,说话者主要是感到高兴,如下例 b。

(34) a. 我们总算没有白干一场。——"白干"是不应该的事,庆幸没有发生。
  b. 你小子,再也没有机会耍威风了！——"你要威风"是不应该的事,高兴这事不会发生了。

当然这是语用的区分,只是一种倾向性,可以有反例。如一个罪犯刑满释放,如果他有正确的人生观,可能会说"我终于不用再做这些违法的事了！"这是高兴不该做的事未来不会发生。对反同盟者,也可以说"要不是你还没有做严重违法的事,我早把你抓起来了！",但这样的例句显然需要特殊的语境,所以实际的用例极少。

2) 一件事的褒贬对不同的主体而言是不同的,如词汇意义上为贬义的"死了",对于说话者亲近的人(正同盟)是消极的事,如"父亲死了"；但对于说话者反对的人(反同盟)是积极的事,如"敌人死了"。这种事件我们称为"相对评价"事件。此时,这个句子的主题评价,就有可能与原来的非主题评价产生不一样的倾向,当然有时也可能具有一样的倾向。

表3 "同盟性—评价性—事实性—情感性"配置表(相对评价事件)

同盟性		非主题评价		事实性		情感性		编号
正同盟/非同盟	反同盟	XP对主体有积极影响	XP对主体有消极影响	XP是事实或将成事实	XP是反事实或将成反事实	积极情感	消极情感	
1		1		1		1		①
1		1			1		1	②

续　表

同盟性		非主题评价		事实性		情感性		编号
正同盟/非同盟	反同盟	XP对主体有积极影响	XP对主体有消极影响	XP是事实或将成事实	XP是反事实或将成反事实	积极情感	消极情感	
1			1	1			1	③
1			1		1	1		④
	1	1		1			1	⑤
	1	1			1	1		⑥
	1		1	1		1		⑦
	1		1		1		1	⑧

表中没有标注"同情、矫情"两种特殊情况。

2.1.3　悲观原则和乐观原则

1)【悲观原则】　有消极后果(消极评价)的行为需要特别的关注。表示关注的词汇往往与消极评价的事件相搭配。

(35) 留心他的情况(怕出现不好的情况)
　　 留神地上(怕地上出现水、打滑、坑、坎等容易让人受伤的情况)
　　 留意外界环境(怕出现某种改变、动荡等不好的情况)
　　 当心你的头(怕受伤)
　　 我很关心他的身体(怕得病或衰老)

上述关注,一般适用于针对正同盟关系或与同盟性无关的情感对象,更准确地说是表3的③和表2的③。即使是第二人称代词,如上所示,这时一般也是作为说话者所同情的对象来对待的。

袁毓林(2014c)认为现代汉语"怀疑"的绝大多数例句遵循"疑善信恶"的语用原则,需要补充的是,这里的"善恶"受到同盟性的制约。

2)【乐观原则一】　从说话者所获得的情感的角度讲,有这样的倾向性:

① 说话者一般更愿意获得积极情感而不是消极情感,这都是就主题评

价层次而言。(正迁移)

② 如果说话者愿意获得消极情感,则或者是因为有其他积极情感抵消该消极情感的影响(如悲喜剧那样用正面的剧情中和负面的剧情),或者是因为精神异常。(正迁移)

【乐观原则二】 既然人们一般来说更喜欢得到积极情感,而有意避免消极情感;又,人们一般来说更关注事件的发生而不是未发生,因此实际上我们常见的配置是:

① 对绝对评价的对象,说话者要有积极的情感,就倾向于关注应该的事的实现或将要实现;或者关注不应该的事的没有实现或将要消失。二者之中,前者比后者更受关注。(正迁移)

② 对相对评价而言,当是与说话者有正同盟关系的对象(包括说话者自己)或者与同盟关系无关的对象时,说话者要有积极的情感,就倾向于关注对主体有积极影响的事物或行为的实现或将要实现;或者关注对主体有消极影响的事物或行为的没有实现或将要消失。二者之中,前者比后者更受关注。(正迁移)

③ 对相对评价而言,当是与说话者有反同盟关系的对象时,说话者要有积极的情感,因此就倾向于关注对主体有积极影响的事物或行为的没有实现或将要消失;或者关注对主体有消极影响的事物或行为的实现或将要实现。二者之中,后者比前者更受关注。(正迁移)

同盟与褒贬的关系对人类社会影响之大之深,远远超出以往学者们讨论的内容,但以往的学者比较忽视同盟关系的影响。如心理学的"乐观假设"(The Pollyanna Hypothesis)[①],人喜欢选择好的一面,摒弃坏的一面。但还存在相对评价的事件,对反同盟的情感主体,说话者更喜欢使用消极评价的词语,这也是"乐观原则"为什么有时会导致非主题评价层次的消极评价的原因,它在我们的言语行为中十分重要。

同盟与褒贬的关系,往往反映在人类社会生活之中。如在美国新闻媒体中,对国内新闻有褒有贬,比较均衡,因为总有与之正同盟的,也总有与之反同盟的,有消极的事,也有积极的事;但最近十年来对中国的新闻却压倒多数的是贬(消极评价),这是为什么? 这是因为当今的中国总的来讲对美国来说是反同盟关系(竞争对手),所以中国有好事美国舆论会不高兴,有"坏事"则高兴地宣扬,因为人总是更希望获得积极情感的,所以自然就更关心中国的坏事了。但 2008 年汶川大地震的时候则不是这

---

① Boucher & Osgood(1969)提出。另参看袁毓林(2013)。

样,因为在巨大的自然灾害面前,人类具有共情心,也就是正同盟关系,或者说是绝对评价,于是他们也会感到悲痛与怜悯这些消极情感,而不会幸灾乐祸。

反之,我们对巴基斯坦有一种"巴铁"情结,即同盟关系,所以会有相反的情况,巴铁有好事我们会高兴,有坏事则会一起悲情,因为人总是更希望获得积极情感的,所以我们自然就更关心巴铁的好事了。

对他人、对人类的"共情"(empathy),其本质不是善良,而是同盟关系。

2.1.4 汉语情感性语词的分布类型

1) 无区分的情感性语词

有的语词,主要是表达强烈的情感,在各个维度上都没有明显的倾向性,也就是各种配置都可能存在,如"看/瞧 X、他妈的"等,请注意,此类标记在事实性上有差异,主要是表达事实或将成事实的事件,所以有下列配置:

(36) 看我做的模子(做的好)!看咱女儿多漂亮啊!看咱孩子,真有两下!看咱孩子高兴/美的!("高兴、美"在这里是积极评价)我他妈太有才了!我他妈的又赢了!(表3①)

瞧我又输了!我他妈又输了!(表3③)

看他得意/美/高兴的!看他快活的,胜似神仙!你他妈又赢了!(表3⑤)

看他完蛋了!看敌人被我们打得屁滚尿流!你他妈滚蛋!这小子他妈的总算进去(进监狱)了!(表3⑦)

(37) 我他妈可用功了!看你这身打扮,真俊!瞧他读书多认真啊!(表2①)

看我说的!(说的不对)看你做的!(做的东西不好)瞧他那样!("那样"在这里是消极评价)瞧我都忘了请您坐!瞧你把人家姑娘害的!这小子他妈的净说废话!(表2③)

2) 单一维度区分的情感性语词

汉语的情感性语词,很多都不仅仅是表示高的情感,而是会同时具有评价、情感、事实和同盟性中某一方面的倾向性。例如,前面说的叹词"哈哈""唉",就分别具有积极情感和消极情感,不过这两个叹词在其他方面并没有相应的区别,所以有了相当复杂的配置,如表3所示,因为区别性维度的数量与语用配置的数量是呈反比的。

"哈哈"（积极情感标记）和"唉"（消极情感标记）是较为单纯的标记。用格式检验一下是大概率甚至全概率的预期：

(38) a.   O   P(M|O)   P(M)
  张三说"哎！我又……"所以张三应该是输了。
  ♯张三说"哎！我又……"所以张三应该是赢了。
  ♯张三说"哎！我又……"   但是张三是输了。
  张三说"哎！我又……"   但是张三是赢了。

 b.   O   P(M|O)   P(M)
  张三说"哈哈！我又……"所以张三应该是赢了。
  ♯张三说"哈哈！我又……"所以张三应该是输了。
  ♯张三说"哈哈！我又……"   但是张三是赢了。
  ?张三说"哈哈！我又……"   但是张三是输了。

 c.   O   P(M|O)   P(M)
  张三说"哎！你又……"所以李四应该是赢了。
  ♯张三说"哎！你又……"所以李四应该是输了。
  ♯张三说"哎！你又……"   但是李四是赢了。
  张三说"哎！你又……"   但是李四是输了。

 d.   O   P(M|O)   P(M)
  张三说"哈哈！你又……"所以李四应该是输了。
  ♯张三说"哈哈！你又……"所以李四应该是赢了。
  ♯张三说"哈哈！你又……"   但是李四是输了。
  ?张三说"哈哈！你又……"   但是李四是赢了。

请注意，汉语的情感标记大多是兼用的，也就是本身有自己的实在的意义功能，但在一些情况下表达某种较为规约化的情感。我们要反对两种错误观念：一是过度强调其情感性，没有看到它们大量的用例其实和情感无关；二是轻易否定其情感的功能，认为它与情感无关，情感来自句中或语境中的其他成分。第一点不再多说，让我们重点看看第二点。我们发现，这些语词所在的句子往往具有感叹上的倾向性，即表3或表2中的某条或某几条，而很少或不会涉及其他条。这说明该标记的意义功能导向一定倾向的情感，这种导向性说明该语词和句子的情感功能不是无关而是紧密相关。

例如用于感叹句中，"终于、就是、可喜的是"主要表达说话者的积极情感[①],"谁料、不料、可恨、倒"主要表达消极情感[②],正是和"哈哈""唉"相似的单一维度的情感性语词,因此也有相似的倾向性配置:

(39) 我们终于胜利了!中国人民终于站起来了!我就是这样憨厚!我们小明就是这么能干!可喜的是大家都通过了考试!(表3①配置)

中国制造业终于摆脱了危机!咱就是这样不讲究!可喜的是我们没有被困难吓到!(表3④配置)

鬼子终于完蛋了!反动政府终于垮台了!国民党军队终于丧失了对解放区进攻的能力!他就是这么差!你小子就是这么卑鄙!可喜的是对手终于认输了!(表3⑦配置)

国民党军队终于没能达成"收复失地"的企图!他就是担不起这样的重任!可喜的是你小子总算没有得手!(表3⑥配置)

(40) 谁料他一个跟头摔下去就再也没有爬起来。("他"在这里是正同盟或非同盟)可恨我没能侦破这一案件!我们小二倒没有考上!(表3②配置)

谁料我倒先病了一场!不料中国队第一场就输了。可恨我报国无门,竟至一无所有!我倒被人揍了一通。他们偷东西,咱倒给人抓起来了!(表3③配置)

谁料他竟然抱得美人归!("他"在这里是反同盟)不料韩国队取得了冠军!可恨那贼子竟然官升三级!大家都在忙,你倒逍遥快活!他倒攀上了高枝!(表3⑤配置)

结果真正的间谍倒没被抓起来!(表3⑧配置)

另外,还有一些例句是绝对评价的,如"可恨他骨肉亲情完全不念!(表2②配置)""可恨这些个票商,狗眼看人低!(表2④配置)",此处不再多言。

还有分别具有正同盟和反同盟性质的语词,"咱"是正同盟的,"你龟儿

[①] 请注意,语用倾向是允许有少数反例的。例如"我终于失去了我的所爱!""我终于没能再次回到心爱的岗位上!"这是消极情感,这样的例子很少,同时这也是符合本文所说的配置的,因为这是表2②、③配置。关于"终于"积极情感和消极情感在发展中的不对称性,我们另文讨论。"就是"也有一些例句不好处理,如"不管你怎么说,我就是不高兴!"这是所谓"执拗"义,应该单独讨论。

[②] "倒"还有侥幸义,如"我倒没有被捕",这是积极情感,虽然例句很少。这也符合本文的配置,即表2④配置。

子、你(小子)也、你姥姥的"是反同盟的。如：

(41) 咱也高兴高兴！咱总算熬出头了！（表3①配置）
　　 咱没搞到什么钱！咱再也见不到故乡了！（表3②配置）
　　 咱可倒大霉了！咱要玩儿完了！（表3③配置）
　　 咱幸好没出错！咱再也不需要花这冤枉钱了！（表3④配置）

(42) 你龟儿子耍得还安逸喃！你龟儿子耍腾了(玩得十分痛快)！你龟儿子耍起劲了哈！你小子也考过了?！你小子也当上村长啦?！你姥姥的怎么挣了这么多钱啊！你姥姥的也读大学了！（表3⑤配置）
　　 这下你龟儿子耍不了了哈！你龟儿子也没有完成哈！你小子当不下去了吧！你小子到现在也没取到老婆！你姥姥的也没你的份！你姥姥的也考不上！（表3⑥配置）
　　 你龟儿子要遭球了(遭遇祸事)！你龟儿子也有今天啊！你小子也完蛋了！你小子也不行了吧！你姥姥的也挨揍了吧！你姥姥的该打！（表3⑦配置）
　　 你龟儿子还没有进去(被逮捕)！你小子还没完蛋呀！你姥姥的怎么没给人打死！（表3⑧配置）

3) 多维度联合区分的情感性语词

有的情感性语词会在多个维度上都存在区别性的倾向，这样一来其配置的情况就会相对简单，如：

(43) 正同盟/非同盟＋积极情感
　　 表3①或表2①配置：
　　　　 很高兴 X：很高兴得到这个奖。
　　　　 X 太好了：你能来太好了！能活着太好了！
　　　　 幸好 X：幸好有人帮忙！
　　　　 多亏 X：多亏你帮我/他！多亏他早一点来。
　　　　 好在 X：好在有人帮忙。
　　　　 总算 X：总算弄好了！
　　 表3④或表2④配置：
　　　　 很高兴 X：很高兴这种错误没有在本届会议上出现。
　　　　 X 太好了：没出事真是太好了！

幸好 X：幸好没有留下残疾。
　　　多亏 X：多亏我当初没摔下来。
　　　好在 X：好在没灰心,硬着头皮坚持了下来。
　　　总算 X：他总算没有被立刻遣返。

再如：

(44) 正同盟/非同盟＋消极情感
　　表3③或表2③配置：
　　　X 太糟了：堵车太糟了！
　　　不幸 X：不幸被敌人发现了。
　　　可惜 X：可惜(好东西)都被鬼子给弄走了！
　　　很难过 X：很难过您爱人去世了。
　　　竟敢 X：竟敢去找他！
　　表3②或表2②配置：
　　　X 太糟了：赶不上车太糟了！
　　　不幸 X：不幸的是两次呼救都没有人看到。不幸一连几次都没考上。
　　　可惜 X：可惜没过！可惜咱爸来不了！
　　　很难过 X：很难过大家都没有考好。
　　　竟敢 X：竟敢不告而辞！竟敢不去考试！

请注意,下面的这些情感性语词都有"反事实"意义,也就是事情没有发生,如"说好的绝不投降",那是投降了；"说好的三月放假",那是没有或不会放假。事实性颠倒后,其实得到的也是相似的配置：

(45) 积极评价/消极评价＋消极情感
　　表2③配置：
　　　说好的 X(呢)：说好的绝不投降！(结果你的良心都叫狗吃了！)
　　　说的是 X：说的是不要拿老眼光看人！(结果你就小瞧人了！)
　　　本来说 X：本来说不喝不喝的！(结果喝成了这样。)
　　　还说 X：还说绝不屈服！(结果还没挨打就招了！)
　　　说啥 X：说啥绝对不要啊！(最后还是要了。)
　　表2②配置：

说好的 X(呢)：说好的奖金呢?！说好的三月放假呢?！
说的是 X：说的是会放假！说的是爱我！
本来说 X：本来说要来的！
还说 X：还说爱我一生一世！还说会搭把手的！
说啥 X：说啥吃大饼啊！（净琢磨好事呢你！）

再如：

(46) 反同盟＋积极情感
  表 3⑦配置：
   料 X：料他诸葛用兵如神也有失街亭的一天啊！料小鬼子必将自取灭亡！
  表 3⑥配置：
   料 X：料他逃不出我的手心！

再如：

(47) 反同盟＋消极情感
  表 3⑤配置：
   你好啊 X：你好啊……有出息了?！尾巴翘到天上去啦！
   你行啊 X：你行啊……赚了大钱了不起啦！
  表 3⑧配置：
   你好啊 X：你好啊……也不给老爷我磕头了！
   你行啊 X：你行啊……还没完蛋啦！

  由于本节的配置一共有四项要素，所以如果是其中三个要素都已经确定，那么所有的要素也都必须确定，例如下面的格式要求"正同盟/非同盟＋反事实或将成反事实＋积极情感"，那么就一定是"对情感主体有消极影响"或者是"不应该发生的"，的确，这里的事件 X 都是消极评价的[①]：

(48) 躲开 X：他躲开了车祸！
   避免 X：我们避免了灾害！

[①] 这里的情感主体是"他"和"我们"，车祸、灾害、劫难、病虫害对他和我们有害。

逃过 X：他又逃过了一劫。

驱逐 X：我们要把病虫害驱逐出去！

2.1.5 规则解析

【褒贬原则一】 有命题或行为，

① 行为主体认为是对自己有积极影响的命题或行为，如果知道它已经实现或将要实现，行为主体会产生积极的情感。（正迁移）推理公式为：

命题/行为 X∧[特征]对 X 的主体有积极影响∧
[特征]X 事实/将来事实→主体积极情感

② 行为主体认为是对自己有积极影响的命题或行为，如果知道它没有实现或将要消失，行为主体会产生消极的情感。（正迁移）推理公式为：

命题/行为 X∧[特征]对 X 的主体有积极影响∧
[特征]X 反事实/将来反事实→主体消极情感

③ 行为主体认为是对自己有消极影响的命题或行为，如果知道它已经实现或将要实现，行为主体产生消极的情感。（正迁移）推理公式为：

命题/行为 X∧[特征]对 X 的主体有消极影响∧
[特征]X 事实/将来事实→主体消极情感

④ 行为主体认为是对自己有消极影响的命题或行为，如果知道它没有实现或将要消失，主体会产生积极的情感。（正迁移）推理公式为：

命题/行为 X∧[特征]对 X 的主体有消极影响∧
[特征]X 反事实/将来反事实→主体积极情感

【褒贬原则二】 当命题或行为的主体是说话者的正同盟关系（包括说话者自己），或者与同盟性无关时，

① 说话者认为是对主体有积极影响的命题或行为，如果知道它已经实现或将要实现，说话者会产生积极的情感。（正迁移）推理公式为：

命题/行为 X∧[特征]对 X 的主体有积极影响∧
[特征]X 事实/将来事实∧[特征]（正同盟∨非同盟）→积极情感

② 说话者认为是对主体有积极影响的命题或行为，如果知道它没有实现或将要消失，说话者会产生消极的情感。（正迁移）推理公式为：

命题/行为 X∧[特征]对 X 的主体有积极影响∧

［特征］X 反事实/将来反事实∧［特征］(正同盟∨非同盟)→消极情感

③ 说话者认为是对主体有消极影响的命题或行为,如果知道它已经实现或将要实现,说话者会产生消极的情感。(正迁移)推理公式为:

命题/行为 X∧［特征］对 X 的主体有消极影响∧

［特征］X 事实/将来事实∧［特征］(正同盟∨非同盟)→消极情感

④ 说话者认为是对主体有消极影响的命题或行为,如果知道它没有实现或将要消失,说话者会产生积极的情感。(正迁移)推理公式为:

命题/行为 X∧［特征］对 X 的主体有消极影响∧

［特征］X 反事实/将来反事实∧［特征］(正同盟∨非同盟)→积极情感

简单来说就是"有好事就高兴""没好事就难过""有坏事就难过""没坏事就高兴"。如:

(49) 我/他得奖了。(积极评价—事实—积极情感)
　　 我/他没有得奖。(积极评价—反事实—消极情感)
　　 我/他遭受了重大损失。(消极评价—事实—消极情感)
　　 我/他没有受到什么损失。(消极评价—反事实—积极情感)

用格式检验一下是大概率甚至是全概率的预期:

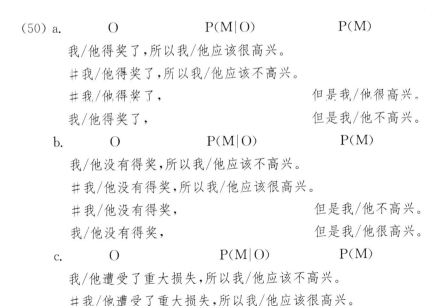

(50) a.　　　　O　　　　　P(M|O)　　　　　P(M)
　　 我/他得奖了,所以我/他应该很高兴。
　　 ♯我/他得奖了,所以我/他应该不高兴。
　　 ♯我/他得奖了,　　　　　　　但是我/他很高兴。
　　 我/他得奖了,　　　　　　　但是我/他不高兴。
　　 b.　　　　O　　　　　P(M|O)　　　　　P(M)
　　 我/他没有得奖,所以我/他应该不高兴。
　　 ♯我/他没有得奖,所以我/他应该很高兴。
　　 ♯我/他没有得奖,　　　　　　但是我/他不高兴。
　　 我/他没有得奖,　　　　　　但是我/他很高兴。
　　 c.　　　　O　　　　　P(M|O)　　　　　P(M)
　　 我/他遭受了重大损失,所以我/他应该不高兴。
　　 ♯我/他遭受了重大损失,所以我/他应该很高兴。

♯我/他遭受了重大损失，　　　　　　　但是我/他不高兴。
？我/他遭受了重大损失，　　　　　　　但是我/他很高兴。
　　d.　　O　　　　　　P(M|O)　　　　　P(M)
我/他没有受到什么损失,所以我/他应该很高兴。
♯我/他没有受到什么损失,所以我/他应该不高兴。
♯我/他没有受到什么损失，　　　　　　但是我/他很高兴。
我/他没有受到什么损失，　　　　　　　但是我/他不高兴。

【强化——褒贬原则一】 有命题或行为，

① 行为主体认为是对自己有积极影响的事物或行为,如果强调现在对它怀有积极的情感,则是在说它已经实现或将要实现。(叠加)推理公式为：

命题/行为 X∧[特征]对 X 的主体有积极影响∧主体积极情感∧
　　　　[特征]强化语力→X 事实/将来事实

② 行为主体认为是对自己有积极影响的事物或行为,如果强调现在对它怀有消极的情感,则是在说它没有实现或将要消失。(叠加)推理公式为：

命题/行为 X∧[特征]对 X 的主体有积极影响∧主体消极情感∧
　　　　[特征]强化语力→X 反事实/将来反事实

③ 行为主体认为是对自己有消极影响的事物或行为,如果强调现在对它怀有消极的情感,则是在说它已经实现或将要实现。(叠加)推理公式为：

命题/行为 X∧[特征]对 X 的主体有消极影响∧主体消极情感∧
　　　　[特征]强化语力→X 事实/将来事实

④ 行为主体认为是对自己有消极影响的事物或行为,如果强调现在对它怀有积极的情感,则是在说它没有实现或将要消失。(叠加)推理公式为：

命题/行为 X∧[特征]对 X 的主体有消极影响∧主体积极情感∧
　　　　[特征]强化语力→X 反事实/将来反事实

⑤ 行为主体表现出积极的情感,而相关的事物或行为已经发生或将要发生,则一定是对主体有积极影响的事物或行为。(正迁移)推理公式为：

命题/行为 X∧[特征]X 事实/将来事实∧主体积极情感∧
　　　　[特征]强化语力∧→对 X 的主体有积极影响

⑥ 行为主体表现出积极的情感,而相关的事物或行为没有发生或将要

消失,则一定是对主体有消极影响的事物或行为。(正迁移)推理公式为:

命题/行为 X∧[特征]X 反事实/将来反事实∧主体积极情感∧
[特征]强化语力→对 X 的主体有消极影响

⑦ 行为主体表现出消极的情感,而相关的事物或行为已经发生或将要发生,则一定是对主体有消极影响的事物或行为。(正迁移)推理公式为:

命题/行为 X∧[特征]X 事实/将来事实∧主体消极情感∧
[特征]强化语力→对 X 的主体有消极影响

⑧ 行为主体表现出消极的情感,而相关的事物或行为没有发生或将要消失,则一定是对主体有积极影响的事物或行为。(正迁移)推理公式为:

命题/行为 X∧[特征]X 反事实/将来反事实∧主体消极情感∧
[特征]强化语力→对 X 的主体有积极影响

【强化——褒贬原则二】 当命题或行为的主体是说话者的正同盟关系(包括说话者自己),或者与同盟性无关时,

① 说话者认为是对主体有积极影响的事物或行为,如果强调现在对它怀有积极的情感,则是在说它已经实现或将要实现。(叠加)推理公式为:

命题/行为 X∧[特征]对 X 的主体有积极影响∧积极情感∧
[特征]强化语力∧[特征](正同盟∨非同盟)→X 事实/将来事实

② 说话者认为是对主体有积极影响的事物或行为,如果强调现在对它怀有消极的情感,则是在说它没有实现或将要消失。(叠加)推理公式为:

命题/行为 X∧[特征]对 X 的主体有积极影响∧消极情感∧
[特征]强化语力∧[特征](正同盟∨非同盟)→X 反事实/将来反事实

③ 说话者认为是对主体有消极影响的事物或行为,如果强调现在对它怀有消极的情感,则是在说它已经实现或将要实现。(叠加)推理公式为:

命题/行为 X∧[特征]对 X 的主体有消极影响∧消极情感∧
[特征]强化语力∧[特征](正同盟∨非同盟)→X 事实/将来事实

④ 说话者认为是对主体有消极影响的事物或行为,如果强调现在对它怀有积极的情感,则是在说它没有实现或将要消失。(叠加)推理公式为:

命题/行为 X∧[特征]对 X 的主体有消极影响∧积极情感∧
[特征]强化语力∧[特征](正同盟∨非同盟)→X 反事实/将来反事实

⑤ 说话者表现出积极的情感，而相关的事物或行为已经发生或将要发生，则一定是对主体有积极影响的事物或行为。（正迁移）推理公式为：

命题/行为 X∧[特征]X 事实/将来事实∧积极情感∧[特征]强化语力∧[特征]（正同盟∨非同盟）→对 X 的主体有积极影响

⑥ 说话者表现出积极的情感，而相关的事物或行为没有发生或将要消失，则一定是对主体有消极影响的事物或行为。（正迁移）推理公式为：

命题/行为 X∧[特征]X 反事实/将来反事实∧积极情感∧[特征]强化语力∧[特征]（正同盟∨非同盟）→对 X 的主体有消极影响

⑦ 说话者表现出消极的情感，而相关的事物或行为已经发生或将要发生，则一定是对主体有消极影响的事物或行为。（正迁移）推理公式为：

命题/行为 X∧[特征]X 事实/将来事实∧消极情感∧[特征]强化语力∧[特征]（正同盟∨非同盟）→对 X 的主体有消极影响

⑧ 说话者表现出消极的情感，而相关的事物或行为没有发生或将要消失，则一定是对主体有积极影响的事物或行为。（正迁移）推理公式为：

命题/行为 X∧[特征]X 反事实/将来反事实∧消极情感∧[特征]强化语力∧[特征]（正同盟∨非同盟）→对 X 的主体有积极影响

简单来说就是"我高兴是因为好事发生或者坏事不发生""我难过是因为好事不发生或坏事发生"。不过我们需要弄清楚哪些语言表述是强调积极情感，哪些是强调消极情感，它们有的比较直接，有的则隐藏在语义之中。

这里先证明这些是大概率或全概率的预期：

(51) a.　　　　O　　　　　　P(M|O)　　　　P(M)
　　　　张三说"幸好有人帮忙！"所以应该是有人帮忙的。
　　　　#张三说"幸好有人帮忙！"所以应该是没有人帮忙的。
　　　　#张三说"幸好有人帮忙！"　　　　　　但是有人帮忙的。
　　　　?张三说"幸好有人帮忙！"　　　　　　但是没有人帮忙的。
　　b.　　　　O　　　　　　P(M|O)　　　　P(M)
　　　　张三说"说好的奖金呢?!"所以他应该没有得到什么奖金。
　　　　#张三说"说好的奖金呢?!"所以他应该得到了奖金。
　　　　#张三说"说好的奖金呢?!"　　　　　　但是他没有得到什么奖金。

?张三说"说好的奖金呢?!"　　　　但是他得到了奖金。

c.　　　O　　　　　　P(M|O)　　　　P(M)
　　张三说"不幸被敌人发现了",所以他应该是被敌人发现了。
　　♯张三说"不幸被敌人发现了",所以他应该没有被敌人发现。
　　♯张三说"不幸被敌人发现了",　　但是他是被敌人发现了。
　　?张三说"不幸被敌人发现了",　　但是他没有被敌人发现。

d.　　　O　　　　　　P(M|O)　　　　P(M)
　　张三说"又逃过了一劫",所以这一劫难应该没有发生。
　　♯张三说"又逃过了一劫",所以这一劫难应该真的发生了。
　　♯张三说"又逃过了一劫",　　但是这一劫难没有发生。
　　?张三说"又逃过了一劫",　　但是这一劫难真的发生了。

再看预设有事发生,焦点是猜测是什么样的事。如下例中,小王有积极情绪(喜滋滋),那么他做了积极的事。吃蛋糕算是积极的事,由此推理可能是他吃了。

(52) a. 甲:放在桌上的蛋糕呢?
　　　　乙:你看小王一副喜滋滋的样子!
　　 b. 甲:谁没有考好?
　　　　乙:你看小王一副悲痛欲绝的样子!

用格式检验一下是大概率甚至全概率的预期:

(53) a.　　　O　　　　　　P(M|O)　　　　P(M)
　　小王一副喜滋滋的样子,所以应该有什么好事。
　　♯小王一副喜滋滋的样子,所以应该刚倒了霉。
　　♯小王一副喜滋滋的样子,　　但是有什么好事。
　　小王一副喜滋滋的样子,　　但是他刚倒了霉。
　 b.　　　O　　　　　　P(M|O)　　　　P(M)
　　小王一副悲痛欲绝的样子,所以肯定倒了霉。
　　♯小王一副悲痛欲绝的样子,所以应该是有什么好事。
　　♯小王一副悲痛欲绝的样子,　　但是倒了霉。
　　?小王一副悲痛欲绝的样子,　　但是是有什么好事。

【褒贬原则三】 当命题或行为的主体是说话者的反同盟关系时，

① 说话者认为命题或行为对主体有积极影响，如果知道它已经实现或将要实现，说话者会产生消极的情感。（正迁移）推理公式为：

命题/行为 X∧[特征]对 X 的主体有积极影响∧
[特征]X 事实/将来事实∧[特征]反同盟→消极情感

② 说话者认为命题或行为对主体有积极影响，如果知道它没有实现或将要消失，说话者会产生积极的情感。（正迁移）推理公式为：

命题/行为 X∧[特征]对 X 的主体有积极影响∧
[特征]X 反事实/将来反事实∧[特征]反同盟→积极情感

③ 说话者认为命题或行为对主体有消极影响，如果知道它已经实现或将要实现，说话者或会产生积极的情感。（正迁移）推理公式为：

命题/行为 X∧[特征]对 X 的主体有消极影响∧
[特征]X 事实/将来事实∧[特征]反同盟→积极情感

④ 说话者认为命题或行为对主体有消极影响，如果知道它没有实现或将要消失，说话者会产生消极的情感。（正迁移）推理公式为：

命题/行为 X∧[特征]对 X 的主体有消极影响∧
[特征]X 反事实/将来反事实∧[特征]反同盟→消极情感

请注意，同样的语言形式，可能会有不同的意义，例如：

(54) a. 怎么他又失败了！（正同盟）
　　 b. 怎么他又成功了！（反同盟）
　　 c. 他终于失败了！（反同盟）
　　 d. 他终于成功了！（正同盟）

这是在说同一个人，但是说话者的立场可不一样，"怎么"表示说话者的消极情感，例 a"失败"是消极事物，所以推得"他"与说话者是正同盟关系，因为亲近的人的不好的事让人难过；而例 b"成功"是积极事物，所以推得"他"与说话者是反同盟关系，因为不喜欢的人的好事才会让人难过。"终于"表示说话者的积极情感，例 c"失败"是消极事物，所以推得"他"与说话者是反同盟关系，因为不喜欢的人的不好的事让人感到痛快；而例 b"成功"是积极事物，所以推得"他"与说话者是正同盟关系，因为喜欢的人的好事让人感到高兴。

但是我们稍微改变一下会带来不同的关系,如"终于还是"由于加上了表示消极感情的"还是",整体转为消极感情,因此下面的关系正好相反:

(55) a. 他终于还是失败了!(正同盟)
　　 b. 他终于还是成功了!(反同盟)

当然一个形式在实际使用中,有的母语者的理解并不一定与大家相同。例如将"还是"理解为表示正同盟关系,那么根据"失败、成功"的语义,可以推出"他终于还是成功了"是积极感情,"他终于还是失败了"是消极感情。

【强化——褒贬原则三】 当命题或行为的主体是说话者的反同盟关系时,

① 说话者认为是对主体有积极影响的事物或行为,如果强调现在对它怀有积极的情感,则是在说它没有实现或将要消失。(叠加)推理公式为:

命题/行为 X∧[特征]对 X 的主体有积极影响∧积极情感∧
[特征]强化语力∧[特征]反同盟→X 反事实/将来反事实

② 说话者认为是对主体有积极影响的事物或行为,如果强调现在对它怀有消极的情感,则是在说它已经实现或将要实现。(叠加)推理公式为:

命题/行为 X∧[特征]对 X 的主体有积极影响∧消极情感∧
[特征]强化语力∧[特征]反同盟→X 事实/将来事实

③ 说话者认为是对主体有消极影响的事物或行为,如果强调现在对它怀有消极的情感,则是在说它没有实现或将要消失。(叠加)推理公式为:

命题/行为 X∧[特征]对 X 的主体有消极影响∧消极情感∧
[特征]强化语力∧[特征]反同盟→X 反事实/将来反事实

④ 说话者认为是对主体有消极影响的事物或行为,如果强调现在对它怀有积极的情感,则是在说它已经实现或将要实现。(叠加)推理公式为:

命题/行为 X∧[特征]对 X 的主体有消极影响∧积极情感∧
[特征]强化语力∧[特征]反同盟→X 事实/将来事实

⑤ 说话者表现出积极的情感,而相关的事物或行为已经发生或将要发生,则一定是对主体有消极影响的事物或行为。(正迁移)推理公式为:

命题/行为 X∧[特征]X 事实/将来事实∧积极情感∧
[特征]强化语力∧[特征]反同盟→对 X 的主体有消极影响

⑥ 说话者表现出积极的情感,而相关的事物或行为没有发生或将要消失,则一定是对主体有积极影响的事物或行为。(正迁移)推理公式为:

命题/行为 X∧[特征]X 反事实/将来反事实∧积极情感∧
[特征]强化语力∧[特征]反同盟→对 X 的主体有积极影响

⑦ 说话者表现出消极的情感,而相关的事物或行为已经发生或将要发生,则一定是对主体有积极影响的事物或行为。(正迁移)推理公式为:

命题/行为 X∧[特征]X 事实/将来事实∧消极情感∧
[特征]强化语力∧[特征]反同盟→对 X 的主体有积极影响

⑧ 说话者表现出消极的情感,而相关的事物或行为没有发生或将要消失,则一定是对主体有消极影响的事物或行为。(正迁移)推理公式为:

命题/行为 X∧[特征]X 反事实/将来反事实∧消极情感∧
[特征]强化语力∧[特征]反同盟→对 X 的主体有消影响

【褒贬原则四】 当说话者认为命题或行为对客体都将产生消极影响时,无论主体与说话者有什么样的同盟关系,

① 如果知道它已经实现或将要实现,说话者都会产生消极的情感。(正迁移)推理公式为:

命题/行为 X∧[特征]对 X 的客体有消极影响∧
[特征]X 事实/将来事实→消极情感

② 如果知道它没有实现或将要消失,说话者都会产生积极的情感。(正迁移)推理公式为:

命题/行为 X∧[特征]对 X 的客体有消极影响∧
[特征]X 反事实/将来反事实→积极情感

例如"撞人"就是一个会对客体产生消极影响的事,无论"你撞人"还是"我撞人",都会使说话者产生消极情感。

(56) 你怎么骂他呀!
　　亏他还是我朋友,<u>就这么对我</u>!
　　你还是他朋友,<u>居然打他的主意</u>!
　　瞧<u>你把人家姑娘害的</u>! 这小子他妈的<u>把人家姑娘害惨了</u>!

最后,消极评价的事物还可以分为两类:一类自身就是消极性的,这是

本节的一般情况。另一类是指正常的情况无法达到,所以显得消极,如正常情况下,一个人可以答出简单的问题,但是我或你都是"大知识分子",居然答不上来,就可以说"你/我还是教授呢,不也答不上来!"这种消极评价的事物,是不分正同盟还是反同盟的,都会造成消极情绪,只不过对正同盟而言是遗憾,对反同盟而言是讽刺,所以"我不也答不上来"是遗憾是开解,"你不也答不上来"是讽刺是反驳。我们有:

【褒贬原则五】

① 当说话者强调命题或行为是常规的或合理的时候,无论主体与说话者是什么样的同盟关系,如果知道它没有做,说话者都会产生消极的情感。(正迁移)推理公式为:

$$命题/行为 X \wedge [特征]X(常规 \vee 合理) \wedge$$
$$[特征]X 反事实/将来反事实 \rightarrow 消极情感$$

② 当说话者强调命题或行为是非常规的或不合理的时候,无论主体与说话者是什么样的同盟关系,如果知道它做了,说话者都会产生消极的情感。(正迁移)推理公式为:

$$命题/行为 X \wedge [特征]X(非常规 \vee 不合理) \wedge$$
$$[特征]事实/将来事实 \rightarrow 消极情感$$

例如:

(57) a. 能不能当个正常的人!上课能不能早点来啊!能不能不(要)放屁!能不能别做鬼脸,怪吓人的!可不可以给单身狗留一条活路!可不可以再来一遍啊你!好不好别再来找我了,人家都要说闲话了!

b. 什么你<u>还没走</u>啊!什么他<u>没上班</u>!
怎么你<u>没来</u>啊!怎么<u>现在才开门</u>啊!
你竟敢<u>不告而辞</u>!他居然<u>不去见校长</u>。
这么难听的话,亏你<u>说得出口</u>!亏你还是教授,<u>这么简单的问题都答不上来</u>!
我还是他爸爸呢!<u>也没有我的份</u>!咱小二还是班长呢,<u>也没让进去</u>。你还是老手呢,<u>也没过关</u>!

2.1.6 反例和原因

任何语用原则都难免存在反例,这往往是其他语用维度造成的。

表 4　反例形式举隅("★"表示反例的情况)

构式	XP 的褒贬性	XP 的事实性	情感性	同盟性	例（下划线为 X 成分）
什么 X 怎么 X 就 X	消极评价（对主体不好）	★反事实/将来反事实（对引语的反驳）	消极情感	主体是自己或同盟；引语的说话者是反同盟	说什么(我)不合适啦?! 合适！ 什么我不好了！我好得很呢！ 凭什么我们小二就不能过关了！ 怎么我就不行了！我行！ 我就这么差?! 我们就这么完了?!
	积极评价			主体是反同盟；引语的说话者是反同盟	什么教授啊！什么刻苦努力啊(觉得没努力)！ 怎么你就能过去了！（觉得你也不能过去） 他就这么好?! 他就如此了得吗?!
	消极评价（对主体不好）	事实/将来事实		自己或同盟	什么妈妈中风了！ 我儿子怎么让人打了！ 我们就这么让人给骗了?!
	积极评价			反同盟	什么他考上了！ 怎么他把钱赚去了！ 什么，他就这样过关了?!
	消极评价（对客体不好）	★事实/将来事实		反同盟	什么你还没走啊！什么鬼名堂！（是鬼名堂） 怎么你没来啊！怎么现在才开门啊！ 你就这么着急?!（是这么着急，不过这不对）
哪里 X	消极评价（对主体不好）	★反事实/将来反事实（对引语的反驳）	消极情感	主体是自己或同盟；引语的说话者是反同盟	我们小二哪里没出息了！哪里不仗义了！
	积极评价			主体是反同盟；引语的说话者是反同盟	(你/他)哪里有出息了！哪里仗义了！
哪里哪里	积极评价	★反事实/将来反事实（对引语的反驳）	积极情感	自己或同盟；引语的说话者是反同盟	甲：你可帮了大忙了！乙：哪里哪里。

续 表

构式	XP的褒贬性	XP的事实性	情感性	同盟性	例(下划线为X成分)
★打倒X,消灭X,再见X	消极评价	反事实/将来反事实	积极情感	反同盟	打倒<u>反动政府</u>! 消灭<u>一切害人虫</u>! 消灭<u>饥饿</u> 消灭<u>贫穷</u> 再见<u>笨蛋君</u>! 再见<u>癌症君</u>! 拜拜了<u>您哪</u>!
★X不再,X逝去何处又X,X在哪里	积极评价	反事实/将来反事实	消极情感	同盟	<u>青春</u>不再有! <u>友谊</u>不再存在! <u>幸福</u>不再! <u>美好的光阴</u>逝去! <u>青春的岁月</u>逝去! 天尽头何处有<u>芳洲</u>?(没有芳洲) <u>我心爱的人儿</u>在哪里?!(心爱的人不在了)

从表4中可以看到,主要的特殊情况是由两类原因导致的:

1) X为引述对方的话或意见。根据【同盟原则十】,说话者认为对方的话或意见不合理,说话者认为对方的话或意见是反事实。例如下例都是因为对方说过有关的话或表达过有关的意思:

(58) 我哪里不对啦! 我们小二哪里不合适了!(自己或同盟)
他哪里能干了! 你小子哪次做对了!(反同盟)

引言,也有人称为"回声、引用",指的是将他人的话语重新讲一遍,并且让对方知道是在引用的话语方式。分为"整体引言—部分引言—变体引言(对被引话语进行一些修改)""在场引言(又分为邻接话轮引言—远距离引言)—不在场引言(如引用名人的话语的引言)""句法型引言(是正常的回应方式)—语用型引言(也可以不用引言而用其他方式)"等维度。

这里关注的是"邻接话轮引言",它的功能是多种多样的:
① 表示信息已经收到。(——他昨天来的。——额,昨天。)
② 表示认同对方的意见。(——他们真是冤家。——真是冤家!)
③ 意外。(又分为语用否定与纯粹感叹:什么好啊! 我过了!)
④ 没有听清要求证实或证伪。(是小王去哪儿吗?)
⑤ 要对前面的话语进行部分修正。(你才傻瓜呢!)
……

这里关注的仅仅是"意外"类引言。在这里往往有三方关系,与说话者对立的有两方,一方是说这话或表达这意思的人,另一方才是性状或行为的主体。这种三方关系可以归纳为以下规则:

【褒贬原则六】 当说话者引用对方的话,且与对方是反同盟关系时,对方的话总是错的,是反事实,说话者产生消极情感。(正迁移)

① 如果被言说的主体是说话者自己或正同盟者,则被言说的是消极评价的事。(叠加)推理公式为:

命题/行为 X∧[特征]引语∧[特征]X 主体是自己或同盟∧
[特征]消极情感→消极评价∧反事实

② 如果被言说的主体是说话者的反同盟者,则被言说的是积极评价的事。(叠加)推理公式为:

命题/行为 X∧[特征]引语∧[特征]X 主体是反同盟∧
[特征]消极情感→积极评价∧反事实

也就是说,对我或我们这一伙的人,你说我或他的坏话,我不同意;对与我对立的人,你说他的好话,我也不同意。例如当张三听到对方说"小明不好、李四是教授"时,有:

(59) 我们小明什么不好啊!("不好"是消极评价,所以张三与小明是正同盟者。)

李四什么教授啊!("教授"是积极评价,所以张三与李四是反同盟者。)

2) 有的事物自身就具有褒贬属性。说话者都是将积极的事物看成自己的同盟,如下例 a 的"青春",积极的事物没有实现或消失带来消极的情感;说话者都是将消极的事物看成自己的对立面,如下例 b 的"反动政府",消极的事物没有实现或消失则带来积极的情感。

(60) a. 青春不再!
b. 打倒反动政府!

2.2 结果与后续行为

2.2.1 事件、结果和主体的褒贬性

一个事件有结果,事件以及事件的主体,与结果之间具有褒贬性上的和

谐性：

【褒贬原则七】

① 达到或靠近消极的结果，是由消极的事件导致的；达到或靠近积极的结果，是由积极的事件导致的。（正迁移）推理公式为：

行为/性质 X∧[特征]X 有/靠近消极结果→X 消极
行为/性质 X∧[特征]X 有/靠近积极结果→X 积极

② 如果事件是非消极的（积极或中性），就不会有或靠近消极结果；如果事件是非积极的（消极或中性），就不会有或靠近积极结果。（正迁移）推理公式为：

行为/性质 X∧[特征]X（积极∨中性）→X 没有/不靠近消极结果
行为/性质 X∧[特征]X（消极∨中性）→X 没有/不靠近积极结果

③ 达到或靠近消极的结果由积极的事件导致，达到或靠近积极的结果由消极的事件导致，都是语力失效。（负迁移）推理公式为：

行为/性质 X∧[特征]X 有/靠近消极结果∧[特征]X 积极→语力失效
行为/性质 X∧[特征]X 有/靠近积极结果∧[特征]X 消极→语力失效

例如"你认真读书的话姥姥会高兴的"，有积极结果，所以"读书"是积极的事；"你半夜回家的话姥姥会不高兴的"，有消极结果，所以"半夜回家"是消极的事。

为什么在上面我们会提到"靠近"，这是因为并不是真正达到积极消极结果才能给事件定性，如果一个事件让我们感到倾向于积极消极结果，我们就会赋予它相应的情感。就像坐过山车，向大地冲去，不需要真的与大地接触，就会使乘客吓得半死，所以结果的影响不是一定要达到结果，只要趋近它就会产生足够的影响。再比如"你刚才要吓死我了！"，吓死是消极结果，但这里并没有真的实现，只是接近吓死，但这也说明说话者是认为你刚才的所作所为是消极的事情。

用格式检验一下是大概率甚至全概率的预期，请注意下面例句中的"可能"是指靠近或倾向于得到这一结果，但未必得到这一结果：

(61) a.　　　　　O　　　　　　　　　　P(M|O)/P(M)
你认真读书的话姥姥（可能）会高兴的，所以认真读书应该是好事。
≠你认真读书的话姥姥（可能）会高兴的，所以认真读书未必是好事。

♯你认真读书的话姥姥(可能)会高兴的,但是认真读书是好事。
?你认真读书的话姥姥(可能)会高兴的,但是认真读书不是好事。

b.   O   P(M|O)/P(M)

你半夜回家的话姥姥(可能)会不高兴的,所以半夜回家应该是坏事。
♯你半夜回家的话姥姥(可能)会不高兴的,所以半夜回家未必是坏事。
♯你半夜回家的话姥姥(可能)会不高兴的,但是半夜回家是坏事。
你半夜回家的话姥姥(可能)会不高兴的,但是半夜回家不是坏事。

再看看语力失效的情况,如"你好好认真读书(积极),人们会叫你书呆子(消极后果)",这是反讽。

【强化——褒贬原则七】

如果强调事件是消极的,也就是说它会有或会靠近消极后果;如果强调事件是积极的,也就是说它会有或会靠近积极后果。(正迁移)推理公式为:

行为/性质 X∧[特征]X 消极∧[特征]强化语力→X 有/靠近消极后果
行为/性质 X∧[特征]X 积极∧[特征]强化语力→X 有/靠近积极后果

一般而言,只是对事件给予积极评价,它不一定会有积极结果,因为有的事情连结果都没有,只是做的过程是好的,如"不管别人怎么说,看书都是好事",甚至一个好事有时会有消极的后果,"看书总是好事,即使因此得了近视眼"。但如果我们强调这是好事,那就隐含着这一定有积极后果,如"你在家多待些日子也好!"这是说你多待些日子,会有或可能有好的结果,如父母高兴啊等等。

前面所说的自身具有褒贬属性的事物,称为"褒贬主体"。主体的褒贬性与事件的褒贬性之间有不同的配置,我们对其认识是不同的。

【褒贬原则八】

① 消极的主体做消极的事,积极或中性的主体做积极的事,都是合理的。(正迁移)推理公式为:

行为/性质 X∧[特征](积极∨中性)主体∧[特征]积极评价→X 合理
 行为/性质 X∧[特征]消极主体∧[特征]消极评价→X 合理

② 积极或中性的主体做消极的事,消极的主体做积极的事,都是不合理的。(正迁移)推理公式为:

行为/性质 X∧[特征]消极主体∧[特征]积极评价→X 不合理

行为/性质 X∧[特征](积极∨中性)主体∧[特征]消极评价→X 不合理

③ 对积极或中性主体而言,合理的话就做积极的事;对积极的事而言,合理的话就是积极或中性主体做的。(正迁移)推理公式为:

行为/性质 X∧[特征]X 合理∧[特征]积极评价→(积极∨中性)主体

行为/性质 X∧[特征]X 合理∧[特征](积极∨中性)主体→积极评价

④ 对消极主体而言,合理的话就做消极的事;对消极的事而言,合理的话就是消极主体做的。(正迁移)推理公式为:

行为/性质 X∧[特征]X 合理∧[特征]消极评价→消极主体

行为/性质 X∧[特征]X 合理∧[特征]消极主体→消极评价

⑤ 对积极或中性的主体而言,不合理的话就做消极的事;对积极的事而言,不合理的话就是消极主体做的。(正迁移)推理公式为:

行为/性质 X∧[特征]X 不合理∧[特征]积极评价→消极主体

行为/性质 X∧[特征]X 不合理∧[特征](积极∨中性)主体→消极评价

⑥ 对消极主体而言,不合理的话就做积极的事;对消极的事而言,不合理的话就是积极或中性的主体做的。(正迁移)推理公式为:

行为/性质 X∧[特征]X 不合理∧[特征]消极评价→(积极∨中性)主体

行为/性质 X∧[特征]X 不合理∧[特征]消极主体→积极评价

如下例 a 都是合理的,例 b 都是不合理的:

(62) a. 魔鬼害人/不救人!
　　　 英雄不当逃兵!
　　 b. 魔鬼不害人/要救人!
　　　 英雄当逃兵!

再如下例中,例 a 的主体都是积极的,所以"这、这样"指他们所做的事或性质,因此都是积极的;例 b 的主体都是消极的,所以"这、这样"也都是消极的:

(63) a. 这就是英雄所为!
　　　 好人就是这样的!

b. 这就是卑鄙的人的所作所为!
   魔鬼就是这样的!

再如下例中,例 a 的事都是积极的,所以"这人、这样的人"指做事的人,因此都是积极的;例 b 的事都是消极的,所以"这人、这样的人"也都是消极的:

(64) a. 这人就是乐于助人!
       拯救世界的事就应该是这样的人做的!
     b. 这人就是这么烦人!
       毁灭世界的事就应该是这样的人做的!

下面是中性主体做事的合理性,"他去害人/他不救人!"是不合理的,"他不害人/救人!"是合理的。一个中性的人,如张三,合理的是去做积极的事,不合理的是去做消极的事,所以"中性"的人,被默认为积极主体,这就是所谓关于"人性本善"的朴素理解。

如果一件事有后果产生,则后果的性质也与合理性有关:

【褒贬原则九】

① 达到或靠近消极后果的事都是不合理的。(正迁移)推理公式为:

$$行为/性质\ X \wedge [特征]有/靠近消极后果 \to X\ 不合理$$

② 合理的事是不会达到或靠近消极后果的。(正迁移)推理公式为:

$$行为/性质 \wedge [特征] X\ 合理 \to 没有/不靠近消极后果$$

③ 达到或靠近消极后果的事,又是合理的,这是语力失效。(负迁移)推理公式为:

$$行为/性质\ X \wedge [特征]有/靠近消极后果 \wedge [特征] X\ 合理 \to 语力失效$$

如"你这样我们会难过的!"说话者实际上也是在表明"你这样"是不合理的。用格式检验一下是大概率的预期:

(65)　　　　O　　　　　　P(M|O)　　　　　P(M)
你这样我们会难过的,所以你这样当然是不对的。
♯你这样我们会难过的,所以你这样当然是对的。
♯你这样我们会难过的,　　　　　　但是你这样是不对的。
你这样我们会难过的,　　　　　　但你这样是对的。

【强化——褒贬原则九】

① 当说话者强调事件是不合理的时候,就是在说会达到或靠近消极后果。(正迁移)推理公式为:

$$行为/性质\ X \wedge X\ 不合理 \wedge [特征]强化语力 \rightarrow 有/靠近消极后果$$

② 当说话者强调事件没有达到或不靠近消极后果时,就是在说事件是合理。(正迁移)推理公式为:

$$行为/性质\ X \wedge 没有/不靠近消极后果 \wedge [特征]强化语力 \rightarrow X\ 合理$$

如"你不该这么说她!"中说话者认为"你这么说她"会产生消极后果,如可能会令她难过。用格式检验一下是大概率甚至全概率的预期:

(66)　　　　　O　　　　　　P(M|O)　　　　　　P(M)
　　　　你不该这么说她,所以这会产生消极后果。
　　　♯你不该这么说她,所以这并不会产生消极后果。
　　　♯你不该这么说她,　　　　　但是这会产生消极后果。
　　　？你不该这么说她,　　　　　但这并不会产生消极后果。

2.2.2　褒贬性的选择偏好

说话者并不是平等地对待事物的,他会在积极与消极之间进行选择。

【褒贬原则十(悲观原则)】 有消极评价(消极后果)的行为需要特别的关注。(正迁移)推理公式为:

$$行为\ X \wedge [特征]X\ 有消极后果 \rightarrow 特别注意\ X$$

这就是前面所说的"悲观原则"。如下雨天走泥路容易有消极的结果"摔倒",所以经常会听到提醒的话"小心走路!"也就是在要求对方对走路的事特别关注。用格式检验一下是大概率甚至全概率的预期:

(67)　　　　　O　　　　　　P(M|O)　　　　　　P(M)
　　　　这事可能有不好的结果,所以你要特别关注它。
　　　♯这事可能有不好的结果,所以你不需要特别关注它。
　　　♯这事可能有不好的结果,　　　但是你要特别关注它。
　　　？这事可能有不好的结果,　　　但是你不需要特别关注它。

【强化——褒贬原则十】 当说话者强调需要特别关注某一事件或某一

事件的结果的时候,就是在说会有消极后果。(叠加)推理公式为:

行为 X∧特别注意 X∧[特征]强化语力→X 有消极后果

用格式检验一下是大概率甚至全概率的预期:

(68)　　　　　O　　　　　　P(M|O)　　　　　P(M)
　　　妈妈叫她"小心走路",所以妈妈应该认为她走路可能会摔倒。
　　　♯妈妈叫她"小心走路",所以妈妈应该认为她走路不会摔倒。
　　　♯妈妈叫她"小心走路",　　　但是妈妈认为她走路可能会摔倒。
　　　?妈妈叫她"小心走路",　　　但是妈妈认为她走路不会摔倒。

再如"你想想会有什么后果!"就是在说这么做会有糟糕的后果。

【褒贬原则十一(乐观原则)】

① 如果不是有其他积极情感抵消消极情感的影响,如果不是精神异常,说话者一般更愿意获得积极情感。(正迁移)推理公式为:

没有其他积极情感∧没有精神异常→说话者要求积极情感

② 如果说话者愿意获得消极情感,则或者是因为有其他积极情感抵消消极情感的影响(悲喜剧),或者是因为精神异常。(正迁移)推理公式为:

说话者要求消极情感→有其他积极情感∨有精神异常

这就是前面说过的"乐观原则"。

【褒贬原则十二(乐观原则)】 因为人们一般来说更喜欢得到积极情感,而有意避免消极情感,又,人们一般来说更关注事件的发生而不是未发生,所以实际上我们常见的配置是:

① 对绝对评价的对象,说话者要有积极的情感,就倾向于关注应该的事的实现或将要实现;或者关注不应该的事的没有实现或将要消失。二者之中,前者比后者更受关注。(正迁移)

② 对相对评价而言,当是与说话者有正同盟关系的对象(包括说话者自己)或者与同盟关系无关的对象时,说话者要有积极的情感,就倾向于关注对主体有积极影响的事物或行为的实现或将要实现;或者关注对主体有消极影响的事物或行为的没有实现或将要消失。二者之中,前者比后者更受关注。(正迁移)

③ 对相对评价而言，当是与说话者有反同盟关系的对象时，说话者要有积极的情感，因此就倾向于关注对主体有积极影响的事物或行为的没有实现或将要消失；或者关注对主体有消极影响的事物或行为的实现或将要实现。二者之中，后者比前者更受关注。（正迁移）

表 5　乐观原则优势配置

	同盟/非同盟	反同盟
对主体有积极影响	事实/将来事实	反事实/将来反事实
对主体有消极影响	反事实/将来反事实	事实/将来事实

也就是说，美国对中国，以及我们对巴铁的这种舆论现象都是乐观原则作用的结果。用格式检验一下是大概率的预期：

(69) a.　　　　O　　　　　P(M|O)/P(M)

　　　　美国不喜欢中国，所以美国舆论会强调中国不好的事，这让他们高兴。
　　　　♯美国不喜欢中国，所以美国仍然舆论会强调中国的好事，虽然这让他们不高兴。
　　　　♯美国不喜欢中国，但是美国舆论会强调中国不好的事，这让他们高兴。
　　　　美国不喜欢中国，但是美国舆论仍然会强调中国的好事，虽然这让他们不高兴。

　　b.　　　　O　　　　　P(M|O)/P(M)

　　　　中国喜欢巴铁，所以中国舆论会强调巴铁的好事，这让我们高兴。
　　　　♯中国喜欢巴铁，所以中国舆论仍然会强调巴铁的不好的事，虽然这让我们不高兴。
　　　　♯中国喜欢巴铁，但是中国舆论会强调巴铁的好事，这让我们高兴。
　　　　中国喜欢巴铁，但是中国舆论仍然会强调巴铁的不好的事，虽然这让我们不高兴。

例如一个讲述中国"丑陋故事"的电影，可以在柏林电影节获得大奖，因为这里的观众许多实际上是持与中国对立的立场的，所以他们得到的是积极情感;但是在中国国内却很难获得观众,因为大多数中国人是真诚地同情主人公的。国内那些吹捧这一电影的人,或者是已经把自己的立场悄悄地转为了相反的立场(例如知识精英对红尘中人、城里人对农村人、现代人对古人的远距离的观赏消费),或者就是变成了心理异常者(也就是有精神疾病的人)。

【褒贬原则十三】

① 在消极的情绪下,容易感到不自信,从而采用弱化语力的表达形式,如犹豫、迟疑等。(叠加)推理公式为:

$$消极情绪 \wedge 说话者表述\ X \to X\ 弱化语力$$

② 如果说话者采用弱化语力的表达形式,如犹豫、迟疑等,容易表示消极情绪。(叠加)推理公式为:

$$说话者表述\ X \wedge X\ 弱化语力 \to 消极情绪$$

犹豫、迟疑、话语不完整是因为所说的话犯忌(可能仅仅是习惯),或者是感到消极情绪(不愿提起),或者是可能冒犯对方(不同意对方的意见、展示对方不好的一面、违反正常的礼仪或程序等),或者是故意回避(面临不利情况时),或者是故障(想不起来/反应不过来,既可能是思维上的,也可能是语言表达上的),或者是谦逊或不好意思(不愿或不好意思得到好的事物)。如下面的例子都容易让人向消极方面联想:

(70) 昨天去了学校就……

他要……(死了)

你昨天去哪儿了?我唉……

这事简直简直……

那你不是就……(输了)

我觉得这事很容易!你觉得呢?我觉得这事……(不同意对方意见)

——你小子敢不听老娘的话!说,你去不去!——<u>我这个这个……</u>(回避给出准确的答案,不合作)

这个人是叫……叫……

——您可真是一位大家!——<u>我也就是……就是……</u>

当说话人将自己当作对象,使用第二人称称呼时,就表示这个对象已经真的自我分离了,不符合真的自我的一般属性,是非常的状态,从而得到感叹功能。又,因为感叹中消极情绪占优势,所以这时大多是对自己有消极感

情,当然也有少数时候有积极感情! 如下:

【褒贬原则十四】 自我分离,容易是因为对自己不满(消极评价)。(正迁移)推理公式为:

$$消极情感 \wedge [特征]针对自我 \rightarrow 自我分离$$

例如:

(71) 看看你,你就是一个胖子,想什么好事呢!
　　瞧你,真有两手的!(反语)

当然,这是有反例的,如"瞧你,真有两手的!"也可以是对自己的夸奖。

2.2.3 褒贬的外化与后续行为

情感外化,在社会关系中,以针对责任人为主。"责任人"(responsible person),指导致事件发生的施事或施事性的论元,即主体。责任一般是从意愿与行为实施者两个角度加以考量的,不过实施比意愿更重要:实施者如果是无意的,也是责任人,但如果有意愿可未实施就未必是责任人。

【褒贬原则十五】 一个已然或已经确定要进行的行为(已然事实或将行事实),

① 如果是消极的、不合理的,则对这一行为的实施负有责任的人应该受到责备;如果责任人是自己或自己同盟中的人,则还会感到遗憾。并且责任人应该在未来的同类场景中不继续实施,或者改变其焦点,从而调节为新的行为。(正迁移)推理公式为:

$$行为 X \wedge [特征]X(事实 \vee 将来事实) \wedge [特征]X(不合理 \wedge 消极评价) \rightarrow$$
$$(责备(行为责任人) \vee 遗憾) \wedge (禁止(下次实施) \vee 要求(下次改变焦点成分))$$

② 如果是积极的、合理的,则对这一行为的实施负有责任的人应该受到赞扬。并且责任人应该在未来的同类场景中继续实施该行为。(正迁移)推理公式为:

$$行为 X \wedge [特征]X(事实 \vee 将来事实) \wedge [特征]X(合理 \wedge 积极) \rightarrow$$
$$赞扬(行为责任人) \wedge 要求(下次实施)$$

如下例都是对你的责备,并且希望你下次不要晚来,不要考不上,不要再走路来(改变焦点成分,换成坐车来),下次要多拿点(改变焦点成分——数量):

(72) 你怎么才来!

唉,你又没考上。
你怎么走路来?!
你才拿了两个?!

用格式检验一下是大概率甚至全概率的预期:

(73)   O   P(M|O)/P(M)

 姑娘说"你怎么才来!",所以她应该是希望对方下次早点来。
 ♯姑娘说"你怎么才来!",所以她应该是并不希望对方下次早点来。
 ♯姑娘说"你怎么才来!",但是她希望对方下次早点来。
 姑娘说"你怎么才来!",但是她并不希望对方下次早点来。

再如"你很好,帮了许多人!""你赢了!"都是对你的赞扬,并且希望你下次继续这么做。用格式检验一下是大概率的预期,接近全概率的预期:

(74)   O   P(M|O)/P(M)

 老师说"你很好,帮了许多人",所以他应该是希望你下次继续帮助别人。
 ♯老师说"你很好,帮了许多人",所以他应该并不希望你下次继续帮助别人。
 ♯老师说"你很好,帮了许多人",但是他希望你下次继续帮助别人。
 ?老师说"你很好,帮了许多人",但是他并不希望你下次继续帮助别人。

【强化——褒贬原则十五】 一个已然或已经确定要进行的行为(已然事实或将行事实),

① 如果说话者特别责备或遗憾,或者要求不继续实施,或者改变其焦点,则是在说该行为消极或不合理。(叠加)推理公式为:

$$行为 X \wedge [特征]X(事实 \vee 将来事实) \wedge$$

$$[特征](责备(行为责任人) \vee 遗憾 \vee 禁止(下次实施) \vee$$

$$要求(下次改变焦点成分)) \wedge [特征]强化语力 \rightarrow X(不合理 \vee 消极评价)$$

② 如果说话者特别赞扬,或者要求继续实施,则是在说该行为积极或合理。(叠加)推理公式为:

行为 X∧[特征]X(事实∨将来事实)∧[特征]赞扬(行为责任人)/
要求(下次实施)∧[特征]强化语力→X(合理∨积极评价)

如说"下次别再干了!"就意味这次干的事是不合理的,或者是消极的。用格式检验一下是大概率的预期,接近全概率的预期:

(75)   O   P(M|O)/P(M)
  老师说下次别再干了,也就是说他应该是认为这事不对或不好。
  ♯老师说下次别再干了,也就是说他应该是认为这事是对的,也是好的。
  ♯老师说下次别再干了,但是他认为这事不对或不好。
  ?老师说下次别再干了,但是他是认为这事是对的,也是好的。

再如"下次接着来!"说明这次是合理的或积极的。用格式检验一下是大概率的预期,接近全概率的预期:

(76)   O   P(M|O)/P(M)
  老师说下次接着来,也就是说他应该是认为这事是对的或好的。
  ♯老师说下次接着来,也就是说他应该是认为这事不对也不好。
  ♯老师说下次接着来,但是他认为这事是对的或好的。
  ?老师说下次接着来,但他是认为这事不对也不好。

【褒贬原则十六】 一个已然为假或已经确定不会进行的行为(反事实或不实施),

① 如果是消极的,不合理的,则对这一行为的实施负有责任的人应该受到赞扬。并且责任人应该在未来的同类场景中也不要实施该行为,或者改变其焦点,从而调节为新的行为。(正迁移)推理公式为:

行为 X∧[特征]X(反事实∨将来反事实)∧[特征]X(不合理∧消极评价)→
赞扬(行为责任人)∧(禁止(下次实施)∨要求(下次改变焦点成分))

② 如果是积极的、合理的,则对这一行为的实施负有责任的人应该受到责备;如果责任人是自己或自己群中的人,则还会感到遗憾。并且责任人应该在未来的同类场景中实施该行为。(正迁移)推理公式为:

行为 X∧[特征]X(反事实∨将来反事实)∧[特征]X(合理∧积极)→
(责备(行为责任人)∨遗憾)∧要求(下次实施)

如"他总算没去！他本来就不应该去！"是在赞扬他,并且希望他下次也不去。用格式检验一下是大概率的预期,接近全概率的预期:

(77)　　　　　O　　　　　　　P(M|O)/P(M)

老师说小明本来就不应该去,也就是说他应该是认为这次小明没去是做对了,而且下次也别去。

♯老师说小明本来就不应该去,也就是说他应该是认为这次小明没去是做错了,而且下次应该去。

♯老师说小明本来就不应该去,但是他认为这次小明没去是做对了,而且下次也别去。

？老师说小明本来就不应该去,但是他认为这次小明没去是做错了,而且下次应该去。

再如"你没参加比赛啊！你应该参加比赛的""你也不看看他是谁！"都是对你的责备,并且要求下次改正,要参加比赛、要去、要看看他是谁。用格式检验一下是大概率的预期,接近全概率的预期:

(78)　　　　　O　　　　　　　P(M|O)/P(M)

老师说"你本来应该参加比赛的",所以他应该是对你这次的表现不满,并希望你下次去参加比赛。

♯老师说"你本来应该参加比赛的",所以他应该是对你这次的表现很满意,并希望你下次也不要去参加比赛。

♯老师说"你本来应该参加比赛的",但是他对你这次的表现不满,并希望你下次去参加比赛。

？老师说"你本来应该参加比赛的",但是他对你这次的表现很满意,并希望你下次也不要去参加比赛。

【强化——褒贬原则十六】 一个已然为假或已经确定不会进行的行为(反事实或不实施),

① 如果说话者特别赞扬,或者要求继续不要实施,或者改变其焦点,则是在说该行为消极或不合理。(叠加)推理公式为:

行为 X∧[特征]X(反事实∨将来反事实)∧[特征](赞扬(行为责任人)∨
　　禁止(下次实施)∨要求(下次改变焦点成分))∧
　　[特征]强化语力→X(不合理∨消极评价)

② 如果说话者特别责备或遗憾,或者要求继续实施,则是在说该行为积极或合理。(叠加)推理公式为:

行为 X∧[特征]X(反事实∨将来反事实)∧[特征](责备(行为责任人)∨
　　遗憾∨要求(下次实施))∧[特征]强化语力→X(合理∨积极)

如"你没/不去,很好!""你没/不去,下次也别去!"说明这次的事是不合理的或消极的。用格式检验一下是大概率的预期,接近全概率的预期:

(79)　　　O　　　　　　P(M|O)/P(M)
　　老师说下次也别去,也就是说他应该是认为这次去是错的或不好的。
　　♯老师说下次也别去,也就是说他应该是认为这次去是对的或好的。
　　♯老师说下次也别去,但是他认为这次去是错的或不好的。
　　?老师说下次也别去,但是他认为这次去是对的或好的。

再如"我没/不去,很遗憾!""你没/不去,下次去吧!"都是说"我去、你去"是合理的事或积极的事,所以没实施才让人感到遗憾。用格式检验一下是大概率的预期,接近全概率的预期:

(80)　　　O　　　　　　P(M|O)/P(M)
　　老师说很遗憾你没去,也就是说他应该是认为这次去是对的或好的。
　　♯老师说很遗憾你没去,也就是说他应该是认为这次去是错的或不好的。
　　♯老师说很遗憾你没去,但是他认为这次去是对的或好的。
　　?老师说很遗憾你没去,但是他认为这次去是错的或不好的。

【褒贬原则十七】
① 如果一个命题是错误的,也就是反事实或不合理的,则对这一命题

的认识负有责任的人应该受到责备。(正迁移)推理公式为：

$$命题 X \wedge [特征]X(反事实 \vee 不合理) \rightarrow 责备(认识责任人)$$

② 如果一个命题是正确的，也就是事实或合理的，则对这一命题的认识负有责任的人应该受到赞扬。(正迁移)推理公式为：

$$命题 X \wedge [特征]X(事实 \vee 合理) \rightarrow 赞扬(认识责任人)$$

如"你说他没来，这不对！""你搞错了！"都是对你的责备。"他说的对！"是在赞扬他。

【强化——褒贬原则十七】

① 如果说话者特别责备某一认识的责任者，则是在说该认识是错误的或不合理的。(叠加)推理公式为：

$$命题 X \wedge [特征]责备(认识责任人) \wedge [特征]强化语力 \rightarrow X(反事实 \vee 不合理)$$

② 如果说话者特别赞扬某一认识的责任者，则是在说该认识是正确的或合理的。(叠加)推理公式为：

$$命题 X \wedge [特征]赞扬(认识责任人) \wedge [特征]强化语力 \rightarrow X(事实 \vee 合理)$$

如"他会来——您老糊涂了！"是说"他会来"是假的，他实际上不会来。再如"往左四分之一圈——您可真行！"是说的确需要往左四分之一圈，这是正确的结论。

【褒贬原则十八】

① 处于强烈而持续的积极情绪状态的主体，会对外在的目标发出强烈的赞扬或对自己发出强烈的喜悦。(正迁移)推理公式为：

$$积极情感 \wedge [特征]强烈 \rightarrow 强烈(赞扬 \vee 喜悦)$$

② 处于强烈而持续的消极情绪状态的主体，会对外在的目标发出强烈的责备或对自己发出强烈的遗憾。(正迁移)推理公式为：

$$消极情感 \wedge [特征]强烈 \rightarrow 强烈(责备 \vee 遗憾)$$

第①点表现出来就是狂喜、得意忘形等极端行为，例如说"我好高兴！太好了！"。第②点很容易导致对外在事物的攻击行为或对自己的自残行为，例如有的人痛苦地将头往墙上撞，有的人则迁怒于他人，实施反社会的极端行为。因此我们必须特别警惕那些说"我好痛苦！我好难过！"之类强烈消极情感话语的人。

3. 感叹标记以及有强烈感叹倾向的形式举隅

3.1 北京话语气词"啊"和叹词"啊"①

"啊"最初是被看作叹词/语气词,表示惊讶等强烈的情绪情感,如黎锦熙(1991)。

进一步,一些学者把"啊"从功能上区分,也就是多功能说。可以根据不同的句类来分,包括吕叔湘(1942)、朱德熙(1982)和赵元任(1968/1979)、张谊生(2000)等。也可以划出表情、表意等大的区分,如胡明扬(1981)②。也可以根据句法地位分,尤其是在叹词和语气词外,还划分出话语标记,如熊子瑜、林茂灿(2004)。

当然,也有学者坚持只有一个"啊",如邵敬敏(2012)的疑问本质说,贺阳、刘芳(2016)的求证本质说,陆俭明(1984)的态度情感说,金智妍(2011)的反预期说。

另外,关于"啊"的语气强弱,有的学者认为是缓和语气,有的认为是加强语气,各有各的语料支撑。

关于语气词"啊"的来源,主要有两个争议:

(1)"啊"是古代汉语句末语气词"也"的音变。"也"的主要功能是表示肯定或确定,也就是强化语力,用于陈述与祈使,表示强化陈述(强调)和强化祈使。然后由此发展出意外感叹的功能。

(2)"啊"是与叹词"啊"同源的新兴语气词,其主要功能是表示意外引起的感叹,然后由此发展出强化语力的功能。

也许这两个方面都有可能,"啊"是历史上若干演变最终汇聚在一起的结果。这样一来,"啊"就呈现出复杂的分布,囊括了从意外到强化语力的各个领域,而这就是感叹范畴的领域。

除此之外,因为历史的演变,通过语用磨损,它还具有舒缓语气的功能。"啊"是迄今我们看到的汉语中功能最复杂的语气词。

1) 表意外的"啊"字句

在北京话中,此类"啊"字句最多的是读降调。其中,最常见的是用在疑

---

① 与陈振宁、王梦颖共同研究。参看王梦颖(2017)和陈振宁、王梦颖(2018)。语料来自以北京话方言为基础的情景喜剧《我爱我家》的剧本。
② 王珏、毕燕娟(2017)也是从这一方面将"啊"三分。

问句中,其次是感叹句(例引自陈振宁、王梦颖 2018):

(81) 疑问:

怎么早上还是这种油条<u>啊</u>_{降调}?嗯有剩馒头没有,可以炸点馒头片儿嘛。

我看你二叔穿一短袖褂子在门口晃悠,今儿最高温度可才15度……<u>耍什么单儿啊</u>_{降调},找病!

<u>不是毒药就能吃啊</u>_{降调}?你喝瓶"洗涤灵"我看看!

<u>这哪里叫手纸'啊</u>_{平调},简直就是砂纸嘛!①

<u>还不严重啊</u>_{升调}?!啊?现在这影响已经都出去啦!

<u>什么叫打发'啊</u>_{平调}?

感叹(陈述):

小凡啊,<u>你可真是不知足啊</u>_{降调}。你看看人家波黑人民,啊?一家子分一份儿美国盒饭,弄不好还是馊的。

<u>小张你今儿这菜可有点咸'啊</u>_{平调}!

我妈……<u>我妈没说要走'啊</u>_{平调},您这可是送客的话。

2) 表强化语力的"啊"字句

可以用来强化陈述、强化疑问和强化祈使,各方面都有。此类"啊"的语调也可以自由地是平调、升调、降调。如(例引自陈振宁、王梦颖 2018):

(82) 强化陈述(强调句):

燕红:对了还有一条重要的规律你可千万记住:他这是从小的毛病,睡觉前千万不能多喝水,否则……<u>不堪设想啊</u>_{降调}!

你看看!你看看!<u>群众中蕴藏着多么大的灭鼠积极性啊</u>_{降调}!

上广州跑买卖,<u>哪儿有准儿'啊</u>_{平调}?

什么话……<u>这哪儿的事儿'啊</u>_{降调},人家警察同志找我是了解点儿情况……

<u>这红旗干嘛还流动啊</u>_{降调}

<u>对,对'啊</u>_{降调}!

强化疑问:

好哇你贾志国,<u>是不是你背后给我下套儿'啊</u>_{平调}你?

---

① 加"'"的是重读的"啊",下同。

这是不是你过去的女朋友**啊**升调?

你看看,你看看你这个小爱人这个身体,这个弱不禁风的,你要把她打坏了那可怎么好**啊**平调?

这是怎么回事'**啊**平调? 突然都做起检讨来啦?……到底是怎么回事'**啊**平调?

妈您瞧您,您让我们怎么吃'**啊**平调? 哪回吃饭都得跟您费半天话。

——(小张扭捏不说自己恋爱对象)要说起来,也不是别人……——谁'**啊**平调?

强化祈使:

下手'**啊**平调活笨死你!

得了,大伙依我这主意,赶快准备吧'**啊**平调!

爸您快点儿**啊**降调,我们都饿得受不了啦。

干脆在我们家安家落户得了**啊**降调!

志新,你别这么说**啊**降调,气功那还真是有道理,爸您也别一下子练那特深特吓人的,先给我们来个把浅的开开眼吧?

有本事别走'**啊**平调你们!

3) 舒缓语气的"啊"字句

此类"啊"字句的语调多为平调或降调,而鲜少使用升调。如(例引自陈振宁、王梦颖,2018):

(83) 陈述舒缓:

生命在于运动,你没看爸这几年气色见好**啊**降调?

几位,够狠的啊,就这么毁我爸**啊**降调。

哟,还没睡呢'**啊**升调,我来介绍一下,这就是我常说的莉达小姐。

不是,我这有点儿不太相信**啊**下降,您要能出这个价儿您哪儿弄不着**啊**上升?

疑问舒缓:

嘿嘿嘿! 你忙和什么**啊**降调?

哦,和平啊,妈没睡呢,有事**啊**升调?

姑姑,你说大人为什么都愿意上班**啊**降调?

这世界上剩我一个男人,你还不和我携手并肩,面对大自然,跟野兽搏斗**啊**?!

爸,动画片儿哪频道<u>啊</u>降调?

哎呀老局长,好久没见您,<u>您老身子骨可好'啊</u>平调?（用于招呼）

祈使舒缓:

哎,得了,大伙依我这主意,赶快准备吧<u>'啊</u>平调!

<u>得你们先忙着'啊</u>平调,我先让我妈做饭去……我让小张做饭去!

其他舒缓:

什么什么？您还想当负责人呀？<u>我宣布啊</u>升调,就地免职!
（句中停顿）

唉我说<u>'啊</u>平调,我这脚——俩脚鸡眼,这脚还有灰指甲……
（话语标记）

唉,咱们俩关系要是<u>不好'啊</u>降调——我还不借给你呢!（条件）

反正是它的<u>太太'啊</u>平调,<u>孩子'啊</u>平调,兄弟姐妹什么的,只要它一清醒过来,一定会后悔万分的!（并列）

哎<u>那我不送啊</u>升调!（告别语）

还有一个句首发语的"啊",表示招呼,它与名词后的"啊"是一样的,也算是舒缓语气（例引自陈振宁、王梦颖2018）：

(84) 不是,<u>'啊</u>平调爸! 虽说工作离不开您,您也得注意身体呀!（招呼）
<u>志新啊</u>降调,等空调装好后,爸爸穿这件毛坎肩行吧?（招呼）

独用的"啊"也就是叹词"啊",主要有两个功能：
1) 表示意外,如（例引自陈振宁、王梦颖2018）：

(85) 学会撒谎了你,<u>'啊</u>升调? 学会旷课了你,啊? 还了得了你,啊?
<u>啊</u>升调?! 马上过来? 真的?!
(发现一只老鼠)<u>啊</u>降调~~

(86) 傅老：欸,还有,我准备把我的卧室和客厅之间的两面墙统统打掉!
大家：<u>啊</u>升调?!

2) 表示舒缓语气,如：

(87) 这是我的名片,请多关照,<u>'啊</u>平调。
这俩老太太在一块儿那能够嘀咕出什么好事来吗? <u>啊</u>升调?

哎,小家伙,赢了我女儿啊,再跟我下得了,'啊降调!
爸,他们那儿不要您咱们这儿要您,'啊平调!
不是,就是您待会儿说,好好说话,啊升调?!
工作再需要,局里再挽留,我也不干啦!让他们年轻人去干嘛!啊上升?!
晚饭前我们抓紧时间开个短会,小张啊,做一下记录,啊轻声?

有些回应语仅仅是表示听到了对方的话,所以也是舒缓语气功能,如(例引自陈振宁、王梦颖 2018):

(88)傅老:志国啊～
　　志国:**啊**升调?

北京话中,不少"啊"插入句中,仅仅起到缓和语气的作用,没有实在的意义,也不代表特殊的情绪情感,如(例引自陈振宁、王梦颖 2018):

(89)欸,我先说一下,**啊**升调——这个,和平呢,到我们家已经十几年了,总的表现还是不错的,这个尊老爱幼,夫妻和睦,邻里团结……我刚一进门就看见个女工,跟办公室几个人在一起嘀嘀咕,嘀嘀咕,我让她有话摆到桌面上来说,她说她那话不让我听,'啊降调,只能讲给妇联同志她们娘家人听……什么娘家人婆家人,全国一盘棋嘛!后来说是她丈夫打了她,啊降调,把这个胸口抓得青一块紫一块的,嗯,"你们这儿,要不是坐着个大老爷们儿不方便",啊升调,"俺就脱下衣服来让你们瞧一瞧……"妇联那几个女的说话也是欠妥,"啊不碍事儿的大姐,这个老傅,咱副局长也不是外人嘛……"你们猜那女工说什么?啊降调,"别说是副局长,就是副总理俺们也不能随便让他瞧!"你瞧你那个鬼样子嘛!哪个副总……愿意瞧你嘛!

陈振宁、王梦颖(2018)转写了一位北京籍的高校教师①用北京话讲课的录音(例引自陈振宁、王梦颖 2018):

(90)(时不时随口而出的"啊"说者并无自觉,和"嗯呃"之类中弱口头

---

① 这是张伯江先生上课的录音。

停顿并无区别,都是中弱语力的)

赵元任先生呢,在1968年这个……那本书里,**啊**平调呃,有那么一段话,**啊**平调,他说,主语和谓语的关系,固然可以是动作者和动作的关系,但是!他说在汉语里边儿,这种句子的比例是不大的。也许,**啊**降调,也就顶多百分之五十,比百分之五十大不了多少,**啊**轻声。所以他说在汉语里边如果说有将近一半儿的都不是这种关系的话,那么,他说在汉语里边,把主语谓语当作话题说明来看待较为合适,**啊**降调,这是赵先生说的。

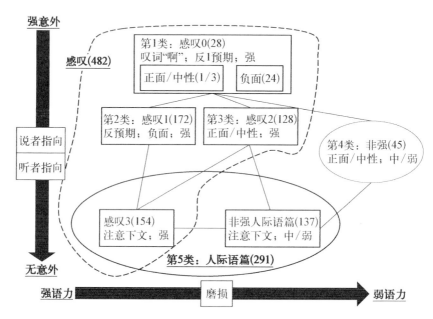

图 2　北京话"啊"的例句类型(引自陈振宁、王梦颖 2018)①

陈振宁、王梦颖(2018)说:

从整体上看,图中可分为三大区域,大致以虚线为界:

---

① 图中数字为例句数量,如"负面(24)"指该类有 24 个语例;"正面/中性(1/3)"指正面有 1 例,中性有 3 例。图中的连线表明了各类之间的关联关系。
　图中虚线圈内的都可以归入"感叹"这一较大的范畴;实线圈内的可以归入"人际语篇"范畴;而"感叹 3"类实际上两种范畴的功能都有。在两个圈外的"非强"类,因为情绪不强,所以无法归入感叹;而句子承担的"告知、询问、要求"功能又是句中成分已经体现出来的,因此"啊"没有什么人际语篇功能,可以省去而句子语气基本不变;正因为如此,"非强"类只好单列。

Ⅰ区：以意外和负面为主,强情感。

Ⅱ区：以陈述或祈使为主,弱情感。

Ⅲ区：以各种话语功能为主,中度情感。

三个区域中,Ⅰ区居中,而Ⅱ区、Ⅲ区相互关系不大,都是与Ⅰ区相连。但二者是不平衡的：Ⅰ—Ⅱ之间关联很大,而Ⅰ—Ⅲ之间只有十分微弱的关联。

据此我们猜测,"啊"很可能最初是表示预期性的"意外"标记(反预期为主,正预期为辅),而其中最常见是负面情况,最容易引发强情绪,正面和中性十分少见。然后可能是分别向两个方向演变：一是从意外转为表示言语活动的语力,从而演化为陈述与祈使中的辅助成分。二是失去了感情色彩,演变为话语语篇功能。

在此过程中,负面的优势逐渐减弱,正面和中性的用例大大增加；语音的弱化也渐渐发生,即"啊"的音高减弱；这说明负面、意外与强音高之间的确有着"正相关性"。

演变到一定阶段,"啊"的人际语篇功能也失去了,最后它变为一个习惯,成为挂在句尾或在句际之间的习语性的成分,前者仅仅起到完句功能,后者仅仅起到占据话轮,并提醒听者注意聆听的功能；这种"啊"语音更弱,在对话中是不必要的。

北京话"啊"多功能间关联固然不符合经典范畴论,也不符合"典型—边缘"的原型范畴论,而是由类似"家族相似性(Family Resemblances)"的关联统合在同一个标记下的(Ludwig,1958),"啊"字句内部并没有一个由各类型共享的"区别特征"。

我们基本同意陈、王的论述,但是有两点意见不同。

首先,我们认为,现代汉语的语气词"啊"有可能是由历史上的"也"和叹词"啊"合流而成,因此不能说"啊"是从表示意外的标记发展为表示言语活动的强化语力的。实际上,很可能这两个功能就是分别发展,意外来自叹词,而强化语力来自"也",后来合流的,它们相互之间没有相互转化的关系。

其次,舒缓功能的"啊"不一定就来自意外标记,实际上,意外和强化语力都可以语用磨损,从而转为舒缓功能。这就是舒缓功能在各个方面(陈述、疑问、祈使)都可以使用的原因。如果就是从意外来的,那么一般不会用于或自由地用于祈使。

3.2 北京话和成都话的意外语气词①

本节只考察"句末语气词",且这些语气词必须与意外有关,至少具有一定的感叹功能。包括:北京话的"啊(哇)、呀、哪、啦、吗、呢";成都话的"哦(喔)、喃、嗦、哇、啊(哪/啦/呀)"。

3.2.1 总体对比

表 6 调查特征分布表(引自陈振宁、陈振宇 2020)

	意外	意外+反对	反对	预期	意外+赞同	反对+赞同	赞同	非预期
北京话	**22.3%**	**37.9%**	**21.4%**	1.3%	0.7%	1.0%	3.0%	**12.5%**
成都话	**43.1%**	**26.6%**	**13.9%**	2.9%	0.7%	0.1%	2.1%	10.7%

从表 6 可以看出,在北京话语料中,22.3%的例句表示说话者对当前信息的意外,21.4%的例句表示说话者对他人的预期的反对,37.9%的例句既表示说话者的意外,也表示对他人预期的反对②。这三项相加达 81.6%。

在成都话语料中,43.1%的例句表示说话者对当前信息的意外,13.9%的例句表示说话者对他人的预期的反对,26.6%的例句既表示说话者的意外,也表示对他人预期的反对。这三项相加达 83.6%。

从上述数据看,相同的是,不管北京话还是成都话,都极大地倾向于用来表示某种反预期信息。但是成都话,更多地用来表达说话者的意外,或者说自反预期信息,他反预期较少。而北京话几乎平等地表示自反预期和他反预期。

进一步考察以下这些维度:

---

① 与陈振宁共同研究。参看陈振宁、陈振宇(2020)。这一研究参照了陈振宁、王梦颖(2018),以及杜克华、陈振宇、陈振宁(2017)(认为成都话的"哇"是一个表达强/弱意外的语气词,主要有语用否定感叹和求证问两种功能)、杜克华、陈振宇(2015)(成都话语气词"嗦"),还有陈振宁(2018)。陈振宁(2018)在定量研究成都话的语气词时,主要集中于意外(反说者预期)的语气词"哦、喃、嗦、哇、啊"和反对(反听者预期)的"哈、嚷"。

② "意外+反对"指对对方的意见先感到意外,然后又表示反对,下同。

1) 言语行为的功能

表 7 "句类""具体行为"和"信疑"(确定性和求答性)的组合表(引自陈振宁、陈振宇 2020)

名　称	句类	具体行为	确定性	求答性	说　明
陈述	陈述	告知	(弱)确定	不求答	直接陈述信息
祈使	祈使	要求	确定	不求答	直接表示要求
疑问	疑问	询问	不确定	求答	无答案倾向的真性询问
求证	疑问	询问	弱确定	求答	有答案倾向的询问,要求对方证实或证伪
疑问告知	疑问	告知	确定	不求答	用疑问句告知信息
祈使告知	祈使	告知	确定	不求答	用祈使句告知信息
疑问要求	疑问	要求	确定	不求答	用疑问句表示要求
陈述要求	陈述	要求	确定	不求答	用陈述句表示要求
建议	疑问	要求/询问	弱确定	求答	用疑问句表示要求并询问对方意见
强求认同	疑问	询问	确定	求答	用疑问句告知信息并要求对方认同
人际语篇	各类	招呼/话题/话语	(弱/不)确定	不求答	没有信息功能,表示人际关系或语篇功能

表 8 "预期性—句类/具体行为/信疑"分布表①(引自陈振宁、陈振宇 2020)

预期性 \ 行为	陈述功能			祈使功能				疑问功能		其他		小计
	疑问告知	陈述	祈使告知	疑问要求	陈述要求	祈使	建议	疑问	求证	强求认同	人际语篇	
北京话意外类语气词												
意外	7.0%	4.8%	0.1%	0.3%	0.1%	0.1%	0.1%	4.8%	3.9%	—	1.1%	22.3%
意外+反对	9.1%	5.9%	—	11.4%	6.0%	4.0%	0.4%	—	—	—	1.1%	37.9%

① 表中加粗加框的数据在每列(每种预期性)里显著,加粗下划线的数据在每行(每种句类行为)里显著,黑底翻白的数据在行列中都显著。下同。

续表

预期性	陈述功能			祈使功能				疑问功能		其他		小计
	疑问告知	陈述	祈使告知	疑问要求	陈述要求	祈使	建议	疑问	求证	强求认同	人际语篇	
反对	1.4%	**5.3%**	0.2%	1.2%	**6.2%**	**3.4%**	0.9%	—	—	0.2%	**2.4%**	21.4%
预期	—	0.1%	—	—	—	—	—	—	1.2%	—	—	1.3%
意外+赞同	—	0.7%	—	—	—	—	—	—	—	—	—	0.7%
反对+赞同	0.1%	0.7%	—	—	0.1%	0.1%	—	—	—	—	—	1.0%
赞同	—	1.3%	—	—	0.1%	0.6%	0.2%	—	—	—	0.8%	3.0%
非预期	0.1%	**3.9%**	—	—	0.7%	0.9%	0.1%	2.7%	0.3%	—	**3.9%**	12.5%
合计	17.7%	22.6%	0.3%	13.0%	13.2%	9.1%	1.8%	7.4%	5.4%	0.2%	9.3%	100%
成都话意外类语气词												
意外	**15.1%**	**11.0%**	—	0.1%	0.3%	—	—	**12.7%**	3.3%	—	0.7%	43.1%
意外+反对	**9.7%**	**3.8%**	0.3%	**8.4%**	1.6%	2.0%	0.1%	—	0.7%	—	0.1%	26.6%
反对	**3.0%**	**4.3%**	—	1.3%	**2.0%**	1.4%	0.3%	0.4%	—	—	1.2%	13.9%
预期	0.1%	0.7%	—	—	—	—	—	—	1.3%	—	0.8%	2.9%
意外+赞同	0.3%	0.1%	—	0.1%	—	0.1%	—	—	—	—	—	0.7%
反对+赞同	—	0.1%	—	—	—	—	—	—	—	—	—	0.1%
赞同	0.7%	0.8%	—	—	0.4%	0.3%	—	—	—	—	—	2.1%
非预期	—	0.9%	—	0.3%	0.1%	0.9%	0.3%	5.2%	—	—	**3.0%**	10.7%
合计	28.8%	21.7%	0.3%	10.2%	4.3%	4.7%	0.7%	18.3%	5.2%	—	5.8%	100%

北京话语料中,最终达成陈述功能的为40.6%,达成祈使功能的为37.1%,达成疑问功能的为12.8%。成都话语料中,最终达成陈述功能的为50.8%,达成祈使功能的为19.9%,达成疑问功能的为23.5%。可以看到,成都话更多倾向于表达陈述,并且疑问功能比祈使功能突出;但是北京话祈使功能更为突出,"挤占"了陈述和疑问的比例。祈使更多的与"强化语力"有关,这也说明,北京话这些语气词的"意外"功能不如成都话突显。

另一方面,北京话语料中,使用间接言语行为达成最终功能的为44.2%,成都话为43.6%,相差很小。

2）语句命题内容中事物所涉及的对象

表9 "预期性—对象"分布表（引自陈振宁、陈振宇，2020）

预期性＼对象	说者	听者	三方	说者/听者	说者/三方	听者/三方	说者/听者/三方	小计
北京话意外类语气词								
意外	1.8%	7.0%	5.0%	3.1%	2.0%	2.1%	1.3%	22.3%
意外+反对	5.0%	12.0%	2.7%	9.0%	2.8%	3.2%	3.3%	37.9%
反对	4.2%	6.2%	2.3%	3.4%	1.9%	1.1%	2.2%	21.4%
预期	—	0.4%	0.3%	0.2%	0.1%	0.1%	0.1%	1.3%
意外+赞同	0.1%	0.1%	—	0.3%	—	0.1%	—	0.7%
反对+赞同	—	0.3%	0.2%	0.3%	0.1%	—	—	1.0%
赞同	1.0%	0.6%	0.1%	0.9%	0.2%	0.2%	—	3.0%
非预期	1.4%	4.2%	3.1%	1.8%	0.2%	1.0%	0.8%	12.5%
合计	13.5%	30.8%	13.7%	19.0%	7.3%	7.9%	7.8%	100%
成都话意外类语气词								
意外	5.0%	16.0%	11.4%	5.1%	0.9%	3.1%	1.6%	43.1%
意外+反对	2.2%	10.9%	2.0%	6.8%	0.9%	2.6%	1.2%	26.6%
反对	2.2%	2.9%	2.5%	3.8%	0.9%	0.4%	1.2%	13.9%
预期	0.4%	1.6%	0.1%	0.1%	0.1%	0.3%	0.3%	2.9%
意外+赞同	0.3%	—	—	0.4%	—	—	—	0.7%
反对+赞同	—	—	—	0.1%	—	—	—	0.1%
赞同	0.1%	0.3%	0.5%	0.8%	—	0.4%	—	2.1%
非预期	1.4%	3.8%	1.7%	2.7%	0.5%	0.4%	0.1%	10.7%
合计	11.6%	35.3%	18.2%	19.9%	3.4%	7.2%	4.3%	100%

从表9可以看到，在这一方面，北京话和成都话区别不大。都是以"说者、听者、说者/听者"，也就是与听说双方有关的事物占了绝大多数例句，北京话达63.3%，成都话达66.8%。其中听者相关的事物占绝大多数。

3) 说话者的情感倾向强度，以及听说双方的同盟性关系

表10 "预期性—情感倾向＋强度＋同盟性"分布表（引自陈振宁、陈振宇2020）

情感 预期性	消极	积极	中性	强	中	弱	正同盟	反同盟	非同盟	分维度小计
北京话意外类语气词									
意外	13.4%	2.5%	6.3%	19.3%	2.9%	0.1%	18.6%	2.0%	1.7%	22.3%
意外＋反对	31.7%	1.7%	4.5%	37.4%	0.2%	0.2%	26.9%	11.0%	—	37.9%
反对	8.3%	3.0%	10.1%	18.4%	2.4%	0.6%	18.8%	2.5%		21.4%
预期	0.7%	—	0.7%	0.6%	0.6%	0.2%	1.3%			1.3%
意外＋赞同	0.2%	0.2%	0.2%	0.6%	0.1%	—	0.7%			0.7%
反对＋赞同	0.7%	—	0.3%	1.0%			1.0%			1.0%
赞同	0.4%	1.4%	1.1%	2.1%	0.7%	0.2%	3.0%			3.0%
非预期	1.1%	3.1%	8.3%	6.0%	6.3%	0.2%	12.5%			12.5%
合计	56.5%	12.0%	31.6%	85.3%	13.2%	1.6%	82.8%	15.5%	1.7%	100%
成都话意外类语气词									
意外	22.4%	7.5%	13.2%	40.7%	2.4%	—	36.0%	2.4%	4.7%	43.1%
意外＋反对	24.7%	0.8%	1.0%	26.6%	—	—	15.7%	10.9%	—	26.6%
反对	6.7%	3.9%	3.3%	13.4%	0.3%	0.3%	12.8%	1.0%		13.9%
预期	0.3%	1.2%	1.4%	2.2%	0.7%		2.9%			2.9%
意外＋赞同	0.1%	0.5%		0.7%			0.7%			0.7%
反对＋赞同	0.1%	—		0.1%			0.1%			0.1%
赞同	0.3%	0.8%	1.0%	1.7%	0.4%		2.1%			2.1%
非预期	0.8%	2.7%	7.2%	4.1%	6.4%	0.3%	10.7%	—		10.7%
合计	55.4%	17.4%	27.2%	89.4%	10.1%	0.5%	81.0%	14.3%	4.7%	100%

北京话和成都话差别很小，都是以消极情感、强烈的情感和正同盟关系为主。

3.2.2 例句的功能类型地图(聚合地图)

根据陈振宁、陈振宇(2020),北京话意外类语气词的 903 例和成都话的 764 例,共得到 537 个特征组合,自动聚类后得到 42 个类,其分布的语义地图如下:

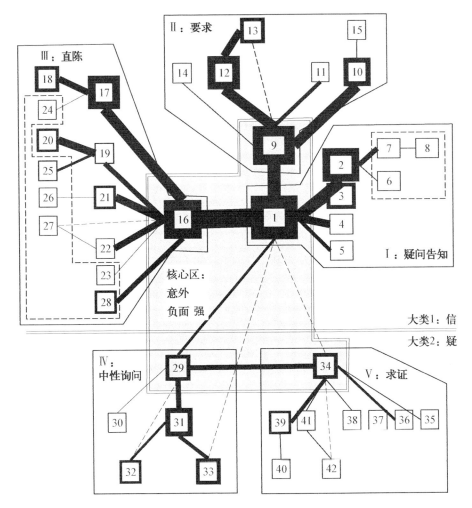

图 3 语义最大简图(引自陈振宁、陈振宇,2020)

上图中,每一个节点就是一个类。陈振宁、陈振宇(2020)说:

> 每一个节点代表由一系列特征组合而成的功能类,节点框线越粗,表明该功能类中的例句数越多。节点间连线就是化简后得到的功能间最主要的关联路径,连线越粗表明权重越高,虚线则是综合考察后可能存在的歧义路径。……另外,双横线把所有节点分成两个大类。……

① 意外类语气词综合所得概念空间分成了两个大类"信"和"疑",信类的共同特征是(弱)确定、不求答;疑类是不/弱确定、(弱)求答。② 这个空间总体上呈星型分布,有一个明显的核心区,其中例句最多、关联度最高的1号类是核心功能,它和最靠近核心功能的另外4个类(9、16、29、34)有着共同的主要特征意外、负面、强。③ 从核心向外扩展有5个分支,其功能分别为:疑问告知(反问)、要求、直陈、中性询问和求证。④ 具有招呼/话题/话语功能的节点分布比较宽泛,它们的共同特点是引起听者注意、衔接上下文。

各节点具体的特征组合、例句参见下表:

表 11　语义地图节点表(1)(引自陈振宁、陈振宇 2020)

标号	主要特征组合	例　句
1	意外/意外+反对 疑问告知 消极 强	(1)(惊觉)你这不是将我呢吗? (2)(惊怒驳斥)我怎么不知道啊? (3)(没料到)我想找个工作咋个那么难哦! (4)(惊怒驳斥)清光白日的,你在装神嗦?!
2	意外/意外+反对 疑问告知 中性	(5)(没料到)就是你高中那亲密战友?不是去美国了吗? (6)(惊讶反驳)老人的心思你哪儿知道啊! (7)(听说新事物)啥子呢,踮脚尖尖,收苞谷嗦?! (8)(不理解听者提议)未必然你要把我带到北京去嗦?
3	意外 疑问告知 积极 强	(9)(惊喜)成啦?……可该我成一回了! (10)(惊讶赞扬)咝,你还那么顾家嗦!
4	反对 疑问告知 积极 强	(11)(提醒)那觉悟,能低得了吗? (12)(谦让)我一个人哪有那么大的本事哦!
5	赞同 疑问告知 中性 中	(13)(肯定猜测)不是啥子呢(=不是你说的这样还有啥子样呢=是这样)。《幸》
6	反对 疑问 + 话语 消极 强	(14)(设问)知道小时候我们管她叫什么吗——老玉米!《我》
7	非预期 疑问+话题/话语 中性 中 三方	(15)(接电话)盘条啊?哎哟哎这玩意儿现在可是俏货 (16)(设问)我最近听到一些说法……说啥子呢?——穷穿貉,富穿棉。

续 表

标号	主要特征组合	例 句
8	非预期 疑问＋话题 中性 中 说者	(17)(接电话)跟我什么关系呀？……反正挺铁的。 (18)(回话)我啊,我是做家具,哦,做家电生意的。
9	意外＋反对/反对 疑问要求/祈使 消 极 强	(19)(惊讶阻止)看哪门子动画片呀?！ (20)(惊讶禁止)不许胡说啊！ (21)(惊讶拒绝)道啥子歉哦?！ (22)(拒绝)我昨个敢上场哦！ (23)(惊讶禁止)爬哦！ (24)(担忧提醒)你要稳起哦！
10	意外＋反对/反 对/非预期 疑问 要求/祈使 中性	(25)(惊讶拒绝)这还用介绍吗？ (26)(劝阻)去街道工作……您受得了吗？ (27)(追加要求)你再弄点儿苹果片儿给它们换换口味,啊。 (28)(要求)我们……开个短会,小张……做一下记录,啊。 (29)(惊讶提醒)你们两个咋个不笑呢？ (30)(提醒)有困难,站长,钱呢,活动经费呢？
11	意外 疑问要求/祈使 消 极 强 说者	(31)(自语)我学……我学得会吗我?！ (32)(自语)就是克林顿来我也不等啦。 (33)(自语)未必然还是回去天天喝茶打牌啊！
12	意外＋反对/反对 陈述要求 消极/积 极 强	(34)(惊讶禁止)咱可不能去当那第三者去,啊！ (35)(阻止)把脸撕破了就不好啦。 (36)(惊讶拒绝)这样子不多于好哦！ (37)(对方迟疑中力邀)我们是打伙哦,全方位合作！
13	反对/赞同 陈述要求 中性	(38)(惊讶劝阻)这事儿我们已经都批评过她啦！ (39)(拒绝)我不能挤兑志新在客厅搭床啊！ (40)(同意)要得哇！
14	非预期 祈使 积极	(41)(一般邀约)回头她来了你们聊聊,啊！ (42)(一般鼓励)好生干哦！
15	反对 建议 中性 弱 听者	(43)是不是咱们,您这工程暂缓上马,再制作可行性的研究啊？ (44)但是我们的文化生活,精神面貌是不是也应该跟到有长进呢？
16	意外/意外＋反对 直陈 消极 强	(45)(惊喜忆苦)半年多啦,我光义务劳动啦我！ (46)(惊怒驳斥)你你你,你这玩笑也开得太大啦！ (47)(惊吓诉苦)好玄喔！ (48)(惊讶责骂)人都拿给你气得死喔！

续 表

标号	主要特征组合	例　　句
17	意外/意外＋反对 直陈 积极	(49)(惊喜)真给我们老同志做了榜样啊! (50)(惊讶于对方不理解而积极纠正)我是保护你为你好啊! (51)(惊喜)你可以喔! (52)(惊讶于对方自卑而积极纠正)你……还是大有前途的喔!
18	非预期 直陈/陈述＋招呼 积极	(53)(一般赞美)全楼道只有你们一户,多光荣啊! (54)(一般招呼)老傅啊,来来来,我给你送猫来了! (55)(一般赞美)成都男人福气好哦,生在天府之国过得匀静淡泊。 (56)(一般寒暄)欢迎哦!
19	反对 直陈 中性	(57)(纠正听者担心)实在不行啊咱就老年婚姻介绍所啦。 (58)(纠正听者判断)不一定喔。
20	意外/意外＋反对 直陈 中性 说者	(59)(惊讶)唉呀没想到啊! (60)(惊讶且打消听者怀疑)我是真看不出来啊! (61)(惊觉)那块才是我的生意啊!
21	直陈 中性 三方	(62)(提醒)她一会儿就到啊! (63)(一般叙述)城头的人板眼多喔!
22	非预期 直陈/陈述＋招呼 中性	(64)(一般回答)我也是这么瞎琢磨啊。(《我》) (65)(一般招呼)傅局长啊,这是我们街坊家的小史姑娘。(《我》)
23	反对 陈述＋话语 消极 反同盟	(66)(怒斥)我告诉你啊,有什么套儿你直接使,姑奶奶我扛得住。 (67)(怒斥)我看你啊,把嘴巴好生拿刷刷一下!
24	反对 陈述＋话语 积极	(68)(对方犹豫中力邀)我说啊,你你这个买卖跟谁做不成啊,是不是? (69)(对方推辞时鼓励)老汉帮你看啊……都哐回来你娃就能干了!
25	反对 陈述＋话语 中性	(70)(纠正)我看啊,都是那本《汪国真抒情诗选》读出来的毛病。 (71)(劝告)我看你啊!还是学厨师最好!
26	反对 陈述＋话语 中性 强 三方	(72)(纠正)人……说啦今儿晚上这顿饭就是"订亲饭"。 (73)(提醒)这个就是说啊,夫妻生活……人间才有真情在!

标号	主要特征组合	例句
27	非预期 陈述＋话语 中性	(74)（一般回答）唉越多越好我说啊。 (75)（一般谈话）我们……越来越有名气了,这不是啊,丁二娃……要来拍摄宣传片。
28	意外/意外＋反对 陈述＋招呼	(76)（惊见）哎呀,燕红啊,来来来,快进来!《我》 (77)（惊讶驳斥）唉老傅啊,你们这是干什么呐?《我》
29	意外 疑问 消极 强	(78)（惊问）哎哎哎,咱爸今儿怎么回事儿呀? (79)（惊问）啥子问题那么严重喔?
30	意外 疑问 积极 强	(80)（惊闻熟人谈恋爱欣喜八卦）跟谁呀? (81)（惊喜）亲爱的,奖啥子呢?
31	意外 疑问 中性	(82)（惊讶）到底是怎么回事啊? (83)（意外听见有人叫自己,惊讶）哪个喔!
32	非预期 疑问 中性 三方	(84)（一般提问）动画片儿哪频道啊? (85)（一般提问）他挣到钱没有喃?
33	非预期 疑问 中性 中	(86)（一般提问）你是谁呀? (87)（一般提问）那我们往哪儿去喃?
34	意外/预期 求证 消极	(88)（惊怒）是不是你背后给我下套儿啊你? (89)（审问）咱们家里头有没有老鼠啊?你要如实汇报! (90)（惊见丈夫和别人相亲）你们老头……要给你找个后妈喔? (91)（久等后怀疑客人不来）客人到底来不来喔!
35	预期 求证 消极 强 三方	(92)（怀疑第三方出乱子）出什么乱子啦?《我》
36	反对 建议 消极 强	(93)（拒绝）您饶了我们,成不成啊?! (94)（拒绝）（这么干）有点像啥子婚托哇?!
37	意外 求证 积极 说者	(95)（惊喜）又有（给我）送钱的啦? (96)（惊喜）（我唱的歌）还好听哇?
38	意外/预期 求证 积极 听者/三方	(97)（惊讶）你们……有贵客啊?! (98)（猜测）这几天（你）婆婆腰杆打得抻了哇?
39	意外/预期 求证 中性	(99)（惊讶）你见过我妈啊? (100)（回忆求证）我记得在兵团上你教我的啊? (101)（惊讶）哎,喊我啊? (102)（约定见面）（你）是职介所介绍来的哇?

续 表

标号	主要特征组合	例 句
40	意外/预期 求证 中性 三方	(103)（惊讶）（她）不飞啦？ (104)（猜测）是不是最近我对小张的思想教育有些放松啊？ (105)（惊讶）未必,(他被)整成缠丝兔啊?! (106)（猜测）这是棒棒娃他们家哇？
41	意外/预期 求证 中性 强弱 求答	(107)（惊讶）小刘他妈来啦？还没过门你们就婆媳不和…… (108)（怀疑没结果）研究出个结果没有啊?! 你说你爸也真是…… (109)（约定见面）你是钱老板的秘书哇?! 嘿,听说钱老板比我还苗条……
42	意外/预期 求证 中性 中弱 求答	(110)（惊讶）她老人家还健在吗？打我上小学的时候我就记得她是个老太太…… (111)（猜测）接待人,开会啊？又是哪个看起我们幸福村了？

表中"标号"对应图 3 中的节点编号。

每一个小类中,可能有一些"特例",缺失本类的某个主要特征。例如 1 号小类中,主要是"意外和意外＋反对中,消极的强疑问告知",但是例句太少的"消极祈使告知"也依附在里面,相关例句如打架时咒骂语"有本事你别跑啊（＝你没本事）"则无法在表中出现。这些样本少,没有独立小类的边缘功能的例句,和整体类型差异不大,限于篇幅本文不再仔细一一分辨。

每一栏的"例句"中,一般前半引自北京话语料《我爱我家》,后半引自成都话语料《幸福的耙耳朵》。偶尔有些小类中只有一种方言例句,则在例句后加括号说明。

现在来总结一下两个方言中,不同语气词的分布：

表 12 语义地图节点表(2)（引自陈振宁、陈振宇 2020）

标号	主　要　特　征	频次	语气词分布
1	意外/反对 疑问告知 消极 强	293	啊$_b$41 吗 30 呀 25 啦 15 呢 9 哪 8 哦 63 嗦 53 喃 30 啊$_c$10 哇 9
2	意外/反对 疑问告知 中性	94	啊$_b$16 吗 10 呀 9 啦 7 哪 2 呢 1 嗦 21 啊$_c$9 喃 9 哦 6 哇 4

续 表

标号	主 要 特 征	频次	语气词分布
3	意外 疑问告知 积极 强	26	啦 3 啊$_b$2 吗 2 哪 1 嗦 8 啊$_c$6 喃 3 哦 1
4	反对 疑问告知 积极 强	8	吗 2 呀 1 哦 2 喃 2 哇 1
5	赞同 疑问告知 中性 中	2	喃 2
6	反对 疑问＋话语 消极 强	2	吗 2
7	非预期 疑问＋话题/话语 中性 中 三方	4	啊$_b$2 啊$_c$1 喃 1
8	非预期 疑问＋话题 中性 中 说者	7	呀 1 啊$_c$6
9	反对 疑问要求/祈使 消极 强	255	啊$_b$67 呀 33 吗 18 啦 16 哪 12 呢 11 哦 59 嗦 16 喃 15 啊$_c$5 哇 3
10	反对/非 疑问要求/祈使 中性	54	啊$_b$26 吗 8 啦 7 哪 1 呀 2 喃 6 哦 3 啊$_c$1
11	意外 疑问要求/祈使 消极 强 说者	4	啦 1 呀 1 吗 1 啊$_c$1
12	反对 陈述要求 消极/积极 强	112	啦 23 啊$_b$22 呀 14 哪 11 呢 12 哦 28 喃 2
13	听者预期 陈述要求 中性	41	啊$_b$12 啦 11 哪 4 呀 7 呢 4 哦 1 啊$_c$1 哇 1
14	非预期 祈使 积极	11	啊$_b$4 哦 5 哇 2
15	反对 建议 中性 弱 听者	7	啊$_b$3 呢 1 喃 3
16	意外/反对 直陈 消极 强	202	啦 41 啊$_b$32 呢 13 呀 12 哪 9 哦 68 啊$_c$15 喃 10 哇 2
17	意外/反对 直陈 积极	84	啊$_b$14 啦 9 哪 2 呀 2 呢 1 哦 45 啊$_c$6 喃 5
18	非预期 直陈/陈述＋招呼 积极	28	啊$_b$10 啦 4 哪 4 呀 1 哦 7 啊$_c$2

续　表

标号	主　要　特　征	频次	语气词分布
19	反对　直陈　中性	17	啦 8 啊$_b$3 哪 2 呀 1 呢 1 哦 1 啊$_c$1
20	意外/反对　直陈　中性　说者	21	啊$_b$10 啦 5 呢 3 啊$_c$3
21	直陈　中性　三方	35	啊$_b$10 啦 8 呀 4 呢 4 哪 1 哦 6 啊$_c$2
22	非预期　直陈/陈述＋招呼　中性	10	啊$_b$6 啦 3 呢 1
23	反对　陈述＋话语　消极　反同盟	4	啊$_b$3 啊$_c$1
24	反对　陈述＋话语　积极	2	啊$_b$1 啊$_c$1
25	反对　陈述＋话语　中性	9	啊$_b$4 啊$_c$5
26	反对　陈述＋话语　中性　强　三方	2	啦 1 啊$_c$1
27	非预期　陈述＋话语　中性	5	啊$_b$3 啊$_c$2
28	意外/反对　陈述＋招呼	19	啊$_b$17 哪 1 呀 1
29	意外　疑问　消极　强	65	呀 10 呢 5 啦 5 啊$_b$3 吗 2 哦 23 喵 17
30	意外　疑问　积极　强	4	呀 1 喵 3
31	意外　疑问　中性	81	啊$_b$13 呀 4 啦 2 呢 2 哦 32 喵 28
32	非预期　疑问　中性　三方	27	啊$_b$11 呀 2 呢 2 吗 2 啦 1 喵 6 哦 3
33	非预期　疑问　中性　中	32	呀 2 啊$_b$1 哪 1 呢 1 喵 24 哦 2 啊$_c$1
34	意外/预期　求证　消极	51	啊$_b$15 啦 4 哪 4 呀 4 吗 4 呢 1 哦 10 哇 3 啊$_c$2 喵 2 嘛 2

续 表

标号	主 要 特 征	频次	语气词分布
35	预期 求证 消极 强 三方	2	啦2
36	反对 建议 消极 强	4	啊_b2 哦1 哇1
37	意外 求证 积极 说者	4	啦1 **哇2** 哦1
38	意外/预期 求证 积极 听者/三方	4	**哇2** 哦1 啊_c1
39	意外/预期 求证 中性	20	**啊_b8** 吗3 啦1 呢1 啊_c2 哇1
40	意外/预期 求证 中性 三方	5	啊_b1 啦1 **啊_c2** 哇1
41	意外/预期 求证 中性 强弱求答	6	**啊_b2** 啦1 吗1 哇2
42	意外/预期 求证 中性 中弱求答	4	啦1 吗1 哦1 啊_c1

表中,"频次"为各小类的例句总数。"语气词分布"则是各类中北京话语气词和成都话语气词的具体频次:第一行为北京话,第二行为成都话,若只有一行则该功能类只在一种方言样本中找到语料;"啊 b"表示北京话中的"啊","啊 c"表示成都话中的;加粗加下划线的语气词为各类中的主要语气词。

从表中数据可以看出:

北京话的"啊",以及分化出来的"呀、啦",占据了绝大多数的功能位置,有绝对的优势。"啊"的演化也非常地快,甚至已经发展到完句/交互标记。与之相反,陈振宁、陈振宇(2020)说"'呢'使用频率大大减少,功能分布基本还在;'吗'则退缩在反问区中"。

成都话则没有这样强大的、集中的"领袖",陈振宁、陈振宇(2020)说"'/o/'系相对发达,最常用的'哦'功能分布广泛但更集中;其他来源的'啊''嗫''哇''嗦'等相对各司其职……'嗫'在疑问,尤其是中性疑问中胜过'哦';'嗦'在正面/中性反问中胜过'哦';'哇'在求证中胜过'哦';'啊'分布最少,但只在交互和语篇功能中胜过'哦'"。成都话的演化和北京话类似,但是却很缓慢,迄今这些语气词还有很强的意外意味,很多北京话"啊"具有的功能它们没有或很少。

3.2.3 各组语气词对比

一、感叹语气词

北京话中,"啊"是最突出的意外类语气词,它几乎覆盖全部的类,仅仅有 11 个边缘的类没有覆盖。它在 25 个类中是最常见的语气词,另外还有 3 个类,虽然不是最常见的,但也是频率较高的。"啊"的用例高达 366 例,占北京话全部语料的 40.5%。前面我们已经做了专门的分析,这里就不多说了。

北京话第二常见的语气词是"啦",覆盖有 26 个类,一共 189 例句,占北京话全部语料的 20.9%。并在其中 10 个类中是最常用的语气词。

"呀"覆盖 19 个类,一共 147 例句,占北京话全部语料的 16.3%,并在其中 4 个类中是最常用的语气词。"哪"覆盖 15 个类,一共 63 例句,占北京话全部语料的 7%,在所有的类中都不是主要的和常见的语气词。

由于"啦、呀、哪"也有可能是从"啊"分化出来,或者是"啊"与其他语气词合音的结果,所以我们可以说,北京话"啊"系语气词非常发达,总数占比达 68.4%。

这几个语气词在功能上有一定的分化,"啊"功能覆盖面很广,前面我们已经讨论过了。现在来看其他三个:

"啦"最重要的几个用法是下面几个类:16、12、9、1、13[①];主要是表达两个功能:意外和要求,并以意外最多。如下面各例都是表示意外。"啦"多用于直陈(陈述),也可以用于通过疑问来间接告知,或者是求证问功能(例引自陈振宁、陈振宇 2020):

(91) a. 傅老(鼓吹装太阳能的好处):……反正太阳能又不花钱。
 和平:哎呦,还不花钱啦? <u>一个"画王"都出去啦</u>!
 b. 傅老:第 4 条,有人见他在光天化日之下与一外国人密谈,鬼头鬼脑,是否正在出卖我国政治经济情报?……
 志新:爸,爸,我反革命,我反革命行了吧?<u>就您这几条,已然够枪毙的啦</u>!
 c. 燕红(和志新是发小):("啪"地一巴掌)哟~~<u>志新你这该死的来啦</u>?

"呀"最重要的几个用法是下面几个类:9、1、12、16;比"啦"的功能略

[①] 按使用频率从多到少排列。下同。

少,更集中在表示意外,虽然也有其他功能。但"呀"的主要功能集中在通过疑问来告知或要求,以及反问(语用否定)中(例引自陈振宁、陈振宇 2020):

(92) a. 志新:您什么时候开始主持妇联工作啊? 这可新鲜呀!
b. 傅老(听老和说要给家里的单身汉介绍女朋友,细数家里未婚人口):哦,小凡……不是小凡不是个女的呀!
c. 和平:哎哎哎,哎,哎,咱爸今儿怎么回事儿呀?从单位一回来就打蔫儿,饭也不吃就楼底下溜达去了,这大冷的天儿的……
d. 圆圆:爱情不分老少,人生没有单行道。
   和平:嘿嘿嘿,这孩子哪儿学来这么些乱七八糟的呀……

"哪"最重要的几个用法是下面几个类:9、12、16;比"呀"的功能略少,更集中在表示意外,虽然也有其他功能。但与"呀"不同,主要分布在陈述,以及少量通过疑问来要求或告知(例引自陈振宁、陈振宇 2020):

(93) a. 小凡(父亲老傅给小凡列了一堆缺点):天哪! 这是从何说起! (溜走)
b. 燕红:嫌我们志新啊同时交好几个女朋友! 怎么啦? 为什么不可以脚踩几只船哪?
c. 志新(猛想起):坏啦,我钱包还在她身上哪! 站住! (慌忙追下)
d. 志新(相亲时被发小捣乱后诉苦):(恳切地)不是我跟你说我这岁数了我容易吗我? 你说那真好的,谁守身如玉地等着咱哪?

成都话的"啊",表面上看,分布在 30 个类,好像和北京话的"啊"差不多,其实不然! 成都话的"啊",一共只有 87 例,在成都话全部例句中占 11.4%,与北京话相比差得很多,而且没有"呀、哪、啦"的变体(有时会听到,但实际上是自由变体)。成都话"啊"似乎在 13 个类中是最常见的语气词,但这些类大多都是例句很少的边缘小类。

因此,成都话"啊"要弱势得多。如成都话"啊"不能用于打招呼,不能说"♯王宝器啊!"呼唤听者时直接用名称即可,如"王宝器! 王宝器!"一般不能用在中性的实质问和正反问后面①。成都话"啊"最重要的几个用法是下

---

① 样本中只有 1 例无答案偏向的特指问句"你们谁先来啊?",说者的身份是官员,所以有向共同语靠拢的倾向。

面几个类：16、1、2，表示意外，以及通过疑问来告知（例引自陈振宁、陈振宇2020）：

(94) a. 三人（瞒着妻子去跳舞却被妻子发现）：啥子呢？<u>刚才是你们啊</u>！
b. 耙哥心一横：对不起，我不是贾婆婆。
赵女士画外音：<u>你不是贾婆婆，未必是曾婆婆啊</u>！

这是因为在成都话中，有一个"哦/喔"，它是最主要的表示感叹的语气词，在16个类中都是最常见的语气词，它与北京话"啊"的很多功能相似，从而"挤占"了成都话"啊"的功能域。"哦/喔"的用例高达364例，占成都话全部语料的47.6%，是成都话语气词中用例最多的。成都话"哦/喔"最重要的几个用法是下面几个类：16、1、9、17、31、12、29，表示意外，以及陈述、要求和中性询问。下面是表示陈述功能的语料（例引自陈振宁、陈振宇2020）：

(95) a. 王宝器：哟喂，到处在扯拐，<u>才汤水喔</u>！（意外）
b. 甘江斗（被误会调戏妇女后向朋友诉苦）：明明是她错在先，还<u>给我两个毛起，我才是冤喔</u>！调戏妇女，我还没学会！
c. 王宝器：哟喂，耙哥，<u>你担怕比我刚才摆的那个老兄还惨喔</u>！
d. 刘寡妇：陈师傅，我再说白点，<u>你在我那儿不是打工喔，我们是打伙</u>伙伴<u>喔</u>，全方位合作！
e. 棒棒娃（见面聊双方近况）：几年不见，耍涨了！<u>电视头经常看到你搞笑扯把子喔</u>！
f. 店老板（欺骗顾客被自己的员工意外揭穿）：你、你、你这个吃里扒外，老不懂事的瓜娃子，<u>你简直是个戳锅漏喔</u>！你给我下课！

下面是表示疑问（包括反问）功能的语料（例引自陈振宁、陈振宇2020）：

(96) a. 女郎（没料到对方坚持阻挡自己视线，阻止）：你爬开些喔！<u>哪个喊你在这儿晃喔</u>！
b. 耙哥：王宝器，你说得活灵活现的，<u>是不是说的你龟儿自己喔</u>！
c. 凤姐：请教我？<u>啥子问题那么严重喔</u>？

d. 甘江斗拿电话：喂,王宝器嗦,又有啥子好消息喔?

e. 耙哥大怒:王宝器,你虾子明的不行,打起阴针了嗦!
王宝器:啥子打阴针喔,我看下你桩子稳不稳。

f. 凤姐(被恭维后):谢谢大家,我一个人哪有那么大的本事喔!全靠我们(一边说一边拉)肥肠粉、粉丝妹、花喜鹊、串串香给我扎起!

下面是表示要求功能的语料(例引自陈振宁、陈振宇 2020):

(97) a. 女郎(没料到对方坚持阻挡自己视线,阻止):你爬开些喔! 哪个喊你在这儿晃喔!

b. 甘江斗(送别):杨记者,有空再来喔! 肯定还有我们的好消息!

与北京话"啊"相似,成都话"哦/喔"同时具有"意外"和"强化语力"的作用,覆盖了感叹范畴的大部分内容。不过,"哦/喔"是否已经经历了语用磨损？我们认为还很难说,从语料看,都是强烈情感情绪的表现,所以还未经历语用磨损,不表示委婉语气。但是在日常使用中,有的人的"喔"字句已经相当"轻"了,可能是开始弱化了。

二、疑问语气词

通常认为,"吗"(北)与"哇"(成)相当,"呢"(北)和"喃"(成)相当,一些作者在转写成都话语篇时,用"吗"来记"哇",用"呢"来记"喃"。这是不对的。因为这是两个系统,成都话是"喃、哇、嗦"三分的：

"喃"是主题问标记和强化疑问词。"哇、嗦"都是表示意外的语气词,但"哇"偏向弱意外,以表示揣测问(求证问)为主；"嗦"是强意外,以语用否定为主；但二者功能有交叉的地方。

北京话"吗"一共 86 例,占北京话全部语料的 9.5%。覆盖了 14 个类,但实际上在反问(语用否定)领域相当突显,其中 7 个类都是这一方面的例句。"吗"最重要的几个用法是下面几个类：1、9、2,表示意外,以及要求和通过疑问来告知。

成都话"哇"一共 30 例,占成都话全部语料的 3.9%；"嗦"一共 100 例,占成都话全部语料的 13.1%。"哇"最重要的几个用法是下面几个类：1、2,表示意外,以及通过疑问来告知；"嗦"最重要的几个用法是下面几个类：1、2、9,表示意外,以及要求和通过疑问来告知。

从这些分布看,成都话"嗦"与北京话"吗"更接近,而它们与"哇"相差较多。"吗、嗦"与"反问"有更强的关联,而在揣测问(求证问)中很少(但不是没有)。而"哇"压倒性的都是求证问。一些学者也指出,现代北方话中,"吗"用于反问极多,参看黄国营(1986)。这与我们的统计相符。成都话"嗦"字句的情况前面已经详细介绍过了。

杜克华、陈振宇、陈振宁(2016)用下面的检验格式来测试"哇"的意义(表13):

表 13　成都话是非问"哇字句"测试表(引自杜克华、陈振宇、陈振宁 2016)

(背景故事一)张三到了一个地方,他不知道好友李四是否已经来了,于是问另一位人物小王:
A. 李四来了没有?(　　)　　　　　　　B. 李四来没来嗦?(　　)
C. 李四来了哇?(　　)　　　　　　　　D. 李四来了嘛?(　　)
(背景故事二)张三听说李四有可能要到外地开会,于是问李四:
A. 你是不是要去开会?(　　)　　　　　B. 你要去开会哇?(　　)
C. 你要去开会嗦?(　　)　　　　　　　D. 你要去开会嘛?(　　)

有效问卷 48 份,统计如下表(表14):

表 14　"哇字句"表疑问的测试数据(引自杜克华、陈振宇、陈振宁 2016)

	A	B	C	D
背景故事一	15	13	20	0
背景故事二	0	47	1	0

根据调查结果,"哇"字句主要表示揣测问;而中性询问,则有正反问、句尾否定词疑问,"哇"字句可以表示,但不是主流。

除此之外,"哇"在少数情况下可以用于祈使句和陈述句,"吗、嗦"则不能这样,只能用在极性问句中(例引自杜克华、陈振宇、陈振宁 2016):

(98) 亲爱的,我决定亲自陪你去一趟,就是脚板跑大,眼睛挑花,也要给你买倒巴适的!哎,火巴哥,宝器,<u>一起去哇</u>!

嘿……你好久开始关心我了嘛?你今天找我嘛,肯定是说吕娃的事情嘛,<u>说哇</u>,他后头咋个跟你说的?

关于成都话的"喃"和北京话的"呢",我们会在后面专门讲述。这里先看看统计的数据:成都话"喃"一共 165 例,占成都话全部语料的 21.6%,是仅次于"喔"的第二常用的语气词,覆盖 18 个类,其中 7 个类中是最常见的语气词;北京话"呢"一共 73 例,占北京话全部语料的 8.1%,虽然也覆盖 18 个类,但没有一个类中"呢"是最常见的语气词。

"喃"最重要的几个用法是下面几个类:1、31、33、29、9、16,表示意外,以及中性询问;"呢"最重要的几个用法是下面几个类:16、12、9、1,表示意外,以及要求。不过总的来说,"喃"更偏向疑问,而"呢"的分布比较均匀。我们怀疑,"呢"的功能消退,可能与"呀、哪"的疑问用法的发展有关。

4. 本 章 小 结

情感问题可以分为"感叹"和"褒贬"两个维度。前者指情感情绪的强度,后者指情感情绪的方向(倾向性)。

一、感叹范畴

1) 感叹的定义与表达。

"感叹",即说话者对自身强烈情绪或情感(strong feeling or emotion)的表达。"感叹句"则一般指专用作表达感叹的特殊句式。在世界语言中,主要是使用陈述、疑问、祈使等句式来兼表感叹功能,所以感叹往往是叠加在其他言语行为功能之上,或者是负迁移或叠加而得来的。不过在一些语言中,也可能发展出专门的感叹句式。

感叹的表达要素有命题性部分和情感性部分。情感部分可以表示纯粹的高情感情绪状态,如"啊";但大多有某种倾向性,如倾向积极情感或消极情感,或者有其他语篇功能。感叹性成分常常会经历"语用磨损"。

感叹命题分感叹主题与感叹焦点。有时它们都在一个句子中出现,有时却只出现一个,还有其他复杂的情况。

2) "感叹"的类型。

按产生原因分,有:说话者指向感叹和听话者指向感叹。前者即"意外"范畴的研究领域,后者是"强化语力"的研究领域。

按命题性分,有:命题性感叹和非命题性感叹。非命题性感叹又分为:纯粹的感叹(如叹词"天啊!""唉!"等)和心理状态感叹(如表达说话者的心理状态的"真难过!""我好高兴!"等)。

按感叹的内容分,有:"质"的意外和"量"的意外。

按感叹的主观性倾向分,有:积极感叹、消极感叹和中性感叹。

贬义的感叹往往占多数,按最新的统计,在现代汉语平衡语料库中,具有感叹功能的句子中百分之六十到七十都是消极情感的,这称为"感叹常数"。

还有一个特殊的类"亲昵",使用消极感叹的形式,但不具有其功能,而是表达人际关系上的亲密无间、随意自在等。

按感叹的互动性分,有:互动性感叹和非互动性感叹。

按感叹命题的事实性分,有:事实感叹和反事实感叹。一般的感叹句都是事实感叹,反事实感叹要涉及特殊的感叹句式,如反问句、意外句、反语等。

二、褒贬

褒贬分为:褒贬评价和褒贬情感。前者实际上是"评价立场"的内容,后者才是"情感立场"的内容。评价和情感这两个层面并不总是一致的,因为评价是分为两个层次的:非主题评价,对事件的抽象的、相对静态的评价;主题评价,对"情感主题+事件"的整个命题的评价,是对句子的具体的、动态的评价。情感与主题评价一致,但是一般所说的褒贬语词都是非主题评价层次的,因此就可能发生"错位",造成这一局面是同盟性的影响。

情感性常见的两个选择性原则:

1) 悲观原则,有消极后果的行为需要特别的关注,担心它会为真。

2) 乐观原则,从说话者所获得的情感的角度讲,有这样的倾向性:

① 说话者一般更愿意获得积极情感而不是消极情感。

② 如果说话者愿意获得消极情感,则或者是因为有其他积极情感抵消该消极情感的影响(如悲喜剧那样用正面的剧情中和负面的剧情),或者是因为精神异常。

同盟性对这两个原则都很重要。

本节还详细考察了若干汉语情感表达形式,发现它们分为:

1) 无区分的情感语词,有的情感语词,主要是表达强烈的情感,在各个维度上都没有明显的倾向性,也就是各种配置都可能存在。

2) 单一维度区分的情感语词,汉语的情感语词很多都不仅仅是表示高的情感,而是会同时具有评价、情感、事实和同盟性中某一方面的倾向性。

3) 多维度联合区分的情感语词,有的情感语词会在多个维度上都存在区别性的倾向,这样一来其配置的情况就会相对简单。

另外,褒贬情感会触发后续的要求或者禁止,即一个事件有结果,事件以及事件的主体,与结果之间具有褒贬性上的和谐性:

达到或靠近消极的结果,是由消极的事件导致的;达到或靠近积极的结果,是由积极的事件导致的。如果事件是非消极的(积极或中性),就不会有或靠近消极结果;如果事件是非积极的(消极或中性),就不会有或靠近积极结果。

消极的主体做消极的事,积极或中性的主体做积极的事,都是合理的。积极或中性的主体做消极的事,消极的主体做积极的事,都是不合理的。

一个已然或已经确定要进行的行为(已然事实或将行事实):① 如果是消极的、不合理的,则对这一行为的实施负有责任的人应该受到责备;如果责任人是自己或自己同盟中的人,则还会感到遗憾。并且责任人应该在未来的同类场景中不继续实施,或者改变其焦点,从而调节为新的行为。② 如果是积极的、合理的,则对这一行为的实施负有责任的人应该受到赞扬。并且责任人应该在未来的同类场景中继续实施该行为。

一个已然为假或已经确定不会进行的行为(反事实或不实施):① 如果是消极的,不合理的,则对这一行为的实施负有责任的人应该受到赞扬。并且责任人应该在未来的同类场景中也不要实施该行为,或者改变其焦点,从而调节为新的行为。② 如果是积极的、合理的,则对这一行为的实施负有责任的人应该受到责备;如果责任人是自己或自己同盟中的人,则还会感到遗憾。并且责任人应该在未来的同类场景中实施该行为。

还有:① 如果一个命题是错误的,也就是反事实或不合理的,则对这一命题的认识负有责任的人应该受到责备。② 如果一个命题是正确的,也就是事实或合理的,则对这一命题的认识负有责任的人应该受到赞扬。

最后,本节专门论述了北京话和成都话的感叹语气词,其中"啊"论述最多,还有其他的与意外有关的语气词,如北京话"啊(哇)、呀、哪、啦、吗、呢",成都话"哦(喔)、喃、嗦、哇、啊(哪/啦/呀)"。

第七章 行为立场

这里的"行为"(action)指的是人类普遍的外在行为,包括言语行为,但不止于言语行为。言语行为作为社会行为的下位类型,需要遵循行为的普遍条件,例如行为都是有意愿性的,言语行为的实施者一般要有实施行为的意愿(当然特殊情况时可以是被动实施)。这些条件也就不必在言语行为中再次提及,除非有所改变,具有不完全一样的性质。

我们先看普遍的人类行为所遵循的条件及原则,然后考察具体的言语行为的条件和原则。本章的任务包括:

1) 介绍行为的普遍条件,包括意愿、能力、关涉事物和使因。
2) 介绍言语行为的语言表达的各个方面,包括主题、焦点和背景预设。
3) 介绍完句性理论,也就是语句单独充当话轮的能力,这是从言语行为、会话过程对语句生成操作的考察,适用于各种言语行为的研究。
4) 具体讨论各种言语行为的实现,包括陈述类(告知、坦承、欺骗、提醒)、祈使类(要求、询问、祈愿、允诺、禁言)、虚拟类,以及由各种简单言语行为间接实现的鼓励、警告等。

1. 行为的普遍实施条件

1.1 意愿与行为

"意愿"(willingness)是动力情态的一种,表达行为主体对自己行为的意志倾向,它对行为的实施有极大的控制力,分为三个子类:

① "意愿"或"正意愿",指主体希望做相关的事。
② "反意愿",指主体不想做相关的事。也记为"反对"。
③ "非意愿",指主体无可无不可,对行为没有主观倾向性。

请注意,"不反对"有可能是"意愿",也有可能是"非意愿"。

【行为原则一】

① 一个人不会做自己反对的事(反意愿)。推理公式为：

行为 X∧[特征]主体反意愿→[排斥]X 事实/将来事实

② 一个人所做的是他所不反对的,即或者是符合意愿的,或者是非意愿的。(正迁移)推理公式为：

行为 X∧X 事实/将来事实→主体意愿/非意愿

③ 如果一个人做自己反对的事(反意愿),会语力失效。(负迁移)推理公式为：

行为 X∧[特征]主体反意愿∧X 事实/将来事实→语力失效

如"张三反对和小王一起去",这也就是说他很可能没和小王去；"张三和小王一起去"也就是说他很可能不反对和小王一起去。用格式检验一下是大概率的预期,因为是完全可以存在例外的：

(1) a.　　　　O　　　　　　　P(M|O)/P(M)

张三反对和小王一起去,所以他应该没有/不会和小王一起去。

♯张三反对和小王一起去,所以他应该是和小王一起去了/会和小王一起去。

♯张三反对和小王一起去,但是他没有/不会和小王一起去。

张三反对和小王一起去,但是他和小王一起去了/会和小王一起去。

b.　　　　O　　　　　　　P(M|O)/P(M)

张三和小王一起去的,所以他应该不反对和小王一起去。

♯张三和小王一起去的,所以他应该是反对和小王一起去的。

♯张三和小王一起去的,但是他不反对和小王一起去。

张三和小王一起去的,但是他是反对和小王一起去的。

对普遍而言的言语行为来说,语力失效时,该行为虽然在实施,但对行为主体而言不具有意义和价值,他仅仅是"被动实施"；主体没有参与该行为的动力与热情,该行为也就没有自我维持的可能,一旦外部强制因素失去,该行为会自动停止；被动实施中,行为主体没有"主体感",而更像是一个被人驱使的奴隶或工具,因此很难有实施成功的积极情感。

【强化——行为原则一】　当特别强调主体不反对做某事时,就是在说主体会做某事。(叠加)推理公式为：

行为 X∧[特征]主体不反对∧[特征]强化语力→X 事实/将来事实

例如"他不反对去北京""去北京他没意见"在强调时就是指他会去北京，即行为将实施。用格式检验一下是大概率的预期，因为也有例外：

(2)　　　　O　　　　　　P(M|O)　　　　　　P(M)
　　他不反对去北京，所以他应该会去。
　　♯他不反对去北京，所以他应该不会去。
　　♯他不反对去北京，　　　　　　　但是他会去。
　　他不反对去北京，　　　　　　　但是他不会去。

【行为原则二(被动)】

① 主体有意识并且不反对做某事，就不能说他是被动地去做这事。推理公式为：

行为 X∧[特征](主体有意识∧主体意愿/非意愿)→[排斥]主体被动做 X

② 一个人被动去做某事，则或者他是反对做这事的，或者是无意识中去做这事的。(正迁移)推理公式为：

行为 X∧主体被动做 X→主体无意识∨主体反意愿

③ 如果主体有意识并且不反对做某事，而又说他是被动地去做这事，会语力失效。(负迁移)推理公式为：

行为 X∧[特征](主体有意识∧主体意愿/非意愿)∧
主体被动做 X→语力失效

还是看看语力失效的情况，如一个人说"我是被迫娶她的，因为她太漂亮了。"一般而言，对漂亮的女人男人都会产生喜爱的意识，并且不会反对娶她，所以这里"被动"语力失效，这句话实际上是反讽或调侃。

【强化——行为原则二】

如果主体特别强调他是反对做某事，或者是无意识中去做某事的，则是在说他是被动地去做这事。(叠加)推理公式为：

行为 X∧(主体无意识∨主体反意愿)∧[特征]强化语力→主体被动做 X

如说"我本来是不想去北京的！"不但可以语用地推出"我"去了或要去北京，而且可以推出"我"是被动去的。

【行为原则三（主动）】

① 主体或者没有意愿做某事，或者无意识去做某事，就不能说他是主动地去做这事。推理公式为：

$$行为 X \wedge [特征](主体无意识 \vee 主体反意愿 \vee 主体非意愿) \rightarrow [排斥]主体主动做 X$$

② 一个人主动去做某事，则他是有意识中去做这事，并且想做这事。（正迁移）推理公式为：

$$行为 X \wedge 主体主动做 X \rightarrow 主体有意识 \wedge 主体意愿$$

③ 如果主体或者没有意愿做某事，或者无意识去做某事，而又说他是主动地去做这事，会语力失效。（负迁移）推理公式为：

$$行为 X \wedge [特征](主体无意识 \vee 主体反意愿 \vee 主体非意愿) \wedge 主体主动做 X \rightarrow 语力失效$$

还是看看语力失效的情况，如一个人跌倒了，却说"我是主动摔跤！"。一般而言，摔跤或者是无意识的，或者是反对的，所以这里"主动"语力失效，这句话实际上是反讽或调侃。

【强化——行为原则三】

如果主体特别强调他想做某事，则是在说他是主动地去做这事。（叠加）推理公式为：

$$行为 X \wedge (主体有意识 \vee 主体意愿) \wedge [特征]强化语力 \rightarrow 主体主动做 X$$

如说"我自己想做这事的"，就是在表明他是主动做这事，而不是因为外因的驱使。

1.2 能力与行为

【行为原则四（能力）】

① 主体如果没有能力，则行为不可能实施。推理公式为：

$$行为 X \wedge [特征]主体没有能力 \rightarrow [排斥]X 事实/将来事实$$

② 一个人所做的是他有能力做的事。（正迁移）推理公式为：

$$行为 \wedge [特征]事实/将来事实 \rightarrow 主体有能力$$

③ 主体如果没有能力，但行为依然实施，就会语力失效。（负迁移）推理公式为：

行为 X∧X 事实/将来事实∧[特征]主体没有能力→语力失效

如说"他不能举起石头""他去不了",那么说话者是在说他举起石头和他去的事不会成真。再如"有本事你去啊!"这里实际上是通过条件句表示反事实,即"你没有本事",也就是没有能力,那么"你去"就不可能实施。

请注意,用格式检验一下这几乎就是完全概率推理,唯一的例外可能涉及社会中的偶然性或某种"机遇":

(3) a.　　　O　　　　P(M|O)　　　　P(M)
　　　　他根本没能力考及格,所以他应该考不及格。
　　　　♯他根本没能力考及格,所以他应该会考及格。
　　　　♯他根本没能力考及格,　　　　　但是他没考及格。
　　　　?他根本没能力考及格,　　　　　但是他考及格了。

b.　　　O　　　　P(M|O)　　　　P(M)
　　　　他考及格了,所以他应该是有能力考及格的。
　　　　♯他考及格了,所以他应该是没有能力考及格的。
　　　　♯他考及格了,　　　　　但是他是有能力考及格的。
　　　　?他考及格了,　　　　　但是他是没有能力考及格的。

每一组的最后一句是否成立,全看说话者的知识状态。如果我们认为,在本次考试中存在徇私舞弊的情况,或者改卷的人疏忽无意中给予高分的话,我们就会认为最后这一句有恰当的可能。而如果我们认为这次考试没有可能出现上述情况,就会觉得这一句是不恰当的。其他一些情况则更为严格地是完全概率:

(4) a.　　　O　　　　P(M|O)　　　　P(M)
　　　　他根本不会写字,所以他应该没写这些字。
　　　　♯他根本不会写字,所以他应该写了这些字。
　　　　♯他根本不会写字,　　　　　但是他没写这些字。
　　　　♯他根本不会写字,　　　　　但是他写了这些字。

b.　　　O　　　　P(M|O)　　　　P(M)
　　　　他写了这些字,所以他应该是会写字的。
　　　　♯他写了这些字,所以他应该是不会写字的。
　　　　♯他写了这些字,　　　　　但是他是会写字的。
　　　　♯他写了这些字,　　　　　但是他是不会写字的。

即使是在极为特殊的情况下，主体虽没有能力，但仍然实施了该行为（如舞弊案那样），这也是不具有普遍意义和价值的，主体往往没有再次实施的可能，该行为也没有自我维持的可能，一旦外部强制因素失去，该行为会自动停止。

【强化——行为原则四】

① 当我们特别强调主体有能力时，就是在强调事件为真或将为真。（叠加）推理公式为：

行为 X∧[特征]主体有能力∧[特征]强化语力→X 事实/将来事实

② 如果特别强调事件是假的，则是在表述主体没有能力。推理公式为：

行为 X∧[特征]X 反事实/将来反事实∧[特征]强化语力→主体没有能力

下例 a 是一种常见的情况，说话者表示主体有能力，就是在说这事儿会为真。而例 b 则更为特殊，它实际上是表示事情已经为真了，这是能力情态的事实性用法，是进一步的语法化。

(5) a. 他当然能完成任务。
　　　我能帮你！
　　b. 我能听见你！（实际上我已经听见你了。）
　　　瞧，我能用一只手倒立！（实际上我已经在用一只手倒立了。）

与之相反，在下面的例子中甲强调对方没成功过（反事实），以此否定对方具有相关的能力。不过这毕竟是有缝推理，所以乙从另一方面捍卫自己，说明从能力到事实之间还有一段时间距离，还需要其他条件。

(6) 甲．你说你有能力把工作做好，可你一次也没成功过。
　　乙：我没成功过不是因为我没能力，而是因为我还没有等到机会。

用格式检验一下是大概率的预期：

(7)　　　　O　　　　　　P(M|O)　　　　　P(M)
　　你一次也没成功完成任务，所以你应该是没有能力完成。
　　♯你一次也没成功完成任务，所以你应该是有能力完成的。
　　♯你一次也没成功完成任务，　　　　但是你没有能力完成。
　　你一次也没成功完成任务，　　　　但是你是有能力完成的。

语法学中,研究行为的理论有"自主性"范畴,分为"自主"(volitional)与"非自主"(nonvolitional),参看马庆株(1988)。不过"自主"可以拆分为"意愿"和"能力"两个维度,必须既有意愿又有能力才能称为是自主的,缺一样就是不自主的,例如"得手"一般是行为者所希望的,但是行为者却没有能力保证能得手,所以是非自主的。

为了准确,本书不再使用自主性这一概念,而是严格从意愿和能力两个方面进行讨论。不过这两个方面的确具有相同性,这就是:

【行为原则五(意愿)】

① 主体如果认为自己没有能力实施某行为,则不能合法地对行为产生意愿。推理公式为:

行为 X∧[特征]主体认为自己没有能力→[排斥]主体意愿 X 事实/将来事实

② 主体如果对行为产生意愿,则主体认为自己有或有可能有能力实施。(正迁移)推理公式为:

行为 X∧[特征]主体意愿 X 事实/将来事实→
主体认为自己有或有可能有能力

③ 主体如果认为自己没有能力实施某行为,但依然对行为产生意愿,就会语力失效。(负迁移)推理公式为:

行为 X∧主体意愿 X 事实/将来事实∧
[特征]主体认为自己没有能力→语力失效

例如一个人说"我想考大学",那么至少他觉得自己多少会有能力去做到这事,这才是恰当的意愿。看一下语力失效的情况,例如一个人说"我想飞",因为他是没有飞翔的能力的,所以这里的意愿自然是失效的,不过这句会转向更多的上下文允准条件,如表示夸张、反讽或者祈愿。

有时我们要区别这二者,必须依靠更多的日常知识,例如在一个电影中,一个警察抓住一个小偷,这个"小偷"说"我要让你付出代价",警察一点也不觉得有什么,因为他觉得小偷没有能力让自己付出代价,所以只当他是在表示感叹、发泄情绪。而观众知道这个"小偷"实际上是王子假扮的,所以他是有这个能力的,他的意愿行为是有效的,于是很兴奋地等着他实施这一行为,并预测在后面的情节中会有与之相关的部分。

【强化——行为原则五】

当主体特别强调自己有能力做某事时,就是在说自己想做这事。(叠加)推理公式为:

行为 X∧[特征]主体认为自己有能力∧
[特征]强化语力→主体意愿 X 事实/将来事实

例如少年对母亲说"我完全有能力自己管自己",实际上是说他想自己管自己(不要别人管)。

1.3 关涉事物与行为

这里的事物可以是行为所关涉的事物,也可以是事件所涉及的"内容"(content),后者是指社会性反应(后悔、责备、表扬、批评、高兴、难过等)行为所涉及的事件,它也是导致行为的使因,也是其针对的对象。

【行为原则六】

① 一个人不能确定事物为真,就不能正当地基于这一事物做出行为。推理公式为:

事物 X∧[特征]X 反事实/非事实→[排斥]X 关涉的行为

② 如果对这一事物做出反应,则他认为这一事物一定为真。(正迁移)推理公式为:

事物 X∧X 关涉的行为→X 事实

如"没有钱,所以我不能送你钱",而"我送你钱"则一定是有钱;"老师知道小王没做好事,所以老师不能表扬他","老师表扬她做了一件好事"则老师一定认为"她做了好事"是事实;"他很难过孩子没考及格"则他一定认为孩子没考及格是事实。用格式检验一下是大概率甚至全概率的预期:

(8) a.　　　　O　　　　P(M|O)　　　　P(M)
　　　　我没有钱,所以我当然不能给你钱。
　　　　♯我没有钱,所以我当然会给你钱。
　　　　♯我没有钱,　　　　　　但是我不能给你钱。
　　　　我没有钱,　　　　　　但是我会给你钱。
　　b.　　　　O　　　　P(M|O)　　　　P(M)
　　　　老张会给你钱,所以他应该是有钱的。
　　　　♯老张会给你钱,所以他应该是没有钱的。
　　　　♯老张会给你钱,　　　　但是他有钱。
　　　　?老张会给你钱,　　　　但是他没有钱。

c.   O   P(M|O)   P(M)

老师知道小王没做好事,所以老师不会表扬他。
♯老师知道小王没做好事,所以老师会表扬他。
♯老师知道小王没做好事,   但是老师没表扬他。
老师知道小王没做好事,   但是老师表扬了他。

d.   O   P(M|O)/P(M)

老师表扬她做了一件好事,所以老师应该是认为她做了一件好事。
♯老师表扬她做了一件好事,所以老师应该是认为她实际上没有做好事。
♯老师表扬她做了一件好事,但是老师认为她做了一件好事。
?老师表扬她做了一件好事,但是老师认为她实际上没有做好事。

【强化——行为原则六】 当我们特别强调事物为真时,就是在基于该事物做出有关的行为。(叠加)推理公式为:

事物 X∧[特征]X 事实∧[特征]强化语力→X 关涉的行为

例如"我有钱!"就是说我会做什么与钱有关的事,例如给你钱,或者去买东西等。不过究竟是什么行为,需根据其他条件决定。

1.4 使因、内外使因与行为

从哲学上讲,万事万物都需要使因,但我们这里不是物理学,所以暂时只分析人类行为的使因,"没有无缘无故的恨,也没有无缘无故的爱",因此人们总是相信事物的发生存在使因:

【行为原则七(使因)】

① 如果不存在使因,则变化、行为都不可能实现或实施。推理公式为:

变化/行为 X∧[特征]不存在使因→[排斥]X 事实/将来事实

② 如果变化、行为已经实现或实施,或即将实现、实施,则一定存在使因。(正迁移)推理公式为:

变化/行为 X∧[特征]X 事实/将来事实→存在使因

如"没人让她来""她不想来",说话者也就是在说她没来,因为这里否定了使因的存在。但是请注意,由于一个行为可能的使因也许不止一个,所以我们否认一个使因,往往还可能有其他使因,行为仍然有实施的可能。格式检验一下这只是大概率的预期:

(9) 　　　O　　　　P(M|O)　　　P(M)
没人让她来，所以她不会来。
♯没人让她来，所以她会来。
♯没人让她来，　　　　　但是她没来。
没人让她来，　　　　　　但是她来了。

【强化——行为原则七】 当我们特别强调存在使因时，就是在强调事件为真或将来为真。（叠加）推理公式为：

行为 X∧[特征]存在使因∧[特征]强化语力→X 事实/将来事实

如"他想去找你"，意味他去找你了或可能会去找你。"外面下雨了"，下雨要关窗，所以特别强调下雨，是说关窗或会关窗。不过从使因到结果，并不是充分条件，中间还需要若干环节，所以并不一定会真的实施。用格式检验一下是大概率的预期：

(10) 　　　O　　　　　　　P(M|O)　　　P(M)
他想去找你/妈妈叫他去找你，所以他会去找你。
♯他想去找你/妈妈叫他去找你，所以他不会去找你。
♯他想去找你/妈妈叫他去找你，　　　　但是他去找你了。
他想去找你/妈妈叫他去找你，　　　　但是他没去找你。

使因还分为"内部使因"（行为主体自身的意愿）和"外部使因"（行为主体外部的推动力）。

【行为原则八（使因）】

① 如果不存在内部使因也不存在外部使因，则变化和行为都不可能实现或实施。推理公式为：

变化/行为 X∧不存在内部使因∧不存在外部使因→[排斥]X 事实/将来事实

② 如果变化和行为实现或实施，则内外使因总得存在一个。（正迁移）推理公式为：

变化/行为 X∧[特征]X 事实/将来事实→存在内部使因∨存在外部使因

③ 变化和行为实现或实施，如果没有内部使因，则有外部使因。（正迁移）推理公式为：

变化/行为 X∧[特征]X 事实/将来事实∧不存在内部使因→存在外部使因

④ 变化和行为实现或实施,如果没有外部使因,则有内部使因。(正迁移)推理公式为:

变化/行为 X∧[特征]X 事实/将来事实∧不存在外部使因→存在内部使因

如"没有人叫他来"即没有外部使因,如果已知他来了或会来,则可以推出有内部使因,意味着是他自己要来的。"他自己不想来"即没有内部使因,如果已知他来了或会来,则可以推出有外部使因,意味着是有人叫他来的。

用格式检验一下是大概率甚至全概率的预期:

(11) 已知"小王来了":
    a.   O   P(M|O)   P(M)
        没有人叫他来,所以应该是他自己想来的。
        ♯没有人叫他来,所以他自己应该也是不想来的。
        ♯没有人叫他来,   但是是他自己想来的。
        ?没有人叫他来,   但是他自己也是不想来的。
    b.   O   P(M|O)   P(M)
        他自己不想来,所以应该是有人叫他来的。
        ♯他自己不想来,所以应该是也没有人叫他来。
        ♯他自己不想来,   但是是有人叫他来的。
        他自己不想来,   但是也没有人叫他来。

【强化——行为原则八】

① 当我们特别强调存在内部动因时,就是在说外部动因不存在。(叠加)推理公式为:

变化/行为 X∧[特征]X 事实/将来事实∧
[特征]存在内部使因∧[特征]强化语力→不存在外部使因

② 当我们特别强调存在外部动因时,就是在说内部动因不存在。(叠加)推理公式为:

变化/行为 X∧[特征]X 事实/将来事实∧
[特征]存在外部使因∧[特征]强化语力→不存在内部使因

如"他想去找你",普通地说,并不能说没有别人要他去找你,但如果强调"他自己想去找你的!"就意味着不是别人要他找你。同理,强调"学校要我来的!"意味着不是我自己要来的。用格式检验一下是大概率的预期:

(12) a.　　　　O　　　　　P(M|O)　　　　　　P(M)
　　　他自己想去找你的,所以应该不是别人要他去找你。
　　　♯他自己想去找你的,所以应该是别人也要他去找你。
　　　♯他自己想去找你的,　　　　　但是不是别人要他去找你。
　　　他自己想去找你的,　　　　　　但是别人也要他去找你。
　　b.　　　　O　　　　　P(M|O)　　　　　　P(M)
　　　学校要我来的,所以不是我自己要来的。
　　　♯学校要我来的,所以我自己也想来。
　　　♯学校要我来的,　　　　　　但是不是我自己要来的。
　　　学校要我来的,　　　　　　　但是我自己也想来。

2. 言语行为中的语言表达

言语行为是通过语言系统和具体的话语来实施的,它可以伴随其他实施方式,如表情、身体姿势等,但必须以话语表达为核心(最主要的信息载体)。这些语言表达需要满足一些共同的条件,这是言语行为不同于一般的社会行为的地方。

2.1 表达中的主题

以"主题—说明"为基本关系理解世界,其中的"主题"(topic)指的是句子信息的出发点(句子主题),或者语篇所围绕的中心对象(篇章主题)。

2.1.1 主语与主题的定义与选择[①]

一般认为主语(subject)是语法关系,主题(topic,很多文献译为"话题")是语用关系。但是汉语谓词前的名词性成分很特殊,与西方语法学理论中所说的"主语"有较大的区别。赵元任(1968/2011:93)认为它就是主题。此后,Li & Thompson(1976/1984)把汉语归入主题优先的语言,他们一方面认为汉语没有西方理论中的那种主语,另一方面又罗列出部分与主题不同的主语。曹逢甫(1977、1979,收入曹逢甫 2005)则认为汉语有 Keenan(1976)界定的主语,但有关论证后来受到了很多批评。

汉语的所谓"主语",很多具有"主题"的特点,而且不是主题化的产物,是基础生成的;至少在很多情况下,主题已经是汉语句子的基本结构单位。

[①] 参看陈振宇(2020b)。

但是,对于主语和主题的关系,依然有不同的看法:

1) 有的学者认为汉语只有主题,并没有西方那样的句法上的主语,如罗仁地(1993)、沈家煊(2017)等。

2) 认为汉语有些谓词前的名词性成分应该是主语,而不是主题,这证明汉语还是有主语的,如陆俭明(1986),徐烈炯、刘丹青(1998:24),刘丹青(2016)等。

解决汉语"主题与主语"之争的一个前提是,要对汉语的类型学性质进行澄清,即搞清楚哪些句子是需要考虑动词的论元选择问题(动词性谓语句),哪些句子实际上是完全受"主题—说明"关系的制约,与动词没有本质的联系(非动词性谓语句)。对后一种句式,根本就不应该用"主语—谓语"这样的句法关系来分析。不但汉语如此,其他语言也是如此,如英语中的存在句、处所句、判断句、领有句、比较句等都有特殊句式,其基本组成也与典型的动词无关,所谓系动词仅仅起到系联的作用。

在那些动词性谓语句中,需要考虑如何让论元投射为第一、第二论元(也就是主—宾格语言中的主语与宾语)的问题。汉语实际上也是遵循"施受"等级序列进行投射的,即两个论元中施事性较强的一个投射为主语,另一个投射为宾语;但汉语还有一类"关涉性论元",它们也要争取占领宾语位置(称为"述题化操作"),所以如果两个论元中有一个是关涉性论元,则关涉性论元会做宾语,另一个会做主语,即使另一个是受事性很强的论元,只要没有其他主要论元,也会做主语。后一点是汉语的特性,不具有世界语言的普遍性。

除此之外,汉语会出现多重主题(有的研究者称内层的为主语,外层的为主题)现象。其基本规律也与汉语的施受等级以及关涉性论元有关,即越靠近施事性的论元越容易在内层,另一个论元在外层;同样的汉语特性是,如果其中一个是关涉性论元,则它更倾向于在外层,而另一个不论是否是受事性的论元,都在内层。当然,现代汉语中有一些特殊的变化:一是新的SOV语序的兴起,使施事在很多情况下会在外层,二是表示最小量的"(连)……都/也"句式,将这个最小量放在内层,三是时间论元在汉语中相当自由,在内外都有可能。

总之,我们认为汉语的小句结构深受语用法则的制约,汉语中所谓的"主语"在很大的程度上是主题,①"宾语"也在很大的程度上是述题②,所以

---

① 汉语是否存在不是话题的主语,本书暂不讨论。
② "述题化"是袁毓林先生提出的,参看袁毓林(2010:3.5.2节)。他借用了系统功能语法的"述题"(rheme)这一名称,但是完全不同的概念。

呈现出与英语等语言很不一样的面貌;但其中仍然有"施受"等级的制约在,只不过不如英语那么强势而已。

首先,让我们来看看小句的核心性。

选择一个成分充当句子核心,即"核心小句",这就是所谓的谓语核心词(即是且只是由一个单纯谓词或复合谓词担任);仅仅将成分前后排列,并无核心,称为"非核心小句"。人类语言有两种基本策略:①

1) 以动词为中心描写世界,并以动词为核心构成基本的支配和依赖结构,称为"动词性谓语句"。其基本分析是,先弄清楚动词所代表的事件有哪些论元,它们的语义功能(如施事、受事等),再看这些论元如何投射到句法的线性序列上来。这是一个类似于太阳系的核心结构模型。

动词性谓语句最有用的地方是对外在客观世界的描写,这些描写是以事件(活动、动作、变化、过程等)为核心的,所以把动词作为小句的核心,再根据与动词关系的不同来安排论元。从认知上讲,如果不分化出动词,我们无法描写外在的世界。

2) 以"主题—说明"为基本关系理解世界,称为"非动词性谓语句",它的实质是结构上的非核心关系,即主题和说明谁也不是核心;线性的并列形式操作,即将两个部分按照先后直接在语流中呈现。其基本分析是,先弄清楚所讨论的对象(主题),以及对该对象的说明部分。这是一个类似于前件后件"合二为一"的结构模型。

非动词性谓语是完全不同的认知观:从本质上讲不是对客观世界的描写,而是对主观认识的解释或说明。如判断关系(被判断项与判断项)、领有关系(领有者与领有物)、存在关系(处所和存在物)、比较关系(被比较项、比较项、比较结果)等都是由一对一对要素构成的,有单层结构也有多层结构(如比较中,被比较项是主题,而比较项是说明的一个部分;被比较项与比较项合在一起为主题,而比较结果是说明部分)。从本质和世界语言的发展来看,并不是非得需要一个连接它们的词(linker),所以它们是合二为一的。在结构中,我们需要确定的是主题和说明的相对位置,一般是主题在前,说明在后;但也有相反的配置。在这一维度,并没有什么"主语、宾语"问题,甚至没有任何必然的"论元—谓词"语义结构。

陈振宇(2017:237)说:

---

① 动词性谓语句和非动词性谓语句的区分见 Matthew(2007:224-274)。吕叔湘(1942:38-93)已经将句子分为两大类:第一类是叙事句,第二类是表态句、判断句和有无句,大致相当于本书的"动词性谓语"与"非动词性谓语"。

"非动词"并非是一定不用动词,而是说从世界语言来看,这些功能与典型的动词功能无关:如果一个语言中动词范畴显赫,则也可以具有一些动词来表示它们,不过这些特殊的动词一般都是该语言动词系统中的边缘成员,……同时,也有大量的语言使用动词之外的成分,如名词、形容词、介词结构,以及一些特殊的"标记"(marker)以及"构式"(construction)等来表达这些述谓功能。

非动词性谓语句的典型成员是表示断言的。陈振宇(2017:237—238)说:

"断言"(assertion/assertive),又译为"判断",在逻辑上称为"直言命题"(categorical proposition),包括性质断言、状态断言、归属或等同断言、存在断言、领属断言、事件真假断言等等,指一种由说话者使用特定的语言形式实施的言语行为,其内容是对事物或事物的特定性质或属性做出回答。

"断言"是和所谓"叙述"(narration/narrative)相对立的。① 叙述是将事情的前后经过记载下来或说出来,它的对象是在时间进程中发生变化的事物及其变化过程,说话者使用语言形式将其展示出来。叙述包括时间、地点、主体、事件、原因、结果等各种要素,其中,叙述与时间关系最为密切,即它总是表现为过程性,称为"动态事件"(dynamic event),其中每一个片断都只是暂时的静止状态。而断言正是在这一方面与之对立,断言是说话者对事物的判断,事物本身可以有过程性,但判断则没有过程性,称为"静态事件"(static event)。

因此,如果该语言是动词显赫的,在断言中也使用判断动词等系词类型的话,则叙述所用的动词往往有各种时、体表达方式,是动态动词,或称为"阶段性谓词";而断言所使用的动词,往往缺乏时间特征,是静态动词,或称为"整体性谓词"。

在世界语言中,典型的非动词性谓语句(断言句)至少有:

1) 判断句:同一性判断句"小王是他哥哥"、归属性判断句"小王上海人"、形容词性判断句"小王很高""衣服大了"。

2) 处所句(他在家)和存在/存现句(桌上放着一本书、教室里来了一个人、动物园跑了一只猴子、王冕死了父亲)。

---

① 沈家煊(2012)也提出了"叙述"和"肯定"的区别,他的"肯定"相当于本书的"断言"。不过,在对汉语现象的判断上,本书与他有很大不同。

3) 领有句(他有一辆车)和归属句(这车是小王的)。

4) 数量对应句:一斤鱼十块、十个人吃了一锅饭/一锅饭吃了十个人、一天就干了十天的活、这书卖了十块钱、三百元一个晚上。

5) 比较句:他比她还傻、他没有你高、他在班上最高。

6) 强调句:读是读过、他是没来。

……

下表中虽然也有谓词,但是整个句式就是一个构式,其中的成分如果称为论元,也是极为特殊的论元,其语义地位并不由谓词决定,而是由构式意义决定。谓词在这里可用可不用,用也主要是起到连接作用,或由构式决定的其他功能,如存在句中谓词起表示存在、出现和消失的方式的功能。

表1 汉语非动词性谓语句式中的主事和系事(引自陈振宇2016:131—133)

特殊句式	话题	说明		附
	主事	谓词	系事	
处所句	事物	存在/出现/消失的方式	处所	
	他	在	厨房	
	小王	来	上海	
存现句	处所	存在/出现/消失的方式	存在/出现/消失的事物	
	教室里	坐着/来了/走了	两个人	
	广场上	(立)有	一座石砌的牌楼	
	手上		好几个血泡	
发生句	受影响的主体	事件方式	发生变化的事物	
	村里	死了	两个人	
	他	红着	脸	走了过来
领有句1	领有者	领有的方式	领有物	
	我	有	十块钱	
	他	占了	两套房子	

续 表

特殊句式	话题	说明		附
	主事	谓词	系事	
领有句2	领有物	归属意义	领有者	
	这座桥	属于	棋盘镇	
	这书	归	你	
分配句	待分配物	分配方式	分配给的事物	
	大床	睡着	四个小孩	
	一锅饭	吃了	十个人	还没吃完
	每个人		一顶草帽	
判断句	待判断的事物	判断方式	判断的结论	
	他	是	美国太太	你是日本太太
	你	是	第一名	
	张三	是	好人	
	小王		上海人	
	这座房子	是	殖民风格的	
	今天		星期三	
名词型同一性判断句	待判断的事物	判断方式	判断的结论	
	男人	(就/不)是	男人	女人(不)是女人
	(他)主任	(倒也)是	主任	但不管事
	张三(呢)		张三不肯来	李四呢李四没空
谓词型同一性判断句①	待判断的事件	判断方式	判断的结论	
	(这书)读	(倒/也)是	读过了	但没读懂
	(这人要说)傻(么)	(倒/也)是	(真/很)傻	但为人挺老实的
	(我螃蟹)吃	是	没吃过	但看别人吃过

---

① 也称"同一性话题—焦点结构""同一性话题句""拷贝式话题(焦点)"。参看刘丹青编著(2008:242—244)。据说,在东亚语言中常见,日语、韩语及中国境内不少少数民族语言都有这一特殊句式。

续　表

特殊句式	话题	说明			附
	主事	谓词	系事		
比较句1	待比较的事物	比较方面/结果	用于比较的事物	比较数量	
	他	大	李四	一岁①	
比较句2	待比较的事物	有	用于比较的事物	比较方面	
	他	有/没有	李四	高	
比较句3	待比较的事物	比	用于比较的事物		
	他	不比/比得上/比不上	李四		
比较句4	待比较的事物	比较方面/结果+介词	用于比较的事物		
	他	高过	李四		
	苛政	猛于	虎		
	他讨厌橙子	甚于	讨厌苹果		
比较句5	待比较的事物	比较方面/结果	比较的数量		
	他(比李四/比去年)	大(了)	一岁		

在动词性谓语句中,也有两种策略:

1) 确定核心之后,把不同的成分按重要性进行排列,建立所谓层级体系。

2) 仅仅只是区别,但区别出来的各个项目没有重要性上的等级,所谓非层级体系。

请注意,对非核心小句而言,没有这一配置的必要。

世界语言中,的确存在非层级的配置,在这样的句子中,主语、宾语、作格、通格等概念都没有任何意义。如菲律宾的Tagalog语(他加禄语),动词在句首,后面依次排列各个论元,论元间没有地位上的区别,唯一的区别是,

---

① 某些方言中可以直接说"他大我"(他比我大)。

需要在其中选择一个论元作为关键的论元,可能是定指的主题成分,在该成分前加上一个 ang(表示中枢 PIV)语缀;不过这一操作是任意的,可以加在任何一个论元之上,所以论元的地位也没有区别(例引自 Avery 2007:203):

(13) a. Mag-a-alis   ang   babae   ng   bigas   sa   sako para sa bata
        AP-FUT-take.out PIV woman   OBJ   rice   DIR   sack BEN   child
        'The woman will take some rice out of a/the sack for a/the child'.
     b. A-alis-in   ng   babae   ang   bigas   sa   sako para sa bata
        FUT-take.out-OP ACT woman   PIV   rice   DIR   sack BEN   child
        'A/The woman will take the rice out of a/the sack for a/the child'.
     c. A-alis-an   ng   babae   ng   bigas   ang   sako para sa bata
        FUT-take.out-DP ACT woman   OBJ   rice   PIV   sack BEN   child
        'A/The woman will take some rice out of the sack for a/the child'.
     d. Ipag-a-alis   ng   babae   ng   bigas   sa   sako ang   bata
        BP-FUT-take.out ACT woman   OBJ   rice   DIR   sack PIV   child
        'A/The woman will take some rice out of a/the sack for a/the child'.

现代汉语中,也有将多个名词性成分前置于谓词的结构,对这些结构语义关系的识别,有赖于生命度、日常知识等。但是在信息传递上,这些信息有一定的区别,即需要确定"主题",越是外围的成分越是更为典型的主题,如:

(14) a. 我作业还没有做呢。
     b. 作业我还没有做呢。

不过,世界上大多数语言都是层级配置,所以在一般的情况下,都需要从所有的成分中,抽取其中一个最为重要的成分,作为第一成分而赋予其特殊的语法地位。还会抽取第二、第三成分等等。

有两种常见的模式:将施事性成分作为第一论元,受事性成分作为第二论元,其他角色作为旁格论元的"主—宾格语言";将受事性成分作为第一论元,施事性成分作为第二论元的"作—通格语言"。它们都受"施—受"等级体系的制约。在主—宾格语言中,那些既非施事也非受事的论元作为旁格,由语义标记如格标、介词等引入;而既有施事性又有受事性的论元(如工具)则有时做主语,有时做宾语,有时为旁格。

表 2　汉语论元句法化为第 1、第 2 论元时的序列（引自陈振宇 2016：67—71）

施事性 ←					→ 受事性	II 关涉性								
I 1	I 2	I 3	I 4	I 5										
施事|致事|经事|主事|感事	时间|工具|处所|方式|凭依|方面|途径	对象|题旨	终点|材料	受事|结果	受损者	接受者	幅度	时量/动量	源点	目的	内容	原因	系事	

汉语的论元分化，总的来讲是主—宾格型，陈振宇（2016：71）说：

> 在施受性上表现突出的，即表中的 I 1 到 I 5 共五个小类，它们构成的等级序列是：越往左，施事性越强；越往右，受事性越强；同一小类之内，施受性无显著差异。①

对这一序列，汉语的句法化规则是：

> 可以从连续统中任意选取两个论元，如果它们在层级上居于不同位置，则施事性较强或受事性较弱的句法化为主语，而受事性较强或施事性较弱的句法化为宾语②；

> 如果它们在层级上居于相同的位置（同一小类），则它们或者可以相互交换位置，轮流充当主、宾语③，或者一般就不共现。……

> 与施受性关系不大，主要作为关涉的特定方面而存在，即表中的 II 区域，它们一般只能充当第二论元④。……

> 只能做次要论元的那些论元，它们在表中没有出现，包括受益者⑤、伴随者、时间起点、时间终点等，在数量上十分少，而且都是十分边缘的论元⑥。

这称为【主语宾语原则】。

不过凡事总有例外，虽然例子极少：

---

① 这一观念由陈平（1994）首创，并给予了较为充分的证明。我们仅是做得更细致一些。
② 这是正迁移。
③ 如"这堵墙（结果）砌红砖（材料）"和"这些砖（材料）砌东墙（结果）"，这也是正迁移。
④ 也是正迁移。
⑤ 个别受益者在极为特殊情况下可以做宾语，如"修了老张家一扇门"。但这仅仅是在双宾语句中出现，而且不能自由使用。
⑥ 也是正迁移。

(15) 接受者——题旨：

这次奖励，张宁都奖了一本笔记本，吴明却只奖了一支铅笔。

你到处送人，张三也送了一件衣裳，你究竟想干什么?!

(16) 终点——题旨：（可以看成存现句）

钟粹宫（那儿）送了一千斤木炭。

小李家奖励了一百块钱。（可能是"小李家村上奖励了一百块钱"的省略形式，也可能是基础生成的形式。）

(17) 对象——工具：

星星得看天文望远镜。（可能是"星星我们得看天文望远镜"的省略形式，也可能是基础生成的形式。）

表 3　汉语句首双重名词性结构（双主题）内外层的排列顺序
（引自陈振宇 2016：117—121）

Ⅱ 关涉性									受事性 ←											→ 施事性
内容	系事	原因	目的	源点	时量/动量	幅度	伴随	接受者	受损者	受益者	结果	受事	材料	终点	题旨	对象	途径	方面	方式	处所	工具	时间	感事	经事	致事	施事

更进一步的考察，揭示汉语"主题—说明"关系的强大，它不仅仅是在非动词谓语句中发生作用，而且侵入了动词谓语句的领地，这就是将"主题—说明"关系与动词第一论元的选择，两种配置在同一句子中以套叠的方式融合在一起：外层是非动词性结构，内层是动词核心结构，我们可以说内层的是主语，外层的是主题，但也可以说这是多重主题（不过多重主语的说法是不合乎主语的第一论元的地位的），关于这一点学界仍有争议。

但不论如何，我们都得考虑在句首双重名词性结构中，究竟是什么在制约内外层的选择，是不是与第一论元的选择有关。我们认为是的，因为它们几乎都遵循同一张表格的分布，如表 3 所示，它实际上是把表 2 左右颠倒了一下而已，仅有极小的调整。

【主题原则一】

① 选取两个论元成分，则施事性较强或受事性较弱的往往在内层位置，而受事性较强或施事性较弱的往往在外层位置，担任主题。

② 作为关涉的特定方面而存在的论元，一般只能在外层位置，或者不能充当主题。

有不少反例，而且似乎反例有些多，但实际上大多是有规律可循的。大致可分为以下几种：

1)"(连)……都/也"的应用,使有的论元必须在内层靠近动词,如：

(18) 他(施事)(连)作业(对象)都不看一下。
　　他(施事)(连)一天(时量/动量)也没来。
　　他(感事)(连)恐龙(对象)都不怕。小李(感事)(连)这样的女人(对象)也喜欢。
　　我(施事)(连)圆舞曲(方式)也没跳过。

2) 现代汉语某些方言的基本语序正在向 SOV 语序演化①,这反映到普通话中,也有一些这样的语料出现,但大多和谓词部分的"焦点化"有关,这时,谓词上往往带有较多的修饰成分,使它成为句子焦点,原来的宾语前置到谓词之前②。如(例引自陈振宇 2016：123)：

(19) 他(施事)这件事(方面)研究得很透。
　　我(施事)小门(途径)没走过。
　　五营(施事)大炮(受事)已经推出来了。
　　他们(施事)交通问题(受事)还没解决呢,又来了一件事。
　　田大爷(施事)一小碗米(材料)煮了一大锅粥。
　　我(施事)计划(结果)已经做出来了。
　　我(施事)一万米(篇幅)都已经跑了。

3) 汉语的"时间"相当灵活,可前可后,是一个十分自由的浮动论元(floating argument)(例引自陈振宇 2016：125)：

(20) 时间论元在后：
　　他(施事)昨天(时间)来过。
　　就这事(致事)昨天(时间)毁了他俩十年的婚姻。
(21) 时间论元在前：
　　刚才(时间)大字(方式)写了一个小时,现在是不是换一换？
　　这些日子(时间)土鸡(对象)都看成了金凤凰。

---

① 参看盛益民(2014：6.5 节)。
② 这也被称为"次话题",参看徐烈炯、刘丹青(1998)等。

昨天(时间)书(对象)只读了一半。
明天(时间)这些书(题旨)送图书馆。
下回(时间)人参(材料)泡酒。

4) 部分例句还难以解释,如(例引自陈振宇 2016:125):

(22) 这刀(工具)排骨(受事)剁不动。
墙上(终点)水泥(材料)多抹点。

2.1.2 主题的强化

【主题原则二】 主题不能进行信息性操作,只能进行主观性操作。(正迁移)

信息性操作,指的是对对象的信息意义进行改变,如一般否定、疑问、认识情态、虚指等等。主题既然是信息的出发点或言说的中心,就必须具有稳定的信息结构,也就是说,说话者必须先把它当成事实(在本论域中存在),然后才能对它进行进一步的言说。一旦对它进行信息操作,便会动摇根本,那就是另外一个完全不同的句子或语篇了。如下例中,对主题直接进行否定或疑问都是不行的,需要将主题变成焦点成分,也就是改变句子的结构,才能进行否定和疑问操作。

(23) 那些书他都看了。——#不是那些书他都看了。——他看的不是那些书。
——#是不是那些书他都看了?——他看的是不是那些书?

再如在句首的一般否定、情态、虚拟、疑问成分,以及在句尾的疑问成分,等等(如果这些操作可行的话),都是句子外围的成分,都把整个句子放在自己的辖域之内,从理论上讲,其语义操作可以落到句中任何一个成分的上面,但实际上,它们不会落到主题之上,而只是落到说明部分:

(24) 并不是(说)[那些书他都看了]。(指那些书不是都看了)
可能[那些书他都看了]。(指那些书可能都看了)
如果[那些书他都看了],那么就……(指那些书如果都看了会如何)
是不是那些书你都看了?(问的是是否都看了)

那些书都看了吗？（问的是是否都看了）

主观性操作，指的是对对象的主观评价、感叹（赋予情绪情感）等。评价涉及预期，因此主题可以表示反预期对比关系：

(25) 是我害了她（不是别人）。（对比焦点）
烟我不抽，酒要喝点。（对比主题）

还有作为感叹的主题：

(26) 你啊！太调皮了！
那本书啊，我都看了两遍了！

一些学者提出了一些在汉语这种缺乏形态的语言中区分主语和主题的检验标准，可以归纳如下。这些标准的提出，目的是说明汉语中存在不属于主题的句首成分，他们认为本着不是主题就是主语的观念，应当把它们划入主语：

1) 主题是定指的，因此如果该成分是不定指的，就不是主题。注意 Li & Thompson(1976/1984)把类指或通指的主题也归入定指，这是合乎指称理论的。

2) 主题是已知信息，因此如果该成分是对比焦点，或者是信息焦点（即新信息，包括新信息的一部分），就不是主题。如"小张去了上海。不，是<u>小王</u>去了上海。""谁是张明？<u>我</u>是张明。"后一句的"小王"、答语的"我"分别担任对比焦点和信息焦点。

3) 主题是后面陈述的对象，是注意的中心，因此如果该成分仅仅是偶然地出现，就不是主题。

4) 主题与说明的关系是松散的，所以主题后可以停顿，可以带上"啊、么、呢、吧"等语气词，因此如果不能停顿，不能带上语气词就不是主题。学界常用这一方法检验汉语的主题。方梅(1994)，张伯江、方梅(1996：24)指出，汉语句中语气词是用来划分主位与述位、旧信息与新信息的，语气词的出现位置相当灵活，正反映了汉语句子在新、旧信息划分上的策略。

上述第2)点在宋文辉(2018：197—198)中做了反驳，但宋只是说明主题焦点也有主题性，却没有讨论这里的对比焦点和信息焦点问题。

我们同意"小张去了上海。不,是<u>小王</u>去了上海""谁是张明?<u>我</u>是张明"中的"小王"、答语的"我"不是主题,而是接续前文信息要求的对比焦点或信息焦点。但认为,造成这一局面的原因是因为存在上下文约束,而我们在讨论主题时,是需要在一个独立的叙述或说明结构中进行的。在上下文约束中,句中任何一个成分,甚至原来的主题,在理论上讲,经过焦点化操作,都可能成为对比焦点或信息焦点,所以这与该成分的句法地位无关;如果主题成为汉语句子结构的一部分,它就不能避免这一命运。不过这一问题不在本书的讨论范围之内,暂且放在一边。

另外,我们也认为,不能以偏概全,"主题"是一个句子讲述的出发点,或者说是言谈的对象,但是它可以是旧事物(此前已经在语篇或语境中存在的事物),也可以是"新事物",即新引进的事物。例如"一个女的上午来找你"中的"一个女的",是新引入语篇的事物,但也充当本句的主题。主题可以是单独作为言谈对象的事物,也可以是同时与其他事物进行对比的事物,即有多个相互对比的主题,分别担任不同的小句的主题,如"酒不喝,饭还是要吃的"中的"酒、饭"。作为出发点,完全可以是一组事物而不一定是一个事物,完全可以是多个事物形成对比。

第3)点涉及对语篇的理解,并不是只有"篇章主题"才是主题,有的句子主题在前面引入新的事物作为后面句子部分讲述的出发点,但往往只是偶然的事物,如下例的"老张家";在下面的句子中,则开始以其他事物作为讨论的中心或篇章主题,如下面的"女儿"。"老张家"自身并不担任篇章主题,但担任第一句的句子主题,不能否认它的主题地位:

(27) 老张家(啊,)有一个女儿,长得那叫好,红红的脸蛋,……

本书所关心的,主要是上述1)、4)两点,我们认为它们实际上是一回事。不过我们并不想介入"主语和主题"之争,而只是想进一步问一些问题:为什么有的汉语句首名词性成分后可以自由地停顿,加语气词,有的却不能或很难这么操作,这又是否违反汉语主题的基本功能?

我们认为,造成上述现象的,不是句法语义限制,而是修辞语用限制;因此如果汉语主题不仅仅是一个语用上的调整,而成为汉语的基本句子结构单位之一的话,则这些现象并不足以成为反对它们是主题的理由。

先区分两类话题后停顿:

1)"主题问停顿"。这里,主题部分相当于一个"主题问"(也译为"话题问"),后面部分是对这一疑问的回答。所用的语气词,主要是"呢"系语气词。关于主题问的问题,本书后面再详细讨论。

2)"非主题问停顿"。不是主题问的其他主题停顿,才是这里所研究的对象。

"主题后的停顿"这一问题的复杂性,首先表现在我们这些研究者之间就很难达成一个共识,什么时候可以停顿,什么时候不行? 例如以下的句子,刘丹青(2016)认为不能停顿加语气词,但宋文辉(2018)却认为可以,前者的标准很狭窄,而后者的标准又很宽泛:

(28) a. 一位中年妇女(*啊)匆匆走来,她也是来给14号投票的。(刘的例句)

昨天晌午呀,德胜门外头哇,一个老头儿啊,钓上来了一条十斤重的鱼。(宋的例句)

b. 老张啊,就学过法语。(刘认为不能说,宋认为能说)

其他的例子还有:

(29) 这棵树啊,叶子大。/叶子啊,这棵树大。(一般认为第二个NP后不插入语气词)

这棵树,叶子啊,大。/叶子啊,这棵树,大。/叶子啊,这棵树啊,大。(宋认为可以说)

有一些则能达成基本的共识,但仍有例外,如下面的例子大多数学者都觉得的确很难停顿:

(30) 最小量:一辆也没有——?? 一辆啊,也没有。(刘的例句)

全量:样样都行——?? 样样啊,都行!

什么都不要——?? 什么啊,都不要!

陆俭明(1986)认为这种周便性成分不是主题,宋文辉(2018:199)同意此时不能停顿,但仍然提出这并不能否认主题性。我们的调查发现,有的母语者觉得"这么个鬼地方! 一棵树啊,一团绿啊,也休想看见!"是可以说的。我们还找到这样的例句(当然这是非常罕见的例子):

(31) 热! 太热! 原来有嚡多人去办理统缴卡! 等避风的! 全部男的

么。一个女人啊 没有！无语的！懂不懂?!!!!!!（BCC 语料）
来太早了,一个人啊 么有,小伙伴们,快来陪我[晕][感冒]我……（BCC 语料）
谢谢@进击的学渣 Orz@诗婷系 LLL,个个啊用学霸的气质激励我。（BCC 语料）
胶州水岸绿城开盘好像有点贵啊涨价了啊,什么啊都是骗人的啊。（百度）

再看下例：

(32) a. 快来看,俩猫打架了！
　　　*快来看,俩猫啊,打架了！（刘的例句）
　　b. ——发生什么事了？
　　　——哥哥打我。/*哥哥啊,打我。（刘的例句）

这些例子可以用新信息来解释,即"俩猫、哥哥"都是说话者要传递给听话者的新信息的一部分,此前根本不知道有这个事物,所以不能是主题。但如果按聂仁发(2005)的观点,我们似乎可以进一步把新信息分为"新主题"和"新焦点",这里是引入新的事物（俩猫）作为主题,但却不是新的焦点。怎么证明这是新主题还是新焦点？用以下测试：

(33) ——快来看,俩猫打架了！
　　 ——有什么好看的,没打架,在逗着玩呢！/?? 有什么好看的,不是俩猫,是两条小狗！
(34) ——发生什么事了？
　　 ——哥哥打我。
　　 ——哪里啊,没打你啊！/?? 哪里啊,小明打你的。

否定检验表明,在信息传递过程中,听说双方真正关心的不是"是不是猫、是不是哥哥"的问题,而是"打架、有人打人"的问题。按陈振宇、张莹(2018),这里"俩猫、哥哥"是感叹主题,而"打架、打我"才是感叹焦点。聂仁发(2005)指出,这样引入的新对象还常常会仅仅表示来源,而在后面的语篇中不具有重要地位,他称为"淡化注意中心",如下例所示：

(35) 一位医生在电台里说，勤洗手、多通风、适当运动、充分休息，这是预防"非典"最有效的方法。（聂的用例）

"一位医生"前面没有提到，后面也没有再提到，是一个偶现的事物。这也是因为作为信息，不论如何，主题都不如焦点重要，所以可以在引出之后退居于背景之中。这也就是说，句子主题不必成为篇章主题，二者是有区别的：句子主题的功能是作为后面说明部分的出发点，而篇章主题却是一段叙述中所围绕的核心。

因此我们认为，这一类句子中的句首新事物只是新主题，表明进行了主题转换，而不是新焦点；但转换之后的句子主题迅速隐入背景，不再被关注。

但是，我们仍然要问一个问题：为什么汉语中新主题后面难以停顿，而典型的主题（旧信息）却可以自由停顿？更进一步的是，如果定指性存在连续统，那么主题性是不是也存在连续统？从最典型的主题到最不典型的主题，因此其停顿性也存在"自由停顿—极少停顿—基本不能停顿"的连续统？

我们的上述考察支持这一连续统的观点。下面需要解释的是，究竟什么机制在决定汉语句首名词性成分后面的停顿性？

在讨论之前，先要搞清楚一个问题：为什么汉语主题后需要停顿？主题后的停顿并不是主题成分的必要操作，许多语言中的主题后（包括汉语的许多句子）不需要停顿，例如下面每组中两个句子在韵律上都有所不同，难道我们说句首的"张三"是不同的成分，一个是主题一个是主语？！

(36) 张三啊，是个不错的木匠！——张三是个不错的木匠。
　　 小云嘛，去年刚毕业！——小云去年刚毕业。
　　 我呢，不想和他闹得太僵。——我不想和他闹得太僵。
　　 这画么，还是他给我的！——这画还是他给我的。

显然这里说的"停顿"不是自然停顿，如汉语两字或三字组之后的自然停顿，或者是因为言者的口头禅或思虑不济的被迫暂停，而是一种刻意的、加强的停顿，所谓加入的语气词，就是这一特殊性的体现，我们觉得可能有预期强弱的区别：这一功能我们称为"强化"(strenthening)。这一强化的、刻意的停顿，究竟与不停顿有什么区别？

从上例可以看到：有了强化，就有了认知上的"突显性"(prominent)，也就是说，"老张啊"中的"老张"，比一般陈述时的老张具有更为重要的地位。

一个名词性成分,被特别地突显,并不是为了更为突出地表达它所代表的事物的理性意义或属性,而是为了突出该事物对于说话者来说的主观的属性或意义,这个属性就是陈振宇(2017:77)所说的"社会属性"(social properties)。陈振宇(2017:77)说"专注于该类事物或该个体在社会中的种种表现、价值与地位……从本质上讲,表示社会属性的词语,都不是对个体或具体实例的讲述,都是类层次的东西;但与一般所谓类指不同,它常常被说话者赋予个体或实例,表示说话者对这些个体或实例的主观态度与评价"(引自陈振宇 2017:77)。

例如"老张啊"中,被强调的主题是"老张",则后面将要讲述的就是他的社会价值。"老张是个不错的木匠"是客观叙述老张的性质,而"老张啊,是个不错的木匠!"是在对他进行赞扬(夸奖老张)、社会定位(确定他具有木匠价值而不是其他)、调侃(可能是说他的脑筋有点木,不能转弯)等等;一个好木匠不一定是一个典型的木匠,但在主观的赞扬中,老张被当做了好木匠的典型,也就是符合我们通常对好木匠的"呆板印象"。

总之,汉语主题后的刻意停顿(包括语气词),其功能是强化主题,突显其社会价值与意义。

作为对比,让我们来看看那些只具有自然的理性属性、很难具有社会价值的事物,这时,加上句中语气词的刻意停顿,就会显得相当怪异。如我们说"地球围绕太阳旋转",而很难说"地球啊,围绕太阳旋转"。同理,简单报告"老张是张家的族长"时,"老张啊,是张家的族长"就比较怪异;如果要刻意停顿,后面往往还需要更多地引出表达其社会价值的东西,如这样说就合适了:

(37) 老张啊,既然是张家的族长,他就必须要站在张家的立场来想一想!

实际上,一个自然的现象,有时也可能被赋予社会价值,这时,刻意停顿就通顺多了,例如:

(38) 我们的地球啊,就像一个善舞的精灵,围绕着太阳旋转,在太空中划出一条美丽的椭圆曲线。

另外,主题强调的方式并不仅仅是停顿,还可以使用其他"特殊主题标记"。一般的"主题标记",是在一个语言中强制性地加在主题之上的标记,如日语主题后的"wa",它并不具有对主题的特殊处理功能;而"特殊主题标记"是一个语言中可以加在主题上,但没有强制性的标记,汉语的语气词是这一类,另外还有介词"至于、就……而言"等,英语中的主题前介词"for、as for"等。如果不具有强制性,也就是说该种语言的该种主题一般是无标记的话,那么使用这些标记就具有特殊的语用功能。

一般而言这种特殊功能就是强化,当然也不排除会有其他特殊语用功能,如汉语的这些介词还有篇章主题转换功能,"<u>至于第二种方案</u>,可能是因为过于激进的缘故,很少有政治人物予以采纳"。此时就不是为了强调其社会属性。停顿加语气词也有其他功能,如维持话轮、表示人际互动(表示缓和的语气、试图引发对方反应)、强描写的绘声绘色表达等,这些与主题强调无关。

限于篇幅,本书暂不讨论汉语中这些标记主题的介词的问题,而专注于停顿。我们发现汉语存在以下几条"主题强调规则":

【主题原则三】

① 只有能担任主题的成分,才能进行主题强调。(正迁移)

② 当需要进行理性表述时,最好不要进行主题强调。

③ 当需要尽快突出说明部分,如说明部分是特别强调的感叹焦点时,最好不要进行主题强调。

④ 当句中有多重主题时,把每个主题都进行强化是不好的操作,因为会在语用上造成矛盾,不知道究竟是突显哪个主题的社会价值;一般只对其中一个进行强化,一般是外围的话题,但也可以强化里面的主题。

⑤ 只有自身的结构语义已经具有很强的定指性质的主题,才可以进行自由的主题强调,因为此时该事物是旧事物,容易识别,而定指性不强的是新事物,还有赖于句子或语境给予定指化,如果再强调,语用操作太多,语用负担太大。(正迁移)

下面详细讨论:

1) 只有能担任主题的成分,才能进行主题强调。

句中存在的实义成分可以成为主题;空位和虚词不能成为主题,因此也不能进行主题强调。如果改为信息焦点与对比焦点,也会失去主题性,当然也就不能进行主题强调,这正是"*谁来了?我啊,来了"不能说的原因。

2) 当需要进行理性表述时,最好不要进行主题强调。

这一点很好理解,因为会在语用上造成矛盾——理性表述与社会价值的人际、主观表述之间的矛盾。因此在政论、科技、法律、学术、操作等书面语体中,几乎很难见到主题强调的例子,不会用停顿加语气词的形式。

3) 当需要尽快突出说明部分,如说明部分是特别的感叹焦点时,最好不要进行主题强调。

这一点也很好理解,因为会在语用上造成矛盾,对主题的强化与对焦点的强化相互冲突,除非是分割成不同的句子。例如下面例子最好在句首的"你""这家伙"等后不要停顿,因为不停顿时感情强烈、语气急促,而停顿会破坏这一点;而且越是要求急迫,越不允许主题强调:

(39) 你不要太得意了! ——? 你呀,不要太得意了!
　　 这家伙真是一派胡言! ——? 这家伙啊,真是一派胡言!
　　 勇敢者不畏艰险! ——? 勇敢者啊,不畏艰险!
　　 小玉怪可怜的! ——? 小玉呀,怪可怜的!
　　 此地不得通行! ——?? 此地啊,不得通行!
　　 你快来呀! ——?? 你呀,快来呀!
　　 你得快走了! ——?? 你啊,得快走了!

前面例(32)也是如此。我们发现,在感叹句中,只要有感叹焦点在,主题后的停顿反而不多,这就是为了避免语用冲突。另外一个常见的操作是所谓"易位":将感叹焦点前置突出,而感叹主体却在后面轻轻带过,显得特别地不突出,如"不要太得意了你!""真是一派胡言这家伙!""怪可怜的小王!""快走啊你!"

如果句中只有感叹主题而没有感叹焦点,主题后倒是经常有强化功能的语气词,如"你呀!""这人啊!""这家伙啊!"之类。

试比较分割为不同的句子的情况:

(40) 你不要太得意了
　　 你呀! 不要太得意了!

后一例实际上是两个感叹句:二者之间停顿较长,各有各的语调轮廓;"你呀!"是感叹主题句,"不要太得意了!"是感叹焦点句,所以不存在语用冲突,显得更为顺口。"小玉呀! 怪可怜的!"也会好很多,也是因为避开了语用冲突。而且"你""小玉"后停顿越长,越是两个感叹句,也就越合适。

这也解释了那些表示最小量或全量的成分在句首时(所谓"周遍主语句"),不能停顿加语气词的原因,如例(30),因为这时句子几乎都是感叹句,而且后面的说明部分才是非常突显的感叹焦点,这迫使我们不能让前面的数量成分突出出来。

那么为什么会有例(31)这样的例子存在(虽然实际语料十分罕见)？我们觉得这是因为这里"啊"前的成分得到了特别的突显,如"全部男的么。二个女人啊 没有!"为了突出情况过于出乎预料(一般多少会有些女的,即使人很少,但是现在达到了极端的情况,一个女的都没有),所以加上了"啊";这里在"一个女人啊"和"没有"之间其实并没有停顿,而是紧密的连接;本来应该有的"都、也"没有出现(正常的情况应该说"一个女人都/也没有",而不说"?? 一个女人没有"),说明"没有"不具有焦点地位。总之,例(31)破坏了原有句子的焦点性结构,出于特殊的情感表达的需要,所以刻意突显"啊"前的成分。

4) 当句中有多重主题时,把每个主题都进行强化是不好的操作,因为会在语用上造成矛盾,不知道究竟是突显哪个主题的社会价值。

这一点解释了以下各句的通顺程度递减的原因。也正是因为如此,潘海华、梁昊(2002)等认为汉语内层的 NP 是主语。我们认为这还不足以证明内层 NP 是主语,因为之所以不对它进行强化,仅仅是出于语用上的限制罢了。

(41) 这孩子啊,我觉得还不错!
　　 这孩子(,)我啊,觉得还不错!
　　 这孩子啊,我啊,觉得还不错!　　合适度递减

作为语用规则,是可以违反的,所以这几句有的人觉得都可以说,而且会存在母语者的个体差异:有的人觉得第三句通顺,有的人觉得不通顺;不过都会觉得第一句通顺。

例如,在绘声绘色(以展示说话者自己的个人风格)的场景下,如女人对他人说话,或者是他人对小孩子说话,都有可能增加停顿(语气词)的使用频率,这时,停顿不再是主题强调功能,而是人际互动功能,就不违反本条规则了。宋文辉(2018)的语感更接近北京本地普通人的日常口语,但我们担心他把人际功能与主题强调功能混合在一起,而人际功能是与本书讨论的"检验汉语的主题"无关的。

5) 只有自身的结构语义已经具有很强的定指性质的主题,才可以进行自由的主题强调。

汉语句首名词性成分,如果自身的结构语义已经赋予了很强的定指性质,则表明说话者提取到了(旧)事物,它就具有更大的独立性,可以进行主题强调;而如果自身的结构意义不具有强定指性,而是需要周围的成分或前

后文来赋予它定指性质,那么就代表说话者引入的是一个新主题(可能会也可能不会发展为篇章主题),它的独立性就小,进行主题强调就会比较难,就需要看具体的情况。

下面结合前面所说的各种定指性操作,来看这些主题强调的具体情况:
1) 当名词性短语自身具有很强的定指性,可以自由地进行主题强调。

(42) 你啊/至于你,是个好人！他嘛/至于他,并不知道这事！我呢/至于我,想去北京见识一下。自己么/至于自己,还是别强出头的好！
这个孩子啊/说到这个孩子,实在太调皮了！那本书么/至于那本书,先放你这儿吧。
别人的事嘛/至于别人的事,你就不要参合了！我的孩子啊,和你的在一个班上呢！

2) 当名词性短语本身不具有很强的定指性,要担任汉语句首名词性成分(主题),要使短语定指化。这些定指化手段各自的可强化程度很不相同,总的来说,越是短小越是可以独立在语境中成立,越可以自由地强化,而有的手段很难加以强化。①

【主题原则四】 需要定指化的主题,可强化的自由度的高低排列:

临时命名＞锚定性语境＞突显数量或数量关系＞通指与类指＞区别性语境/屏幕效应
自由强化————————————————————————不能强化

所有的临时命名都是对已有个体的命名,其功能与专名大致相当,所以是定指的,可以相当自由地进行主题强调。

锚定性语境也是如此,包括:

(43) 回指:
爷爷和李叔叔出去了很久。<u>两个人</u>(啊,)到半夜才回来。
北大与清华都在圆明园旁边。<u>两个学校</u>的学生(呀,)经常见面,不过大多是清华的男生,找北大的女生。

(44) 关联回指:
刚才我一进门,咱家小狗就跑过来围着我转,<u>一条小尾巴</u>(啊,)还一个劲儿地摇来摇去。(例引自白鸽 2013;转引自陈振宇 2017:169)

---

① 这里的定指化方式和例句,引自陈振宇(2017)。

他买了辆车,<u>几个轮子上面</u>(呀,)还印着好奇怪的花纹!

(45) 认同指:

张家有三个孩子。……爸爸妈妈上班了,<u>三个孩子</u>(啊,)就经常在胡同口打闹玩耍……

但有一些情况是不能进行主题强调的,或者强调会很不自然,如:

(46) 嗨,两本书(? 呀,)可都还你了!

在特殊的"图片说明"语体中,由于报刊往往是以理性意义为主,所以不能自由进行主题强调(例引自魏红、储泽祥 2007):

(47) 4月15日,<u>一位外国游客</u>(＊啊,)在云南西双版纳傣族自治州景洪市街头过傣族泼水节。(例引自魏红、储泽祥2007;转引自陈振宇2017:170)

通指具有较大的囊括性,定指性很强,易于进行主题强化:

(48) <u>人</u>(啊,)要有精神追求。(通指/典型类指)——<u>人</u>(啦,)生活在空气中,却看不见空气。(通指/概率类指,大多数人或一般人)
<u>一个人</u>(啊,)要有点精神(通指/典型类指)。——<u>一个人</u>(啊,)干不了这事(通指/数值,即一个典型的人,类指的一种)。
<u>(一个)思考不缜密、条理不清晰的人</u>(啊,)不该选择学术道路。
<u>(一个)疯子</u>(啊,)是不常考虑这些问题的。
<u>一个人</u>(啊,)若是活着比死了还苦,活着确是没有甚么味道。
<u>一个女人</u>(啊,)背后还是要有男人! 一个希罕自己,心疼自己的男人!

虚指或类指在语义上相当于一个概念节点,定指性强;但是由于类指常常用来表示某种事理,作为理性意义时就很难进行主题强调,但在感叹时也可以强调:

(49) <u>一位精神病医生</u>(?? 啊,)是你现在最需要的。(虚指/个体类指,类指的一种)

一幅好的字帖(?? 啊,)是初学者的福音。(虚指/个体类指,类指的一种)

(50) 人(? 啊,)比动物有智慧。(概念节点,类指的一种)——人(? 啊,)已经很多了。(整体属性,类指的一种)

如果说"人啊,毕竟还是比动物有智慧。"句子就会更好一些,因为用了"毕竟还是"来表明社会属性判断,即用来对人进行夸赞等功能。

突显的数量定指性很强,但是能否进行主题强调,还得看其他影响因素,如是否有感叹,感叹的究竟是主题还是焦点,是否突显理性意义,是否成为对比焦点等:

(51) 大量解读:
　　十几个人(啊,)上午来找你。
定量解读:
　　一个(啊,)是不够的。
　　三个人(呢,)才能够抬起那张桌子。
　　(是)`三个学生(*啊,)来找他,不是两个。(充当了对比焦点,已经不是主题。)
最小量与全量解读:
　　昨天下午,一个学生(?? 啊,)都没去找他。
　　张三一天下午(?? 啊,)也没去学校找过他。
　　三个人(? 啊,)都来了。
　　什么人(?? 啊,)都可以去。
　　家家(?? 啊,)都有了电视。
数量分配句:
　　一锅饭(*啊,)吃了十个人。
　　一个月(?? 啊,)认不了五个字!
总分解读:
　　他看见坡上有几个德国兵,一个(? 啊,)在树下休息,两个(? 啊,)在烧火做饭。(这里用"啊"不太好,可能与语体有关,这是小说。)

"区别性"具有很强的定指性,可以充当主题。不过其可强调性就更弱了。

(52) 看大门的人(啊,)还没有来。

看书的(*啊,)忘了把书还回去,不是你(管理员)的错。

这里是把"看书的"与其他人对立,但对比性会造成对比焦点,这时不再是主题,所以就不能进行主题突显。

"区别性"中,对比句式的对比双方,都处于突显的焦点地位,不管采用什么成分,都是定指性的,但是对比性却又使它不再是一般的主题,当然也不容易进行主题强调,如:

(53) 老师(?? 啊,)往前面走,同学(?? 啊,)从后面进去。
一个英雄(?? 啊,)倒下去,千万个战士(?? 啊,)站起来。
几个合同(?? 啊,)签过,许多公司(?? 啊,)倒闭,垄断就是这样扼杀中小型企业的。

但是这并非绝对如此,主题焦点有时可以进行强化,如"烟呢,他不抽;酒啊,还可以喝一点。"尤其是对于一些习惯绘声绘色讲话的人而言是正常的。然而在实际语料中,调查发现不用停顿的例子更为普遍,"烟他不抽;酒还可以喝一点"更为通顺,说明本类中停顿加语气词是个别的现象。

"区别性"中,陈振宇(2017:172)说"须知汉语'们'类复数的本质不仅仅是'数量',而是'人以群分、物以类同'的立场划分"。这时,也可以进行主题强调,虽然实际上例子也很少:

(54) *同学上午来找你——同学们(? 啊,)上午来找你!
战士们(?? 啊,)冲过封锁线,向东头大桥发起进攻。

"部分量化"可以自由充当主题,很多可以自由进行主题强调:

(55) 有的人啊,就是喜欢胡说八道!一天不说就不自在!
她们俩,一个(啊,)喜欢跳舞,另一个(啊,)喜欢看别人跳舞。(这里是口语,更容易绘声绘色讲话,所以用"啊"停顿就很好。)

所有由"屏幕效应"建立起来的主题都很难进行主题强调,这是因为该成分的独立性都非常地弱,必须依赖上下文才能定指化,所以说话者不会对它进行强调,强调的应该是那些上下文场景。

陈振宇(2017:174)解释"屏幕效应"时说"用说话者或某个篇章中的人

物的视角来吸引听话者的视线,让他向某个区域与该区域中的特定事物聚焦",可以看到,这一般不能强化,如:

(56) 我们掉头一看,一辆银色吉普车(?? 啊,)正从身后赶来。
祥子抬起头,一棵小草(?? 啊,)正趴在墙头上,懒洋洋的,一动也不动。

引入听话者视线的视角性成分词汇化后,也不能强化。如:

(57) 只见一个道人(*啊,)从前面过去。
只听得一阵阵歌声(*啊,)传来,……

引入听话者视线的时间、空间框架,也不能强化:

(58) 新年刚过,在罗马一家医院里,一个女孩(?? 啊,)呱呱坠地。
上午9时许,一辆黑色轿车(*啊,)驶入大会堂东门外广场。
在那遥远天空中,一颗星(?? 啊,)很亮很亮,这就是长庚星。
静静的山谷中,一座小桥(? 啊,)横跨在溪流上,默默地守护着一方安宁。

"屏幕效应"中依靠具有显著特征的成分达成的定指化,也不能进行主题强调:

(59) 一个漂亮的女生(? 啊,)正在前面走着——昨天来过的一个女生(? 啊,)上午又来找你了。
一栋孤零零的房子(?? 啊,)在前方不远处。
一队法国枪骑兵巡逻队(*啊,)在街角出现。
一个我从来没见过的警察(*啊,)走了过来。
一辆黑色的卡迪拉牌轿车(*啊,)慢慢地从门外开了进来。

"屏幕效应"中其他不能主题强调的例子如:

(60) 一个女人(?? 啊,)挑着一担水进来了。
一个小姑娘(?? 啊,)在前面慢慢地走。
一个人(?? 啊,)穿着大衣迈下马路走过来。

一位青年作家(?? 啊,)就很勇敢,他在无人吹喇叭抬轿子的情况下,孤身一人去高等学府签名售书,一看购销不旺他便改为签名赠书。(引自周思佳、陈振宇 2012)
一个乡下老太太(*啊,)在公共汽车上吐了我一身后昏在我脚下。
一位客人(?? 啊,)来到了二连连部。
"画得太像了,画得太像了,这真是绝妙之作!"一位旁观者(*啊,)称赞道。
只听"轰隆"一声巨响,一个黑衣人(*啊,)从天花板上掉了下来。
鬼子/敌人/狼/警察/冰雹/洪水(*啊,)来了!
一只青蛙和一条鱼(?? 啊,)天天在同一个池塘里相见,……
一位早年的朋友,一个来自遥远城市的亲戚,和一群迷失的年轻人(*啊,),同时来到任怀冰位于大山深处的家中,……
人、狗、车(*啊,)在这条印度斯坦的大街上喧嚣地流过,宛如无尽的河流,冲刷走历史的尘埃。
年年岁岁(?? 啊,)花相似,岁岁年年(?? 啊,)人不同。
一个又一个时代(? 啊,)过去了。
男男女女、老老少少(?? 啊,)坐满了整个山坡。

下面这些不是一般的主题,所以也不能强化主题。

(61) 甲:谁在里面?
　　 乙:一个女人(?? 啊,)在里面。

我们发现,只要句首成分是并列或重复的,一般就没有在后面停顿加语气词的。

屏幕效应位于语段开头时还多多少少可以停顿:

(62) 从前,一个老奶奶啊,养了三只小羊……
　　? 一头小驴啊,在路上遇见了一只青蛙,……

在场景转换时几乎没有停顿的用法:

(63) 他正在滔滔不绝地讲话,忽然,一个女学生(*啊,)咯咯笑了起来,……
　　 刚要转身,一辆自行车(*啊,)突然出现在面前,……

在感叹时，主题强调会导致语用矛盾，所以不是好的操作。除非是由两个感叹句组成：

(64) 房子(*啊,)要塌啦!
　　 车(*啊,)来了! ——车啊! 车啊! 来了!
　　 小孩(*啊,)掉到河里去啦!
　　 你昨天下午哪里去了? 一个学生(*啊,)来看你!
　　 甲(在试衣间外)：我进去试试衣服。乙：等等,一个'女的(?啊,)在里面!

总之,汉语中主题必须是定指的,但是可以采用自身定指性就很强的形式,也可以采用自身定指性不强的形式,只不过后一种形式必须进行"定指化"操作来获得强的定指性。这两种操作的代价是不同的,前者因为自身独立性强,可以更自由地进行主题强调,即在主题后停顿加语气词;而后者因为自身独立性弱,必须依赖于上下文以获取定指性,所以可以充当主题但很难进行强调。当然在这两个极端之间存在各种不同的难易程度,而且其他一些因素,如是否表达理性意义,句中是否有感叹焦点存在,是否因为对比或其他上下文因素失去主题性,等等,都会影响主题强调的可行性。

因此,定指性既是句法语义的内容,也是语用修辞的内容;是否停顿加语气词,也是由一个语用的机制在决定着;它们都存在连续统,都具有一般与特殊的区别,都很难划出一个决定性的界限。停顿加语气词并不是汉语中的一般主题标记或主位标记,不是用来标出主题的位置和句法地位的,而是汉语中对主题进行强化的语法手段,表明该事物的社会属性(当然还有其他功能,如人际功能),具有改变语句语用功能的作用。很自然地,这一强化手段的使用必然会受到种种制约,并不是所有的主题都可以使用,实际上大部分语篇中,它并没有使用。

这样一来,学界使用定指性和停顿加语气词的方法来检验一个句首名词性成分是否是句首主题,就不可取了。这一句法操作忽视了汉语是一个语法化程度很低,而语用与修辞十分发达的语言的本质,过于机械,忽略了汉语现象的模糊性,描写不准确。

2.1.3 主题的允准

迄今为止,我们还没有完全解决主题是怎样被后面的说明部分在语义上允准的问题,不过已经提出了一些规则,违反这些规则的"主题—说明"关系不能成立,但这些仅仅是必要条件,不是充分条件。下面详细介绍。

【主题原则五（关联性原则）】①

① 主题要被允准，需要在主题与说明部分各构造出一个语义成分 X 和 Y，且 Y 是 X 的联元，或者 X 是 Y 语义关联（语义指向）的对象。（正迁移）

② 如果语义关联（指向）是单向的，就不能颠倒顺序。

1) Y 可以是空位表达的事物。例如：

(65) 他呢，e 就是喜欢看热闹。
　　　X　　Y

　　 这个字他会写 e。
　　　X　　　　Y

　　 说到"永"字，他还是喜欢苏东坡写的 e。
　　　　X　　　　　　　　　　　　　Y

　　 这个字他写得 e 乌黑发亮。
　　　X　　　　Y

　　 这个字他写了(e)一个痛快。
　　　X　　　Y

　　 老张呢，我看 e 是个挺老实的人。
　　　X　　　　Y

　　 这些书，可能 e 值不少钱。
　　　X　　　　Y

2) Y 也可以是代词，如：

(66) 说起这些书，他是在图书馆二楼的一个偏僻的资料室里看见它们的。
　　　　X　　　　　　　　　　　　　　　　　　　　　　　Y

　　 老李啊，您别看他六十多了，精神还蛮好。
　　　X　　　　　Y

3) Y 也可以是关系名词，这又分为：

(67) 部件/部分指向整体：

　　 这个字他只写了左半边。
　　　X　　　　　Y

---

① 陈振宇(2003)提出这一假设。另外，潘海华、胡建华(2008)也从逻辑上说明，要在说明部分找出一个谓词的空变元，且能把话题填入这个变元，即可允准话题—说明关系。注意，他们说的"变元"是纯粹语义的概念，而非句法概念，所以它与这里的语义关联基本上是同一种理论。另参看陈振宇(2016：307—312)。

这个字他错写成了反文旁。
　X　　　　　　　Y

他的车,轮子掉了。
　X　　Y

大象,鼻子很长,耳朵很大。
　X　　Y　　　　Y

博士(阶段)啊,他第一年过得还很轻松,第二年就不行了。——
　X　　　　　　Y　　　　　　　　Y
时间部分①

运动会,他只参加了上半场。
　X　　　　　　Y

本周,第一届互联网大会于星期一至五在本地举行。
X　　　　　　　　　　Y

(68) 亲属与社会关系指向主体:

王冕死了父亲。——不能说"*父亲死了王冕。"
X　　　Y

张局长,爱人是在一个市属中学教书。
　X　　Y

(69) 职员或成员指向单位:

这所大学,校长很能干。——不能说"*张校长,大学很好。"②
　X　　　Y

一座大学,学生与老师同样重要。
　X　　　Y

他家去年死了两个人。——集体对成员的领有
X　　　　　Y

(70) 数量指向主体:

这个字他写了两个。
X　　　　Y

论文他才写了不到一半。
X　　　　Y

这样的人,我见过很多。
　X　　　Y

---

① 蔡维天(2015)讨论了为什么不能说"第一年,阿Q没有撑过博士生的",他归结为句法问题。我们认为这纯粹是语义规则所限,即这里"博士生"是指读博士的时间,"第一年"只是它的一部分,当然只能从大到小排列为"博士生,阿Q没有撑过第一年"。另外,只要把"第一年"复数化为一个集合,它就有机会做话题了,如本节的另一个例子"本科第一年,硕士第一年,博士第一年,这么多'第一年',就产后第一年最难熬",指女人生产后的第一年最难熬。

② 可以说"校长,咱们大学的最好",因为这是集合(所有的校长)与其成员(咱们大学的校长)的关系。

(71) 内容/样式指向主体：

<u>这个字</u>他不会写<u>繁体</u>。——样式
　X　　　　　　　Y

<u>这个字</u>他写过<u>一篇论文</u>呢。——内容
　X　　　　　Y

<u>这场车祸</u>警察没有找到<u>原因</u>。——不能说"*原因，警察找到了这
　X　　　　　　　　Y
场车祸的。"

<u>期末考试</u>已经定下了<u>时间</u>。——不能说"*时间，已经定下了期末
　X　　　　　　　Y
考试的。"①

<u>他的事儿</u>已经上了<u>新闻头条</u>了。
　X　　　　　　Y

<u>小王</u>，我听见了<u>声音</u>，没看到<u>人（影）</u>。
　X　　　　Y　　　　　Y

(72) 性状/评价指向活动：

<u>写毛笔字</u>嘛，<u>张三行李四不行</u>。
　X　　　　Y

<u>写毛笔字</u>，我（的）<u>困难不小</u>。
　X　　　　　Y

(73) 工具/材料等指向动作活动：

<u>写毛笔字</u>，我用<u>湖州产的笔</u>。
　X　　　　　Y

<u>剔肉</u>呢，<u>这把刀</u>很锋利。
　X　　　Y

<u>刷墙</u>，<u>石灰</u>最为干净。
　X　　Y

(74) 财产指向其所有人：

你说<u>张三</u>啊，上个月<u>房子</u>被人给拆了。
　　X　　　　　　Y

(75) 事件/活动/职位等指向施事：

<u>他们哥俩</u>，<u>工作</u>都很好。
　X　　　　Y

<u>他</u>啊，<u>教授</u>没有评上/<u>主任</u>被撤了。
　X　　Y　　　　　　Y

---

① 为什么"事故原因，飞机失事的最难分析""明年的会议时间，下半年的还没定好呢"就要好一些？因为这是集合与其成员的关系。这一关系预设我们讨论的必须有很多事故、很多会议，并与飞机失事的事故、下半年的会议产生对比。而例(71)中一般只讨论这场车祸、这次期末考试，不考虑其他的车祸与考试，所以句子不合格。

至于你嘛,宴会很出色!(你主办的宴会)
　　　　　X　　　Y

4) Y 以 X 作为背景/处所/时间。

先看 X 为体词性的成分:

(76)　墙壁上,有人刻了三个字。
　　　　X　　　　　　Y

　　　在学校的操场上,一场大戏正在上演。
　　　　　X　　　　　　Y

　　　浩瀚的宇宙,群星在闪耀。——不能说"群星,宇宙很大。"
　　　　　X　　　　Y

　　　这场大火,消防队来得很快。——不能说"消防队,这场大火很厉害。"
　　　　X　　　Y

　　　7月15日周末,西方现代艺术大展在国家美术馆举行。
　　　　　X　　　　　　　　　Y

　　　19日这天,有三个人来找过他。
　　　　X　　　　Y

再看 X 为谓词性的成分:

(77)　调皮捣蛋,我只看见张三。
　　　　X　　　Y

　　　写字写得人酣畅淋漓。
　　　X　　　Y

　　　这次去上海他玩得非常愉快。
　　　　X　　　　　Y

　　　写毛笔字他喜欢湖州笔。
　　　　X　　　Y

　　　另外,在同一句子中允许多个语义关联关系的存在,这只会使得话题更容易被允准,例如:

(78)　看书,她心情很愉快。
　　　X　Y　　　　　——活动蕴涵主体或论元
　　　看书,她心情很愉快。
　　　X　　Y　　　　——结果蕴涵过程/原因

5) Y 是 X 的下位概念，如：

(79) <u>水果</u>，我喜欢<u>苹果</u>。——不能说"*苹果，我喜欢水果"。
　　　X　　　　　Y
　　<u>啤酒</u>，他买了<u>纯生的</u>。
　　　X　　　　　Y
　　<u>清蒸的鱼</u>，我要<u>两斤的</u>。
　　　　X　　　　　Y

"集合—成员"关系也可以看成是上下位关系：

(80) <u>这些老师</u>呢，我就是对<u>李老师</u>有点小小的意见。
　　　　X　　　　　　　　Y
　　<u>在非洲各国</u>中，<u>南非</u>曾经是经济发展的明星和领头羊。
　　　　X　　　　　Y
　　<u>写毛笔字</u>，他特别喜欢<u>"永"字</u>。——这是毛笔字中的一个字。
　　　X　　　　　　　　Y
　　<u>世界上的声音</u>，我听过<u>欢笑的、痛苦的、烦劳的、愉快的</u>，就是没听
　　　　X　　　　　　　　　　Y
　　过<u>空洞的</u>。
　　　　Y

上下位和"集合—成员"关系有一个非常重要的特性，就是几乎任何一个单向指向关系，都可以被它在一定的条件下"逆转"，如：

(81) a. <u>"把"字句</u>，汉语学界有很多<u>论文</u>。
　　　　　X　　　　　　　　　　Y
　　　看了这么多年的<u>论文</u>，还是写<u>"把"字句</u>的比较多。——一定是
　　　　　　　　　　X　　　　　　Y
　　　很多的论文。
　　b. <u>这件事故</u>，找不到<u>原因</u>。
　　　　　X　　　　　Y
　　　<u>各种事故的原因</u>中，<u>飞机失事的原因</u>最难分析。
　　　　　　X　　　　　　　　Y
　　c. <u>本科</u>，也就是<u>第一年</u>比较难熬。
　　　　X　　　　　Y
　　　<u>本科第一年</u>，硕士第一年，这么多"第一年"，就<u>产后第一年</u>最难熬。
　　　　　X　　　　　　　　　　　　　　　　　　　　Y

d. 我们大学,校长换了。
　　　　　X　　　　Y
　　　中国的校长中,北大清华的最受关注。
　　　　　X　　　　　　Y
　　e. 老张家,房子最差。
　　　　X　　　Y
　　　房子,老张家最差。
　　　　X　　　Y
　　f. 大象,鼻子长。
　　　　X　　Y
　　　鼻子嘛,大象最长。
　　　　X　　　Y

请注意,汉语学界所谓的"主题—说明"关系实际上包括两个类型:

① 背景:如外部时间、地点等因素,用来将事件具体化(或入场),即使事件成为相关论域中的事件的成分。它们在汉语中常作为主语前的背景因素而引入。

② 被说明者:即说明部分赋予该事物以某种属性或价值。

二者的区别是:

作为背景,即使没有后面的说明部分,该时间还是这一时间,该地点还是这一地点。如"操场上,同学们排成了长队",即使没有同学排队这件事,该操场还是这么一个操场。

但是作为被说明者则不一样,"操场上工兵挖了十几个大大小小的壕沟",操场成了被说明者,也就是"挖壕沟"这事对操场产生了极大的影响,改变了它的性质。"学校操场,宽不过 20 米,长大约 100 米",操场被赋予了相关的属性(宽度、长度),这也是不能随意改变的,是对操场属性的说明。

【主题原则六(价值性原则)】 作为被说明者的主题,

① 当说明部分对主题不具有较大的说明价值时,"主题—说明"关系不被允准。推理公式为:

主题 $X \wedge [特征]$说明部分 Y 对 X 说明价值小 $\rightarrow [排斥] X$ 与 Y 有主题说明关系

② 如果允准"主题—说明"关系,则说明部分必须对主题有较大的说明价值。(正迁移)推理公式为:

主题 $X \wedge X$ 与 Y 有主题说明关系 $\rightarrow$ 说明部分 Y 对 X 说明价值大

③ 如果允准"主题—说明"关系,而说明部分对主题不具有较大的说明价值,则语力失效。(负迁移)推理公式为:

主题 X∧X 与 Y 有主题说明关系∧
[特征]说明部分 Y 对 X 说明价值小→语力失效

现在需要定义"说明价值"。

【说明价值原则】 设命题 Y 是针对 X 的说明,则:

① 如果 Y 不能赋予 X 以社会相关性属性,也不能使 XY 整体具有对说话者、听话者及其正同盟、反同盟关系者的社会相关性,则 Y 对 X 而言说明价值小。(负迁移)推理公式为:

命题 Y∧[特征](~Y 赋予 X 社会相关性属性∨~XY 整体具有对说话者、听话者及其正/反同盟关系者的社会相关性)→Y 对 X 说明价值小

② 如果 Y 对 X 而言说明价值大,则或者 Y 成功赋予 X 以社会相关性属性,或者 XY 整体具有对说话者、听话者及其正同盟、反同盟关系者的社会相关性。(正迁移)推理公式为:

命题 Y∧[特征] Y 对 X 说明价值大→Y 赋予 X 社会相关性属性∨
XY 整体具有对说话者、听话者及其正/反同盟关系者的社会相关性

社会相关性前面已经定义,这里重复一遍:

【社会相关性原则】 一个事物与某认识主体有社会相关性,或者和该认识主体的知识、观念和行为相关,对他有赞同、反对、纠正、分享等可能性。或者和该认识主体的利益和责任相关,有使他受益受损、改变、失职履职等可能性。

根据这些规则,我们来看看一些例子:

(82) #老李家去年连出了一百多日的霜冻。
　　　　 X　　　　　　　　 Y
　　　老李家去年连出了一百多日的霜冻,大棚里的蔬菜都被冻坏了。
　　　　 X　　　　　　　　　　　　　　 Y

前一个句子,"霜冻"是自然现象,我们不知道它对"老李家"的知识或利益等有什么影响,所以句子不合适。而后一句,我们知道"大棚里的蔬菜"是"老李家"的财产,"霜冻"使之受损,也即使"老李家"受损,社会相关性充足。

(83) #这场大火,我去了郊外。
　　　　 X　　　 Y
　　　这场大火,消防队来得太晚了。
　　　　 X　　　　 Y
　　　这场大火,我去了郊外,没有看到。
　　　　 X　　　　　　　　 Y

第一句,我们不知道我在大火时去了郊外,对听说双方或其他正反同盟关系者有什么影响,所以不能理解。第二句中,消防队来得晚,可以推出有关方面(可能是你我,也可能是我同情的对象)的火灾损失很大,具有充分的社会相关性,所以句子很好。第三句中,说明去了郊外的后果是没有看到火灾,一般而言,我没有看到什么,对我来说是一样损失,如我是记者,就是没有来得及报道,如我是商人,没有及时止损或抢救,等等,因此社会相关性变大,句子就合适了。

(84) 你问<u>这小家伙</u>,<u>老师们今天下午都放假了</u>。
　　　　　　X　　　　　　Y

乍一听这句,有些摸不着头脑,不知在讲什么,老师放假和这小家伙是什么关系?细看上下文,原来是有人看见一个小孩子在田间野(玩),觉得很奇怪,说话者是在解释这事的原因,因为今天下午老师们放假了,所以学生不上学,于是这些小孩没有功课,都在田里玩耍。可以看到,就这句话本身,是不足以赋予足够的社会相关性的;只有结合语境,在补充了若干信息之后,才能看到,"老师放假"改变了"小家伙"的处境,或者说使其利益变化,使他在田里玩耍成为正当的,这样赋予的社会相关性。

(85) <u>这本书</u>,<u>看过的 e 不少</u>。
　　　 X　　　　Y
　　　<u>这本书</u>,<u>看过的 e 请举手</u>。
　　　 X　　　　Y
　　　<u>这本书</u>,<u>看过的 e 没来</u>。
　　　 X　　　　Y
　　　?<u>这本书</u>,<u>看过的 e 来了</u>。
　　　　 X　　　　Y

我们发现,是否看过这本书,对听说双方或正反同盟关系者很难确定有什么意义和价值,还必需看看过的人的行为。在第一句中,看过这本书的人不少,说明这本书很受欢迎,这赋予了这本书的社会相关性——它对我们来说是有价值的(积极评价),所以句子很好。第二句,是现场的行为,要看这本书在现场的人中影响的大小,这些现成的人就是听者,因此具有和听者的社会相关性,句子也很好。但是第三句,我们需要进一步考察语境条件,也许可以比较容易地找到一种语境,就是需要有人来讲一讲这本书,这时,看过的人没来就深刻地影响了你我现在的活动,因为无法来讲了,此时具有充分的社会相关性,句子可以说。第四句,我们如果想不到这样的社会相关性,就不能说,因为即使我们需要有人讲,也不是只要是读过这本书的人就可以讲。当然,在很特殊的情况下,如现在要讲两本书,"这本书看过的来了,可以先讲;那本书看过的没来,下次再说",那么也是可以说的。

(86) 成都,物价很便宜,生活很舒适。
　　　X　　　　Y
　?成都,火车站在城北,飞机场在西南。
　　　X　　　　Y

第一句表达的是城市生活者的日常体验,对他们息息相关,由此可以看到说话者对成都的积极评价,所以句子很好。但是第二句,我们不知道在城北和西南对听说双方有什么影响,所以难以理解。但是,如果是我的朋友要去成都旅行,坐火车去,乘飞机离开,那么我这话就与他相关了:城北和西南一般相距较远,这就是在提醒他注意交通,句子就合适了。

2.2 表达中的焦点

2.2.1 焦点的定义与类型

焦点(focus),是句子中最突显的部分,往往具有韵律上的突出性(如重音),或者虽然在韵律上不突出,但不能省减。焦点总是具有局部性,是说话者呈现给听话者的意义中心,也是心理学上的注意中心。参看陈振宇(2016)对焦点类型的详细介绍以及检验方法,本书又做了一定的修改,主要是增添了四大焦点的一些下位类型,见表4:

表 4　焦 点 类 型

焦点成分[+突显]	信息性焦点[+新信息]	信息焦点(一般新信息的核心)[−实质问删略][−对比]				
		对比焦点[−极性问删略][+对比]	对比句焦点[+显性]	非对立焦点[−前后矛盾]	递进焦点	[−排他]
					平行(并列)焦点	
				对立焦点[+前后矛盾]	非正反焦点[−排他]	让步焦点
						转折焦点
					正反焦点[+排他]	驳斥
						对位
			非对比句焦点(隐性对比)[−显性]	有限排他[+封闭]		[+排他]
				无限排他[−封闭]		

焦点成分[＋突显]	非信息性焦点[－新信息]	主题焦点[＋实质/极性问删略][－陈述删略]	新主题
			对比主题（显性对比）
		主观性焦点[＋陈述删略]	
非焦点成分[－突显]			

1) 信息焦点(information focus)，涉及语篇中的信息呈现过程。在"顺的信息过程"中，语篇所呈现的信息从无到有，从少到多，从抽象到具体，每一次信息增量的部分，是最重要的焦点信息，即信息焦点。如果信息增量部分较大，则会在其中选择一个局部予以突显。这就是传统所说的"焦点是新信息的核心"的意义，不过我们认为这一论述只适合于部分焦点种类。

2) 对比焦点(contrastive focus)，涉及语篇中的信息呈现过程。在"逆的信息过程"中，语篇所呈现的信息并不是增加，而是进行调整，改正其中的错误，排除其他可能的涵义，等等。

Maria & Sorina, et al.(2019)用是否"对立"(contrastive)来区分比较句(comparison of two discourse segments)。在对立关系中再分为"排他的"(exclusive)和"非排他的"(non-exclusive)。

排他的又分为："张三不是学生而是老师""张三是学生而不是老师"(驳斥 refutation)；"他说他是学生，但他实际上是教师"(对位 contraposition)。[①]

非排他的对立又可进一步分为转折(turning)[②]和递进(concessive)，前者如"张三是一个学生，但也是一个老师""张三是一个学生，但更像是一个老师""我想去，但是没有时间"，后者如"就算工作得如此辛苦，他也没有什么收获！"[③]

有的句子没有出现对比项，因此不是对比句，但是在语义中隐含着一个对比项，这才能解释清楚。例如"是李四偷的你的钱包"，有两种隐含的对比(有限的对比)：一是是李四，而不是我，或者是提到的一个有限集合中的成

[①] 在排他的情况下，Maria & Sorina, et al.(2019)还提到"限制"(restriction)，如"他是个英国人，至少他是这么告诉我的"。由于这里与对比焦点无关，所以本书没有考虑。

[②] Maria & Sorina, et al.(2019)称为"反对"(opposition)。

[③] Maria & Sorina, et al.(2019)还提到"弱对立"(weak contrast)，如"他父亲给了他一些鼓励的话语，而母亲则给了一百块钱"，我们把它归入平行焦点这一类，认为是非对立的。还提到"条件性反对"(conditional opposition)，如"你要努力学习，否则得不到好成绩"，由于这里与对比焦点无关，所以本书没有考虑。

员；二是是李四，而不是其他任何一个人，排除了无限的可能(无限的对比)。

3) 主题焦点(topic focus)，是句子和语篇中被特别突出的话题，在语篇中表示文本所围绕的中心。也称为"话题焦点"①。我们认为有两种主题焦点：

一是用于表示新引入的主题，它往往左右着语篇论述的转移，如"突然，<u>一个女人</u>从路边冲了出来，向总统连开两枪，一枪打空，一枪击中了他的左臂"。这里的"一个女人"是新引入的事物，充当句子主题，也是后面描写的对象(语篇主题)。

二是用来表示与其他事物的对比，如"我<u>烟</u>不抽，<u>酒</u>还是要喝的"。刘丹青、徐烈炯所说的话题焦点一般只限于这一种。

4) 主观性焦点(subjective focus)，不是为了传递信息，而是为了突出该成分在语用或人际互动中的地位，表达某种主观性或主观间性的功能。

【焦点原则一】

① 信息性焦点成分(信息焦点或对比焦点)不能约束其他信息性焦点成分。推理公式为：

成分 X∧[特征]X 信息性焦点→[排斥]X 辖域内有信息性焦点成分

② 所以，一个成分如果它辖域内有信息性焦点成分，它自己就不能是信息性焦点成分。推理公式为：

成分 X∧[特征]X 辖域内有信息性焦点成分→X 非信息性焦点

请注意这里的信息性焦点只包括信息焦点和对比焦点，不包括主题焦点和主观性焦点。

由于顺、逆过程是互补的，所以信息焦点与对比焦点不能在同一句子中同现。如下例中的句子都是因为句中两个焦点成分相互冲突所以句子很不合适，如果像括号内那样，只留下一个焦点成分句了就合适了。参看陈振宇(2016)第七章的详细论述。(焦点成分用下划线标出)(例引自祁峰 2012，祁峰、陈振宇 2013)

(87) ♯是 <u>张三</u> 打了<u>谁</u>?（比较：张三是打了<u>谁</u>?）

♯<u>谁</u> 是买了<u>那么多书</u>?（比较：是<u>谁</u>买了那么多书?）

♯他<u>什么时候</u> 是在<u>美国</u>念的书?（比较：他是<u>什么时候</u>在美国念的书?）

---

① 参看刘丹青、徐烈炯(1998：244)。

♯ 只 **他**看见了**什么**?（比较：他只看见了**什么**?）
♯ 是 **他为什么**要送你回去?（比较：他是**为什么**要送你回来?）
♯ 只 **他** 是去了**上海**。（比较：他只是去了**上海**。）
♯ 在**哪儿** 是 **他**见到小王?（比较：他是在**哪儿**见到小王?）
♯ 是 **他** 去了**哪儿**?（比较：他是去了**哪儿**?）

疑问形式的疑问用法必然是句子的信息焦点，所以疑问形式辖域内一般不能有另一个疑问形式（其实是不能有其他焦点成分）。这也可以看成是一个询问原则。如（例引自祁峰 2012，祁峰、陈振宇 2013）：

(88) ? 小王<u>是不是</u>去过上海<u>吗</u>?
♯ 小王<u>是</u>去过上海，<u>还是</u>北京，<u>对吗</u>?
♯ <u>是否</u> 谁 去过上海?（"谁"为非疑问用法时句子成立。）
♯ 小王<u>是不是</u>去过上海，<u>还是</u>北京?
♯ 谁是去<u>哪儿</u>的代表?* 谁是<u>去不去</u>北京的代表?

参看陈振宇（2010：42）的详细研究，这里还涉及很多复杂的问题，如上升句调以及"呢"都可以与其他疑问形式共现，此时它们仅起到疑问强化形式的功能。另请参看陈振宇、马宝玲、薛时蓉（2015）对汉语各种疑问形式的总结及分布演化规律的论述。

这一点也可以转化为：一个句子只能有一个信息性焦点成分，也即"唯一信息性焦点限制"。Givón（1975）提出，一个命题所能传达的新信息（概念）通常不超过一个，即"一次一个新信息（概念）"。Chafe（1987：32）称之为"单一信息限制"（one new concept constraint）。

【焦点原则二】
① 主观性焦点成分不能与其他焦点成分共现。推理公式为：

成分 X∧[特征]X 主观性焦点→[排斥]X 辖域内有其他焦点成分

② 一个成分如果它辖域内有焦点成分，它自己就不能是主观性焦点成分。推理公式为：

成分 X∧[特征]X 辖域内有焦点成分→X 非主观性焦点

感叹形式必然是主观性焦点，所以感叹焦点辖域内不能有另一个焦点成分。这也可以看成是一个感叹条件（有下划线的为焦点成分或感叹成分）。

(89) #他实在太喜欢谁？（比较：他实在太喜欢她了！）

　　　#这事儿就是太和谁对付了？（比较：这事儿就是太和我对付了！）

　　　#他很喜欢谁？（比较：他很喜欢小王！）

　　　#这人横竖和谁过不去？（比较：这人横竖和我过不去！另外"谁"为非疑问用法时句子也很好）

　　　#你啊,太喜欢谁了？（比较：你啊,太喜欢他了！）

【焦点原则三】

① 主题焦点成分可以与信息性焦点成分共现。推理公式为：

成分 X∧[特征]X 主题焦点→[容许]X 辖域内可以有信息性焦点成分

② 一个成分如果它辖域内有主题焦点成分,它自己也可以是主题焦点成分。推理公式为：

成分 X∧[特征]X 辖域内有主题焦点成分→X 可以是主题焦点成分

陈振宇(2016：148)说"'特别重音'既可赋予对比焦点,也可赋予对比性的话题,还可赋予信息焦点和主观性焦点,以至于有些句子,有可能会有'双重音'的现象",例如：

(90) 他在 北京啊 ,住了 三年 。
　　　　 主题焦点　信息焦点

　　 我这本书看过, 那本书 , 没有 看过。
　　　　　　　　　 主题焦点　对比焦点

　　 他连自己的 妻子 也瞒得 紧紧 的。
　　　　　　　 主题焦点　信息焦点

　　 那本书 ,是 小王 看的吗？
　　 主题焦点　对比焦点

　　 那本书 , 谁看过？
　　 主题焦点　信息焦点

下面是多重主题焦点的例子：

(91) 那本书 , 小王啊 ,看了 几遍 ？
　　　主题焦点　主题焦点　　对比焦点

小王啊，（他）怎么小李了？
　　主题焦点　　　　信息焦点 主题焦点

2.2.2 去焦点化

【焦点原则四】 一个成分自身性质倾向于要做句子的信息性或主观性焦点，但句中已有其他信息性或主观性焦点成分，则：

① 如果句子要成立，该成分必须成功实施"去焦点化"操作。（正迁移）推理公式为：

成分 X∧[特征]X 倾向于做句子焦点∧句中已有其他成分充当焦点∧
[特征]句子成立→X 去焦点化操作成功

② 如果该成分不能成功实施"去焦点化"操作，则句子不成立。推理公式为：

成分 X∧[特征]X 倾向于做句子焦点∧句中已有其他成分充当焦点∧
[特征]X 去焦点化操作失败→句子不成立

【焦点原则五】 "去焦点化"操作包括：
① 作为从前文或场景中来的"引语"。
② 充当主题焦点。
③ 充当条件前件。
④ WH 词是不定代词用法。
⑤ 磨损失去焦点性要求，成为正常表述方式的一个部分。
⑥ 焦点性本来就较弱，可以自由地失去，如量性成分等可以直接表示命题意义。

去焦点化的详情，参看祁峰（2012），祁峰、陈振宇（2013）和陈振宇（2016），这里就不多说了，下面仅举几个例子说明。

引语是前文已经说过的话（不论是自己说的，还是对方说的），它已经是旧信息，就不能充当信息焦点和对比焦点，这时，就允许句中出现别的焦点成分，参看祁峰、陈振宇（2013）。如（例引自祁峰、陈振宇 2013）：

(92) 甲：他是去了上海。
　　　乙：对，只他是去了上海 / 是他是去了上海。
(93) 甲：是他去了上海。
　　　乙：（没听明白）是他去了哪儿？
(94) 甲：老师，我是今天去的图书馆。

乙：那么，**哪位**小朋友是**昨天**去的图书馆？

(95) 甲：是**他**见到了小王。

乙：那么，是他在**哪儿**见到的小王？

"复句去焦点化"，复句的前件一般不是语篇中突显的焦点部分，所以如果小句落在这里，就没有必要表示焦点性；整个句子的焦点一般应该在后面的主要小句(后件)上，参看祁峰、陈振宇(2013)。例如(例引自祁峰、陈振宇2013)：

(96) #只**他**看了**什么**？

只他一个人就干了**多少**活？

再如：

(97) 他去见了**谁**？（"谁"重读，是疑问用法。）

他去**见**了谁。（"见"重读，"谁"不重读，"谁"是非疑问用法。）

疑问代词的疑问用法，会强制要求代词充当句子焦点；与之相反，疑问代词的非疑问用法，尤其是"不定代词"用法，疑问代词强制要求自己不能充当句子焦点。再如：

(98) #他们**俱**在何处？——他们**一块儿**去哪儿？

我们的汉语中，同样的命题意义往往有不同的表达形式，如陈振宇(2010b：152)说的"'共$_1$(一起做)、俱$_2$(一起)、同'和'一道、一块儿、一齐、一起、一同'、'未'与'没(有)'的对立"。这往往是语体的对立，前一组有文言色彩，或是历史的遗留，只有受到限制的用法，所以不能自由地用于疑问，而往往是仅用于特定的陈述结构。后一组则有口语色彩，使用频率很高，因此也经历语用磨损，失去主观性，成为较为纯粹的描写成分，不再具有焦点的突显性，故可以自由地用于各种言语行为，包括用于疑问句。

最后，来看一些可以很容易脱去焦点性的成分，因为除了焦点功能外，还有自身的实在意义，所以不需要一定做焦点，即使不做也没有关系。例如下面的"只"（例引自祁峰2012）：

(99) a. ♯是 张三买了什么?
　　　♯只 张三买了什么?
　　b. ♯张三什么时候 是在家里复习?
　　　张三什么时候 只在家里复习?

2.2.3 非焦点性
【焦点原则六】

① 焦点成分不能是数量或指称都不明确的成分。推理公式为:

成分 X∧[特征]X(数量不确定∧指称不明确)→[排斥]焦点

② 焦点成分一定是数量确定或指称确定的成分。(正迁移)推理公式为:

成分 X∧[特征]焦点→X(数量确定∨指称明确)

如不定代词"某/some"、疑问代词的不定代词用法等就是数量和指称都不确定的,因此不能充当焦点成分,如它们都不能用"是"来标记焦点:

(100) 有什么人来找过他。——♯是什么人来找过他。
　　他去了什么地方。——♯他去的是什么地方。("他去的是什么地方?"可以说)
　　某个人来过。——♯是某个人来过。——是某个人(代称)来过。
　　他去了某个地方。——♯他去的是某个地方。——他去的是某个地方(代称)。

请注意,当"某个人、某个地方"代指一个确定的地方(只是出于语用的原因,说话者不明确称呼其名称而已)时,是确定的信息,这时就可以做焦点成分了。

另外,还需注意"是"的辖域,如下例中"是"管辖的不是右边的"什么人",而是"和什么人去看电影""什么人来找他了"这个整体,在这个短语中,"去看电影"和"有人来找他"才是前景性成分,它们的性质代表整体的性质,由于"去看电影"和"有人来找他"语义是确定的,所以满足"是"的焦点性要求。

(101) 他和什么人去看电影了。——他是[和什么人去看电影了]。
　　什么人来找他了。——是[什么人来找他了]吧。

【焦点原则七】

① 一个成分如果一定是背景信息,不允许充当信息性焦点(信息焦点和对比焦点)。推理公式为:

$$成分 X \wedge [特征] X 背景信息 \to [排斥] X 充当信息和对比焦点$$

② 如果一个成分充当信息性焦点(信息焦点和对比焦点),则它一定是前景信息。(正迁移)推理公式为:

$$成分 X \wedge [特征] X 充当信息和对比焦点 \to X 前景信息$$

【焦点原则八】 以下成分一定是句子的背景信息,不能充当信息性焦点:

① 说话者自我确定的(主观)条件。而不由说话者确定的(客观)条件,则是可能充当前景信息的,一定可以充当信息性焦点。

② 语境中已经存在的预设(在不打破预设的情况下)。

汉语的时间小句、处所小句、原因小句等所谓"状语"都可以充当信息性焦点,这是因为一个事件的时间、地点、方式或导致它发生的原因,都是客观存在的,不是说话者可以任意指派的,如果不是已知信息,就可以充当信息性焦点,如:

(102) 他是去了学校以后才知道这件事的。——请问,这种植物在什么时期之前已经进入中国?
他是到学校去领的证。——你是到哪儿去买的这本书?
我们是坐公共汽车来的。——你是坐什么来的?
我是因为生病所以才没有来的。——他是因为找谁去的学校?

但是汉语的条件句却分为两种,下例 a 是客观存在的要求,因此不以说话者而转移,如说话者不能自己规定多少分及格,因此它们可以充当信息焦点;而下例 b 正好相反,是说话者在当前提出的一个讨论的论域,因此是说话者任意指派的,他可以说在"及格"的情况下如何,自然也就可以说在"不及格"的情况下如何:

(103) a 是要考到 80 分才能及格的。——要考到多少分才能考及格?
的确,是只要考到 60 分就可以算你及格,但……——请问,只要考到多少分就可以及格了?
是只有找到向导,才走得出去。——只有拿到哪张牌,才能过关?

b ♯是如果考及格就可以上。——♯如果考到多少分就可以上？
♯是假如她嫁给了稼轩就会幸福。——♯假如她嫁给了谁就会幸福？
♯是要是他不来,我们就没饭吃。——♯要是谁不来,我们就没饭吃？

2.3 表达中的背景预设

这里的"背景预设"(background presupposition),指语句语义的基础,是说话者表达前景信息或焦点信息的必要的前提。并不是每一个言语行为都有背景预设,例如一个简单的陈述如"今天星期一""小王上午来过"等就没有。但是有的言语行为一定有,如特指问(实质问)。

【背景预设原则】

① 一个言语行为有效,背景预设一定满足相应的语用条件。(正迁移)推理公式为:

行为 X∧[特征]X 有背景预设∧[特征]语力有效→背景预设满足条件

② 如果背景预设不满足相应的语用条件,则该言语行为无效。(负迁移)推理公式为:

行为 X∧[特征]X 有背景预设∧[特征]背景预设不满足条件→语力无效

如,自信与陈述的事实性有关,而疑问和祈使都有一个陈述性的背景预设,于是也与自信有关,后面的询问原则中将有所论及。再如:

【自信原则九】 当说话者在询问特指问题 X 时,

① 说话者表现出自信,就是强调该问题的背景预设命题 X′是真的。(正迁移)推理公式为:

特指问题 X∧[特征]询问∧[特征]自信→X 的背景预设 X′事实

② 说话者表现出不自信时,则是对该问题的背景预设命题真实性缺乏信心,只是猜测。(正迁移)推理公式为:

特指问题 X∧[特征]询问∧[特征]不自信→X 的背景预设 X′弱事实/非事实

如问"快说,你偷了多少钱？"在自信的时候说话者首先肯定你偷了钱,然后再问是多少。

用格式检验一下是完全概率推理:

(104)　　　　O　　　　　　　P(M|O)/P(M)
　　　　张三逼问李四偷了多少钱,所以张三应该是认为李四偷了钱。
　　　　♯张三逼问李四偷了多少钱,所以张三应该是认为李四没有偷钱。
　　　　♯张三逼问李四偷了多少钱,但是张三认为李四是偷了钱的。
　　　　♯张三逼问李四偷了多少钱,但是张三认为李四没有偷钱。

再如"你喜欢……谁?"说话者犹豫的语气实际上表明他拿不准有没有你所喜欢的人存在。

这也是大概率蕴涵关系。

(105)　　　　O　　　　　　　P(M|O)/P(M)
　　　　张三弱弱地问李四喜欢谁,所以张三应该是认为存在某个人,李四喜欢他。
　　　　♯张三弱弱地问李四喜欢谁,所以张三应该是并不认为有某个人是李四所喜欢的。
　　　　♯张三弱弱地问李四喜欢谁,但是张三认为存在某个人,李四喜欢他。
　　　　张三弱弱地问李四喜欢谁,但是张三并不认为有某个人是李四所喜欢的。

在陈述时表示意外,则表示说话者认为这一命题非常规。这也适用于特指问的背景预设:

【意外原则三】

① 在表示疑问时表示意外,则该疑问的预设命题是非常规的。(正迁移)推理公式为:

问题 X∧[特征]询问∧[特征]意外→X 的背景预设 X′非常规

② 如果该疑问的预设命题是常规的,就不能表示意外。推理公式为:

问题 X∧[特征]询问∧[特征]X 的背景预设 X′常规→[排斥]意外

如"明天你要去哪儿啊?!"有意外意味时,表明"你明天要去什么地方"是非常规的。请注意预设不能强化,故没有强化语力作用于它,因为它是背景知识,并不凸显。

3. 完 句 性①

3.1 完句性理论

"完句性",历来被认为是关于句子是否成立的研究。② 胡明扬、劲松(1989)提出,汉语中存在着一批"完句成分"。按照完权(2013 论文草稿③),这些成分之所以叫"完句成分",意即如果一个句子缺少这些成分,即使在语义上是完整的,但是以句法标准来衡量,也还不是完整的句子。但这一点和本书的观念相反,我们讨论"完句性",是认为存在"句法语义"和"语用"两个层次,重点是讨论在句法语义上已经完整的句子,在语用上的合适性问题。请注意本书的出发点与以往研究的差异。

关键的问题是"什么是句子?"叶婧婷、陈振宇(2014)说"句子,既是最大的语法结构单位,……也是最小的言语单位",由此造成两方面的要求:一是句子具有完整的结构,二是它可以充当最小的话段,满足最小的交际要求,这时说话者就可以停下来,等待对方的回应,所以叶婧婷、陈振宇(2014)称之为"可止性"。

3.1.1 从言语行为和会话过程看完句性的本质——可止性

在言语行为或会话过程中可止,就一定涉及特定的语境和上下文,因此,我们需要回答的问题是:在一个具体的语境和上下文中一个句子能否充当话轮(成立)。我们不能抛弃语境因素,恰恰相反,有关完句条件研究必须考虑它们。故本书不区分所谓的"独立句"和"语境句",不考虑所谓的"中性语境"问题④。

除此以外,还要明确的一点是:完句问题仅仅是对"对话性"(dialogic)⑤语篇或话语有效。

什么是对话性语篇?反过来问,什么是非对话性语篇?一个人自言自语(包括独白)并不一定就是非对话性的,因为他可以想象一个对话者存在,

---

① 本节内容与叶婧婷、吴术燕共同研究,参看叶婧婷、陈振宇(2014),以及吴术燕、陈振宇即将发表的文章。
② 完权(2013 论文草稿)说"完句、成句、(自)足句这三个术语在文献中基本上用于同一类现象"。
③ 这是完权在北京语言大学《世界汉语教学》编辑部主办的"《世界汉语教学》青年学者论坛"上发表的论文,尚未发表。经作者允许,本书摘录其中部分内容。下同。
④ 贺阳(1994)等提出。
⑤ 参看方梅、李先银、谢心阳(2018)对语言对话本质的论述。

甚至可以从自己分裂出一个对话者，自己和自己对话。真正的非对话性语篇，是直接记录自己的观察或思想的，例如实验记录、记事便签、独自叹息等，而这既不需要完整性，也不需要他人的允许，只要自己看得懂就可以了。例如便签可以这么写"19日上午9点半，1501会议室，博士开题，张××（导师祝×），修辞语法结合，请王、陈、刘教授"[①]。从这个角度讲，非对话语篇实际上没有什么限制条件，只要自己看得懂，任何表达方式都是合法的。

只有对话性的语篇或言语活动，才有完句问题存在。这是因为对话中，存在句子对听话者的影响力问题。听话者能够感受到句子的意义对自己十分重要，就是具有了完句能力；如果听话者不能理解这一点，便觉得话没有说完，就不完句。

很多实际使用的话语，其结构十分零落，但是却能够独立充当话轮。显然，这是因为语境和互动言语行为赋予了它某种性质。例如看戏或比赛时叫好："好！漂亮！"因为这是在表达说话者的主观态度，表示说话者是在参与一种互动的活动：对对方加以赞扬，并期待以此影响表演者（如使之更为卖力地表演）。

按照叶婧婷、陈振宇（2014），所谓"可止性"，指的是在当前语境中，独立充当对话活动中的一个话轮的能力。话轮是对话性语篇中一个言说者或写作者，表达自己完整思想的一个段落。它需要满足当前会话或说话活动的需要。如果他的话达到了这一标准，对方已经理解他的言谈目的，就可以停下来了，当然他也可以继续下一段落。不过，如果他的表达还没有满足这一要求，如果对方"接他的话"，或急切地开始表达，那就是抢夺话轮。

如下例 a 的情况，乙不是强夺话轮，而是正常的对话；下例 b 则相反，乙的行为是抢夺话轮：

(106) a. 甲：小王回上海了。
　　　　乙：　　　回来了！
　　　b. 甲：小王回上海……
　　　　乙：　　　已经回来了！

但是我们必须要问的是，对话中的完句性究竟是一个什么样的语用要求？如何判断话语是否具有可止性？或者说满足可止性的总的抽象的条件

[①] 非对话性语篇也有一个极为重要的限制条件：认识主体的前后知识状态要尽可能地保持一致，否则很可能在下一个时间，忘了自己所写的究竟该怎样解读。

是什么？

以前的研究者大多这样考虑：话语能否传递足够清晰的信息，包括时间、空间、焦点等方面的信息，参看朱庆祥（2019）。[①] 我们认为，上述条件的提出，更多地是从表达形式出发进行的讨论，仍未脱离以往完句研究的范围，没有抓住完句性或自立句的最重要的东西；而且朱的研究，基本上也都是对陈述句的研究，没有脱出以往完句研究的限制，没有将各种句类作为一个整体给出完句的条件。

那些各种文献中所讨论的，不具有完句性的例子，不少也已经满足上述要求，例如"♯老张回上海"和"谁回上海？"或者说二者都有充分的信息，但是，如果单说，并且如果没有特殊的韵律表征（如没有特别重音）的话，我们会觉得直接说"老张回上海"有些别扭。再如"我回上海！"和"♯老张回上海"几乎就是同样的句法语义结构，也都是尾焦点，但是前者容易独立成句，因为这是对"我"（说话者）而言十分重要的信息，其社会意义和价值突显，故而比泛泛地说"（某人）回上海"更容易触动听说双方。如：

(107) 丈夫问："你这是干什么？"凤吟说："我回上海。""你究竟要我怎么样？！我也有很多事……""我回上海"凤吟说。她收拾好东西，丈夫却挡住她的路，凤吟说："我回上海！"

可以看到，"我回上海"并不仅仅是客观地描写事件，而是凤吟在表达自己的情绪情感，以及自己的选择。这也是她对丈夫的回应，具有互动的效果。虽然这是光杆动宾式，在形式上没有时空、情态状语，但是，它是完句的、自立的。

很多具有完句性的例子，在信息上是有空位的，必须由语境或上下文来赋予，例如"好！"究竟是什么东西好，并不清楚，但是在叫好的场景中却是很合适的。可以指演员的某一段唱腔、某一个动作（有命题内容的），也可以就是针对某个演员，不管他演什么都叫好（人际关系），甚至可以是专门来捧场，根本和所演的戏无关，而是作为程序出现的（话语标记）。有的时候，这三方面的功能可以同时涌现，难以准确地判断，但是，这都不成问题，照样完句。

我们认为，所谓信息方面的要求（时间、焦点等），对完句问题来说，既不是充分的也不是必要的。我们主张，需要从话语的互动特征，也就是该话语

[①] 朱庆祥（2019）的观念和叶婧婷、陈振宇（2014）的最接近，但有一个重要的不同：在具体研究中，朱更多地是在西方"去句化"理论的指导下进行的。

传递的信息或该话语本身,对会话活动的参与者是否具有足够的"语用价值"(pragmatic value)来看待完句性。

3.1.2 语用价值理论

我们查遍文献,尚没有看到现成的理论,可以帮助我们从对话性语篇或言语活动整体高度讨论话语的语用价值。因此暂时自拟了一些重要的"语用价值原则"。①

【语用价值原则一】 一段有传达命题意义功能的话语/句子,

① 如果不是新信息,则语用价值低。推理公式为:

$$命题/问题 X \wedge [特征] \sim X 新信息 \rightarrow 语用价值低$$

② 如果具有足够的语用价值,则一定是新信息。(正迁移)推理公式为:

$$命题/问题 X \wedge [特征] 语用价值高 \rightarrow X 新信息$$

又分为以下两种:

① 如果有"告知"行为,需要听话者信息价值高。
② 如果有"询问"行为,需要说话者信息价值高。

我们会在后面陈述和疑问行为中具体研究,这里仅举例说明:

(108) 同事走进来就对你说:
  a. 我老婆怀孕了!
  b. ♯我老婆没怀孕!(Givón,2001:370)

a 具有完句性,可以单说,b 则有点莫名其妙,听话者还得等着他继续说下去。因为一位妇女绝大多数时间是没怀孕的,怀孕是小概率事件,所以一旦怀孕就有很大的(相对)信息价值;而没怀孕的信息价值很小。但是如果我们稍加修改,会得到相反的结果,因为一般的妇女都具有怀孕的能力:

(109) 同事说:
  a. ♯我老婆能怀孕!
  b. 我老婆不能怀孕!

由此可知,完句性/可止性并不是一个完全由句子句法语义内容决定的

---

① 此前的研究者曾经用"语用价值"这一术语来命名各种语言现象,但与本文无关。请读者特别注意。

性质,而是一个和语用场景相互融合制约的性质,归根到底,应该说是一个语用和修辞的范畴,虽然句法语义是语用推理的起点之一。例如,如果我现在在妇产科医院看见我的同事,来这儿的妇女有可能怀孕了也有可能没怀孕,因此不管他对我说"我老婆怀孕了"还是"我老婆没怀孕",都具有充分的信息价值,都可以完句。

(110) a. 你昨天来过学校吗?
  b. ♯我昨天来过学校吗?

a 具有完句性,可以单说,b 则有点莫名其妙,听话者还得等着他继续说下去。因为一个人自己过去做没做某事应该是自己知道的,不是新信息,一般不能询问别人。而对方做没做某事自己往往不知道,可以问对方。当然,如果例 b 理解为"反问"(怎么会有人以为我昨天来过学校!我当然没有来)就没有问题了,因为反问在信息功能上更靠近陈述,所以只要对方不知道我没来过学校就可以了。

另外,从互动和对话的角度讲,一段有传达命题意义功能的话语/句子,要具有足够的语用价值,需要满足下面两点中的至少一个:① 情感和意义是针对说话者或听话者,或与说话者听话者有正/反同盟关系的某方,是对他们的行为、思想、状态等的描写(不能违反新信息的原则)。② 具有使听话者或其他人产生某种效果或后续行为的语力(force)(可以违反新信息的原则)。

上述两点只要有一个满足就可以独立充当最小话轮。由此推出的定理是:当同时不满足上面的①②,就不具有可止性。

我们来看一看例(106)b,甲的话仅仅是客观地表示"小王回上海"这个概念,但究竟有什么意义、价值,与听说双方或他们的正/反同盟者有什么关系,尚不清楚,说这话是要对听话者产生怎样的影响,也不清楚,也就是不满足语用价值的要求,因此不能独立成句。而例 a 中,甲的话不仅仅是表达"小王回上海"这一命题,而且是对这一命题进行感叹,说明这一事件已经极大地影响到某一方,也就是满足了①;这一信息传递给听话者,希望得到对方的认同,这就满足了②;因此具有可止性,独立成句。

再看乙的反应,在例 b 中,乙抢夺甲的话轮,替他说出"已经回来了",从而表达了这件事对人们(包括听话双方在内)的巨大影响。这里就可以看成"合作共建"的操作①,即双方一起完成一个对会话有语用价值的句子。这里

---

① 参看 Lerner(1991),以及方梅、李先银、谢心阳(2018)关于合作共建的论述。

也可以看成是乙在直接对甲的话语进行"修正"(repair),使之具有完整话语的功能。在例 a 中,乙对甲的话语的回应,是另外一个句子,而且这是优先结构(preference organization),即对对方意义和语用价值的认同,它们的选用非常简单直接,几乎没有什么拖延(Heritage 1984:267)。

由此可见,与其说语气词"了$_2$"具有完句作用,不如说是因为"了$_2$"具有表达说话者主观评价的功能,可以突显该事件对认识主体所具有的社会价值,所以才能完句。

【语用价值原则二】 一段有传达命题意义功能的话语/句子,

① 如果既不是与说话者或听话者有社会意义上的相关性,也不是与他们的正/反同盟的某方有社会意义上的相关性,也不具有使听话者或其他人产生某种效果或后续行为的语力,则语用价值低。推理公式为:

命题/问题 X∧[特征](～X 对说话者有社会意义相关性∧
～X 对听话者有社会意义相关性∧～X 对说话者的正/反同盟者
有社会意义相关性∧～X 对听话者的正/反同盟者有社会意义相关性∧
～X 使听话者或其他人产生某种效果或后续行为)→语用价值低

② 如果语用价值高,则或者是与说话者或听话者有社会意义上的相关性,或者是与他们的正/反同盟的某方有社会意义上的相关性,或者是具有使听话者或其他人产生某种效果或后续行为的语力。(正迁移)推理公式为:

命题/问题 X∧[特征]语用价值高→X 对说话者有社会意义相关性∨
X 对听话者有社会意义相关性∨X 对说话者的正/反同盟者有社会意义相关性∨
X 对听话者的正/反同盟者有社会意义相关性∨
X 使听话者或其他人产生某种效果或后续行为

叶婧婷、陈振宇(2014)曾经将汉语的完句规律总结为:

Ⅰ. 或者直接反映说话者的以言行事语力。
Ⅱ. 或者表达说话者的主观断言。
Ⅲ. 或者能从对事物的描写中抽象出对当前论域而言有价值的结果信息。
Ⅳ. 或者满足框式结构的句法语义要求。

其中的Ⅰ,不用说,就是上面原则中的内容"具有使听话者或其他人产生某种效果或后续行为的语力"。Ⅱ则表达说话者的主观判断、态度、观点和评价等,是其基本立场的体现,经常被用来实施当前语境下的选择、发现、辩驳、修正、感叹等功能,具有很强的认识主体针对性,所以也可以完句。Ⅳ则由语法化的因素所导致,框式结构天然具有完整性,因此除非是特殊的修辞用法,一个不完整的框式结构不能完句。

但是,Ⅲ所说的结果性,大约与"有界"限制或"焦点"限制相当,如"他穿着一件大褂"与"他穿了一件大褂"的区别。有界也即"完形",如汉语菜谱类作品中,最后往往都需要有一句"就可以吃了"等,就是表示整个制作过程的结果达到,如(例引自叶婧婷、陈振宇 2014):

(111) 取姜葱少许,下锅爆炒,……大火煮沸<u>就可以了/就可以吃了/即可</u>。

但是,这一说法有一定问题。结果性并不是根本的因素,只不过结果性容易导致说话者的主观性。如果没有这样的语用意味,即使是表述事件的结果也不能完句,如有人突然对我说"小王去过两次北京",我就不明白他在讲什么,就希望他继续讲下去,因为我不知道这是什么意思。如果他说"小王也去过两次北京!"这时我就明白了,这是针对前面讲的其他情况来说的,表达了说话人的态度,可能是对前面信息的修正,语用价值高了。或者他说"小王去过两次北京了!"这是表达说话者的感叹,或者是对次数感到多了,或者是觉得小王是个幸运儿,都可以完句。这就是越是语气成分,越具有完句性的原因,因为语气成分突显说话者的心理状态和意图,也就是突显语用价值;为什么纯粹的时间成分完句性不强?就是因为其主观性没有这么强,很多都是客观的描写。

有时,即使没有结果,只要能从其他地方满足语用价值,也可以完句,例如(例引自叶婧婷、陈振宇 2014):

(112) a. #鲁达坐在胡同口上。——鲁达抄过一条板凳,坐在胡同口上。
b. #他望着树冠上的万千绿叶。——他眯起眼睛,望着树冠上的万千绿叶。

我们认为,实际上,这是因为在前面小句的映衬下,后面的小句容易被联想到相关的"意义",例 a 表明鲁达是抢占了一个位置,把别人(镇关西)堵住,从而防止破坏他的计划。例 b 则是借描写主角的动作,反映他心中的杂乱和不平静,可以说"借景喻人"。这两例,说话者都把自身移情到主角身上,因此感同身受,具有较强的语用价值。

叶婧婷、陈振宇(2014)还谈到了"不可止因素",实际上就是因为这一结构只是客观地描写事物的样貌,如下例的"看着看着",需要再加上一些表示情感或其他完句因素的东西(例引自叶婧婷、陈振宇2014):

(113) *他看着看着——他看着看着,眼泪开始往下流。
　　　*张三看看女儿——张三看看女儿,眼泪流了下来。

汉语完句性还有一个重要的手段"现场表演/即时表演",指说话者的语气、身姿、表情等显得十分生动,甚至绘声绘色,不仅仅是传递信息,还是在表演或卖弄自己,这时,自我表演有可能压倒信息功能。如(例引自叶婧婷、陈振宇2014):

(114) 傅老:怎么,又哄着我玩儿呐!
　　　和平:您瞧这是怎么话儿说的……**儿媳年幼无知,说话没有深浅,还请公公海涵。**(表演/祈使)
　　　傅老:(摆摆手)**好啦好啦,不必下跪。**(表演/祈使)
　　　和平:谁给您下跪了,我给您盛饭去……(《我爱我家》)

即时表演的形式很多,叶婧婷、陈振宇(2014)总结为生动形式、超常程度/数量表达、特殊语体风格、铺陈描写四类,可能还有其他的类型。

下面是生动形式的例子(例引自叶婧婷、陈振宇2014):

(115) 她笑得像朵花,小脸<u>通红通红</u>的!
　　　这件蓝布大褂染得不好,太阳一晒更显得<u>红不楞登</u>的。
　　　#那是一袋白的粳米。——那是一袋<u>雪白雪白</u>的粳米。

程度/数量的例子如(例引自叶婧婷、陈振宇2014):

(116) 脏<u>死了</u>!　你实在<u>太</u>聪明<u>了</u>!　我想吃他<u>三百六十个</u>汉堡!
　　　田华哭得<u>像个泪人</u>。
　　　我对您的崇拜之情,<u>犹如涛涛江水,绵绵不绝</u>!
　　　他对祖国(那是)<u>百分之二百</u>的忠诚。

使用典雅或难以把握的文艺语体风格的例子(例引自叶婧婷、陈振宇2014):

(117) #这孩子聪明。——这孩子聪明伶俐、活泼可爱。
……，好一派生机盎然的景象。
夕阳西坠，层林尽染。

下面是铺陈描写的例子(例引自叶婧婷、陈振宇 2014)：

(118) 他像个乌龟一样，<u>一摆一摆，一摆一摆</u>地向前爬。
当他两腿叉到最高，江水源<u>用尽全身力气飞起一腿</u>，直奔黑脸连长裆部而去。

即时性表演具有很强的完句性，因为突出了说话者自己的形象，所以语用价值很高。

【语用价值原则三】 一段有传达命题意义功能的话语/句子，
① 如果句中成分不具有突显性，则语用价值低。推理公式为：

$$命题/问题\ X \wedge [特征] \sim X\ 突显 \rightarrow 语用价值低$$

② 如果具有足够的语用价值，则一定有句中成分是突显的。（正迁移）推理公式为：

$$命题/问题\ X \wedge [特征]\ 语用价值高 \rightarrow X\ 突显$$

"突显"(prominent)，指说话者特别希望听话者注意到某一成分，在形式上有标记或特别的韵律表现(如重音)，且该成分是最为体现说话者的疑惑、感叹、主观评价、辩驳等言语行为功能的核心成分。如果缺乏这一核心，便很难体现语用价值。

【突显性原则】
① 语义内容越具体、详细，越是担任对抽象语义框架进行具体化功能的成分，越为突显。（正迁移）
② 语义内容主观性越强的成分，越为突显。（正迁移）

这一规则其实就是"当仅仅具有(简单的、客观的)表达命题意义的功能，就不具有可止性"。汉语中这样的例子很多，如光杆谓词谓语句"我看书"就是这样，如果要单独使用，必须加上一些表示突显性的成分，如"我看书呢！""呢"表示主观肯定，从而说明"看书"这一状态对我现在的意义；"我不看杂志，看书""我不看书""不是我看书，是他看"等表示辩驳，具有突显性。当然，如果不独立使用，则突显性限制无效，如"我看书的原因，是为了寻求真理"，"我看书(的时候)不喜欢听音乐"等。再如胡明扬、劲松(1989)

所说的"我吃过晚饭",总让人觉得缺了点什么,话还没说完,还应该接着说下去,也是因为这只是客观讲述,看不出说话者的态度。我们改一下,如果说"——您一起吃点儿? ——我吃过晚饭"、"我吃过晚饭了"(强调吃过,不能再吃)、"我吃过晚饭就来找你"(突显后面的承诺),就可以单独做话轮了。

3.1.3 完句的规律

【完句原则一】 一段有传达命题意义功能的话语/句子,

① 没有足够的语用价值,即不能独立充当话轮。推理公式为:

$$命题/问题 X \wedge [特征] \sim X 语用价值低 \rightarrow [排斥] 独立充当话轮$$

② 如果独立充当话轮,就是有足够的语用价值。(正迁移)推理公式为:

$$命题/问题 X \wedge [特征] 独立充当话轮 \rightarrow X 语用价值高$$

请注意,不能独立充当话轮,并不意味着一定不能说,而是可以和其他小句一起,共同充当话轮。

【完句原则二】 一段有传达命题意义功能的话语/句子,

① 如果不能独立充当话轮,则需要处于非独立的句法和语篇位置上才能使用。推理公式为:

$$命题/问题 X \wedge [特征] \sim X 独立充当话轮 \wedge [特征] X 可说 \rightarrow X 处于非独立位置$$

② 如果不能独立充当话轮,又处于独立的句法和语篇位置上,就不可说。推理公式为:

$$命题/问题 X \wedge [特征] \sim X 独立充当话轮 \wedge [特征] X 处于独立位置 \rightarrow X 不可说$$

【完句原则三】 一段有传达命题意义功能的话语/句子,

① 如果分为嵌套的上下两部分,则一般而言,完句性是由上层而不是下层的部分体现出来的。

② 如果分为非嵌套的前后两部分,则一般而言,完句性是由后面而不是前部的部分体现出来的。

所以如果后部的语用价值显著地低,那么它就难以完句。由此可以推导出:

【完句原则四】 一段有传达命题意义功能的话语/句子,分为非嵌套的前后两部分,

① 如果前部的语用价值大于后部的语用价值,或者说是从高语用价值到低语用价值的配置,就不能独立充当话轮。推理公式为:

$$命题分为 X(前)与 Y(后)两部分 \wedge [特征](X 语用价值 > Y 语用价值) \rightarrow [排斥] 独立充当话轮$$

② 要独立充当话轮,应该是前部的语用价值不能大于后部的语用价值,或者说是从低语用价值到高语用价值的配置,而不能相反。(正迁移)推理公式为:

命题分为 X(前)与 Y(后)两部分 ∧
[特征]独立充当话轮→X 语用价值≤Y 语用价值

③ 语用价值的高低与突显性的高低是一致的,所以要做到上述配置,前部的突显性不能大于后部的突显性。(正迁移)推理公式为:

命题/问题 X ∧ [特征](前部的突显性＞后部的突显性)→[排斥]独立充当话轮

命题/问题 X ∧ [特征]独立充当话轮→前部的突显性≤后部的突显性

后部的突显性可以等于前部,最好大于前部。例如状中结构,如果中心语是光杆的,往往不能完句;但在后面加上一些成分来使谓语部分突显,就可以了:

(119) ♯使每个人都能顺利地走。——使每个人都能顺利地走向属于自己的幸福彼岸。——使每个人都能走得顺利。——使每个人都能顺利地走,开心地跳,好好地生活。
♯他经常孤立地看。——他经常孤立地看问题。——他经常孤立地看事物的特点。
♯把他狠狠地打/♯我狠狠地打。——把他狠狠地打了一顿/我狠狠地打他/我狠狠地打了一拳。
♯他一口一口地吃/美美地吃。——把鱼一口一口地吃掉/他在一口一口地吃你们的肉。——他一口一口地吃掉了碗里的鱼。——他美美地吃了一顿。——他美美地吃起来。
♯她安静地坐——她安静地坐在椅子上——她安静地坐着,等待叫号/一言不发。

下面分几个部分来具体讨论几个涉及汉语完句性的语言现象。

3.2 性质形容词谓语句①

3.2.1 以往的研究

赵元任(1968:89)是承认存在光杆形容词作谓语的句子的,他认为"这

---

① 本小节内容是与吴术燕合作研究。

瓜甜"有两个意思：一是"这瓜是甜的，不是苦的、酸的等等"，一是"这瓜甜，不是不甜"。朱德熙(1956；1982：104)、丁声树等(1961/1999：22—24)对此有所论述。不过真正做了全面、详细的研究的，是吕叔湘(1965、1966)的两篇论文，此后的描写性研究很少有超出这一范围的。

如果仔细查看吕叔湘的详细调查，他并没有得出汉语性质形容词不能单独做谓语的结论，实际上列举了很多单独做谓语的情况。朱德熙的确提出，单独做谓语需要含有比较或对比的意思，但也并没有说一定要有比较的意思。实际上，除了比较或对比之外，还有很多其他单独使用的情况。

从完句性角度首先对形容词作谓语进行关注的，是胡明扬和劲松(1989)、贺阳(1994)等。其研究都是描写性的，而且往往不是全面系统的描写，再如张国宪(2006)汇集此前的研究成果，但他的汇集也只是吕先生及前人提到的例子的一小部分。这些研究也不是解释性的，我们不知道为什么需要加这些成分，所有这些成分的共同之处是什么。

从20世纪90年代到今天，大致出现了以下五种完句解释。

1) 有界说

沈家煊提出性质形容词的无界性，强调"性质形容词做谓语大多要加标记"(引自沈家煊1997)。

王玉华(2004)并不是认为句子一定要有界，而是承认同时存在有界句和无界句。

顾阳(2007)认为"张三高"没有时制定位，而"张三很高"有。

孙鹏飞(2018)转入"认知入场"理论，认知入场的内容远远超过量和有界。

2) 系词说

黄师哲和李艳惠(2008)认为汉语性质形容词是名词类型。

张伯江(2011)引用Larson(2009)的观点，认为"很""不"已经发展出表达连接的系词功能。

3) 等级说

石毓智(1991)分出定量形容词和非定量形容词。Liu(2010)分出等级性形容词和非等级性形容词，提出"很"是显性的POS。袁毓林(2022)说，"从基于可能世界的真值条件语义学的角度看，说了'今儿冷'就意味着'今儿热'或'今儿暖和'不成立；……也就是说，性质形容词在性质取值上表现为要么全有、要么全无(all or none)，是一种'有与无'或'是与否'的二元对立(binary opposition)"(引自袁毓林2022)。

曹道根、胡建华(2020)认为汉语等级形容词谓语句都表达某种比较，提出"比较标准可见性条件"。

冯胜利(2005)认为,性质形容词单独作谓语,有的有比较义,有的没有比较义。

4) 焦点说

"对比"是焦点说最早的版本,由朱德熙(1956;1982:104)提出,袁毓林(2022)把它总结为性质形容词谓语句表示对比意义,依赖于对比性语境。对比又分为谓词部分的是与非的对比(今儿冷,不是热),以及主题对比(今儿冷,昨儿热)。

伍雅清、祝娟(2013)说"在性质形容词单独作谓语能够完句的结构中,该形容词都必须出现在 Rooth(1992、1995)选项语义学意义上的焦点位置"(引自伍雅清、祝娟 2013)。

在 Tang & Lee(2000)广义定位原则的基础上,伍雅清、杨稼辉(2016)提出扩充的广义定位原则①,"性质形容词作谓语的句子都是类指句"(引自伍雅清、杨稼辉 2016)。

一些学者试图综合"等级"和"焦点"两种论述,如熊仲儒(2013)、林若望(2020)将有关问题分为两个方面:第一个方面,认为是量级在起作用。第二个方面,认为是"质"的对比(选项命题)在起作用。

除了焦点,熊仲儒(2013)还认为话题也具有完句作用。

5) 主从说

如顾阳(2007)认为小小句(small clause)不含时制结构,所以可以直接说"我们一致夸〔他们聪明〕""班长表扬〔他勇敢〕""老板骂〔他懒〕"。再如 Grano(2012)。

各家解释并没有涵盖汉语的所有类型,例如朱德熙(1956;1982:104)提到了"纸薄,一捅就破",Liu(2010)提到了条件句,如"要是张三高的话,……",还有孙鹏飞(2018)。除此之外,汉语各种复句都有类似的分布:复句前件可以用光杆形容词谓语,并列、递进复句甚至后件也可以用光杆形容词。

3.2.2 基于完句规律的解释

前人提到很多"完句手段",总的来看,可以分为两种情况:

1) 有的手段本来就是表达事件对说话者或当前时态的意义和价值的,直接具有完句的功能,如:

① 否定、认识和道义情态,句子或者是在表达说话者自己的观点,以便与其他人的(可能的)观点相对立;或者是引用其他某方的观点,以便说话者

---

① 即类指句都要得到焦点定位。

赞同或否认。这都满足本条件。

张汶静、陈振宇(2016)说：

> 沈家煊(1999：44)指出，肯定句和否定句提供的新信息性质很不一样：
> 肯定句提供的信息：在听者不知道命题P的情况下告诉他P；
> 否定句提供的信息：在听者可能相信P或熟悉P的情况下否认或反驳P。
>
> Givòn(2001：372)也说，作为言语活动，肯定性断言是"听话者不知道，说话者知道"；而否定性断言是"听话者知道的是错误的，说话者知道的更好"，故"在使用否定性断言时，说话者不是在把新信息传递给听话者；而是在纠正听话者的错误信念"。

其实，这一论断也可以用在情态成分上，情态成分也是用来纠正听话者原有的错误信念的，而这才是它们能够完句的根本原因。

② 疑问、反问、祈使、感叹等语气，这些外层结构都具有完句性(孔令达1994，黄南松1994)。

只要是在一个疑问算子的控制之内的，句子就可以单独使用。

③ 对比结构直接表示说话者的主观选择，可以直接完句。

2) 但是，很多手段本身并不是直接具有完句性，而是因为它们容易导向某种语用价值，间接使语句具有可止性。

完权(2013论文草稿)说"很遗憾，有的句子即使有了研究者所说的'完句成分'还不够，还是不能够独立使用。"就是因为以前的完句研究更多地是在归纳"完句成分"，而没有考虑为什么这些成分可以完句。

① 表达形容词程度意义的成分，要完句，需要一个中间环节——该程度对听说双方而言有什么意义和价值？在绝大多数情况下，程度表达和情感表达相联系，表示说话者对相关事态的褒贬情感，这才完句。

再如数量成分未必完句，如"白一分"，我们不知道其语用价值何在，"白一分正好"才是表明说话者的主观态度。

现代汉语的"很"并没有虚化为系词，它依然有(高)程度义，并由此表示主观评价，得以完句。

② 句尾"了$_2$"本来表示变化，提请听话者注意这一变化的意义价值。

(120) 新年的脚步<u>近了</u>，我们免不了要到处走亲访友。(到了一定时候，该做社会规约的事了。)

Li & Thompson(1982)认为句尾"了"表示"起始"的性质,并具有"现时相关性"。我们认为,所谓"现时相关性",就是说事件的变化对当下的听说双方而言具有重要的社会意义和价值。

3.2.3 不完句的小句的进一步操作

"不满足语用价值的不可止话语/句子"不是不能说,而是不能独立地充当话轮。我们完全可以通过一系列的操作来补充其语用价值,这样一来,就可以完句了,如"天气热"如果仅仅是客观的报道,那么"他说天气热""天气热,你少穿件衣服"就具有很强的语用价值,可以充当独立的话轮。

这样的"完句操作"可以分为以下三个大类。

1)该话语本来就处在不需要独立充当话轮的位置,只要话语的外层有其他满足语用价值,可以充当话轮。

如兼语句(我喜欢他<u>老实</u>/老板骂他<u>懒</u>)、主谓谓语句(这本书内容<u>丰富</u>/大象鼻子<u>长</u>)、主谓主语句(他<u>高</u>说明他营养好)和"得"字补语(跑得<u>快</u>)。

如果没有这一移情,或者我们不知道这一性状对主体有什么社会价值,也不能完句,不能直接说"咱脸方!"必须加上更多的东西,才能明白其社会价值,才能完句,如:

(121) 鼻正脸<u>方</u>,正气盎然!
　　　脸<u>方</u>脖子粗,一身野性。(通过整体描写来突出社会价值)
　　　一个脸<u>方</u>,一个脸尖。(对比)

吕叔湘先生用过的一个很好的例子是"有许多人提出我这部作品的结构散",如果就看"结构散"是一个光杆谓语句,但实际上,完句靠的是外围的成分,即有人给我提意见,这对我意义重大。另外,这里的"散"即使是光杆形容词,也可以担任焦点成分,而且可以是"谓语焦点"。可见决定能否用光杆形容词的不是焦点性,而是社会属性和价值。

其他的各个主句结构也是如此:兼语的主句常常直接表达说话者的主观评价,如"她嫌我、我喜欢他、老板骂他"就是这样;"得"字补语本身经常带有感叹性,所以极为容易满足语用价值,后面加光杆性质形容词谓语就没有关系。再如"看在她漂亮的份上,评委们打了满分。"

2)该话语不能独立使用,但可以在后面进一步加上其他满足语用价值的话语成分,共同构造一个可能的最小话轮。

陈振宇(2016:174—180)说,汉语复句结构中,各个分句具有相当的独立性,不是内嵌的从句;分句之间是"并列"或"主次"关系①。这样的复句结构,其中前面的次要小句(分句)是不需要独自充当话轮的,可以由后面的主要小句(分句)来满足语用价值。光杆形容词谓语句最容易出现在次要小句,也就是通常所说的"前件":②

(122) 她丑,但她很善良。/人小,心可不小! /篇幅小,学术含量却很高。
模样俏,就不愁嫁。
衣服干净,才显得斯文。
年纪大也不行!
这姑娘漂亮,就像那春天的花朵。

3) 该话语字面意义是客观描写,不具有可止性,但是增加语境要素,就可以完句。如与选择、反驳、感叹、强化描写等场景因素结合在一起,体现特定的社会价值。

(123) 我穷!
这孩子啊,漂亮!
(说我坏)你坏!

再如下面的强化描写,用排比表现强烈褒贬情感:

(124) 水清,岸绿,河长,景美。
我小,但水性好,经验多。
他们野蛮愚昧! 我漂亮我快乐!
那房子又大又漂亮。

3.3 "每、所有、任何"与"都"的共现③

3.3.1 问题的提出与初步调查

陈振宇、刘承峰(2019)说:

---

① 主次关系是指,两个小句(分句)之间在语义上有封闭性,有相互依存关系,但是在句法上并没有主从操作所需要的"嵌入"性,两个小句(分句)在句法上是各自独立的。
② 袁毓林(2022)在讲述原因、结果小句时也提到这一点。但我们认为,这不仅是对原因、理由小句有效,而且对各种复句都有效。
③ 本小节内容是与刘承峰合作研究,参见陈振宇、刘承峰(2019)。

Lin(1998)、郑礼珊(2009)等指出,"每 XP"在谓词前,必须与"都"共现,并因此衍生出一系列的理论解释,其核心是:"每"不具有全称量化的意义,必须要"都"来实现。如,"每个人都来了——??每个人来了"去掉"都"后,句子的合法性就会有问题。

然而实际上,汉语中没有一个量化标记是必须与"都"共现的,只是各有不同的共现比例①……

下面我们分两个问题来看:

1) 有关成分在谓词前还是谓词后?

……"每 XP"则不同,在 91.1% 的用例中是处于谓语之前的。

2) 有关成分在谓词前时,是否与"都"共现?

"所有 XP"与"都"合用的频率最高,达 68.2%,"任何 XP"是 43.2%,"每 XP"是 37.6%[这一数据与张静静(2009)十分相近]。……

我们作如下的初步假设:

与"都"共现是由修辞语用机制决定的,即这些标记需要某种语用功能来完句,"都"只是其中一种,如果有其他手段实现该功能,就不需要"都",如果没有,才需要"都"来达成。

陈振宇、刘承峰(2019)的统计结果是:

表5 北京话语料中的"所有""每"与"任何"(引自陈振宇、刘承峰 2019)

	所有 XP	每 XP	任何 XP
例句数	总数 261 例	总数 1 562 例	总数 450 例
句法位置	谓语前占总数 73.6%	谓语前占总数 91.1%	谓语前占总数 31%
与"都"合用	占总数的 50.2% 占谓语前的 68.2%	占总数的 35% 占谓语前的 37.6%	占总数的 13.3% 占谓语前的 43.2%
XP 为时间状语	极少	大量	极少

陈振宇、刘承峰(2019)区别了两种不同的量化意义:

所谓量化,就是将集合 X 的成员投射到集合 Y 中,如"所有三班的

---

① 黄师哲(1996)、曹秀玲(2006)、张静静(2009)都发现了大量不带"都"的"每"字句。张的统计,共现率并不高,仅占 36.1%。

学生都来了",指"三班的学生"这一集合 X 的每一个成员,都投射到事件 Y"……来了"之中。一般而言,Y 都是事件,但是 X 有两种情况:①

  1) 内部量化:X 为实体,充当事件 Y 的论元,指实体 X 参与事件 Y 的频率。

  2) 外部量化:X 是事件 Y 之外的另一个事件,或者外部时间②,或者对应的事物,充当事件 Y 的时间论域、背景或条件;指在 X 时,采取事件 Y 的频率。

  在第二类关系中,实际上有三个更小的类型:

  X 由谓词性的短语或小句担任,表示当事件 X 发生时,事件 Y 如何。两个事件本身是相互独立的,各有各的谓词核心。……

  X 由时间性成分担任,表示在 X(外部)时间,事件 Y 如何。……

  在数量对应句中,X 由数量短语或带数量的 NP 担任,表示当我们提到或拿出 X 这一数量时,Y 的数量如何。两者是相互独立的数量成分。

下面是充当时间论域、背景或条件的外部事件的例子(例引自陈振宇、刘承峰 2019):

(125) <u>每(次)去她家</u>,必然要带上一些礼物。
   <u>每战</u>必胜。
   <u>每多一人出来</u>,希望就大上一分。

由于 X 的时间在 Y 之前,所以需要严格地遵守"X,Y"这样的顺序,不能颠倒,一直到现在也是如此,如"每战必胜"不能说成"♯必胜每战","每次看见他,他是那样的骄傲!"不能说成"♯他是那样的骄傲,每次看见他。"③

下面是外部时间成分的例子(例引自陈振宇、刘承峰 2019):

(126) <u>每年三月</u>,她会回一趟老家。

---

① 黄瓒辉(2016)提到的"个体量化"(他们都来了)与"事件量化"(每次都不来),大致相当于本文的内部与外部量化。但是"事件量化"这个术语用于各种场景,包括"都、总、经常"等也被认为是对事件进行量化。因此本文不用"事件量化"而称之为"外部量化"。
② 事件的时间分为两种:外部时间,如"<u>昨天</u>他去了北京","昨天"是独立的,只不过事件在其中发生而已;内部时间,如"他看到<u>半夜两点</u>","半夜两点"是事件的终点,是事件性质的一部分。
③ 当代汉语中,如 Y 是感叹句时,可以有颠倒的语序,让 Y 先说,虽然这样的例子极为罕见,如"你总是那么地温柔,每当我向你发小孩子脾气时"。

每日复习,从不延误。
每当我们以为找到答案的时候,却又被事实所击败。

下面是数量对应句的例子(例引自陈振宇、刘承峰2019):

(127) 每三个月她会回一趟老家。
每日十遍
每斤五十元　每人一亩地　每份可供十人使用

上面的三种用法中的"每"都是在背景信息上,担任句子的主题,汉语普遍地按照"主题—焦点"来安排语序,这也使得上述用法大多都采用一种语序,不能颠倒。

通过历史考察,陈振宇、刘承峰(2019)发现:

"每"本来是只表示外部关系的全称量化词,而"皆、都"是只表示内部关系的全称量化词,二者当然不能共现;在后来逐渐出现并增多共现的例子,最初是零星的修辞现象,其语用动机是为了强调。受此影响,"皆、都"也开始可以表示外部关系,但最初需要与"每"共现。

另外,汉语句法中"时间像似性原则"起着极大的作用,由于外部关系如时间、背景或条件等都是先于事件而成立的,所以它们几乎都在主句之前,直到现代才出现例外,所以"每 XP"天生就是用在谓词之前的,……

"所有、全"表实体全量,当它获得全称量化意义时,是内部关系,而"皆、都"是表示内部关系的全称量化词,因此"所有、全"与"皆、都"一开始就可以较为自由地共现,当然,最初共现是少数,不共现是多数。……根据汉语"强化—弱化"的语法化道路,强化的句子越用越多,最后便钝化,成为正常的句子,在绝大多数情况下会使用,不用"皆、都"的"所有"句反倒成为特殊的情况。

上述格局到了早期现代汉语,又开始发生改变,"每"被理解成"所有",即"每"逐渐向"所有"的功能扩散,越来越多地用于表示内部关系,于是"每"与"皆、都"共现的情况大大增多,而且进入了很多原来不被允许的句法位置。"都"也更多地单独表示外部关系,实现了功能扩展。

表6 "每、皆、都、所有"的历史演变(引自陈振宇、刘承峰2019)

	外部关系	内部关系
初期	每	皆、都 所有
中期	每(+都)	所有 都
后期	←────── 每(+都)──────→	所有 都

具体的历史过程因为与本书无关,这里就不多说了,请参看陈振宇、刘承峰(2019)的详细描写。

3.3.2 问题的实质还是完句性

"所有/每/任何 XP"和"XP 都"可以共现的问题,在陈振宇(2019)中,依靠直接量化和间接量化的划分,并将"都"归入间接量化来解决。但是还是没有解决在现代汉语中为什么有时需要共现,有时却不需要共现的问题。我们认为,这是由"完句原则三"和"完句原则四"决定的。

现代汉语中,"所有"与"都"共现的比例是最高的,这样一来,我们从反面来思考一下,看看语料中,何时二者没有共现。考察表明,当"所有 XP"不再独立充当语篇中的话轮,也就是不再担任前景信息时,可以没有"都"。例如下面的例句中,可止性由后面的语句提供,"所有"所在的句子是背景信息,就没有用"都"(例引自陈振宇、刘承峰2019,陈振宇2020a):

(128) 全校同学一哄而出,<u>所有门大开</u>,无数孩子在奔跑,像是礼堂塌了顶。
<u>寝室里所有人在沉睡</u>,阿姨也在自己床上睡着了。
<u>所有人面向镜头</u>,闪光灯交织在起,形成一片耀眼的光斑。
<u>所有仪器上的指示灯亮了</u>,示波器上出现绿幽幽的荧光,紊乱地波动。
市内街道一片节日后的冷清景象,各建筑物上的彩灯依然亮着,楼顶飘着彩旗,<u>所有街道灯火通明</u>,但空空荡荡,商店都落下铁栅栏。

再如,下面都是背景性的定语和状语位置(例引自陈振宇、刘承峰

2019,陈振宇 2020a):

(129) 每个人扣着打出手中的牌然后告诉<u>所有人</u>自己打出的牌的点数。
首先从他的枪里,随即从<u>所有枪</u>里射出一排水花儿。
她是一个可怕的诱惑;一朵盛开的罪恶之花;她的存在就是对道德、秩序的挑衅;是对<u>所有情操高尚的正派公民</u>的一个威胁!
你开始谈恋爱,像<u>所有百无聊赖、无所用心的城市居民</u>一样挑挑拣拣,在一筐同品级的西红柿中拣出一些看上去似乎比别的西红柿要饱满、新鲜、完好无损的放在秤盘上称。
我给<u>所有人</u>的住宅打去电话,铃声在全城各个昏暗的角落响起,我再次证实了那些住宅空无一人。

为什么在前景位置的"所有"字句需要"都"?这是完句规则在起作用:
1) 当"所有、每、任何"在谓语之前时,句子的主题成分获得了极高的突显性,因为量性成分比直接描写性成分突显度高,而全量和全称量化成分又比其他量性成分突显度高。
2) 根据"完句原则四",如果要完句,则必须说明部分也要有突显度极高的成分,否则就会前后不和谐,完句性差。① 不过,如果该小句在背景或其他不需要完句的位置上时,就不必让说明部分有高的突显度;正是因为现在句子处于必须完句的位置上,所以才必须想办法加大说明部分的突显度。

汉语中让说明部分突显度增高的方法很多,"都"是其中之一,因为"都"有很强的主观语气功能,在历史上一出现就有。如果句中已经有了极高突显度的成分,就不一定需要"都",当然加"都"可以进一步突显,自然更好;但如果没有其他突显度极高的成分,那就加"都"才能完句。

下面句子中的疑问、惯用语、成语、"顿时"和"不说……也是"等,都是有极高突显度的成分,所以就不需要用"都"(例引自陈振宇、刘承峰 2019,陈振宇 2020a):

(130) <u>所有这些</u>你想过吗?——疑问

---

① 打个比方,好比是一个社交场合,一个人如果上身穿着西装,下身却穿着短裤凉鞋,是不和谐的。如果他在台上(完句),大家都看他,那是会觉得很不合适的;如果他在台下,在某个人群中(自身不完句,而是由别人完句),那就不那么刺眼,可以忽略了。

街上黑洞洞的,除了路灯,电影院和一些公用设施,全市住宅、商店都无电,<u>所有车辆停驶</u>。——惯用语

一路晓行夜宿同行同止,只是<u>所有人滴酒不沾</u>。——"滴酒不沾"是成语

<u>桌上的所有人</u>顿时目光灼灼。——有其他前景标记,如"顿时"

<u>所有这些美好的记忆</u>,不说刻骨铭心,也是恍如昨日啊。——"不说……也是"特殊句式

现在来考察"任何 XP"的语料。下例 a 中有下划线的那些成分,就是具有强烈语气(突显度)的成分。下例 b 中"任何"句都是在背景性、不需要完句的地方(例引自陈振宇、刘承峰 2019):

(131) a. 任何人<u>不准</u>沾边儿!

这鞋对一个人地位的肯定是今天任何一种名牌服装<u>比不了</u>的。

想不让我说,任何人<u>也</u>办不到!

任何事情<u>总</u>有它规律性的东西可循。

任何温情主义<u>只</u>能妨碍乃至破坏公平的最终确定。

任何善良的、自己同样面临诸多困境的人<u>焉能</u>不作兔死狐悲物伤其类之想?

b. 任何人花上几角钱就可以痛快一番,一点不妨碍个人尊严。

任何人来到这里——树华农场——他必定会感觉到世界上并没有什么战争,和战争所带来的轰炸、屠杀,与死亡。

任何调笑撩逗一旦变味变得狎邪变得不尊重,她就立刻感觉出来。

下面的例子则是需要"都"的例子,因为这时句子是在前景位置,需要强的完句性,而句中说明部分又没有其他突显性强的成分。请注意,当违反前后部分突显性要求时,可以有两种策略来补救,一个是增加后面部分的突显性,如在例 a 中加上"都"或其他强主观性成分;另一个则是相反,减弱前面部分的突显性,如在例 b 中,去掉"任何",句子的前面部分突显性减弱,反倒合适了(例引自陈振宇、刘承峰 2019):

(132) a. 后来,他在任何时候都不肯摘下这副眼镜了。——#后来,他

在任何时候不肯摘下这副眼镜了。
任何学校都是最高学府。——#任何学校是最高学府。——学校是最高学府。

b. 任何一个干过警察的人都有这种可怕的体会。——#任何一个干过警察的人有这种可怕的体会。——一个干过警察的人有这种可怕的体会。
任何词句都可能被赋予新的意义。——#任何词句可能被赋予新的意义。——词句可能被赋予新的意义。

请注意,去掉"都"就感到不合适的句子,不是不能说,而是不完句,只要我们加上相应的成分,句子就通顺了。如(例引自陈振宇、刘承峰 2019):

(133) 后来,他在任何时候怎么也不肯摘下这副眼镜了。
任何学校,是最高学府,就必须要有最高学府的样儿!
任何一个干过警察的人有这种可怕的体会,对他来说就是一笔可贵的精神财富!
任何词句,可能被赋予新的意义,并会因为新的意义发生语音上的改变。

上述结论对"每 XP"也是一样的。在不需要完句的位置可以不用"都"(例引自陈振宇、刘承峰 2019,陈振宇 2020a):

(134) 这是民主同盟中每一个公民应负起的责任,为什么作家单单不喜欢这个调调儿呢?
在每个人的牙缝中吐出。
这残暴,这傲慢,使每个人将要凝结的血由愤怒而奔流,把灰黄的脸色变为通红。
秀华对每件事,即使是最小的事,也详加考虑——说"故意麻烦"也许更正确一点。
把情况告诉我,把阿眉说过的每一句话告诉我。
这从每个房间门上挂着的不同花色的门帘可以看出。
女招待开了酒瓶塞,在每人的玻璃杯里斟了酒,退下去,我们吃喝起来。
由于每台价格比我原来设想的最低价格还要低一些,老家伙提出交货只能在那地更靠南的沿海城市,我也一口答应了。
真正正宗名牌的<u>每盎司</u>比金子还贵。
我和田圆隔桌相坐,<u>每人</u>面前放着一杯带麦管的粉红色冰激凌杨梅水。
三人这样坐了好久,<u>每人</u>出了几身透汗,张秃子说了:⋯⋯

有其他突显的前景性、主观性成分时,不需要加"都",如下面例句汇总的副词等(例引自陈振宇、刘承峰 2019,陈振宇 2020a):

(135) <u>每一个</u>主任到职任事<u>总</u>有个新办法。
<u>每个地主</u> <u>必须</u>养着几个外国人作保护者。
<u>每一个</u>新战士来到,刚放下背包,<u>就</u>会得意地说:"我是三连的!"
他停止了呼吸,<u>每一秒钟</u><u>就</u>像一个月那么长似的等着。
<u>每道菜</u> <u>总</u>要先尝尝再起锅。
车上的<u>每一个人</u> <u>无不</u>毛骨悚然。
老太太把元豹揪出队列,照<u>每只脚</u>上各踢一脚,使元豹大劈叉支在地上,随即一迈腿骑上元豹脖子使劲往下顿屁股。

当处于需要完句的位置,且没有其他突显性成分时,"都"被用来加强说明部分的突显性,就不可省略。如果不加"都",会违反完句条件,当然违反也有其他补救方法,例如在后面再加上新的小句,在新的小句中有突显成分就可以完句了,这时,前面的小句就不是非得加"都"不可(例引自陈振宇、刘承峰 2019):

(136) 他既不是从天上掉下来的,就必定是 步 步爬上来的,也许<u>每一步都</u>有毛病。——♯也许每一步有毛病。——也许每一步有毛病,但最后总能取胜。
总务科与人事科的事务用不着多说,因为<u>每个机关</u>,<u>都</u>有这么两科。——♯因为每个机关,有这么两科。——因为每个机关有这么两科,所以总会有人来谋这差事。
在这个白光里,<u>每一个颜色都</u>刺目,每一个声响都难听,每一种气味都混含着由地上蒸发出来的腥臭。——♯在这个白光里,每一个颜色刺目,每一个声响难听,每一种气味混含着由地上蒸发出来的腥臭。——每一个颜色刺目,每一个声响难听,每一种气味中混合着由地上蒸发出来的腥臭,但这一切都不能阻止他们的前进。

汉语的"数量对应句",后面的数量成分具有足够的突显性,足以完句,所以一般都不加"都",这一点从古至今一直如此:

(137) 若中则释获者坐而释获,<u>每一个释一算</u>。(《仪礼》)
阍人,王宫<u>每门四人</u>。(《周礼》)
<u>每人赏银一两</u>。(《警世通言》)
<u>每班立一座石碑</u>在老郎庵里。(《儒林外史》)

如果用"都",是进一步突显。如《金瓶梅》中的例子:

(138) 李瓶儿先奉了一对与月娘,然后<u>李娇儿、孟玉楼、孙雪娥每人都是一对</u>。
四个唱的,李瓶儿<u>每人都是一方销金汗巾儿,五钱银子</u>,欢喜回家。
两个姑子,<u>每人都是五钱银子</u>,……
贼囚根子!你不实说,教大小厮来拷打你和平安儿,<u>每人都是十板</u>。

现代汉语中,数量对应句也可以加"都",以表强调,虽然实际用例很少。如(例引自陈振宇、刘承峰 2019):

(139) <u>每一位都有四名探员</u>充分保镖。(《鹈鹕案卷》)
不过,编辑有新招,<u>每一条都配一幅</u>形象生动的图画作补充,读来有滋有味。(1996年《人民日报》)
并且<u>三个类型的每一个都有二组雄蕊</u>,所以三个类型共有六组雄蕊和三类雌蕊。(《物种起源》)

最后,要强调的是,这里仅仅涉及完句性,不完句的句子只是不能独立充当话轮,而不是不可以说!历来研究文献中提到的所谓没有"都"就不成立的例子,很多稍作改变,加强说明部分的突显性,就会好得多,就可以说了。如下例的排比句式、对比句式都具有很强的突显性,能够完句;其他句子也都各有一个重要的完句手段,就都可以说了(例引自陈振宇、刘承峰

2019,陈振宇 2020a):

(140) ♯我们班每一个人有电脑。——我们班每一个人有电脑、有手机、有微信,现在的孩子懂得很多!(排比)
♯每一个学生尊重他。——每一个学生尊重他、爱戴他、拥护他,使他感到了极大的自信。(排比)
♯每前进一步给他留下了许多的痛苦。——每前进一步,给他留下了许多的痛苦,也给他留下了许多美好的回忆。(对比)
♯这里每一件衣服很值钱。——这里每一件衣服很值钱的!千万别乱摸!(感叹)
♯每个人参加了考试。——每个人参加了考试,就应该给他分数。(背景)
♯每个孩子喜欢玩游戏。——每个孩子喜欢玩游戏,这是孩子的天性,不可强行制止。(背景)
♯每一个名字代表着一段美好的故事或者传说。——每一个名字,代表着一段美好的故事或者传说,你知道它的来历吗?(背景)
♯每个角落不干净。——每个角落往往不是很干净。(感叹)

作为外部量化时的"每"在现代汉语中也是如此(例引自陈振宇、刘承峰 2019,陈振宇 2020a):

(141) 客人和老人每吃完一碗饭♯(都)由妇人代为装饭。——客人和老人每吃完一碗饭,会由妇人代为装饭。
每逢春节,他♯(都)邀同学聚会。——每逢春节,他喜欢邀同学聚会。
每逢长辈庆寿,晚辈♯(都)奉送寿桃。——每逢长辈庆寿,晚辈奉送寿桃,这是应有之义。
每逢春节,我♯(都)想起她。——每逢春节,我想起她,不由潸然泪下。
每逢他生日,我♯(都)请他吃饭。——每逢他生日,我只请他吃饭,不和他回家。
每逢大娘有病,战士们♯(都)给大娘送医送药。——每逢大娘有病,战士们给大娘送医送药、问寒问暖,比亲儿子还亲!
他每次回家♯(都)要到溪口来看望姐姐。——他每次回家,并不是要到溪口来看望姐姐,而是想和姐夫商量什么。
每次下笔前♯(都)认真观察被画对象。——每次下笔前认真观察被画对象是最基本的要求。
他每吃饺子♯(都)蘸醋。——他每吃饺子,蘸醋、放姜,一样也不能少。
他每次办宴会时,我♯(都)是主厨。——村里每次办宴会,我是主厨!他算老几!
敌人每次扫荡,老乡们♯(都)躲在山洞里边去。——敌人每次扫荡,老乡们躲在山洞里边去,望着远处山下的庄子,心里难受极了。
每次出门溜达,他♯(都)一肚子的不开心。——每次出门溜达,他一肚子的不开心!怎么也提不起劲来!
每到星期日,凌晨♯(都)下小阵雨。——每到星期日,凌晨如果下小雨,他的心情就会好。
每次早起,他♯(都)不高兴。——每次早起他总是不高兴。——每次早起他不高兴就要骂人。

最后的结论是,当"都"与"所有、每、任何"等共现时,"都"起到完句手段的作用,但不是唯一的完句手段,因为归根到底,这里是突显性限制,而除了"都",汉语还有很多突显化、前景化手段。

3.4 汉语状中结构的平衡配置①

突显性是和语义内容有很大关系的。"突显性原则"说,① 语义内容越具体、详细,越是担任对抽象语义框架进行具体化功能的成分,越为突显。② 语义内容主观性越强的成分,越为突显。这些内容和学界对"修饰语"的研究有很大的关联。

汉语有以下三种重要的修饰语。

1) 定中结构:由于定语往往是具体的、主观性的成分,所以比较而言,它比中心语突显。汉语的语序是"定语+中心语",是一个左分支结构,构成"突显性强+突显性弱"的结构,所以不具有完句性。这可能很好地区别了汉语的名词性短语和小句两个层次,因为名词性短语本来就应该不完句,也就是不独立充当话轮,所以这是和谐的配置。

2) 中补结构:汉语语法中称为"补语"的那些结构,是具体的、主观

---

① 本小节内容是和吴术燕合作研究。

的,所以突显性比中心语强。由于这是一个右分支结构,所以构成"突显性弱＋突显性强"的结构,具有很好的完句性,以前的研究一再证实,补语加上后,句子在绝大多数情况下就可以独立充当话轮,就是这一语用规则在起作用。

3) 状中结构:这是汉语最困难的地方。从句法功能看,状中可以构成完整的谓语,应该可以完句,但是由于状语才是更具体的、主观性更强的成分,而现代汉语的强势语序是"状语＋中心语",所以得到"突显性强＋突显性弱"的结构,不具有完句性,这就出现了巨大的矛盾。从世界语言看,SVO语言的长大状语几乎都是在谓词之后,就是为了避免这一矛盾,如 He sat at the table,就是这样,我们如果直译为"他在桌边坐",在汉语中就有点别扭,最好译为"他在桌边坐着"或者"他坐在桌边":

(142) He sat at the table.
　　　　　弱　　强
　　他在桌边 坐。　　他坐 在桌边。
　　强　弱　　　　　弱　强

但是,上述区别,并不是绝对的能说或不能说,而仅仅是地道与不够地道,或者能否独立充当话轮的问题。"他在桌边坐"类句子有时也是可以说的,如"不用客气,我在床上坐就可以了"。

汉语与其他 SVO 语言在状语位置上的差异,构成了汉语国际教育的一个难点:不少留学生会根据母语的构造方式,直接用一个简单的动词作为小句的核心,汉语教师觉得这些句子读上去很别扭,但又好像并不是全错,如下面的句子:

(143) ♯使每个人都能顺利地走／在泥泞的小路上走。
　　　♯他经常孤立地看。
　　　♯把他狠狠地打／我狠狠地打。
　　　♯他一口一口地吃／美美地吃。
　　　♯她安静地坐／他在椅子上坐。

这些句子符合汉语语法规则,是合格的句子,但是又让母语者觉得"不太合适",实际上,这些句子的问题在于它们没有具备完句性,在语用上不合适,我们认为这是因为违反了"前后成分突显和谐"规则。

3.4.1 前后成分突显规律和尾焦点原则等的区别

首先,我们需要说明的是,前后成分突显和谐规则(完句原则四)与尾焦点原则不同。

我们先梳理并讨论状中结构的焦点结构问题。关于状中结构的焦点结构问题,学界已有较多讨论,大致可以总结出三种观点:

1) 焦点在前,即前面的状语是焦点。
2) 焦点在后,即遵循尾焦点原则,认为后面的动词结构等中心语是焦点。
3) 焦点可前可后,即有的时候前面的状语是焦点,有的时候后面的动词结构或其他中心语是焦点。

在现实语境中,有时突显性难以确定,如下面这个例子:

(144) 使每个人都能<u>顺利地</u>走向<u>属于自己的幸福彼岸</u>。

在这个例子中,前后两部分,突显成分两可,突显成分的确定需要具体语境。这种情况恰恰体现了汉语结构的均衡性,正如沈家煊先生所指出的,汉语是均衡性的语言。

前两类观点,李湘和端木三(2017)已经做了详细介绍,不再赘述。李湘和端木三两位学者持第三类观点,即状中结构的焦点可前可后;但两位学者又指出方式状语更容易担任焦点。

这集中反映了尾焦点或辅焦点两种焦点理论的尴尬的境地,因为它们都坚持焦点落在句中一个成分之上,并且原则是刚性的,违反了原则的句子就不能说。如果像英语那样状语在谓词后,那倒没有矛盾;可惜汉语不是,这就需要考虑,汉语句子中焦点的落点,对句子究竟有什么样的影响。

我们认为这里谈论的"焦点"这一术语,指的是句中成分的突显性,而不是新信息,参看陈振宇(2016:136—137)的详细论述。以谓词划界,突显成分落到前面和后面都可以,但是二者的影响很不一样:

1) 突显成分在前,得到"突显性强+突显性弱"的结构,如下面例子中有单下划线的成分这往往不能完句。但不完句不是不能说,只要在小句的外围或后面,有别的成分(如下例中有双下划线的成分)来完句,或者由语境来完句就可以了,例如:

(145) 外层有完句成分:(双划线为外围完句成分)
　　　我那天去的用意,就是试验我<u>有没有勇气</u>,去看十几年心爱的

女人跟旁人结婚。(钱锺书《围城》)

他们仿佛全知道自己解聘,但因为这事并未公开,他们的同情也只好加上封套包裹,遮遮掩掩地奉送。(钱锺书《围城》)

后面有完句成分:(双划线为后续完句成分)

赵辛楣专家审定似的说:"回答得好!你为什么不做篇文章?"(钱锺书《围城》)

他出门后浮泛地不安,知道今天说话触犯了苏小姐,那王尔凯一定又是个她的爱慕者。(钱锺书《围城》)("不安"已经词汇化为一个形容词)

语境中获得对比意义:

从那天起,方鸿渐也常在三等吃。(钱锺书《围城》)(与前面的吃的方式相对比)

那些带光杆宾语的小句,也往往突显在状语上,因此不能完句,要靠外围或后面的成分完句:

(146) 陆子潇目不转睛地看孙小姐,呼吸短促。(钱锺书《围城》)

鸿渐等疲乏地出车站,就近一家小旅馆里过夜。(钱锺书《围城》)

2) 突显成分在后,得到"突显性弱+突显性强"的结构,直接就可以完句,例如:

(147) 想起来未婚妻高中读了一年书,便不进学校,在家实习家务,等嫁过来做能干媳妇,不由自主地对她厌恨。(钱锺书《围城》)(强调方鸿渐对未婚妻的态度,因此"厌恨"突显)

不过更有意思的是,在绝大多数情况下,的确是状语为焦点,或者有点分不清究竟哪个是焦点,但是后面的部分一定不是光杆动词,而是一个复杂的结构,包括动宾结构、带否定、带数量、带补语等等,如:

(148) 设想自己是唐小姐,用她的眼睛来审定着衣镜里自己的仪表。(钱锺书《围城》)

或者干脆像苹果,用手帕擦一擦,就能连皮吃。(钱锺书《围城》)

大家笑着,苏小姐拿了一只紫檀匣进来,<u>对唐小姐做个眼色</u>,唐小姐微笑点头。(钱锺书《围城》)

从上述分析可以看到,本书的"前后突显性"问题,与我们过去研究的尾焦点还是辅焦点问题完全不是一回事。

3.4.2　前后成分突显规律的解释

1) 把非完句的方式状语句放在非完句的位置上

把非完句的方式状语句放在非完句的位置上,在后面进行补足,把非完句补充为完句。如下面的例子:

(149) a. ♯火车往北京开。——<u>火车往北京开</u>,一路可见山川广阔的大地。

b. ♯孤立地看。——如果<u>孤立地看</u>,这一个问题无法解决。

c. ♯我狠狠地打。——<u>我狠狠地打</u>,恨不得把他打死。

d. <u>一口一口地吃</u>。——<u>一口一口地吃</u>,才显得优雅。

e. ♯她安静地坐着。——<u>她安静地坐着</u>,等待叫号。

f. ♯<u>在沙发上坐</u>。——<u>在沙发上坐</u>也是可以的。

g. ♯船在印度洋面上开驶着。——红海早过了,<u>船在印度洋面上开驶着</u>,但是太阳依然不饶人地迟落早起,侵占了大部分的夜。(钱锺书《围城》)

h. ♯热闹地行着。——这船,倚仗人的机巧,载满人的扰攘,寄满人的希望,<u>热闹地行着</u>,每分钟把沾污了人气的一小方水面,还给那无情、无尽、无际的大海。(钱锺书《围城》)

i. ♯她从帆布躺椅上站起来。——假使<u>她从帆布躺椅上站起来</u>,会见得身段瘦削,也许轮廓的线条太硬,像方头钢笔化成的。(钱锺书《围城》)

2) 用完句手段使非完句方式状语句完句

我们可以采取多种语法手段进行调配,使非完句的方式状语句变成完句的句子,如把状语变成补语、把谓语变成并列结构以增强突显性、加入祈使或疑问语力、变成断言句或否定句、变成对比句、加入"体"成分等等。下面我们分别举例来详细阐释。

① 将状语转换为补语。

把方式状语变成补语,这样句子突显成分在后面,可以完句。

(150) a. #使每个人都能顺利地走。——使每个人都能走得顺利。
b. #在两太阳擦。——苏小姐拣出万金油,伸指蘸了些,为鸿渐擦在两太阳。(钱锺书《围城》)

② 多小句并列结构。
并列使得句子中的每个部分都强化了,符合前后成分突显和谐规则,成为完句。

(151) a. #使每个人都能顺利地走。——使每个人都能顺利地走,开心地跳,好好地生活。
b. #无理由地高兴。——早晨方醒,听见窗外树上鸟叫,无理由地高兴,无目的地期待,心似乎减轻重量,直升上去。(钱锺书《围城》)
c. #微笑地镇静。——有时理想中的自己是微笑地镇静,挑衅地多礼,对她客气招呼,她倒窘得不知所措。(钱锺书《围城》)
d. #给人家笑。——去了就给人家瞧不起,给人家笑。

③ 变成祈使句/疑问句/否定句。
把不完句的方式状语句加入祈使语力、疑问语力、否定语力后,突显强化,即使句子前重后轻也没有关系了。

(152) a. #在泥泞的小路上走。——想体会青草的芬芳,一定要在泥泞的小路上走!
b. #礼貌周到地送行。——无论如何,要礼貌周到地送行。
c. #在父亲书房里坐。——唐小姐教女佣人请他在父亲书房里坐。
d. #跟我吵架。——你别跟我吵架。
(153) a. #使每个人都能顺利地走。——使每个人都能顺利地走吗?
b. #跟苏小姐通电话。——要不要跟苏小姐再通电话,托她告诉唐小姐晚饭改期?
c. #跟罗素熟。——你跟罗素熟吗?
d. #跟你说。——他怎么跟你说的?
(154) a. #使每个人都能顺利地走。——使每个人都不能顺利地走。
b. #跟人计较。——好好的别跟人计较。

c. ♯在脑子里停留。——几句门面话从耳朵里进去直通到嘴里出来,一点不在脑子里停留。(钱锺书《围城》)

d. ♯向方家去讲。——至于自己家里的琐屑,她知道鸿渐决不会向方家去讲,这一点她信得过。(钱锺书《围城》)

④ 变成断言句。

断言强化突显性,根据 Lambrecht(1994)的观点,断言判断句属于谓语焦点句,因此,谓语部分突显,如下面的例子:

(155) a. ♯这趟火车往北京开。——这趟火车是往北京开的。
b. ♯跟你谈。——我是要跟你谈。
c. ♯给人家灌醉。——他是给人家灌醉的。

对比也是断言的一种,能够强化突显性,对比的表达效果可以使好的显得更好,坏的显得更坏,使得突显性更加鲜明:

(156) 显然,我拒绝你们的力量比女同学吸引你们的力量都大。(钱锺书《围城》)
李梅亭这两日窃窃私讲的话,比一年来向学生的谆谆训导还多。(钱锺书《围城》)
我家里的人比你家里的人好。

⑤ 加"体"成分,以突出现时相关性。

贺阳(1994)指出,描写情状或方式的状语与其他完句成分配合后具有完句作用。如(例引自贺阳1994):

(157) 小船平平稳稳地过了流沙河。
小强目不转睛地看着黑板。

金廷恩(1999a)也认为,体标记具有完句功能,如"着""了""过""起来""下去"等。但是,我们认为,并不是体标记本身具有完句性,而是当它使用的时候,如果具有现时相关性,就可以得到强的语用价值,这才能完句。

例如下面的"着"字句就不能完句,外围或后续要有完句成分:

(158) ♯悠远淡漠地笑着。——只唐小姐云端里看厮杀似的,悠远淡漠地笑着。(钱锺书《围城》)

♯船在印度洋面上开驶着——红海早过了,船在印度洋面上开驶着,但是太阳依然不饶人地迟落早起,侵占了大部分的夜。(钱锺书《围城》)

♯鸿渐嘴里机械地说着。——鸿渐嘴里机械地说着,心里仿佛黑牢里的禁锢者摸索着一根火柴,刚划亮,火柴就熄了,眼前没看清的一片又滑回黑暗里。(钱锺书《围城》)

我们从表达角度来看,根据上下文语境,在方式状语句中,"着"使动词突显,从而表达一种有主观性的状态,这才能完句:

(159) a. ♯好奇地评赏。——全礼堂的人都在交头接耳,好奇地评赏着自己。(表示他们的群体形象)

b. ♯向鸿渐照。——说时,把鸿渐杯子里的酒斟满了,拿起自己的杯子来一饮而尽,向鸿渐照着。(钱锺书《围城》)(用空杯照人,是要求对方也把酒干完,或者是显示自己的气度)

c. ♯轮流地在他桌上装点。——这一封来函、一封去信,轮流地在他桌上装点着。(钱锺书《围城》)(其实不是说装点,而是说这些信多且凌乱)

吕文华(1983)指出"了"的使用与句子的语气完整关系密切,"了"在一些句式中具有成句功能。金廷恩(1999a)指出,"了"对完结情状句和达成情状句具有完句作用。同样,我们不同意两位学者的观点,在方式状语句中,"了"未必一定具有完句功能,如下面的"了"字句就不能完句,外围或后续要有完句成分:

(160) ♯自己一箭双雕地兼备了。——自己居然一箭双雕地兼备了。

♯阿刘鬼魂似地出现了。——方鸿渐正不知怎样发脾气才好,阿刘鬼魂似地出现了,向鲍小姐要酒钱。(钱锺书《围城》)

♯赵辛楣向跑堂要了昨天开的菜单。——赵辛楣向跑堂要了昨天开的菜单,予以最后审查。

不过,的确"了"字句容易引起对事物性质、变化的关注,从而突显其语

用价值,下面的例子因此而具有完句性:

(161) a. ♯这趟火车往北京开。——这趟火车往北京开了两个小时。(突显量性的达到)
b. ♯从书上移到鸿渐脸上。——看到这里,这笑容从书上移到鸿渐脸上了。(钱锺书《围城》)(突显变化以及这一变化针对主体方鸿渐)
c. ♯极快、极容易地给人引诱。——她自信很能引诱人,所以极快、极容易地给人引诱了。(钱锺书《围城》)(突显消极结果义)
d. ♯给人搬走。——两扇门也给人搬走了。(突显损失义)
e. ♯伴伴不睬地走。——柔嘉伴伴不睬地走了。(钱锺书《围城》)(突显对对方的不予理睬)

金廷恩(1999a)指出,"过"是完结情状句的完句成分之一,且有所限制。在方式状语句中,从表达角度来看,"过"使得动词突显,强化了对事件发生的肯定意义,具有断言或辩驳的功能,从而完句:

(162) a. ♯跟我讲。——鲍小姐有未婚夫,她自己跟我讲过。(钱锺书《围城》)
b. ♯和他谈。——关于 Bertie 结婚离婚的事,我也和他谈过。(钱锺书《围城》)
c. ♯雪球似的在各人嘴边滚。——每句话全船传喊着,雪球似的在各人嘴边滚过,轮廓愈滚愈臃肿。(钱锺书《围城》)

当然,完句手段不止上面这些,这些只是使用的比率比较大而已。此外,加入情态词、放在答语位置上等都可以完句。并且,完句的句子往往是综合作用的结果,如下面的例子:

(163) 苏小姐理想的自己是:"艳如桃李,冷若冰霜",让方鸿渐卑逊地仰慕而后屈伏地求爱。(钱锺书《围城》)
丈夫不会莫测高深地崇拜太太,太太也不会盲目地崇拜丈夫,婚姻的基础就不牢固。(钱锺书《围城》)
她是比你对我好,我家里的人也比你家里的人好。(钱锺书《围城》)

因为他现在的起居服食的确比旁人舒服。(钱锺书《围城》)

昨天给情人甩了,今天给丈人撵了,失恋继以失业,失恋以致失业,真是摔了仰天交还会跌破鼻子。(钱锺书《围城》)

4. 各种言语行为的实施条件

具体的言语行为很多,Austin(1962)分出判定行为(描述、估计、推断、开罪等)、执行行为(任命、建议、开除、判决等)、承诺行为(答应、保证、意欲、立誓等)、表态行为(道歉、感谢、祝贺、欢迎等)、阐述行为(指称、确定、否认、证明等)五种。

Searle 总结为以下五种:断言行为(陈述、提示、报告、抱怨等)、承诺行为(许诺、发誓、担保、提出等)、指令行为(命令、要求、建议、推荐等)、宣告行为(任命、命名、判决、开除等)和表述行为(道歉、感谢、赞扬、慰问等)。

这些分类总的来讲,主要是从社会学意义上考虑的。从语言学上讲,有的过于琐碎,并且涉及的是语言系统以外的条件。在本书中,我们将主要讨论几种语言学研究较多的言语行为:陈述、疑问、祈使、否定等等。

言语行为都有各自的恰当性条件。大多数研究重视从哲理和抽象的角度进行概括,这本身并不错,但却很不够,与语言学的要求相差还很远。因为语言学要求细节,而实际上各类行为的具体要求各有不同,必须一一列举出来。

Austin(1962)认为言语行为有恰当性条件(felicity conditions),包括:发动不当(misinvocations)、实施不当(misexecutions)、运用不当(abuses)。

Searle(1965、1969)则总结了四个条件:命题内容条件、预备条件、真诚条件和本质条件。他以此研究了若干具体言语行为的恰当性条件。另请参看张韧弦(2011)的详细介绍。

Searle 的研究实在太讲求数学上的整齐划一了,而实际的语言现象纷繁复杂,涉及面十分广阔,远非这几条就可以概括的,许多必须的条件并未涉及(如请求对方做事时,说话者会预先认为对方有能力做这事);而且也不可能这么整齐。另一方面,其中有的条件又太强,例如说话者在告知对方新信息时,根本不会考虑对方是否有可能自行得到这一知识,在询问对方有关信息时,也根本不考虑对方是否会自动告知我有关知识,也不会考虑对方是否愿意回答。

另外，在 BDI(beliefs、desire、intension)模型理论中，用合取的一系列条件构成言语行为的前提条件，从理论上讲，这有利于给出更为细致全面的分析，不过在实践中，它们所提及的条件依然较少，如对告知而言，只包括"说话者知道 p"和"说话者想要告知听话者 p"两个条件。

总之，作为语言研究者，我们还需要澄清、丰富与完善这些恰当性条件。先讨论简单言语行为，再讨论复合的言语行为(由两个或两个以上的简单言语行为构成)。限于篇幅，本书主要看几个大的简单言语行为(陈述、祈使类)，再看虚拟言语行为。本书无法考察大量的复合行为，我们看看鼓励和警告，主要是看它们是怎么用各种简单行为间接地来实现的。

4.1 陈述类言语行为

4.1.1 告知

Austin 是把陈述分到以言表意中的。但 Searle 认为以言表意与以言行事不能区分，陈述本身也是以言行事，所以陈述也应该有恰当性条件。

陈述的核心就是"告知"言语行为。

【告知原则一】

① 如果是说话者不想告知对方的事，不会告知对方。推理公式为：

$$命题 X \wedge [特征]反对告知 \rightarrow [排斥]告知$$

② 如果告知，则是说话者不反对告知对方信息(可能是说话者想告知的，也可能是说话者可以告知，即无可无不可的)。(正迁移)推理公式为：

$$命题 X \wedge 告知 \rightarrow 不反对告知$$

除了意愿，还有能力，在告知行为中，所谓能力是指说话者知不知道有关信息，还有说话者是否有开口的机会。

【告知原则二】

① 如果是说话者不知道的事，不会告知对方。推理公式为：

$$命题 X \wedge [特征]不知道真假 \rightarrow [排斥]告知$$

② 如果告知，则是说话者知道的信息。(正迁移)推理公式为：

$$命题 X \wedge 告知 \rightarrow 知道真假$$

③ 如果是说话者不知道的事，而又做出告知行为，就是语力失效。(负迁移)推理公式为：

$$命题 X \wedge 告知 \wedge [特征]不知道真假 \rightarrow 语力失效$$

例如当说话者自己不知道张三是谁时，故意说"张三是他邻居"，可能是在诱发你做出回应，从而由你来证实或给予有关的信息，使得说话者得到有关信息的真相。

【告知原则三】

① 如果说话者没有开口的机会，不会告知对方。推理公式为：

$$命题\ X \wedge [特征]没有机会 \rightarrow [排斥]告知$$

② 如果告知，则是说话者有开口的机会。（正迁移）推理公式为：

$$命题\ X \wedge 告知 \rightarrow 有机会$$

由于这些都十分明显，此处不用多说。而且使因问题对一般的陈述而言不用讨论，一般在告诉别人时不会考虑到使因问题。现在来看那些陈述所特有的条件：

【告知原则四】

① 如果是说话者自己不确定，或自己认为为假的事，不能告知对方。推理公式为：

$$命题\ X \wedge [特征]X(反事实 \vee 非事实) \rightarrow [排斥]告知$$

② 如果告知，则是说话者已经知道为真的信息。（正迁移）推理公式为：

$$命题\ X \wedge 告知 \rightarrow X\ 事实$$

③ 如果要告知对方自己不确定，或为假的事，则是语力失效。（负迁移）推理公式为：

$$命题\ X \wedge 告知 \wedge [特征]X(反事实 \vee 非事实) \rightarrow 语力失效$$

语力失效就是 Scarle 所说的"真诚条件"不符的例子，但是我们认为，在特殊情况下可以使用，这里仅举一例：我知道张三没来，但当老师点名的时候，我说"张三来了"，这时句子可以用，但属于欺骗。用格式检验一下是大概率的预期：

(164)　　　　O　　　　　　　　　　P(M|O)/P(M)

张三告诉我李四是个好人，所以很可能他认为李四的确是个好人。
♯张三告诉我李四是个好人，所以很可能他认为李四不是好人。
♯张三告诉我李四是个好人，但是他认为李四的确是个好人。
张三告诉我李四是个好人，但是他认为李四不是好人。

【告知原则五】

① 如果说话者认为听话者已经知道或确定,说话者一般就不能告知对方。推理公式为:

$$\text{命题 } X \wedge [\text{特征}]X(\text{听者})\text{事实} \rightarrow [\text{排斥}]\text{告知}$$

② 如果告知,则一般是说话者认为听话者不知道或听话者认为是反事实的信息。(正迁移)推理公式为:

$$\text{命题 } X \wedge \text{告知} \rightarrow X((\text{听者})\text{反事实} \vee \text{非事实})$$

③ 如果告知对方已经知道的信息,则听者相对信息价值低。推理公式为:

$$\text{命题 } X \wedge \text{告知} \wedge [\text{特征}]X(\text{听者})\text{事实} \rightarrow X(\text{听者})\text{信息价值低}$$

④ 说话者需要告知对方有关事实的迫切程度按以下梯级排列:

说话者认为听话者认为是反事实	↑ 极为需要
说话者认为听话者不知道(听者非事实)	
说话者认为听话者知道	↓ 不需要

请注意,在本书的体系中,所谓"事实"一般都是指说话者所表现出的对事物存在性的态度。但是如果是说话者对其他人,如是对听话者的认识的表述或猜想,就必须特别标注出来。"(听者)事实"指说话者认为听者知道这是事实,其他的同理。

信息价值低就是 Searle 所说的"预备条件②"不符的例子,而信息价值低就是语力失效,但在特殊情况下句子仍然可以使用,不过需要更多允准。例如,我对朋友说"你昨天去过了!"他自己去过自己当然知道,不过这里我是在提醒他这一事实,并注意有关的结果,如他去过了就不应该再去,他去过了就应该了解相应的事实,等等。用格式检验一下是大概率的预期:

(165)   O   P(M|O)/P(M)

      张三告诉李四明天要出发,所以他很可能认为李四不知道明天要出发。

      #张三告诉李四明天要出发,所以他很可能已经知道李四知道明天要出发。

≠张三告诉李四明天要出发,但是他认为李四不知道明天要出发。
张三告诉李四明天要出发,但他已经知道李四知道明天要出发(他只是怕李四不够重视,会产生疏忽)。

【强化——告知原则四、五】 如果说话者特别强调事物是事实,则是在告知对方这一信息,并由此推出说话者认为对方以为这是反事实,也即这一事实与听话者的预期不符。(叠加)推理公式为:

命题 X ∧ X 事实 ∧ [特征]强化语力 → 告知 ∧ [特征]强化语力 → X(听者)反事实

例如"实际上、其实"等表示事实的语词,在口语中却常常用来表示事实是与听话者的预期相反的,这是因为我强调这是事实,我是在告知你一个事实;为什么需要特别告知你这一事实,是因为你以为它是反事实,这会产生极大的告知的迫切需要,也就是为了纠正你的错误观点,我才告诉你事实。

(166) 实际上,你们跟我一样,都是普通人。(你们自己觉得自己不是普通人)

话是这么说,实际上还是人家帮了咱们大忙!(你觉得人家对我们没有什么恩义)

其实啊,我们也是受害者!对不对啊?(你觉得我们是害人的一方)

其实你们现在跟我们谈这个问题,已经是没有用了。(你还觉得和我们谈有用)

当说话者仅仅是告知对方有关信息(事实)时,并不一定是认为对方有错误认识(听者反事实),也可以是认为对方不知道有关信息(听者非事实)。但是当说话者特别强调我现在在告知你时,说话者才会是认为对方的认识错误。

【告知原则六】

① 说话者一般不能告知双方意见相同的命题。推理公式为:

命题 X ∧ [特征]X 听说同见 → [排斥]告知

② 如果告知,则一般听说意见不同或存在差异。(正迁移)推理公式为:

命题 X ∧ 告知 → X 听说异见/存在差异

③ 如果告知双方意见相同的信息,则听者相对信息价值低。推理公式为:

命题 X ∧ 告知 ∧ [特征]X 听说同见 → 听者交际信息价值低

这一点可以看成是从原则二衍生出来的。当信息价值低时，同理，这是语力失效，但在有更多的允准条件时，句子仍然可以说。如"我们都知道，张三昨天回来了，……"当"我们"包括听话者的时候，这话根本没说完，还需要有后文，句子才成立，如"我们都知道，张三昨天回来了，恐怕以后就再也清静不了了。"这是将双方都知道的信息作为新信息的出发点，这有利于说服对方。

【告知原则七】

① 说话者一般不能告知无限的信息，因为这是一个无法完成的任务。推理公式为：

$$命题 X \wedge [特征] X 信息无限 \rightarrow [排斥] 告知$$

② 说话者所告知的是有限的信息。（正迁移）推理公式为：

$$命题 X \wedge 告知 \rightarrow X 信息有限$$

③ 告知对方无限的信息，则是语力失效。（负迁移）推理公式为：

$$命题 X \wedge 告知 \wedge [特征] X 信息无限 \rightarrow 语力失效$$

但是，有时我们会说或考虑无限的事物，因此，我们需要对无限性进行处理，使它变得有限，一个重要的方法是：为无限的信息加上"多对一"语义框架，把它收敛到有限的区域，一般就是收敛到一，"任何人都可以进去看看"。这就不违反本原则了。

什么时候可能是说话者在试图告知无限信息？虽然此时告知语力失效，但并不是句子不能说，而是起到"废话"的作用。废话的语用作用非常大，因为废话没有任何关联性，废话也不要求任何认同，所以根据前面的"同盟原则"，废话都是表示反同盟关系，即说话者表示自己不与对方在言语活动中合作，或者表示对方所希望的言语活动没有任何语用价值。例如有人问"你们在做什么？"如果回答是"大家在做各种事情"而没有下文，这就是在拒绝回答对方，因为"各种事情"是无限的信息，陈述的语力就没有实现，以此体现不合作的态度。当然，如果在说了"大家在做各种事情"后接着具体讲每一个人做的事，就不违反告知原则。

【告知原则八】

① 如果说话者认为对方肯定会理解并认同自己的陈述，就不需要使用强化表达。推理公式为：

$$命题 X \wedge [特征] (对方不可能不理解 \wedge 不认同) \rightarrow [排斥] 强化语力$$

② 如果说话者在陈述时使用强化表达,则是他认为对方不一定会理解,或者不一定会认同自己。(正迁移)推理公式为:

命题 X∧[特征]强化语力→(对方可能不理解∨不认同)

③ 如果说话者认为对方肯定会理解并认同自己的陈述,但又使用强化表达,则是语力失效。(负迁移)推理公式为:

命题 X∧[特征](对方不可能不理解∧不认同)∧[特征]强化语力→语力失效

例如"是这个,不是那个!"就是担心对方会搞错对象,从而不理解说话者的意思。"他就是这样的人嘛!""他真的是没来!"语气词"嘛"、语气副词"真的"要求对方认同说话者的意见。

陈述分为一般的陈述(报道事物的情况),以及价值性断言的陈述(对事物的合理性、常规性等具有社会价值的属性进行判断)。前者是与双方社会地位高低无关的,而后者则是"高对低"类型的。

【告知原则九】 当是价值性断言的陈述时,

① 如果说话者认为自己的社会地位低于对方(信息接收方,一般是听者),就需要使用弱化表达。(正迁移)推理公式为:

价值性命题 X∧[特征]说话者社会地位低于对方→弱化语力

② 如果说话者在陈述时不使用弱化表达,则是他认为自己的社会地位不低于对方。推理公式为:

价值性命题 X∧[排斥]弱化语力→说话者社会地位不低于对方

③ 如果说话者认为自己的社会地位低于对方,但又不使用弱化表达,则是语力失效。(负迁移)推理公式为:

价值性命题 X∧[特征]说话者社会地位低于对方∧
[排斥]弱化语力→语力失效

例如妈妈可以直接对儿子说"做人应该老老实实!"而儿子就不能直接这么说,应该换一个弱化语力的说法,如"咱做人还是老实一点好吧!"。

4.1.2 坦承欺骗和提醒

1) 坦承欺骗

这是一种特殊的陈述,所以也满足陈述的那些条件要求。

【坦承欺骗原则】

① 当主体不认为事件为真时,无法进行坦诚或欺骗。推理公式为:

命题 X∧[特征]主体认为 X(反事实∨非事实)→[排斥]坦诚∧[排斥]欺骗

② 如果说话者认为主体在坦诚或欺骗时,他一定认为主体认为事件为真。(正迁移)推理公式为:

命题 X∧(坦诚∨欺骗)→主体认为 X 事实

用格式检验一下是完全概率的预期:

(167) a.　　　O　　　　　　　　　　P(M|O)/P(M)
张三坦白是他害死了李四,所以张三肯定是认为是自己害死了李四。
♯张三坦白是他害死了李四,所以张三肯定不认为是自己害死了李四。
♯张三坦白是他害死了李四,但是张三是认为的确是自己害死了李四。
♯张三坦白是他害死了李四,但是张三不认为是自己害死了李四。

b.　　　O　　　　　　　　　　P(M|O)/P(M)
张三骗我们说不是他害死了李四,所以张三应该是认为是自己害死了李四。
♯张三骗我们说不是他害死了李四,所以张三应该是不认为是自己害死了李四。
♯张三骗我们说不是他害死了李四,但是张三是认为是自己害死了李四。
♯张三骗我们说不是他害死了李四,但是张三不认为是自己害死了李四。

【强化——坦承欺骗原则】 当说话者特别强调自己认为命题是事实时,他是在表示坦诚或者是在欺骗。(叠加)推理公式为:

命题 X∧主体认为 X 事实∧[特征]强化语力→坦诚∨欺骗

如说"这里真的有矿!""就是他害死的李四!"则说话者或者是在坦承事实,或者是在欺骗对方。请注意,这是"反语"这一修辞现象的产生机制之一,因此当我们听到一个人在特别地强调一个事实时,如张三说"你可真行啊! 这事也能这么干啦! /这事就是这么干的!",我们会产生疑惑,他是不是实际上认为这是反事实?即他真实的想法是"你不行!这事不能这么干!"当然,这只是疑惑,并没有确认,因为也可能张三是在坦诚其意见,心口一致,要想确认究竟是怎么一回事,还得依赖于其他各种语用条件的作用。

2)提醒

"提醒"也是一种特殊的陈述,发生的动机主要是说话者认为对方很可能会忘记该事物,所以并不是听话者不知道有关信息,而是听话中可能会忘记有关信息。

【提醒原则】

① 如果说话者认为听话者不会忘记,说话者一般就不能提醒对方。推理公式为:

$$命题 X \wedge [特征](听者)不会忘记 X \to [排斥]提醒$$

② 如果提醒,则一般是说话者认为听话者可能会忘记该信息。(正迁移)推理公式为:

$$命题 X \wedge 提醒 \to (听者)可能忘记 X$$

③ 如果是提醒对方不会忘记的信息,则听者相对信息价值低。(负迁移)推理公式为:

$$命题 X \wedge 提醒 \wedge [特征](听者)不会忘记 X \to X(听者)信息价值低$$

用格式检验一下是大概率的预期:

(168)   O   P(M|O)/P(M)

  妈妈提醒小明做作业,所以妈妈应该是觉得小明可能会忘记做作业。
  ♯妈妈提醒小明做作业,所以妈妈应该是觉得小明不会忘记做作业。
  ♯妈妈提醒小明做作业,但是妈妈觉得小明可能会忘记做作业。
  妈妈提醒小明做作业,但是妈妈觉得小明不会忘记做作业。

语力失效的允准之一是表达祈使,如妈妈明明知道小明不会忘记做作业,但她还是提醒他"你还有作业没做",就是为了要求小明尽快去做作业。

【强化——提醒原则】 当说话者特别强调对方可能忘记时,他是在表示提醒。(叠加)推理公式为:

$$命题 X \wedge (听者)可能忘记 X \wedge [特征]强化语力 \to 提醒$$

例如妈妈对小明说"你忘了还有作业要做！"，这其实就是在提醒小明。再如"程二立：你忘了，你在干训班的时候，骗去了我的一根桃木棍！"（例引自老舍《西望长安》）就是在提醒对方相关的事。有些方言中喜欢用"你忘了"作为陈述的话语标记，如，刘大妈端菜出来插话："这我信，顺子从小就好玩火，你忘了那年还烧过咱胡同一个自行车棚子，救火车几百年没去过咱胡同，那次去了一批。"（例引自王朔《刘慧芳》）

4.2 祈使类言语行为

学者们常把疑问归入祈使，作为要求对方提供信息的一种特殊的祈使句式，这在功能主义看来是很有道理的，因为疑问需要满足祈使的很多基本条件，只不过又加上了一些自己的特殊需要罢了。与疑问相比，祈愿和允诺倒与祈使相差更大，因为它们的听话者没有被说话者要求做什么事。

4.2.1 要求与禁止

祈使与一般行为的区别是：这是说话者对第二人称或第三人称的要求或禁止，而且必须是未来的事。祈使的核心是"要求"和"禁止"范畴，[①]有肯定否定之别。不过我们把它们视为一个统一体，统一称为"要求/禁止原则"。

【要求/禁止原则一】

① 如果是第一人称主体，或者不是未来的事，就不可能要求或禁止。推理公式为：

$$行为 X \wedge [特征](第一人称主体 \vee X 非未来) \to [排斥]要求 X \wedge [排斥]禁止 X$$

② 如果是要求或禁止，则必须是第二/三人称主体并且是未来事件。（正迁移）推理公式为：

$$行为 X \wedge (要求 X \vee 禁止 X) \to 第二/三人称主体 \wedge X 未来$$

③ 如果要求或禁止的行为是第一人称主体，或不是未来的事，那么语力失效。（负迁移）推理公式为：

$$行为 X \wedge [特征](第一人称话题 \vee X 非未来) \wedge (要求 X \vee 禁止 X) \to 语力失效$$

这是 Searle 所说的"命题内容条件"不符的情况。这是很明显的，就不

[①] 言语行为研究中多用"命令"，我们认为从中文来说，"命令"显得语力太强，还是用较为中性的"要求"为好，这样也包括一些弱的要求。

用多说。我们来看看语力失效的情况,如说话者对自己说"你张三可得按时到啊!"这是把自己临时当成听话者,并没有违反规则;但是如果说"我一定要干好!"这就不再是祈使,而是转为了允诺。

【强化——要求/禁止原则一】

① 当特别强调第二/三人称主体并且是未来的肯定行为时,就是在说要求做这事。(叠加)推理公式为:

行为 X∧第二/三人称主体∧X 未来事实∧[特征]强化语力→要求 X

② 当特别强调第二/三人称主体并且是未来的否定行为时,就是在说禁止做这事。(叠加)推理公式为:

行为 X∧第二/三人称主体∧X 未来反事实∧[特征]强化语力→禁止 X

在语用中有一条重要的转换规律:说话者趋向于要求自己对将来事件的认识在将来实现为真。因此,既然说话者认为听话者会有这样的趋向,也就意味着他是在要求听话者去实现这一趋向,于是获得了一个语用涵义:说话者要求听话者这样去做。这就是命令道义情态功能。如"(我想)你明天会去!"表示要求你明天来。汉语中这一功能并不突显,但英语 will 却已经将这一语用涵义规约化,成为一种表示命令、要求的道义情态构式,尤其是否定式表禁止"No one will leave the examination room before ten o'clock.(十点以前谁也不能离开考场。)"这一构式的字面意义为预测"十点以前谁也不会离开考场",我的预测要求实现,因此获得命令意义;又这是否定句,否定性命令就是禁止。来看一个汉语的否定例句,"你不会和刚才那个女人结婚吧?(我希望你不要和那个女人结婚)"请注意,虽然这句也反映了说话者的祈使意向,可以推导出禁止要求,但这种句子在汉语中远没有规约化,仅仅是一种可以取消的语用涵义。

【要求/禁止原则二】

① 如果是与说话者不相干、没有社会关系的主体,就不可能要求或禁止。推理公式为:

行为 X∧[特征]主体与言者无社会关系→[排斥]要求 X∧[排斥]禁止 X

② 如果是要求或禁止,则必须是与说话者相干、有社会关系的主体。(正迁移)推理公式为:

行为 X∧(要求 X∨禁止 X)→主体与言者有社会关系

③ 如果是与说话者不相干、没有社会关系的主体,又要求或禁止,那么

语力失效。(负迁移)推理公式为：

$$行为\ X \wedge [特征]主体与言者无社会关系 \wedge (要求\ X \vee 禁止\ X) \rightarrow 语力失效$$

例如一个地球人要求上帝或外星人做什么，就是无效的祈使。当然语力失效也可以由特殊允准条件来复活，如表示感叹："老天爷啊！你睁睁眼吧！"或者用于表示人际关系，如俄罗斯政客在演讲时说"上帝保佑俄罗斯！"作为与听众互动的表述。

下面我们先看看受到普遍的行为原则的影响的那些条件，也就是下面的 1)、2)和 3)；然后看祈使的特殊条件"变化性"和"表达性"，也就是下面的 4)和 5)。

1) 说话者的反对和支持

"行为原则一"说不会去做自己反对的事，但在祈使中，说话者是不考虑听话者是否反对的，他考虑的是自己，即说话者反对的事他不会要求听话者去做，说话者赞同的事他不会禁止听话者去做。判断的标准始终掌握在说话者心里。哪些是说话者所反对或赞同的事？可从合理性、褒贬性和希望等方面分析。

【要求/禁止原则三】

① 说话者一般不能要求对方去做不合理的事。推理公式为：

$$行为\ X \wedge [特征]X\ 不合理 \rightarrow [排斥]要求\ X$$

② 说话者的要求一般他都认为是合理的。(正迁移)推理公式为：

$$行为\ X \wedge 要求\ X \rightarrow X\ 合理$$

③ 当说话者要求对方做不合理的事时，语力失效。(负迁移)推理公式为：

$$行为\ X \wedge 要求\ X \wedge [特征]X\ 不合理 \rightarrow 语力失效$$

用格式检验一下是大概率甚至全概率的预期：

(169)　　　　　O　　　　　　P(M|O)　　　　　P(M)
　　　妈妈要小明去睡觉，所以妈妈是认为现在应该睡觉了。
　　♯妈妈要小明去睡觉，所以妈妈是不认为现在应该睡觉。
　　♯妈妈要小明去睡觉，　　　但是妈妈认为现在应该睡觉了。
　　?妈妈要小明去睡觉，　　　但是妈妈不认为现在应该睡觉。

当说话者要求对方做不合理的事时，祈使语力失效，我们可以看看它如何被允许。如"你去死!"表示对对方的强烈消极情感,也包括诅咒,所以被允许。在一个人打算自杀的时候,他的妻子劝阻了半天依然劝不了,于是她爆发了,说"你跳啊,快跳啊!"既是表达消极情感,也是反语,实际上是要求对方别跳。这种例句很多,再如:

(170) 我让你捣蛋!我让你偷东西!我叫你不听话!你给我捣蛋!叫你打小报告,嗯!
你哭你哭,<u>你给我好好地哭</u>!
你横,<u>到外面横去</u>!<u>不横上天了不准回来</u>!

【强化——要求/禁止原则三】 说话者如果强调行为的合理性,也就是在要求有人去实施这一行为。(叠加)推理公式为:

$$行为 X \land 合理 X \land [特征]强化语力 \rightarrow 要求 X$$

如"你该去"说话者就是在要求对方去。用格式检验一下是大概率的预期:

(171)　　　　O　　　　　P(M|O)　　　　　P(M)
妈妈说你应该去,所以她很可能是要求你去。
♯妈妈说你应该去,所以她不可能是要求你去。
♯妈妈说你应该去,　　　　　但是她是要求你去。
妈妈说你应该去,　　　　　但是她不是要求你去。

Carnap(1935)就已经把价值判断看作隐秘的命令式,即"好的行为"是符合规范的,所以"应该做";"不好的行为"是不合规范的,所以"禁止做"。但是,应该看到,如果没有特别的强调合理性,仅仅是说合理是不容易推出要求去做的涵义的。如只是一般地说"你应该去",并不一定就是要求你去,还可以是"你应该去,不过也不是一定要去。"而强化之后我们就不能这么说了"♯你就是应该去,不过也不是一定要去"。

【要求/禁止原则四】
① 说话者一般不能禁止对方去做合理的事。推理公式为:

$$行为 X \land [特征]X 合理 \rightarrow [排斥]禁止 X$$

② 说话者禁止的一般是他认为不合理的。(正迁移)推理公式为:

$$\text{行为 } X \wedge \text{禁止 } X \to X \text{ 不合理}$$

③ 当说话者禁止对方做合理的事时,语力失效。(负迁移)推理公式为:

$$\text{行为 } X \wedge \text{禁止 } X \wedge [\text{特征}] X \text{ 合理} \to \text{语力失效}$$

格式检验一下是大概率甚至全概率的预期:

(172)   O   P(M|O)/P(M)

  妈妈要小明别打游戏了,所以妈妈很可能是认为现在不应该打游戏。
  ♯妈妈要小明别打游戏了,所以妈妈很可能是不认为现在不应该打游戏。
  ♯妈妈要小明别打游戏了,但是妈妈是认为现在不应该打游戏。
  ?妈妈要小明别打游戏了,但是妈妈不认为现在不应该打游戏。

当说话者禁止合理的事时,祈使语力失效,但可以为其他用法所允准,如"那你别考及格好了!",考试及格在通常意义下是合理的,这句是反语(反讽),即实际上希望对方考及格,或者仅仅是在表达对对方的消极情绪,类似于诅咒对方考不及格。

【强化——要求/禁止原则四】 说话者如果强调行为的不合理性,也就是在禁止去实施这一行为。(叠加)推理公式为:

$$\text{行为 } X \wedge X \text{ 不合理} \wedge [\text{特征}] \text{强化语力} \to \text{禁止 } X$$

如"你不该去",说话者就是在禁止对方去,在一些方言(如上海话)中"不好"演化为了禁止词,这就是从不合理性开始的,如"不好进去"就是禁止进去。

【要求/禁止原则五】
① 说话者一般不能要求对方去做会产生消极结果的事。推理公式为:

$$\text{行为 } X \wedge [\text{特征}] X \text{ 结果消极} \to [\text{排斥}] \text{要求 } X$$

② 说话者的要求一般他都认为是会产生积极结果或至少是中性结果。(正迁移)推理公式为:

$$\text{行为 } X \wedge \text{要求 } X \to X \text{ 结果(积极} \vee \text{中性)}$$

③ 当说话者要求对方做会产生消极结果的事时,语力失效。(负迁移)推理公式为:

$$\text{行为 } X \wedge \text{要求 } X \wedge [\text{特征}] X \text{ 结果消极} \rightarrow \text{语力失效}$$

用格式检验一下是大概率甚至全概率的预期：

(173)   O   P(M|O)/P(M)

    妈妈要小明去上辅导班,所以妈妈应该是认为上辅导班有好处或至少没有坏处。
    ♯妈妈要小明去上辅导班,所以妈妈应该是认为上辅导班有坏处。
    ♯妈妈要小明去上辅导班,但是妈妈是认为上辅导班有好处或至少没有坏处。
    ?妈妈要小明去上辅导班,但是妈妈是认为上辅导班有坏处。

当说话者要求对方做会产生消极结果的事时,祈使语力失效,我们可以看看它如何被允准。如"你走吧！走了就再别回来"表示反语。

【强化——要求原则五】 说话者如果强调行为的积极结果,也就是在要求有人去实施这一行为。(叠加)推理公式为：

$$\text{行为 } X \wedge X \text{ 结果积极} \wedge [\text{特征}]\text{强化语力} \rightarrow \text{要求 } X$$

如"你去的话奶奶一定会很高兴的",说话者就是在要求对方去,妈妈对我强调"早上起来喝一杯温开水对肠胃很有好处"时,就是在要求我早上喝温开水。用格式检验一下是大概率甚至是全概率的预期：

(174)   O   P(M|O)   P(M)

    张三说你去的话奶奶会高兴的,所以他应该是希望你去。
    ♯张三说你去的话奶奶会高兴的,所以他应该是并不希望你去。
    ♯张三说你去的话奶奶会高兴的,   但是他希望你去。
    ?张三说你去的话奶奶会高兴的,   但是他并不希望你去。

【要求/禁止原则六】
① 说话者一般不能禁止对方去做会产生积极结果的事。推理公式为：

$$\text{行为 } X \wedge [\text{特征}] X \text{ 结果积极} \rightarrow [\text{排斥}]\text{禁止 } X$$

② 说话者禁止的一般是他认为会产生消极结果或至少是中性结果的事。(正迁移)推理公式为：

$$\text{行为 X} \land \text{禁止 X} \rightarrow \text{X 结果(消极} \lor \text{中性)}$$

③ 当说话者禁止对方做会产生积极结果的事时，语力失效。（负迁移）推理公式为：

$$\text{行为 X} \land \text{禁止 X} \land [\text{特征}] \text{X 结果积极} \rightarrow \text{语力失效}$$

用格式检验一下是大概率甚至是全概率的预期：

(175)   O   P(M|O)/P(M)

  妈妈要小明别打游戏，所以妈妈应该是认为打游戏是有坏处的或至少没有好处。
  ♯妈妈要小明别打游戏，所以妈妈应该是认为打游戏是有好处的。
  ♯妈妈要小明别打游戏，但是妈妈是认为打游戏是有坏处的或至少没有好处。
  ？妈妈要小明别打游戏，但是妈妈是认为打游戏是有好处的。

看一下语力失效的例子，如"你别读书啊！读书让人聪明，你又用不着！"让人聪明通常意义下是积极的结果，这句是反语（反讽），即实际上是希望对方读书，或者是表达对对方不读书的消极情感。

【强化——要求/禁止原则六】 说话者如果强调行为会产生消极的结果，也就是在禁止去实施这一行为。（叠加）推理公式为：

$$\text{行为 X} \land \text{X 结果消极} \land [\text{特征}] \text{强化语力} \rightarrow \text{禁止 X}$$

如"你去的话奶奶会不高兴的"说话者就是在禁止对方去，妈妈对我强调"熬夜的话对肝损害很大"时就是在禁止我熬夜。用格式检验一下是大概率甚至是全概率的预期：

(176)   O   P(M|O)   P(M)

  张三说你去的话奶奶会不高兴的，所以他应该是不要你去。
  ♯张三说你去的话奶奶会不高兴的，所以他应该是希望你去。
  ♯张三说你去的话奶奶会不高兴的， 但是他不要你去。
  ？张三说你去的话奶奶会不高兴的， 但是他希望你去。

【要求/禁止原则七】
① 说话者如果不希望、反对一件事发生，一般不能要求对方去做。推

理公式为：

$$行为\ X \wedge [特征](言者不希望 X \vee 反对 X) \rightarrow [排斥]要求\ X$$

② 说话者所要求的，一般是他希望发生或支持的事。（正迁移）推理公式为：

$$行为\ X \wedge 要求\ X \rightarrow (言者希望 X \vee 支持 X)$$

③ 当说话者要求对方去做说话者不希望发生或反对的事时，语力失效。（负迁移）推理公式为：

$$行为\ X \wedge 要求\ X \wedge [特征](言者不希望 X \vee 反对 X) \rightarrow 语力失效$$

用格式检验一下是大概率甚至全概率的预期：

(177)　　　　O　　　　　　　　P(M|O)/P(M)

　妈妈要小明去弹钢琴，所以妈妈应该是希望或支持小明成为钢琴家。
　♯妈妈要小明去弹钢琴，所以妈妈应该是不希望或反对小明成为钢琴家。
　♯妈妈要小明去弹钢琴，但是妈妈希望或支持小明成为钢琴家。
　？妈妈要小明去弹钢琴，但是妈妈不希望或不支持小明成为钢琴家。

看看失效的例子，如"你再试试看！""你走，你走啊"，几乎都是表示反语的例子。

【强化——要求/禁止原则七】 当说话者特别强调自己希望某事发生或支持某事时，就是在要求对方实施该行为（但不能违反合理性）。（叠加）推理公式为：

$$行为\ X \wedge (言者希望 X \vee 支持 X) \wedge [特征]强化语力 \rightarrow 要求\ X$$

如"我希望爸爸在家陪我！""我支持你们在一起！"实际上是要求爸爸在家陪他，要求对方在一起。

【要求/禁止原则八】
① 说话者如果希望或支持一件事发生，一般不能禁止对方去做。推理公式为：

$$行为\ X \wedge [特征](言者希望 X \vee 支持 X) \rightarrow [排斥]禁止\ X$$

② 说话者所禁止的，一般是他不希望发生或反对的事。(正迁移)推理公式为：

$$行为 X \land 禁止 X \rightarrow (言者不希望 X \lor 反对 X)$$

③ 当说话者禁止对方去做说话者希望发生或支持的事时，语力失效。(负迁移)推理公式为：

$$行为 X \land 禁止 X \land [特征](言者希望 X \lor 支持 X) \rightarrow 语力失效$$

用格式检验一下是大概率甚至全概率的预期：

(178)　　　　O　　　　　　　P(M|O)/P(M)
　　妈妈不准小明撒谎，所以妈妈应该是反对撒谎。
　　♯妈妈不准小明撒谎，所以妈妈应该是支持撒谎的。
　　♯妈妈不准小明撒谎，但是妈妈反对撒谎。
　　？妈妈不准小明撒谎，但是妈妈还是支持撒谎的。

看看失效的例子，如"那你别爱我好了！"，也几乎都是表示反语的例子。

【强化——要求/禁止原则八】　当说话者特别强调自己不希望或反对某事发生时，就是在禁止对方实施该行为(但不能违反合理性)。(叠加)推理公式为：

$$行为 X \land (言者不希望 X \lor 反对 X) \land [特征]强化语力 \rightarrow 禁止 X$$

如"人家不想你走嘛！""我不希望这次考试有人做弊！"实际上是要求对方别走，禁止考试做弊。

2) 听话者行为的能力

"行为原则四"说不可能实施没有能力的事。在祈使中，由于行为是由听话者去做，所以说话者必须考虑听话者的能力。这里主要涉及三个方面：听话者是否有意志，听话者的意愿是否起作用，是否有能力。因为对没有意志的主体，其意愿不起作用的主体，无所谓能力。

【要求/禁止原则九】

① 说话者一般不能要求或禁止非意志的主体去做事。推理公式为：

$$事件 X \land [特征]X 没有有意志的主体 \rightarrow [排斥](要求 X \lor 禁止 X)$$

② 说话者要求或禁止的一般是有意志的主体。(正迁移)推理公式为：

$$事件 X \land (要求 X \lor 禁止 X) \rightarrow X 存在有意志的主体$$

③ 当说话者要求或禁止无意志的主体做事时,语力失效。(负迁移)推理公式为:

事件 X∧[特征]X 没有有意志的主体∧(要求 X∨禁止 X)→语力失效

用格式检验一下是完全概率推理:

(179)   O   P(M|O)/P(M)
  张三要汽车停下来,所以他应该是认为有人(有意志的主体)在控制汽车。
  ♯张三要汽车停下来,所以他应该是认为没有人(有意志的主体)在控制汽车。
  ♯张三要汽车停下来,但是他是认为有人(有意志的主体)在控制汽车。
  ♯张三要汽车停下来,但是他是认为没有人(有意志的主体)在控制汽车。

如果说话者是对非意志主体发出祈使或禁止,祈使语力失效,转为祈愿或诅咒等,如"石头变金子!""大坝不要塌!""毁灭吧,这肮脏的世界!""四个现代化一定要实现!"

【强化——要求/禁止原则九】 当说话者特别强调存在有意志的主体时,就是在要求该主体实施该行为(但不能违反合理性)。(叠加)推理公式为:

事件 X∧X 存在有意志的主体∧[特征]强化语力→要求 X

这种情况十分罕见,而且往往需要特定的语境,如几个人正在讨论开门的事,这时一个人说"屋里有人",意为让屋里的人开门。再如几个人在讨论下午做卫生的事儿,一个人说"张三下午在呢!"意为让张三去做卫生。另外请注意,这里不涉及禁止,因为当我们想到一个人时,能联想到的是他能做什么,而不是他不做什么。

【要求/禁止原则十】

① 说话者一般不能要求或禁止对方做对方无法按自己的意愿自主去做的事。推理公式为:

行为 X∧[特征]主体不自主→[排斥](要求 X∨禁止 X)

② 说话者如果要求或禁止,则是对方可以按自己的意愿自主去做的事。(正迁移)推理公式为:

行为 X∧(要求 X∨禁止 X)→主体自主

③ 当说话者要求或禁止对方去做不自主的事时,语力失效。(负迁移)推理公式为:

行为 X∧(要求 X∨禁止 X)∧[特征]主体不自主→语力失效

如一个人对"生病"一般是没有自主性的,因此我们一般不能要求对方"生病"或"不生病",除非可以控制。用格式检验一下是大概率甚至全概率的预期:

(180)   O   P(M|O)/P(M)

老张要小明别生病,所以他应该是认为人可以通过注意生活习惯而避免生病。

♯老张要小明别生病,所以他应该是认为人不可能通过注意生活习惯来避免生病。

♯老张要小明别生病,但是他是认为人可以通过注意生活习惯而避免生病。

?老张要小明别生病,但是他是认为人不可能通过注意生活习惯来避免生病。

那些失效的例子,很多都是转为祈愿或诅咒,如"大家可别生病啊!""病死你!""出门让车撞死你!"有时是为了提醒对方注意可能造成消极后果的事,如"小心,别摔着啊!"

朱德熙《语法讲义》、吕叔湘主编《现代汉语八百词》等认为,"别"有三个意义:劝阻或禁止,提醒,揣测。对前两个意义的关系有所争议,参看彭可君(1990)、王红旗(1996)和邵敬敏、罗晓英(2004)的论述,不过一般都同意禁止词是其原型功能。袁毓林(1993)提出,"别"既可以带自主谓词,又可以带非自主谓词,非自主谓词的例子在汉语中很多。但我们认为,非自主谓词是不合乎禁止的条件的,因此禁止语力失效,会负迁移为其他功能,如下例 a 都是转为提醒功能,b 都是表示祈愿,c 则是诅咒:

(181) a. 别落(东西)! 别忘(关门)! 别耽误(时间)!

别误会! 别失望! 别错怪(好人)!

在外要多注意身体,别生病!

上课可别开小差啊! 悠着点儿,别喝了两盅就不知道自个儿姓什么了!

b. 千万别地震!

(看见那人一动不动)你可别死了!

赶紧的,这次别错过了!

c. 要是干坏事,可别落到我手里!(实际上是诅咒对方落到我手里)

你可别给汽车撞死!(实际上是诅咒对方让汽车撞死)

英语中也有很多例子,但也有一些差异,如"别摔倒!"英语要说"Mind you don't fall.",要用一个自主动词 mind,相当汉语的"小心",它本来就是提醒之义。

实际上,这一用法也不是"别"所独有的,如:

(182) a. 提醒:

你可不能糊涂啊!

千万不要失去理智!

b. 祈愿:

这雨可不能再下了!

妈妈,你可不能死啊!

因此我们认为,这是一个语法化的过程,先是个别的语力失效的用法,然后"别"进一步演化,使"提醒"和"祈愿或诅咒"成为一个重要的义项。

【强化——要求/禁止原则十】 当说话者在强调对方有自主性时,

① 在肯定句中就是在要求对方做某事(但不能违反合理性)。(叠加)推理公式为:

行为 X∧听者自主去做∧[特征]强化语力→要求 X

② 在否定句中就是在禁止对方做某事(但不能违反合理性)。(叠加)推理公式为:

行为 X∧听者自主不做∧[特征]强化语力→禁止 X

如"你可以自己决定去做你选择的事!"其实是在要求你去做事;"你可以自己决定不去告密!"其实是在要求你别去告密。

【要求/禁止原则十一】

① 说话者一般不能要求或禁止对方做对方做不到的事。推理公式为:

行为 X∧[特征]主体无能力→[排斥]要求/禁止 X

② 说话者如果要求或禁止，则是对方有能力去做的事。（正迁移）推理公式为：

行为 X∧[特征]要求/禁止 X→主体有能力

③ 当说话者要求或禁止对方去做对方做不到的事时，语力失效。（负迁移）推理公式为：

行为 X∧[特征]要求/禁止 X∧[特征]主体无能力→语力失效

这是 Austin 所说的"运用不当"的例子。明明知道对方不会游泳，而要求"你游一个来回"则要求无效。

用格式检验一下是大概率甚至全概率的预期：

(183)　　　　O　　　　　　　P(M|O)/P(M)
　　老张要小明去找他，所以他应该是认为小明知道怎么找到他的。
　　♯老张要小明去找他，所以他应该是认为小明不知道怎么找到他。
　　♯老张要小明去找他，但是他认为小明知道怎么找到他。
　　？老张要小明去找他，但是他认为小明不知道怎么找到他。

还是看看语力失效的例子，如"要打倒一切""你可别把大海都喝干了！"这些都是用于夸张。再如我知道你不会唱歌却故意要你唱歌，这是在给对方挖坑，意图让对方出丑。

【强化——要求/禁止原则十一】

① 当说话者在强调对方有能力做某事时，就是在要求对方做某事。（但不能违反合理性）（叠加）推理公式为：

行为 X∧主体有能力去做∧[特征]强化语力→要求 X

② 当说话者在强调对方有能力不做某事时，就是在禁止对方做某事。（但不能违反合理性）（叠加）推理公式为：

行为 X∧主体有能力不做∧[特征]强化语力→禁止 X

这一点比较常见，如"你能帮他的！""完全有能力把事情做好嘛！""这座桥可以通过大货车嘛！你们还在犹豫什么？"用格式检验一下是大概率甚至全概率的预期：

(184)   O $P(M|O)/P(M)$

  张三对李四说"你能帮我的",所以张三应该是希望李四帮他。
  ♯张三对李四说"你能帮我的",所以张三应该是并不希望李四帮他。
  ♯张三对李四说"你能帮我的",但是张三是希望李四帮他。
  ？张三对李四说"你能帮我的",但是张三并不希望李四帮他。

与之相反,"你是能不受他的影响的!""你完全可以不去!"就是说要求你别受他的影响,要求你别去。

3) 相关的事物

【要求/禁止原则十二】

① 说话者一般不能要求或禁止对方就不存在的事物做什么事。推理公式为:

行为 X 所涉及的事物 $X' \wedge [特征]X'$反事实$\rightarrow [排斥]$要求 $X \wedge [排斥]$禁止 X

② 说话者如果要求或禁止,则有关要求中涉及的事物是说话者认为已经成为事实或至少有可能成为事实的事物。(正迁移)推理公式为:

行为 X 所涉及的事物 $X' \wedge (要求 X \vee 禁止 X) \rightarrow X'$(事实$\vee$非事实)

③ 如果不认为是事实或有可能成为事实,而又要求或禁止对方的话,语力失效。(负迁移)推理公式为:

行为 X 所涉及的事物 $X' \wedge (要求 \vee 禁止) X \wedge [特征]X'$反事实$\rightarrow$语力失效

Searle(1969:157-162)说,只有在存在一个法国国王的条件下,才能命令"把这个带给法国国王",因此语力算子是居于存在算子的辖域之内的。

这一点当然也适用于汉语。如"你买本语法书吧!""如果有语法方面的书,帮我买一本",说话者都需要认为"语法书"是存在的,或者有可能存在,不能是绝对不存在的。看一个失效的例子,两人争吵是否存在神,甲根本不相信神,他说"(如果你说的是真的)那你弄个神来让我们看看!"这不是真正的祈使句,或者是反语(反讽),或者是要给对方挖个坑,对方做不到,让对方出丑。

【强化——要求/禁止原则十二】 当说话者特别强调有关事物,也就是在让听话者注意它的存在时,就是在要求对方做与之相关的行为。(但不能违反合理性)(叠加)推理公式为:

行为 X 所涉及的事物 $X' \wedge X'$事实$\wedge [特征]$强化语力$\rightarrow$要求 X

如一群人吃火锅时,张三对李四说"盐!"李四根据指示看到桌上的盐,于是可以知道张三是让他做与盐有关的事,或者是加点盐,或者是把盐递给张三,等等,具体是什么要求需要根据场景确定。这里一般不涉及禁止,因为有事物存在,会联想到做而不是不做。

【要求/禁止原则十三】

① 当事物 X 与主体无关时,说话者不能要求对方做与事物 X 有关的事。推理公式为:

行为 X∧[特征]X 与主体不相关→[排斥]要求做与 X 有关的事

② 如果说话者要求对方做与事物 X 有关的事,则该事物与对方是相关的。(正迁移)推理公式为:

行为 X∧要求做与 X 有关的事→X 与主体相关

③ 如果说话者要求对方做与事物 X 有关的事,但该事物与对方是不相关的,则是语力失效。(负迁移)推理公式为:

行为 X∧[特征]X 与主体不相关∧要求做与 X 有关的事→语力失效

例如甲要求乙"你去帮帮张三",乙问"他和我有什么相干?!"乙实际上是认为张三与自己无关,所以甲让自己去帮张三是无效的要求,这时甲要证明自己的要求的合理性,"他是你同学啊!同学不该相互帮助!"这是通过相关性来证明。

【强化——要求/禁止原则十三】

说话者特别强调主体与 X 相关,就是在要求对方做与 X 相关的事。(叠加)推理公式为:

事物 X∧X 与主体相关∧[特征]强化语力→要求做与 X 有关的事

如"国家兴亡与我们每一个人都息息相关!"就是要求我们每一个人都做与国家兴亡有关的事。

【要求/禁止原则十四】

① 当事物 X 与主体相关时,说话者不能禁止对方做与事物 X 有关的事。推理公式为:

行为 X∧[特征]X 与主体相关→[排斥]禁止做与 X 有关的事

② 如果说话者禁止对方做与事物 X 有关的事,则是切断该事物与对方的相关性。(正迁移)推理公式为:

行为 X∧禁止做与 X 有关的事→X 与主体不相关

③ 如果说话者禁止对方做与事物 X 有关的事，但该事物与对方是相关的，则是语力失效。（负迁移）推理公式为：

行为 X∧[特征]X 与主体相关∧禁止做与 X 有关的事→语力失效

例如甲要求乙"你别去帮张三"，乙说"他是我同学啊?!"乙实际上是认为张三与自己有关，所以甲禁止自己去帮张三是无效的，这时甲要证明自己的合理性，说"他是他，你是你，和你有什么相干!"这也是通过相关性来证明。

【强化——要求/禁止原则十四】
说话者特别强调主体与 X 不相关，就是在禁止对方做与 X 相关的事。（叠加）推理公式为：

事物 X∧X 与主体不相关∧[特征]强化语力→禁止做与 X 有关的事

如"这和你又不相关!"就是禁止你做与这有关的事。"她过不过得去和你又没有什么关系!"就是禁止你做对她而言有影响的事。

4) 变化性

现在让我们来看看祈使中的特殊条件"变化"。祈使的目的是使事物发生变化，也就是让不会发生的发生，或让会发生的不再发生，如果事物一直如此，也就无所谓祈使了。

【要求/禁止原则十五】
① 如果是一个人已经在做或自己将会去做的事，说话者一般不能提出要求。推理公式为：

行为 X∧[特征]听者已实施或自己要实施 X→[排斥]要求 X

② 说话者所要求的，一般是他认为对方未实施或不会自己去做的事。（正迁移）推理公式为：

行为 X∧要求 X→听者未实施或自己不会实施 X

③ 当说话者要求对方去做已经在做或将会去做的事时，语力失效。（负迁移）推理公式为：

行为 X∧要求 X∧[特征]听者已实施或自己要实施 X→语力失效

用格式检验一下是大概率甚至全概率的预期：

(185)　　　O　　　　　　　　P(M|O)/P(M)
　　　老张要小明去找他，所以他应该是认为如果不说，小明自己是不会去找他的。

♯老张要小明去找他,所以他应该是认为如果不说,小明自己也会去找他的。

♯老张要小明去找他,但是他认为如果不说,小明自己是不会去找他的。

?老张要小明去找他,但是他认为如果不说,小明自己也会去找他。

同样来看看失效的情况。如领导进来,看见大家正坐成一圈讨论问题,领导说:"坐坐,大家讨论!讨论!"大家已经坐在那儿讨论了,所以这一祈使失效,它表示的是让现有状态继续下去,交际目的是表示客套、客气(不打断别人的事是一种礼貌),而不是真正提出要求。再如:

(186)甲:您有什么吩咐?
乙:你待在那儿吧!

甲已经待在那儿了,因此就不能再要求他待在那儿。乙之所以这么说,不是要甲做什么,而是表示根本不需要甲做任何事,保持现状不变就好了。这也是祈使语力失效,用于表示一无所求。

【强化——要求/禁止原则十五】 当说话者强调对方未实施或不会实施某一行为时,就是在要求对方实施该行为。(但不能违反合理性)(叠加)推理公式为:

行为 X∧听者未实施或自己不会实施 X∧[特征]强化语力→要求 X

如下例中字面上看是陈述你不做或没做某事,实际上就是在间接地要求你做这事:

(187)(几点了?)你还没走!
(几点了?)你不走啊!
你自己不问啊!
这事儿你没给他说啊!

用格式检验一下是大概率甚至全概率的预期:

(188)   O   P(M|O)/P(M)
张三对李四说"你还没走啊!"所以张三应该是希望李四走。

♯张三对李四说"你还没走啊!"所以张三应该是并不希望李四走。

♯张三对李四说"你还没走啊!"但是张三是希望李四走。

？张三对李四说"你还没走啊!"但是张三并不希望李四走。

请注意,特别的强调也是表达意外,意外触发语用否定,说明"还没走"状态的不合理,从而触发相关的要求。

【要求/禁止原则十六】

① 说话者一般不能禁止对方没有做或不会去做的事。推理公式为:

行为 $X \wedge$ [特征]听者未实施或不会实施 $X \rightarrow$ [排斥]禁止 X

② 说话者所禁止的,一般是他认为对方已经做了或会做的事。(正迁移)推理公式为:

行为 $X \wedge$ 禁止 $X \rightarrow$ 听者已实施或会实施 X

③ 当说话者禁止对方去做没有做或不会去做的事时,语力失效。(负迁移)推理公式为:

行为 $X \wedge$ 禁止 $X \wedge$ [特征]听者未实施或不会实施 $X \rightarrow$ 语力失效

用格式检验一下是大概率甚至全概率的预期:

(189)   O   P(M|O)/P(M)

妈妈不准小明玩游戏,所以她应该是认为小明是在玩游戏或者是会玩游戏。

♯妈妈不准小明玩游戏,所以她应该是认为小明没在玩游戏也不会玩游戏。

♯妈妈不准小明玩游戏,但是她认为小明是在玩游戏或者是要玩游戏。

？妈妈不准小明玩游戏,但是她认为小明没在玩游戏也不会玩游戏。

同样看看失效的情况。如"别摔着!"说话者根本没有摔跤,如何能禁止其摔跤？所以这里禁止语力失效,表达的是提醒,即"摔跤"可能会发生,你要避免造成恶果。再如看足球比赛时,巴西球迷黑另一方,大叫"德国队别进球!"德国队还没进球,能否进球也不知道,所以这是表示诅咒(否定性祈愿)。

【强化——要求/禁止原则十六】 当说话者特别强调对方已实施某一行为时,就是在禁止对方实施该行为。(但不能违反合理性)(叠加)推理公式为:

$$行为 X \wedge 听者已实施 X \wedge [特征]强化语力 \to 禁止 X$$

如"你已经吃过了!""你问了三遍了!"就是叫你别再吃别再问了。

【要求/禁止原则十七】

① 如果一件事未来根本不会发生,说话者一般不能提出要求。推理公式为:

$$行为 X \wedge [特征] X 未来不可能发生 \to [排斥]要求 X$$

② 说话者所要求的,一般是他认为可能发生的事。(正迁移)推理公式为:

$$行为 X \wedge 要求 X \to X 未来可能发生$$

③ 当说话者要求对方去做根本不可能发生的事时,语力失效。(负迁移)推理公式为:

$$行为 X \wedge 要求 X \wedge [特征] X 不可能发生 \to 语力失效$$

用格式检验一下是大概率甚至全概率的预期:

(190)　　　　O　　　　　　　　　　　　P(M|O)/P(M)

　市长提出到 2020 年本市的 GDP 要再翻一番,所以他应该是认为在未来五年中 GDP 翻番是可能的。

　♯市长提出到 2020 年本市的 GDP 要再翻一番,所以他应该是认为在未来五年中 GDP 翻番是不可能的。

　♯市长提出到 2020 年本市的 GDP 要再翻一番,但是他认为在未来五年中 GDP 翻番是可能的。

　?市长提出到 2020 年本市的 GDP 要再翻一番,但是他认为在未来五年中 GDP 翻番是不可能的。

看一下祈使语力失效的例子,其实在口语中这也是很常见的。如:

(191) 那你干脆把我弄死算了!(一般不可能杀人)

　　怎么办!每个人发杆枪去抢银行啊!(一般不可能去抢银行)

让这么个大姑娘,去出头露脸!(在那个时代,姑娘是必须藏在闺中的)

看其中第一个例子,可以发现它有各种适用条件,但都有共同的情感性质:对对方或场景有强烈的消极情感,表示目前的互动关系甚至是生活状态我无法再忍受:

(192) 那你干脆把我弄死算了,省得我再惹人厌。
天冷,人也冷!干脆把我冻死算了!身冷,心也冷!干脆把我弄死算了!
警察叔叔,您别再问了,求求您了,反正我杀了她……我不想再说了……您干脆把我弄死得了!

【强化——要求/禁止原则十七】 当说话者强调事件有可能发生时,就是在要求实施该行为。(但不能违反合理性)(叠加)推理公式为:

$$行为 X \wedge X 可能发生 \wedge [特征]强化语力 \rightarrow 要求 X$$

如"你多努力努力是完全有可能做到的!"也就是在要求你去做到,"我觉得你还有可以提升的空间"(就是有进一步提升的可能性)就是要求你进一步提升。

【要求/禁止原则十八】
① 说话者一般不能禁止根本不可能停止的事。推理公式为:

$$行为 X \wedge [特征]X 不可能停止 \rightarrow [排斥]禁止 X$$

② 说话者所禁止的,一般是他认为对方可能停止的事。(正迁移)推理公式为:

$$行为 X \wedge 禁止 X \rightarrow X 可能停止$$

③ 当说话者禁止对方去做根本不可能停止的事时,语力失效。(负迁移)推理公式为:

$$行为 X \wedge 禁止 X \wedge [特征]X 不可能停止 \rightarrow 语力失效$$

用格式检验一下是大概率甚至全概率的预期:

(193)   O $P(M|O)/P(M)$
县长要求停止工业污染,所以他应该是认为该县的工业污染是有可能消除的。

♯县长要求停止工业污染,所以他应该是认为该县的工业污染是不可能消除的。

♯县长要求停止工业污染,但是他认为该县的工业污染是有可能消除的。

?县长要求停止工业污染,但是他认为该县的工业污染是不可能消除的。

看看失效的例子,如"时钟啊,别再走了,我的心都要碎了""火车你别开走,我的心还在上面",几乎都是表示消极情感的例子。再如"让小日本鬼子别去杀人放火!"日本鬼子是坏人,肯定得杀人放火,这都是表示消极情感。

【强化——要求/禁止原则十八】 当说话者特别强调事件可能停止时,就是在禁止对方实施该行为。(但不能违反合理性)(叠加)推理公式为:

$$行为 X \wedge [特征] X 可能停止 \wedge [特征] 强化语力 \rightarrow 禁止 X$$

如"不再嗑药是完全可以做到的!""这种材料完全有可能不依赖进口。"实际上是禁止再嗑药,禁止再进口这种材料。

5) 使因

【要求/禁止原则十九】

① 说话者要求对方做什么都是有原因的。(正迁移)推理公式为:

$$行为 X \wedge 要求 X \rightarrow X 有使因$$

② 说话者认为没有使因,或所谓的使因不存在,就是在禁止对方做这件事。(叠加)推理公式为:

$$行为 X \wedge [特征] X 没有使因 \rightarrow 禁止 X$$

例如"你哭什么?你找他做什么?你急个什么劲儿?!"字面上是询问"你哭、你找他、你急"的使因,由意外知这是指没有使因,因此表达的是禁止。用格式检验一下是大概率甚至全概率的预期:

(194)   O   P(M|O)/P(M)

张三说"你哭什么?!",所以他应该是希望对方不要哭。

♯张三说"你哭什么?!",所以他应该是希望对方继续哭。

♯张三说"你哭什么?!",但是他希望对方不要哭。

?张三说"你哭什么?!",但是他希望对方继续哭。

6) 表达方面

【要求/禁止原则二十】 当说话者在表述某一行为 X(没有褒贬意义)时，

① 说话者如果要求或禁止对方做什么，一定要表述出来。(正迁移)推理公式为：

$$行为 X \wedge [特征](要求 \vee 禁止)X \to 表述 X$$

② 如果不表述，就是不要求，也不禁止。(正迁移)推理公式为：

$$行为 X \wedge [特征]不表述 X \to (不要求 \wedge 不禁止)X$$

③ 如果他不表述，又要求或禁止做这事，就会语力失效。(负迁移)推理公式为：

$$行为 X \wedge [特征](要求 \vee 禁止)X \wedge [特征]不表述 X \to 语力失效$$

用格式检验一下是大概率甚至全概率的预期：

(195)　　　　O　　　　　　　P(M|O)/P(M)

　　　妈妈没说过让我们早点回去，所以她应该是不要求我们早点回去。
　　　♯妈妈没说过让我们早点回去，所以她应该是要求我们早点回去。
　　　♯妈妈没说过让我们早点回去，但是她不要求我们早点回去。
　　　？妈妈没说过让我们早点回去，但是她要求我们早点回去。

【强化——要求/禁止原则二十】 如果说话者强调地表述某一行为，就是在要求该行为实施。(但不能违反合理性)(叠加)推理公式为：

$$行为 X \wedge 表述 X \wedge [特征]强化语力 \to 要求 X$$

如加重地说"九点去看电影"一般而言说话者是在要求该行为实施。用格式检验一下是大概率的预期：

(196)　　　　O　　　　　　　P(M|O)/P(M)

　　　张三说"九点看电影！"所以张三应该是要求或提议九点去看电影。
　　　♯张三说"九点看电影！"所以张三应该是没有要求或提议九点去看电影。
　　　♯张三说"九点看电影！"但是张三是要求或提议九点去看电影。

张三说"九点看电影!"但是张三没有要求或提议九点去看电影。

【要求/禁止原则二十一】 当说话者在表述某一行为X(没有褒贬意义时),
① 说话者表现出自信,就是强调该行为必须实施。(叠加)推理公式为:

$$行为 X \wedge [特征]表述 X \wedge [特征]自信 \rightarrow 强烈要求 X 将来实施$$

② 说话者表现出不自信,就是弱化自己的语力,只是较弱的提议。(叠加)推理公式为:

$$行为 X \wedge [特征]表述 \wedge [特征]不自信 \rightarrow 弱要求 X 将来实施/提议$$

如"你得去!",用格式检验一下接近完全概率推理:

(197)　　　　O　　　　　　P(M|O)/P(M)
　　张三说"你得去",所以张三应该是要求对方必须去。
　　♯张三说"你得去",所以张三应该是没有要求对方必须去。
　　♯张三说"你得去",但是张三是要求对方必须去。
　　♯张三说"你得去",但是张三没有要求对方必须去。

如"你……明天来吧?!"一般而言说话者没有那么强烈的要求,只是一个提议。用格式检验一下是大概率的预期:

(198)　　　　O　　　　　　　　　P(M|O)/P(M)
　　小兰对张三说"你……明天来吧",所以小兰应该是要求张三明天最好来。
　　♯小兰对张三说"你……明天来吧",所以小兰应该是没要求张三明天一定要来。
　　♯小兰对张三说"你……明天来吧",但是小兰要求张三明天最好来。
　　小兰对张三说"你……明天来吧",但是小兰没要求张三明天一定要来。

【要求/禁止原则二十二】 要求/禁止时,
① 如果说话者认为对方肯定会理解并去做或不做相应的事,就不需要使用强化表达。推理公式为:

$$\text{行为 } X \wedge [\text{特征}](\text{对方不可能不理解} \wedge$$
$$\text{不按要求或禁止的去做}) \to [\text{排斥}]\text{强化语力}$$

② 如果说话者在祈使时使用强化表达,则是他认为对方不一定会理解,或者不一定会按要求/禁止的去做。(正迁移)推理公式为:

$$\text{行为 } X \wedge [\text{特征}]\text{强化语力} \to (\text{对方可能不理解} \vee \text{不按要求或禁止的去做})$$

③ 如果说话者认为对方肯定会理解并去做或不做相应的事,但又使用强化表达,则是语力失效。(负迁移)推理公式为:

$$\text{行为 } X \wedge [\text{特征}](\text{对方不可能不理解} \wedge \text{不按要求或禁止的去做}) \wedge$$
$$[\text{特征}]\text{强化语力} \to \text{语力失效}$$

例如"走啊!快走啊!"就是担心对方会不走。"千万别这样!"就是担心对方可能会这样。语力失效的例子,如"你可得好好谢他","可得"已经大大地磨损,在一些方言中是正常的要求方式。

【要求/禁止原则二十三】 要求/禁止是"高对低"类型的言语行为,所以,

① 如果说话者认为自己的社会地位低于对方(接受要求的一方,也就是行为者),就需要使用弱化表达。(正迁移)推理公式为:

$$\text{要求行为 } X \wedge [\text{特征}]\text{说话者社会地位低于行为人} \to \text{弱化语力}$$

② 如果说话者在祈使时不使用弱化表达,则是他认为自己地位并不低于对方。推理公式为:

$$\text{要求行为 } X \wedge [\text{排斥}]\text{弱化语力} \to \text{说话者社会地位不低于行为人}$$

③ 如果说话者认为自己的社会地位低于对方,而又不使用弱化表达,则是语力失效。(负迁移)推理公式为:

$$\text{要求行为 } X \wedge [\text{特征}]\text{说话者社会地位低于行为人} \wedge$$
$$[\text{排斥}]\text{弱化语力} \to \text{语力失效}$$

例如妈妈可以直接要求儿子"走啊!",因为她的地位高;儿子就不能同样地对妈妈说"走啊!",因为他的地位低,要用弱化的形式,如"妈,咱走吧!"。语力失效的例子,如儿子对母亲说"你走啊!"反映母子关系很不正常,带有感叹的意味(消极情感)。

4.2.2 询问

我们还是先看看受到普遍的行为原则影响的那些条件,然后看询问的特殊条件。

1) 询问的必要性

"行为原则一"说不会去做自己反对的事,但在疑问中,说话者有两个方面的考虑:一是有没有必要去问,如果没必要,就不支持进行询问;二是对方是否愿意回答,如果对方不愿意,就不会回答,于是询问的必要也不存在。有的必要性比较隐晦,如陈振宇(2010b)所说的特殊的主观性维度:

> 认识论上的客观性:当语言表达的认识在客观世界中可以直接感知,更重要的是,当它的判定与说话人无关,依据的是说话人以外的标准,说话人不能随意否认或更改它时,该语言表达是客观的。
>
> 认识论上的主观性:当语言表达的认识在客观世界中不能直接感知,更重要的是,当它的判定与说话人紧密相关,依据的是说话人自己选择的标准,说话人可以相当随意地来更改它时,该语言表达是主观的。
>
> ……
>
> 凡副词表达主观性认识的,几乎都排斥疑问,为非疑问标记,而表达客观性认识的则是中性符号。

实际上,除了副词以外,其他语法形式也遵循同样的规则。陈振宇(2010c:214)做了进一步概括。这是因为主观性认识是说话者自己的标准,自己不必对自己怀疑,所以不必问。

【询问原则六】

① 含有说话者自身标准的语词,不能约束疑问成分。推理公式为:

问题 $X \wedge [特征] Y$ 含有说话者自身标准 $\rightarrow [排斥] Y$ 约束 X

② 一般约束疑问成分时,是客观认识。(正迁移)推理公式为:

问题 $X \wedge [特征] Y$ 约束 $X \rightarrow Y$ 含有说话者自身之外的标准

③ 当说话者用含有说话者自身标准的语词来约束疑问成分时,语力失效。(负迁移)推理公式为:

问题 $X \wedge [特征] Y$ 约束 $X \wedge [特征] Y$ 含有说话者自身标准 $\rightarrow$ 语力失效

【询问原则七】

① 说话者一般不能询问自己知道或确定其答案的问题。推理公式为:

问题 $X \wedge [特征]$ 言者已知或确定 X 答案 $\rightarrow [排斥]$ 询问 X

② 一般而言,询问的一定是自己不知道的东西。(正迁移)推理公式为:

$$问题 X \wedge 询问 X \to 言者未知或不确定 X 答案$$

③ 当说话者问自己知道或确定其答案的问题时,言者交际信息价值低。(负迁移)推理公式为:

$$问题 X \wedge 询问 X \wedge [特征]言者已知或确定 X 答案 \to 言者交际信息价值低$$

这是因为如果说话者已经知道了答案,那么就没有询问的必要。用格式检验一下是大概率的预期:

(199)   O   P(M|O)   P(M)
  张三问明天谁会来,所以他应该是不知道明天谁会来。
  ♯张三问明天谁会来,所以他应该是已经知道明天谁会来。
  ♯张三问明天谁会来,   但是他不知道明天谁会来。
  张三问明天谁会来,   但是他已经知道明天谁会来。

【强化——询问原则七】 说话者特别强调自己不知道或不确定,就是在询问对方。(叠加)推理公式为:

$$问题 X \wedge 言者未知或不确定 X 答案 \wedge [特征]强化语力 \to 询问 X$$

陈振宇(2008)认为这一类是所谓"语用疑问句"(当时称为"非典型疑问句"),即用非疑问的形式通过语用原则的推导而获得疑问语力。如下例都有询问"你姓啥""他来不来"的语力,但句子字面意义是陈述结构,所以这里的疑问是"间接"的,是由陈述语义通过推导而来的:

(200) 我不知道你姓啥呢!
  我还不清楚他来不来呢!
  话说回来,你们到底为什么吵得这么厉害我还没闹清呢!

【询问原则八】
① 常规信息(旧信息)说话者一般不能询问。推理公式为:

$$问题 X \wedge [特征] X 常规 \to [排斥]询问 X$$

② 一般而言,询问的一定是非常规的(新信息)。(正迁移)推理公式为:

$$问题 X \wedge 询问 X \rightarrow X 非常规$$

③ 当说话者问常规信息(旧信息)时,言者交际信息价值低。(负迁移)推理公式为:

$$问题 X \wedge 询问 X \wedge [特征] X 常规 \rightarrow 言者交际信息价值低$$

这是因为说话者的预期一般是与常理预期一致的,此类信息一般就没有询问的必要。例如我们一般不能问"♯他吃饭吗?""♯他有两个眼睛吗?"

【强化——询问原则八】 说话者特别强调信息的非常规性,就是在询问对方。(叠加)推理公式为:

$$问题 X \wedge X 非常规 \wedge [特征] 强化语力 \rightarrow 询问 X$$

如"大家都喜欢看电影,不过好像他和大家不一样哎!"也就是希望对方说说他喜欢什么。"钱大家都喜欢,张三说他不喜欢?"也就是要求对方证实或证伪。

【询问原则九】

① 说话者一般不能询问自己不想知道的信息。推理公式为:

$$问题 X \wedge [特征] 说话者不想知道 X 的答案 \rightarrow [排斥] 询问 X$$

② 一般而言,询问的一定是说话者想知道的信息。(正迁移)推理公式为:

$$问题 X \wedge 询问 X \rightarrow 说话者想知道 X 的答案$$

③ 如果说话者询问自己不想知道的信息,也就是语力失效。(负迁移)推理公式为:

$$问题 X \wedge 说话者不想知道 X 的答案 \wedge [特征] 询问 X \rightarrow 语力失效$$

张韧弦(2011)也有论述。用格式检验一下是大概率的预期:

(214)   O   P(M|O)   P(M)
     张三问明天谁会来,所以他应该是想知道答案。
     ♯张三问明天谁会来,所以他应该是不想知道答案。
     ♯张三问明天谁会来,   但是他想知道答案。
     张三问明天谁会来,   但是他不想知道答案。

【强化——询问原则九】 说话者特别强调自己想知道时,就是在询问

对方。(叠加)推理公式为:

$$\text{问题 } X \wedge \text{说话者想知道 } X \text{ 的答案} \wedge [\text{特征}]\text{强化语力} \rightarrow \text{询问 } X$$

陈振宇(2008)说这也是重要的语用疑问句,如下面的句子就是在询问"他为什么没有来?""你是怎么进我的房间?":

(215) 我想知道他为什么没有来!
我想弄清楚你是怎么进我的房间的?

2) 听话者的应答能力

"行为原则四"说没有能力,则行为不可能实施。与祈使一样,疑问中涉及的是听话者的能力,也就是回答问题的能力。

【询问原则十】

① 说话者如果认为对方无法告知有关信息,则一般不能询问有关问题。推理公式为:

$$\text{问题 } X \wedge [\text{特征}]\text{听者不知道 } X \text{ 的答案} \rightarrow [\text{排斥}]\text{询问 } X$$

② 一般而言,询问的一定是说话者认为对方可以告知的东西。(正迁移)推理公式为:

$$\text{问题 } X \wedge \text{询问 } X \rightarrow \text{听者知道 } X \text{ 的答案}$$

③ 当说话者询问对方无法告知有关信息的问题时,是语力失效。(负迁移)推理公式为:

$$\text{问题 } X \wedge \text{询问 } X \wedge [\text{特征}]\text{听者不知道 } X \text{ 的答案} \rightarrow \text{语力失效}$$

用格式检验一下是大概率的预期:

(216)　　　　O　　　　　　　　P(M|O)/P(M)
　　　张三问李四明天谁会来,所以他应该是认为李四知道答案。
　　　♯张三问李四明天谁会来,所以他应该是认为李四不知道答案。
　　　♯张三问李四明天谁会来,但是他认为李四知道答案。
　　　张三问李四明天谁会来,但是他认为李四不知道答案。

【强化——询问原则十】 说话者特别强调对方知道答案,就是在询问对方。(叠加)推理公式为:

问题 X∧听者知道 X 的答案∧[特征]强化语力→询问 X

这也是语用疑问句,如"你知道他为什么没有来!"也就是让你回答这一问题。再如在讨论课上,有同学问了一问题,老师说"张三知道!"这就是让张三来回答这一问题。

陈振宇、李双剑(2020)说"另外,还有一些特殊的情况,如主体有确实的知识,他是否应该告诉别人?或者他是否会告诉别人?稍微不同的是,如果主体没有知识,根本就没有告诉他人的可能,所以这里和谐只与肯定句有关"。如:

(217) 　　　　O　　　　　　　　　　　　　　P(M|O)/P(M)
　　妈妈问他是否知道什么时候开学,他知道,所以他应该告诉妈妈。
　　♯妈妈问他是否知道什么时候开学,他知道,所以他不应该告诉妈妈。
　　♯妈妈问他是否知道什么时候开学,他知道,但是他告诉了妈妈。
　　妈妈问他是否知道什么时候开学,他知道,但是他没告诉妈妈。

【询问原则十一】
① 说话者如果认为有关信息的答案是无限的,则一般不能询问有关问题。推理公式为:

问题 X∧[特征]X 的答案无限→[排斥]询问 X

② 一般而言,询问的一定是只有有限答案的问题。(正迁移)推理公式为:

问题 X∧询问 X→X 的答案有限

③ 当说话者询问答案无限的问题时,是语力失效。(负迁移)推理公式为:

问题 X∧询问 X∧[特征]X 的答案无限→语力失效

Kuno & Takami(1997)在疑问研究中曾讨论过没有疑问价值的问句,陈振宇(2010c:307)讨论过"他有多重?——*他没有多重?",为什么"他没有多重?"不可以询问。一个人的重量只有一个数值,但他没有的重量值却是无限的。因为无限的集合是无法告知的,而听话者无法告知的问题,疑问就不合适。

与之类似的例句还有很多,如下面各否定性句子不能看成疑问句,而应该看成 wh 词的非疑问用法,句子是陈述句,就是因为如果看成询问的话,就会违反"无限限制",一个人不害怕的对象、不打算去的地方、不主张做的事、不罚做的事、不着急去的地方在理论上是无限的。与之相反,当是肯定性命题时,因为一个人害怕的对象、打算去的地方、主张做的事、罚做的事、着急去的地方往往是有限的,所以不违反"无限限制",就可以用于询问。

(218) ♯他不怕见谁？——他不怕见谁。——他怕见谁？
♯他不打算去哪儿？——他不打算去哪儿。——他打算去哪儿？
♯他不主张在此之前采取什么行动？——他不主张在此之前采取什么行动。——他主张在此之前采取什么行动？
♯他不罚大家做什么呢？——他不罚大家做什么。——他罚大家做什么呢？
♯他不着急去哪儿？——他不着急去哪儿。——他着急去哪儿？

当然,如果我们限定范围,如问"张三、李四、王五,这三个人中你不怕见谁?"句子就合适了,因为限定范围就变为有限,就满足有关"有限答案"的要求了。

最后请注意,应答语与陈述在本质上是一样的,所以也需要满足陈述的那些条件。

【询问原则十二】
① 在开放域中,如果一个问题 X 的答案是有限的,则它的否定性问题～X 的答案是无限的。(正迁移)推理公式是:

问题 X∧[特征]X 与～X 互为否定性问题∧[特征]X 的答案有限∧
[特征]处于开放域→～X 的答案无限

② 但在封闭域中,问题 X、～X 的答案都是有限的。(正迁移)推理公式是:

问题 X∧[特征]X 与～X 互为否定性问题∧
[特征]处于封闭域→X/～X 的答案有限

3) 疑问关涉的命题——预设命题

【询问原则十三】
当说话者在询问特指问题 X 时,
① 如果他认为问题 X 的预设命题 X′反事实或非事实,就不能对问题 X

进行询问。推理公式为：

特指问题 X∧[特征]X 的背景预设 X′反事实/非事实→[排斥]询问

② 如果说话者对问题 X 进行询问，也就意味着他认为其背景预设命题 X′是事实。（正迁移）推理公式为：

特指问题 X∧询问→X 的背景预设 X′事实

③ 如果他认为问题 X 的预设命题 X′反事实或非事实，又对问题 X 进行询问，则是语力失效。（负迁移）推理公式为：

特指问题 X∧询问∧[特征]X 的背景预设 X′反事实/非事实→语力失效

如问"你喜欢谁？"一般而言说话者首先肯定有你所喜欢的人，然后再问是谁。

用格式检验一下是大概率的预期：

(219)　　　　O　　　　　　　P(M|O)/P(M)

张三问李四喜欢谁，所以张三应该是认为存在某个人，李四喜欢他。
♯张三问李四喜欢谁，所以张三应该是并不认为有某个人是李四所喜欢的。
♯张三问李四喜欢谁，但是张三认为存在某个人，李四喜欢他。
张三问李四喜欢谁，但是张三并不认为有某个人是李四所喜欢的。

再看一个语力失效的例子，如张三认为李四不知道任何事，这时他说"李四知道什么啊?!"就失去了疑问语力，不再是疑问句，而是表示感叹，表达语用否定（反问）。

4）疑问的表述

在一些问句中，存在预设命题，这个命题除了前面我们说过的必须是说话者认为的事实外，还必须是听话者知道的，否则听话者会有信息错乱。

【询问原则十四】

① 说话者如果认为问题的预设命题是听话者不知道的，则一般不能询问有关问题。推理公式为：

问题 X∧[特征]听话者不知道 X 的预设命题→[排斥]询问 X

② 一般而言，询问的问题，其预设命题说话者一定认为听话者知道。（正迁移）推理公式为：

问题 X∧询问 X→听话者知道 X 的预设命题

③ 如果说话者询问问题,又认为听话者不知道其预设命题的话,是语力失效。(负迁移)推理公式为:

问题 X∧询问 X∧[特征]听话者不知道 X 的预设命题→语力失效

用格式检验一下是完全概率推理:

(220)　　　O　　　　　　　　P(M|O)/P(M)
　　　张三问李四明天谁会来,所以他应该是认为李四知道明天有人会来。
　　　♯张三问李四明天谁会来,所以他应该是认为李四不知道明天有人会来。
　　　♯张三问李四明天谁会来,但是他认为李四知道明天有人会来。
　　　♯张三问李四明天谁会来,但是他认为李四不知道明天有人会来。

没有发现语力失效而得到额外允准的情况,一般而言,语力失效交流就会出问题,就如下面的对话所示,甲的询问失败了:

(221) 甲:我老婆昨天晚上去哪儿了,你知道吗?/我老婆昨天晚上去你那儿了吗?
　　　乙:你老婆昨天不在家啊!

4.2.3 祈愿

祈愿与祈使,很多方面都是一样的,最大的区别是:祈使需要有一个明确的受众(一般是听话者),说话者要求或禁止他去做某事;而祈愿则没有这一受众,说话者仅仅是表达自己的愿望,希望某事成真或成假。因此,我们把要求原则中所有对听话者的要求(主要是关于听话者的能力的部分)拿掉,就成了祈愿的条件。这就是为什么在语法化历史上,不少表示祈使与祈愿的符号是相通的。如汉语中的"希望、要、别"等,如果有明确的受众出现的话,是祈使,如下例 a;而如果没有的话,是祈愿,如下例 b:

(222) a. 希望你明天早点来。希望大家帮助自己的伙伴。
　　　　你要和伙伴们好好合作。要保住大坝!(受众为现场的人,相当于"我们要保住大坝"。)
大家别去劝他。
b. 希望世界和平。希望早点下雨。
社会要安定,经济要发展,文化要繁荣。冬天还是要下点雪。
可别再下雨了!

另外,祈愿的事,其主体与人称无关,这事甚至也与时间无关,只要是满足我们后面所说的一些时间原则就行。

祈愿首先需要合乎说话者的认识,与他支持或反对的事有关。

【祈愿原则一】

① 说话者一般不会希望不合理的事情为真。推理公式为:

事件 X ∧ [特征]X 不合理 → [排斥]祈愿 X 为真

② 说话者祈愿为真的,应该是他所认为合理的事。(正迁移)推理公式为:

事件 X ∧ 祈愿 X 为真 → X 合理

③ 说话者祈愿不合理的事为真时,语力失效。(负迁移)推理公式为:

事件 X ∧ 祈愿 X 为真 ∧ [特征]X 不合理 → 语力失效

格式检验一下是大概率甚至全概率的预期:

(223)   O $P(M|O)/P(M)$

农民希望赶紧下雨,所以他们是认为现在应该下雨了。
♯农民希望赶紧下雨,所以他们并不认为现在应该下雨。
♯农民希望赶紧下雨,但是他们认为现在应该下雨了。
?农民希望赶紧下雨,但是他们并不认为现在应该下雨。

语力失效后,祈愿可以表示欺骗或反语。如下面乙就是在说反语,其实是希望对方倒霉:

(224) 甲:滚!
乙:大老爷好大的威风! <u>但愿老爷您升官发财,长命百岁</u>!

再如"希望他们都下地狱!"下地狱通常意义下是不合理的,这句是表达对对方的消极情绪,是诅咒对方下地狱。

【强化——祈愿原则一】 说话者如果强调事物的合理性,也就是在祈愿这一事物为真。(叠加)推理公式为:

$$事件 X \wedge 合理 X \wedge [特征]强化语力 \rightarrow 祈愿 X 为真$$

如"地球应该实现和平",就是祈愿地球上实现和平。用格式检验一下是大概率的预期:

(225)   O   P(M|O)   P(M)
  她说地球应该实现和平,所以她应该是希望实现和平。
  ♯她说地球应该实现和平,所以她应该是并不希望实现和平。
  ♯她说地球应该实现和平,   但是她希望实现和平。
  她说地球应该实现和平,   但是她并不希望实现和平。

【祈愿原则二】
① 说话者一般不能希望合理的事情为假。推理公式为:

$$事件 X \wedge [特征]X 合理 \rightarrow [排斥]祈愿 X 为假$$

② 说话者祈愿为假的,应该是他所认为不合理的事。(正迁移)推理公式为:

$$事件 X \wedge 祈愿 X 为假 \rightarrow X 不合理$$

③ 说话者祈愿合理的事为假时,语力失效。(负迁移)推理公式为:

$$事件 X \wedge 祈愿 X 为假 \wedge [特征]X 合理 \rightarrow 语力失效$$

用格式检验一下是大概率甚至全概率的预期:

(226)   O   P(M|O)   P(M)
  他说希望不要有战争,所以他是认为不应该进行战争。
  ♯他说希望不要有战争,所以他并不认为不应该进行战争。
  ♯他说希望不要有战争,   但是他是认为不应该进行战争。
  ?他说希望不要有战争,   但是他并不认为不应该进行战争。

祈愿语力失效,可以表达反语、发泄消极情绪等方式来得到允准,如"希望他别得到这笔钱!"得到钱通常意义下是合理的,这句是表达对对方的消极情绪,诅咒对方不能如意。

【强化——祈愿原则二】 当说话者特别强调事物不合理时,表示祈愿

为假。(叠加)推理公式为:

$$\text{事件 } X \wedge X \text{ 不合理} \wedge [\text{特征}]\text{强化语力} \rightarrow \text{祈愿 } X \text{ 为假}$$

如"地球不应该充满贫穷和暴力",就是祈愿地球上不要再有贫穷和暴力。

【祈愿原则三】

① 说话者一般不能祈愿会产生消极结果的事为真。推理公式为:

$$\text{事件 } X \wedge [\text{特征}]X \text{ 结果消极} \rightarrow [\text{排斥}]\text{祈愿 } X \text{ 为真}$$

② 说话者祈愿为真的,一般都是他认为会产生积极结果或至少是中性结果的事。(正迁移)推理公式为:

$$\text{事件 } X \wedge \text{祈愿 } X \text{ 为真} \rightarrow X \text{ 结果(积极} \vee \text{中性)}$$

③ 当说话者祈愿会产生消极结果的事为真时,语力失效。(负迁移)推理公式为:

$$\text{事件 } X \wedge \text{祈愿 } X \text{ 为真} \wedge [\text{特征}]X \text{ 结果消极} \rightarrow \text{语力失效}$$

格式检验一下是大概率甚至全概率的预期:

(227)   O   P(M|O)/P(M)

  他希望冬天多下点雪,所以他应该是认为冬天下雪有好处或至少没有坏处。

  ♯他希望冬天多下点雪,所以他应该是认为冬天下雪有坏处。

  ♯他希望冬天多下点雪,但是他是认为冬天下雪有好处或至少没有坏处。

  ?他希望冬天多下点雪,但是他是认为冬天下雪有坏处。

祈愿语力失效,可以表示反语诅咒,如"希望你出门被车压死"。

【强化——祈愿原则三】 说话者如果强调行为的积极结果,也就是在祈愿这一事件为真。(叠加)推理公式为:

$$\text{事件 } X \wedge X \text{ 结果积极} \wedge [\text{特征}]\text{强化语力} \rightarrow \text{祈愿 } X \text{ 为真}$$

如"冬天多下点雪,明年春播就好了!"说话者就是在祈愿冬天多下点雪。用格式检验一下是大概率甚至全概率的预期:

(228)   O   P(M|O)/P(M)

  老李说"冬天多下点雪,明年春播就好了!"所以他应该是希望冬天多下雪。

♯老李说"冬天多下点雪,明年春播就好了!"所以他应该是并不希望冬天多下雪。

♯老李说"冬天多下点雪,明年春播就好了!"但是他希望冬天多下雪。

?老李说"冬天多下点雪,明年春播就好了!"但是他并不希望冬天多下雪。

【祈愿原则四】
① 说话者一般不能祈愿会产生积极结果的事为假。推理公式为:

事件 X ∧ [特征]X 结果积极→[排斥]祈愿 X 为假

② 说话者祈愿为假的一般是他认为会产生消极结果或至少是中性结果的事。(正迁移)推理公式为:

事件 X ∧ 祈愿 X 为假→X 结果(消极 ∨ 中性)

③ 当说话者祈愿会产生积极结果的事为假时,语力失效。(负迁移)推理公式为:

事件 X ∧ 祈愿 X 为假 ∧ [特征]X 结果积极→语力失效

用格式检验一下是大概率甚至全概率的预期:

(229)　　　　O　　　　　　　P(M|O)/P(M)

她说希望不要下雨,所以她应该是认为当天下雨会有坏处或至少没有好处。

♯她说希望不要下雨,所以她应该是认为当天下雨会有好处。

♯她说希望不要下雨,但是她是认为当天下雨会有坏处或至少没有好处。

?她说希望不要下雨,但是她是认为当天下雨会有好处。

看一下语力失效的例子,如"希望她别过关!"过关通常意义下是积极的结果,这句是反语,诅咒她得不到好运。

【强化——祈愿原则四】 说话者如果强调行为会产生消极的结果,也就是在祈愿为假。(叠加)推理公式为:

事件 X ∧ X 结果消极 ∧ [特征]强化语力→祈愿 X 为假

如"下雨就不能去郊游了"说话者就是在希望不要下雨。用格式检验一下是大概率甚至全概率的预期：

(230)　　　　O　　　　　　　　P(M|O)　　　　　P(M)
　　　张三说"下雨就不能去郊游了"，所以他应该是希望不要下雨。
　　♯张三说"下雨就不能去郊游了"，所以他应该是希望下雨。
　　♯张三说"下雨就不能去郊游了"，　　但是他是希望不要下雨。
　　?张三说"下雨就不能去郊游了"，　　但是他是希望下雨。

【祈愿原则五】

① 说话者一般不能期望不存在的事物为真或为假。推理公式为：

　　　事物 X∧[特征]X 反事实→[排斥]期望 X 为真/为假

② 说话者期望为真或为假的，是可能存在的事物。(正迁移)推理公式为：

　　　事物 X∧期望 X 为真/为假→X(事实∨非事实)

③ 如果期望不存在的事物为真或为假的话，语力失效。(负迁移)推理公式为：

　　　事物 X∧期望 X 为真/为假∧[特征]X 反事实→语力失效

如只有在存在张三这个人的情况下，我们才能说"希望张三身体健康！""希望张三不要得病"。看一个失效的例子：两人争吵是否有神，甲根本不相信神，当他说"希望你的神可以带给你好运！""希望你的神可以送你下地狱！"这不是真正的祈愿句，而是表示感叹，不论句中成分是积极评价还是消极评价，都是表示消极的情绪。

其次，祈愿的也应该是体现变化性的事件。

【祈愿原则六】

① 说话者一般不能希望已经实现或肯定将要实现的事情为真。推理公式为：

　　　事件 X∧[特征]X 事实/将来事实→[排斥]祈愿 X 为真

② 说话者祈愿为真的，应该是为假或至少有可能为假的。(正迁移)推理公式为：

　　　事件 X∧祈愿 X 为真→X 反事实/非事实/将来反事实/将来非事实

③ 说话者希望已经实现或肯定将要实现的事情为真时，语力失效。

（负迁移）推理公式为：

事件 X∧祈愿 X 为真∧[特征]X 事实/将来事实→语力失效

用格式检验一下是大概率的预期：

(231)   O   P(M|O)/P(M)

  老张说他希望今年会有好收成，所以他应该是认为今年有可能会收成不好。

  ♯老张说他希望今年会有好收成，所以他应该是已经肯定今年收成会好。

  ♯老张说他希望今年会有好收成，但是他是认为今年有可能会收成不好。

  老张说他希望今年会有好收成，但是他已经肯定今年收成会好。

如"希望大家像今天这样永远快快乐乐！"这实际上是担心今后不会再这样快乐了。再如我们一般不能说"♯希望我（现在）活着"，因为说话者在说话的时候肯定是活着的。当然如果是在神鬼小说中，一个已经死去的灵魂可以这么说，因为这时他已经不再活着了，如"我没有什么别的要求，只希望现在我还活着！"如果换个人称，说"希望你还活着！"就可以推出你到时候可能已经死了，更进一步也就是在诅咒你死。"要是他在就好了！"是认为他不在或者可能会不在。也不能就一些客观的事实进行祈愿，如一般不能说"♯我希望一加一等于二""♯我希望我是我"。如果说"我希望我还是我"，那是表示我是原来或某个典型的"我"，今天的我是有可能失去原来的我或典型的我所拥有的特征的。

看看失效的情况，如有的父母不愿意把自己的希望弄成儿女的负担，所以在谈到自己的期望时，他们说"我只希望他们能好好活着、好好生活"，这并不是因为他们预计儿女会死或者会在生活中出现问题，仅仅是表示他们对儿女没有什么超出常人的期望，不给他们增加负担，或者干脆一点说，就是他们对儿女没有什么祈愿要求。

【强化——祈愿原则六】 当说话者强调事件为假或至少有可能为假时，就是在祈愿事件为真。（但不能违反合理性）（叠加）推理公式为：

事件 X∧X 反事实/非事实/将来反事实/将来非事实∧
[特征]强化语力→祈愿 X 为真

如"世界还没有和平！"是在祈愿世界和平。所谓不违反合理性要求，也可以举一个例子,由"世界还没有动荡!"推不出在祈愿世界动荡,因为动荡是不合理的,所以不符合前面的有关规则。

【祈愿原则七】

① 说话者一般不能希望未实现或肯定将不会实现的事情为假。推理公式为:

事件 X∧[特征]X 反事实/将来反事实→[排斥]祈愿 X 为假

② 说话者祈愿为假的,应该是为真或至少有可能为真的。(正迁移)推理公式为:

事件 X∧祈愿 X 为假→X 事实/非事实/将来事实/将来非事实

③ 说话者希望未实现或肯定将不会实现的事情为假时,语力失效。(负迁移)推理公式为:

事件 X∧祈愿 X 为假∧[特征]X 反事实/将来反事实→语力失效

用格式检验一下是大概率甚至全概率的预期:

(232)　　　　O　　　　　　　P(M|O)/P(M)
　　妈妈说她希望明天别下雨,所以她应该是已经知道明天会下雨或可能下雨。
　　♯妈妈说她希望明天别下雨,所以她应该是已经知道明天本来就不会下雨。
　　♯妈妈说她希望明天别下雨,但是她已经知道明天会下雨或可能下雨。
　　？妈妈说她希望明天别下雨,但是她已经知道明天本来就不会下雨。

看看失效的情况,我已经知道对方已经决定不去北京了,我却故意说"我希望你别去北京",这在一定程度上是欺骗;也有可能是反语,即我实际上是希望你去北京。

【强化——祈愿原则七】　当说话者特别强调事物为真或可能为真时,就是在祈愿事物为假。(但不能违反合理性)(叠加)推理公式为:

事件 X∧X 事实/将来事实/∧[特征]强化语力→祈愿 X 为假

如"当今的世界到处充满着贫穷和暴力"就是在祈愿贫穷和暴力会消失。

【祈愿原则八】

① 如果一件事未来根本不会发生,说话者一般不能祈愿为真。推理公式为:

$$事件 X \wedge [特征] X 未来不可能发生 \to [排斥] 祈愿 X 为真$$

② 说话者祈愿为真的,一般是他认为可能发生的事。(正迁移)推理公式为:

$$事件 X \wedge 祈愿 X 为真 \to X 未来可能发生$$

③ 当说话者祈愿不可能发生的事为真时,语力失效。(负迁移)推理公式为:

$$事件 X \wedge 祈愿 X 为真 \wedge [特征] X 不可能发生 \to 语力失效$$

用格式检验一下是大概率的预期:

(233)　　　　O　　　　　　　　　　P(M|O)/P(M)

他说他殷切希望英、德两国之间的敌对状态能够得到化解,欧洲能重回和平,所以他应该是认为英、德敌对状态是有可能得到化解的。

♯他说他殷切希望英、德两国之间的敌对状态能够得到化解,欧洲能重回和平,所以他应该是并不认为英、德敌对状态有可能得到化解。

♯他说他殷切希望英、德两国之间的敌对状态能够得到化解,欧洲能重回和平,但是他是认为英、德敌对状态是有可能得到化解的。

他说他殷切希望英、德两国之间的敌对状态能够得到化解,欧洲能重回和平,但是他并不认为英、德敌对状态有可能得到化解。

看一下祈使语力失效的例子,例如"希望世界明天就毁灭!"一般来说世界绝不会这么快就毁灭,所以这只是消极情绪的发泄。"但愿自由无极限!"一般来说是不可能得到无限的自由,所以这或者是对当前不自由状态的不满发泄,或者就只是一句空话。

【强化——祈愿原则八】 当说话者强调事件有可能发生时,就是在祈愿事件为真。(但不能违反合理性)(叠加)推理公式为:

$$事件 X \wedge X 可能发生 \wedge [特征] 强化语力 \to 祈愿 X 为真$$

如"明天完全可能下雨的!"也就是在祈愿明天下雨。

【祈愿原则九】

① 说话者一般不能祈愿根本不可能停止的事为假。推理公式为:

事件 X∧[特征]X 不可能停止→[排斥]祈愿 X 为假

② 说话者祈愿为假的,一般是他认为可能停止的事。(正迁移)推理公式为:

事件 X∧祈愿 X 为假→X 可能停止

③ 当说话者祈愿根本不可能停止的事为假时,语力失效。(负迁移)推理公式为:

事件 X∧祈愿 X 为假∧[特征]X 不可能停止→语力失效

用格式检验一下是大概率甚至全概率的预期:

(234)　　　　　O　　　　　　　P(M|O)/P(M)

他说他希望没有空气污染,所以他应该是认为空气污染是有可能停止的。

♯他说他希望没有空气污染,所以他应该是并不认为空气污染有可能停止。

♯他说他希望没有空气污染,但是他是认为空气污染是有可能停止的。

？他说他希望没有空气污染,但是他并不认为空气污染有可能停止。

看看失效的例子,如"希望时光停止,希望河水倒流,希望苦难不要再继续下去,希望爱不要消失",几乎都是负迁移为表示消极情感的例子,即对实际情况的不满。

【强化——祈愿原则九】 当说话者特别强调事件可能停止时,就是在祈愿事件为假。(但不能违反合理性)(叠加)推理公式为:

事件 X∧[特征]X 可能停止∧[特征]强化语力→祈愿 X 为假

如"他可能不会再失败了!"实际上是祈愿他的失败在将来为假,"中国男足完全可以不输球的",是祈愿男足在将来不再输球。

【祈愿原则十】

① 如果事件 X 不一定是合理的(不合理或可能合理可能不合理),或者 X 不一定就是假的,那么就不能强烈地祈愿 X 为真。推理公式是:

事件 X∧[特征](X 不合理/可能不合理∨

X 事实/非事实/将来事实/将来非事实)→[排斥]强烈地祈愿 X 为真

② 如果说话者强烈地祈愿 X 为真,则事件 X 一定是合理的并且 X 一定就是假的。(正迁移)推理公式是:

事件 X∧强烈地祈愿 X 为真→X 合理∧ X 反事实/将来反事实

③ 如果事件 X 不一定是合理的(不合理或可能合理可能不合理),或者 X 不一定就是假的,而又强烈地祈愿 X 为真,则是语力失效。(负迁移)推理公式是:

事件 X∧[特征](X 不合理/可能不合理∨
X 事实/非事实/将来事实/将来非事实)∧强烈地祈愿 X 为真→语力失效

如"我希望你明天来接我",如果说话者并不认为你明天来接我是应该的,或者并不肯定对方明天不会来接,那么就不能是强烈的祈愿。如果在这时强烈祈愿,就会转入表达说话者的情感等特殊允准条件。而在一个即将到来的大灾难面前说"希望大家都能活下来",就是强烈的祈愿了,因为活下来是合理的,并且的确所有人都可能活不下来。

因此,当我们说"我希望他昨天去比赛"时,如果是一般的语气,则"他昨天去比赛"可能是假的,但也可能是真的,并不确定,所以本质上只是排斥"他昨天去比赛"一定为真的情况。但如果说"我真希望他昨天去比赛!"在这一强烈的祈愿的情况下,就是在表示"他昨天去比赛"很可能为假了。

当然,如果是将来的事情,如"我真希望你能考上大学!"同样语气越重,越有怀疑你是否可能考上的意味,但是将来毕竟还是没实现的,所以改变的可能仍然存在,所以这里的反事实意味比现在和过去时要弱得多。

【强化——祈愿原则十】 如果特别强调事件 X 的合理并且强调它为假,就是在强烈地祈愿 X 为真。(叠加)推理公式是:

事件 X∧(X 合理∧X 反事实/将来反事实)∧
[特征]强化语力→强烈地祈愿 X 为真

如说"就应该人人平等,但这世道很不平等",就是在强烈地祈愿平等为真。

【祈愿原则十一】

① 如果事件 X 不一定是不合理的(合理或可能合理可能不合理),或者 X 不一定就是真的,那么就不能强烈地祈愿 X 为假。推理公式是:

事件 X∧[特征](X 合理/可能合理∨
X 反事实/非事实/将来反事实/将来非事实)→[排斥]强烈地祈愿 X 为假

② 如果说话者强烈地祈愿 X 为假,则事件 X 一定是不合理的并且 X 一定就是真的。(正迁移)推理公式是:

$$事件 X \land 强烈地祈愿 X 为假 \to X 不合理 \land X 事实/将来事实$$

③ 如果事件 X 不一定是不合理的(合理或可能合理可能不合理),或者 X 不一定就是真的,而又强烈地祈愿 X 为假,则是语力失效。(负迁移)推理公式是:

$$事件 X \land [特征](X 合理/可能合理 \lor X 反事实/非事实/将来反事实/$$
$$将来非事实) \land 强烈地祈愿 X 为假 \to 语力失效$$

如"真想不去考试啊",如果说话者并不认为去考试是不应该的,或者并不肯定明天一定会考试,那么就不能是强烈的祈愿。如果是强烈祈愿,就会转入表达说话者的情感等特殊允准条件。而在一个即将到来的大灾难面前说"希望大家都别死",就是强烈的祈愿了,因为死是不合理的,并且的确所有人都面临死亡的威胁。

【强化——祈愿原则十一】 如果特别强调事件 X 的不合理并且强调它为真,就是在强烈地祈愿 X 为假。(叠加)推理公式是:

$$事件 X \land (X 不合理 \land X 事实/将来事实) \land$$
$$[特征]强化语力 \to 强烈地祈愿 X 为假$$

如说"怎能弱肉强食,可世上总是有这样的事",就是在强烈地祈愿弱肉强食为假。

4.2.4 允诺

允诺相当于自己祈使自己,所以其条件与一般的祈使最为接近。主要的不同是,允诺行动或不行动的是说话者自己,并且一定是指未来的事。

【允诺原则一】

① 如果不是第一人称主体,也不是同盟关系,或者不是未来的事,就不可能是允诺。推理公式为:

$$行为 X \land [特征]((非第一人称主体 \land (反同盟 \lor 非同盟)) \lor$$
$$X 非未来) \to [排斥](允诺做 X \lor 不做 X)$$

② 如果是允诺,则必须同时是第一人称或同盟关系,并且是未来事件。(正迁移)推理公式为:

$$行为 X \land (允诺做 X \lor 不做 X) \to (第一人称主体 \lor 同盟) \land X 未来$$

③ 如果允诺时不是第一人称主体不是同盟关系,或者不是未来的事,就会语力失效。(负迁移)推理公式为:

行为 X∧（允诺做 X∨不做 X）∧[特征]((非第一人称主体∧
(反同盟∨非同盟))∨X 非未来)→语力失效

这是很明显的，就不多说了。来看一个特殊的情况：我和张三是一个团队的，我们一起干维修工作，我指着张三对客户说"他明天会给您修好的"。这是承诺，但这行为主体是第三人称。这其实并没有违反我们在这里说的规则，因为只有在我把张三视为正同盟关系（站在一起的、同一团队的成员）时，才能这么做。而同盟成员在语义上具有第一人称的地位，只不过情况比较特殊罢了。如果不是正同盟关系，说话者就不能代替别人做出允诺。

【强化——允诺原则一】

① 当特别强调第一人称或正同盟关系主体在未来的肯定行为时，就是在说主体会做某事。（叠加）推理公式为：

肯定行为 X∧（第一人称主体∨正同盟）∧X 未来∧[特征]强化语力→允诺做 X

② 当特别强调第一人称或正同盟关系主体在未来的否定行为时，就是在说主体不会做某事。（叠加）推理公式为：

否定行为 X∧（第一人称主体∨正同盟）∧X 未来∧[特征]强化语力→允诺不做 X

如"我明天会去""他会来的"表示我允诺去、我替他允诺他会来。"我明天不会去""他不会再来打搅您了"表示我允诺不去、我替他允诺不再来打搅您。

请注意，将来时的标记往往都有允诺功能，只要人称条件满足，如汉语的"会"。

【允诺原则二】

① 说话者一般不能允诺做不合理的事。推理公式为：

行为 X∧[特征]X 不合理→[排斥]允诺做 X

② 说话者允诺的一般是他认为合理的事。（正迁移）推理公式为：

行为 X∧允诺做 X→X 合理

③ 如果说话者允诺去做不合理的事，语力失效。（负迁移）推理公式为：

行为 X∧允诺做 X∧[特征]X 不合理→语力失效

用格式检验一下是大概率的预期：

(235)　　　　O　　　　　　　　P(M|O)/P(M)

张三答应明天去上学，所以张三应该是认为应该上学。

♯张三答应明天去上学,所以张三应该是并不认为应该上学。
♯张三答应明天去上学,但是张三是认为应该上学。
张三答应明天去上学,但是张三并不认为应该上学。

允诺语力失效,如杀人是不合理的,当说话者说"我要去杀人!"这是负迁移为表示说话者的强烈消极情感,并不是真的允诺去杀人。

【强化——允诺原则二】 说话者如果强调自我或正同盟者将来行为的合理性,也就是允诺去做。(叠加)推理公式为:

$$行为 X \wedge 合理 X \wedge [特征]强化语力 \to 允诺做 X$$

如"我应该去帮他!"说话者就是在承诺帮他。用格式检验一下是大概率甚至全概率的预期:

(236)   O   P(M|O)/P(M)

妈妈问小明明天去不去,小明说"我应该去帮他!",所以他应该是承诺会去。

♯妈妈问小明明天去不去,小明说"我应该去帮他!",所以他应该是不会去。

♯妈妈问小明明天去不去,小明说"我应该去帮他!",但是他承诺会去。

?妈妈问小明明天去不去,小明说"我应该去帮他!",但是他不会去。

【允诺原则三】
① 说话者一般不能允诺不做合理的事。推理公式为:

$$行为 X \wedge [特征]X 合理 \to [排斥]允诺不做 X$$

② 说话者允诺不做的是他认为不合理的。(正迁移)推理公式为:

$$行为 X \wedge 允诺不做 X \to X 不合理$$

③ 当说话者允诺不做合理的事时,语力失效。(负迁移)推理公式为:

$$行为 X \wedge 允诺不做 X \wedge [特征]X 合理 \to 语力失效$$

用格式检验一下是大概率的预期:

(237)   O   P(M|O)/P(M)

欧盟官员承诺不再进一步加大碳排放,所以他应该是认为加大碳排放是不应该的。

♯欧盟官员承诺不再进一步加大碳排放,所以他应该是并不认为加大碳排放是不应该的。

♯欧盟官员承诺不再进一步加大碳排放,但是他认为加大碳排放是不应该的。

欧盟官员承诺不再进一步加大碳排放,但是他并不认为加大碳排放是不应该的。

看一下语力失效的情况,如"我不会帮你们!"帮人一般是合理的,但是说话者却承诺不去做,如果不是临时场景中"帮人"是不合理的话,那么就是负迁移为表达消极情绪。

【强化——允诺原则三】 说话者如果强调自我或正同盟者将来行为的不合理性,也就是允诺不去做。(叠加)推理公式为:

$$行为 X \wedge X 不合理 \wedge [特征]强化语力 \rightarrow 允诺不做 X$$

如"我不应该去打搅他",说话者就是在允诺不去打搅。

【允诺原则四】

① 说话者一般不能允诺去做会产生消极结果的事。推理公式为:

$$行为 X \wedge [特征]X 结果消极 \rightarrow [排斥]允诺做 X$$

② 说话者允诺去做的一般是他认为会产生积极结果或至少是中性结果的事。(正迁移)推理公式为:

$$行为 X \wedge 允诺做 X \rightarrow X 结果(积极 \vee 中性)$$

③ 当说话者允诺去做会产生消极结果的事时,语力失效。(负迁移)推理公式为.

$$行为 X \wedge 允诺做 X \wedge [特征]X 结果消极 \rightarrow 语力失效$$

例如一些国家觉得控制碳排放会导致经济衰退这样的消极结果,所以不肯承诺控制碳排放,就是这一逻辑在起作用;另一些国家承诺控制,是因为他们觉得这会刺激环保经济,是一个好的结果或者至少不会有坏处。用格式检验一下是大概率甚至全概率的预期:

(238)   O $P(M|O)/P(M)$

该国承诺进一步减少碳排放,所以他们应该是认为减少碳排放有好处或至少没有坏处。

♯该国承诺进一步减少碳排放,所以他们应该是认为减少碳排放有坏处。

♯该国承诺进一步减少碳排放,但是他们是认为减少碳排放有好处或至少没有坏处。

?该国承诺进一步减少碳排放,但是他们是认为减少碳排放有坏处。

允诺语力失效,如"你放心,我会把事情搞砸的!"或者是负迁移为反语用法,表示语用否定,即我不会把事情搞砸;或者就负迁移为只是消极情绪的发泄。

【强化——允诺原则四】 说话者如果强调自己或正同盟者行为的积极成果,也就是允诺去做这件事。(叠加)推理公式为:

行为 X∧X 结果积极∧[特征]强化语力→允诺做 X

用格式检验一下是大概率的预期:

(239)　　　　　O　　　　　　　　　　　　P(M|O)/P(M)

妈妈问小明明天去不去,小明说"我去的话奶奶会高兴的!",所以他应该是承诺会去。

♯妈妈问小明明天去不去,小明说"我去的话奶奶会高兴的!",所以他应该不会去。

♯妈妈问小明明天去不去,小明说"我去的话奶奶会高兴的!",但是他承诺会去。

?妈妈问小明明天去不去,小明说"我去的话奶奶会高兴的!",但是他不承诺会去。

【允诺原则五】

① 说话者一般不能允诺不做会产生积极结果的事。推理公式为:

行为 X∧[特征]X 结果积极→[排斥]允诺不做 X

② 说话者允诺不做的一般是他认为会产生消极结果或至少是中性结果的事。(正迁移)推理公式为:

行为 X∧允诺不做 X→X 结果(消极∨中性)

③ 当说话者允诺不做会产生积极结果的事时,语力失效。(负迁移)推

理公式为:

$$行为 X \wedge 允诺不做 X \wedge [特征] X 结果积极 \rightarrow 语力失效$$

用格式检验一下是大概率的预期:

(240)   O   P(M|O)/P(M)

  日本承诺不再捕鲸,所以他们应该是已经认识到捕鲸会导致很坏的结果。

  ♯日本承诺不再捕鲸,所以他们应该是没有认识到捕鲸会导致很坏的结果。

  ♯日本承诺不再捕鲸,但是他们已经认识到捕鲸会导致很坏的结果。

  日本承诺不再捕鲸,但是他们没有认识到捕鲸会导致很坏的结果。

看一下语力失效的例子,如"我才不会把饭煮熟!"如果不是负迁移为反语,那可能就是负迁移为表示说话者的消极情绪。

【强化——允诺原则五】 说话者如果强调自己或正同盟者行为会产生消极的结果,也就是在允诺不做。(叠加)推理公式为:

$$行为 X \wedge X 结果消极 \wedge [特征] 强化语力 \rightarrow 允诺不做 X$$

用格式检验一下是大概率甚至全概率的预期:

(241)   O   P(M|O)/P(M)

  妈妈问小明明天去不去,小明说"我去的话奶奶会不高兴的!"所以他应该是不会去。

  ♯妈妈问小明明天去不去,小明说"我去的话奶奶会不高兴的!"所以他应该是会去。

  ♯妈妈问小明明天去不去,小明说"我去的话奶奶会不高兴的!"但是他不会去。

  ?妈妈问小明明天去不去,小明说"我去的话奶奶会不高兴的!"但是他会去。

【允诺原则六】
① 说话者如果不希望、反对一件事发生,一般不能允诺去做。推理公

式为：

$$行为 X \wedge [特征](言者不希望 X \vee 反对 X) \to [排斥]允诺做 X$$

② 说话者允诺去做的，一般是他希望发生或支持的事。（正迁移）推理公式为：

$$行为 X \wedge 允诺做 X \to (言者希望 X \vee 支持 X)$$

③ 当说话者允诺去做说话者不希望发生或反对的事时，语力失效。（正迁移）推理公式为：

$$行为 X \wedge 允诺做 X \wedge [特征](言者不希望 X \vee 反对 X) \to 语力失效$$

用格式检验一下是大概率的预期：

(242)　　　　　O　　　　　　P(M|O)　　　　　P(M)
　他答应去做环保，所以他应该是支持环保的。
　♯他答应去做环保，所以他应该是并不支持环保。
　♯他答应去做环保，　　　　　　　但是他是支持环保的。
　他答应去做环保，　　　　　　　但是他并不支持环保。

看看失效的例子，这是 Austin 所说的"运用不当"的例子。明明不愿买礼物，却允诺"我会给你买礼物"，则允诺无效；如心中不支持环保，却说"我会去做环保！"这是负迁移为欺骗。

【强化——允诺原则六】 当说话者特别强调自己希望某事发生或支持（至少不反对）某事时，就是在允诺做这事。（但不能违反合理性）（叠加）推理公式为：

$$行为 X \wedge (言者希望 X \vee 支持 X) \wedge [特征]强化语力 \to 允诺做 X$$

如"我坚决支持环保！"是允诺自己会做环保的事。"我不反对去北京""去北京我没意见"就是允诺去北京。

【允诺原则七】

① 说话者如果希望或支持一件事发生，一般不能允诺不做。推理公式为：

$$行为 X \wedge [特征](言者希望 X \vee 支持 X) \to [排斥]允诺不做 X$$

② 说话者允诺不做的，一般是他不希望发生或反对的事。（正迁移）推理公式为：

行为 X∧允诺不做 X→(言者不希望 X∨反对 X)

③ 当说话者允诺不做说话者希望发生或支持的事时,语力失效。(负迁移)推理公式为:

行为 X∧允诺不做 X∧[特征](言者希望 X∨支持 X)→语力失效

用格式检验一下是大概率的预期:

(243)   O   P(M|O)   P(M)
  我答应不喝酒,所以我当然是反对喝酒的。
  ♯我答应不喝酒,所以我当然并不反对喝酒。
  ♯我答应不喝酒,   但是我是反对喝酒的。
  我答应不喝酒,   但是我并不反对喝酒。

看看失效的例子,如一个支持环保的人说"我不会去做环保了!"负迁移为表达消极情绪。

【强化——允诺原则七】 当说话者特别强调自己不希望或反对某事发生时,就是在允诺不做该行为。(但不能违反合理性)(叠加)推理公式为:

行为 X∧(言者不希望 X∨反对 X)∧[特征]强化语力→允诺不做 X

如"我反对作弊!"也就是允诺不作弊。

【允诺原则八】
① 非意志的主体不能做出允诺。推理公式为:

事件 X∧[特征]X 没有有意志的主体→[排斥](允诺做 X∧不做 X)

② 做出允诺的一般是有意志的主体。(正迁移)推理公式为:

  事件 X∧(允诺做 X∨不做 X)→X 存在有意志的主体

③ 当无意志的主体允诺时,语力失效。(负迁移)推理公式为:

事件 X∧X 没有有意志的主体∧[特征](允诺做 X∨不做 X)→语力失效

用格式检验一下是完全概率推理:

(244)   O   P(M|O)   P(M)
  阿丽答应帮他,所以阿丽应该是人。
  ♯阿丽答应帮他,所以阿丽应该不是人。

♯阿丽答应帮他，　　　　　　　但是阿丽是人。
♯阿丽答应帮他，　　　　　　　但是阿丽不是人。

非意志主体发出允诺，显然允诺语力失效，当然如果是拟人，这不算违反规则，因为拟人是有意志的主体。

【允诺原则九】

① 话者一般不能允诺去做或不做无法按自己的意愿自主去做的事。推理公式为：

$$行为\ X \wedge [特征]主体不自主 \rightarrow [排斥](允诺做\ X \wedge 不做\ X)$$

② 说话者如果允诺，则是可以按自己的意愿自主去做的事。（正迁移）推理公式为：

$$行为\ X \wedge (允诺做\ X \vee 不做\ X) \rightarrow 主体自主$$

③ 当说话者允诺去做或不做不自主的事时，语力失效。（负迁移）推理公式为：

$$行为\ X \wedge (允诺做\ X \vee 不做\ X) \wedge [特征]主体不自主 \rightarrow 语力失效$$

如一个人对"生病"一般是没有自主性的，因此我们一般不能允诺"生病"或"不生病"，除非可以控制。用格式检验一下是大概率甚至全概率的预期：

(245)　　　　O　　　　　　　　　P(M|O)/P(M)

老张答应自己不会生病，所以他应该是认为人可以通过注意生活习惯而避免生病。

♯老张答应自己不会生病，所以他应该是认为人不可以通过注意生活习惯来避免生病。

♯老张答应自己不会生病，但是他是认为人可以通过注意生活习惯而避免生病。

? 老张答应自己不会生病，但是他是认为人不可以通过注意生活习惯来避免生病。

那些失效的例子，很多都是负迁移为（善意的）谎言，如"我答应你，我不会得病的！"

【强化——允诺原则九】

① 当说话者在强调自己对肯定行为有自主性时，就是在允诺做某事

（但不能违反合理性）。（叠加）推理公式为：

$$\text{肯定行为 X} \land \text{言者自主} \land [\text{特征}]\text{强化语力} \to \text{允诺做 X}$$

② 当说话者在强调自己对否定行为有自主性时，就是在允诺不做某事（但不能违反合理性）。（叠加）推理公式为：

$$\text{否定行为 X} \land \text{言者自主} \land [\text{特征}]\text{强化语力} \to \text{允诺不做 X}$$

如"我可以自己决定去上海！"其实是在允诺去上海；"我可以自己决定不去上海！"其实是在允诺不去上海。

【允诺原则十】

① 说话者一般不能允诺去做或不做自己做不到的事。推理公式为：

$$\text{行为 X} \land [\text{特征}]\text{主体无能力} \to [\text{排斥}](\text{允诺做 X} \land \text{不做 X})$$

② 说话者如果允诺去做或不做，则是自己有能力去做的事。（正迁移）推理公式为：

$$\text{行为 X} \land (\text{允诺做 X} \lor \text{不做 X}) \to \text{主体有能力}$$

③ 当说话者允诺去做或不做自己做不到的事时，语力失效。（负迁移）推理公式为：

$$\text{行为 X} \land (\text{允诺做 X} \lor \text{不做 X}) \land [\text{特征}]\text{主体无能力} \to \text{语力失效}$$

用格式检验一下是大概率的预期：

(246)   O   P(M|O)   P(M)
  老张答应会去找他，所以他应该是知道怎么找到他的。
  ♯老张答应会去找他，所以他应该是不知道怎么找到他。
  ♯老张答应会去找他，   但是他是知道怎么找到他的。
  老张答应会去找他，   但是他不知道怎么找到他。

看看语力失效的例子，如果不知道如何找到，那么答应去找就是无效的允诺，是谎言。如"我会走到世界的尽头！"这些都负迁移为夸张，表示情感。

【强化——允诺原则十】

① 当说话者在强调自己有能力做某事时，就是在允诺做某事（但不能违反合理性）。（叠加）推理公式为：

$$\text{肯定行为 X} \land \text{主体有能力} \land [\text{特征}]\text{强化语力} \to \text{允诺做 X}$$

② 当说话者在强调自己有能力不做某事时,就是在允诺不做某事(但不能违反合理性)。(叠加)推理公式为:

否定行为 X ∧ 主体有能力 ∧ [特征]强化语力 → 允诺不做 X

如"我能帮你""我可以帮你"表示我允诺帮你;"我可以不去""我能不去"就是我允诺不去。用格式检验一下是大概率的预期:

(247)　　　　O　　　　　　　P(M|O)　　　　　P(M)
　　张三对李四说"我能帮你",所以张三应该会帮李四。
　　♯张三对李四说"我能帮你",所以张三应该不会帮李四。
　　♯张三对李四说"我能帮你",　　　但是张三会帮李四。
　　张三对李四说"我能帮你",　　　但是张三不会帮李四。

看一下著名的"能力→祈使"间接言语行为的例子,如说"你能帮我一下吗?",表示我希望你帮我。BDI(beliefs、desire、intension)模型是这样推理的(引自张韧弦2011:97—98):

(248) Can you pass me the salt?
　　① 说话者要求听话者告知他是否能把盐递过来。
　　② 听话者相信说话者想要他告知他是否能把盐递过去。
　　③ 听话者相信说话者想知道他是否能把盐递过去。
　　④ 由于有能力是做事的一个条件,所以听话者相信说话者是想要他把盐递过去。
　　⑤ 说话者要求听话者把盐递过去。

可以看到,其中第③到第④过于突兀了,并不符合言说的场景,也不能反映礼貌意义的来源。

我们认为,这里实际上是通过疑问来引起对方对自己能力的注意,它有一个优势的期待,就是希望对方说"我能",由于对自己能力的肯定会导致允诺,所以这句话也就是在暗示对方给予允诺,于是间接地达到让对方做某事的目的。其推理是:

询问对方能力→期待对方回答"我能"→
期待对方允诺→期待对方实施允诺的行为

所以我们认为,从推理过程看,这根本不是一个祈使,因为在这些环节中没有一个地方提到说话者的意愿,完全是一个诱使对方回答、允诺和行动的过程。只不过最终的结果和祈使的效果一样罢了,因此勉强算是一种边缘性的祈使方式而已。这里并没有强化语力,不是直接说出"你能",而是用疑问提醒对方,并且允许对方说"不能",所以具有委婉礼貌的性质。

【允诺原则十一】

① 说话者一般不能就不存在的事物允诺做或不做什么。推理公式为:

行为所涉及的事物 $X \wedge [特征]X 反事实 \rightarrow [排斥](允诺做 X \wedge 不做 X)$

② 说话者如果允诺做或不做什么事,则所涉及的事物是说话者认为已经成为事实或至少有可能成为事实的事物。(正迁移)推理公式为:

行为所涉及的事物 $X \wedge (允诺做 X \vee 不做 X) \rightarrow X(事实 \vee 非事实)$

③ 如果不认为是事实或有可能成为事实,而又允诺做或不做什么相关的事的话,语力失效。(负迁移)推理公式为:

行为所涉及的事物 $X \wedge (允诺做 X \vee 不做 X) \wedge [特征]X 反事实 \rightarrow 语力失效$

例如,只有在存在李四这个人时,才能允诺"我会去帮李四""我不会去帮李四"。看一个失效的例子,两人争吵是否有神,甲根本不相信神,当他说"我才不会求你的神!"这不是真正的允诺句,实际上是负迁移为表示消极情绪。

【强化——允诺原则十一】 当说话者特别强调有关事物,也就是在让听话者注意它的存在时,就是在允诺做与之相关的行为。(但不能违反合理性)(叠加)推理公式为:

行为所涉及的事物 $X \wedge X 事实 \wedge [特征]强化语力 \rightarrow 允诺做与 X 相关的行为$

如我对李四说"看我手里的拐杖!"这里就是说我会用这个拐杖做什么事。这里一般不涉及不做,因为有事物存在,会联想到做而不是不做。在古典小说中,一个人在动手之前,可能会先说一句,让人注意某一相关的事物,如"哪知道他一弯腰说:'看宝贝。'就见黑忽忽一家物件奔了面门,意欲躲闪,焉能那么快"(例引自《小五义》)。

【允诺原则十二】

① 当事物 X 与说话者无关时,说话者不能允诺去做与事物 X 有关的事。推理公式为:

行为 $X \wedge [特征]X 与说话者不相关 \rightarrow [排斥]允诺做与 X 有关的事$

② 如果说话者允诺做与事物 X 有关的事,则该事物与说话者是相关的。(正迁移)推理公式为:

行为 X∧允诺做与 X 有关的事→X 与说话者相关

③ 如果说话者允诺做与事物 X 有关的事,但该事物与说话者是不相关的,则是语力失效。(负迁移)推理公式为:

行为 X∧[特征]X 与说话者不相关∧允诺做与 X 有关的事→语力失效

如"你会帮他吗？他和你可没有什么关系！"就是指你不能允诺去帮他。

【强化——允诺原则十二】

说话者特别强调说话者与 X 相关,就是在允诺做与 X 相关的事。(叠加)推理公式为:

事物 X∧X 与说话者相关∧[特征]强化语力→允诺做与 X 有关的事

如甲问乙"你会去帮她吗？"乙说"她是我老婆！"乙就是允诺去帮忙。

【允诺原则十三】

① 当事物 X 与说话者相关时,说话者不能允诺不做与事物 X 有关的事。推理公式为:

行为 X∧[特征]X 与说话者相关→[排斥]允诺不做与 X 有关的事

② 如果说话者允诺不做与事物 X 有关的事,则是该事物与说话者无关。(正迁移)推理公式为:

行为 X∧允诺不做与 X 有关的事→X 与说话者不相关

③ 如果说话者允诺不做与事物 X 有关的事,但该事物与说话者是相关的,则是语力失效。(负迁移)推理公式为:

行为 X∧[特征]X 与说话者相关∧允诺不做与 X 有关的事→语力失效

例如甲要求乙"你别去帮张三",乙说"他是我同学啊?!"乙实际上是认为自己不能允诺不去帮张三。

【强化——允诺原则十三】

说话者特别强调与 X 不相关,就是在允诺不做与 X 相关的事。(叠加)推理公式为:

事物 X∧X 与说话者不相关∧[特征]强化语力→允诺不做与 X 有关的事

如"这和我又不相关！"就是不做与这有关的事。"她过不过得去和我又没有什么关系!"就是允诺不做对她而言有影响的事。

【允诺原则十四】

① 如果一个人已经在做的事,他一般不能允诺去做。推理公式为:

$$行为\ X \wedge [特征]言者已实施\ X \rightarrow [排斥]允诺做\ X$$

② 说话者所允诺的,一般是他未实施的事。(正迁移)推理公式为:

$$行为\ X \wedge 允诺做\ X \rightarrow 言者未实施\ X$$

③ 当说话者允诺去做已经在做的事时,语力失效。(负迁移)推理公式为:

$$行为\ X \wedge 允诺做\ X \wedge [特征]言者已实施\ X \rightarrow 语力失效$$

用格式检验一下是全概率的预期:

(249)   O   P(M|O)   P(M)
   小明答应会看这本书,所以他应该是还没有看这本书。
   ♯小明答应会看这本书,所以他应该是已经看了这本书。
   ♯小明答应会看这本书,   但是他还没有看这本书。
   ♯小明答应会看这本书,   但是他已经看了这本书。

  失效的情况主要是欺骗,如我已经在研究这一问题了,而我还跟你说"我答应你去研究一下!"就是负迁移为表示情感,或者是欺骗,将本来就在做的事包装成对对方的承诺,从而让对方欠自己的人情。

【强化——允诺原则十四】 当说话者强调自己未实施某一行为时,就是在允诺实施该行为(但不能违反合理性)(叠加)。推理公式为:

$$行为\ X \wedge 言者未实施\ X \wedge [特征]强化语力 \rightarrow 允诺做\ X$$

如下例字面上看是陈述我没做某事,实际上就是在间接地说我会做这事。用格式检验一下是大概率的预期:

(250)   O   P(M|O)   P(M)
   张三说"我还没吃饭呢",所以张三应该是会去吃饭。
   ♯张三说"我还没吃饭呢",所以张三应该是不会去吃饭。
   ♯张三说"我还没吃饭呢",   但是张三会去吃饭。
   张三说"我还没吃饭呢",   但是张三不会去吃饭。

【允诺原则十五】

① 说话者一般不能允诺不做自己根本不会去做的事。推理公式为：

行为 X∧[特征]言者原来不会实施 X→[排斥]允诺不做 X

② 说话者允诺不做的，一般是他有可能会做的事。（正迁移）推理公式为：

行为 X∧允诺不做 X→言者原来可能会实施 X

③ 当说话者允诺不做自己根本不会去做的事时，语力失效。（负迁移）推理公式为：

行为 X∧允诺不做 X∧[特征]听者原来不会实施 X→语力失效

用格式检验一下是大概率甚至全概率的预期：

(251)　　　　O　　　　　　　P(M|O)/P(M)
　　　小明答应不玩游戏，所以小明原来是可能要玩游戏的。
　　　♯小明答应不玩游戏，所以小明原来就是根本不可能玩游戏的。
　　　♯小明答应不玩游戏，但是小明原来是要玩游戏的。
　　　？小明答应不玩游戏，但是小明原来就是根本不会玩游戏的。

看看失效的情况，如我本来就不会去开会，但我跟你说"我答应你不去"就是负迁移为欺骗。

【强化——允诺原则十五】 当说话者强调自己原来可能会做某事时，就是在允诺不会去做。（叠加）推理公式为：

行为 X∧言者原来可能实施 X∧[特征]强化语力→允诺不做 X

如"我本来要去参加比赛的"就是说我不会去参加比赛。用格式检验一下是大概率甚至全概率的预期：

(252)　　　　O　　　　　　　P(M|O)　　　　P(M)
　　　小明说他本来要去参加比赛的，所以他应该是不会去了。
　　　♯小明说他本来要去参加比赛的，所以他应该是仍然会去。
　　　♯小明说他本来要去参加比赛的，　　　　但是他不会去了。
　　　？小明说他本来要去参加比赛的，　　　　但是他仍然会去。

【允诺原则十六】

① 如果一件事未来根本不会发生，说话者一般不能允诺去做。推理公

式为：

$$行为 X \wedge [特征] X 未来不可能发生 \rightarrow [排斥]允诺做 X$$

② 说话者允诺去做的，一般是可能发生的事。（正迁移）推理公式为：

$$行为 X \wedge 允诺做 X \rightarrow X 未来可能发生$$

③ 当说话者允诺去做根本不可能发生的事时，语力失效。（负迁移）推理公式为：

$$行为 X \wedge 允诺做 X \wedge [特征] X 未来不可能发生 \rightarrow 语力失效$$

用格式检验一下是大概率的预期：

(253)　　　　O　　　　　P(M|O)　　　　　P(M)
　　他答应妈妈考一百分，所以他应该是有可能考一百分的。
　　♯他答应妈妈考一百分，所以他应该是根本没有可能考一百分。
　　♯他答应妈妈考一百分，　　但是他是有可能考一百分的。
　　他答应妈妈考一百分，　　但是他根本没有可能考一百分。

语力失效的例子是欺骗。如小明知道自己根本考不到好成绩，但却说"我会考一百分"，就是在欺骗。

【强化——允诺原则十六】 当说话者强调事件有可能发生时，就是在允诺实施该行为。（但不能违反合理性）（叠加）推理公式为：

$$行为 X \wedge X 可能发生 \wedge [特征]强化语力 \rightarrow 允诺做 X$$

如"我可能会去！"就是允诺去。

【允诺原则十七】
① 说话者一般不能允诺不做根本不可能停止的事。推理公式为：

$$行为 X \wedge [特征] X 不可能停止 \rightarrow [排斥]允诺不做 X$$

② 说话者允诺不做的，一般是他认为可能停止的事。（正迁移）推理公式为：

$$行为 X \wedge 允诺不做 X \rightarrow X 可能停止$$

③ 当说话者允诺不做根本不可能停止的事时，语力失效。（负迁移）推理公式为：

$$\text{行为 } X \wedge \text{允诺不做 } X \wedge [\text{特征}] X \text{ 不可能停止} \rightarrow \text{语力失效}$$

用格式检验一下是大概率的预期：

(254)   O   P(M|O)/P(M)

   她答应不再去夜总会上班，所以她应该是可以不去那儿上班的。
   ♯她答应不再去夜总会上班，所以她应该是根本不可能不去那儿上班。
   ♯她答应不再去夜总会上班，但是她是可以不去那儿上班的。
   她答应不再去夜总会上班，但是她根本不可能不去那儿上班。

失效的例子也是欺骗，如一个人不可能不呼吸，所以"我答应你不呼吸"是没有任何允诺语力的。

【强化——允诺原则十七】 当说话者特别强调事件可能停止时，就是在允诺不实施该行为。（但不能违反合理性）（叠加）推理公式为：

$$\text{行为 } X \wedge X \text{ 可能停止} \wedge [\text{特征}] \text{强化语力} \rightarrow \text{允诺不做 } X$$

如"妈妈，我给你说，我可以不再爱他！"就是允诺停止爱他。

【允诺原则十八】
① 说话者允诺做什么都是有原因的。（正迁移）推理公式为：

$$\text{行为 } X \wedge \text{允诺做 } X \rightarrow X \text{ 有使因}$$

② 说话者认为没有使因，就是允诺不做。（正迁移）推理公式为：

$$\text{行为 } X \wedge X \text{ 没有使因} \rightarrow \text{允诺不做 } X$$

例如"我帮个什么劲儿？！"字面是询问"我帮忙"的使因，由意外知这是指没有使因，因此表达的是不允诺去做。用格式检验一下是大概率的预期：

(255)   O   P(M|O)   P(M)

   张三说"我帮个什么劲儿？！"，所以他应该不会去帮忙。
   ♯张三说"我帮个什么劲儿？！"，所以他应该会去帮忙。
   ♯张三说"我帮个什么劲儿？！"，   但是他不会去帮忙。
   张三说"我帮个什么劲儿？！"，   但是他会去帮忙。

【强化——允诺原则十八】 说话者如果强调是有原因的，就是允诺去做。（叠加）推理公式为：

$$\text{行为 } X \wedge X \text{ 有使因} \wedge [\text{特征}]\text{强化语力} \rightarrow \text{允诺做 } X$$

如甲问乙"你明天来吗?"乙说"这是一次重要的会议",则乙是允诺会来。

【允诺原则十九】
① 说话者如果允诺做什么,一定要表述出来。(正迁移)推理公式为:

$$\text{行为 } X \wedge [\text{特征}]\text{允诺做 } X \rightarrow \text{表述 } X$$

② 如果不表述,就是没有允诺。(正迁移)推理公式为:

$$\text{行为 } X \wedge \text{不表述 } X \rightarrow \text{未允诺做 } X$$

用格式检验一下是完全概率推理:

(256)　　　　O　　　　　P(M|O)　　　　　P(M)
　　他没说过帮你,所以他应该是没有答应过帮你。
　　♯他没说过帮你,所以他应该是答应帮你。
　　♯他没说过帮你,　　　　　　但是他没有答应过帮你。
　　♯他没说过帮你,　　　　　　但是他答应帮你。

请注意,这里只涉及允诺做,而不涉及允诺不做。因为不表述,并不意味着不会去做什么事。

【允诺原则二十】 当说话者在表述自己的某一行为 X(没有褒贬意义)时,
① 说话者表现出自信,就是强调该行为一定会实施。(正迁移)推理公式为:

$$\text{行为 } X \wedge [\text{特征}]\text{表述 } X \wedge [\text{特征}]\text{自信} \rightarrow \text{强烈允诺做 } X$$

② 说话者表现出不自信,就是弱化自己的语力,只是较弱的承诺。(正迁移)推理公式为:

$$\text{行为 } X \wedge [\text{特征}]\text{表述} \wedge [\text{特征}]\text{不自信} \rightarrow \text{弱允诺做 } X$$

如"我去!",用格式检验一下是大概率的预期:

(257)　　　　O　　　　　(M|O)　　　　　P(M)
　　张三说"我去!"所以他一定会去。
　　♯张三说"我去!"所以他可能不会去。
　　♯张三说"我去!"　　　　　　但是他会去。
　　张三说"我去!"　　　　　　但是他不会去。

如"我……明天来吧?!"一般而言说话者没有那么强烈的要求,只是一个弱的承诺。用格式检验一下是完全概率推理:

(258)   O   P(M|O)   P(M)
   小兰说"我……明天来吧",所以小兰明天可能来可能不来。
   ♯小兰说"我……明天来吧",所以小兰明天一定会来。
   ♯小兰说"我……明天来吧", 但是小兰明天可能来可能不来。
   ♯小兰说"我……明天来吧", 但是小兰明天一定会来。

换一个视角也是:

(259)   O   P(M|O)   P(M)
   小兰说"我……明天来吧",所以小兰明天可能来。
   ♯小兰说"我……明天来吧",所以小兰明天一定不会来。
   ♯小兰说"我……明天来吧",   但是小兰明天会来。
   小兰说"我……明天来吧",   但是小兰明天不会来。

4.2.5 禁言[①]

所谓"禁言",指的是要求对方或自己与对方一起,不要就某一话题继续言说。因此它首先是话题结束的标记,但在实际使用中,禁言还会涉及一系列的语用目的,显得比较复杂。在汉语中,"别说、不用说、不要说、别提、甭提、甭说、慢说"一类话语标记,就是这一复杂言语活动的载体。参看董秀芳(2007)、侯瑞芬(2009)、李宗江(2014)等的研究。

我们需要全面系统地重新整理一下禁言的语用功能。禁言作为祈使的一个子类,遵循祈使的各种条件,但有自己的特殊的语用机制,下面详述之。

【禁言原则】

① 当说话者不想结束某一话题,并且不认为需要去说更为重要的事物,说话者认为讨论 X 不会带来消极结果,对事物的言说不会令在场的人有无法承受的难堪,说话者认为该信息未知或不是常理,不能很容易地从已知信息或常理推出(有信息价值),说话者认为事件不确定真假,说话者认为事件不确定是否必须为真或为假(信息确定性小),说话者认为事物的程度没有达到无法形容的地步,等等,这时就不能合法地禁言该事物。推理公式为:

[①] 本小节是和干薇共同研究。

事物/行为 X∧[特征](不想结束话题 X∧不需要去说更重要的 Y∧言说 X 不会带来消极后果∧言说 X 不会使在场者非常难堪∧X 信息价值高(X 未知/X 非常规/X 不容易推知/X 不符合预期))∧X 信息不确定(X 非事实/将来非事实/不确定实施不实施 X)∧X 程度没有大到无法形容)→[排斥]禁言 X

② 当说话者禁言事物 X 时,就是在表明说话者想结束某一话题,或者说话者认为需要去说更为重要的事物,或者说话者认为讨论 X 会带来消极后果,或者对事物的言说令在场的人有无法承受的难堪,或者说话者认为该信息已知或是常理,或者可以很容易地从已知信息或常理推出,或者是已经预料到的信息(没有信息价值),或者说话者认为事件肯定为真或为假,或者说话者认为事件必须为真或为假(信息确定性大),或者说话者认为事物的程度达到无法形容,等等。(正迁移)推理公式为:

事物/行为 X∧禁言 X→(纯粹想结束话题 X∨需要去说更重要的 Y∨言说 X 会带来消极后果∨言说 X 使在场者非常难堪∨X 信息价值低(X 已知/X 常规/X 容易推知/X 符合预期)∨X 信息确定(X 事实/反事实/将来事实/将来反事实/实施/不实施 X)∨X 程度大到无法形容)

【强化——禁言原则】 如果特别强调说话者想结束某一话题,或者说话者认为需要去说更为重要的事物,或者说话者认为讨论 X 会带来消极结果,或者对事物的言说会令在场的人有无法承受的难堪,或者说话者认为该信息已知或是常理,或者能很容易地从已知信息或常理推出,或者是已经预料到的信息(无信息价值),或者说话者认为事件肯定为真或为假,或者说话者认为事件必须为真或为假(信息确定性大),或者说话者认为事物的程度达到无法形容,等等,这时就是在表达禁言该事物。(叠加)推理公式是:

事物/行为 X∧(纯粹想结束话题 X∨需要去说更重要的 Y∨言说 X 会带来消极后果∨言说 X 使在场者非常难堪∨X 信息价值低(X 已知/X 常规 X/容易推知)∨X 信息确定(X 事实/反事实/将来事实/将来反事实/实施/不实施 X)∨X 程度大到无法形容)∧[特征]强化语力→禁言 X

下面是我们考察的"别说、别提"的语篇分布,其他同类标记,和它有相同也有不同的地方,但大致都在这一范围之内:

表 7 "禁言"的功能

控制言语活动	说话者纯粹想结束话题 X		别说了,火车快开了!(没时间了) 过去的事就别说/提了。
	需要去说更重要的 Y①	无梯级	别说人家了,说你自个儿吧! 先别说过不过得去,就是过去又会怎样! 别说什么挣钱了,想想你的小命能不能保住了! 别说政绩如何,这不媚上的风骨就难得。 甭说其他人,至少有一些女记者就为他的风度和魅力所折服,从西海岸追到东海岸,跟踪报道。
		有梯级	别说你了,我还没有得到通知呢。 别说一个,十个也不在话下! 别说人了,我两个鬼影都没瞧见! 皇帝老子还不自由呢,(更)别说你! 别说我一个老师管不住学生,他老子也管不住他! 别说孩子,先说啥时候结婚啊!
	说话者认为 X 会带来消极后果		别说地理因素了,地理因素对文明的影响太容易导致地理决定论了! 别提你那"提升"理论了,句法移位与语用的影响根本不是一回事!
	言说 X 使在场者非常难堪(消极情感)		别说了,人家脸皮儿薄/我心里堵得慌! 这事,唉,快别提了! 小李这人,你快别提了! 别说你那会了,都开成一锅粥了,难不难看啊! 别提她那头,鸡窝似的,多少天都没洗了吧!(让人受不了) 别提了,我连面都没见到就让人家轰出来了!

---

① 丁力(1999)称之为"反逼",并分为两类,"别说你,这些人连我也瞧不上——这些人连我也瞧不上,更别说你了"和"别说政绩如何,这不媚上的风骨就难得——*这不媚上的风骨就难得,更别说政绩如何",前者功能是递进,有"不但……"之义,如"不但你,这些人连我也瞧不上",大致相当于本书所说的有梯级的这种。因为没有梯级,也就没有比较,所以不会有梯级涵义,不用"更"。但我们的无梯级的一种比丁的第二种范围更宽。

王健(2008)也重点分析了梯级的这种,他明确提出:一、A 分句和 B 分句中必须有属于同一语义范畴的相关成分;二、A 分句和 B 分句的命题具有同一方向性;三、B 分句和 A 分句之间有衍推关系,而且 A 分句和 B 分句语义相关成分有语义量级(scalar)的差别。这三个要求缺一不可。另外,王提到了一种困难度比较的句子:如"别说研究生了,我差点儿没考上大学",也就是句子强调的是"(我的成绩不好)接近于考不上大学",可以衍推"(成绩糟糕)更考不上研究生"。

续 表

信息价值低	说话者认为 X 信息已知或是常理		别说了,他已经回来了。 别说了,谁能不吃饭啊!
	X 可以很容易地从已知信息或常理推出		——你喜欢我吗？——别说了,我心里对你咋样还还用说吗! 别说了!猜都知道你要说什么。/你心里怎么想的我都知道。/我知道你要说些什么。
	一般肯定,如所预料		城里不用说已经被鬼子占领了。 不用说他又被人把魂勾走了。
信息确定性高	说话者认为事件 X 肯定为真①	宣告	别说了,我对你的感情你还不知道! 你还别说,结了婚她的确是和以前不一样了!
		感叹（自反预期与他反预期）	您还别说,我还真对你不放心! 你还真别说,人家的确是考上了! 您别说,对她这号人,我的确是有点儿憷头。 别说,小张还真有两下的! 别说,你还真挺像个诗人! 还别说,你看问题还真准! 还别说,你总算说了一句人话! 你还真别说,这会我可是做了件好事吧!
	说话者认为事件 X 肯定为假		找不着？别说了,人家好好地在家呢。（怎么找不着!）（"找不着"是假的） 您可别现在没有什么好干部了！这不就是! 你可千万别说你不知道,他瞒谁也不会瞒你啊! 别说你是我朋友了!
	说话者认为行为 X 必须为真		别说了,赶紧走吧! 别说了,你还真想/敢不去啊!
	说话者认为行为 X 必须为假		别提走（的话）! 再提我就翻脸了!（不许走） ——太谢谢您了!——别这么说,这是我该做的。 你可别说见外的话。

---

① 韩蕾、刘焱(2007)把这种功能称为认识情态的话语标记(discourse marker),并把"别说"的语用意义概括为意外:以前没发现或没注意或没意识到的,现在发现了、注意到了或意识到了;开始或情感或理智上不太接受,但后来认同了。她们认为,在对话中,"别说"具有认同和反对两种反应功能;非对话中具有引发和转换话题两种功能。

李宗江(2014)分了两种情况:一是说别人的意见不对,如"——这大九月里,哪里还有桂花呢？——三姐姐,你也别说。你可记得'十里荷花,三秋桂子'？在南边正是晚桂开的时候了,你只没有见过罢了";二是说自己先前的看法不对,如"'樱桃小口',那嘴跟樱桃似的,一丁点儿,能吃什么呀？也别说,吃炸酱面合适,挑起一根儿面条儿,哧溜一吸,面条儿进去了,炸酱留在嘴外头了"。

续 表

言说能力受到挑战	X程度大到无法形容	别提有多高了！ 这话儿别提多难听了！ 手气这个背啊就别提了！ 你走得别提多么是时候了！ 她还学人家浅雪的样子,别说有多别扭了！

因为其中有的项目涉及正反两方面,所以实际的语句可能会造成歧解,如"你喜欢我吗？——别说了,我心里对你咋样还还用说吗！"我们只知道这是在表明"喜欢"的事实是确定的,但仅仅这句话却未告诉我们究竟是喜欢还是不喜欢。

4.3 虚拟类言语行为

4.3.1 虚拟的本质与条件

虚拟的本质就是语言学所说的"虚指"(nonspecific),虚指的事物在直陈世界没有,在更深的虚构的认知世界中却会有。如"神都是神圣的,但宙斯毫无道德、恣意妄为,根本不能称为'神'",说话者是个无神论者,但他可以构造一个虚拟世界,其中存在神,然后讨论这个或这些神的属性,以及某事物是否合乎神圣属性。

有关判别虚指的方法,在陈振宇(2020a)中有更为详细的讨论,简言之,包括两种情况：

① 所构想的事物还无法判断,不知道是事实,这就是所谓"非事实",如"小王认为李四是好人"说话者只介绍了小王的认识,但小王的认识可能是真的也可能是假的,所以说话者并没有标明其事实性质,这就是非事实。

② 所构想的事物不是事实,即所谓"反事实",如"他装成好人",在本质属性上说,说话者就是表示他不是好人,虽然他会有好人的一些外部属性呈现。

【虚拟原则一】

① 确定为真的事物不能进行虚拟操作。推理公式为：

$$事物 X \wedge [特征] X 事实 \rightarrow [排斥] 虚拟 X$$

② 如果是虚拟的,则该命题或者是假的,或者是不确定的。(正迁移)推理公式为：

$$事物 X \wedge 虚拟 X \rightarrow X(非事实 \vee 反事实)$$

③ 如果说话者对已知的事实进行虚拟,语力失效。(负迁移)推理公式为:

$$事物\ X \wedge [特征] X\ 事实 \wedge X\ 虚拟 \rightarrow 语力失效$$

虚拟操作必须有一定的虚假性,或者是假的,或者可能是假的。如"我怀疑他是偷东西的人",他只是可能是(非事实或弱事实),如果我已经确定他是,那么就不能用"怀疑"而是用"肯定、知道"一类词了,因为"怀疑"只是虚构一种可能性。再如"设想一个没有太阳的地球","没有太阳的地球"是反事实,不存在的情况,"设想"就是虚拟想象。再如"我要找一个护士"在我找到之前,还不能确定一定有一个护士满足我的要求。

语力失效的情况有欺骗,如一个人明明知道或绝对肯定抽屉里就有一支笔(事实),还说"我要找一支笔"(如果他觉得可能有,这不违反规则)。也可以负迁移去充当另外一个新信息的出发点。"我怀疑他偷了你的书,我的怀疑都是很准的!""我要找谁就一定能找到!"这里已经不再是虚拟,而是转为完全确定的认识了。

陈振宇(2020a)说,虚指的论元有"演员—角色关系"(actor——role relation)。舞台上的一个角色,是一簇属性或内涵的汇集,但又表明,在虚指的那个认知世界中(舞台呈现的故事中),它是个体性的而不是纯粹的属性或内涵,诱导我们去猜想可能的个体。一出戏会有一个角色,它是唯一的,但是出演它的演员不是唯一的,从理论上讲,任何一个经过培训,达到这一角色的基本要求的演员都可以来演它。这样一来,凡虚指的论元,一定会构成全称量化意义。

【虚拟原则二】 当我们考察参与事件的一类事物时,

① 如果只是该类事物的部分成员参与该事件,或者说该类中有成员没有参与事件的话,则不能对这事物进行虚拟操作。推理公式为:

$$参与事件\ Y\ 的事物\ X \wedge [特征] \exists x((x \in X) \& \sim Y(x)) \rightarrow [排斥]虚拟\ X$$

② 如果该事物是虚拟的,则该类事物的任何一个成员都可以参与这一事件。(正迁移)推理公式为:

$$参与事件\ Y\ 的事物\ X \wedge [特征]虚拟\ X \rightarrow \forall x((x \in X) \rightarrow Y(x))$$

③ 如果只是该类事物的部分成员参与该事件,并对这事物进行虚拟操作的话,就会语力失效。(负迁移)推理公式为:

$$参与事件\ Y\ 的事物\ X \wedge 虚拟\ X \wedge$$
$$[特征] \exists x((x \in X) \& \sim Y(x)) \rightarrow [排斥]语力失效$$

例如"我要找一个护士"中：当"护士"是虚指时，从理论上讲，任何一个护士，都是我要找的对象，因为只提到了护士的属性，而没有更为具体的要求。如果有的护士是我要找的，有的不是，则"我要找一个护士"的"护士"是实指，即"我要找的特定的那几个护士"。再如"设想一个没有太阳的地球"，只要满足"没有太阳"和"地球"就是我所设想的东西，如果我设想的其实还有其他条件，例如有一个人造光源提供热量，那么就应该更为明确地说"设想一个没有太阳、靠人造光源提供热量的地球"。再如（例引自刘承峰、陈振宇 2019，陈振宇 2020：316—317）：

(260) 张三要一杯啤酒。（任意一杯啤酒，就是张三所要的东西）
张三在找麒麟。（任意出现一头麒麟，就是张三要找的东西）
张三希望与一个女护士结婚。（只要有一个女护士与张三结婚，就是张三所希望实现的愿望）
张三想去一个没有工业污染的地方旅游。（任意介绍一个没有工业污染的地方，这就是张三想去旅游的地方）
张三知道病人休克时去找医生求救。（张三知道的是，在此种情况下，任意去找一个医生求救）
张三试图避开冷箭。（任意出现一支射向张三的冷箭，就是张三试图避开的东西）
张三怕开车撞上行人，那可就糟了。（任何一个行人，都是张三怕撞上的对象）
张三怕碰上谁。（任何一个人都是张三怕碰见的）
张三应该去与一个女护士结婚。（任何一个女护士，就是张三应该与之结婚的对象）
张三肯定/可能见到了一个人。（任何一个人，张三看见的话，就证实这是真的）
难道张三和一个女护士结了婚！（任何一个女护士，只要和张三过夫妻生活，就是令说话者意外的使因。）
张三没看见谁。（任何一个人，张三都未看见）
张三看见了谁？（任何一个张三看见的人，就是这一疑问句的答案）
张三，拿本书过来。（任何一本书，只要张三拿过来了，就满足了祈使的要求）

用格式检验一下是大概率的预期:

(261)   O   P(M|O)/P(M)
    我要找一个护士,所以任何一个护士都可以是我要找的。
    ♯我要找一个护士,所以不是任何一个护士都可以是我要找的。
    ♯我要找一个护士,但是任何一个护士都是我要找的。
    我要找一个护士,但不是任何一个护士都是我要找的。

这里的语力失效表明说话者没有提供足够的信息,所以需要作为出发点,后面再给出更准确的信息,如"我要找一个护士,希望她具有护理长期卧病在床的病人的专业技术"。

【虚拟原则三】

① 如果我们直陈事物为真,则说话者一定认为存在可以使事物发生或存在的前提、方式等等。(正迁移)推理公式为:

事物 X∧直陈 X→言者知道 X 的前提、方式等存在

② 如果说话者不知道是否存在使事物发生或存在的前提、方式等等,则不能直陈,而只能虚拟。(正迁移)推理公式为:

事物 X∧言者不知道 X 的前提、方式等是否存在→[排斥]直陈 X∧虚拟 X

③ 如果说话者不知道是否存在使事件进行的前提、方式等等,而进行直陈,则语力失效。(负迁移)推理公式为:

事物 X∧言者不知道 X 的前提、方式等是否存在∧直陈 X→语力失效

例如"有什么(办法)可以让他听我的话?"作为疑问,表示说话者不知道是否存在这样的办法,因此"让他听我的话"就只是一个虚拟的事件。如果说话者不知道是否存在一种方式让核聚变发电实现,而直接告诉你"美国成功实现了核聚变发电实验",那么他的直陈就是失效的,而是转入了欺骗或者反讽。反讽的例子还有"科学还没有找到'用爱发电'的有效办法,但是民进党仅仅靠一系列游行和口号就已经在台湾实现了'用爱发电'"。

4.3.2 汉语条件句的类型与性质[①]

条件句是虚拟范畴的典型句式,因此条件句的条件小句必须满足虚拟原则一和二。

---

① 本节关于汉语条件句的类型,是和张莹共同研究的,参看张莹、陈振宇(2020)。

先看原则一，如"我肯定是我""我不是你"，这一般是绝对的事实，因此不能用于条件句，如不能说"♯如果我是我，我会来的""♯如果我不是你，我会来的"。有时，似乎可以有不同的情况，如"如果我是你爸，那你就得听我的!"说话者实际上是听话者的爸爸，这似乎是把事实作为虚拟的内容，与上述规则不符。但实际上，这里暗含着一个意义：听话者有可能或者实际上不把说话者当成他爸爸，因此从功能上讲，说话者有可能已经不能充当听话者的爸爸，所以才用于虚拟小句。正是因为虚拟原则的存在，使我们向父子关系可能解除的方向去理解。

但实际交际中并非没有事实条件句，只不过十分特殊而已。例如"如果我是你爸，那你就得听我的!"有一种特殊的使用语境，说话者和听话者都承认"我是你爸"是事实，所以句子不满足虚拟原则，不能实现条件句的功能，此时句子负迁移为强化表达说话者的意见"你得听我的"的不可辩驳性。

这种违反虚拟原则，失去条件句语力，负迁移为其他功能的情况不少。张莹、陈振宇(2020)说：

第一，日常对话中会有这样的语境：未知的结果或处境十分令人担忧，但由于说话人参与并认可了已有的付出，所以怀抱信心。或是安慰对方，或是自我鼓励；表明某种事实的存在自然会产生好的结果，无需担心，或者表明某种不好的事也不能造成阻碍。例句(1)中"你努力了""母亲、父亲、祖父和别的许许多多的人都拥护它"是事实。

(1) a. 甲：我已经很认真地复习了，可是……
乙：<u>只要你努力了</u>，就没什么好后悔的!（日常口语）
b. <u>纵然我的母亲、父亲、祖父和别的许许多多的人都拥护它</u>，我也要起来反抗。（巴金《家》）

第二，另一种语境中，听说双方立场鲜明，是一种对抗关系，条件小句表达的命题是当下的客观事实。例(2)中说话人提出事实"你血管里流的是血""我是你爸"，以此作为另一个更重要的信息的出发点和理据，从而增强说服力。

(2) a. <u>如果你血管里流的是血，而不是水</u>，那就要活着，报仇雪恨，以牙还牙!（李国文《冬天里的春天》）
b. 苏桐气得浑身发抖："这种人渣值得吗，……<u>只要我还是你爸</u>，我就不允许你继续和他在一起。"（网络小说《我的姐姐是大明星》）

我们认为，上述情况都是特殊的语用修辞现象，并不是一般条件句的普遍共性。以上语境中,说话者本来可以直接陈述事实,比如可以说:"因为我是你爸,你就得听我的安排!"但言者却有意地使用条件句,或是为了委婉,或是为了加强结果句的语力,强制要求对方认同。

上面引用的例(1)中的情况可以进一步分为以下两种。
① 无需担心类:

(262) 只要你已经努力了,就没什么好后悔的!
　　　只要你们来了,其他的都不重要!

② 与之相反的语境中,对方做了错事或发生了不好的事(已经走错了路、我不能天天时时跟随、你不是人才、大家都拥护它),为了让对方从不良情绪中走出来,说话者也会安慰对方,表明情况会有好转或至少没那么坏,不用太过担心:

(263) 即使走错了路,赶快回过来再往正确的路上跑也不为迟。
　　　即使我不能天天时时跟随左右,我总是为您所用的人。
　　　就算你不是人才,你大小也是条性命啊。
　　　纵然我的母亲、父亲、祖父和别的许许多多的人都拥护它,我也要起来反抗。

上述情况并不代表普遍的共性,都是虚拟语力失效的情况。典型的条件句主要是以下两类。
① 非事实条件句,说话者表示条件小句可能是表示事实,也可能是反事实。在世界语言中,这是一般条件句的基本性质,如:

(264) 如果他喜欢你,他会给你礼物。
　　　如果他是厨师,我们就可以请他来做这道大菜了。

说话者其实并不确定"他是否喜欢你""他是否是厨师"。
② 反事实条件句,说话者表示条件小句是表示反事实,如:

(265) 如果我是你,我就不会走了。(我当然不是你)
　　　如果那时他来了,我就不生气了。(那时他并没来)

McArthur(1992:225)分条件句为开放型和假设型。开放型条件是中性的,说话人对条件的完成与否持开放态度;假设型条件意味着说话人对条件的完成持怀疑态度,或者条件句表述的事情并未发生。他的开放型就是我们的非事实条件句,假设型就是我们的反事实条件句。

陈振宇(2019)说:

> 所有的条件句,都相当于隐含一个意向谓词及其主语"我假设……",这里的"我"就是说话者,也是终极的认识者,我把以前的所有思考暂时抛开,仅仅在假设如此条件的情况下来讨论,因此具有主体意向的完全虚拟性。这就是条件句全称量化意义的来源。

类似的例句还有(例引自刘承峰、陈振宇 2019):

(266) 如果有<u>人</u>来的话,请通知我。(任何一个人来,都通知我。)
<u>一个成绩好的人</u>(的话),我还可以考虑。(假设有一个成绩好的人来的场景,因此可以得到"任何一个成绩好的人来,我都可以考虑"的意义。)

典型的"通指句",它们并没有任何条件句的形式,但语义结构是一样的(例引自刘承峰、陈振宇 2019):

(267) <u>一只青蛙</u>四条腿,两只眼睛一张嘴。
<u>(一个)学生</u>应该好好学习。
<u>熊猫</u>吃竹子。
<u>这男人</u>得有男人样。

下面看一下条件句的特殊性质:

【虚拟原则四(条件句)】 在条件句中,结果小句与条件小句有同样的事实性。(正迁移)推理公式为:

条件小句是非事实→结果小句是非事实
条件小句是反事实→结果小句是反事实
条件小句是事实→结果小句是事实

如"如果他去过,他肯定看见了小李",对说话者来说,"他是不是去过"

还不能确定,因此"他是否看见了小李"也不能确定。再如"如果他当时没去,就不会遇上车祸了",表明他去了,也遇上了车祸。事实条件句也是如此,"只要你来了,其他的就不重要了","你来了"是当下语境中的事实,而"其他的不重要"也是说话者所认定的事实。

张莹、陈振宇(2020)说:

> 但是有一种特殊的"饼干条件句"(biscuits conditions),如"如果你饿了,罐子里还有饼干",其条件小句是非事实的(你饿不饿并不清楚),可结果小句却陈述了一个事实(罐子里有饼干为真)。我们认为这种特殊条件句形成的原因是省略,这实际上是在说"如果你饿了的话,罐子里还有饼干,你去拿来吃吧",所以真正的结果小句是"你去拿来吃吧",而这一结果的真假并不确定。所谓陈述事实的"罐子里有饼干"仅仅是"拿来吃"的可行性前提。

表达条件关系或条件句的多种形式,按照逻辑上的排列组合,应该分为三种:
① 中性形式:该形式的条件句在非事实和反事实中不会产生倾向性。以"如果"为例,很多"如果"句单从句式上并不能看出倾向性,它既可以用于非事实条件句,也可以用于反事实条件句。例如:

(268) 初中生的骨骼容易变曲变形,<u>如果课桌椅高度不合标准</u>,很可能导致驼背。(非事实,有可能为真有可能为假)
<u>如果没有遇上他</u>,我可能早就放弃了,至少不会做到像今天这样的高度。(反事实,一定为假)

② 非事实形式:该形式使条件句倾向非事实条件句,而排斥反事实条件句。以"万一"为例,它只用于表达非事实意义,如下例所示。说话者表明"觉得不行、出现这种局面"是可能发生的情况,而非不可能之事。

(269) 万一觉得不行,就一定再来香港。
万一出现这种局面,我怎么办?

③ 反事实形式:该形式使条件句倾向反事实条件句,而排斥非事实条件句。以"要不是"为例,说话者表达了"不是老师让我们每天读书""不是有你们帮助我"的反事实性,也就得到了"老师让我们每天读书""有你们帮助我"的事实性:

（270）要不是当时老师让我们每天读书、报或杂志，练出了阅读速度，我今天的考试准得遭殃。
要不是有你们帮助，也不会有现在这个地位……

条件句的非事实和反事实意义之间存在倾向性上的程度差异，有可能是一个连续统。

汉语学界不少学者关注到了非事实形式的条件句，吕叔湘（1942）在《中国文法要略》一书中说"普通说到'条件'，都是指可能实现的事实（未知的，而且多数是未来的），要是明知道与已知事实相反，就只能说是假设"（引自吕叔湘1942/2014：568）。胡裕树主编《现代汉语》（1995：366）把条件关系分为"假设的条件"（如果、假如等）和"特定的条件"（只有、只要等）。黄伯荣、廖序东《现代汉语（下）》（1991：168—171）把前者称为"假设复句"，后者称为"条件复句"。

Wang（2012：155-163）将汉语的假设连接词三分：反事实假设连接词（要不是、若非、如果不是、若不是），可能产生反事实意义的假设连接词（如果、要是、假设、设若），不能产生反事实意义的假设连接词（万一）。其中，"普通的条件""特定条件""条件复句""不能产生反事实意义的假设连词"一类，就是本书所指的排斥反事实意义的非事实形式。

邢福义（1993：364）解释"假设"实际是一种待实现的原因，是对尚未发生的事件进行条件—结果式推理，并认为表示假设和结果的关系是假设句的代表句式；而反事实（违实）条件句是一种特殊的假设句，它的基本功能是反证释因。张雪平（2008）、章敏（2016）根据假设条件句前件现实的可能性，从语义上将假设条件句分为两类四种，两大类是真实和非真实条件句，前者包含可能假设句、现实假设句两种，后者包含反事实（违实）假设句、虚拟假设句①两种。袁毓林（2015）认为假设性条件句有真实和非真实两种，前者的条件是真实的或中立的（可能是真的，也可能是假的），简称真实条件句或事实条件句；后者的条件是封闭的或有标记的（只能是假的），称为非真实条件或非事实、反事实条件。

4.4 鼓励与警告

从最终的效果上看，"鼓励"（encouraging）与"警告"（warning）实际上都

---

① 在西方，有的学者称虚拟原则句（Quirk 1985，Palmer 1986，Fintel 1988），有的称违实条件句（Stalnaker 1968、1999，Lewis 1973、1979、1986，Kratzer 1991，Fintel 2001）。但本质上对这两个术语不加区分。另一方面，在哲学文献中，含有 would 的条件句通常被称做"虚拟"条件句，有学者认为，它跟违实条件句和直陈条件句是不同概念（Anderson,1951）。

是一种祈使,即以促使听话者做某事或不做某事为最终意图,又称为"正向激励"与"负向激励"。但是,语言学的证据却表明,它们的祈使功能并不是直接的,而是间接的,是从意外、虚拟等功能通过言语行为迁移或叠加获得的语用涵义,它们是跨界的范畴。它们常采用非祈使的语句,因此我们暂时将它们单列。

Searle 描述了英语警告言语行为的构成性规则。Thomas(1995)也以 warning 为例,对言语行为进行分类说明。警告要和直接的禁止区别开来,如"你别过来"不是警告,"你再前进一步我就死给你看"才是警告。

侯召溪(2007)提出有一种直接的警告,就是用动词"警告",如下:

(271) 我警告你,别想就这么走掉!

在实际语料中,警告的表达方式则主要分为以下几类:消极后果、疑问或意外、反语。

表8 鼓励和警告的表达方式

	类 型	构 式	机 制	例	要求/禁止
祈使	方式类	小心/当心/注意 X/Y	凸显行为 X,与 X 有关的事物或消极后果 Y	小心走路！当心汽车！小心摔着！注意脚下！小心把人逼狠了她什么事都做得出来！当心造成不好的结果！	以正确的方式做 X
	非方式类	想想 X 的后果；看看 X 会怎样	凸显 X 的结果,或凸显与 X 有关的后果	想想这么做的后果吧！去之前还是多想想你妈！先看看会怎么样！	别做 X
虚拟	给出具体后果	如果/要是 X……Y	凸显消极结果 Y	如果不早点准备,就会错失良机。	别做 X
			凸显积极结果 Y	如果你去的话,奶奶会很高兴的。	做 X
	给出后果的积极或消极性质	你最好 X 还是 X 的好	凸显 X 的积极结果 Y	你最好去看看！你最好别去！还是去看看的好！还是别去的好！	做 X
		你 X 要糟糕	凸显 X 的消极结果 Y	再这么下去肯定要糟！	别做 X

续 表

类型		构式	机制	例	要求/禁止
疑问/意外	对"不X"发出警告	你X不X	凸显对X的选择	你给不给?! 你去不去的?!	做X
		你不X	凸显"不X"的不合理性	你不去哇?! 你还不走啊?!	做X
	对"X"发出警告	想X;要X	凸显X的不合理性	你想去?! 你要和他一伙儿?!	别做X
		是X	凸显X的不合理性	你是给我顶嘴啊?! 你是明天去?!	别做X
	对上面提到的行为警告	(你)是不是的!(成都话)	凸显上面提到的行为的不合理性	甲：我要去!/我不去! 乙：(你)是不是的(哦)!	别做X
	问原因、目的	干嘛X;怎么X	凸显X的不合理性	你干嘛去啊?! 怎么还要去啊?! 你这么做是为了啥呀!	别做X
	意外	竟然X;居然X	凸显X的不合理性	你竟然准备去帮她?!	别做X
		谁叫X		谁叫你不上学(的)?!	别做X
反语	直接	你X	凸显行为X	你跳,你跳啊! 你去啊! 你走试试!	别做X
		再X(一个/试试);敢X	凸显行为X	你再骂(一个)! 再打他一下试试! 你敢去! 你敢再打我一下!	别做X
	间接	叫你X;让你X;给你X	凸显行为X	我叫你不上学! 让你喝! 让你喝!	别做X
特殊	反映说话者的威胁行为X	看我(不)X	凸显行为X	看我(不)揍你!	我会或很可能做X

4.4.1 提请关注消极结果

又分为：

1) 关注类,要求对方注意有关事物或注意行为的结果。

当说话者要求特别关注与某一行为有关的事物时,就是在说这种行为可能会有消极的后果;又消极后果是不合理的,需要避免。这样得到的是间接要求对方注意不要让消极结果出现。从本质上讲,这不是典型的警告,而是"警示、提醒",即不是要求不做某事,而是要求正确地做某事。

①【强化——褒贬原则十】 当说话者强调需要特别关注某一事件或某一事件的结果时候,就是在说会有消极后果。
②【褒贬原则九】 达到或靠近消极后果的事都是不合理的。
③【强化——要求/禁止原则四】 说话者如果强调行为的不合理性,也就是在禁止去实施这一行为。

这样就出现了一系列警告的表达方式:通过让对方注意有关行为 X,或者是有关行为所涉及的事物,或者有关行为 X 的后果 Y,以表达说话者禁止对方做该行为 X 的意图。参看周继圣(2000)、刘文欣(2009)等的详细研究。

如用"小心"类词语表达:

(272) 小心有水!小心脚下!小心走路!小心,小心!小心让人发现!
当心摔跤!当心发水!当心!
注意脚下!注意别让人发现!

另外,也可以直接要求对方去想象行为的(消极)结果,如:

(273) 想想这事的后果!想想你的家人!(对你的家人会有坏的结果)
想想别人会怎么看!(别人有消极的看法)
(做之前)先看看会怎么样!

2) 虚拟类。这一类是最典型、常见和自由的警告和鼓励的表达方式,先看警告:
① 存在一种趋向或可能的行为 X;
② X **为真**将导致**未来**的结果 Y;
③ Y 是**不合理**的(消极结果);
④ 警告不要让 X 发生或继续下去,从而避免 Y。
看一下典型的虚拟句:

(274) 社会<u>如果忽视家庭暴力,就会使施暴者更加任意妄为</u>。因此,对家庭暴力绝不能姑息,必须采取强有力的制止行动。
布什政府<u>如果不能与中东地区旧式统治者和老思维方式决裂的话,它不可能推动中东地区的转变</u>。
他警告,<u>如果缺乏资金,这项治疗计划将难以完成</u>。目前,全球只有大约 30 万人接受抗逆转录病毒治疗,每年死于艾滋病的人达数百万之多。

格林斯潘还认为,中国这样巨大的新兴市场<u>如果出现金融不稳定,则将会对整个世界经济的前景造成威胁</u>。中国需要逐步地健全自己的银行体系。

伊朗外交部长卡迈勒·哈拉齐 10 日在德黑兰说,<u>如果欧洲国家在伊朗核问题上屈从美国,伊朗将中断与国际原子能机构的合作</u>。

请注意,警告的结果部分常常使用"反问"句:

(275) 这本来是好事,是梦寐以求的,以前想法怎么激活都很难,可<u>如果投资一起来就惊惶失措,那不就是叶公好龙了吗</u>?

踢出自己的风格比起简单的胜负追求已经上了一个档次。试想,<u>如果中国队凭借侥幸战胜了韩国队,并以同样的表现出现在奥运会的舞台上,那又有什么意思呢</u>?

"当官不为民做主,不如回家卖红薯。"<u>如果我们连封建官员都不如,还怎么谈得上立党为公、执政为民</u>?

<u>如果每天打开电子邮箱,必须首先清理一堆垃圾邮件,你感觉如何</u>?

"鼓励"这一范畴容易与"安慰""赞扬"等混为一谈。安慰是要消除对方的消极情感,并不意味着要求对方做什么;而赞扬是对过去或现在已然发生的事情的赞扬,虽然被赞扬的事情具有合理性,也就是要求对方以后继续做同类的事,从而具有鼓励的含义,但毕竟其最重要的落脚点是评价,而非祈使。

"鼓励"还要与直接的祈使区分开来,如"努力吧,少年!"也是希望对方做某事,但是并没有表达这样做的结果是什么。而鼓励还要有关于结果的说明,使对方感到自己采取这一行为是合理的或积极的,如下面划线的部分"努力吧,少年!<u>努力可以实现你的梦想</u>!"

"鼓励"还要与直接的预言区分开来,如"你会成功的!"这是预言好的结果一定会达到,但是没有关于你的行为方面的指导,所以不明白是否要求你去做什么事,因此不是鼓励。

典型的鼓励也是虚拟与祈使范畴的跨界子范畴:

① 存在一种趋向或可能的行为 X;

② X **为真**将导致**未来**结果 Y；
③ Y 是合理的（积极结果）；
④ 鼓励要让 X 发生或继续下去，从而得到 Y。
如：

(276) 佩雷斯说，工党并非渴望权力，而是向往和平。<u>如果沙龙政府致力于以巴"全面的和平"，工党会给予"全面的支持"</u>。这就意味着工党将会加入沙龙的联合政府。
福德·萨维耶说："中国政府在反腐败领域所做的工作是值得称赞的。特别<u>中国领导人提出的'以人为本'的理念如果能够深入到每一位官员心中，将会对反腐败局面产生深刻的影响</u>。"

显然，"工党会给予'全面的支持'"是可取的，所以实际上是在鼓励"沙龙政府致力于以巴'全面的和平'"这一趋向。
有时，说话者并不直接指出行为的后果，而是指出行为的后果是好的或不好的，从而推出选择，如：

(277) 你最好去看看，可能会有收获。（你）还是去看看的好！——要求"去看看"
你最好别去！不去最好！——要求"不去"
你再这样下去肯定要糟！——要求"别这样下去"

4.4.2 疑惑与意外的作用

这两类实际上很难区别，因为其中主要的机制都是通过表示意外来触发语用推理。前面提到过一系列语用推理的规则，如下：
①【强化——询问原则一】 说话者如果特别强调需要对方证实或证伪（求证），或者告诉为什么如此（问原因），或者告诉有关细节（问细节），则说话者认为事物是弱事实或弱反事实，即他对事物的真假还不确定。
②【强化——事实性原则四】 如果说话者强调自己对事物的真假不清楚，则在不自信的情况下，他是认为这事物是非常规的。
③【询问原则八】
一般而言，询问的一定是非常规的（新信息）。
④【意外原则二】
如果表示意外，而说话者又是自信的话，则表示该事物对说话者来说必

有非常规之处。

⑤【事实性原则四】 如果说话者认为事物是非常规的,则在不自信的情况下,他无法确定事物的真假。

⑥【事实性原则八】

说话者如果认为事物是弱事实或弱反事实(非事实),则需要对方证实或证伪(求证),或者告诉为什么如此(问原因),或者告诉有关细节(问细节),以便说话者自己作出判断。

⑦【常规——合理原则一】 在言说事物或行为时,如果说话者认为它是非常规的,并且不具有明显的积极评价,则他认为这是不合理的。

⑧【褒贬原则十五】 如果一个已然或已经确定要进行的行为(已然事实或将行事实)是消极的、不合理的,则对这一行为的实施负有责任的人应该受到责备;如果责任人是自己或自己同盟中的人,则还会感到遗憾。并且责任人应该在未来的同类场景中不继续实施,或者改变其焦点,从而调节为新的行为。

⑨【强化——要求原则四】 说话者如果强调行为的不合理性,也就是在禁止去实施这一行为。

⑩【强化——事实性原则六】 如果特别强调事件不合理,则意味着说话者认为事件为假,或会为假。

把它们画在一张图上,得到以下的负迁移或语用叠加:

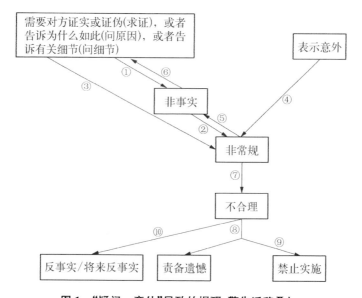

图1 "疑问—意外"导致的提醒、警告迁移叠加

4.4.3 反语

反语,是指一种表达形式,它带有某种特征,试图诱使听话者从语用上推理出,说话者所要表达的意义,与字面意义相反或极大地不符。反语研究的关键是找到相关的形式特征,分为两种:

① 一些特殊的构式或语词,可称为"反语标记"。如表示"警告"和"斥责"的"叫/让"句,"叫你不听话!""谁让你来的!"

② 一些特殊的话语特征,容易诱导反语推理,如过分强化韵律模式,"你可′真行!"包括非语言的伴随方式,如在斥骂时言笑殷殷,表情与字面意义不相匹配。

警告中经常采用反语形式。

刘宗保(2011)研究了"叫/让"警告义构式,刘晨阳(2016)研究了"再VP"警告义构式,它们都具有反语性质。例如:

(278) 让/叫你不好好学习!
  字面意义:听任你不好好学习/存在什么原因使你不好好学习
  反语特征:"让"或"不"上有特别重音;"不好好学习"是消极评价
  (非主题评价)
  语用涵义:"听任你不好好学习/存在什么原因使你不好好学习"
    是不合理的
    →会带来或已经带来消极的后果(警告/斥责)
    →要好好学习(要改变已有状态)

请注意,"叫、让"在这里表达什么意思,可以有两解:听任义,刘宗保(2011)就是这么认为;使令义。

我们认为这里的"叫、让"是"使令义",因为在早期的语料中,往往需要在前面有一个主语"我",如"我叫你由他!"(例引自《醒世姻缘传》),意为"(难道是)我让你去听凭他的作为的!"显然这是个反问,表示语用否定,就是不可能是我让你这样的,表示你不应该这样。由此我们认为,"让/叫你不好好学习"表示"存在什么原因或有人使你不好好学习",同样,强调特征表达的是反问(语用否定),即说话者实际要表述的是"没有什么原因或没有任何人使你不好好学习",因此你不好好学习是不合理的。

(279) 你再说一遍!

字面意义：（祈使）我要求你再说一遍

反语特征："再"或"说"上有特别重音；"再多说"在语境中是消极评价（非主题评价）

语用涵义："你再说一遍"是不合理的
　　　　→会带来或已经带来消极的后果（警告/斥责）
　　　　→不能再说了（要改变已有状态）

刘晨阳(2016)转引于巍(2008)的话说，这里的警告义来自使动式的隐性否定，这是正确的。表面看是使动的祈使句，在带有反语特征后，表达相反的意思，表示对"再说一遍"的反对。

【强化原则五】 在有褒贬意义的语境中，当说话者对自己言语活动的意图并不相信或在意时，为了不让对方看出自己的真实心理，会刻意加以强化。推理公式为：

　　命题/行为 X∧［特征］说话者所说或所发出或所要求∧
［特征］（说话者真实意图与 X 不同或相反∨说话者不在意 X）∧
　　　　［特征］说话者不想让人看出→刻意强化 X

"刻意"本来是指用上全部心思，全力以赴做事。但这里的"刻意"还有"故意"和"用力过猛"的意思，因为太在意，以致行为不自然，或者程度太高，或者做事的某些方式无法达到自然顺畅。例如我本来讨厌一个人，但我故意赞扬他，并且刻意赞扬到很高的程度，以掩盖我的讨厌。

【强化——强化语力原则五（反语构建原则）】 如果说话者的强化被强调为刻意的，则有可能是因为他的真实意图与言语活动的表现相反或不同，或者他根本就不在意这一言语活动，并且他想让人看出这一点。

　　命题/行为 X∧［特征］说话者所说或所发出或所要求∧
［特征］强化 X∧［特征］强调为刻意的强化→（说话者真实意图与
　　X 不同或相反∨说话者不在意 X）∧［特征］说话者不想让人看出

这条规则也称为"反语构建原则"。

5. 本 章 小 结

言语行为作为社会行为的下位类型，需要遵循行为的普遍条件；但是语言系统和各种言语行为有自己的独特的性质和要求，也需要分别讨论。

一、行为的普遍条件

包括意愿、能力、关涉事物和使因等方面。

在语法学中研究行为有"自主性"范畴。自主可以拆分为"意愿"和"能力"两个维度，必须既有意愿又有能力才能称为是自主的，缺一样就是不自主的。

"意愿"是动力情态的一种，表达行为主体对自己行为的意志倾向，它对行为的实施有极大的控制力，一般而言，一个人不会做自己反对的事。但是，实际中有"被动、主动"两种意愿状态：一个人被动去做某事，则或者他是反对做这事的，或者是无意识中去做这事的；一个人主动去做某事，则他是有意识中去做这事，并且想做这事。

一般而言，主体如果没有能力，则行为不可能实施。主体如果对行为产生意愿，则主体认为自己有或有可能有能力实施。

这里的事物可以是行为所关涉的事物，也可以是事件所涉及的"内容"，后者是指社会性反应（后悔、责备、表扬、批评、高兴、难过等）行为所涉及的事件，它也是导致行为的使因，也是其针对的对象。一般来说，一个人不能确定事物为真，就不能正当地基于这一事物做出行为。

从哲学上讲，万事万物都需要使因，如果不存在使因，则变化、行为都不可能实现或实施。如果变化和行为实现或实施，则内外使因总得存在一个。

二、言语行为中的语言表达

言语行为是通过语言系统和具体的话语来实施的，它可以伴随其他实施方式，但必须以话语表达为核心。这些语言表达需要满足一些共同的条件。

1）主题

"主题"（topic）指的是句子信息的出发点（句子主题），或者语篇所围绕的中心对象（篇章主题）。汉语的小句结构深受语用法则的制约，汉语中所谓的"主语"在很大的程度上是主题，"宾语"也在很大的程度上是述题，所以呈现出与英语等语言很不一样的面貌；但其中仍然有施受等级的制约在，只不过不如英语那么强势而已。

选择一个成分充当对句子核心，即"核心小句"，这就是所谓的谓语核心词（即是且只是由一个单纯谓词或复合谓词担任）；仅仅将成分前后排列，并无核心，称为"非核心小句"。人类语言有两种基本策略：

① 以动词为中心描写世界，并以动词为核心构成基本的支配和依赖结构，称为"动词性谓语句"。其基本分析是，先弄清楚动词所代表的事件有哪些论元，它们的语义功能，施事、受事就是其中最重要的两个语义角色，再看

这些论元如何投射到句法的线性序列上来。这是一个类似于太阳系的核心结构模型。动词性谓语句最有用的地方是对外在客观世界的描写,这些描写是以事件(活动、动作、变化、过程等)为核心的,所以把动词作为小句的核心,再根据与动词关系的不同来安排论元。从认知上讲,如果不分化出动词,我们无法描写外在的世界。

汉语的动词性谓语句的句法化以本章的表2为基本原则。

② 以"主题—说明"为基本关系理解世界,称为"非动词性谓语句",它的实质是结构上的非核心关系,即主题和说明谁也不是核心;线性的并列形式操作,即将两个部分按照先后直接在语流中呈现。其基本分析是,先弄清楚所讨论的对象(主题),以及对该对象的说明部分。这是一个类似于前件后件"合二为一"的结构模型。非动词性谓语是完全不同的认知观:从本质上讲不是对客观世界的描写,而是对主观认识的解释或说明。典型的非动词性谓语句至少有:判断句、处所句、领有句、数量对应句、比较句、强调句等。

汉语主题的配置以本章的表3为基本原则。

上述规律都存在若干"例外",需要进一步分析其决定因素。

主题不能进行信息性操作,只能进行主观性操作。汉语主题的一个重要特点是可以主观强化操作,其规律是:

① 只有能担任主题的成分,才能进行主题强调。

② 当需要进行理性表述时,最好不要进行主题强调。

③ 当需要尽快突出说明部分,如说明部分是特别的感叹焦点时,最好不要进行主题强调。

④ 当句中有多重主题时,把每个主题都进行强化是不好的操作,因为会在语用上造成矛盾,不知道究竟是突显哪个主题的社会价值;一般只对其中一个进行强化。

⑤ 只有自身的结构语义已经具有很强的定指性质的主题,才可以进行自由的主题强调。

最后,在"主题—说明"结构中,是依靠语义内容来允准这一结构的恰当性的:

① 主题要被允准,需要在主题与说明部分各构造出一个语义成分 X 和 Y,且 Y 是 X 的联元,或者 X 是 Y 语义关联(语义指向)的对象。

② 如果语义关联(指向)是单向的,就不能颠倒顺序。

③ 要符合说明价值的要求。

2) 焦点

焦点,是句子中最突显的部分,往往具有韵律上的突出性(如重音),或者虽然在韵律上不突出,但不能省减。焦点总是具有局部性,它是说话者要求听话者特别注意的部分。

焦点成分不能是数量或指称都不明确的成分。

焦点的类型有：信息焦点、对比焦点、主题焦点和主观性焦点。信息性焦点成分(信息焦点或对比焦点)不能约束其他信息性焦点成分;主观性焦点成分不能与其他焦点成分共现;主题焦点成分可以与信息性焦点成分共现。

一个成分自身性质倾向于要做句子的信息性或主观性焦点,但句中已有其他信息性或主观性焦点成分,则：

① 如果句子要成立,该成分必须成功实施"去焦点化"操作。
② 如果该成分不能成功实施"去焦点化"操作,则句子不成立。

3）背景预设

"背景预设"指语句语义的基础,是说话者表达前景信息或焦点信息的必要的前提。

说话者自我确定的(主观)条件,或者语境中已经存在的预设(在不打破预设的情况下),一定是句子的背景信息,不能充当信息性焦点(信息焦点或对比焦点)。

一个言语行为有效,背景预设一定满足相应的语用条件。例如当说话者要恰当地询问特指问题时,就是强调该问题的背景预设命题是真的。

三、完句性

"完句性",历来被认为是关于句子是否成立的研究。本书主要是指句子在特定的语境中,独立充当最小话轮的能力,也称为"可止性"。

需要从话语的互动特征,也就是该话语传递的信息或该话语本身,对会话活动的参与者是否具有足够的"语用价值"来看待完句性。有以下几个赋予语用价值高低取值的规律：

1) 新信息：如果不是新信息,则语用价值低。
2) 关联性和语力存在：如果既不是与说话者或听话者有社会意义上的相关性,也不是与他们的正同盟/反同盟的某方有社会意义上的相关性,也不具有使听话者或其他人产生某种效果或后续行为的语力,则语用价值低。

从互动和对话的角度讲,一段有传达命题意义功能的话语/句子,要具有足够的语用价值,需要满足下面两点中的至少一个：① 情感和意义是针对说话者或听话者,或与说话者有正/反同盟关系的某方,或与听话者有正/反同盟关系的某方的,是对他们的行为、思想、状态等的描写(不过,不能违反新信息的原则)。② 具有使听话者或其他人产生某种效果或后续行为的语力。

3) 突显性：如果句中成分不具有突显性，则语用价值低。

"突显"，指说话者特别希望听话者注意到某一成分，在形式上有标记或特别的韵律表现（如重音），且该成分是最为体现说话者的疑惑、感叹、主观评价、辩驳等言语行为功能的核心成分。语义内容越具体、详细，越是担任对抽象语义框架进行具体化功能的成分，越为突显；语义内容主观性越强的成分，越为突显。

完句的规则是：

① 没有足够的语用价值，即不能独立充当话轮。如果不能独立充当话轮，则需要处于非独立的句法和语篇位置上才能使用。

② 如果分为嵌套的上下两部分，则一般而言，完句性是由上层的部分体现出来的而不是下层；如果分为非嵌套的前后两部分，则一般而言，完句性是由后面的部分体现出来的而不是前部。

③ 如果前部的语用价值大于后部的语用价值，或者说是从高语用价值到低语用价值的配置，就不能独立充当话轮。

本节运用上述原则，专门就汉语性质形容词谓语句、"每、所有、任何"与"都"的共现问题、汉语状中结构的平衡配置等三大现象进行了深入的探讨，首先说明它们的本质是完句性问题，其次分别给出各自的完句配置。

四、各种言语行为各自需要的行为条件

选择若干典型的言语行为，我们按照普遍的行为条件，再加上每种行为的特点，给出其具体的实施条件。有的多，有的少。

1) 陈述类言语行为。陈述的核心是"告知"言语行为。另外，本节还考察了"坦承欺骗"和"提醒"言语行为，它们也是陈述类的。

2) 祈使类言语行为

祈使的核心是"要求"和"禁止"（肯定和否定之别）。祈愿与祈使很相似，主要的区别是：祈使需要有一个明确的受众（一般是听话者），说话者要求或禁止他去做某事；而祈愿则没有这一受众，说话者仅仅是表达自己的愿望，希望某事成真或成假。因此，我们把要求原则中所有对听话者的要求（主要是关于听话者的能力的部分）拿掉，就成了祈愿的条件。允诺相当于自己祈使自己，所以其条件与一般的祈使最为接近。还有所谓"禁言"，指的是要求对方或自己与对方一起，不要就某一主题继续言说。因此它首先是主题结束的标记，但在实际使用中，禁言还会涉及一系列的语用目的，显得比较复杂。

另外，疑问也可以归为祈使行为，疑问的核心是"询问"。

3) 虚拟类言语行为

虚拟的本质就是语言学所说的"虚指"。确定为真的事物不能进行虚拟操作;如果只是该类事物的部分成员参与该事件,或者说该类中有成员没有参与事件的话,则不能对这事物进行虚拟操作。

在这一部分,我们还得对汉语条件句进行一些论述。条件句是虚拟范畴的典型句式,因此条件句的条件小句必须满足虚拟原则。另外,在条件句中,结果小句与条件小句有同样的事实性。

4) 鼓励和警告

它们不是简单的言语行为,不一定有自己的语法化形式,往往是借用其他言语行为的形式(如祈使、虚拟、疑问、意外、反语等),通过语用推理来实现的。因此本节的重点在讨论形成鼓励和警告的三个方面以及相应的语用推理机制:

① 提请关注消极后果;

② 疑惑与意外;

③ 反语。

第八章　复杂的汉语语用语法现象举隅

本章介绍几个重要的汉语语法现象，并运用本书的原则体系来进行解读。包括：
1) 汉语仅差格式；
2) 汉语副词的主观性问题；
3) 汉语主观量；
4) 汉语"呢"系语气词。
这是几个各自独立的部分。

第一个主要是预期问题，但插入本书第二章不太合适，因为要介绍大量的预期以外的研究问题，而且篇幅太长。

第二个本来是行为普遍性中的主观性判定问题中的一个部分，主观性的选择与判定，应该是第七章"言语行为中的语言表达"部分的内容，但是由于迄今为止还没有完善地解决这一问题，不得已只能把这一部分单独拿出来作为一节。

第三个涉及的主观量，与预期有关，但又是单独的量性规则，与感叹、时间、信息价值等都有关系，无法放入前面哪一章中。

第四个是前面关于情感问题的延续，主要考察汉语"呢"系词究竟是话题问标记还是情感标记的问题。

1. 统一预期理论举隅——以"差(一)点(儿)＋否定 VP"为例[①]

所谓"统一预期理论"，其实是针对此前那些忽略了预期的某些种类，而

[①] 与鲁承发、干薇共同研究，参看鲁承发、陈振宇(2020)，以及干薇、陈振宇(2022)，干薇、陈振宇(2023)。

仅仅考虑部分子类的研究思路而言。最容易被忽略的就是"意愿预期"。下面我们用一个例子来说明。

汉语中仅差否定式有两种不同的意义，这一区别由朱德熙(1959)首次提出。朱德熙(1959)首次提出了汉语"差一点没"的特殊语言问题。这是指否定格式"他被什么绊了一下，<u>差点儿没摔了一跤</u>"这一句子，理解为"接近摔跤但没摔"。这时，它和肯定格式"差点儿摔了一跤"的命题意义一样；而与正常的否定格式"差点儿没站稳"(接近站不稳但还是站稳了)正好相反。

李忠星(1999)称这种否定格式为正话反说。朱德熙(1980)、戴耀晶(2004b)、张谊生(2004a：213—242)等称这种现象为"冗余/羡余否定"，指其中的否定词"没"不起命题作用，有没有"没"命题意义都一样，肯定格式和否定格式只是语气有区别。另参看张东华(2004)、赵万勋(2009)、袁毓林(2011)、杨子(2017)的"焦点标记""虚指用法""道义情态格式""话语标记"。

本书采纳周一民(2003)的术语，分为：

1) Na(affirmative)式，强调句子最终得到肯定性的意义，文献中也常被称为"正常格式"，如：

(1) 父子都坐下，老人还搓着手："<u>差点没见着你</u>，春子！"(老舍《杀狗》)

理解为"总算看见了"，与肯定式"差点儿见着"命题意义相反。

2) Nn(negative)式，强调句子最终得到否定性的意义，文献中也常被称为"反常格式/羡余(否定)格式"，如：

(2) 他面色苍白着，步履蹒跚地走下楼梯，<u>差点没滑倒</u>。(廉声《月色狰狞》)

理解为"接近滑倒但没滑倒"，与肯定式"差点儿滑倒"命题意义一样，但语用色彩更强烈。

鲁承发、陈振宇(2020)全面系统地总结了以往对这一对格式的研究成果，认为其中一个中心任务，是找到合适的语用条件以区分是 Na 式还是 Nn 式。在这一方面，前人几乎都是从 Nn 式入手分析的。

1.1 Nn 式的来源、类型

1.1.1 仅差格式的两种类型——排除式和非排除式

"争些、险些、几乎、差(一)点"等隐性否定格式，都是表示接近但没有达到某一界点的意义，见袁毓林(2013)。Kuteva(2001)称之为 avertive，译为英语就是 warning。不过,这一术语的使用需要当心,因为 avertive 有警告义,有消极色彩,然而汉语格式可以是消极的也可以是积极的,例如:

(3) 为这句话,<u>小玉差一点挨打</u>!(杨继光、崔晓《失足女孩与退休教师的"父女"情》)——消极
这种痴情在 1924 年春末夏初印度诗人泰戈尔访华之机,<u>差一点又燃了爱情之火</u>。(王保生《徐志摩和三位才女的爱情纠葛》)——不同的人有不同的解读
<u>那个夏天我还差一点谈情说爱</u>,我遇到了一位赏心悦目的女孩,她黝黑的脸蛋至今还在我眼前闪闪发光。(余华《活着》)——积极

此类格式属于"接近语"(approximator)范畴,帅志嵩(2014)称之为"仅差"结构。Kuteva(2001:102)认为这种格式有紧迫性(imminence)、过去时(past tense)和反事实性(counterfactuality)。从朱德熙(1959)开始,汉语研究者把"曾经接近 XP 但没有达到 XP"作为此类格式的基本语义内容。

为了更为准确地把握本文的研究对象,需要先讨论一下接近语内部不同的子类:

1) 非解除式:仅仅是对"接近"这一状态的突显,不考虑这一状态会不会或者是何时能够解除,如:

(4) 他当时几乎没有办法呼吸了。He nearly did not have the means to breathe.
它几乎没有涉及对消费者意图的实证研究。It almost did not involve empirical research on the consumer use intentions.

他在过去某个时候就快无法呼吸了(只剩下微弱的呼吸),句子并没有说这一接近状态是否解除或何时解除,仅仅是在讲述当时的情况。一篇文章几乎没有涉及实证研究(可能仅仅有很少提及),说话者的这一评价是超越时空的,这篇文章的这个缺点将不会随着时间而改变,也就是没有解除的可能。

2) 解除式:既突显"接近"状态,也突显这一状态后来彻底解除,因此事物又回到其原有的发展轨道上来,如"小玉差点儿挨打",不但说小玉就快挨打了,还要强调小玉终究是没有挨打,这正是吕叔湘主编(1980:46)和袁毓林(2013)所强调的"庆幸"意义:如果危机没有明确地解除,则没有庆幸可言。也有例子不是消极事件,不是庆幸,如"差一点谈情说爱",但也都突显事件的没有成

功,那个夏天我接近于谈恋爱,但一定是没有谈成,又恢复了原有的生活轨迹。

Liu(2011)、Kaufmann & Xu(2013)、袁毓林(2011,2013)、鲁承发(2018)对英汉语的相关格式进行了对比,而我们关注否定式的意义,并发现:在后面是否定形式时,英语 nearly、almost 表达非解除式,如上面例(4)所示。在现代汉语中,"几乎"否定式也经常表达非解除式,下面是从 CCL 现代报刊语料中找到的例子:

(5) 它几乎没有用到任何数学,完全用文字论述。
   欧美、南韩、日本市场是闽旅十分薄弱的环节,过去几乎没得到开发。
   我那么紧张,几乎不会走路。

这是说达到了接近的状态,而不明确表示这种状态是否解除。如果句子的确有解除的意义,这一意义是语用推导出来的,如"他当时几乎没有办法呼吸了"之所以可以换为"他当时差一点就没有办法呼吸了",是因为呼吸的恢复性很强,我们很容易猜测他后来恢复了呼吸。"我那么紧张,几乎不会走路"之所以可以换为"我那么紧张,差一点不会走路",是因为走路是人的天性,很容易猜测他后来恢复了走路的能力。

"险些、差一点"的否定式则一般都表达解除式,所以如果事件没有恢复原貌,换为"险些、差(一)点"就会非常别扭,如:

(6) *它差一点没有涉及对消费者意图的实证研究。
   *它差一点没有用到任何数学。
   *过去差一点没得到开发。

如果改为"差一点",必然改变原有的语义,如一定要说"老张完全没有经济学的专业知识,不知道这种调查报告的基本做法,以致他的报告<u>差一点没涉及对消费者意图的实证研究</u>"(范晓蕾提供例句),这一状态一定得到解除,即老张的报告最终还是把该实证研究写了进去,这和"几乎"句是不一样的。

本文的研究对象是汉语的解除式否定句。

1.1.2 Nn 式的来源与类型

关于这一构式的来源,有多种观点。鲁承发、陈振宇(2020)总结了五种:分配律,如石毓智(1993);"糅合、整合",如沈家煊(1999)、江蓝生(2008);反语,如邱斌(2007);"语义溢出",如袁毓林(2013);"近义截连",如范晓蕾(2019)。除此之外,还有一个是"语用强化"论,如张东华(2004)。

我们认为,当今汉语普通话中的 Nn 式,的确有两个来源,从而构成两种基本的类型：

1) Nn1 式："差点儿 ＋没 ＋VP"

也即所谓的冗余式，其中的否定词是插入的（或者像袁毓林的解释，是溢出的）。

这一类 Nn 式的产生，与当时汉语中否定词被用来表达意外情感并构造感叹句有关。根据车录彬（2016：100），"好不 A"冗余否定式在宋元已经产生，这与"险些"类 Nn 式的产生年代相重叠，可以归为一类现象。而且它们都涉及否定词"不"（至于"没"的冗余否定式是更后来的事，是"存在否定词"替换"通用否定词"语法化现象后的结果），我们可以认为 Nn 式是在历史大潮下形成的一个专门用于表达主观性的意外情感构式。

(7) 爷娘得恁地无见识！将个妹妹嫁与一个事马的驱口，教咱弟兄<u>好不羞了面皮</u>。（《新编五代史平话•汉史平话》）

如今伴着一个秀才，是西川成都人，<u>好不缠的火热</u>！（《全元杂剧玉素女两世姻缘》）　　　　　　　　　　　　（例引自车录彬 2016）

另外，Nn 式作为冗余否定格式，就和其他汉语冗余否定一样，要求整个句子在句法上趋向简单。

2) Nn2 式："差点儿＋没 VP"

也即所谓的整合式，是由"差一点 VP"和"没 VP"两个小句截搭而成，相当于"差一点，没 VP"。

这两种完全是不一样的，具有不同的性质，总的来说，Nn1 式需要很多的限制条件，而 Nn2 式则自由得多。

1.2　肯定式、Na 式和两种 Nn 式的性质对比

关于各种格式的性质，综合以往研究，我们汇总为下表：

表 1　四种"仅差"格式的句法、语义、语用和韵律性质

	肯 定 式	Na 式	Nn2 式	Nn1 式
例	他差点儿摔倒 他差点儿考上大学	他慢腾腾地走，差点儿没赶上火车！（他去赶火车，但迟到了一点，差点没赶上，好在总算赶上了）	他紧赶慢赶，可惜还是差点儿没赶上火车（他努力去赶火车，但差了一点，结果没赶上）	他被什么绊了一下，差点儿没摔上一跤！（他不小心差点儿就摔下去了，但总算没摔跤）

续 表

		肯定式	Na 式	Nn2 式	Nn1 式
句法	"没(有)"的句法归向		"没(有)VP"是一个整体	"没(有)VP"是一个整体	"差(一)点(儿)没(有)"是一个整体
	插入"就"	条件许可时可插入得到"差点就VP" 差点儿就摔倒了 差点儿就考上大学	条件许可时可插入得到"差点就没VP" 差点儿就没赶上火车	不能插入	不能插入
	插入"能"	条件许可时可插入 VP 前 差点儿就能考上大学了	条件许可时可插入 VP 前 差点儿没能赶上火车	条件许可时可插入 VP 前 差点儿没能赶上火车	不能插入
	谓语的句法独立性	VP 本身必须成立	"没(有)VP"本身必须成立	"没(有)VP"本身必须成立	"没(有)VP"本身不必成立,VP 本身必须成立
语义	句子表示	接近 VP,但还是没达到或没实现 VP	接近"没 VP",但还是达到或实现 VP	接近 VP,但还是没达到或没实现 VP	接近 VP,但还是没达到或没实现 VP
	有界性	VP 必须有界	"没(有)VP"必须有界	"没(有)VP"不必有界,"VP"必须有界	VP 必须有界
	方向性	向 VP 发展	向"没 VP"发展	向 VP 发展	向 VP 发展
语用	感叹性	可以有也可以没有强烈的情绪情感	可以有也可以没有强烈的情绪情感	较强烈的情绪情感	很强烈的情绪情感
	积极消极	无消极积极倾向	"没 VP"倾向于消极意义,因此 VP 倾向于积极意义	"没 VP"倾向于消极意义,因此 VP 倾向于积极意义	VP 倾向为消极意义,但也有一些积极意义的例子
	焦点意义,也即突显的是	两可: 接近 VP(VP 消极性——后怕) 接近 VP(VP 积极性——赞赏) 没达到或实现 VP(VP 消极性——侥幸) 没达到或实现 VP(VP 积极性——遗憾)	两可: 接近"没 VP"(后怕) 达到或实现 VP(侥幸)	没有 VP(遗憾)	优选:接近 VP(VP 消极性——后怕) 接近 VP(VP 积极性——赞赏) 次选:没有达到或实现(VP 消极性——侥幸)

续　表

		肯 定 式	Na 式	Nn2 式	Nn1 式
语用	常规性	VP 无所谓常规不常规	"没 VP"倾向于非常规	"没 VP"倾向于非常规	VP 倾向于非常规
	说话者预期性	预期性不受限制	预期性不受限制	"没 VP"为反预期事件	VP 为反预期事件
韵律	如果有停顿,停顿插入	"差点儿"后	"差点儿"后	"差点儿"后 因为是前后两个小句合在一起的,所以断开的话应该恢复原样	"没(有)"后
	如果有特别重音,它在	可以变化	"没"上	? 我们认为是在"没"上,但需进一步考察	后面的 VP 部分;"没"不能为重音,常常是轻音

1.2.1　句法性质及比较

朱德熙(1959)、马庆株(1992)、蒋平(1998)、董为光(2001)、刘永耕(2006)等都说,反常 Nn 格式的"没"前不能插入"就",以此作为区别性标记,如:

(8) 反常 Nn:差点儿就得了感冒。——差点儿没得感冒。——♯差点儿就没得感冒。

差点儿就吃错了药。——差点儿没吃错药。——♯差点儿就没吃错药。

正常 Na:差点儿买着了。——差点儿就买着了。——差点儿没买着。——差点儿就没买着。

差点儿完成任务。——差点儿就完成任务了。——差点儿没完成任务。——差点儿就没完成任务。

这说明,Nn1 式的"没"是与前面的"差点儿"成为一个整体的,邱斌(2007)甚至认为"差一点没"已经固化;而正常的否定则是在"差点儿"后停顿,"没"是和后面的 VP 形成一个整体。袁毓林(2013)提出一个证明:"没 V 了 O/C"本来不能说,如"♯没有叫了起来",但在这一构式中却可以说"差点儿没有叫了起来",说明"差点儿没有"是一个整体。另参看蒋平(1998)。不过,与其他学者不同的是,蒋平(1998)认为 Nn 式是因为其中的"差一点"是表强调作用的副词,没有命题意义,句子的命题意义由后面的"没 VP"担当。

值得讨论的问题是,上述分析都忘了一类句子,即沈家煊(1999/2015:89)、周一民(2003)所说的"追加"式(本文的 Nn2 式),如周的例子"那本书儿我差点儿没买着,到我前一个人正好没了"。我们觉得应该理解为 A、B 两段:

我差点儿,没买着
　A　　　B

在 A 段中的"差点儿"是谓词或代替了整个谓语部分,"我差点儿"是判断式;B 段是对 A 段的补充,说明结果。因此最后句子的意义是我没买着。从结构上讲,这是 A、B 两段截搭在一起形成的。不过虽然这里"没"是和后面的 VP 在一起,但"没"前也不能插入"就",因为"就"不表达补充关系。

刘永耕(2006)、刘水(2009)等提出,Na 式中可以插入"能",如"我差点儿没赶上火车——我差点儿没能赶上火车"(赶上了);Nn 式不能插入,如"我跑得很快,差点儿没飞起来——*我跑得很快,差点儿没能飞起来"(没飞起来)。他没有解释原因,其实是因为"没能"是一个结构,这破坏了"没"的向前粘附性;而且"没能"一定是事件主体想做这事,因此符合主体的期望,这都与 Nn 式格格不入。我们会在后面进一步说明能性范畴对否定仅差格式的重要意义。

当然他们也没有注意到另一种 Nn2 式,这一格式中,事件就是主体想做的事,于是就可以加"能"了,如"他紧赶慢赶,可惜还是差点儿(,)没能赶上火车!"(没赶上)。

陈秀清(2017)还认为,在 Nn 式中的动词不能换用"才",如"他差点儿没晕过去——*他才晕过去";而 Na 式可以,如"他差点儿没及格——他才及格"。这涉及"才"的使用条件,"才"后面的成分是"少量义"(主观小量),而羡余否定往往是主观大量。

范晓蕾(2018)等认为,在 Na 式中,"没(有)VP"本身必须成立,整个句子才能成立。例如李小玲(1986)发现的不少不能说的句子都是违反了这一点,如下面的句子都不能做正常的解读,或者句子不成立,或者只能做反常的解读:

(9) #差点儿没当了数学老师
　　 #差点儿没及格了
　　 #差点儿没修好了

"差点儿没当成数学老师、差点儿没当数学老师、差点儿没及格、差点儿没修好"都可以说,而且都可以是 Na 格式,这是因为"没当成数学老师、没当数学老师、没及格、没修好"本身就可以说。范晓蕾(2018)提到了这一类,汉语中"没 VP"一般不能加"了",所以"没及格了、没修好了、没当了数学老师"一般不能说,这就影响到加"差点儿"以后的句子。但在 Nn 式中这却不是问题,如"毕业的时候,我差点儿没当了数学老师(没当),好在后来找到了好工作,算是逃过一难"因为 Nn 式中"没"与 VP 不是一个整体,当然不需要句法限制。

李小玲(1986)的例子还有:

(10) ♯差点儿没买得起
♯差点儿没交得出房租
差点儿没来得及赶上火车

能力式"V 得 C"述补结构,在汉语中一般不用"没"否定,所以"♯没买得起、♯没交得出房租"本身就不能说,不过"来得及"是这类中的特例,可以说"没来得及 VP",因为"来得及"除了能力意义外,还可以表达结果的实现,所以可加"没"。

1.2.2 语义性质——方向性和有界性

语义方面最重要的是仅差格式的方向性和有界性,以往的研究者多多少少都带出这方面的论述,如董为光(2001)、袁毓林(2011)。但明确给出认识图式的是杨唐峰(2015)和聂小丽(2015),但他们自己并没意识到图式的价值,十分可惜的是,在论述中他们没有充分抓住这一要点展开。实际上,仅仅是这两条,就可以把以往研究中争论不休的大多数例句淘汰掉。

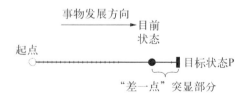

图 1 "差一点 VP"的有界性和方向性(引自杨唐峰 2015)

在肯定格式"差一点 VP"中,事件有着发展的方向,达到一个目标,这个目标 P 在认知中是一个"点",可能是时间点、空间点或抽象梯度中的某个确定的点。"有界性"是所有"差一点"句式成立的必要条件,如果不能满足它,句子就不能成立。参看马庆株(1992)、张庆文(2009)的论述。请注意,这里的"参照"或者"限度"甚至可以包括"开始"这一界限,即从无到有的变化,如"他差一点当校长、盆里的花差一点就红了、她差一点知道柯南的真实身份",所以我们认为还是"有界性"比较好。

这也就是说,没有有界性的事件不能用在"差点儿VP"中,如不能说"*差点儿不红——*差点儿没红",因为"不/没红"是一种无界的状态。这是因为这一格式表示接近VP而没有达到VP,如果这个VP没有界限,那么如何接近呢?!沈家煊(1987)的例子,我们可以说"火车差点儿出轨",却不能说"火车差点儿快进站了"。可以这么解释,"快进站"是一个状态,而不是一个时点,所以无界,因此不能说;而"出轨"指存在一个时刻,此时车轮离开轨道,所以突显时点,是有界的。再如渡边丽玲(1994)的例子"♯早上我差一点带了书包",我们认为,"带了"一般表示带着书包的状态,不是有界的,所以不能说。如果改为"早上我差一点带上那个旧书包",由于"带上"是有界的格式,就好了许多。

两个反常格式的有界性要求大致相同:

Nn1式因为否定词冗余,所以只需要强调接近VP,所以VP也必须有界。例如"他差点儿没高兴死",因为"高兴死"有界,所以可以表示"他接近高兴死,但还没有高兴死"的意义。

Nn2式是说一个预期的VP因为棋差一着没有达到,由于是靠近VP,所以VP必须有界,而"没VP"不必有界。例如"他排在前面,但还是差点儿(,)没买到书",因为"买到书"有界,所以可以表示"他接近买到书,但还是没有买到"的意义。

1.2.3 语用性质及比较

一般认为Nn式具有更强的情感,语气更强,更高的主观性。参看李忠星(1999)、袁毓林(2013)的论述。

袁毓林(2013)把语用功能归为两种:"侥幸"(差一点摔倒/差一点没摔倒、差一点没赶上火车)与"遗憾"(差一点成功、差一点没(能)赶上火车)。不过,后来还发现一些例子还有表示"赞赏"的(他这次超长发挥,差一点考了第一名/差一点没考了第一名)。

周一民(2003)发现,Nn式句尾常带有语气词"了"或"喽";Na式则常有副词"就"。他未说明原因,我们认为这与焦点有关:"了、喽"突显达到一个新的事态,所以句子焦点在Nn2格式中突显后面的"没VP",即"没有达到或实现VP",而在Nn1式中突显后面的"VP",即"接近VP"。两种Nn式的焦点意义不一样,要表示相反的意义需要将"了、喽"去掉。

沈家煊(1999/2015：91)所说的"前突"指焦点意义，"背衬"指非焦点意义，他认为，对"差点儿 VP"来说，当重音在"差"上时，焦点意义是"没达到实现 VP"，特殊情况下重音在"点儿"上，焦点意义为"接近 VP"，如下例都是"没全"义，但突显不同：

(11) 黑桃ˋ差点儿全了。（突显"没全"）
　　 黑桃差ˋ点儿全了。（突显"接近全"）

实际上，第二句的重音会延续到后面的"全"上。我们认为，第一句是突显"差"，即没有；而第二句是突显距离很短或突显接近的目标，所以是突显"快全了"的意思。

1.2.4 韵律性质及比较

李小玲(1986)、王还(1990：12)都认为，可以从停顿、重音和轻声上来区分两种"差点儿(没)VP"格式。不过从他们所用的例子看，基本只涉及我们表中的 Nn1 式，而另一种 Nn2 式没有注意到。周一民(2003)是提到 Nn2 式最多例子的文章，不过他的韵律观点基本与李小玲(1986)一样，说 Nn 式中"没"读轻声，后面的动词部分为重音焦点；Na 式中"没"读重音。但这并不意味着 Nn2 式也是如此，因为周在讨论性质时，又回到朱德熙的典型例子"差点儿没进去"，而不是他所提到的"这次考试我差点儿(,)没及格，我要把最后那道题答上就好了"。我们请北京人读这句，发现这里"没"不能是轻音(当然，还需要更多的考察)。

目前来看，还没有可信的韵律特征来区别相关的格式，远不是那么明显和整齐，很可能在语音上区别不开。相比而言，李小玲的说法更好一些。

最后，表 1 中那些在本节还没有提到的性质，正是下面要论述的重点。

1.3 Na 式的特殊性

1.3.1 历史的考察

鲁承发、陈振宇(2020)第一次明确地提出了"Na 式与 Nn 式哪个更反常"的问题，指出：

> Na 式符合逻辑，一般称为常规句式；Nn 式不符合逻辑，是羡余否定句式。也就是说，目前学界普遍将 Nn 式作为反常的句式来看待。但是，从语料考察角度看，Nn 式倒更像是正常句式。首先，从出现年代看，Nn 式出现于明代，而 Na 式直到现当代才出现。其次，从使用频次

上看,即使在当代语料中,Nn 式也是绝对的优势用法,Na 式较为少见。可见,Nn 是更常用的,它的使用限制条件少,而 Na 较少使用,它限制条件多。为何会如此,值得进一步研究。

当然,这一问题也还需要从结构历时演进角度看。帅志嵩(2014)、车录彬(2017)都指出,"差一点没 VP"句式,是由"险些不 VP""争些不 VP"演化而来,因此,需要结合这些句式进行综合分析。就目前调查的语料来看,"险些不 VP""争些不 VP"句式也都存在 Na 式与 Nn 两种,两者在元代都已出现。并且,这两种类型还与一些固定的句法结构相匹配:首先,当"争些、险些"后面是表示能性的否定式,如"险些不能 VP""险些没能 VP",以及其他表示结果没有达到的"险些不得/难 VP、险些 V 不 R"式,这些都是 Na 式,没有例外。其次,明代出现的"险些不曾 VP",它们都是 Nn 式,也没有例外。并且,这一格式在明清用例很多,民国渐渐减少,今天已经很少见,为何会如此,这样的句法配制对于后来的"差一点没 VP"句式有何影响,都值得进一步分析。就当前已有的研究看,这些早期的格式"争些、险些、几乎"等,都还缺乏系统的全面考察与解释。

如果 Na 是正常的,而 Nn 是有条件的、特殊的、反常的用法,应该先有 Na,再由某种机制产生 Nn。在句法上,Na 式是自由的、可扩展的,而 Nn 式有冗余否定,不能扩展。但是当学者们试图去寻找汉语"差一点"类格式产生的历史时,他们发现并非如此:

1) 在历史上,Nn 式反而是先出现,或至少不比 Na 式更晚出现。参看邱斌(2007)、程饶枝(2007)。

2) 在同时代语料中,Nn 式使用频率更高,更自由,Na 式却较为少见,这一格局一直到今天也没有大的改变,参看范晓蕾(2018)的数据。我们考察的现代汉语语料中,"差点"类格式中 Nn 式与 Na 式比例为 1∶0.092;"险些"类格式中 Nn 式和 Na 式比例为 1∶0.34。

不过,程饶枝(2007)与车录彬(2017)对早期的情况所说有所不同,前者认为都是 Nn 格式,后者认为既有 Na 式,也有 Nn 式。

3) 真正的早期格式是"争些、险些"类格式,而"差"类的"差(一)点、差些"等出现得比较晚。可是迄今为止,研究"差"类的文献很多,研究仅差格式的汉语文献几乎都是这一类。而研究"争些、险些"类的很少,下面是我们找到的几个重要文献:张玲(2008)、帅志嵩(2014)提出"差一点"替换自"争些"。还有一些文献考察"险些"的历史演变,如杨红梅(2010:32),陈霞

(2010:13),邵则遂、陈霞(2011),陈秀青(2018)等。

干薇、陈振宇(2022)在帅志嵩(2014)的基础上进一步考察"争些、险些"类格式的历史材料。共找到"争些、争些儿、争些的、争些个、争些子、险乎、险些、险些儿、险些的、险些个、险一点、险一点儿、险一些、险一些儿"14个格式,其中,"险些(儿)"在使用频率上占有很大的优势,有700余例,而且后面既有大量的肯定式,也有25个否定式的例子。后来其他形式慢慢消失,在现代汉语中主要剩下"险些"(偶有"险"的例子)。

设所研究的格式为"争些/险些XP",其中XP可以表达肯定命题(险些摔了一跤),也可以表达否定命题(险些没抓住)。干薇、陈振宇(2022)统计,全部XP(谓语部分)一共有两大类共7种配置:

Ⅰ否定结果类:突显事件实际上没实现,又分为:

Ⅰ₁:XP是肯定性VP,整个格式由于仅差格式本身的隐性否定意义,所以得到"但还没有达到或实现"的否定意义。如下例实际上是没有杀死:

(12) <u>险些儿误杀了个英雄汉</u>,凄凄冷冷,埋冤世间。(《全元曲》)

由于这一格式不是本文的研究重点,我们仅给出数据(目的是保持数据的完整性),不再多做分析。

Ⅰ₂:即Nn式,又分为三个小类:

Ⅰ₂₁:XP是"(不)VP"(这里括号是指可用可不用,以表达冗余性,下同),"不"在命题上是冗余的,实际上是表示接近实现事件,但还是没实现,如下例实际上是没闪到水里:

(13)(正末云)呀,这厮<u>险些儿不闪我在水里</u>!(《全元曲》)

Ⅰ₂₂:XP是"(没)VP",这里"没"在命题上是冗余的,如下例实际上是"没拖下来":

(14)只听得滑浪一声把金莲擦下来,早是扶住架子不曾跌着,<u>险些没把玉楼也拖下来</u>。(《金瓶梅(崇祯本)》)

Ⅰ₂₃:XP是"(不曾)VP","不曾"在命题上是冗余的,如下例实际上是没有溅上尿:

(15) 不防常峙节从背后又影来，猛力把伯爵一推，扑的向前倒了一交，<u>险些儿不曾溅了一脸子的尿</u>。(《金瓶梅(崇祯本)》)

II肯定结果类：XP 都是表示否定意义，指"达不到或无法实现"，而整个格式由于"险些"类词的隐性否定功能得到"但已经达到或实现"的肯定意义，即 Na 式。又分为：

II1：XP 是"不 VP"，如下例实际上是性命保住了：

(16) 兄弟坏了袁绍两将，<u>我性命险些不保</u>；若非赵子龙，岂能得脱？(《三国志平话》)

II2：XP 是"没 VP"，如下例实际上是"扒住了"：

(17) 武云飞一害怕，<u>险些没扒住</u>。(《雍正剑侠图》)

II3：XP 是"不能/不得/难 VP"，或者是否定述结式"V 不 R"(R 指补语)，后来还发展出"没 VR"，如下例实际上是得到了太平，得以相见：

(18) 只为用错了一个奸臣，浊乱了朝政，<u>险些儿不得太平</u>。(《全元曲》)
快来拜谢恩人！这番若非提控搭救，<u>险些儿相见不成了</u>。(《二刻拍案惊奇》)

表 2 "争些、险些"类格式的历史材料统计(基本分布)

年代	谓语 XP 部分的类型	争些	争些儿	争些的	争些个	争些子	险乎	险些	险些儿	险些的	险些个	险一点	险一点儿	险一些	险一些儿	总计	I类例句所占的比例
宋	I1: VP		1		1	1										3	100%
元	I1: VP	10	26	1	2			14	56	2	3					114	92.40%
	I21: (不)VP		2					1	5							8	
	II1: 不 VP	1						1	1							3	
	II3: 不能/不得/难 VP; V 不 R	1	3						3							7	

续 表

年代	谓语XP部分的类型	争些	争些儿	争些的	争些个	争些子	险乎	险些	险些儿	险些的	险些个	险一点	险一点儿	险一些	险一些儿	总计	I类例句所占的比例
明	I1: VP	2	16		1			6	80							145	94.50%
	I21: (不)VP								5							5	
	I22: (没)VP							1								1	
	I23: (不曾)VP							2	2							4	
	II1: 不 VP							1	1							2	
	II3: 不能/不得/难VP; V不R		1					3	3							7	
清	I1: VP							115	71	1						187	94.70%
	I21: (不)VP							3	2							5	
	I22: (没)VP							8	4							12	
	I23: (不曾)VP							1	11							12	
	II1: 不 VP							1	2							3	
	II3: 不能/得/难 VP; V不R							6	3							9	
民国	I1: V						2	76	139		2	2	3	7		231	94.50%
	I22: (没)VP							3	1			1				5	
	I23: (不曾)VP							3	1							4	
	II1: 不 VP								4							4	
	II2: 没 VP							1								1	
	II3: 不能/不得/难VP; V不R							1	8							9	
总 计																782	

I类也即是"否定结果类",在各个时代都占据压倒性的多数,分别占了总例句数的100%(宋)、92.4%(元)、94.5%(明)、94.7%(清)、94.5%(民

国)。所以,整个仅差格式都倾向于作为正极性词语使用(虽然并不是没有例外)。

我们重点来看看 Na 式和 Nn 式的比例:

1) 在元代的语料中,Na 式和 Nn 式便都已出现,差不多同时产生。

2) Na 式比 Nn 式的数量略多:元代 Na 有 10 例而 Nn 有 8 例,明代 Na 有 9 例而 Nn 有 10 例,清代 Na 有 12 例而 Nn 有 29 例,民国 Na 有 14 例而 Nn 有 9 例。其中明清时 Nn 较多。从上面的数字,我们不能得出 Na 式和 Nn 式谁是无标记的谁是有标记的,毋宁说二者相差不大,似乎这一统计结果与程饶枝(2007)不同,而更接近车录彬(2017)。

3) 鲁承发、陈振宇(2020)说"'险些'后面是表示能性的否定式……明代出现的'险些不曾 VP',它们都是 Nn 式,也没有例外"。

如果把特殊情况排除在外,则会发现 Na 式就比 Nn 式的数量少了很多:元代 Na 有 3 例而 Nn 有 8 例,明代 Na 有 2 例而 Nn 有 10 例,清代 Na 有 3 例而 Nn 有 17 例,民国 Na 有 5 例而 Nn 有 5 例。这就和程饶枝(2007)的观点更为接近了。

不过,Na 式的使用比例一直在缓慢地增加。其中,"险些不 VP"的 Nn 式在清代以后基本消失,但其 Na 式却保留至今,且几乎都是"不能"格式,如"险些不能登机"。另外,我们还发现,今天的"差一点不 VP"也大多是 Na 式,如"差一点不等他了"(还是等了)、"差一点不去你家了"(还是去了)。"不"类格式的这一变化,也是 Na 式使用比例上升的一个重要原因。

1.3.2 Na 式所受到的阻碍

Na 式没有句法障碍,它为什么如此"难产"呢?要解释这一点,必须回到"仅差格式对谓语的体(aspect)性质的基本要求"上来。归纳前人的研究成果,可以说:在仅差格式中,事件有着发展的方向,达到一个目标,这个目标 XP 在认知中是一个"点",可能是时间点、空间点或抽象梯度中的某个确定的点,因此,此类格式必须满足两个基本的时间性条件:

1) 必须是"有界的"(bounded),本格式就是以 XP 的一个"界点"作为目标。

2) 必须是具有运动发展或变化的动态事件(dynamic),而且其变化方向,正好是朝向上述"界点"的。

那么,一个事件有哪些界点?根据"五阶段模型",以及各种事件终结点(陈振宇 2009),我们总结如下:

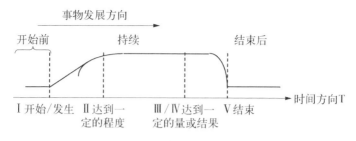

图 2 事件的界点

界点Ⅰ：事件 VP 的开始或发生，从"没 VP、不 VP"发展为 VP，如"去找麒麟了"，所以可以说"差一点去找麒麟了"，指接近开始去找麒麟。

界点Ⅱ：事件如果有量性，则在发展一段时间后会达到一定的程度，如一个人脸红，可能到红透的程度，所以可以说"险些红透了脸庞"，指接近红的极大量。

界点Ⅲ：达到一定的量，包括达到时点、时量、动量或物量，如"差一点拖到了节后、差一点拖了一整年"等。

界点Ⅳ：达到一定的结果，如"险些摔倒、险些笑出了声、差一点完成、差一点赶上班车、差一点考了第一名"。

界点Ⅴ：事件 VP 的结束，从 VP 发展为"没 VP、不 VP"，如"不上班了"，所以可以说"去年我差一点不上班了"，指从"上班"的既有状态接近"不上班"的新状态。

我们在表 1 的基础上，进一步调查了所有语料的界点选择，发现有三类界点——"达到一定的结果、事件发生、状态的开始或改变"——容易出现在"争些""险些""差点"等各类格式中，在历史上，这三类界点在"争些"类中占百分之九十多，在"险些"类中占百分之八十多；其余几种都很少。另外，这三类界点主要是用于肯定式或 Nn 式中，与 Na 式关系不大。其他界点，如达到一定的程度、达到一定的量、事件自然结束等一般都没有出现，在实际语料中十分罕见（但并不是说没有）。

然而，尤其需要注意的是，除了上述界限类型外，语料中还出现了我们预料之外的两种非常特殊的界点类型："能力否定"和"评价"，它们是图 2 所不具有的，而且我们发现，它们都与本文研究的 Na 式有极为重要的关系："能力否定"一定是 Na 式，而"评价"类一定不是 Na 式。显然它们应该是我们后面研究的重点。

下面是我们所有语料中按从多到少的顺序给出的 XP 事件类型：

结果达到＞事件发生＞能力否定＞状态开始或改变/评价

表3 "争些、险些"类格式的历史材料统计(事件类型分布)

年代	类型	谓语 XP 部分	结果达到	事件发生	状态开始/改变	★能力否定	★评价
宋		Ⅰ1：VP	3				
		百分比	100				
元	争些类	Ⅰ1：VP	38				
		Ⅰ21：(不)VP	2				
		Ⅱ1：不 VP	1				
		Ⅱ3：不能/不得/难 VP；V 不 R				3	
		百分比	93.2			6.8	
	险些类	Ⅰ1：VP	67	2	3	1	1
		Ⅰ21：(不)VP	5				1
		Ⅱ1：不 VP				2	
		Ⅱ3：不能/不得/难 VP；V 不 R				3	
		百分比	84.7	2.4	3.5	7	2.4
明	争些类	Ⅰ1：VP	19				
		Ⅱ3：不能/不得/难 VP；V 不 R				1	
		百分比	95			5	
	险些类	Ⅰ1：VP	118	5			2
		Ⅰ21：(不)VP	4				
		Ⅰ22：(没)VP	1				
		Ⅰ23：(不曾)VP	3	4			
		Ⅱ1：不 VP				2	
		Ⅱ3：不能/不得/难 VP；V 不 R				6	
		百分比	86.9	6.2		5.5	1.4

续　表

年代	类型	谓语 XP 部分	结果达到	事件发生	状态开始/改变	★能力否定	★评价
清	险些类	Ⅰ1：VP	195	9	3		3
		Ⅰ21：(不)VP	5				
		Ⅰ22：(没)VP	6	4			1
		Ⅰ23：(不曾)VP	10	2			
		Ⅱ1：不 VP				3	
		Ⅱ3：不能/不得/难 VP；V 不 R				10	
		百分比	86.1	5.9	1.2	5.2	1.6
民国	险些类	Ⅰ1：VP	206	19	3		3
		Ⅰ22：(没)VP	4	1			
		Ⅰ23：(不曾)VP	4				
		Ⅱ1：不 VP				3	
		Ⅱ2：没 VP				1	
		Ⅱ3：不能/不得/难 VP；V 不 R			2	8	
		百分比	84.3	7.9	1.9	4.7	1.2

从历时发展上看，"结果"所占比例略有下降，而"事件发生"略有增加，但幅度都不大。

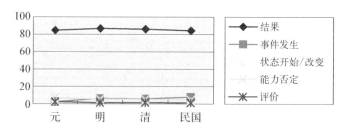

图 3　"险些"类格式中事件的时间类型的历史演化

"体"方面的性质，决定了仅差格式中的 XP 必须极大地倾向于肯定式，因为一般而言，否定式是不能表示界点的，更谈不上趋向一个界点。

以"没 VP"为例,聂仁发(2001)说,"没有"否定的是变化,"老王身体没好"指变化未发生。一般"没"否定的是性状从无到有的过程;如果性状一开始就是如此,就不能用"没","这件衣服不新——*这件衣服没新"。王灿龙(2004)给出了"没 VP"的时间范围:在时间轴上,"没 VP"一般在 VP 之前,一般是从"没 VP"发展到 VP,如从没毕业发展到毕业,而不是相反;"没 VP"自身是一个状态情状,有上界(终止点),这个点也是 VP 的下界(开始、达到或实现点)。

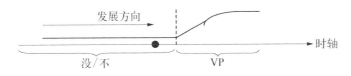

图 4　否定式的一般认知图示

简言之,一般来说,事件发展的方向默认为背离"没/不 VP",而不是朝向"没/不 VP",而 Na 格式要成立,需要朝向"没/不 VP",这一矛盾使得 Na 格式很难成立。存在如下梯度:

普遍/默认 ←――――――――→ 罕见/特殊允准
肯定格式　　　　　　Nn 否定格式　Na 否定格式

例如日常动作"倒下、走到、举起"等都是单向的运动,从不做事到做事,所以只能说"差点儿倒下(没倒下)、差点儿冲到观众跟前(没冲到)、差点儿把石头举起来(没举起)",而一般不能说正常格式的"♯差点儿没倒下(倒下了)、♯差点儿没冲到观众跟前(冲到观众跟前了)、♯差点儿没把石头举起来(举起了)",而倾向于理解为反常格式,即"差点儿没倒下(没倒下)、差点儿没冲到观众跟前(没冲到观众跟前)、差点儿没把石头举起来(没举起来)"。

再如社会生活中的各种突发事件,如"中了 500 万的大奖""房子烧着了""人死""当老师"都有一个大致的时点,在这个时点发生了突然的变化,所以都是有界的,我们可以说"差点儿中了 500 万的大奖(没中)、差点儿把房子烧着了(没烧着)、他差点儿死了(没死)、他差点儿当了老师(没当)",但是反过来,"没中 500 万的大奖""房子没烧""人没死""没当老师"都是长期存在的状态,事物天生如此,所以无界,这些事件既然是单向性的,一般就不能用于正常格式,不能说"♯差点儿没中 500 万的大奖(中了)、♯差点儿没把房子烧着(烧着了)、♯他差点儿没死(死了)、♯他差点儿没当老师(当了)",而倾向于理解为反常格式"差点儿没中 500 万的大奖(没中)、差点儿没把房子烧着(没烧着)、他差点儿没死(没死)、他差点儿没当老师(没当)"。

1.3.3 两种 Na 式——一般事件和颠倒事件

那么,在什么情况下仅差格式的否定式可以不违反上述体原则从而被允准呢?在以下两种情况下是可以的:

1) 如果是 Nn 格式,则此时"争些、险些"类格式 XP 的部分在命题上相当于肯定式,因为"不、没"没有起到命题作用(所以称为冗余式)。作为肯定式,当然就符合了上述"体"方面的要求,如"他险些没死了",在冗余时,后面表示的其实是肯定事件"死",符合从"没/不死"到"死"这一事物发展方向,它是有"死的状态达成"这一结果作为边界的。

2) 在现实中,的确存在着特殊的事件,其发展方向是从"VP"向"没/不VP"发展的,我们称之为"颠倒事件"。例如从"上班"到"不上班",从"性命可保"到"性命不保",这是符合有关规律的,可以构造"不上班、性命不保"的开始点(界点Ⅰ)作为运动所朝向的界点,所以可以说"差点儿没上班了""险些就不活了""险些性命不保"。

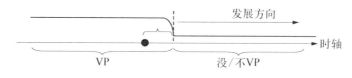

图 5 颠倒事件的特殊认知图示

再如王灿龙(2006)所说"没"与"了"共现中的两种情况,称为"从有到无",这也是从 VP 向"没 VP"的发展:

(19) 简单型:<u>没下雨了</u>,踢球去吧。——差一点(就)没下雨了
情态型:他前年就<u>没上班了</u>。——他差一点没上班了

我们的语料中有一些与之相近的事件类型,如:从"尚能 XP"到"不能 XP"的变化,主要体现在对抗性的活动中,例如守城、拒战等,在开始的时候尚能支撑或守住,但到了一定的阶段,就支撑不住了,如:

(20) 城上守兵,<u>险些儿抵挡不住</u>,忽见清总兵和春、常禄、李瑞、德亮等,率军驰至,……(《清史演义》)
永德出兵抵御,为火所爇,<u>险些儿不能支撑</u>。幸喜风回火转,烟焰反扑入唐舰,仁肇只好遁还。(《五代史演义》)

与之类似的还有下面一类例子:

(21) 隋主开封看着,<u>险些一口气接不上来</u>,顿时手足发抖。(《隋代宫闱史》)

果然三板就见血,打得五人皮开肉绽,鲜血迸流,在地下乱滚,<u>险些儿起不来</u>。(《海公大红袍传》)

正常情况下,人是可以自如呼吸、自如起身的,这里指突然出现不能呼吸、不能站起来的情况,这也是"从有到无",所以也符合特殊情况下事物发展的顺序。

但是,这一类例句在古代的语料中很少,并不是 Na 式发展的主流。不过,当代汉语的研究文献中,这样的语料倒是多次为研究者所提及,如周一民(2003)举的一系列例子,他认为是北京话中可以说的(当然他也承认这种例子是不多见的)(例引自周一民2003):

(22) <u>我二大爷差点儿没死</u>,他都跑出来可是又回去救人了。(死了)

死亡是人生的终点,一般而言人生是向着死亡发展的,故一般只能有 Nn 式的理解,"差一点没死"(接近死但没死),因为 Na 式所需要的反向运动很难实现。但在周所说的这一特殊场景中,说话者在主观上改变了认识的方向:因为不愿意看到人死,所以努力要找出理由让他不死,是从死反过来向没死想象。这是一个知域的颠倒事件,这才会表达遗憾,指无论如何想象,已有的条件都没有让他达到"没死",虽然其中有一个情况是如此接近没死。如此想象,心理负担之大,恐怕有的读者根本就不能接受,所以如果真要表达这样的意思的话,必须要有更多更明确的手段,如说"我二大爷差点儿就没死""我二大爷差点儿不用死了""我二大爷差点儿就可以不死了"等等。

范晓蕾(2018)也举了一个极为罕见的例子:

(23) ——这包饼干不能吃了,保质期正好到昨天。
——哎,就多了一天,<u>差一点没过期</u>哎!(过期了)

总结她的论述,她所说的"具体语境",就是指构造从 VP 到~VP 的事物发展方向。一般事物的发展都是单向的,即从没过期到过期,并且一般而言,过期是我们不希望的,所以我们一般只能有 Nn 式的理解,接近过期但没过期。按照范所说,在这一极为特殊的场景中,说话者在主观上改变了认识的方向:因为不愿意看到饼干过期(说话者显然是个很爱惜东西的人),所以努力要找出理由让饼干不过期,是从"过期"反过来向"没过期"想象,这才会表达遗憾,指无论如何想象,也没有达到"没过期"的结论。请千万注意,在这一认知上的颠倒事件中,并不是突显"不希望过期",而是突显"希望没过期",就像希望赶上车一样,而且觉得本来完全有办法在过期之前吃完饼干的。

再如中国足球队老输球,所以我们是看后面有没有不输的情况,这也是从输的状态向不输的状态发展,所以可以说:

(24) 这次比赛中国队表现很好,<u>差点儿没输了</u>。(实际上还是输了)

颠倒事件可以构造"双向性",指人为地在认知上构造出一个与事物发展方向相反的运动的操作,请看下图:

图 6 "差一点没 VP"(Na 式)的有界性、方向性和双向性(引自聂小丽 2015)

据此,可以给出正常否定格式的"双向性"必要条件,即:必须在语境中构建一个反方向的发展趋向 T2,这一构建过程就是"双向化"。如果双向化失败,那否定格式就不可能是正常格式,如果要成立就只能作为反常格式解释;如果构建成功,才可以谈下一步,双向化成功的事件两种解读都可以,下面就由企望说或常规说等来决定在具体场景中是哪个了。

下面让我们用更为明确的说明来解说一下双向化的两种常见操作:关键点既是正向发展的上界(终止点),又是否定事件的下界(开始点),这时只需构建反向运动。如"差点儿考及格"和"差点儿没考及格"。

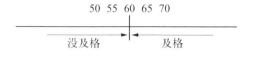

图 7 双向运动图式

如以 60 分为及格分数,则在考试成绩方面有两个虚拟的运动,其中一个是好的趋向,即成绩从下往上提升,当提升到接近 60 分时,就可以说"差点儿考及格"；另一个是坏的趋向，即成绩从上往下降，当降到接近60分时，就可以说"差点儿没考及格"。因此，"及格"是以60分为下界的，"没及格"是以60分为上界的，都是有界，只是方向相反而已。这样一来，正常的否定格式就可以自由地说了，不过在实际使用中还会受其他规律，例如企望说的影响。

光有界点还不行，还得有反向运动。鲁承发（2014b）有一个例子："我差一点没考满分"，因为"考满分"就在数轴的顶端了，反向运动（成绩下降）因为没有空间，就很难构建了，倒也不是不能构建，因为从100分到99分也是成绩下降，只不过要构造就需要更大的心理代价，所以要理解为"我平时成绩很好，但这次却有些懈怠，差一点没考满分！（考了满分）"，就需要更多的资源，更充分的言说，这才能让人理解。

综上所述，我们可以把Na式进一步区分为两种：
1) 非颠倒Na1式，即是一般的从否定到肯定的事件发展顺序。
2) 颠倒Na2式，即是特殊的从肯定到否定的事件发展顺序。

虽然存在颠倒事件的例子，但是研究者仍然觉得这是罕见的情形，很难理解，甚至有的研究者觉得这样的例子根本不能成立，如周一民（2003）举的下面例b的例子，虽然可以用颠倒事件解释，但大多数人会感到比较别扭：

(25) a. 这盘儿棋我差点儿没输，到最后让他得手了。（输了）
 b. 我二大爷差点儿没死，他都跑出来可是又回去救人了。（死了）
  这杯子差点儿没打碎，我都接住又掉地上了。（打碎了）
  其实我都站住了，差点儿没摔一跤。（摔了）

我们觉得加一个"就"更好，周一民（2003）也说，在北京话里，正常格式常有副词"就"。所以我们怀疑是因为北京人爱"吞声"，导致"就"被略去了或不说。另外，例a其实不能算是反例，因为下棋或者赢或者输，"没输"就是"赢"，"输、赢"都是终结性的，所以这句相当于是说"差点儿赢（没赢=输了）"。

如果"颠倒事件"不是演变的主流，那么究竟是什么机制，使得汉语史上的Na式被允准并且发展起来？

1.3.4 Na式演化的历史——能性事件

干薇、陈振宇（2022）发现，汉语Na式演化的历史，主要是能力否定表达的产生和发展过程。

表3中XP的事件类型中有一类"能力否定"类型，它正是Na式产生、发展的基本类型。这一类型，其XP部分是"不VP""不能/不得/难VP；V不R"以及后期的"没（能）VR"等表示能力情态意义的形式，表示没有能力

达到预期的目的,或者说事件的目标不能达到,我们也可以称之为"目的未达到"类型。"差一点"类格式也是如此,参看刘永耕(2006)、刘水(2009)对能否插入"能"的调查。我们的语料考察也发现,只要是能力或"目的达到"的否定式,"险些"和"差一点"类格式都必然是 Na 式,如"炸完井后,险些走不掉/差一点没走掉"(还是走掉了)。最后,从表 3 中可以看到,"能力否定"的例句在历史上一直是相对较多的,说明它的影响的确不小。

不过,能力否定式也有一个产生的过程:两个早期常见的小类,还处于从一般的仅差格式向 Na 式过渡的阶段:

1)"性命不保"类,也就是死亡的意思,它虽然是否定格式,其实是有界的,如:

(26) 莫管我的女孩儿,为你<u>争些不见了性命</u>。(《全元曲》)
又谁知遇天行染了这场儿病疾,<u>险些儿连性命也不得回归</u>。(《全元曲》)
兄弟坏了袁绍两将,<u>我性命险些不保</u>;若非赵子龙,岂能得脱?不想今日相见。(《三国志平话》)

2) 表示不能相见、回不来,也是转喻死亡(因为死了就不可能相见了)。如:

(27) 兀的不是三兄弟张飞。兄弟也,咱<u>争些儿不得相见</u>也。(《全元曲》)
姐姐,我为你嫁上江头来,早晚不得见面,害了相思病,<u>争些儿不得见你</u>。(《喻世明言》)
这番若非提控搭救,<u>险些儿相见不成</u>了。(《二刻拍案惊奇》)
若不亏上天的慈悲,父母的荫庇,<u>儿子险些儿不得与父母相见</u>,作了不孝之人!(《儿女英雄传》)
小弟<u>险些儿不能见君</u>,幸亏尚有小智,方得脱险来此。(《汉代宫廷艳史》)
微臣却为了一句饶舌,<u>险些不得回来</u>,再见万岁。(《八仙得道》)

它们也是熟语,整体上表达"死掉"的意思,其中的"不"并非句子平面的"不",因此该格式实际上是个"险些 VP(死掉)",不属于典型的 Na 否定式。不过之所以放在能力否定式中,是因为它们毕竟在形式上是表示不能做到什么,有显性的否定词。另外,它们正是早期(不成熟的)Na 式的常见形式

（在后面也不少见）。就是因为它们引入了能力否定的句式，为后面发展为完全的 Na 式打下了基础，所以是语法化的中间和重要的一环。

发展起来的更多的能力否定式，就不再表示性命不保、不得相见，而是表示各种各样事件的目的或所希望的目标不能达到：

(28) 只为用错了一个奸臣，浊乱了朝政，<u>险些儿不得太平</u>。(《元代话本选集》)

飞腾了彩凤，解放了红绒，摔碎下雕笼，若不是天公作用，<u>险些儿风月两无功</u>。(《全元曲》)

父母一眼看去，<u>险些不认得了</u>。(《二刻拍案惊奇》)

这个李三若非雷神显灵，<u>险些儿没辩白处了</u>。(《二刻拍案惊奇》)

若不是水道明白，<u>险些认不出路径来</u>。(《今古奇观》)

道兄，今儿还算侥幸，<u>险些跑不出他妈的田螺壳儿</u>。(《八仙得道》)

<u>你险些儿这个药丸下不成功</u>，幸亏我算的定，在外面用个法术，花厅上起火，你才能彀抽身空闲，搁在东边的菜锅内。(《续济公传》)

又由吴兵追及，<u>险些儿不能脱身</u>，还亏贾逵兼道援救，才得幸免；所有军士粮械，丧失垂尽……(《后汉演义》)

不意景崇突至，<u>险些儿措手不及</u>，仓猝对敌，已被景崇麾兵入阵，冲破中坚，……(《五代史演义》)

武云飞一害怕，<u>险些没扒住</u>。(《雍正剑侠图》)

这些例句，事情大都是向着一个目标界点"太平、有功、认得、得到辩白之处、认出、跑出、下药成功、脱身、反击偷袭、扒住"发展的，在事件的发展过程中，都存在一个关键时间，我们称为"命运岔路"(the fork of fate)。

以"(下药)险些下不成功"为例，这是指在试图下药的过程中，存在一个临界点，这是一个模糊的时间界限：如果在此界限前实现了下药的意图，就成功了；而一旦错过了这一时间还没有下药，那么就不再有机会，下药行为就会被判定为失败，并且这个"不成功(失败)"的状态将一直保持下去。

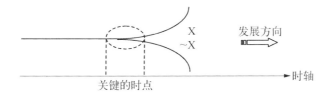

图 8 "命运岔路"理论模型

这就构造出关键性时间点作为考察的范围,在这一时间范围中分发出两条不同的结局:X"成功"和~X"不成功","险些"格式就是指在这一关键时间点,相当地靠近~X"不成功"的那条命运岔路,不过好在并没有走上这一岔路,最终还是成功了。

能力否定(目标未达到)类型在明代成型,清代以后大量地出现。当这一格式进一步发展后,就不再局限于表示能力的句法格式,而可以进入一般否定式,如"不 VP"格式,但是"目标差点没实现"的命运岔路语义结构是不变的,一直制约着句式,如下:

(29) 不争你亏心的解元,又打着我薄命的婵娟。<u>险些儿做乐昌镜破不重圆</u>,干受了这场罪谴。(《全元曲》)

天子因你形状与人不同,<u>险些儿不答应</u>,幸亏我竭力申说,由我负责担保,才许叫我做这里的国君。(《上古秘史》)

前面一例可以加上"能",即"险些不能重圆"。后一例也是有一个目的:当他人提出要求时,一般希望对方答应这一要求,但是这里存在一个关键时间,此时天子做出了接受(答应)的选择,就意味着不再改为不接受;反之亦然。

从表2、3可以看到,至少从民国开始,"没 VP"格式产生、发展为 Na 式的重要表达形式,在此后的汉语中十分常见,如"险些没扒住""差点儿没赶上火车",同样"目标差点没实现"的语义是不变的,仍然受到"命运岔路"模式的制约。

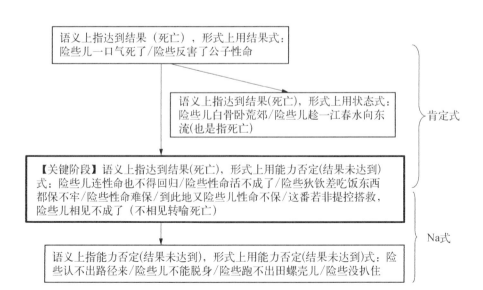

图9 "结果未达到"式的演化

"能力否定"(目的未达到)句式,以及"命运岔路"语义模型,是 Na 式最能产的模式。我们从现代汉语语料中随机调查了 1361 个"险些"例句,其中 Na 式的分布是:"险些不 VP" 8 个,全部是能力否定式;"险些没(有)VP"没有。

(30) 连沙汀、艾芜这样的老作家住医院都险些拿不出钱来。
　　　其中有一次在返回地球时,飞船出现故障,险些回不来。
　　　但科威特队在亚洲杯小组赛中险些出不了小组,幸亏他们在背水一战中以 2∶0 击败韩国队。

随机调查了 616 个"差点"类例句,其中 Na 式的分布是:"差点没(有)VP" 5 个,全部是能力否定式;"差(一)点不 VP" 1 个,比较特殊,见下面例 b,是从相信向不相信发展(属于颠倒事件,因为人一般是相信自己的)。

(31) a. 陈维高给恭维得一口气差点没喘上来,……
　　　我们只有一把钥匙,由我带在身上,他那天晚上连门也没能进,还差点没赶上末班车。
　　　他成绩很好,却差点没读成高中。
　　b. 刘桂英的父亲一愣,差一点不相信自己的耳朵了。

1.3.5 "不曾"式和评价式

反过头来,我们可以知道为什么"险些不曾 VP"只能是 Nn 式:"不曾"表示过去经历,指事件没有发生,就不可能把否定事件作为事件发展的朝向,因为后者要求否定事件在未来的方向上;"不曾"直接讲述事件,并不涉及任何能力问题,所以也不能允准"能力否定"。这样,它只好是 Nn 式。

(32) 后来见骂起来,雪娥道:"你骂我奴才!你便是真奴才!"险些儿不曾打起来。(崇祯本《金瓶梅》)(没打起来)
　　　不但后悔此番不该会试,一直悔到当年不该读书,在人群儿里,险些儿不曾哭了出来。(《侠女奇缘》)(没哭出来)

作为比较,我们还得来看看另一个实际语料中存在的重要类型:表 3 中的"评价"式。这一类例句很少,一般是只对某一行为的评价,总共只有 8 例。其中两例是"死无葬身之地",如下所示,可以看成死亡的代指,因此可以排除在外:

(33) 宋公明只因要来投奔花知寨,险些儿死无葬身之地。(《水浒全传》)

其他的"评价"例句,实际上分为两种:

1) 出现一个具有主观评价的行为或结果,如下面的"辱没、枉冤"都是一种针对他人的行为,"殿尾"则是一种结果,"错交"是与人相交,所以从本质上讲也可以看成行为的发生和结果的出现,不过它们都具有褒贬性和情感性,是消极的结果而已。

(34) 炀帝笑道:"险些辱没了天人,乃在殿脚女里面。"(《隋代宫闱史》)
柳、田、石、张七位夫人的一队到了山脚,走上水埠,一齐笑道:"险些儿殿尾。"(《隋代宫闱史》)
(丑)公公,险些错枉冤了人。(《全元曲》)
子胥默然叹曰:"险些错交此士,特怯妇之徒,何足道哉?"(《周朝秘史》)

这种结果也涉及"命运岔路":存在一个时间,在这个时间出现的情况将决定最后的结果,一旦此时选择了一条路径,那么后面在相当长的一段时间里这一结果就定下来了。例如说了什么坏话时,冤枉的后果就出现了,而且在一定时间里都有效。

2) 一些行为,它一定会或已经发生,如"跑一趟""与他相见""费栽培之力"等都发生或将发生,但是行为的方式是主体可以控制的,主体的控制也会决定对行为的评价,是"白跑"还是"不白跑","失礼"还是"有礼","枉费"还是"不枉费":

(35) 我真糊涂了!险一些儿白跑一趟。(《汉代宫廷艳史》)
若不是观世音菩萨知会我,险些儿失礼于他。(《三宝太监西洋记》)
你那里肯道爱月夜眠迟,则这此情惟有月光知,险些儿不枉费了我那栽培力。(《全元曲》)——Nn 式

这些例子不是接近这些行为的发生,而是在行为发生时,某些因素使行为的后果出现分化,呈现两个决定性或选择性方向:消极结局和积极结局,"险些"格式就是指在这一事件中相当地靠近消极结局的那条岔路,不过好

在并没有走上这一岔路,最终还是达成积极的评价,或至少避免了消极的评价。

"评价"的消极性与"能力否定"式的积极目标正好相反。帅志嵩(2014)认为仅差格式整体意义有很强的消极倾向。按照这一倾向,当谓语部分是消极意义时,使用肯定的仅差格式,或者使用 Nn 式(如例 30 最后一例),"评价"的例句都是如此;是积极意义时,使用 Na 式,因为积极事件的否定变为消极,"能力否定"的例句就是如此。因此,"评价"与"能力否定"虽然同为"命运岔路"语义模型所制约,但却呈现镜像关系。并且"评价"这一类型虽然例句很少,但也进一步加大了 Nn 式的优势,使 Na 式的使用频率下降。

1.4 区分 Na 式和 Nn 式的语用条件

现在有一个汉语否定仅差句,如果解读为颠倒事件,那么可以直接把它归入 Na 式;如果不是颠倒事件,我们就需要找到合适的语用条件,以区分是 Na 式还是 Nn 式。

在这一方面,前人几乎都是从 Nn 式入手分析的。根据鲁承发、陈振宇(2020),大致可以分为两大类:朱德熙(1959;1980)最初提出的"企望说",以及此后研究者修正有关观点得到的"色彩说""合意说"和"道义说"等;Biq(1989)最初提出的"常规说",以及相应的变体"意外说""预期说"等。

下面分别论述。先看企望说,再看常规说。预期说非常特殊,需要拿出来单论。

1.4.1 企望说

朱德熙(1959,1980)提出存在这样的不对称现象,鲁承发、陈振宇(2020)总结为:

> "规律一:凡是说话人企望发生的事情,肯定形式表示否定意义,否定形式表示肯定意义。规律二:凡是说话人不企望发生的事情,不管是肯定形式还是否定形式,意思都是否定的。"朱先生自己也说,将事件划分为说话人企望与不企望两种,是把问题简单化了,还存在中性事件。周家庭(1981)将"企望说"的规律二修改为:说话人不企望实现或实现与否无所谓的事,肯定形式和否定形式都表示未实现。

下面是配置表:

表 4 "差点儿"企望说的配置(朱德熙 1980,引自周一民 2003)

	肯 定 形 式	否 定 形 式
企 望	A 差一点买着了＝没买着	B 差一点没买着＝买着了
不企望	C 差一点打碎了＝没打碎	D 差一点没打碎＝没打碎
中 性	E 上个月我差一点去上海＝没去	F 上个月我差一点没去上海＝没去

其中,D、F 两个就是反常格式。"企望说"很符合母语者的语感,此后的研究者多是在这一基础上进行的改良。毛修敬(1985)提出"色彩说",称为积极性事件和消极性事件。石毓智(1993)改称"积极成分"和"消极成分"。另参看渡边丽玲(1994)、侯国金(2008)、江蓝生(2008)、袁毓林(2013)。

因为早期的"差点没"都是 Nn 式,Na 式在现当代才出现,民国时也未见。这一历史材料更有利于袁毓林(2013)的"否定溢出"或张东华(2004)等的"强化添加说",因为只有这一方式是不需要先有 Na 式存在的。袁毓林(2013)提出"乐观假设",他统计:庆幸占 92.381%,遗憾 0.24%,VP 消极 91.99%,积极 0.72%,中性 6.505%。帅志嵩(2014)统计,负向信息 VP 在宋、金、元、明、清各出现 2、12、27、40 次,共 81 次,而正向信息 VP 只出现 7 次。

但是在研究过程中,不断有人提出企望说的缺陷,总会找到一些例外。鲁承发(2014a)、史佩信(2018)等总结了这些反对的意见。我们整理后如下所示:

1) 中性的 VP 很难用企望说来解释。

2) 谁的"企望"? 从理论上讲,可以有三个不同的认知主体:说话者的积极消极评价、事件的主体(经事或施事等)的目的以及语词的褒贬,它们分别对应着说话者预期、主体预期和常理预期。

从说话者来说,积极评价还是消极评价,与当下说话者的心境有关;从主体来讲,是主体希望达到的结果、目的或经历,还是偏离主体的希望,这与主体在上下文语境中的立场有关;从常理上讲,是语词自身的词典意义和社会规约意义(包括法律、习俗、伦理等做出的规约),即是褒义语词还是贬义语词,这是非常稳定的,是语言系统长期形成的规约性的意义。

显然,这些不同的方面,是不同的范畴,虽然它们常有无标记的匹配,但三者并不一定在同一方向上。历史上有两个不同的论述:

① 认为说话者的预期更重要。朱德熙(1959)认为,企望不企望往往因人(说话者)而异,如甲乙两方比赛足球,球踢进甲方球门(这件事从自身来

讲是无所谓企望不企望的,但是从双方各自的立场看不是)是乙方企望实现的,甲方可不希望它实现。"踢进球"在常理上是好事,另外,从常规性上来看,踢进去球是偶然性的,在大多数情况下没进球。但是本例中说话者(甲、乙)是不同的企望,于是句子的意思就有了差异,甲视进球为坏事,所以"差一点没踢进去"是反常格式,指没进;乙视进球是好事,所以"差一点没踢进去"是正常格式,指进了。

朱德熙(1980)提到"我差一点没跟他结婚"这一例子,认为"结婚"是中性的,于是我们需要看说话人(这时他也是事件主体)的态度。如果想跟他结婚,那么事实上是结婚了;如果不想跟他结婚,那么事实上是没结婚。

② 认为常理或语词的褒贬意义更重要。如赵万勋(2006)指出下例中的矛盾:

(36) 胡佛得知了这份电报的内容后,<u>差点儿没气晕过去</u>,盛怒之下,当即给乔治·麦克唐纳将军发了一封信,宣布终止一切合作关系。(没晕)

说话人可能觉得让胡佛气晕是好事,但主体胡佛本人当然认为是坏事,从社会常理看,气晕也是贬义语词。按企望说,本例中需要从坏事角度理解,所以是反常格式。

袁毓林(2013)指出Nn式表示道义情态,例如:

(37) 你在朝鲜战场是个怕死鬼!我<u>差点儿没有枪毙你</u>!(丁隆炎《最后的年月》)(例引自石毓智1993,袁毓林2013)

这一下<u>差一点儿没有把张维气死</u>,气得他直瞪着眼,大张着嘴,足有一分钟没说上话来。(赵树理《张来兴》)(例引自石毓智1993,袁毓林2013)

那老王八蛋上回<u>差点儿没死</u>喽,住了半年院又还阳了。(例引自周一民2003)

有一次,独眼龙打抢老百姓,被史更新打了个落花流水,<u>差点没把他给捉住活的</u>,吓得他屁滚尿流地跑了。(例引自鲁承发2014b)

第一句虽然"枪毙你"是说话人(彭德怀)期望的,但在道义上是消极的,压倒了说话人个人的情感,所以更自由地用于反常格式,表示没枪毙。第二句、第三句和第四句也都是说话者希望让他死、把他捉住,但都是消极语词,于是表达反常格式。实际上,毛修敬(1985)之所以用"色彩"代替"企望",就是因为色彩指稳定的语词的褒贬性质。

这两种论述哪种更合适?先来看看它们的区别:

首先,第一种用来辩护的例子,都存在双向性的困难,而第二种不存在,都可以直接从单向性理解,因为一般是从没气晕、没气死到气晕、气死,从没枪毙到枪毙,从没捉住到捉住,所以我们不需要构造反向运动,例句显得很自然,很常见。

其次,第一种用来辩护的例子,其中困难的那个往往是从"积极"的角度讲的,如乙方希望踢进去,我想跟他结婚,所以"差点儿没踢进去、差点儿没跟他结婚"才得到"踢进去了、结婚了"的正常解读。而第二种用来辩护的例子,都是从"消极"的角度讲的,如"气晕"是消极语词,所以"差点儿没气晕"才得到"没气晕"的反常解读。

再次,第一种的"积极",容易造成竞争,如甲、乙双方立场对立,所希望的正好相反。而第二种的"消极",却不容易造成对立,如"气晕"是贬义,而句中没有别的褒义语词。竞争就容易摇摆,而独大则相当稳定。语言系统的形成追求的是稳定,所以后者就会越用越多,实际上今天它占据了绝对的优势。

也有学者试图调和二者,如侯国金(2008)。

3)是企望的还是不企望的?这涉及具体例句的判断,如以下例子,都是冗余的否定式(例引自赵万勋 2006):

(38) a. 群众拍手称快,高兴感激的百姓<u>差点没把派出所门槛踩破</u>。
   b. 我愣了三秒钟,<u>差点没笑出来</u>:此君将普通话当成北京的方言,认为北京以外的人都不会讲了。
   c. 马先生的手,<u>差点儿没贴着她的胸脯儿</u>。……她的头发,<u>差点没挨着他的衣裳</u>;现在他所以放大了胆子往前巴结:爱情是得进一步便进一步的事儿。
   d. <u>只差一点没和那漂亮女人做成一回好事</u>。

例 a,在我们的常理认识中,一般而言踩破门槛是坏事,这支持常理的决定性影响。

例 b,"我"是想"笑出来"的,但是在这一场合笑是不礼貌的,从常理讲是消极的行为。

例 c,"贴着她的胸脯"是一个动作,不过不是一般的贴近动作,手放在女人胸脯上是要流氓,所以在常理中是坏事。同理,女人的头发挨着男人的衣裳,也就是说两人贴得很近,也是不合保守的伦理道德的,所以也算坏事。虽然当事人也许希望这么做。

例 d 中,"我"是想做成好事的,但"和漂亮女人做成好事"在常理中是不正当的性关系的代名词,所以被划入坏事。

再看石毓智(1993)的冗余例子:

(39) 大妈往外一指,我一看,正是我媳妇来了,当时高兴得我呀,<u>差点儿没翻俩跟头</u>,一个箭步就冲过去了!(常更新《浪子回头》)

换个角度思考,从中国人的道德伦理来说,实际上在任何时候做出过分的举动都是坏事,不论这事本身是好是坏,一旦过分就不好了,所以这里也是常理上的坏事。

学者们对上述例句的分析,有的认为这里都是企望的事,有的认为还是不企望的事,或者是无所谓企望不企望。由此看来,的确存在着企望说无效的地方。

4) 积极与消极的不对称性。

不管是朱先生最初的推理方式,还是后来的支持者、改造者给出的修正方案,都相当地"硬",即尽可能地按照充分必要条件来考虑,企望(积极)如何不企望(消极)如何,没有模糊的余地。

但是企望(积极)与不企望(消极)是很不对称的:

① 不企望(消极)VP 在"差一点没 VP"中得到反常意义,这在语料中非常强势,例外极少。史佩信说了一个"反例":某个原先瘫痪的病人以顽强的意志练习走路,每天都要摔好几跤。有一天我们听到这样一句话:"今天他好多了,差点儿没摔跤。(摔了)"这是指他今天摔跤了,但是差一点就达到"不摔跤"的水平了,如只是摔了一跤两跤的。这里"摔跤"在词典和习俗中都是贬义的语词,也是事件主体和说话者都不希望发生的事,所以按照消极性原则,应该是 Nn 式才是,但这一例子中却是 Na 式。

我们找遍了手中的语料,没有发现史所说的这种情况,而且我们的感觉是,在这样的情况下,应该说"今天他好多了,差点儿就不/没摔跤了"才通顺,也就是"颠倒事件"的例子,因为这是十分罕见的例子,采用有标记的形式更好理解与表达。

② 但企望(积极)VP 虽然得到正常意义的很多,但却比较容易找到"反例",即企望(积极)却得到反常意义(当然中性的时候得到反常意义的情况也不少):

(40) 小王平时成绩不怎样,不料这次高考发挥超常,<u>差点儿没考上北大</u>。(没考上北大,但成绩已经相当地好)

小王拿出彩票一对号码,嗨,就差了一位数,<u>差点儿没中 500 万大奖</u>。(没中 500 万大奖)

他进步挺快,短短几年扶摇直上,<u>差点没当上县长</u>。(没当上,但发起了向县长的冲击)

这些例子韵律是"差点儿没+VP",突显的是接近 VP,而且都是以表示赞赏的意思为主,前面的话都是表示积极评价的。这与常见的"遗憾、庆幸"都不一样,是第三种重要的情感。

鲁承发(2014a)也提了这么一个例子,其中前一句是正常解读,没有问题,但后一句是反常解读,需要进一步解释(例引自鲁承发 2014a):

(41) 对着空门,球竟差一点没踢进去!(进了)

守门员后场一脚长传,球差一点没踢进对方的大门。(没进)

可以有两种解释的例子还有:

(42) 笑笑说他要退役,<u>差点没把我高兴死</u>!(没死)

如果从述结式"高兴死"的字面意义看,"死"是极端的,在社会规约意义上,这是贬义的,因此这里是 Nn 式,表示"我没死"。但这里的"死"并不是真正意义上的死,而是表示程度很高,也就是极为高兴的意思,这样看,这句是说达到了极高的高兴程度。

总之,大量的语料证实,当 VP 是企望(积极)的事态时,需要进一步分析,寻找其他制约条件。

5) 更大的研究范围的问题。不但否定形式,肯定形式中也有特殊的不能说的问题,如沈家煊(1987;1999:70)、渡边丽玲(1994)等都有观察到。李小玲(1986)、董为光(2001)在这方面提到的例子最多,但是其中很多是因为不满足于有界性条件而不能说的。例如:

(43) a. #差点儿买得起——差点儿买不起

#差点儿交得出房租——差点儿交不出房租

b. #差点儿按时吃药——差点儿没按时吃药

c. ♯差点儿来得及——差点儿来不及("差点儿没来得及"可以说,而且是正常格式,因为"没来得及"表示结果)
?差点儿赶上末班车——差点儿赶不上末班车

这是因为人的能力和习惯(按时吃药)一般是默认为静止的状态,所以无界。如果我们构造一个动态过程,这些例句都可以说。例如我们讨论一个人的经济能力的变化,"我曾经有过不少的钱,差点儿(就)买得起她想要的那座庄园了",交房租的例子也是如此。但是因为这种构造心理负担很重,所以最好用有标记的格式,如加一个"就"。再如我一般不按时吃药,但后来决定努力一把,改变这个坏习惯,于是可以说"我差点儿(就)按时吃药了"。同样,使用有标记格式才更好。

"来得及、赶上"是前面打碎杯子的那一类,很难构造反向运动,但可以用同样的办法这么说"我差点儿(就)来得及向他告别/赶上末班车了,但被你们给缠住了。"

再如:

(44) ♯差点儿到站下车了——差点儿到站没下车
　　♯差点儿打开了那把锁——差点儿没打开那把锁
　　♯差点儿写上了自己的名字——差点儿没写上自己的名字

同样是构造动态过程的问题:"如果你不叫住我,我差点儿到站下车了""你不叫我的话,我差点儿写上了自己的名字""我差点儿(错误地)到站下车了""我差点儿打开那把锁,虽然没有成功"。

1.4.2　常规说

"常规"指的是在社会中形成的关于某类事件在某特定条件下发生的概率或频次大小的主观认识,一般而言,说话者认为自己是正常的社会人,并认为常规事物的存在是有道理的,所以"常规—预期—合理"以及"非常规—反预期—不合理"存在无标记的匹配关系。但是,在特殊情况下,说话者可以预期一个事物的发展是与常见的或普遍的规律相反的,可以认为一个常见的事物是不合理的,等等。因此,这是三个不同的范畴。

三大范畴中,我们前面提到的积极和消极,其实是合理性的下位类型,合理就是合乎自然规律或人类社会的道德、伦理、习俗等等,与之想合的就是积极的,反之就是消极的。正因为常规的并非是好的、合理的,这才有了讨论的余地,"常规说"才独树一帜。

在文献中,常规性有各种不同的说法,如"可能性、偶然性、偶发、反常、非同寻常"等等,但都可以统归到"认识情态"之中,即说话者对事物会不会发生、发生概率大小的认识。如 Biq(1989)的"语境反常"。"把母亲抱起来"就是反常的例子,因为一般而言是不会这么做的,或者说这么做的概率很小,一般不会发生。

渡边丽玲(1994)认为,必需是非寻常的事件,如一般不说"♯我今天差一点赶上了火车",是因为正常情况下我们都可以赶上火车。这有一点过于绝对了,我们还得考虑语境,如有人问张三考得怎样,我回答"他差点儿考上",这时很难说我对"他考上"或"他没考上"感到意外,只不过是一个简单的答语而已。渡边的例子其实也有可用的时候,如"甲:大家都很容易赶上火车,你那天没赶上火车? 乙:我差一点赶上""我紧赶慢赶,差一点就赶上火车"就通顺多了。

为什么"差点儿"会有非常规性的要求? 这是因为"差点儿"经常用来表达感叹,而且是表达意外的感叹,也即这是由外在的某个事件或情况所引起的情感情绪反应,受到"意外原则"的制约:说话者认为是常规的事物不能让他感到意外;如果表示意外,而说话者又是自信的话,则表示该事物对说话者来说必有非常规之处。与之相反,如果"差点儿"没有用于感叹,而只是简单的信息表述,或者虽然用于感叹,但不表意外(如仅仅是强调差距很小),就没有这一语用要求。

董为光(2001)提出了"偶发事件"的问题。所谓"偶发",我们可以理解为非常规。如下面"丢钱包、感冒、挨批评、跳起来"都是偶发事件,因此句子都是反常格式(例引自董为光 2001,略有修改):

(45) 我差点儿丢了钱包。——我差点儿没丢了钱包。(没丢)
　　 小明差点儿感冒了。——小明差点儿没感冒了。(没感冒)
　　 赵刚差点儿挨了批评。——赵刚差点儿没挨了批评。(没挨批评)
　　 我差点儿乐得跳起来。——我差点儿乐得没跳起来。(没跳起来)

董为光(2001)还指出"不能说:*差点儿按时吃了药;*差点儿到站下了车;*差点儿打开了那把锁(打开锁是目的);*差点儿写上了自己的名字(写上名字是目的)等"。由此可知,"差一点 VP"的"VP"也不能是正常状态。

杨晓宇(2011)从渡边的观点向前走,提出意外说。他认为:在肯定式"差一点 VP"中,VP 是会让人感觉到意外的事,如"差一点买着/打碎/找你去"。在否定式中，Na 式中的"没 VP"是能够激起说话人"意外感"的事件，如"差一点没买着"，"没买着"令人意外；而 Nn 式中的 VP 是引起"意外感"的事件，如"差一点没打碎/找你去"，"打碎、找你"令人意外。

杨还解释了一些罕见的例子，如"我卡捷琳娜·伊万诺芙娜的爸爸是位上校，差点儿没当上省长，……"（例引自杨晓宇 2011），当上省长是好事，无论对说话者、事件主体还是常理而言。这里之所以是 Nn 式（他险些当上但没当上），杨认为是因为"当上省长"是让人意外的。与之相反，"没死、没摔倒、没打碎"是不让人意外的，不能用于 Na 式，所以"♯小英雄差一点没死（死了）、♯老师差一点没摔倒（摔倒了）、♯花瓶差一点没打碎（打碎了）"不容易成立。

程饶枝（2007）的描写主要指出两个重要事实：

① VP 带有表示程度极高的成分时，是 Nn 式，如"差点没乐晕/乐死/乐坏/乐蒙/乐抽了/乐疯了/乐傻了/乐桌子底下去"等，而极高的程度正是典型的非常规事件。

② VP 是不可能真正发生的事时，是 Nn 式，如"差点没天塌下来/把头伸进屏幕"等，而不可能发生的事，正是极端的非常规事件，是概率为 0 的事件。

史佩信（2018）也接受渡边丽玲的观点，并在前人基础上做了进一步的总结。

下面是学者们关于常规性与企望性的关系的具体论证，我们总结如下：

① 中性事态，人们一般根据日常经验分出常态和非常态。如对一个通常足不出户的北京人来说，"去上海"是非常态，所以他不容易说"我差点儿没去上海"（去了），而只能是"我差点儿没去上海"（没去）。对一个专跑上海的销售员来说，"没去上海"是非常态，所以他会说"我差点儿没去上海"（去了）。朱德熙（1980）提出的例子"十个月我差一点没去上海（没去）"，看来是因为在他那个时代，北京人去上海真心很不容易。如果改成"昨天我差一点没去学校"，就容易理解为"去了"，因为作为老师经常去学校。

② 非常态往往是不企望的，如摔倒，所以说"差点儿没摔倒"（没摔）；非常态也有个别是好事，如"当上市长"，所以说"差点儿没当上市长"（没当上）。

常态很多是好事，是人们希望的事态，如赶上火车（一般人都是准时赶上火车的），所以说"差点儿没赶上火车"（赶上了）；常态也有个别是坏事，如一个地方老堵车，所以说"今天差点儿（就）没堵车了"（堵车了）。

③ 不希望的事或者说坏事，大部分是非常态，如生病，所以说"差点儿没生病"（没生病）；但也有一些人们并不希望的现象经常发生，是常态，如中

国队老输,所以"这次比赛中国队(表现很好)差点儿没输"(输了)。

希望的事或者说好事,大部分是常态,如哈尔滨冬天结冰,所以说"今年气候反常,哈尔滨差点儿没结冰"(结了冰);但也有一些人们希望的现象是非常态,如一个人成绩不太理想,就不容易"考上北大",所以说"他这次超长发挥,差点儿没考上北大"(没考上)。

翟汛、鲁承发(2013),鲁承发(2014b)和鲁承发(2018)也是常规说的另一个典型代表,不过其推导过程与其他人的稍有不同。

首先分出已知事件与未知事件。

其次,同时也是其分析的真正的重点,是未知事件。他们引入了事态的可能性等级(常规性),从而分成三种。不过他的解释与前面那些常规说解读的角度相反,鲁承发看的是句子"差一点 VP"和"差一点没 VP"整体的句子意思 S。设后面的 VP 或"没 VP"的意义为 P,则因为"差一点"是隐形否定,所以 S=∼P,如"他差一点进球",后面的 P 为"进球",则 S 为没进球。

根据他们的论断,我们可以根据对事物可能性的了解,先确定句子的意义 S,在通过上述方式倒推出 P,如果 P 与后面的谓语部分的字面意义相同,则是 Na 式;如果相反,则或者句子是肯定句式,或者是 Nn 式(否定句式)。

鲁承发(2018)认为,听话人会选取高可能事态成为语义真值。这一推理,可以归纳为【常规原则】:在陈述时,如果句中没有特殊的表达,则说话者说事件 S 为真,意味它是高概率的常规事件。如果句中没有特殊的表达,则当事件是低概率的非常规事件时,说话者会说事件 S 为假。如果说话者说事件 S 为真,而它是低概率的非常规事件,则句中一定有特殊的表达。

如我们知道早高峰时车上人很挤,这是常规,因此我们可以很简单地说"早高峰,车上人很挤",但如果简单地说"♯早高峰,车上人不挤"就不合适了,因为在简单表达中我们只能表示常规意义,而这与句子的字面意义有语用和语义矛盾,因此很难受。如果要消除这一矛盾,我们必须说"早高峰,但是车上人不挤",用了特殊的"但是"表明是非常规情况,或"早高峰,车上人不挤,因为今天很多人罢工",等等,追加的理由使得整个陈述发生改变,在罢工的情况下没什么人上班,车上不挤,就转为了常规的大概率事件了,于是合乎要求。

反之,如果是小概率事件,直接陈述往往具有非常规意义,语句会带有特殊的语气,如房屋着火是小概率事件,因此如果说"房子着火了",不论是否有加重的语调,都是感叹句,具有特殊的语用色彩,不是简单的陈述。简单的陈述当然也可以,如可以说"房子没有着火",因为没有着火是常规的,就不会有此感叹色彩。

现在我们来看两个例子,就明白这一推导过程的简明性了:

(46) a. 我差一点没按时上班。(按时上班了)——♯我差一点按时上班。
b. 我差一点没迟到了。(没迟到)——我差一点迟到了。(没迟到)
c. 我差一点没按时上班。(没按时上班)——我差一点按时上班。(没按时上班)
d. 我差一点没迟到了。(迟到了)——♯我差一点迟到了。

在社会中,我们常见的是按时上班,所以"我按时上班"是高可能事态,是常规的,根据规则,例 a 不论是肯定还是否定句式,都倾向于表示"我按时上班"的意思 S,由于 S=~P,所以"差一点"后面的部分应该倾向于表示"我没按时上班"的意思,这与左边句子的字面意思相合,故句子成立;但与右边句子的字面意思相反,又右边不是否定格式,无法表示特殊意义,因此句子就不成立。

同理,迟到是不常见的,所以"我迟到"是低可能事态,是非常规的,根据规则,例 b 不论是肯定还是否定句式,都倾向于表示"我没迟到"的意思 S,由于 S=~P,所以"差一点"后面的部分应该倾向于表示"我迟到"的意思,这与右边句子的字面意思相合,故句子成立;但与左边句子的字面意思相反,不过好在左边是否定格式,所以表示 Nn 意义。

如果"我"是个与众不同的人,爱迟到不爱按时上班,那么就会使常规性颠倒。于是在例 c 中,"我没按时上班"是常态,句子应该表示这一意义,所以"差一点"后面的部分应该倾向于表示"我按时上班"的意思,这与右边句子的字面意思相合,故句子成立,指有一次我发生了特殊情况,差一点达到按时上班的要求,不过最终还是没发生;但与左边句子的字面意思相反,不过好在左边是否定格式,所以表示 Nn 意义。

同理,例 d 中,"我迟到"是常规,所以句子应该表示这一意义,所以"差一点"后面的部分应该倾向于表示"我没迟到"的意思,这与左边句子的字面意思相合,故句子成立,指有一次我发生了特殊情况,差一点达到没迟到的要求,不过最终还是迟到了;但与右边句子的字面意思相反,又右边不是否定格式,无法表示特殊意义,因此句子就不成立。

显然,c、d 两类是很罕见的,所以不占优势。
下面是我们对常规说给出的简化的配置表:

表 5 "差点儿"常规说的配置(主要参照史佩信 2018)

		肯 定 形 式	否 定 形 式
VP 常规	买着	不能说	Na 式：差点儿没买着＝买着了
VP 非常规	打碎	正常格式：差一点打碎了＝没打碎	Nn 式：差点儿没打碎了＝没打碎

可以看到，常规说的界定范围很大，不仅仅是考虑 Nn 式的解释，不仅仅是想以此完全替代企望说，而且也涉及了肯定格式可不可以说的问题。

虽然目前对常规说还没有人进行系统的批评，但是根据学者们论述的语料，常规说的问题也比较明显，而且和企望说有相似之处，即：

① 除了常规非常规，还有概率不明确的事件，鲁承发（2018）称为"不可预期事件"，这是史佩信（2018）所没有考虑到的情况。鲁认为它就只是正常格式，如某次买书买不买得到是无法预期的，因此"我差一点买到了那本书"就是没买到，而"我差一点没买到那本书"就是买到了。

但是，如对一个我们不了解的人，他能不能考上大学我们并不清楚，这时：

(47) a. 他差点儿没考上。（考上了——Na 式）
  b. 他差点儿没考上自己心仪的大学。（没考上——Nn 式，如差一分就考上了，就差这一分）
  他差点儿没考崩了。（考上了——Nn 式）
  他差点儿没名落孙山。（考上了——Nn 式）

我们一般都觉得他考上了，但是这三句既有正常格式，也有反常格式。说明常规性不明确时会两可。

② 常规和非常规其实是不对称的。

对"差点儿没 VP"，VP 非常规会导致 Nn 格式，几乎没有反例，至少现在的研究文献中我们还没有看到。但是常规事件不仅仅是获得 Na 式解读，如"他每天都去赶火车，但今天差点儿没赶上（赶上了）"；也可以获得 Nn 式解读，如这段时间气候反常，班上一大班的人都得了感冒，也就是说在这样的情景中得感冒是大概率的，如果说"班上大多数同学得了感冒，我也差点儿没得感冒"，还是应该解读为"我接近得感冒，但没得"；再如"文革"时大多数中学生毕业都下乡，这是当时的常态，但如果说"那些年中学毕业就得下乡当知青……你不知道,我差点儿没下乡去了!"还是应该解读为"我没去下乡"。

另外,一些例子的分析并不正确,如讨论所谓"人们并不希望的现象经常发生,是常态"的情况是经常用"中国足球队老输球"的例子,如"这次比赛中国队(表现很好)差点儿没输"(输了)。但这里的问题其实是把积极消极倾向搞反了,这句话并不是突显人们对"中国队输球"的消极认识,而是突显球迷对"中国队比赛后没输球/中国队不输球"的企望(期盼),所以是"差点儿+企望VP",也就是正常的Na式。

③ 有的事件常规性有可能有两种不同的解读。如:

(48) 狐狸差点儿没落入陷阱。

鲁承发、陈振宇(2020)说:

> 对于狐狸来,"落入陷阱"是不合常规的,因为它一生中一般都不会碰上陷阱,所以解读为"没落入陷阱"。但如果说话人在一旁埋伏观察,情况就不同了,因为以往几乎在这种情况下猎物都会落入陷阱,于是"没落入陷阱"是不合常规的,于是就解读为"落入了陷阱"。但当我们听到"狐狸差点儿没落入陷阱"时,首选的是哪个答案?应该还是Nn式,即"没落入",这应该是词汇的消极意义在起作用。

再如下面的句子(例引自董为光2001):

(49) 我差点儿没拣到这个便宜。(拣到了)
　　我差点儿没拣了一个便宜。(没拣到)

因为"拣了一个便宜"是偶然性的,是非常规小概率事件;而"拣到这个便宜"则是有目的的,是大概率的倾向,不是偶然事件,而是成果趋向,也就是合乎主体意愿预期的。

实际上,常规说的学者大多发现,非常规很起作用,但有时仍然得靠企望说。所以在一开始,就有一些学者试图将企望说和常规说融合在一起,这是一个重大的理论进步。朱德熙(1980)给出的所谓"中性"的例子,就有游弋在消极和非常规之间的:

(50) 毕业以后,我差点儿没当数学老师。

我们综合前人对这一例子的解读有如下几种：

① "当数学老师"违反意愿，Nn 式：当时我不想当（数学）老师，而是想从事其他工作，也就是说在我的心里，（数学）老师是消极的，但因为某些原因被迫转向，好在没有当成，躲过了一难。（没当）

② "当数学老师"合乎意愿，Na 式：当时我想当（数学）老师，不想从事其他工作，也就是说在我的心里，（数学）老师是积极的，但因为某些原因被迫转向，好在转向不成功，总算还是当上了老师。（当了）

③ "当数学老师"违反常规，Nn 式：作为非数学专业的学生，常规的是去做其他工作，而不是当数学老师，但因为某些原因要我去当，好在最终还是按常规走，没当这个老师。（没当）

④ "当数学老师"合乎常规，Na 式：作为数学专业的学生，常规的是去当数学老师，但因为某些原因不让我当，好在最终还是按常规走，当上了数学老师。（当了）

综合说的代表是董为光（2001），认为 VP 若是主语主动实施的行为，则如"企望说"；除此之外，"差一点没 VP"受制于偶发趋向。他文中给出了一张详细的配置表格：

表 6 "差点儿"综合说的配置（引自董为光，2001）

	肯 定 形 式	否 定 形 式
双向趋向	主动实施 A-1 差点儿买着了（没买着）	B-1 差点儿没买着（买着了）
	"有利"预期 A-2 差点儿交了个好运（没交上）	B-2 差点儿没交上这好运（交上了）
	"有利"预期 A-3 敌人差点儿进了包围圈（没进）	B-3 敌人差点儿没进包围圈（进了）
单向趋向	"有害"评价 C-1 敌人差点儿发现了我（没发现）	D-1（羡余） 敌人差点儿没发现我（没发现）
	有害偶发事态 C-2 差点儿得了感冒（没得）	D-2（羡余） 差点儿没得感冒（没得）
	良性偶发事态 C-3 差点儿乐得他跳起来（没跳） 差点儿睡到十二点（没到十二点）	D-3（羡余） 差点儿没乐得他跳起来（没跳） 差点儿没睡到十二点（没到十二点）
	中性偶发行为 C-4 刚才差点儿去看电影（没去）	D-4（羡余） 刚才差点儿没去看电影（没去）

	肯 定 形 式	否 定 形 式
单向趋向	错误事态 C-5 差点儿吃错了药（没吃错）	D-5 差点儿没吃错药（没吃错）
		错误事态 E-1 差点儿没按时吃药（按时吃了）

他表中内容可以归纳为以下简单配置表（由于简单，难免会有疏漏，只不过更有理论意义）：

表 7　对董为光"综合说"配置的总结

	主动实施	有利、良性	有害、错误	中 性
偶 发	正 常	羡余（反常）	羡余（反常）	羡余（反常）
非偶发		正 常		

不过请注意，董表中的"E-1"似乎是弄错了，"按时吃药"不是错误事态，应该是良性事态才对。

张玲（2008）提出用标记论进行解读，如果是常态（无标记），句子就不合格。并用"标记颠倒"理论说明常态与异态可以转化。不过，仔细看她的具体表述，也讲到企望、道德等也会对常态、异态产生影响，所以实际上也是一种综合性的解说。

1.4.3　预期说

目前，常规说及其变体中，"预期说"异军突起，因此，我们把"预期说"单独拿出来加以讨论。

渡边丽玲（1994）、杨晓宇（2011）提出了"意外感"。除此之外，杨子（2017）明确提出"反预期"的制约作用，他的"预期"是指事件意外程度的高低（对说话者而言），在实际论述时他主要谈及的是事件的可能性、常态性等。

不过，预期说仍然遇上了一些问题，那就是研究者们对预期的定义、类型并不清楚。

例如，鲁承发（2018）说的"预期"是指选择"高可能事态"，排斥"低可能事态"。整个"差一点"构式表达"反预期事态几乎实现而未实现"和"预期事态几乎不能实现而最终实现"的意义。不过他承认存在"不可预期事态",这时需要语境信息来帮助做出选择。又谈到"社会规范"问题,如"没按时上班""没考及格(不可预期事态)"不符合社会规范,所以归入了反预期。

我们认为,鲁文在这里对预期的定义比较模糊,包括了常规性(概率大小)和规范性(合理性大小),有将企望类解释纳入预期体系的意图,因为企望可以转化为合理性。其实我们是赞成这一点的,不过认为需要更为清晰的定义。

范晓蕾(2018)提出"语境预期"(contextual expectation)。下面是她的"预期"的分类:

表8 范晓蕾的三类预期

三小类	定 义	起源文献	特点刻画	大类归属(一)	大类归属(二)
①已知事实	"实际上某个事件已如何",属于事件的实际状况	借鉴了周一民(2003)的"客观事实"	相当于概率是百分之百	大概率状况(必定可随语境而变)	特殊预期(事件发生与否在前文已经确定)
②惯常概率	"规律上某种事件通常会如何",属于事件的可能性状况	近似于 Biq(1989)的"语境常态(contextual norm)"	董为光(2001)的"偶发趋向"类似于 Biq 的"语境反常"("语境常态"的反面),只是名称不同而已	大概率状况(常常可随语境而变)	一般是常规预期(社会共识),少数是特殊预期(如"小明回回考试都满分")
③标准规范	社会团体对事件执行的人为要求"规范上某种事件应该如何",属于事件的可能性状况	在一定程度上类似于鲁承发(2014:35)的"道义事件"	1.不是道义评判,必须有违反规范的不利后果(排除"打人"一类的事件)。2.规约性事件的形式都是成对存在的词汇	标准规范(一般不可随语境改变)	常规预期(社会共识)

范的预期①和②的共性是:预期的内容可以随着语境而变更,由此造成"差一点没VP"的解读也会随着语境而变化。相反,预期③的内容一般不能随着语境而改变,与之相连的"差一点没VP"的解读是固定不变的。预期

②中的大多数项目和预期③的共性是：属于常规预期（社会共识），在前文无须交代其内容。相反，预期①是必须要在前文交代其具体内容的。

范晓蕾(2018)的推理也很明确：

> 对于受规范约束的"规约性事件"，如"上班迟到""考试答对题"，语境预期指"事件实现"的标准规范，即"应该 VP/不该 VP"。……
>
> 无关标准规范的"普通事件"，如"生病""中奖"等，语境预期指"事件实现"的大概率状况，即"通常会 VP/不会 VP"。

简言之，如果"应该 VP"（VP 正预期），则是 Na 式；如果"不应该 VP"（VP 反预期），则是 Nn 式。如果"通常会 VP"（VP 正预期），则是 Na 式；如果"通常不会 VP"（VP 反预期），则是 Nn 式。

1.4.4 基于"统一预期理论"的解释

干薇、陈振宇(2022)认为，在讨论某个有意志的主体达成目的的能力时，有两个必不可少的预设：

1) 该目的是该主体的意愿/道义目标，对他来说必须是"合理"或"合愿望"的选择。只有主体想去做一件事，才有能力是否具备的问题。这称为"意愿/道义条件"。因为说话者一般是同情于有关行为的主体，所以对说话者来说，这一目的一般也有合理性和合愿性。

当没有具有心智能力的主体存在，或者说话者并不同情于行为的主体时，意愿/道义条件应该修改为：事件的目的，是社会的意愿/道义目标（符合常理预期），或至少是当前情景中说话者认为应该实现的目标（符合说话者预期）。如"我们能保住大坝"（主体意愿，我们希望保住大坝）和"大坝能保住"（社会意愿，按照一般社会价值，保住大坝才好）。

2) 该目的是符合社会常规的，有实现的依据，总之是有可能达成的。如果一件事根本不可能达成，那就无所谓能力问题，因为此时肯定是没有能力或很难有什么能力的。这称为"可能条件"。例如，在正常的、有条件的情况下，大坝是能够保住的，所谓"我们自己是否有能力保住它"的问题，实际上是"我们自己是否能够实现正常的条件"的问题。

干薇、陈振宇(2022)因此给出区分 Na 式还是 Nn 式的条件：

当不能构造从 VP 到"没/不 VP"的发展方向时，对仅差否定格式而言，

1) 既不违反意愿/道义条件，也不违反可能条件的事件 VP 或 VR，进入 Na 式。

2) 只要其中有一个条件不满足，或者该目的是主体（社会）不希望或认

为不应该发生的事,也就是非意愿/道义事件,或者根本就是一般情况下不可能达成的事件,否定式就只能是 Nn 式。

这一解释还没有涉及肯定格式的可说问题。我们还需要从"预期"理论的角度进行扩展。本书将意愿预期、能力预期、道义预期和认识预期统一考虑,可以称为"统一的预期理论",在此观照之下,仅差格式的问题就很清楚了。

排除 Na2 式(颠倒事件)和 Nn2 式(补充式)后,我们可以把肯定式、Na1(一般事件)和 Nn1 式一起称为"感叹式"。感叹式包括"差一点+VP"和"差一点+否定词+VP",其目的是表示感叹:在表达事物发展接近于 XP 但没有达到 XP 的同时,发出感叹,感叹的焦点 XP 是一个反预期的意外情况,就像开车时突然发现自己到达了一个与预期不符的地段或方向等等。这一类格式的意外性,预示绝大多数是消极的 XP,也可以有极少数积极的 XP,参看袁毓林(2013)所说的分布。

根据本书前面所说的那些意外原则:

如果表示对事实 XP 意外,而说话者又是自信的话,则表示该事物或者对说话者来说必有非常规之处,或者不是事实。

如果说话者认为它是非常规的,并且不具有明显的积极评价,则他认为这是不合理的。说话者认为它是合理的,则他或者认为是常规的,或者认为是积极的。

其中的"不合理"决定了是消极的。不过,当句中有明显的积极或者排除消极的词语或语义时,就会阻止导向语用否定,而只是表达纯粹的感叹。这可以解释袁毓林所发现的分布。

下面的规则仅仅是对感叹式而言的:感叹式"差一点+XP"的根本功能是表示 XP 不合说话者预期(当常理预期或主体预期,与说话者预期不同时,以说话者预期为准)。

1) 说话者对 XP 的预期受他的立场制约,并且包括意愿、能力、道义和认识等各个情态维度。此前大家所讲的"企望"主要是意愿预期,"合理/应该"主要是道义预期和意愿预期。尹会霞(2021)认为,汉语中的大多数情态副词表达认识情态,"常规/通常"主要是认识预期;由于这里的 Na 式主要就是能力否定式,所以可以不考虑能力预期。

2) 对仅差格式否定式而言,只要"XP=否定词+VP"中的 VP,在这些预期维度中,有一个是不满足预期的,不管是哪一个,就只能是 Nn 式;只有当我们找不到一个不满足的预期维度时,才是 Na 式。(如果是颠倒事件等,则不受这一规则制约,而只看能否在认知中成功构造颠倒事件;如果是补充式,也不受这一制约)当然,这必须在其他句法语义方面符合要求。

3) 对仅差格式肯定式而言,那么只要"XP＝VP"中的VP,在这些预期维度中,有一个是不满足预期的,不管是哪一个,句子在语用上就合适(当然需要其他相应的句法语义要求得到满足);如果找不到一个不满足的预期维度,句子在语用上就不合适,不能说。(如果是加"就"的强制构式,如"差一点(就)赶上了",不受这一规则制约。)

4) 从以上条件可以看到,对仅差格式而言,使用频率大小是:肯定式＞Nn式＞Na式。因为要找到一个维度不满足预期是容易的,找不到一个维度不满足预期,或者说所有维度都满足预期,是极不容易的。

综上所述,"差一点＋XP"等仅差格式在感叹式中表达一个双重预期结构,它们共享一个预期,但是当前信息具有两面性,所以有两重意义:

$P(M|O)$:不希望或不能或不应该或不会XP
(不希望XP∨不能XP∨不应该XP∨不会XP)
$P(M)_1$:事件接近XP
$P(M)_2$:解除了接近XP的状态
预期性$_1$:反预期,又因为常有强烈情感,所以也是意外。
预期性$_2$:正预期,合乎预期,感到正常或欣慰。

当XP为肯定式时,上面的这一表述就是其构式意义。
当XP为否定式"否定词＋VP"时,情况稍显复杂一些:

Na式:$P(M|O)$:既不是不希望,也不是不应该,也不是不会VP
(～不希望VP∧～不应该VP∧～不会VP)
$P(M)_1$:事件接近XP＝～VP
$P(M)_2$:解除了接近XP＝～VP的状态
预期性$_1$:反预期,又因为常有强烈情感,所以也是意外。
预期性$_2$:正预期,感到欣慰。

如"差点儿没赶上火车",简言之,对一个说话者希望,并且合乎情理,有可能发生的事,如"赶上火车":当我们的焦点意义落在$P(M)_1$上,也就是出现了接近赶不上火车的情况,这就令人意外,产生强烈情感(消极),甚至出现语用否定(谁该为此消极情况负责?)。当我们的焦点意义落在$P(M)_2$上,也就是赶不上火车的情况终于解除了,最后还是赶上了火车,这就令人欣慰,也会产生强烈情感(积极)。

Nn 式:P(M|O):不希望或不能或不应该或不会 VP
(不希望 XP∨不能 XP∨不应该 XP∨不会 XP)
P(M)$_1$:事件接近 XP=VP
P(M)$_2$:解除了接近 XP=VP 的状态
预期性$_1$:反预期,又因为常有强烈情感,所以也是意外。
预期性$_2$:正预期。

如"差点儿没死了/得意得差点儿没飞上天去",简言之,对一个说话者或者不希望,或者不能做到,或者不合乎情理,或者不可能发生的事,如"死亡、飞上天":当我们的焦点意义落在 P(M)$_1$ 上,也就是出现了接近死亡、飞上天的情况,这就令人意外,产生强烈情感(消极),甚至出现语用否定。当我们的焦点意义落在 P(M)$_2$ 上,也就是死亡、飞上天的情况终于解除了,最后还是没死、没飞上天,这就令人欣慰,也会产生强烈情感(积极)。

下面我们用上述规律解释学术文献中提到的各种例子(仅就感叹式而言)。先看否定式。[①]

1) 至少违反意愿预期,是 Nn 式。

(51) 朱德熙(1959):他被什么绊了一下,<u>差点儿没摔了一跤</u>。——不希望摔跤。
董为光(2001):<u>差点儿没吃错药</u>。——不希望吃错药。
范晓蕾(2018):这么简单的字,<u>他竟然差一点没写错</u>。——不希望写错。

2) 至少违反道义预期,是 Nn 式。

(52) 石毓智(1993):你在朝鲜战场是个怕死鬼!<u>我差点儿没有枪毙你</u>!——不应该贸然杀人。
这么重要的文件,<u>他竟然差一点没写错了</u>。——重要的文件不应该写错。

---

① 例句前的"朱德熙(1959)"等是引述例句的出处。下同。

董为光(2001)：差点儿没乐得他跳起来。——在这样的场合中"跳起来"是不应该做的，因为有失庄重，或者有可能得罪他人，等等。

董为光(2001)：差点儿没睡到十二点。——十二点都中午了，不应该睡这么久，这太违背日常行为准则。

董为光(2001)：差点儿没吃错药。——不应该吃错药。

鲁承发(2014)：马先生的手,<u>差点儿没贴着她的胸脯儿</u>。她的头发,<u>差点没挨着他的衣裳</u>。/<u>差一点没和那漂亮女人做成一回好事</u>。——这两句都理解为男女调情或性爱之事，在中国传统社会文化中是不应该做的事。

3) 至少违反认识预期，是 Nn 式。

(53) 石毓智(1993)：你在朝鲜战场是个怕死鬼！<u>我差点儿没有枪毙你</u>！——指挥员贸然杀人在我军是极小概率的事件，一般不会发生。

董为光(2001)：<u>我差点儿没拣了一个便宜</u>。——天上掉馅饼的事概率极低，一般不会发生。

周一民(2003)：<u>那老王八蛋上回差点儿没死喽</u>,住了半年院又还阳了。——人一下就死去，是小概率的事件，不大容易发生。

程饶枝(2007)：<u>我差点儿没高兴死/乐死/笑死/乐蒙/乐抽了/乐疯了/乐傻了/乐桌子底下去/舒服死了</u>！——"死、蒙、疯"等都是一般不可能实现的事，概率极小。

鲁承发(2014)：守门员后场一脚长传,<u>球差一点没踢进对方的大门</u>。——说话人认为守门员一脚把球开入对方大门的概率极低，几乎不可能。

范晓蕾(2018)："听说你在香港买彩票了，怎么样？""哎，特刺激，<u>我差一点没中了六合彩呢</u>！"——一个人一般几乎不可能中六合彩，因为概率太低。

范晓蕾(2018)：这么简单的字,<u>他竟然差一点没写错</u>。——他是个正常的人呢，简单的字一般不会写错。

这么复杂的字,<u>他竟然差一点没写对了</u>。——复杂的字一般很难写对。

范晓蕾(2018)：我儿子平时学习成绩不好,可是上回考试差一点

<u>没考满分呢</u>。——说话者认为事件主体"我儿子"一般不会考到满分。

大妈往外一指,我一看,正是我媳妇来了,当时高兴得我呀,<u>差点儿没翻俩跟头</u>,一个箭步就冲过去了!——一个人基本不会突然跳起来翻跟头。

4) 各个维度都不违反预期,是 Na 式。

请注意,它们是说话者的预期(自预期)。如只有当说话者认为该去做一件事,才有这事能否做成的问题。

由于说话者一般是同情于有关行为的主体,说话者认为自己是个正常的人,所以他会认为,这一目的对行为主体和社会常理而言,也是合理的,并且行为主体如果有心智能力,他也应该有这样的意愿。当没有具有心智能力的主体存在,或者说话者并不同情于行为的主体,或者说话者反对社会常理时,意愿条件修改为:只需要符合当前情景中说话者希望实现或认为应该实现的目标。下面举一个例子说明:

(54) a. 那一年我差点没下乡去了。
b. 你姐姐这人犟得很——那一年她差点没下乡去了!

先看例 a,当年上山下乡,大家都应该去,也大都会去,这是常规的,也是合理的,因此应该预期"我"也会去,按照规律,这一句应该是 Na 式,即"我最终还是下乡去了";但实际上这是 Nn 式,说话者险些去下乡,但最终逃脱了,请注意,这里说话者个人的态度是极度不愿意下乡的,句子表示的正是袁毓林(2013)所说的"庆幸"心理。说明行为主体的预期比常理预期更重要。

再看例 b,当年上山下乡时,我姐姐和大家一样积极要求去下乡,所以这是符合行为主体的预期的,不过我妈却坚决反对,最终没下成。例 b 是许多年后我妈说的话,可以看到说话者(我妈)是认为不应该去的,她的预期才是影响句子的因素。

认识情态更不用说,它反映的都是说话者对事物的判断。Coates(1987:120-130)认为可以通过认识情态表明对事态的不确定。只有当说话者移情到行为主体立场时,才可能同时是行为主体的认识。

另外,从心理上讲,它们都有多个选项:希望的/合理的/能做到的/肯定发生的,不希望的/不合理的/不能做到的/肯定不会发生的,中性的(没有预期上的偏向)。

满足意愿预期,就是希望的,而违反意愿预期,就是不希望的,那么,"不违反意愿预期"就是说,或者是希望的,或者是中性的。

满足道义预期,就是应该的,而违反道义预期,就是不应该的,那么,"不违反道义预期"就是说,或者是应该的,或者是中性的。

满足认识预期,就是会发生的,而违反认识预期,就是不会发生的。那么,"不违反认识预期"就是说,或者是会发生的,或者不是肯定不能发生的(可能发生)。

(55) 李小玲(1986):<u>差点儿没来得及赶上火车</u>。——行为主体或说话者希望来得及赶上火车,也应该赶上火车(否则会误事),有赶上火车的可能。

董为光(2001):<u>差点儿没买着</u>。——行为主体或说话者希望买着,也应该买到(否则会误事),一般情况下有很大可能买到。

董为光(2001):<u>敌人差点儿没进包围圈</u>。——说话者是站在设伏者的立场的,对设伏者而言,希望敌人进包围圈,也应该进(否则会导致糟糕的后果),在一般情况下设伏者认为自己的布置有很大可能诱导敌人进去。

董为光(2001):<u>差点儿没按时吃药</u>。——行为主体或说话者希望按时吃药,也应该按时吃药(否则会影响病情),有按时吃药的可能。

董为光(2001):<u>我差点儿没拣到这个便宜</u>。——行为主体或说话者已经看见一个便宜的事物,希望得到它,一般情况下该事物既然已经存在,就很容易获得,有获得的可能。

鲁承发(2014):对着空门,<u>球竟差一点没踢进去</u>!——说话者站在踢球的一方,希望球踢进去,也应该踢进去(否则会失分),一般情况下对空门踢进去是一件简单的事,有很大的踢进去的可能。

范晓蕾(2018):这么简单的字,<u>他也差一点没写对</u>。——行为主体或说话者希望写对,也应该把字写对,写对简单的字的可能性不小。

范晓蕾(2018):这次伊朗队发挥得并不好,<u>差一点没打败中国队</u>。

看一下最后一句。要注意,本书所说的是"没有违反意愿预期",而不是必须满足意愿预期。如范晓蕾(2018)的例子"伊朗队差点儿没打败中国队",她认为这是不合意愿、合常规的事件,但是是 Na 式,因此认为企望说完全无效。仔细看这句话所说的环境"这次伊朗队发挥得并不好,差一点没打败中国队。"我们认为,实际上说这话的人是站在纯粹的体育比赛的立场上的,在他看来,伊朗队打败中国队,就是一个纯粹比赛结果,既没有什么心理上的合不合意愿,也没有什么该不该的问题,他认为在正常情况下伊朗队一般都会打败中国队,因为他们具有打败中国队的实力。所以本句符合这里所说的 Na 式的要求。

下面是有歧解的例子:

(56) 朱德熙(1959):(球)差一点没踢进去。

踢球的球队是希望将球踢进去的,而且他们一般对自己也有信心,认为踢进去是正常的结果,如果说话者是站在进攻的球队这一边的话(同情),那么这句是 Na 式,表示虽然有困难,但总算得偿所愿,踢进去了。

但是,如果说话者站在防守的球队一边,他的认识却可能是相反的:从常规性上来看,踢进去球是偶然性的,足球比赛在大多数情况下都没进球;从意愿上说,说话者所在的社团(防守一方的球迷)是不希望对方踢进球的;因此,说话者实际表达的是 Nn 式,即曾经危险到对方要进球了,但好在危机已经解除,庆幸没踢进去。

(57) 朱德熙(1980):毕业以后,我差点儿没当数学老师。

当时我不想当(数学)老师,而是想从事其他工作,好在没有当成,躲过了一难。(Nn 式,没当)

当时我想当(数学)老师,同时作为数学专业的学生,去当数学老师是大概率的事,也应该去当老师,我也有当老师的能力。中间可能出现某些波折,好在总算还是当上了老师。(Na 式,当了)

作为非数学专业的学生,常规的是去做其他工作,而不是当数学老师,我可能也不具备当老师的能力,或者我不希望去当老师。但因为某些原因要我去当,好在最终还是按常规走,没当这个老师。(Nn 式,没当)

(58) 朱德熙(1980):上个月我差一点没去上海。

在朱先生的那个时代,北京人去上海真心不容易,也就是概率很小,一般也没有这一能力,所以朱先生解读为 Nn 式,最终还是没去;如果改成当代的一个经常在北京和上海之间出差的人来说,去上海很容易,有充分的能力实现,也应该去(为了业务),希望去,这就可以解读为 Na 式,最终还是去了。

(59) 董为光(2001):狐狸差点儿没落入陷阱。

狐狸自己是不想落入陷阱中去的,所以如果说话者是站在狐狸这一边的话(同情),那么这句是 Nn 式,表示虽然危险,但幸好没掉进去。

但是,如果说话者站在猎人一方,在他的眼里,狐狸不过是只动物,没什么意愿需要自己注意,也就是说,是把狐狸看成大坝一类的非自主意识体,他处于打猎的行列中,他们这个团体的社会意识是希望狐狸落入圈套;而且他的经验中,设陷阱是家常便饭的事,动物落入陷阱是正常的、合理的结果;所以这是 Na 式,表示差点儿偏离这一结果,好在最后还是成功了,狐狸终于落入了陷阱。

(60) 差点儿没考上北大。

假如考试者一向成绩非常地好,对他来说,想考北大,决定自己应该考北大(不然对不起一身才华),自己也有很强的能力,考北大是完全可能的事,那么这是 Na,如"他一向成绩很好,这次却出了点小岔子,差点没考上北大",意为最终考上了。

假如考试者虽然一向成绩很好,但对他来说,即使想考北大,自己的能力也不足够,考北大是小概率的事,那么这是 Nn,如"他成绩很好,这次超常发挥,差点没考上北大",意为最终没考上,但已经接近了,所以虽败犹荣。

下面看看感叹式的肯定式。在否定式中,由于否定词的出现,句子的焦点集中在"否定词+VP",或者是否定词后的"VP"上。但是在肯定式中,有两种不同的感叹配置:

1) 对"差点+XP"这个句子命题整体表示意外,如"我差点儿就赶上火车了""他差一点就把药吃对了",意外所朝向的当前信息是:对"我没赶上火车"感到意外,"差一点"表示遗憾。

2) 对"差点+XP"中的 XP 这一命题表示意外,如"他差一点吃错了药",意外所朝向的当前信息是:对"他接近吃错药"感到意外,"差一点"表示庆幸。

请注意,我们必须把不同层次的问题区分开来,上面的第一种"感叹式",是不受本书的限制条件的影响的。而只有第二种才符合本书所说的限制条件,即至少需要在一个维度找到不符合预期的情况,才能说。

先看至少是反意愿预期的例子:

(61) 差点儿得了感冒。——不希望得感冒
　　 差点儿吃错了药。——不希望吃错药
　　 差点儿误了火车。——不希望误车
　　 差点儿打碎杯子。——不希望打碎杯子
　　 差点儿赶上大地震。——不希望经历地震

至少是反能力预期的例子:

(62) 高兴得差点儿飞起来。——他不具有飞的能力
　　 差点儿考了第一名。——学习能力一般难以达到第一名
　　 差点儿把墙上打出一个窟窿。——个人的击打能力一般难以达到这样的效果

至少是反道义预期的例子:

(63) 差点儿把人打死了。——不应该把人打死,即使想也不行。
　　 听了他的话,她觉得太荒唐了,差点儿笑出声来。——当着对方的面大笑,容易被理解成嘲笑,所以在这一场合中是不应该做的。
　　 就你这样,她差点儿把你扔到粪坑里去。——你表现太差,她对你很有意见,想把你扔到粪坑里去,只不过因为把人扔粪坑太骇人听闻,是不应该做的事,所以才没有发生。
　　 差点儿写上了自己的名字。——本来不应该写自己的名字,如机密文件什么的。
　　 刚才差点儿去看电影。/我差点儿自个儿去了,险些错过大家伙。——因为朋友来访,如果我去看电影了,就会错过,在老派的人看来,这是不应该的、失礼的行为。

至少是反认识预期的例子:

(64) 他一个学数学的差点儿当了体育老师。——这种违反专业的事很少见,也可能是他不愿意的,或者不应该这样做的。

只见了一次面就差点儿成了张家的女婿。——如此迅速地定下婚事是小概率的事件。

他这么弄来弄去的,居然差点儿修好了。——非专业的他把机器修好,是很罕见的事。再如"她居然差点儿打开了那把锁",她不是专业开锁的,是无意中差点儿打开了那把锁。

他差点儿高兴死了。——一个人一般是不可能高兴而死的。

联军差点儿攻占了敌人的首都。——攻占首都是很不容易的事。

球差点踢进去。——对进攻方,是因为一般进球很不容易。对防守方,是因为不希望球踢进去。

她居然差点儿当上县长。——一个基层工作者一般很难达到这一高度。

当找不到哪项预期被违反时,感叹肯定式不能成立:

(65) #差点儿吃对了药。/差点儿没吃对药(Na 式)。#差点儿按时吃药。/差点儿没按时吃药(Na 式)。——一般希望吃对药,应该吃对药,吃对药并不是什么困难的事,一般容易实现。所以句子一般不能成立。但是如果是在下毒,希望他吃错药,那就可以说了。

#我成绩这么好,差点儿考及格了。/差点儿没考及格(Na 式)。——一般希望及格,应该及格,而且成绩好,及格也不是什么困难的事,一般容易实现。所以句子一般不能成立。但是如果是被迫来考试,有意逃避,不愿及格后被录取,那就可以说了。

#我差点儿买得起衣服。/差点儿买不起衣服(Na 式)。——一般希望买衣服,应该买衣服,而且买衣服对今天的人来说不是什么困难的事,所以句子一般不能成立。

#我差点儿赶上火车。/差点儿赶不上火车(Na 式)。——如果说现在有很多困难存在,使赶上火车成为很不容易实现的事,那么就可以说了。或者那班火车后来出了严重的交通事故,有乘客死亡,事后我回想起那件事,就可以说"我差点赶上那趟火车",因为这时我是不想自己赶上那趟火车(因为会面临死亡的威胁)的。

#差点儿高兴起来。/差点儿高兴不起来(Na 式)。——高兴是希望的、应该的事,而且很容易实现,只要心理变化就可,所以句子一般不可说。但是如果在一个庄重的场合中,不能不应该表露个人的情绪,就可以说了,如"听到这个好消息,她差点儿当众高

兴起来,赶紧装出一副淡定的神情。"

♯差点儿到站下车了。/差点儿到站忘了下车(Na式)。——到站下车是希望的、应该的事,而且很容易实现,只要记住下车就可,所以句子一般不可说。但是如果本不应该在这站下车,那么就可以说了。

1.5 小结

本节以汉语"仅差"格式作为研究对象进行讨论。涉及该格式的各个方面:

第一,把世界语言中的仅差格式进行分类:

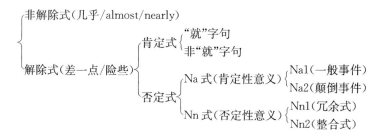

解除式既突显"接近"状态,也突显这一状态后来彻底解除,因此事物又回到其原有的发展轨道上来,这也是本书研究的重点。非解除式包括"几乎/almost/nearly"等格式的意义,仅仅是对"接近"这一状态的突显,不考虑这一状态会不会或者何时能够解除。

解除式又分为肯定格式和否定格式,在否定格式中又分出:

① Na(affirmative)式,强调句子最终得到肯定性的意义,又分为:

Na1,也即一般事件,事件的发展是从否定到肯定。如"差点儿(就)摔倒了"。

Na2,也即颠倒事件,事件的发展是从肯定到否定。如"他去年差点儿(就)没上班了"。

② Nn(negative)式,强调句子最终得到否定性的意义,又分为:

Nn1,也即所谓的冗余式,其中的否定词是插入的,或者像袁毓林的解释,是溢出的。如"差点儿没摔了!"

Nn2,是由"差一点 VP"和"没 VP"两个小句截搭而成,其中的否定词不是冗余的。如"他紧赶慢赶,可惜还是差点儿(,)没赶上火车"。

第二,对解除式的各个格式,从句法、语义、语用和韵律性质等方面做了汇总比较。其中 Na 式是作为一个单位进行比较的,因为两个子类在上述性质上是相同的。

第三,考察了汉语解除式的源头"争、险"格式的历史发展,重点在 Na 式的历史发展,说明在汉语中,实际上 Na 式比 Nn 式更有标记,更难以产生。在同时代语料中,Nn 式使用频率更高,更自由,Na 式却较为少见,这一格局一直到今天也没有大的改变,我们在现代汉语语料中统计的比例证实了这一点。

我们认为,造成 Na 式有标记使用的根本原因是格式要求的"方向性"和"有界性","差点儿+XP"中,事件的发展方向是朝向 XP,并且 XP 需要有一个"界点"作为接近的目标。但是,一般而言,事件都是从否定向肯定发展的,如先是没摔倒,然后才是摔倒,所以"没摔倒"不满足上述要求,故"差点儿没摔倒"不能作 Na 式解读。

要破除这一限制,可以用冗余式,也可以用颠倒事件,也就是 Na2 式。如是从"上班"发展到"没上班"(退休义),所以可以说"他去年差点儿(就)没上班了"(指他去年差点儿退休)。但是,冗余式自身有自身的限制,而颠倒事件一直都不是 Na 式的主流,有的人在语感上根本不能接受。

我们的考察发现,汉语 Na 式的发展主流,是从"目标未达到"的能性事件而来的,XP 部分早期是"不 VP""不能/不得/难 VP;V 不 R",后期又加入"没(能)VR"等,表示没有能力达到预期的目的,或者说事件的目标不能达到。早期是"性命不保"类,也就是死亡的意思,它虽然是否定格式,其实是有界的(以死亡为目标点);发展起来的更多的能力否定式,就不再表示性命不保、不得相见,而是表示各种各样事件的目或所希望的目标不能达到,在事件的发展过程中,都存在一个关键时间,我们称为"命运岔路"(the fork of fate)。

第四,对区分 Na 式和 Nn 式的语用条件进行了深入的讨论。首先将前人的观点归纳为企望说、常规说和预期说三大派别,并详细介绍了每个代表性的研究者的主要观点。说明企望和常规,其实都是一种预期,因此预期说才是最终的理论解释。

我们也对现有的预期说进行了专门的介绍,指出它们最大的缺陷是对"预期"理论的误解,尤其是没有本书的"统一的预期理论"的视角。

我们认为,首先要排除 Na2、Nn2 和"就"字肯定式(对"差点+VP"整体感到意外,如"我差点儿就赶上火车了"(没赶上)),因为它们太特殊,各有自己的解释。剩下的肯定式、Na1 和 Nn1,属于一个共同的范畴"感叹式",在表达事物发展接近于 XP 但没有达到 XP 的同时,发出感叹,感叹遇见了一个自反预期的意外情况,这一类格式的意外性,预示绝大多数是消极的 XP,也可以有极少数积极的 XP。

说话者对 XP 的预期受他的立场制约,并且包括意愿、能力、道义和认识等各个情态维度。此前大家所讲的"企望"主要是意愿预期,"合理/应该"主要是道义预期,"常规/通常"主要是认识预期;由于这里的 Na 式主要就是能力否定式,所以可以不考虑能力预期。

最后,我们给出了基于统一的预期理论的语用条件:

1) 对否定感叹式"仅差+否定词+VP"而言,只要其中的VP,在这些预期维度中,有一个是不满足预期的,不管是哪一个,就只能是Nn1式;只有当我们找不到一个不满足的预期维度时,才是Na1式。

2) 对肯定感叹式"仅差+VP"(非"就"字句)而言,只要VP在这些预期维度中,有一个是不满足预期的,不管是哪一个,句子在语用上就合适(当然需要其他相应的句法语义要求得到满足);如果找不到一个不满足的预期维度,句子在语用上就不合适。

我们还将前人研究的各种例子做了归纳总结,并用上面的规则进行验证,证明它对Na1和Nn1是有效的。

本节的内容可以作为言语行为研究的一个典型的例子。在还没有语用观念的时代,我们已经看到了语言使用中的种种属性对汉语语句的限制现象,但是,由于我们一直没有一个完善的理论,因此研究者只能各自动用不同的概念,通过不同的叙说方式来寻求答案,而且容易集中在其中一个维度上,而忽略其他。当然,这样的研究也是很有意义的,因为它逐步澄清了该现象的类型和性质。直到我们建立起统一的预期理论之后,才发现这一现象背后其实是一个简单的语用规则在起作用。

2. 副词的主观性[①]

沈家煊(2001)将"主观性"(subjectivity)研究引入汉语学界。"主观"范畴应该是"自我立场"中的一个维度,即说话者在言语行为中是否同时表达自我的问题。如果是,就是主观的表达,如果不是(尽量隐藏自我)就是客观的表达。但是,这里的自我涉及自我的"指示"位置、自我的判断(包括事实判断、合理性判断、常规性判断等等)、自我的情感一系列不同的维度,而这些又都是"知识立场、评价立场和情感立场"的内容。这样一来,仅仅把"主观"归入"自我立场"就不合适。因此本书将它单独拿出来,作为一个小的立场范畴子范畴来加以讨论。

主观性研究直到Benveniste(1958)才开始成熟起来。Benveniste注意到"附加说明动词"(parenthetical verbs)和"施行动词"(performative verbs)

[①] 与李红叶、张汶静、王梦颖、陈振宇共同研究,参看李红叶、陈振宇(2015a、b)、张汶静(2017)、陈振宇、王梦颖、陈振宇(2020)以及王梦颖、陈振宇(2020)。

的平行性。准确地讲,应是施行动词的附加说明用法(the parenthetical use of performative verbs)。施行动词在言语行为理论中特别重要,它标示一个话段是哪一种示意言行,如 I promise …、I think …、I assert … 等里面的动词。所谓附加说明用法是指在 I'll be there at two o'clock, I promise you; She's in the dining-room, I think 等句子中,I promise you、I think 等作为第二分句,它用来证实、强化前面的话,反映说话者的态度,而不是确定一种示意行为。

Benveniste 认为它们是非描述的,是主观性的标志(indicateurs de subjectivité),也就是说,是一种装置,说话者在说出话语的同时,可用来表示他对他所说的话的态度。Benveniste(1966/1971:225)提出主观性(sujet d'énoncé)与主观化(sujet d'énonciation)两个重要的概念。

简单地说,"主观性"就是说话者自我在话语中的体现。但是,这与前面所说的"自我"立场不同。自我立场是说话者对自我的自信,以及对自我和他人的关系的看法;而主观性则是直接在话语中表现的自我立场、态度和感情。

从本质上讲,主观性与情感性是有一定差异的,一个主观的视角选择,例如选择从什么方面观察对象,这不一定有什么情感情绪的体现;反之,一个强烈的情感情绪表达,如独用的叹词,未必有什么自我立场或态度,可能就仅仅是一种情绪宣泄。请注意,主观性中表达的感情,都是针对命题和对象的感情。

但是,的确,在很大的程度上,这两个语用语法范畴重合了,因为语言中大多数主观性的表达,都是对自我立场、态度的突显,而不是一般性的描写,突显也就具有强化语力的作用,也就容易引起强烈的情感情绪;更毋宁说,主观性的确就包括对自我感情的表达。所以,在实际研究中,二者往往有同样的研究对象,例如对语气词的研究,既可以从感叹范畴入手,也可以从主观性范畴入手,而且说来说去,二者的说法还没有什么本质的区别。

2.1 主观性成分对信息性语法操作的限制

【主观性原则】 具有强烈主观性的成分不能进行信息性操作,只能进行主观性操作。(正迁移)这也就是说,主观性成分不能直接否定,不能直接询问,不能充当信息和对比焦点,不能加认识情态词,不能加时体操作,等等。

下面我们通过其中两个方面来论述:否定操作和疑问操作。

2.1.1 对否定的限制

【否定原则十】

① 句子否定词一般不能约束由说话者自身主观标准确定,或带有说话者自身情感和主观评价的命题。推理公式为:

成分 $X \wedge [特征]X(主观标准 \vee 情感 \vee 主观评价) \rightarrow [排斥]$受句子否定词约束

② 句子否定词所约束的命题一定不是由说话者自身主观标准确定的命题，也不是带有说话者自身情感和主观评价的命题。推理公式为：

成分 X∧[特征]受句子否定词约束→X(客观标准∧不带情感∧不带主观评价)

参看李红叶、陈振宇(2015a、b)。张汶静(2017)发现，如下例的名词与动词因为主观性很强，所以一般不能否定：

(66) a. 颇有盛名——♯没有盛名　富有卓见——♯没有卓见
　　　心有奇志——♯心无奇志　身怀绝学——♯身无绝学

b. 大雪纷飞——*大雪不/没(有)纷飞
　　狂饮一番——♯不/没(有)狂饮一番("不狂饮一番对不起这坛好酒"可以说)
　　有请嘉宾——*不/没(有)有请嘉宾
　　沙漠中崛起了一座城池——♯沙漠中不/没(有)崛起一座城池
　　眼睛里闪烁着点点泪光——♯眼睛里不/没(有)闪烁着点点泪光
　　嘴角上漾着一点羞涩的微笑——♯嘴角上不/没(有)漾着羞涩的微笑

c. 两件共计100块钱。——*两件不共计100块。
　　这些人民币折合50美元。——*这些人民币不折合50美元。

以下是汉语常见副词中，因为主观性很强而不能否定的那些：

表9　不能否定的汉语常见副词(引自李红叶、陈振宇 2015b)

认识情态类	该2【推测估计】、应该、将4、就是、决然、确实、一准、的确、大概、至少等
表示允诺	定当、定然等
表示预期	到底2、果然、果真、究、究竟、难怪、难免、恰、恰恰、恰巧、幸亏、幸而、幸好、终竟、总算、终归、终【终归】、终究、总归、刚好、刚巧、正2【正好、恰巧】、怪不得、怨不得、无怪、无怪乎、偏偏、才4【反驳、强调】、倒【倒是】、倒是1、反倒、反而、还是【反预期】、竟、竟然、居然、亏、未始、未尝、未免、业经、业已、别2【担心】、殊不料、殊不知等
与时间相关，表示时间连续性的①	曾经②、已、已经、将次【将要】、日益、日【日益】、向【向来】、向来、一向、永、历来、既【已经】、既而、将、一经、即将、将【将来】、将要、行将、正1【活动持续】、正在【活动持续】、从新、先后等

---

① 它们往往可以和原句绑定在一起，否定是对原句的事件真值进行的否定，而不对副词进行否定。
② "不曾、未曾"可以，但是是历史上的现象，"曾经"就不能否定，不能说"他不曾经来过"。

续　表

古语遗留现象	亦、初、同、甫、始、遂、约、约略1、约莫等
表示低频	偶然、偶尔、偶或、偶1、偶2、间或、一时2【偶然】、忽而【连用】等
情状语气意义①	快、千万、姑且、切、且、权、权且、暂且、好歹、好赖、真、敢情、合着、诚、诚然、固然、固、将4【推测未来】、就是4【强调】、可【确实】、乃、其实、确、确乎、委实、显然、着实、就5【强调】、想必、想来、大抵、多【认识】、好像、好似、或、或许、或者、恐、恐怕、怕、容或、似(乎)、兴许、许、也许、明【明明】、明明、原来、终于、足足、怪道、果不其然、幸喜、好在、可巧、正2【恰巧,正好】、差不多、差点儿、依旧、依然、还2【仍然】、仍、仍旧、仍然、尚、都4【甚至】、甚而、甚而至于、甚或、甚且、甚至、甚至于、尤其、都3、越(越……越)、益、愈、比较、怪、几【几乎】、几乎、较为、老2【程度高】、满2【程度高】、万分、依稀、有点儿、有些、约略2【粗略地】、正3【状态持续】、何其、将3【勉强达到或接近】、将将、将近、蛮、万、万万、挺、益发、尤、尤为、愈发、愈加、愈益、越发、越加、无不、也、照理、照理、迟早、横竖、早晚、就是1【限定】、无非、生【生生】、生生、大举、不过、不愧、不免、简直、相当、仿佛、像、犹如、犹似、登、登时、陡、陡然、顿、顿时、顿然、忽、忽然、忽而、忽地、猛地、猛然、蓦然、蓦、倏忽、倏地、倏然、旋即、旋1【随即】、乍、骤、骤然、得以、免得、省得、默【默默】、兀自、硬是、不禁、不由得、赶忙、高低、横是、尽【尽量】、尽管、竟自、愣、连忙、率性【索性】、一径、就是4【意愿】、就4【意愿】、从来、素、接连、连连、同时【一起】、相继、一连、不时、时不时、时而、又4、分头、陆续、逐、亟待、亟须、才1【条件时间复句】、方才、方、即【同"就"】、就1【时间条件】、万一、差不多、大略、大体、大约、大致、拢共、通共、一共、共、一总1【总数】、总共、起码、比较2、更其、到处、分别、分头、各各【各自】、还1【追加】、又2【追加】、再2【进一步】、本、本来、起初、起先、一时2、一时间、一时之刻、原来、刚、刚刚、快1【接近】、快要、就要【即将】、马上2【快要、即将】、要1【将要】、已然、平素、素常、通常、其实1【对上文评说】、渐次、自(自不必多说,他自可以得到)、自然、多少等

2.1.2　对疑问的限制

前面讲过"询问原则六":

① 含有说话者自身标准的语词,不能约束疑问成分。

② 一般约束疑问成分时,是客观认识。

如甲问"什么可以让我满意?"乙说"你自己满不满意自己不知道!"乙就是在否认甲的询问的合法性,因为这是由甲自己的标准确定的,所以甲自己不能问。

下面是一般不能用于疑问的情况,如果句中或主句中出现 wh 词,它们也是非疑问用法(有下划线的就是这类主观性认识成分):

(67) <u>敢情</u>这跟文学没什么关系。
　　 请您<u>务必</u>谈点儿什么。

---

① 不改变原句的命题意义,只是语气意义较为凸显。

千万不要让我看到你们班上的谁。
读了近几期的市场报,又觉得好似缺点什么。
所谓的"状元"在北大的确没什么意义。
他明明是有什么事,脸上的表情显得很热切。
我们发现原来谁都和自己一样。
幸好他还是她的什么人,若不是了,那还了得?
果然有什么东西在移动着。
殊不知那些男人根本没有什么廉耻心。
作为公益性的基础设施,资金回报率低,甚至没什么回报。
差不多没有什么其他的光。
几乎什么都不懂,怎么工作呢?

由于这种例子太多,内容实在太丰富,所以这里仅略举几例,很不充分,详情在陈振宇(2010a、b)以及陈振宇(2010c)的第五章中展开讨论过,读者可自行查阅。

在语料中仅见少数语力失效后被允准的例子,并且都是负迁移为其他言语活动功能。如:

(68) a. 已经知道答案,但故意发问,引导听众
妈妈说遇见陌生人千万要注意什么?
你们想想,这正好是一个什么数?
b. 迁移为感叹
何曾有什么祥瑞?
踢死你也是活该,黑天半夜你不好好在家待着出来瞎折腾什么?
我怀疑,你到底把那件最重要的事情刻意隐瞒了我多久?

2.2 主观性程度

2.2.1 问题的提出

主观性的类型和界限的研究由来已久。典型的主观成分,如评价成分,和典型的较为客观的成分,如对事物的直接的、简单的描写,是很容易区分的。难就难在,如何找它们的边界,这又涉及对主观性程度的分布的研究:究竟是主观和客观两分,还是说它们是一个连续统,中间存在模糊地带? 如果是后者,那么究竟是"杠铃式分布",两头大中间小;还是"纺锤式分布",中

间大,两端小?主客两端如果存在的话,它们是对称的,还是不对称的?这一切问题,都无法通过个案的研究来回答,必须经过大规模的数据分析。

当然,还有主观性的认定问题。按照Finegan(1995),沈家煊(2001)说"说话人的视角(perspective)……说话人的情感(affect)……说话人的认识(epistemic modality)",但是,"视角"不适宜看成主客观的分野,因为最基础的论元选择就有视角问题,因此没有一个句子没有视角问题。如果选"情感",则可能会限制研究范围,因为情感表达毕竟是比较特殊的。以往的学者多选择与认识有关的部分研究主客观的区分,如Traugott(1989:36)主张划出认识情态和非认识情态的界限①。不过,情态内部也存在差异,她的划分未必符合汉语的实际。

在具体的汉语研究中,我们困惑的是:一个具体的语词(如副词),或者一个具体的构式,究竟有多大的主观性,或者说,在主观—客观的尺度上居于什么样的位置。一个办法是,根据语义功能的差异,来划分主观性的层级。因为一般认为,在句法位置上,离VP越近(或者说位置越低)客观性越强,越远(或者说位置越高)主观性越强。因为汉语小句的基本顺序和句法位置高低有很强的关联性,越是在左边的句法位置越高,所以这也被转化为"共现语序"的问题:一般认为,在一个汉语小句中,如果有X、Y两个成分共现,如果X在Y的左边,则X的句法位置比Y高,X的主观性比Y强。

根据共现语序的原则,张谊生(2014b:222)列出了汉语副词的层级:

评注性—关联—时间—频率—范围—程度—否定—协同—重复—描摹性

这一方法有两个问题:

① 我们还是不知道主观、客观的界限在哪里。即使这是一个连续统,总得先证明它是连续统吧。

② 主观性真的就是由句法位置决定的吗?如果研究具体的语词和构式,就会碰上更多的问题。例如被研究者们划入同一功能组的副词,主观性就一定一样吗?陈振宇、王梦颖、陈振宁(2020)说"'白白'与'没'(同属否定副词)、'一直'与'一向'(同属时间副词),每一组内部的成员其主观性也不相同"。张谊生(2000)把否定副词全部纳入限制性副词;但潘海峰(2017:

---

① Traugott(1989:36)建议在下面的趋向Ⅱ与趋向Ⅲ之间划出主观性界限:

趋向Ⅰ　　趋向Ⅱ　　趋向Ⅲ　　　　　趋向Ⅲ
主要动词＞前模态词＞义务情态＞弱认识情态　　＞强认识情态
　　　　　　　　　　惯常体(habitual)
　　　　　　　　　　预言的未来(prophetic/real future)

66,78)分为限制性副词和评注性副词。

"几乎"的主观性研究就很有意思,不同的学者有不同的结论,如张谊生(2000c)、李泉(1996:384)、太田辰夫(2003:273)、宋玉柱(1981)分别把它归入范围副词、程度副词、情态副词、语气副词。陈振宇、王梦颖、陈振宁(2020)将杨德锋(2017)、赵春利和钱坤(2018)等的论述结合在一起,认为:

> "几乎"有如下这些语法性质:
> 1)后面多为肯定结构,但否定结构也不少,"几乎＋不/没"都可以,但"几乎＋别"没有。
> 2)可用于句首,只要后面有周遍性主语,如"几乎所有人都来了"。也可用于句中状语位置。
> 3)可用于陈述句和疑问句,但很少用于感叹句,一般不用于祈使句。
> 4)前面不能有否定副词,没有"不/没/别＋几乎"的用法。("不是"类外围副词很特殊,不算在内)
> 5)有"几乎差一点[范围]"(几乎差一点就翻船了)、"几乎已经[时间]"(几乎已经处于完成状态)、"几乎不可能[认识]"(几乎不可能被拦截)、"几乎应该[认识]"(这对于你来说是很复杂,几乎应该是没法完成的)、"几乎白白[否定]"(几乎白白流走了)、"几乎好像[评注]"(车子启动后怠速很低,几乎好像快要熄火了)、"几乎根本[评注]"(今日的局势之下,俄罗斯几乎根本就没有逃生的机会)、"几乎必须[评注]"(为了留住高学历人才,这个高新区几乎必须依靠大力度的人才补贴政策)、"几乎顿时[时间]"(我几乎顿时就已经辨认出来,这是威尼斯)等。……
>
> ……"几乎"并不表示真正的客观性,而是一种主观认识;但"几乎"虽有主观性,却未必是最强的那种主观性。

上述讨论实际上用了多个判断的方法,这也是汉语学界的主流研究路线。但是,这样的判断容易造成"就事论事"的局面,学者们往往根据自己研究的对象,采用各自选择的方法,如李俊玲(2007)、刘烨(2011)、徐以中和杨亦鸣(2005)等。

2.2.2 汉语副词主观性程度的统一调查

我们从2007年开始做这一研究,试图解决汉语副词的问题。前期的成果有:陈振宇(2010a;2010b;2010c:196—262),以及王梦颖、陈振宇(2020),副词与疑问的关系;李红叶和陈振宇(2015b),以及张汶静(2017),副词与否定的关系;刘林、陈振宇(2015),副词与"已经……了$_2$"的关系。

陈振宇、王梦颖、陈振宁(2020)说"一共调查了968个副词义项……基于'认识/道义情态是主客观分界的主要模糊地带'的观念,采用三大句法操作来检验主客观的区别:否定、疑问和关系化"。

表10 主观性调查的各种格式

否定限制	"别 X"/"X 别"——"要 X"/"X 要"	
	"没(有)X"/"X 没(有)"——"已经 X"/"X 已经"	"已经 X"有两个不同的意义。一是表示某个特定事件的发生,如例(69);二是表示某个特定性状的达到,如例(70)
	"不 X"/"X 不"	
疑问限制	"X(非疑问)"——"X(疑问/非疑问)"	"X(非疑问)"指该副词的辖域中排斥疑问结构,"X(疑问/非疑问)"指该副词的辖域中是自由的,可以是疑问结构,也可以是非疑问结构。这里的疑问只包括询问,而不包括反问等特殊用法
	"XnegX"	副词可否用于正反问
内嵌限制		副词能否自由进入关系小句

例如(例引自陈振宇、王梦颖、陈振宁2020):

(69) 特定事件的发生:
　　他们已经重新开始了。(也即"已经开始")
　　这事已经逐渐淡出了人们的视线。(也即"已经淡出")
　　我们已经按期到达了指定地点。(也即"已经到达")
　　已经美美地睡了一觉。(也即"已经睡了一觉")
(70) 特定性状的达到:
　　他现在已经十点才来上班了。
　　他三年前就已经不上班了。
　　这人已经有点疯魔了。
　　你已经很不错了。

汉语学界关于副词与助动词的区分,做了不少尝试,参看张谊生(2000),最后还是落实在语法形式上,就是认为助动词可以否定,可以有"X

不 X"正反问。但是王梦颖、陈振宇(2020)说"二者界限不是绝对的,汉语的副词实际上是'助动词型的副词'"。

李红叶、陈振宇(2015b)已经证实汉语中大量的常用副词都能够被否定,占常见副词义项的 24.16%。

表 11 当代汉语中能够被否定的常见副词(引自李红叶、陈振宇 2015b)

	个数	具 体 副 词
主观性较强的成分	57	轻易、根本、重新、又、决然、恰恰、正好、当真、确实、好生、真、真的、暗自、的确、断然、大肆、悄悄、贸然、公然、逐步、逐渐、渐、渐渐、随着、决意、一举、偷偷、远远、挺、左右、一度、即刻、一下子、一下、暂、赶紧、赶快、急忙、预先、多么、从此、急忙、径自、径、猛、甚(不甚,凝固成词)、足以、那么、从此、在、得以、着实、本来、曾(不曾,凝固成词)、挺、全然、随即
较为客观的成分	124	白、白白、徒然₁、徒、光、都、惟、唯、独、一一、总、该、胡、瞎、很、十分、十二分、照₂、太、老、够、再、时、常、及时、马上、立刻、立即、立时、时时、一贯、始终、随时、时常、常常、经常、一直、永远、先、必定、就是₁、早、早早、同时、过于、顶、特别₁,₂、净、全、全都、都、非常、最、绝对、更、更加、只、只管、一律、到处、处处、分别、共₂、一概、大大、竭力、大力、另、另外、单、单单、单独、专、专门、直、径直、亲自、亲、故、故意、刻意、一味、硬、擅自、擅、着意、互相、相互、互、一起、必须、须、独、独独、必、必然、胡乱、着力、特意、特地、格外、尽量、率先、一起、一同、一齐、一块、各、连、频、频频、反复、好、突然、极力、一边、边、仅仅、仅、日夜、当然、通常、照常

王梦颖、陈振宇(2020)发现正反问在副词中使用范围还很小,但是已经在呈现逐步扩大的趋势。

表 12 在百度搜索引擎中出现正反问用法的副词(引自王梦颖、陈振宇 2020)

副 词	副词类型	能被否定	例句数量	例 句①
诚心*②	描摹性	√	50	你那房子到底诚不诚心租?
足以*	限制性	√	50	电中的 2 500 W 足不足以电死人?

---

① 表 12 所有例句均来自百度搜索引擎实时搜索结果。
② 对于一些搜索结果数量过于庞大的词,笔者选取了结果的前 50 条进行统计。这类词后用 * 表示。

续　表

副　词	副词类型	能被否定	例句数量	例　句
要*（下雨）①	评注性	√	46	明天要不要下雨啊？
重新	限制性	√	43	新浪微博密码忘了怎么办？重不重新申请？
按时	描摹性	√	42	只管你按不按时还款，至于是不是分期的不会上征信的。
经常*	限制性	√	41	家长注意！小孩经不经常看电视差别居然这么大！
当面	描摹性	√	29	觉得分手当不当面说和渣不渣没什么关系吧！
一起*	限制性	√	26	问女生一不一起吃晚饭，女生说不了有约了。
须*	评注性	√	24	心率失常须不须吃药控制？
可能②*［表认识］	评注性	√	22	可不可能要给我们别的任务？
有点*	限制性	×	22	这人有不有点太看得起自己了？
同时［一起］	限制性	√	19	关于研究院升级时候兵种同不同时升级的问题。
到底［究竟］	描摹性	×	17	汽车轮胎里的小石子到不到底要清洁？
另外	限制性	√	17	国色天香水上乐园里面另不另外收钱？
照常	描摹性	√	15	唱响界首今天照不照常举行？
常*	限制性	√	15	你常不常看一些时尚杂志，或是服装秀表演？
单独	限制性	√	14	插画师一般自己单不单独出漫画啊？
至于*	限制性	√	11	偶然发现男票把我买了送给他的东西卖掉了，这至不至于分手？
到处*［表处处］	描摹性	√	10	八哥好不好养，到不到处拉屎啊？

---

① 吕叔湘（1979）认为"要"做助动词的含义有：表做某事的意志、应该、可能、将要、表示估计（用于比较句）。但又说后三个义项进行正反问时多不用"要不要"而用"是不是要"，这似乎与助动词可以正反问的说法自相矛盾。故本文仍将其作为考察对象，根据《现代汉语八百词》中的例句"看样子（会）要下雨"构造出"要不要下雨"作为检索对象。

② 朱德熙《语法讲义》将其看作是助动词，而吕叔湘《现代汉语八百词》将其"表估计、也许、或许"的义项看作副词。本节采用的是吕叔湘先生的观点。

续表

副词	副词类型	能被否定	例句数量	例句
够①*	限制性	√	10	爱你够不够深,对你够不够好?
最	限制性	√	10	大连恭喜搬家,最不最低价,您试过才知道。
宁愿	评注性	√	8	如果火箭能像爵士那样打球,你说宁不宁愿把压岁钱吃了啊。
很*	限制性	√	8	孕期脚底老是发热好烦,很不很有影响?
擅自	描摹性	√	8	"以后擅不擅自做主?"荀友按住胡云鹏的顶端。
必须	评注性	√	8	申请香港大学用国际生身份,必不必须用国外高中毕业证?
究竟[表追究]	描摹性	×	8	学生究不究竟应该带手机去学校?
早日	限制性	√	7	早不早日就业,客观因素影响很多,根据情况具体对待。
当众	描摹性	√	6	当不当众不要紧,关键是看你能不能追上她。
连着	限制性	×	6	清明节和三月三连不连着放啊?
一齐	限制性	√	5	其实大家一不一齐走没关系,不过真的希望在这边可以找到有人可以一齐在伦敦看表演之类的。
格外	限制性	×	5	穿越火线开蓝钻格不格外加经验啊?
没	限制性	×	5	法律上没不没规定事业单位的人因刑事案被判缓刑半年被开除?
先*	限制性	√	4	为什么i++和++i在有些时候,不管先不先运算都要先加?
曾*	限制性	√	4	你曾不曾暗恋一个虚拟的人?
从新	限制性	√	4	信工大二到底从不从新分宿舍啊?
大力*	描摹性	√	4	现在只有石墨烯这颠覆性的产业与世界平起,就看国家大不大力扶持和发展了。

---

① 《现代汉语八百词》认为"够+动词"时"够"是动词,如"够吃""够用",表示满足需要的程度等;修饰形容词时为副词,如"绳子够多长""待我们够好"等,表示达到一定标准或程度高。但"够吃""够用"也能表达到达一定标准的意思,且同是在状语位置。因此我们仍然以副词的判定方法"出现在状语位置"为标准,把两种用法都看作副词用法。

续 表

副词	副词类型	能被否定	例句数量	例 句
另	限制性	✓	4	请问塔吊司机包月算工资,当月有31号时另不另算工资?
随口	描摹性	✓	4	坐等看你们以后还随不随口开黄腔。
随手	描摹性	✓	4	没有垃圾站,随不随手扔垃圾没有任何区别!
永远*	限制性	✓	4	哥们,你永不永远失去你的宝宝我不管……
用心	描摹性	✓	3	玻璃员工用不用心工作,就看这六点。
顺便	描摹性	✓	3	提亲成功了,顺不顺便定婚结婚,那就随意要看你们两家的意思。
互相	描摹性	✓	3	赵心怡五行属什么?名字互不互相犯克?
尽量	描摹性	✓	3	不管你尽不尽量注意,都改变不了雾霾都在加剧这个境况。
如期	描摹性	✓	3	运动会到底如不如期举行?
相互	描摹性	✓	3	"外来的和尚好念经"和"欺生"相不相互矛盾?
大肆	描摹性	✓	3	你说,大不大肆宣传招工呢!
马上[表动作快]	限制性	×	3	淘宝网付款后到底马不马上显示待确认收货?
一定*	评注性	✓	3	医生说的话一不一定对?
真正	评注性	✓	3	真不真正爱你不敢说,但的确占有欲有点强。
成心	描摹性	✓	2	你到底成不成心啊?!
按期	描摹性	✓	2	按不按期升学好像教育局都不能做主,应该是按照地震应急预案的等级规定的条款执行。
存心	描摹性	✓	2	到底存不存心给我吃,你说句话吧。
亲自	描摹性	✓	2	你要关心的不是老板亲不亲自出面的问题,而是要把这封信写出来。
专程	描摹性	✓	2	专不专程过来,自己不知道,可以肯定的是自己是他过来的一个决定性因素。
专门	描摹性	✓	2	大家说我专不专门弄独角兽呢?
白	限制性	✓	2	所以不存在钱白不白花的问题。

续 表

副词	副词类型	能被否定	例句数量	例 句
单*	限制性	√	2	德克士的玉米杯单不单买(卖)?
赶快	评注性	√	2	江苏多位省级干部被拘,媒体赶不赶快抢新闻?
稍微	限制性	×	2	——个人比较中意火麒麟,苍龙也是不错的选择,要说最好的还是 AK47-B。 ——稍不稍微好控制一点啊?
私下	描摹性	√	2	私不私下转课,把当事人都请出来。
有些	限制性	√	2	学校最近有不有些啥新鲜事,摆出来让大家开心下!
预先	描摹性	√	2	粉丝预不预先泡都可以。
再次	限制性	√	2	再不再次重启不重要。
挨个	描摹性	√	1	挨不挨个问,反正估摸也没有不知道的了,倒不怕在黄花山说说,只是传到别处就不好了。
都[表总括]	限制性	√	1	宣化的男人找对象条件都不都挺高呀?
乱*	描摹性	√	1	看你们一天还乱不乱说话。
强行	描摹性	√	1	现在强不强行交费?
按理	描摹性	√	1	在儒家道统是一个"理",一个应当这样做的规范,一个依着这样做就能王天下的路子,并不是"事",因为按不按理做和有没有理是分得开的。
独自	描摹性	√	1	独不独自生活！敢反抗我们就"和谐"了你们。
各自	描摹性	√	1	大难临头,到底各不各自飞,是取决于相爱程度的。
将	限制性	×	1	反正是苦其心志、劳其筋骨了,也不知道天将不将降大任。
就	限制性	×	1	没有男人,就不就过活了?
绝对[表意愿]	评注性	√	1	当然 one 在内容上绝不绝对优质有待商榷。
连夜	描摹性	√	1	连不连夜免职,并不重要。
批量	描摹性	√	1	看你们还批不批量评论。

续 表

副 词	副词类型	能被否定	例句数量	例 句
恰巧	评注性	√	1	现在个人信息已经没有什么秘密可言,只是看看恰不恰巧就骗到你。
亲眼	描摹性	√	1	亲不亲眼见到并不能改变什么的。
全然	描摹性	√	1	只要事情能定,管太子全不全然信任自己。
仍然	限制性	√	1	下了超级街霸,注册了离线账号,仍不仍然存档?
十分	限制性	√	1	大家好久不见,十不十分想念呢?
随机	描摹性	√	1	要个忍者村大战 2.9 小鬼版,能 AI 互战的那种,随不随机选英雄无所谓。
特别*[格外]	限制性	√	1	其实,偶认为只要真心互动,特不特别关心没什么关系。
也	评注性	×	1	宝宝冬季穿衣太厚也不也行?

王梦颖、陈振宇(2020)说:

> 与印欧语言相比,汉语副词的确存在这样的两面性:它既具备实词的一些语法特点,如可充当句法成分、甚至可以单独使用(如"赶快"这类词)等;一些词又表现出很大的虚词特征,如"都""也"等词。但同时,研究者也大都承认,副词和助动词、形容词、连词、区别词等词类之间都存在着纠葛和交叉的现象(参看张谊生 2000①)。这就涉及我们本文探讨的问题:副词和助动词之间的界限问题。
>
> ……
>
> 在世界语言中,助动词和副词的句法位置明显不同。比如在英语当中,副词就是"附加型的副词(adjunct adverb)",与助动词区别极大,不但它们处于不同的句法位置上,而且双方不具有相互演化的历史关系,是两个完全不同的系统。另一方面,助动词往往作为小句的核心,是能够进行各种句法上的操作的,如移位、否定、疑问等。副词则不可以,而英语中因为副词和助动词的显著区别可以将二者轻易地区分。但在汉语当中,副词和助动词往往是混杂的。从句法位置上,它们通常

---

① 本书参考文献的张谊生(2000a)。

都处于谓语前的这一位置上,既有"副词＋助动词"语序(他的确能够完成任务),也有"助动词＋副词"语序(这样的话他也能够常常来看您)。

从历时的角度,部分学者把助动词看作是一个封闭的类别,但正如吕叔湘在《汉语语法分析问题》所言,"助动词是个有问题的类"。朱德熙(1984)概括了汉语中助动词的五个特点:只能带谓词性宾语;不能重叠;不能带后缀"着""了""过";可以放在"～不～"的格式里;可以单说。后来的学者也致力于区分二者,但鲜少不会出现例外,本文的调查也证明了这些特点并非只助动词独有。事实上在汉语中,一些副词是由助动词演化而来的,因此在发展成为副词之后,也难免还带有助动词的一些特征,其中一点就是"X 不 X"的正反问的用法。应当说,副词与助动词是一个系统,汉语中副词应该看作是"助动词型副词(auxiliary adverb)",因此它们能否定、能否用于正反问,就只是一个句法遗留和感染的问题了。

……

通过以上的分析,我们认为汉语中的副词之所以能进行正反问,主要有以下几个依据:

1. 语言是浮现的、可变的,会经过演化而出现新的语言形式和结构。

2. 汉语中一些副词是由助动词发展而来,应该看作是"助动词型的副词"而非原生的副词,因此很容易带有助动词的性质和特点;或者说副词和助动词本来就是一个"大杂烩",如此一来副词就容易"感染"上助动词的特点,从而进行正反问的操作。

3. 主观性越强的词,越不容易在句法上进行操作;客观性越强,才越容易进行句法操作。因此描摹性副词和限制性副词就更容易出现正反问的用法。

4. 从句的句法位置和核心动词的感染亦会影响到副词的正反问用法。从句中的副词更容易出现正反问用法。

总之,能否被否定和用于正反问,的确是可以作为我们考察的一个重要维度的。

下面是有关副词主观性表征的调查数据:[①]

[①] 一个副词有某一特征,标记为 1;如果没有标记为 0。

表 13　汉语常见副词主观性调查数据表

副词	编号	X(疑问)	X(非疑问)	X(疑问/非疑问)	别X	X别	要[义务/需要]X	X要[义务/需要]	没(有)X	X没(有)	已经X(个体事件)	已经X(状态变化)	X已经	不X	X不	X不X	关系从句
难道	1	1	0	0	0	0	0	0	0	1	0	0	1	0	1	0	0
莫不是,莫非,岂不,岂非	2	1	0	0	0	0	0	0	0	1	0	0	1	0	1	0	0
不定₁,到底,[追问]究竟₁	3	1	0	0	0	0	0	0	0	0	0	0	1	0	1	0	0
毕竟₁[追问],倒是₂[追问]究竟,终究₂	4	1	0	0	0	0	0	0	0	1	0	0	1	0	1	0	0
都₁[总括]	5	0	1	0	1	1	1	1	1	1	1	1	0	1	1	1	1
全₁[总括,右边只能是名词性wh词]	6	0	1	0	1	1	0	1	1	1	0	1	0	1	1	1	0
全都[总括,右边只能是名词性wh词]	7	0	1	0	1	1	1	1	1	1	0	1	1	1	1	1	1
通通(通统,统统)	8	0	1	0	1	1	0	1	1	1	1	1	0	1	1	0	0
当面	9	0	1	0	1	1	1	0	1	1	1	1	0	1	1	1	1
只	10	0	1	0	1	1	0	1	1	0	0	1	1	1	1	0	1
只是	11	0	1	0	1	0	0	1	1	0	0	1	1	1	1	0	1
一概	12	0	1	0	1	1	1	1	1	1	1	1	0	0	1	0	1
一律	13	0	1	0	1	0	1	1	1	1	1	0	0	1	1	0	1

续 表

副词	编号	X(疑问)	X(非疑问)	X(疑问/非疑问)	别X	X别	要[义务/需要]X	X要[义务/需要]	没(有)X	X没(有)	已经X(个体事件)	已经X(状态变化)	X已经	不X	X不	X不X	关系从句
另、另外	14	0	1	0	1	0	1	1	1	0	1	1	1	1	0	1	1
同时[一起]	15	0	1	0	1	0	1	1	1	0	1	1	0	1	0	1	1
时不时	16	0	1	0	1	0	1	1	1	0	0	1	0	1	0	0	1
单	17	0	1	0	1	0	1	1	0	0		1	0	1	0	0	1
专门	18	0	1	0	1	0	1	0	1	0		0	1	1	1	1	1
早[仅有"早早什么""一个反问]	19	0	1	0	1	0	1	0	1	0		0	0	1	1	1	1
立刻、完全	20	0	1	0	1	0	1	0	1	0		0	0	1	1	0	1
断然₂[坚决地]、马上[动作快]、一下、一下手、早早/早早儿	21	0	1	0	1	0	1	0	1	0	1	0	0	1	1	1	0
再₁[重复]	22	0	1	0	1	0	1	0	1	0	1	0	0	1	1	0	1
当众、反复、亲自	23	0	1	0	1	0	1	0	1	0		0	0	1	0	1	1
迭次、极力、竭力、率先、悄悄、亲、亲手、痛、远₁[距离]、远远[距离]、再三、自₂[自动/自己]、自行、纵情	24	0	1	0	1	0	1	0	1	0		0	0	1	0	0	1

续 表

副词	编号	X(疑问)	X(非疑问)	X(疑问/非疑问)	别X	X别	要[义务/需要]X	X要[义务/需要]	没(有)X	X没(有)	已经X(个体事件)	已经X(状态变化)	X已经	X不X	X不	不X	关系从句
一路	25	0	1	0	1	0	1	0	1	0	1	0	0	0	1	0	1
虚,一口	26	0	1	0	1	0	1	0	1	0	1	0	0	0	0	0	1
决意	27	0	1	0	1	0	1	0	1	0	0	1	0	0	1	0	1
专	28	0	1	0	1	0	1	0	1	0	0	1	0	0	0	0	1
全₂[完全]	29	0	1	0	1	0	1	0	1	0	0	0	0	0	1	0	1
现[现场,当场]	30	0	1	0	1	0	1	0	1	0	1	1	0	0	0	0	1
越[越……越]	31	0	1	0	1	0	1	0	0	0	0	1	0	0	1	0	1
死死	32	0	1	0	1	0	1	0	0	0	0	0	0	0	0	0	1
独	33	0	1	0	1	0	1	0	0	0	0	0	0	0	1	0	1
死	34	0	1	0	1	0	1	0	0	0	0	0	0	0	0	0	1
率性[索性]	35	0	0	0	1	0	0	1	1	1	0	0	0	0	0	0	0
总₁[时间],总是[时间]	36	0	1	0	1	0	0	1	0	1	0	1	1	0	1	1	1
单单	37	0	1	0	1	0	0	1	0	1	0	1	0	0	1	0	0

续表

副词	编号	X(疑问)	X(非疑问)	X(疑问/非疑问)	别X	X别	要[义务需要]X	X要[义务需要]	没(有)X	X没(有)	已经X(个体事件)	已经X(状态变化)	X已经	不X	X不	X不X	关系从句
随口、随手	38	0	1	0	1	0	0	1	0	1	0	0	0	1	0	1
故意	39	0	1	0	1	0	0	0	1	1	0	0	0	1	1	0	1
一再	40	0	1	0	1	0	0	0	1	1	0	0	0	0	1	0	1
突然	41	0	1	0	1	0	0	0	0	1	0	1	0	1	1	1	1
一边	42	0	1	0	1	0	0	0	0	1	0	1	0	0	0	0	1
公然、借故、刻意	43	0	1	0	1	0	0	0	0	1	0	0	0	1	1	0	1
强行、擅自	44	0	1	0	1	0	0	0	0	1	0	0	0	0	0	1	1
暗自、白、白白、大肆、故、胡、胡乱、就地、空口[擅自]、厉声、轮番、贸然、亲口、轻易、擅、擅自、任意、死命、无端、瞎、一气、硬2[硬来]、再次、再度	45	0	1	0	1	0	0	0	0	1	0	0	0	1	1	0	1
急忙、尽3[总括]	46	0	1	0	1	0	0	0	0	1	0	1	0	0	0	0	0
一个劲儿、执意	47	0	1	0	1	0	0	0	0	1	0	0	0	0	1	0	1
又1[重复]	48	0	1	0	1	0	0	0	0	1	0	0	0	0	1	0	0

续 表

编号	副词	X(疑问)	X(非疑问)	X(疑问/非疑问)	别X	X别	要[义务/需要]X	X要[义务/需要]	没(有)X	X没(有)	已经X(个体事件)	已经X(状态变化)	X已经	不X	X不	X不X	关系从句
49	活活,活生生,冷不丁,冷不防,凭空,顺口,一会儿,一面	0	1	0	1	0	0	0	1	0	0	0	0	0	0	0	1
50	动不动,太,一味	0	1	0	1	0	0	0	1	0	1	0	0	1	1	0	1
51	乱	0	1	0	1	0	0	0	1	0	0	1	0	1	0	0	1
52	动辄,光,过[过于],过于,净1[总括],只顾	0	1	0	1	0	0	0	1	0	0	0	0	1	0	0	1
53	自相	0	1	0	1	0	0	0	1	0	0	1	0	0	0	0	1
54	成心,当真1[心理]	0	1	0	1	0	0	0	1	0	0	1	0	1	0	1	1
55	边,肆意,随处,随地,妄,只管,左右[左右逢源]	0	1	0	1	0	0	0	1	0	0	0	0	1	0	0	1
56	存心	0	1	0	1	0	0	0	0	0	0	0	0	0	0	1	1
57	抵死,有意,又4[连用]	0	1	0	1	0	0	0	0	0	0	0	0	1	0	1	1
58	空	0	1	0	1	0	0	0	0	1	0	0	0	0	1	0	1
59	屡次,屡屡	0	1	0	1	0	0	0	0	1	0	0	0	1	0	0	1
60	独独	0	1	0	1	0	0	0	0	0	0	0	0	0	1	0	0

续　表

副　词	编号	X（疑问）	X（非疑问）	X（疑问/非疑问）	别X	X别	要[义务需要]X	X要[义务需要]	没(有)X	X没(有)	已经X（个体事件）	已经X（状态变化）	X已经	不X	X不	X不X	关系从句
趁/乘机,沿街,沿路,沿途	61	0	1	0	1	0	0	0	0	0	1	0	0	1	1	0	1
草草,趁/乘便,尽自,径直,径自,竟自,屡	62	0	1	0	1	0	0	0	0	0	1	1	0	1	0	0	1
狠命,信手,一股脑,一头	63	0	1	0	1	0	0	0	0	0	1	0	0	0	0	0	1
狠,狠狠,一发	64	0	1	0	1	0	0	0	0	0	1	0	0	0	0	0	0
好不	65	0	1	0	1	0	0	0	0	0	0	1	0	0	0	0	0
匆匆	66	0	1	0	1	0	0	0	0	0	0	0	0	1	0	0	1
唠	67	0	1	0	1	0	0	0	0	0	0	0	0	0	0	0	1
紧自,径	68	0	1	0	1	0	0	0	0	0	0	0	0	1	1	0	0
尽量	69	0	1	0	0	1	1	1	0	0	1	0	0	0	0	1	1
暂	70	0	1	0	0	1	1	1	1	0	1	0	0	1	0	1	1
暂时	71	0	1	0	0	1	1	1	1	0	1	0	0	0	1	0	1
趁早	72	0	1	0	0	1	1	1	0	0	1	0	0	1	1	0	1
赶紧	73	0	1	0	0	1	1	1	1	0	1	0	0	1	0	1	0

续 表

副　　词	编号	X(疑问)	X(非疑问)	X(疑问/非疑问)	别X	X别	要务[义务]需要]X	X要[义务]需要]	没(有)X	X没(有)	已经X(个体事件)	已经X(状态变化)	X已经	不X	X不	X不X	关系从句
好生	74	0	1	0	0	1	1	0	1	0	1	1	0	1	0	0	0
首先	75	0	1	0	0	1	0	1	1	1	0	0	1	0	1	0	1
永远	76	0	1	0	0	1	0	1	1	0	0	1	0	1	1	0	1
横竖(直)	77	0	1	0	0	1	0	1	0	1	0	1	0	0	1	0	0
一定	78	0	1	0	0	1	0	1	0	1	0	0	1	1	1	0	1
反倒、还是、也、有时	79	0	1	0	0	1	0	1	0	1	0	1	1	1	1	0	1
倒[倒是]、倒是、反正[可接陈述或反问]、好歹、真的₁[认识]	80	0	1	0	0	1	0	1	0	1	0	0	1	0	0	0	0
绝对[意愿]	81	0	1	0	0	1	0	1	0	1	0	0	1	1	1	0	1
仍旧、仍然、依旧、依然	82	0	1	0	0	1	0	1	0	1	0	0	1	0	1	0	1
不过、才₄[反驳强调]、就是₁[限定]	83	0	1	0	0	1	0	1	0	1	0	0	0	0	1	0	0
最好	84	0	1	0	0	1	0	1	0	0	0	0	0	0	1	0	1
千万	85	0	1	0	0	1	0	1	1	0	1	0	0	1	0	0	1
根本₂[彻底]	86	0	1	0	0	1	0	0	1	0	1	0	0	1	0	0	1

续表

副词	编号	X(疑问)	X(非疑问)	X(疑问/非疑问)	别X	X别	要[义务/需要]X	X要[义务/需要]	没(有)X	X没(有)	已经X(个体事件)	已经X(状态变化)	X已经	不X	X不	X不X	关系从句
索性	87	0	1	0	0	1	0	0	0	1	1	0	1	0	1	0	1
暂且	88	0	1	0	0	1	0	0	0	1	1	0	0	0	1	0	1
可(是)[不表转折,表确实]	89	0	1	0	0	0	0	0	0	1	0	1	1	0	1	0	0
万万、左右₂[认识]	90	0	1	0	0	1	0	0	0	1	0	0	0	0	1	0	0
姑且	91	0	1	0	0	1	0	0	0	0	1	1	0	0	1	0	0
只好	92	0	1	0	0	1	0	0	0	0	0	0	0	1	1	0	1
快₂[折使]	93	0	1	0	0	1	0	0	0	0	0	0	0	0	0	0	0
只得	94	0	1	0	0	1	0	0	0	0	0	0	0	1	1	0	1
权且	95	0	1	0	0	0	1	1	0	0	1	0	0	0	1	0	0
从小	96	0	1	0	0	0	1	1	1	1	1	0	1	1	0	0	1
照旧,照样1[照旧]	97	0	1	0	0	0	1	1	1	1	0	0	0	0	1	1	1
始终	98	0	1	0	0	0	1	1	1	1	0	0	0	0	1	1	1
照例	99	0	1	0	0	0	1	1	0	1	0	0	0	0	1	0	1

续表

编号	副词	X(疑问)	X(非疑问)	X(疑问/非疑问)	别X	X别	要[义务/需要]X	X要[义务/需要]	没(有)X	X没(有)	已经X(个体事件)	已经X(状态变化)	X已经	不X	X不	X不X	关系从句
100	一并	0	1	0	0	0	1	1	1	0	1	0	0	0	0	0	1
101	时刻,时时	0	1	0	0	0	1	1	1	0	0	1	0	1	1	1	1
102	不时	0	1	0	0	0	1	1	1	0	0	0	0	0	0	0	1
103	偶尔[不经常,间或]	0	1	0	0	0	1	1	0	1	0	0	0	1	0	0	1
104	务必	0	1	0	0	0	1	1	0	1	1	0	0	0	0	0	1
105	特意	0	1	0	0	0	1	0	0	1	1	0	1	0	0	0	0
106	照样₂[同样]	0	1	0	0	0	1	0	0	1	1	0	0	0	1	1	1
107	立即,立马儿,稍微,稍为,预先	0	1	0	0	0	1	0	0	0	1	0	0	1	1	1	1
108	挨个,按时,按期,诚心,分头,分别₁,苦,如期,如实																
109	趁,乘势,从实,大,大举,大力,鼎力,分别₂[多人分头去做],共[一起做],及时,即刻,即时,竭诚,锐意,实地,精,朗朗,朗声,默默,频频,亲身,亲眼,如数,顺势,通力,着力,稳步,相继,一一,一举,一,依次,照实,着意,逐个,逐步,逐一	0	0	1	0	0	1	0	1	0	0	0	0	0	0	0	1

续表

副词	编号	X(疑问)	X(非疑问)	X(疑问/非疑问)	别X	X别	要[义务/需要]X	X要[义务/需要]	没(有)X	X没(有)	已经X(个体事件)	已经X(状态变化)	X已经	不X	X不	X不X	关系从句
大大,当即,赶快,及早,尽数,早日	110	0	1	0	0	0	1	0	1	0	1	0	0	1	0	0	0
加倍,毅然	111	0	1	0	0	0	1	0	1	0	1	0	0	0	1	0	1
不断,鱼贯,重点	112	0	1	0	0	0	1	0	1	0	1	0	0	0	0	0	1
依次,顺次,随着	113	0	1	0	0	0	1	0	1	0	1	0	0	0	0	0	0
照常	114	0	1	0	0	0	1	0	1	0	0	1	0	1	1	1	1
日夜	115	0	1	0	0	0	1	0	1	0	0	1	0	1	1	0	1
倍加,随时	116	0	1	0	0	0	1	0	1	0	0	1	0	1	0	0	1
均₁[平均],确实₂[方式]	117	0	1	0	0	0	1	0	1	0	0	0	0	1	0	0	0
立时	118	0	1	0	0	0	1	0	1	0	0	0	0	0	0	0	1
特₂[特意],特别₃[特意]	119	0	1	0	0	0	1	0	1	0	0	0	0	0	0	0	0
尽₂[尽量],逐	120	0	1	0	0	0	1	0	1	0	1	0	0	0	0	1	0
益发,越发,越加	121	0	1	0	0	0	1	0	0	0	0	0	0	0	1	0	1

续表

副词	编号	X(疑问)	X(非疑问)	X(疑问/非疑问)	别X	X别	要[义务/需要]X	X要[义务/需要]	没(有)X	X没(有)	已经X(个体事件)	已经X(状态变化)	X已经	不X	X不	X不X	关系从句
陆续、略微、略为、顺带、愈发、愈加、愈益	122	0	1	0	0	0	1	0	0	0	1	0	0	0	0	0	1
少	123	0	1	0	0	0	1	0	0	0	0	1	0	0	1	0	0
随即	124	0	1	0	0	0	1	0	0	0	0	0	0	1	1	0	0
一例	125	0	1	0	0	0	0	1	1	0	1	1	1	0	0	1	1
好像	126	0	1	0	0	0	0	1	0	0	0	1	1	1	1	1	1
委实	127	0	1	0	0	0	0	1	1	0	1	1	0	0	1	0	0
无不	128	0	1	0	0	0	0	1	1	0	0	1	1	1	0	1	0
仅、仅仅	129	0	1	0	0	0	0	1	1	0	0	0	1	1	1	1	1
可能₁[认识]	130	0	1	0	0	0	0	1	1	0	0	0	1	1	1	1	0
当然	131	0	1	0	0	0	0	1	1	0	0	0	1	1	1	0	0
偏[偏偏]、恐怕、明明、碰巧、偏偏、恰好、确实₁[认识]、真的₂[真正的而不是虚假的]、正好、正巧、自然	132	0	1	0	0	0	0	1	1	0	0	0	1	1	0	0	1

副词	编号	X(疑问)	X(非疑问)	X(疑问/非疑问)	别X	X别	要[义务需要]X	X要[义务需要]	没(有)X	X没(有)	已经X(个体事件)	已经X(状态变化)	X已经	不X	X不	X不X	关系从句
大半[可能性],大概,大概₁[推测可能],的确,定₁[定当],都₄[甚至],多半[认识],多半[猜测估计],反而,果然,好在,或,或者[猜测估计],或者,均₂[总括],居然,可惜,恐,怕,偏巧,偏巧[突出极端],甚而[突出极端],甚至于[突出极端],似(乎),万一,在任,未必,无非,显然,想必,想来,兴许,幸好,幸亏,也许,原来[新发现的情况],自₁[认识]	133	0	1	0	0	0	0	1	0	1		0	1				0
毕竟₂,多[认识],至少₂[认识,愿望]	134	0	1	0	0	0	0	1	0	1		1			0		0
不曾,间或,恰恰 1[恰好],仍,一向,终究₁[终竟]	135	0	1	0	0	0	0	1	0	1		0	0	1	0		1
偏生,还₂[仍然],何曾,何尝₂[何曾],就₅[强调],未尝[后加否定],终[终归],终归,准,准保	136	0	1	0	0	0	0	1	0	1		0	0	1	0		0
尚,至[认识,愿望]	137	0	1	0	0	0	0	1	0	1		0	1	0	1		0
不免,不再,才₁[条件时间复句],迟早,就₃[限定]	138	0	1	0	0	0	0	1	0	1		1	0	1	0	0	1
亟待,亟须,时而,再也不	139	0	1	0	0	0	0	1	0	1		1	0	0	0	0	1
就₁[条件时间],素来,照理	140	0	1	0	0	0	0	1	0	1		0	1	0	1	0	1

续　表

副　　词	编号	X(疑问)	X(非疑问)	X(疑问/非疑问)	别X	X别	要[义务需要]X	X要[义务需要]	没(有)X	X没(有)	已经X(个体事件)	已经X(状态变化)	X已经	不X	X不	X不X	关系从句
皆[总括]、总归	141	0	1	0	0	0	0	1	0	0	0	0	1	0	1	0	0
就₂[主观量]、统共	142	0	1	0	0	0	0	1	0	0	0	0	1	0	0	0	0
历来、未曾、一贯、亦、早晚	143	0	1	0	0	0	0	1	0	0	0	0	0	1	0	0	1
方才[不是"刚才"]、免得、未免、尤其	144	0	1	0	0	0	0	1	0	0	0	0	0	0	0	0	0
并不、从不、从没、每₂(每)[任任]、未尝₂[不曾]、再₃、休	145	0	1	0	0	0	0	1	0	0	0	0	0	0	0	0	1
方、还₃[主观量]、即[同就]、莫₁[祈使]、省得、务必、休、总得	146	0	1	0	0	0	0	1	0	0	0	0	0	0	0	0	0
全然[完全]	147	0	1	0	0	0	0	0	1	0	1	0	1	1	1	0	1
稍稍	148	0	1	0	0	0	0	0	0	1	0	1	0	0	1	1	1
专程	149	0	1	0	0	0	0	0	0	1	0	1	0	0	0	1	1
照₁[按照什么要求]	150	0	1	0	0	0	0	0	0	0	1	1	0	0	1	1	0
成倍、接连、就便、就近、就手、连、连着、批量、齐声、悄然、随机、偷眼、新	151	0	1	0	0	0	0	0	0	0	0	1	0	0	0	0	1

续表

副词	编号	X（疑问）	X（非疑问）	X（疑问/非疑问）	别X	X别	要[义务/需要]X	X要[义务/需要]	没(有)X	X没(有)	已经X（个体事件）	已经X（状态变化）	X已经	X不	不X	X不X	关系从句
竞相,就此,就势,徒然,迅即	152	0	1	0	0	0	0	0	1	0	1	0	0	1	0	0	0
不住,频[频频],日见,日渐,特地,真正	153	0	1	0	0	0	0	0	1	0	1	0	1	0	1	0	1
处处	154	0	1	0	0	0	0	0	1	0	0	1	1	0	1	1	1
很	155	0	1	0	0	0	0	0	1	0	0	1	0	1	1	1	1
多么,非常,格外,十分	156	0	1	0	0	0	0	0	1	0	0	1	1	1	0	1	1
忽₂[连用]	157	0	1	0	0	0	0	0	1	0	0	1	0	0	1	0	1
丝毫,永	158	0	1	0	0	0	0	0	1	0	0	0	1	0	1	0	1
不屑,尽₁[老是,总是]	159	0	1	0	0	0	0	0	1	0	0	0	0	1	0	0	1
稍	160	0	1	0	0	0	0	0	1	0	0	0	0	0	0	0	1
特别₁[格外]	161	0	1	0	0	0	0	0	1	0	0	0	0	1	0	0	1
忽而₂[连用],一总₂[一次性付清]	162	0	1	0	0	0	0	0	0	0	0	0	0	0	0	0	1
登时,决绝,直₂[其他]	163	0	1	0	0	0	0	0	1	0	0	0	0	0	0	1	0
迟迟	164	0	1	0	0	0	0	0	0	1	0	1	1	0	0	0	1

续表

副词	编号	X(疑问)	X(非疑问)	X(疑问/非疑问)	别X	X别	要[义务][需要]X	X要[义务][需要]	没(有)X	X没(有)	已经X(个体事件)	已经X(状态变化)	X已经	不X	X不	X不X	关系从句
该₂[推测、估计]	165	0	1	0	0	0	0	0	0	1	0	1	0	1	1	0	0
就是₃["不是/除了……就是"]	166	0	1	0	0	0	0	0	0	1	0	1	0	0	0	0	0
必定、必然	167	0	1	0	0	0	0	0	0	1	0	0	1	1	1	1	1
必[认识、必定]、刚好、根本₁[认识]、基本[认识]、牢是、难免、一度、早已	168	0	1	0	0	0	0	0	0	1	0	0	1	0	1	0	1
别₂[担心]、当真、[认识]、到底₂、定然、反₁、反倒、分明、仿佛、敢情、果不其然、果真、可巧、难怪、其实₂[确认]、幸而、许是	169	0	1	0	0	0	0	0	0	1	0	0	0	1	0	1	0
好似	170	0	1	0	0	0	0	0	0	1	0	0	0	1	0	0	1
横是、确[的确]、殊不知、险些	171	0	1	0	0	0	0	0	0	1	0	0	1	1	0	0	0
许[允许]	172	0	1	0	0	0	0	0	0	1	0	0	0	0	1	1	0
纯(粹)、从来、高低、久久、偶然、恰巧、压根儿、一时₂[偶然、突然、或交替进行]、一准、远₁[程度]、远₂[程度]	173	0	1	0	0	0	0	0	0	1	0	0	0	0	1	0	1

续表

副词	编号	X(疑问)	X(非疑问)	X(疑问/非疑问)	别X	X别	要[义务需要]X	X要[义务需要]	没(有)X	X没(有)	已经X(个体事件)	已经X(状态变化)	X已经	不X	X不X	关系从句
差点儿、定₂[必然、认识]、断然、[认识]、固然、怪道、尽管、就是₄[强调]、唯独、准独、莘、真₁[确实]、正好恰巧	174	0	1	0	0	0	0	0	0	1	0	0	0	1	0	0
大凡、但凡、凡、凡是、究竟、恰₂、恰、容或、统、统统]、总₂[认识]	175	0	1	0	0	0	0	0	0	1	0	0	0	0	0	0
都₃[时间]	176	0	1	0	0	0	0	0	0	0	1	0	1	0	0	0
大为、尽先、默[默默]、齐(齐)、生生、小、一力、逐日	177	0	1	0	0	0	0	0	0	0	1	0	0	0	0	1
不由得	178	0	1	0	0	0	0	0	0	0	1	0	0	1	0	1
趁/乘兴、当头、得以、纷纷、基本[程度]、连忙、连声、当声、略略、略、美美、猛然、默然、劈面、日益、稍许、深为、双双、万般、微微、徽、一连、一手、约略₂[粗略地]、整整、足足	179	0	1	0	0	0	0	0	0	0	0	1	0	0	0	1
将次、连连、相率	180	0	1	0	0	0	0	0	0	0	1	0	1	0	0	0
到处₂[处处]	181	0	1	0	0	0	0	0	0	0	0	1	1	1	0	1
几乎	182	0	1	0	0	0	0	0	0	0	0	1	1	0	0	1

副词	编号	X(疑问)	X(非疑问)	X(疑问/非疑问)	别X	X别	要[义务需要]X	X要[义务需要]	没(有)X	X没(有)	已经X(个体事件)	已经X(状态变化)	X已经	不X	X不	X不X	关系从句
多少、确乎、俨然	183	0	1	0	0	0	0	0	0	0	0	1	1	0	1	0	0
差不多₁	184	0	1	0	0	0	0	0	0	0	0	1	1	0	0	0	1
分外、十二分	185	0	1	0	0	0	0	0	0	0	0	1	0	1	1	0	1
甚	186	0	1	0	0	0	0	0	0	0	0	1	1	1	1	0	0
要₃[意愿]	187	0	1	0	0	0	0	0	0	0	0	1	0	1	0	1	1
够₂[达到相当水平]、的₂[时间]、足以	188	0	1	0	0	0	0	0	0	0	0	1	1	1	1	0	1
不必、不光、不仅(仪)、不只、顶、行将、毫好、程度、将₄[推测未来]、决计、迭、颇为、武、特₁[格外]、挺、相当、异常、有点儿、有些	189	0	1	0	0	0	0	0	0	0	0	1	0	0	1	0	0
何等、就₄[意愿]、颇	190	0	1	0	0	0	0	0	0	0	0	1	0	0	1	0	0
要₂[认识]	191	0	1	0	0	0	0	0	0	0	0	1	0	0	0	1	0
比较[量幅]、不用、径、极、极度、极端、极其、极为、将近、较、较为、老₂[程度高]、蛮、甚为、万分、无比、无从、无日不、无须、无需、无庸、无曰、毋须、毋庸、依稀、犹如	192	0	1	0	0	0	0	0	0	0	0	1	0	0	0	0	1

续 表

副 词	编号	X(疑问)	X(非疑问)	X(疑问/非疑问)	别X	X别	要[义务/需要]X	X要[义务/需要]	没(有)X	X没(有)	已经X(个体事件)	已经X(状态变化)	已X经	不X	X不X	关系从句
每₁[每次],无须乎	193	0	1	0	0	0	0	0	0	0	0	1	0	0	0	0
充其量,终于	194	0	1	0	0	0	0	0	0	0	0	0	1	1	1	1
诚然,无怪,无怪乎,幸亏	195	0	1	0	0	0	0	0	0	0	0	0	1	1	0	0
撑死,儿₁[儿乎],猛不丁,猛不防,突	196	0	1	0	0	0	0	0	0	0	0	0	1	1	0	1
诚,大抵,俱,俱₁[总括],明₁[明显],总算	197	0	1	0	0	0	0	0	0	0	0	0	0	0	0	0
决然	198	0	1	0	0	0	0	0	0	0	0	0	0	1	1	1
好容易,要₄[祈使]	199	0	1	0	0	0	0	0	0	0	0	0	1	1	0	1
率性,猛,任情,生,生生	200	0	1	0	0	0	0	0	0	0	0	0	0	1	0	1
但,谨,徒,唯,惟	201	0	1	0	0	0	0	0	0	0	0	0	0	0	0	0
不单,惯常,决,宁,宁可,宁肯,宁愿,实在,适才,死活,一(……就),有心	202	0	1	0	0	0	0	0	0	0	0	0	1	0	1	1
别[祈使],不妨,断[认识],断断[认识],非得,曾₂[一定必定],好赖,何必,何苦,简直,简直,就是₂[意愿],切切,且,势必,爽性,未始[后加否定],一旦,硬[认识],硬是,抓自,怨不得,真₂[感叹]	203	0	1	0	0	0	0	0	0	0	0	0	0	0	0	0

第八章 复杂的汉语语用语法现象举隅 | 931

续 表

副词	编号	X(疑问)	X(非疑问)	X(疑问/非疑问)	别X	X别	要[义务需要]X	X要[义务需要]	没(有)X	X没(有)	已经X(个体事件)	已经X(状态变化)	X已经	不X	X不X	X不	关系从句
并非,不傀,不日,初,猝然,陡,陡然,忽然,霍然,既,既[已经],将将[程度],猛然,蓦然,偶,[不经常,间或],历历,满2[日益],桂自,未,兀自,业经,犹,犹似,约[中性用法为"大约"替代],早经,至,骤,骤然,足	204	0	1	0	0	0			0	0	0	0	0	0	0	0	1
(与其……)不如,(与宁,(与其……)毋宁,不禁,才3[主观量],刹那,刹时,得2,必定,登,定当,断乎[认识],盖1[承接上文],概[一概],概[认识],何妨,何须,姑,何不,何尝1[建议],霍,霍然,忽,[忽然],忽地,忽而,既而,即将2[接近于],将3[一起],遽然,亏,满1[总括],满3[反预测],仅只,矣,[没有]谩地,乃,偶2[偶然],偶或,偶尔[不经常,间或],拾拾2[数量],切[折使],顿刻,颇端,要或,基或[突出极端],时,始,势,势必,是凡,殊,倏地,倏忽,倏然,遂,特为[特意],像,旋,旋[现场],使[现场],旋即[随即],当场,约,约略,向,向来,一经,一径,益,尤,尤为,意,悉,照,照旧/常,正3[状态特续],直1[简直],至于,终竟	205	0	1	0	0	0			0	0	0	0	0	0	0	0	0

续表

副词	编号	X(疑问)	X(非疑问)	X(疑问/非疑问)	别X	X别	要[义务/需要]X	X要[义务/需要]	没(有)X	X没(有)	已经X(个体事件)	已经X(状态变化)	X已经	X不	不X	X不X	关系从句
经常	206	0	0	1	1	0	1	1	1	1	0	1	0	1	1	1	1
一直	207	0	0	1	1	0	1	1	1	1	0	0	0	1	1	0	1
互相,相互	208	0	0	1	1	0	1	1	1	0	1	1	0	1	1	0	1
不	209	0	0	1	1	0	1	1	0	0	0	0	0	0	0	0	1
先	210	0	0	1	1	0	1	0	1	0	0	0	1	1	1	1	1
单独,互	211	0	0	1	1	0	1	0	1	0	0	1	1	1	1	1	1
一齐,一起	212	0	0	1	1	0	1	0	1	0	0	0	0	0	1	0	1
到处,[到各处],独自,连夜,偷偷,相₂[互相],一道,一块儿,一同	213	0	0	1	1	0	0	0	1	1	0	1	0	1	0	0	1
老₁[一直]	214	0	0	1	1	0	0	1	1	1	0	0	0	1	1	0	1
来回,闷头,私下,私自	215	0	0	1	1	0	0	0	0	0	1	0	0	1	1	0	1
成天	216	0	0	1	1	0	0	0	1	1	1	0	0	0	1	1	1
一时₁,一时间	217	0	0	1	1	0	0	0	0	0	0	0	0	0	1	0	1

续 表

副词	编号	X(疑问)	X(非疑问)	X(疑问/非疑问)	别X	X别	要[义务需要]X	X要[义务需要]	没(有)X	X没(有)	已经X(个体事件)	已经X(状态变化)	X已经	X不X	X不	不X	关系从句
各自	218	0	0	1	1	0	1	1	0	1	1	0	1	1	0	1	1
至少1[量]	219	0	0	1	1	0	1	1	0	0	1	0	1	1	0	0	1
从此	220	0	0	1	1	0	0	1	1	0	1	1	1	0	1	0	1
还1[追加]	221	0	0	1	1	0	0	1	1	0	1	0	0	1	0	1	0
特别是[突出,尤其,尤其是]	222	0	0	1	1	0	0	1	1	0	1	1	0	0	1	0	0
平素	223	0	0	1	0	1	1	1	1	0	1	1	0	1	0	1	1
常	224	0	0	1	0	1	1	1	1	1	1	0	1	0	1	1	1
常常	225	0	0	1	0	1	1	1	1	1	1	0	1	0	1	1	1
大体	226	0	0	1	0	1	1	1	1	0	1	1	0	1	0	0	0
时常	227	0	0	1	0	1	1	1	1	0	0	0	1	1	0	1	1
更,更加	228	0	0	1	0	1	1	1	1	1	0	0	1	0	1	1	1
特别2[突出,尤其]	229	0	0	1	0	1	1	1	1	1	0	0	1	1	0	0	1
多半[数量,时间]	230	0	0	1	0	1	1	1	1	0	0	0	0	1	0	0	0

副　词	编号	X（疑问）	X（非疑问）	X（疑问/非疑问）	别X	X别	要[义务需要]X	X要[义务需要]	没（有）X	X没（有）	已经X（个体事件）	已经X（状态变化）	X已经	X不	不X	X不X	关系从句
大致	231	0	0	1	0	0	1	0	1	0	1	0	1	0	0	0	1
从新,一致,重[重新],重新	232	0	0	1	0	0	1	0	1	0	1	0	0	1	0	0	1
尽快,再₂[进一步],逐渐	233	0	0	1	0	0	1	0	1	0	1	0	0	1	0	0	1
敢	234	0	0	1	0	0	1	0	0	1	0	1	0	1	1	1	1
顺便	235	0	0	1	0	0	1	0	0	1	0	0	1	0	1	1	1
渐次	236	0	0	1	0	0	1	0	0	0	0	0	1	0	0	0	0
最	237	0	0	1	0	0	1	0	0	1	0	1	0	0	1	1	1
又₂[追加,增补,继续]	238	0	0	1	0	0	0	1	0	1	1	0	0	1	0	0	0
本来,起初,起先,通常,原来[过去],至今	239	0	0	1	0	0	0	1	0	1	1	0	0	1	1	1	1
其实₁[实际上,对上文评说,位于句首]	240	0	0	1	0	0	0	1	0	1	1	0	0	1	0	1	0
却	241	0	0	1	0	0	0	1	0	0	0	0	0	1	0	1	0
起码	242	0	0	1	0	0	0	1	0	0	1	0	1	1	1	0	1
随后	243	0	0	1	0	0	0	1	0	0	1	0	1	1	0	0	1

续 表

副词	编号	X（疑问）	X（非疑问）	X（疑问/非疑问）	别X	X别	要[义务/需要]X	X要[义务/需要]	没(有)X	X没(有)	已经X（个体事件）	已经X（状态变化）	X已经	不X	X不	X不X	关系从句
大半[数量]	244	0	0	1	0	0	0	1	0	0	1	0	1	0	0	0	0
没(有)	245	0	0	1	0	0	0	1	0	0	1	0	0	1	1	0	1
总共	246	0	0	1	0	0	0	1	0	0	0	1	1	0	1	0	1
必须	247	0	0	1	0	0	0	1	0	0	0	1	0	1	1	0	1
得₁[必须]	248	0	0	1	0	0	0	1	0	0	0	1	0	0	0	0	1
可能₂[有机会]	249	0	0	1	0	0	0	1	0	0	0	0	1	0	1	0	0
本	250	0	0	1	0	0	0	1	0	0	0	0	1	1	1	0	0
大都、大多	251	0	0	1	0	0	0	1	0	0	0	0	1	0	1	0	0
大约、拢共、通共、一共	252	0	0	1	0	0	0	1	0	0	0	0	1	0	0	0	0
大概₂[大约]、都₂[列举]	253	0	0	1	0	0	0	1	0	0	0	0	0	1	1	0	0
须	254	0	0	1	0	0	0	1	0	0	0	0	0	1	0	0	1
必[道义、必须]、曾	255	0	0	1	0	0	0	1	0	0	0	0	0	0	1	0	1
曾经、已经	256	0	0	1	0	0	0	1	0	0	0	0	0	0	0	1	1

续表

副词	编号	X(疑问)	X(非疑问)	X(疑问/非疑问)	别X	X别	要[义务需要]X	X要[义务需要]	没(有)X	X没(有)	已经X(个体事件)	已经X(状态变化)	X已经	不X	X不	X不X	关系从句
必得、才₂[时间,刚]	257	0	0	1	0	0	0	1	0	0	0	0	0	0	0	0	1
共₁[总数]、全都[列举]	258	0	0	1	0	0	0	1	0	0	0	0	0	0	0	0	0
各	259	0	0	1	0	0	0	0	1	0	1	0	0	1	0	0	1
渐渐	260	0	0	1	0	0	0	0	1	0	0	0	0	0	1	0	1
渐	261	0	0	1	0	0	0	0	1	0	1	0	0	1	0	0	1
在[活动持续]	262	0	0	1	0	0	0	0	1	0	0	1	1	0	1	0	1
按理	263	0	0	1	0	0	0	0	0	1	0	0	1	1	0	0	0
又₃[照应前文]	264	0	0	1	0	0	0	0	0	1	0	0	1	0	1	0	1
已然	265	0	0	1	0	0	0	0	0	1	1	0	1	1	0	0	1
先后	266	0	0	1	0	0	0	0	0	0	1	0	1	0	0	0	0
大略	267	0	0	1	0	0	0	0	0	0	0	0	1	1	0	0	1
差不多₂[大约]	268	0	0	1	0	0	0	0	0	0	0	1	1	0	1	0	1
该₁[应该做什么]	269	0	0	1	0	0	0	0	0	0	0	1	0	1	0	0	1

续表

副　词	编号	X(疑问)	X(非疑问)	X(疑问/非疑问)	别X	X别	要[义务需要]X	X要[义务需要]	没(有)X	X没(有)	已经X(个体事件)	已经X(状态变化)	X已经	X不	X不X	关系从句
够₁[足够]	270	0	0	1	0	0	0	0	0	0	0	1	0	1	0	1
要₁[将要]	271	0	0	1	1	0	0	0	0	0	0	1	0	0	1	1
即将、将要、就要[即将]、快₁[接近]、快要、马上₂[快要、即将]	272	0	0	1	0	0	0	0	0	0	0	1	0	0	0	1
便、素常	273	0	0	1	0	0	0	0	0	0	0	0	1	0	0	1
比较₂、惯于、一时之间、已、最为	274	0	0	1	0	0	0	0	0	0	0	0	1	0	1	1
而后、尔后、更其	275	0	0	1	0	0	0	0	0	0	0	0	0	0	1	0
刚、刚刚、将₁[将来]、正₁[活动持续]、正在[活动持续]	276	0	0	1	0	0	0	0	0	0	0	0	0	0	0	1
分别₂[非"分头"]、各各[各自]、继而、净₂[列举]、全₂[列举]、一总₁[总数]	277	0	0	1	0	0	0	0	0	0	0	0	1	0	0	0
真₃[心理]、真的₃[心理]	278	0	0	0	0	0	0	0	0	0	0	0	0	1	0	1
着实、的确₂	279	0	0	0	0	0	0	0	0	1	0	0	1	0	1	0

根据计算,各个特征自然汇聚为两簇,如下图所示:

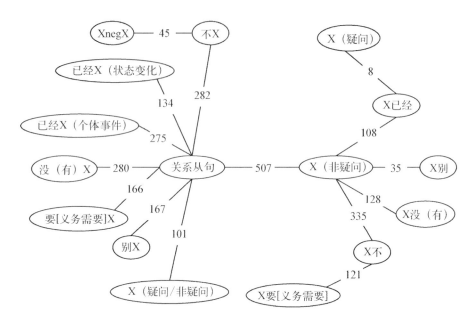

图 10　汉语常见副词主观性考察诸特征之间的关系
(引自陈振宇、王梦颖、陈振宁,2020)

陈振宇、王梦颖、陈振宁(2020)说:

> 得到以下两簇特征,且两簇特征存在相当好的对应关系:
> 1) 主观性特征: X(非疑问)/X(疑问)、X 别、X 要[义务需要]、X 没(有)、X 已经、X 不。即主观副词尽量用于道义、时间及否定词的前面(外围),不能被否定、被要求、被加以时间性质,不用于关系从句,不能有正反问。简单一句话,即一般只用于独立小句或嵌入较浅的从句(如宾语从句),不能进行各种基本句法操作,辖域内或者必须是疑问或者必须不是疑问,等等。
> 2) 客观性特征: X(疑问/非疑问)、别 X、要[义务需要]X、没(有)X、已经 X(个体事件)/已经 X(状态变化)、不 X、XnegX、关系从句。即客观副词尽量用于道义、时间及否定词的后面(内部),可以被否定、被要求、被赋予时间性质,可用于关系从句,可构成正反问,可自由地管辖疑问非疑问结构,等等。

2.2.3 汉语副词主观性程度类型

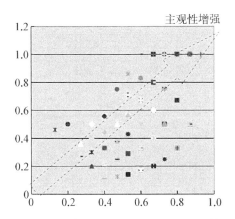

图 11 汉语常见副词主观性等级的分布(引自陈振宇、王梦颖、陈振宁 2020)①

陈振宇、王梦颖、陈振宁(2020)说:

> 图中副词义项的分布没有集中的区域,大体上还是较为均匀的,也就是说,相当地"弥散"(dispersive)。向右上角的方向是主观性增强方向;左下角方向是减弱方向。
>
> 不自由指数=1−[(主观特征数+客观特征数)÷特征总数]
> 不自由指数用来衡量一个副词不能运用的特征的多少,……
> 主客观比例=主观特征数÷(主观特征数+客观特征数)
> 主客观比例用于衡量一个副词的主观特征的相对频率。……
> 主观性指数的计算方法:
> 主观性指数=(不自由指数+主客观比例)÷2

表 14 汉语常见副词主观性指数等级表(引自陈振宇、王梦颖、陈振宁 2020)

副 词 义 项	主观特征数	客观特征数	不自由指数	主客观比例	主观性指数
一齐、一起	0	8	0.47	0	0.235
专门	1	8	0.4	0.11	0.255

---

① 图中每个点代表一个副词基础类,共 279 个,但不少点相互重叠在一起。

续 表

副　词　义　项	主观特征数	客观特征数	不自由指数	主客观比例	主观性指数
到处₁[到各处]、独自、连夜、偷偷、相₂[互相]、一道、一块儿、一同	0	7	0.53	0	0.265
互相、相互、先	2	8	0.33	0.2	0.265
经常	3	8	0.27	0.27	0.27
都₁[总括]	6	7	0.13	0.46	0.295
当众、反复、亲自、单独、互、敢	1	7	0.47	0.125	0.298
来回、闷头、私下、私自、在[活动持续]	0	6	0.6	0	0.3
同时[一起]、立刻、完全、时常	2	7	0.4	0.22	0.31
另、另外、常	3	7	0.33	0.3	0.315
当面、一概	4	7	0.27	0.36	0.315
尽快、再₂[进一步]、逐渐、顺便、各、真₃[心理]、真的₃[心理]	0	5	0.67	0	0.335
迭次、极力、竭力、率先、悄悄、亲、亲手、痛、远1[距离]、远远₁[距离]、再三、自₂[自动/自己]、自行、纵情、专、强行、擅自、乱、挨个、按期、按时、诚心、分头、苦、如期、如实、同、不、特别₂[突出，尤其]	1	6	0.53	0.14	0.335
全₁[总括]、全都₁[总括]	6	6	0.2	0.5	0.35
断然₂[坚决地]、马上₁[动作快]、一下、一下子、早早/早早儿、决意、照常、更、更加	2	6	0.47	0.25	0.36
暂	5	6	0.27	0.455	0.363
从新、一致、重[重新]、重新、渐、够₁[足够]、要1[将要]	0	4	0.73	0	0.365
早、时刻、时时、一直、常常	3	6	0.4	0.33	0.365
一律、尽量	4	6	0.33	0.4	0.365

续 表

副 词 义 项	主观特征数	客观特征数	不自由指数	主客观比例	主观性指数
虚、一口、现[现场,当场]、暗自、白、白白、大肆、故、胡、胡乱、就地、空口、厉声、轮番、贸然、亲口、轻易、任意、擅[擅自]、顺手、死命、无端、瞎、一气、硬₂[硬来]、再次、再度、动辄、光、过[过于]、过于、净₁[总括]、只顾、趁/乘势、从实、大、大举、大力、鼎力、分别₁[多人分头去做]、共[一起做]、共同、好好、火速、及时、即刻、即时、竭诚、精、朗声、默默、频频、亲身、亲眼、如数、锐意、实地、实时、顺势、通力、稳步、悉心、相继、一举、一一、依次、照实、着力、着实₁[切实]、着意、逐步、逐个、逐一、倍加、随时、专程、成天、大致、最	1	5	0.6	0.17	0.385
渐次、即将、将要、就要[即将]、快₁[接近]、快要、马上₂[快要,即将]	0	3	0.8	0	0.4
时不时、单、再₁[重复]、一路、全₂[完全]、公然、借故、刻意、动不动、太、一味、赶紧、特意、立即、立马儿、稍微、稍为、预先、日夜、很	2	5	0.53	0.29	0.41
只、各自	5	5	0.33	0.5	0.415
照旧、照样₁[照旧]、从此	4	5	0.4	0.44	0.42
故意、趁早、照例、老₁[一直]	3	5	0.47	0.375	0.423
刚、刚刚、将₁[将来]、正₁[活动持续]、正在[活动持续]	0	2	0.87	0	0.435
死死、急忙、尽₃[总括]、活活、活生生、冷不丁、冷不防、凭空、顺口、一会儿、一面、自相、边、肆意、随处、随地、妄、只管、左右₁[左右逢源]、草草、趁/乘便、尽自、径直、径自、竟自、屡、大大、当即、赶快、赶早、及早、尽数、早日、不断、鱼贯、重点、均₁[平均]、确实₂[方式]、照₁[按照什么要求]、成倍、接连、就便、就近、就手、连、连着、批量、齐声、悄然、随机、偷眼、新、忽₂[连用]、要₃[意愿]、大体、得₁[必须]、须、渐渐、先后、该₁[应该做什么]	1	4	0.67	0.2	0.435

续 表

副 词 义 项	主观特征数	客观特征数	不自由指数	主客观比例	主观性指数
下阈值≈0.46					
分别$_2$[非"分头"义]、各各[各自]、继而、净$_2$[列举]、全$_2$[列举]、一总$_1$[总数]	0	1	0.93	0	0.465
越[越……越]、独、随口、随手、一边、一个劲儿、执意、成心、当真$_1$[心理]、存心、屡次、屡屡、趁/乘机、沿街、沿路、沿途、好生、根本$_2$[彻底]、一并、加倍、毅然、稍稍、多么、非常、格外、十分、必须、可能$_2$[有机会]	2	4	0.6	0.33	0.465
通通(通统、统统)、只是、总$_1$[时间]、总是[时间]、暂时、从小	5	4	0.4	0.556	0.478
一再、突然、处处、至少1[量]	3	4	0.53	0.43	0.48
永远、始终、一例、全然[完全]	4	4	0.47	0.5	0.485
死、空、狠命、信手、一股脑、一头、匆匆、次第、顺次、随着、立时、特$_2$[特意]、特别$_3$[特意]、陆续、略微、略为、顺带、愈发、愈加、愈益、竞相、就此、就势、徒然、迅即、不住、频[频频]、日见、日渐、特地、真正、不屑、尽$_1$[老是、总是]、稍、大为、尽先、默[默默]、齐(齐)、生生、小、一力、逐日、够$_2$[达到相当水平]、时$_2$[时而]、足以、好[容易]、要$_4$[祈使]、必[道义,必须]、曾、差不多$_2$[大约]	1	3	0.73	0.25	0.49
又$_1$[重复]、抵死、有意、又$_4$[连用]、不时、益发、越发、越加、丝毫、永、分外、十二分、一时$_1$、一时间、随后、没(有)、总共	2	3	0.67	0.4	0.535
照样$_2$[同样]、到处$_2$[处处]、起码	3	3	0.6	0.5	0.55
单单、仅、仅仅	4	3	0.53	0.57	0.55
率性[索性]、狠、狠狠、一发、好不、尽$_2$[尽量]、逐、随即、忽而、一总$_2$[一次性付清]、趁/乘兴、当头、得以、纷纷、基本[程度]、连忙、连声、略、略略、美美、猛地、默然、劈面、日益、稍许、深为、双双、万般、微、微微、一连、一手、约略$_2$[粗略地]、整	1	2	0.8	0.33	0.565

续 表

副　词　义　项	主观特征数	客观特征数	不自由指数	主客观比例	主观性指数
整、足足、要₂[认识]、比较₁[量幅]、不用、怪、极、极度、极端、极其、极为、将近、较、较为、老₂[程度高]、蛮、甚为、万分、无比、无从、无日不、无须、无需、无庸、无由、毋须、毋庸、依稀、犹如、率性、猛、任情、生[生生]、必得、才₂[时间,刚]、大略、比较₂、惯于、一时之间、已、最为	1	2	0.8	0.33	0.565
首先、一定	6	2	0.47	0.75	0.61
愣、务必、少、亟待、亟须、时而、再也不、特别₁[格外]、许[允许]、不由得、差不多₁、甚、不必、不光、不仅(仅)、不只、顶、行将、毫、好[程度]、将₄[推测未来]、决计、颇为、忒、特[格外]、挺、相当、异常、有点儿、有些、决然、多半[数量、时间]、大半[数量]、大约、拢共、通共、一共、曾经、已经、已然、便、素常	2	2	0.73	0.5	0.615
绝对[意愿]、索性、好像、可能₁[认识]	5	2	0.53	0.71	0.62
只好、不免、不再、才₁[条件、时间复句]、迟早、就₃[限定]、差点儿、迟迟、几乎、平素、又₂[追加、增补、继续]、本、按理	3	2	0.67	0.6	0.635
暂且、偶尔[不经常,间或]、必定、必然、本来、起初、起先、通常、原来[过去]、至今	2	6	0.6	0.67	0.635
紧自、径、登时、决绝、直₂[其他]、将次、连连、相率、每₁[每次]、无须乎、但、谨、徒、唯、惟、并非、不愧、不日、初、猝然、陡、陡然、忽然、霍然、既[已经]、将将[勉强达到或接近]、交互、历历、满₂[程度]、猛然、蓦然、偶₁[不经常,间或]、日[日益]、枉自、未、兀自、业经、业已、一壁、犹、犹似、约[中性用法为"大约"替代]、早经、至、骤、骤然、足、共₁[总数]、全都₂[列举]、而后、尔后、更其	1	1	0.87	0.5	0.685
横竖(直)、反倒、还是、也、有时	6	1	0.53	0.86	0.695

续 表

副 词 义 项	主观特征数	客观特征数	不自由指数	主客观比例	主观性指数
上阈值≈0.7					
仍旧、仍然、依旧、依然、委实、当然、偏[偏偏]、恐怕、明明、碰巧、偏偏、恰好、确实$_1$[认识]、真的$_2$[真正的而不是虚假的]、正好、正巧、自然	5	1	0.6	0.83	0.715
快$_2$[祈使]、并不、从不、从没、从未、每$_2$(每)[往往]、未尝$_2$[不曾]、再$_3$[主观量]、就是$_3$["不是/除了……就是"]、都$_3$[时间]、何等、何其、就$_4$[意愿]、颇、撑死、几[几乎]、猛不丁、猛不防、突、不单、惯常、决、绝、宁、宁可、宁肯、宁愿、实在、适才、死活、一(……就)、有心、大概$_2$[大约]、都$_2$[列举]、又$_3$[照应前文]	2	1	0.8	0.67	0.735
最好、无不、不曾、间或、恰恰$_1$[恰好]、仍、一向、终究$_1$[终竟]、就$_1$[条件时间]、素来、照理、必[认识,必定]、刚好、刚巧、根本$_1$[认识]、基本[认识]、愣是、难免、一度、早已、还$_1$[追加]、其实$_1$[实际上,对上文评说,位于句首]	4	1	0.67	0.8	0.735
独独、千万、姑且、只得、历来、未曾、向来、一贯、亦、早晚、该$_2$[推测、估计]、好似、纯(粹)、从来、高低、久久、偶然、恰巧、压根儿、一时$_2$[偶然、突然,或交替进行]、一准、远$_2$[程度]、远远$_2$[程度]、多少、确乎、俨然、充其量、终于、特别是[突出,尤其]、尤其是、却、大都、大多	3	1	0.73	0.75	0.74
倒[倒是]、倒是$_1$、反正[可接陈述或反问]、好歹、真的$_1$[认识]	6	0	0.6	1	0.8
不过、才$_4$[反驳强调]、就是$_1$[限定]、可(是)[不表转折,表确实]、大半[可能性]、大概$_1$[推测、可能]、的确、定$_1$[定当]、都$_4$[语气]、多半[认识]、反而、果然、好在、或[猜测、估计]、或许、或者[猜测、估计]、竟、竟然、居然、均$_2$[总括]、可惜、恐、怕、偏巧、甚而[突出极端]、甚而至于[突出极端]、甚至[突出极端]、甚至于[突出极端]、似(乎)、万一、往往、未必、无非、显然、想必、想来、兴许、幸好、幸亏、也许、原来[新发现的情况]、自$_1$[认识]	5	0	0.67	1	0.835

续 表

副 词 义 项	主观特征数	客观特征数	不自由指数	主客观比例	主观性指数
难道、万万、左右₂[认识]、毕竟、多[认识]、至少[认识、愿望]、编生、还₂[仍然]、何曾、何尝₂[何曾]、就₅[强调]、未尝₁[后加否定]、终[终归]、终归、准、准保、皆[总括]、总归、别₂[担心]、当真₁[认识]、到底₂、定然、反[反倒]、仿佛、分明、敢情、怪不得、果不其然、果真、可巧、难怪、其实₂[确认]、幸而、许是	4	0	0.73	1	0.865
莫不是、莫非、岂不、岂非、权且、尚、至多[认识、愿望]、就₂[主观量]、统共、方才[不是"刚才"]、免得、未免、尤其、横是、确[的确]、殊不料、殊不知、差点儿、定₂[必然、认识]、断然₁[认识]、固、固然、怪道、合着、尽管、就是₄[强调]、唯独、惟独、幸、真₁[确实]、正₂[正好、恰巧]、诚然、无怪、无怪乎、险些、幸喜、着实₂[的确]	3	0	0.8	1	0.9
不定、到底₁[追问]、究竟₁、方、还₃[主观量]、即[同就]、莫 1[祈使]、省得、务、休[祈使]、总得、大凡、但凡、凡、凡是、究竟₂、恰、容或、统[统统]、总₂[认识]、诚、大抵、俱₁[总括]、明[明明]、总算、别₁[祈使]、不妨、断[认识]、断断[认识]、非得、管[一定]、必定]、好赖、何必、何苦、剪直、简直、就是₂[意愿]、切切、且、势必、爽性、未始[后加否定]、一旦……、硬 1[认识]、硬是、犹自、怨不得、真₂[感叹]	2	0	0.87	1	0.935
毕竟₁[追问]、倒是₂[追问]、究₁、终究₂、(与其……)不如、(与其……)无宁、(与其……)毋宁、甭、不禁、才₃[主观量]、刹那、刹时间、得₂[必定]、登、定当、断乎[认识]、顿、顿然、顿时、甫、盖₁[承接上文]、盖₂[认识]、概[一概]、赶忙、赶巧、姑、何不、何尝₁[建议]、何妨、何须、忽[忽然]、忽地、忽而₁[忽然]、霍地、既而、间、将₂[接近于]、将₃[勉强达到或接近]、仅只、究₂、举凡、俱₂[一起]、遽然、亏、满₁[总括]、满₃[反预测]、莫₄[没有]、蓦、蓦地、乃、偶₂[偶然]、偶或[不经常、间或]、恰恰₂[数量]、切[祈使]、顷刻、权、霎时、甚或[突出极端]、甚且[突出极端]、时₁、	1	0	0.93	1	0.965

续 表

副 词 义 项	主观特征数	客观特征数	不自由指数	主客观比例	主观性指数
始、势[势必]、是凡、殊、倏地、倏忽、倏然、遂、特为[特意]、万、无任、勿[祈使]、悉、向[向来]、像、旋₁[随即]、旋₂[现场,当场]、旋即[随即]、一经、一径、益、尤、尤为、愈、约略₁、约莫、乍、照₂[照旧/常]、正₃[状态持续]、直₁[简直]、至于、终竟	1	0	0.93	1	0.965

现在可以回答开始提出的问题：

主观性程度的分布的确是个连续统，而且大致是中间大，两头小的纺锤形分布，因此很难从中找到一个划断的地方。不过，主观和客观并不对称，主观一头明显大一些，而且在主观性指数 0.9—1 的区间，猬集了大量的副词义项；整体上看，更多的副词向较大的指数值偏向。另外陈振宇、王梦颖、陈振宁(2020)说：

> 主观性等级与副词的语义类有关联，评注性副词的主观性指数都很高，方式副词中很多副词指数很低；但同一语义类型的副词，在主观性上有时也会相差很大，如同样是张谊生(2014：22)所归纳的程度副词和否定副词，却分布在一个较大的区域之中，这为潘海峰(2017：66，78)的观点提供了证据：
>
> 程度副词序列：很/稍微 0.41＜十分/非常 0.465＜稍许/极/最为 0.565＜特别/相当/有点儿 0.615＜何其 0.735
>
> 否定副词序列：不 0.335＜没(有)0.535＜别/莫[祈使]0.935＜莫[没有]0.965

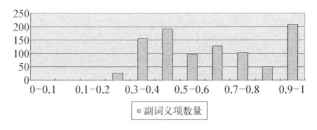

图 12 汉语常见副词数量分布(引自陈振宇、王梦颖、陈振宁 2020)

2.3 小结

自主观化研究诞生以来,就有以下非常重要的问题没有解决:如何测量一个语词的主观化程度?主观和客观之间是什么样的范畴?是否存在一个清晰的界限?

现在来看看"几乎",从表中查,陈振宇、王梦颖、陈振宁(2020)说"差不多2(大约)0.49＜差不多1(判断)0.615＜几乎 0.635＜差点儿/险些0.9＜简直0.935……都1(总括)0.295＜都2(列举)/都3(时间)0.735＜都4(语气)0.835",这就为这几个副词的主观性等级提供了一个更为可靠的依据,也证明赵春利和钱坤(2018)、徐以中和杨亦鸣(2005)的结论是基本可靠的。

另外一方面,这一分布也证实了不能简单地在认识情态那里划断,因为有的认识情态主观性指数较高,另外一些高得很;同时道义情态虽然一般比认识情态低,但的确有一部分道义情态副词的主观性非常高。陈振宇、王梦颖、陈振宁(2020)说"该1[应该做什么]/须/得1[必须]0.435＜必须0.465＜要4[祈使]/必[道义,必须]0.49＜务必/许[允许]0.615＜好像/可能1[认识]0.62＜必定/必然0.635＜明明0.715＜快2[祈使]/最好/必[认识,必定]/根本1[认识]0.735＜该2[推测估计]/好似/一准0.74＜也许/似乎/大半[可能性]/大概1[推测可能]/或[猜测估计]/或许/或者[猜测估计]0.835＜定然/许是0.865＜定2[必然,认识]0.9＜莫1[祈使]/务/休[祈使]/别/断断/管[一定必定]0.935＜何妨/何须/断乎[认识]/盖2[认识]0.965"。其中有下划线的是道义情态副词,其他的是认识情态副词。可以看到道义情态的确分为了两大段,下划直线的是所谓"客观道义",下划曲线的是"主观道义"。

但是,这一研究也带来了新的问题,陈振宇、王梦颖、陈振宁(2020)说"如前面所说的'几乎根本''几乎顿时'等例子,'几乎'的指数是0.635,但评注性副词'根本1'是0.735,而'顿时'虽为时间副词,但指数高达0.965(因为它的用法极为受限)。类似的例子还有不少,所以共现时的语序与主观性强弱之间可能是一种更为复杂的关系,而不是简单的正比关系"。

3. 主 观 量[①]

预期分为质的预期和量的预期,如:

[①] 本节内容中有关主观量的部分,与张耕一起研究。参看陈振宇、张耕(2020)。

(71) a. 他竟然没来！（质的预期）
    b. 他竟然考了 80 分！（量的预期）

关于质的预期,由于前面已经讨论很多,这里要重点讲的是量方面的预期——主观量范畴。按理说,量的预期也是预期部分的内容,但是实际上却与情感立场,以及其他范畴有重要的关系,所以这里单独拿出来讨论。

3.1 主观大量和主观小量,超预期和负预期

我们要注意,目前汉语学界在分类上有两套系统：
1) 正预期/合预期,凸显当前信息与预期相符的一面；
2) 反预期/违预期,凸显当前信息与预期不符合的一面。

其中最大的争议在"反预期"和"违预期"这一对术语的关系上。反预期是早已有之的术语,而违预期是由陆方喆、朱斌(2019)等提出。从这一论述看,陆、朱实际上是把预期做了质与量上的区分,因此用反预期来表示质的预期的不符,而用偏离预期来表示量的不符。

但是,不但反预期信息有质与量的区别,正预期信息也有质与量的区别,其中一般讲的是质的正预期,如"他果然来了"；但也有量的正预期,可称为"主观恰量",如"他今年刚到 18 岁,正好符合征兵的年龄"。如果要把反预期按质与量进行区分,为什么正预期却不这样做呢？

我们认为,既然已经区分了质与量的预期,也就不必像陆、朱这样专门提出违预期的概念了,我们直接称为"质的反预期"和"量的反预期"好了,这也是所谓"奥卡姆剃刀"原则吧。

关于量的预期,实际上这是汉语学界早已有之的研究,甚至比"预期"范畴正式引入汉语研究的时间还早,这就是"主观量"范畴的提出。

陈小荷(1994)提出"主观量"的概念,李宇明(1997;2000:121)做了更为系统和全面的考察。陈立民(2005)对"就"和"才"的预期做了论述。

由于我们早已有了两个重要的术语"主观大量"和"主观小量",所以从理论的简洁性上讲,必须问一个问题：使用"超预期"和"不及预期"这样的术语有什么必要？

总结前人已有的研究(李善熙 2003,王群力 2005,罗荣华 2010,刘承峰 2014),主观量范畴的本质是,将当前信息中所表达的事物的量和认识主体的预期量之间进行的比较：当信息量显著大于预期量时,表达的是主观大量,如"她非常漂亮"；而当信息量显著小于预期量时,表达的是主观小量,如"他只买了两本"。

除主观大量、小量外,还有主观恰量和主观极量的概念。主观恰量是指信息量恰好等于或约等于预期量,如"材料刚好备够";主观极量是指信息量达到了说话人主观预期的极值,如"她连这点儿钱都拿不出来",涉及的是"梯阶"范畴,这在前面已经讲过。

主观大量、小量长期以来都是主观量范畴研究的重点,对主观大量、小量类型的判断,说明大小关系的实质是单向性。只要事物的量性是单向性的,其他各种关系如早晚、前后等都可以转化为大小关系。以连接副词"就$_1$、才$_1$"①为例,时间的运动一般是从过去到未来,所以"比预期早"往往是主观小量,如"昨天他就来了"(左向),而"比预期晚"则往往是主观大量,如"昨天他才来"(左向);但如果运动是从后向前,如一个人追赶我,那么"比预期后"则往往是主观小量,"他才跑到我后面"(右向),而"比预期前"则往往是主观大量,如"他就已经跑到我前面了"(右向)。

主观大小量都是反预期;主观恰量既是正预期,又是反预期,因为正好符合要求的量是不容易达到的,更准确地说是小预期。

(72) a. 正预期的一面
    需要十块,我刚好有十块,呵呵。
    妈妈说小王赚了十块钱,小王口袋里果然刚好有十块钱。
   b. 反预期的一面
    没想到会议时间居然恰好就是上午十点。

另外,如果仅仅是针对客观标准而不是预期值,那么就与预期无关,仅仅是表示准确的量意义。

(73) 算了一遍,口袋里正好有十块钱/口袋里的钱正好是十块。(表示既不是九块多,也不是十块多,数量正好十块,这是一个整数)

除此之外,汉语学界还有"超预期"和"不及预期/负预期",参看齐沪扬、

---

① 本文区分"就$_1$、就$_2$"和"才$_1$、才$_2$"。"就$_1$"既能左向关联,也能右向关联,如"一天就$_1$看了两本书",左向关联时谓语表达主观小量,右向关联时谓语表达主观大量;"就$_2$"则只能右向关联,如"他就$_2$看了一本书",谓语表达主观小量,相当于"只"。而"才$_1$"连接前后两个方向的成分,如"一天才$_1$看了两本书";"才$_2$"则表示限定,如"他才$_2$看了一本书";"才$_1$、才$_2$"都是谓语表达主观小量。"就、才"的主观量配置,参看金立鑫、杜家俊(2014)的详细论述。限于篇幅,本书不再多说。

胡建锋(2006),单威(2017)。

从定义上讲,超预期与主观大量好像是一样,负预期与主观小量好像是一样,如刘永华(2017)称"已经"为超预期,其实其论述说是主观大量也一样。再如"才、就"也是双方都讨论的内容。

但是,有的例子却存在一定的差异,只能说"此量非彼量"。如下面被认为是所谓"超预期"的例子,参看单威(2017):

(74) 我们只知道他英语好,其实他法语也挺好。

但是在主观量研究中,这些例子却不算主观大量。因为主观大量应该是同样的事物,具有量上的显著性,而这里一个是英语,一个是法语,是质上的增加,而不是量上的增加。另外说"其实"引出超预期量是不对的,完全可以有这么一个句子"我们知道他英语好,其实他的英语没有那么好",难道说也是"其实"引出不及预期量?

上面例(74)其实是所谓"递进"句,是指在某一个维度上进一步加重意义,是进一步说他会的东西。由此看来,超预期没有增加新的理论维度,它相当于递进与主观大量的结合,本书既然已经分出了递进与主观大量,就不采用超预期这一概念了。

(75) 他当然是个男人,但算不上真正的男人!(负预期)

前一句指他生理上具有男人的属性,由此预期应该也具有男人的社会属性,但后一句说明他在社会属性上不符预期,如为人怯弱、小肚鸡肠等,但这是不是说他的男人社会属性值不够,并不清楚。在主观量研究中,这些例子不算主观小量,而是"转折"句,本书也就不采用负预期/不及预期这一概念了。

主观量属于语义范畴,但汉语是"语用凸显"的语言,语义表达常常受到语用的制约,也就是存在语用—语义接口的问题。这种语用—语义接口不是没有边界的社会文化现象,而是有条件的,可以概括为有限的语言规则。

3.2 量的基础规律

所谓基础规律,是针对各种量的基本性质来说的,不仅仅是主观量。有下面这些。

3.2.1 量与存在的关系

【量性原则一(量——存在)】

① 根本不存在的事物没有量性,推理公式为:

$$命题 X \wedge [特征]X 反事实 \rightarrow [排斥]X 量性$$

② 如果具有量性,则该事物必须具备一定的存在性,要么存在,要么有可能存在。(正迁移)推理公式为:

$$命题 X \wedge X 量性 \rightarrow X(事实 \vee 非事实)$$

③ 如果说话者对他认为不存在的事物赋予量值,语力失效。(负迁移)推理公式为:

$$命题 X \wedge [特征]X 反事实 \wedge X 量性 \rightarrow 语力失效$$

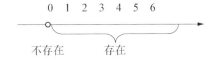

图 13 量与存在的关系

例如:

(76) 甲:他买了多少书?
　　　他要买多少书?
　　乙:他买了两本书。/他没买三本书。
　　　他要买两本书。/他不买三本书。

当我们询问买书的数量、表达书的数量时,不论是肯定回答还是否定回答,都预设已经或有可能买书;书首先是要在事件中存在,然后才能在事件中有量性。

其次,为不存在的事物赋予量值,会使"量"的表达语力失效,此时所谓的"量"在命题意义上是冗余的,这些句子和一般的中性否定句在命题意义上是一样的;句子实际上是经历了言语行为的负迁移,转为了表示说话者的主观感情,而且一般是非常强烈的感情,其目的是说明情况与说话者或他人的预期相差很远。例如:

(77) 李四一本书也没看!/李四完全不看书!(强烈感情)——李四没看书。(中性否定句)

这里的表达强烈情感的"量"有全量/极量成分和最小量成分两种。例如：

(78) 全量/极量成分：
他完全不懂得做人的道理！
全然不顾他人的感受！
他最为无知！
你最不知道疼人！
他不见任何人！

(79) 最小量成分：
a. 李大爷一本书也没看。
王科长一分钟也没休息。
小高一次飞机也没坐过。
b. 今天上午林如冰没上一节课。
他没看一本琼瑶的小说。
c. 他连半个专家也不是！
他没乱花过半分钱。

【量性原则二】
① 不为真的事物不能进行限定。推理公式为：

$$命题 X \wedge [特征] X 反事实 \rightarrow [排斥] 限定 X$$

② 如果进行限定，则该事物一定是事实或至少有可能是事实。（正迁移）推理公式为：

$$命题 X \wedge 限定 X \rightarrow X(事实 \vee 非事实)$$

③ 如果说话者对不为真的事物进行限定，语力失效。（负迁移）推理公式为：

$$命题 X \wedge [特征] X 反事实 \wedge 限定 X \rightarrow 语力失效$$

因为限定也是量化的一种。如"他只看小说"必然有"他看小说"或至少有可能会发生"他看小说"的事。再如"他看什么书?!"可以是询问，也可以是反问，表示他根本不看书，此时"他看书"是反事实；而"他只看什么书?"一般就只能是询问，不能是反问，因为用了限定词"只"就表明"他看书"不能反事实，只能是事实或可能是事实，只不过其中的细节还不清楚。如果说"他就干些不知道什么的事儿",则限定的语力失效,句子或者是表示反讽,或者是表示说话者的(消极)情感。

【强化——量性原则二】 如果说话者特别强调事物是事实,则意味着他是在对事物进行限定。(叠加)推理公式为:

$$命题 X \wedge X 事实 \wedge [特征]强化语力 \to 限定$$

如"(是)、**他**打的你""他(是)去的、**北京**",就意味着除了他和北京外其他同类事物没有参与事件。用格式检验一下是大概率的预期:

(80)   O   P(M|O)   P(M)
    是小明拿的你的东西,所以其他人没有拿。
    ♯是小明拿的你的东西,所以其他人也拿了。
    ♯是小明拿的你的东西,   但其他人没有拿。
    是小明拿的你的东西,   但其他人也拿了。

请注意,"非事实"加上强化语力,得到的是疑问,前面我们已经讨论到。

3.2.2 量与感叹的关系

【量性原则三(感叹——主观量)】 主观量的差值与言者的情感强度成正比。具体而言,

① 当说话者表现出高的情感强度(即感叹)时,如果语句具有量性焦点,则该成分的主观量的差值也很大。(正迁移)推理公式为:

$$命题 X \wedge X 有量性焦点 \wedge [特征]说话者情感强度高 \to 量性成分的主观量差值大$$

② 如果语句具有量性焦点,说话者特别强调该成分的主观量的差值很大,则是在表示感叹。(正迁移)推理公式为:

$$命题 X \wedge X 有量性焦点 \wedge [特征]量性成分的主观量差值大 \to 说话者情感强度高$$

请注意,这里说的主观量的差值,是指事物量与预期量的差值大小,并不等同于主观大量、小量的类型。无论是主观大量还是小量,都是事物量显著偏离预期量,都属于主观量的差值大。例如:

(81) 他买了十个!
    他买了′**两本**书啊!
    我′**最**好!

第一句作为感叹,又有量性焦点"十个",由此得出预期值应离这一数值较远(如预期买一两个)。后面两句在量性成分上加上重音,表示感叹,由此也可以得出它们都大大地偏离预期量。

所有表示主观大量的成分一般都可以引起感叹,如"他真高!""太高了!""特别高!""非常高!""最高!""高得很!""你就$_1$已经看了这么多了!""十点才$_1$起来!"等等。再如"现在都十二点了!",已经义的"都"表示对时间的强调,因此句子也有感叹功能。表示主观小量的成分强调太小,也会引起感叹,如"你就$_2$做了这么一点!""我才$_1$看两页呢!""一点钟就$_1$起来了!"。这也说明,主观大量、小量,都表示当前信息量与预期量的差值大。

但是,由于语用磨损的作用(吴立红 2005,李胜梅 2006),如果一个主观量成分在汉语中使用过多,就会失去其语用色彩,就没有那么大的差值了,也就不一定会引起感叹,如"他很高兴""他有点儿傻"中的"很、有点"早已磨损,不会引起感叹了,量也不是那么大或那么小。如果要表达感叹,还需要更多的因素,如加上特别重音,或表示意外语气的标记,如"他'很高兴!""没想到他竟然有点儿傻!"

主观量的差值与言者的情感强度成正比,说明主观量与感叹是相互伴随的。

3.2.3 量与常规的关系

【量性原则四(常规——主观量)】 事物的主观量与事物的常规性(出现的概率)成反比,具体地说,

① 常规的事物排斥主观量。推理公式为:

$$命题\ X \wedge [特征] X\ 常规 \wedge [特征]量性焦点 \rightarrow [排斥]主观量$$

② 主观量一定是非常规的。(正迁移)推理公式为:

$$命题\ X \wedge [特征]主观量 \wedge [特征]量性焦点 \rightarrow X\ 非常规$$

③ 常规的事物,又是主观量,就会语力失效。(负迁移)推理公式为:

$$命题\ X \wedge [特征] X\ 常规 \wedge [特征]量性焦点 \wedge [特征]主观量 \rightarrow 语力失效$$

例如:

(82) a. 很多人一天看两本书。
    b. 他一天就看了两本书。
       他一天才看两本书。

虽然都是"两本",例 a 表示事件出现的概率很高,具有较强的常规性,因此不具有主观性。而例 b 中"就、才"表示主观量,则"两本"默认为不是多数人看书的量。

不过,有一般就有特殊,在特殊情况下,常规数量反倒是反预期的。例如:

(83) 大家一天看<u>两本书</u>,你也一天看<u>两本</u>?

这里涉及说话者对"你"的看法,也许"你"是个很厉害的人,可以看很多本,又或者"你"是个很差的学生,一天看不了多少。此时,"你"达到普通人看书的常规量,反倒是不容易发生的,也就成为主观量了,于是句子成立。

【强化——量性原则四】 当事物有量性特征时,如果特别强调事物非常规,则说话者认为是主观量。(叠加)推理公式为:

命题 $X \wedge X$ 非常规 $\wedge$ [特征]量性焦点 $\wedge$ [特征]强化语力 $\rightarrow$ 主观量

一些语言形式特别强调"非常规"的意义,显然,它们都表达主观量。例如:

(84) 他<u>非常</u>聪明!
他笨得是<u>非比寻常/非同一般</u>!
不但有<u>非凡</u>的美丽,而且风趣又活泼!
——<u>不是一般</u>的漂亮! ——难道还是二般的漂亮! (西南官话成都话)

3.2.4 量与论元的关系

下面是量性因素对事件能否实施的限制:

【量性原则五(量——事件)】 设单次(单一)事件中对特定论元 X 所要求的最小量为 nx[①],

① 已实施或将实施的事 Y,其论元 X 参与事件的量 NX 必须大于或等于 nx。(正迁移)推理公式为:

事件 $Y \wedge$ [特征]X 是 Y 的论元 $\wedge$ [特征]Y(事实 $\vee$ 未来事实)$\rightarrow$ (NX $\geqslant nx$)

② 如果 NX 小于 nx,则该事件不能实施。推理公式为:

[①] 陈振宇、刘承峰的早期研究称之为"临界量"。

事件 Y∧[特征]X 是 Y 的论元∧[特征](NX＜nx)→Y(反事实∧未来反事实)

③ 未实施的事件 Y,其论元 X,最小量 nx,以及比 nx 还小的量 n,都没有参与事件。(正迁移)推理公式为：

$$\text{事件 Y}\wedge[\text{特征}]X \text{ 是 Y 的论元}\wedge[\text{特征}]Y \text{反事实} \rightarrow$$
$$\sim Y(nx) \wedge \forall n((n<nx)\rightarrow \sim Y(n))$$

根据陈振宇、刘承峰(2006、2008),刘承峰(2007、2010),当 NX 等于 nx 时,该论元 X 为"语用单数";当 NX 大于 nx 时,该论元 X 为"语用复数";当 NX 小于 nx 时,事件不能成立。陈振宇(2016、2019)把"语用数"改称为"事件数",不过其实两个术语都可以使用。

例如,"互帮互助",这一事件要求的最小量为两个人,因此,如果说"XP 互帮互助",则 XP 至少要有两个人;如果只有一个人,则事件不成立,如不能说"小王互帮互助",只能说"小王和小李互帮互助""他们互帮互助"。

【强化——量性原则五】 设单次(单一)事件中对特定论元 X 所要求的最小量为 nx,如果说话者强调论元 X 的最小量 nx,以及比 nx 还小的量 n,都没有参与事件,则是说事件 Y 未实施。(叠加)推理公式为：

$$\text{事件 Y}\wedge[\text{特征}]X \text{ 是 Y 的论元}\wedge(\sim Y(nx) \vee \forall n((n<nx)\rightarrow$$
$$\sim Y(n)))\rightarrow Y \text{反事实}$$

如"他不买一本书""他连一本书都没买""他半本书都没买""他一个字都没看",都是指事件根本没有发生。

【量性原则六】 如果引入"事件论元"①(此时事件的诸论元为 X1、X2、……Xm),则事件所有的论元须在语用数上保持一致。即：

① 只要有一个论元参与事件的量小于其最小量(语用零数),则所有论元参与事件的量小于其最小量(语用零数)。(叠加)推理公式为：

$$\exists i((m\geq i>0) \wedge (NXi<nxi))\rightarrow \forall j((m\geq j>0)\rightarrow(NXj<nxj))$$

② 只要有一个论元参与事件的量等于其最小量(语用单数),则所有论元参与事件的量等于其最小量(语用单数)。(叠加)推理公式为：

$$\exists i((m\geq i>0) \wedge (NXi=nxi))\rightarrow \forall j((m\geq j>0)\rightarrow(NXj=nxj))$$

③ 只要有一个论元参与事件的量大于其最小量(语用复数),则所有论元参与事件的量大于其最小量(语用复数)。(叠加)推理公式为：

---

① 戴维森(Davidson,1967)"事件语义学"(event semantics)理论中提出。

$$\exists i((m \geqslant i > 0) \wedge (NXi > nxi)) \rightarrow \forall j((m \geqslant j > 0) \rightarrow (NXj > nxj))$$

④ 只要有一个论元参与事件的量等于其最小量的特定倍数（q 倍）（语用定数），则所有论元参与事件的量都等于其最小量的特定倍数（q 倍）（语用定数）。（叠加）推理公式为：

$$\exists i((m \geqslant i > 0) \wedge (NXi = (nxi \times q))) \rightarrow \forall j((m \geqslant j > 0) \rightarrow (NXj = (nxj \times q)))$$

⑤ 只要有一个论元参与事件的量大于或等于其最小量的特定倍数（q 倍）（语用上偏量），则所有论元参与事件的量都大于或等于其最小量的特定倍数（q 倍）（语用上偏量）。（叠加）推理公式为：

$$\exists i((m \geqslant i > 0) \wedge (NXi \geqslant (nxi \times q))) \rightarrow \forall j((m \geqslant j > 0) \rightarrow (NXj \geqslant (nxj \times q)))$$

⑥ 只要有一个论元参与事件的量小于或等于其最小量的特定倍数（q 倍）（语用下偏量），则所有论元参与事件的量都小于或等于其最小量的特定倍数（q 倍）（语用下偏量）。（叠加）推理公式为：

$$\exists i((m \geqslant i > 0) \wedge (NXi \leqslant (nxi \times q))) \rightarrow \forall j((m \geqslant j > 0) \rightarrow (NXj \leqslant (nxj \times q)))$$

这一部分的内容过于复杂，而且已经在以往的著作中详细讲述，这里就不多说了。请参看陈振宇（2020）。

3.3 主观量形成规律

此前的研究者主要致力于说明一个具体的例句中的量性成分是主观大量还是小量，一个标记的功能是主观大量标记还是小量标记，我们还没有看到讨论形成这些主观大/小量意义的规律研究。本节试图来填补这一空白。

需要说明的是，前面已经提到了两条主观量形成的规律：

1）根据"量性原则一"，当对不存在的事件加以量的描写时，都会迁移为强烈的情感表达。

2）根据"量性原则三"，有量性焦点的事件，在带有强烈情感时，表示量和预期的差值很大。

下面再加上三条新的主观量形成规律。

3.3.1 主观大量无标记，主观小量有标记

【量性原则七（主观大量默认）】 事物的主观量一般是默认为主观大量。当事物具有主观量时，

① 如果不存在显性的主观小量标记或词汇意义，就是主观大量。（正迁移）推理公式为：

$$命题 \wedge [特征]主观量 \wedge [特征](不存在主观小量标记 \wedge$$
$$不存在主观小量词汇意义) \rightarrow 主观大量$$

② 有显性的主观小量标记或词汇意义时才是主观小量。(正迁移)推理公式为：

$$命题 \wedge [特征]主观量 \wedge [特征]主观小量 \rightarrow$$
$$存在主观小量标记 \vee 存在主观小量词汇意义$$

刘承峰(2014)首先发现了这一点，他称之为"动词涉量的趋大设定"。如以下例句，例 a 是无标记的，如果对量性焦点进行重读，我们会觉得是表示数量多；例 b 有主观大量标记，所以也是大量；例 c 有主观小量标记，这才成为主观小量：

(85) a. 他一次拿了<u>两个</u>！
　　　第一季度自治区各矿山企业共发生重大事故 <u>123 起</u>，死亡 <u>37 人</u>。
　　b. 他一次就拿了<u>两个</u>！
　　　第一季度自治区各矿山企业已经发生了重大事故 <u>123 起</u>，死亡 <u>37 人</u>。
　　c. 他一次才拿了<u>两个</u>！
　　　第一季度自治区各矿山企业只发生重大事故 <u>123 起</u>，死亡 <u>37 人</u>(比去年同时期下降了 54 起和 26 人)。

上述句子一般不能说"♯第一季度自治区各矿山企业已经发生了重大事故 123 起，死亡 37 人，比去年同时期下降了 54 起和 26 人。"因为前面的"已经"是主观大量标记，后面的"下降"却是往小里说，此时默认为"顺接语篇"，在顺接语篇中前后话语不能相互矛盾。但是可以说"第一季度自治区各矿山企业已经发生了重大事故 123 起，死亡 37 人，比去年同时期上升了 54 起和 26 人。"这是因为此时前后主观量的方向一致。也可以说"第一季度自治区各矿山企业已经发生了重大事故 123 起，死亡 37 人，但比去年同时期，还是下降了 54 起和 26 人。"这是因为此时改为"逆接语篇"(转折)，前后需要相反。

主观大量默认规律在主观量范畴的表达中起着广泛的作用。我们这里通过三个具体案例来进行说明：

第一个案例——"假定语"结构。很多量性成分的后面，可以加上"的"，

"的"起"衬音"的作用,使它前面的成分获得重音①,从而突显这些成分,使之表达主观量;又,在默认时,是表示主观大量。例如:

(86) 他看了几十本的书。(物量)
　　　他打了五个多小时的游戏。(时量)
　　　他去了十几次的银行(还没有解决问题)。(动量)
　　　他走了二十多公里的路。(空间量)
　　　中国革命走过了半个世纪的曲折路程,终于迎来了新中国的诞生。(变化量)

也许,这里的"的"已经虚化为突显主观意义和感叹的标记,仅用于句子层面,不能内嵌。

这一结构在加上"就₂、只、才₂"等限定词(主观小量标记)后才可以表示主观小量,如"他就/只/才买了十几斤的粮食"。如果加的是主观大量标记"已经、了₂"等,依然表示主观大量,如"他已经打了五个多小时的游戏了"。

第二个案例——重音与感叹。量性焦点不仅可以由数量结构来表达,一个词语的意义中也可以有量性。词语的重音是感叹标记,量性焦点与感叹语气结合后,一般得到主观大量的解读(Rett 2011,陈振宇、张莹,2018)。如下面英语的例子(引自 McCready 2007):

(87) a. Man, that movie was boring!(那部电影乏味!)
　　　b. MAN that movie was boring!(那部电影太乏味了!)

陈振宇、张耕(2022)说:

> 例 a 在叹词 man 后有停顿,所以语气较轻,这只是表示一般的感叹,即电影乏味;而例 b 则没有停顿,且 MAN 重读,这是加强的感叹,由于乏味是有量度特征的性状,也就是属于语义内容自身就含有量度特征的"等级谓词"(gradable predicate),如大多数形容词、部分心理动词等,所以句子的意思转变为"乏味的程度非常高"。

---

① 如有话语片段"ABC",为了使其中 B 获得逻辑重音,以表达某种语用效果,可以有三种不同的方法:一是赋予 B 以特别的重读;二是对其前的 A 或其后的 C 赋予特别的轻读,从而衬托出 B 的重音;三就是加"衬音",汉语的"的",一般是衬托前面的成分,使之获得焦点重音,如"好好儿的",逻辑重音由"好好"获得。本书下面所讲的例子也是如此。

又如下面汉语的例子：

(88) 这孩子啊，'**聪明**！（比预期聪明得多）
　　　烦啊！/高啊！/苦啊！/冷啊！（比预期烦/高/苦/冷得多）

上述各例的等级谓词（性质形容词）都重读，表达感叹。同样，都默认解读为主观大量。

第三个案例——指示词表示主观大量。世界语言中存在指示词表示高程度的功能迁移，如英语"think so"（表指代）——"so good"（表程度高），又如日语"そんなこと（那样的事情）"（表指示）——"そんなにすくない（那么少）"（表程度高）。现代汉语也有这样的用法。例如：

(89) 为何这般倒霉啊！
　　　这么热闹！
　　　那么高大！
　　　这样的美丽！

但这里仅仅是功能迁移，句法地位未变，"指示词＋形容词"依然是名词性的结构，因为它们都用"没有"或"不是"进行否定，一般不用"不"否定，如下面例 a 所示，除非是在条件句等特殊句式中，如下面例 b 所示：

(90) a. 他没有那么高。/他不是那么的高。/* 他不那么高。
　　　　这些东西不是这样的不经用。/* 这些东西不这样不经用。
　　b. 如果他不那么聪明就好了。

这一迁移的本质，是因为指示词可以用来表示感叹，例如在最初的量性"如此"句中，在形容词中，有表示感叹的"其"。例如：

(91) 以身为人者，<u>如此其重也</u>，而人不知，以奚道相得？（《吕氏春秋·季冬纪》）
　　　待先生，<u>如此其忠且敬也</u>。（《孟子·离娄》）

后来"其"不再需要，指示词就可以直接表示感叹了。

接下来要讨论的是，主观量在默认时指主观大量。在上述格式中，一般不加主观小量标记时,只能是主观大量,即表示程度高的意思。如果一定要表示主观小量,那么句中要加上专门的主观小量标记,如以下例句中要加上"只、仅、点儿"等标记才能表示主观小量:

(92) 我看到的是<u>仅有那么长</u>的一条小鱼。
　　 我可<u>只有这么大</u>的能力,别指望我能做什么承诺。
　　 <u>这么点儿人</u>,就占了这么大的地方。

最后,主观大量无标记,主观小量有标记,还表现在主观大量有更多的下位类型。一个值得注意的现象是,主观大量具有两种不同的语义类型。包括:

1) 偏离/过分大量。即主观大量超过应该的尺度,是对预期的偏离。例如:①

(93) 战壕<u>挖深了一尺</u>,以至于在壕内就像落入了井中,无法观察外面的动静。

2) 超预期大量(极端小预期的实现)。即主观大量超过了预估的尺度,但与预期方向一致,不是对预期的偏离,而是对事件的超量的实现,是递进关系。例如:

(94) 他们不但买了,而且买了<u>一百多单</u>,令店主喜出望外。

3.3.2　同向主观大量,反向主观小量

【量性原则八(主观大/小量标记的方向性)】　事物的发展方向与主观大量同向,而与主观小量反向。当事物有发展方向时,

① 当特别强调按照事物发展方向,已经达到或接近某一发展阶段时(肯定意义),是主观大量。(正迁移)推理公式为:

命题∧达到或接近某一阶段∧[特征]强化语力→主观大量

② 当特别强调存在着某一阶段在某一特定时间还没有达到或没有接近时(否定意义),是主观小量。(正迁移)推理公式为:

---

① 陆俭明(1990)讨论了"VA了"述补结构的两种意义,此后学者们又有更多的论述。限于篇幅,本书不再多说。

命题∧没有达到或接近某一阶段∧[特征]强化语力→主观小量

首先来看一组例子,量性焦点代表的发展方向上,事物量的累积已经超出、达到或接近达到某一结果,句子偏向肯定意义,表达主观大量:

(95) a. 他已经完成任务了。——他已经完成了三分之一。
 b. 她九点就来了。——她昨天就完成了三分之一。
 c. 人们都喜欢他。——有(多达)三分之一的女性都不愿意结婚。(比预期多)
 d. 小明都大学生了。——小明都十五岁了。(比预期大)
 e. 积跬步以至千里。——科技发展这样快,以至于许多人都跟不上时代的步伐。
 f. 他差不多到了。——他差不多完成了三分之一了。(需要有重音强调)
 g. 他差点儿(就)死了。——他差点儿(就)完成了三分之一了。(强调接近某一结果)
 h. 他最好!/他非常非常好!
 i. 他除了小说啥都看。(他唯一不看的是小说)
 j. 他好到家了。/这孩子聪明绝顶。/这样的事多了去了。
 k. 他至少写完了十五篇。

接着来看一组例子,量性焦点代表的发展方向上,事物量的累积还没有达到或接近某一结果,句子偏向否定意义,表达主观小量:

(96) a. 他只完成了这个任务。——他只完成了三分之一。
 b. 他才来。——他昨天才完成了三分之一。
 c. 他就看小说。——他就完成了三分之一。(强调多于三分之一的量还没有完成)
 d. 他都买蓝色的铅笔。——他都买三支。(强调其他颜色的铅笔不买,三支以上的不买)
 e. 他昨天来的。——他是买三斤的。(强调不是其他的时间,不是其他的数量)
 f. 他差一些才完成三分之一。/他没完成三分之一。(强调三分之一的量还没有完成)

g. 他稍微<u>高一点</u>。/他就<u>一点点高</u>。
h. 他除了小说啥也不看。/他唯一看的是<u>小说</u>。
i. 他<u>好</u>不到哪里去。/他没<u>好</u>到哪里去。
j. 他最多完成了<u>十五篇</u>。

其中,"才、只"类限制义副词因为突显没有达到预期的量,所以倾向于表达主观小量,参看刘林(2013)和陈振宇、刘林(2013、2017)的详细论述。而"都$_3$、就、已经、了"等因为表示达到相当的量,所以倾向于表达主观大量,参看陈振宇、刘承峰(2012),刘林(2012、2013)和刘林、陈振宇(2015)的详细论述。但是"就、都"也有限制义,此时便和"只"一样,表达主观小量,参看郭锐(2010)和陈振宇(2016:412—441)的详细论述。"唯一"性和"限制"义,都是表示更多的事物或更多的量是需要排除在外的,因此是主观小量。

在否定测试[①]中被否定的部分是句子的焦点意义,未被否定的是预设意义。这可以解释"才$_1$"与"就$_1$"的本质差异。如"他十点才$_1$来"和"他十点就$_1$来了"都有"他十点在这儿"的意义,但这一意义在两个句子中的地位差别很大:

(97) a. 甲:他是不是十点才<u>来</u>的?
乙:不,他十点前就来了。
b. 甲:他是不是十点就<u>来</u>了?
乙:不,他十点后才来的。

例a中乙未否认"他十点在这儿",所以它是"他十点才来"的背景意义;乙否定的是"他十点之前没在这儿",所以这才是"他十点才来"的焦点意义。由于"他十点之前没在这儿"是个否定性命题,所以我们说"才$_1$"有隐性否定功能,根据前述的规则,表示主观小量意义,指对十点而言,"来"是仅仅达到一个较小的成就。

例b中乙否认了"他十点在这儿"的真实性,所以"他十点在这儿"是"他十点就来了"的焦点意义之一,而不是背景意义。由于它是个肯定性命题,所以我们说"就$_1$"没有隐性否定功能,而是纯粹的肯定,表示主观大量,指对十点而言,"来"已经是达到了一个较大的成就。

让我们用单调性来检验一下:

[①] "否定测试"参看陈振宇(2016:338)。

(98) a. 我十五岁才看的电影 ⇒ 我十五岁才看的言情电影（单调下降）
    我十五岁才看的言情电影 ⇏ 我十五岁才看的电影（可能其他电影早就看过了）
  b. 我十五岁就看了言情电影 ⇏ 我十五岁就看了电影（可能是在此前就看了电影，不过不是言情电影。不过至少是十五岁就看了电影）
    我十五岁就看了电影 ⇏ 我十五岁就看了言情电影（可能十五岁看的是其他电影）

可以看到，"才"实际上相当于否定，指十五岁之前没看电影，那就是所有的电影都没看，因此是单调下降。"就"表达的是准确取值，表明十五岁与看电影之间的准确配对关系，所以是非单调的。有些例子中，"就"的右边又有单调上升性质：

(99) a. 我十五岁就娶巧珍做了媳妇 ⇒ 我十五岁就娶了媳妇（单调上升）
    我十五岁就娶了媳妇 ⇏ 我十五岁就娶巧珍做了媳妇（可能娶的是其他人）
  b. 两个星期就写了三篇语法论文 ⇒ 两个星期就写了三篇论文（单调上升）
    两个星期就写了三篇论文 ⇏ 两个星期就写了三篇语法论文（可能写的是其他论文）

例(99)说明"就"的右边是存在量化，而事件的发生或肯定就是存在量化。当然，这些是间接量化，因为可以加上新的算子来改变单调性：

(100) a. 我十五岁才看了一些言情电影（绝对解读）⇒ 我十五岁才看了一些电影（单调上升）
    我十五岁才看了一些言情电影（相对解读）⇏ 我十五岁才看了一些电影（言情电影此时才看，但其他电影早已看了）
    我十五岁才看了一些电影 ⇏ 我十五岁才看了一些言情电影（可能不是言情电影）
  b. 我十五岁就看了图书馆所有的小说 ⇒ 我十五岁就看了图书馆所有的言情小说（单调下降）

我十五岁就看了图书馆所有的言情小说 ↛ 我十五岁就看了图书馆所有的小说（可能其他类型的小说没全部看过）

限于篇幅，学界讨论较多的内容这里就不再多说，我们来看一些较为"偏僻"的例子：

汉语总括"都"字句可以表示全称量化，一般而言，这是指达到所有的量，是肯定意义，所以是主观大量，如"很多人/大多数人都喜欢她"，不能说"*很少人/部分人都喜欢她"。参看李文山（2013）、徐烈炯（2014）。刘承峰（2014）指出，在论辩时，"都"类副词的量大于真实数量，这就是它表示语气性的功能。潘海华（2006）和冯予力、潘海华（2018）提出过这样一个例子：

(101)（居然）有10%的女性都想独身不嫁。

冯予力、潘海华认为这是少数，而我们的解释与其不同，认为这是主观大量，即说话者预期几乎所有的女性都应该出嫁，最多有极个别的例外，但现在却有多达10%的女性不想出嫁，已经远远超出了预期的量。

但是，汉语"都"字句有一个特殊的"排他"用法，如"他都写小说"，按照郭锐（2010），相当于"只"义，即小说之外的东西，他都不写；在"他都买三支"中表示他每次只买三支，不买四支。这样一来，就是一个否定意义，表示主观小量。这一点，是因为主观大小量之间有相互转化的关系，我们将在后面讨论。

汉语中表示程度意义的构式，倾向用"达到某个界限"来表示主观大量，如"好到家了"，还有很多这样的变体，如"都臭到外国去了""糊涂到底了""蠢到哭了""爱到天荒地老""好看死了""气到吐血/爆炸""哭到怀疑人生"等等。与之相反的是用否定式"不到哪儿"来表示主观小量，如"漂亮不到哪儿去"。我们往往容易从这些词汇本身的意义出发来解释，这对某些构式是有用的，如"天荒地老""X死了""吐血/爆炸"等有极端意义，但对其他一些构式则是不够的，如"好到家了"中为什么"到家"表示程度高，许多母语者并不清楚，其实是凭借对某种程度的达到的领悟来获得主观大量意义。

再看"至多、最多"和"至少、最少"，它们分别表示下偏量（小于或等于）和上偏量（大于或等于），但是其主观性不同。同是指"他完成了十五篇"，用"至多、最多"，是指多于十五篇的量没有完成，因此是否定意义，是主观小量；而用"至少、最少"，是说已经达到了十五篇，可能还有更多的篇数，所以是主观大量。我们用否定测试来看看两句不同的"预设—焦点"意义：

(102) a. 甲：他是不是至多去过两次？
　　　　乙：不，他不但去过两次，还去过三次。（没有否认去过两次）
　　 b. 甲：他是不是至少去过两次了？
　　　　乙：不，他没去过两次，只去过一次。（否认了去过两次）

在否定测试中被否定的部分是句子的焦点意义，未被否定的是预设意义。"至多"意义与"只"相似，"他去过两次"是其预设意义，因为在常规否定时不会被否定；其焦点意义为"没有去过两次以上"，有隐性否定功能。"至少"正好相反，"他去过两次"是焦点意义，在常规否定时一般会将其否定，由于"他去过两次"是肯定性命题，所以"至少"没有隐性否定功能。

3.3.3 无法计数的主观大量

【量性原则九(可计数性)】 如果无法对事物的量进行计数，也就是超出认识主体的计数能力，则或者是因为缺乏计量手段，或者是因为事物的量太大，超出预期。（正迁移）推理公式为：

$$\text{有量性的 } X \wedge [\text{特征}] \text{无法计量 } X \to X \text{ 尚无计量手段} \vee X \text{ 主观大量}$$

例如：

(103) 谁知道他有多懒！——反问句，他非常非常地懒。
　　 我们抬起头，根本无法知道圣马力诺峰的高度，只觉得直入云霄。

一些语词表示无法言说，推知是因为无法计数，利用上述性质来表示主观大量，如下面各例都表示程度是相当地高，超出预期：

(104) 别提有多痛快了！
　　 好得说不出来！
　　 心中难言的痛苦，就是说不出来。
　　 无言的温柔。

Wh词中有一类也是表示主观大量的，即数量和程度类，如英语的how。汉语的"多、多少"都有这样的用法。这是从疑问到程度的意义功能迁移，其基本推理是，无法回答这样的问题，是因为无法计量相关事物的程度；而无法测量，是因为程度太高：

(105) 有多少人参加?——多少志士仁人前仆后继,才有了我们今天的幸福生活。

你有多高?——这事儿多难为情啊!

这是何等人?——我是何等的难堪!

How tall is your father? ——How busy the bees are!

3.3.4 主观大量和主观小量相互转化

主观大量和主观小量之间不仅仅是对立的关系,在满足特定语用条件的情况下,可以实现主观大量和主观小量之间的转化。

【量性原则十(主观大/小量相互转化)】 全称量化的基本逻辑式本身,就内在地具有主观大/小量转换的可能。

下面是全称量化逻辑式的两种写法,它们在逻辑上等价,但在语言学的意义上,却具有不同的焦点语义结构:

(106) $\forall x(Y(x) \rightarrow (x \in X)) = \forall x((x \notin X) \rightarrow \sim Y(x))$

对于左边的公式,其焦点意义为"所有参与事件 Y 的论元 x,都是集合 X 中的成员",因此是肯定达到了最大的量,是主观大量。对于右边的公式,其焦点意义为"所有不是集合 X 成员的 x,都没有参与事件 Y",因此是否定意义,是主观小量。

(107) 主观大量形式表达主观小量意义:

他这段时间都去<u>她家</u>。(他去的地方很少,只去她家)

"都"是总括副词,左向指向"这段时间",指这段时间中的每一次他都去她家。按照陈振宇(2016:412—441),当句子具有强烈的断言性时,可以看成是判断句,指他每次去的就是她家,因此排除了去其他地方的可能。逻辑式是"$\forall x(去(他,x) \rightarrow (x \in 她家))$",即在此段时间内,所有他去的地方都是她家,所以是主观大量,指去她家的次数很多。但是这个句子也可解释为:除了她家,这段时间其他地方他都没去。逻辑式是"$\forall x((x \notin 她家) \rightarrow \sim 去(他,x))$",这样就成了否定,意为"他只去她家",表达主观小量。但这是一个语用推导,可以删除:如果句子没有强烈的断言性,仅仅是叙述每次他所去的地方,那么就可能既去了她家,也去了其他地方,不具有排他性,也就不会有主观小量的意义。

现在来看相反的情况:

(108) 主观小量形式表达主观大量意义：
　　　他的脸上净是水。(脸上有水的地方很多，脸上的水很多)
　　　他光吃肉，不吃蔬菜。(吃肉的次数很多，吃了很多肉)
　　　一直以来，他只写诗歌。(写诗歌的次数很多，写的诗歌很多)

"净、光、只"都是限制副词，用来表达主观小量意义。以"他光吃肉"为例，逻辑式是"$\forall x((x\notin 肉)\rightarrow \sim 吃(他,x))$"，意为肉以外的东西他都不吃。但是这一句也可以解释为"$\forall x(吃(他,x)\rightarrow (x\in 肉))$"，即所有他吃的东西都是肉。如果将"他吃东西"看成是反复多次发生的事时，每一次他都吃肉，因此不但是吃肉的次数很多，而且吃的肉也很多(一次次积累起来)，这便成为主观大量。但这也是一个语用推导，可以删除：如果他吃东西仅仅是一次或极少次的行为，那么就不会有吃肉的次数很多、吃的肉很多的意义。

以上各例中划线成分既可以看成主观小量，也可以看成主观大量。但是，上面这些用法一般都不能加"了$_2$"，可能是限定意义(主观小量)仍然占据优势。当然，也有可以加"了$_2$"的例子，主要是"净"的用法，在这一用法中，带有较强的感叹：

(109) 没说你什么，净说你好了！
　　　我尽量不麻烦外人，有什么事净找你们帮忙了！

这种"主观小量标记表达主观大量意义"的转化，可以分为两种情况，张耕、陈振宇(2021)对此有专门的论述。如在成都方言中，有用"只有"表达主观大量感叹意义的：

(110) 最恼火的事情就是找车位，只有那么难了！找了半天都找不到。
　　　(最麻烦的事情就是找车位，太难了！找了很久都找不到。)
　　　这个盆盆用了十年，只有这么经事了！(这个盆子用了十年，太耐用了！)

限于篇幅，这里就不多说了。

3.4　主观量使用规律

一个简单的主观量表达，句中只有一个量性成分，标记有的话也只是一个。但在复杂的主观量表达中，句中有两个标记，于是存在多种不同的配置情况：

$$\begin{cases} 不同标记约束同一量性成分（主观大/小量标记矛盾规律）\\ 不同标记约束不同量性成分\begin{cases} 标记之间是并列关系（主观大/小量标记和谐规律）\\ 标记之间是套叠关系（多重主观量标记融合规律）\end{cases}\end{cases}$$

3.4.1 主观大/小量标记矛盾规律

【量性原则十一（主观大/小量标记矛盾）】 主观大量、主观小量标记不能同时约束同一量性成分。

下面通过讨论各种标记与主观大量标记"了$_2$"的共现规则，来说明这项规律。刘林、陈振宇（2015）全面考察了现代汉语副词与"（已经）……了$_2$"共现的情况。否定词当然是主观小量，不能直接与"（已经）……了$_2$"共现，必须"错开"，避免约束同一成分，这种"错开"实际上是套叠关系。例如：

(111) a. ♯他不/没上班了。
　　　　 他（现在）[不/没上班]了。
　　　b. ♯他看不懂这本书了。
　　　　 他现在却[看不懂这本书]了。
　　　c. ♯他不/没买三斤了。
　　　　 他（现在）[不/没买三斤]了。
　　　d. ♯坛子里没有三斤酒了。
　　　　 坛子里已经[没有三斤酒]了。
　　　e. 他三天[没吃饭]了。
　　　　 她已经许久[不曾流泪]了。

对于"只、才$_1$"等副词，句子虽然是表示某种事实的出现，但这只是它的背景意义，而它的焦点意义则是表示某种预期认为该出现的事实没有出现。如"他只买了三瓶红酒"，其背景意义是"他买了三瓶红酒"，而焦点意义则是"三瓶以上的他没有买"。又如"他三点才走了一千米"，背景意义为"他走了一千米"，焦点意义为"一千米以上他没有走"。表示限定的"才$_2$""就$_2$"和"至多"也是这一类。

"否定性"决定了这些副词表示主观小量，因此不能与表示主观大量的"（已经）……了$_2$"共现，除非是错开层次；但在条件适合时，可以与表示主观小量的"（是）……的"共现。例如：

(112) a. 他三点才来。
　　　　 ♯他三点才来了。

他三点才来的。
他(现在)[三点才来]了。
b. 他只买了红酒。
♯他只买了红酒了。
他只买红酒的。
他(现在)[只买红酒]了。

"错位"的例子还有：

(113) 他(现在)[九点钟才看完十页]了。
我(现在)已经[只喝一斤啤酒]了。

与之相反,表示主观大量的"就$_1$"等可以自由地与"了$_2$"共现：

(114) 他三点就来学校了。
他已经来学校了。
他都十二岁了。
他净吃肉了(蔬菜都不吃)。

副词"最多"和"至少"形成了对比。前者表示主观小量,所以"最多"一般不能与"已经……了$_2$"搭配,除非错位。后者表示主观大量,"至少"可自由地与"已经……了$_2$"搭配：

(115) a. 他最多去过两次。
♯他已经最多去过两次了。
♯他最多已经去过两次了。
他现在[每天最多去两次]了。
b. 他至少去过两次。
他已经至少去过两次了。
他至少已经去过两次了

请注意,并不是所有表示肯定意义的副词都可以与"了$_2$"共现。刘林、陈振宇(2015)发现,"局部肯定性副词"也不能与"已经……了$_2$"共现。例如：

(116) 我曾经见过他。
　　♯我（已经）曾经见过他了。

刘林、陈振宇（2015）说"如果肯定性动态副词并不是特别关注事件整体为真，而只是关注事件的某一方面，与'了$_2$'共现就会受限"。只有"整体肯定性副词"，才能自由地与"了$_2$"共现。

请注意，"他们都去图书馆了"并不是"都"与"了$_2$"约束共同的量性成分，"都"在这里是左指"他们"，"了$_2$"是指"去图书馆"，二者是并列关系。"他们"虽是主观大量，但并不受"了$_2$"约束。下面的例 a 中，由于"70％"既受"只有"（主观小量标记）约束，又受"都"（主观大量标记）的指向，所以句子很别扭；例 b 改为同样是主观大量的"至少、很多"就可以了：

(117) a. ♯只有 70％的女性都结了婚。——只有 70％的女性结了婚。
　　　　♯最多 70％的女性都结了婚。——最多 70％的女性结了婚。
　　　b. 至少有 70％的女性都结了婚。
　　　　很多女性都结了婚。

3.4.2　主观大／小量标记和谐规律

【量性原则十二（主观大／小量标记和谐）】　当主观大量、主观小量标记约束不同量性成分时，存在两种配置：

① 如果主观大／小量成分之间是不和谐的，形成对比或转折关系，语句的信息价值特别高。

② 如果都是主观大量成分，或者都是主观小量成分，则形成并列或递进关系。

首先来看对比、转折关系。"才"与"就 1"有如下配置，参看刘承峰（2014）：

主观大量＋才＋主观小量
主观小量＋就$_1$＋主观大量

但是，为什么前后会出现不和谐的主观量配置？实际上，这不仅是"才、就"的问题，其他标记也经常得到这样的配置："就$_1$、已经……了$_2$"等表示主观大量时，往往前面的前提是主观小量，如"才三天就写完了两章""只过了一个月，已经长到了五十多公斤"。反之，"只、才$_1$、还"等在表示主观小量时，往往前面的前提是主观大量，如"都十二点了才看了两章""已经三天了只写完了一章"。因为这种搭配的信息价值很高，更容易完句，所以用得更多，而"才、就"都有感叹性，从而使这种配置进一步规约化。

如果是多个主观量标记并列，不和谐也会导致它们相互交错地配置，如：

(118) 三年(主观大量)才建了一半(主观小量)就花了我们五个亿(主观大量)。
三年(主观小量)就(已经)建了一半(主观大量)才花了我们五个亿(主观小量)。

接着来看并列或递进关系。表示主观大量的成分可以如此，如下例中前后两个事物的量都很多：

(119) 已经一年了(主观大量)，他已经写完了三章(主观大量)。
都十二点了(主观大量)，他已经写完两章了(主观大量)。

表示主观小量的成分也可以是并列或递进关系。例如：

(120) 只来了三个人(主观小量)，只能赶三驾马车(主观小量)。
我才玩一会儿(主观小量)，没到三点(主观小量)呢！

但也存在例外，即表示总括意义的"都₁"。因为"都₁"在语义上是指向左边的成分，这些成分是主观大量。"都₁"对右边的谓语部分反倒无法决定其主观量的性质，右边可以是主观大量，如"所有人(主观大量)都已经完成了十五页(主观大量)了，可以休息了"，也可以是主观小量，如"所有人(主观大量)都只完成了十五页(主观小量)"。"都₁"的这种配置既不是对比、转折关系，也不是并列、递进关系，而是一个小句内部主语、谓语部分的关系。

3.4.3 多重主观量的融合

【量性原则十三(主观量标记融合)】 当多个句法层次各有自己的预期量，从而各有自己的主观量信息时，可以自由地共现。

(121) a. 原来以为他一天也就能走 200 里，没想到他多走了一点，有 210 里。

b. 原来以为他一天也就能走 200 里,<u>没想到他多走了许多</u>,有 300 多里。

c. 原来以为他一天能走 200 里,<u>没想到他少走了一点</u>,只有 190 里。

d. 原来以为他一天能走 200 里,<u>没想到他少走了不少</u>,只有 100 里。

上面四例都是两重主观量。仅以例 a 来说:

(122)(他多走了(一点))
　　　外层:比预期走的数量多,是主观大量。
　　　内层:多出来的数目比预期多的数目少,是主观小量。

可以看到,两个层次的主观大/小量可以自由组配,但这就带来了一个问题:当上下层次的主观量相反时,整个句子的总体体验如何?我们想,可能是有着复杂的感情的吧。

3.5　主观量与积极/消极评价

一般来说,积极评价的事物与主观小量成正比,消极评价的事物与主观大量成正比。

3.5.1　可贵

【可贵原则一】

① 积极评价或言者意愿实现的事物,如果是非常规的(稀少),就是可贵的。(正迁移)推理公式是:

事物 X ∧ [特征](意愿 X 事实 ∨ X 积极评价) ∧ [特征] X 非常规 → X 可贵

② 积极评价或言者意愿实现的事物,如果不可贵,则是常规的(常见)。(正迁移)推理公式是:

事物 X ∧ [特征](意愿 X 事实 ∨ X 积极评价) ∧ [特征] X 不可贵 → X 常规

例如"空气"虽是我们所需要的,但却不可贵,因为它是常见的。"成功"也是我们所想要的,而它不常见,所以可贵。

【强化——可贵原则一】

① 积极评价或言者意愿实现的事物,如果特别强调是可贵的,则是说是非常规的(稀少)。(叠加)推理公式是:

$$\text{事物}X \wedge [\text{特征}](\text{意愿}X\text{事实} \vee X\text{积极评价}) \wedge X\text{可贵} \wedge$$
$$[\text{特征}]\text{强化语力} \rightarrow X\text{非常规}$$

② 积极评价或言者意愿实现的事物,如果特别强调是常规的(常见),则是说不可贵。(叠加)推理公式是:

$$\text{事物}X \wedge [\text{特征}](\text{意愿}X\text{事实} \vee X\text{积极评价}) \wedge X\text{常规} \wedge$$
$$[\text{特征}]\text{强化语力} \rightarrow X\text{不可贵}$$

例如"能得到传承可太好了!"是说得到传承这事是不常发生的。"这有什么,大家都会发钱。"因此发钱就不是可贵的。

从上面的例子可以看到,可贵总的来讲,是与稀少有关的,因此我们有:

【可贵原则二】 当没有明确的消极评价,或没有明确表明这不是言者所意愿实现的事物时,如果特别强调其稀少性,就是表明它是可贵的。(正迁移)推理公式是:

$$\text{事物}X \wedge [\text{特征}](\text{非意愿}X\text{反事实} \vee X\text{非消极评价}) \wedge$$
$$X\text{非常规} \wedge [\text{特征}]\text{强化语力} \rightarrow X\text{可贵}$$

例如"得到传承,一百个里面也没有一个!""百里挑一""亘古罕见",句中没有明确表明得到传承是消极的,或者是说话者不希望实现的,这就是说得到是可贵的,或极好的。

【可贵原则三】

① 可贵的事物,实现或将会实现则会产生积极情感。(正迁移)推理公式是:

$$\text{事物}X \wedge [\text{特征}]X\text{可贵} \wedge [\text{特征}]X\text{事实/将来事实} \rightarrow \text{积极情感}$$

② 可贵的事物,产生消极情感时是没有实现或将会消失。(正迁移)推理公式是:

$$\text{事物}X \wedge [\text{特征}]X\text{可贵} \wedge [\text{特征}]\text{消极情感} \rightarrow X\text{反事实/将来反事实}$$

③ 如果事物实现或将会实现,却会产生消极情感,则是不可贵的事物。(正迁移)推理公式是:

$$\text{事物}X \wedge [\text{特征}]\text{消极情感} \wedge [\text{特征}]X\text{事实/将来事实} \rightarrow X\text{不可贵}$$

如"明天要加工资了",说话者是积极情感。"升教授这事嘛,唉!没啥好说的!"或者表明升教授这事不会实现或没有实现;或者是说这事没什么可贵之处,可能很常见(大家都会升),可能不是我所想要的(我对教授没啥要求),可能不是什么好事(升了教授会任务繁重)。

汉语"难得",本义"难以得到",这里有两个要素:"得到"表明该事物是说话者意愿实现的事物;"难"表明事物的实现是小概率的,非常规的。据此,"X难得"(人才难得)或"难得X"(难得有情人)都是指X为可贵的事物。当X实现时,说话者就会产生积极的情感,如"难得这位才思敏捷,一下就猜出了对方的意图!""难得他们在逃难中还发扬着学术精神的光辉!""难得"用于消极情感,一定是没有实现X或会失去X,如"青年教师只能上上课、打打杂,难得有领衔课题的机会!""天下难得有情之人,令人扼腕叹息!"(没有得到或失去了有情之人)。

汉语"稀罕"本义指网眼大的网,"罕"是网,宋玉《高唐赋》"弓弩不发,罘罕不倾",这种网很少能打到鱼,如果打到即是大鱼。由于网是为了得到鱼,所以也具有说话者意愿实现而又难以实现的意思,据此发展出可贵意义,如"这东西倒也稀罕!""我才不稀罕他的栽培呢!"北方方言中有"这小孩儿真招人稀罕!"表示喜欢之义。

但是"少见、罕见"却只有非常规、稀少之义,没有表达是否是意愿所希望的,因此没有发展出可贵之义。后来"稀罕"也只是指事物少见,不再有意愿意义,所以"罕见"中的"罕"只有少义。

3.5.2 可恶

【可恶原则一】

① 消极评价或言者意愿不实现的事物,如果是常规的(常见),就是可恶的。(正迁移)推理公式是:

事物 X∧[特征](意愿X反事实∨X消极评价)∧[特征]X常规→X可恶

② 消极评价或言者意愿不实现的事物,如果不可恶,则是非常规的(稀少)。(正迁移)推理公式是:

事物 X∧[特征](意愿X反事实∨X消极评价)∧[特征]X不可恶→X非常规

例如"摔跤"虽是我们所不想要的,但却不可恶,因为它是不常见的。雾霾天"空气污染"也是我们所不想要的,而它在这时是常见的,所以可恶。

【强化——可恶原则一】

① 消极评价或言者意愿不实现的事物,如果特别强调是可恶的,则是说是常规的(常见)。(叠加)推理公式是:

事物 X∧[特征](意愿X反事实∨X消极评价)∧
X可恶∧[特征]强化语力→X常规

② 消极评价或言者意愿不实现的事物，如果特别强调是非常规的（稀少），则是说不可恶。（叠加）推理公式是：

$$事物 X \land [特征](意愿 X 反事实 \lor X 消极评价) \land$$
$$X 非常规 \land [特征]强化语力 \to X 不可恶$$

例如"他吵吵真可恶！"是说吵吵这事（至少在一个时间段中）经常发生。"这有什么，他不过偶尔放个屁而已。"因此对他来说放屁并不那么可恶。

上面的例句说明可恶与数量极多有重要的联系，因此我们有：

【可恶原则二】 当没有明确的积极评价，或没有明确表明这是言者所意愿实现的事物时，如果特别强调其量很大，就是表明它是可恶的、令人讨厌的。（正迁移）推理公式是：

$$事物 X \land [特征](非意愿 X 事实 \lor X 非消极评价) \land$$
$$X 常规 \land [特征]强化语力 \to X 可恶$$

例如"天天吃红薯！"吃红薯本来是中性的，但吃多了也就是令人讨厌的了。"日复一日，年复一年，令人身心疲惫！"我们并不知道这是什么事，但强调其数量极大，就容易得到可恶评价。"你′**总是**这么说"（"总是"特别重读），我们不知道说的是什么，但强调数量极大，就容易是指说话者觉得这么说是消极的。其他的如"动不动、老是"等也都如此。

再如话语标记"又来了"（"又来了，你还没完了啊！"）表示同样的行为反复多次发生，是主观大量，格式也表示这一行为是可恶的，行为的责任者是可恶的，应该谴责。

【可恶原则三】

① 主体不能承受的事物，就是可恶的。（正迁移）推理公式是：

$$事物 X \land [特征]主体不能承受 X \to X 可恶$$

② 事物如果不可恶，则是在主体可承受的范围之内。（正迁移）推理公式是：

$$事物 X \land [特征] X 不可恶 \to 主体能承受 X$$

例如一个事物是主体的听觉、视觉、嗅觉难以承受的，使主体难以撑过去、难以对付、难以做出正常的情感表现，则"难听、难看、难闻、难受、难过、难堪、难熬、难缠、难为情"等都是可恶的。

【强化——可恶原则三】

① 如果强调事物是可恶的，就是说主体不能承受。（叠加）推理公

式是：

事物 X∧X 可恶∧[特征]强化语力→主体不能承受 X

② 如果强调事物在主体可承受的范围之内,则是说它不可恶。(叠加)推理公式是：

事物 X∧主体能承受 X∧[特征]强化语力→X 不可恶

如"这女人太可恶了!"表明我难以忍受此人。"有什么啊,这么个大男人,还容不下一个女人!"表明她并不可恶。

【可恶原则四】

① 可恶的事物,实现或将会实现则会产生消极情感。(正迁移)推理公式是：

事物 X∧[特征]X 可恶∧[特征](X 事实∨X 将来事实)→消极情感

② 可恶的事物,产生积极情感时是没有实现或将会消失。(正迁移)推理公式是：

事物 X∧[特征]X 可恶∧[特征]积极情感→X 反事实∨X 将来反事实

③ 如果事物实现或将会实现,却会产生积极情感,则是不可恶的事物。(正迁移)推理公式是：

事物 X∧[特征]积极情感∧[特征]X 事实/将来事实→X 不可恶

如"明天要加班了""隔壁的噪声又来了!",说话者是消极情感。"加班嘛,哈哈!"或者表明加班这事不会实现或没有实现；或者是说这事没什么可恶之处,可能很少有(偶尔加加班),可能不是我所讨厌的(我对加班不反对),可能不是什么坏事(加了班会得到更多的收入)。

3.6 小结

在分辨主观大/小量与超/负预期的关系的基础上,我们一共讨论了有关主观量的四个方面、二十条语用规律：

1) 主观大/小量的基础规律：分为四个子方面,一共六条原则。包括量与存在、量与感叹、量与常规、量与论元。

2) 主观大/小量的达成与相互转化关系：共四条原则。

主观大量无标记,主观小量有标记。后者必须要有明确的标记。

事物的发展方向与主观大量同向,而与主观小量反向。所以表示达到或接近的语词发展为主观大量标记,表示未达到、不接近的语词发展为主观小量标记。

无法计数的量可能是因为没有方法,也可能是因为数量太大。

主观大/小量在一定条件下可以相互转换。

3) 多个主观量共现的规律:共三条原则。

主观大量、主观小量标记不能同时约束同一量性成分。这导致汉语"才、只"等与"了、已经"等的特殊配置限制。

当主观大量、主观小量标记约束不同量性成分时,形成对比或转折关系,语句的信息价值特别高;否则就形成并列或递进关系。

当多个句法层次各有自己的预期量,从而各有自己的主观量信息时,可以自由地共现。

4) 量——积极消极情感的关系:三条可贵原则和四条可恶原则。最为重要的是这一规律:积极事物数量稀少则可贵;消极事物数量多则可恶。反过来讲,如果特别强调事物稀少,就容易导向积极评价;如果强调事物的量太大,就容易导向消极评价。

主观量系统十分复杂,应该还有其他需要概括的规律存在,本文的结论是开放的。例如,我们正在尝试总结"主观大/小量标记套叠规律",初步的结论是"在套叠时,主观大量标记一般在主观小量标记的外围",例如一般有"已经[只]、已经[才]"结构,如"他已经每天只抽一支烟了",而罕有相反的顺序,一般不能说"*他只已经写三个字了"。但显然,我们还需要更多的调查与研究。

4. 汉语"呢"系词的本质①

4.1 话题问理论及相关的问题

4.1.1 从话题问理论看

"话题问"(topic-only questions),又称为"信息问"(information questions),参看 Comrie(1984:7-46)。② 从术语的字面意义讲,应该称为"句中仅出现话题的疑问句",也就是疑问的焦点部分没有出现,或在语境和

---

① 本节内容,与陈振宁一起研究,参看陈振宁、陈振宇(2022)。
② 邵敬敏(2007)曾用过"话题疑问句"这一术语,但实际上指的是一般疑问句,如"大饼吃哦?"与类型学研究的"话题问"不是一回事。

上下文中隐含。因为话题问实际上是针对话题 X,要求提供关于 X 的信息,但究竟是什么样的信息,并不清楚,完全要依靠上下文语境来推知。因此从功能上讲,话题问是独立于极性问、实质问与选择问之外的,它的疑问域是不确定的,而后三者则是确定的。

话题问在以往的研究中经常被忽略,人们常把它归入特殊的疑问方式之一,或者作为实质问的一个小类。例如英语的"What about X?""How about X?"就被归入实质问。

汉语的话题问研究是从本世纪初开始的。通过与其他语言的对比,说明汉语的"呢"系疑问句是话题问,是独立于其他疑问类型之外的一个特殊的疑问类型;更进一步则将"呢"系疑问语气词概括为话题问标记。参看高华(2009),他还分出了两种话题问:

1) 对比问,必须先讲一个事实,然后询问与之对比的情况,如:

(123) ——John loves Mary. What about Bill?(约翰喜欢玛丽,比尔呢?)
　　　——Bill loves her too.(比尔也喜欢她。)
(124) ——张三考了 90 分,李四如何?
　　　——李四只考了 85 分。
(125)(例引自 Comrie 1984:14、28)
　　　　　　　　　　　　4
　　　Boris　　ljubit Tanju.　 A　　Viktor?
　　　人名|主格 爱　 人名|宾格　疑问　人名|主格
　　　(Boris 喜欢 Tanju。Viktor 呢?)
　　　——Viktor　　//　Tanju　/ nenavidit.
　　　　人名|主格　　　人名|宾格　　恨　　(Viktor 恨 Tanju)

俄语 A 与英语 what about 的根本区别是,A 是个专用形式,还是个独立的单纯的形式,并伴随着非线性的语调模式 4,是一种特殊的"升—高平调",这一语调是加在所针对的话题 X 上的。俄语的句首 A 是个连词,英语中,and X 也有类似的功能,如:

(126) I'll leave tomorrow, and you?(我明天走,你呢?)

2) 自主问,即没有对比,直接问事物的情况。如:

(127) a. 汉语：老王呢？
　　　b. 日语：Watashi no　　hon wa?
　　　　　　　我　领属标记　书 话题标记（我的书呢？）

俄语可以直接用 A 发出自主问，汉语、日语和韩语也可以，但是英语不能用"*what about John?"进行自主问。

后来的研究者有更为详细的分析，主要是介绍了突厥语系的一些语言也有发达的话题问形式，参看王海波（2019a、b）。

除了对比问和自主问之外，我们还发现这些所谓"话题问"标记有以下梯度：

① 话题是表示事物的名词性成分
② 话题是表示事件的谓词性成分或小句（陈述形式）
③ 话题是表示问题的名词性成分、谓词性成分或小句（疑问形式）

英语、俄语、日语，实际上一般只允许名词性成分进入。英语偶尔可以有介词结构，如下例 a；如果是动词，也要变为名词性的形式，如下例 b（引自百度双语例句）：

(128) a. What about at night? Do you mind being by yourself at night?（晚上怎么样？你愿意晚上一个人待着吗？）
　　　b. What about going out with me tomorrow?（明天和我一起出去怎么样？）
　　　　 So now you have a drink, but what about meeting the locals?（你现在喝上了，但是和当地人接触又怎么办呢？）

在维吾尔语中，名词性成分作为话题进入话题问很自由（例引自力提甫主编 2012：224—225）：

(129) sän　käp(<kel-ip)-sän,　　Tursun-**ču**?
　　　你　来-副词化-第 2 人称|单数　人名- 疑问（你来了，Tursun 呢？）

ču 就是维吾尔语的话题问成分，它也可以加在谓词性成分或小句上，如（例引自力提甫主编 2012：224—225）：

(130) ——ätä čoqum kel-i-män.
　　　明天　一定　　来-非过去-第1人称|单数（我明天一定来。）
　　——kel-äl-mi-sä-ŋ-**ču**?
　　　来-能动-否充-条件-第2人称|单数-疑问（如果你不能来呢？）

但 ču 并不能自由地加在表示问题的成分或小句上，它只能加在陈述形式上。

汉语的"呢"系词可以自由地加在名词性成分上，也可以自由地加在谓词性成分或小句上，除此之外，还可以直接加在表示问题的成分或小句上，如加在正反问、特指问、选择问上，担任"疑问强化形式"(interrogative intensifier)：

(131) 名词性成分：你爸呢？（在哪儿？）
　　　　　　　　他不去，你呢？
　　　谓词性成分或小句：碰到刮大风呢？（去不去？）
　　　　　　　　　　　我要是不来呢？（又怎样？）
　　　表示问题的成分或小句：这样行不行呢？——正反问
　　　　　　　　　　　　　他爱吃什么呢？——特指问
　　　　　　　　　　　　　这个怎么办呢？
　　　　　　　　　　　　　你看要买多少呢？
　　　　　　　　　　　　　是骑车呢还是走路（呢）？——选择问

请参看陆俭明(1984)对"呢"的疑问功能的讨论。我们需要注意，所谓"疑问强化"，是说：

① 它本身对句子的疑问没有必然的贡献（因为句中已经有了明确的疑问形式，并且把它去掉，疑问的基本功能不变），只是起到对疑问语气的辅助作用。

② 最初有加强疑问的语力，表示要求对方尽快、尽可能完善地回答的功能，金智妍(2011)认为，这一功能其实就是所谓的"究问"功能。它不仅是"呢"的，而且是"究竟、到底"等疑问语气副词常常与"呢"搭配，共同来表示的功能。

③ 但是在大量使用后，经历"语用磨损"，这一强化的语用色彩可能失去，从而成为一个正常的普通的常用格式，此时反倒可能显得"委婉"，北京话中的"呢"已经走到这一步，而其他一些方言，如成都话的"哎"还是保持在较早期的强化功能时代。

由此可以得出下面这一个序列：

表 15　话题问的序列

	使用语境		话题是		
	对比问	自主问	NP	陈述小句	疑问小句
英语	+		+		
俄语、日语、韩语	+	+	+		
维吾尔语	+	+	+	+	
汉语	+	+	+	+	+

汉语与维吾尔语等突厥语系的语言更接近，而与俄语、日语、韩语相距较远。因此本文将更多地对比维吾尔语和汉语。

上述研究给我们留下了一个很重要的问题：加在疑问小句上的疑问强化形式"呢"是不是话题问？上面的研究似乎证明了这一点，但是，汉语的"呢"系词与突厥语系语言的话题问标记依然存在很大的区别。如果是这样，那么"汉语"是否"过犹不及"？汉语的"呢"系词是否还是话题问标记？或者说，汉语的"呢"系词其实是根本不同的语法化成分，不能用话题问来概括？还是说，它其实是另一个更大的范畴，而话题问功能仅仅是其中的一个部分。

本文试图考查和回答这些问题。

4.1.2　从其他语言看话题问的产生与性质

为了好与汉语的情况进行对比，本节我们先看两个问题：

① 语调话题问；

② 维吾尔语相关标记的情况。

实际上，最基本、最普遍的话题问形式是语调性话题问。许多语言中都有一种最直接的提问方式，Comrie（1984：33）说它是来寻求信息的，此时整个句子都是疑问的话题。林皓、陈振宇（2020）说"在不少语言中，实际上都存在一种基于韵律的话题问，即直接用'NP?'形式，其中 NP 为发问所针对的话题，要求对方提供有关它的信息"：

(132) 英语：Your ticket↗

　　　汉语：你的票↗

俄语： 4
Vaš bilet?
你的 票 （你的票呢？）（例引自 Comrie1984：16）

俄语需要有语调模式 4，这样才能明确是询问，而不是其他功能。

除此之外，林皓、陈振宇（2020）还谈到"缺省问"。其中有"缺省话题问"，如：

(133) 甲走了进来，四下一张望，问：小李——？
　　　乙：去买东西了。
(134) 甲：等他来了要他好看！
　　　乙：（要是）他不来（的话）……？
　　　甲：什么？！
　　　乙：他要是不来？
　　　甲：这个……我还没想好。

由此可知，话题问的所有形式，其基础都是仅有疑问语调的话题问，并不需要什么"话题问标记"就可以达成相关的功能。

下面是关于维吾尔语的讨论。①

句末 ču 最早出现在中世纪喀喇汗王朝，有过多个变体，在今天的维吾尔语中使用得比较普遍，用于各种句式和语境，因此句子的功能非常复杂。据陈宗振（2016），它原本很可能是一个表示亲昵随意语气的句尾标记，在早期的文献中，ču 用在祈使句中（例引自陈宗振 2016：511）：

(135) 喀喇汗王朝：
　　　Barma**ču**（你别去）　käl**ču**（你来）

现在维吾尔语中，ču 可以直接用在陈述句中，尤其是可用于应答句尾（这是汉语"呢"系词一般不出现的环境），如（例引自王海波 2019b）：

(136) ——bu iš-ni qaysi äxmät qil-ɣan?
　　　　　这　事-宾格　哪一个 艾合买提　做-形动词化

---

① 本节主要根据力提甫主编（2012）、陈宗振（2016）和王海波（2019a、b）等的论述来讲述。

(这事是哪一个艾合买提干的?)
——bu yil oquš püttür-gan ähmät-**ču**.
今年　毕业-形动词　　艾合买提-助词
(今年毕业的艾合买提呢。)

王海波(2019b)说,ču 有两种语调,降调和升调。降调是在强调就是今年毕业的那个;升调则带有俏皮的色彩。这两者实际都是表示亲昵、随意,事件具有确定性,按王海波的说法,都有提请对方关注的交互性。不过一强一弱,强则更希望对方认同,目的是达到最大的语力效果;弱则更轻佻,表示不就是如此吗,没什么好怀疑的,就是他了。

ču 也可以用于命令中,或商量口气,或威胁口气,如下(例引自力提甫主编 2012:225—226):

(137) a. Maŋa bir yardäm qil-in-**ču**.
　　　　对我 —— 帮助　　做-第 2 人称|单数|命令-助词(你帮我吧。)——商量
　　 b. Qorq-ma-ŋ,　　　　　　qanum bar,
　　　　怕-否定-第 2 人称|单数　法律　有
　　　　siz-gä čeqil-ip baq-sun-**čn** qeni.
　　　　你-与格 碰-副词化 尝试-命令-助词 助词
　　　　(别怕,有法律,让他碰碰您看!)——威胁

亲昵随意的语气可以用在各种不同的场景中,既可以作为陈述的语气,也可以用在话题之后,表示亲切的提问,而这实际上是前面所说的语调型话题问的一类。ču 陈述句可以有升调,与一般语调型话题问不同的是,它在询问时显得双方的关系更好一些,也就是亲昵随意。因此,不是 ču 表示探究,而是因为它用在了表示探究的语调型话题句里,所以只有升调用法可以进入这种话题问,而降调不能。

在充当话题问标记后,ču 也用于句中话题之后,按照赵元任(1979:51)的观点,这其实是通过"话题作问,述题作答"来构建一个句子,如(例引自力提甫主编 2012:225):

(138) män-**ču**, bazar-ɣa ber-ip-**ču**, saŋi-**ču**,
　　　 我-助词　街-与格　去-副词化-助词　给你-助词

  bir yaxši oyunčuq el-ip ber-i-män
——好 玩具 买-副词化 利他-非过去-第1人称|单数
（我呢，去街上呢，给你呢，买好的玩具。）

还可以形成先提出对象，再给出具体问题的配置，如（例引自王海波 2019b）：

(139) tursun-**ču**? nägä bar-ɣan?
   吐尔逊-助词 哪里 去-形动词（吐尔逊呢？去过哪里？）

复句的前件具有话题的功能，所以也可以加话题问标记，这也可以看成"自问自答"（例引自王海波 2019b）：

(140) ——män ätä kel-äl-mä-y-män.
    我 明天 来-能-否定-副词化-1 单数
   （我明天来不了。）
  ——kel-äl-mì-sä-ŋ **ču**,   alìm käl-sun.
    来-能-否定-条件-2 普称-助词 阿里木 来-3 祈使式
   （你来不了的话呢，让阿里木来。）

但实际上，ču 在假设条件句后的例子不多，上面这一句，实际上前面已经说过"我明天来不了"，因此是对已知事实做出回应，不是真正的假设条件句。ču 主要是用于其他复句的例子，转折小句如下例（例引自王海波 2019）：

(141) sawaqdìš-ìm äxmät bu iš-ni qil-di-**ču**,
   同学-1 从属 艾合买提 这 事=宾格 做-3 过去时-助词
   lekìn yaxši qil-al-mì-dì.
   但 好 做-能-否-3 过去时
   （虽然艾合买提同学做了这件事，但没有做好。）

时间在先小句如下例（例引自力提甫主编 2012：226）：

(142) Yaz käl-sun-**ču**, semi deŋiz boy-lir-i-ɣa
   夏天 来-命令-助词 把你 大海 边|复数-3 从属-与格

```
apir(<el-ip bar-)-ip    taza   oyni-t-ay.
带|副词化 去|副词化    痛快   玩|致使-1 单数|命令
```
(夏天来了,我带你去海边痛痛快快玩。)

4.2 汉语"呢"系词的情况

4.2.1 历史演化

汉语"呢"系词很可能最初来自感叹语气词(或叹词)。齐沪扬(2002)对以往关于"呢"的历史演变的研究做了总结。王力(1980:452)提出由"尔"变来,另参看江蓝生(1986)。"尔"本义为花繁盛貌(王力主编 2000:678),可能由主观大量发展出感叹意义。请注意,"尔"没有话题问的用法,只有感叹用法和在疑问结构中作"疑问强化形式"的用法,并且是先有感叹,后用于疑问句进行疑问强化。这符合感叹词的演化规律。如:

(143) 感叹用法:

其在宗庙朝廷便便言,唯谨尔。(《论语·乡党》)

唯泰山尔。(《左传》)

噫嘻成王,既昭假尔。(《诗·周颂》)

器之与人,非有尔。(《公羊传·桓公二年》)

疑问强化:

远国至矣,则中国曷为独言齐、宋至尔?(《公羊传·僖公二年》)

冬,十有一月壬辰,公薨。何以不书葬?隐之也。何隐尔?弑也。(《公羊传·隐公十一年》)

一般认为,表疑问的"呢"可能直接来源于中古的"聻、你、尼"等。根据江蓝生(1986),《祖堂集》的"聻"有话题问、疑问强化形式用法,可是总共只有三例(例引自《祖堂集》):

(144) 夹山曰:"只今聻?"对曰:"非今。"——话题问

云:"此人意作摩生?"云:"此人不落意。"云:"不落意此人聻?"师云:"高山顶上,无可与道者啖啄。"——话题问

前头则有如是次第了也。然虽如此,不息众人疑,作摩生疑聻,将谓预造,师兄已是发明了也。——疑问强化形式

公允地讲,两个话题问的例子很可疑,因为也可以解释为意外句,第一句是夹山问"是今天吗?",回答的是"不是今天"。第二句是先说"此人不落意",因此感到惊讶问"不落意此人吗?"在北宋《景德传灯录》中,这一例子改为:

(145) 日:"此人意作么生?"师曰:"此人不落意。"曰:"不落意此人那?"
师曰:"高山顶上无可与道者咭啄。"(《景德传灯录》)

我们认为"那"是从意外语气词而来的。由于例句过少,我们还不能依据《祖堂集》确定"聻"的功能。

《祖堂集》句末"你"有话题问、疑问强化形式用法,可是总共只有四例(例引自《祖堂集》):

(146) 只今起者便是心,心用明时更何你? ——疑问强化形式
师问:"什摩处你?"——疑问强化形式
僧曰:"作何你?"师曰:"不申哂。"——疑问强化形式
师云:"王老师你?"黄蘖无对。——话题问

而"尼"则有可能就是话题问,不过只找到一例(例引自《祖堂集》):

(147) 师问:"云岩作什么?"对曰:"担水。"师曰:"那个尼?"对曰:"在。"

到宋代,"聻、你"也发展出话题问的用法,如:

(148) 圆悟曰:"此是德山底,那个是专使底?"安曰:"岂有第二人耶?"
圆悟曰:"背后底聻?"安便度书。(《罗湖野录》)
乃曰:"门聻?樊哙踏开真主出,巨灵抬手锦鳞喷。参!"(《五灯会元》)

《五灯会元》中"聻"有大量的话题问例子,反倒是疑问强化形式的例子罕见。

在南宋的话本中,就出现了"呢",并与"尼"一样是话题问,可能是"尼"字转写:

(149) 问道:"担子呢?"应道:"撺在河里。""匾担呢?"应道:"撺在河里。"(《话本选集1》)

元代《老乞大新释》的"呢"出现疑问强化形式、句中话题标记和非疑问的用法,但是这几种用法的比例是相差很大的,而且其中反倒是并没有话题问的功能(例引自《老乞大新释》):

(150) 既然这个月初一日间从王京起身的。到得半个月怎么才到这里来呢。——特指问
你这个月底。能到北京么。到不得呢。——选择问
你这两姨弟兄。是亲两姨。却是房分两姨呢。是亲两姨弟兄。我母亲是姐姐。他母亲是妹子。——选择问
我要将这几个马卖去。这么的呢狠好。——句中话题标记
咱们若做汉人筵席呢。头一碗燕窝。第二碗鱼翅。第三碗匾食。第四碗鲍鱼。第五碗海参。……——假设条件句
你不要疑惑。就成了交易罢。这们的呢。价钱依着你。银子依着我。就成交。若不依我。我是不卖。——语篇话题标记
那井边头。柳罐井绳都现成的有那里呢。——陈述句

表 16 元代《老乞大新释》中的"呢"

类型	话题问	疑问强化形式		话题标记			非疑问句句尾		总数
		特指问	选择问	句中话题	假设条件句	语篇话题	强调	意外	
例句数	0	51	5	4	2	1	13	1	77
比例		66.2%	6.5%	5.2%	2.6%	1.3%	16.9%	1.3%	100%

《老乞大新释》中也有话题问,不过是用"如何"类实质问形式(例引自《老乞大新释》):

(151) 你这里菜饭如何。我这里茶饭么。因我家店小二新近出去了。委实没人料理。
如今价钱如何。价钱也只照旧。
如今价钱如何。马的价钱。布的价钱。同往常一样。

我买些羊。到涿州地方去卖。走一遭回来。咱们再商量另买货物如何。

你的等子如何。我的是官等子。

另外，所谓（句中）话题标记，并不是一定从话题问标记而来，也可以是来自强调/感叹标记（这与维吾尔语的 γu 发展出话题标记一样）。

到了明代，"呢"又出现话题问功能：

表 17 CCL 明代语料中的"呢"

类型	话题问	疑问强化形式			话题标记			非疑问句句尾		总数
		特指问	选择问	正反问	句中话题	假设条件句	语篇话题	强调	意外	
例句数	27	48	4	1	0	1	1	17	13	112
比例	24.1%	42.8%	3.6%	0.9%		0.9%	0.9%	15.2%	11.6%	100%

请注意，到此为止，话题问几乎都是以 NP 为话题的：

(152) 猛然想道："小衙内呢？"急回头看时，眼见得不在背上。（《二刻拍案惊奇》）

素姐道："俺汉子寻的小老婆寄姐呢？童银的老婆呢？"（《醒世姻缘传》）

有一些例子可以看成以小句为话题，但非常少，如：

(153) 重湘道："还有三十年呢？"许复道："萧何丞相三荐韩信，汉皇欲重其权，筑了三丈高坛，教韩信上坐，汉皇手捧金印，拜为大将，韩信安然受之。诗曰：大将登坛阃外专，一声军令赛皇宣。微臣受却君皇拜，又折青春一十年。"重湘道："臣受君拜，果然折福。还有二十年呢？"（《喻世明言（下）》）

下面是我们基于江蓝生(1986)的调查数据重新构造的表格（小写字体为用例很少的。另外，有"﹡"的是我们另外加上的数据，其他栏目是江蓝生的数据）：

表 18 "呢"系词的历史

	感叹/非疑问句句尾	疑问强化	话题问
*公羊传、谷梁传	尔	尔	
唐宋笔记	在裏、在、裏、里		
祖堂集		聻、你[只用于特指问]	聻、你、尼
景德传灯录	在		你、那
宋元话本	哩	哩	
董西厢		那[选择问为主]	
元杂剧	哩、那	那、呢、哩	呢[包括假设]（哩）
朴通事、老乞大	裏/裡	那、裏	
水浒传	哩		
西游记	哩、呢	哩	呢、哩
*三言	哩、呢	哩	呢
金瓶梅	哩	哩	
*醒世姻缘传前33回①	哩	哩、呢	
儒林外史	哩	哩、呢	呢
歧路灯	哩	哩、呢	呢、哩
红楼梦	呢	呢	呢
儿女英雄传	呢、哩	呢	呢

从表上看，汉语"呢"系词的演化有以下特点：

1）在大部分历史时期，都有多个形式，或者一个形式不能囊括所有三种用法，直到《红楼梦》时代之后，才三者合流。

2）可能在某些时期或作品中会出现只用于话题问，而不用于强化疑问

---

① 该书时代在明末清初,但未能确认。后面各回中,"哩"都可换为"呢",并已有《红楼梦》时代的全部用法,包括话题问,故此处不予讨论。

的形式,但从总体上讲,二者同时使用一个形式的情况占优势。

3) 有不少形式,只有非疑问句句尾(感叹)和疑问强化两种功能,而没有话题问功能。而话题问形式大多同时是感叹句句尾形式。这都说明,汉语"呢"系词的主流与感叹这一范畴有关系,这是与 ču 的亲昵随意极为不同的。

4) 总体上讲,演化的顺序应该是:感叹词/疑问强化词在前,话题问在后;在话题问内部,NP 话题在很长时间里是唯一的话题形式。

4.2.2　当代汉语"呢"系词的使用情况

限于篇幅,我们无法展示汉语各个方言中"呢"系词的使用情况。个别汉语方言,可能是受突厥语系语言的影响,"呢"系词的用法与维吾尔语相似,如晋方言"来",不能用于疑问句句尾作为疑问强化形式,而可以在 NP 和陈述小句后表达话题问:①

(154) 你哥哥来?(你哥哥在哪里?)
　　　那个书包来?(那个书包在哪里?)
　　　你把那个锄来?(你把那个锄弄到哪里去了?)
　　　要是下雨来?(要是下雨怎么办呢?)

不过大多数汉语方言的"呢"系词都有共同的特征。下面我们用两个语料库来进行对比,找出其共性。一个是用《编辑部的故事》剧本建成的语料库,因为是对话体,较好地反映北京话"呢"字句的使用情况,一共 527 例②;另一个是作者自建的成都话语料库,选取完全用成都话口语写成的小说,共找到 579 例"哎"字句。

成都方言的"哎",也写作"喃",语音变体[æ¹/an¹/næ¹/nan¹],当独用或与句尾的成分之间有停顿时读[æ¹/an¹],紧密地依附在句尾时读[næ¹/nan¹]。张一舟、张清源、邓英树(2001:364-366)对其功能有所讲述,归入"情态语气词"。但当时讲得比较简略,作者本人也是该方言的母语者,通过对语料库的调查,发现它的用法和北京话"呢"的分布很相似。

先看我们的统计数据:

---

① 晋语情况以及语料由上海师范大学宗守云教授告诉笔者。
② 金智妍(2011)对现代汉语"呢"的用法有一个详细统计,而且也发现"NP/VP+呢"的特指问句毕竟是少数,"特指问句+呢"却占了绝大多数。本文则是在封闭语料库中做的,与其数据略有不同。

表 19　北京话"呢"和成都话"哎"的句法位置分布(句法位置)
(引自陈振宁、陈振宇 2023)

	呢	百分比	哎	百分比
总数	527	100	579	100
句中	144	27.32	31	5.35
句尾①	383	72.68	524	90.5
独用	0	0	24	4.15

与"呢"不同,"哎"本来是一个表示意外语气的"叹词语气词同源词",它在较土俗的用法中,可以在句首或独用,表示极度惊讶,不过一定要有后续句说明惊讶的原因或者相关的问题:

(155) 三人转身一看,大吃一惊:<u>哎</u>,你们好久跑来的哎!
<u>哎</u>,不会喔,刚才我看到一个女的从那边出来的得嘛!

也可以在疑问句后面单独使用,表示究问(要求对方尽快尽可能完善地回答):

(156) 喂,王宝器嚓,又有啥子好消息喔,<u>哎</u>!

不过"哎"独用的比例不大。我们来看看"呢、哎"位于句尾的情况,这才是使用频率最高的用法:

表 20　句尾北京话"呢"和成都话"哎"的功能分布(全面对比)
(引自陈振宁、陈振宇,2023)

	呢	百分比		哎	百分比	
总数	527	100		579	100	
猜测	10	1.898	还许能赶上小康生活呢。	9	1.55	其实就是走,连头都不敢抬起来看,<u>上面也许晾着她的连衣裙哎</u>。

---

① "呢"有极少数"呢吧、呢吗、呢嘛"的共现用法,如"我这不正惭愧着呢吗""可能在梦里回忆呢吧"。"哎"则不能与其他语气词合用。

续 表

	呢	百分比		哎	百分比	
正反问	4	0.759	我正在起草,哦,要不要我来给你们念呢?	22	3.8	我会不会就这样跟小夏在一起哎?
选择问(中间)	6	1.139	所以呀,你是让张老师和女同志接触呢,还是跟坏人接触?	1	0.17	那是记住好哎还是记不住好?
选择问(尾)	1(中间也有)	#	醒着呢,还是睡着呢?	3	0.518	这个钱到底给还是不给哎?
与"何况"共现	3	0.569	我平时一个人就收拾他了,何况今天还有咱们这么多人呢。	3	0.518	何况还有拚哥在后面哎。
与"何尝"共现	0	0		5	0.86	三娃苦笑了一下,心头在说自己何尝又不念旧哎?
与"何愁"共现	0	0		1	0.17	你娃只要把握得好关系,何患无妻何愁挣不到大钱哎?
与"何必"共现	2	0.38	你说,你这是何必呢?	2	0.345	注定没结果的事情,我何必要去掺和哎?
特指问	131	24.89	那谁去好呢? 诶,你们俩还嘀咕什么呢? 你打算让我冒充哪一种类型的智能人呢? 人在哪儿呢? 诶,我说,老刘啊,你怎么把别人都往坏处想呢? 我们之间为什么不能调解解决呢? 咱农民兄弟怎么回答呢? 我说你昨天怎么回事儿呢? 你们在这儿鬼鬼祟祟地干什么呢? 多少钱一斤呢?	344	59.405	你说,这样的顾客有谁不喜欢哎? 那个时候开车绝对是身份的象征,象征啥子什么哎? 算了嘛,哪个喊我那么心软哎? 一看表,5点过点,去哪儿哎? 那我好久什么时候上岗哎? 你娃咋个怎么那么早就梭回来了哎? 昨晚上你们干妈咋个怎么说哎? 咋个的怎么了哎? 你还想咋子做啥子哎? 洗个一般的脚,舒下筋活下血,好多多少钱哎?
话题问(NP)	29	5.5	东宝,你呢? 诶,老陈呢,老陈。	56	9.67	我这个样子对你,你哎? 他又问我"你们两个的证件哎?"

续　表

	呢	百分比		哎	百分比	
话题问（陈述小句）	12	2.277	这也就是叫你们发现了,要是没发现呢?	10	1.727	要是统一了四川哎?
祈使（命令）	6	1.139	你说呢,老陈。	4	0.69	我在派出所,你过来一趟哎。
祈使（提议）	1	0.19	对外咱可得一条心呢,啊。	4	0.69	我干爹说他一辈子都没有觉得那么丢过脸,一脸尴尬地说,那我看下她的卷子哎?
祈使（禁止）（以反语的形式）	1	0.19	再不然给你们的亲朋好友打个招呼,别上当,其他人、老百姓,你管他呢!	3	0.518	喊你捞球哦,你管得我在哪儿哎?
感叹	107	20.3	诶哟,牛大姐,还没走呢? 你才瞎了眼呢。 他不来,广告这摊儿还得替他盯着,我这儿还有好多事呢。	40	6.908	我日,这个保安晓得的事情还多哎,…… 你这个娃儿硬是敬酒不吃吃罚酒哎!
一般陈述	43	8.159	你给我留点儿,我也没吃呢。	17	2.936	我睡驾驶室,我从来还没有在驾驶室上睡过觉哎!
事件状态持续或事件进行①	28	5.31	我们正谈着呢。 我这儿正等着看稿儿呢。	0	0	

让我们简化一下上表的数据,得到:

表21　北京话"呢"和成都话"哎"的功能分布(大类对比)
(引自陈振宁、陈振宇2023)

	呢	百分比	哎	百分比
总数	527	100	579	100
猜测	10	1.898	9	1.55
疑问强化形式	146	27.707	381	65.786

---

① 朱德熙(1982:209)分出表示持续状态的"呢$_1$"。

续 表

	呢	百分比	哎	百分比
话题问	41	7.777	66	11.397
祈使	8	1.519	11	1.9
感叹/陈述	178	33.769	57	9.844

可以看到二者有细节上的差别：北京话"呢"用于非疑问的"感叹/陈述"的比率远大于成都话"哎"，而且还有"哎"所不具有的表示事件状态持续或事件进行的用法。因此，北京话的"呢"最主要有两大用法：疑问强化形式和感叹/陈述，而成都话"哎"则是疑问强化形式一家独大，占了六成五的用例。

不过，二者的共性是压倒性的，包括：二者都有极少数的祈使例句，说明祈使用法还是初起，未曾发达。二者都有极少数的猜测用法，这一用法介于疑问和陈述之间。二者的话题问用法都是比率很小，而且都是 NP 话题占据绝对优势。

总之，除了个别用法上的差异，成都话"哎"可以认为是比"呢"功能更简单、更集中①；在情感上，"哎"更强烈，与"意外"范畴有更大的关联；可以认为"哎"代表了较为早期的此类词语的使用状态，而"北京话"演化更快，语用磨损更多。

汉语"呢"系词与 ču 区别最大的地方是：不但汉语"呢"系词可以加在疑问小句上承担疑问强化功能，而且这还是其最主要的功能，远远超过用于话题问句的比例。

1.2.3 汉语"呢"系词的本质——从感叹到强化

不少学者主张把现代汉语"呢"分为不同的义项，有两分和三分等方案，参看邵敬敏(1989)的介绍。不过，也有学者主张是一个"呢"：如齐沪扬(2002)认为基本意义是表示疑问，其他用法是衍生出来的。再如胡明扬(1981)、Dow(1982：162)、金立鑫(1996)、张谊生(2002b：271)等，都认为"呢"不表疑问，有各种阐释，如胡明扬(1981)的"提请注意"说。参看完权(2018)的介绍。

如果只是提请注意功能，更可能是用于陈述和祈使，而不会用在话题

---

① 除此之外，成都话"哎"的句中话题用法用例少，用法简单；而北京话用例多，用法十分复杂。限于篇幅，不再多说。

问。例如下例 a 是提请注意,"车"是注意的对象,但是反而不用"呢"。而且提请注意并不会导致例 b 的话题问,提请注意需要是针对在场的对象,此时"车"不在场,如果是提请注意那么就仅仅会令对方感到困惑,不知道对方要自己注意什么。

(157) a. 一辆车开了过来,甲:车!
　　　b. 甲左右看看:我的车(呢)?

其余的学者,如金智妍(2011:163)的"究问语气词",Wu(2009)的"共识磋商"说,越来越靠向交际和互动功能。完权(2018)提出有两个基本要素,一是表明所说的话信息价值高,二是希望对方反馈。完权的这一解释是可以自圆其说的。但是我们和他有两点不同意见:

1) 我们认为,汉语"呢"系词不是先有句中话题标记的用法,再有话题问的用法,而是相反。这些词最初都是句尾语气词,在话题问发展出来之后,才出现在句中话题后的用法。前面说了,按赵元任的"零句—整句"关系,所谓句中用法其实是自问自答所导致的。

2) 汉语"呢"系词最初并不仅仅是所谓"信据力"而已,它们就是感叹语气词或叹词,不论这种感叹是"说话者指向的"(来自意外),还是"听话者指向的"(来自强化语力),其共同之处都是强烈的情感。

因此,我们主张用动态的语法观来看待汉语的"呢"系词,而反对用任何一个概括的解释"包打一切"。我们认为,汉语"呢"系词的发展大致可以分为三大阶段,每个阶段有自己的基本性质,三个阶段形成发展的过程,相邻的阶段必然具有密切的相似或相关性,但不能够用一个解释来统括三个阶段。即使想统括也统括不了,因为按照"家族相似性理论",两头的成员之间往往有着巨大的差异。

阶段Ⅰ:这是"呢"系词的早期,其基本性质是"感叹",可以用于一般感叹句中,甚至可以作为叹词而独立成句;也可以用于疑问小句的句尾,表示强化疑问功能。

阶段Ⅱ:这是"呢"系词与其他表示感叹的语气词分化的地方。我们认为,语调话题问应该是世界语言中普遍存在的话题问形式,不过,"呢"系词开始出现在它的后面,最初也许是强化,但后来进一步规约化,成为话题问中的一个常用的标记。虽然它出现在话题问句中的例子较早,但规约化进程应该是到明代才稳定下来。与此同时,在非疑问句中的"呢",有的因为语用磨损,不再具有强烈的情感,也就从感叹标记转化为一般性的陈述句句尾语气词,仅仅表达完权所说的"信据性"。句中话题标记的出现也是处于这一时期。

阶段Ⅲ:"呢"出现在祈使句句尾充当强化词。又在陈述句中进一步虚化:一方面,可以出现在猜测句后;另一方面,不但出现在句中话题之后,还可以出现在话语标记之后,如完权(2018)所说的"所以呢、而且呢、但是呢"。

成都话与北京话的区别,主要是第三个阶段的演化快慢的区别。成都话演化较慢,虽然各种新的用法大致都有了,但比例很小,如在我们的语料库中,话语标记只有"不过哎、但是哎、感觉哎、觉得哎、要么哎、只是哎、结果哎、你说哎"等几个,而北京话"呢"则有不少,如"按说呢、表面看呢、不(一)定呢、担心呢、而且呢、而是呢、发现呢、反正呢、还说呢、或者呢、可能呢、可是呢、另一方面呢、其实呢、起初呢、然后呢、说不定呢、说是呢、所以呢、我看呢、我是说呢、我说呢、一方面呢、一来呢/二来呢、以我说呢、再说呢、再说、你说呢、怎么说呢"等等。很多北京话用"呢"的非疑问句,如果不是强烈的感叹,而仅仅是表示提醒陈述的话,都不能用成都话"哎",而是要用其他的语气词,如:

(158) 与完权(2018)例子的对比:
早呢,再谈一会再去。(例引自完权2018)——早哎,多坐一会儿再走。/早得很了,多坐一会儿再走。
要下雨呢!四妹,我们回去罢。(例引自完权2018)——*要下雨哎!我们走了嘛。/要下雨了!我们走了嘛。
(159) 这事儿还没结果呢。——*这个事还莫得结果哎。/这个事还莫得结果喔。
给你们留着地方儿呢。——*给你们留倒地方哎。/给你们留倒地方的①。
摆出来就吃吧,吃完了大家还得谈正事儿呢。——*吃完了大家还要谈正事哎。/吃完了大家还要谈正事的。
这是排练呢。——*这是排练哎。/这是排练喔。
诶,老陈不在家,我得在这儿坐镇呢。——*老陈不在家,我得在这儿坐镇哎。/老陈不在家,我得在这儿坐镇的。

---

① 成都话助词语气词"的"读为[lɛ]。

我们认为,到了阶段Ⅲ,根本已经与信据性无关,而是成为一种习惯性的停顿标记了,用于在会话过程中调节语气,并且通过停顿来吸引对方的注意,因而具有了互动性,也就是完权(2018)所说的话轮转换、话轮更新、提请释话人回应等功能。

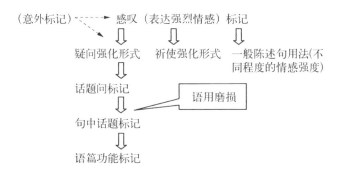

图 14　汉语"呢"系词的功能演化

由此看来,汉语"呢"系词不能概括为专门的"话题问标记",这只是它漫长的演化史中的一个用法;而且在大多数汉语历史时期和方言中,都不是最为强势的那个用法。从用法的强势性上看,疑问强化形式才是"呢"系词最凸显的功能,"呢"系词是从感叹标记发展而来的。

4.3　结语

对汉语"呢"系词的研究走了一个比较曲折的道路,最初把它当做疑问语气词;此后发现它不是原生的疑问语气词,而是由非疑问的用法演变过来的,一些学者强调它不是疑问语气词,并给出了各自的解释;但也有一些学者从类型学角度,试图证明它是话题问标记。历史过程的发掘很好地显示了"呢"系词与其他语言中的话题问标记的本质差异:汉语"呢"系词多了一个疑问强化形式的功能,并且这一功能是从更早的时期继承过来的,在此后的发展中,一直到今天,总的来讲,都是"呢"系词使用频率最大的用法。"呢"系词的其他用法,如祈使强化形式,以及在一般陈述句中表达程度不同的情感强度,都使我们认为,"呢"系词的本质是感叹语气词(可能是从意外语气词发展而来的)。根据这一原理,以及历史考察和方言对比的证据,我们提出了它的语法化路径。

最后,还有一个重要的问题是本文没有很好解释的。当话题问标记用作话题标记后,可以用于复句的前件,但是维吾尔语 ču 很少用于假设条件小句,而汉语的"呢"系词则用得很多:

表 22　北京话"呢"和成都话"哎"的功能分布（复句）

	条件小句	非条件小句	总数
呢	13	12	25
百分比	0.52	0.48	100
哎	6	3	9
百分比	0.67	0.33	100

"呢"可以自由地用在条件小句后：

(160) <u>要是您的日子过得不顺心呢</u>，我心疼。
　　　<u>她们有困难呢</u>，也得帮助，只要我办得到。
　　　<u>街上有什么事儿呢</u>，也可以在现场。
　　　<u>如果你可能的话呢</u>，可以加点儿鼓励性的暗示性的小动作。

但其他复句关系几乎不用"呢"，或用得很少，下面是一些例子：

(161) <u>我的心肠一软呢</u>，就把她地址给他了。（因果/时间连贯）
　　　<u>为了打入市场呢</u>，我们制定一个原则。（目的）

成都话"哎"在复句前件的时候，前件大多是条件复句。

(162) <u>抽他们那种哎</u>，我又觉得有点昂了，没得必要，中华哎自己又不喜欢。
　　　唉，你们男人家都是这样子的，有老婆的时候不好好珍惜，<u>莫得老婆了哎</u>，就一声叹息！

用于其他复句的情况更少：

(163) <u>再拿来撅下哎</u>，一用劲"乓！"

根据调查数据，我们做一些猜想：

维吾尔语 ču 本身就有亲昵语气的作用，因此可以直接进入复句，而不受话题问的影响。但是，汉语"呢"系词是在作为话题问标记后才进入复句的，所以深受话题问的影响。在话题问中，话题是陈述小句时，绝大多数情况下都是表达条件关系，即"如果 XP 的话又会怎么样"等等，这使得它进入复句后，主要在条件复句之后，成都话就表现出这样的强烈倾向。而对于北京话来说，"呢"的语用磨损已经很厉害，可以是"委婉"的语气，这才较多地进入其他复句。

参 考 文 献

［1］白鸽.类指现象的跨语言研究［D］.北京：中国社会科学院研究生院,2013.
［2］北京大学中文系 1995、1997 级语言班编.现代汉语虚词例释［M］.北京：商务印书馆,1982.
［3］蔡曙山.言语行为和语用逻辑［M］.北京：中国社会科学出版社,1998.
［4］蔡维天.为什么问怎么样,怎么样问为什么［J］.汉学研究,2000(1)：209—235.
［5］蔡维天.重温"为什么问怎么样,怎么样问为什么"——谈汉语疑问句和反身句中的内、外状语［J］.中国语文,2007(3)：195—207.
［6］曹道根,胡建华.汉语等级形容词的谓语用法［EB/OL］.2020,12,22.形式语言学研究公众号.
［7］曹逢甫.汉语的句子与子句结构［M］.王静,译.北京：北京语言大学出版社,2005.
［8］曹广顺.近代汉语助词［M］.北京：语文出版社,1995.
［9］曹秀玲.汉语全称限定词及其句法表现［J］.语文研究,2006(4)：15—19.
［10］车录彬.现代汉语羡余否定构式研究［M］.北京：中国社会科学出版社,2016.
［11］车录彬."差一点"及相关构式在近代汉语中的形成与发展［J］.湖北师范大学学报(哲学社会科学版),2017(3)：40—44.
［12］陈景元,高佳.网络热点事件微博文本中的立场建构——基于"立场三角"理论的分析［J］.新闻爱好者,2016(8)：36—38.
［13］陈立民.也说"就"和"才"［J］.当代语言学,2005(1)：16—34.
［14］陈平.释汉语中与名词性成分相关的四组概念［J］.中国语文,1987(2)：81—92.
［15］陈平.试论汉语中三种句子成分与语义成分的配位原则［J］.中国语文,

1994(3): 161—168.

[16] 陈平.汉语定指范畴和语法化问题[J].当代修辞学,2016(4):1—13.

[17] 陈霞."险些"类句式探源[D].武汉:中南民族大学,2010.

[18] 陈小荷.主观量问题初探——兼谈副词"就"、"才"、"都"[J].世界汉语教学,1994(4):18—24.

[19] 陈秀清.试论羡余否定的形成机制和原因——以"差点儿"类羡余否定为例[J].新疆大学学报(哲学·人文社会科学版),2017(3):127—133.

[20] 陈莹.语气词"倒好"的句法、语义、语用分析[J].鸡西大学学报,2015(9):148—150.

[21] 陈禹.作为反意外范畴标记的"还不是"[J].世界汉语教学,2018(4):483—494.

[22] 陈禹.句末"不就X了"构式的形义表现与反意外功能——兼论反意外与意外、解-反预期以及反问之关联[J].世界汉语教学,2021a(1):56—69.

[23] 陈禹.反意外:表轻转"只不过"的语用本质与演化动力[J].汉语学报,2021b(2):76—85.

[24] 陈振宁.旁指、他称与人称——他人、其他人、别人、旁人、人家[A].//复旦大学汉语言文字学科《语言研究集刊》编委会编.语言研究集刊(第十九辑)[C].上海:上海辞书出版社,2017:95—115.

[25] 陈振宁.基于语料库多维特征聚类关联的成都话语气词研究[D].浙江大学,2018.

[26] 陈振宁,陈振宇.用语图分析揭示语言系统中的隐性规律——赢家通吃和赢多输少算法[J].中文信息学报,2015(5):20—30.

[27] 陈振宁,陈振宇.基于偏向相似性的自然语言关联和聚类研究[J].中文信息学报,2017(1):205—211,220.

[28] 陈振宁,陈振宇.基于语义地图的北京话和成都话意外类语气词类型比较[J].常熟理工学院学报,2020(6):52—68.

[29] 陈振宁、陈振宇.从"呢"系语气词话题问功能的演化进程探讨其本质[J].中国语文通讯,2022(2):43—60.

[30] 陈振宁,王梦颖.基于多维特征聚类和关联的语气研究——以北京话语气成分"啊"为例[A].//复旦大学汉语言文字学科《语言研究集刊》编委会编.语言研究集刊(第二十辑)[C].上海:上海辞书出版社,2018:161—180.

[31] 陈振宇.时间系统的认知模型与运算[M].上海:学林出版社,2007.

[32] 陈振宇.现代汉语中的非典型疑问句[J].语言科学,2008(4):337—351.

[33] 陈振宇."知道"、"明白"类动词与疑问形式[J].汉语学习,2009(4):27—37.

[34] 陈振宇.现代汉语副词与疑问[A].//北京大学汉语语言学研究中心《语言学论丛》编委会编.语言学论丛(第四十一辑)[C].北京:商务印书馆,2010a:303—338.

[35] 陈振宇.疑问范畴中副词的功能[A].//上海师范大学《对外汉语研究》编委会编.对外汉语研究(第六期)[C].北京:商务印书馆,2010b:136—158.

[36] 陈振宇.疑问系统的认知模型与运算[M].上海:学林出版社,2010c.

[37] 陈振宇.汉语的小句与句子[M].上海:复旦大学出版社,2016.

[38] 陈振宇.汉语的指称与命题——语法中的语义学原理[M].上海:上海人民出版社,2017.

[39] 陈振宇.间接量化——语用因素导致的全称量化[A].//《东方语言学》编委会,上海师范大学语言研究所编.东方语言学(第十八辑)[C].上海:上海教育出版社,2019(1):88—104.

[40] 陈振宇.逻辑、概率与地图分析:汉语语法学中的计算研究[M].上海:复旦大学出版社,2020a.

[41] 陈振宇.再谈主题和主语——汉语小句的句法配置[A].//卢英顺,陈振宇主编.胡裕树先生100周年诞辰纪念文集[C].上海:复旦大学出版社,2020b:217—254.

[42] 陈振宇,安明明.反问(否定性疑问)的语义和功能——以汉语与马达加斯加语的反问标记为例[A].//上海师范大学《对外汉语研究》编委会编.对外汉语研究(第十期)[C].北京:商务印书馆,2013(2):160—173.

[43] 陈振宇,杜克华.意外范畴:关于感叹、疑问、否定之间的语用迁移的研究[J].当代修辞学,2015(5):71-80.收录入陶寰,陈振宇,盛益民主编.汉语方言疑问范畴研究[C].上海:中西书局,2017:347—360.(有较大改动).

[44] 陈振宇,杜克华."怎么"新说[A].//张谊生主编.汉语副词研究论集(第四辑)[C].上海:上海三联书店,2019:19—41.

[45] 陈振宇,杜克华,石岩."意外"范畴中的副词化[A].//邵敬敏,彭利贞主编.汉语语法研究的新拓展(八)[C].上海:上海教育出版社,2017:94—110.

[46] 陈振宇,姜毅宁.事实性与叙实性——通向直陈世界的晦暗与透明[A].//复旦大学汉语言文字学科《语言研究集刊》编委会编.语言研究集刊(第二十辑)[C].上海：上海辞书出版社,2018(1)：15—37.

[47] 陈振宇,姜毅宁.反预期与事实性——以"合理性"语句为例[J].中国语文,2019(3)：296—310.

[48] 陈振宇,李双剑.副词化——兼论复杂句构造策略[A].//张谊生主编.汉语副词研究论集(第三辑)[C].上海：上海三联书店,2017：73—95

[49] 陈振宇,李双剑.论语义和谐的定义和类型[J].云南师范大学学报(对外汉语教学与研究版),2020(2)：22—34.

[50] 陈振宇,李于虎.经历"过$_2$"与可重复性[J].世界汉语教学,2013a(3)：331—345.

[51] 陈振宇,李于虎."过$_2$"句的论元和可重复性[A].//邵敬敏,黄宝珊主编.汉语语法研究的新拓展(六)[C].上海：上海教育出版社,2013b：363—377.

[52] 陈振宇,刘承峰."不是……就/便是"与"语用数"[J].世界汉语教学,2006(4)：13—25.

[53] 陈振宇,刘承峰.语用数[A].//中国语文杂志社编.语法研究和探索(十四)[C].北京：商务印书馆,2008：335—354.

[54] 陈振宇,刘承峰."数"范畴的修辞视角[J].修辞学习,2009(4)：34—42.

[55] 陈振宇,刘承峰.谓词前后不对称与"都"字句[A].//中国语文杂志社编.语法研究和探索(十六)[C].北京：商务印书馆,2012：24—45.

[56] 陈振宇,刘承峰.再谈总括副词"都"[A].//上海师范大学《对外汉语研究》编委会编.对外汉语研究(第十三期)[C].北京：商务印书馆,2015(2)：12—27.

[57] 陈振宇,刘承峰."每"的功能演变以及与"都"的共现——基于修辞语用和语法化的解释[J].当代修辞学,2019(2)：56—71.

[58] 陈振宇,刘林.副词"只"的逻辑语义[A].//张谊生主编.汉语副词研究论集(第一辑)[C].上海：上海三联书店,2013：76—101.

[59] 陈振宇,刘林."才"的必要条件标记功能[A].//上海师范大学《对外汉语研究》编委会编.对外汉语研究(第十五期)[C].北京：商务印书馆,2016(2)：11—25.

[60] 陈振宇,马宝玲,薛时蓉.从汉语角度看极性问的类型学性质——真性极性问形式与疑问语气成分的区别[J].清华中文学报(台湾),2015(14)：67—128.

[61] 陈振宇,朴珉秀.话语标记"你看"、"我看"与现实情态[J].语言科学,2006(2):3—13.

[62] 陈振宇,邱明波.反预期语境中的修辞性推测意义——"难道、不会、怕、别"[J].当代修辞学,2010(4):63—73.

[63] 陈振宇,王梦颖.预期的认知模型及有关类型——兼论与"竟然""偏偏"有关的一系列现象[J].语言教学与研究,2021(5):48—63.

[64] 陈振宇,王梦颖,陈振宁.汉语主观副词与客观副词的分野[J].语言科学,2020(4):395—410.

[65] 陈振宇,王梦颖,姜毅宁.再说"果然"——与(正)预期标记有关的问题[J].当代修辞学,2022(2):39—57.

[66] 陈振宇,吴越,张汶静.相对信息价值与语言研究[A].//中国语文杂志社编.语法研究和探索(十八)[C].北京:商务印书馆,2016:241—265.

[67] 陈振宇,叶婧婷.从"领属"到"立场"——汉语中以人称代词为所有者的直接组合结构[J].语言科学,2014(2):154—168.

[68] 陈振宇,张耕.概述主观量范畴的语用规律[A].//中国语文杂志社编.语法研究和探索(二十一)[C].北京:商务印书馆,2022.

[69] 陈振宇,张新华主编.叙实性与事实性[C].上海:上海教育出版社,2020.

[70] 陈振宇,张莹.再论感叹的定义与性质[A].//中国语文杂志社编.语法研究和探索(十九)[C].北京:商务印书馆,2018:303—324.

[71] 陈振宇,甄成.叙实性的本质——词汇语义还是修辞语用[J].当代修辞学,2017(1):9—23.

[72] 陈宗振.维吾尔语史研究[M].北京:中国社会科学出版社,2016.

[73] 程饶枝."差点没"和"差点"语义同指考察[D].广州:暨南大学,2007.

[74] 储诚志.语气词语气意义的分析问题——以"啊"为例[J].语言教学与研究,1994(4):39—51.

[75] 戴耀晶.试论现代汉语的否定范畴[J].语言教学与研究,2000(3):45—49.

[76] 戴耀晶.否定关系与反义关系[A].//徐烈炯,邵敬敏主编.汉语语法研究的新拓展(一)[C].杭州:浙江教育出版社,2002:235—245.

[77] 戴耀晶.汉语否定句的语义确定性[J].世界汉语教学,2004a(1):20—27.

[78] 戴耀晶.试说"冗余否定"[J].修辞学习,2004b(2):3—6.

[79] 戴耀晶.否定副词"没"的时间语义分析[A].//复旦大学汉语言文字学

科《语言研究集刊》编委会编.语言研究集刊(第十三辑)[C].上海:上海辞书出版社,2014(2):1—12.

[80] 邓景.英语反事实虚拟语气语用功能的实证研究[J].南京理工大学学报(社会科学版),2015(2):87—92.

[81] 邓思颖.问原因的"怎么"[J].语言教学与研究,2011(2):43—47.

[82] 翟汛,鲁承发."差一点没P"结构的语义取值策略[J].长江学术,2013(3):133—137.

[83] 丁力.反逼"别说"句[J].语言研究,1999(1):153—164.

[84] 丁声树,等.现代汉语语法讲话[M].北京:商务印书馆,1961.

[85] 丁信善.言语行为分类研究述论[J].烟台师范学院学报(哲学社会科学版),1992(1):43—50.

[86] 丁雪妮.意外义语气副词"幸亏"、"偏偏"、"竟然"比较研究[D].山东:山东师范大学,2005.

[87] 董博宇.认识论视角下聋儿听觉口语法中的建议序列研究[J].现代语文(语言研究),2013(12):14—17.

[88] 董为光.语言认知心理对"差点儿DJ"结构的影响[J].语言教学与研究,2001(3):34—40.

[89] 董秀芳."X说"的词汇化[J].语言科学,2003a(2):46—57.

[90] 董秀芳."不"与所修饰的中心词的粘合现象[J].当代语言学,2003b(1):12—24.

[91] 董秀芳.移情策略与言语交际中代词的非常规使用[A].//齐沪扬主编.现代汉语虚词研究与对外汉语教学[C].上海:复旦大学出版社,2005:397—406.

[92] 董秀芳.词汇化与话语标记的形成[J].世界汉语教学,2007(1):50—61.

[93] 渡边丽玲."差一点"句的逻辑关系和语义结构[J].语言教学与研究,1994(3):81—89.

[94] 渡边昭夫.关于普通话中的前提[J].中国语研究,1979(18).

[95] 杜克华,陈振宇.成都话句末语气词"嗦"——"领悟"范畴及其功能[A].//复旦大学汉语言文字学科《语言研究集刊》编委会编.语言研究集刊(第十五辑)[C].上海:上海辞书出版社,2015(2):191—207.

[96] 杜克华,陈振宇,陈振宁.成都话"哇"字句语用功能的形成[A].//复旦大学汉语言文字学科《语言研究集刊》编委会编.语言研究集刊(第十七辑)[C].上海:上海辞书出版社,2016(2):252—265.

［97］杜世洪.新描写主义与"假装"的高阶描写[J].当代语言学,2018(4)：537—551.

［98］段芸.言语行为语力的认知语言学研究[M].北京：科学出版社,2014.

［99］樊莉.疑问代词"什么"在现代汉语感叹句中的否定用法[J].湖北社会科学,2012(8)：138—140.

［100］范继淹.无定NP主语句[J].中国语文,1985(5)：321—328.

［101］范伟."偏"和"偏偏"的情态类型及主观性差异[J].南京师大学报(社会科学版),2009(5)：147—151.

［102］范晓蕾.再说"差一点"[J].中国语文,2018(2)：207—222.

［103］范晓蕾."差一点"的语义特征及其句法后果——兼谈否定、反预期、时体的关联[J].当代语言学,2019(2)：207—237.

［104］方梅.北京话句中语气词的功能研究[J].中国语文,1994(2)：129—138.

［105］方梅.负面评价表达的规约化[J].中国语文,2017(2)：131—147.

［106］方梅,李先银,谢心阳.互动语言学与互动视角的汉语研究[J].语言教学与研究,2018(3)：1—16.

［107］方梅,谢心阳.汉语对话中问句的解读——以反问句和陈述式问句为例[J].汉语学报,2021(1)：20—32.

［108］方梅,乐耀.规约化与立场表达[M].北京：北京大学出版社,2017.

［109］房红梅.言据性的系统功能研究[D].上海：复旦大学,2005.

［110］冯春田.近代汉语语法研究[M].济南：山东教育出版社,2000.

［111］冯胜利.汉语韵律语法研究[M].北京：北京大学出版社,2005.

［112］冯予力,潘海华.再论"都"的语义——从穷尽性和排他性谈起[J].中国语文,2018(2)：177—194.

［113］干薇,陈振宇.再论"险些、差(一)点"等仅差语的否定式[A].//复旦大学汉语言文字学科《语言研究集刊》编委会编.语言研究集刊(第二十九辑)[C].上海：上海辞书出版社,2022.

［114］干薇,陈振宇.从"预期"理论看汉语反差格式[J].汉语学习,2023(2)：13—24.

［115］高华.汉语里的"话题问句"[J].安徽师范大学学报(人文社会科学版),2009(3)：321—327.

［116］高彦梅.语篇语义框架研究[M].北京：北京大学出版社,2015.

［117］高怡喆.责备义话语标记"你说你"的考察[J].法大研究生,2015(1)：230—244.

[118] 高再兰.前、后置"因为"的隐现及功能差异[J].汉语学报,2013(2):57—65.

[119] 龚嘉镇."难道"的多义性与"难道"句的歧义性[J].辞书研究,1995(2):125—129.

[120] 谷峰.汉语反预期标记研究述评[J].汉语学习,2014(4):80—87.

[121] 顾阳.时态、时制理论与汉语时间参照[J].语言科学,2007(4):22—38.

[122] 管志斌."当然"的语义和功能分析[J].楚雄师范学院学报,2010(8):27—33.

[123] 郭继懋.反问句的语义语用特点[J].中国语文,1997(2):111—121.

[124] 郭继懋."怎么"的语法意义及"方式""原因"和"情状"的关系[J].汉语学习,2001(6):7—17.

[125] 郭光,陈振宇."知道"的非叙实与反叙实——兼论"早知道"的语法化[J].语言教学与研究,2019(2):81—90.

[126] 郭锐."只"义句和"都"义句的语义等值[A].//中国语文杂志社编.语法研究和探索(十五)[C].北京:商务印书馆,2010:153—163.

[127] 韩蕾,刘焱.话语标记"别说"[J].宁夏大学学报(人文社会科学版),2007(4):11—15.

[128] 何兆熊.新编语用学概要[M].上海:上海外语教育出版社,2000.

[129] 贺凯林."怎么"的功能和意义[J].湖南师范大学社会科学学报,1992(4):125—128.

[130] 贺阳.汉语完句成分试探[J].语言教学与研究,1994(4):26—38.

[131] 贺阳,刘芳.北京话甚低语调及其功能——兼论语气词"啊""吧"的性质[J].语文研究,2016(3):10—15.

[132] 侯国金.冗余否定的语用条件——以"差一点+(没)V、小心+(别)V"为例[J].语言教学与研究,2008(5):70—77.

[133] 侯瑞芬."别说"与"别提"[J].中国语文,2009(2):131—140.

[134] 侯召溪.汉语警告言语行为分析[J].湖北社会科学,2007(2):105—107.

[135] 胡承佼."倒好"的话语标记倾向及其具体表现[J].语言教学与研究,2016(1):85—95.

[136] 胡承佼.意外范畴与现代汉语意外范畴的实现形式[J].华文教学与研究,2018(1):58—69.

[137] 胡范铸.语用研究的逻辑断裂与理论可能[J].外国语,2017(1):2—7.

[138] 胡建华,石定栩.完句条件与指称特征的允准[J].语言科学,2005(5):42—49.

[139] 胡静敏.近代汉语"你这(个)NP"的多角度研究[D].金华:浙江师范大学,2013.

[140] 胡明扬.北京话的语气助词和叹词[J].中国语文.1981(5):347—350;(6):416—423.

[141] 胡明扬,劲松.流水句初探[J].语言教学与研究,1989(4):42—54.

[142] 胡裕树主编.现代汉语(重订本)[M].上海:上海教育出版社,1995.

[143] 胡壮麟.语言的可证性[J].外语教学与研究,1994(1):9—15.

[144] 黄伯荣,廖序东主编.现代汉语[M].北京:高等教育出版社,1996.

[145] 黄国营."吗"字句用法初探[J].语言研究,1986(2):131—135.

[146] 黄南松.试论短语自主成句所应具备的若干语法范畴[J].中国语文,1994(6):441—447.

[147] 黄世斌."(你)+看+人称代词"类话语标记研究[D].沈阳:沈阳师范大学,2018.

[148] 黄瓒辉,石定栩.量化事件的"每"结构[J].世界汉语教学,2013(3):305—318.

[149] 季安锋.汉语预设触发语研究[D].天津:南开大学,2009.

[150] 江蓝生.疑问语气词"呢"的来源[J].语文研究,1986(2):17—26.

[151] 江蓝生.疑问副词"可"探源[J].古汉语研究,1990(3):44—50.

[152] 江蓝生.概念叠加与构式整合——肯定否定不对称的解释[J].中国语文,2008(6):483—497.

[153] 姜望琪.汉语的"句子"与英语的 sentence[J].解放军外国语学院学报,2005(1):10—15.

[154] 蒋平.汉语"差一点+(没)DJ"句式的再讨论[J].南昌大学学报(社会科学版),1998(2):123—126.

[155] 蒋严主编.走进形式语用学[C].上海:上海教育出版社,2011.

[156] 金立鑫.关于疑问句里的"呢"[J].语言教学与研究,1996(4):43—49.

[157] 金立鑫,杜家俊."就"与"才"主观量对比研究[J].语言科学,2014(2):140—153.

[158] 金蒙.反预期语气副词"偏偏"和"反倒"篇章功能的比较分析[J].语文学刊,2018(3):54—59.

[159] 金廷恩."体"成分的完句作用考察[J].汉语学习,1999a(2):30—34.

[160] 金廷恩.汉语完句成分说略[J].汉语学习,1999b(6):9—14.

[161] 金智妍.现代汉语句末语气词意义研究[D].上海：复旦大学,2011.

[162] 竟成.汉语的成句过程和时间概念的表述[J].语文研究,1996(1)：1—5.

[163] 孔令达.影响汉语句子自足的语言形式[J].中国语文,1994(6)：434—440.

[164] 寇鑫,袁毓林.汉语叙实反叙实名词的句法差异及其认知解释[A].//复旦大学汉语言文字学科《语言研究集刊》编委会编.语言研究集刊（第二十辑）[C].上海：上海辞书出版社,2018(1)：1—14.

[165] 力提甫·托乎提主编.现代维吾尔语参考语法[M].北京：中国社会科学出版社,2012.

[166] 李冰."果然"与"果真"的用法考察及对比分析[J].汉语学习,2009(4)：100—105.

[167] 李斌,陈小荷.汉语褒贬词语的褒贬指向问题[J].语言文字应用,2009(3)：136—143.

[168] 李峰.责怪式话语标记"你也是"[J].华中师范大学研究生学报,2014(3)：93—96.

[169] 李桂东.立场与立场表达的对话句法表征[J].现代语文,2019(3)：168—174.

[170] 李红叶,陈振宇.副词"没"的非常规搭配[J].云南师范大学学报（对外汉语教学与研究版）,2015a(2)：81—92.

[171] 李红叶,陈振宇.对"副词+VP/AP"结构的句法否定[A].//张谊生主编.汉语副词研究论集（第二辑）[C].上海：上海三联书店,2015b：131—153.

[172] 李佳樑.现代汉语的实据性及其表现[D].上海：复旦大学,2008.

[173] 李洁,陈昌来.谈后附标记语："可好""倒好"——兼论由句法成分到语用标记的诱因和机制[J].当代修辞学,2017(3)：57—66.

[174] 李景泉,李文星."争、乍(作)"及"怎"字的由来[J].汉字文化,2004(4)：44—49.

[175] 李君会.总括副词"全""都""净"的偏误分析及对外汉语教学建议[D].郑州：郑州大学,2017.

[176] 李俊玲.程度副词的主观性研究[D].武汉：华中科技大学,2007.

[177] 李美善."你V你"格式的句法、语义及语用考察[D].延边：延边大学,2015.

[178] 李明.试谈言说动词向认知动词的引申[A].//吴福祥,洪波主编.语法

化与语法研究(一)[C].北京：商务印书馆,2003：350—370.

[179] 李强."怎么"表达意外：疑问、反问和感叹[J].汉语学报,2021(1)：33—45.

[180] 李泉.副词和副词的再分类[A].//胡明扬主编.《词类问题考察》[C].北京：北京语言学院出版社,1996：364—390.

[181] 李善鹏.不同关系的对话者间褒贬态度的语音表达与多模态感知研究[D].南京：南京师范大学,2016.

[182] 李善熙.汉语"主观量"的表达研究[D].北京：中国社会科学院研究生院,2003.

[183] 李胜梅.词义强化程度的"磨损"、"衰减"及相关语用现象——从"主要"、"基本"、"特"等词的使用说起[J].修辞学习,2006(6)：9—15.

[184] 李双剑,陈振宇,潘海峰.人称与陈述的关系研究[J].当代修辞学,2014(6)：60—68.

[185] 李水,辛平.近十年现代汉语传信范畴研究综述[J].汉语学习,2020(4)：62—75.

[186] 李文山.也论"都"的语义复杂性及其统一刻画[J].世界汉语教学,2013(3)：319—330.

[187] 李先银,洪秋梅.时间—行为的情理关联与"大 X 的"的话语模式——基于互动交际的视角[J].语言教学与研究,2017(6)：31—42.

[188] 李湘,端木三."自然焦点"有多"自然"?——从汉语方式状语的焦点结构地位说起[J].世界汉语教学,2017(4)：448—462.

[189] 李小军.构式"好你个＋X"的负面评价功能及成因[J].北方论丛,2014(2)：64—68.

[190] 李小玲.北京话里的"差点儿"句式[J].汉语学习,1986(1)：6—10.

[191] 李小平."果然"的成词过程及用法初探[J].东方论坛,2007(1)：75—78.

[192] 李新良.现代汉语动词的叙实性研究[D].北京：北京大学,2014.

[193] 李新良,袁毓林.反叙实动词宾语真假的语法条件及其概念动因[J].当代语言学,2016(2)：194—215.

[194] 李宇明.反问句的构成及其理解[J].殷都学刊 1990(7)：91—99.

[195] 李宇明.主观量的成因[J].汉语学习,1997(5)：3—7.

[196] 李宇明.汉语量范畴研究[M].武汉：华中师范大学出版社,2000.

[197] 李宇凤.也论测度疑问副词"莫"的来源[J].语言科学,2007(5)：44—55.

[198] 李宇凤.反问的回应类型与否定意义[J].中国语文,2010(2):114—123.

[199] 李宗江.也说话语标记"别说"的来源——再谈话语标记来源的研究[J].世界汉语教学,2014(2):222—229.

[200] 李忠星.关于"差一点+Jw"的思考[J].武汉大学学报(哲学社会科学版),1999(5):59—64.

[201] 黎锦熙.新著国语文法[M].北京:商务印书馆,1992/1998.

[202] 梁丽.现代汉语第二人称代词的社会语言学解析[J].中南林业科技大学学报(社会科学版),2010(4):104—106.

[203] 林皓,陈振宇.实质问的本质与演化——手语"摊手"等语言现象的启发[J].外国语,2020(4):75—91.

[204] 林青.不同人称和"认识动词"的搭配选择及其制约因素[J].云南师范大学学报(对外汉语教学与研究版),2014(5):64—73.

[205] 林若望.形容词谓语句及名词谓语句的一些问题:谈语意分析与华语教学[J].[台湾]中国语学,2020 卷 267:1—23.

[206] 刘彬,袁毓林."怀疑"的词汇歧义和意义识解策略[J].外语教学与研究,2018(1):15—23.

[207] 刘禀诚.习语构式"(你)又来了"的贬抑性及其制约要素[A].//北京师范大学文学院主办.励耘语言学刊[C].北京:中华书局,2016(2):46—59.

[208] 刘承峰.现代汉语"语用数"范畴研究[D].上海:复旦大学,2007.

[209] 刘承峰.现代汉语量的"主观性"研究[J].华东师范大学学报(哲学社会科学版),2014(5):165—177.

[210] 刘承峰,陈振宇.数的一致性假设[J].华东师范大学学报(哲学社会科学版),2011(5):113—119.

[211] 刘承峰,陈振宇.再说"任何"[A].//复旦大学汉语言文字学科《语言研究集刊》编委会编.语言研究集刊(第二十四辑)[C].上海:上海辞书出版社,2019:1—27.

[212] 刘晨阳.警告义"再 VP"构式探析[J].语言科学,2016,15(4):412—421.

[213] 刘春卉.南京方言中的"V 不起来"与"阿/还 VP"——兼谈语法同中有异对学习普通话的影响[J].南京林业大学学报(人文社会科学版),2005(3):45—48.

[214] 刘丹青.汉语是一种动词型语言——试说动词型语言和名词型语言

的类型差异[J].世界汉语教学,2010(1):3—17.

[215] 刘丹青."有"字领有句的语义倾向和信息结构[J].中国语文,2011a(2):99—109.

[216] 刘丹青.语言库藏类型学构想[J].当代语言学,2011b(4):289—303.

[217] 刘丹青.汉语的若干显赫范畴:语言库藏类型学视角[J].世界汉语教学,2012(3):291—305.

[218] 刘丹青.论语言库藏的物尽其用原则[J].中国语文,2014(5):387—401.

[219] 刘丹青.汉语中的非话题主语[J].中国语文,2016(3):259—275.

[220] 刘丹青.汉语动补式和连动式的库藏裂变[J].语言教学与研究,2017(2):1—16.

[221] 刘丹青编著.语法调查研究手册[M].上海:上海教育出版社,2008.

[222] 刘丹青,徐烈炯.焦点与背景、话题及汉语"连"字句[J].中国语文,1998(4):243—252.

[223] 刘林.副词"就₁"的语义内容与语法化途径[A].//复旦大学汉语言文字学科《语言研究集刊》编委会编.语言研究集刊(第九辑)[C].上海:上海辞书出版社,2012:169—182.

[224] 刘林.现代汉语焦点标记词研究——以"是"、"只"、"就"、"才"为例[D].上海:复旦大学,2013.

[225] 刘林,陈振宇.从与"了₂"的共现关系谈汉语副词的意义类型[J].语言教学与研究,2015(5):102—112.

[226] 刘钦荣,金昌吉.有"难道"出现的问句都是反问句吗?[J].河南大学学报(社会科学版),1992(2):107—109.

[227] 刘瑞.终竟义词语的语义和功能的演变研究——以"到头(来)"等为例[D].北京:北京大学,2020.

[228] 刘水.对"不定副词否定格"语言现象的再辨析——以"差点儿+没+VP"为范例[J].阜阳师范学院学报(社会科学版),2009(4):40—42.

[229] 刘文欣.现代汉语责训句研究[D].哈尔滨:黑龙江大学,2009.

[230] 刘勋宁.现代汉语句尾"了"的语法意义及其与词尾"了"的联系[J].世界汉语教学,1990(2):80—87.

[231] 刘娅琼.现场讲解中用于交互的句尾"了"[J].中国语文,2016(6):665—677.

[232] 刘娅琼,陶红印.汉语谈话中否定反问句的事理立场功能及类型[J].中国语文,2011(2):110—120.

[233] 刘烨.预设否定副词"白"和"瞎"的主观性语义分析[J].浙江海洋学院学报,2011(2):75—80.

[234] 刘永耕.从义素传承看"差(一)点儿VP"、"差(一)点儿没VP"的语法化[A].//中国语文杂志社编.语法研究和探索(十三)[C],北京:商务印书馆,2006:312—327.

[235] 刘永华.完成体副词"已然"的超预期量信息标记功能及来源[J].励耘语言学刊,2017(11):117—129.

[236] 刘月华."怎么"与"为什么"[J].语言教学与研究,1985(4):130—139.

[237] 刘月华.实用现代汉语语法[M].北京:商务印书馆,2001.

[238] 刘宗保.警告义构式"叫/让"句探析[J].汉语学习,2011(2):60—67.

[239] 卢英顺."吧"的语法意义再探[J].世界汉语教学,2007(3):79—85.

[240] 鲁承发."差一点"句式研究述评[J].理论月刊,2014a(3):80—84.

[241] 鲁承发."差一点"句式研究及其方法论探讨[D].武汉:武汉大学,2014b.

[242] 鲁承发."差一点(没)VP"句式中的交际博弈及其句法效应[J].语言研究,2018(2):40—48.

[243] 鲁承发,陈振宇.透视与展望:"差一点没VP"句式研究60年[A].//复旦大学汉语言文字学科《语言研究集刊》编委会编.语言研究集刊(第二十六辑)[C],上海:上海辞书出版社,2020(2):109—126.

[244] 陆方喆.反预期标记的性质、特征及分类[J].云南师范大学学报(对外汉语教学与研究版),2014(6):53—59.

[245] 陆方喆、朱斌.语言中的违预期信息与违预期范畴[J].常熟理工学院学报(哲学社会科学),2019,33(4):11—20.

[246] 陆俭明.关于现代汉语里的疑问语气词[J].中国语文,1984(5):233—236.

[247] 陆俭明.周遍性主语句及其他[J].中国语文,1986(3):161—167.

[248] 陆俭明."VA了"述补结构语义分析[J].汉语学习,1990(1):1—6.

[249] 陆俭明."VA了"述补结构语义分析补议——对读者意见的回复[J].汉语学习,2001(6):78—80.

[250] 陆俭明.修辞的基础——语义和谐律[J].当代修辞学,2010a(1):13—20.

[251] 陆俭明.汉语语法语义研究新探索(2000—2010演讲集)[M].北京:商务印书馆,2010b.

[252] 陆镜光.汉语方言中的指示叹词[J].语言科学,2005(6):88—95.

[253] 陆烁,潘海华.汉语无定主语的语义允准条件[J].中国语文,2009(6):528—537.

[254] 罗桂花.法庭互动中的立场研究[D].武汉:华中师范大学,2013.

[255] 罗桂花.立场概念及其研究模式的发展[J].当代修辞学,2014(1):41—47.

[256] 罗荣华.主观量相关问题探讨[J].宁夏大学学报(人文社会科学版),2010,32(5):34—39.

[257] 吕明臣.汉语的情感指向和感叹句[J].汉语学习,1998(6):11—14.

[258] 吕叔湘.吕叔湘全集(第一卷)[M].沈阳:辽宁教育出版社,1957/2012.

[259] 吕叔湘.中国文法要略[M].北京:商务印书馆,1942.

[260] 吕叔湘.汉语语法分析问题[M].北京:商务印书馆,1979.

[261] 吕叔湘.吕叔湘全集(第二卷)[M].北京:商务印书馆,1990.

[262] 吕叔湘.形容词使用情况的一个考察[J].中国语文,1965(6).收入吕叔湘.汉语语法论文集[C].北京:商务印书馆,2014:301—326.

[263] 吕叔湘.单音节形容词用法研究[J].中国语文,1966(2).收入吕叔湘.汉语语法论文集[C].北京:商务印书馆,2014:327—348.

[264] 吕叔湘.近代汉语指代词[M].上海:学林出版社,1985.

[265] 吕叔湘主编.现代汉语八百词(增订本)[M].北京:商务印书馆,2003.

[266] 吕为光.责怪义话语标记"我说什么来着"[J].汉语学报,2011(3):74—79.

[267] 吕文华."了"与句子语气的完整及其他[J].语言教学与研究,1983(3):30—39.

[268] 聂敏熙.四川话的"只有"和含"只有"的一种句法形式[J].四川师范大学学报(社会科学版),1992(6):56—62.

[269] 聂仁发.否定词"不"与"没有"的语义特征及其时间意义[J].汉语学习,2001(1):21—27.

[270] 聂仁发.不定指话题及其语用策略[J].汉语学报,2005(2):88—93.

[271] 聂小丽.也谈"差点儿(没有)VP"构式[J].成都大学学报(社会科学版),2015(5):92—97.

[272] 马建忠.马氏文通[M].北京:商务印书馆,2009.

[273] 马庆株.与"(一)点儿"、"差(一)点儿"相关的句法语义问题[A].//中国语文杂志社编.语法研究和探索(六)[C].北京:北京大学出版社,1992:130—144.

[274] 毛宏燕.汉语"什么"与俄语"что"的对比研究[D].长春:吉林大

学,2007.

[275] 毛修敬.汉语里的对立格式[J].语言教学与研究,1985(2):59—70.

[276] 苗浴光."意外"态语气副词研究[D].大连:辽宁师范大学,2006.

[277] 潘海峰.汉语副词的主观性与主观化研究[M].上海:同济大学出版社,2017.

[278] 潘海华.焦点、三分结构与汉语"都"的语义解释[A].//中国语文杂志社编.语法研究和探索(十三)[C].北京:商务印书馆,2006:163—184.

[279] 潘海华、胡建华、黄瓒辉."每NP"的分布限制及其语义解释[A].//程工、刘丹青主编.汉语的形式与功能研究[C].北京:商务印书馆,2008:110—122.

[280] 潘海华,梁昊.优选论与汉语主语的确认[J].中国语文,2002(1):3—13.

[281] 潘先军."不是我说你"的话语标记化[J].内蒙古大学学报(哲学社会科学版),2013,45(1):112—116.

[282] 彭可君.说"怎么"[J].语言教学与研究,1993(1):114—125.

[283] 彭利贞.现代汉语情态研究[M].北京:中国社会科学出版社,2007.

[284] 朴正九.从类型学视角看汉语形容词谓语句的信息结构[J].中国语文,2016(4):387—396.

[285] 祁峰.现代汉语焦点研究[D].上海:复旦大学,2012.

[286] 祁峰,陈振宇.焦点实现的基本规则——以汉语疑问代词为例[J].汉语学报,2013(1):76—87.

[287] 齐沪扬."呢"的意义分析和历史演变[J].上海师范大学学报(哲学社会科学版),2002(1):34—45.

[288] 齐沪扬.语气词与语气系统[M].合肥:安徽教育出版社,2002.

[289] 齐沪扬,胡建锋.试论负预期量信息标记格式"X是X"[J].世界汉语教学,2006(2):31—39.

[290] 钱鹏.元语否定的两个层次[A].//复旦大学汉语言文字学科《语言研究集刊》编委会编.语言研究集刊(第十七辑)[C].上海:上海辞书出版社,2016(2):292—314.

[291] 强星娜.意外范畴研究述评[J].语言教学与研究,2017(6):103—112.

[292] 强星娜.无定预期、特定预期与反预期情状的多维度考察——以"竟然""偏偏"等为例[J].中国语文,2020(6):675—689.

[293] 邱斌.Nn类"差点儿没"的固化[J].北方论丛,2007(1):67—69.

[294] 邱闯仙.预期标记"瞧"[J].语文研究,2010(2):36—40.

[295] 邱明波.言者信息疑问句与听者信息陈述句[J].当代修辞学,2010(6):65—75.

[296] 屈承熹.汉语篇章语法[M].北京:北京语言大学出版社,2006.

[297] 曲卫国.也谈语用研究的逻辑断裂与理论可能——评胡范铸教授对语用学的批评[J].外国语(上海外国语大学学报),2017,40(4):73—81.

[298] 饶宏泉.构式"怎么个X法"的特征解析及其固化过程[J].汉语学习,2012(6):61—68.

[299] 单威.反预期标记"竟然"[J].语文学刊(外语教育教学),2016(12):1—2.

[300] 单威.现代汉语偏离预期表达式研究[D].长春:吉林大学,2017.

[301] 邵敬敏.上海方言的话题疑问句与命题疑问句[J].华东师范大学学报(哲学社会科学版),2007(4):68—72.

[302] 邵敬敏.论语气词"啊"在疑问句中的作用暨方法论的反思[J].语言科学,2012(6):596—603.

[303] 邵敬敏,罗晓英."别"字句语法意义及其对否定项的选择[J].世界汉语教学,2004(4):18—26.

[304] 邵敬敏,赵秀凤."什么"非疑问用法研究[J].语言教学与研究,1989(1):26—40.

[305] 邵敬敏,周娟,彭小川,邵宜,甘于恩,曾毅平.汉语方言疑问范畴比较研究[M].广州:暨南大学出版社,2010.

[306] 邵则遂,陈霞.元明清"险些"类句式初探[A].//四川大学中国俗文化研究所和汉语史研究所编委会.汉语史研究集刊(第十四辑)[C].成都:巴蜀书社,2011:98—110.

[307] 沈家煊."差不多"和"差点儿"[J].中国语文,1987(6):442—456.

[308] 沈家煊.语用学和语义学的分界[J].外语教学与研究,1990(2):26—35.

[309] 沈家煊."语用否定"考察[J].中国语文,1993(5):321—331.

[310] 沈家煊."有界"与"无界"[J].中国语文,1995(5):367—380.

[311] 沈家煊.形容词句法功能的标记模式[J].中国语文,1997(4):242—250.

[312] 沈家煊.不对称和标记论[M].南昌:江西教育出版社,1999.

[313] 沈家煊.语言的"主观性"和"主观化"[J].外语教学与研究,2001,33

(4):268—320.

[314] 沈家煊."糅合"和"截搭"[J].世界汉语教学,2006(4):5—12.

[315] 沈家煊."零句"和"流水句"——为赵元任先生诞辰120周年而作[J].中国语文,2012(5):403—415.

[316] 沈家煊.汉语有没有"主谓结构"[J].现代外语,2017,40(1):1—13.

[317] 盛益民.吴语绍兴柯桥话参考语法[D].天津:南开大学,2014.

[318] 司红霞.完句成分在对外汉语教学中的运用[J].汉语学习,2003(5):63—68.

[319] 石定栩,周蜜,姚瑶.评价副词与背景命题——"偏偏"的语义与句法特性[J].外语教学与研究,2017,49(6):914—926.

[320] 石岩.反问与反预期[D].上海:复旦大学,2015.

[321] 石毓智.现代汉语的肯定性形容词[J].中国语文,1991(3):167—174.

[322] 石毓智.对"差点儿"类羡余否定句式的分化[J].汉语学习,1993(4):12—16.

[323] 石毓智.判断词"是"构成连词的概念基础[J].汉语学习,2005(5):3—10.

[324] 史佩信.谈"差点儿(没)VP"句式的缺位问题[A].//史佩信主编.纪念罗君惕先生语言文字学术研讨会论文集[C].上海:上海教育出版社,2018:321—339.

[325] 史有为.概括范畴及其相关的成句问题[A].//徐烈炯、邵敬敏主编《汉语语法研究的新拓展(一)》[C].杭州:浙江教育出版社,2002:65—79.

[326] 宋文辉.主语和话题[M].上海:学林出版社,2018.

[327] 宋玉柱主编.现代汉语语法论集[C].天津:天津人民出版社,1981.

[328] 宋作艳,陶红印.汉英因果复句顺序的话语分析与比较[J].汉语学报,2008(4):61—71.

[329] 帅志嵩.从词汇语义信息看"差点儿没VP"的演化[J].语言科学,2014,13(6):615—631.

[330] 孙佳.契合类评注性副词"偏巧"和"不巧"的分布与功用[J].昭通学院学报,2018,40(6):40—45.

[331] 孙佳莹.基于现代汉语人称代词感叹命题句的同盟关系研究[D].上海:复旦大学,2020.

[332] 孙佳莹,陈振宇."同盟"范畴研究成果与问题[A].//复旦大学汉语言文字学科《语言研究集刊》编委会编.语言研究集刊(第二十七辑)

[C].上海:上海辞书出版社,2021(1):63—84.

[333] 孙菊芬.副词"难道"的形成[J].语言教学与研究,2007(4):48—53.

[334] 孙鹏飞.形容词谓语句的标记手段及其功能透视——类型学的视角[J].上海对外经贸大学学报,2018,25(2):76—86.

[335] 孙汝建.句末语气词的四种语用功能[J].南通大学学报(社会科学版),2005(2):76—80.

[336] 孙雁雁.句末"啊"的交际功能分析——以《家有儿女》语料为例[J].语言教学与研究,2013(3):99—105.

[337] 太田辰夫.中国语历史文法[M].蒋绍愚,徐昌华,译.北京:北京大学出版社,1987.

[338] 汤璐,许川妹,杨会兰.北京地区第二人称代词用法的社会语言学研究[J].现代语文(语言研究版),2015(10):90—93.

[339] 唐正大.社会性直指与人称范畴的同盟性和威权性——以关中方言为例[J].当代语言学,2019,21(2):269—294.

[340] 唐正大,强星娜.言者-主体-观者三方的知情状态与"假装"的反叙实效应[J].辞书研究,2019(1):60—68.

[341] 陶寰,李佳樑.方言与修辞的研究接面——兼论上海话"伊讲"的修辞动因[J].修辞学习,2009(3):1—8.

[342] 童小娥.语气副词"偏偏"的意义及用法研究[A].//北京语言大学对外汉语研究中心.汉语应用语言学研究(第4辑)[C].北京:商务印书馆,2015:88—94.

[343] 完权.信据力:"呢"的交互主观性[J].语言科学,2018,17(1):18—34.

[344] 万光荣,余承法.反预期程度的量化研究[J].中南民族大学学报(人文社会科学版),2016,36(2):148—152.

[345] 王灿龙.说"VP之前"与"没(有)VP之前"[J].中国语文,2004(5):430—439.

[346] 王灿龙.关于"没(有)"跟"了"共现的问题[J].世界汉语教学,2006(1):41—50.

[347] 王海波.几种阿尔泰语言的话题问句分析[J].民族语文,2019a(4):74—85.

[348] 王海波.从言语交互功能分析语气助词——以维吾尔语 ču 和汉语"呢"的比较为例[J].满语研究,2019b(1):64—71.

[349] 王洪君,李榕,乐耀."了$_2$"与话主显身的主观近距交互式语体[A].//北京大学汉语语言学研究中心《语言学论丛》编委会编.语言学论丛

(第 40 辑)[C].北京:商务印书馆,2009:312—333.

[350] 王红.副词"净"浅析[J].暨南学报(哲学社会科学),2000(1):39—45.

[351] 王红旗."别 V 了"的意义是什么——兼论句子格式意义的概括[J].汉语学习,1996(4):14—19.

[352] 王还."差(一)点儿"和"差不多"[J].语言教学与研究,1990(1):11—12.

[353] 王健.说"别说"[J].语言教学与研究,2008(2):89—96.

[354] 王健.一些南方方言中来自言说动词的意外范畴标记[J].方言,2013(2):111—119.

[355] 王珏,毕燕娟.语气词"啊"三分及其形式与功能[J].外国语(上海外国语大学学报),2017,40(2):11—27.

[356] 王力.汉语史稿[M].北京:中华书局,1980.

[357] 王力.中国现代语法[M].北京:商务印书馆,1985.

[358] 王力主编.王力古汉语词典[M].北京:中华书局,2000.

[359] 王梦颖.基于语料库的北京话句末语气词"啊"的研究[D].上海:复旦大学,2017.

[360] 王梦颖.基于小概率事件语义推理的汉语极端小预期认识研究[D].上海:复旦大学,2020.

[361] 王梦颖,陈振宇.汉语副词正反问用法的浮现[A].//复旦大学汉语言文字学科《语言研究集刊》编委会编.语言研究集刊(第二十五辑)[C].上海:上海辞书出版社,2020(1):15—31.

[362] 王群力.略说汉语主观量——以副词"才"、"就"为例[J].辽宁大学学报(哲学社会科学版),2005(2):59—62.

[363] 王希杰.修辞学导论[M].杭州:浙江教育出版社,2000.

[364] 王玉华.完句成分与"有界"、"无界"[J].语文学刊,2004(5):70—73.

[365] 王越.东北官话"咱们"的排除性指称模式——兼谈可辨识指标在人称范畴上的体现[J].汉语学报,2021(1):79—87.

[366] 王志英.元语否定研究述评[J].外语学刊,2011(6):90—93.

[367] 魏红,储泽祥."有定居后"与现实性的无定 NP 主语句[J].世界汉语教学,2007(3):38—51.

[368] 魏君.试论话语标记语"说你什么好"[J].贵州工程应用技术学院学报,2015,33(4):15—19.

[369] 魏雪,袁毓林.基于语义类和物性角色建构名名组合的释义模板[J].世界汉语教学,2013,27(2):172—181.

[370] 魏兆惠.早期北京话范围副词"净"、"尽"和"竟"[J].廊坊师范学院学报(社会科学版),2014,30(1):41—44.

[371] 维纳.控制论:或关于在动物和机器中控制和通信的科学[M].郝季仁,译.北京:北京大学出版社,2007.

[372] 吴福祥.试说"X 不比 Y·Z"的语用功能[J].中国语文,2004(3):222—231.

[373] 吴立红.状态形容词在使用过程中的程度磨损[J].修辞学习,2005(6):19—22.

[374] 武荣强.范围副词"光""净"对比研究[J].盐城师范学院学报(人文社会科学版),2010,30(6):60—63.

[375] 伍雅清,杨稼辉.类指句的不完句现象与焦点定位研究[J].湖南师范大学社会科学学报,2016,45(6):108—114.

[376] 伍雅清,祝娟.形容词作谓语的不完句效应研究[J].现代外语,2013,36(1):18—24.

[377] 芜崧."当然"的表义功用[J].三峡大学学报(人文社会科学版),2010,32(4):58—62.

[378] 肖治野."怎么_1"与"怎么_2"的句法语义差异[J].汉语学习,2009(2):44—49.

[379] 肖治野,沈家煊."了_2"的行、知、言三域[J].中国语文,2009(6):518-527.

[380] 邢福义.复句与关系词语[M].哈尔滨:黑龙江人民出版社,1985.

[381] 邢福义.现代汉语[M].北京:高等教育出版社,1993.

[382] 邢福义.汉语复句研究[M].北京:商务印书馆,2001.

[383] 熊学亮.语言使用中的推理[M].上海:上海外语教育出版社,2007.

[384] 熊学亮,刘国辉.也谈礼貌原则[J].四川外语学院学报,2002(3):60—62.

[385] 熊学亮,许宁云.逆证与语法化[J].暨南大学华文学院学报,2005(2):64—70.

[386] 熊子瑜,林茂灿."啊"的韵律特征及其话语交际功能[J].当代语言学,2004(2):116—127.

[387] 熊仲儒.汉语中无定主语的允准条件[J].安徽师范大学学报(人文社会科学版),2008(5):541—548.

[388] 熊仲儒.量度范畴与汉语形容词[J].世界汉语教学,2013,27(3):291—304.

[389] 许爱琼.感叹句与命题的逻辑关系[J].武汉师范学院学报(哲学社会科学版),1984(4):109—113.

[390] 徐晶凝.认识立场标记"我觉得"初探[J].世界汉语教学,2012,26(2):209—219.

[391] 徐烈炯.数量名词短语作主语的限制:语用角度的研究[A].//徐烈炯.The Referential Properties of Chinese Noun Phrases[C].巴黎:法国社会科学院出版,1997:25—44.

[392] 徐烈炯."都"是全称量词吗?[J].中国语文,2014(6):498—507.

[393] 徐烈炯,刘丹青.话题的结构与功能[M].上海:上海教育出版社,1998.

[394] 徐盛桓.新格赖斯会话含意理论和含意否定[J].外语教学与研究,1994(4):30—35.

[395] 徐盛桓.疑问句探询功能的迁移[J].中国语文,1999(1):3—11.

[396] 徐以中,杨亦鸣.副词"都"的主观性、客观性及语用歧义[J].语言研究,2005(3):24—29.

[397] 徐炽喜.浅析"等于说"[J].现代语文(语言研究版),2008(5):32—33.

[398] 颜力涛.汉语被字句的"偏离义"研究[D].长春:吉林大学,2014.

[399] 闫亚平.人称代词的立场建构功能及其"立场化"走向[J].汉语教学,2018,32(4):495—505.

[400] 杨德峰."几乎"的句法语义特点[A].//张谊生主编.汉语副词研究论集(第三辑)[C].上海:上海三联书店,2017:365—379.

[401] 杨红梅.副词"几乎、险些、差点儿"的多角度考察[D].长沙:湖南大学,2010.

[402] 杨江,侯敏.基于规则的汉语句子语义倾向计算[J].当代语言学,2013,15(4):405—416.

[403] 杨霁楚.语气副词"偏偏"的主观语义及相关句式考察[A].//中国语文杂志社编.语法研究和探索(十四)[C].北京:商务印书馆,2007,79—95.

[404] 杨静夷."差一点(没)"句式新说[J].沧州师范专科学校学报,2004(4):39—40.

[405] 杨唐峰."差不多"、"差一点"的语义制约——基于意象图式理论[J].汉语学习,2015(6):49—61.

[406] 杨晓宇."差一点"句式能否成立的解释——兼谈对朱德熙先生"企望说"的认识[J].宁夏大学学报(人文社会科学版),2011,33(1):

27—31.

[407] 杨永龙.近代汉语反诘副词"不成"的来源及虚化过程[J].语言研究,2000(1):107—119.

[408] 杨悦.基于"权势和同等关系"下汉语"你/您"和法语"Tu/Vous"的比较研究[D].武汉:武汉理工大学,2012.

[409] 杨子.Nn类"差点儿没VP"新解——从"差点儿没"的歧义性说起[J].语言研究,2017,37(3):31—36.

[410] 姚小鹏.追补性"当然"的篇章功能[J].语言教学与研究,2011(6):52—58.

[411] 叶建军.疑问副词"还"溯源[J].安徽大学学报(哲学社会科学版),2008(1):68—71.

[412] 叶婧婷、陈振宇.再论汉语的完句性[A].//复旦大学汉语言文字学科《语言研究集刊》编委会编.语言研究集刊(第十三辑)[C].上海:上海辞书出版社,2014:118—136.

[413] 殷志平.不能成句的主谓短语[J].汉语学习,2002(6):19—24.

[414] 于蓉.浅析日语反事实条件句的语用教学意义[J].安徽文学(下半月),2014(6):126—128.

[415] 于巍."(NP)(T)再VP"结构研究[D].长春:吉林大学,2008.

[416] 余翠.语气副词"偏偏"研究[D].福州:福建师范大学,2016.

[417] 余小强.违实条件句——哲学阐释及语义解读[M].北京:中国社会科学出版社,2017.

[418] 袁宾.说疑问副词"还"[J].语文研究,1989(2):26—28.

[419] 袁劲.说"难道"[J].青海师范大学学报(哲学社会科学版),1986(4):107—109.

[420] 袁毓林.现代汉语祈使句研究[M].北京:北京大学出版社,1993.

[421] 袁毓林."都"的加合性语义功能及其分配性效应[J].当代语言学,2005(4):289—304.

[422] 袁毓林.论"连……都/也"的主观化表达功能——兼析几种相关的"反预期"和"解-反预期"格式[J].(日)中国语学,2006(253):117—137.

[423] 袁毓林.论"都"的隐性否定和极项允准功能[J].中国语文,2007(4):306—320.

[424] 袁毓林.反预期、递进关系和语用尺度的类型——"甚至"和"反而"的语义功能比较[J].当代语言学,2008(2):109—121.

[425] 袁毓林.汉语配价语法研究[M].北京:商务印书馆,2010.

[426] 袁毓林."差点儿"和"差不多"的意义同异之辨[J].语言教学与研究,2011(6):66—75.

[427] 袁毓林."每"和"都"的语义配合和制约关系[A].//袁毓林主编.汉语句子的焦点结构和语义解释[C].北京:商务印书馆,2012:120—145.

[428] 袁毓林."差点儿"中的隐性否定及其语法效应[J].语言研究,2013,33(2):54—64.

[429] 袁毓林.汉语名词物性结构的描写体系和运用案例[J].当代语言学,2014a,16(1):31—48.

[430] 袁毓林.隐性否定动词的叙实性和极项允准功能[J].语言科学,2014b,13(6):575—586.

[431] 袁毓林."怀疑"的意义引申机制和语义识解策略[J].语言研究,2014c,34(3):1—12.

[432] 袁毓林."记得"的叙实性漂移及其概念结构基础[J].语言教学与研究,2020(1):36—47.

[433] 袁毓林.从语言的"多声性"看"假装"句的解读歧异[J].语言战略研究,2021(5):77—90.

[434] 袁毓林.形容词的极性程度意义及其完句限制条件[J].中国语文,2022,(2):131—144.

[435] 袁毓林,刘彬."什么"句否定意义的形成与识解机制[J].世界汉语教学,2016,30(3):303—317.

[436] 岳辉,施伟伟.演绎传信标记"按说"与"照说"的语义、语用研究[J].吉林大学社会科学学报,2017,57(2):193—203.

[437] 乐耀.从"不是我说你"类话语标记的形成看会话中主观性范畴与语用原则的互动[J].世界汉语教学,2011a,25(1):69—77.

[438] 乐耀.国内传信范畴研究综述[J].汉语学习,2011b,(1):62—72.

[439] 乐耀.国外传信范畴研究的新进展及理论思考[J].当代语言学,2020,22(3):428—452.

[440] 张伯江.认识观的语法表现[J].国外语言学,1997(2):15—19.

[441] 张伯江.从施受关系到句式语义[M].北京:商务印书馆,2009.

[442] 张伯江.现代汉语形容词做谓语问题[J].世界汉语教学,2011,25(1):3—12.

[443] 张伯江,方梅.汉语功能语法研究[M].南昌:江西教育出版社,1996.

[444] 张道俊."净+[是]+NP"结构的句法机制和语义关系[J].乐山师范

学院学报,2006(8):62—66.

[445] 张东华."差点儿+没+VP"格式辨析[J].柳州职业技术学院学报,2004(2):51—54.

[446] 张帆,翟一琦,陈振宇.再说"我们"——人称代词、复数与立场[A].//复旦大学汉语言文字学科《语言研究集刊》编委会编.语言研究集刊(第十九辑)[C].上海:上海辞书出版社,2017(2):126—147.

[447] 张耕,陈振宇.论排除义范围副词主观量表达的语用迁移——以"光、净"和四川方言的"只有"为例[J].当代语言学,2021,23(1):18—34.

[448] 张国宪.现代汉语形容词功能与认知研究[M].北京:商务印书馆,2006.

[449] 张金圈,唐雪凝.汉语中的认识立场标记"要我说"及相关格式[J].世界汉语教学,2013,27(2):202—213.

[450] 张倩颖.副词"光"和"净"的比较分析[D].上海:上海师范大学,2012.

[451] 张静静."每P"后"都"的隐没情况考察[J].宁夏大学学报(人文社会科学版),2009,31(4):22—27.

[452] 张克定.汉语语用否定的限制条件[J].河南大学学报(社会科学版),1999(1):66—68.

[453] 张蕾.全称量化副词"净"的语义及使用限制[J].世界汉语教学,2015,29(3):336—349.

[454] 张蕾,李宝伦,潘海华."所有"的加合功能与全称量化[J].世界汉语教学,2009,23(4):457—464.

[455] 张玲.关于"差点儿(没)VP"句式及相关句式的研究[D].上海:上海师范大学,2008.

[456] 张敏.汉语方言反复问句的类型学研究:共时分布及其历时蕴含[D].北京:北京大学,1990.

[457] 张琴.浅析网络流行语:废话文学[J].汉字文化,2021,(23):7—8.

[458] 张庆文.谓词性成分的封闭性与"差不多"和"差一点"的语义阐释[J].世界汉语教学,2009,23(2):160—176.

[459] 张韧弦.言语行为的形式化探索[A].//蒋严主编.走进形式语用学[C].上海:上海教育出版社,2011,50—105.

[460] 张玮,谢朝群.驾校冲突话语中的规约化不礼貌程式与身份建构[J].中国外语,2016,13(6):45—52.

[461] 张汶静.汉语否定表达的限制性条件研究[D].上海:复旦大学,2017.

[462] 张汶静,陈振宇.信息的确定性对否定表达的制约[J].语言教学与研

究,2016(5):76—87.

[463] 张文江.衬跌[J].语文学习,1981(6):50.

[464] 张相.诗词曲语辞汇释[M].北京:中华书局,1953.

[465] 张晓英.语气副词"果然"的多角度分析[D].武汉:华中师范大学,2014.

[466] 张新华.感知类叙实动词研究[J].语言教学与研究,2015(1):69—77.

[467] 张秀松."到底"的共时差异探析[J].世界汉语教学,2008(4):32—43.

[468] 张秀松."究竟"义"到底"句的句法、语义和语用考察[J].华文教学与研究,2014(1):74—85.

[469] 张雪平.现代汉语假设句研究[D].天津:南开大学,2008.

[470] 张一舟,张清源,邓英树.成都方言语法研究[M].成都:巴蜀书社,2001.

[471] 张谊生.副词的篇章连接功能[J].语言研究,1996(1):130—140.

[472] 张谊生.现代汉语副词研究[M].上海:学林出版社,2000a.

[473] 张谊生.现代汉语虚词[M].上海:华东师范大学出版社,2000b.

[474] 张谊生.现代汉语副词的性质、范围与分类[J].语言研究,2000c(1):51—63.

[475] 张谊生.现代汉语副词探索[M].上海:学林出版社,2004a.

[476] 张谊生.汉语副词研究[M].北京:商务印书馆,2014b.

[477] 张莹."什么"感叹句的"意外"本质——兼论"语用否定"的层级类型与制约因素[A].//复旦大学汉语言文字学科《语言研究集刊》编委会编.语言研究集刊(第二十七辑)[C].上海:上海辞书出版社,2021:133—155.

[478] 张玉金.出土战国文献中的语气词"乎"[J].语文研究,2010(2):59—65.

[479] 章敏."要不是"反事实条件句的情态问题研究[J].中南大学学报(社会科学版),2016,22(2):206—212.

[480] 赵春利,钱坤.副词"几乎"的分布验证与语义提取[J].语言教学与研究,2018(3):82—92.

[481] 赵静雅.闽南语感叹句研究——形式与功能之汇聚[D].台北:清华大学,2009.

[482] 赵万勋.论"差点儿没VP"的歧义分化[J].云南师范大学学报,2006(6):50—54.

[483] 赵万勋.北京话里"差点儿"句式的调查与分析[J].北京社会科学,

2009(3):103—107.

[484] 赵旻燕.汉语元语否定制约[J].华中科技大学学报(社会科学版),2007(6):58—64.

[485] 赵元任.汉语口语语法[M].吕叔湘,译.北京:商务印书馆,1979.

[486] 郑尔宁.现代汉语称谓名词义征研究[D].南京:南京师范大学,2006.

[487] 郑娟曼,张先亮."责怪"式话语标记"你看你"[J].世界汉语教学,2009,23(2):202—209.

[488] 周北海.概称句本质与概念[J].北京大学学报(哲学社会科学版),2004(4):20—29.

[489] 周继圣."刺激—反应"语境中的"让(叫)"字兼语句——兼谈汉语口语中的警告—威胁性祈使句[J].青岛海洋大学学报(社会科学版),2000(1):76—80.

[490] 周家庭."差一点……"和"差一点没……"[J].汉语学习,1981(3):20—23.

[491] 周静.现代汉语递进范畴研究[D].上海:华东师范大学,2003.

[492] 周思佳,陈振宇."一量名"不定指名词主语句允准条件计量研究[J].语言科学,2013,12(4):371—382.

[493] 周兴志."果然"、"竟然"逻辑特性探微——兼谈假说分类[J].新疆师范大学学报(社会科学版),1986(2):78—82.

[494] 周一民.北京话里的"差点儿没 VP"句式[J].语言教学与研究,2003(6):24—30.

[495] 朱德熙.现代汉语形容词研究[J].语文研究,1956(1):33.

[496] 朱德熙.说"差一点"[J].中国语文,1959(9):435.

[497] 朱德熙.汉语句法中的歧义现象[J].中国语文,1980(2):81—92.

[498] 朱德熙.语法讲义[M].北京:商务印书馆,1982.

[499] 朱庆祥.语体视角下的现代汉语小句依存性研究[M].上海:上海人民出版社,2019.

[500] 宗守云.晋方言情态动词"待"及其否定关联和意外性质[J].中国语文,2015(4):341—351.

[501] Aikhenvald, Alexandra Y. The essence of mirativity[J]. *Linguistic Typology*, 2012(16):435-485.

[502] Aksu-koc, Ayhana A & Slobin, Dan I. A psychological account of the development and use of evidentials in Turkish[A]. // Chafe, Wallace & J. Nichols (eds.). *Evidentiality: the Linguistic Coding*

of Epistemology[C]. Norwood, New Jersey: Ablex, 1986.

[503] Aikhenvald, Alexandra Y. *Evidentiality*[M]. Oxford: Oxford University Press, 2004.

[504] Aikhenvald, Alexandra Y (ed.). *The Oxford Handbook of Evidentiality*[C]. Oxford: Oxford University Press, 2018.

[505] Allen, James. F. & C. R. Perreult. Analyzing intention in utterance[J]. *Artificial Intelligence*, 1980(15): 143-178.

[506] Allott, Nicholas. E. *Pragmatics and Rationality*[D]. London: University of London, 2007.

[507] Anderson, Lloyd. B. Evidentials, paths of change, and mental maps: typologically regular asymmetries[A]. // Chafe, Wallace & J. Nichols (eds.). *Evidentiality: the Linguisitic Coding of Epistemology*[C]. Norwood, New Jersey: Ablex, 1986: 273-312.

[508] Andrews, Avery. D. The major functions of the noun phrase[A]. // Shopen T. (ed.). *Language Typology and Syntactic Description (2nd edition) Volume I: Clause structure*[C]. Cambridge: Cambridge University Press, 2007: 132-224.

[509] Ariel, Mira. *Accessing Noun - phrase Antecedent*[M]. New York: Routledge, 1990.

[510] Asheim, Olav. *Reference and Intentionality*（指称与意向性）[M]. 张建军、王林译,南京：南京大学出版社,2014.

[511] Austin, J. *How to Do Things with Words*[M]. Oxford: Oxford University Press, 1962.

[512] Benveniste, Emile. Subjectivity in language[A]. // Emile Benveniste (ed.). *Problems in General Linguistics*. Meek[C]. Mary Elizabeth. & Coral Gables (trans.). Florida: University of Miami Press, 1971: 223-30. 1958 最初发表.

[513] Benveniste, Emile. (1966/1971) Problèmes de Linguistique Générale[A]. // Emile Benveniste (ed.). *Problems in General Linguistics*. Meek[C]. Mary Elizabeth. & Coral Gables (trans.). Florida: University of Miami Press, 1971.1966 最初发表.

[514] Berman, Ruth. A., Ragnarsdóttir, H. and Strömqvist, S. Discourse stance[J]. *Written Language and Literacy*, 2002(5): 255-290.

[515] Bhat, D. N. Shankara. *Pronouns*[M]. Oxford: Oxford University

Press, 2004.

[516] Biber, Douglas & Edward, Finegan. Adverbial stance types in English[J]. *Discourse Processes*, 1988(11): 1-34.

[517] Biber, Douglas & Edward, Finegan. Styles of stance in English: Lexical and grammatical marking of evidentiality and affect[J]. *Text* 9, 1989(1): 93-124.

[518] Biber, Douglas, Stig Johansson, Geoffrey Leech, Susan Conrad & Edward Finegan. Longman *Grammar of Spoken and Written English*[M]. London: Longman, 1999.

[519] Biq, Yung O. Metalinguistic Negation in Mandarin[J]. *Journal of Chinese Linguistics*, 1989 (17, 1): 75-95.

[520] Biq, Yung O. Chinese causal sequencing and "yinwei" in conversation and press reportage[A]. // *Proceedings of Twenty-First Annual Meeting of the Berkeley Linguistic Society*[C]. Berkeley Linguistic Society, 1995.

[521] Boas, Franz. (ed.). *Handbook of American Indian Languages, Volume 1*[C]. Washington: Government Printing Office, 1911.

[522] Boucher, Jerry. & C. E. Osgood. The Pollyanna hypothesis[J]. *Journal of Verbal Behavior*, 1969(8): 1-8.

[523] Bubel, Claudia. Relationship impression formation: How viewers know people on the screen are friends[A]. // Piazza Roberta, Monika Bednarek & Fabio Rossi (eds.). *Telecinematic Discourse: Approaches to the Language of Films and Television Series*[C]. Amsterdam: John Benjamins, 2011: 225-247.

[524] Brown, Penelope & S. Levinson. *Politeness: Some Universals in Language Usage* [M]. Cambridge: Cambridge University Press, 1987.

[525] Carnap, Rudolf. *Philosophy and Logical Syntax* [M]. London: Kegal Paul, 1935.

[526] Chafe, Wallace. Evidentiality in English conversation and academic writing[A]. // Chafe Wallace & J. Nichols (eds.). *Evidentiality: The Linguistic Coding of Epistemology* [C]. Norwood, New Jersey: Ablex, 1986: 261-72.

[527] Chafe, Wallace. Cognitive constraints on information flow[A]. //

Tomlin, Russell S. (ed.). *Coherence and grounding in discourse*[C]. Amsterdam: John Benjamins, 1987.

[528] Chafe, Wallace. The flow of thought and the flow of language[A]. // Givón, T. (ed.). *Discourse and Syntax*[C]. New York: Academic Press, 1979: 159-181.

[529] Chafe, Wallace. *Discourse, Consciousness, and Time: The Flow and Displacement of Conscious Experience in Speaking and Writing*[M]. Chicago: The University of Chicago Press, 1994.

[530] Chang, Miao-Hsia. The discourse functions of Taiwanese kong in relation to its grammaticalization[A]. // *Selected Papers from the Second International Symposium on Languages in Taiwan*[C]. Taipei: The Crane Publishing Company, 1998.

[531] Chao, Yuen Ren(赵元任). *Cantonese Primer*[M]. Cambridge: Harvard University Press, 1947.

[532] Chao, Yuen Ren(赵元任). *A Grammar of Spoken Chinese*[M]. Berkeley and Los Angeles: University of California Press, 1968.

[533] Chappell, Hilary. Variation in the grammaticalization of complementizers from verbal dicendi in Sinitic languages[J]. *Linguistic Typology*, 2008 (12, 1).

[534] Chase, Dara Khadijih Mullally. Oppositional stance taking and authority through profane assessment[D]. Boulder: University of Colorado Boulder, 2017. (Available from: The University of Western Australia Library Course Materials Online. [1 September 2018])

[535] Cheng, Lisa Lai Shen（郑礼珊）. On every type of quantificational expressions in Chinese[A]. // Giannakidou. A & M. Rather (eds.). *Quantification, Definiteness and Nominalization*. Oxford: Oxford University Press, 2009: 53-75.

[536] Coates, Jennifer. Epistemic modality and spoken discourse[J]. *Transactions of the Philological Society*, 1987(1): 110-131.

[537] Cohen, Philip R. & C. R. Perrault. Elements of a plan-based theory of speech acts[J]. *Cognitive Science*, 1979 (3, 3): 177-212.

[538] Comrie, Bernard. *Aspect*[M]. Cambridge: Cambridge University Press, 1976. (北京大学出版社 2005 影印版)

[539] Comrie, Bernard. Russian[A]. // Chisholm, W. S. Jr. (ed)

Interrogativity, *a Colloquium on the Grammar*. *Typology*, *and Pragmatics of Questions in Seven Diverse Languages* [C]. Amsterdam: John Benjamins, 1984: 7-46.

[540] Conrad, Susan & D, Biber. Adverbial marking of stance in speech and writing[A]. // Hunston, S. & G. Thompson (eds.). *Evaluation in Text: Authorial Stance and the Construction of Discourse* [C]. Oxford: Oxford University Press, 2000: 56-73.

[541] Croft, William. *Syntactic Categories and Grammatical Relations* [M]. Chicago & London: University of Chicago Press, 1991.

[542] Cuenca, Maria Josep, Sorina Postolea & Jacqueline Visconti. Contrastive markers in contrast[J]. *Discourse*, 2019 (25): 3-31.

[543] Dahl, Osten. Grammaticalization and the life cycles of construction [J]. *RASK-Internationalt tidsskrift for sprog og kommunikation*, 2001(14): 91-134.

[544] De Haan, Ferdinand. Evidentiality and epistemic modality: Setting boundaries[J]. *Southwest Journal of Linguistics*, 1999(18): 83-101.

[545] DeLancey, S. Mirativity: The grammatical marking of unexpected information[J]. *Linguistic Typology*, 1997(1): 33-52.

[546] DeLancey, Scott. The mirative and evidentiality[J]. *Journal of Pragmatics*, 2001 (33, 3): 369-382.

[547] Douven, Igor. Abduction[A]. // Edward Zalta (ed.). *The Stanford Encyclopedia of Philosophy*[C]. Metaphysics Research Lab, Stanford University, 2021.

[548] Dow, Francis Daoming (窦道明). *A Grammar of Mandarin Chinese*[D]. Edinburgh: University of Edinburgh, Department of Chinese, 1983.

[549] Dryer, Matthew S. Clause types[A]. // Shopen T. (ed.). *Language Typology and Syntactic Description*, *Volume I: Clause Structure (Second Edition)* [C]. Cambridge: Cambridge University Press, 2007: 224-275.

[550] Du Bois, John W. Beyond definiteness: The trace of identity in discourse[A]. // W. Chafe (ed.). *Pear Stories: Cognitive Cultural, and Linguistic Aspects of Narrative Production* [C]. Norwood,

New Jersey: Ablex Publishing Company, 1980: 202-274.

[551] Du Bois, John W. The stance triangle[A]. // Englebretson, Robert (ed.). *Stancetaking in Discourse: Subjectivity, Evaluation, Interaction*[C]. Amsterdam & Philadelphia: John Benjamins, 2007.

[552] Ducrot, Oswald. *Dire et Ne Pas Dire*[M]. Paris: Hermann, 1972.

[553] Duszak, Anna & Okulska, U. *Language, Culture and the Dynamics of Age*[M]. Berlin: Walter de Gruyter, 2010.

[554] Elliott, Dale. E. Toward a grammar of exclamations[J]. *Foundations of Language*. 1974(11): 231-246.

[555] Englebretson, Robert (ed). *Stancetaking in Discourse: Subjectivity, Evaluation, Interaction*[C]. Amsterdam/Philadelphia: John Benjamins Publishing Company, 2007(a).

[556] Englebretson, Robert. Stancetaking in discourse: An introduction[A]. // Robert Englebretson (ed.). *Stancetaking in Discourse: Subjectivity, Evaluation, Interaction*[C]. Amsterdam/Philadelphia: John Benjamins Publishing Company, 2007(b): 1-26.

[557] Englebretson, Robert. Grammatical resources for social purposes: Some aspects of stancetaking in colloquial Indonesian conversation[A]. // Englebretson R. (ed.). *Stancetaking in Discourse: Subjectivity, Evaluation, Interaction*[C] (Pragmatics & Beyond New Series, 164) Amsterdam: John Benjamins, 2007(c): 69-110.

[558] Fillmore, Charles. J. *Lecture on Deixis*[M]. California: CSLI Publications, Stanford, 1997.

[559] Finegan, Edward. Subjectivity and subjectivisation: an introduction[A]. // Stein, D. & S. Wright. (eds.). *Subjectivity and subjectivisation*. Cambridge: Cambridge University Press, 1995: 1-15.

[560] Foley, William A. & Robert D. Van Valin. jr. *Functional Syntax and Universal Grammar*[M]. Cambridge: Cambridge University Press, 1984.

[561] Frajzyngier, Zygmunt. Truth and the indicative sentence[J]. *Studies in Language*, 1985(9): 243-54.

[562] Gabbay, Dov. M. & J. Woods. (eds.). *Agenda Relevance: a Study in Formal Pragmatics (A Practical Logic of Cognitive Systems,*

Volume 1)[C]. Amsterdam: Elsevier, 2003.

[563] Gabbay, Dov. M. & J. Woods. (eds.). *The Reach of Abduction: Insight and Trial.* (*A Practical Logic of Cognitive Systems, Volume 2*)[C]. Amsterdam: Elsevier, 2005.

[564] Gazda, Gerald. *Pragmatics: Implicature, Presupposition and Logical Form*[M]. New York: Academic Press, 1979.

[565] Givón, Talmy. Focus and the scope of assertion: some Bantu evidence[J]. *Studies in African Linguistics.* 1975(6): 202-204.

[566] Givón, Talmy. Iconicity, isomorphism and non-arbitrary coding in syntax[A]. // Haiman, J. (ed.) *Iconicity in Syntax* [C]. Amsterdam: John Benjamins, 1985: 187-219.

[567] Givón, Talmy. *Syntax: A Functional Typological Introduction, Volume. 1/2* [M]. Amsterdam/Philadelphia: John Benjamins, 1984/1990.（上下两部出版时间不同）

[568] Givón, Talmy. *Syntax: An Introduction, Volume 1* [M]. Amstrdam/Philadlphia: John Benjamins, 2001.

[569] Goffman, Erving. *Interaction Ritual* [M]. New York: Pantheon Books, 1967.

[570] Goffman, Erving. Frame *Analysis: An Essay on the Organization of Experience*[M]. Cambridge: Harvard University Press, 1974: 21.

[571] Goffman, Erving. *Form of Talk*[M]. Oxford: Blackwell, 1981.

[572] Goodman, Nelson. The Problem of Counterfactual Conditionals[J]. *The Journal of Philosophy* 1947(44): 113-138.

[573] Goodwin Charles. Participation, stance and affect in the organization of activities[J]. *Discourse & Society*, 2007 (18, 1): 53-73.

[574] Grano, Thomas. Mandarin hen, universal markedness, and tense [J]. *Natural Language and Linguistic Theory*, 2012(30, 2): 513-565.

[575] Green, Mitchell. Illocutionary force and semantic content [J]. *Linguistics and Philosophy*, 2000(23): 435-473.

[576] Grice, H.P. Meaning[J]. *Philosophical Review*, 1957(67): 183-198.

[577] Grice, H.P. Logic and conversation[A]. // Cole, P. & Morgan, J. (eds.). *Syntax and Semantics*[C]. New York: Academic Press,

1975: 41-58.

[578] Gundel, Jeanette K., Nancy Hedberg & Ron, Zacharski. Definite descriptions and cognitive status in English: why accommodation is unnecessary[J]. *English Language & Linguistics* 2001(5, 2): 273-295.

[579] Gunlogson, Christine. *True to Form: Rising and Falling Declaratives as Questions in English* [M]. New York: Routledge, 2003.

[580] Haddington, Pentti. *The Intersubjectivity of Stance-taking in Talk-in-Interaction*[D]. Oulu: University of Oulu, 2005.

[581] Haddington, Pentti. Positioning and alignment as activities of stance-taking in news interviews [A]. // Englebretson, R. (ed.). *Stance-taking in Discourse: Subjectivity, Evaluation & Interaction* [C]. Amsterdam: John Benjamins, 2007: 283-317.

[582] Hawkins, John A. *Definiteness and Indefiniteness: A Study in Reference and Grammaticality Predication*[M]. London: Groom Helm, 1978.

[583] Heine, Bernd, Urike Claudi, and Friederike Hünnemeyer. *Grammaticalization: A Conceptual Framework* [M]. Chicago: University of Chicago Press. 1991.

[584] Hengeveld, Kees & Olbertz, Hella. Didn't you know? Mirativity does exist! [J]. *Linguistic Typology*, 2012 (16, 3): 487-503.

[585] Heritage, John. *Garfinkel and Ethnomethodology* [M]. Cambridge: Polity Press, 1984.

[586] Heritage, John. Epistemics in action: Action formation and territories of knowledge[J]. *Research on Language and Social Interaction*, 2012 (45, 1): 1-29.

[587] Heritage, John. & G. Raymond. The terms of agreement: Indexing epistemic authority and subordination in assessment sequences[J]. *Social Psychology Quarterly*, 2005 (68, 1): 15-38.

[588] Hintikka, Jaakko. *Knowledge and belief: An introduction to the two notions*[M]. Ithaca: Cornell University Press, 1962.

[589] Hintikka, Jaakko. The varieties of information and scientific explanation[A]. // Rootselaar, B. V. & J. F. Staal (eds.). *Logic, Methodology and Philosophy of Science* Ⅲ [C]. Amsterdam:

North-Holland Publishing Company, 1968: 311-331.

[590] Horn, R. Laurence. A presuppositional analysis of only and even [A]. // *Proceedings of the Fifth Chicago Linguistics Society*[C]. Chicago: Chicago University, 1969.

[591] Horn, R. Laurence. *On the Semantic Properties of Logical Operators in English*[D]. Los Angeles: UCLA, 1972. (Reprinted by Indiana U. Linguistics Club, 1976)

[592] Horn, R. Laurence. Metalinguistic negation and pragmatic ambiguity[J]. *Language*, 1985(61): 121-175.

[593] Horn, R. Laurence. *A Natural History of Negation*[M]. Chicago: Chicago University Press, 1989. (Reprinted and updated in 2001, CSLI Publications, Stanford)

[594] Hooper, Joan B. On Assertive Predicates[A]. // Kimball, J. (eds.). *Syntax & Semantics, Vol 4*[C]. New York: Seminar Press, 1975: 91-124.

[595] Huang Shi-Zhe (黄师哲). *Quantification and Predication in Mandarin Chinese: A case Study of Dou*[D]. Philadelphia: University of Pennsylvania, 1996.

[596] Huang Shi-Zhe (黄师哲). *Universal Quantification with Skolemization: Evidence from Chinese and English*[M]. New York: The Edwin Mellen Press, 2005.

[597] Huang, Shi-Zhe (黄师哲) & Li, Y. H. (李艳慧). A new issue in the semantic analysis of modification structure in Chinese[A]. // *16th Annual Conference of the International Association of Chinese Linguistics*[C]. Beijing: Peking University, 2008.

[598] Hurley, Patrick. *A Concise Introduction to Logic*（简明逻辑学导论）10c（第10版）[M]. 陈波,宋文淦等,译.北京：世界图书出版公司,2010.

[599] Hyland, Ken. Stance and engagement: A model of interaction in academic discourse[J]. *Discourse Studies*, 2005(7): 173-192.

[600] Hyslop, Catriona. Adjectives in North-East Ambae[A]. // Dixon, R. M. W. & Aikenvald. A. Y. (eds.). *Adjective Classes: A Cross-linguistic Typology*[C], 2004: 263-282.

[601] Ippolito, Michela. Presuppositions and implicatures in counterfactuals

[J]. *Natural Language Semantics*, 2003 (11), 145-186.

[602] Jespersen, Otto. *The Philosophy of Grammar* [M]. New York: Norton, 1924. (又见廖序东主持翻译,北京: 商务印书馆,2010)

[603] Johnstone, Barbara. Linking identity and dialect through stancetaking [A]. // Englebretson, R. (ed.). *Stancetaking in Discourse: Subjectivity, Evaluation, Interaction* [C]. Amsterdam: John Benjamins, 2007: 49-68.

[604] Kärkkäinen, Elise. *Epistemic stance in English conversation: A description of its interactional fuctions with a focus on "I think"* [M]. Amsterdam: John Benjamins, 2003.

[605] Kärkkäinen, Elise. The role of "I guess" in conversational stancetaking [A]. // Englebretson, R. (ed.). *Stancetaking in Discourse: Subjectivity, Evaluation, Interaction* [C]. Amsterdam: John Benjamins, 2007: 183-220.

[606] Karttunen, Lauri. & Stanley Peters. Requiem for presupposition [A]. // *The Third Annual Meeting of the Berkeley Linguistics Society* [C]. Berkeley, 1977.

[607] Kaufmann, Magdalena. and T. Xu. Almost or almost not? The interaction between "chadian" (almost) and negation in Mandarin Chinese [A]. // *Proceedings of the 49th Annual Meeting of the Chicago Linguistic Society* [C], 2013.

[608] Keenan, Edward. Towards a universal definition of "subject of" [A]. // Li, N. (ed.). *Subject and Topic* [C]. New York: Academic Press, 1976: 303-333.

[609] Keisanen, Tiina. Stancetaking as an interactional activity: Challenging the prior speaker [A]. // Englebretson, R. (ed.). *Stancetaking in Discourse: Subjectivity, Evaluation, Interaction* [C]. Amsterdam: John Benjamins, 2007: 253-281.

[610] Kiesling, Scott. F. Stance in context: Affect, alignment and investment in the analysis of stancetaking [A]. // *The iMean Conference (15 April 2011. The University of the West of England, Bristol, UK)* [EB/OL]. http://www.academia.edu/1037087/Stance_in_context_Affect_alignment_and_investment_in_the_analysis_of_stancetaking.

[611] Kiparsky, Paul. & C. Kiparsky. Fact[A]. // Bierwisch, M. & K. Heidolph. (eds.). *Progress in Linguistics*[C]. The Hague: Mouton, 1970: 143-173.

[612] Koymen, S. Bahar. *"I said 'I don't want him do it'": Toddlers' Usage of Complement Constructions within Interactions in Daycare*[D]. Santa Barbara: University of California Santa Barbara, 2011.

[613] König, Ekkehard. & Peter, Siemund. Speech Act Distinctions in Grammar[A]. // Shopen T. (ed.). *Language Typology and Syntactic Description, Volume I: Clause Structure (Second Edition)*[C]. Cambridge: Cambridge University Press, 2007: 276-324.

[614] Kuno, Susumu & Ken-ichi Takami. Remarks on negative islands[J]. *Linguistic Inquiry*, 1997(4): 553-576.

[615] Kuteva, Tania. *Auxiliation: An Enquiry into the Nature of Grammaticalization*[M]. Oxford: Oxford University Press, 2001.

[616] Lambrecht Knud. *Information Structure and Sentence Form: Topic, Focus and the Mental Representations of Discourse Referents*[M]. Cambridge: Cambridge University Press, 1994.

[617] LaPolla, Randy. J. (罗仁地). Arguments against "subject" and "direct object" as viable concepts in Chinese[J]. *Bulletin of the Institute of History and Philology*, 1993(4).

[618] Larson, Richard. Chinese as a reverse Ezafe language[A]. // *Journal of Linguistics*(语言学论丛), 2009 (39): 30-85.(是作者2009年在北京大学的讲演稿)

[619] Lee-Goldman, Russell. No as a discourse marker[J]. *Journal of Pragmatics*, 2011(43, 10): 2627-2649.

[620] Leech, Geoffrey. N. *Semantics (First edition)*[M]. London: Penguin Books, 1974.

[621] Leech, Geoffrey. N. *Semantics: The Study of Meaning (Second edition)*[M]. Harmonsdsworth, Middlesex: Penguin, 1981. (李瑞华、王彤福、杨自俭、穆国豪译,何兆熊、华钧校订.上海：上海外语教育出版社,1987.)

[622] Leech, Geoffrey. N. *Principles of Pragmatics*[M]. London: Longman,

1983.

[623] Lerner, Gene H. On the syntax of sentences-in-progress [J]. *Language in Society*. 1991(20, 3): 441-458.

[624] Lewis, David. Counterfactuals[J]. *Journal of Pragmatics*, 1970 (40): 1865-1895.

[625] Lewis, David. *Counterfactuals* [M]. Cambridge: Harward University Press, 1973.

[626] Levinson, Stephen C. *Pragmatics* [M]. Cambridge: Cambridge University Press, 1983.

[627] Li, Charles N. & Sandra. A. Thompson (李讷和汤普逊). Subject and topic: A new typology of language(主语与主题：一种新的语言类型学)[M]. // Li, Charles N. & Sandra A, Thompson (eds.). *Subject and Topic*. New York: Academic Press, 1976. (另见李谷诚摘译《国外语言学》1984年第2期,38-44)

[628] Li, Charles N. & Sandra. A. Thompson (李讷和汤普逊). *Mandarin Chinese*[M]. Berkeley and Los Angeles: University of California Press, 1981.

[629] Lin, Jo-wang (林若望). Distributivity in Chinese and its implications[J]. *Natural Language Semantics* 1998(6): 201-243.

[630] Liu, C. S. L. (刘辰生). The positive morpheme in Chinese and the adjectival structure[J]. *Lingua* 2010 (120, 4): 1010-1256.

[631] Liu Haiyong. Expletive negation in Mandarin Cha-dian-mei "Miss-bit-not" +V structure[J]. *Journal of Chinese Linguistics*, 2011(1).

[632] Lyons, Christopher. *Definiteness* [M]. Cambridge: Cambridge University Press, 1999. (又见《限定范畴》,北京：北京大学出版社,2005年)

[633] Lyons, John. *Semantics*, *Vol. 1* [M]. Cambridge: Cambridge University Press, 1977.

[634] Makkai, Adam. Where do exclamations come from? [A]. // Makkai, A. & A. K. Melby (eds.). *Linguistics and Philosophy: Essays in Honor of Rulon S. Wells*[C]. Amsterdam: Benjamins, 1985: 445-469.

[635] Markus, Hazel. R. & S. Kitayama. Culture and the self: Implications for cognition, emotion, and motivation[J]. *Psychological*

Review, 1991(2): 224-253.

[636] Martin, J. R. How many speech acts? [J]. U. E. A. Papers in Linguistics, 1981 (14-15): 52-77.

[637] Martin, J. R. Beyond exchange: Appraisal systems in English [A]. // Hunston, S. & G. Thompson (eds.). *Evaluation in Text: Authorial Stance and the Construction of Discourse* [C]. Oxford: Oxford University Press, 2000: 142-175.

[638] Martin, J. R. How we get aligned [J]. *Discourse & Society*, 2004 (15, 2-3): 321-344.

[639] Martin, J. R. & P. R. R. White. *The Language of Evaluation: Appraisal in English* [M]. London/New York: Palgrave/Macmillan, 2005. 影印版, Beijing: Foreign Language Teaching and Research Press, 2008.

[640] Matthews, S. J. Evidentiality and mirativity in Cantonese: wo3, wo4, wo5! [A]. // *Proceedings of the Sixth International Symposium on Chinese Languages and Linguistics* [C]. Taipei: Academia Sinica, 1998.

[641] McArthur, Tom. (ed.). *The Oxford Companion to the English Language* [C]. Oxford University Press, 1992.

[642] McCawley, James D. *The syntactic phenomena of English*, 2 [M]. Chicago: University of Chicago Press, 1988.

[643] McCready, E. *What particles do* [D]. Tokyo: Aoyama Gakuin University, 2007.

[644] Michaelis, Laura. Exclamative constructions [A]. // Haspelmath, Martin, Ekkehard König, Wulf Oesterreicher, & Wolfgang Raible (eds.). *Language Typology and Language Universals* [C]. Berlin: de Gruyter, 2001: 1038-1058.

[645] Milner, Jean-Claude. *De la syntaxe à l'interprétation: Quantités, Insultes, Exclamations* [M]. Paris: Seuil, 1978.

[646] Montague, Richard. The proper treatment of quantification in ordinary English [A]. // Hintikka, Jaakko, Julius Matthew Emil Moravcsik & Patrick Suppes (eds.). *Approaches to Natural Language* [C]. 1973: 221-242. (Dordrecht: D. Reidel. Reprinted in Montague, 1974, 247-270.)

[647] Morgan, Jerry L. Two types of convention in indirect speech acts [A]. // Cole, P. (ed.). *Syntax and Semantics*, *Vol. 9: Pragmatics* [C]. New York: Academic Press, 1978.

[648] Morris, Charles W. *Foundations of the Theory of Signs* [M]. Chicago: University of Chicago Press, 1938.

[649] O'Connor, Patricia. "You could feel it through the skin": Agency and positioning in prisoner's stabbing stories[J]. *Text*, 1994 (14, 1): 45-75.

[650] Ochs, Elinor. Linguistic resources for socializing humanity[A]. // Gumperz J. & S. Levinson (eds.). *Rethinking Linguistic Relativity*[C]. Cambridge: Cambridge University Press, 1996: 407-437.

[651] Ochs, Elinor & Bambi Schieffelin. Language has a heart[J]. *Text and Talk*, 1989 (9): 7-26.

[652] Pagliai, Valentina. Non-alignment in footing, intentionality and dissent in talk about immigrants in Italy [J]. *Language & Communication*, 2012 (32, 4): 277-292.

[653] Park, Joseph. S. Y. Framing, stance, and affect in Korean metalinguistic discourse[J]. *International Pragmatics Association*, 2011 (21, 2): 265-282.

[654] Perrault, C. Raymond. & J. Allen. A plan-based analysis of indirect speech acts[J]. *American Journal of Computational Linguistics*, 1980 (6, 3-4): 167-182.

[655] Peterson, Tyler. *Rethinking mirativity: The expression and implication of surprise* [D]. University of Toronto, 2013. Avaliable from: http://semanticsarchive.net.

[656] Peterson, Tyler. Mirativity as surprise: Evidentiality, information, and deixis[J]. *Journal of Psycholinguistic Research*, 2015 (45, 6): 1327-1357.

[657] Pickering, Martin J. & Garrod S. Toward a mechanistic psychology of dialogue[J]. *Behavioral and Brain Sciences*, 2004 (27): 169-226.

[658] Prince, Ellen, F. Toward a taxonomy of given-new information [A]. // Cole, P. (ed.). *Radical Pragmatics*[C]. NY: Academic Press, 1981: 223-255.

[659] Prince, Ellen, F. The ZPG letter: subjects, definiteness, and information-status[A]. // Thompson, S. and Mann, W. (eds.) *Discourse Description: Diverse Analyses of a Fund Raising Text* [C]. Philadelphia/Amsterdam: John Benjamins, 1992: 295-325.

[660] Pustejovsky, James. *The Generative Lexicon* [M]. Cambridge, MA: The MIT Press, 1995.

[661] Quine, W. V. O. *Word and Object* [M]. Cambridge, MA: MIT Press, 1960/2001.

[662] Quine, W. V. O. *From a Logical Point of View* [M]. Cambridge MA: Harvard University Press, 1981.

[663] Ramírez-Cruz, Hector. No manches, güey! Service encounters in a Hispanic American intercultural communication setting [J], *Journal of Pragmatics*, 2017(108): 28-47.

[664] Reiter. Raymond. A logic for default reasoning [J]. *Artificial Intelligence*, 1980(13, 1/2): 81-132.

[665] Rett, Jessica. Exclamatives, degrees and speech acts[J]. *Linguist and Philosophy* 2011(34): 411-422.

[666] Sakikawa, Yukiko. Alignment and affiliation in narratives in conversations between speakers of American English and Japanese [D]. Philadelphia: Temple University, 2011. Available from: The University of Western Australia Library Course Materials Online.

[667] San Roque, Lila, Simeon Floyd & Elisabeth Norcliffe. Evidentiality and interrogativity[J]. *Lingua* 2017 (186-187): 120-143.

[668] Satoh, Kyoko. Laughing together in Japanese complimenting discourse: Collaboratively constructed stance[J]. *The Bulletin of Yokohama City University*, 2018 (69, 1): 38-55.

[669] Scheibman, Joanne. Subjective and intersubjective uses of generalizations in English conversations[A]. // Englebretson R. (ed.). *Stancetaking in Discourse: Subjectivity, Evaluation, Interaction* (Pragmatics & Beyond New Series, 164)[C]. Amsterdam: John Benjamins, 2007: 111-138.

[670] Schiffrin, Deborah. *Discourse Markers*[M]. Cambridge: Cambridge University Press, 1987.

[671] Searle, John R. Proper names[J]. *Mind*, 1958(67): 166-173.

[672] Searle, John R. *Speech acts: An essay in the philosophy of language*[M]. Cambridge: Cambridge University Press, 1969.

[673] Searle, John R. Indirect speech acts[A]. // Cole. P. & J. L. Morgan (eds.). *Syntax and Semantics 3: Speech Act*[C]. New York: Academic Press, 1975.

[674] Searle, John R. *Expression and Meaning, Studies in the Theory of Speech Act*[M]. Cambridge: Cambridge University Press, 1979.

[675] Searle, John R. *Intentionality*[M]. Cambridge: Cambridge University Press, 1983.

[676] Searle, John R. & D. Vanderveken. *Foundations of Illocutionary Logic*[M]. Cambridge: Cambridge University Press, 1985.

[677] Shannon, Claude E. A Mathematical Theory of Communication[J]. *The Bell System Technical Journal*, 1948 (27): 379-656.

[678] Spencer-Oatey, Helen. Rapport management: A framework for analysis[A]. // Spencer-Oatey, H. (ed.). *Culturally Speaking: Managing Rapport Through Talk Across Cultures*[C]. London & New York: Continuum International Publishing Group, 2000: 11-46.

[679] Spencer-Oatey, Helen. Managing interpersonal rapport: Using rapport sensitive incidents to explore the motivational concerns underlying the management of relations[J]. *Journal of Pragmatics*, 2002(34): 529-545.

[680] Spencer-Oatey, Helen. (Im)Politeness, face and perceptions of rapport: Unpackaging their bases and interrelationships[J]. *Journal of Politeness Research*, 2005 (1, 1): 95-119.

[681] Sperber, Dan & D. Wilson. *Relevance: Communication and cognition*（关联：交际与认知）[M]. Oxford: Blackwell, 1986/1995. 蒋严, 译. 中国社会科学出版社, 2008.

[682] Steensig, Jakob. & Drew, P. Introduction: Questioning and affiliation/disaffiliation in interaction[J]. *Discourse Studies*, 2008(10, 1): 5-15.

[683] Stivers, Tanya. Stance, alignment, and affiliation during storytelling: When nodding is a token of affiliation[J]. *Research on Language and Social Interaction*, 2008(41): 31-57.

[684] Stivers, Tanya & Nick. J. Enfield. A coding scheme for question-

response sequences in conversation[J]. *Journal of Pragmatics*, 2010(42): 2620-2626.

[685] Thornburg, Linda & Klaus-Uwe Panther. Speech act metonymies [A]. // Liebert, Wolf-Andreas, Redeker, Gisela & Waugh, Linda (eds.). *Discourse and Perspective in Cognitive Linguistics*[C]. Amsterdam/Philadelphia: John Benjamins, 1997: 205-219.

[686] Thomas, Jenny A. *Meaning in Interaction: An Introduction to Pragmatics*[M]. London: Longman, 1995.

[687] Traugott, Elizabeth, C. Subjectification in grammaticalization [A]. // Stein, D. & S. Wright (eds.). *Subjectivity and Subjectivisation* [C]. Cambridge: Cambridge University Press, 1995: 31-54.

[688] Traugott, Elizabeth, C. On the rise of epistemic meanings in English: an example of subjectification in semantic change[J]. *Language*, 1989 (65): 31-55.

[689] Traugott, Elizabeth, C. The rhetoric of counter-expectation in semantic change: a study in subjectification [A]. // Black, Andreas & Peter Koch (eds.). *Historical Semantics and Cognition* [C]. Berlin/New York: Mouton de Gruyter, 1999.

[690] Traugott, Elizabeth C. & Richard B. Dasher. *Regularity in Semantic Change*[M]. Cambridge: Cambridge University Press, 2002.

[691] Traugott, Elizabeth C. & Richard B. Dasher. *Meaning and Speech Acts*, *Volume 2*[M]. Cambridge: Cambridge University Press, 1991.

[692] Tsai Mei-chih (蔡美智). A discourse approach to causal sentences in Mandarin Chinese[A]. // *Language Information and Computation* (*Proceedings of PACLIC11*)[C], 1996: 93-98.

[693] Vanderveken, D. *Meaning and speech acts* [M]. Cambridge: Cambridge University Press, 1990.

[694] Verhagen, Arie. Intersubjectivity and the architecture of the language system[A]. // Jordan Zlatev, Timothy P. Racine, Chris Sinha & Esa Itkonen (eds) *The Shared Mind: Perspectives on Intersubjectivity*. Amsterdam/Philadelphia: John Benjamins Publishing Company, 2008: 307-332.

[695] Verschueren, Jef. *Understanding pragmatics* [M]. London: Edward Arlord, 1999.

[696] Wakefield. John C. The forms and meanings of English rising declaratives: insights from Cantonese [J]. *Journal of Chinese Linguistics*, 2014 (42, 1): 109-149.

[697] Wang, Yuying. *The Ingredients of Counter Factuality in Mandarin Chinese* [D]. HK: Poly University of Hong Kong, 2012.

[698] Whaley, Lindsay. J. 类型学导论——语言的共性和差异[M].北京: 世界图书出版公司, 2009.

[699] Wu, Guo (武果). A unified account of the discourse function of the Chinese particle "ne"[J]. *Macrolinguistics* 2009(3): 1-35.

[700] Wunderlich, D. Methodological remarks on speech act theory [A]. // Searle, J. R., F. Kiefer, and M. Bierwisch (eds.). *Speech Act Theory and Pragmatics*[C]. Dordrecht: D. Deidel, 1981.

[701] Xiao, Yang. *Discourse markers in Chinese conversational narrative* [D]. Honolulu: University of Hawaii, 2010.

[702] Zanuttini, Raffaella & P. Portner. Exclamative clauses: at the syntax-semantics interface[J]. *Language*, 2003 (79, 1): 39-81.

[703] Zwicky, A. Exceptional degree markers: A puzzle in internal and external syntax[J]. *Ohio State University working papers in linguistics*, 1995(47): 111-123.

后　记

曾经有前辈告诉我,做学术就像"开门",打开一扇"对"的门是研究者最大的幸运和毕生的荣耀。但是作为初学者,面对已经呈现在我们面前的、数量巨大的"门"而言,能够尽情进去一观已经很不容易了,哪里还需要自己开门。二十年来我忙碌、奋斗,大多是在别人打开的门户中出入。从最初的"论元结构、情态"研究,到后来的"小句和句子结构、焦点、主题、感叹、意外、量化、指称、完句性、言语行为"等等,都是如此。其中"时间""疑问""否定"三大研究更是直接跟随导师戴耀晶先生的步伐恂恂前行。这些年偶尔也会碰见几座无人或只有很少人光顾的大门,尝试打开,如"语用数"(和刘承峰合作)、"信息价值"(和张汶静、周思佳合作)、"概率蕴涵"(和妹妹陈振宁合作)等,不过这些研究学界知道的人并不多。最大的一次收获是"事实性与叙实性"研究,袁毓林先生等前辈学者打开一扇大门,我努力跟了上去,并试图闯出一条不同于前辈学者的研究路径——也就是坚持把"事实、叙实"都看成语用和修辞问题,反对词汇和语义方面的解释——这一回收获颇丰。

多年前我在北京大学做博士后的时候,袁先生谈到语言学从本质上讲是心理学(此非原话,只是大致的意思),其中谈到了一个语义语用范畴"预期"。此后多年我并不知道他在国外的杂志上发表的那篇重要的文章(就是开创"解反预期"理论的那篇),但感觉这一问题比较小众,也就没有给予足够的重视。此后也有过一些研究,如"反预期语境"(与邱明波合作)、"'合理性'语句的预期性"(与姜毅宁合作)等,都是零星的、不成系统的考察。

我的预期理论思考,是从读到王健老师关于"意外"范畴研究的文章开始的。当时正好在研究否定、感叹和疑问诸范畴之间的关系,突然想到意外就是沟通这三大范畴的桥梁,于是提出"意外三角"理论(就是和杜克华合写的那一篇)。

从意外研究顺理成章进入"预期"研究。这得感谢强星娜老师对我意外研究的批评,她说国外的文献已经把意外的来源分为不同的方面,有的是反预期导致的意外,有的是无预期的新情况导致的意外,等等。经过强老师的批评，我发现需要更为完整系统地对"预期"理论进行整理和拓展，否则就不能很好地回答她的这一问题。好在此前在"信息价值"研究中，对"新信息"和"旧信息"做过数学定义，现在只要加上"反预期信息""正预期信息""无预期信息"就可以说明新情况与意外的关系。经过考察，我认为造成意外的"新信息"，其实准确地讲，仍然是"反预期的新信息"，"意外一定是反预期的"。只不过这种新信息的"预期"是一种特殊的预期类型"类指条件下的预期"（简称为"类指预期"），而此前大家说到预期时，基本都是在谈论"个体条件下的预期"（简称"个体预期"）。这一观点形成后发表为一篇论文，是我预期研究的转折点，因为正是这次讨论使我认识到了预期问题的极端重要性。

说到这篇论文的发表，还有一段有趣的故事。最初使用的术语为"无定预期"和"有定预期"，并在复旦大学召开的句法语义理论研讨会上做了专题发言。但是当论文在《语言教学与研究》审稿时，审稿专家提到强老师即将在《中国语文》发表关于无定预期和特定预期的文章（可能正好是同一位审稿专家），而且更凑巧的是我们使用的主要案例都是汉语副词"竟然"与"偏偏"。要特别感谢《语言教学与研究》编辑部和主编施春宏老师，他们并没有因此直接将我的文章毙掉，而是提了一大堆颇有真知灼见的意见，希望我做修改。其中提到无定有定只是表征，以此出发区分两种类型尚难以把握，真正的要害在哪里还需要进一步考察。感谢强老师的通达，我直接从她那里拿到了她的论文的全稿，并做了仔细的对比。有一说一，我们的确有不少相似或相同的地方，尤其是对无定预期的描述上；但是我们有一个本质的不同，她的预期语篇是三分的，而我的是四分的，这就是本书一再强调的"单一预期语篇四大部分"：条件、预期、当前信息和预期性。以往的研究者没有区分条件和预期，将它们合称为"预期"，所以只有三个部分。

条件与预期区分的想法，是当年在北京大学浏览心理学研究时产生的。心理学的预期问题包括"预期""推理"和"行为"（指在预期下主体采取的后续行为）三者。其中"预期"与四大部分的预期相当，而"推理"是研究在已有知识状态下产生预期的推理过程和结果，这就把"已有知识状态"单独列举出来。这些研究把预期产生的过程类比为语言中的"条件句"，即：如果有这样的已有知识状态（O）作为推理的条件，就会或可能会产生这样的预期（有概率的大小，记为 $P(M|O)$）作为推理的结果。除此之外，之所以把已有知识状态用"条件"这一术语来称呼，还与数学上（也是信息论中）的"条件概率"有关。在信息计算公式中，$P(M|O)$ 表示从已有知识状态到预期的可能程度，它被形式化为概率数值，并且由此得到预期性（预期与当前信息的比较）的计算公式。"条件概率"也被用来深入刻画逻辑中的简单蕴涵关系，因

概率数值的不同而区分出肯定/否定全概率推理、肯定/否定大概率推理和肯定/否定小概率推理。

有了条件与预期的区分,不但可以把各种"广义因果句"全部转化为预期问题来研究,还可以从条件的性质来区分两类预期:一个是具体的、个别的、一旦修改将带来不同预期的条件,如"小王是小李的好朋友,所以应该会去参加生日宴会",改为"小王不是小李的好朋友"就不会得到后面的预期;一个是类的、可替换不同成员的条件,如"我正在街上走,突然冲过来一个人",不管是我还是另外一个人,不管是在大街上还是在其他地方,不管是不是在走或者是做其他事,不管是冲过来一个人还是发生其他突发事件,事件发生的概率都非常低,向 0 靠近否定大概率推理,因为这里的预期是这样的:"任何一个一般的人,在任何一般的处境下,一般都希望或认为周围的世界在自己的认知掌控范围之内",而"任何一个突发事件",都违反这一预期。此前学者们讲的"无预期新信息"的意外例句,其实正是类指预期的情况,要产生意外情感,这种新信息或新情况必须违反一般性的普遍的类指预期(也就是很难发生的事件竟然发生了)。

这篇论文的撰写和发表前后,我在一些讲座中报告了相关内容,收到了许多来自学界同仁的尖锐批评和商榷意见。在复旦大学的语法沙龙、黄金读书活动中,我的同事和学生们也纷纷提出争议,认为很多问题过于复杂,很难想通。我的硕士生王梦颖此前已经写成了毕业论文,提出了小概率预期的问题,但是在答辩时也收到了很多批评意见,以至于她一时竟有些犹豫。

这些批评意见很有价值,也很及时,逼迫我继续研究,试图给出一个更为完善的、系统的、属于语言学的预期范畴理论体系。机缘巧合,这与我的另一个研究正好同时进行。

许多年前,我就希望将语用学的各种规则或原则,用逻辑关系的方法集成起来,成为一个统一的系统,从而摆脱当今语用学零散、分裂的局面。因为没有找到国内外现成的理论体系,所以只好自己尝试来做。后来受"分布式网络"理论的影响,拟定了一个提纲,将言语行为的研究分为五大立场,每个立场及其内部的子系统都是一个个单独的模块,各种语义和语用范畴是认知网络上的节点,它们之间的迁移规律就是节点之间的连线。由于迁移不是无条件的,需要某一或某些特征来触发,这样就形成了本书所说的语用迁移公式和三大迁移类型"正迁移、负迁移和叠加"。

经过十几年的集成,在 2019 年申请到了国家社科后期项目。欣喜之余,一个新的、严重的问题浮出水面:评审专家意见中提到,所有这些系统和子系统,有什么普遍地或共同地统摄着它们的机制?每个迁移公式,怎么保证它真的有效,而不仅仅是作者的臆想?对已有的言语行为和语用学研究,本书提出的反对意见之一就是它们太哲学化,未经语言的证明,那么本书如何操作,才能落实到语言学中来,在理论和实际操作上与它们划清界限?

按照一般的流程,后期项目大多会在一年后结项,但是上述问题的提出,让我犹豫不决,不希望留下这样重大的遗憾。在 2020 年,我忙于或被迫考虑更多的关于"预期"的问题。此前已有用预期理论来统摄语义学和语用学的想法,并且出了一本《逻辑、概率与地图分析:汉语语法学中的计算研究》,初步用条件概率来重塑了逻辑的基本概念和规律。这时候很自然将两个工作结合在一起。

谁料这一次我却发现自己推开了一扇难以想象的大门。这门此前已经开了一条很大的缝隙,当我努力把它更为彻底地打开的时候,希望门后是一个宝库,或者是一座宝山,能够有足够的收获,可以解决当前迫切的问题。但当我真的走进去之后,却发现门后是一块生机勃勃的大陆,一片万象更新的海洋,一条光芒四射的星河,一个崭新的世界!说实话,最后我自己也被惊到了,一眼望不到边!这种感觉首先出现在 2021 年夏天,只觉得无数新的、极为深刻的学术研究在招手,根本做不过来。甚至几乎整个语法学的各种研究,竟都是预期世界的一个个投影!无尽的宝藏等着开发,我却只能踽踽前行,相比"预期"理论大厦的宏伟,我是何等的渺小!每天都在接受新的世界观的洗礼,时时发现震颤我内心的东西,几十年的学术学养都不断发生着自我革命性的改变,称为"洗髓伐骨"一点也不过分。朋友们都知道我这两年做了一系列关于预期问题的报告,文章一篇接一篇发表出来;他们不知道的是,我不过是随手捡拾一二而已,并非我太努力,而是这个世界太精彩!

依我的愚见,预期研究将是汉语语法学未来发展的一条金光大道!言语/社会行为研究通往"语义/语用"语法体系,而预期理论是其大门和钥匙。预期是语义学和语用学,不,是认知科学(心理学)、社会科学(人类学)、逻辑学(数学)、知识体系(计算机信息处理)、哲学与艺术的核心和灵魂。最新的研究还表明,即使是最基本的句法结构(不论是基于论元配置的小句结构,还是基于"主题—说明"关系的语段结构),也都是主体预期的规约化(固化)而已。预期大门后的新世界,不是也不应该是也不可能是属于我个人或某些小团体的,应该让所有研究汉语语法的人都进来,哪怕是先"骗"进来也好。

这本书就是一块敲门砖,但不是我来敲,而是希望读者来敲。经过三年的努力,书中尝试用预期理论对言语行为的五大立场及其各个方面,都做了一次全新的阐释,将所有的人类认知、立场和情感、行为都建立在主体预期的基础之上。从语言学的意义上说,提出了一套检验常理预期的语言格式"预期格式、反预期格式和递进格式",并且用它们对全书的原则系统进行了检验。这一操作目前还不够完美,但是初步跨越了此前遇到的那个最主要的障碍:全书所有的系统和子系统,都是在"预期"这一主体意识的统摄之下的;每个迁移公式,必须依靠预期检验格式以及相应的语言调查来保证它们的有效性,而调查中出现的"异常"情况其实反映的正是社会思想、文化的变迁;语用学的规则反映的是汉语言语社团的常理预期。

  这一次修改工作的代价也是很沉重的,虽然使书稿"脱胎换骨",但后果是篇幅大大增加,经费负担和校对任务加重,出版时间一再拖延,这给复旦大学出版社和王汝娟编辑的工作带来了不小的麻烦,在此深表歉意。如果没有出版社减免了大笔费用,没有王老师的大力支持,没有我自己掏的四万块钱,本书的出版还遥遥无期。

  最后要感谢那些已经进入预期研究的大门,甚至比我走得更远的人们,他们也是"开门人",感受也许比我更深,只不过不像我这样大声疾呼而已。特别感谢袁毓林先生、强星娜老师和姜毅宁小友。袁先生一直是我学术发展的引路人,我的预期研究的发端实在于此。强老师批评过我,我也批评过她,有时候机缘真的很重要,而她的批评和文章是促使我转变的契机。姜毅宁是我的硕士生和博士生,博士论文研究预期范畴,她是一个独立自主、很有想法的人,恐怕是迄今为止对我的预期研究提出责难和批评最多的人,包括很多激烈的争论。参与争论并迫使我不得不一步步前进的,还包括我妹妹陈振宁,学生张耕、王梦颖、张莹、李宇涵、包笑婷、周怡然等。长期以来,学界形成一种不好的风气,在报告和论文中不愿意提及批评自己的学者和文章。其实唯有批评与自我批评才是探索未知世界的唯一法宝,唯有相互批评才是真学者的相处之道,因此与我争论最多、最为深刻,甚至"伤我最巨"的那个人才是使我受益最大的功臣。

  早期预期研究的引路人还包括吕叔湘、周兴志、陆俭明、吴福祥、齐沪扬、潘海华等前辈学者,张谊生和张伯江先生对我这些年的研究帮助很多。近年来我在预期研究中打交道和论辩颇多的,还有王健、胡承佼、盛益民、完权、张新华、朱斌、周韧、尹洪波、邵洪亮、杜克华、张和友、陈禹、陆方喆、宗守云、唐正大、李宇凤、范晓蕾、朱庆祥、鲁承发、李双剑、李湘、章敏、刘瑞、王恩旭、刘彬、姜其文、赵彧、干薇、吴术燕、鲁莹、鲜丽霞、赵敏、殷思源、王继新等学界朋友。需要感谢的还有一些重要的预期问题研究者,我和他们直接打交道不多,但其文章使我颇受启发,如谷峰、郑娟曼、胡建锋、单威、张则顺、万光荣等。

  我希望的是,读者在批评本书内容的过程中进一步得到升华,超越已有的研究成果,走得更为高远,取得更大的成就。实际上,因为这个世界太强大,探索者也被迫走得更快。在提交结项文本到准备出版的一年之中,本书中的内容已经有不少被新的成果所覆盖,显得有些"陈旧"了,好在"筋骨"未损,基本理论和框架还是目前最新的。

  本书由陈振宇、姜毅宁、张莹、张耕和张帆分两次进行校对。

  未来可期,成功不必在我。

陈振宇

2023 年 8 月于上海木香斋

图书在版编目(CIP)数据

言语行为的逻辑:汉语语义和语用接口研究/陈振宇等著. —上海:复旦大学出版社,2024.5
(2024.6 重印)
ISBN 978-7-309-17030-6

Ⅰ.①言… Ⅱ.①陈… Ⅲ.①汉语-言语行为-研究 Ⅳ.①H119

中国国家版本馆 CIP 数据核字(2023)第 199013 号

言语行为的逻辑:汉语语义和语用接口研究
陈振宇 等 著
责任编辑/王汝娟

复旦大学出版社有限公司出版发行
上海市国权路 579 号 邮编:200433
网址:fupnet@fudanpress.com http://www.fudanpress.com
门市零售:86-21-65102580 团体订购:86-21-65104505
出版部电话:86-21-65642845
江苏凤凰数码印务有限公司

开本 787 毫米×960 毫米 1/16 印张 67.25 字数 1 171 千字
2024 年 5 月第 1 版
2024 年 6 月第 1 版第 2 次印刷

ISBN 978-7-309-17030-6/H·3285
定价:160.00 元

如有印装质量问题,请向复旦大学出版社有限公司出版部调换。
版权所有 侵权必究